中国人口普查
CHINA POPULATION CENSUS

2020

江西省人口普查年鉴

（第3册）

JIANGXI POPULATION CENSUS YEARBOOK 2020

(BOOK 3)

江西省统计局
江西省第七次全国人口普查领导小组办公室 编

Compiled by
Jiangxi Provincial Bureau of Statistics
Office of the Leading Group of Jiangxi Province for the Seventh National Population Census

中国统计出版社
China Statistics Press

图书在版编目（CIP）数据

江西省人口普查年鉴. 2020. 第 3 册 / 江西省统计局，江西省第七次全国人口普查领导小组办公室编. -- 北京：中国统计出版社, 2022.9
ISBN 978-7-5037-9900-6

Ⅰ. ①江… Ⅱ. ①江… ②江… Ⅲ. ①人口普查－统计资料－江西－2020－年鉴 Ⅳ. ①C924.255.6-54

中国版本图书馆 CIP 数据核字(2022)第 157045 号

江西省人口普查年鉴-2020（第 3 册）
Jiangxi Population Census Yearbook 2020 (Book 3)

作　　者/江西省统计局　江西省第七次全国人口普查领导小组办公室
责任编辑/佘竞雄
封面设计/李雪燕
出版发行/中国统计出版社有限公司
通信地址/北京市丰台区西三环南路甲 6 号　邮政编码/100073
发行电话/邮购（010）63376909　书店（010）68783171
网　　址/http://www.zgtjcbs.com/
印　　刷/河北鑫兆源印刷有限公司
经　　销/新华书店
开　　本/880mm×1230mm　1/16
字　　数/1388 千字
印　　张/43.75
版　　别/2022 年 9 月第 1 版
版　　次/2022 年 9 月第 1 次印刷
定　　价/1080.00 元（全四册附光盘）

目　　录

第3册

第二部分　长表数据资料

第四卷　就业

第二部分 长表数据资料

第四卷 就业

4-1 各地区分性别、年龄的就业人口

单位：人

地区 性别	合计	16-19岁	20-24岁	25-29岁	30-34岁	35-39岁	40-44岁
全 省	**2260971**	**37068**	**152136**	**222111**	**309566**	**254682**	**298794**
南昌市	**277877**	**5637**	**25729**	**35080**	**45113**	**33203**	**35468**
东湖区	18935	197	1558	2281	2932	2395	2653
西湖区	20710	304	1667	2586	3810	2890	2920
青云谱区	14382	164	1088	1729	2298	1765	2192
青山湖区	51771	1046	5368	7570	9744	6795	6566
新建区	36779	899	3636	4844	5232	4121	4666
红谷滩区	24103	558	2815	3528	4371	3481	3005
南昌县	66343	1587	6070	8337	10555	6931	7805
安义县	12645	280	1019	1300	1834	1340	1461
进贤县	32209	602	2508	2905	4337	3485	4200
景德镇市	**84555**	**1292**	**5250**	**8921**	**12141**	**10051**	**11216**
昌江区	8264	72	473	944	1314	1050	1193
珠山区	16631	92	951	1975	2673	2308	2467
浮梁县	13883	117	774	1618	1932	1400	1856
乐平市	45777	1011	3052	4384	6222	5293	5700
萍乡市	**104520**	**1124**	**5427**	**8614**	**12639**	**11887**	**14285**
安源区	28857	160	1456	2637	4171	3897	4653
湘东区	19009	229	943	1432	1946	1912	2436
莲花县	13091	124	487	793	1225	1240	1525
上栗县	27766	476	1876	2593	3519	3109	3666
芦溪县	15797	135	665	1159	1778	1729	2005
九江市	**240182**	**2585**	**13473**	**22011**	**33800**	**28076**	**31749**
濂溪区	16507	89	769	1925	3074	2292	2242
浔阳区	18524	50	840	1969	2980	2573	3053
柴桑区	18203	216	1174	1867	2830	2250	2219
武宁县	13819	230	672	1048	2231	1729	1649
修水县	36372	476	1957	2894	5110	4065	4847
永修县	16344	185	963	1388	1801	1584	2059
德安县	9170	114	417	682	1368	1038	1271
都昌县	34391	448	2566	3482	4394	3960	4536
湖口县	12143	55	524	1032	1481	1232	1581
彭泽县	18155	134	906	1188	2044	1789	2301
瑞昌市	27064	289	1232	2685	3730	3289	3544
共青城市	6966	97	476	662	1112	900	891
庐山市	12524	202	977	1189	1645	1375	1556
新余市	**48954**	**311**	**2233**	**3705**	**6052**	**5571**	**6975**
渝水区	37196	206	1719	2980	4722	4341	5454
分宜县	11758	105	514	725	1330	1230	1521
鹰潭市	**66583**	**1081**	**4216**	**6051**	**8770**	**7772**	**8090**
月湖区	14039	157	876	1403	2259	1913	1880
余江区	20144	361	1504	1985	2679	2286	2131
贵溪市	32400	563	1836	2663	3832	3573	4079
赣州市	**459700**	**9675**	**34385**	**48219**	**63528**	**51949**	**62792**
章贡区	48568	926	3782	6222	9153	6779	6902
南康区	43163	671	2884	4662	5791	4816	6107
赣县区	28059	705	1963	2814	3721	2930	3817
信丰县	37586	862	2558	3820	4879	3496	4756
大余县	13919	195	847	1188	1787	1415	1997
上犹县	14351	182	706	1176	1768	1557	2139
崇义县	9163	78	411	642	1245	989	1345
安远县	16811	284	1309	1778	2098	1839	2270
定南县	9511	88	425	1049	1420	1296	1292
全南县	9156	106	415	819	1205	998	1240

4-1 续表 1

单位：人

地区 性别	合计	16-19岁	20-24岁	25-29岁	30-34岁	35-39岁	40-44岁
宁都县	43804	992	3023	4118	5800	4563	5731
于都县	48534	1577	5251	5755	6489	5741	7064
兴国县	37040	831	2605	3490	4543	4274	4875
会昌县	23870	865	2673	2686	2935	2420	3107
寻乌县	14884	190	942	1379	1965	1771	2161
石城县	13784	249	900	1670	2111	1510	1682
瑞金市	31801	702	2843	3225	4446	3650	4028
龙南市	15696	172	848	1726	2172	1905	2279
吉安市	**215642**	**2133**	**10217**	**17323**	**25545**	**23071**	**31134**
吉州区	15840	105	856	1595	2452	2134	2429
青原区	10204	111	529	953	1387	1204	1461
吉安县	23071	279	1254	2139	2998	2550	3292
吉水县	20761	219	1047	1623	2212	1930	3040
峡江县	7122	65	289	442	726	573	954
新干县	15061	99	671	1042	1821	1460	2266
永丰县	17295	162	802	1340	1897	1583	2257
泰和县	21669	213	819	1610	2555	2474	3448
遂川县	26470	370	1269	2071	3265	2923	3578
万安县	13520	108	705	1230	1514	1457	1942
安福县	15430	132	503	947	1596	1499	2072
永新县	22645	226	1260	1957	2511	2545	3386
井冈山市	6554	44	213	374	611	739	1009
宜春市	**243442**	**3789**	**13623**	**21345**	**29234**	**25387**	**30535**
袁州区	44734	894	2738	4572	6400	5139	6096
奉新县	12679	186	635	850	1465	1410	1776
万载县	22283	536	1199	1557	2590	2594	2917
上高县	15440	100	598	1104	2046	1696	1608
宜丰县	13974	111	481	687	1387	1428	1825
靖安县	5963	86	250	498	610	622	780
铜鼓县	5324	93	242	364	686	635	770
丰城市	52163	1137	4150	5587	6078	4513	6202
樟树市	27035	295	1301	2414	3158	2723	3215
高安市	43847	351	2029	3712	4814	4627	5346
抚州市	**186709**	**3187**	**13125**	**16952**	**26177**	**19807**	**24243**
临川区	43935	901	3894	4384	6302	4540	5667
东乡区	16846	201	1065	1344	2289	1906	2227
南城县	14691	143	786	1201	2039	1489	1908
黎川县	13493	174	922	1222	1744	1249	1690
南丰县	14169	122	587	1019	1767	1590	2054
崇仁县	19038	532	2007	1903	2674	1928	2344
乐安县	16862	300	1052	1665	2499	1864	2141
宜黄县	15178	263	963	1311	1992	1507	1937
金溪县	14790	247	912	1235	2168	1863	1984
资溪县	5382	114	323	448	797	617	757
广昌县	12325	190	614	1220	1906	1254	1534
上饶市	**332807**	**6254**	**24458**	**33890**	**46567**	**37908**	**42307**
信州区	28440	433	2248	3372	4817	3805	3824
广丰区	40365	768	3668	4757	6191	4045	4510
广信区	37858	1094	3528	4028	5273	4412	4819
玉山县	21562	362	1183	1701	2652	2221	2729
铅山县	20799	435	1329	1728	2778	2270	2675
横峰县	8338	112	395	660	1021	1089	1161
弋阳县	17276	300	973	1452	2185	1971	2159
余干县	43049	713	2939	5027	6397	5033	5295
鄱阳县	63060	1246	5417	7128	8313	7225	8393
万年县	17302	292	1103	1627	2283	2087	2250
婺源县	19399	239	885	1396	2719	2072	2558
德兴市	15359	260	790	1014	1938	1678	1934

4—1　续表 2

单位：人

地　区 性　别	合计	16—19岁	20—24岁	25—29岁	30—34岁	35—39岁	40—44岁
男	**1332119**	**22182**	**86706**	**127643**	**174356**	**141911**	**167467**
南昌市	**169288**	**3390**	**15237**	**20739**	**25816**	**19023**	**20302**
东湖区	10553	99	749	1229	1498	1188	1385
西湖区	11899	149	847	1359	2023	1573	1589
青云谱区	8675	108	612	1017	1296	962	1197
青山湖区	31291	642	3227	4542	5510	3892	3725
新建区	23157	553	2196	3014	3114	2488	2746
红谷滩区	14101	315	1550	1925	2387	1953	1739
南昌县	41274	979	3850	5176	6208	4125	4566
安义县	8192	186	673	777	1165	805	896
进贤县	20146	359	1533	1700	2615	2037	2459
景德镇市	**50102**	**797**	**3038**	**4962**	**6834**	**5624**	**6348**
昌江区	5130	45	259	527	755	585	718
珠山区	9827	48	524	1035	1427	1272	1300
浮梁县	8804	89	442	962	1190	862	1097
乐平市	26341	615	1813	2438	3462	2905	3233
萍乡市	**55643**	**663**	**2746**	**4438**	**6403**	**6035**	**7488**
安源区	15033	92	684	1293	1956	1880	2338
湘东区	10680	135	504	797	1077	1050	1364
莲花县	6625	82	254	412	627	604	766
上栗县	14817	282	960	1349	1811	1603	1982
芦溪县	8488	72	344	587	932	898	1038
九江市	**139955**	**1614**	**7451**	**12233**	**18523**	**15357**	**17536**
濂溪区	9737	53	389	1039	1646	1327	1249
浔阳区	10419	27	431	1035	1468	1272	1563
柴桑区	11070	147	702	1130	1679	1284	1269
武宁县	9166	138	358	598	1388	1090	1066
修水县	21827	317	1064	1545	2797	2306	2811
永修县	9451	116	530	791	996	831	1139
德安县	5004	68	239	350	689	526	652
都昌县	19528	272	1401	1987	2410	2121	2419
湖口县	7193	36	304	600	819	684	873
彭泽县	10143	66	485	670	1127	983	1215
瑞昌市	15036	180	698	1471	1952	1691	1928
共青城市	4050	67	293	338	599	482	491
庐山市	7331	127	557	679	953	760	861
新余市	**30006**	**186**	**1191**	**2166**	**3489**	**3165**	**4086**
渝水区	22788	122	940	1733	2719	2424	3160
分宜县	7218	64	251	433	770	741	926
鹰潭市	**38841**	**623**	**2407**	**3394**	**4757**	**4303**	**4555**
月湖区	7840	82	477	741	1147	980	1006
余江区	12152	216	895	1155	1547	1318	1197
贵溪市	18849	325	1035	1498	2063	2005	2352
赣州市	**265093**	**5509**	**19123**	**27948**	**35886**	**28744**	**34407**
章贡区	27783	540	2047	3460	4932	3750	3740
南康区	24954	414	1616	2800	3283	2654	3352
赣县区	16385	391	1132	1635	2138	1648	2110
信丰县	20965	526	1444	2189	2718	1883	2436
大余县	7906	116	470	683	1017	770	1113
上犹县	8130	120	359	688	1042	818	1135
崇义县	5432	46	228	379	738	570	766
安远县	9408	177	724	980	1159	1016	1233
定南县	5696	54	223	620	798	743	716
全南县	5285	82	229	472	688	523	669

4－1 续表 3

单位：人

地区 性别	合计	16－19岁	20－24岁	25－29岁	30－34岁	35－39岁	40－44岁
宁都县	26630	523	1712	2478	3598	2746	3402
于都县	27380	805	2826	3269	3478	3103	3826
兴国县	20647	458	1489	1976	2420	2286	2533
会昌县	13642	474	1482	1540	1638	1338	1698
寻乌县	8504	108	524	799	1134	919	1172
石城县	8374	152	516	1058	1263	876	984
瑞金市	18867	405	1610	1938	2612	2054	2291
龙南市	9105	118	492	984	1230	1047	1231
吉安市	**120217**	**1312**	**5644**	**9598**	**13687**	**12205**	**16591**
吉州区	8931	67	448	836	1280	1110	1278
青原区	5769	61	275	539	742	657	794
吉安县	12675	175	722	1209	1577	1310	1687
吉水县	11664	133	611	918	1165	1003	1613
峡江县	4038	45	157	260	407	323	554
新干县	8659	66	416	620	1034	789	1284
永丰县	9816	110	463	735	1086	875	1216
泰和县	11585	121	424	851	1306	1221	1793
遂川县	14459	227	683	1131	1764	1589	1867
万安县	7511	66	380	721	835	768	1024
安福县	8542	73	269	497	802	783	1100
永新县	12977	134	694	1100	1388	1415	1869
井冈山市	3591	34	102	181	301	362	512
宜春市	**142536**	**2369**	**7943**	**12287**	**16405**	**13919**	**16760**
袁州区	27427	514	1508	2600	3654	2955	3522
奉新县	7500	118	355	474	820	779	1017
万载县	12285	298	623	817	1310	1330	1555
上高县	9001	61	363	587	1154	930	854
宜丰县	7562	74	240	337	700	735	958
靖安县	3570	58	132	272	351	323	427
铜鼓县	3288	51	127	203	381	347	457
丰城市	31448	752	2604	3424	3563	2527	3465
樟树市	15231	200	742	1336	1726	1472	1682
高安市	25224	243	1249	2237	2746	2521	2823
抚州市	**114315**	**1999**	**7833**	**10117**	**15326**	**11442**	**14205**
临川区	28605	596	2466	2677	3851	2716	3453
东乡区	10529	119	623	803	1328	1090	1343
南城县	8872	86	462	684	1159	916	1108
黎川县	8018	108	554	741	996	690	934
南丰县	8319	84	337	610	1028	858	1169
崇仁县	11570	324	1217	1228	1598	1086	1369
乐安县	10604	172	597	1039	1507	1143	1321
宜黄县	8564	158	524	695	1113	811	1050
金溪县	8978	162	536	713	1251	1074	1182
资溪县	3222	65	168	244	432	348	454
广昌县	7034	125	349	683	1063	710	822
上饶市	**206123**	**3720**	**14093**	**19761**	**27230**	**22094**	**25189**
信州区	17071	225	1166	1863	2723	2110	2240
广丰区	25793	420	2100	2846	3866	2519	2820
广信区	23958	632	2017	2378	3083	2613	2980
玉山县	13973	198	655	998	1624	1375	1681
铅山县	12783	267	747	1023	1616	1326	1559
横峰县	5254	65	228	378	585	598	695
弋阳县	10516	204	554	840	1203	1096	1226
余干县	26472	435	1820	2992	3755	2970	3171
鄱阳县	39027	788	3224	4135	4806	4205	4942
万年县	11224	191	671	1003	1372	1241	1380
婺源县	10993	141	467	722	1523	1104	1433
德兴市	9059	154	444	583	1074	937	1062

4-1 续表 4

单位：人

地区 性别	合计	16-19岁	20-24岁	25-29岁	30-34岁	35-39岁	40-44岁
女	**928852**	**14886**	**65430**	**94468**	**135210**	**112771**	**131327**
南昌市	**108589**	**2247**	**10492**	**14341**	**19297**	**14180**	**15166**
东湖区	8382	98	809	1052	1434	1207	1268
西湖区	8811	155	820	1227	1787	1317	1331
青云谱区	5707	56	476	712	1002	803	995
青山湖区	20480	404	2141	3028	4234	2903	2841
新建区	13622	346	1440	1830	2118	1633	1920
红谷滩区	10002	243	1265	1603	1984	1528	1266
南昌县	25069	608	2220	3161	4347	2806	3239
安义县	4453	94	346	523	669	535	565
进贤县	12063	243	975	1205	1722	1448	1741
景德镇市	**34453**	**495**	**2212**	**3959**	**5307**	**4427**	**4868**
昌江区	3134	27	214	417	559	465	475
珠山区	6804	44	427	940	1246	1036	1167
浮梁县	5079	28	332	656	742	538	759
乐平市	19436	396	1239	1946	2760	2388	2467
萍乡市	**48877**	**461**	**2681**	**4176**	**6236**	**5852**	**6797**
安源区	13824	68	772	1344	2215	2017	2315
湘东区	8329	94	439	635	869	862	1072
莲花县	6466	42	233	381	598	636	759
上栗县	12949	194	916	1244	1708	1506	1684
芦溪县	7309	63	321	572	846	831	967
九江市	**100227**	**971**	**6022**	**9778**	**15277**	**12719**	**14213**
濂溪区	6770	36	380	886	1428	965	993
浔阳区	8105	23	409	934	1512	1301	1490
柴桑区	7133	69	472	737	1151	966	950
武宁县	4653	92	314	450	843	639	583
修水县	14545	159	893	1349	2313	1759	2036
永修县	6893	69	433	597	805	753	920
德安县	4166	46	178	332	679	512	619
都昌县	14863	176	1165	1495	1984	1839	2117
湖口县	4950	19	220	432	662	548	708
彭泽县	8012	68	421	518	917	806	1086
瑞昌市	12028	109	534	1214	1778	1598	1616
共青城市	2916	30	183	324	513	418	400
庐山市	5193	75	420	510	692	615	695
新余市	**18948**	**125**	**1042**	**1539**	**2563**	**2406**	**2889**
渝水区	14408	84	779	1247	2003	1917	2294
分宜县	4540	41	263	292	560	489	595
鹰潭市	**27742**	**458**	**1809**	**2657**	**4013**	**3469**	**3535**
月湖区	6199	75	399	662	1112	933	874
余江区	7992	145	609	830	1132	968	934
贵溪市	13551	238	801	1165	1769	1568	1727
赣州市	**194607**	**4166**	**15262**	**20271**	**27642**	**23205**	**28385**
章贡区	20785	386	1735	2762	4221	3029	3162
南康区	18209	257	1268	1862	2508	2162	2755
赣县区	11674	314	831	1179	1583	1282	1707
信丰县	16621	336	1114	1631	2161	1613	2320
大余县	6013	79	377	505	770	645	884
上犹县	6221	62	347	488	726	739	1004
崇义县	3731	32	183	263	507	419	579
安远县	7403	107	585	798	939	823	1037
定南县	3815	34	202	429	622	553	576
全南县	3871	24	186	347	517	475	571

4-1 续表 5

单位：人

地区 性别	合计	16-19岁	20-24岁	25-29岁	30-34岁	35-39岁	40-44岁
宁都县	17174	469	1311	1640	2202	1817	2329
于都县	21154	772	2425	2486	3011	2638	3238
兴国县	16393	373	1116	1514	2123	1988	2342
会昌县	10228	391	1191	1146	1297	1082	1409
寻乌县	6380	82	418	580	831	852	989
石城县	5410	97	384	612	848	634	698
瑞金市	12934	297	1233	1287	1834	1596	1737
龙南市	6591	54	356	742	942	858	1048
吉安市	**95425**	**821**	**4573**	**7725**	**11858**	**10866**	**14543**
吉州区	6909	38	408	759	1172	1024	1151
青原区	4435	50	254	414	645	547	667
吉安县	10396	104	532	930	1421	1240	1605
吉水县	9097	86	436	705	1047	927	1427
峡江县	3084	20	132	182	319	250	400
新干县	6402	33	255	422	787	671	982
永丰县	7479	52	339	605	811	708	1041
泰和县	10084	92	395	759	1249	1253	1655
遂川县	12011	143	586	940	1501	1334	1711
万安县	6009	42	325	509	679	689	918
安福县	6888	59	234	450	794	716	972
永新县	9668	92	566	857	1123	1130	1517
井冈山市	2963	10	111	193	310	377	497
宜春市	**100906**	**1420**	**5680**	**9058**	**12829**	**11468**	**13775**
袁州区	17307	380	1230	1972	2746	2184	2574
奉新县	5179	68	280	376	645	631	759
万载县	9998	238	576	740	1280	1264	1362
上高县	6439	39	235	517	892	766	754
宜丰县	6412	37	241	350	687	693	867
靖安县	2393	28	118	226	259	299	353
铜鼓县	2036	42	115	161	305	288	313
丰城市	20715	385	1546	2163	2515	1986	2737
樟树市	11804	95	559	1078	1432	1251	1533
高安市	18623	108	780	1475	2068	2106	2523
抚州市	**72394**	**1188**	**5292**	**6835**	**10851**	**8365**	**10038**
临川区	15330	305	1428	1707	2451	1824	2214
东乡区	6317	82	442	541	961	816	884
南城县	5819	57	324	517	880	573	800
黎川县	5475	66	368	481	748	559	756
南丰县	5850	38	250	409	739	732	885
崇仁县	7468	208	790	675	1076	842	975
乐安县	6258	128	455	626	992	721	820
宜黄县	6614	105	439	616	879	696	887
金溪县	5812	85	376	522	917	789	802
资溪县	2160	49	155	204	365	269	303
广昌县	5291	65	265	537	843	544	712
上饶市	**126684**	**2534**	**10365**	**14129**	**19337**	**15814**	**17118**
信州区	11369	208	1082	1509	2094	1695	1584
广丰区	14572	348	1568	1911	2325	1526	1690
广信区	13900	462	1511	1650	2190	1799	1839
玉山县	7589	164	528	703	1028	846	1048
铅山县	8016	168	582	705	1162	944	1116
横峰县	3084	47	167	282	436	491	466
弋阳县	6760	96	419	612	982	875	933
余干县	16577	278	1119	2035	2642	2063	2124
鄱阳县	24033	458	2193	2993	3507	3020	3451
万年县	6078	101	432	624	911	846	870
婺源县	8406	98	418	674	1196	968	1125
德兴市	6300	106	346	431	864	741	872

4-1　续表 6　　　　　　　　　　　　　　　　　　　　　　　　　　单位：人

地　区 性　别	45-49岁	50-54岁	55-59岁	60-64岁	65-69岁	70-74岁	75岁及以上
全　省	**325764**	**270561**	**183436**	**98131**	**66609**	**28324**	**13789**
南昌市	**36502**	**28932**	**18185**	**7138**	**4360**	**1856**	**674**
东湖区	2782	2102	1501	288	151	66	29
西湖区	2845	1971	1372	234	81	23	7
青云谱区	2234	1582	1024	196	79	23	8
青山湖区	6173	4647	2758	714	287	67	36
新建区	4795	3821	2343	1154	759	368	141
红谷滩区	2680	1954	1280	269	113	41	8
南昌县	8453	7188	4450	2479	1567	683	238
安义县	1810	1576	1039	527	292	122	45
进贤县	4730	4091	2418	1277	1031	463	162
景德镇市	**11637**	**9802**	**7068**	**3408**	**2303**	**1059**	**407**
昌江区	1267	976	652	199	84	30	10
珠山区	2459	1967	1365	225	100	36	13
浮梁县	1900	1811	1219	650	419	142	45
乐平市	6011	5048	3832	2334	1700	851	339
萍乡市	**14716**	**13264**	**9918**	**5814**	**3946**	**1793**	**1093**
安源区	4513	3932	2744	443	185	39	27
湘东区	2548	2290	1792	1464	1211	534	272
莲花县	1625	1550	1357	1086	1073	542	464
上栗县	3879	3386	2483	1686	683	283	127
芦溪县	2151	2106	1542	1135	794	395	203
九江市	**34633**	**29837**	**21009**	**10434**	**7491**	**3454**	**1630**
濂溪区	2368	1837	1180	379	233	86	33
浔阳区	3266	2197	1268	209	82	29	8
柴桑区	2335	2260	1519	725	499	208	101
武宁县	1965	1815	1249	658	364	144	65
修水县	5188	4670	3377	1925	1193	472	198
永修县	2326	2260	1630	903	704	352	189
德安县	1359	1207	901	394	262	103	54
都昌县	4538	3653	2684	1745	1404	669	312
湖口县	1881	1458	1132	672	571	367	157
彭泽县	2777	2631	1929	976	856	419	205
瑞昌市	4018	3494	2533	1063	701	323	163
共青城市	972	839	549	243	150	46	29
庐山市	1640	1516	1058	542	472	236	116
新余市	**8184**	**6666**	**4206**	**2495**	**1603**	**664**	**289**
渝水区	6258	5000	3110	1678	1133	420	175
分宜县	1926	1666	1096	817	470	244	114
鹰潭市	**9539**	**8343**	**5699**	**3260**	**2271**	**949**	**542**
月湖区	2169	1649	1114	340	198	57	24
余江区	2908	2343	1597	992	795	363	200
贵溪市	4462	4351	2988	1928	1278	529	318
赣州市	**69227**	**53562**	**33118**	**16615**	**10534**	**3975**	**2121**
章贡区	6698	4482	2533	673	292	87	39
南康区	7114	5563	3030	1242	869	281	133
赣县区	4244	3391	2231	1053	758	285	147
信丰县	5943	4797	2915	1760	1107	444	249
大余县	2298	1937	1150	564	366	113	62
上犹县	2448	1979	1164	548	404	162	118
崇义县	1585	1319	845	384	193	85	42
安远县	2438	2109	1326	754	418	120	68
定南县	1503	1149	696	281	238	47	27
全南县	1652	1252	759	377	227	68	38

4-1 续表 7

单位：人

地　区 性　别	45-49岁	50-54岁	55-59岁	60-64岁	65-69岁	70-74岁	75岁及以上
宁都县	6456	5208	3637	2104	1350	531	291
于都县	7007	4738	2576	1247	754	224	111
兴国县	5484	4214	2990	1797	1173	504	260
会昌县	3506	2615	1459	777	527	209	91
寻乌县	2203	1890	1281	592	326	125	59
石城县	1840	1599	1058	556	342	170	97
瑞金市	4406	3361	2231	1371	904	414	220
龙南市	2402	1959	1237	535	286	106	69
吉安市	**32471**	**27464**	**19854**	**12467**	**8467**	**3529**	**1967**
吉州区	2480	1805	1136	438	261	102	47
青原区	1510	1168	799	511	359	145	67
吉安县	3311	2662	1856	1262	879	401	188
吉水县	3110	2667	1810	1412	954	501	236
峡江县	1084	1003	812	530	358	168	118
新干县	2285	1875	1482	955	643	261	201
永丰县	2663	2391	1677	1163	778	338	244
泰和县	3237	2675	2153	1255	817	302	111
遂川县	3714	3530	2584	1528	1024	357	257
万安县	2085	1817	1278	712	459	145	68
安福县	2405	2326	1584	1082	771	341	172
永新县	3476	2633	1953	1224	928	353	193
井冈山市	1111	912	730	395	236	115	65
宜春市	**35654**	**31166**	**22597**	**13880**	**9736**	**4340**	**2156**
袁州区	6544	5074	3508	1887	1229	461	192
奉新县	1927	1678	1257	736	480	202	77
万载县	3133	2943	2243	1239	808	331	193
上高县	2613	2223	1617	962	571	202	100
宜丰县	2191	2138	1567	905	690	322	242
靖安县	954	822	650	339	205	111	36
铜鼓县	813	776	505	247	127	43	23
丰城市	7157	6290	4549	2893	2108	1007	492
樟树市	3791	3511	2595	1787	1367	601	277
高安市	6531	5711	4106	2885	2151	1060	524
抚州市	**27543**	**24092**	**15389**	**7538**	**5269**	**2390**	**997**
临川区	6322	5483	3356	1412	1068	448	158
东乡区	2416	2101	1328	906	649	293	121
南城县	2263	1970	1334	697	528	246	87
黎川县	2031	1921	1165	534	445	278	118
南丰县	2222	2049	1231	664	498	260	106
崇仁县	2658	2273	1442	638	398	152	89
乐安县	2543	2115	1386	631	443	160	63
宜黄县	2336	2119	1432	648	387	191	92
金溪县	2190	1815	1199	609	403	122	43
资溪县	782	700	492	203	89	42	18
广昌县	1780	1546	1024	596	361	198	102
上饶市	**45658**	**37433**	**26393**	**15082**	**10629**	**4315**	**1913**
信州区	3949	2879	1896	633	391	136	57
广丰区	5125	4405	2952	1894	1321	463	266
广信区	4922	3797	2637	1628	1113	415	192
玉山县	3168	2740	1957	1172	1049	451	177
铅山县	2919	2563	1824	1123	731	294	130
横峰县	1210	1014	704	452	294	154	72
弋阳县	2536	2070	1610	1011	628	254	127
余干县	5852	4503	3293	1798	1393	542	264
鄱阳县	8223	7035	4823	2625	1741	660	231
万年县	2597	2011	1306	888	537	227	94
婺源县	2753	2374	1859	1087	878	401	178
德兴市	2404	2042	1532	771	553	318	125

4-1 续表 8 单位：人

地区 性别	45-49岁	50-54岁	55-59岁	60-64岁	65-69岁	70-74岁	75岁及以上
男	**187537**	**169075**	**122469**	**63014**	**42692**	**18355**	**8712**
南昌市	**21602**	**19507**	**13727**	**5050**	**3055**	**1356**	**484**
东湖区	1486	1401	1171	201	90	37	19
西湖区	1614	1385	1117	173	47	18	5
青云谱区	1278	1117	868	148	52	15	5
青山湖区	3631	3148	2185	517	200	49	23
新建区	2946	2601	1761	836	526	267	109
红谷滩区	1640	1311	986	190	75	26	4
南昌县	5007	4740	3119	1700	1111	517	176
安义县	1134	1051	772	399	219	84	31
进贤县	2866	2753	1748	886	735	343	112
景德镇市	**6739**	**6266**	**4925**	**2165**	**1433**	**698**	**273**
昌江区	746	705	546	148	65	25	6
珠山区	1428	1396	1138	161	67	23	8
浮梁县	1171	1214	885	471	291	101	29
乐平市	3394	2951	2356	1385	1010	549	230
萍乡市	**7716**	**7367**	**5743**	**3177**	**2262**	**999**	**606**
安源区	2344	2267	1731	282	122	24	20
湘东区	1420	1331	1066	809	689	283	155
莲花县	793	805	717	552	524	262	227
上栗县	2010	1798	1376	915	452	192	87
芦溪县	1149	1166	853	619	475	238	117
九江市	**19763**	**18713**	**13939**	**6792**	**4853**	**2196**	**985**
濂溪区	1325	1278	906	282	163	61	19
浔阳区	1798	1534	1048	157	59	21	6
柴桑区	1363	1398	1051	493	355	138	61
武宁县	1304	1326	958	503	288	108	41
修水县	3155	2991	2242	1314	828	333	124
永修县	1332	1385	1046	535	420	215	115
德安县	720	689	553	234	182	71	31
都昌县	2532	2202	1666	1055	878	408	177
湖口县	1074	948	760	442	341	218	94
彭泽县	1497	1468	1172	582	505	254	119
瑞昌市	2201	2022	1484	673	444	189	103
共青城市	544	530	368	175	107	34	22
庐山市	918	942	685	347	283	146	73
新余市	**4876**	**4448**	**3019**	**1678**	**1035**	**448**	**219**
渝水区	3739	3383	2271	1133	746	288	130
分宜县	1137	1065	748	545	289	160	89
鹰潭市	**5482**	**5125**	**3739**	**2062**	**1445**	**622**	**327**
月湖区	1208	997	789	224	137	33	19
余江区	1723	1497	1087	652	510	237	118
贵溪市	2551	2631	1863	1186	798	352	190
赣州市	**39050**	**32434**	**21462**	**10369**	**6478**	**2444**	**1239**
章贡区	3736	2926	1931	456	187	53	25
南康区	3968	3294	1967	820	544	167	75
赣县区	2446	2091	1463	634	451	156	90
信丰县	3170	2775	1802	1025	625	248	124
大余县	1245	1146	721	326	205	63	31
上犹县	1334	1158	734	352	239	88	63
崇义县	897	812	552	246	117	55	26
安远县	1374	1185	786	421	246	70	37
定南县	923	743	493	189	154	30	10
全南县	943	736	512	225	142	44	20

4-1 续表 9 单位：人

地区 性别	45—49岁	50—54岁	55—59岁	60—64岁	65—69岁	70—74岁	75岁及以上
宁都县	3856	3246	2329	1333	875	346	186
于都县	3966	2876	1679	824	510	152	66
兴国县	2962	2451	1797	1094	733	300	148
会昌县	1963	1570	942	478	328	138	53
寻乌县	1274	1130	791	369	173	81	30
石城县	1071	1015	699	353	211	112	64
瑞金市	2578	2070	1430	873	571	284	151
龙南市	1344	1210	834	351	167	57	40
吉安市	**17493**	**15976**	**12130**	**7354**	**4966**	**2122**	**1139**
吉州区	1320	1190	845	294	163	67	33
青原区	837	705	507	310	218	87	37
吉安县	1705	1571	1120	734	506	247	112
吉水县	1729	1525	1090	860	575	313	129
峡江县	574	578	471	291	200	105	73
新干县	1252	1110	906	554	366	146	116
永丰县	1465	1363	1010	670	459	213	151
泰和县	1689	1471	1261	756	470	160	62
遂川县	1989	1951	1492	846	580	201	139
万安县	1086	1020	747	434	290	100	40
安福县	1316	1332	965	638	450	210	107
永新县	1948	1600	1234	730	560	202	103
井冈山市	583	560	482	237	129	71	37
宜春市	**20184**	**19106**	**14686**	**8697**	**6092**	**2719**	**1369**
袁州区	3970	3426	2584	1334	885	335	140
奉新县	1083	1022	820	476	338	146	52
万载县	1700	1729	1352	754	503	198	116
上高县	1418	1357	1074	636	359	140	68
宜丰县	1153	1193	933	503	404	196	136
靖安县	544	533	445	243	135	82	25
铜鼓县	495	533	366	180	101	25	22
丰城市	4171	3931	2947	1798	1329	613	324
樟树市	2066	2017	1629	1034	779	367	181
高安市	3584	3365	2536	1739	1259	617	305
抚州市	**16603**	**15422**	**10417**	**5050**	**3550**	**1669**	**682**
临川区	4149	3839	2537	1067	791	348	115
东乡区	1531	1409	931	620	439	211	82
南城县	1325	1227	886	438	365	155	61
黎川县	1161	1180	760	347	282	190	75
南丰县	1246	1246	757	414	313	181	76
崇仁县	1613	1380	936	413	254	99	53
乐安县	1540	1401	955	436	319	123	51
宜黄县	1256	1232	881	420	239	127	58
金溪县	1302	1142	813	410	272	89	32
资溪县	462	447	358	143	60	28	13
广昌县	1018	919	603	342	216	118	66
上饶市	**28029**	**24711**	**18682**	**10620**	**7523**	**3082**	**1389**
信州区	2359	1965	1497	470	300	112	41
广丰区	3259	2985	2093	1380	973	343	189
广信区	3154	2630	1958	1208	828	320	157
玉山县	1983	1889	1447	870	771	345	137
铅山县	1737	1648	1269	782	502	216	91
横峰县	752	690	527	340	213	125	58
弋阳县	1520	1338	1103	702	454	181	95
余干县	3572	2873	2198	1215	924	372	175
鄱阳县	5123	4557	3430	1888	1273	484	172
万年县	1646	1432	967	657	416	171	77
婺源县	1545	1377	1151	649	527	235	119
德兴市	1379	1327	1042	459	342	178	78

4-1　续表 10

单位：人

地区 性别	45-49岁	50-54岁	55-59岁	60-64岁	65-69岁	70-74岁	75岁及以上
女	**138227**	**101486**	**60967**	**35117**	**23917**	**9969**	**5077**
南昌市	**14900**	**9425**	**4458**	**2088**	**1305**	**500**	**190**
东湖区	1296	701	330	87	61	29	10
西湖区	1231	586	255	61	34	5	2
青云谱区	956	465	156	48	27	8	3
青山湖区	2542	1499	573	197	87	18	13
新建区	1849	1220	582	318	233	101	32
红谷滩区	1040	643	294	79	38	15	4
南昌县	3446	2448	1331	779	456	166	62
安义县	676	525	267	128	73	38	14
进贤县	1864	1338	670	391	296	120	50
景德镇市	**4898**	**3536**	**2143**	**1243**	**870**	**361**	**134**
昌江区	521	271	106	51	19	5	4
珠山区	1031	571	227	64	33	13	5
浮梁县	729	597	334	179	128	41	16
乐平市	2617	2097	1476	949	690	302	109
萍乡市	**7000**	**5897**	**4175**	**2637**	**1684**	**794**	**487**
安源区	2169	1665	1013	161	63	15	7
湘东区	1128	959	726	655	522	251	117
莲花县	832	745	640	534	549	280	237
上栗县	1869	1588	1107	771	231	91	40
芦溪县	1002	940	689	516	319	157	86
九江市	**14870**	**11124**	**7070**	**3642**	**2638**	**1258**	**645**
濂溪区	1043	559	274	97	70	25	14
浔阳区	1468	663	220	52	23	8	2
柴桑区	972	862	468	232	144	70	40
武宁县	661	489	291	155	76	36	24
修水县	2033	1679	1135	611	365	139	74
永修县	994	875	584	368	284	137	74
德安县	639	518	348	160	80	32	23
都昌县	2006	1451	1018	690	526	261	135
湖口县	807	510	372	230	230	149	63
彭泽县	1280	1163	757	394	351	165	86
瑞昌市	1817	1472	1049	390	257	134	60
共青城市	428	309	181	68	43	12	7
庐山市	722	574	373	195	189	90	43
新余市	**3308**	**2218**	**1187**	**817**	**568**	**216**	**70**
渝水区	2519	1617	839	545	387	132	45
分宜县	789	601	348	272	181	84	25
鹰潭市	**4057**	**3218**	**1960**	**1198**	**826**	**327**	**215**
月湖区	961	652	325	116	61	24	5
余江区	1185	846	510	340	285	126	82
贵溪市	1911	1720	1125	742	480	177	128
赣州市	**30177**	**21128**	**11656**	**6246**	**4056**	**1531**	**882**
章贡区	2962	1556	602	217	105	34	14
南康区	3146	2269	1063	422	325	114	58
赣县区	1798	1300	768	419	307	129	57
信丰县	2773	2022	1113	735	482	196	125
大余县	1053	791	429	238	161	50	31
上犹县	1114	821	430	196	165	74	55
崇义县	688	507	293	138	76	30	16
安远县	1064	924	540	333	172	50	31
定南县	580	406	203	92	84	17	17
全南县	709	516	247	152	85	24	18

4-1 续表 11

单位：人

地区 性别	45-49岁	50-54岁	55-59岁	60-64岁	65-69岁	70-74岁	75岁及以上
宁都县	2600	1962	1308	771	475	185	105
于都县	3041	1862	897	423	244	72	45
兴国县	2522	1763	1193	703	440	204	112
会昌县	1543	1045	517	299	199	71	38
寻乌县	929	760	490	223	153	44	29
石城县	769	584	359	203	131	58	33
瑞金市	1828	1291	801	498	333	130	69
龙南市	1058	749	403	184	119	49	29
吉安市	**14978**	**11488**	**7724**	**5113**	**3501**	**1407**	**828**
吉州区	1160	615	291	144	98	35	14
青原区	673	463	292	201	141	58	30
吉安县	1606	1091	736	528	373	154	76
吉水县	1381	1142	720	552	379	188	107
峡江县	510	425	341	239	158	63	45
新干县	1033	765	576	401	277	115	85
永丰县	1198	1028	667	493	319	125	93
泰和县	1548	1204	892	499	347	142	49
遂川县	1725	1579	1092	682	444	156	118
万安县	999	797	531	278	169	45	28
安福县	1089	994	619	444	321	131	65
永新县	1528	1033	719	494	368	151	90
井冈山市	528	352	248	158	107	44	28
宜春市	**15470**	**12060**	**7911**	**5183**	**3644**	**1621**	**787**
袁州区	2574	1648	924	553	344	126	52
奉新县	844	656	437	260	142	56	25
万载县	1433	1214	891	485	305	133	77
上高县	1195	866	543	326	212	62	32
宜丰县	1038	945	634	402	286	126	106
靖安县	410	289	205	96	70	29	11
铜鼓县	318	243	139	67	26	18	1
丰城市	2986	2359	1602	1095	779	394	168
樟树市	1725	1494	966	753	588	234	96
高安市	2947	2346	1570	1146	892	443	219
抚州市	**10940**	**8670**	**4972**	**2488**	**1719**	**721**	**315**
临川区	2173	1644	819	345	277	100	43
东乡区	885	692	397	286	210	82	39
南城县	938	743	448	259	163	91	26
黎川县	870	741	405	187	163	88	43
南丰县	976	803	474	250	185	79	30
崇仁县	1045	893	506	225	144	53	36
乐安县	1003	714	431	195	124	37	12
宜黄县	1080	887	551	228	148	64	34
金溪县	888	673	386	199	131	33	11
资溪县	320	253	134	60	29	14	5
广昌县	762	627	421	254	145	80	36
上饶市	**17629**	**12722**	**7711**	**4462**	**3106**	**1233**	**524**
信州区	1590	914	399	163	91	24	16
广丰区	1866	1420	859	514	348	120	77
广信区	1768	1167	679	420	285	95	35
玉山县	1185	851	510	302	278	106	40
铅山县	1182	915	555	341	229	78	39
横峰县	458	324	177	112	81	29	14
弋阳县	1016	732	507	309	174	73	32
余干县	2280	1630	1095	583	469	170	89
鄱阳县	3100	2478	1393	737	468	176	59
万年县	951	579	339	231	121	56	17
婺源县	1208	997	708	438	351	166	59
德兴市	1025	715	490	312	211	140	47

4-1a 各地区分性别、年龄的就业人口(城市)

单位：人

地区 性别	合计	16-19岁	20-24岁	25-29岁	30-34岁	35-39岁	40-44岁
全 省	**582693**	**7224**	**41531**	**67758**	**96856**	**78462**	**85069**
南昌市	**139263**	**2361**	**13372**	**19063**	**24656**	**18738**	**18979**
东湖区	17413	179	1452	2098	2658	2278	2519
西湖区	20710	304	1667	2586	3810	2890	2920
青云谱区	14284	161	1068	1713	2281	1755	2184
青山湖区	45157	815	4570	6520	8673	6089	5849
新建区	18397	360	1880	2721	2972	2345	2580
红谷滩区	23052	533	2709	3391	4230	3355	2892
南昌县	250	9	26	34	32	26	35
安义县							
进贤县							
景德镇市	**34143**	**247**	**1977**	**3894**	**5352**	**4541**	**5032**
昌江区	6020	47	335	721	1031	801	886
珠山区	15926	88	908	1883	2536	2203	2372
浮梁县	1016	11	46	114	135	93	132
乐平市	11181	101	688	1176	1650	1444	1642
萍乡市	**32773**	**256**	**1653**	**2962**	**4608**	**4291**	**5236**
安源区	24796	134	1233	2314	3654	3446	4077
湘东区	7585	116	391	606	889	800	1103
莲花县							
上栗县	392	6	29	42	65	45	56
芦溪县							
九江市	**52910**	**312**	**2680**	**5645**	**8826**	**7298**	**8008**
濂溪区	12479	56	561	1520	2502	1877	1776
浔阳区	18416	50	835	1963	2960	2560	3045
柴桑区	5468	50	318	549	874	700	766
武宁县							
修水县							
永修县							
德安县							
都昌县							
湖口县							
彭泽县							
瑞昌市	8072	45	369	773	1081	1044	1218
共青城市	4493	66	296	441	792	611	601
庐山市	3982	45	301	399	617	506	602
新余市	**26051**	**136**	**1304**	**2377**	**3812**	**3535**	**4282**
渝水区	26051	136	1304	2377	3812	3535	4282
分宜县							
鹰潭市	**29613**	**269**	**1689**	**2770**	**4427**	**4037**	**4034**
月湖区	13185	133	810	1325	2165	1848	1787
余江区	4919	47	311	497	794	728	666
贵溪市	11509	89	568	948	1468	1461	1581
赣州市	**91927**	**1397**	**6654**	**11353**	**16297**	**12975**	**14077**
章贡区	40775	728	3131	5344	7982	5917	5863
南康区	21384	283	1496	2528	3441	2958	3443
赣县区	10130	175	705	1266	1751	1346	1686
信丰县							
大余县							
上犹县							
崇义县							
安远县							
定南县							
全南县							

4-1a 续表 1　　单位：人

地区 性别	合计	16-19岁	20-24岁	25-29岁	30-34岁	35-39岁	40-44岁
宁都县							
于都县							
兴国县							
会昌县							
寻乌县	49		4	6	4	11	8
石城县							
瑞金市	11071	129	887	1233	1791	1542	1678
龙南市	8518	82	431	976	1328	1201	1399
吉安市	**18356**	**107**	**958**	**1954**	**3048**	**2706**	**3014**
吉州区	11767	42	638	1274	1951	1722	1901
青原区	4626	50	256	535	855	702	767
吉安县							
吉水县							
峡江县							
新干县							
永丰县							
泰和县							
遂川县							
万安县							
安福县							
永新县							
井冈山市	1963	15	64	145	242	282	346
宜春市	**64794**	**781**	**3974**	**7175**	**10140**	**8485**	**9835**
袁州区	25643	376	1573	2955	4357	3461	3897
奉新县							
万载县							
上高县							
宜丰县							
靖安县							
铜鼓县							
丰城市	15226	228	1204	1832	2278	1718	2240
樟树市	10913	93	542	1153	1594	1429	1601
高安市	13012	84	655	1235	1911	1877	2097
抚州市	**26762**	**277**	**1928**	**2928**	**4703**	**3443**	**3942**
临川区	19378	223	1469	2208	3496	2467	2808
东乡区	7384	54	459	720	1207	976	1134
南城县							
黎川县							
南丰县							
崇仁县							
乐安县							
宜黄县							
金溪县							
资溪县							
广昌县							
上饶市	**66101**	**1081**	**5342**	**7637**	**10987**	**8413**	**8630**
信州区	21137	226	1553	2595	3860	3037	2872
广丰区	17041	264	1554	2126	2792	1857	2028
广信区	17257	443	1619	2056	2872	2317	2373
玉山县							
铅山县	74		7	5	13	9	12
横峰县							
弋阳县							
余干县	1769	27	124	217	286	207	187
鄱阳县	96	2	10	11	13	8	17
万年县							
婺源县							
德兴市	8727	119	475	627	1151	978	1141

4−1a　续表 2

单位：人

地　区 性　别	合计	16−19岁	20−24岁	25−29岁	30−34岁	35−39岁	40−44岁
男	**338316**	**4135**	**22538**	**37195**	**52116**	**42340**	**46688**
南昌市	**82060**	**1336**	**7423**	**10816**	**13524**	**10346**	**10577**
东湖区	9645	91	688	1109	1336	1115	1310
西湖区	11899	149	847	1359	2023	1573	1589
青云谱区	8604	107	599	1004	1283	953	1190
青山湖区	26935	477	2677	3835	4839	3455	3280
新建区	11439	208	1116	1650	1733	1374	1522
红谷滩区	13389	300	1481	1834	2293	1862	1666
南昌县	149	4	15	25	17	14	20
安义县							
进贤县							
景德镇市	**20132**	**144**	**1085**	**2087**	**2920**	**2460**	**2749**
昌江区	3634	29	174	381	580	446	519
珠山区	9436	47	498	985	1363	1213	1247
浮梁县	655	8	25	76	83	54	88
乐平市	6407	60	388	645	894	747	895
萍乡市	**17218**	**142**	**787**	**1488**	**2184**	**2059**	**2658**
安源区	12743	75	566	1124	1668	1624	2023
湘东区	4267	63	205	340	486	419	605
莲花县							
上栗县	208	4	16	24	30	16	30
芦溪县							
九江市	**29674**	**188**	**1383**	**2931**	**4462**	**3752**	**4167**
濂溪区	7197	31	274	798	1296	1064	956
浔阳区	10355	27	429	1032	1456	1266	1558
柴桑区	3156	27	166	304	453	357	424
武宁县							
修水县							
永修县							
德安县							
都昌县							
湖口县							
彭泽县							
瑞昌市	4160	33	185	382	511	464	592
共青城市	2578	45	174	217	418	335	322
庐山市	2228	25	155	198	328	266	315
新余市	**15912**	**76**	**686**	**1349**	**2155**	**1933**	**2455**
渝水区	15912	76	686	1349	2155	1933	2455
分宜县							
鹰潭市	**16505**	**151**	**914**	**1444**	**2236**	**2098**	**2194**
月湖区	7374	72	438	702	1096	946	962
余江区	2861	29	165	257	426	374	375
贵溪市	6270	50	311	485	714	778	857
赣州市	**52230**	**801**	**3566**	**6263**	**8744**	**6986**	**7638**
章贡区	23101	405	1657	2913	4233	3230	3152
南康区	12037	160	765	1429	1861	1573	1861
赣县区	5728	94	392	682	933	702	934
信丰县							
大余县							
上犹县							
崇义县							
安远县							
定南县							
全南县							

4-1a 续表 3

单位：人

地区 性别	合计	16-19岁	20-24岁	25-29岁	30-34岁	35-39岁	40-44岁
宁都县							
于都县							
兴国县							
会昌县							
寻乌县	27		1	4	2	6	4
石城县							
瑞金市	6503	82	492	698	998	847	951
龙南市	4834	60	259	537	717	628	736
吉安市	**10312**	**60**	**489**	**1009**	**1559**	**1425**	**1598**
吉州区	6664	24	327	652	1000	906	1019
青原区	2598	26	131	295	442	377	416
吉安县							
吉水县							
峡江县							
新干县							
永丰县							
泰和县							
遂川县							
万安县							
安福县							
永新县							
井冈山市	1050	10	31	62	117	142	163
宜春市	**37867**	**471**	**2195**	**3934**	**5506**	**4567**	**5330**
袁州区	15145	196	818	1563	2396	1900	2188
奉新县							
万载县							
上高县							
宜丰县							
靖安县							
铜鼓县							
丰城市	9329	158	723	1071	1309	961	1244
樟树市	6187	61	298	621	826	754	828
高安市	7206	56	356	679	975	952	1070
抚州市	**16391**	**172**	**1058**	**1606**	**2657**	**1929**	**2304**
临川区	11891	146	803	1194	1991	1401	1641
东乡区	4500	26	255	412	666	528	663
南城县							
黎川县							
南丰县							
崇仁县							
乐安县							
宜黄县							
金溪县							
资溪县							
广昌县							
上饶市	**40015**	**594**	**2952**	**4268**	**6169**	**4785**	**5018**
信州区	12231	110	759	1373	2112	1632	1647
广丰区	10601	148	883	1230	1649	1127	1199
广信区	10764	249	942	1171	1607	1363	1430
玉山县							
铅山县	49		4	3	5	7	8
横峰县							
弋阳县							
余干县	1110	15	84	129	172	125	108
鄱阳县	62		6	7	8	5	9
万年县							
婺源县							
德兴市	5198	72	274	355	616	526	617

4-1a　续表 4

单位：人

地　区 性　别	合计	16-19岁	20-24岁	25-29岁	30-34岁	35-39岁	40-44岁
女	**244377**	**3089**	**18993**	**30563**	**44740**	**36122**	**38381**
南昌市	**57203**	**1025**	**5949**	**8247**	**11132**	**8392**	**8402**
东湖区	7768	88	764	989	1322	1163	1209
西湖区	8811	155	820	1227	1787	1317	1331
青云谱区	5680	54	469	709	998	802	994
青山湖区	18222	338	1893	2685	3834	2634	2569
新建区	6958	152	764	1071	1239	971	1058
红谷滩区	9663	233	1228	1557	1937	1493	1226
南昌县	101	5	11	9	15	12	15
安义县							
进贤县							
景德镇市	**14011**	**103**	**892**	**1807**	**2432**	**2081**	**2283**
昌江区	2386	18	161	340	451	355	367
珠山区	6490	41	410	898	1173	990	1125
浮梁县	361	3	21	38	52	39	44
乐平市	4774	41	300	531	756	697	747
萍乡市	**15555**	**114**	**866**	**1474**	**2424**	**2232**	**2578**
安源区	12053	59	667	1190	1986	1822	2054
湘东区	3318	53	186	266	403	381	498
莲花县							
上栗县	184	2	13	18	35	29	26
芦溪县							
九江市	**23236**	**124**	**1297**	**2714**	**4364**	**3546**	**3841**
濂溪区	5282	25	287	722	1206	813	820
浔阳区	8061	23	406	931	1504	1294	1487
柴桑区	2312	23	152	245	421	343	342
武宁县							
修水县							
永修县							
德安县							
都昌县							
湖口县							
彭泽县							
瑞昌市	3912	12	184	391	570	580	626
共青城市	1915	21	122	224	374	276	279
庐山市	1754	20	146	201	289	240	287
新余市	**10139**	**60**	**618**	**1028**	**1657**	**1602**	**1827**
渝水区	10139	60	618	1028	1657	1602	1827
分宜县							
鹰潭市	**13108**	**118**	**775**	**1326**	**2191**	**1939**	**1840**
月湖区	5811	61	372	623	1069	902	825
余江区	2058	18	146	240	368	354	291
贵溪市	5239	39	257	463	754	683	724
赣州市	**39697**	**596**	**3088**	**5090**	**7553**	**5989**	**6439**
章贡区	17674	323	1474	2431	3749	2687	2711
南康区	9347	123	731	1099	1580	1385	1582
赣县区	4402	81	313	584	818	644	752
信丰县							
大余县							
上犹县							
崇义县							
安远县							
定南县							
全南县							

4-1a 续表 5

单位：人

地区 性别	合计	16-19岁	20-24岁	25-29岁	30-34岁	35-39岁	40-44岁
宁都县							
于都县							
兴国县							
会昌县							
寻乌县	22		3	2	2	5	4
石城县							
瑞金市	4568	47	395	535	793	695	727
龙南市	3684	22	172	439	611	573	663
吉安市	**8044**	**47**	**469**	**945**	**1489**	**1281**	**1416**
吉州区	5103	18	311	622	951	816	882
青原区	2028	24	125	240	413	325	351
吉安县							
吉水县							
峡江县							
新干县							
永丰县							
泰和县							
遂川县							
万安县							
安福县							
永新县							
井冈山市	913	5	33	83	125	140	183
宜春市	**26927**	**310**	**1779**	**3241**	**4634**	**3918**	**4505**
袁州区	10498	180	755	1392	1961	1561	1709
奉新县							
万载县							
上高县							
宜丰县							
靖安县							
铜鼓县							
丰城市	5897	70	481	761	969	757	996
樟树市	4726	32	244	532	768	675	773
高安市	5806	28	299	556	936	925	1027
抚州市	**10371**	**105**	**870**	**1322**	**2046**	**1514**	**1638**
临川区	7487	77	666	1014	1505	1066	1167
东乡区	2884	28	204	308	541	448	471
南城县							
黎川县							
南丰县							
崇仁县							
乐安县							
宜黄县							
金溪县							
资溪县							
广昌县							
上饶市	**26086**	**487**	**2390**	**3369**	**4818**	**3628**	**3612**
信州区	8906	116	794	1222	1748	1405	1225
广丰区	6440	116	671	896	1143	730	829
广信区	6493	194	677	885	1265	954	943
玉山县							
铅山县	25		3	2	8	2	4
横峰县							
弋阳县							
余干县	659	12	40	88	114	82	79
鄱阳县	34	2	4	4	5	3	8
万年县							
婺源县							
德兴市	3529	47	201	272	535	452	524

4-1a　续表 6

单位：人

地　区 性　别	45-49岁	50-54岁	55-59岁	60-64岁	65-69岁	70-74岁	75岁及以　上
全　省	**85562**	**62030**	**38213**	**11434**	**5814**	**1869**	**871**
南昌市	**18127**	**13001**	**8246**	**1758**	**684**	**201**	**77**
东湖区	2602	1919	1350	210	93	38	17
西湖区	2845	1971	1372	234	81	23	7
青云谱区	2227	1575	1017	195	78	23	7
青山湖区	5410	3981	2388	568	213	54	27
新建区	2454	1686	912	313	124	36	14
红谷滩区	2553	1841	1202	226	89	27	4
南昌县	36	28	5	12	6		1
安义县							
进贤县							
景德镇市	**5144**	**3944**	**2692**	**719**	**378**	**165**	**58**
昌江区	912	694	440	103	34	8	8
珠山区	2384	1891	1310	211	94	33	13
浮梁县	138	136	95	47	45	18	6
乐平市	1710	1223	847	358	205	106	31
萍乡市	**5015**	**4250**	**3009**	**789**	**477**	**148**	**79**
安源区	3823	3327	2293	334	128	22	11
湘东区	1119	887	688	444	348	126	68
莲花县							
上栗县	73	36	28	11	1		
芦溪县							
九江市	**8583**	**6186**	**3738**	**937**	**479**	**148**	**70**
濂溪区	1854	1301	770	154	72	17	19
浔阳区	3254	2185	1256	196	77	27	8
柴桑区	814	684	411	148	109	30	15
武宁县							
修水县							
永修县							
德安县							
都昌县							
湖口县							
彭泽县							
瑞昌市	1395	1052	717	216	106	39	17
共青城市	683	544	310	106	37	5	1
庐山市	583	420	274	117	78	30	10
新余市	**4680**	**3357**	**1783**	**534**	**190**	**43**	**18**
渝水区	4680	3357	1783	534	190	43	18
分宜县							
鹰潭市	**4462**	**3642**	**2450**	**979**	**570**	**175**	**109**
月湖区	2027	1538	1043	294	153	40	22
余江区	740	550	332	144	79	24	7
贵溪市	1695	1554	1075	541	338	111	80
赣州市	**13603**	**8821**	**4703**	**1238**	**556**	**159**	**94**
章贡区	5608	3589	1994	398	158	43	20
南康区	3486	2275	1046	241	134	35	18
赣县区	1548	916	500	130	84	12	11
信丰县							
大余县							
上犹县							
崇义县							
安远县							
定南县							
全南县							

4-1a 续表 7

单位：人

地 区 性 别	45-49岁	50-54岁	55-59岁	60-64岁	65-69岁	70-74岁	75岁及 以 上
宁都县							
于都县							
兴国县							
会昌县							
寻乌县	5	8	3				
石城县							
瑞金市	1585	1069	645	309	117	48	38
龙南市	1371	964	515	160	63	21	7
吉安市	**2910**	**1891**	**1155**	**360**	**168**	**48**	**37**
吉州区	1890	1274	767	189	75	23	21
青原区	667	381	222	108	58	16	9
吉安县							
吉水县							
峡江县							
新干县							
永丰县							
泰和县							
遂川县							
万安县							
安福县							
永新县							
井冈山市	353	236	166	63	35	9	7
宜春市	**9945**	**6987**	**4296**	**1798**	**962**	**294**	**122**
袁州区	3912	2639	1586	577	233	57	20
奉新县							
万载县							
上高县							
宜丰县							
靖安县							
铜鼓县							
丰城市	2164	1675	1057	448	255	89	38
樟树市	1749	1272	807	377	209	65	22
高安市	2120	1401	846	396	265	83	42
抚州市	**3870**	**3038**	**1697**	**522**	**292**	**96**	**26**
临川区	2727	2158	1235	322	190	57	18
东乡区	1143	880	462	200	102	39	8
南城县							
黎川县							
南丰县							
崇仁县							
乐安县							
宜黄县							
金溪县							
资溪县							
广昌县							
上饶市	**9223**	**6913**	**4444**	**1800**	**1058**	**392**	**181**
信州区	2981	2139	1328	318	164	46	18
广丰区	2237	1803	1152	637	366	145	80
广信区	2176	1530	1003	488	268	77	35
玉山县							
铅山县	4	7	12	2	3		
横峰县							
弋阳县							
余干县	258	190	125	68	54	16	10
鄱阳县	13	10	7	3	1	1	
万年县							
婺源县							
德兴市	1554	1234	817	284	202	107	38

4-1a　续表 8　　　　单位：人

地区 性别	45-49岁	50-54岁	55-59岁	60-64岁	65-69岁	70-74岁	75岁及以上
男	**49227**	**41436**	**28931**	**7955**	**3956**	**1252**	**547**
南昌市	**10526**	**8926**	**6635**	**1299**	**461**	**138**	**53**
东湖区	1389	1291	1082	145	57	21	11
西湖区	1614	1385	1117	173	47	18	5
青云谱区	1273	1113	863	148	51	15	5
青山湖区	3156	2700	1897	413	148	41	17
新建区	1524	1191	741	248	94	26	12
红谷滩区	1553	1227	931	163	60	17	2
南昌县	17	19	4	9	4		1
安义县							
进贤县							
景德镇市	**2972**	**2712**	**2132**	**482**	**248**	**104**	**37**
昌江区	521	502	379	70	25	4	4
珠山区	1389	1348	1100	154	64	20	8
浮梁县	89	93	61	31	31	13	3
乐平市	973	769	592	227	128	67	22
萍乡市	**2637**	**2469**	**1915**	**482**	**271**	**81**	**45**
安源区	1963	1907	1472	219	78	17	7
湘东区	631	545	426	253	192	64	38
莲花县							
上栗县	43	17	17	10	1		
芦溪县							
九江市	**4738**	**4103**	**2789**	**661**	**352**	**103**	**45**
濂溪区	1041	923	622	111	57	13	11
浔阳区	1790	1526	1042	147	57	19	6
柴桑区	469	444	298	103	79	21	11
武宁县							
修水县							
永修县							
德安县							
都昌县							
湖口县							
彭泽县							
瑞昌市	729	586	425	139	77	28	9
共青城市	381	348	222	79	32	4	1
庐山市	328	276	180	82	50	18	7
新余市	**2807**	**2402**	**1438**	**413**	**152**	**34**	**12**
渝水区	2807	2402	1438	413	152	34	12
分宜县							
鹰潭市	**2505**	**2184**	**1638**	**606**	**362**	**113**	**60**
月湖区	1134	934	742	197	109	25	17
余江区	445	355	249	104	56	20	6
贵溪市	926	895	647	305	197	68	37
赣州市	**7673**	**5683**	**3500**	**855**	**367**	**102**	**52**
章贡区	3134	2370	1575	283	106	28	15
南康区	1992	1396	714	162	88	26	10
赣县区	869	604	374	82	53	5	4
信丰县							
大余县							
上犹县							
崇义县							
安远县							
定南县							
全南县							

4-1a　续表 9

单位：人

地　区 性　别	45-49岁	50-54岁	55-59岁	60-64岁	65-69岁	70-74岁	75岁及以　上
宁都县							
于都县							
兴国县							
会昌县							
寻乌县	3	4	3				
石城县							
瑞金市	932	697	451	224	81	32	18
龙南市	743	612	383	104	39	11	5
吉安市	**1568**	**1299**	**896**	**242**	**117**	**26**	**24**
吉州区	1015	886	620	135	52	13	15
青原区	379	248	160	72	40	7	5
吉安县							
吉水县							
峡江县							
新干县							
永丰县							
泰和县							
遂川县							
万安县							
安福县							
永新县							
井冈山市	174	165	116	35	25	6	4
宜春市	**5772**	**4748**	**3217**	**1217**	**640**	**202**	**68**
袁州区	2337	1846	1238	426	179	47	11
奉新县							
万载县							
上高县							
宜丰县							
靖安县							
铜鼓县							
丰城市	1331	1185	800	295	164	64	24
樟树市	952	829	587	238	140	42	11
高安市	1152	888	592	258	157	49	22
抚州市	**2444**	**2163**	**1371**	**388**	**210**	**72**	**17**
临川区	1724	1553	1007	242	132	48	9
东乡区	720	610	364	146	78	24	8
南城县							
黎川县							
南丰县							
崇仁县							
乐安县							
宜黄县							
金溪县							
资溪县							
广昌县							
上饶市	**5585**	**4747**	**3400**	**1310**	**776**	**277**	**134**
信州区	1708	1449	1064	215	114	36	12
广丰区	1402	1220	826	482	267	107	61
广信区	1415	1100	787	380	222	69	29
玉山县							
铅山县	3	4	10	2	3		
横峰县							
弋阳县							
余干县	164	120	92	47	37	10	7
鄱阳县	10	7	5	3	1	1	
万年县							
婺源县							
德兴市	883	847	616	181	132	54	25

4-1a 续表 10

单位：人

地区 性别	45-49岁	50-54岁	55-59岁	60-64岁	65-69岁	70-74岁	75岁及以上
女	**36335**	**20594**	**9282**	**3479**	**1858**	**617**	**324**
南昌市	**7601**	**4075**	**1611**	**459**	**223**	**63**	**24**
东湖区	1213	628	268	65	36	17	6
西湖区	1231	586	255	61	34	5	2
青云谱区	954	462	154	47	27	8	2
青山湖区	2254	1281	491	155	65	13	10
新建区	930	495	171	65	30	10	2
红谷滩区	1000	614	271	63	29	10	2
南昌县	19	9	1	3	2		
安义县							
进贤县							
景德镇市	**2172**	**1232**	**560**	**237**	**130**	**61**	**21**
昌江区	391	192	61	33	9	4	4
珠山区	995	543	210	57	30	13	5
浮梁县	49	43	34	16	14	5	3
乐平市	737	454	255	131	77	39	9
萍乡市	**2378**	**1781**	**1094**	**307**	**206**	**67**	**34**
安源区	1860	1420	821	115	50	5	4
湘东区	488	342	262	191	156	62	30
莲花县							
上栗县	30	19	11	1			
芦溪县							
九江市	**3845**	**2083**	**949**	**276**	**127**	**45**	**25**
濂溪区	813	378	148	43	15	4	8
浔阳区	1464	659	214	49	20	8	2
柴桑区	345	240	113	45	30	9	4
武宁县							
修水县							
永修县							
德安县							
都昌县							
湖口县							
彭泽县							
瑞昌市	666	466	292	77	29	11	8
共青城市	302	196	88	27	5	1	
庐山市	255	144	94	35	28	12	3
新余市	**1873**	**955**	**345**	**121**	**38**	**9**	**6**
渝水区	1873	955	345	121	38	9	6
分宜县							
鹰潭市	**1957**	**1458**	**812**	**373**	**208**	**62**	**49**
月湖区	893	604	301	97	44	15	5
余江区	295	195	83	40	23	4	1
贵溪市	769	659	428	236	141	43	43
赣州市	**5930**	**3138**	**1203**	**383**	**189**	**57**	**42**
章贡区	2474	1219	419	115	52	15	5
南康区	1494	879	332	79	46	9	8
赣县区	679	312	126	48	31	7	7
信丰县							
大余县							
上犹县							
崇义县							
安远县							
定南县							
全南县							

4-1a 续表 11

单位：人

地区 性别	45-49岁	50-54岁	55-59岁	60-64岁	65-69岁	70-74岁	75岁及以上
宁都县							
于都县							
兴国县							
会昌县							
寻乌县	2	4					
石城县							
瑞金市	653	372	194	85	36	16	20
龙南市	628	352	132	56	24	10	2
吉安市	**1342**	**592**	**259**	**118**	**51**	**22**	**13**
吉州区	875	388	147	54	23	10	6
青原区	288	133	62	36	18	9	4
吉安县							
吉水县							
峡江县							
新干县							
永丰县							
泰和县							
遂川县							
万安县							
安福县							
永新县							
井冈山市	179	71	50	28	10	3	3
宜春市	**4173**	**2239**	**1079**	**581**	**322**	**92**	**54**
袁州区	1575	793	348	151	54	10	9
奉新县							
万载县							
上高县							
宜丰县							
靖安县							
铜鼓县							
丰城市	833	490	257	153	91	25	14
樟树市	797	443	220	139	69	23	11
高安市	968	513	254	138	108	34	20
抚州市	**1426**	**875**	**326**	**134**	**82**	**24**	**9**
临川区	1003	605	228	80	58	9	9
东乡区	423	270	98	54	24	15	
南城县							
黎川县							
南丰县							
崇仁县							
乐安县							
宜黄县							
金溪县							
资溪县							
广昌县							
上饶市	**3638**	**2166**	**1044**	**490**	**282**	**115**	**47**
信州区	1273	690	264	103	50	10	6
广丰区	835	583	326	155	99	38	19
广信区	761	430	216	108	46	8	6
玉山县							
铅山县	1	3	2				
横峰县							
弋阳县							
余干县	94	70	33	21	17	6	3
鄱阳县	3	3	2				
万年县							
婺源县							
德兴市	671	387	201	103	70	53	13

4-1b　各地区分性别、年龄的就业人口(镇)

单位：人

地　区 性　别	合计	16-19岁	20-24岁	25-29岁	30-34岁	35-39岁	40-44岁
全　省	**644311**	**8605**	**40999**	**63903**	**93271**	**79510**	**94703**
南昌市	**61317**	**1038**	**5297**	**7862**	**10701**	**7693**	**8320**
东湖区	220	4	11	25	36	19	26
西湖区							
青云谱区	98	3	20	16	17	10	8
青山湖区	3617	116	385	580	579	411	445
新建区	1985	26	142	188	313	207	234
红谷滩区							
南昌县	37008	642	3441	5257	7095	4764	4844
安义县	6245	101	455	653	920	758	874
进贤县	12144	146	843	1143	1741	1524	1889
景德镇市	**12735**	**155**	**771**	**1400**	**1826**	**1437**	**1789**
昌江区	367	3	24	34	30	45	56
珠山区	616	3	35	73	129	98	81
浮梁县	6212	55	366	733	922	661	958
乐平市	5540	94	346	560	745	633	694
萍乡市	**36315**	**380**	**1927**	**3037**	**4579**	**4322**	**4926**
安源区	3621	15	206	288	471	415	520
湘东区	4050	35	191	298	393	427	514
莲花县	6193	51	220	374	626	693	790
上栗县	14107	213	975	1415	2019	1736	1919
芦溪县	8344	66	335	662	1070	1051	1183
九江市	**75029**	**803**	**4420**	**6765**	**10865**	**9340**	**10881**
濂溪区	951	11	51	100	134	88	128
浔阳区							
柴桑区	2707	24	169	292	393	305	338
武宁县	5919	108	290	465	931	762	769
修水县	14903	136	825	1292	2385	1919	2221
永修县	8408	78	517	768	1032	920	1151
德安县	5802	77	273	460	947	745	877
都昌县	14619	203	1160	1483	1992	1951	2281
湖口县	5273	19	235	500	793	662	822
彭泽县	8333	63	443	550	1064	920	1221
瑞昌市	5058	38	228	575	828	740	697
共青城市	66		3	6	11	7	7
庐山市	2990	46	226	274	355	321	369
新余市	**7923**	**66**	**390**	**599**	**1089**	**992**	**1170**
渝水区	1062	13	57	87	140	125	158
分宜县	6861	53	333	512	949	867	1012
鹰潭市	**8942**	**166**	**612**	**813**	**1163**	**1060**	**1016**
月湖区	237	4	18	16	29	16	29
余江区	4009	75	298	390	552	535	439
贵溪市	4696	87	296	407	582	509	548
赣州市	**137154**	**2256**	**9956**	**15157**	**20534**	**17638**	**20977**
章贡区	1027	26	113	160	204	147	138
南康区	1585	21	80	135	202	217	271
赣县区	4254	125	352	447	586	464	582
信丰县	18107	362	1335	2075	2769	2025	2697
大余县	6548	58	389	595	938	811	1007
上犹县	5626	42	274	512	850	769	960
崇义县	3608	20	155	271	615	456	624
安远县	7414	65	517	855	1082	959	1154
定南县	5679	45	259	657	915	842	856
全南县	4137	41	192	389	586	551	625

4-1b 续表 1

单位：人

地区 性别	合计	16-19岁	20-24岁	25-29岁	30-34岁	35-39岁	40-44岁
宁都县	17285	423	1190	1790	2498	2028	2532
于都县	20539	353	1957	2532	3116	3031	3507
兴国县	15105	234	967	1627	2215	2098	2251
会昌县	11644	291	1267	1445	1603	1344	1641
寻乌县	6410	50	389	705	1053	904	1036
石城县	5500	54	317	693	972	698	772
瑞金市	1606	33	145	159	218	174	174
龙南市	1080	13	58	110	112	120	150
吉安市	**84836**	**742**	**4241**	**7517**	**11521**	**10504**	**14626**
吉州区	829	9	36	62	133	118	162
青原区	654	4	55	82	65	61	105
吉安县	11468	137	740	1252	1866	1513	1988
吉水县	10349	107	607	930	1310	1162	1808
峡江县	2802	20	146	216	345	264	502
新干县	6033	22	274	476	816	692	1111
永丰县	7740	51	383	700	1054	866	1191
泰和县	11874	126	458	1045	1703	1627	2192
遂川县	9594	90	443	844	1378	1292	1461
万安县	5340	34	280	480	652	642	925
安福县	6220	43	234	497	802	760	1063
永新县	9801	85	524	818	1198	1255	1751
井冈山市	2132	14	61	115	199	252	367
宜春市	**60208**	**768**	**3073**	**4930**	**7734**	**7158**	**8577**
袁州区	2385	77	143	206	307	253	323
奉新县	7257	74	366	511	942	915	1166
万载县	10886	238	668	932	1492	1422	1585
上高县	8518	45	350	726	1376	1138	1077
宜丰县	8116	56	292	483	946	964	1234
靖安县	3099	33	140	304	379	369	461
铜鼓县	2804	30	139	234	406	357	456
丰城市	6018	123	443	624	666	533	793
樟树市	1876	17	117	168	186	176	238
高安市	9249	75	415	742	1034	1031	1244
抚州市	**58345**	**684**	**3576**	**5420**	**8631**	**7065**	**8583**
临川区	3272	90	324	287	443	328	417
东乡区	1528	12	89	107	192	156	191
南城县	7587	52	392	663	1105	916	1167
黎川县	6440	50	409	583	876	676	910
南丰县	6394	36	271	547	967	934	1033
崇仁县	7106	140	632	716	1053	791	1004
乐安县	5968	83	351	644	947	792	893
宜黄县	6696	60	374	607	918	773	936
金溪县	5340	65	300	447	827	769	831
资溪县	2247	27	123	198	327	246	376
广昌县	5767	69	311	621	976	684	825
上饶市	**101507**	**1547**	**6736**	**10403**	**14628**	**12301**	**13838**
信州区	849	18	62	87	118	98	117
广丰区	5845	126	567	690	907	495	657
广信区	3501	86	330	393	460	372	421
玉山县	11813	155	636	984	1660	1387	1718
铅山县	10292	183	652	915	1427	1245	1385
横峰县	4402	37	200	373	617	661	675
弋阳县	8122	102	416	720	1094	993	1088
余干县	16208	218	994	1924	2619	2074	2180
鄱阳县	24397	431	2048	2924	3292	2891	3184
万年县	6995	91	406	679	1021	948	1043
婺源县	8438	93	397	669	1331	1055	1290
德兴市	645	7	28	45	82	82	80

4-1b　续表 2

单位：人

地区 性别	合计	16-19岁	20-24岁	25-29岁	30-34岁	35-39岁	40-44岁
男	**374433**	**5042**	**22748**	**35388**	**50855**	**43126**	**52006**
南昌市	**37935**	**657**	**3228**	**4629**	**6154**	**4517**	**4842**
东湖区	135	3	5	18	19	11	14
西湖区							
青云谱区	71	1	13	13	13	9	7
青山湖区	2406	85	272	381	362	257	282
新建区	1269	22	81	112	191	127	129
红谷滩区							
南昌县	22614	388	2075	3101	4028	2809	2808
安义县	4073	72	301	391	577	454	542
进贤县	7367	86	481	613	964	850	1060
景德镇市	**7579**	**96**	**441**	**779**	**1051**	**817**	**989**
昌江区	256	3	15	28	19	24	37
珠山区	339		21	39	62	57	45
浮梁县	3822	44	200	420	547	387	518
乐平市	3162	49	205	292	423	349	389
萍乡市	**18956**	**224**	**986**	**1507**	**2311**	**2192**	**2574**
安源区	2020	8	109	149	255	235	284
湘东区	2172	19	98	147	207	239	286
莲花县	2992	32	112	178	290	308	379
上栗县	7431	130	497	700	1040	882	1024
芦溪县	4341	35	170	333	519	528	601
九江市	**43462**	**471**	**2425**	**3696**	**5764**	**4993**	**5929**
濂溪区	605	6	31	59	84	51	81
浔阳区							
柴桑区	1629	14	107	169	230	175	186
武宁县	3717	54	140	239	525	436	463
修水县	8897	88	432	672	1260	1055	1282
永修县	4952	47	281	416	562	484	634
德安县	3001	42	149	224	437	367	422
都昌县	8062	120	629	820	1022	1001	1173
湖口县	3141	14	137	285	429	348	439
彭泽县	4755	32	242	308	586	499	649
瑞昌市	2843	26	136	332	423	383	388
共青城市	41		1	5	3	5	4
庐山市	1819	28	140	167	203	189	208
新余市	**4841**	**39**	**199**	**346**	**601**	**594**	**705**
渝水区	672	9	33	52	81	73	103
分宜县	4169	30	166	294	520	521	602
鹰潭市	**5487**	**105**	**362**	**465**	**654**	**629**	**590**
月湖区	126	1	9	8	18	7	15
余江区	2422	47	183	221	299	316	245
贵溪市	2939	57	170	236	337	306	330
赣州市	**77859**	**1202**	**5340**	**8333**	**11119**	**9468**	**11247**
章贡区	644	15	65	107	126	95	81
南康区	911	8	43	84	107	123	141
赣县区	2658	62	224	276	358	277	341
信丰县	10015	222	721	1135	1493	1055	1353
大余县	3643	32	220	304	485	425	562
上犹县	3046	22	123	257	448	380	492
崇义县	2099	10	80	145	336	251	343
安远县	4103	37	286	434	573	520	609
定南县	3374	26	132	375	495	477	467
全南县	2305	33	99	223	300	277	313

4-1b 续表 3

单位：人

地区 性别	合计	16-19岁	20-24岁	25-29岁	30-34岁	35-39岁	40-44岁
宁都县	10502	202	657	1013	1504	1191	1462
于都县	11353	172	1006	1383	1602	1578	1896
兴国县	8187	128	526	860	1112	1071	1142
会昌县	6538	150	667	794	851	726	898
寻乌县	3642	27	200	390	584	469	547
石城县	3278	33	175	401	544	389	426
瑞金市	932	16	81	91	128	94	93
龙南市	629	7	35	61	73	70	81
吉安市	**46330**	**454**	**2281**	**3994**	**5856**	**5284**	**7460**
吉州区	370	7	15	25	67	42	52
青原区	376	1	18	45	41	37	59
吉安县	6158	78	429	699	943	770	956
吉水县	5732	68	340	503	692	566	927
峡江县	1615	11	70	114	195	142	292
新干县	3460	18	154	265	439	355	611
永丰县	4380	38	192	364	578	469	625
泰和县	6261	68	244	531	836	800	1123
遂川县	5141	58	223	450	700	653	743
万安县	2890	21	154	266	313	306	462
安福县	3412	26	119	250	371	376	544
永新县	5391	46	292	423	594	650	892
井冈山市	1144	14	31	59	87	118	174
宜春市	**34728**	**474**	**1694**	**2658**	**4165**	**3775**	**4646**
袁州区	1487	50	90	117	175	142	200
奉新县	4153	45	187	268	486	475	643
万载县	5992	126	323	480	754	718	834
上高县	4975	31	207	370	750	617	581
宜丰县	4381	40	139	234	473	483	639
靖安县	1806	20	60	157	214	181	249
铜鼓县	1654	18	69	119	207	185	255
丰城市	3655	78	276	364	400	301	452
樟树市	1046	9	66	84	100	88	122
高安市	5579	57	277	465	606	585	671
抚州市	**35016**	**390**	**1954**	**3082**	**4845**	**3894**	**4897**
临川区	2300	57	216	189	295	217	269
东乡区	962	6	52	63	112	94	117
南城县	4640	31	210	373	614	554	683
黎川县	3817	28	232	341	478	362	494
南丰县	3742	18	136	305	533	482	593
崇仁县	4356	83	356	448	625	429	595
乐安县	3673	39	177	373	531	468	521
宜黄县	3743	28	186	320	490	385	481
金溪县	3192	42	161	240	478	412	493
资溪县	1356	13	59	95	174	133	222
广昌县	3235	45	169	335	515	358	429
上饶市	**62240**	**930**	**3838**	**5899**	**8335**	**6963**	**8127**
信州区	497	10	32	45	67	61	62
广丰区	3771	67	321	396	584	297	422
广信区	2209	57	189	244	269	218	272
玉山县	7504	75	348	531	985	826	1019
铅山县	6466	109	380	552	834	729	817
横峰县	2707	17	111	208	341	354	403
弋阳县	4733	70	226	392	565	515	597
余干县	9967	135	602	1096	1496	1216	1320
鄱阳县	14981	276	1173	1703	1879	1647	1842
万年县	4448	57	227	392	593	559	637
婺源县	4557	55	205	316	670	491	687
德兴市	400	2	24	24	52	50	49

4-1b　续表 4

单位：人

地　区 性　别	合计	16-19岁	20-24岁	25-29岁	30-34岁	35-39岁	40-44岁
女	**269878**	**3563**	**18251**	**28515**	**42416**	**36384**	**42697**
南昌市	**23382**	**381**	**2069**	**3233**	**4547**	**3176**	**3478**
东湖区	85	1	6	7	17	8	12
西湖区							
青云谱区	27	2	7	3	4	1	1
青山湖区	1211	31	113	199	217	154	163
新建区	716	4	61	76	122	80	105
红谷滩区							
南昌县	14394	254	1366	2156	3067	1955	2036
安义县	2172	29	154	262	343	304	332
进贤县	4777	60	362	530	777	674	829
景德镇市	**5156**	**59**	**330**	**621**	**775**	**620**	**800**
昌江区	111		9	6	11	21	19
珠山区	277	3	14	34	67	41	36
浮梁县	2390	11	166	313	375	274	440
乐平市	2378	45	141	268	322	284	305
萍乡市	**17359**	**156**	**941**	**1530**	**2268**	**2130**	**2352**
安源区	1601	7	97	139	216	180	236
湘东区	1878	16	93	151	186	188	228
莲花县	3201	19	108	196	336	385	411
上栗县	6676	83	478	715	979	854	895
芦溪县	4003	31	165	329	551	523	582
九江市	**31567**	**332**	**1995**	**3069**	**5101**	**4347**	**4952**
濂溪区	346	5	20	41	50	37	47
浔阳区							
柴桑区	1078	10	62	123	163	130	152
武宁县	2202	54	150	226	406	326	306
修水县	6006	48	393	620	1125	864	939
永修县	3456	31	236	352	470	436	517
德安县	2801	35	124	236	510	378	455
都昌县	6557	83	531	663	970	950	1108
湖口县	2132	5	98	215	364	314	383
彭泽县	3578	31	201	242	478	421	572
瑞昌市	2215	12	92	243	405	357	309
共青城市	25		2	1	8	2	3
庐山市	1171	18	86	107	152	132	161
新余市	**3082**	**27**	**191**	**253**	**488**	**398**	**465**
渝水区	390	4	24	35	59	52	55
分宜县	2692	23	167	218	429	346	410
鹰潭市	**3455**	**61**	**250**	**348**	**509**	**431**	**426**
月湖区	111	3	9	8	11	9	14
余江区	1587	28	115	169	253	219	194
贵溪市	1757	30	126	171	245	203	218
赣州市	**59295**	**1054**	**4616**	**6824**	**9415**	**8170**	**9730**
章贡区	383	11	48	53	78	52	57
南康区	674	13	37	51	95	94	130
赣县区	1596	63	128	171	228	187	241
信丰县	8092	140	614	940	1276	970	1344
大余县	2905	26	169	291	453	386	445
上犹县	2580	20	151	255	402	389	468
崇义县	1509	10	75	126	279	205	281
安远县	3311	28	231	421	509	439	545
定南县	2305	19	127	282	420	365	389
全南县	1832	8	93	166	286	274	312

4-1b 续表 5

单位：人

地区 性别	合计	16-19岁	20-24岁	25-29岁	30-34岁	35-39岁	40-44岁
宁都县	6783	221	533	777	994	837	1070
于都县	9186	181	951	1149	1514	1453	1611
兴国县	6918	106	441	767	1103	1027	1109
会昌县	5106	141	600	651	752	618	743
寻乌县	2768	23	189	315	469	435	489
石城县	2222	21	142	292	428	309	346
瑞金市	674	17	64	68	90	80	81
龙南市	451	6	23	49	39	50	69
吉安市	**38506**	**288**	**1960**	**3523**	**5665**	**5220**	**7166**
吉州区	459	2	21	37	66	76	110
青原区	278	3	37	37	24	24	46
吉安县	5310	59	311	553	923	743	1032
吉水县	4617	39	267	427	618	596	881
峡江县	1187	9	76	102	150	122	210
新干县	2573	4	120	211	377	337	500
永丰县	3360	13	191	336	476	397	566
泰和县	5613	58	214	514	867	827	1069
遂川县	4453	32	220	394	678	639	718
万安县	2450	13	126	214	339	336	463
安福县	2808	17	115	247	431	384	519
永新县	4410	39	232	395	604	605	859
井冈山市	988		30	56	112	134	193
宜春市	**25480**	**294**	**1379**	**2272**	**3569**	**3383**	**3931**
袁州区	898	27	53	89	132	111	123
奉新县	3104	29	179	243	456	440	523
万载县	4894	112	345	452	738	704	751
上高县	3543	14	143	356	626	521	496
宜丰县	3735	16	153	249	473	481	595
靖安县	1293	13	80	147	165	188	212
铜鼓县	1150	12	70	115	199	172	201
丰城市	2363	45	167	260	266	232	341
樟树市	830	8	51	84	86	88	116
高安市	3670	18	138	277	428	446	573
抚州市	**23329**	**294**	**1622**	**2338**	**3786**	**3171**	**3686**
临川区	972	33	108	98	148	111	148
东乡区	566	6	37	44	80	62	74
南城县	2947	21	182	290	491	362	484
黎川县	2623	22	177	242	398	314	416
南丰县	2652	18	135	242	434	452	440
崇仁县	2750	57	276	268	428	362	409
乐安县	2295	44	174	271	416	324	372
宜黄县	2953	32	188	287	428	388	455
金溪县	2148	23	139	207	349	357	338
资溪县	891	14	64	103	153	113	154
广昌县	2532	24	142	286	461	326	396
上饶市	**39267**	**617**	**2898**	**4504**	**6293**	**5338**	**5711**
信州区	352	8	30	42	51	37	55
广丰区	2074	59	246	294	323	198	235
广信区	1292	29	141	149	191	154	149
玉山县	4309	80	288	453	675	561	699
铅山县	3826	74	272	363	593	516	568
横峰县	1695	20	89	165	276	307	272
弋阳县	3389	32	190	328	529	478	491
余干县	6241	83	392	828	1123	858	860
鄱阳县	9416	155	875	1221	1413	1244	1342
万年县	2547	34	179	287	428	389	406
婺源县	3881	38	192	353	661	564	603
德兴市	245	5	4	21	30	32	31

4-1b 续表 6

单位：人

地区 性别	45-49岁	50-54岁	55-59岁	60-64岁	65-69岁	70-74岁	75岁及以上
全 省	**98599**	**75157**	**47412**	**21547**	**13149**	**5028**	**2428**
南昌市	**8356**	**6372**	**3610**	**1239**	**563**	**195**	**71**
东湖区	30	37	20	5	3	1	3
西湖区							
青云谱区	7	7	7	1	1		1
青山湖区	442	370	191	65	29	1	3
新建区	286	266	188	64	35	23	13
红谷滩区							
南昌县	4670	3444	1914	622	232	67	16
安义县	1015	757	472	158	49	25	8
进贤县	1906	1491	818	324	214	78	27
景德镇市	**1790**	**1519**	**1005**	**535**	**318**	**141**	**49**
昌江区	70	59	25	10	9	1	1
珠山区	65	64	52	12	4		
浮梁县	914	753	474	215	116	33	12
乐平市	741	643	454	298	189	107	36
萍乡市	**4967**	**4443**	**3242**	**2049**	**1434**	**630**	**379**
安源区	585	533	420	89	51	15	13
湘东区	477	482	381	347	302	141	62
莲花县	824	707	614	420	476	215	183
上栗县	1962	1649	1096	688	290	100	45
芦溪县	1119	1072	731	505	315	159	76
九江市	**11417**	**9232**	**6116**	**2524**	**1695**	**674**	**297**
濂溪区	119	139	97	43	32	7	2
浔阳区							
柴桑区	345	378	226	129	63	32	13
武宁县	876	800	517	213	114	51	23
修水县	2379	1840	1161	424	238	64	19
永修县	1304	1175	786	301	232	95	49
德安县	934	736	475	162	79	24	13
都昌县	2003	1401	930	539	409	184	83
湖口县	968	598	393	137	80	50	16
彭泽县	1349	1156	809	336	272	101	49
瑞昌市	721	603	429	113	60	18	8
共青城市	11	11	5	4	1		
庐山市	408	395	288	123	115	48	22
新余市	**1412**	**1059**	**584**	**322**	**164**	**57**	**19**
渝水区	172	119	89	52	44	6	
分宜县	1240	940	495	270	120	51	19
鹰潭市	**1284**	**1118**	**724**	**479**	**333**	**123**	**51**
月湖区	40	27	15	17	22	4	
余江区	548	448	291	193	146	66	28
贵溪市	696	643	418	269	165	53	23
赣州市	**22044**	**14509**	**8148**	**3221**	**1760**	**603**	**351**
章贡区	104	80	36	10	7	1	1
南康区	256	212	109	43	22	10	7
赣县区	702	493	306	117	54	19	7
信丰县	3066	1993	987	420	239	88	51
大余县	1127	881	462	160	81	24	15
上犹县	1028	688	335	96	48	16	8
崇义县	678	439	263	52	26	7	2
安远县	1219	822	437	190	75	26	13
定南县	927	611	356	112	76	13	10
全南县	836	485	265	101	49	10	7

4-1b 续表 7

单位：人

地区 性别	45-49岁	50-54岁	55-59岁	60-64岁	65-69岁	70-74岁	75岁及以上
宁都县	2705	1873	1190	562	317	114	63
于都县	3143	1649	786	264	144	36	21
兴国县	2292	1529	959	470	276	110	77
会昌县	1785	1206	616	236	137	53	20
寻乌县	980	668	436	111	56	14	8
石城县	807	565	370	137	72	26	17
瑞金市	226	190	129	76	50	22	10
龙南市	163	125	106	64	31	14	14
吉安市	**13807**	**9656**	**6224**	**3035**	**1882**	**705**	**376**
吉州区	144	86	34	21	19	5	
青原区	98	97	50	14	15	7	1
吉安县	1690	1077	645	301	166	63	30
吉水县	1704	1194	684	408	260	107	68
峡江县	474	348	266	105	62	34	20
新干县	1076	739	457	190	107	43	30
永丰县	1224	940	641	342	208	86	54
泰和县	1918	1201	847	388	239	88	42
遂川县	1433	1164	752	381	231	81	44
万安县	904	654	432	195	108	17	17
安福县	1102	811	471	218	144	53	22
永新县	1648	1041	723	361	266	94	37
井冈山市	392	304	222	111	57	27	11
宜春市	**9844**	**8026**	**5365**	**2512**	**1445**	**530**	**246**
袁州区	340	298	199	130	82	21	6
奉新县	1197	953	597	294	166	57	19
万载县	1547	1319	940	407	215	83	38
上高县	1557	1111	686	269	128	44	11
宜丰县	1421	1214	820	359	201	76	50
靖安县	517	396	306	116	53	19	6
铜鼓县	472	396	211	64	25	11	3
丰城市	890	778	557	276	217	78	40
樟树市	333	254	188	88	65	25	21
高安市	1570	1307	861	509	293	116	52
抚州市	**9246**	**7439**	**4534**	**1702**	**977**	**342**	**146**
临川区	482	415	244	115	81	39	7
东乡区	214	214	162	105	60	19	7
南城县	1209	955	620	264	163	60	21
黎川县	1068	947	544	177	114	55	31
南丰县	999	806	458	162	111	49	21
崇仁县	1098	855	485	183	108	28	13
乐安县	974	644	410	141	67	18	4
宜黄县	1105	965	607	209	91	32	19
金溪县	851	641	382	117	85	17	8
资溪县	360	294	195	55	29	10	7
广昌县	886	703	427	174	68	15	8
上饶市	**14432**	**11784**	**7860**	**3929**	**2578**	**1028**	**443**
信州区	115	95	50	42	29	10	8
广丰区	750	668	426	269	189	70	31
广信区	445	405	273	162	105	31	18
玉山县	1789	1504	990	453	338	138	61
铅山县	1495	1307	827	452	259	95	50
横峰县	647	554	370	133	73	47	15
弋阳县	1289	1007	727	368	191	76	51
余干县	2216	1680	1166	575	391	125	46
鄱阳县	3218	2701	1820	899	621	278	90
万年县	1071	777	457	266	147	61	28
婺源县	1297	1005	695	278	207	83	38
德兴市	100	81	59	32	28	14	7

4-1b 续表 8

单位：人

地区 性别	45-49岁	50-54岁	55-59岁	60-64岁	65-69岁	70-74岁	75岁及以上
男	**56400**	**48272**	**32945**	**14250**	**8647**	**3244**	**1510**
南昌市	**5053**	**4469**	**2842**	**922**	**425**	**144**	**53**
东湖区	16	23	17	4	2	1	2
西湖区							
青云谱区	5	4	5		1		
青山湖区	272	269	158	46	20		2
新建区	169	197	139	50	24	16	12
红谷滩区							
南昌县	2800	2406	1498	461	175	51	14
安义县	624	539	378	131	40	18	6
进贤县	1167	1031	647	230	163	58	17
景德镇市	**1063**	**975**	**701**	**350**	**193**	**91**	**33**
昌江区	44	47	24	7	6	1	1
珠山区	32	39	35	7	2		
浮梁县	566	508	358	164	77	24	9
乐平市	421	381	284	172	108	66	23
萍乡市	**2569**	**2420**	**1785**	**1063**	**783**	**337**	**205**
安源区	315	316	240	52	40	7	10
湘东区	260	259	206	178	167	71	35
莲花县	388	358	324	204	229	103	87
上栗县	1005	887	623	373	178	63	29
芦溪县	601	600	392	256	169	93	44
九江市	**6485**	**5993**	**4202**	**1723**	**1134**	**460**	**187**
濂溪区	62	100	73	30	22	4	2
浔阳区							
柴桑区	193	235	157	86	45	24	8
武宁县	559	593	401	166	89	38	14
修水县	1451	1246	850	317	180	53	11
永修县	753	778	558	200	145	66	28
德安县	482	417	283	101	53	17	7
都昌县	1082	865	585	334	262	122	47
湖口县	550	434	302	104	57	30	12
彭泽县	741	688	534	217	162	64	33
瑞昌市	382	370	254	85	45	11	8
共青城市	7	8	4	3	1		
庐山市	223	259	201	80	73	31	17
新余市	**835**	**718**	**422**	**229**	**109**	**28**	**16**
渝水区	116	79	58	33	31	4	
分宜县	719	639	364	196	78	24	16
鹰潭市	**763**	**746**	**505**	**325**	**224**	**87**	**32**
月湖区	21	15	9	9	12	2	
余江区	318	295	204	133	98	47	16
贵溪市	424	436	292	183	114	38	16
赣州市	**12482**	**9168**	**5651**	**2128**	**1155**	**379**	**187**
章贡区	56	53	33	8	5		
南康区	143	135	74	31	14	3	5
赣县区	444	330	221	76	36	8	5
信丰县	1631	1243	676	274	145	51	16
大余县	599	539	305	103	49	13	7
上犹县	547	429	233	67	31	12	5
崇义县	383	289	195	40	20	5	2
安远县	690	483	288	114	46	17	6
定南县	573	410	267	84	56	9	3
全南县	457	299	196	68	28	8	4

4-1b 续表 9

单位：人

地区 性别	45-49岁	50-54岁	55-59岁	60-64岁	65-69岁	70-74岁	75岁及以上
宁都县	1663	1249	848	376	225	76	36
于都县	1777	1048	561	181	113	23	13
兴国县	1237	928	605	292	176	66	44
会昌县	1006	750	417	147	85	37	10
寻乌县	576	421	307	78	30	9	4
石城县	466	388	277	101	49	18	11
瑞金市	132	107	86	45	33	17	9
龙南市	102	67	62	43	14	7	7
吉安市	**7368**	**5888**	**4136**	**1818**	**1148**	**418**	**225**
吉州区	64	46	23	13	12	4	
青原区	57	56	37	10	9	6	
吉安县	837	671	427	182	107	40	19
吉水县	942	738	440	252	162	65	37
峡江县	265	212	185	57	39	20	13
新干县	592	485	325	111	68	22	15
永丰县	699	574	420	198	128	59	36
泰和县	986	710	535	240	124	44	20
遂川县	753	677	474	207	136	43	24
万安县	463	389	299	125	71	12	9
安福县	621	507	329	136	84	32	17
永新县	886	640	487	221	177	57	26
井冈山市	203	183	155	66	31	14	9
宜春市	**5460**	**5071**	**3694**	**1643**	**961**	**338**	**149**
袁州区	198	199	138	100	59	16	3
奉新县	652	605	426	182	127	43	14
万载县	843	820	612	269	142	50	21
上高县	867	729	515	189	82	32	5
宜丰县	751	715	509	206	112	50	30
靖安县	296	268	222	87	37	11	4
铜鼓县	273	276	170	52	21	7	2
丰城市	523	490	393	164	146	43	25
樟树市	179	155	123	53	40	14	13
高安市	878	814	586	341	195	72	32
抚州市	**5515**	**4969**	**3275**	**1205**	**664**	**241**	**85**
临川区	360	328	183	93	60	27	6
东乡区	135	147	107	77	35	12	5
南城县	739	639	449	176	118	42	12
黎川县	600	612	406	130	81	37	16
南丰县	575	542	324	113	72	37	12
崇仁县	670	558	357	134	71	22	8
乐安县	600	470	327	106	47	11	3
宜黄县	602	595	415	148	63	22	8
金溪县	505	426	281	84	52	13	5
资溪县	229	209	152	39	19	8	4
广昌县	500	443	274	105	46	10	6
上饶市	**8807**	**7855**	**5732**	**2844**	**1851**	**721**	**338**
信州区	67	55	32	32	21	9	4
广丰区	467	463	313	209	155	50	27
广信区	291	250	195	117	72	19	16
玉山县	1120	1059	772	359	260	103	47
铅山县	900	884	624	337	190	74	36
横峰县	396	379	287	105	53	42	11
弋阳县	732	662	513	247	128	47	39
余干县	1377	1114	819	400	274	85	33
鄱阳县	2012	1773	1325	646	449	188	68
万年县	694	562	348	201	112	44	22
婺源县	691	604	465	171	124	49	29
德兴市	60	50	39	20	13	11	6

4−1b　续表 10

单位：人

地　区 性　别	45−49岁	50−54岁	55−59岁	60−64岁	65−69岁	70−74岁	75岁及以　上
女	**42199**	**26885**	**14467**	**7297**	**4502**	**1784**	**918**
南昌市	**3303**	**1903**	**768**	**317**	**138**	**51**	**18**
东湖区	14	14	3	1	1		1
西湖区							
青云谱区	2	3	2	1			1
青山湖区	170	101	33	19	9	1	1
新建区	117	69	49	14	11	7	1
红谷滩区							
南昌县	1870	1038	416	161	57	16	2
安义县	391	218	94	27	9	7	2
进贤县	739	460	171	94	51	20	10
景德镇市	**727**	**544**	**304**	**185**	**125**	**50**	**16**
昌江区	26	12	1	3	3		
珠山区	33	25	17	5	2		
浮梁县	348	245	116	51	39	9	3
乐平市	320	262	170	126	81	41	13
萍乡市	**2398**	**2023**	**1457**	**986**	**651**	**293**	**174**
安源区	270	217	180	37	11	8	3
湘东区	217	223	175	169	135	70	27
莲花县	436	349	290	216	247	112	96
上栗县	957	762	473	315	112	37	16
芦溪县	518	472	339	249	146	66	32
九江市	**4932**	**3239**	**1914**	**801**	**561**	**214**	**110**
濂溪区	57	39	24	13	10	3	
浔阳区							
柴桑区	152	143	69	43	18	8	5
武宁县	317	207	116	47	25	13	9
修水县	928	594	311	107	58	11	8
永修县	551	397	228	101	87	29	21
德安县	452	319	192	61	26	7	6
都昌县	921	536	345	205	147	62	36
湖口县	418	164	91	33	23	20	4
彭泽县	608	468	275	119	110	37	16
瑞昌市	339	233	175	28	15	7	
共青城市	4	3	1	1			
庐山市	185	136	87	43	42	17	5
新余市	**577**	**341**	**162**	**93**	**55**	**29**	**3**
渝水区	56	40	31	19	13	2	
分宜县	521	301	131	74	42	27	3
鹰潭市	**521**	**372**	**219**	**154**	**109**	**36**	**19**
月湖区	19	12	6	8	10	2	
余江区	230	153	87	60	48	19	12
贵溪市	272	207	126	86	51	15	7
赣州市	**9562**	**5341**	**2497**	**1093**	**605**	**224**	**164**
章贡区	48	27	3	2	2	1	1
南康区	113	77	35	12	8	7	2
赣县区	258	163	85	41	18	11	2
信丰县	1435	750	311	146	94	37	35
大余县	528	342	157	57	32	11	8
上犹县	481	259	102	29	17	4	3
崇义县	295	150	68	12	6	2	
安远县	529	339	149	76	29	9	7
定南县	354	201	89	28	20	4	7
全南县	379	186	69	33	21	2	3

4-1b 续表 11

单位：人

地 区 性 别	45-49岁	50-54岁	55-59岁	60-64岁	65-69岁	70-74岁	75岁及以上
宁都县	1042	624	342	186	92	38	27
于都县	1366	601	225	83	31	13	8
兴国县	1055	601	354	178	100	44	33
会昌县	779	456	199	89	52	16	10
寻乌县	404	247	129	33	26	5	4
石城县	341	177	93	36	23	8	6
瑞金市	94	83	43	31	17	5	1
龙南市	61	58	44	21	17	7	7
吉安市	**6439**	**3768**	**2088**	**1217**	**734**	**287**	**151**
吉州区	80	40	11	8	7	1	
青原区	41	41	13	4	6	1	1
吉安县	853	406	218	119	59	23	11
吉水县	762	456	244	156	98	42	31
峡江县	209	136	81	48	23	14	7
新干县	484	254	132	79	39	21	15
永丰县	525	366	221	144	80	27	18
泰和县	932	491	312	148	115	44	22
遂川县	680	487	278	174	95	38	20
万安县	441	265	133	70	37	5	8
安福县	481	304	142	82	60	21	5
永新县	762	401	236	140	89	37	11
井冈山市	189	121	67	45	26	13	2
宜春市	**4384**	**2955**	**1671**	**869**	**484**	**192**	**97**
袁州区	142	99	61	30	23	5	3
奉新县	545	348	171	112	39	14	5
万载县	704	499	328	138	73	33	17
上高县	690	382	171	80	46	12	6
宜丰县	670	499	311	153	89	26	20
靖安县	221	128	84	29	16	8	2
铜鼓县	199	120	41	12	4	4	1
丰城市	367	288	164	112	71	35	15
樟树市	154	99	65	35	25	11	8
高安市	692	493	275	168	98	44	20
抚州市	**3731**	**2470**	**1259**	**497**	**313**	**101**	**61**
临川区	122	87	61	22	21	12	1
东乡区	79	67	55	28	25	7	2
南城县	470	316	171	88	45	18	9
黎川县	468	335	138	47	33	18	15
南丰县	424	264	134	49	39	12	9
崇仁县	428	297	128	49	37	6	5
乐安县	374	174	83	35	20	7	1
宜黄县	503	370	192	61	28	10	11
金溪县	346	215	101	33	33	4	3
资溪县	131	85	43	16	10	2	3
广昌县	386	260	153	69	22	5	2
上饶市	**5625**	**3929**	**2128**	**1085**	**727**	**307**	**105**
信州区	48	40	18	10	8	1	4
广丰区	283	205	113	60	34	20	4
广信区	154	155	78	45	33	12	2
玉山县	669	445	218	94	78	35	14
铅山县	595	423	203	115	69	21	14
横峰县	251	175	83	28	20	5	4
弋阳县	557	345	214	121	63	29	12
余干县	839	566	347	175	117	40	13
鄱阳县	1206	928	495	253	172	90	22
万年县	377	215	109	65	35	17	6
婺源县	606	401	230	107	83	34	9
德兴市	40	31	20	12	15	3	1

4-1c　各地区分性别、年龄的就业人口(乡村)

单位：人

地区 性别	合计	16-19岁	20-24岁	25-29岁	30-34岁	35-39岁	40-44岁
全　省	**1033967**	**21239**	**69606**	**90450**	**119439**	**96710**	**119022**
南昌市	**77297**	**2238**	**7060**	**8155**	**9756**	**6772**	**8169**
东湖区	1302	14	95	158	238	98	108
西湖区							
青云谱区							
青山湖区	2997	115	413	470	492	295	272
新建区	16397	513	1614	1935	1947	1569	1852
红谷滩区	1051	25	106	137	141	126	113
南昌县	29085	936	2603	3046	3428	2141	2926
安义县	6400	179	564	647	914	582	587
进贤县	20065	456	1665	1762	2596	1961	2311
景德镇市	**37677**	**890**	**2502**	**3627**	**4963**	**4073**	**4395**
昌江区	1877	22	114	189	253	204	251
珠山区	89	1	8	19	8	7	14
浮梁县	6655	51	362	771	875	646	766
乐平市	29056	816	2018	2648	3827	3216	3364
萍乡市	**35432**	**488**	**1847**	**2615**	**3452**	**3274**	**4123**
安源区	440	11	17	35	46	36	56
湘东区	7374	78	361	528	664	685	819
莲花县	6898	73	267	419	599	547	735
上栗县	13267	257	872	1136	1435	1328	1691
芦溪县	7453	69	330	497	708	678	822
九江市	**112243**	**1470**	**6373**	**9601**	**14109**	**11438**	**12860**
濂溪区	3077	22	157	305	438	327	338
浔阳区	108		5	6	20	13	8
柴桑区	10028	142	687	1026	1563	1245	1115
武宁县	7900	122	382	583	1300	967	880
修水县	21469	340	1132	1602	2725	2146	2626
永修县	7936	107	446	620	769	664	908
德安县	3368	37	144	222	421	293	394
都昌县	19772	245	1406	1999	2402	2009	2255
湖口县	6870	36	289	532	688	570	759
彭泽县	9822	71	463	638	980	869	1080
瑞昌市	13934	206	635	1337	1821	1505	1629
共青城市	2407	31	177	215	309	282	283
庐山市	5552	111	450	516	673	548	585
新余市	**14980**	**109**	**539**	**729**	**1151**	**1044**	**1523**
渝水区	10083	57	358	516	770	681	1014
分宜县	4897	52	181	213	381	363	509
鹰潭市	**28028**	**646**	**1915**	**2468**	**3180**	**2675**	**3040**
月湖区	617	20	48	62	65	49	64
余江区	11216	239	895	1098	1333	1023	1026
贵溪市	16195	387	972	1308	1782	1603	1950
赣州市	**230619**	**6022**	**17775**	**21709**	**26697**	**21336**	**27738**
章贡区	6766	172	538	718	967	715	901
南康区	20194	367	1308	1999	2148	1641	2393
赣县区	13675	405	906	1101	1384	1120	1549
信丰县	19479	500	1223	1745	2110	1471	2059
大余县	7371	137	458	593	849	604	990
上犹县	8725	140	432	664	918	788	1179
崇义县	5555	58	256	371	630	533	721
安远县	9397	219	792	923	1016	880	1116
定南县	3832	43	166	392	505	454	436
全南县	5019	65	223	430	619	447	615

4－1c　续表 1　　　　单位：人

地区 性别	合计	16－19岁	20－24岁	25－29岁	30－34岁	35－39岁	40－44岁
宁都县	26519	569	1833	2328	3302	2535	3199
于都县	27995	1224	3294	3223	3373	2710	3557
兴国县	21935	597	1638	1863	2328	2176	2624
会昌县	12226	574	1406	1241	1332	1076	1466
寻乌县	8425	140	549	668	908	856	1117
石城县	8284	195	583	977	1139	812	910
瑞金市	19124	540	1811	1833	2437	1934	2176
龙南市	6098	77	359	640	732	584	730
吉安市	**112450**	**1284**	**5018**	**7852**	**10976**	**9861**	**13494**
吉州区	3244	54	182	259	368	294	366
青原区	4924	57	218	336	467	441	589
吉安县	11603	142	514	887	1132	1037	1304
吉水县	10412	112	440	693	902	768	1232
峡江县	4320	45	143	226	381	309	452
新干县	9028	77	397	566	1005	768	1155
永丰县	9555	111	419	640	843	717	1066
泰和县	9795	87	361	565	852	847	1256
遂川县	16876	280	826	1227	1887	1631	2117
万安县	8180	74	425	750	862	815	1017
安福县	9210	89	269	450	794	739	1009
永新县	12844	141	736	1139	1313	1290	1635
井冈山市	2459	15	88	114	170	205	296
宜春市	**118440**	**2240**	**6576**	**9240**	**11360**	**9744**	**12123**
袁州区	16706	441	1022	1411	1736	1425	1876
奉新县	5422	112	269	339	523	495	610
万载县	11397	298	531	625	1098	1172	1332
上高县	6922	55	248	378	670	558	531
宜丰县	5858	55	189	204	441	464	591
靖安县	2864	53	110	194	231	253	319
铜鼓县	2520	63	103	130	280	278	314
丰城市	30919	786	2503	3131	3134	2262	3169
樟树市	14246	185	642	1093	1378	1118	1376
高安市	21586	192	959	1735	1869	1719	2005
抚州市	**101602**	**2226**	**7621**	**8604**	**12843**	**9299**	**11718**
临川区	21285	588	2101	1889	2363	1745	2442
东乡区	7934	135	517	517	890	774	902
南城县	7104	91	394	538	934	573	741
黎川县	7053	124	513	639	868	573	780
南丰县	7775	86	316	472	800	656	1021
崇仁县	11932	392	1375	1187	1621	1137	1340
乐安县	10894	217	701	1021	1552	1072	1248
宜黄县	8482	203	589	704	1074	734	1001
金溪县	9450	182	612	788	1341	1094	1153
资溪县	3135	87	200	250	470	371	381
广昌县	6558	121	303	599	930	570	709
上饶市	**165199**	**3626**	**12380**	**15850**	**20952**	**17194**	**19839**
信州区	6454	189	633	690	839	670	835
广丰区	17479	378	1547	1941	2492	1693	1825
广信区	17100	565	1579	1579	1941	1723	2025
玉山县	9749	207	547	717	992	834	1011
铅山县	10433	252	670	808	1338	1016	1278
横峰县	3936	75	195	287	404	428	486
弋阳县	9154	198	557	732	1091	978	1071
余干县	25072	468	1821	2886	3492	2752	2928
鄱阳县	38567	813	3359	4193	5008	4326	5192
万年县	10307	201	697	948	1262	1139	1207
婺源县	10961	146	488	727	1388	1017	1268
德兴市	5987	134	287	342	705	618	713

4-1c 续表 2

单位：人

地区 性别	合计	16-19岁	20-24岁	25-29岁	30-34岁	35-39岁	40-44岁
男	**619370**	**13005**	**41420**	**55060**	**71385**	**56445**	**68773**
南昌市	**49293**	**1397**	**4586**	**5294**	**6138**	**4160**	**4883**
东湖区	773	5	56	102	143	62	61
西湖区							
青云谱区							
青山湖区	1950	80	278	326	309	180	163
新建区	10449	323	999	1252	1190	987	1095
红谷滩区	712	15	69	91	94	91	73
南昌县	18511	587	1760	2050	2163	1302	1738
安义县	4119	114	372	386	588	351	354
进贤县	12779	273	1052	1087	1651	1187	1399
景德镇市	**22391**	**557**	**1512**	**2096**	**2863**	**2347**	**2610**
昌江区	1240	13	70	118	156	115	162
珠山区	52	1	5	11	2	2	8
浮梁县	4327	37	217	466	560	421	491
乐平市	16772	506	1220	1501	2145	1809	1949
萍乡市	**19469**	**297**	**973**	**1443**	**1908**	**1784**	**2256**
安源区	270	9	9	20	33	21	31
湘东区	4241	53	201	310	384	392	473
莲花县	3633	50	142	234	337	296	387
上栗县	7178	148	447	625	741	705	928
芦溪县	4147	37	174	254	413	370	437
九江市	**66819**	**955**	**3643**	**5606**	**8297**	**6612**	**7440**
濂溪区	1935	16	84	182	266	212	212
浔阳区	64		2	3	12	6	5
柴桑区	6285	106	429	657	996	752	659
武宁县	5449	84	218	359	863	654	603
修水县	12930	229	632	873	1537	1251	1529
永修县	4499	69	249	375	434	347	505
德安县	2003	26	90	126	252	159	230
都昌县	11466	152	772	1167	1388	1120	1246
湖口县	4052	22	167	315	390	336	434
彭泽县	5388	34	243	362	541	484	566
瑞昌市	8033	121	377	757	1018	844	948
共青城市	1431	22	118	116	178	142	165
庐山市	3284	74	262	314	422	305	338
新余市	**9253**	**71**	**306**	**471**	**733**	**638**	**926**
渝水区	6204	37	221	332	483	418	602
分宜县	3049	34	85	139	250	220	324
鹰潭市	**16849**	**367**	**1131**	**1485**	**1867**	**1576**	**1771**
月湖区	340	9	30	31	33	27	29
余江区	6869	140	547	677	822	628	577
贵溪市	9640	218	554	777	1012	921	1165
赣州市	**135004**	**3506**	**10217**	**13352**	**16023**	**12290**	**15522**
章贡区	4038	120	325	440	573	425	507
南康区	12006	246	808	1287	1315	958	1350
赣县区	7999	235	516	677	847	669	835
信丰县	10950	304	723	1054	1225	828	1083
大余县	4263	84	250	379	532	345	551
上犹县	5084	98	236	431	594	438	643
崇义县	3333	36	148	234	402	319	423
安远县	5305	140	438	546	586	496	624
定南县	2322	28	91	245	303	266	249
全南县	2980	49	130	249	388	246	356

4-1c 续表 3

单位：人

地区 性别	合计	16-19岁	20-24岁	25-29岁	30-34岁	35-39岁	40-44岁
宁都县	16128	321	1055	1465	2094	1555	1940
于都县	16027	633	1820	1886	1876	1525	1930
兴国县	12460	330	963	1116	1308	1215	1391
会昌县	7104	324	815	746	787	612	800
寻乌县	4835	81	323	405	548	444	621
石城县	5096	119	341	657	719	487	558
瑞金市	11432	307	1037	1149	1486	1113	1247
龙南市	3642	51	198	386	440	349	414
吉安市	**63575**	**798**	**2874**	**4595**	**6272**	**5496**	**7533**
吉州区	1897	36	106	159	213	162	207
青原区	2795	34	126	199	259	243	319
吉安县	6517	97	293	510	634	540	731
吉水县	5932	65	271	415	473	437	686
峡江县	2423	34	87	146	212	181	262
新干县	5199	48	262	355	595	434	673
永丰县	5436	72	271	371	508	406	591
泰和县	5324	53	180	320	470	421	670
遂川县	9318	169	460	681	1064	936	1124
万安县	4621	45	226	455	522	462	562
安福县	5130	47	150	247	431	407	556
永新县	7586	88	402	677	794	765	977
井冈山市	1397	10	40	60	97	102	175
宜春市	**69941**	**1424**	**4054**	**5695**	**6734**	**5577**	**6784**
袁州区	10795	268	600	920	1083	913	1134
奉新县	3347	73	168	206	334	304	374
万载县	6293	172	300	337	556	612	721
上高县	4026	30	156	217	404	313	273
宜丰县	3181	34	101	103	227	252	319
靖安县	1764	38	72	115	137	142	178
铜鼓县	1634	33	58	84	174	162	202
丰城市	18464	516	1605	1989	1854	1265	1769
樟树市	7998	130	378	631	800	630	732
高安市	12439	130	616	1093	1165	984	1082
抚州市	**62908**	**1437**	**4821**	**5429**	**7824**	**5619**	**7004**
临川区	14414	393	1447	1294	1565	1098	1543
东乡区	5067	87	316	328	550	468	563
南城县	4232	55	252	311	545	362	425
黎川县	4201	80	322	400	518	328	440
南丰县	4577	66	201	305	495	376	576
崇仁县	7214	241	861	780	973	657	774
乐安县	6931	133	420	666	976	675	800
宜黄县	4821	130	338	375	623	426	569
金溪县	5786	120	375	473	773	662	689
资溪县	1866	52	109	149	258	215	232
广昌县	3799	80	180	348	548	352	393
上饶市	**103868**	**2196**	**7303**	**9594**	**12726**	**10346**	**12044**
信州区	4343	105	375	445	544	417	531
广丰区	11421	205	896	1220	1633	1095	1199
广信区	10985	326	886	963	1207	1032	1278
玉山县	6469	123	307	467	639	549	662
铅山县	6268	158	363	468	777	590	734
横峰县	2547	48	117	170	244	244	292
弋阳县	5783	134	328	448	638	581	629
余干县	15395	285	1134	1767	2087	1629	1743
鄱阳县	23984	512	2045	2425	2919	2553	3091
万年县	6776	134	444	611	779	682	743
婺源县	6436	86	262	406	853	613	746
德兴市	3461	80	146	204	406	361	396

4-1c　续表 4　　　　单位：人

地区 性别	合计	16-19岁	20-24岁	25-29岁	30-34岁	35-39岁	40-44岁
女	**414597**	**8234**	**28186**	**35390**	**48054**	**40265**	**50249**
南昌市	**28004**	**841**	**2474**	**2861**	**3618**	**2612**	**3286**
东湖区	529	9	39	56	95	36	47
西湖区							
青云谱区							
青山湖区	1047	35	135	144	183	115	109
新建区	5948	190	615	683	757	582	757
红谷滩区	339	10	37	46	47	35	40
南昌县	10574	349	843	996	1265	839	1188
安义县	2281	65	192	261	326	231	233
进贤县	7286	183	613	675	945	774	912
景德镇市	**15286**	**333**	**990**	**1531**	**2100**	**1726**	**1785**
昌江区	637	9	44	71	97	89	89
珠山区	37		3	8	6	5	6
浮梁县	2328	14	145	305	315	225	275
乐平市	12284	310	798	1147	1682	1407	1415
萍乡市	**15963**	**191**	**874**	**1172**	**1544**	**1490**	**1867**
安源区	170	2	8	15	13	15	25
湘东区	3133	25	160	218	280	293	346
莲花县	3265	23	125	185	262	251	348
上栗县	6089	109	425	511	694	623	763
芦溪县	3306	32	156	243	295	308	385
九江市	**45424**	**515**	**2730**	**3995**	**5812**	**4826**	**5420**
濂溪区	1142	6	73	123	172	115	126
浔阳区	44		3	3	8	7	3
柴桑区	3743	36	258	369	567	493	456
武宁县	2451	38	164	224	437	313	277
修水县	8539	111	500	729	1188	895	1097
永修县	3437	38	197	245	335	317	403
德安县	1365	11	54	96	169	134	164
都昌县	8306	93	634	832	1014	889	1009
湖口县	2818	14	122	217	298	234	325
彭泽县	4434	37	220	276	439	385	514
瑞昌市	5901	85	258	580	803	661	681
共青城市	976	9	59	99	131	140	118
庐山市	2268	37	188	202	251	243	247
新余市	**5727**	**38**	**233**	**258**	**418**	**406**	**597**
渝水区	3879	20	137	184	287	263	412
分宜县	1848	18	96	74	131	143	185
鹰潭市	**11179**	**279**	**784**	**983**	**1313**	**1099**	**1269**
月湖区	277	11	18	31	32	22	35
余江区	4347	99	348	421	511	395	449
贵溪市	6555	169	418	531	770	682	785
赣州市	**95615**	**2516**	**7558**	**8357**	**10674**	**9046**	**12216**
章贡区	2728	52	213	278	394	290	394
南康区	8188	121	500	712	833	683	1043
赣县区	5676	170	390	424	537	451	714
信丰县	8529	196	500	691	885	643	976
大余县	3108	53	208	214	317	259	439
上犹县	3641	42	196	233	324	350	536
崇义县	2222	22	108	137	228	214	298
安远县	4092	79	354	377	430	384	492
定南县	1510	15	75	147	202	188	187
全南县	2039	16	93	181	231	201	259

4－1c 续表 5

单位：人

地区 性别	合计	16－19岁	20－24岁	25－29岁	30－34岁	35－39岁	40－44岁
宁都县	10391	248	778	863	1208	980	1259
于都县	11968	591	1474	1337	1497	1185	1627
兴国县	9475	267	675	747	1020	961	1233
会昌县	5122	250	591	495	545	464	666
寻乌县	3590	59	226	263	360	412	496
石城县	3188	76	242	320	420	325	352
瑞金市	7692	233	774	684	951	821	929
龙南市	2456	26	161	254	292	235	316
吉安市	**48875**	**486**	**2144**	**3257**	**4704**	**4365**	**5961**
吉州区	1347	18	76	100	155	132	159
青原区	2129	23	92	137	208	198	270
吉安县	5086	45	221	377	498	497	573
吉水县	4480	47	169	278	429	331	546
峡江县	1897	11	56	80	169	128	190
新干县	3829	29	135	211	410	334	482
永丰县	4119	39	148	269	335	311	475
泰和县	4471	34	181	245	382	426	586
遂川县	7558	111	366	546	823	695	993
万安县	3559	29	199	295	340	353	455
安福县	4080	42	119	203	363	332	453
永新县	5258	53	334	462	519	525	658
井冈山市	1062	5	48	54	73	103	121
宜春市	**48499**	**816**	**2522**	**3545**	**4626**	**4167**	**5339**
袁州区	5911	173	422	491	653	512	742
奉新县	2075	39	101	133	189	191	236
万载县	5104	126	231	288	542	560	611
上高县	2896	25	92	161	266	245	258
宜丰县	2677	21	88	101	214	212	272
靖安县	1100	15	38	79	94	111	141
铜鼓县	886	30	45	46	106	116	112
丰城市	12455	270	898	1142	1280	997	1400
樟树市	6248	55	264	462	578	488	644
高安市	9147	62	343	642	704	735	923
抚州市	**38694**	**789**	**2800**	**3175**	**5019**	**3680**	**4714**
临川区	6871	195	654	595	798	647	899
东乡区	2867	48	201	189	340	306	339
南城县	2872	36	142	227	389	211	316
黎川县	2852	44	191	239	350	245	340
南丰县	3198	20	115	167	305	280	445
崇仁县	4718	151	514	407	648	480	566
乐安县	3963	84	281	355	576	397	448
宜黄县	3661	73	251	329	451	308	432
金溪县	3664	62	237	315	568	432	464
资溪县	1269	35	91	101	212	156	149
广昌县	2759	41	123	251	382	218	316
上饶市	**61331**	**1430**	**5077**	**6256**	**8226**	**6848**	**7795**
信州区	2111	84	258	245	295	253	304
广丰区	6058	173	651	721	859	598	626
广信区	6115	239	693	616	734	691	747
玉山县	3280	84	240	250	353	285	349
铅山县	4165	94	307	340	561	426	544
横峰县	1389	27	78	117	160	184	194
弋阳县	3371	64	229	284	453	397	442
余干县	9677	183	687	1119	1405	1123	1185
鄱阳县	14583	301	1314	1768	2089	1773	2101
万年县	3531	67	253	337	483	457	464
婺源县	4525	60	226	321	535	404	522
德兴市	2526	54	141	138	299	257	317

4-1c 续表 6

单位：人

地区 性别	45-49岁	50-54岁	55-59岁	60-64岁	65-69岁	70-74岁	75岁及以上
全省	**141603**	**133374**	**97811**	**65150**	**47646**	**21427**	**10490**
南昌市	**10019**	**9559**	**6329**	**4141**	**3113**	**1460**	**526**
东湖区	150	146	131	73	55	27	9
西湖区							
青云谱区							
青山湖区	321	296	179	81	45	12	6
新建区	2055	1869	1243	777	600	309	114
红谷滩区	127	113	78	43	24	14	4
南昌县	3747	3716	2531	1845	1329	616	221
安义县	795	819	567	369	243	97	37
进贤县	2824	2600	1600	953	817	385	135
景德镇市	**4703**	**4339**	**3371**	**2154**	**1607**	**753**	**300**
昌江区	285	223	187	86	41	21	1
珠山区	10	12	3	2	2	3	
浮梁县	848	922	650	388	258	91	27
乐平市	3560	3182	2531	1678	1306	638	272
萍乡市	**4734**	**4571**	**3667**	**2976**	**2035**	**1015**	**635**
安源区	105	72	31	20	6	2	3
湘东区	952	921	723	673	561	267	142
莲花县	801	843	743	666	597	327	281
上栗县	1844	1701	1359	987	392	183	82
芦溪县	1032	1034	811	630	479	236	127
九江市	**14633**	**14419**	**11155**	**6973**	**5317**	**2632**	**1263**
濂溪区	395	397	313	182	129	62	12
浔阳区	12	12	12	13	5	2	
柴桑区	1176	1198	882	448	327	146	73
武宁县	1089	1015	732	445	250	93	42
修水县	2809	2830	2216	1501	955	408	179
永修县	1022	1085	844	602	472	257	140
德安县	425	471	426	232	183	79	41
都昌县	2535	2252	1754	1206	995	485	229
湖口县	913	860	739	535	491	317	141
彭泽县	1428	1475	1120	640	584	318	156
瑞昌市	1902	1839	1387	734	535	266	138
共青城市	278	284	234	133	112	41	28
庐山市	649	701	496	302	279	158	84
新余市	**2092**	**2250**	**1839**	**1639**	**1249**	**564**	**252**
渝水区	1406	1524	1238	1092	899	371	157
分宜县	686	726	601	547	350	193	95
鹰潭市	**3793**	**3583**	**2525**	**1802**	**1368**	**651**	**382**
月湖区	102	84	56	29	23	13	2
余江区	1620	1345	974	655	570	273	165
贵溪市	2071	2154	1495	1118	775	365	215
赣州市	**33580**	**30232**	**20267**	**12156**	**8218**	**3213**	**1676**
章贡区	986	813	503	265	127	43	18
南康区	3372	3076	1875	958	713	236	108
赣县区	1994	1982	1425	806	620	254	129
信丰县	2877	2804	1928	1340	868	356	198
大余县	1171	1056	688	404	285	89	47
上犹县	1420	1291	829	452	356	146	110
崇义县	907	880	582	332	167	78	40
安远县	1219	1287	889	564	343	94	55
定南县	576	538	340	169	162	34	17
全南县	816	767	494	276	178	58	31

4-1c 续表 7

单位：人

地区 性别	45-49岁	50-54岁	55-59岁	60-64岁	65-69岁	70-74岁	75岁及以上
宁都县	3751	3335	2447	1542	1033	417	228
于都县	3864	3089	1790	983	610	188	90
兴国县	3192	2685	2031	1327	897	394	183
会昌县	1721	1409	843	541	390	156	71
寻乌县	1218	1214	842	481	270	111	51
石城县	1033	1034	688	419	270	144	80
瑞金市	2595	2102	1457	986	737	344	172
龙南市	868	870	616	311	192	71	48
吉安市	**15754**	**15917**	**12475**	**9072**	**6417**	**2776**	**1554**
吉州区	446	445	335	228	167	74	26
青原区	745	690	527	389	286	122	57
吉安县	1621	1585	1211	961	713	338	158
吉水县	1406	1473	1126	1004	694	394	168
峡江县	610	655	546	425	296	134	98
新干县	1209	1136	1025	765	536	218	171
永丰县	1439	1451	1036	821	570	252	190
泰和县	1319	1474	1306	867	578	214	69
遂川县	2281	2366	1832	1147	793	276	213
万安县	1181	1163	846	517	351	128	51
安福县	1303	1515	1113	864	627	288	150
永新县	1828	1592	1230	863	662	259	156
井冈山市	366	372	342	221	144	79	47
宜春市	**15865**	**16153**	**12936**	**9570**	**7329**	**3516**	**1788**
袁州区	2292	2137	1723	1180	914	383	166
奉新县	730	725	660	442	314	145	58
万载县	1586	1624	1303	832	593	248	155
上高县	1056	1112	931	693	443	158	89
宜丰县	770	924	747	546	489	246	192
靖安县	437	426	344	223	152	92	30
铜鼓县	341	380	294	183	102	32	20
丰城市	4103	3837	2935	2169	1636	840	414
樟树市	1709	1985	1600	1322	1093	511	234
高安市	2841	3003	2399	1980	1593	861	430
抚州市	**14427**	**13615**	**9158**	**5314**	**4000**	**1952**	**825**
临川区	3113	2910	1877	975	797	352	133
东乡区	1059	1007	704	601	487	235	106
南城县	1054	1015	714	433	365	186	66
黎川县	963	974	621	357	331	223	87
南丰县	1223	1243	773	502	387	211	85
崇仁县	1560	1418	957	455	290	124	76
乐安县	1569	1471	976	490	376	142	59
宜黄县	1231	1154	825	439	296	159	73
金溪县	1339	1174	817	492	318	105	35
资溪县	422	406	297	148	60	32	11
广昌县	894	843	597	422	293	183	94
上饶市	**22003**	**18736**	**14089**	**9353**	**6993**	**2895**	**1289**
信州区	853	645	518	273	198	80	31
广丰区	2138	1934	1374	988	766	248	155
广信区	2301	1862	1361	978	740	307	139
玉山县	1379	1236	967	719	711	313	116
铅山县	1420	1249	985	669	469	199	80
横峰县	563	460	334	319	221	107	57
弋阳县	1247	1063	883	643	437	178	76
余干县	3378	2633	2002	1155	948	401	208
鄱阳县	4992	4324	2996	1723	1119	381	141
万年县	1526	1234	849	622	390	166	66
婺源县	1456	1369	1164	809	671	318	140
德兴市	750	727	656	455	323	197	80

4-1c　续表 8　　　　单位：人

地　区 性　别	45-49岁	50-54岁	55-59岁	60-64岁	65-69岁	70-74岁	75岁及以上
男	**81910**	**79367**	**60593**	**40809**	**30089**	**13859**	**6655**
南昌市	**6023**	**6112**	**4250**	**2829**	**2169**	**1074**	**378**
东湖区	81	87	72	52	31	15	6
西湖区							
青云谱区							
青山湖区	203	179	130	58	32	8	4
新建区	1253	1213	881	538	408	225	85
红谷滩区	87	84	55	27	15	9	2
南昌县	2190	2315	1617	1230	932	466	161
安义县	510	512	394	268	179	66	25
进贤县	1699	1722	1101	656	572	285	95
景德镇市	**2704**	**2579**	**2092**	**1333**	**992**	**503**	**203**
昌江区	181	156	143	71	34	20	1
珠山区	7	9	3		1	3	
浮梁县	516	613	466	276	183	64	17
乐平市	2000	1801	1480	986	774	416	185
萍乡市	**2510**	**2478**	**2043**	**1632**	**1208**	**581**	**356**
安源区	66	44	19	11	4		3
湘东区	529	527	434	378	330	148	82
莲花县	405	447	393	348	295	159	140
上栗县	962	894	736	532	273	129	58
芦溪县	548	566	461	363	306	145	73
九江市	**8540**	**8617**	**6948**	**4408**	**3367**	**1633**	**753**
濂溪区	222	255	211	141	84	44	6
浔阳区	8	8	6	10	2	2	
柴桑区	701	719	596	304	231	93	42
武宁县	745	733	557	337	199	70	27
修水县	1704	1745	1392	997	648	280	113
永修县	579	607	488	335	275	149	87
德安县	238	272	270	133	129	54	24
都昌县	1450	1337	1081	721	616	286	130
湖口县	524	514	458	338	284	188	82
彭泽县	756	780	638	365	343	190	86
瑞昌市	1090	1066	805	449	322	150	86
共青城市	156	174	142	93	74	30	21
庐山市	367	407	304	185	160	97	49
新余市	**1234**	**1328**	**1159**	**1036**	**774**	**386**	**191**
渝水区	816	902	775	687	563	250	118
分宜县	418	426	384	349	211	136	73
鹰潭市	**2214**	**2195**	**1596**	**1131**	**859**	**422**	**235**
月湖区	53	48	38	18	16	6	2
余江区	960	847	634	415	356	170	96
贵溪市	1201	1300	924	698	487	246	137
赣州市	**18895**	**17583**	**12311**	**7386**	**4956**	**1963**	**1000**
章贡区	546	503	323	165	76	25	10
南康区	1833	1763	1179	627	442	138	60
赣县区	1133	1157	868	476	362	143	81
信丰县	1539	1532	1126	751	480	197	108
大余县	646	607	416	223	156	50	24
上犹县	787	729	501	285	208	76	58
崇义县	514	523	357	206	97	50	24
安远县	684	702	498	307	200	53	31
定南县	350	333	226	105	98	21	7
全南县	486	437	316	157	114	36	16

4-1c 续表 9　　　　单位：人

地　区 性　别	45-49岁	50-54岁	55-59岁	60-64岁	65-69岁	70-74岁	75岁及以　上
宁都县	2193	1997	1481	957	650	270	150
于都县	2189	1828	1118	643	397	129	53
兴国县	1725	1523	1192	802	557	234	104
会昌县	957	820	525	331	243	101	43
寻乌县	695	705	481	291	143	72	26
石城县	605	627	422	252	162	94	53
瑞金市	1514	1266	893	604	457	235	124
龙南市	499	531	389	204	114	39	28
吉安市	**8557**	**8789**	**7098**	**5294**	**3701**	**1678**	**890**
吉州区	241	258	202	146	99	50	18
青原区	401	401	310	228	169	74	32
吉安县	868	900	693	552	399	207	93
吉水县	787	787	650	608	413	248	92
峡江县	309	366	286	234	161	85	60
新干县	660	625	581	443	298	124	101
永丰县	766	789	590	472	331	154	115
泰和县	703	761	726	516	346	116	42
遂川县	1236	1274	1018	639	444	158	115
万安县	623	631	448	309	219	88	31
安福县	695	825	636	502	366	178	90
永新县	1062	960	747	509	383	145	77
井冈山市	206	212	211	136	73	51	24
宜春市	**8952**	**9287**	**7775**	**5837**	**4491**	**2179**	**1152**
袁州区	1435	1381	1208	808	647	272	126
奉新县	431	417	394	294	211	103	38
万载县	857	909	740	485	361	148	95
上高县	551	628	559	447	277	108	63
宜丰县	402	478	424	297	292	146	106
靖安县	248	265	223	156	98	71	21
铜鼓县	222	257	196	128	80	18	20
丰城市	2317	2256	1754	1339	1019	506	275
樟树市	935	1033	919	743	599	311	157
高安市	1554	1663	1358	1140	907	496	251
抚州市	**8644**	**8290**	**5771**	**3457**	**2676**	**1356**	**580**
临川区	2065	1958	1347	732	599	273	100
东乡区	676	652	460	397	326	175	69
南城县	586	588	437	262	247	113	49
黎川县	561	568	354	217	201	153	59
南丰县	671	704	433	301	241	144	64
崇仁县	943	822	579	279	183	77	45
乐安县	940	931	628	330	272	112	48
宜黄县	654	637	466	272	176	105	50
金溪县	797	716	532	326	220	76	27
资溪县	233	238	206	104	41	20	9
广昌县	518	476	329	237	170	108	60
上饶市	**13637**	**12109**	**9550**	**6466**	**4896**	**2084**	**917**
信州区	584	461	401	223	165	67	25
广丰区	1390	1302	954	689	551	186	101
广信区	1448	1280	976	711	534	232	112
玉山县	863	830	675	511	511	242	90
铅山县	834	760	635	443	309	142	55
横峰县	356	311	240	235	160	83	47
弋阳县	788	676	590	455	326	134	56
余干县	2031	1639	1287	768	613	277	135
鄱阳县	3101	2777	2100	1239	823	295	104
万年县	952	870	619	456	304	127	55
婺源县	854	773	686	478	403	186	90
德兴市	436	430	387	258	197	113	47

4-1c 续表 10

单位：人

地区 性别	45—49岁	50—54岁	55—59岁	60—64岁	65—69岁	70—74岁	75岁及以上
女	**59693**	**54007**	**37218**	**24341**	**17557**	**7568**	**3835**
南昌市	**3996**	**3447**	**2079**	**1312**	**944**	**386**	**148**
东湖区	69	59	59	21	24	12	3
西湖区							
青云谱区							
青山湖区	118	117	49	23	13	4	2
新建区	802	656	362	239	192	84	29
红谷滩区	40	29	23	16	9	5	2
南昌县	1557	1401	914	615	397	150	60
安义县	285	307	173	101	64	31	12
进贤县	1125	878	499	297	245	100	40
景德镇市	**1999**	**1760**	**1279**	**821**	**615**	**250**	**97**
昌江区	104	67	44	15	7	1	
珠山区	3	3		2	1		
浮梁县	332	309	184	112	75	27	10
乐平市	1560	1381	1051	692	532	222	87
萍乡市	**2224**	**2093**	**1624**	**1344**	**827**	**434**	**279**
安源区	39	28	12	9	2	2	
湘东区	423	394	289	295	231	119	60
莲花县	396	396	350	318	302	168	141
上栗县	882	807	623	455	119	54	24
芦溪县	484	468	350	267	173	91	54
九江市	**6093**	**5802**	**4207**	**2565**	**1950**	**999**	**510**
濂溪区	173	142	102	41	45	18	6
浔阳区	4	4	6	3	3		
柴桑区	475	479	286	144	96	53	31
武宁县	344	282	175	108	51	23	15
修水县	1105	1085	824	504	307	128	66
永修县	443	478	356	267	197	108	53
德安县	187	199	156	99	54	25	17
都昌县	1085	915	673	485	379	199	99
湖口县	389	346	281	197	207	129	59
彭泽县	672	695	482	275	241	128	70
瑞昌市	812	773	582	285	213	116	52
共青城市	122	110	92	40	38	11	7
庐山市	282	294	192	117	119	61	35
新余市	**858**	**922**	**680**	**603**	**475**	**178**	**61**
渝水区	590	622	463	405	336	121	39
分宜县	268	300	217	198	139	57	22
鹰潭市	**1579**	**1388**	**929**	**671**	**509**	**229**	**147**
月湖区	49	36	18	11	7	7	
余江区	660	498	340	240	214	103	69
贵溪市	870	854	571	420	288	119	78
赣州市	**14685**	**12649**	**7956**	**4770**	**3262**	**1250**	**676**
章贡区	440	310	180	100	51	18	8
南康区	1539	1313	696	331	271	98	48
赣县区	861	825	557	330	258	111	48
信丰县	1338	1272	802	589	388	159	90
大余县	525	449	272	181	129	39	23
上犹县	633	562	328	167	148	70	52
崇义县	393	357	225	126	70	28	16
安远县	535	585	391	257	143	41	24
定南县	226	205	114	64	64	13	10
全南县	330	330	178	119	64	22	15

4-1c 续表 11 单位：人

地区 性别	45-49岁	50-54岁	55-59岁	60-64岁	65-69岁	70-74岁	75岁及以上
宁都县	1558	1338	966	585	383	147	78
于都县	1675	1261	672	340	213	59	37
兴国县	1467	1162	839	525	340	160	79
会昌县	764	589	318	210	147	55	28
寻乌县	523	509	361	190	127	39	25
石城县	428	407	266	167	108	50	27
瑞金市	1081	836	564	382	280	109	48
龙南市	369	339	227	107	78	32	20
吉安市	**7197**	**7128**	**5377**	**3778**	**2716**	**1098**	**664**
吉州区	205	187	133	82	68	24	8
青原区	344	289	217	161	117	48	25
吉安县	753	685	518	409	314	131	65
吉水县	619	686	476	396	281	146	76
峡江县	301	289	260	191	135	49	38
新干县	549	511	444	322	238	94	70
永丰县	673	662	446	349	239	98	75
泰和县	616	713	580	351	232	98	27
遂川县	1045	1092	814	508	349	118	98
万安县	558	532	398	208	132	40	20
安福县	608	690	477	362	261	110	60
永新县	766	632	483	354	279	114	79
井冈山市	160	160	131	85	71	28	23
宜春市	**6913**	**6866**	**5161**	**3733**	**2838**	**1337**	**636**
袁州区	857	756	515	372	267	111	40
奉新县	299	308	266	148	103	42	20
万载县	729	715	563	347	232	100	60
上高县	505	484	372	246	166	50	26
宜丰县	368	446	323	249	197	100	86
靖安县	189	161	121	67	54	21	9
铜鼓县	119	123	98	55	22	14	
丰城市	1786	1581	1181	830	617	334	139
樟树市	774	952	681	579	494	200	77
高安市	1287	1340	1041	840	686	365	179
抚州市	**5783**	**5325**	**3387**	**1857**	**1324**	**596**	**245**
临川区	1048	952	530	243	198	79	33
东乡区	383	355	244	204	161	60	37
南城县	468	427	277	171	118	73	17
黎川县	402	406	267	140	130	70	28
南丰县	552	539	340	201	146	67	21
崇仁县	617	596	378	176	107	47	31
乐安县	629	540	348	160	104	30	11
宜黄县	577	517	359	167	120	54	23
金溪县	542	458	285	166	98	29	8
资溪县	189	168	91	44	19	12	2
广昌县	376	367	268	185	123	75	34
上饶市	**8366**	**6627**	**4539**	**2887**	**2097**	**811**	**372**
信州区	269	184	117	50	33	13	6
广丰区	748	632	420	299	215	62	54
广信区	853	582	385	267	206	75	27
玉山县	516	406	292	208	200	71	26
铅山县	586	489	350	226	160	57	25
横峰县	207	149	94	84	61	24	10
弋阳县	459	387	293	188	111	44	20
余干县	1347	994	715	387	335	124	73
鄱阳县	1891	1547	896	484	296	86	37
万年县	574	364	230	166	86	39	11
婺源县	602	596	478	331	268	132	50
德兴市	314	297	269	197	126	84	33

4-2　各地区分性别、受教育程度的就业人口

单位：人

地　区 性　别	合　计	未上过学	学前教育	小　学	初　中	高　中	大学专科	大学本科	硕　士 研究生	博　士 研究生
全　省	**2260971**	**16837**	**1206**	**401576**	**1082151**	**388453**	**213078**	**144796**	**11485**	**1389**
南昌市	**277877**	**1939**	**102**	**34593**	**107767**	**48625**	**40047**	**37892**	**6021**	**891**
东湖区	18935	101	3	1021	3898	4433	4378	4293	723	85
西湖区	20710	63	7	892	4498	5274	4852	4567	532	25
青云谱区	14382	30	3	932	4183	3775	2906	2311	228	14
青山湖区	51771	229	12	4377	16032	9613	9516	9673	1898	421
新建区	36779	377	17	6773	18092	5086	3272	2820	292	50
红谷滩区	24103	143	4	1482	4609	3422	5159	7457	1602	225
南昌县	66343	597	37	11082	31017	10238	7419	5236	650	67
安义县	12645	75	10	1418	8128	1731	719	511	50	3
进贤县	32209	324	9	6616	17310	5053	1826	1024	46	1
景德镇市	**84555**	**1280**	**97**	**20183**	**38077**	**12207**	**7314**	**5060**	**305**	**32**
昌江区	8264	58	5	1171	3582	1616	958	807	60	7
珠山区	16631	42	9	1316	4795	4861	3063	2371	158	16
浮梁县	13883	190	14	2835	7170	1813	1139	679	36	7
乐平市	45777	990	69	14861	22530	3917	2154	1203	51	2
萍乡市	**104520**	**316**	**48**	**15532**	**51902**	**18835**	**10807**	**6725**	**329**	**26**
安源区	28857	19	5	1025	9895	8286	5711	3659	242	15
湘东区	19009	29	2	2694	11149	3124	1293	699	16	3
莲花县	13091	143	30	3666	6334	1439	915	542	20	2
上栗县	27766	80	8	5296	15898	3611	1746	1100	23	4
芦溪县	15797	45	3	2851	8626	2375	1142	725	28	2
九江市	**240182**	**2175**	**216**	**43384**	**107450**	**45912**	**25582**	**14437**	**932**	**94**
濂溪区	16507	53	3	1381	5683	4228	2946	1933	234	46
浔阳区	18524	40	6	767	4440	4763	4343	3787	352	26
柴桑区	18203	148	17	3047	8538	3399	2266	734	49	5
武宁县	13819	50	7	1998	8155	2055	908	627	19	
修水县	36372	81	1	6870	20911	4551	2555	1373	29	1
永修县	16344	115	4	3290	8410	2251	1426	802	42	4
德安县	9170	45	7	1717	4657	1482	782	466	14	
都昌县	34391	540	33	8138	14768	6288	3476	1093	52	3
湖口县	12143	121	14	2767	4883	2361	1380	595	21	1
彭泽县	18155	347	61	4445	6901	3612	1825	935	25	4
瑞昌市	27064	234	35	4467	11592	7285	2138	1272	39	2
共青城市	6966	163	19	1235	3203	1332	582	394	38	
庐山市	12524	238	9	3262	5309	2305	955	426	18	2
新余市	**48954**	**611**	**12**	**7751**	**22565**	**8323**	**5468**	**3970**	**242**	**12**
渝水区	37196	398	6	5241	16308	6926	4629	3445	231	12
分宜县	11758	213	6	2510	6257	1397	839	525	11	
鹰潭市	**66583**	**128**	**18**	**10560**	**29062**	**16931**	**5799**	**3889**	**189**	**7**
月湖区	14039	38	4	1274	5131	3318	2281	1867	120	6
余江区	20144	38	2	1909	6991	8924	1416	834	29	1
贵溪市	32400	52	12	7377	16940	4689	2102	1188	40	
赣州市	**459700**	**2848**	**246**	**72541**	**240646**	**76665**	**41224**	**24187**	**1222**	**121**
章贡区	48568	71	10	3021	15212	12184	9981	7313	687	89
南康区	43163	262	23	6732	23988	6269	3585	2227	71	6
赣县区	28059	186	17	5739	14080	4412	2178	1398	46	3
信丰县	37586	275	18	6194	23490	4412	2072	1097	26	2
大余县	13919	103	5	2087	7644	2066	1287	704	21	2
上犹县	14351	66	10	3381	7370	1805	1017	675	27	
崇义县	9163	90	1	1971	4320	1265	891	595	27	3
安远县	16811	530	21	4162	8045	2264	1024	754	11	
定南县	9511	29	9	1094	5383	1745	774	466	10	1
全南县	9156	26	10	1092	5334	1594	702	384	14	

4-2 续表 1

单位：人

地区 性别	合计	未上过学	学前教育	小学	初中	高中	大学专科	大学本科	硕士 研究生	博士 研究生
宁都县	43804	277	9	6634	25064	7371	2951	1455	38	5
于都县	48534	271	32	7548	27349	8129	3520	1627	57	1
兴国县	37040	80	12	5731	20643	6176	2960	1386	51	1
会昌县	23870	191	27	4997	10074	5142	2383	1029	25	2
寻乌县	14884	40	3	2691	7980	2231	1353	573	13	
石城县	13784	123	9	2277	7461	1992	1219	675	26	2
瑞金市	31801	167	26	5458	17753	5047	2189	1117	44	
龙南市	15696	61	4	1732	9456	2561	1138	712	28	4
吉安市	**215642**	**1941**	**125**	**49857**	**107772**	**28872**	**16538**	**10062**	**421**	**54**
吉州区	15840	58	7	2197	5767	3195	2301	2162	141	12
青原区	10204	95	4	2023	4899	1485	981	643	53	21
吉安县	23071	197	6	5795	11668	3118	1428	822	37	
吉水县	20761	174	20	4856	11476	2148	1255	802	28	2
峡江县	7122	178	5	1909	3482	778	459	303	7	1
新干县	15061	265	16	3819	7231	1860	1165	677	27	1
永丰县	17295	261	18	5626	7701	1860	1194	617	15	3
泰和县	21669	93	6	3826	12001	3625	1325	776	15	2
遂川县	26470	62	11	6562	14343	2904	1585	976	25	2
万安县	13520	56		2812	6645	2069	1361	560	15	2
安福县	15430	74	13	3996	7830	1862	1044	588	18	5
永新县	22645	270	17	4918	11867	3052	1736	758	24	3
井冈山市	6554	158	2	1518	2862	916	704	378	16	
宜春市	**243442**	**1169**	**104**	**42137**	**130196**	**38524**	**17868**	**12724**	**661**	**59**
袁州区	44734	129	12	7640	23282	5970	3931	3470	265	35
奉新县	12679	25	3	1224	7078	2745	955	631	15	3
万载县	22283	86	6	4463	11890	3421	1452	935	29	1
上高县	15440	158	10	2597	8065	2804	1012	772	22	
宜丰县	13974	89	6	2528	7611	2265	860	597	16	2
靖安县	5963	37	3	936	2978	1132	539	328	10	
铜鼓县	5324	4	2	1122	2590	769	489	336	11	1
丰城市	52163	381	29	9026	28712	8235	3211	2426	134	9
樟树市	27035	52	1	3387	15557	4602	2051	1321	60	4
高安市	43847	208	32	9214	22433	6581	3368	1908	99	4
抚州市	**186709**	**1957**	**73**	**40761**	**94924**	**25636**	**14502**	**8400**	**427**	**29**
临川区	43935	289	13	8103	21937	5854	4295	3161	269	14
东乡区	16846	231	3	3836	8354	2289	1436	666	26	5
南城县	14691	157	7	4247	7189	1486	1022	571	11	1
黎川县	13493	67	2	3439	5914	2457	1066	536	10	2
南丰县	14169	533	23	4771	6295	1153	910	475	9	
崇仁县	19038	144	1	4265	10684	2190	1161	567	24	2
乐安县	16862	132	5	3528	9363	1966	1257	599	11	1
宜黄县	15178	32	2	1175	8063	4219	1182	492	12	1
金溪县	14790	124	9	3374	8032	1623	1009	590	26	3
资溪县	5382	30	2	949	2884	931	336	243	7	
广昌县	12325	218	6	3074	6209	1468	828	500	22	
上饶市	**332807**	**2473**	**165**	**64277**	**151790**	**67923**	**27929**	**17450**	**736**	**64**
信州区	28440	22	1	1981	7782	8384	5127	4812	305	26
广丰区	40365	59	12	4242	15717	13371	4866	2030	61	7
广信区	37858	333	6	9703	18080	4941	2662	2036	87	10
玉山县	21562	88	5	4042	10670	3843	1719	1145	48	2
铅山县	20799	32	2	5489	10350	3084	1165	657	19	1
横峰县	8338	54	4	1619	4300	1318	692	345	6	
弋阳县	17276	112	25	4747	8492	2292	979	613	15	1
余干县	43049	415	43	7849	22964	7987	2343	1398	47	3
鄱阳县	63060	1064	28	13712	30708	11398	4139	1935	67	9
万年县	17302	112	1	2553	7532	4860	1415	802	25	2
婺源县	19399	103	25	4680	8187	3900	1638	839	24	3
德兴市	15359	79	13	3660	7008	2545	1184	838	32	

4-2　续表 2

单位：人

地区 性别	合计	未上过学	学前教育	小学	初中	高中	大学专科	大学本科	硕士 研究生	博士 研究生
男	**1332119**	**4786**	**408**	**197051**	**660969**	**254134**	**124215**	**83321**	**6260**	**975**
南昌市	**169288**	**608**	**53**	**18742**	**69575**	**31957**	**23091**	**21475**	**3169**	**618**
东湖区	10553	28	2	529	2354	2614	2329	2265	378	54
西湖区	11899	18	2	493	2765	3174	2609	2541	277	20
青云谱区	8675	8	2	502	2587	2432	1677	1326	131	10
青山湖区	31291	60	6	2372	10130	6295	5593	5539	996	300
新建区	23157	125	7	3615	12068	3504	1997	1658	151	32
红谷滩区	14101	38	2	880	3063	2192	2831	4097	838	160
南昌县	41274	188	21	5964	20049	6997	4535	3134	348	38
安义县	8192	39	7	813	5390	1204	398	318	20	3
进贤县	20146	104	4	3574	11169	3545	1122	597	30	1
景德镇市	**50102**	**415**	**39**	**10711**	**23705**	**7910**	**4203**	**2921**	**176**	**22**
昌江区	5130	26	1	704	2270	1079	548	466	31	5
珠山区	9827	10	4	774	2884	2992	1716	1346	90	11
浮梁县	8804	67	9	1675	4735	1253	649	392	19	5
乐平市	26341	312	25	7558	13816	2586	1290	717	36	1
萍乡市	**55643**	**89**	**11**	**7255**	**28190**	**10820**	**5640**	**3460**	**160**	**18**
安源区	15033	8		552	5096	4458	2926	1863	119	11
湘东区	10680	16	2	1409	6225	1950	711	359	7	1
莲花县	6625	18	4	1423	3475	893	500	301	9	2
上栗县	14817	31	3	2476	8686	2131	913	563	11	3
芦溪县	8488	16	2	1395	4708	1388	590	374	14	1
九江市	**139955**	**514**	**68**	**21080**	**64551**	**29830**	**14956**	**8362**	**525**	**69**
濂溪区	9737	15	1	730	3408	2680	1660	1080	127	36
浔阳区	10419	12	3	392	2419	2892	2411	2077	195	18
柴桑区	11070	32	4	1505	5233	2376	1438	448	30	4
武宁县	9166	25	4	1262	5572	1437	498	353	15	
修水县	21827	31	1	3957	12652	2928	1434	803	20	1
永修县	9451	32	3	1601	5001	1513	810	466	22	3
德安县	5004	16	2	788	2609	872	453	254	10	
都昌县	19528	88	9	3616	8792	4178	2111	704	28	2
湖口县	7193	21		1208	3048	1668	867	368	13	
彭泽县	10143	73	15	1773	4123	2481	1101	560	14	3
瑞昌市	15036	48	12	1943	6525	4493	1254	737	23	1
共青城市	4050	57	10	646	1888	850	342	236	21	
庐山市	7331	64	4	1659	3281	1462	577	276	7	1
新余市	**30006**	**230**	**5**	**4122**	**14269**	**5640**	**3289**	**2309**	**135**	**7**
渝水区	22788	130	3	2727	10311	4670	2794	2017	129	7
分宜县	7218	100	2	1395	3958	970	495	292	6	
鹰潭市	**38841**	**50**	**6**	**5496**	**17311**	**10326**	**3309**	**2229**	**109**	**5**
月湖区	7840	11	2	638	2864	1924	1274	1054	69	4
余江区	12152	16		988	4278	5535	826	490	18	1
贵溪市	18849	23	4	3870	10169	2867	1209	685	22	
赣州市	**265093**	**543**	**68**	**29593**	**144764**	**50568**	**24557**	**14200**	**713**	**87**
章贡区	27783	24	3	1373	8867	7440	5596	4044	374	62
南康区	24954	55	14	2874	14410	4064	2157	1325	50	5
赣县区	16385	47	8	2485	8889	2843	1283	800	27	3
信丰县	20965	46	4	2487	13637	2885	1242	649	13	2
大余县	7906	20	1	793	4568	1370	741	400	12	1
上犹县	8130	18	3	1292	4579	1232	602	387	17	
崇义县	5432	18		766	2846	893	532	358	16	3
安远县	9408	70	3	1611	5069	1606	613	434	2	
定南县	5696	7	3	513	3290	1171	442	264	5	1
全南县	5285	8	3	396	3172	1087	397	215	7	

4–2 续表 3

单位：人

地区 性别	合计	未上过学	学前教育	小学	初中	高中	大学专科	大学本科	硕士研究生	博士研究生
宁都县	26630	47	2	2771	15695	5270	1887	928	26	4
于都县	27380	62	8	3215	15794	5150	2099	1015	37	
兴国县	20647	17	2	2079	11716	4089	1854	853	36	1
会昌县	13642	23	5	1901	6095	3433	1503	662	18	2
寻乌县	8504	11		992	4907	1435	806	343	10	
石城县	8374	18	2	1060	4648	1427	777	426	14	2
瑞金市	18867	41	6	2279	10961	3466	1374	709	31	
龙南市	9105	11	1	706	5621	1707	652	388	18	1
吉安市	**120217**	**428**	**35**	**21155**	**63287**	**19344**	**9809**	**5890**	**227**	**42**
吉州区	8931	21	2	1073	3301	1999	1231	1214	79	11
青原区	5769	18	4	863	2934	943	584	374	31	18
吉安县	12675	40	2	2530	6628	2058	887	514	16	
吉水县	11664	39	4	2075	6803	1509	750	472	11	1
峡江县	4038	40	3	816	2145	551	287	191	5	
新干县	8659	61	5	1741	4431	1287	707	414	13	
永丰县	9816	54	1	2392	4888	1320	769	379	10	3
泰和县	11585	25	3	1471	6583	2264	767	461	10	1
遂川县	14459	15	2	2488	8388	2056	935	563	11	1
万安县	7511	21		1163	3737	1405	843	332	8	2
安福县	8542	21	6	1682	4635	1263	605	318	10	2
永新县	12977	43	2	2196	7126	2091	1046	456	14	3
井冈山市	3591	30	1	665	1688	598	398	202	9	
宜春市	**142536**	**387**	**33**	**21233**	**77953**	**25060**	**10219**	**7245**	**361**	**45**
袁州区	27427	58	5	4568	14674	3872	2163	1925	133	29
奉新县	7500	14	1	666	4208	1709	519	375	6	2
万载县	12285	28	3	2085	6657	2201	795	499	17	
上高县	9001	60	4	1297	4796	1820	571	441	12	
宜丰县	7562	32	1	1165	4245	1339	450	317	11	2
靖安县	3570	17		564	1798	694	300	190	7	
铜鼓县	3288	2	1	727	1618	487	278	168	6	1
丰城市	31448	104	9	4279	17902	5667	1947	1456	78	6
樟树市	15231	16	1	1575	8813	2883	1175	736	29	3
高安市	25224	56	8	4307	13242	4388	2021	1138	62	2
抚州市	**114315**	**688**	**32**	**21716**	**60455**	**17373**	**8747**	**5041**	**246**	**17**
临川区	28605	130	6	4953	14879	4104	2511	1862	150	10
东乡区	10529	96	1	2109	5411	1616	883	395	16	2
南城县	8872	53	4	2242	4608	1012	608	337	7	1
黎川县	8018	19	1	1807	3607	1610	649	319	5	1
南丰县	8319	190	11	2507	4017	786	537	266	5	
崇仁县	11570	45		2083	6770	1549	745	364	13	1
乐安县	10604	41	1	1748	6177	1454	791	385	7	
宜黄县	8564	10	2	580	4463	2536	688	278	6	1
金溪县	8978	54	5	1762	4976	1122	640	399	19	1
资溪县	3222	8		534	1761	601	179	137	2	
广昌县	7034	42	1	1391	3786	983	516	299	16	
上饶市	**206123**	**834**	**58**	**35948**	**96909**	**45306**	**16395**	**10189**	**439**	**45**
信州区	17071	8	1	1238	4952	5299	2767	2620	166	20
广丰区	25793	18	7	2572	10074	8830	3032	1221	37	2
广信区	23958	108	1	5906	11915	3309	1503	1154	53	9
玉山县	13973	37		2442	7163	2649	992	656	32	2
铅山县	12783	14		3272	6433	1990	662	396	16	
横峰县	5254	19	2	1016	2786	838	391	199	3	
弋阳县	10516	54	11	2670	5360	1507	554	355	5	
余干县	26472	119	12	3900	14535	5520	1458	890	36	2
鄱阳县	39027	358	15	7447	19649	7779	2548	1184	42	5
万年县	11224	58	1	1561	4877	3332	851	527	15	2
婺源县	10993	21	4	2031	4916	2569	943	489	17	3
德兴市	9059	20	4	1893	4249	1684	694	498	17	

4-2　续表 4　　　　单位：人

地区 性别	合　计	未上过学	学前教育	小　学	初　中	高　中	大学专科	大学本科	硕　士 研究生	博　士 研究生
女	**928852**	**12051**	**798**	**204525**	**421182**	**134319**	**88863**	**61475**	**5225**	**414**
南昌市	**108589**	**1331**	**49**	**15851**	**38192**	**16668**	**16956**	**16417**	**2852**	**273**
东湖区	8382	73	1	492	1544	1819	2049	2028	345	31
西湖区	8811	45	5	399	1733	2100	2243	2026	255	5
青云谱区	5707	22	1	430	1596	1343	1229	985	97	4
青山湖区	20480	169	6	2005	5902	3318	3923	4134	902	121
新建区	13622	252	10	3158	6024	1582	1275	1162	141	18
红谷滩区	10002	105	2	602	1546	1230	2328	3360	764	65
南昌县	25069	409	16	5118	10968	3241	2884	2102	302	29
安义县	4453	36	3	605	2738	527	321	193	30	
进贤县	12063	220	5	3042	6141	1508	704	427	16	
景德镇市	**34453**	**865**	**58**	**9472**	**14372**	**4297**	**3111**	**2139**	**129**	**10**
昌江区	3134	32	4	467	1312	537	410	341	29	2
珠山区	6804	32	5	542	1911	1869	1347	1025	68	5
浮梁县	5079	123	5	1160	2435	560	490	287	17	2
乐平市	19436	678	44	7303	8714	1331	864	486	15	1
萍乡市	**48877**	**227**	**37**	**8277**	**23712**	**8015**	**5167**	**3265**	**169**	**8**
安源区	13824	11	5	473	4799	3828	2785	1796	123	4
湘东区	8329	13		1285	4924	1174	582	340	9	2
莲花县	6466	125	26	2243	2859	546	415	241	11	
上栗县	12949	49	5	2820	7212	1480	833	537	12	1
芦溪县	7309	29	1	1456	3918	987	552	351	14	1
九江市	**100227**	**1661**	**148**	**22304**	**42899**	**16082**	**10626**	**6075**	**407**	**25**
濂溪区	6770	38	2	651	2275	1548	1286	853	107	10
浔阳区	8105	28	3	375	2021	1871	1932	1710	157	8
柴桑区	7133	116	13	1542	3305	1023	828	286	19	1
武宁县	4653	25	3	736	2583	618	410	274	4	
修水县	14545	50		2913	8259	1623	1121	570	9	
永修县	6893	83	1	1689	3409	738	616	336	20	1
德安县	4166	29	5	929	2048	610	329	212	4	
都昌县	14863	452	24	4522	5976	2110	1365	389	24	1
湖口县	4950	100	14	1559	1835	693	513	227	8	1
彭泽县	8012	274	46	2672	2778	1131	724	375	11	1
瑞昌市	12028	186	23	2524	5067	2792	884	535	16	1
共青城市	2916	106	9	589	1315	482	240	158	17	
庐山市	5193	174	5	1603	2028	843	378	150	11	1
新余市	**18948**	**381**	**7**	**3629**	**8296**	**2683**	**2179**	**1661**	**107**	**5**
渝水区	14408	268	3	2514	5997	2256	1835	1428	102	5
分宜县	4540	113	4	1115	2299	427	344	233	5	
鹰潭市	**27742**	**78**	**12**	**5064**	**11751**	**6605**	**2490**	**1660**	**80**	**2**
月湖区	6199	27	2	636	2267	1394	1007	813	51	2
余江区	7992	22	2	921	2713	3389	590	344	11	
贵溪市	13551	29	8	3507	6771	1822	893	503	18	
赣州市	**194607**	**2305**	**178**	**42948**	**95882**	**26097**	**16667**	**9987**	**509**	**34**
章贡区	20785	47	7	1648	6345	4744	4385	3269	313	27
南康区	18209	207	9	3858	9578	2205	1428	902	21	1
赣县区	11674	139	9	3254	5191	1569	895	598	19	
信丰县	16621	229	14	3707	9853	1527	830	448	13	
大余县	6013	83	4	1294	3076	696	546	304	9	1
上犹县	6221	48	7	2089	2791	573	415	288	10	
崇义县	3731	72	1	1205	1474	372	359	237	11	
安远县	7403	460	18	2551	2976	658	411	320	9	
定南县	3815	22	6	581	2093	574	332	202	5	
全南县	3871	18	7	696	2162	507	305	169	7	

4-2 续表 5 单位：人

地区 性别	合计	未上过学	学前教育	小学	初中	高中	大学专科	大学本科	硕士 研究生	博士 研究生
宁都县	17174	230	7	3863	9369	2101	1064	527	12	1
于都县	21154	209	24	4333	11555	2979	1421	612	20	1
兴国县	16393	63	10	3652	8927	2087	1106	533	15	
会昌县	10228	168	22	3096	3979	1709	880	367	7	
寻乌县	6380	29	3	1699	3073	796	547	230	3	
石城县	5410	105	7	1217	2813	565	442	249	12	
瑞金市	12934	126	20	3179	6792	1581	815	408	13	
龙南市	6591	50	3	1026	3835	854	486	324	10	3
吉安市	**95425**	**1513**	**90**	**28702**	**44485**	**9528**	**6729**	**4172**	**194**	**12**
吉州区	6909	37	5	1124	2466	1196	1070	948	62	1
青原区	4435	77		1160	1965	542	397	269	22	3
吉安县	10396	157	4	3265	5040	1060	541	308	21	
吉水县	9097	135	16	2781	4673	639	505	330	17	1
峡江县	3084	138	2	1093	1337	227	172	112	2	1
新干县	6402	204	11	2078	2800	573	458	263	14	1
永丰县	7479	207	17	3234	2813	540	425	238	5	
泰和县	10084	68	3	2355	5418	1361	558	315	5	1
遂川县	12011	47	9	4074	5955	848	650	413	14	1
万安县	6009	35		1649	2908	664	518	228	7	
安福县	6888	53	7	2314	3195	599	439	270	8	3
永新县	9668	227	15	2722	4741	961	690	302	10	
井冈山市	2963	128	1	853	1174	318	306	176	7	
宜春市	**100906**	**782**	**71**	**20904**	**52243**	**13464**	**7649**	**5479**	**300**	**14**
袁州区	17307	71	7	3072	8608	2098	1768	1545	132	6
奉新县	5179	11	2	558	2870	1036	436	256	9	1
万载县	9998	58	3	2378	5233	1220	657	436	12	1
上高县	6439	98	6	1300	3269	984	441	331	10	
宜丰县	6412	57	5	1363	3366	926	410	280	5	
靖安县	2393	20	3	372	1180	438	239	138	3	
铜鼓县	2036	2	1	395	972	282	211	168	5	
丰城市	20715	277	20	4747	10810	2568	1264	970	56	3
樟树市	11804	36		1812	6744	1719	876	585	31	1
高安市	18623	152	24	4907	9191	2193	1347	770	37	2
抚州市	**72394**	**1269**	**41**	**19045**	**34469**	**8263**	**5755**	**3359**	**181**	**12**
临川区	15330	159	7	3150	7058	1750	1784	1299	119	4
东乡区	6317	135	2	1727	2943	673	553	271	10	3
南城县	5819	104	3	2005	2581	474	414	234	4	
黎川县	5475	48	1	1632	2307	847	417	217	5	1
南丰县	5850	343	12	2264	2278	367	373	209	4	
崇仁县	7468	99	1	2182	3914	641	416	203	11	1
乐安县	6258	91	4	1780	3186	512	466	214	4	1
宜黄县	6614	22		595	3600	1683	494	214	6	
金溪县	5812	70	4	1612	3056	501	369	191	7	2
资溪县	2160	22	2	415	1123	330	157	106	5	
广昌县	5291	176	5	1683	2423	485	312	201	6	
上饶市	**126684**	**1639**	**107**	**28329**	**54881**	**22617**	**11534**	**7261**	**297**	**19**
信州区	11369	14		743	2830	3085	2360	2192	139	6
广丰区	14572	41	5	1670	5643	4541	1834	809	24	5
广信区	13900	225	5	3797	6165	1632	1159	882	34	1
玉山县	7589	51	5	1600	3507	1194	727	489	16	
铅山县	8016	18	2	2217	3917	1094	503	261	3	1
横峰县	3084	35	2	603	1514	480	301	146	3	
弋阳县	6760	58	14	2077	3132	785	425	258	10	1
余干县	16577	296	31	3949	8429	2467	885	508	11	1
鄱阳县	24033	706	13	6265	11059	3619	1591	751	25	4
万年县	6078	54		992	2655	1528	564	275	10	
婺源县	8406	82	21	2649	3271	1331	695	350	7	
德兴市	6300	59	9	1767	2759	861	490	340	15	

4-2a　各地区分性别、受教育程度的就业人口(城市)

单位：人

地区 性别	合计	未上过学	学前教育	小学	初中	高中	大学专科	大学本科	硕士研究生	博士研究生
全省	**582693**	**1684**	**140**	**47788**	**205219**	**134463**	**99376**	**84072**	**8826**	**1125**
南昌市	**139263**	**552**	**29**	**9838**	**36488**	**28220**	**28400**	**29874**	**5091**	**771**
东湖区	17413	49	3	657	3075	4277	4293	4253	721	85
西湖区	20710	63	7	892	4498	5274	4852	4567	532	25
青云谱区	14284	30	3	916	4156	3745	2885	2307	228	14
青山湖区	45157	166	8	3439	13041	8412	8798	9147	1769	377
新建区	18397	130	4	2590	7584	3151	2458	2193	242	45
红谷滩区	23052	110	4	1320	3972	3323	5099	7400	1599	225
南昌县	250	4		24	162	38	15	7		
安义县										
进贤县										
景德镇市	**34143**	**200**	**24**	**4196**	**12395**	**8006**	**5116**	**3929**	**252**	**25**
昌江区	6020	36	4	642	2354	1336	816	766	59	7
珠山区	15926	39	9	1186	4604	4585	2996	2335	156	16
浮梁县	1016	39	2	285	539	88	39	22	2	
乐平市	11181	86	9	2083	4898	1997	1265	806	35	2
萍乡市	**32773**	**32**	**7**	**1524**	**12032**	**8879**	**6102**	**3942**	**240**	**15**
安源区	24796	17	5	726	7635	7282	5351	3532	233	15
湘东区	7585	15	1	761	4129	1537	731	404	7	
莲花县										
上栗县	392		1	37	268	60	20	6		
芦溪县										
九江市	**52910**	**178**	**13**	**3654**	**17185**	**14270**	**9700**	**7163**	**674**	**73**
濂溪区	12479	24	3	729	3690	3334	2610	1811	232	46
浔阳区	18416	39	6	737	4395	4745	4334	3782	352	26
柴桑区	5468	21		431	2546	1181	891	368	29	1
武宁县										
修水县										
永修县										
德安县										
都昌县										
湖口县										
彭泽县										
瑞昌市	8072	36	1	676	2749	3021	907	659	23	
共青城市	4493	38	2	518	2082	1025	459	334	35	
庐山市	3982	20	1	563	1723	964	499	209	3	
新余市	**26051**	**74**	**4**	**1899**	**10529**	**5742**	**4244**	**3323**	**224**	**12**
渝水区	26051	74	4	1899	10529	5742	4244	3323	224	12
分宜县										
鹰潭市	**29613**	**32**	**3**	**2720**	**11300**	**7821**	**4326**	**3241**	**164**	**6**
月湖区	13185	23	1	1022	4698	3225	2238	1853	120	5
余江区	4919	1		94	1629	2077	631	473	13	1
贵溪市	11509	8	2	1604	4973	2519	1457	915	31	
赣州市	**91927**	**191**	**29**	**6622**	**36413**	**21428**	**15296**	**11069**	**784**	**95**
章贡区	40775	50	5	1952	11035	10597	9339	7047	664	86
南康区	21384	67	14	2191	11166	3952	2302	1645	44	3
赣县区	10130	26	2	954	3867	2612	1537	1096	34	2
信丰县										
大余县										
上犹县										
崇义县										
安远县										
定南县										
全南县										

4-2a 续表 1

单位：人

地区 性别	合计	未上过学	学前教育	小学	初中	高中	大学专科	大学本科	硕士 研究生	博士 研究生
宁都县										
于都县										
兴国县										
会昌县										
寻乌县	49			9	27	3	6	4		
石城县										
瑞金市	11071	24	6	846	5642	2577	1260	697	19	
龙南市	8518	24	2	670	4676	1687	852	580	23	4
吉安市	**18356**	**73**	**6**	**1718**	**6104**	**4092**	**3246**	**2889**	**195**	**33**
吉州区	11767	28	5	918	3582	2817	2168	2097	140	12
青原区	4626	19	1	532	1843	918	706	535	51	21
吉安县										
吉水县										
峡江县										
新干县										
永丰县										
泰和县										
遂川县										
万安县										
安福县										
永新县										
井冈山市	1963	26		268	679	357	372	257	4	
宜春市	**64794**	**121**	**14**	**5543**	**29543**	**13435**	**8560**	**7052**	**479**	**47**
袁州区	25643	32	4	2485	11780	4531	3350	3167	260	34
奉新县										
万载县										
上高县										
宜丰县										
靖安县										
铜鼓县										
丰城市	15226	50	8	1310	7027	3315	1794	1609	105	8
樟树市	10913	10		593	5009	2661	1521	1066	51	2
高安市	13012	29	2	1155	5727	2928	1895	1210	63	3
抚州市	**26762**	**99**	**2**	**3090**	**10675**	**4963**	**4367**	**3274**	**279**	**13**
临川区	19378	52	1	2017	7343	3608	3339	2751	257	10
东乡区	7384	47	1	1073	3332	1355	1028	523	22	3
南城县										
黎川县										
南丰县										
崇仁县										
乐安县										
宜黄县										
金溪县										
资溪县										
广昌县										
上饶市	**66101**	**132**	**9**	**6984**	**22555**	**17607**	**10019**	**8316**	**444**	**35**
信州区	21137	8		600	4053	6853	4703	4595	299	26
广丰区	17041	33	4	1462	6281	5581	2364	1278	36	2
广信区	17257	77	2	3125	7416	2999	1908	1649	74	7
玉山县										
铅山县	74	1		25	41	5	1	1		
横峰县										
弋阳县										
余干县	1769	7		302	1117	241	58	41	3	
鄱阳县	96			30	28	29	6	2	1	
万年县										
婺源县										
德兴市	8727	6	3	1440	3619	1899	979	750	31	

4-2a　续表 2

单位：人

地区 性别	合计	未上过学	学前教育	小学	初中	高中	大学专科	大学本科	硕士 研究生	博士 研究生
男	**338316**	**530**	**62**	**25437**	**120955**	**83005**	**55847**	**46959**	**4721**	**800**
南昌市	**82060**	**149**	**14**	**5385**	**22946**	**17783**	**15951**	**16618**	**2673**	**541**
东湖区	9645	13	2	328	1830	2518	2283	2240	377	54
西湖区	11899	18	2	493	2765	3174	2609	2541	277	20
青云谱区	8604	8	2	492	2565	2411	1663	1322	131	10
青山湖区	26935	44	3	1850	8126	5410	5118	5188	928	268
新建区	11439	34	3	1414	4958	2124	1482	1272	123	29
红谷滩区	13389	29	2	795	2607	2122	2786	4051	837	160
南昌县	149	3		13	95	24	10	4		
安义县										
进贤县										
景德镇市	**20132**	**65**	**8**	**2274**	**7447**	**5028**	**2894**	**2256**	**143**	**17**
昌江区	3634	16	1	357	1437	884	462	442	30	5
珠山区	9436	10	4	697	2786	2838	1672	1329	89	11
浮梁县	655	13	2	175	361	60	27	16	1	
乐平市	6407	26	1	1045	2863	1246	733	469	23	1
萍乡市	**17218**	**15**	**2**	**811**	**6264**	**4820**	**3169**	**2008**	**118**	**11**
安源区	12743	7		375	3831	3876	2729	1799	115	11
湘东区	4267	8	1	413	2293	918	426	205	3	
莲花县										
上栗县	208		1	23	140	26	14	4		
芦溪县										
九江市	**29674**	**44**	**7**	**1768**	**9417**	**8561**	**5467**	**3984**	**372**	**54**
濂溪区	7197	4	1	367	2116	2075	1467	1005	126	36
浔阳区	10355	12	3	376	2390	2881	2405	2075	195	18
柴桑区	3156	1		210	1425	757	538	209	16	
武宁县										
修水县										
永修县										
德安县										
都昌县										
湖口县										
彭泽县										
瑞昌市	4160	6	1	258	1341	1675	498	366	15	
共青城市	2578	14	1	270	1176	634	265	199	19	
庐山市	2228	7	1	287	969	539	294	130	1	
新余市	**15912**	**28**	**2**	**1025**	**6470**	**3771**	**2539**	**1942**	**128**	**7**
渝水区	15912	28	2	1025	6470	3771	2539	1942	128	7
分宜县										
鹰潭市	**16505**	**12**	**1**	**1320**	**6266**	**4548**	**2425**	**1835**	**94**	**4**
月湖区	7374	7	1	514	2617	1869	1249	1045	69	3
余江区	2861	1		54	943	1238	348	270	6	1
贵溪市	6270	4		752	2706	1441	828	520	19	
赣州市	**52230**	**76**	**15**	**3047**	**20691**	**13033**	**8682**	**6188**	**434**	**64**
章贡区	23101	20	2	908	6297	6374	5204	3880	357	59
南康区	12037	24	10	977	6300	2396	1343	956	29	2
赣县区	5728	11	2	476	2195	1542	873	608	19	2
信丰县										
大余县										
上犹县										
崇义县										
安远县										
定南县										
全南县										

4–2a 续表 3

单位：人

地区 性别	合 计	未上过学	学前教育	小 学	初 中	高 中	大学专科	大学本科	硕 士 研究生	博 士 研究生
宁都县										
于都县										
兴国县										
会昌县										
寻乌县	27			4	16	2	4	1		
石城县										
瑞金市	6503	14	1	411	3243	1626	767	427	14	
龙南市	4834	7		271	2640	1093	491	316	15	1
吉安市	**10312**	**18**	**2**	**813**	**3459**	**2481**	**1786**	**1616**	**108**	**29**
吉州区	6664	10	1	456	2042	1738	1159	1169	78	11
青原区	2598	6	1	248	1032	532	415	317	29	18
吉安县										
吉水县										
峡江县										
新干县										
永丰县										
泰和县										
遂川县										
万安县										
安福县										
永新县										
井冈山市	1050	2		109	385	211	212	130	1	
宜春市	**37867**	**39**	**5**	**3004**	**17281**	**8418**	**4834**	**4000**	**249**	**37**
袁州区	15145	15	1	1485	7053	2850	1835	1748	130	28
奉新县										
万载县										
上高县										
宜丰县										
靖安县										
铜鼓县										
丰城市	9329	15	3	671	4361	2173	1080	961	59	6
樟树市	6187	2		291	2818	1599	855	596	24	2
高安市	7206	7	1	557	3049	1796	1064	695	36	1
抚州市	**16391**	**44**	**1**	**1842**	**6696**	**3297**	**2464**	**1882**	**157**	**8**
临川区	11891	19	1	1238	4652	2397	1856	1578	143	7
东乡区	4500	25		604	2044	900	608	304	14	1
南城县										
黎川县										
南丰县										
崇仁县										
乐安县										
宜黄县										
金溪县										
资溪县										
广昌县										
上饶市	**40015**	**40**	**5**	**4148**	**14018**	**11265**	**5636**	**4630**	**245**	**28**
信州区	12231	2		338	2443	4250	2534	2481	163	20
广丰区	10601	8	4	906	3922	3592	1401	749	18	1
广信区	10764	26	1	1907	4780	1988	1087	924	44	7
玉山县										
铅山县	49	1		21	24	3				
横峰县										
弋阳县										
余干县	1110	2		171	704	163	38	30	2	
鄱阳县	62			19	19	21		2	1	
万年县										
婺源县										
德兴市	5198	1		786	2126	1248	576	444	17	

4-2a　续表 4

单位：人

地区 性别	合计	未上过学	学前教育	小学	初中	高中	大学专科	大学本科	硕士 研究生	博士 研究生
女	**244377**	**1154**	**78**	**22351**	**84264**	**51458**	**43529**	**37113**	**4105**	**325**
南昌市	**57203**	**403**	**15**	**4453**	**13542**	**10437**	**12449**	**13256**	**2418**	**230**
东湖区	7768	36	1	329	1245	1759	2010	2013	344	31
西湖区	8811	45	5	399	1733	2100	2243	2026	255	5
青云谱区	5680	22	1	424	1591	1334	1222	985	97	4
青山湖区	18222	122	5	1589	4915	3002	3680	3959	841	109
新建区	6958	96	1	1176	2626	1027	976	921	119	16
红谷滩区	9663	81	2	525	1365	1201	2313	3349	762	65
南昌县	101	1		11	67	14	5	3		
安义县										
进贤县										
景德镇市	**14011**	**135**	**16**	**1922**	**4948**	**2978**	**2222**	**1673**	**109**	**8**
昌江区	2386	20	3	285	917	452	354	324	29	2
珠山区	6490	29	5	489	1818	1747	1324	1006	67	5
浮梁县	361	26		110	178	28	12	6	1	
乐平市	4774	60	8	1038	2035	751	532	337	12	1
萍乡市	**15555**	**17**	**5**	**713**	**5768**	**4059**	**2933**	**1934**	**122**	**4**
安源区	12053	10	5	351	3804	3406	2622	1733	118	4
湘东区	3318	7		348	1836	619	305	199	4	
莲花县										
上栗县	184			14	128	34	6	2		
芦溪县										
九江市	**23236**	**134**	**6**	**1886**	**7768**	**5709**	**4233**	**3179**	**302**	**19**
濂溪区	5282	20	2	362	1574	1259	1143	806	106	10
浔阳区	8061	27	3	361	2005	1864	1929	1707	157	8
柴桑区	2312	20		221	1121	424	353	159	13	1
武宁县										
修水县										
永修县										
德安县										
都昌县										
湖口县										
彭泽县										
瑞昌市	3912	30		418	1408	1346	409	293	8	
共青城市	1915	24	1	248	906	391	194	135	16	
庐山市	1754	13		276	754	425	205	79	2	
新余市	**10139**	**46**	**2**	**874**	**4059**	**1971**	**1705**	**1381**	**96**	**5**
渝水区	10139	46	2	874	4059	1971	1705	1381	96	5
分宜县										
鹰潭市	**13108**	**20**	**2**	**1400**	**5034**	**3273**	**1901**	**1406**	**70**	**2**
月湖区	5811	16		508	2081	1356	989	808	51	2
余江区	2058			40	686	839	283	203	7	
贵溪市	5239	4	2	852	2267	1078	629	395	12	
赣州市	**39697**	**115**	**14**	**3575**	**15722**	**8395**	**6614**	**4881**	**350**	**31**
章贡区	17674	30	3	1044	4738	4223	4135	3167	307	27
南康区	9347	43	4	1214	4866	1556	959	689	15	1
赣县区	4402	15		478	1672	1070	664	488	15	
信丰县										
大余县										
上犹县										
崇义县										
安远县										
定南县										
全南县										

4-2a 续表 5

单位：人

地区 性别	合计	未上过学	学前教育	小学	初中	高中	大学专科	大学本科	硕士 研究生	博士 研究生
宁都县										
于都县										
兴国县										
会昌县										
寻乌县	22			5	11	1	2	3		
石城县										
瑞金市	4568	10	5	435	2399	951	493	270	5	
龙南市	3684	17	2	399	2036	594	361	264	8	3
吉安市	**8044**	**55**	**4**	**905**	**2645**	**1611**	**1460**	**1273**	**87**	**4**
吉州区	5103	18	4	462	1540	1079	1009	928	62	1
青原区	2028	13		284	811	386	291	218	22	3
吉安县										
吉水县										
峡江县										
新干县										
永丰县										
泰和县										
遂川县										
万安县										
安福县										
永新县										
井冈山市	913	24		159	294	146	160	127	3	
宜春市	**26927**	**82**	**9**	**2539**	**12262**	**5017**	**3726**	**3052**	**230**	**10**
袁州区	10498	17	3	1000	4727	1681	1515	1419	130	6
奉新县										
万载县										
上高县										
宜丰县										
靖安县										
铜鼓县										
丰城市	5897	35	5	639	2666	1142	714	648	46	2
樟树市	4726	8		302	2191	1062	666	470	27	
高安市	5806	22	1	598	2678	1132	831	515	27	2
抚州市	**10371**	**55**	**1**	**1248**	**3979**	**1666**	**1903**	**1392**	**122**	**5**
临川区	7487	33		779	2691	1211	1483	1173	114	3
东乡区	2884	22	1	469	1288	455	420	219	8	2
南城县										
黎川县										
南丰县										
崇仁县										
乐安县										
宜黄县										
金溪县										
资溪县										
广昌县										
上饶市	**26086**	**92**	**4**	**2836**	**8537**	**6342**	**4383**	**3686**	**199**	**7**
信州区	8906	6		262	1610	2603	2169	2114	136	6
广丰区	6440	25		556	2359	1989	963	529	18	1
广信区	6493	51	1	1218	2636	1011	821	725	30	
玉山县										
铅山县	25			4	17	2	1	1		
横峰县										
弋阳县										
余干县	659	5		131	413	78	20	11	1	
鄱阳县	34			11	9	8	6			
万年县										
婺源县										
德兴市	3529	5	3	654	1493	651	403	306	14	

4−2b　各地区分性别、受教育程度的就业人口(镇)

单位：人

地区 性别	合计	未上过学	学前教育	小学	初中	高中	大学专科	大学本科	硕士研究生	博士研究生
全省	**644311**	**3212**	**246**	**89505**	**311052**	**125639**	**69620**	**42944**	**1896**	**197**
南昌市	**61317**	**344**	**24**	**6672**	**26173**	**11924**	**8725**	**6524**	**815**	**116**
东湖区	220	4		56	84	36	28	12		
西湖区										
青云谱区	98			16	27	30	21	4		
青山湖区	3617	32	2	395	1390	724	492	414	124	44
新建区	1985	20	2	293	899	335	211	211	10	4
红谷滩区										
南昌县	37008	179	12	3568	14325	7252	6274	4725	608	65
安义县	6245	24	7	577	3435	1196	540	417	46	3
进贤县	12144	85	1	1767	6013	2351	1159	741	27	
景德镇市	**12735**	**176**	**27**	**3086**	**6051**	**1651**	**1027**	**675**	**36**	**6**
昌江区	367	4		103	166	52	31	11		
珠山区	616	3		110	160	250	57	34	2	
浮梁县	6212	65	10	990	2979	919	703	511	29	6
乐平市	5540	104	17	1883	2746	430	236	119	5	
萍乡市	**36315**	**98**	**11**	**5182**	**19790**	**5937**	**3170**	**2058**	**63**	**6**
安源区	3621	2		249	1984	935	321	122	8	
湘东区	4050	3	1	516	2590	566	245	124	4	1
莲花县	6193	55	4	1268	2911	875	639	428	11	2
上栗县	14107	25	4	2076	7971	2046	1146	819	18	2
芦溪县	8344	13	2	1073	4334	1515	819	565	22	1
九江市	**75029**	**495**	**19**	**10583**	**33904**	**15937**	**8984**	**4940**	**156**	**11**
濂溪区	951	7		105	505	212	86	35	1	
浔阳区										
柴桑区	2707	33	1	487	1341	435	311	95	2	2
武宁县	5919	16		609	3193	1047	600	440	14	
修水县	14903	18	1	1577	7848	2738	1668	1029	24	
永修县	8408	57	3	1198	3912	1472	1059	672	32	3
德安县	5802	16		813	2809	1132	622	398	12	
都昌县	14619	113	4	2511	5924	3327	1982	730	26	2
湖口县	5273	18	1	576	1953	1323	895	493	14	
彭泽县	8333	128	5	1502	3023	1988	1040	629	16	2
瑞昌市	5058	16	2	456	2175	1645	482	278	4	
共青城市	66			4	24	22	7	9		
庐山市	2990	73	2	745	1197	596	232	132	11	2
新余市	**7923**	**50**	**1**	**1005**	**4380**	**1206**	**762**	**509**	**10**	
渝水区	1062	10		173	658	144	52	23	2	
分宜县	6861	40	1	832	3722	1062	710	486	8	
鹰潭市	**8942**	**21**	**2**	**1463**	**4409**	**2226**	**530**	**278**	**12**	**1**
月湖区	237	4	1	44	135	26	18	8		1
余江区	4009	8		387	1571	1581	300	158	4	
贵溪市	4696	9	1	1032	2703	619	212	112	8	
赣州市	**137154**	**411**	**63**	**15246**	**68519**	**28171**	**15582**	**8896**	**252**	**14**
章贡区	1027	2	3	87	480	271	109	68	5	2
南康区	1585	1		138	1013	247	120	64	2	
赣县区	4254	11	6	668	2610	591	233	130	5	
信丰县	18107	65	1	1727	10946	2934	1590	828	16	
大余县	6548	31	4	689	3265	1218	833	490	16	2
上犹县	5626	14	5	799	2641	954	660	534	19	
崇义县	3608	20		457	1526	654	515	412	22	2
安远县	7414	65	4	1380	3464	1255	663	573	10	
定南县	5679	10	3	474	2905	1231	631	414	10	1
全南县	4137	8	3	367	2135	850	481	282	11	

4-2b 续表 1　　　　单位：人

地区 性别	合计	未上过学	学前教育	小学	初中	高中	大学专科	大学本科	硕士研究生	博士研究生
宁都县	17285	69	3	1992	8949	3545	1735	968	23	1
于都县	20539	32	6	1521	9739	5582	2416	1207	35	1
兴国县	15105	15	6	1442	7292	3251	1997	1068	33	1
会昌县	11644	47	15	1879	4329	2738	1749	866	19	2
寻乌县	6410	5	1	588	2938	1455	985	430	8	
石城县	5500	7	2	591	2618	1038	727	499	16	2
瑞金市	1606		1	283	967	238	81	35	1	
龙南市	1080	9		164	702	119	57	28	1	
吉安市	**84836**	**467**	**30**	**12439**	**42613**	**14601**	**8915**	**5581**	**175**	**15**
吉州区	829	5		159	465	111	57	31	1	
青原区	654	4	1	69	327	106	96	50	1	
吉安县	11468	43	1	1694	5559	2282	1152	703	34	
吉水县	10349	65	4	1549	5631	1403	982	687	26	2
峡江县	2802	24	1	411	1380	445	297	237	6	1
新干县	6033	50	2	960	2702	973	799	529	17	1
永丰县	7740	83	6	1781	3382	1159	842	477	9	1
泰和县	11874	31	1	1113	6478	2595	992	649	13	2
遂川县	9594	26	6	1390	4919	1478	1011	745	17	2
万安县	5340	15		647	2507	1019	755	385	12	
安福县	6220	15		730	3188	1074	713	482	14	4
永新县	9801	65	6	1525	5033	1621	1010	523	16	2
井冈山市	2132	41	2	411	1042	335	209	83	9	
宜春市	**60208**	**153**	**18**	**7119**	**31072**	**12053**	**5624**	**4044**	**116**	**9**
袁州区	2385	7	1	477	1518	240	75	66		1
奉新县	7257	10	1	441	3606	1798	814	572	12	3
万载县	10886	25	4	1339	5426	2178	1109	780	24	1
上高县	8518	37	2	778	4101	2022	850	708	20	
宜丰县	8116	20	1	880	4311	1640	715	534	14	1
靖安县	3099	11	1	263	1263	829	443	281	8	
铜鼓县	2804		1	299	1253	556	381	302	11	1
丰城市	6018	24	1	806	3297	1088	477	312	12	1
樟树市	1876	2		163	1109	342	146	108	5	1
高安市	9249	17	6	1673	5188	1360	614	381	10	
抚州市	**58345**	**371**	**12**	**9734**	**27735**	**10262**	**6525**	**3610**	**88**	**8**
临川区	3272	33	2	633	1924	384	224	70	2	
东乡区	1528	17		359	819	159	127	45	1	1
南城县	7587	63	2	1665	3608	1003	774	461	10	1
黎川县	6440	12		1140	2613	1479	776	413	6	1
南丰县	6394	121	4	1387	2970	805	693	406	8	
崇仁县	7106	17		1186	3572	1135	782	398	15	1
乐安县	5968	9		809	2855	996	827	463	8	1
宜黄县	6696	7	2	288	3113	2052	853	373	7	1
金溪县	5340	33	1	904	2551	816	634	388	11	2
资溪县	2247	14	1	342	948	477	259	200	6	
广昌县	5767	45		1021	2762	956	576	393	14	
上饶市	**101507**	**626**	**39**	**16976**	**46406**	**21671**	**9776**	**5829**	**173**	**11**
信州区	849	1		120	371	259	72	26		
广丰区	5845	6	2	644	2552	1840	604	191	6	
广信区	3501	22		919	1859	414	182	102	3	
玉山县	11813	17	2	1558	5425	2507	1296	965	41	2
铅山县	10292	17	1	2180	4702	1971	872	533	16	
横峰县	4402	21	3	610	2079	871	530	284	4	
弋阳县	8122	43	1	1676	3568	1522	764	534	13	1
余干县	16208	87	13	2358	8054	3479	1337	853	27	
鄱阳县	24397	358	10	4698	11341	4609	2164	1177	35	5
万年县	6995	30		746	2690	2185	812	516	15	1
婺源县	8438	21	4	1349	3382	1924	1107	636	13	2
德兴市	645	3	3	118	383	90	36	12		

4-2b　续表 2

单位：人

地区 性别	合计	未上过学	学前教育	小学	初中	高中	大学专科	大学本科	硕士研究生	博士研究生
男	**374433**	**995**	**91**	**43990**	**182094**	**80352**	**40655**	**25079**	**1049**	**128**
南昌市	**37935**	**122**	**16**	**3763**	**16522**	**7966**	**5182**	**3865**	**425**	**74**
东湖区	135	1		35	52	24	14	9		
西湖区										
青云谱区	71			10	22	21	14	4		
青山湖区	2406	7	1	217	960	537	321	267	64	32
新建区	1269	10	2	170	592	230	130	125	8	2
红谷滩区										
南昌县	22614	61	6	1982	8898	4790	3735	2787	318	37
安义县	4073	13	6	352	2316	819	292	256	16	3
进贤县	7367	30	1	997	3682	1545	676	417	19	
景德镇市	**7579**	**72**	**15**	**1687**	**3731**	**1070**	**593**	**387**	**20**	**4**
昌江区	256	1		71	118	36	21	9		
珠山区	339			63	81	140	37	17	1	
浮梁县	3822	32	7	574	1893	602	397	297	16	4
乐平市	3162	39	8	979	1639	292	138	64	3	
萍乡市	**18956**	**23**	**3**	**2283**	**10473**	**3434**	**1665**	**1041**	**30**	**4**
安源区	2020	1		149	1093	542	170	61	4	
湘东区	2172	2	1	258	1381	347	127	55	1	
莲花县	2992	4		458	1447	503	345	227	6	2
上栗县	7431	11	1	917	4290	1196	600	407	7	2
芦溪县	4341	5	1	501	2262	846	423	291	12	
九江市	**43462**	**127**	**11**	**5187**	**19713**	**10173**	**5231**	**2915**	**97**	**8**
濂溪区	605	2		51	332	144	53	23		
浔阳区										
柴桑区	1629	10		247	829	294	190	56	1	2
武宁县	3717	7		379	2080	688	317	235	11	
修水县	8897	9	1	974	4668	1695	921	612	17	
永修县	4952	19	2	623	2328	992	584	386	16	2
德安县	3001	5		326	1457	630	364	211	8	
都昌县	8062	19	3	1099	3247	2051	1160	465	16	2
湖口县	3141	4		269	1131	872	554	300	11	
彭泽县	4755	25	3	618	1718	1363	645	373	9	1
瑞昌市	2843	4	1	203	1151	1027	295	160	2	
共青城市	41			3	12	17	3	6		
庐山市	1819	23	1	395	760	400	145	88	6	1
新余市	**4841**	**20**	**1**	**543**	**2724**	**818**	**449**	**282**	**4**	
渝水区	672	4		85	431	104	33	14	1	
分宜县	4169	16	1	458	2293	714	416	268	3	
鹰潭市	**5487**	**7**		**829**	**2741**	**1421**	**312**	**171**	**5**	**1**
月湖区	126			24	70	16	11	4		1
余江区	2422	4		200	964	989	170	93	2	
贵溪市	2939	3		605	1707	416	131	74	3	
赣州市	**77859**	**87**	**15**	**6162**	**39151**	**17830**	**9178**	**5280**	**144**	**12**
章贡区	644		1	43	294	183	73	43	5	2
南康区	911	1		59	572	169	72	38		
赣县区	2658	4	3	294	1698	428	150	79	2	
信丰县	10015	12		713	6056	1805	931	491	7	
大余县	3643	7	1	270	1851	767	459	277	10	1
上犹县	3046	6	1	283	1484	588	374	300	10	
崇义县	2099	5		167	941	437	292	243	12	2
安远县	4103	9	1	530	2035	832	380	314	2	
定南县	3374	2	1	237	1741	795	357	235	5	1
全南县	2305	3	1	123	1179	549	281	163	6	

4-2b 续表 3

单位：人

地区 性别	合计	未上过学	学前教育	小学	初中	高中	大学专科	大学本科	硕士研究生	博士研究生
宁都县	10502	11	1	920	5483	2392	1079	600	15	1
于都县	11353	15	2	623	5286	3323	1363	722	19	
兴国县	8187	1	1	518	3821	2004	1191	628	22	1
会昌县	6538	6	2	679	2485	1741	1062	547	14	2
寻乌县	3642	3		247	1659	886	582	259	6	
石城县	3278	1		285	1549	687	446	300	8	2
瑞金市	932			106	578	169	55	24		
龙南市	629	1		65	439	75	31	17	1	
吉安市	**46330**	**110**	**6**	**5200**	**23064**	**9306**	**5269**	**3277**	**90**	**8**
吉州区	370	2		55	197	68	26	21	1	
青原区	376		1	34	189	75	51	25	1	
吉安县	6158	10		685	2846	1458	706	439	14	
吉水县	5732	15		645	3138	931	581	410	11	1
峡江县	1615	5	1	184	805	299	173	144	4	
新干县	3460	12		434	1579	643	470	314	8	
永丰县	4380	15		798	1978	768	525	288	7	1
泰和县	6261	11	1	463	3336	1486	572	383	8	1
遂川县	5141	9	1	462	2670	968	595	426	9	1
万安县	2890	7		279	1264	657	454	222	7	
安福县	3412	5		289	1750	689	413	258	6	2
永新县	5391	14	1	700	2738	1042	585	300	9	2
井冈山市	1144	5	1	172	574	222	118	47	5	
宜春市	**34728**	**62**	**5**	**3614**	**18004**	**7527**	**3174**	**2271**	**66**	**5**
袁州区	1487	3	1	275	955	166	43	43		1
奉新县	4153	8		238	2056	1073	433	338	5	2
万载县	5992	10	2	638	2964	1341	608	416	13	
上高县	4975	17		382	2405	1271	486	403	11	
宜丰县	4381	8		396	2372	945	366	284	9	1
靖安县	1806	4		160	751	490	241	154	6	
铜鼓县	1654		1	195	742	340	219	150	6	1
丰城市	3655	5		383	2042	743	288	187	7	
樟树市	1046	2		74	612	219	85	51	3	
高安市	5579	5	1	873	3105	939	405	245	6	
抚州市	**35016**	**145**	**7**	**5196**	**16940**	**6637**	**3899**	**2135**	**53**	**4**
临川区	2300	19	1	418	1369	291	152	49	1	
东乡区	962	7		199	533	113	83	25	1	1
南城县	4640	18	2	925	2298	665	455	270	6	1
黎川县	3817	5		607	1556	946	454	244	4	1
南丰县	3742	52	1	779	1774	513	397	222	4	
崇仁县	4356	8		588	2244	782	476	249	9	
乐安县	3673	3		399	1772	692	516	286	5	
宜黄县	3743	2	2	159	1689	1180	500	207	3	1
金溪县	3192	15	1	477	1540	524	385	243	7	
资溪县	1356	5		201	582	314	140	112	2	
广昌县	3235	11		444	1583	617	341	228	11	
上饶市	**62240**	**220**	**12**	**9526**	**29031**	**14170**	**5703**	**3455**	**115**	**8**
信州区	497			71	219	157	37	13		
广丰区	3771	3	1	404	1608	1239	390	121	5	
广信区	2209	8		530	1208	293	105	65		
玉山县	7504	8		945	3562	1673	746	540	28	2
铅山县	6466	7		1392	2971	1262	497	324	13	
横峰县	2707	9	1	389	1316	531	289	170	2	
弋阳县	4733	17		881	2126	977	424	304	4	
余干县	9967	26	3	1236	5041	2312	800	526	23	
鄱阳县	14981	118	5	2617	7188	3038	1286	704	22	3
万年县	4448	16		452	1725	1437	490	319	8	1
婺源县	4557	7		544	1824	1192	616	362	10	2
德兴市	400	1	2	65	243	59	23	7		

4-2b　续表 4　　　　单位：人

地　区 性　别	合　计	未上过学	学前教育	小　学	初　中	高　中	大学专科	大学本科	硕　士 研究生	博　士 研究生
女	**269878**	**2217**	**155**	**45515**	**128958**	**45287**	**28965**	**17865**	**847**	**69**
南昌市	**23382**	**222**	**8**	**2909**	**9651**	**3958**	**3543**	**2659**	**390**	**42**
东湖区	85	3		21	32	12	14	3		
西湖区										
青云谱区	27			6	5	9	7			
青山湖区	1211	25	1	178	430	187	171	147	60	12
新建区	716	10		123	307	105	81	86	2	2
红谷滩区										
南昌县	14394	118	6	1586	5427	2462	2539	1938	290	28
安义县	2172	11	1	225	1119	377	248	161	30	
进贤县	4777	55		770	2331	806	483	324	8	
景德镇市	**5156**	**104**	**12**	**1399**	**2320**	**581**	**434**	**288**	**16**	**2**
昌江区	111	3		32	48	16	10	2		
珠山区	277	3		47	79	110	20	17	1	
浮梁县	2390	33	3	416	1086	317	306	214	13	2
乐平市	2378	65	9	904	1107	138	98	55	2	
萍乡市	**17359**	**75**	**8**	**2899**	**9317**	**2503**	**1505**	**1017**	**33**	**2**
安源区	1601	1		100	891	393	151	61	4	
湘东区	1878	1		258	1209	219	118	69	3	1
莲花县	3201	51	4	810	1464	372	294	201	5	
上栗县	6676	14	3	1159	3681	850	546	412	11	
芦溪县	4003	8	1	572	2072	669	396	274	10	1
九江市	**31567**	**368**	**8**	**5396**	**14191**	**5764**	**3753**	**2025**	**59**	**3**
濂溪区	346	5		54	173	68	33	12	1	
浔阳区										
柴桑区	1078	23	1	240	512	141	121	39	1	
武宁县	2202	9		230	1113	359	283	205	3	
修水县	6006	9		603	3180	1043	747	417	7	
永修县	3456	38	1	575	1584	480	475	286	16	1
德安县	2801	11		487	1352	502	258	187	4	
都昌县	6557	94	1	1412	2677	1276	822	265	10	
湖口县	2132	14	1	307	822	451	341	193	3	
彭泽县	3578	103	2	884	1305	625	395	256	7	1
瑞昌市	2215	12	1	253	1024	618	187	118	2	
共青城市	25			1	12	5	4	3		
庐山市	1171	50	1	350	437	196	87	44	5	1
新余市	**3082**	**30**		**462**	**1656**	**388**	**313**	**227**	**6**	
渝水区	390	6		88	227	40	19	9	1	
分宜县	2692	24		374	1429	348	294	218	5	
鹰潭市	**3455**	**14**	**2**	**634**	**1668**	**805**	**218**	**107**	**7**	
月湖区	111	4	1	20	65	10	7	4		
余江区	1587	4		187	607	592	130	65	2	
贵溪市	1757	6	1	427	996	203	81	38	5	
赣州市	**59295**	**324**	**48**	**9084**	**29368**	**10341**	**6404**	**3616**	**108**	**2**
章贡区	383	2	2	44	186	88	36	25		
南康区	674			79	441	78	48	26	2	
赣县区	1596	7	3	374	912	163	83	51	3	
信丰县	8092	53	1	1014	4890	1129	659	337	9	
大余县	2905	24	3	419	1414	451	374	213	6	1
上犹县	2580	8	4	516	1157	366	286	234	9	
崇义县	1509	15		290	585	217	223	169	10	
安远县	3311	56	3	850	1429	423	283	259	8	
定南县	2305	8	2	237	1164	436	274	179	5	
全南县	1832	5	2	244	956	301	200	119	5	

4-2b 续表 5 单位：人

地区 性别	合计	未上过学	学前教育	小学	初中	高中	大学专科	大学本科	硕士研究生	博士研究生
宁都县	6783	58	2	1072	3466	1153	656	368	8	
于都县	9186	17	4	898	4453	2259	1053	485	16	1
兴国县	6918	14	5	924	3471	1247	806	440	11	
会昌县	5106	41	13	1200	1844	997	687	319	5	
寻乌县	2768	2	1	341	1279	569	403	171	2	
石城县	2222	6	2	306	1069	351	281	199	8	
瑞金市	674		1	177	389	69	26	11	1	
龙南市	451	8		99	263	44	26	11		
吉安市	**38506**	**357**	**24**	**7239**	**19549**	**5295**	**3646**	**2304**	**85**	**7**
吉州区	459	3		104	268	43	31	10		
青原区	278	4		35	138	31	45	25		
吉安县	5310	33	1	1009	2713	824	446	264	20	
吉水县	4617	50	4	904	2493	472	401	277	15	1
峡江县	1187	19		227	575	146	124	93	2	1
新干县	2573	38	2	526	1123	330	329	215	9	1
永丰县	3360	68	6	983	1404	391	317	189	2	
泰和县	5613	20		650	3142	1109	420	266	5	1
遂川县	4453	17	5	928	2249	510	416	319	8	1
万安县	2450	8		368	1243	362	301	163	5	
安福县	2808	10		441	1438	385	300	224	8	2
永新县	4410	51	5	825	2295	579	425	223	7	
井冈山市	988	36	1	239	468	113	91	36	4	
宜春市	**25480**	**91**	**13**	**3505**	**13068**	**4526**	**2450**	**1773**	**50**	**4**
袁州区	898	4		202	563	74	32	23		
奉新县	3104	2	1	203	1550	725	381	234	7	1
万载县	4894	15	2	701	2462	837	501	364	11	1
上高县	3543	20	2	396	1696	751	364	305	9	
宜丰县	3735	12	1	484	1939	695	349	250	5	
靖安县	1293	7	1	103	512	339	202	127	2	
铜鼓县	1150			104	511	216	162	152	5	
丰城市	2363	19	1	423	1255	345	189	125	5	1
樟树市	830			89	497	123	61	57	2	1
高安市	3670	12	5	800	2083	421	209	136	4	
抚州市	**23329**	**226**	**5**	**4538**	**10795**	**3625**	**2626**	**1475**	**35**	**4**
临川区	972	14	1	215	555	93	72	21	1	
东乡区	566	10		160	286	46	44	20		
南城县	2947	45		740	1310	338	319	191	4	
黎川县	2623	7		533	1057	533	322	169	2	
南丰县	2652	69	3	608	1196	292	296	184	4	
崇仁县	2750	9		598	1328	353	306	149	6	1
乐安县	2295	6		410	1083	304	311	177	3	1
宜黄县	2953	5		129	1424	872	353	166	4	
金溪县	2148	18		427	1011	292	249	145	4	2
资溪县	891	9	1	141	366	163	119	88	4	
广昌县	2532	34		577	1179	339	235	165	3	
上饶市	**39267**	**406**	**27**	**7450**	**17375**	**7501**	**4073**	**2374**	**58**	**3**
信州区	352	1		49	152	102	35	13		
广丰区	2074	3	1	240	944	601	214	70	1	
广信区	1292	14		389	651	121	77	37	3	
玉山县	4309	9	2	613	1863	834	550	425	13	
铅山县	3826	10	1	788	1731	709	375	209	3	
横峰县	1695	12	2	221	763	340	241	114	2	
弋阳县	3389	26	1	795	1442	545	340	230	9	1
余干县	6241	61	10	1122	3013	1167	537	327	4	
鄱阳县	9416	240	5	2081	4153	1571	878	473	13	2
万年县	2547	14		294	965	748	322	197	7	
婺源县	3881	14	4	805	1558	732	491	274	3	
德兴市	245	2	1	53	140	31	13	5		

4-2c 各地区分性别、受教育程度的就业人口(乡村)

单位：人

地 区 性 别	合 计	未上过学	学前教育	小 学	初 中	高 中	大学专科	大学本科	硕 士 研究生	博 士 研究生
全 省	**1033967**	**11941**	**820**	**264283**	**565880**	**128351**	**44082**	**17780**	**763**	**67**
南昌市	**77297**	**1043**	**49**	**18083**	**45106**	**8481**	**2922**	**1494**	**115**	**4**
东湖区	1302	48		308	739	120	57	28	2	
西湖区										
青云谱区										
青山湖区	2997	31	2	543	1601	477	226	112	5	
新建区	16397	227	11	3890	9609	1600	603	416	40	1
红谷滩区	1051	33		162	637	99	60	57	3	
南昌县	29085	414	25	7490	16530	2948	1130	504	42	2
安义县	6400	51	3	841	4693	535	179	94	4	
进贤县	20065	239	8	4849	11297	2702	667	283	19	1
景德镇市	**37677**	**904**	**46**	**12901**	**19631**	**2550**	**1171**	**456**	**17**	**1**
昌江区	1877	18	1	426	1062	228	111	30	1	
珠山区	89			20	31	26	10	2		
浮梁县	6655	86	2	1560	3652	806	397	146	5	1
乐平市	29056	800	43	10895	14886	1490	653	278	11	
萍乡市	**35432**	**186**	**30**	**8826**	**20080**	**4019**	**1535**	**725**	**26**	**5**
安源区	440			50	276	69	39	5	1	
湘东区	7374	11		1417	4430	1021	317	171	5	2
莲花县	6898	88	26	2398	3423	564	276	114	9	
上栗县	13267	55	3	3183	7659	1505	580	275	5	2
芦溪县	7453	32	1	1778	4292	860	323	160	6	1
九江市	**112243**	**1502**	**184**	**29147**	**56361**	**15705**	**6898**	**2334**	**102**	**10**
濂溪区	3077	22		547	1488	682	250	87	1	
浔阳区	108	1		30	45	18	9	5		
柴桑区	10028	94	16	2129	4651	1783	1064	271	18	2
武宁县	7900	34	7	1389	4962	1008	308	187	5	
修水县	21469	63		5293	13063	1813	887	344	5	1
永修县	7936	58	1	2092	4498	779	367	130	10	1
德安县	3368	29	7	904	1848	350	160	68	2	
都昌县	19772	427	29	5627	8844	2961	1494	363	26	1
湖口县	6870	103	13	2191	2930	1038	485	102	7	1
彭泽县	9822	219	56	2943	3878	1624	785	306	9	2
瑞昌市	13934	182	32	3335	6668	2619	749	335	12	2
共青城市	2407	125	17	713	1097	285	116	51	3	
庐山市	5552	145	6	1954	2389	745	224	85	4	
新余市	**14980**	**487**	**7**	**4847**	**7656**	**1375**	**462**	**138**	**8**	
渝水区	10083	314	2	3169	5121	1040	333	99	5	
分宜县	4897	173	5	1678	2535	335	129	39	3	
鹰潭市	**28028**	**75**	**13**	**6377**	**13353**	**6884**	**943**	**370**	**13**	
月湖区	617	11	2	208	298	67	25	6		
余江区	11216	29	2	1428	3791	5266	485	203	12	
贵溪市	16195	35	9	4741	9264	1551	433	161	1	
赣州市	**230619**	**2246**	**154**	**50673**	**135714**	**27066**	**10346**	**4222**	**186**	**12**
章贡区	6766	19	2	982	3697	1316	533	198	18	1
南康区	20194	194	9	4403	11809	2070	1163	518	25	3
赣县区	13675	149	9	4117	7603	1209	408	172	7	1
信丰县	19479	210	17	4467	12544	1478	482	269	10	2
大余县	7371	72	1	1398	4379	848	454	214	5	
上犹县	8725	52	5	2582	4729	851	357	141	8	
崇义县	5555	70	1	1514	2794	611	376	183	5	1
安远县	9397	465	17	2782	4581	1009	361	181	1	
定南县	3832	19	6	620	2478	514	143	52		
全南县	5019	18	7	725	3199	744	221	102	3	

4-2c 续表 1

单位：人

地区 性别	合计	未上过学	学前教育	小学	初中	高中	大学专科	大学本科	硕士研究生	博士研究生
宁都县	26519	208	6	4642	16115	3826	1216	487	15	4
于都县	27995	239	26	6027	17610	2547	1104	420	22	
兴国县	21935	65	6	4289	13351	2925	963	318	18	
会昌县	12226	144	12	3118	5745	2404	634	163	6	
寻乌县	8425	35	2	2094	5015	773	362	139	5	
石城县	8284	116	7	1686	4843	954	492	176	10	
瑞金市	19124	143	19	4329	11144	2232	848	385	24	
龙南市	6098	28	2	898	4078	755	229	104	4	
吉安市	**112450**	**1401**	**89**	**35700**	**59055**	**10179**	**4377**	**1592**	**51**	**6**
吉州区	3244	25	2	1120	1720	267	76	34		
青原区	4924	72	2	1422	2729	461	179	58	1	
吉安县	11603	154	5	4101	6109	836	276	119	3	
吉水县	10412	109	16	3307	5845	745	273	115	2	
峡江县	4320	154	4	1498	2102	333	162	66	1	
新干县	9028	215	14	2859	4529	887	366	148	10	
永丰县	9555	178	12	3845	4319	701	352	140	6	2
泰和县	9795	62	5	2713	5523	1030	333	127	2	
遂川县	16876	36	5	5172	9424	1426	574	231	8	
万安县	8180	41		2165	4138	1050	606	175	3	2
安福县	9210	59	13	3266	4642	788	331	106	4	1
永新县	12844	205	11	3393	6834	1431	726	235	8	1
井冈山市	2459	91		839	1141	224	123	38	3	
宜春市	**118440**	**895**	**72**	**29475**	**69581**	**13036**	**3684**	**1628**	**66**	**3**
袁州区	16706	90	7	4678	9984	1199	506	237	5	
奉新县	5422	15	2	783	3472	947	141	59	3	
万载县	11397	61	2	3124	6464	1243	343	155	5	
上高县	6922	121	8	1819	3964	782	162	64	2	
宜丰县	5858	69	5	1648	3300	625	145	63	2	1
靖安县	2864	26	2	673	1715	303	96	47	2	
铜鼓县	2520	4	1	823	1337	213	108	34		
丰城市	30919	307	20	6910	18388	3832	940	505	17	
樟树市	14246	40	1	2631	9439	1599	384	147	4	1
高安市	21586	162	24	6386	11518	2293	859	317	26	1
抚州市	**101602**	**1487**	**59**	**27937**	**56514**	**10411**	**3610**	**1516**	**60**	**8**
临川区	21285	204	10	5453	12670	1862	732	340	10	4
东乡区	7934	167	2	2404	4203	775	281	98	3	1
南城县	7104	94	5	2582	3581	483	248	110	1	
黎川县	7053	55	2	2299	3301	978	290	123	4	1
南丰县	7775	412	19	3384	3325	348	217	69	1	
崇仁县	11932	127	1	3079	7112	1055	379	169	9	1
乐安县	10894	123	5	2719	6508	970	430	136	3	
宜黄县	8482	25		887	4950	2167	329	119	5	
金溪县	9450	91	8	2470	5481	807	375	202	15	1
资溪县	3135	16	1	607	1936	454	77	43	1	
广昌县	6558	173	6	2053	3447	512	252	107	8	
上饶市	**165199**	**1715**	**117**	**40317**	**82829**	**28645**	**8134**	**3305**	**119**	**18**
信州区	6454	13	1	1261	3358	1272	352	191	6	
广丰区	17479	20	6	2136	6884	5950	1898	561	19	5
广信区	17100	234	4	5659	8805	1528	572	285	10	3
玉山县	9749	71	3	2484	5245	1336	423	180	7	
铅山县	10433	14	1	3284	5607	1108	292	123	3	1
横峰县	3936	33	1	1009	2221	447	162	61	2	
弋阳县	9154	69	24	3071	4924	770	215	79	2	
余干县	25072	321	30	5189	13793	4267	948	504	17	3
鄱阳县	38567	706	18	8984	19339	6760	1969	756	31	4
万年县	10307	82	1	1807	4842	2675	603	286	10	1
婺源县	10961	82	21	3331	4805	1976	531	203	11	1
德兴市	5987	70	7	2102	3006	556	169	76	1	

4-2c 续表 2

单位：人

地区 性别	合计	未上过学	学前教育	小学	初中	高中	大学专科	大学本科	硕士 研究生	博士 研究生
男	**619370**	**3261**	**255**	**127624**	**357920**	**90777**	**27713**	**11283**	**490**	**47**
南昌市	**49293**	**337**	**23**	**9594**	**30107**	**6208**	**1958**	**992**	**71**	**3**
东湖区	773	14		166	472	72	32	16	1	
西湖区										
青云谱区										
青山湖区	1950	9	2	305	1044	348	154	84	4	
新建区	10449	81	2	2031	6518	1150	385	261	20	1
红谷滩区	712	9		85	456	70	45	46	1	
南昌县	18511	124	15	3969	11056	2183	790	343	30	1
安义县	4119	26	1	461	3074	385	106	62	4	
进贤县	12779	74	3	2577	7487	2000	446	180	11	1
景德镇市	**22391**	**278**	**16**	**6750**	**12527**	**1812**	**716**	**278**	**13**	**1**
昌江区	1240	9		276	715	159	65	15	1	
珠山区	52			14	17	14	7			
浮梁县	4327	22		926	2481	591	225	79	2	1
乐平市	16772	247	16	5534	9314	1048	419	184	10	
萍乡市	**19469**	**51**	**6**	**4161**	**11453**	**2566**	**806**	**411**	**12**	**3**
安源区	270			28	172	40	27	3		
湘东区	4241	6		738	2551	685	158	99	3	1
莲花县	3633	14	4	965	2028	390	155	74	3	
上栗县	7178	20	1	1536	4256	909	299	152	4	1
芦溪县	4147	11	1	894	2446	542	167	83	2	1
九江市	**66819**	**343**	**50**	**14125**	**35421**	**11096**	**4258**	**1463**	**56**	**7**
濂溪区	1935	9		312	960	461	140	52	1	
浔阳区	64			16	29	11	6	2		
柴桑区	6285	21	4	1048	2979	1325	710	183	13	2
武宁县	5449	18	4	883	3492	749	181	118	4	
修水县	12930	22		2983	7984	1233	513	191	3	1
永修县	4499	13	1	978	2673	521	226	80	6	1
德安县	2003	11	2	462	1152	242	89	43	2	
都昌县	11466	69	6	2517	5545	2127	951	239	12	
湖口县	4052	17		939	1917	796	313	68	2	
彭泽县	5388	48	12	1155	2405	1118	456	187	5	2
瑞昌市	8033	38	10	1482	4033	1791	461	211	6	1
共青城市	1431	43	9	373	700	199	74	31	2	
庐山市	3284	34	2	977	1552	523	138	58		
新余市	**9253**	**182**	**2**	**2554**	**5075**	**1051**	**301**	**85**	**3**	
渝水区	6204	98	1	1617	3410	795	222	61		
分宜县	3049	84	1	937	1665	256	79	24	3	
鹰潭市	**16849**	**31**	**5**	**3347**	**8304**	**4357**	**572**	**223**	**10**	
月湖区	340	4	1	100	177	39	14	5		
余江区	6869	11		734	2371	3308	308	127	10	
贵溪市	9640	16	4	2513	5756	1010	250	91		
赣州市	**135004**	**380**	**38**	**20384**	**84922**	**19705**	**6697**	**2732**	**135**	**11**
章贡区	4038	4		422	2276	883	319	121	12	1
南康区	12006	30	4	1838	7538	1499	742	331	21	3
赣县区	7999	32	3	1715	4996	873	260	113	6	1
信丰县	10950	34	4	1774	7581	1080	311	158	6	2
大余县	4263	13		523	2717	603	282	123	2	
上犹县	5084	12	2	1009	3095	644	228	87	7	
崇义县	3333	13		599	1905	456	240	115	4	1
安远县	5305	61	2	1081	3034	774	233	120		
定南县	2322	5	2	276	1549	376	85	29		
全南县	2980	5	2	273	1993	538	116	52	1	

4-2c 续表 3

单位：人

地区 性别	合 计	未上过学	学前教育	小 学	初 中	高 中	大学专科	大学本科	硕 士 研究生	博 士 研究生
宁都县	16128	36	1	1851	10212	2878	808	328	11	3
于都县	16027	47	6	2592	10508	1827	736	293	18	
兴国县	12460	16	1	1561	7895	2085	663	225	14	
会昌县	7104	17	3	1222	3610	1692	441	115	4	
寻乌县	4835	8		741	3232	547	220	83	4	
石城县	5096	17	2	775	3099	740	331	126	6	
瑞金市	11432	27	5	1762	7140	1671	552	258	17	
龙南市	3642	3	1	370	2542	539	130	55	2	
吉安市	**63575**	**300**	**27**	**15142**	**36764**	**7557**	**2754**	**997**	**29**	**5**
吉州区	1897	9	1	562	1062	193	46	24		
青原区	2795	12	2	581	1713	336	118	32	1	
吉安县	6517	30	2	1845	3782	600	181	75	2	
吉水县	5932	24	4	1430	3665	578	169	62		
峡江县	2423	35	2	632	1340	252	114	47	1	
新干县	5199	49	5	1307	2852	644	237	100	5	
永丰县	5436	39	1	1594	2910	552	244	91	3	2
泰和县	5324	14	2	1008	3247	778	195	78	2	
遂川县	9318	6	1	2026	5718	1088	340	137	2	
万安县	4621	14		884	2473	748	389	110	1	2
安福县	5130	16	6	1393	2885	574	192	60	4	
永新县	7586	29	1	1496	4388	1049	461	156	5	1
井冈山市	1397	23		384	729	165	68	25	3	
宜春市	**69941**	**286**	**23**	**14615**	**42668**	**9115**	**2211**	**974**	**46**	**3**
袁州区	10795	40	3	2808	6666	856	285	134	3	
奉新县	3347	6	1	428	2152	636	86	37	1	
万载县	6293	18	1	1447	3693	860	187	83	4	
上高县	4026	43	4	915	2391	549	85	38	1	
宜丰县	3181	24	1	769	1873	394	84	33	2	1
靖安县	1764	13		404	1047	204	59	36	1	
铜鼓县	1634	2		532	876	147	59	18		
丰城市	18464	84	6	3225	11499	2751	579	308	12	
樟树市	7998	12	1	1210	5383	1065	235	89	2	1
高安市	12439	44	6	2877	7088	1653	552	198	20	1
抚州市	**62908**	**499**	**24**	**14678**	**36819**	**7439**	**2384**	**1024**	**36**	**5**
临川区	14414	92	4	3297	8858	1416	503	235	6	3
东乡区	5067	64	1	1306	2834	603	192	66	1	
南城县	4232	35	2	1317	2310	347	153	67	1	
黎川县	4201	14	1	1200	2051	664	195	75	1	
南丰县	4577	138	10	1728	2243	273	140	44	1	
崇仁县	7214	37		1495	4526	767	269	115	4	1
乐安县	6931	38	1	1349	4405	762	275	99	2	
宜黄县	4821	8		421	2774	1356	188	71	3	
金溪县	5786	39	4	1285	3436	598	255	156	12	1
资溪县	1866	3		333	1179	287	39	25		
广昌县	3799	31	1	947	2203	366	175	71	5	
上饶市	**103868**	**574**	**41**	**22274**	**53860**	**19871**	**5056**	**2104**	**79**	**9**
信州区	4343	6	1	829	2290	892	196	126	3	
广丰区	11421	7	2	1262	4544	3999	1241	351	14	1
广信区	10985	74		3469	5927	1028	311	165	9	2
玉山县	6469	29		1497	3601	976	246	116	4	
铅山县	6268	6		1859	3438	725	165	72	3	
横峰县	2547	10	1	627	1470	307	102	29	1	
弋阳县	5783	37	11	1789	3234	530	130	51	1	
余干县	15395	91	9	2493	8790	3045	620	334	11	2
鄱阳县	23984	240	10	4811	12442	4720	1262	478	19	2
万年县	6776	42	1	1109	3152	1895	361	208	7	1
婺源县	6436	14	4	1487	3092	1377	327	127	7	1
德兴市	3461	18	2	1042	1880	377	95	47		

4-2c　续表 4

单位：人

地　区 性　别	合　计	未上过学	学前教育	小　学	初　中	高　中	大学专科	大学本科	硕　士 研究生	博　士 研究生
女	**414597**	**8680**	**565**	**136659**	**207960**	**37574**	**16369**	**6497**	**273**	**20**
南昌市	**28004**	**706**	**26**	**8489**	**14999**	**2273**	**964**	**502**	**44**	**1**
东湖区	529	34		142	267	48	25	12	1	
西湖区										
青云谱区										
青山湖区	1047	22		238	557	129	72	28	1	
新建区	5948	146	9	1859	3091	450	218	155	20	
红谷滩区	339	24		77	181	29	15	11	2	
南昌县	10574	290	10	3521	5474	765	340	161	12	1
安义县	2281	25	2	380	1619	150	73	32		
进贤县	7286	165	5	2272	3810	702	221	103	8	
景德镇市	**15286**	**626**	**30**	**6151**	**7104**	**738**	**455**	**178**	**4**	
昌江区	637	9	1	150	347	69	46	15		
珠山区	37			6	14	12	3	2		
浮梁县	2328	64	2	634	1171	215	172	67	3	
乐平市	12284	553	27	5361	5572	442	234	94	1	
萍乡市	**15963**	**135**	**24**	**4665**	**8627**	**1453**	**729**	**314**	**14**	**2**
安源区	170			22	104	29	12	2	1	
湘东区	3133	5		679	1879	336	159	72	2	1
莲花县	3265	74	22	1433	1395	174	121	40	6	
上栗县	6089	35	2	1647	3403	596	281	123	1	1
芦溪县	3306	21		884	1846	318	156	77	4	
九江市	**45424**	**1159**	**134**	**15022**	**20940**	**4609**	**2640**	**871**	**46**	**3**
濂溪区	1142	13		235	528	221	110	35		
浔阳区	44	1		14	16	7	3	3		
柴桑区	3743	73	12	1081	1672	458	354	88	5	
武宁县	2451	16	3	506	1470	259	127	69	1	
修水县	8539	41		2310	5079	580	374	153	2	
永修县	3437	45		1114	1825	258	141	50	4	
德安县	1365	18	5	442	696	108	71	25		
都昌县	8306	358	23	3110	3299	834	543	124	14	1
湖口县	2818	86	13	1252	1013	242	172	34	5	1
彭泽县	4434	171	44	1788	1473	506	329	119	4	
瑞昌市	5901	144	22	1853	2635	828	288	124	6	1
共青城市	976	82	8	340	397	86	42	20	1	
庐山市	2268	111	4	977	837	222	86	27	4	
新余市	**5727**	**305**	**5**	**2293**	**2581**	**324**	**161**	**53**	**5**	
渝水区	3879	216	1	1552	1711	245	111	38	5	
分宜县	1848	89	4	741	870	79	50	15		
鹰潭市	**11179**	**44**	**8**	**3030**	**5049**	**2527**	**371**	**147**	**3**	
月湖区	277	7	1	108	121	28	11	1		
余江区	4347	18	2	694	1420	1958	177	76	2	
贵溪市	6555	19	5	2228	3508	541	183	70	1	
赣州市	**95615**	**1866**	**116**	**30289**	**50792**	**7361**	**3649**	**1490**	**51**	**1**
章贡区	2728	15	2	560	1421	433	214	77	6	
南康区	8188	164	5	2565	4271	571	421	187	4	
赣县区	5676	117	6	2402	2607	336	148	59	1	
信丰县	8529	176	13	2693	4963	398	171	111	4	
大余县	3108	59	1	875	1662	245	172	91	3	
上犹县	3641	40	3	1573	1634	207	129	54	1	
崇义县	2222	57	1	915	889	155	136	68	1	
安远县	4092	404	15	1701	1547	235	128	61	1	
定南县	1510	14	4	344	929	138	58	23		
全南县	2039	13	5	452	1206	206	105	50	2	

4-2c 续表 5

单位：人

地　区 性　别	合　计	未上过学	学前教育	小　学	初　中	高　中	大学专科	大学本科	硕　士 研究生	博　士 研究生
宁都县	10391	172	5	2791	5903	948	408	159	4	1
于都县	11968	192	20	3435	7102	720	368	127	4	
兴国县	9475	49	5	2728	5456	840	300	93	4	
会昌县	5122	127	9	1896	2135	712	193	48	2	
寻乌县	3590	27	2	1353	1783	226	142	56	1	
石城县	3188	99	5	911	1744	214	161	50	4	
瑞金市	7692	116	14	2567	4004	561	296	127	7	
龙南市	2456	25	1	528	1536	216	99	49	2	
吉安市	**48875**	**1101**	**62**	**20558**	**22291**	**2622**	**1623**	**595**	**22**	**1**
吉州区	1347	16	1	558	658	74	30	10		
青原区	2129	60		841	1016	125	61	26		
吉安县	5086	124	3	2256	2327	236	95	44	1	
吉水县	4480	85	12	1877	2180	167	104	53	2	
峡江县	1897	119	2	866	762	81	48	19		
新干县	3829	166	9	1552	1677	243	129	48	5	
永丰县	4119	139	11	2251	1409	149	108	49	3	
泰和县	4471	48	3	1705	2276	252	138	49		
遂川县	7558	30	4	3146	3706	338	234	94	6	
万安县	3559	27		1281	1665	302	217	65	2	
安福县	4080	43	7	1873	1757	214	139	46		1
永新县	5258	176	10	1897	2446	382	265	79	3	
井冈山市	1062	68		455	412	59	55	13		
宜春市	**48499**	**609**	**49**	**14860**	**26913**	**3921**	**1473**	**654**	**20**	
袁州区	5911	50	4	1870	3318	343	221	103	2	
奉新县	2075	9	1	355	1320	311	55	22	2	
万载县	5104	43	1	1677	2771	383	156	72	1	
上高县	2896	78	4	904	1573	233	77	26	1	
宜丰县	2677	45	4	879	1427	231	61	30		
靖安县	1100	13	2	269	668	99	37	11	1	
铜鼓县	886	2	1	291	461	66	49	16		
丰城市	12455	223	14	3685	6889	1081	361	197	5	
樟树市	6248	28		1421	4056	534	149	58	2	
高安市	9147	118	18	3509	4430	640	307	119	6	
抚州市	**38694**	**988**	**35**	**13259**	**19695**	**2972**	**1226**	**492**	**24**	**3**
临川区	6871	112	6	2156	3812	446	229	105	4	1
东乡区	2867	103	1	1098	1369	172	89	32	2	1
南城县	2872	59	3	1265	1271	136	95	43		
黎川县	2852	41	1	1099	1250	314	95	48	3	1
南丰县	3198	274	9	1656	1082	75	77	25		
崇仁县	4718	90	1	1584	2586	288	110	54	5	
乐安县	3963	85	4	1370	2103	208	155	37	1	
宜黄县	3661	17		466	2176	811	141	48	2	
金溪县	3664	52	4	1185	2045	209	120	46	3	
资溪县	1269	13	1	274	757	167	38	18	1	
广昌县	2759	142	5	1106	1244	146	77	36	3	
上饶市	**61331**	**1141**	**76**	**18043**	**28969**	**8774**	**3078**	**1201**	**40**	**9**
信州区	2111	7		432	1068	380	156	65	3	
广丰区	6058	13	4	874	2340	1951	657	210	5	4
广信区	6115	160	4	2190	2878	500	261	120	1	1
玉山县	3280	42	3	987	1644	360	177	64	3	
铅山县	4165	8	1	1425	2169	383	127	51		1
横峰县	1389	23		382	751	140	60	32	1	
弋阳县	3371	32	13	1282	1690	240	85	28	1	
余干县	9677	230	21	2696	5003	1222	328	170	6	1
鄱阳县	14583	466	8	4173	6897	2040	707	278	12	2
万年县	3531	40		698	1690	780	242	78	3	
婺源县	4525	68	17	1844	1713	599	204	76	4	
德兴市	2526	52	5	1060	1126	179	74	29	1	

4-3 全省分年龄、性别、受教育程度的就业人口

单位：人

年龄组 性别	合计	未上过学	学前教育	小学	初中	高中	大学专科	大学本科	硕士 研究生	博士 研究生
总计	**2260971**	**16837**	**1206**	**401576**	**1082151**	**388453**	**213078**	**144796**	**11485**	**1389**
16-19岁	37068	25	16	694	19074	13206	3325	721	7	
20-24岁	152136	102	26	2375	55824	39855	36329	17159	447	19
25-29岁	222111	200	33	4865	85668	51728	42826	33933	2703	155
30-34岁	309566	272	42	11193	145680	68212	46122	34473	3223	349
35-39岁	254682	292	43	14950	141537	48126	26582	20712	2148	292
40-44岁	298794	603	68	36132	177169	48885	20710	13692	1260	275
45-49岁	325764	1234	97	62680	185030	47859	17131	10742	828	163
50-54岁	270561	2061	170	80606	134925	32466	11557	8191	514	71
55-59岁	183436	2266	148	64880	79147	25043	6929	4650	316	57
60-64岁	98131	3088	193	52197	32952	8476	854	332	32	7
65-69岁	66609	3203	171	42082	17272	3340	440	97	4	
70-74岁	28324	1940	108	19432	5785	827	175	56	1	
75岁及以上	13789	1551	91	9490	2088	430	98	38	2	1
男	**1332119**	**4786**	**408**	**197051**	**660969**	**254134**	**124215**	**83321**	**6260**	**975**
16-19岁	22182	14	6	376	11699	7967	1745	373	2	
20-24岁	86706	52	10	1380	33923	24684	18096	8358	193	10
25-29岁	127643	108	18	2410	50109	32186	23599	17862	1253	98
30-34岁	174356	142	14	5096	80650	41397	26290	18932	1610	225
35-39岁	141911	133	17	6039	77937	29066	15356	11993	1164	206
40-44岁	167467	233	20	14565	100704	30370	12387	8213	780	195
45-49岁	187537	341	38	26049	111094	31346	10839	7132	571	127
50-54岁	169075	507	53	37724	90945	24814	8533	6049	390	60
55-59岁	122469	518	43	32377	58065	21114	6055	3984	265	48
60-64岁	63014	749	58	28461	25498	7213	727	275	27	6
65-69岁	42692	818	52	24589	13895	2901	360	73	4	
70-74岁	18355	610	36	12044	4755	717	148	45		
75岁及以上	8712	561	43	5941	1695	359	80	32	1	
女	**928852**	**12051**	**798**	**204525**	**421182**	**134319**	**88863**	**61475**	**5225**	**414**
16-19岁	14886	11	10	318	7375	5239	1580	348	5	
20-24岁	65430	50	16	995	21901	15171	18233	8801	254	9
25-29岁	94468	92	15	2455	35559	19542	19227	16071	1450	57
30-34岁	135210	130	28	6097	65030	26815	19832	15541	1613	124
35-39岁	112771	159	26	8911	63600	19060	11226	8719	984	86
40-44岁	131327	370	48	21567	76465	18515	8323	5479	480	80
45-49岁	138227	893	59	36631	73936	16513	6292	3610	257	36
50-54岁	101486	1554	117	42882	43980	7652	3024	2142	124	11
55-59岁	60967	1748	105	32503	21082	3929	874	666	51	9
60-64岁	35117	2339	135	23736	7454	1263	127	57	5	1
65-69岁	23917	2385	119	17493	3377	439	80	24		
70-74岁	9969	1330	72	7388	1030	110	27	11	1	
75岁及以上	5077	990	48	3549	393	71	18	6	1	1

4-3a 全省分年龄、性别、受教育程度的就业人口(城市)

单位：人

年龄组 性别	合计	未上过学	学前教育	小学	初中	高中	大学专科	大学本科	硕士研究生	博士研究生
总计	**582693**	**1684**	**140**	**47788**	**205219**	**134463**	**99376**	**84072**	**8826**	**1125**
16-19岁	7224	5	11	115	2968	2812	1070	239	4	
20-24岁	41531	28	9	545	9018	10118	13835	7733	240	5
25-29岁	67758	39	13	1154	15280	14935	17239	17268	1731	99
30-34岁	96856	66	8	2492	27462	22308	21466	20321	2463	270
35-39岁	78462	55	15	2631	28506	17691	13903	13588	1830	243
40-44岁	85069	120	12	5788	36640	20413	11696	9055	1100	245
45-49岁	85562	210	10	8969	37856	20878	9736	7039	722	142
50-54岁	62030	304	20	10426	26028	13486	6038	5228	436	64
55-59岁	38213	256	18	7056	14237	9265	3785	3278	267	51
60-64岁	11434	262	12	4294	4494	1772	356	211	28	5
65-69岁	5814	199	4	2794	2016	582	167	49	3	
70-74岁	1869	71	4	1060	513	126	55	39	1	
75岁及以上	871	69	4	464	201	77	30	24	1	1
男	**338316**	**530**	**62**	**25437**	**120955**	**83005**	**55847**	**46959**	**4721**	**800**
16-19岁	4135	2	3	69	1808	1599	540	113	1	
20-24岁	22538	16	4	351	5497	5997	6866	3711	94	2
25-29岁	37195	16	5	668	8861	8911	9179	8749	742	64
30-34岁	52116	33	4	1315	14821	12629	11420	10534	1191	169
35-39岁	42340	26	5	1187	15048	9843	7543	7549	965	174
40-44岁	46688	43	5	2513	19829	11774	6517	5164	670	173
45-49岁	49227	60	6	4072	21611	12657	5773	4450	486	112
50-54岁	41436	81	11	5670	17403	9924	4281	3685	325	56
55-59岁	28931	78	7	4269	10644	7669	3248	2753	218	45
60-64岁	7955	70	7	2651	3360	1383	286	168	25	5
65-69岁	3956	57	1	1735	1530	467	129	34	3	
70-74岁	1252	23	2	661	396	97	43	30		
75岁及以上	547	25	2	276	147	55	22	19	1	
女	**244377**	**1154**	**78**	**22351**	**84264**	**51458**	**43529**	**37113**	**4105**	**325**
16-19岁	3089	3	8	46	1160	1213	530	126	3	
20-24岁	18993	12	5	194	3521	4121	6969	4022	146	3
25-29岁	30563	23	8	486	6419	6024	8060	8519	989	35
30-34岁	44740	33	4	1177	12641	9679	10046	9787	1272	101
35-39岁	36122	29	10	1444	13458	7848	6360	6039	865	69
40-44岁	38381	77	7	3275	16811	8639	5179	3891	430	72
45-49岁	36335	150	4	4897	16245	8221	3963	2589	236	30
50-54岁	20594	223	9	4756	8625	3562	1757	1543	111	8
55-59岁	9282	178	11	2787	3593	1596	537	525	49	6
60-64岁	3479	192	5	1643	1134	389	70	43	3	
65-69岁	1858	142	3	1059	486	115	38	15		
70-74岁	617	48	2	399	117	29	12	9	1	
75岁及以上	324	44	2	188	54	22	8	5		1

4-3b　全省分年龄、性别、受教育程度的就业人口(镇)

单位：人

年龄组 性别	合计	未上过学	学前教育	小学	初中	高中	大学专科	大学本科	硕士 研究生	博士 研究生
总　计	**644311**	**3212**	**246**	**89505**	**311052**	**125639**	**69620**	**42944**	**1896**	**197**
16-19岁	8605	7	1	164	4053	3323	859	197	1	
20-24岁	40999	27	4	646	13196	10863	10813	5314	129	7
25-29岁	63903	56	8	1381	22261	15849	13520	10236	561	31
30-34岁	93271	72	15	3069	41739	22767	14871	10113	565	60
35-39岁	79510	64	11	3868	43340	17138	8975	5801	272	41
40-44岁	94703	131	20	9479	56219	17554	7080	4047	147	26
45-49岁	98599	293	26	15620	56948	16480	5880	3234	100	18
50-54岁	75157	469	34	18624	38156	10657	4504	2631	75	7
55-59岁	47412	432	26	14085	21491	7557	2553	1222	41	5
60-64岁	21547	569	35	10234	7965	2334	313	91	4	2
65-69岁	13149	574	35	7575	4005	775	154	30	1	
70-74岁	5028	289	19	3214	1214	220	58	14		
75岁及以上	2428	229	12	1546	465	122	40	14		
男	**374433**	**995**	**91**	**43990**	**182094**	**80352**	**40655**	**25079**	**1049**	**128**
16-19岁	5042	4	1	91	2506	1929	413	97	1	
20-24岁	22748	12	2	367	7832	6668	5274	2534	54	5
25-29岁	35388	28	6	685	12422	9443	7258	5272	259	15
30-34岁	50855	40	4	1385	21956	13342	8238	5559	291	40
35-39岁	43126	29	6	1545	22688	10138	5111	3422	158	29
40-44岁	52006	53	6	3747	30422	10721	4351	2587	100	19
45-49岁	56400	80	15	6560	32736	10765	3845	2306	81	12
50-54岁	48272	131	9	9045	25426	8118	3402	2075	62	4
55-59岁	32945	114	11	7393	15627	6382	2279	1096	40	3
60-64岁	14250	149	10	5812	5996	1925	274	81	2	1
65-69岁	8647	172	5	4498	3170	647	129	25	1	
70-74岁	3244	104	8	1951	947	174	48	12		
75岁及以上	1510	79	8	911	366	100	33	13		
女	**269878**	**2217**	**155**	**45515**	**128958**	**45287**	**28965**	**17865**	**847**	**69**
16-19岁	3563	3		73	1547	1394	446	100		
20-24岁	18251	15	2	279	5364	4195	5539	2780	75	2
25-29岁	28515	28	2	696	9839	6406	6262	4964	302	16
30-34岁	42416	32	11	1684	19783	9425	6633	4554	274	20
35-39岁	36384	35	5	2323	20652	7000	3864	2379	114	12
40-44岁	42697	78	14	5732	25797	6833	2729	1460	47	7
45-49岁	42199	213	11	9060	24212	5715	2035	928	19	6
50-54岁	26885	338	25	9579	12730	2539	1102	556	13	3
55-59岁	14467	318	15	6692	5864	1175	274	126	1	2
60-64岁	7297	420	25	4422	1969	409	39	10	2	1
65-69岁	4502	402	30	3077	835	128	25	5		
70-74岁	1784	185	11	1263	267	46	10	2		
75岁及以上	918	150	4	635	99	22	7	1		

4－3c 全省分年龄、性别、受教育程度的就业人口(乡村)

单位：人

年龄组 性 别	合 计	未上过学	学前教育	小 学	初 中	高 中	大学专科	大学本科	硕 士 研究生	博 士 研究生
总 计	**1033967**	**11941**	**820**	**264283**	**565880**	**128351**	**44082**	**17780**	**763**	**67**
16－19岁	21239	13	4	415	12053	7071	1396	285	2	
20－24岁	69606	47	13	1184	33610	18874	11681	4112	78	7
25－29岁	90450	105	12	2330	48127	20944	12067	6429	411	25
30－34岁	119439	134	19	5632	76479	23137	9785	4039	195	19
35－39岁	96710	173	17	8451	69691	13297	3704	1323	46	8
40－44岁	119022	352	36	20865	84310	10918	1934	590	13	4
45－49岁	141603	731	61	38091	90226	10501	1515	469	6	3
50－54岁	133374	1288	116	51556	70741	8323	1015	332	3	
55－59岁	97811	1578	104	43739	43419	8221	591	150	8	1
60－64岁	65150	2257	146	37669	20493	4370	185	30		
65－69岁	47646	2430	132	31713	11251	1983	119	18		
70－74岁	21427	1580	85	15158	4058	481	62	3		
75岁及以上	10490	1253	75	7480	1422	231	28		1	
男	**619370**	**3261**	**255**	**127624**	**357920**	**90777**	**27713**	**11283**	**490**	**47**
16－19岁	13005	8	2	216	7385	4439	792	163		
20－24岁	41420	24	4	662	20594	12019	5956	2113	45	3
25－29岁	55060	64	7	1057	28826	13832	7162	3841	252	19
30－34岁	71385	69	6	2396	43873	15426	6632	2839	128	16
35－39岁	56445	78	6	3307	40201	9085	2702	1022	41	3
40－44岁	68773	137	9	8305	50453	7875	1519	462	10	3
45－49岁	81910	201	17	15417	56747	7924	1221	376	4	3
50－54岁	79367	295	33	23009	48116	6772	850	289	3	
55－59岁	60593	326	25	20715	31794	7063	528	135	7	
60－64岁	40809	530	41	19998	16142	3905	167	26		
65－69岁	30089	589	46	18356	9195	1787	102	14		
70－74岁	13859	483	26	9432	3412	446	57	3		
75岁及以上	6655	457	33	4754	1182	204	25			
女	**414597**	**8680**	**565**	**136659**	**207960**	**37574**	**16369**	**6497**	**273**	**20**
16－19岁	8234	5	2	199	4668	2632	604	122	2	
20－24岁	28186	23	9	522	13016	6855	5725	1999	33	4
25－29岁	35390	41	5	1273	19301	7112	4905	2588	159	6
30－34岁	48054	65	13	3236	32606	7711	3153	1200	67	3
35－39岁	40265	95	11	5144	29490	4212	1002	301	5	5
40－44岁	50249	215	27	12560	33857	3043	415	128	3	1
45－49岁	59693	530	44	22674	33479	2577	294	93	2	
50－54岁	54007	993	83	28547	22625	1551	165	43		
55－59岁	37218	1252	79	23024	11625	1158	63	15	1	1
60－64岁	24341	1727	105	17671	4351	465	18	4		
65－69岁	17557	1841	86	13357	2056	196	17	4		
70－74岁	7568	1097	59	5726	646	35	5			
75岁及以上	3835	796	42	2726	240	27	3		1	

4-4　各地区分性别、行业大类的就业人口

单位：人

地区 性别	合计	农、林、牧、渔业						采矿业	
		小计	农业	林业	畜牧业	渔业	农、林、牧、渔专业及辅助性活动	小计	煤炭开采和洗选业
全　省	**2260971**	**444805**	**401236**	**9701**	**19266**	**5037**	**9565**	**9133**	**1577**
南昌市	**277877**	**24924**	**21862**	**725**	**1036**	**541**	**760**	**226**	**28**
东湖区	18935	439	421	2	10	3	3	6	
西湖区	20710	108	71	10	8	5	14	18	2
青云谱区	14382	72	53	6	8		5	13	1
青山湖区	51771	1349	847	315	65	34	88	62	11
新建区	36779	5171	4642	109	163	60	197	30	2
红谷滩区	24103	491	375	41	27	7	41	27	4
南昌县	66343	11423	10265	160	390	287	321	47	6
安义县	12645	1157	1057	21	34	15	30	5	
进贤县	32209	4714	4131	61	331	130	61	18	2
景德镇市	**84555**	**12693**	**11563**	**293**	**370**	**100**	**367**	**388**	**229**
昌江区	8264	974	734	75	34	19	112	13	4
珠山区	16631	87	68	3	5	6	5	106	95
浮梁县	13883	2161	1893	77	97	17	77	45	3
乐平市	45777	9471	8868	138	234	58	173	224	127
萍乡市	**104520**	**19921**	**17636**	**251**	**1740**	**152**	**142**	**992**	**630**
安源区	28857	1042	830	49	86	15	62	504	383
湘东区	19009	5596	5129	41	360	48	18	169	72
莲花县	13091	4827	4650	34	127	9	7	77	52
上栗县	27766	4834	3727	44	982	56	25	160	83
芦溪县	15797	3622	3300	83	185	24	30	82	40
九江市	**240182**	**39997**	**34921**	**1197**	**2282**	**575**	**1022**	**782**	**25**
濂溪区	16507	1385	1024	134	47	55	125	28	1
浔阳区	18524	253	148	35	14	23	33	80	2
柴桑区	18203	1734	1464	119	65	24	62	60	1
武宁县	13819	2406	2225	15	118	46	2	20	
修水县	36372	10690	8741	257	1385	63	244	61	4
永修县	16344	4125	3857	46	132	58	32	20	
德安县	9170	971	788	21	141	12	9	68	
都昌县	34391	6961	6245	270	116	81	249	39	
湖口县	12143	2152	2073	7	40	28	4	11	
彭泽县	18155	3912	3589	92	59	116	56	76	
瑞昌市	27064	3184	2865	107	74	32	106	298	16
共青城市	6966	563	399	76	30	23	35	6	1
庐山市	12524	1661	1503	18	61	14	65	15	
新余市	**48954**	**7679**	**6919**	**184**	**291**	**100**	**185**	**322**	**60**
渝水区	37196	5173	4721	131	144	64	113	227	45
分宜县	11758	2506	2198	53	147	36	72	95	15
鹰潭市	**66583**	**14263**	**12463**	**456**	**514**	**125**	**705**	**177**	**5**
月湖区	14039	639	549	25	33	10	22	22	1
余江区	20144	4023	3061	202	163	54	543	24	
贵溪市	32400	9601	8853	229	318	61	140	131	4
赣州市	**459700**	**85069**	**76236**	**1889**	**4421**	**871**	**1652**	**2458**	**167**
章贡区	48568	1204	979	48	109	33	35	137	4
南康区	43163	3478	2813	215	250	54	146	75	
赣县区	28059	5080	4686	66	250	45	33	73	8
信丰县	37586	9447	8610	168	363	114	192	53	10
大余县	13919	3012	2640	162	118	27	65	405	
上犹县	14351	2374	2101	75	143	26	29	157	17
崇义县	9163	1915	1615	179	89	14	18	456	10
安远县	16811	5839	5334	54	342	53	56	46	
定南县	9511	1513	1268	42	154	29	20	56	6
全南县	9156	1515	1272	44	150	24	25	195	2

4-4 续表 1

单位：人

地区 性别	合计	农、林、牧、渔业						采矿业	
		小计	农业	林业	畜牧业	渔业	农、林、牧、渔专业及辅助性活动	小计	煤炭开采和洗选业
宁都县	43804	12314	11019	119	591	121	464	70	15
于都县	48534	5193	4636	127	271	55	104	227	22
兴国县	37040	9157	8312	171	513	52	109	155	43
会昌县	23870	4657	4109	108	249	66	125	150	8
寻乌县	14884	5873	5645	29	113	23	63	16	
石城县	13784	3032	2776	126	84	22	24	15	1
瑞金市	31801	7471	6753	102	458	65	93	72	19
龙南市	15696	1995	1668	54	174	48	51	100	2
吉安市	**215642**	**65849**	**61610**	**1111**	**2104**	**337**	**687**	**582**	**34**
吉州区	15840	1642	1546	14	39	16	27	16	2
青原区	10204	2353	2158	71	53	19	52	11	2
吉安县	23071	6712	6277	55	315	25	40	74	3
吉水县	20761	6854	6518	74	141	26	95	20	3
峡江县	7122	3527	3430	20	58	6	13	7	
新干县	15061	5035	4613	57	236	30	99	52	
永丰县	17295	6482	6110	118	199	24	31	104	2
泰和县	21669	7985	7502	115	182	61	125	25	1
遂川县	26470	9086	8492	210	346	20	18	61	13
万安县	13520	4002	3729	43	124	57	49	22	3
安福县	15430	6273	5812	202	181	13	65	145	2
永新县	22645	4468	4193	64	135	21	55	34	2
井冈山市	6554	1430	1230	68	95	19	18	11	1
宜春市	**243442**	**53629**	**48844**	**995**	**2613**	**564**	**613**	**1361**	**356**
袁州区	44734	5628	4984	234	325	65	20	338	16
奉新县	12679	3359	2987	161	92	16	103	18	
万载县	22283	4991	4158	152	585	41	55	48	4
上高县	15440	3456	3165	20	198	42	31	66	
宜丰县	13974	3573	3214	115	191	40	13	85	3
靖安县	5963	1118	988	63	50	1	16	32	
铜鼓县	5324	977	763	39	160	4	11	9	
丰城市	52163	11200	10290	136	409	116	249	444	298
樟树市	27035	8090	7602	5	268	180	35	190	3
高安市	43847	11237	10693	70	335	59	80	131	32
抚州市	**186709**	**49955**	**46038**	**839**	**1297**	**506**	**1275**	**280**	**9**
临川区	43935	7331	6358	233	289	73	378	40	2
东乡区	16846	3526	3255	28	147	33	63	61	1
南城县	14691	3703	3373	71	128	59	72	37	
黎川县	13493	2149	1890	54	123	36	46	18	1
南丰县	14169	7626	7145	13	37	106	325	6	
崇仁县	19038	9265	8872	112	116	86	79	20	
乐安县	16862	3187	2840	123	87	14	123	36	4
宜黄县	15178	3132	2853	78	131	27	43	8	1
金溪县	14790	4876	4659	32	79	54	52	5	
资溪县	5382	1864	1713	34	85	4	28	24	
广昌县	12325	3296	3080	61	75	14	66	25	
上饶市	**332807**	**70826**	**63144**	**1761**	**2598**	**1166**	**2157**	**1565**	**34**
信州区	28440	2373	1847	153	72	52	249	53	
广丰区	40365	9180	7585	487	431	102	575	103	3
广信区	37858	4155	3480	103	329	59	184	81	3
玉山县	21562	4639	4093	71	270	56	149	77	
铅山县	20799	6172	5459	228	247	74	164	106	3
横峰县	8338	1154	1058	25	41	3	27	33	5
弋阳县	17276	4908	4535	93	144	50	86	77	4
余干县	43049	11955	11065	160	208	363	159	37	
鄱阳县	63060	15984	14460	273	562	298	391	93	11
万年县	17302	2780	2560	34	116	43	27	47	
婺源县	19399	3838	3712	19	59	17	31	22	4
德兴市	15359	3688	3290	115	119	49	115	836	1

4-4 续表 2

单位：人

地区 性别	合计	农、林、牧、渔业						采矿业	
		小计	农业	林业	畜牧业	渔业	农、林、牧、渔专业及辅助性活动	小计	煤炭开采和洗选业
男	**1332119**	**242248**	**213463**	**7648**	**11254**	**3692**	**6191**	**7626**	**1373**
南昌市	**169288**	**14990**	**12849**	**550**	**700**	**384**	**507**	**160**	**20**
东湖区	10553	229	219	1	6	2	1	6	
西湖区	11899	76	47	10	6	3	10	9	
青云谱区	8675	44	33	5	3		3	10	1
青山湖区	31291	867	514	219	46	24	64	39	6
新建区	23157	3170	2808	88	105	44	125	21	2
红谷滩区	14101	292	200	35	22	6	29	20	4
南昌县	41274	6900	6093	124	266	209	208	39	5
安义县	8192	657	589	17	22	10	19	2	
进贤县	20146	2755	2346	51	224	86	48	14	2
景德镇市	**50102**	**6659**	**5888**	**243**	**206**	**77**	**245**	**333**	**203**
昌江区	5130	689	506	62	26	13	82	10	3
珠山区	9827	55	41	1	4	4	5	85	76
浮梁县	8804	1303	1107	61	68	12	55	39	3
乐平市	26341	4612	4234	119	108	48	103	199	121
萍乡市	**55643**	**9488**	**8329**	**202**	**746**	**116**	**95**	**873**	**566**
安源区	15033	621	488	40	49	10	34	433	335
湘东区	10680	2542	2266	30	196	35	15	147	66
莲花县	6625	2100	1980	26	83	7	4	71	50
上栗县	14817	2275	1867	36	308	45	19	148	78
芦溪县	8488	1950	1728	70	110	19	23	74	37
九江市	**139955**	**21010**	**17867**	**960**	**1067**	**437**	**679**	**652**	**18**
濂溪区	9737	804	564	90	33	41	76	24	1
浔阳区	10419	156	80	28	8	17	23	55	2
柴桑区	11070	929	726	92	44	16	51	49	1
武宁县	9166	1610	1458	14	94	42	2	20	
修水县	21827	6205	5276	221	489	51	168	55	3
永修县	9451	2062	1888	37	70	46	21	19	
德安县	5004	486	366	16	87	10	7	55	
都昌县	19528	3257	2763	208	69	62	155	34	
湖口县	7193	973	922	6	20	22	3	8	
彭泽县	10143	1732	1509	73	35	74	41	65	
瑞昌市	15036	1628	1398	86	54	25	65	250	10
共青城市	4050	402	262	73	23	20	24	6	1
庐山市	7331	766	655	16	41	11	43	12	
新余市	**30006**	**4402**	**3827**	**152**	**221**	**83**	**119**	**280**	**51**
渝水区	22788	2935	2591	108	110	51	75	199	37
分宜县	7218	1467	1236	44	111	32	44	81	14
鹰潭市	**38841**	**8220**	**7061**	**373**	**263**	**90**	**433**	**156**	**5**
月湖区	7840	307	240	17	24	8	18	18	1
余江区	12152	2337	1713	176	103	38	307	21	
贵溪市	18849	5576	5108	180	136	44	108	117	4
赣州市	**265093**	**44470**	**38605**	**1398**	**2829**	**599**	**1039**	**1992**	**147**
章贡区	27783	593	442	33	77	21	20	104	3
南康区	24954	1687	1257	155	155	32	88	65	
赣县区	16385	2537	2264	49	165	35	24	56	6
信丰县	20965	4742	4167	127	245	75	128	45	8
大余县	7906	1490	1239	118	80	18	35	336	
上犹县	8130	1159	975	58	86	20	20	136	15
崇义县	5432	1020	805	136	59	9	11	349	7
安远县	9408	3136	2813	41	207	38	37	27	
定南县	5696	863	680	31	118	22	12	48	6
全南县	5285	766	596	36	98	19	17	166	2

4-4 续表 3　　单位：人

地区 性别	合计	农、林、牧、渔业						采矿业	
		小计	农业	林业	畜牧业	渔业	农、林、牧、渔专业及辅助性活动	小计	煤炭开采和洗选业
宁都县	26630	7129	6281	85	388	82	293	60	14
于都县	27380	2557	2171	93	185	36	72	181	19
兴国县	20647	4299	3796	135	266	31	71	130	39
会昌县	13642	2426	2063	77	159	51	76	111	8
寻乌县	8504	3085	2931	26	76	18	34	15	
石城县	8374	1797	1620	81	67	15	14	13	1
瑞金市	18867	4136	3698	74	273	39	52	64	17
龙南市	9105	1048	807	43	125	38	35	86	2
吉安市	**120217**	**32521**	**29630**	**836**	**1356**	**248**	**451**	**502**	**27**
吉州区	8931	888	820	10	27	13	18	14	1
青原区	5769	1163	1038	44	35	12	34	9	1
吉安县	12675	3379	3073	46	214	21	25	62	1
吉水县	11664	3547	3320	61	91	18	57	17	3
峡江县	4038	1829	1764	12	39	4	10	6	
新干县	8659	2558	2261	56	150	25	66	45	
永丰县	9816	3309	3057	87	125	18	22	89	2
泰和县	11585	3928	3604	90	120	40	74	21	1
遂川县	14459	4113	3729	150	202	16	16	53	11
万安县	7511	1959	1775	33	77	39	35	16	3
安福县	8542	3209	2872	152	126	9	50	132	1
永新县	12977	1933	1751	41	94	18	29	30	2
井冈山市	3591	706	566	54	56	15	15	8	1
宜春市	**142536**	**27992**	**24822**	**777**	**1562**	**424**	**407**	**1102**	**298**
袁州区	27427	3412	2939	171	229	56	17	290	15
奉新县	7500	1925	1644	131	64	12	74	12	
万载县	12285	2508	2084	134	213	29	48	39	3
上高县	9001	2092	1870	14	148	36	24	52	
宜丰县	7562	1958	1689	97	129	32	11	73	3
靖安县	3570	600	511	47	29	1	12	27	
铜鼓县	3288	612	483	35	82	3	9	8	
丰城市	31448	5648	5074	93	268	78	135	363	250
樟树市	15231	3854	3535	4	159	132	24	120	3
高安市	25224	5383	4993	51	241	45	53	118	24
抚州市	**114315**	**28953**	**26378**	**681**	**846**	**369**	**679**	**253**	**9**
临川区	28605	4422	3799	189	195	49	190	35	2
东乡区	10529	2158	1954	22	107	28	47	53	1
南城县	8872	2099	1872	66	82	46	33	34	
黎川县	8018	1275	1111	39	77	23	25	16	1
南丰县	8319	4221	3964	13	26	85	133	5	
崇仁县	11570	5243	4982	91	69	54	47	20	
乐安县	10604	1993	1731	99	61	12	90	30	4
宜黄县	8564	1748	1558	63	80	20	27	8	1
金溪县	8978	2918	2760	23	55	42	38	4	
资溪县	3222	1121	1023	29	51	3	15	24	
广昌县	7034	1755	1624	47	43	7	34	24	
上饶市	**206123**	**43543**	**38207**	**1476**	**1458**	**865**	**1537**	**1323**	**29**
信州区	17071	1565	1192	117	51	39	166	38	
广丰区	25793	5987	4862	406	214	78	427	76	3
广信区	23958	2761	2355	92	126	47	141	73	3
玉山县	13973	2843	2507	62	110	50	114	67	
铅山县	12783	4096	3626	191	116	51	112	83	3
横峰县	5254	782	706	21	31	3	21	32	5
弋阳县	10516	3058	2796	76	100	30	56	60	3
余干县	26472	6987	6345	128	148	257	109	28	
鄱阳县	39027	9683	8571	243	369	236	264	82	7
万年县	11224	1822	1659	27	90	21	25	37	
婺源县	10993	1943	1858	15	37	14	19	20	4
德兴市	9059	2016	1730	98	66	39	83	727	1

4-4 续表 4

单位：人

地区 性别	合计	农、林、牧、渔业						采矿业	
		小计	农业	林业	畜牧业	渔业	农、林、牧、渔专业及辅助性活动	小计	煤炭开采和洗选业
女	**928852**	**202557**	**187773**	**2053**	**8012**	**1345**	**3374**	**1507**	**204**
南昌市	**108589**	**9934**	**9013**	**175**	**336**	**157**	**253**	**66**	**8**
东湖区	8382	210	202	1	4	1	2		
西湖区	8811	32	24		2	2	4	9	2
青云谱区	5707	28	20	1	5		2	3	
青山湖区	20480	482	333	96	19	10	24	23	5
新建区	13622	2001	1834	21	58	16	72	9	
红谷滩区	10002	199	175	6	5	1	12	7	
南昌县	25069	4523	4172	36	124	78	113	8	1
安义县	4453	500	468	4	12	5	11	3	
进贤县	12063	1959	1785	10	107	44	13	4	
景德镇市	**34453**	**6034**	**5675**	**50**	**164**	**23**	**122**	**55**	**26**
昌江区	3134	285	228	13	8	6	30	3	1
珠山区	6804	32	27	2	1	2		21	19
浮梁县	5079	858	786	16	29	5	22	6	
乐平市	19436	4859	4634	19	126	10	70	25	6
萍乡市	**48877**	**10433**	**9307**	**49**	**994**	**36**	**47**	**119**	**64**
安源区	13824	421	342	9	37	5	28	71	48
湘东区	8329	3054	2863	11	164	13	3	22	6
莲花县	6466	2727	2670	8	44	2	3	6	2
上栗县	12949	2559	1860	8	674	11	6	12	5
芦溪县	7309	1672	1572	13	75	5	7	8	3
九江市	**100227**	**18987**	**17054**	**237**	**1215**	**138**	**343**	**130**	**7**
濂溪区	6770	581	460	44	14	14	49	4	
浔阳区	8105	97	68	7	6	6	10	25	
柴桑区	7133	805	738	27	21	8	11	11	
武宁县	4653	796	767	1	24	4			
修水县	14545	4485	3465	36	896	12	76	6	1
永修县	6893	2063	1969	9	62	12	11	1	
德安县	4166	485	422	5	54	2	2	13	
都昌县	14863	3704	3482	62	47	19	94	5	
湖口县	4950	1179	1151	1	20	6	1	3	
彭泽县	8012	2180	2080	19	24	42	15	11	
瑞昌市	12028	1556	1467	21	20	7	41	48	6
共青城市	2916	161	137	3	7	3	11		
庐山市	5193	895	848	2	20	3	22	3	
新余市	**18948**	**3277**	**3092**	**32**	**70**	**17**	**66**	**42**	**9**
渝水区	14408	2238	2130	23	34	13	38	28	8
分宜县	4540	1039	962	9	36	4	28	14	1
鹰潭市	**27742**	**6043**	**5402**	**83**	**251**	**35**	**272**	**21**	
月湖区	6199	332	309	8	9	2	4	4	
余江区	7992	1686	1348	26	60	16	236	3	
贵溪市	13551	4025	3745	49	182	17	32	14	
赣州市	**194607**	**40599**	**37631**	**491**	**1592**	**272**	**613**	**466**	**20**
章贡区	20785	611	537	15	32	12	15	33	1
南康区	18209	1791	1556	60	95	22	58	10	
赣县区	11674	2543	2422	17	85	10	9	17	2
信丰县	16621	4705	4443	41	118	39	64	8	2
大余县	6013	1522	1401	44	38	9	30	69	
上犹县	6221	1215	1126	17	57	6	9	21	2
崇义县	3731	895	810	43	30	5	7	107	3
安远县	7403	2703	2521	13	135	15	19	19	
定南县	3815	650	588	11	36	7	8	8	
全南县	3871	749	676	8	52	5	8	29	

4-4 续表 5

单位：人

地区 性别	合计	农、林、牧、渔业						采矿业	
		小计	农业	林业	畜牧业	渔业	农、林、牧、渔专业及辅助性活动	小计	煤炭开采和洗选业
宁都县	17174	5185	4738	34	203	39	171	10	1
于都县	21154	2636	2465	34	86	19	32	46	3
兴国县	16393	4858	4516	36	247	21	38	25	4
会昌县	10228	2231	2046	31	90	15	49	39	
寻乌县	6380	2788	2714	3	37	5	29	1	
石城县	5410	1235	1156	45	17	7	10	2	
瑞金市	12934	3335	3055	28	185	26	41	8	2
龙南市	6591	947	861	11	49	10	16	14	
吉安市	**95425**	**33328**	**31980**	**275**	**748**	**89**	**236**	**80**	**7**
吉州区	6909	754	726	4	12	3	9	2	1
青原区	4435	1190	1120	27	18	7	18	2	1
吉安县	10396	3333	3204	9	101	4	15	12	2
吉水县	9097	3307	3198	13	50	8	38	3	
峡江县	3084	1698	1666	8	19	2	3	1	
新干县	6402	2477	2352	1	86	5	33	7	
永丰县	7479	3173	3053	31	74	6	9	15	
泰和县	10084	4057	3898	25	62	21	51	4	
遂川县	12011	4973	4763	60	144	4	2	8	2
万安县	6009	2043	1954	10	47	18	14	6	
安福县	6888	3064	2940	50	55	4	15	13	1
永新县	9668	2535	2442	23	41	3	26	4	
井冈山市	2963	724	664	14	39	4	3	3	
宜春市	**100906**	**25637**	**24022**	**218**	**1051**	**140**	**206**	**259**	**58**
袁州区	17307	2216	2045	63	96	9	3	48	1
奉新县	5179	1434	1343	30	28	4	29	6	
万载县	9998	2483	2074	18	372	12	7	9	1
上高县	6439	1364	1295	6	50	6	7	14	
宜丰县	6412	1615	1525	18	62	8	2	12	
靖安县	2393	518	477	16	21		4	5	
铜鼓县	2036	365	280	4	78	1	2	1	
丰城市	20715	5552	5216	43	141	38	114	81	48
樟树市	11804	4236	4067	1	109	48	11	70	
高安市	18623	5854	5700	19	94	14	27	13	8
抚州市	**72394**	**21002**	**19660**	**158**	**451**	**137**	**596**	**27**	
临川区	15330	2909	2559	44	94	24	188	5	
东乡区	6317	1368	1301	6	40	5	16	8	
南城县	5819	1604	1501	5	46	13	39	3	
黎川县	5475	874	779	15	46	13	21	2	
南丰县	5850	3405	3181		11	21	192	1	
崇仁县	7468	4022	3890	21	47	32	32		
乐安县	6258	1194	1109	24	26	2	33	6	
宜黄县	6614	1384	1295	15	51	7	16		
金溪县	5812	1958	1899	9	24	12	14	1	
资溪县	2160	743	690	5	34	1	13		
广昌县	5291	1541	1456	14	32	7	32	1	
上饶市	**126684**	**27283**	**24937**	**285**	**1140**	**301**	**620**	**242**	**5**
信州区	11369	808	655	36	21	13	83	15	
广丰区	14572	3193	2723	81	217	24	148	27	
广信区	13900	1394	1125	11	203	12	43	8	
玉山县	7589	1796	1586	9	160	6	35	10	
铅山县	8016	2076	1833	37	131	23	52	23	
横峰县	3084	372	352	4	10		6	1	
弋阳县	6760	1850	1739	17	44	20	30	17	1
余干县	16577	4968	4720	32	60	106	50	9	
鄱阳县	24033	6301	5889	30	193	62	127	11	4
万年县	6078	958	901	7	26	22	2	10	
婺源县	8406	1895	1854	4	22	3	12	2	
德兴市	6300	1672	1560	17	53	10	32	109	

4-4 续表 6

单位：人

地区 性别	采矿业						制造业		
	石油和天然气开采业	黑色金属矿采选业	有色金属矿采选业	非金属矿采选业	开采专业及辅助性活动	其他采矿业	小计	农副食品加工业	食品制造业
全省	**93**	**430**	**3078**	**2832**	**396**	**727**	**472739**	**11791**	**11864**
南昌市	**11**	**13**	**13**	**121**	**26**	**14**	**45328**	**1767**	**1085**
东湖区				6			975	35	50
西湖区				12	2	2	1281	49	70
青云谱区	1	1		7	2	1	2630	46	58
青山湖区	7	7	7	22	2	6	9568	305	172
新建区			3	18	6	1	3871	361	140
红谷滩区	1	3	3	13	2	1	1096	67	87
南昌县	1	2		27	9	2	11674	589	399
安义县	1			4			6948	79	20
进贤县				12	3	1	7285	236	89
景德镇市	**9**	**6**	**6**	**105**	**19**	**14**	**19320**	**350**	**228**
昌江区	1			6		2	1748	26	23
珠山区	1			6	2	2	5105	100	56
浮梁县	1	4	4	32		1	3106	70	29
乐平市	6	2	2	61	17	9	9361	154	120
萍乡市	**3**	**41**	**14**	**179**	**87**	**38**	**20257**	**663**	**924**
安源区	1	15	2	27	64	12	3069	155	141
湘东区		20	7	53	8	9	4219	148	90
莲花县		1		24			2520	21	29
上栗县		4	1	48	14	10	7603	258	615
芦溪县	2	1	4	27	1	7	2846	81	49
九江市	**31**	**56**	**319**	**272**	**25**	**54**	**48112**	**845**	**828**
濂溪区	3	2	8	9	3	2	1865	62	54
浔阳区	24	4	26	12	6	6	1741	57	59
柴桑区		16	19	20	2	2	4673	57	83
武宁县		1	11	6	2		2134	32	39
修水县			13	34	1	9	6060	127	129
永修县	1			17	2		2802	103	75
德安县		1	11	52		4	2453	42	105
都昌县		1	21	16	1		7017	146	62
湖口县		1		9	1		3427	25	30
彭泽县	3	27		33	5	8	4117	53	47
瑞昌市		2	209	49	1	21	6370	77	73
共青城市		1		3		1	2656	27	30
庐山市			1	12	1	1	2797	37	42
新余市	**3**	**135**	**27**	**69**	**9**	**19**	**8113**	**188**	**126**
渝水区	1	92	7	62	6	14	5970	146	111
分宜县	2	43	20	7	3	5	2143	42	15
鹰潭市	**3**	**1**	**65**	**69**	**4**	**30**	**11088**	**359**	**1842**
月湖区	2		6	7	2	4	1620	54	395
余江区	1		1	20	2		3722	116	228
贵溪市		1	58	42		26	5746	189	1219
赣州市	**8**	**49**	**1378**	**578**	**81**	**197**	**128729**	**2559**	**1690**
章贡区	4	2	70	24	17	16	7856	285	179
南康区		5	25	29	3	13	18280	129	71
赣县区			36	25		4	6513	248	99
信丰县			8	24	2	9	12243	221	79
大余县		4	354	23	2	22	2908	78	55
上犹县		8	68	21	5	38	5060	60	34
崇义县		8	414	16	3	5	1843	47	24
安远县			1	42	2	1	4018	141	21
定南县			20	15	10	5	2417	45	21
全南县	1	1	150	38	3		2336	38	12

4-4　续表 7　　　　单位：人

地　区 性　别	采矿业						制造业		
	石油和天然气开采业	黑色金属矿采选业	有色金属矿采选业	非金属矿采选业	开采专业及辅助性活　动	其　他采矿业	小计	农副食品加工业	食　品制造业
宁都县		3	8	29	5	10	8346	344	89
于都县		5	156	27	4	13	20655	181	298
兴国县	1	1	31	50	12	17	10062	168	119
会昌县	1	1	7	108	4	21	7587	132	302
寻乌县		1	1	13	1		2123	93	24
石城县				10	2	2	3484	77	62
瑞金市		5	4	33	6	5	7712	193	159
龙南市	1	5	25	51		16	5286	79	42
吉安市	**5**	**56**	**146**	**297**	**22**	**22**	**45891**	**1051**	**559**
吉州区	1	1		9	1	2	2135	34	62
青原区				8		1	1390	54	19
吉安县	1	5	1	60	3	1	7900	94	93
吉水县				11	4	2	4164	101	42
峡江县	2			3	2		779	10	17
新干县	1	1	4	39	2	5	2928	93	63
永丰县		4	18	77		3	2986	116	42
泰和县		1	16	6		1	3736	66	39
遂川县			4	39	3	2	6531	202	59
万安县		1	3	13	1	1	3198	55	27
安福县		30	96	12	2	3	2787	70	30
永新县		13	2	14	2	1	6242	109	37
井冈山市			2	6	2		1115	47	29
宜春市	**6**	**19**	**331**	**543**	**57**	**49**	**49599**	**1401**	**1295**
袁州区		3	163	146	3	7	8246	170	89
奉新县	2		2	12	2		2240	103	26
万载县	1		2	39		2	5654	197	99
上高县		12	8	35	1	10	3741	143	144
宜丰县			68	12		2	3442	55	39
靖安县			21	10		1	1084	22	25
铜鼓县			6	3			763	43	40
丰城市	1	3	51	26	41	24	7933	247	165
樟树市	2		7	175	3		4408	164	408
高安市		1	3	85	7	3	12088	257	260
抚州市	**3**	**8**	**62**	**154**	**23**	**21**	**32743**	**1255**	**2414**
临川区	1	2		21	11	3	4560	163	129
东乡区			41	18	1		3349	87	78
南城县		2		33	2		3080	69	187
黎川县				15		2	3382	107	51
南丰县				6			1157	46	23
崇仁县	1		1	16	2		1873	94	48
乐安县			1	13	4	14	3611	169	73
宜黄县		3		4			4983	184	82
金溪县		1	1	2	1		3450	81	1124
资溪县				24			1028	160	557
广昌县	1		18	2	2	2	2270	95	62
上饶市	**11**	**46**	**717**	**445**	**43**	**269**	**63559**	**1353**	**873**
信州区	2	5	15	15	6	10	2870	77	110
广丰区	1	11	6	68	3	11	6381	203	90
广信区			16	51	7	4	9528	149	112
玉山县		3	6	41	10	17	3984	108	53
铅山县		2	80	7	5	9	4105	82	42
横峰县			1	26		1	1736	88	22
弋阳县	3	2	18	41	2	7	2842	77	61
余干县	1	1	3	19	7	6	7709	137	114
鄱阳县		1	7	71		3	13155	171	143
万年县	4	1	3	34	1	4	4560	98	57
婺源县		1	5	9	1	2	4376	121	38
德兴市		19	557	63	1	195	2313	42	31

4-4　续表 8　　　　单位：人

地　区 性　别	采矿业 石油和天然气开采业	黑色金属矿采选业	有色金属矿采选业	非金属矿采选业	开采专业及辅助性活　动	其　他采矿业	制造业 小计	农副食品加工业	食　品制造业
男	**59**	**367**	**2500**	**2395**	**309**	**623**	**258988**	**7204**	**5984**
南昌市	**3**	**12**	**6**	**94**	**16**	**9**	**27608**	**1096**	**514**
东湖区				6			640	25	20
西湖区				8	1		870	30	38
青云谱区		1		6	1	1	1714	25	27
青山湖区	1	7	4	16	2	3	5729	206	72
新建区			1	15	2	1	2497	208	65
红谷滩区	1	2	1	10	1	1	728	47	54
南昌县	1	2		23	6	2	6758	355	173
安义县				2			4779	51	12
进贤县				8	3	1	3893	149	53
景德镇市	**5**	**5**	**3**	**89**	**14**	**14**	**10584**	**212**	**111**
昌江区				5		2	1025	17	14
珠山区				6	1	2	3186	58	21
浮梁县	1	3	2	29		1	1824	41	15
乐平市	4	2	1	49	13	9	4549	96	61
萍乡市	**2**	**38**	**8**	**160**	**67**	**32**	**10744**	**359**	**332**
安源区	1	14	1	22	49	11	1906	86	72
湘东区		18	3	48	5	7	2488	85	40
莲花县		1		20			1464	17	13
上栗县		4		45	12	9	3255	127	186
芦溪县	1	1	4	25	1	5	1631	44	21
九江市	**22**	**48**	**267**	**233**	**18**	**46**	**25416**	**473**	**391**
濂溪区	3	2	6	9	1	2	1107	35	24
浔阳区	16	2	19	8	5	3	1090	31	33
柴桑区		13	18	13	2	2	2486	32	33
武宁县		1	11	6	2		1282	19	18
修水县			12	31	1	8	3593	72	55
永修县	1			16	2		1679	63	48
德安县		1	7	43		4	1112	25	47
都昌县		1	16	16	1		3510	69	26
湖口县		1		6	1		2014	14	12
彭泽县	2	24		29	3	7	2303	37	19
瑞昌市		2	177	43		18	3049	38	34
共青城市		1		3		1	1083	19	19
庐山市			1	10		1	1108	19	23
新余市	**2**	**126**	**20**	**58**	**7**	**16**	**5093**	**123**	**51**
渝水区		87	5	52	5	13	3884	94	44
分宜县	2	39	15	6	2	3	1209	29	7
鹰潭市	**2**	**1**	**59**	**61**	**4**	**24**	**6245**	**179**	**1120**
月湖区	1		5	6	2	3	965	29	258
余江区	1			18	2		2176	74	132
贵溪市		1	54	37		21	3104	76	730
赣州市	**5**	**38**	**1081**	**477**	**72**	**172**	**69052**	**1589**	**805**
章贡区	3	2	47	22	12	15	4713	186	64
南康区		4	23	25	3	10	10494	78	27
赣县区			24	22		4	3442	171	45
信丰县			5	21	2	9	6346	133	40
大余县		4	290	20	2	20	1595	51	24
上犹县		7	57	19	5	33	2763	36	15
崇义县		4	316	14	3	5	1103	27	8
安远县			1	23	2	1	2097	75	14
定南县			18	10	9	5	1292	29	11
全南县	1		125	35	3		1157	22	6

4-4 续表 9 单位：人

地区 性别	采矿业 石油和天然气开采业	采矿业 黑色金属矿采选业	采矿业 有色金属矿采选业	采矿业 非金属矿采选业	采矿业 开采专业及辅助性活动	采矿业 其他采矿业	制造业 小计	制造业 农副食品加工业	制造业 食品制造业
宁都县		2	5	25	5	9	4529	235	43
于都县		4	118	26	4	10	10402	116	149
兴国县		1	23	41	11	15	5078	105	53
会昌县	1	1	5	76	2	18	4035	74	155
寻乌县		1	1	12	1		1182	44	12
石城县				9	2	1	1875	37	36
瑞金市		3	4	31	6	3	4230	129	87
龙南市		5	19	46		14	2719	41	16
吉安市	**4**	**46**	**131**	**257**	**19**	**18**	**24175**	**687**	**276**
吉州区	1	1		9	1	1	1042	22	31
青原区				7		1	800	28	8
吉安县	1	4	1	52	2	1	4032	67	49
吉水县				8	4	2	1894	67	22
峡江县	1			3	2		428	8	10
新干县	1	1	3	34	2	4	1679	57	31
永丰县		3	16	66		2	1694	85	22
泰和县		1	13	5		1	1791	46	16
遂川县			3	35	2	2	3605	127	33
万安县			3	9		1	1703	38	12
安福县		26	90	11	2	2	1377	45	15
永新县		10	1	14	2	1	3528	70	15
井冈山市			1	4	2		602	27	12
宜春市	**3**	**13**	**275**	**434**	**42**	**37**	**27255**	**824**	**551**
袁州区		3	133	130	3	6	4640	105	41
奉新县	1		2	8	1		1311	60	12
万载县			2	32		2	2646	106	44
上高县		7	7	28	1	9	1858	96	67
宜丰县			58	10		2	1835	30	18
靖安县			18	8		1	654	15	14
铜鼓县			5	3			452	29	15
丰城市		2	43	24	30	14	4609	142	86
樟树市	2		4	109	2		2466	101	135
高安市		1	3	82	5	3	6784	140	119
抚州市	**2**	**7**	**55**	**144**	**19**	**17**	**18565**	**756**	**1379**
临川区	1	1		18	10	3	2743	106	69
东乡区			34	17	1		1863	62	41
南城县		2		30	2		1671	33	99
黎川县				14		1	1981	70	30
南丰县				5			753	28	12
崇仁县	1		1	16	2		1111	64	27
乐安县			1	12	2	11	1948	105	44
宜黄县		3		4			2659	89	52
金溪县		1	1	2			2039	51	640
资溪县				24			629	94	329
广昌县			18	2	2	2	1168	54	36
上饶市	**9**	**33**	**595**	**388**	**31**	**238**	**34251**	**906**	**454**
信州区	2	4	10	13	2	7	1555	43	53
广丰区	1	9	3	49	2	9	3040	131	48
广信区			11	50	6	3	5302	105	62
玉山县		2	5	38	10	12	2291	80	33
铅山县		2	62	6	3	7	2021	47	21
横峰县			1	25		1	837	61	10
弋阳县	3	2	15	31		6	1275	49	25
余干县	1		2	16	5	4	4532	89	57
鄱阳县		1	3	69		2	7152	129	84
万年县	2	1	2	27	1	4	2614	67	33
婺源县			5	9	1	1	2358	77	17
德兴市		12	476	55	1	182	1274	28	11

4-4 续表 10

单位：人

地区 性别	采矿业						制造业		
	石油和天然气开采业	黑色金属矿采选业	有色金属矿采选业	非金属矿采选业	开采专业及辅助性活动	其他采矿业	小计	农副食品加工业	食品制造业
女	**34**	**63**	**578**	**437**	**87**	**104**	**213751**	**4587**	**5880**
南昌市	**8**	**1**	**7**	**27**	**10**	**5**	**17720**	**671**	**571**
东湖区							335	10	30
西湖区				4	1	2	411	19	32
青云谱区	1			1	1		916	21	31
青山湖区	6		3	6		3	3839	99	100
新建区			2	3	4		1374	153	75
红谷滩区		1	2	3	1		368	20	33
南昌县				4	3		4916	234	226
安义县	1			2			2169	28	8
进贤县				4			3392	87	36
景德镇市	**4**	**1**	**3**	**16**	**5**		**8736**	**138**	**117**
昌江区	1			1			723	9	9
珠山区	1				1		1919	42	35
浮梁县		1	2	3			1282	29	14
乐平市	2		1	12	4		4812	58	59
萍乡市	**1**	**3**	**6**	**19**	**20**	**6**	**9513**	**304**	**592**
安源区		1	1	5	15	1	1163	69	69
湘东区		2	4	5	3	2	1731	63	50
莲花县				4			1056	4	16
上栗县			1	3	2	1	4348	131	429
芦溪县	1			2		2	1215	37	28
九江市	**9**	**8**	**52**	**39**	**7**	**8**	**22696**	**372**	**437**
濂溪区			2		2		758	27	30
浔阳区	8	2	7	4	1	3	651	26	26
柴桑区		3	1	7			2187	25	50
武宁县							852	13	21
修水县			1	3		1	2467	55	74
永修县				1			1123	40	27
德安县			4	9			1341	17	58
都昌县			5				3507	77	36
湖口县				3			1413	11	18
彭泽县	1	3		4	2	1	1814	16	28
瑞昌市			32	6	1	3	3321	39	39
共青城市							1573	8	11
庐山市				2	1		1689	18	19
新余市	**1**	**9**	**7**	**11**	**2**	**3**	**3020**	**65**	**75**
渝水区	1	5	2	10	1	1	2086	52	67
分宜县		4	5	1	1	2	934	13	8
鹰潭市	**1**		**6**	**8**		**6**	**4843**	**180**	**722**
月湖区	1		1	1		1	655	25	137
余江区			1	2			1546	42	96
贵溪市			4	5		5	2642	113	489
赣州市	**3**	**11**	**297**	**101**	**9**	**25**	**59677**	**970**	**885**
章贡区	1		23	2	5	1	3143	99	115
南康区		1	2	4		3	7786	51	44
赣县区			12	3			3071	77	54
信丰县			3	3			5897	88	39
大余县			64	3		2	1313	27	31
上犹县		1	11	2		5	2297	24	19
崇义县		4	98	2			740	20	16
安远县				19			1921	66	7
定南县			2	5	1		1125	16	10
全南县		1	25	3			1179	16	6

4-4 续表 11

单位：人

地区 性别	采矿业						制造业		
	石油和天然气开采业	黑色金属矿采选业	有色金属矿采选业	非金属矿采选业	开采专业及辅助性活动	其他采矿业	小计	农副食品加工业	食品制造业
宁都县		1	3	4		1	3817	109	46
于都县		1	38	1		3	10253	65	149
兴国县	1		8	9	1	2	4984	63	66
会昌县			2	32	2	3	3552	58	147
寻乌县				1			941	49	12
石城县				1		1	1609	40	26
瑞金市		2		2		2	3482	64	72
龙南市	1		6	5		2	2567	38	26
吉安市	**1**	**10**	**15**	**40**	**3**	**4**	**21716**	**364**	**283**
吉州区						1	1093	12	31
青原区				1			590	26	11
吉安县		1		8	1		3868	27	44
吉水县				3			2270	34	20
峡江县	1						351	2	7
新干县			1	5		1	1249	36	32
永丰县		1	2	11		1	1292	31	20
泰和县			3	1			1945	20	23
遂川县			1	4	1		2926	75	26
万安县		1		4	1		1495	17	15
安福县		4	6	1		1	1410	25	15
永新县		3	1				2714	39	22
井冈山市			1	2			513	20	17
宜春市	**3**	**6**	**56**	**109**	**15**	**12**	**22344**	**577**	**744**
袁州区			30	16		1	3606	65	48
奉新县	1			4	1		929	43	14
万载县	1			7			3008	91	55
上高县		5	1	7		1	1883	47	77
宜丰县			10	2			1607	25	21
靖安县			3	2			430	7	11
铜鼓县			1				311	14	25
丰城市	1	1	8	2	11	10	3324	105	79
樟树市			3	66	1		1942	63	273
高安市				3	2		5304	117	141
抚州市	**1**	**1**	**7**	**10**	**4**	**4**	**14178**	**499**	**1035**
临川区		1		3	1		1817	57	60
东乡区			7	1			1486	25	37
南城县				3			1409	36	88
黎川县				1		1	1401	37	21
南丰县				1			404	18	11
崇仁县							762	30	21
乐安县				1	2	3	1663	64	29
宜黄县							2324	95	30
金溪县					1		1411	30	484
资溪县							399	66	228
广昌县	1						1102	41	26
上饶市	**2**	**13**	**122**	**57**	**12**	**31**	**29308**	**447**	**419**
信州区		1	5	2	4	3	1315	34	57
广丰区		2	3	19	1	2	3341	72	42
广信区			5	1	1	1	4226	44	50
玉山县		1	1	3		5	1693	28	20
铅山县			18	1	2	2	2084	35	21
横峰县				1			899	27	12
弋阳县			3	10	2	1	1567	28	36
余干县		1	1	3	2	2	3177	48	57
鄱阳县			4	2		1	6003	42	59
万年县	2		1	7			1946	31	24
婺源县		1				1	2018	44	21
德兴市		7	81	8		13	1039	14	20

4-4　续表 12　　　　单位：人

地区 性别	制造业								
	酒、饮料和精制茶制造业	烟草制品业	纺织业	纺织服装、服饰业	皮革、毛皮、羽毛及其制品和制鞋业	木材加工和木、竹、藤、棕、草制品业	家具制造业	造纸和纸制品业	印刷和记录媒介复制业
全省	**3504**	**603**	**12696**	**99213**	**32339**	**11955**	**29683**	**7179**	**4040**
南昌市	**498**	**169**	**888**	**6571**	**773**	**553**	**584**	**506**	**853**
东湖区	14	12	21	71	6	3	18	14	52
西湖区	34	57	27	76	18	15	23	11	93
青云谱区	16	14	53	306	6	13	32	28	100
青山湖区	90	53	175	1719	23	98	118	216	286
新建区	54	3	62	340	45	113	52	44	58
红谷滩区	30	12	24	41	3	15	20	13	50
南昌县	216	10	214	1847	552	162	256	98	166
安义县	6	2	175	54	9	26	17	7	3
进贤县	38	6	137	2117	111	108	48	75	45
景德镇市	**125**	**8**	**530**	**3094**	**1814**	**297**	**251**	**153**	**110**
昌江区	3	2	21	78	9	23	18	21	19
珠山区	14		10	90	7	17	29	23	24
浮梁县	72	2	49	205	67	76	53	40	32
乐平市	36	4	450	2721	1731	181	151	69	35
萍乡市	**125**	**7**	**256**	**885**	**1732**	**316**	**330**	**746**	**265**
安源区	16	3	35	97	142	30	38	114	54
湘东区	41	1	53	208	343	65	43	211	72
莲花县	12	1	67	231	524	42	122	33	40
上栗县	20	1	62	212	412	97	72	369	76
芦溪县	36	1	39	137	311	82	55	19	23
九江市	**366**	**15**	**2021**	**13488**	**3595**	**855**	**1725**	**625**	**469**
濂溪区	58		73	218	14	31	38	19	18
浔阳区	31	5	68	142	21	26	16	12	45
柴桑区	38		190	1230	79	106	119	68	58
武宁县	17	1	71	214	261	105	197	39	17
修水县	99	1	141	646	1078	107	824	90	74
永修县	20		117	294	180	49	56	58	22
德安县	6		495	657	131	58	17	16	18
都昌县	22		119	4107	338	64	115	39	38
湖口县	9	3	21	852	63	18	119	72	10
彭泽县	22		198	905	291	111	94	41	98
瑞昌市	22	2	385	1195	676	146	105	137	41
共青城市	9		96	1853	36	18	15	26	21
庐山市	13	3	47	1175	427	16	10	8	9
新余市	**60**	**2**	**225**	**485**	**779**	**219**	**122**	**76**	**61**
渝水区	48	1	123	242	466	117	82	57	46
分宜县	12	1	102	243	313	102	40	19	15
鹰潭市	**68**	**5**	**253**	**1465**	**388**	**289**	**199**	**80**	**55**
月湖区	15	3	30	120	117	28	34	7	7
余江区	22		107	535	193	96	81	24	36
贵溪市	31	2	116	810	78	165	84	49	12
赣州市	**563**	**117**	**2436**	**41770**	**6729**	**2565**	**19035**	**1262**	**731**
章贡区	150	32	89	670	116	111	867	226	60
南康区	29	25	82	2104	48	493	12878	114	15
赣县区	21	4	89	2514	180	93	827	51	23
信丰县	45	4	241	5163	267	193	889	41	22
大余县	7	4	68	613	60	209	259	32	20
上犹县	21	4	53	1716	101	174	686	37	31
崇义县	7	1	42	237	23	221	526	10	4
安远县	11		61	689	253	91	186	61	27
定南县	9	2	27	370	67	38	52	14	10
全南县	9	1	112	637	90	60	112	34	25

4–4 续表 13 单位：人

地 区 性 别	制造业								
	酒、饮料和精制茶制造业	烟 草制品业	纺织业	纺织服装、服饰业	皮革、毛皮、羽毛及其制品和制鞋业	木材加工和木、竹、藤、棕、草制品业	家 具制造业	造纸和纸制品业	印刷和记录媒介复制业
宁都县	35	2	200	3053	1039	141	320	91	84
于都县	56		495	10751	1346	122	464	264	63
兴国县	30	19	263	5698	254	176	266	38	45
会昌县	21	7	97	3016	501	135	116	39	58
寻乌县	13		30	516	41	36	61	37	12
石城县	16	8	66	359	1438	40	111	52	45
瑞金市	57	1	308	3138	771	112	140	101	83
龙南市	26	3	113	526	134	120	275	20	104
吉安市	**439**	**71**	**1117**	**4418**	**4084**	**1388**	**1470**	**511**	**423**
吉州区	29	3	142	137	29	25	42	24	16
青原区	19	3	21	95	19	49	94	20	17
吉安县	73	43	118	261	166	127	131	47	69
吉水县	54	7	367	752	394	163	139	43	31
峡江县	15	1	16	141	47	51	13	27	8
新干县	42	2	27	71	795	159	79	31	9
永丰县	15	2	82	423	300	115	64	46	25
泰和县	23	2	77	327	138	65	140	36	51
遂川县	73	1	77	516	881	298	288	57	45
万安县	34	5	50	449	108	75	195	26	13
安福县	19	2	36	114	611	76	61	44	22
永新县	9		95	1097	535	137	199	102	111
井冈山市	34		9	35	61	48	25	8	6
宜春市	**566**	**14**	**1501**	**2839**	**4154**	**2004**	**1772**	**1519**	**377**
袁州区	53	3	136	496	793	286	173	107	70
奉新县	12	1	631	92	16	151	25	13	8
万载县	51		115	252	579	172	73	168	44
上高县	35		122	104	1180	147	43	24	26
宜丰县	41	1	42	219	470	438	48	26	11
靖安县	6		14	25	10	150	10	36	5
铜鼓县	8		13	14	75	140	20	3	6
丰城市	52	6	134	1070	663	311	1080	148	49
樟树市	278	1	70	124	118	37	182	318	91
高安市	30	2	224	443	250	172	118	676	67
抚州市	**214**	**25**	**1142**	**4967**	**2582**	**1416**	**1941**	**842**	**300**
临川区	68	8	227	448	213	129	143	155	74
东乡区	17		175	962	164	57	53	78	35
南城县	3	3	68	540	286	184	509	24	11
黎川县	22	2	104	317	267	166	809	31	26
南丰县	16	1	44	77	43	197	27	10	23
崇仁县	23	4	115	280	61	121	77	28	8
乐安县	10	2	137	579	480	112	143	72	45
宜黄县	19	2	115	696	294	248	74	376	20
金溪县	16		80	367	422	46	56	35	35
资溪县	15		5	57	65	82	3		2
广昌县	5	3	72	644	287	74	47	33	21
上饶市	**480**	**170**	**2327**	**19231**	**5709**	**2053**	**2254**	**859**	**396**
信州区	37	2	139	568	161	71	85	19	42
广丰区	28	131	375	1742	210	203	291	102	65
广信区	58	4	207	1919	661	471	335	170	27
玉山县	32	16	267	692	200	146	672	45	18
铅山县	42	3	206	1395	544	101	88	46	34
横峰县	4		85	539	100	32	44	22	13
弋阳县	17	2	119	958	130	72	59	84	29
余干县	37	4	197	3245	655	157	100	84	35
鄱阳县	61	1	289	5097	1685	220	350	168	69
万年县	8	3	182	1714	518	90	35	30	18
婺源县	147	4	98	978	730	407	139	73	36
德兴市	9		163	384	115	83	56	16	10

4-4　续表 14　　　　单位：人

地　区 性　别	制造业 酒、饮料和精制茶制造业	烟　草制品业	纺织业	纺织服装、服饰业	皮革、毛皮、羽毛及其制品和制鞋业	木材加工和木、竹、藤、棕、草制品业	家　具制造业	造纸和纸制品业	印刷和记录媒介复制业
男	**2114**	**387**	**5408**	**35435**	**14424**	**8709**	**19879**	**4095**	**2494**
南昌市	**314**	**109**	**411**	**1911**	**273**	**402**	**421**	**311**	**518**
东湖区	11	7	12	24	4	3	12	11	33
西湖区	21	39	14	27	8	9	18	6	65
青云谱区	10	9	18	70	1	7	26	13	67
青山湖区	55	34	85	430	12	69	83	131	156
新建区	30	2	34	103	23	87	39	31	38
红谷滩区	17	7	12	20	1	10	12	8	24
南昌县	142	8	79	373	164	118	184	58	103
安义县	4		93	22	4	20	11	5	3
进贤县	24	3	64	842	56	79	36	48	29
景德镇市	**75**	**3**	**207**	**1143**	**866**	**229**	**179**	**67**	**72**
昌江区	1	1	12	22	7	18	12	10	10
珠山区	10		7	43	3	13	24	11	15
浮梁县	43	2	26	77	34	60	33	21	26
乐平市	21		162	1001	822	138	110	25	21
萍乡市	**83**	**4**	**104**	**269**	**539**	**229**	**255**	**328**	**150**
安源区	8	2	11	24	46	21	24	59	26
湘东区	27		22	51	100	53	33	81	36
莲花县	10		32	98	198	34	96	22	28
上栗县	13	1	23	60	117	79	60	153	43
芦溪县	25	1	16	36	78	42	42	13	17
九江市	**207**	**11**	**892**	**4021**	**1621**	**676**	**1205**	**402**	**303**
濂溪区	27		35	49	5	22	25	11	10
浔阳区	18	3	39	40	13	19	14	7	28
柴桑区	25		74	271	44	88	88	42	31
武宁县	11	1	33	74	143	78	142	19	11
修水县	55	1	68	232	570	81	546	68	55
永修县	11		64	81	73	40	37	40	12
德安县	4		211	149	48	49	14	14	13
都昌县	11		62	1694	170	50	90	17	26
湖口县	4	2	10	264	27	14	92	52	6
彭泽县	13		77	257	151	92	62	25	63
瑞昌市	12	2	156	222	234	115	77	90	30
共青城市	8		41	569	19	15	11	14	13
庐山市	8	2	22	119	124	13	7	3	5
新余市	**38**		**64**	**153**	**351**	**178**	**89**	**26**	**32**
渝水区	31		32	72	249	96	62	18	25
分宜县	7		32	81	102	82	27	8	7
鹰潭市	**41**	**4**	**90**	**509**	**195**	**235**	**139**	**28**	**28**
月湖区	10	2	9	46	48	22	22	1	3
余江区	15		43	249	116	81	56	14	21
贵溪市	16	2	38	214	31	132	61	13	4
赣州市	**317**	**74**	**1169**	**16750**	**3307**	**1751**	**12155**	**720**	**418**
章贡区	95	19	42	190	46	81	551	149	39
南康区	13	17	30	608	26	300	7880	62	11
赣县区	14	3	42	926	74	66	578	34	11
信丰县	28	2	131	2188	117	139	625	23	17
大余县	4	1	26	180	37	119	173	21	11
上犹县	10	4	28	680	58	116	495	26	16
崇义县	4		20	95	13	132	366	7	2
安远县	7		26	259	124	55	123	18	13
定南县	4	2	9	136	28	27	39	9	7
全南县	7		42	180	42	48	87	7	16

4-4 续表 15 　　　　单位：人

地　区 性　别	制造业								
	酒、饮料和精制茶制造业	烟　草制品业	纺织业	纺织服装、服饰业	皮革、毛皮、羽毛及其制品和制鞋业	木材加工和木、竹、藤、棕、草制品业	家　具制造业	造纸和纸制品业	印刷和记录媒介复制业
宁都县	20	2	99	1140	583	105	234	56	54
于都县	31		247	4670	635	94	330	149	37
兴国县	15	11	123	2380	138	145	183	23	30
会昌县	9	4	43	1253	258	100	80	20	34
寻乌县	6		18	200	23	28	43	14	9
石城县	11	6	31	135	670	30	82	28	27
瑞金市	24	1	166	1399	380	78	101	62	50
龙南市	15	2	46	131	55	88	185	12	34
吉安市	**263**	**48**	**381**	**1419**	**1720**	**1028**	**1100**	**318**	**280**
吉州区	18	1	35	46	17	18	35	14	11
青原区	9		9	27	10	31	71	11	12
吉安县	43	30	36	75	77	112	106	29	39
吉水县	38	4	78	122	121	133	114	25	23
峡江县	12	1	7	21	22	35	12	20	5
新干县	25	1	13	28	310	109	56	18	6
永丰县	7	2	33	108	157	84	45	29	12
泰和县	10	2	38	91	61	54	106	21	34
遂川县	42	1	37	161	412	212	201	38	26
万安县	22	4	18	192	51	56	137	14	11
安福县	11	2	18	35	183	56	51	33	14
永新县	6		53	504	280	99	143	63	86
井冈山市	20		6	9	19	29	23	3	1
宜春市	**336**	**9**	**652**	**844**	**1340**	**1308**	**1272**	**948**	**232**
袁州区	32	2	63	171	291	213	129	74	48
奉新县	8		294	35	11	93	17	8	5
万载县	37		38	79	162	110	57	106	31
上高县	24		47	28	303	91	28	12	20
宜丰县	30	1	17	26	72	237	34	14	3
靖安县	3		6	8	9	84	7	27	3
铜鼓县	5		6	5	44	72	15	2	5
丰城市	27	4	58	316	304	247	767	86	32
樟树市	149		33	33	64	29	139	187	43
高安市	21	2	90	143	80	132	79	432	42
抚州市	**136**	**16**	**515**	**1511**	**1346**	**1023**	**1368**	**543**	**193**
临川区	42	5	102	152	117	94	112	102	48
东乡区	7		77	356	88	44	43	57	20
南城县	2	3	24	147	117	138	347	16	5
黎川县	15	1	50	95	124	117	541	19	14
南丰县	13	1	22	37	21	155	24	5	14
崇仁县	15	3	45	73	35	82	58	19	2
乐安县	9	1	66	120	252	83	113	50	33
宜黄县	9	1	49	115	172	164	58	236	12
金溪县	13		42	171	223	40	38	20	26
资溪县	7		2	24	42	61	2		1
广昌县	4	1	36	221	155	45	32	19	18
上饶市	**304**	**109**	**923**	**6905**	**2866**	**1650**	**1696**	**404**	**268**
信州区	18		54	147	77	54	58	13	28
广丰区	20	87	124	410	96	147	226	53	45
广信区	45	2	70	529	328	415	248	69	21
玉山县	19	8	87	149	95	130	530	22	12
铅山县	20	3	72	351	297	83	66	33	21
横峰县	2		26	114	39	27	36	4	10
弋阳县	12	1	38	244	55	48	43	18	18
余干县	24	4	105	1656	351	131	72	43	22
鄱阳县	39		144	2066	846	177	243	99	47
万年县	4	3	90	788	279	71	24	15	10
婺源县	96	1	37	339	358	308	104	31	27
德兴市	5		76	112	45	59	46	4	7

4-4　续表 16

单位：人

地　区 性　别	制造业								
	酒、饮料和精制茶制造业	烟　草制品业	纺织业	纺织服装、服饰业	皮革、毛皮、羽毛及其制品和制鞋业	木材加工和木、竹、藤、棕、草制品业	家　具制造业	造纸和纸制品业	印刷和记录媒介复制业
女	**1390**	**216**	**7288**	**63778**	**17915**	**3246**	**9804**	**3084**	**1546**
南昌市	**184**	**60**	**477**	**4660**	**500**	**151**	**163**	**195**	**335**
东湖区	3	5	9	47	2		6	3	19
西湖区	13	18	13	49	10	6	5	5	28
青云谱区	6	5	35	236	5	6	6	15	33
青山湖区	35	19	90	1289	11	29	35	85	130
新建区	24	1	28	237	22	26	13	13	20
红谷滩区	13	5	12	21	2	5	8	5	26
南昌县	74	2	135	1474	388	44	72	40	63
安义县	2	2	82	32	5	6	6	2	
进贤县	14	3	73	1275	55	29	12	27	16
景德镇市	**50**	**5**	**323**	**1951**	**948**	**68**	**72**	**86**	**38**
昌江区	2	1	9	56	2	5	6	11	9
珠山区	4		3	47	4	4	5	12	9
浮梁县	29		23	128	33	16	20	19	6
乐平市	15	4	288	1720	909	43	41	44	14
萍乡市	**42**	**3**	**152**	**616**	**1193**	**87**	**75**	**418**	**115**
安源区	8	1	24	73	96	9	14	55	28
湘东区	14	1	31	157	243	12	10	130	36
莲花县	2	1	35	133	326	8	26	11	12
上栗县	7		39	152	295	18	12	216	33
芦溪县	11		23	101	233	40	13	6	6
九江市	**159**	**4**	**1129**	**9467**	**1974**	**179**	**520**	**223**	**166**
濂溪区	31		38	169	9	9	13	8	8
浔阳区	13	2	29	102	8	7	2	5	17
柴桑区	13		116	959	35	18	31	26	27
武宁县	6		38	140	118	27	55	20	6
修水县	44		73	414	508	26	278	22	19
永修县	9		53	213	107	9	19	18	10
德安县	2		284	508	83	9	3	2	5
都昌县	11		57	2413	168	14	25	22	12
湖口县	5	1	11	588	36	4	27	20	4
彭泽县	9		121	648	140	19	32	16	35
瑞昌市	10		229	973	442	31	28	47	11
共青城市	1		55	1284	17	3	4	12	8
庐山市	5	1	25	1056	303	3	3	5	4
新余市	**22**	**2**	**161**	**332**	**428**	**41**	**33**	**50**	**29**
渝水区	17	1	91	170	217	21	20	39	21
分宜县	5	1	70	162	211	20	13	11	8
鹰潭市	**27**	**1**	**163**	**956**	**193**	**54**	**60**	**52**	**27**
月湖区	5	1	21	74	69	6	12	6	4
余江区	7		64	286	77	15	25	10	15
贵溪市	15		78	596	47	33	23	36	8
赣州市	**246**	**43**	**1267**	**25020**	**3422**	**814**	**6880**	**542**	**313**
章贡区	55	13	47	480	70	30	316	77	21
南康区	16	8	52	1496	22	193	4998	52	4
赣县区	7	1	47	1588	106	27	249	17	12
信丰县	17	2	110	2975	150	54	264	18	5
大余县	3	3	42	433	23	90	86	11	9
上犹县	11		25	1036	43	58	191	11	15
崇义县	3	1	22	142	10	89	160	3	2
安远县	4		35	430	129	36	63	43	14
定南县	5		18	234	39	11	13	5	3
全南县	2	1	70	457	48	12	25	27	9

4–4 续表 17

单位：人

地区 性别	制造业								
	酒、饮料和精制茶制造业	烟草制品业	纺织业	纺织服装、服饰业	皮革、毛皮、羽毛及其制品和制鞋业	木材加工和木、竹、藤、棕、草制品业	家具制造业	造纸和纸制品业	印刷和记录媒介复制业
宁都县	15		101	1913	456	36	86	35	30
于都县	25		248	6081	711	28	134	115	26
兴国县	15	8	140	3318	116	31	83	15	15
会昌县	12	3	54	1763	243	35	36	19	24
寻乌县	7		12	316	18	8	18	23	3
石城县	5	2	35	224	768	10	29	24	18
瑞金市	33		142	1739	391	34	39	39	33
龙南市	11	1	67	395	79	32	90	8	70
吉安市	**176**	**23**	**736**	**2999**	**2364**	**360**	**370**	**193**	**143**
吉州区	11	2	107	91	12	7	7	10	5
青原区	10	3	12	68	9	18	23	9	5
吉安县	30	13	82	186	89	15	25	18	30
吉水县	16	3	289	630	273	30	25	18	8
峡江县	3		9	120	25	16	1	7	3
新干县	17	1	14	43	485	50	23	13	3
永丰县	8		49	315	143	31	19	17	13
泰和县	13		39	236	77	11	34	15	17
遂川县	31		40	355	469	86	87	19	19
万安县	12	1	32	257	57	19	58	12	2
安福县	8		18	79	428	20	10	11	8
永新县	3		42	593	255	38	56	39	25
井冈山市	14		3	26	42	19	2	5	5
宜春市	**230**	**5**	**849**	**1995**	**2814**	**696**	**500**	**571**	**145**
袁州区	21	1	73	325	502	73	44	33	22
奉新县	4	1	337	57	5	58	8	5	3
万载县	14		77	173	417	62	16	62	13
上高县	11		75	76	877	56	15	12	6
宜丰县	11		25	193	398	201	14	12	8
靖安县	3		8	17	1	66	3	9	2
铜鼓县	3		7	9	31	68	5	1	1
丰城市	25	2	76	754	359	64	313	62	17
樟树市	129	1	37	91	54	8	43	131	48
高安市	9		134	300	170	40	39	244	25
抚州市	**78**	**9**	**627**	**3456**	**1236**	**393**	**573**	**299**	**107**
临川区	26	3	125	296	96	35	31	53	26
东乡区	10		98	606	76	13	10	21	15
南城县	1		44	393	169	46	162	8	6
黎川县	7	1	54	222	143	49	268	12	12
南丰县	3		22	40	22	42	3	5	9
崇仁县	8	1	70	207	26	39	19	9	6
乐安县	1	1	71	459	228	29	30	22	12
宜黄县	10	1	66	581	122	84	16	140	8
金溪县	3		38	196	199	6	18	15	9
资溪县	8		3	33	23	21	1		1
广昌县	1	2	36	423	132	29	15	14	3
上饶市	**176**	**61**	**1404**	**12326**	**2843**	**403**	**558**	**455**	**128**
信州区	19	2	85	421	84	17	27	6	14
广丰区	8	44	251	1332	114	56	65	49	20
广信区	13	2	137	1390	333	56	87	101	6
玉山县	13	8	180	543	105	16	142	23	6
铅山县	22		134	1044	247	18	22	13	13
横峰县	2		59	425	61	5	8	18	3
弋阳县	5	1	81	714	75	24	16	66	11
余干县	13		92	1589	304	26	28	41	13
鄱阳县	22	1	145	3031	839	43	107	69	22
万年县	4		92	926	239	19	11	15	8
婺源县	51	3	61	639	372	99	35	42	9
德兴市	4		87	272	70	24	10	12	3

4-4　续表 18

单位：人

地区 性别	制造业 文教、工美、体育和娱乐用品制造业	石油、煤炭及其他燃料加工业	化学原料和化学制品制造业	医药制造业	化学纤维制造业	橡胶和塑料制品业	非金属矿物制品业	黑色金属冶炼和压延加工业	有色金属冶炼和压延加工业
全　省	**13969**	**821**	**14360**	**5871**	**440**	**11272**	**38132**	**4262**	**7429**
南昌市	**1404**	**35**	**885**	**1471**	**8**	**788**	**1576**	**545**	**1958**
东湖区	19		31	108	1	28	31	14	9
西湖区	29	4	32	43	1	49	48	7	11
青云谱区	15		27	27		29	50	13	2
青山湖区	36	8	164	189		210	256	340	270
新建区	75		63	246	1	68	268	15	78
红谷滩区	24	3	38	43		20	61	10	6
南昌县	118	15	161	213	2	178	469	53	31
安义县	8		254	13	1	90	248	74	1532
进贤县	1080	5	115	589	2	116	145	19	19
景德镇市	**923**	**96**	**432**	**306**	**14**	**254**	**6204**	**34**	**36**
昌江区	35	34	31	15		6	882	1	4
珠山区	57	37	40	18		41	3210	3	3
浮梁县	49	8	25	9	4	49	1620	10	4
乐平市	782	17	336	264	10	158	492	20	25
萍乡市	**331**	**64**	**3534**	**177**	**11**	**486**	**2510**	**810**	**68**
安源区	66	15	107	49	2	86	598	261	22
湘东区	71	26	183	22	2	116	801	493	22
莲花县	51	11	58	51	1	100	148	9	14
上栗县	98	8	3102	45	6	81	324	32	5
芦溪县	45	4	84	10		103	639	15	5
九江市	**994**	**263**	**1976**	**586**	**286**	**1706**	**3440**	**763**	**410**
濂溪区	24	13	82	8	120	44	326	3	26
浔阳区	18	217	63	27	42	19	167	13	47
柴桑区	57	9	78	20	5	128	366	37	55
武宁县	65		37	45	1	39	201	5	11
修水县	293	2	199	7	3	155	364	12	58
永修县	92	5	433	22	2	57	141	6	13
德安县	59	2	21	139	13	25	100	4	7
都昌县	122	2	70	21	2	126	371	12	16
湖口县	35	4	459	59	79	73	108	623	137
彭泽县	46	6	346	196	2	177	360	18	22
瑞昌市	64	3	157	16	2	843	316	12	7
共青城市	24		20	17		15	70	6	5
庐山市	95		11	9	15	5	550	12	6
新余市	**135**	**35**	**150**	**29**	**3**	**197**	**507**	**1329**	**229**
渝水区	55	25	104	23	3	131	306	1317	160
分宜县	80	10	46	6		66	201	12	69
鹰潭市	**914**	**8**	**180**	**59**	**4**	**235**	**551**	**24**	**1092**
月湖区	26	1	26	14		22	48	3	73
余江区	246	5	68	11	4	142	233	7	55
贵溪市	642	2	86	34		71	270	14	964
赣州市	**3114**	**61**	**1703**	**475**	**28**	**1870**	**5314**	**218**	**1485**
章贡区	253	11	133	190	1	134	293	27	347
南康区	48	11	144	15	5	63	309	5	120
赣县区	141	6	282	51	1	90	201	21	197
信丰县	448	9	139	8	1	135	442	14	36
大余县	51	1	81	25	2	58	130	4	79
上犹县	74	2	33	8	7	136	297	6	92
崇义县	19	2	20	8	2	10	58	1	131
安远县	134		31	3		61	497	4	71
定南县	61		27	12	1	48	77	8	38
全南县	60		38	10	1	49	92	13	74

4-4 续表 19

单位：人

地区 性别	制造业 文教、工美、体育和娱乐用品制造业	石油、煤炭及其他燃料加工业	化学原料和化学制品制造业	医药制造业	化学纤维制造业	橡胶和塑料制品业	非金属矿物制品业	黑色金属冶炼和压延加工业	有色金属冶炼和压延加工业
宁都县	193	2	231	10		239	322	7	9
于都县	143	1	60	30		138	734	12	33
兴国县	179	3	131	28	1	111	344	20	16
会昌县	102	4	139	15	5	142	632	14	13
寻乌县	57		25	5	1	50	219	8	16
石城县	122	1	26	8		78	113	8	21
瑞金市	197	2	112	23		203	288	9	24
龙南市	832	6	51	26		125	266	37	168
吉安市	**1103**	**32**	**754**	**520**	**9**	**1167**	**2523**	**100**	**314**
吉州区	136		20	41		35	75	2	9
青原区	27	3	24	11		26	60	4	4
吉安县	98	1	90	45	1	94	151	10	12
吉水县	107	3	51	10		64	188	4	16
峡江县	23		6	86		9	39	4	44
新干县	31	2	165	23		133	480	5	29
永丰县	107	7	125	242	3	68	238	4	60
泰和县	89		32	5		73	160	5	2
遂川县	130	7	52	10		203	232	28	56
万安县	98	2	35	13	1	42	112	4	15
安福县	48		49	10	2	65	130	10	5
永新县	174	7	104	21	2	338	166	17	60
井冈山市	35		1	3		17	492	3	2
宜春市	**1001**	**132**	**2773**	**1254**	**44**	**1113**	**9649**	**141**	**721**
袁州区	304	10	530	200	1	156	482	23	289
奉新县	19	4	55	130	5	30	230	8	56
万载县	115	9	1505	29	9	163	264	18	54
上高县	50	1	53	59	20	148	636	9	8
宜丰县	79	3	31	33		128	800	7	94
靖安县	60		18	2	1	15	42	18	54
铜鼓县	13	2	49	42		13	50	3	12
丰城市	115	52	118	30	4	154	997	23	115
樟树市	50	33	200	688	1	76	258	12	8
高安市	196	18	214	41	3	230	5890	20	31
抚州市	**1017**	**46**	**804**	**615**	**11**	**2123**	**1884**	**80**	**444**
临川区	153	6	154	129	1	106	309	17	222
东乡区	110	4	83	87		261	184	14	50
南城县	109	1	67	47		51	91	3	41
黎川县	98	6	46	5	4	133	593	1	25
南丰县	21	3	14	12		80	65	1	9
崇仁县	39		37	19	2	27	85	6	8
乐安县	174	11	49	142		81	205	12	38
宜黄县	118	10	197	123	3	1254	105	11	20
金溪县	73		123	37		79	139	5	9
资溪县	7	2	8	3		3	23	3	1
广昌县	115	3	26	11	1	48	85	7	21
上饶市	**3033**	**49**	**1169**	**379**	**22**	**1333**	**3974**	**218**	**672**
信州区	119		78	28	3	50	197	8	14
广丰区	533	3	133	19	1	128	243	48	46
广信区	419	18	161	30	2	192	942	14	75
玉山县	132	5	117	30	3	86	243	26	49
铅山县	107	3	120	36		108	151	13	219
横峰县	127		31	10		56	84	7	75
弋阳县	255	1	61	56	2	132	222	11	37
余干县	320	5	110	30	8	128	375	33	43
鄱阳县	415	10	158	11	2	163	812	7	19
万年县	106		55	61		79	337	15	25
婺源县	343		44	24		162	130	26	8
德兴市	157	4	101	44	1	49	238	10	62

4-4　续表 20

单位：人

地区 性别	制造业								
	文教、工美、体育和娱乐用品制造业	石油、煤炭及其他燃料加工业	化学原料和化学制品制造业	医药制造业	化学纤维制造业	橡胶和塑料制品业	非金属矿物制品业	黑色金属冶炼和压延加工业	有色金属冶炼和压延加工业
男	**5565**	**613**	**8204**	**2968**	**291**	**6624**	**25948**	**3297**	**5524**
南昌市	**633**	**29**	**591**	**662**	**6**	**493**	**1219**	**445**	**1342**
东湖区	9		28	63	1	19	20	11	5
西湖区	14	4	17	28	1	32	42	6	6
青云谱区	8		18	15		21	42	11	1
青山湖区	19	8	117	92		126	199	271	202
新建区	48		48	119	1	40	205	14	54
红谷滩区	16	3	24	21		12	43	9	5
南昌县	65	10	97	103	1	111	360	51	22
安义县	5		173	7	1	57	193	58	1033
进贤县	449	4	69	214	1	75	115	14	14
景德镇市	**222**	**71**	**303**	**202**	**10**	**129**	**3695**	**27**	**21**
昌江区	15	25	19	12		4	498	1	3
珠山区	31	27	24	9		25	1952	3	2
浮梁县	22	6	17	2	2	27	899	8	1
乐平市	154	13	243	179	8	73	346	15	15
萍乡市	**128**	**49**	**1345**	**108**	**7**	**309**	**1766**	**621**	**53**
安源区	25	13	63	26	2	62	438	188	16
湘东区	26	19	113	18	2	73	528	383	15
莲花县	27	9	40	39		64	113	8	12
上栗县	35	4	1081	17	3	53	256	29	5
芦溪县	15	4	48	8		57	431	13	5
九江市	**494**	**208**	**1388**	**304**	**193**	**938**	**2551**	**556**	**327**
濂溪区	16	10	56	6	88	21	224	3	20
浔阳区	7	175	43	14	35	12	104	11	32
柴桑区	33	7	58	15	5	83	274	35	45
武宁县	43		24	19	1	19	141	4	8
修水县	143	2	130	4	1	103	260	9	45
永修县	50	3	288	15	1	37	109	5	9
德安县	20	1	14	35	8	13	79	4	6
都昌县	51	2	53	15	2	70	257	9	15
湖口县	10	3	326	47	40	36	71	440	113
彭泽县	30	3	263	113		87	256	14	18
瑞昌市	30	2	117	6	2	441	250	10	6
共青城市	14		9	9		11	56	4	5
庐山市	47		7	6	10	5	470	8	5
新余市	**47**	**27**	**113**	**19**	**3**	**130**	**404**	**1030**	**176**
渝水区	20	21	74	15	3	83	241	1022	119
分宜县	27	6	39	4		47	163	8	57
鹰潭市	**284**	**6**	**126**	**27**	**2**	**115**	**440**	**18**	**800**
月湖区	12	1	15	11		18	32	2	50
余江区	153	3	46	5	2	70	179	5	43
贵溪市	119	2	65	11		27	229	11	707
赣州市	**1339**	**40**	**1052**	**266**	**14**	**1154**	**3689**	**169**	**1102**
章贡区	125	5	86	112	1	79	214	19	232
南康区	31	8	68	6	2	33	218	5	104
赣县区	65	5	136	24		59	140	12	142
信丰县	175	4	86	4		79	322	12	26
大余县	20		58	14	1	37	100	4	64
上犹县	37	2	21	4	3	86	185	6	79
崇义县	9	2	10	6	1	6	44	1	103
安远县	46		17	1		38	313	4	46
定南县	32		23	5	1	27	59	6	25
全南县	25		26	7		30	66	7	54

4-4 续表 21

单位：人

地区 性别	制造业								
	文教、工美、体育和娱乐用品制造业	石油、煤炭及其他燃料加工业	化学原料和化学制品制造业	医药制造业	化学纤维制造业	橡胶和塑料制品业	非金属矿物制品业	黑色金属冶炼和压延加工业	有色金属冶炼和压延加工业
宁都县	95	1	166	6		155	245	5	7
于都县	66		33	15		84	463	11	23
兴国县	82	3	99	18		73	254	16	10
会昌县	53	3	89	10	4	94	412	9	10
寻乌县	29		17	3	1	32	146	4	13
石城县	61	1	14	4		54	81	6	19
瑞金市	81	1	67	12		121	231	9	22
龙南市	307	5	36	15		67	196	33	123
吉安市	**522**	**21**	**510**	**273**	**7**	**701**	**1735**	**81**	**247**
吉州区	40		12	24		20	51	1	6
青原区	14	3	16	4		20	40	2	2
吉安县	54	1	59	20	1	58	114	8	8
吉水县	41	2	38	5		43	125	3	13
峡江县	3		6	58		6	29	4	33
新干县	14	1	107	9		67	343	1	26
永丰县	56	5	94	104	3	46	181	3	48
泰和县	34		24	4		40	111	4	
遂川县	68	4	26	8		122	164	26	42
万安县	61	2	22	9		22	77	3	9
安福县	32		31	7	1	49	106	9	4
永新县	96	3	75	18	2	195	127	14	56
井冈山市	9			3		13	267	3	
宜春市	**389**	**92**	**1366**	**576**	**25**	**669**	**6278**	**112**	**561**
袁州区	112	7	295	100	1	95	386	21	230
奉新县	8	3	36	94	3	19	151	6	44
万载县	48	5	588	15	6	89	197	16	42
上高县	22	1	42	38	10	99	448	6	7
宜丰县	28	2	17	18		81	537	6	77
靖安县	28		11	1		10	37	10	35
铜鼓县	11	2	30	13		10	39	3	10
丰城市	52	39	77	17	2	84	683	18	90
樟树市	31	20	128	266		47	184	8	5
高安市	49	13	142	14	3	135	3616	18	21
抚州市	**442**	**32**	**540**	**337**	**10**	**1257**	**1275**	**62**	**358**
临川区	64	4	100	74	1	67	228	11	178
东乡区	67	3	63	37		173	136	13	39
南城县	63	1	32	28		28	66	3	36
黎川县	55	4	32	3	4	86	327		20
南丰县	12	2	10	6		62	52	1	6
崇仁县	18		23	11	2	15	69	5	6
乐安县	61	7	35	53		43	141	8	36
宜黄县	31	8	134	91	2	694	72	8	14
金溪县	35		90	28		54	103	4	7
资溪县	5	1	5	2		2	21	2	
广昌县	31	2	16	4	1	33	60	7	16
上饶市	**1065**	**38**	**870**	**194**	**14**	**729**	**2896**	**176**	**537**
信州区	32		55	13	2	23	138	7	11
广丰区	136	1	96	11		63	193	40	35
广信区	106	16	119	11	1	108	584	14	62
玉山县	39	2	98	7	3	37	200	22	44
铅山县	28	2	81	21		58	122	10	171
横峰县	28		26	7		35	70	5	64
弋阳县	69	1	42	26	1	57	187	10	29
余干县	211	3	85	15	5	85	286	24	37
鄱阳县	201	10	113	5	1	101	555	6	14
万年县	57		48	48		43	264	13	18
婺源县	139		28	10		97	98	18	3
德兴市	19	3	79	20	1	22	199	7	49

4-4　续表 22

单位：人

地区 性别	制造业								
	文教、工美、体育和娱乐用品制造业	石油、煤炭及其他燃料加工业	化学原料和化学制品制造业	医　药制造业	化学纤维制造业	橡胶和塑　料制品业	非金属矿　物制品业	黑色金属冶炼和压延加工业	有色金属冶炼和压延加工业
女	**8404**	**208**	**6156**	**2903**	**149**	**4648**	**12184**	**965**	**1905**
南昌市	**771**	**6**	**294**	**809**	**2**	**295**	**357**	**100**	**616**
东湖区	10		3	45		9	11	3	4
西湖区	15		15	15		17	6	1	5
青云谱区	7		9	12		8	8	2	1
青山湖区	17		47	97		84	57	69	68
新建区	27		15	127		28	63	1	24
红谷滩区	8		14	22		8	18	1	1
南昌县	53	5	64	110	1	67	109	2	9
安义县	3		81	6		33	55	16	499
进贤县	631	1	46	375	1	41	30	5	5
景德镇市	**701**	**25**	**129**	**104**	**4**	**125**	**2509**	**7**	**15**
昌江区	20	9	12	3		2	384		1
珠山区	26	10	16	9		16	1258		1
浮梁县	27	2	8	7	2	22	721	2	3
乐平市	628	4	93	85	2	85	146	5	10
萍乡市	**203**	**15**	**2189**	**69**	**4**	**177**	**744**	**189**	**15**
安源区	41	2	44	23		24	160	73	6
湘东区	45	7	70	4		43	273	110	7
莲花县	24	2	18	12	1	36	35	1	2
上栗县	63	4	2021	28	3	28	68	3	
芦溪县	30		36	2		46	208	2	
九江市	**500**	**55**	**588**	**282**	**93**	**768**	**889**	**207**	**83**
濂溪区	8	3	26	2	32	23	102		6
浔阳区	11	42	20	13	7	7	63	2	15
柴桑区	24	2	20	5		45	92	2	10
武宁县	22		13	26		20	60	1	3
修水县	150		69	3	2	52	104	3	13
永修县	42	2	145	7	1	20	32	1	4
德安县	39	1	7	104	5	12	21		1
都昌县	71		17	6		56	114	3	1
湖口县	25	1	133	12	39	37	37	183	24
彭泽县	16	3	83	83	2	90	104	4	4
瑞昌市	34	1	40	10		402	66	2	1
共青城市	10		11	8		4	14	2	
庐山市	48		4	3	5		80	4	1
新余市	**88**	**8**	**37**	**10**		**67**	**103**	**299**	**53**
渝水区	35	4	30	8		48	65	295	41
分宜县	53	4	7	2		19	38	4	12
鹰潭市	**630**	**2**	**54**	**32**	**2**	**120**	**111**	**6**	**292**
月湖区	14		11	3		4	16	1	23
余江区	93	2	22	6	2	72	54	2	12
贵溪市	523		21	23		44	41	3	257
赣州市	**1775**	**21**	**651**	**209**	**14**	**716**	**1625**	**49**	**383**
章贡区	128	6	47	78		55	79	8	115
南康区	17	3	76	9	3	30	91		16
赣县区	76	1	146	27	1	31	61	9	55
信丰县	273	5	53	4	1	56	120	2	10
大余县	31	1	23	11	1	21	30		15
上犹县	37		12	4	4	50	112		13
崇义县	10		10	2	1	4	14		28
安远县	88		14	2		23	184		25
定南县	29		4	7		21	18	2	13
全南县	35		12	3	1	19	26	6	20

4-4 续表 23

单位：人

地区 性别	制造业								
	文教、工美、体育和娱乐用品制造业	石油、煤炭及其他燃料加工业	化学原料和化学制品制造业	医药制造业	化学纤维制造业	橡胶和塑料制品业	非金属矿物制品业	黑色金属冶炼和压延加工业	有色金属冶炼和压延加工业
宁都县	98	1	65	4		84	77	2	2
于都县	77	1	27	15		54	271	1	10
兴国县	97		32	10	1	38	90	4	6
会昌县	49	1	50	5	1	48	220	5	3
寻乌县	28		8	2		18	73	4	3
石城县	61		12	4		24	32	2	2
瑞金市	116	1	45	11		82	57		2
龙南市	525	1	15	11		58	70	4	45
吉安市	**581**	**11**	**244**	**247**	**2**	**466**	**788**	**19**	**67**
吉州区	96		8	17		15	24	1	3
青原区	13		8	7		6	20	2	2
吉安县	44		31	25		36	37	2	4
吉水县	66	1	13	5		21	63	1	3
峡江县	20			28		3	10		11
新干县	17	1	58	14		66	137	4	3
永丰县	51	2	31	138		22	57	1	12
泰和县	55		8	1		33	49	1	2
遂川县	62	3	26	2		81	68	2	14
万安县	37		13	4	1	20	35	1	6
安福县	16		18	3	1	16	24	1	1
永新县	78	4	29	3		143	39	3	4
井冈山市	26		1			4	225		2
宜春市	**612**	**40**	**1407**	**678**	**19**	**444**	**3371**	**29**	**160**
袁州区	192	3	235	100		61	96	2	59
奉新县	11	1	19	36	2	11	79	2	12
万载县	67	4	917	14	3	74	67	2	12
上高县	28		11	21	10	49	188	3	1
宜丰县	51	1	14	15		47	263	1	17
靖安县	32		7	1	1	5	5	8	19
铜鼓县	2		19	29		3	11		2
丰城市	63	13	41	13	2	70	314	5	25
樟树市	19	13	72	422	1	29	74	4	3
高安市	147	5	72	27		95	2274	2	10
抚州市	**575**	**14**	**264**	**278**	**1**	**866**	**609**	**18**	**86**
临川区	89	2	54	55		39	81	6	44
东乡区	43	1	20	50		88	48	1	11
南城县	46		35	19		23	25		5
黎川县	43	2	14	2		47	266	1	5
南丰县	9	1	4	6		18	13		3
崇仁县	21		14	8		12	16	1	2
乐安县	113	4	14	89		38	64	4	2
宜黄县	87	2	63	32	1	560	33	3	6
金溪县	38		33	9		25	36	1	2
资溪县	2	1	3	1		1	2	1	1
广昌县	84	1	10	7		15	25		5
上饶市	**1968**	**11**	**299**	**185**	**8**	**604**	**1078**	**42**	**135**
信州区	87		23	15	1	27	59	1	3
广丰区	397	2	37	8	1	65	50	8	11
广信区	313	2	42	19	1	84	358		13
玉山县	93	3	19	23		49	43	4	5
铅山县	79	1	39	15		50	29	3	48
横峰县	99		5	3		21	14	2	11
弋阳县	186		19	30	1	75	35	1	8
余干县	109	2	25	15	3	43	89	9	6
鄱阳县	214		45	6	1	62	257	1	5
万年县	49		7	13		36	73	2	7
婺源县	204		16	14		65	32	8	5
德兴市	138	1	22	24		27	39	3	13

4-4　续表 24

单位：人

地区 性别	制造业								
	金属制品业	通用设备制造业	专用设备制造业	汽车制造业	铁路、船舶、航空航天和其他运输设备制造业	电气机械和器材制造业	计算机、通信和其他电子设备制造业	仪器仪表制造业	其他制造业
全　省	**26956**	**14068**	**9438**	**6475**	**3227**	**18094**	**59172**	**2473**	**4966**
南昌市	**6741**	**1715**	**1274**	**2772**	**1184**	**1464**	**6011**	**180**	**282**
东湖区	53	44	33	118	26	42	67	10	7
西湖区	78	76	44	135	33	92	54	17	12
青云谱区	99	193	44	531	685	84	58	9	12
青山湖区	375	589	233	399	120	644	2222	45	52
新建区	394	218	163	236	16	175	439	18	41
红谷滩区	52	56	73	88	31	50	77	17	11
南昌县	523	329	287	1200	252	308	2697	45	80
安义县	4088	104	39	1	4	7	51	2	17
进贤县	1079	106	358	64	17	62	346	17	50
景德镇市	**650**	**686**	**239**	**274**	**828**	**251**	**596**	**37**	**288**
昌江区	48	90	49	14	50	60	36	5	116
珠山区	46	192	32	189	690	28	65	6	39
浮梁县	143	100	45	38	50	57	124	6	39
乐平市	413	304	113	33	38	106	371	20	94
萍乡市	**843**	**599**	**568**	**160**	**49**	**735**	**2445**	**69**	**224**
安源区	190	119	138	49	23	97	292	23	29
湘东区	234	159	122	31	6	93	429	9	45
莲花县	154	76	126	16	3	118	338	20	67
上栗县	117	106	118	37	6	79	1121	10	48
芦溪县	148	139	64	27	11	348	265	7	35
九江市	**2679**	**1819**	**906**	**376**	**407**	**2067**	**3119**	**289**	**670**
濂溪区	113	97	48	29	52	38	135	22	39
浔阳区	85	101	64	47	42	63	132	23	33
柴桑区	294	277	78	55	11	366	615	81	69
武宁县	122	83	38	25	19	219	166	11	23
修水县	462	361	108	68	10	150	336	45	62
永修县	415	67	47	10	12	210	187	37	27
德安县	257	63	31	12	2	64	77	9	12
都昌县	192	211	166	43	72	95	307	19	57
湖口县	115	49	41	11	131	65	167	4	11
彭泽县	251	113	94	29	18	75	206	9	210
瑞昌市	252	322	152	23	27	635	562	14	77
共青城市	49	33	19	6	5	60	160	4	21
庐山市	72	42	20	18	6	27	69	11	29
新余市	**648**	**375**	**273**	**65**	**27**	**401**	**970**	**71**	**117**
渝水区	528	277	201	41	23	332	705	58	76
分宜县	120	98	72	24	4	69	265	13	41
鹰潭市	**476**	**350**	**355**	**81**	**40**	**495**	**697**	**162**	**52**
月湖区	49	58	58	9	16	49	214	36	12
余江区	227	208	265	61	11	295	250	108	13
贵溪市	200	84	32	11	13	151	233	18	27
赣州市	**4580**	**2347**	**1979**	**667**	**185**	**4285**	**18449**	**327**	**928**
章贡区	530	183	154	216	12	706	1630	15	30
南康区	246	103	84	101	7	150	700	11	36
赣县区	188	148	126	16	6	138	635	22	36
信丰县	436	170	179	41	15	289	2384	31	216
大余县	158	107	93	12	21	98	485	11	49
上犹县	196	125	121	35	3	259	641	8	61
崇义县	56	29	41	9	2	41	247	3	4
安远县	138	63	44	28	4	145	1217	5	17
定南县	75	17	114	10	1	430	773	31	16
全南县	78	61	50	11	6	127	476	7	26

4-4 续表 25

单位：人

地 区 性 别	制造业								
	金 属 制品业	通用设备 制造业	专用设备 制造业	汽 车 制造业	铁路、船舶、航空航天和其他运输设备制造业	电气机械和器材制造业	计算机、通信和其他电子设备制造业	仪器仪表 制造业	其 他 制造业
宁都县	319	350	101	27	19	131	785	28	75
于都县	512	208	254	44	22	920	3318	19	14
兴国县	411	173	147	49	16	195	997	12	70
会昌县	607	136	104	13	6	92	1006	25	57
寻乌县	68	94	50	13	5	46	510	8	21
石城县	130	62	79	8	1	67	430	3	33
瑞金市	287	224	138	25	33	282	632	37	41
龙南市	145	94	100	9	6	169	1583	51	126
吉安市	**2137**	**1545**	**980**	**273**	**98**	**2499**	**15206**	**162**	**530**
吉州区	74	64	58	14	6	132	869	8	16
青原区	81	54	45	6	2	53	347	6	189
吉安县	199	72	122	61	12	256	5371	7	31
吉水县	150	106	85	11	11	149	1022	20	25
峡江县	38	13	43	1	2	25	80	2	4
新干县	112	111	51	32	12	140	158	6	30
永丰县	148	67	75	29	5	108	402	22	12
泰和县	126	550	80	8	12	73	1407	8	107
遂川县	516	78	100	24	10	167	2348	20	17
万安县	131	61	38	23	9	61	1458	17	18
安福县	148	82	55	13	7	613	428	5	17
永新县	355	269	204	45	9	704	1211	34	55
井冈山市	59	18	24	6	1	18	105	7	9
宜春市	**2913**	**1692**	**1199**	**413**	**100**	**2859**	**4739**	**161**	**429**
袁州区	577	336	326	129	27	984	1251	42	142
奉新县	293	54	64	15	3	58	80	10	26
万载县	226	150	113	31	16	206	849	23	43
上高县	89	136	75	9	4	237	154	14	19
宜丰县	142	64	37	8	1	496	74	4	13
靖安县	188	133	24	5		161	34		20
铜鼓县	20	21	11	12	4	9	68	3	58
丰城市	403	247	201	66	17	238	764	31	49
樟树市	579	117	75	37	6	86	299	9	29
高安市	396	434	273	101	22	384	1166	25	30
抚州市	**1582**	**767**	**587**	**565**	**64**	**919**	**3093**	**80**	**474**
临川区	215	128	161	141	12	168	635	24	80
东乡区	137	70	61	96	3	38	236	7	139
南城县	120	53	35	13	8	23	469	1	10
黎川县	174	70	45	7	5	61	88	12	80
南丰县	51	13	16	5	4	55	268	2	8
崇仁县	120	68	51	25	1	272	170	6	31
乐安县	178	193	104	19	12	87	361	19	45
宜黄县	281	55	32	228	10	103	284	2	18
金溪县	92	61	51	20	4	46	377	2	43
资溪县	12	5	1			3	5		1
广昌县	202	51	30	11	5	63	200	5	19
上饶市	**3707**	**2173**	**1078**	**829**	**245**	**2119**	**3847**	**935**	**972**
信州区	138	112	72	39	34	119	140	256	39
广丰区	240	196	111	50	12	71	893	51	72
广信区	469	288	177	316	14	1081	541	419	94
玉山县	208	142	69	34	16	113	206	17	180
铅山县	212	46	87	31	10	104	143	18	63
横峰县	131	89	35	5	4	35	38	10	38
弋阳县	129	99	35	15	7	24	56	9	51
余干县	359	129	115	175	41	156	747	50	47
鄱阳县	1192	545	154	102	79	222	522	39	140
万年县	193	141	97	28	8	84	413	15	91
婺源县	183	260	86	25	11	88	83	27	72
德兴市	253	126	40	9	9	22	65	24	85

4-4　续表 26　　　　单位：人

地区 性别	制造业								
	金属制品业	通用设备制造业	专用设备制造业	汽车制造业	铁路、船舶、航空航天和其他运输设备制造业	电气机械和器材制造业	计算机、通信和其他电子设备制造业	仪器仪表制造业	其他制造业
男	**20025**	**9604**	**6047**	**4589**	**2366**	**10396**	**31578**	**1525**	**2604**
南昌市	**5052**	**1265**	**698**	**2035**	**872**	**997**	**4055**	**126**	**176**
东湖区	38	33	23	84	23	32	47	8	2
西湖区	68	54	28	101	29	71	36	12	10
青云谱区	76	150	32	402	493	54	41	6	9
青山湖区	283	445	134	290	90	425	1498	36	37
新建区	324	150	116	188	11	137	285	13	19
红谷滩区	38	44	50	59	24	31	53	13	7
南昌县	421	240	156	865	187	205	1857	29	50
安义县	2864	76	20	1	3	6	26	2	17
进贤县	940	73	139	45	12	36	212	7	25
景德镇市	**507**	**474**	**170**	**202**	**560**	**152**	**307**	**31**	**158**
昌江区	41	59	34	11	37	34	18	3	63
珠山区	36	139	26	142	452	18	34	5	24
浮梁县	116	75	32	28	43	37	71	6	26
乐平市	314	201	78	21	28	63	184	17	45
萍乡市	**653**	**444**	**387**	**110**	**41**	**462**	**1174**	**48**	**128**
安源区	154	89	88	34	20	61	149	18	19
湘东区	163	128	82	21	5	56	224	6	27
莲花县	117	53	96	9	2	71	181	13	35
上栗县	94	72	79	26	5	46	507	5	25
芦溪县	125	102	42	20	9	228	113	6	22
九江市	**1967**	**1253**	**590**	**252**	**311**	**1149**	**1720**	**184**	**395**
濂溪区	74	77	25	19	38	19	72	18	25
浔阳区	63	68	38	33	28	42	61	15	18
柴桑区	211	189	51	36	9	226	361	38	42
武宁县	98	64	28	17	14	125	88	8	11
修水县	340	245	71	50	9	84	189	28	37
永修县	291	53	28	10	9	125	101	24	15
德安县	175	48	24	6	2	43	40	6	5
都昌县	152	148	102	31	60	59	168	16	35
湖口县	84	35	26	5	102	36	108	3	4
彭泽县	185	83	60	15	12	49	109	8	132
瑞昌市	195	188	110	15	20	283	290	11	40
共青城市	43	24	14	6	4	37	92	4	15
庐山市	56	31	13	9	4	21	41	5	16
新余市	**524**	**282**	**176**	**39**	**23**	**238**	**478**	**47**	**60**
渝水区	432	207	131	21	20	188	341	39	43
分宜县	92	75	45	18	3	50	137	8	17
鹰潭市	**354**	**216**	**213**	**50**	**33**	**248**	**383**	**82**	**29**
月湖区	34	45	24	4	13	28	118	19	9
余江区	166	123	166	38	9	128	121	54	7
贵溪市	154	48	23	8	11	92	144	9	13
赣州市	**3311**	**1587**	**1342**	**473**	**143**	**2440**	**10281**	**208**	**426**
章贡区	386	129	93	139	9	459	994	10	14
南康区	185	80	50	83	6	95	335	7	22
赣县区	144	105	91	11	5	89	368	15	19
信丰县	296	93	144	25	14	154	1321	12	66
大余县	124	81	74	11	20	48	232	7	26
上犹县	140	91	89	30	3	125	309	6	35
崇义县	47	18	26	6	2	23	106	3	1
安远县	99	35	25	13	3	68	649	4	13
定南县	55	13	88	7	1	184	420	18	7
全南县	61	38	37	7	6	67	231	4	14

4-4 续表 27

单位：人

地　区 性　别	制造业								
	金　属 制品业	通用设备 制造业	专用设备 制造业	汽　车 制造业	铁路、船舶、 航空航天和 其他运输 设备制造业	电气机械 和器材 制造业	计算机、 通信和其 他电子设 备制造业	仪器仪表 制造业	其　他 制造业
宁都县	242	228	65	14	13	84	494	22	43
于都县	349	142	171	33	17	537	1862	12	8
兴国县	285	118	87	37	13	103	573	6	32
会昌县	409	84	63	12	5	51	599	19	33
寻乌县	53	63	34	11	3	27	282	7	10
石城县	102	49	45	7	1	41	264	1	16
瑞金市	216	169	93	19	16	186	399	22	16
龙南市	118	51	67	8	6	99	843	33	51
吉安市	**1526**	**892**	**660**	**202**	**73**	**1174**	**7325**	**105**	**300**
吉州区	53	46	35	12	5	82	370	7	9
青原区	71	41	28	4	2	30	172	2	103
吉安县	133	45	88	39	7	111	2566	3	21
吉水县	110	58	50	7	7	90	491	14	15
峡江县	26	8	25	1	1	10	48	1	3
新干县	82	74	34	27	11	80	104	4	18
永丰县	109	50	49	22	5	59	231	14	7
泰和县	98	204	47	6	7	37	607	7	55
遂川县	357	56	72	16	8	106	1188	14	9
万安县	94	39	27	21	7	35	678	10	13
安福县	107	58	42	10	5	254	177	4	7
永新县	249	199	148	33	7	271	637	21	32
井冈山市	37	14	15	4	1	9	56	4	8
宜春市	**2187**	**1197**	**732**	**288**	**80**	**1530**	**1912**	**94**	**208**
袁州区	406	254	210	81	23	574	537	27	57
奉新县	207	38	38	13	3	25	43	5	14
万载县	186	92	81	20	12	97	283	13	21
上高县	75	77	40	7	4	127	80	8	10
宜丰县	108	53	21	7	1	320	35	3	7
靖安县	143	96	17	3		55	15		12
铜鼓县	18	14	7	8	3	6	37	1	36
丰城市	308	172	109	44	13	136	367	19	23
樟树市	430	87	54	23	3	55	152	4	16
高安市	306	314	155	82	18	135	363	14	12
抚州市	**1175**	**517**	**360**	**367**	**45**	**591**	**1718**	**54**	**262**
临川区	154	93	85	109	7	102	343	13	49
东乡区	102	52	47	58	2	23	112	5	88
南城县	90	33	26	9	7	16	259	1	3
黎川县	123	46	27	3	5	44	52	9	41
南丰县	43	9	9	2	3	33	146	2	5
崇仁县	89	43	33	19	1	191	106	5	15
乐安县	140	115	68	15	8	50	214	14	24
宜黄县	197	36	20	128	5	62	176	1	8
金溪县	73	49	29	17	3	30	213	1	18
资溪县	10	5	1			3	5		1
广昌县	154	36	15	7	4	37	92	3	10
上饶市	**2769**	**1477**	**719**	**571**	**185**	**1415**	**2225**	**546**	**462**
信州区	103	81	52	30	26	78	93	154	15
广丰区	196	119	80	34	6	47	448	37	36
广信区	350	188	121	235	11	748	344	209	38
玉山县	154	107	39	26	12	68	110	12	96
铅山县	161	32	60	26	5	74	82	12	22
横峰县	103	56	24	4	2	22	24	8	18
弋阳县	95	65	20	12	6	17	30	6	24
余干县	261	84	72	96	33	110	453	35	28
鄱阳县	869	409	111	67	63	129	308	28	62
万年县	149	107	62	13	8	47	249	8	53
婺源县	144	143	58	20	7	61	50	22	38
德兴市	184	86	20	8	6	14	34	15	32

4-4 续表 28

单位：人

地区 性别	制造业								
	金属制品业	通用设备制造业	专用设备制造业	汽车制造业	铁路、船舶、航空航天和其他运输设备制造业	电气机械和器材制造业	计算机、通信和其他电子设备制造业	仪器仪表制造业	其他制造业
女	**6931**	**4464**	**3391**	**1886**	**861**	**7698**	**27594**	**948**	**2362**
南昌市	**1689**	**450**	**576**	**737**	**312**	**467**	**1956**	**54**	**106**
东湖区	15	11	10	34	3	10	20	2	5
西湖区	10	22	16	34	4	21	18	5	2
青云谱区	23	43	12	129	192	30	17	3	3
青山湖区	92	144	99	109	30	219	724	9	15
新建区	70	68	47	48	5	38	154	5	22
红谷滩区	14	12	23	29	7	19	24	4	4
南昌县	102	89	131	335	65	103	840	16	30
安义县	1224	28	19		1	1	25		
进贤县	139	33	219	19	5	26	134	10	25
景德镇市	**143**	**212**	**69**	**72**	**268**	**99**	**289**	**6**	**130**
昌江区	7	31	15	3	13	26	18	2	53
珠山区	10	53	6	47	238	10	31	1	15
浮梁县	27	25	13	10	7	20	53		13
乐平市	99	103	35	12	10	43	187	3	49
萍乡市	**190**	**155**	**181**	**50**	**8**	**273**	**1271**	**21**	**96**
安源区	36	30	50	15	3	36	143	5	10
湘东区	71	31	40	10	1	37	205	3	18
莲花县	37	23	30	7	1	47	157	7	32
上栗县	23	34	39	11	1	33	614	5	23
芦溪县	23	37	22	7	2	120	152	1	13
九江市	**712**	**566**	**316**	**124**	**96**	**918**	**1399**	**105**	**275**
濂溪区	39	20	23	10	14	19	63	4	14
浔阳区	22	33	26	14	14	21	71	8	15
柴桑区	83	88	27	19	2	140	254	43	27
武宁县	24	19	10	8	5	94	78	3	12
修水县	122	116	37	18	1	66	147	17	25
永修县	124	14	19		3	85	86	13	12
德安县	82	15	7	6		21	37	3	7
都昌县	40	63	64	12	12	36	139	3	22
湖口县	31	14	15	6	29	29	59	1	7
彭泽县	66	30	34	14	6	26	97	1	78
瑞昌市	57	134	42	8	7	352	272	3	37
共青城市	6	9	5		1	23	68		6
庐山市	16	11	7	9	2	6	28	6	13
新余市	**124**	**93**	**97**	**26**	**4**	**163**	**492**	**24**	**57**
渝水区	96	70	70	20	3	144	364	19	33
分宜县	28	23	27	6	1	19	128	5	24
鹰潭市	**122**	**134**	**142**	**31**	**7**	**247**	**314**	**80**	**23**
月湖区	15	13	34	5	3	21	96	17	3
余江区	61	85	99	23	2	167	129	54	6
贵溪市	46	36	9	3	2	59	89	9	14
赣州市	**1269**	**760**	**637**	**194**	**42**	**1845**	**8168**	**119**	**502**
章贡区	144	54	61	77	3	247	636	5	16
南康区	61	23	34	18	1	55	365	4	14
赣县区	44	43	35	5	1	49	267	7	17
信丰县	140	77	35	16	1	135	1063	19	150
大余县	34	26	19	1	1	50	253	4	23
上犹县	56	34	32	5		134	332	2	26
崇义县	9	11	15	3		18	141		3
安远县	39	28	19	15	1	77	568	1	4
定南县	20	4	26	3		246	353	13	9
全南县	17	23	13	4		60	245	3	12

4-4 续表 29

单位：人

地区 性别	制造业								
	金属制品业	通用设备制造业	专用设备制造业	汽车制造业	铁路、船舶、航空航天和其他运输设备制造业	电气机械和器材制造业	计算机、通信和其他电子设备制造业	仪器仪表制造业	其他制造业
宁都县	77	122	36	13	6	47	291	6	32
于都县	163	66	83	11	5	383	1456	7	6
兴国县	126	55	60	12	3	92	424	6	38
会昌县	198	52	41	1	1	41	407	6	24
寻乌县	15	31	16	2	2	19	228	1	11
石城县	28	13	34	1		26	166	2	17
瑞金市	71	55	45	6	17	96	233	15	25
龙南市	27	43	33	1		70	740	18	75
吉安市	**611**	**653**	**320**	**71**	**25**	**1325**	**7881**	**57**	**230**
吉州区	21	18	23	2	1	50	499	1	7
青原区	10	13	17	2		23	175	4	86
吉安县	66	27	34	22	5	145	2805	4	10
吉水县	40	48	35	4	4	59	531	6	10
峡江县	12	5	18		1	15	32	1	1
新干县	30	37	17	5	1	60	54	2	12
永丰县	39	17	26	7		49	171	8	5
泰和县	28	346	33	2	5	36	800	1	52
遂川县	159	22	28	8	2	61	1160	6	8
万安县	37	22	11	2	2	26	780	7	5
安福县	41	24	13	3	2	359	251	1	10
永新县	106	70	56	12	2	433	574	13	23
井冈山市	22	4	9	2		9	49	3	1
宜春市	**726**	**495**	**467**	**125**	**20**	**1329**	**2827**	**67**	**221**
袁州区	171	82	116	48	4	410	714	15	85
奉新县	86	16	26	2		33	37	5	12
万载县	40	58	32	11	4	109	566	10	22
上高县	14	59	35	2		110	74	6	9
宜丰县	34	11	16	1		176	39	1	6
靖安县	45	37	7	2		106	19		8
铜鼓县	2	7	4	4	1	3	31	2	22
丰城市	95	75	92	22	4	102	397	12	26
樟树市	149	30	21	14	3	31	147	5	13
高安市	90	120	118	19	4	249	803	11	18
抚州市	**407**	**250**	**227**	**198**	**19**	**328**	**1375**	**26**	**212**
临川区	61	35	76	32	5	66	292	11	31
东乡区	35	18	14	38	1	15	124	2	51
南城县	30	20	9	4	1	7	210		7
黎川县	51	24	18	4		17	36	3	39
南丰县	8	4	7	3	1	22	122		3
崇仁县	31	25	18	6		81	64	1	16
乐安县	38	78	36	4	4	37	147	5	21
宜黄县	84	19	12	100	5	41	108	1	10
金溪县	19	12	22	3	1	16	164	1	25
资溪县	2								
广昌县	48	15	15	4	1	26	108	2	9
上饶市	**938**	**696**	**359**	**258**	**60**	**704**	**1622**	**389**	**510**
信州区	35	31	20	9	8	41	47	102	24
广丰区	44	77	31	16	6	24	445	14	36
广信区	119	100	56	81	3	333	197	210	56
玉山县	54	35	30	8	4	45	96	5	84
铅山县	51	14	27	5	5	30	61	6	41
横峰县	28	33	11	1	2	13	14	2	20
弋阳县	34	34	15	3	1	7	26	3	27
余干县	98	45	43	79	8	46	294	15	19
鄱阳县	323	136	43	35	16	93	214	11	78
万年县	44	34	35	15		37	164	7	38
婺源县	39	117	28	5	4	27	33	5	34
德兴市	69	40	20	1	3	8	31	9	53

4-4　续表 30

单位：人

地区 性别	制造业		电力、热力、燃气及水生产和供应业				建筑业		
	废弃资源综合利用业	金属制品、机械和设备修理业	小计	电力、热力生产和供应业	燃气生产和供应业	水的生产和供应业	小计	房屋建筑业	土木工程建筑业
全　省	**3296**	**3151**	**14114**	**9730**	**1951**	**2433**	**303228**	**159994**	**19384**
南昌市	**391**	**397**	**2094**	**1421**	**284**	**389**	**37004**	**18414**	**3492**
东湖区	13	25	394	305	52	37	1456	442	302
西湖区	23	20	158	49	30	79	1713	628	377
青云谱区	28	52	115	80	17	18	1621	773	223
青山湖区	93	68	459	360	48	51	5365	1972	626
新建区	61	24	142	79	30	33	6803	3693	298
红谷滩区	13	61	275	160	28	87	3163	1503	548
南昌县	103	101	387	281	55	51	9312	4511	754
安义县	6	11	57	46	3	8	656	453	28
进贤县	51	35	107	61	21	25	6915	4439	336
景德镇市	**96**	**116**	**534**	**337**	**103**	**94**	**12959**	**8153**	**597**
昌江区	8	21	81	60	14	7	856	415	60
珠山区	16	23	196	94	59	43	1170	554	96
浮梁县	10	21	65	42	12	11	2215	1389	131
乐平市	62	51	192	141	18	33	8718	5795	310
萍乡市	**156**	**169**	**785**	**544**	**125**	**116**	**10563**	**5633**	**851**
安源区	36	42	428	318	53	57	2158	802	242
湘东区	37	43	115	71	28	16	2206	1202	234
莲花县	7	30	55	45	2	8	805	406	97
上栗县	41	25	99	61	22	16	3832	2309	190
芦溪县	35	29	88	49	20	19	1562	914	88
九江市	**152**	**372**	**1699**	**1166**	**215**	**318**	**36134**	**15953**	**2679**
濂溪区	9	52	159	100	27	32	2454	754	188
浔阳区	10	46	516	412	40	64	1867	607	382
柴桑区	15	29	88	67	8	13	3476	1742	287
武宁县	14	17	104	69	10	25	3549	701	126
修水县	24	25	186	143	13	30	3274	1338	162
永修县	25	20	85	52	13	20	2143	1175	247
德安县	8	3	69	35	8	26	1307	676	92
都昌县	10	53	84	33	24	27	5844	2790	452
湖口县	12	22	104	77	16	11	2344	1180	127
彭泽县	8	71	112	74	16	22	2907	1514	290
瑞昌市	11	16	67	27	16	24	3371	1719	205
共青城市	2	9	59	27	20	12	1029	553	64
庐山市	4	9	66	50	4	12	2569	1204	57
新余市	**87**	**122**	**531**	**419**	**49**	**63**	**6353**	**3463**	**469**
渝水区	63	103	388	299	41	48	4671	2319	396
分宜县	24	19	143	120	8	15	1682	1144	73
鹰潭市	**152**	**158**	**588**	**476**	**48**	**64**	**7114**	**3741**	**499**
月湖区	19	77	225	180	13	32	1444	535	215
余江区	45	30	74	56	8	10	1994	1218	84
贵溪市	88	51	289	240	27	22	3676	1988	200
赣州市	**699**	**558**	**2258**	**1566**	**280**	**412**	**57882**	**29452**	**3588**
章贡区	135	71	493	375	57	61	6415	3453	355
南康区	71	63	117	78	11	28	5658	2966	313
赣县区	36	23	129	92	12	25	5286	2422	600
信丰县	44	41	163	128	17	18	3864	1813	210
大余县	18	20	69	44	9	16	1432	721	102
上犹县	27	12	67	48	11	8	1468	697	52
崇义县	9	9	85	63	6	16	1041	572	60
安远县	10	5	95	51	16	28	1291	705	56
定南县	9	14	96	69	14	13	1389	906	115
全南县	12	15	79	61	5	13	1445	875	130

4-4 续表 31

单位：人

地区 性别	制造业		电力、热力、燃气及水生产和供应业				建筑业		
	废弃资源综合利用业	金属制品、机械和设备修理业	小计	电力、热力生产和供应业	燃气生产和供应业	水的生产和供应业	小计	房屋建筑业	土木工程建筑业
宁都县	65	35	107	72	9	26	5706	2306	344
于都县	94	59	162	82	33	47	5638	3193	178
兴国县	33	50	151	106	15	30	5511	2679	364
会昌县	21	30	94	67	9	18	2463	1351	119
寻乌县	27	37	59	38	5	16	1595	907	50
石城县	9	11	90	57	19	14	1601	958	118
瑞金市	48	44	70	49	9	12	3841	1835	144
龙南市	31	19	132	86	23	23	2238	1093	278
吉安市	**175**	**233**	**1229**	**898**	**119**	**212**	**23980**	**12674**	**1476**
吉州区	16	17	152	95	34	23	1852	976	133
青原区	12	26	140	123	7	10	1608	812	83
吉安县	29	16	75	50	11	14	2086	1265	113
吉水县	27	22	100	68	6	26	2650	1119	121
峡江县	1	13	34	20	6	8	701	490	35
新干县	21	16	97	66	9	22	1496	636	71
永丰县	15	19	85	57	10	18	1913	1056	157
泰和县	17	18	67	46	14	7	1630	518	165
遂川县	3	33	115	87	5	23	3111	2234	103
万安县	7	16	118	97	5	16	1622	977	84
安福县	3	12	99	76	8	15	1415	776	151
永新县	21	15	67	48	2	17	3205	1509	172
井冈山市	3	10	80	65	2	13	691	306	88
宜春市	**553**	**271**	**1872**	**1199**	**371**	**302**	**34126**	**18368**	**1794**
袁州区	17	44	314	186	44	84	7754	5032	540
奉新县	3	19	132	101	15	16	1268	777	44
万载县	61	20	118	65	20	33	2640	1589	121
上高县	37	15	67	37	18	12	1389	686	106
宜丰县	21	17	117	79	12	26	1066	569	69
靖安县	1	5	97	83	5	9	914	504	51
铜鼓县	10	1	66	52	5	9	739	432	40
丰城市	324	60	540	417	92	31	10039	4071	412
樟树市	29	25	134	72	28	34	3933	2140	132
高安市	50	65	287	107	132	48	4384	2568	279
抚州市	**216**	**274**	**1021**	**706**	**138**	**177**	**27421**	**17725**	**1248**
临川区	60	82	383	304	44	35	11630	8216	440
东乡区	38	25	80	56	9	15	2466	1611	184
南城县	19	35	74	46	12	16	2208	1112	86
黎川县	15	12	89	59	18	12	1137	611	57
南丰县	13	10	60	34	5	21	813	452	56
崇仁县	15	32	72	45	13	14	2411	1726	72
乐安县	26	33	63	40	11	12	2699	1521	170
宜黄县	6	13	79	55	8	16	1519	993	41
金溪县	14	13	42	19	10	13	1024	473	65
资溪县	2	3	28	18	2	8	382	258	21
广昌县	8	16	51	30	6	15	1132	752	56
上饶市	**619**	**481**	**1503**	**998**	**219**	**286**	**49692**	**26418**	**2691**
信州区	28	85	232	135	47	50	3644	1834	295
广丰区	28	63	116	72	15	29	6856	2851	503
广信区	129	34	205	142	32	31	6351	3082	266
玉山县	21	38	124	76	20	28	3762	1974	252
铅山县	34	17	85	65	9	11	1943	886	61
横峰县	3	9	37	30	2	5	1043	602	61
弋阳县	16	16	94	56	14	24	2068	1077	96
余干县	10	63	172	136	23	13	6490	4164	241
鄱阳县	247	62	170	108	20	42	10944	6184	477
万年县	28	31	74	42	21	11	2975	2094	114
婺源县	18	15	89	69	4	16	1816	867	234
德兴市	57	48	105	67	12	26	1800	803	91

4-4　续表 32　　　　单位：人

地区 性别	制造业		电力、热力、燃气及水生产和供应业				建筑业		
	废弃资源综合利用业	金属制品、机械和设备修理业	小计	电力、热力生产和供应业	燃气生产和供应业	水的生产和供应业	小计	房屋建筑业	土木工程建筑业
男	**2394**	**2693**	**10273**	**7294**	**1356**	**1623**	**255997**	**131264**	**17167**
南昌市	**284**	**348**	**1456**	**1017**	**184**	**255**	**30591**	**14976**	**2911**
东湖区	9	23	274	216	29	29	1194	363	237
西湖区	17	19	97	29	18	50	1370	521	297
青云谱区	20	42	82	55	14	13	1312	603	175
青山湖区	64	60	314	249	33	32	4486	1651	505
新建区	44	21	108	63	19	26	5413	2840	268
红谷滩区	11	53	175	109	17	49	2569	1224	437
南昌县	82	89	282	212	39	31	7989	3818	659
安义县	4	8	42	33	3	6	552	380	23
进贤县	33	33	82	51	12	19	5706	3576	310
景德镇市	**74**	**105**	**396**	**255**	**74**	**67**	**11181**	**6864**	**546**
昌江区	6	18	62	47	11	4	748	361	53
珠山区	10	22	139	68	42	29	997	476	81
浮梁县	8	20	51	31	12	8	1966	1200	121
乐平市	50	45	144	109	9	26	7470	4827	291
萍乡市	**118**	**141**	**561**	**400**	**90**	**71**	**9615**	**5131**	**777**
安源区	24	38	292	217	36	39	1911	720	215
湘东区	32	39	84	55	22	7	2086	1132	217
莲花县	5	22	39	34	2	3	704	347	88
上栗县	31	20	82	55	14	13	3479	2094	175
芦溪县	26	22	64	39	16	9	1435	838	82
九江市	**113**	**321**	**1233**	**868**	**147**	**218**	**30640**	**13089**	**2383**
濂溪区	7	46	120	77	18	25	1991	601	160
浔阳区	7	39	351	283	30	38	1496	493	285
柴桑区	12	28	74	55	7	12	3034	1484	265
武宁县	8	13	75	55	5	15	3057	598	119
修水县	20	20	139	111	9	19	2989	1208	157
永修县	19	18	64	41	8	15	1902	1039	211
德安县	6	3	52	28	4	20	1144	570	86
都昌县	8	42	62	28	17	17	4751	2166	418
湖口县	9	19	78	57	13	8	1896	912	116
彭泽县	6	64	83	55	11	17	2313	1085	269
瑞昌市	8	15	40	16	10	14	2798	1379	183
共青城市	1	7	37	18	11	8	965	512	61
庐山市	2	7	58	44	4	10	2304	1042	53
新余市	**60**	**112**	**392**	**322**	**28**	**42**	**5512**	**2929**	**421**
渝水区	46	95	278	221	25	32	4052	1973	355
分宜县	14	17	114	101	3	10	1460	956	66
鹰潭市	**114**	**137**	**436**	**358**	**34**	**44**	**6204**	**3141**	**440**
月湖区	14	66	152	124	8	20	1284	469	180
余江区	33	24	56	43	6	7	1734	1032	77
贵溪市	67	47	228	191	20	17	3186	1640	183
赣州市	**483**	**478**	**1679**	**1197**	**194**	**288**	**45941**	**22295**	**3148**
章贡区	87	58	353	274	45	34	4984	2619	287
南康区	48	56	87	59	9	19	4258	2144	265
赣县区	27	21	97	71	10	16	4201	1775	546
信丰县	33	37	127	105	11	11	3102	1394	191
大余县	11	16	56	38	4	14	1097	504	92
上犹县	17	11	45	33	8	4	1119	518	49
崇义县	6	9	66	52	5	9	782	387	54
安远县	5	4	75	47	11	17	1018	510	53
定南县	7	13	68	48	12	8	1125	721	95
全南县	8	12	60	52	1	7	1154	662	110

4-4 续表 33

单位：人

地区 性别	制造业		电力、热力、燃气及水生产和供应业				建筑业		
	废弃资源综合利用业	金属制品、机械和设备修理业	小计	电力、热力生产和供应业	燃气生产和供应业	水的生产和供应业	小计	房屋建筑业	土木工程建筑业
宁都县	43	30	77	50	7	20	4603	1831	311
于都县	68	50	118	63	17	38	4513	2450	161
兴国县	23	40	109	74	10	25	4483	2048	322
会昌县	18	28	72	52	8	12	1857	929	106
寻乌县	20	30	50	31	3	16	1190	622	45
石城县	6	10	66	46	11	9	1350	777	96
瑞金市	36	37	52	37	6	9	3216	1503	127
龙南市	20	16	101	65	16	20	1889	901	238
吉安市	**108**	**193**	**885**	**676**	**80**	**129**	**19796**	**9978**	**1314**
吉州区	8	13	105	72	21	12	1544	795	112
青原区	9	21	105	94	4	7	1201	613	66
吉安县	21	12	55	41	5	9	1769	1039	108
吉水县	15	20	67	51	3	13	2364	950	110
峡江县	1	12	26	18	3	5	509	320	35
新干县	11	12	71	49	8	14	1274	531	69
永丰县	6	18	62	45	7	10	1542	795	129
泰和县	12	15	46	30	12	4	1383	430	150
遂川县	1	28	82	61	5	16	2409	1636	93
万安县	6	13	92	79	4	9	1242	717	76
安福县	1	10	69	54	4	11	1271	678	137
永新县	15	11	52	38	2	12	2707	1229	155
井冈山市	2	8	53	44	2	7	581	245	74
宜春市	**407**	**236**	**1368**	**890**	**276**	**202**	**29642**	**15546**	**1632**
袁州区	14	41	227	137	31	59	6973	4473	486
奉新县	2	16	85	67	8	10	1074	651	41
万载县	47	18	93	53	16	24	2331	1378	114
上高县	27	14	49	27	15	7	1174	555	89
宜丰县	17	15	73	54	9	10	943	478	62
靖安县	1	4	81	70	5	6	785	421	49
铜鼓县	5	1	49	37	5	7	658	382	36
丰城市	237	50	396	316	58	22	8430	3155	376
樟树市	19	21	106	59	22	25	3460	1856	120
高安市	38	56	209	70	107	32	3814	2197	259
抚州市	**156**	**221**	**768**	**548**	**93**	**127**	**23343**	**14803**	**1137**
临川区	50	62	292	239	29	24	10206	7160	390
东乡区	26	22	61	42	8	11	2152	1380	171
南城县	13	26	55	35	9	11	1766	859	76
黎川县	12	12	66	47	11	8	890	448	52
南丰县	8	10	44	26	5	13	702	375	54
崇仁县	10	27	56	38	8	10	2019	1426	66
乐安县	16	24	49	31	8	10	2283	1205	161
宜黄县	4	11	58	40	5	13	1321	845	38
金溪县	10	11	29	16	5	8	867	393	62
资溪县	1	3	17	10	1	6	294	193	19
广昌县	6	13	41	24	4	13	843	519	48
上饶市	**477**	**401**	**1099**	**763**	**156**	**180**	**43532**	**22512**	**2458**
信州区	21	76	165	99	32	34	3225	1643	247
广丰区	24	51	88	58	12	18	6305	2560	459
广信区	114	29	145	103	22	20	5832	2787	251
玉山县	18	32	88	58	14	16	3468	1778	241
铅山县	27	13	64	49	7	8	1802	827	58
横峰县	3	9	28	23	2	3	975	561	58
弋阳县	14	13	67	43	11	13	1888	980	91
余干县	7	48	134	112	13	9	4990	2985	217
鄱阳县	171	55	129	87	15	27	9216	5099	434
万年县	20	23	61	35	17	9	2639	1825	108
婺源县	13	14	64	52	3	9	1582	742	216
德兴市	45	38	66	44	8	14	1610	725	78

4-4 续表 34

单位：人

地区 性别	制造业		电力、热力、燃气及水生产和供应业				建筑业		
	废弃资源综合利用业	金属制品、机械和设备修理业	小计	电力、热力生产和供应业	燃气生产和供应业	水的生产和供应业	小计	房屋建筑业	土木工程建筑业
女	**902**	**458**	**3841**	**2436**	**595**	**810**	**47231**	**28730**	**2217**
南昌市	**107**	**49**	**638**	**404**	**100**	**134**	**6413**	**3438**	**581**
东湖区	4	2	120	89	23	8	262	79	65
西湖区	6	1	61	20	12	29	343	107	80
青云谱区	8	10	33	25	3	5	309	170	48
青山湖区	29	8	145	111	15	19	879	321	121
新建区	17	3	34	16	11	7	1390	853	30
红谷滩区	2	8	100	51	11	38	594	279	111
南昌县	21	12	105	69	16	20	1323	693	95
安义县	2	3	15	13		2	104	73	5
进贤县	18	2	25	10	9	6	1209	863	26
景德镇市	**22**	**11**	**138**	**82**	**29**	**27**	**1778**	**1289**	**51**
昌江区	2	3	19	13	3	3	108	54	7
珠山区	6	1	57	26	17	14	173	78	15
浮梁县	2	1	14	11		3	249	189	10
乐平市	12	6	48	32	9	7	1248	968	19
萍乡市	**38**	**28**	**224**	**144**	**35**	**45**	**948**	**502**	**74**
安源区	12	4	136	101	17	18	247	82	27
湘东区	5	4	31	16	6	9	120	70	17
莲花县	2	8	16	11		5	101	59	9
上栗县	10	5	17	6	8	3	353	215	15
芦溪县	9	7	24	10	4	10	127	76	6
九江市	**39**	**51**	**466**	**298**	**68**	**100**	**5494**	**2864**	**296**
濂溪区	2	6	39	23	9	7	463	153	28
浔阳区	3	7	165	129	10	26	371	114	97
柴桑区	3	1	14	12	1	1	442	258	22
武宁县	6	4	29	14	5	10	492	103	7
修水县	4	5	47	32	4	11	285	130	5
永修县	6	2	21	11	5	5	241	136	36
德安县	2		17	7	4	6	163	106	6
都昌县	2	11	22	5	7	10	1093	624	34
湖口县	3	3	26	20	3	3	448	268	11
彭泽县	2	7	29	19	5	5	594	429	21
瑞昌市	3	1	27	11	6	10	573	340	22
共青城市	1	2	22	9	9	4	64	41	3
庐山市	2	2	8	6		2	265	162	4
新余市	**27**	**10**	**139**	**97**	**21**	**21**	**841**	**534**	**48**
渝水区	17	8	110	78	16	16	619	346	41
分宜县	10	2	29	19	5	5	222	188	7
鹰潭市	**38**	**21**	**152**	**118**	**14**	**20**	**910**	**600**	**59**
月湖区	5	11	73	56	5	12	160	66	35
余江区	12	6	18	13	2	3	260	186	7
贵溪市	21	4	61	49	7	5	490	348	17
赣州市	**216**	**80**	**579**	**369**	**86**	**124**	**11941**	**7157**	**440**
章贡区	48	13	140	101	12	27	1431	834	68
南康区	23	7	30	19	2	9	1400	822	48
赣县区	9	2	32	21	2	9	1085	647	54
信丰县	11	4	36	23	6	7	762	419	19
大余县	7	4	13	6	5	2	335	217	10
上犹县	10	1	22	15	3	4	349	179	3
崇义县	3		19	11	1	7	259	185	6
安远县	5	1	20	4	5	11	273	195	3
定南县	2	1	28	21	2	5	264	185	20
全南县	4	3	19	9	4	6	291	213	20

4-4 续表 35

单位：人

地区 性别	制造业		电力、热力、燃气及水生产和供应业				建筑业		
	废弃资源综合利用业	金属制品、机械和设备修理业	小计	电力、热力生产和供应业	燃气生产和供应业	水的生产和供应业	小计	房屋建筑业	土木工程建筑业
宁都县	22	5	30	22	2	6	1103	475	33
于都县	26	9	44	19	16	9	1125	743	17
兴国县	10	10	42	32	5	5	1028	631	42
会昌县	3	2	22	15	1	6	606	422	13
寻乌县	7	7	9	7	2		405	285	5
石城县	3	1	24	11	8	5	251	181	22
瑞金市	12	7	18	12	3	3	625	332	17
龙南市	11	3	31	21	7	3	349	192	40
吉安市	**67**	**40**	**344**	**222**	**39**	**83**	**4184**	**2696**	**162**
吉州区	8	4	47	23	13	11	308	181	21
青原区	3	5	35	29	3	3	407	199	17
吉安县	8	4	20	9	6	5	317	226	5
吉水县	12	2	33	17	3	13	286	169	11
峡江县		1	8	2	3	3	192	170	
新干县	10	4	26	17	1	8	222	105	2
永丰县	9	1	23	12	3	8	371	261	28
泰和县	5	3	21	16	2	3	247	88	15
遂川县	2	5	33	26		7	702	598	10
万安县	1	3	26	18	1	7	380	260	8
安福县	2	2	30	22	4	4	144	98	14
永新县	6	4	15	10		5	498	280	17
井冈山市	1	2	27	21		6	110	61	14
宜春市	**146**	**35**	**504**	**309**	**95**	**100**	**4484**	**2822**	**162**
袁州区	3	3	87	49	13	25	781	559	54
奉新县	1	3	47	34	7	6	194	126	3
万载县	14	2	25	12	4	9	309	211	7
上高县	10	1	18	10	3	5	215	131	17
宜丰县	4	2	44	25	3	16	123	91	7
靖安县		1	16	13		3	129	83	2
铜鼓县	5		17	15		2	81	50	4
丰城市	87	10	144	101	34	9	1609	916	36
樟树市	10	4	28	13	6	9	473	284	12
高安市	12	9	78	37	25	16	570	371	20
抚州市	**60**	**53**	**253**	**158**	**45**	**50**	**4078**	**2922**	**111**
临川区	10	20	91	65	15	11	1424	1056	50
东乡区	12	3	19	14	1	4	314	231	13
南城县	6	9	19	11	3	5	442	253	10
黎川县	3		23	12	7	4	247	163	5
南丰县	5		16	8		8	111	77	2
崇仁县	5	5	16	7	5	4	392	300	6
乐安县	10	9	14	9	3	2	416	316	9
宜黄县	2	2	21	15	3	3	198	148	3
金溪县	4	2	13	3	5	5	157	80	3
资溪县	1		11	8	1	2	88	65	2
广昌县	2	3	10	6	2	2	289	233	8
上饶市	**142**	**80**	**404**	**235**	**63**	**106**	**6160**	**3906**	**233**
信州区	7	9	67	36	15	16	419	191	48
广丰区	4	12	28	14	3	11	551	291	44
广信区	15	5	60	39	10	11	519	295	15
玉山县	3	6	36	18	6	12	294	196	11
铅山县	7	4	21	16	2	3	141	59	3
横峰县			9	7		2	68	41	3
弋阳县	2	3	27	13	3	11	180	97	5
余干县	3	15	38	24	10	4	1500	1179	24
鄱阳县	76	7	41	21	5	15	1728	1085	43
万年县	8	8	13	7	4	2	336	269	6
婺源县	5	1	25	17	1	7	234	125	18
德兴市	12	10	39	23	4	12	190	78	13

4-4　续表 36

单位：人

地　区 性　别	建筑业		批发和零售业			交通运输、仓储和邮政业			
	建　筑 安装业	建筑装 饰、装修 和其他 建筑业	小计	批发业	零售业	小计	铁　路 运输业	道　路 运输业	水　上 运输业
全　省	**16691**	**107159**	**325270**	**81531**	**243739**	**93728**	**3017**	**58530**	**738**
南昌市	**2111**	**12987**	**46471**	**13594**	**32877**	**15909**	**1044**	**9123**	**123**
东湖区	118	594	3824	1213	2611	1009	70	568	14
西湖区	126	582	5166	1654	3512	1592	232	910	13
青云谱区	96	529	3543	1132	2411	1217	194	686	2
青山湖区	398	2369	8097	2662	5435	2761	137	1578	10
新建区	358	2454	4953	1431	3522	2048	35	1158	20
红谷滩区	153	959	3162	979	2183	1026	83	552	29
南昌县	595	3452	10366	2448	7918	4736	274	2907	32
安义县	25	150	1545	374	1171	244	7	136	1
进贤县	242	1898	5815	1701	4114	1276	12	628	2
景德镇市	**617**	**3592**	**11351**	**2877**	**8474**	**3921**	**89**	**2450**	**13**
昌江区	39	342	1198	424	774	391	5	242	3
珠山区	64	456	2556	542	2014	891	45	516	1
浮梁县	104	591	1616	451	1165	867	7	592	2
乐平市	410	2203	5981	1460	4521	1772	32	1100	7
萍乡市	**807**	**3272**	**14871**	**3325**	**11546**	**4406**	**143**	**2869**	**13**
安源区	193	921	6163	1510	4653	1561	107	933	5
湘东区	205	565	1954	490	1464	746	12	525	3
莲花县	49	253	1037	182	855	356	4	260	
上栗县	216	1117	4018	651	3367	1206	7	817	1
芦溪县	144	416	1699	492	1207	537	13	334	4
九江市	**2070**	**15432**	**36081**	**8993**	**27088**	**9295**	**244**	**5951**	**176**
濂溪区	173	1339	2925	832	2093	901	33	612	16
浔阳区	171	707	3853	953	2900	1131	122	660	62
柴桑区	223	1224	2500	526	1974	909	25	587	6
武宁县	139	2583	1493	213	1280	471	1	325	5
修水县	195	1579	6698	1716	4982	1275		900	2
永修县	153	568	2135	370	1765	656	16	405	11
德安县	81	458	1250	290	960	408	13	301	3
都昌县	280	2322	5063	1477	3586	901	5	434	8
湖口县	77	960	1248	241	1007	386	4	284	16
彭泽县	168	935	2042	316	1726	683	9	483	16
瑞昌市	273	1174	4730	1639	3091	908	5	586	12
共青城市	61	351	701	159	542	223	7	112	3
庐山市	76	1232	1443	261	1182	443	4	262	16
新余市	**389**	**2032**	**8211**	**2605**	**5606**	**2324**	**135**	**1454**	**9**
渝水区	294	1662	6525	2243	4282	1711	123	1026	9
分宜县	95	370	1686	362	1324	613	12	428	
鹰潭市	**388**	**2486**	**12666**	**2769**	**9897**	**2840**	**322**	**1716**	**7**
月湖区	102	592	2974	464	2510	1149	265	658	5
余江区	126	566	4616	1415	3201	508	13	303	
贵溪市	160	1328	5076	890	4186	1183	44	755	2
赣州市	**3271**	**21571**	**62310**	**15210**	**47100**	**15790**	**347**	**9451**	**51**
章贡区	368	2239	9524	2035	7489	2474	199	1375	5
南康区	272	2107	5456	879	4577	1501	18	1001	9
赣县区	236	2028	3479	746	2733	956	9	566	6
信丰县	172	1669	4877	1468	3409	1079	9	705	1
大余县	59	550	1835	542	1293	445	4	286	
上犹县	128	591	1557	368	1189	457	5	281	
崇义县	41	368	1067	287	780	336	6	241	2
安远县	77	453	2046	368	1678	354	4	191	1
定南县	55	313	1242	211	1031	540	12	255	1
全南县	74	366	996	174	822	334	2	198	2

4-4 续表 37

单位：人

地区 性别	建筑业		批发和零售业			交通运输、仓储和邮政业			
	建筑安装业	建筑装饰、装修和其他建筑业	小计	批发业	零售业	小计	铁路运输业	道路运输业	水上运输业
宁都县	292	2764	6716	2740	3976	1763	4	1127	2
于都县	377	1890	6012	1345	4667	1216	7	783	7
兴国县	292	2176	4017	764	3253	894	36	525	3
会昌县	185	808	3060	742	2318	749	8	416	4
寻乌县	93	545	1497	254	1243	546	2	297	
石城县	83	442	1896	621	1275	554	8	294	
瑞金市	332	1530	4995	1276	3719	992	7	520	3
龙南市	135	732	2038	390	1648	600	7	390	5
吉安市	**1479**	**8351**	**24694**	**5798**	**18896**	**7585**	**184**	**4754**	**56**
吉州区	122	621	2504	597	1907	789	22	455	10
青原区	97	616	1574	432	1142	454	52	241	8
吉安县	127	581	1903	285	1618	633	12	399	6
吉水县	166	1244	2116	659	1457	652	6	428	6
峡江县	26	150	657	102	555	324	8	268	3
新干县	100	689	1697	505	1192	742	21	457	4
永丰县	126	574	1916	288	1628	676	13	443	2
泰和县	110	837	3229	1295	1934	584	4	349	2
遂川县	201	573	2477	433	2044	807	3	533	1
万安县	94	467	1343	301	1042	483	12	258	6
安福县	78	410	1382	193	1189	497	13	341	4
永新县	200	1324	3116	624	2492	685	9	423	3
井冈山市	32	265	780	84	696	259	9	159	1
宜春市	**1597**	**12367**	**32383**	**7497**	**24886**	**11654**	**206**	**8255**	**141**
袁州区	372	1810	6346	1131	5215	2057	76	1491	3
奉新县	46	401	1821	502	1319	762	9	559	1
万载县	159	771	2927	680	2247	938	6	595	2
上高县	87	510	1932	672	1260	797	1	523	1
宜丰县	74	354	1497	242	1255	625	1	446	3
靖安县	49	310	832	132	700	261	4	174	2
铜鼓县	41	226	772	224	548	265		185	
丰城市	365	5191	7631	1589	6042	2035	48	1265	108
樟树市	168	1493	3682	970	2712	1109	45	784	15
高安市	236	1301	4943	1355	3588	2805	16	2233	6
抚州市	**1153**	**7295**	**25413**	**6559**	**18854**	**8393**	**90**	**5734**	**44**
临川区	399	2575	6493	1751	4742	1576	31	934	15
东乡区	129	542	2345	397	1948	889	15	615	3
南城县	54	956	1866	283	1583	976	14	789	3
黎川县	75	394	2618	801	1817	499	1	236	5
南丰县	32	273	1553	666	887	633	4	453	2
崇仁县	85	528	1835	350	1485	507	8	337	6
乐安县	143	865	2862	1093	1769	571	7	299	3
宜黄县	44	441	2154	319	1835	509	2	309	1
金溪县	142	344	1883	514	1369	440	3	216	5
资溪县	4	99	489	123	366	114	3	71	1
广昌县	46	278	1315	262	1053	1679	2	1475	
上饶市	**2809**	**17774**	**50819**	**12304**	**38515**	**11611**	**213**	**6773**	**105**
信州区	234	1281	5394	1409	3985	1306	79	657	7
广丰区	348	3154	6229	1831	4398	1135	13	670	16
广信区	527	2476	5753	1637	4116	1405	16	851	2
玉山县	215	1321	2978	664	2314	693	34	468	9
铅山县	152	844	2971	776	2195	785	5	463	8
横峰县	79	301	1499	419	1080	487	3	232	1
弋阳县	145	750	2488	693	1795	790	20	384	1
余干县	265	1820	7472	1051	6421	1053	14	577	25
鄱阳县	457	3826	8647	1521	7126	2001	8	1211	26
万年县	140	627	2079	369	1710	711	13	466	5
婺源县	147	568	3440	1414	2026	660	5	360	3
德兴市	100	806	1869	520	1349	585	3	434	2

4-4　续表 38

单位：人

地区 性别	建筑业		批发和零售业			交通运输、仓储和邮政业			
	建筑安装业	建筑装饰、装修和其他建筑业	小计	批发业	零售业	小计	铁路运输业	道路运输业	水上运输业
男	**15225**	**92341**	**163880**	**48110**	**115770**	**79553**	**2306**	**52692**	**546**
南昌市	**1873**	**10831**	**24348**	**8253**	**16095**	**12915**	**771**	**7868**	**91**
东湖区	94	500	1833	716	1117	789	45	487	12
西湖区	107	445	2638	965	1673	1217	162	727	11
青云谱区	85	449	1846	688	1158	995	138	588	1
青山湖区	341	1989	4333	1655	2678	2240	103	1352	6
新建区	339	1966	2443	816	1627	1723	25	1046	16
红谷滩区	126	782	1673	590	1083	737	51	433	17
南昌县	537	2975	5415	1500	3915	3939	232	2530	27
安义县	22	127	876	246	630	211	5	125	
进贤县	222	1598	3291	1077	2214	1064	10	580	1
景德镇市	**578**	**3193**	**5557**	**1684**	**3873**	**3471**	**70**	**2293**	**10**
昌江区	36	298	629	242	387	342	4	223	2
珠山区	61	379	1248	319	929	765	39	455	1
浮梁县	99	546	842	285	557	781	4	564	2
乐平市	382	1970	2838	838	2000	1583	23	1051	5
萍乡市	**753**	**2954**	**6560**	**1889**	**4671**	**3852**	**106**	**2650**	**7**
安源区	179	797	2650	844	1806	1299	79	818	2
湘东区	198	539	905	290	615	664	8	492	2
莲花县	47	222	481	104	377	300	3	233	
上栗县	197	1013	1707	363	1344	1107	6	791	1
芦溪县	132	383	817	288	529	482	10	316	2
九江市	**1880**	**13288**	**17297**	**5163**	**12134**	**7834**	**195**	**5326**	**135**
濂溪区	156	1074	1392	472	920	752	27	529	13
浔阳区	152	566	1777	547	1230	886	105	528	40
柴桑区	198	1087	1230	333	897	777	19	539	4
武宁县	132	2208	778	139	639	414	1	298	4
修水县	177	1447	3374	991	2383	1111		814	2
永修县	146	506	1056	222	834	575	10	387	10
德安县	75	413	549	181	368	366	13	274	3
都昌县	251	1916	2472	822	1650	715	2	388	7
湖口县	70	798	598	140	458	320	2	251	13
彭泽县	157	802	921	184	737	575	5	432	13
瑞昌市	235	1001	2053	881	1172	782	3	540	10
共青城市	59	333	379	92	287	193	4	107	3
庐山市	72	1137	718	159	559	368	4	239	13
新余市	**365**	**1797**	**4304**	**1631**	**2673**	**2032**	**111**	**1347**	**8**
渝水区	272	1452	3443	1410	2033	1474	101	941	8
分宜县	93	345	861	221	640	558	10	406	
鹰潭市	**361**	**2262**	**6091**	**1615**	**4476**	**2441**	**260**	**1561**	**4**
月湖区	95	540	1251	275	976	949	215	570	3
余江区	119	506	2530	811	1719	440	9	278	
贵溪市	147	1216	2310	529	1781	1052	36	713	1
赣州市	**2935**	**17563**	**32184**	**8886**	**23298**	**13337**	**262**	**8471**	**33**
章贡区	340	1738	4715	1227	3488	1944	155	1159	4
南康区	235	1614	2707	466	2241	1233	14	860	4
赣县区	215	1665	1745	419	1326	818	5	520	4
信丰县	152	1365	2531	816	1715	943	8	661	
大余县	54	447	955	305	650	385	3	256	
上犹县	110	442	830	229	601	382	4	251	
崇义县	40	301	546	163	383	294	3	223	1
安远县	73	382	1056	215	841	304	1	171	1
定南县	50	259	612	117	495	448	8	232	1
全南县	69	313	484	100	384	285	2	181	1

4-4 续表 39

单位：人

地区 性别	建筑业		批发和零售业			交通运输、仓储和邮政业			
	建筑安装业	建筑装饰、装修和其他建筑业	小计	批发业	零售业	小计	铁路运输业	道路运输业	水上运输业
宁都县	258	2203	3762	1613	2149	1550	3	1023	2
于都县	335	1567	3154	779	2375	1044	6	704	4
兴国县	259	1854	2007	472	1535	751	33	467	2
会昌县	161	661	1582	446	1136	644	4	377	3
寻乌县	87	436	752	143	609	454	1	277	
石城县	81	396	1087	386	701	459		258	
瑞金市	290	1296	2664	773	1891	878	6	487	2
龙南市	126	624	995	217	778	521	6	364	4
吉安市	**1334**	**7170**	**12031**	**3332**	**8699**	**6335**	**128**	**4320**	**39**
吉州区	116	521	1131	368	763	657	16	408	7
青原区	81	441	784	240	544	361	38	213	6
吉安县	115	507	895	179	716	547	11	374	3
吉水县	152	1152	1002	336	666	560	3	395	3
峡江县	21	133	355	65	290	290	4	254	3
新干县	88	586	866	306	560	626	18	421	2
永丰县	116	502	903	187	716	570	5	404	2
泰和县	95	708	1619	698	921	475	2	311	2
遂川县	186	494	1239	260	979	688	3	490	1
万安县	78	371	668	172	496	385	10	231	4
安福县	75	381	622	120	502	418	11	312	3
永新县	182	1141	1594	354	1240	546	4	361	2
井冈山市	29	233	353	47	306	212	3	146	1
宜春市	**1465**	**10999**	**15589**	**4308**	**11281**	**10179**	**162**	**7558**	**107**
袁州区	352	1662	2920	706	2214	1800	55	1362	3
奉新县	41	341	895	292	603	670	7	514	
万载县	144	695	1354	379	975	852	4	561	2
上高县	76	454	1003	407	596	709	1	492	1
宜丰县	70	333	674	140	534	554	1	409	1
靖安县	44	271	399	75	324	228	3	163	1
铜鼓县	39	201	394	155	239	233		174	
丰城市	332	4567	3841	902	2939	1706	42	1131	83
樟树市	157	1327	1612	479	1133	960	41	714	14
高安市	210	1148	2497	773	1724	2467	8	2038	2
抚州市	**1051**	**6352**	**13183**	**3875**	**9308**	**7079**	**73**	**5010**	**35**
临川区	368	2288	3374	1023	2351	1317	27	826	15
东乡区	121	480	1218	252	966	784	10	577	2
南城县	51	780	918	158	760	865	13	716	3
黎川县	68	322	1492	484	1008	424		210	2
南丰县	31	242	769	363	406	558	4	412	2
崇仁县	78	449	985	226	759	440	6	302	3
乐安县	129	788	1580	647	933	491	5	281	2
宜黄县	40	398	978	185	793	432	1	280	1
金溪县	122	290	1041	315	726	363	3	194	4
资溪县	4	78	225	79	146	90	3	58	1
广昌县	39	237	603	143	460	1315	1	1154	
上饶市	**2630**	**15932**	**26736**	**7474**	**19262**	**10078**	**168**	**6288**	**77**
信州区	215	1120	2810	827	1983	1049	70	563	3
广丰区	334	2952	3248	1141	2107	987	11	629	9
广信区	491	2303	3030	979	2051	1249	12	788	1
玉山县	207	1242	1640	434	1206	605	32	441	5
铅山县	146	771	1529	467	1062	691	5	436	6
横峰县	76	280	788	269	519	446	3	226	1
弋阳县	135	682	1282	416	866	683	17	359	1
余干县	236	1552	4147	636	3511	907	4	538	20
鄱阳县	427	3256	4497	943	3554	1765	6	1132	23
万年县	134	572	1099	236	863	634	5	441	5
婺源县	136	488	1745	786	959	559	2	338	2
德兴市	93	714	921	340	581	503	1	397	1

4-4 续表 40

单位：人

地区 性别	建筑业		批发和零售业			交通运输、仓储和邮政业			
	建筑安装业	建筑装饰、装修和其他建筑业	小计	批发业	零售业	小计	铁路运输业	道路运输业	水上运输业
女	**1466**	**14818**	**161390**	**33421**	**127969**	**14175**	**711**	**5838**	**192**
南昌市	**238**	**2156**	**22123**	**5341**	**16782**	**2994**	**273**	**1255**	**32**
东湖区	24	94	1991	497	1494	220	25	81	2
西湖区	19	137	2528	689	1839	375	70	183	2
青云谱区	11	80	1697	444	1253	222	56	98	1
青山湖区	57	380	3764	1007	2757	521	34	226	4
新建区	19	488	2510	615	1895	325	10	112	4
红谷滩区	27	177	1489	389	1100	289	32	119	12
南昌县	58	477	4951	948	4003	797	42	377	5
安义县	3	23	669	128	541	33	2	11	1
进贤县	20	300	2524	624	1900	212	2	48	1
景德镇市	**39**	**399**	**5794**	**1193**	**4601**	**450**	**19**	**157**	**3**
昌江区	3	44	569	182	387	49	1	19	1
珠山区	3	77	1308	223	1085	126	6	61	
浮梁县	5	45	774	166	608	86	3	28	
乐平市	28	233	3143	622	2521	189	9	49	2
萍乡市	**54**	**318**	**8311**	**1436**	**6875**	**554**	**37**	**219**	**6**
安源区	14	124	3513	666	2847	262	28	115	3
湘东区	7	26	1049	200	849	82	4	33	1
莲花县	2	31	556	78	478	56	1	27	
上栗县	19	104	2311	288	2023	99	1	26	
芦溪县	12	33	882	204	678	55	3	18	2
九江市	**190**	**2144**	**18784**	**3830**	**14954**	**1461**	**49**	**625**	**41**
濂溪区	17	265	1533	360	1173	149	6	83	3
浔阳区	19	141	2076	406	1670	245	17	132	22
柴桑区	25	137	1270	193	1077	132	6	48	2
武宁县	7	375	715	74	641	57		27	1
修水县	18	132	3324	725	2599	164		86	
永修县	7	62	1079	148	931	81	6	18	1
德安县	6	45	701	109	592	42		27	
都昌县	29	406	2591	655	1936	186	3	46	1
湖口县	7	162	650	101	549	66	2	33	3
彭泽县	11	133	1121	132	989	108	4	51	3
瑞昌市	38	173	2677	758	1919	126	2	46	2
共青城市	2	18	322	67	255	30	3	5	
庐山市	4	95	725	102	623	75		23	3
新余市	**24**	**235**	**3907**	**974**	**2933**	**292**	**24**	**107**	**1**
渝水区	22	210	3082	833	2249	237	22	85	1
分宜县	2	25	825	141	684	55	2	22	
鹰潭市	**27**	**224**	**6575**	**1154**	**5421**	**399**	**62**	**155**	**3**
月湖区	7	52	1723	189	1534	200	50	88	2
余江区	7	60	2086	604	1482	68	4	25	
贵溪市	13	112	2766	361	2405	131	8	42	1
赣州市	**336**	**4008**	**30126**	**6324**	**23802**	**2453**	**85**	**980**	**18**
章贡区	28	501	4809	808	4001	530	44	216	1
南康区	37	493	2749	413	2336	268	4	141	5
赣县区	21	363	1734	327	1407	138	4	46	2
信丰县	20	304	2346	652	1694	136	1	44	1
大余县	5	103	880	237	643	60	1	30	
上犹县	18	149	727	139	588	75	1	30	
崇义县	1	67	521	124	397	42	3	18	1
安远县	4	71	990	153	837	50	3	20	
定南县	5	54	630	94	536	92	4	23	
全南县	5	53	512	74	438	49		17	1

4–4 续表 41　　　　单位：人

地区 性别	建筑业		批发和零售业			交通运输、仓储和邮政业			
	建筑安装业	建筑装饰、装修和其他建筑业	小计	批发业	零售业	小计	铁路运输业	道路运输业	水上运输业
宁都县	34	561	2954	1127	1827	213	1	104	
于都县	42	323	2858	566	2292	172	1	79	3
兴国县	33	322	2010	292	1718	143	3	58	1
会昌县	24	147	1478	296	1182	105	4	39	1
寻乌县	6	109	745	111	634	92	1	20	
石城县	2	46	809	235	574	95	8	36	
瑞金市	42	234	2331	503	1828	114	1	33	1
龙南市	9	108	1043	173	870	79	1	26	1
吉安市	**145**	**1181**	**12663**	**2466**	**10197**	**1250**	**56**	**434**	**17**
吉州区	6	100	1373	229	1144	132	6	47	3
青原区	16	175	790	192	598	93	14	28	2
吉安县	12	74	1008	106	902	86	1	25	3
吉水县	14	92	1114	323	791	92	3	33	3
峡江县	5	17	302	37	265	34	4	14	
新干县	12	103	831	199	632	116	3	36	2
永丰县	10	72	1013	101	912	106	8	39	
泰和县	15	129	1610	597	1013	109	2	38	
遂川县	15	79	1238	173	1065	119		43	
万安县	16	96	675	129	546	98	2	27	2
安福县	3	29	760	73	687	79	2	29	1
永新县	18	183	1522	270	1252	139	5	62	1
井冈山市	3	32	427	37	390	47	6	13	
宜春市	**132**	**1368**	**16794**	**3189**	**13605**	**1475**	**44**	**697**	**34**
袁州区	20	148	3426	425	3001	257	21	129	
奉新县	5	60	926	210	716	92	2	45	1
万载县	15	76	1573	301	1272	86	2	34	
上高县	11	56	929	265	664	88		31	
宜丰县	4	21	823	102	721	71		37	2
靖安县	5	39	433	57	376	33	1	11	1
铜鼓县	2	25	378	69	309	32		11	
丰城市	33	624	3790	687	3103	329	6	134	25
樟树市	11	166	2070	491	1579	149	4	70	1
高安市	26	153	2446	582	1864	338	8	195	4
抚州市	**102**	**943**	**12230**	**2684**	**9546**	**1314**	**17**	**724**	**9**
临川区	31	287	3119	728	2391	259	4	108	
东乡区	8	62	1127	145	982	105	5	38	1
南城县	3	176	948	125	823	111	1	73	
黎川县	7	72	1126	317	809	75	1	26	3
南丰县	1	31	784	303	481	75		41	
崇仁县	7	79	850	124	726	67	2	35	3
乐安县	14	77	1282	446	836	80	2	18	1
宜黄县	4	43	1176	134	1042	77	1	29	
金溪县	20	54	842	199	643	77		22	1
资溪县		21	264	44	220	24		13	
广昌县	7	41	712	119	593	364	1	321	
上饶市	**179**	**1842**	**24083**	**4830**	**19253**	**1533**	**45**	**485**	**28**
信州区	19	161	2584	582	2002	257	9	94	4
广丰区	14	202	2981	690	2291	148	2	41	7
广信区	36	173	2723	658	2065	156	4	63	1
玉山县	8	79	1338	230	1108	88	2	27	4
铅山县	6	73	1442	309	1133	94		27	2
横峰县	3	21	711	150	561	41		6	
弋阳县	10	68	1206	277	929	107	3	25	
余干县	29	268	3325	415	2910	146	10	39	5
鄱阳县	30	570	4150	578	3572	236	2	79	3
万年县	6	55	980	133	847	77	8	25	
婺源县	11	80	1695	628	1067	101	3	22	1
德兴市	7	92	948	180	768	82	2	37	1

4-4 续表 42

单位：人

地区 性别	交通运输、仓储和邮政业					住宿和餐饮业		
	航空运输业	管道运输业	多式联运和运输代理业	装卸搬运和仓储业	邮政业	小计	住宿业	餐饮业
全省	**866**	**131**	**2558**	**12096**	**15792**	**100980**	**11860**	**89120**
南昌市	**414**	**17**	**493**	**1736**	**2959**	**15961**	**1839**	**14122**
东湖区	42	3	39	79	194	1291	239	1052
西湖区	54		54	88	241	1349	187	1162
青云谱区	23		33	119	160	701	97	604
青山湖区	69	3	119	208	637	2792	285	2507
新建区	85	3	60	366	321	2995	304	2691
红谷滩区	86	4	29	55	188	1818	327	1491
南昌县	48		112	506	857	3447	280	3167
安义县	3		10	41	46	344	39	305
进贤县	4	4	37	274	315	1224	81	1143
景德镇市	**26**	**10**	**113**	**535**	**685**	**4596**	**369**	**4227**
昌江区	4	6	11	40	80	504	48	456
珠山区	8		53	83	185	933	99	834
浮梁县	7		13	115	131	743	57	686
乐平市	7	4	36	297	289	2416	165	2251
萍乡市	**37**	**17**	**137**	**486**	**704**	**4548**	**489**	**4059**
安源区	19	5	43	142	307	1711	233	1478
湘东区	2	9	28	86	81	705	49	656
莲花县	4	1	10	19	58	318	35	283
上栗县	7	2	42	155	175	1144	70	1074
芦溪县	5		14	84	83	670	102	568
九江市	**55**	**17**	**318**	**973**	**1561**	**11446**	**1533**	**9913**
濂溪区	3	3	30	65	139	1119	139	980
浔阳区	13	1	28	104	141	1108	173	935
柴桑区	6		47	85	153	981	98	883
武宁县			10	53	77	684	133	551
修水县		1	77	64	231	1452	182	1270
永修县	3		13	92	116	890	137	753
德安县	3	2	14	31	41	508	43	465
都昌县	5	9	26	213	201	1000	124	876
湖口县	2		2	23	55	361	53	308
彭泽县	2	1	9	67	96	833	124	709
瑞昌市			49	93	163	1106	134	972
共青城市	16		4	20	61	258	43	215
庐山市	2		9	63	87	1146	150	996
新余市	**8**	**5**	**114**	**296**	**303**	**2289**	**227**	**2062**
渝水区	7	5	86	205	250	1836	188	1648
分宜县	1		28	91	53	453	39	414
鹰潭市	**12**		**46**	**352**	**385**	**3465**	**339**	**3126**
月湖区	7		21	57	136	961	142	819
余江区	1		10	92	89	786	51	735
贵溪市	4		15	203	160	1718	146	1572
赣州市	**89**	**9**	**394**	**2547**	**2902**	**17849**	**1993**	**15856**
章贡区	34	1	43	267	550	3271	382	2889
南康区	6	1	35	209	222	1207	182	1025
赣县区			35	189	151	1044	145	899
信丰县	1		18	206	139	1019	100	919
大余县	2		5	56	92	415	40	375
上犹县	4		9	72	86	510	53	457
崇义县			2	38	47	424	37	387
安远县			3	73	82	669	41	628
定南县	4	1	7	183	77	443	34	409
全南县	15		3	48	66	388	44	344

4-4 续表 43　　单位：人

地区 性别	交通运输、仓储和邮政业					住宿和餐饮业		
	航空运输业	管道运输业	多式联运和运输代理业	装卸搬运和仓储业	邮政业	小计	住宿业	餐饮业
宁都县	3	1	93	284	249	1588	167	1421
于都县	1	1	30	162	225	1754	175	1579
兴国县	8	2	31	82	207	1096	83	1013
会昌县	1		14	144	162	959	99	860
寻乌县	1		13	142	91	458	45	413
石城县	3		6	127	116	632	77	555
瑞金市	6	2	40	166	248	1366	203	1163
龙南市			7	99	92	606	86	520
吉安市	**69**	**8**	**162**	**1207**	**1145**	**7118**	**925**	**6193**
吉州区	7	1	32	140	122	858	114	744
青原区	9	6	16	76	46	423	44	379
吉安县	6	1	12	83	114	684	91	593
吉水县	10		17	106	79	618	47	571
峡江县				21	24	177	19	158
新干县	2		18	132	108	519	90	429
永丰县			12	86	120	457	44	413
泰和县	27		11	96	95	613	60	553
遂川县	1		11	141	117	750	86	664
万安县	3		3	113	88	398	35	363
安福县	2		11	54	72	416	64	352
永新县	2		16	114	118	681	89	592
井冈山市			3	45	42	524	142	382
宜春市	**54**	**13**	**332**	**1351**	**1302**	**9855**	**1357**	**8498**
袁州区	20		8	166	293	2557	403	2154
奉新县	12	3	10	79	89	405	61	344
万载县	4		43	169	119	794	75	719
上高县		4	48	156	64	518	36	482
宜丰县	3		9	83	80	500	41	459
靖安县	4		6	41	30	272	59	213
铜鼓县			3	26	51	274	37	237
丰城市	5	2	58	297	252	2358	407	1951
樟树市	3		25	105	132	974	123	851
高安市	3	4	122	229	192	1203	115	1088
抚州市	**30**	**13**	**200**	**976**	**1306**	**8316**	**767**	**7549**
临川区	13	9	76	175	323	1967	194	1773
东乡区	4		7	122	123	666	71	595
南城县	2		7	65	96	599	46	553
黎川县			16	123	118	735	31	704
南丰县	2		4	82	86	392	31	361
崇仁县	1	3	8	58	86	572	85	487
乐安县	3	1	16	119	123	634	50	584
宜黄县			6	68	123	855	79	776
金溪县	3		13	63	137	850	47	803
资溪县			1	13	25	535	58	477
广昌县	2		46	88	66	511	75	436
上饶市	**72**	**22**	**249**	**1637**	**2540**	**15537**	**2022**	**13515**
信州区	32	6	31	99	395	2248	342	1906
广丰区	6	5	44	168	213	1418	190	1228
广信区	7	2	35	240	252	1636	148	1488
玉山县	8	1	13	48	112	967	165	802
铅山县	2	2	8	113	184	1155	179	976
横峰县			7	125	119	468	56	412
弋阳县	3	2	19	130	231	770	79	691
余干县	8	4	12	187	226	1703	185	1518
鄱阳县	3		36	277	440	2741	296	2445
万年县	1		12	93	121	807	82	725
婺源县			27	114	151	960	237	723
德兴市	2		5	43	96	664	63	601

4-4　续表 44

单位：人

地区 性别	交通运输、仓储和邮政业					住宿和餐饮业		
	航空运输业	管道运输业	多式联运和运输代理业	装卸搬运和仓储业	邮政业	小计	住宿业	餐饮业
男	**571**	**96**	**2098**	**9820**	**11424**	**48650**	**4859**	**43791**
南昌市	**271**	**15**	**379**	**1421**	**2099**	**8573**	**795**	**7778**
东湖区	22	2	23	63	135	697	119	578
西湖区	30		39	71	177	746	91	655
青云谱区	14		25	103	126	362	40	322
青山湖区	51	2	94	172	460	1529	119	1410
新建区	64	3	55	284	230	1663	124	1539
红谷滩区	58	4	17	39	118	1011	149	862
南昌县	27		87	439	597	1811	108	1703
安义县	3		5	37	36	167	14	153
进贤县	2	4	34	213	220	587	31	556
景德镇市	**23**	**8**	**103**	**443**	**521**	**2099**	**139**	**1960**
昌江区	3	5	9	35	61	220	24	196
珠山区	8		49	66	147	443	29	414
浮梁县	5		12	100	94	317	19	298
乐平市	7	3	33	242	219	1119	67	1052
萍乡市	**26**	**10**	**119**	**426**	**508**	**1971**	**162**	**1809**
安源区	15	5	37	127	216	719	76	643
湘东区	2	2	24	79	55	321	14	307
莲花县	2	1	7	15	39	140	12	128
上栗县	5	2	37	131	134	500	23	477
芦溪县	2		14	74	64	291	37	254
九江市	**38**	**14**	**275**	**720**	**1131**	**5225**	**548**	**4677**
濂溪区	1	3	25	54	100	547	41	506
浔阳区	11	1	24	77	100	497	58	439
柴桑区	4		38	68	105	408	31	377
武宁县			9	43	59	330	46	284
修水县		1	65	60	169	667	65	602
永修县	3		12	73	80	407	56	351
德安县	3	1	13	28	31	212	15	197
都昌县	3	7	25	127	156	488	53	435
湖口县	2		2	17	33	131	13	118
彭泽县	1	1	6	48	69	339	44	295
瑞昌市			44	65	120	443	40	403
共青城市	8		3	17	51	137	19	118
庐山市	2		9	43	58	619	67	552
新余市	**2**	**3**	**102**	**239**	**220**	**934**	**77**	**857**
渝水区	1	3	76	168	176	747	69	678
分宜县	1		26	71	44	187	8	179
鹰潭市	**8**		**32**	**293**	**283**	**1599**	**108**	**1491**
月湖区	6		11	47	97	415	47	368
余江区	1		7	79	66	410	18	392
贵溪市	1		14	167	120	774	43	731
赣州市	**61**	**5**	**324**	**2018**	**2163**	**8268**	**854**	**7414**
章贡区	18		31	192	385	1566	156	1410
南康区	5	1	25	162	162	537	79	458
赣县区			27	145	117	491	55	436
信丰县	1		15	156	102	441	45	396
大余县	2		5	49	70	186	17	169
上犹县	2		5	58	62	203	17	186
崇义县			1	33	33	171	11	160
安远县			2	68	61	320	17	303
定南县	3		7	142	55	223	12	211
全南县	13		2	38	48	190	15	175

4-4 续表 45

单位：人

地区 性别	交通运输、仓储和邮政业					住宿和餐饮业		
	航空运输业	管道运输业	多式联运和运输代理业	装卸搬运和仓储业	邮政业	小计	住宿业	餐饮业
宁都县	2	1	79	234	206	771	97	674
于都县		1	26	138	165	852	82	770
兴国县	5	1	29	65	149	430	36	394
会昌县	1		13	121	125	428	40	388
寻乌县	1		9	94	72	230	22	208
石城县	3		6	105	87	329	39	290
瑞金市	5	1	35	143	199	624	75	549
龙南市			7	75	65	276	39	237
吉安市	**51**	**6**	**113**	**918**	**760**	**3289**	**374**	**2915**
吉州区	4	1	22	116	83	455	44	411
青原区	7	4	13	49	31	194	12	182
吉安县	4	1	8	72	74	329	31	298
吉水县	7		9	83	60	278	23	255
峡江县				14	15	71	7	64
新干县			14	106	65	220	41	179
永丰县			8	72	79	217	22	195
泰和县	24		8	68	60	300	25	275
遂川县	1		7	105	81	329	28	301
万安县	2		2	76	60	180	19	161
安福县	1		7	42	42	188	29	159
永新县	1		12	83	83	312	42	270
井冈山市			3	32	27	216	51	165
宜春市	**34**	**10**	**279**	**1114**	**915**	**4492**	**542**	**3950**
袁州区	11		8	149	212	1227	159	1068
奉新县	7	3	8	66	65	189	22	167
万载县	2		42	151	90	358	27	331
上高县		3	42	120	50	227	15	212
宜丰县	2		8	71	62	233	17	216
靖安县	4		5	35	17	112	25	87
铜鼓县			2	21	36	120	9	111
丰城市	4	1	50	228	167	1068	192	876
樟树市	1		21	83	86	458	41	417
高安市	3	3	93	190	130	500	35	465
抚州市	**18**	**10**	**173**	**819**	**941**	**4123**	**306**	**3817**
临川区	7	6	67	145	224	943	79	864
东乡区	2		7	99	87	327	30	297
南城县	2		3	62	66	292	17	275
黎川县			15	102	95	399	14	385
南丰县	2		1	76	61	220	10	210
崇仁县	1	3	7	48	70	298	29	269
乐安县	2	1	16	92	92	327	20	307
宜黄县			6	56	88	345	19	326
金溪县	1		12	52	97	443	22	421
资溪县			1	12	15	291	30	261
广昌县	1		38	75	46	238	36	202
上饶市	**39**	**15**	**199**	**1409**	**1883**	**8077**	**954**	**7123**
信州区	18	6	24	89	276	1242	188	1054
广丰区	4	3	38	140	153	726	110	616
广信区	4	1	27	218	198	785	50	735
玉山县	4		10	41	72	496	73	423
铅山县			8	103	133	684	107	577
横峰县			6	112	98	251	23	228
弋阳县	1	1	16	113	175	381	28	353
余干县	4	4	9	158	170	957	93	864
鄱阳县	1		25	245	333	1391	134	1257
万年县	1		10	75	97	457	39	418
婺源县			22	84	111	428	88	340
德兴市	2		4	31	67	279	21	258

4-4 续表 46

单位：人

地区 性别	交通运输、仓储和邮政业					住宿和餐饮业		
	航空运输业	管道运输业	多式联运和运输代理业	装卸搬运和仓储业	邮政业	小计	住宿业	餐饮业
女	**295**	**35**	**460**	**2276**	**4368**	**52330**	**7001**	**45329**
南昌市	**143**	**2**	**114**	**315**	**860**	**7388**	**1044**	**6344**
东湖区	20	1	16	16	59	594	120	474
西湖区	24		15	17	64	603	96	507
青云谱区	9		8	16	34	339	57	282
青山湖区	18	1	25	36	177	1263	166	1097
新建区	21		5	82	91	1332	180	1152
红谷滩区	28		12	16	70	807	178	629
南昌县	21		25	67	260	1636	172	1464
安义县			5	4	10	177	25	152
进贤县	2		3	61	95	637	50	587
景德镇市	**3**	**2**	**10**	**92**	**164**	**2497**	**230**	**2267**
昌江区	1	1	2	5	19	284	24	260
珠山区			4	17	38	490	70	420
浮梁县	2		1	15	37	426	38	388
乐平市		1	3	55	70	1297	98	1199
萍乡市	**11**	**7**	**18**	**60**	**196**	**2577**	**327**	**2250**
安源区	4		6	15	91	992	157	835
湘东区		7	4	7	26	384	35	349
莲花县	2		3	4	19	178	23	155
上栗县	2		5	24	41	644	47	597
芦溪县	3			10	19	379	65	314
九江市	**17**	**3**	**43**	**253**	**430**	**6221**	**985**	**5236**
濂溪区	2		5	11	39	572	98	474
浔阳区	2		4	27	41	611	115	496
柴桑区	2		9	17	48	573	67	506
武宁县			1	10	18	354	87	267
修水县			12	4	62	785	117	668
永修县			1	19	36	483	81	402
德安县		1	1	3	10	296	28	268
都昌县	2	2	1	86	45	512	71	441
湖口县				6	22	230	40	190
彭泽县	1		3	19	27	494	80	414
瑞昌市			5	28	43	663	94	569
共青城市	8		1	3	10	121	24	97
庐山市				20	29	527	83	444
新余市	**6**	**2**	**12**	**57**	**83**	**1355**	**150**	**1205**
渝水区	6	2	10	37	74	1089	119	970
分宜县			2	20	9	266	31	235
鹰潭市	**4**		**14**	**59**	**102**	**1866**	**231**	**1635**
月湖区	1		10	10	39	546	95	451
余江区			3	13	23	376	33	343
贵溪市	3		1	36	40	944	103	841
赣州市	**28**	**4**	**70**	**529**	**739**	**9581**	**1139**	**8442**
章贡区	16	1	12	75	165	1705	226	1479
南康区	1		10	47	60	670	103	567
赣县区			8	44	34	553	90	463
信丰县			3	50	37	578	55	523
大余县				7	22	229	23	206
上犹县	2		4	14	24	307	36	271
崇义县			1	5	14	253	26	227
安远县			1	5	21	349	24	325
定南县	1	1		41	22	220	22	198
全南县	2		1	10	18	198	29	169

4-4 续表 47　　　　单位：人

地区 性别	交通运输、仓储和邮政业					住宿和餐饮业		
	航空运输业	管道运输业	多式联运和运输代理业	装卸搬运和仓储业	邮政业	小计	住宿业	餐饮业
宁都县	1		14	50	43	817	70	747
于都县	1		4	24	60	902	93	809
兴国县	3	1	2	17	58	666	47	619
会昌县			1	23	37	531	59	472
寻乌县			4	48	19	228	23	205
石城县				22	29	303	38	265
瑞金市	1	1	5	23	49	742	128	614
龙南市				24	27	330	47	283
吉安市	**18**	**2**	**49**	**289**	**385**	**3829**	**551**	**3278**
吉州区	3		10	24	39	403	70	333
青原区	2	2	3	27	15	229	32	197
吉安县	2		4	11	40	355	60	295
吉水县	3		8	23	19	340	24	316
峡江县				7	9	106	12	94
新干县	2		4	26	43	299	49	250
永丰县			4	14	41	240	22	218
泰和县	3		3	28	35	313	35	278
遂川县			4	36	36	421	58	363
万安县	1		1	37	28	218	16	202
安福县	1		4	12	30	228	35	193
永新县	1		4	31	35	369	47	322
井冈山市				13	15	308	91	217
宜春市	**20**	**3**	**53**	**237**	**387**	**5363**	**815**	**4548**
袁州区	9			17	81	1330	244	1086
奉新县	5		2	13	24	216	39	177
万载县	2		1	18	29	436	48	388
上高县		1	6	36	14	291	21	270
宜丰县	1		1	12	18	267	24	243
靖安县			1	6	13	160	34	126
铜鼓县			1	5	15	154	28	126
丰城市	1	1	8	69	85	1290	215	1075
樟树市	2		4	22	46	516	82	434
高安市		1	29	39	62	703	80	623
抚州市	**12**	**3**	**27**	**157**	**365**	**4193**	**461**	**3732**
临川区	6	3	9	30	99	1024	115	909
东乡区	2			23	36	339	41	298
南城县			4	3	30	307	29	278
黎川县			1	21	23	336	17	319
南丰县			3	6	25	172	21	151
崇仁县			1	10	16	274	56	218
乐安县	1			27	31	307	30	277
宜黄县				12	35	510	60	450
金溪县	2		1	11	40	407	25	382
资溪县				1	10	244	28	216
广昌县	1		8	13	20	273	39	234
上饶市	**33**	**7**	**50**	**228**	**657**	**7460**	**1068**	**6392**
信州区	14		7	10	119	1006	154	852
广丰区	2	2	6	28	60	692	80	612
广信区	3	1	8	22	54	851	98	753
玉山县	4	1	3	7	40	471	92	379
铅山县	2	2		10	51	471	72	399
横峰县			1	13	21	217	33	184
弋阳县	2	1	3	17	56	389	51	338
余干县	4		3	29	56	746	92	654
鄱阳县	2		11	32	107	1350	162	1188
万年县			2	18	24	350	43	307
婺源县			5	30	40	532	149	383
德兴市			1	12	29	385	42	343

4-4　续表 48

单位：人

地区 性别	信息传输、软件和信息技术服务业 小计	电信、广播电视和卫星传输服务	互联网和相关服务	软件和信息技术服务业	金融业 小计	货币金融服务	资本市场服务	保险业	其他金融业
全　省	**26580**	**6957**	**10705**	**8918**	**23210**	**10099**	**1448**	**8965**	**2698**
南昌市	**6292**	**1566**	**1917**	**2809**	**5658**	**2351**	**491**	**1880**	**936**
东湖区	552	190	146	216	788	383	82	195	128
西湖区	745	255	173	317	852	392	80	250	130
青云谱区	389	136	96	157	307	131	28	107	41
青山湖区	1683	326	418	939	1216	316	88	623	189
新建区	478	113	162	203	445	164	27	166	88
红谷滩区	1030	213	350	467	1220	581	127	251	261
南昌县	1145	252	457	436	556	247	49	196	64
安义县	61	29	13	19	113	70	4	32	7
进贤县	209	52	102	55	161	67	6	60	28
景德镇市	**862**	**216**	**408**	**238**	**734**	**284**	**41**	**293**	**116**
昌江区	134	29	72	33	125	54	6	45	20
珠山区	239	82	76	81	278	119	19	89	51
浮梁县	114	34	45	35	94	33	5	45	11
乐平市	375	71	215	89	237	78	11	114	34
萍乡市	**1191**	**338**	**521**	**332**	**1033**	**459**	**63**	**409**	**102**
安源区	514	206	176	132	579	276	32	218	53
湘东区	212	30	109	73	92	31	6	40	15
莲花县	106	25	53	28	85	45	5	25	10
上栗县	209	54	117	38	181	65	13	87	16
芦溪县	150	23	66	61	96	42	7	39	8
九江市	**2748**	**714**	**1138**	**896**	**2465**	**974**	**98**	**1116**	**277**
濂溪区	284	75	115	94	268	81	15	134	38
浔阳区	403	179	108	116	596	361	33	155	47
柴桑区	242	48	100	94	151	62	5	69	15
武宁县	111	37	39	35	121	65	3	43	10
修水县	432	70	272	90	178	34	9	87	48
永修县	123	42	36	45	134	87	6	32	9
德安县	84	42	19	23	98	60	2	35	1
都昌县	375	65	157	153	326	40	6	237	43
湖口县	103	35	26	42	97	57	2	34	4
彭泽县	176	29	75	72	123	55	7	44	17
瑞昌市	200	44	63	93	267	40	7	201	19
共青城市	57	18	30	9	44	17	1	12	14
庐山市	158	30	98	30	62	15	2	33	12
新余市	**569**	**165**	**243**	**161**	**756**	**211**	**58**	**375**	**112**
渝水区	511	134	229	148	672	174	57	340	101
分宜县	58	31	14	13	84	37	1	35	11
鹰潭市	**601**	**215**	**238**	**148**	**634**	**323**	**32**	**220**	**59**
月湖区	258	131	75	52	351	200	23	105	23
余江区	137	27	59	51	95	39	1	46	9
贵溪市	206	57	104	45	188	84	8	69	27
赣州市	**5324**	**1250**	**2597**	**1477**	**3824**	**1808**	**238**	**1420**	**358**
章贡区	1155	347	463	345	1269	641	117	410	101
南康区	486	70	328	88	282	123	11	124	24
赣县区	270	87	94	89	298	170	25	89	14
信丰县	290	55	146	89	157	71	3	69	14
大余县	126	32	50	44	78	36	6	28	8
上犹县	152	46	62	44	90	39	4	42	5
崇义县	91	35	33	23	81	40	4	25	12
安远县	85	32	31	22	75	47	1	20	7
定南县	76	29	21	26	72	36	5	22	9
全南县	103	26	59	18	78	43	4	25	6

4－4 续表 49

单位：人

地区 性别	信息传输、软件和信息技术服务业				金融业				
	小计	电信、广播电视和卫星传输服务	互联网和相关服务	软件和信息技术服务业	小计	货币金融服务	资本市场服务	保险业	其他金融业
宁都县	416	43	269	104	242	81	5	117	39
于都县	690	107	362	221	240	92	6	113	29
兴国县	321	82	143	96	198	83	12	75	28
会昌县	189	41	90	58	127	56	11	48	12
寻乌县	187	24	129	34	86	52	2	22	10
石城县	119	52	27	40	147	67	9	63	8
瑞金市	432	94	241	97	204	76	8	98	22
龙南市	136	48	49	39	100	55	5	30	10
吉安市	**1823**	**597**	**599**	**627**	**1970**	**971**	**95**	**763**	**141**
吉州区	272	116	77	79	512	300	26	156	30
青原区	117	39	35	43	107	29	4	64	10
吉安县	120	36	58	26	143	75	6	51	11
吉水县	154	42	57	55	137	56	2	58	21
峡江县	30	14	8	8	50	31	2	16	1
新干县	133	35	53	45	106	51	6	39	10
永丰县	126	39	44	43	122	68	7	41	6
泰和县	217	60	67	90	165	56	12	90	7
遂川县	141	47	45	49	123	67	9	41	6
万安县	145	47	55	43	95	49	2	30	14
安福县	91	40	33	18	124	80	6	32	6
永新县	218	55	50	113	208	50	12	132	14
井冈山市	59	27	17	15	78	59	1	13	5
宜春市	**2104**	**746**	**717**	**641**	**2186**	**1102**	**113**	**817**	**154**
袁州区	635	313	135	187	721	364	52	274	31
奉新县	94	27	47	20	121	66	5	37	13
万载县	187	38	104	45	139	69	6	55	9
上高县	130	51	48	31	149	45	3	86	15
宜丰县	90	56	21	13	121	76	5	39	1
靖安县	47	20	14	13	60	40	5	14	1
铜鼓县	60	32	22	6	62	34	1	26	1
丰城市	310	71	105	134	295	128	7	105	55
樟树市	172	58	47	67	219	146	18	47	8
高安市	379	80	174	125	299	134	11	134	20
抚州市	**1810**	**437**	**832**	**541**	**1387**	**711**	**87**	**433**	**156**
临川区	589	148	250	191	528	246	50	161	71
东乡区	149	49	52	48	120	71	9	32	8
南城县	130	27	53	50	82	45		33	4
黎川县	218	29	152	37	95	40	2	32	21
南丰县	72	35	15	22	96	48	3	34	11
崇仁县	148	26	72	50	80	40	5	31	4
乐安县	118	24	61	33	88	47	5	32	4
宜黄县	121	33	74	14	103	67	3	31	2
金溪县	108	28	35	45	59	28	3	19	9
资溪县	29	11	13	5	49	43		5	1
广昌县	128	27	55	46	87	36	7	23	21
上饶市	**3256**	**713**	**1495**	**1048**	**2563**	**905**	**132**	**1239**	**287**
信州区	628	161	257	210	683	233	45	318	87
广丰区	457	91	216	150	323	66	16	219	22
广信区	321	58	138	125	329	107	17	155	50
玉山县	245	33	146	66	106	43	3	44	16
铅山县	165	34	90	41	72	40	2	19	11
横峰县	86	11	44	31	63	20	2	33	8
弋阳县	130	31	69	30	139	44	2	76	17
余干县	304	53	120	131	232	97	14	95	26
鄱阳县	471	107	226	138	220	81	12	110	17
万年县	164	53	59	52	123	69	9	30	15
婺源县	152	43	70	39	174	52	5	106	11
德兴市	133	38	60	35	99	53	5	34	7

4−4　续表 50

单位：人

地　区 性　别	信息传输、软件和信息技术服务业				金融业				
	小计	电信、广播电视和卫星传输服务	互联网和相关服务	软件和信息技术服务业	小计	货币金融服　务	资本市场服　务	保险业	其　他金融业
男	**17246**	**4011**	**6837**	**6398**	**11644**	**5222**	**909**	**3999**	**1514**
南昌市	**4179**	**917**	**1281**	**1981**	**2839**	**1157**	**290**	**855**	**537**
东湖区	368	112	104	152	423	198	50	93	82
西湖区	471	147	107	217	412	180	43	120	69
青云谱区	242	75	62	105	147	61	19	43	24
青山湖区	1171	214	288	669	564	150	51	263	100
新建区	330	70	111	149	240	87	16	85	52
红谷滩区	638	113	205	320	619	276	78	118	147
南昌县	776	145	321	310	291	132	27	91	41
安义县	40	14	9	17	61	37	3	17	4
进贤县	143	27	74	42	82	36	3	25	18
景德镇市	**528**	**120**	**253**	**155**	**377**	**150**	**26**	**141**	**60**
昌江区	75	17	42	16	67	26	4	25	12
珠山区	137	41	47	49	141	62	11	45	23
浮梁县	65	16	27	22	46	15	3	23	5
乐平市	251	46	137	68	123	47	8	48	20
萍乡市	**754**	**179**	**328**	**247**	**457**	**212**	**36**	**160**	**49**
安源区	305	102	109	94	254	118	18	92	26
湘东区	147	19	69	59	38	13	3	16	6
莲花县	64	11	32	21	42	27	4	7	4
上栗县	133	33	72	28	86	34	8	36	8
芦溪县	105	14	46	45	37	20	3	9	5
九江市	**1740**	**411**	**701**	**628**	**1225**	**493**	**62**	**513**	**157**
濂溪区	189	46	73	70	118	36	11	51	20
浔阳区	233	95	62	76	286	175	17	63	31
柴桑区	171	34	68	69	73	31	3	29	10
武宁县	76	24	29	23	57	34	2	17	4
修水县	259	40	160	59	100	21	7	46	26
永修县	83	24	23	36	70	46	4	14	6
德安县	49	25	13	11	42	25	1	16	
都昌县	243	34	100	109	195	25	5	138	27
湖口县	64	16	19	29	49	33	2	10	4
彭泽县	110	20	35	55	59	31	5	16	7
瑞昌市	126	26	39	61	122	14	5	93	10
共青城市	39	9	24	6	20	10		4	6
庐山市	98	18	56	24	34	12		16	6
新余市	**367**	**98**	**161**	**108**	**358**	**110**	**33**	**163**	**52**
渝水区	335	82	151	102	322	93	32	149	48
分宜县	32	16	10	6	36	17	1	14	4
鹰潭市	**356**	**119**	**139**	**98**	**318**	**164**	**20**	**105**	**29**
月湖区	156	74	44	38	165	99	14	43	9
余江区	80	14	36	30	60	20	1	33	6
贵溪市	120	31	59	30	93	45	5	29	14
赣州市	**3485**	**729**	**1653**	**1103**	**2002**	**968**	**161**	**652**	**221**
章贡区	708	197	275	236	622	312	78	176	56
南康区	303	38	199	66	128	66	3	48	11
赣县区	186	53	65	68	167	99	19	38	11
信丰县	198	32	102	64	75	37	1	31	6
大余县	85	14	37	34	49	27	4	12	6
上犹县	110	26	48	36	43	19	4	18	2
崇义县	71	23	28	20	37	13	1	14	9
安远县	57	20	18	19	38	25	1	7	5
定南县	44	15	13	16	35	16	2	13	4
全南县	65	15	35	15	39	20	2	14	3

4-4 续表 51

单位：人

地区 性别	信息传输、软件和信息技术服务业				金融业				
	小计	电信、广播电视和卫星传输服务	互联网和相关服务	软件和信息技术服务业	小计	货币金融服务	资本市场服务	保险业	其他金融业
宁都县	278	27	171	80	157	49	4	73	31
于都县	476	66	240	170	142	56	6	62	18
兴国县	228	57	92	79	95	46	9	22	18
会昌县	119	19	59	41	82	34	9	27	12
寻乌县	121	16	77	28	54	36	1	11	6
石城县	75	29	17	29	86	39	6	36	5
瑞金市	279	58	149	72	101	42	7	38	14
龙南市	82	24	28	30	52	32	4	12	4
吉安市	**1187**	**352**	**369**	**466**	**956**	**529**	**63**	**292**	**72**
吉州区	179	72	50	57	250	159	17	57	17
青原区	72	18	19	35	47	12	3	25	7
吉安县	71	22	32	17	78	45	4	23	6
吉水县	96	20	34	42	57	25	1	21	10
峡江县	20	9	5	6	28	21	2	5	
新干县	87	18	32	37	43	25	4	12	2
永丰县	93	25	33	35	61	38	6	13	4
泰和县	125	39	35	51	78	34	8	33	3
遂川县	102	32	31	39	72	43	5	19	5
万安县	95	23	37	35	53	32	2	13	6
安福县	56	22	20	14	55	41	4	7	3
永新县	157	36	32	89	102	29	7	61	5
井冈山市	34	16	9	9	32	25		3	4
宜春市	**1353**	**436**	**425**	**492**	**1076**	**579**	**73**	**323**	**101**
袁州区	413	191	80	142	350	179	32	117	22
奉新县	49	15	19	15	61	37	3	13	8
万载县	116	21	61	34	65	34	3	20	8
上高县	84	25	32	27	69	23	2	30	14
宜丰县	50	28	14	8	52	36	3	12	1
靖安县	32	15	6	11	28	19	3	5	1
铜鼓县	33	18	10	5	31	18		12	1
丰城市	216	44	69	103	167	84	4	48	31
樟树市	121	35	31	55	104	68	13	18	5
高安市	239	44	103	92	149	81	10	48	10
抚州市	**1180**	**246**	**532**	**402**	**716**	**370**	**55**	**203**	**88**
临川区	386	86	171	129	282	128	33	77	44
东乡区	102	26	37	39	66	38	7	15	6
南城县	80	15	29	36	37	21		15	1
黎川县	135	17	88	30	51	22		18	11
南丰县	47	16	13	18	41	22	2	10	7
崇仁县	109	17	54	38	47	23	3	18	3
乐安县	83	16	39	28	51	26	4	20	1
宜黄县	72	20	42	10	46	32	2	11	1
金溪县	74	19	22	33	32	17	2	10	3
资溪县	16	4	10	2	27	25		1	1
广昌县	76	10	27	39	36	16	2	8	10
上饶市	**2117**	**404**	**995**	**718**	**1320**	**490**	**90**	**592**	**148**
信州区	391	89	171	131	347	120	28	157	42
广丰区	309	63	140	106	167	39	10	107	11
广信区	212	34	93	85	177	65	15	73	24
玉山县	163	11	102	50	46	19	3	16	8
铅山县	110	22	60	28	41	24	2	11	4
横峰县	62	6	35	21	34	9	2	21	2
弋阳县	81	13	51	17	58	21	1	26	10
余干县	196	32	76	88	145	60	9	58	18
鄱阳县	313	65	148	100	113	46	7	48	12
万年县	108	27	41	40	61	30	7	16	8
婺源县	89	22	39	28	85	32	3	44	6
德兴市	83	20	39	24	46	25	3	15	3

4-4 续表 52

单位：人

地区 性别	信息传输、软件和信息技术服务业				金融业				
	小计	电信、广播电视和卫星传输服务	互联网和相关服务	软件和信息技术服务业	小计	货币金融服务	资本市场服务	保险业	其他金融业
女	**9334**	**2946**	**3868**	**2520**	**11566**	**4877**	**539**	**4966**	**1184**
南昌市	**2113**	**649**	**636**	**828**	**2819**	**1194**	**201**	**1025**	**399**
东湖区	184	78	42	64	365	185	32	102	46
西湖区	274	108	66	100	440	212	37	130	61
青云谱区	147	61	34	52	160	70	9	64	17
青山湖区	512	112	130	270	652	166	37	360	89
新建区	148	43	51	54	205	77	11	81	36
红谷滩区	392	100	145	147	601	305	49	133	114
南昌县	369	107	136	126	265	115	22	105	23
安义县	21	15	4	2	52	33	1	15	3
进贤县	66	25	28	13	79	31	3	35	10
景德镇市	**334**	**96**	**155**	**83**	**357**	**134**	**15**	**152**	**56**
昌江区	59	12	30	17	58	28	2	20	8
珠山区	102	41	29	32	137	57	8	44	28
浮梁县	49	18	18	13	48	18	2	22	6
乐平市	124	25	78	21	114	31	3	66	14
萍乡市	**437**	**159**	**193**	**85**	**576**	**247**	**27**	**249**	**53**
安源区	209	104	67	38	325	158	14	126	27
湘东区	65	11	40	14	54	18	3	24	9
莲花县	42	14	21	7	43	18	1	18	6
上栗县	76	21	45	10	95	31	5	51	8
芦溪县	45	9	20	16	59	22	4	30	3
九江市	**1008**	**303**	**437**	**268**	**1240**	**481**	**36**	**603**	**120**
濂溪区	95	29	42	24	150	45	4	83	18
浔阳区	170	84	46	40	310	186	16	92	16
柴桑区	71	14	32	25	78	31	2	40	5
武宁县	35	13	10	12	64	31	1	26	6
修水县	173	30	112	31	78	13	2	41	22
永修县	40	18	13	9	64	41	2	18	3
德安县	35	17	6	12	56	35	1	19	1
都昌县	132	31	57	44	131	15	1	99	16
湖口县	39	19	7	13	48	24		24	
彭泽县	66	9	40	17	64	24	2	28	10
瑞昌市	74	18	24	32	145	26	2	108	9
共青城市	18	9	6	3	24	7	1	8	8
庐山市	60	12	42	6	28	3	2	17	6
新余市	**202**	**67**	**82**	**53**	**398**	**101**	**25**	**212**	**60**
渝水区	176	52	78	46	350	81	25	191	53
分宜县	26	15	4	7	48	20		21	7
鹰潭市	**245**	**96**	**99**	**50**	**316**	**159**	**12**	**115**	**30**
月湖区	102	57	31	14	186	101	9	62	14
余江区	57	13	23	21	35	19		13	3
贵溪市	86	26	45	15	95	39	3	40	13
赣州市	**1839**	**521**	**944**	**374**	**1822**	**840**	**77**	**768**	**137**
章贡区	447	150	188	109	647	329	39	234	45
南康区	183	32	129	22	154	57	8	76	13
赣县区	84	34	29	21	131	71	6	51	3
信丰县	92	23	44	25	82	34	2	38	8
大余县	41	18	13	10	29	9	2	16	2
上犹县	42	20	14	8	47	20		24	3
崇义县	20	12	5	3	44	27	3	11	3
安远县	28	12	13	3	37	22		13	2
定南县	32	14	8	10	37	20	3	9	5
全南县	38	11	24	3	39	23	2	11	3

4–4 续表 53

单位：人

地区 性别	信息传输、软件和信息技术服务业				金融业				
	小计	电信、广播电视和卫星传输服务	互联网和相关服务	软件和信息技术服务业	小计	货币金融服务	资本市场服务	保险业	其他金融业
宁都县	138	16	98	24	85	32	1	44	8
于都县	214	41	122	51	98	36		51	11
兴国县	93	25	51	17	103	37	3	53	10
会昌县	70	22	31	17	45	22	2	21	
寻乌县	66	8	52	6	32	16	1	11	4
石城县	44	23	10	11	61	28	3	27	3
瑞金市	153	36	92	25	103	34	1	60	8
龙南市	54	24	21	9	48	23	1	18	6
吉安市	**636**	**245**	**230**	**161**	**1014**	**442**	**32**	**471**	**69**
吉州区	93	44	27	22	262	141	9	99	13
青原区	45	21	16	8	60	17	1	39	3
吉安县	49	14	26	9	65	30	2	28	5
吉水县	58	22	23	13	80	31	1	37	11
峡江县	10	5	3	2	22	10		11	1
新干县	46	17	21	8	63	26	2	27	8
永丰县	33	14	11	8	61	30	1	28	2
泰和县	92	21	32	39	87	22	4	57	4
遂川县	39	15	14	10	51	24	4	22	1
万安县	50	24	18	8	42	17		17	8
安福县	35	18	13	4	69	39	2	25	3
永新县	61	19	18	24	106	21	5	71	9
井冈山市	25	11	8	6	46	34	1	10	1
宜春市	**751**	**310**	**292**	**149**	**1110**	**523**	**40**	**494**	**53**
袁州区	222	122	55	45	371	185	20	157	9
奉新县	45	12	28	5	60	29	2	24	5
万载县	71	17	43	11	74	35	3	35	1
上高县	46	26	16	4	80	22	1	56	1
宜丰县	40	28	7	5	69	40	2	27	
靖安县	15	5	8	2	32	21	2	9	
铜鼓县	27	14	12	1	31	16	1	14	
丰城市	94	27	36	31	128	44	3	57	24
樟树市	51	23	16	12	115	78	5	29	3
高安市	140	36	71	33	150	53	1	86	10
抚州市	**630**	**191**	**300**	**139**	**671**	**341**	**32**	**230**	**68**
临川区	203	62	79	62	246	118	17	84	27
东乡区	47	23	15	9	54	33	2	17	2
南城县	50	12	24	14	45	24		18	3
黎川县	83	12	64	7	44	18	2	14	10
南丰县	25	19	2	4	55	26	1	24	4
崇仁县	39	9	18	12	33	17	2	13	1
乐安县	35	8	22	5	37	21	1	12	3
宜黄县	49	13	32	4	57	35	1	20	1
金溪县	34	9	13	12	27	11	1	9	6
资溪县	13	7	3	3	22	18		4	
广昌县	52	17	28	7	51	20	5	15	11
上饶市	**1139**	**309**	**500**	**330**	**1243**	**415**	**42**	**647**	**139**
信州区	237	72	86	79	336	113	17	161	45
广丰区	148	28	76	44	156	27	6	112	11
广信区	109	24	45	40	152	42	2	82	26
玉山县	82	22	44	16	60	24		28	8
铅山县	55	12	30	13	31	16		8	7
横峰县	24	5	9	10	29	11		12	6
弋阳县	49	18	18	13	81	23	1	50	7
余干县	108	21	44	43	87	37	5	37	8
鄱阳县	158	42	78	38	107	35	5	62	5
万年县	56	26	18	12	62	39	2	14	7
婺源县	63	21	31	11	89	20	2	62	5
德兴市	50	18	21	11	53	28	2	19	4

4-4 续表 54

单位：人

地区 性别	房地产业		租赁和商务服务业			科学研究和技术服务业			
	小计	房地产业	小计	租赁业	商务服务业	小计	研究和试验发展	专业技术服务业	科技推广和应用服务业
全省	**33978**	**33978**	**64159**	**4286**	**59873**	**21495**	**2141**	**14405**	**4949**
南昌市	**8331**	**8331**	**12280**	**609**	**11671**	**5274**	**781**	**3723**	**770**
东湖区	617	617	967	45	922	519	75	384	60
西湖区	858	858	1178	39	1139	608	86	447	75
青云谱区	420	420	529	35	494	280	23	232	25
青山湖区	1815	1815	3636	154	3482	1618	264	1076	278
新建区	1360	1360	1642	104	1538	395	46	292	57
红谷滩区	1188	1188	1565	52	1513	711	80	548	83
南昌县	1637	1637	1864	137	1727	944	183	619	142
安义县	107	107	152	11	141	39	4	29	6
进贤县	329	329	747	32	715	160	20	96	44
景德镇市	**966**	**966**	**2601**	**120**	**2481**	**723**	**126**	**453**	**144**
昌江区	103	103	413	8	405	106	16	66	24
珠山区	398	398	842	25	817	290	91	173	26
浮梁县	148	148	438	34	404	100	8	71	21
乐平市	317	317	908	53	855	227	11	143	73
萍乡市	**1302**	**1302**	**2759**	**226**	**2533**	**831**	**66**	**577**	**188**
安源区	703	703	1471	62	1409	411	30	270	111
湘东区	128	128	341	31	310	136	11	105	20
莲花县	57	57	161	22	139	64	3	46	15
上栗县	284	284	490	70	420	103	12	79	12
芦溪县	130	130	296	41	255	117	10	77	30
九江市	**4051**	**4051**	**7998**	**440**	**7558**	**2528**	**222**	**1655**	**651**
濂溪区	588	588	989	81	908	303	44	218	41
浔阳区	630	630	671	28	643	420	57	315	48
柴桑区	429	429	450	34	416	243	11	199	33
武宁县	223	223	280	27	253	56	1	51	4
修水县	357	357	1028	69	959	252	26	153	73
永修县	249	249	335	18	317	70	8	56	6
德安县	155	155	216	13	203	46		39	7
都昌县	366	366	1742	40	1702	367	17	199	151
湖口县	160	160	160	21	139	60	8	46	6
彭泽县	190	190	438	20	418	183	29	130	24
瑞昌市	407	407	1175	59	1116	423	12	182	229
共青城市	129	129	189	6	183	42	3	31	8
庐山市	168	168	325	24	301	63	6	36	21
新余市	**956**	**956**	**2145**	**110**	**2035**	**563**	**48**	**354**	**161**
渝水区	853	853	1659	80	1579	501	44	306	151
分宜县	103	103	486	30	456	62	4	48	10
鹰潭市	**923**	**923**	**2033**	**90**	**1943**	**865**	**39**	**352**	**474**
月湖区	417	417	502	19	483	234	7	205	22
余江区	203	203	1076	33	1043	537	24	89	424
贵溪市	303	303	455	38	417	94	8	58	28
赣州市	**5864**	**5864**	**10526**	**845**	**9681**	**3492**	**256**	**2600**	**636**
章贡区	1658	1658	1868	105	1763	835	84	674	77
南康区	514	514	832	59	773	277	23	213	41
赣县区	303	303	553	61	492	241	15	165	61
信丰县	233	233	611	66	545	287	14	210	63
大余县	154	154	377	18	359	102	10	62	30
上犹县	130	130	346	13	333	85	9	62	14
崇义县	62	62	153	28	125	56	1	45	10
安远县	105	105	269	21	248	68	3	55	10
定南县	162	162	338	41	297	37	1	34	2
全南县	77	77	178	15	163	33	3	24	6

4-4 续表 55

单位：人

地区 性别	房地产业		租赁和商务服务业			科学研究和技术服务业			
	小计	房地产业	小计	租赁业	商务服务业	小计	研究和试验发展	专业技术服务业	科技推广和应用服务业
宁都县	341	341	1291	108	1183	337	22	208	107
于都县	840	840	820	76	744	299	26	224	49
兴国县	298	298	604	48	556	198	8	166	24
会昌县	365	365	577	32	545	161	6	105	50
寻乌县	101	101	285	26	259	77	7	61	9
石城县	118	118	256	22	234	104	6	63	35
瑞金市	293	293	838	71	767	206	11	157	38
龙南市	110	110	330	35	295	89	7	72	10
吉安市	**2022**	**2022**	**4418**	**355**	**4063**	**1557**	**149**	**1054**	**354**
吉州区	388	388	627	27	600	218	18	177	23
青原区	182	182	255	15	240	125	11	97	17
吉安县	185	185	260	34	226	111	11	92	8
吉水县	128	128	526	32	494	176	15	100	61
峡江县	27	27	92	7	85	19	2	16	1
新干县	168	168	286	24	262	105	14	79	12
永丰县	90	90	172	26	146	56	4	40	12
泰和县	162	162	560	40	520	265	43	78	144
遂川县	142	142	290	15	275	105	5	92	8
万安县	68	68	275	21	254	121	7	97	17
安福县	124	124	174	48	126	59	2	50	7
永新县	311	311	768	50	718	175	15	119	41
井冈山市	47	47	133	16	117	22	2	17	3
宜春市	**3342**	**3342**	**4978**	**473**	**4505**	**1633**	**116**	**1070**	**447**
袁州区	918	918	838	130	708	339	31	278	30
奉新县	131	131	275	10	265	147	6	28	113
万载县	158	158	500	65	435	132	10	99	23
上高县	251	251	622	50	572	153	7	77	69
宜丰县	98	98	170	21	149	38		27	11
靖安县	109	109	107	5	102	17	1	12	4
铜鼓县	35	35	93	16	77	10	2	7	1
丰城市	872	872	1422	95	1327	412	34	257	121
樟树市	407	407	269	18	251	144	8	122	14
高安市	363	363	682	63	619	241	17	163	61
抚州市	**2058**	**2058**	**3843**	**241**	**3602**	**1099**	**109**	**705**	**285**
临川区	733	733	1233	79	1154	380	42	259	79
东乡区	283	283	415	24	391	99	21	62	16
南城县	162	162	191	11	180	57	10	37	10
黎川县	91	91	357	7	350	141	4	76	61
南丰县	112	112	139	7	132	29	4	20	5
崇仁县	238	238	233	10	223	59	6	43	10
乐安县	130	130	544	57	487	151	9	98	44
宜黄县	88	88	117	22	95	27	1	20	6
金溪县	102	102	289	6	283	79	5	49	25
资溪县	26	26	115	5	110	34	2	13	19
广昌县	93	93	210	13	197	43	5	28	10
上饶市	**4163**	**4163**	**10578**	**777**	**9801**	**2930**	**229**	**1862**	**839**
信州区	713	713	1738	39	1699	425	51	294	80
广丰区	615	615	1964	393	1571	549	20	316	213
广信区	763	763	1261	70	1191	384	47	239	98
玉山县	175	175	606	22	584	151	10	100	41
铅山县	423	423	329	27	302	66	4	47	15
横峰县	88	88	387	22	365	61	6	39	16
弋阳县	136	136	565	37	528	131	5	87	39
余干县	379	379	1061	27	1034	222	21	166	35
鄱阳县	483	483	1030	62	968	434	38	290	106
万年县	125	125	476	11	465	84	4	69	11
婺源县	158	158	707	30	677	251	14	101	136
德兴市	105	105	454	37	417	172	9	114	49

4-4 续表 56

单位：人

地　区 性　别	房地产业		租赁和商务服务业			科学研究和技术服务业			
	小计	房地产业	小计	租赁业	商　务 服务业	小计	研究和 试验发展	专业技术 服务业	科技推广 和应用 服务业
男	**21168**	**21168**	**40915**	**3838**	**37077**	**14987**	**1436**	**10494**	**3057**
南昌市	**5288**	**5288**	**7505**	**511**	**6994**	**3607**	**487**	**2628**	**492**
东湖区	379	379	552	37	515	354	46	268	40
西湖区	534	534	682	33	649	429	61	315	53
青云谱区	268	268	347	32	315	179	17	148	14
青山湖区	1162	1162	2136	128	2008	1088	163	744	181
新建区	941	941	1078	92	986	271	21	211	39
红谷滩区	721	721	904	39	865	481	51	381	49
南昌县	1000	1000	1229	111	1118	663	111	467	85
安义县	70	70	100	11	89	29	2	24	3
进贤县	213	213	477	28	449	113	15	70	28
景德镇市	**628**	**628**	**1629**	**104**	**1525**	**510**	**92**	**329**	**89**
昌江区	65	65	280	6	274	75	12	48	15
珠山区	270	270	486	22	464	221	66	132	23
浮梁县	105	105	268	31	237	73	5	50	18
乐平市	188	188	595	45	550	141	9	99	33
萍乡市	**800**	**800**	**1661**	**208**	**1453**	**565**	**44**	**416**	**105**
安源区	446	446	849	54	795	272	19	190	63
湘东区	83	83	195	26	169	91	8	72	11
莲花县	33	33	108	21	87	49	2	37	10
上栗县	162	162	301	67	234	80	10	61	9
芦溪县	76	76	208	40	168	73	5	56	12
九江市	**2505**	**2505**	**4990**	**382**	**4608**	**1742**	**154**	**1230**	**358**
濂溪区	365	365	582	64	518	205	27	155	23
浔阳区	364	364	386	21	365	304	39	236	29
柴桑区	251	251	297	28	269	183	6	159	18
武宁县	133	133	173	26	147	42	1	37	4
修水县	246	246	670	63	607	182	18	120	44
永修县	146	146	216	18	198	51	5	41	5
德安县	84	84	120	10	110	36		31	5
都昌县	239	239	1114	35	1079	244	15	149	80
湖口县	113	113	103	19	84	43	6	33	4
彭泽县	112	112	275	18	257	127	22	90	15
瑞昌市	255	255	717	55	662	251	10	127	114
共青城市	83	83	125	5	120	28	1	23	4
庐山市	114	114	212	20	192	46	4	29	13
新余市	**589**	**589**	**1374**	**97**	**1277**	**370**	**32**	**249**	**89**
渝水区	525	525	1061	71	990	329	28	217	84
分宜县	64	64	313	26	287	41	4	32	5
鹰潭市	**550**	**550**	**1304**	**81**	**1223**	**572**	**32**	**258**	**282**
月湖区	221	221	312	16	296	173	4	155	14
余江区	129	129	675	31	644	338	23	67	248
贵溪市	200	200	317	34	283	61	5	36	20
赣州市	**3688**	**3688**	**6849**	**764**	**6085**	**2490**	**175**	**1904**	**411**
章贡区	965	965	1115	84	1031	572	52	473	47
南康区	283	283	542	55	487	212	18	166	28
赣县区	198	198	333	53	280	174	9	127	38
信丰县	133	133	403	60	343	162	9	114	39
大余县	88	88	228	18	210	76	9	47	20
上犹县	82	82	231	13	218	66	6	51	9
崇义县	38	38	91	26	65	49	1	40	8
安远县	67	67	180	17	163	49	3	40	6
定南县	112	112	222	38	184	22		22	
全南县	46	46	124	12	112	24	2	18	4

4-4 续表 57

单位：人

地　区 性　别	房地产业		租赁和商务服务业			科学研究和技术服务业			
	小计	房地产业	小计	租赁业	商　务 服务业	小计	研究和 试验发展	专业技术 服务业	科技推广 和应用 服务业
宁都县	238	238	876	101	775	250	17	165	68
于都县	611	611	576	71	505	207	19	161	27
兴国县	181	181	406	46	360	159	7	132	20
会昌县	240	240	372	31	341	115	3	82	30
寻乌县	68	68	179	22	157	55	5	44	6
石城县	80	80	174	20	154	77	3	47	27
瑞金市	199	199	575	67	508	156	6	124	26
龙南市	59	59	222	30	192	65	6	51	8
吉安市	**1187**	**1187**	**2835**	**326**	**2509**	**1114**	**106**	**787**	**221**
吉州区	216	216	392	25	367	160	15	130	15
青原区	108	108	152	14	138	97	9	76	12
吉安县	98	98	163	31	132	83	9	69	5
吉水县	79	79	349	31	318	131	11	78	42
峡江县	21	21	56	5	51	13	2	10	1
新干县	108	108	181	23	158	78	6	65	7
永丰县	53	53	128	25	103	45	4	33	8
泰和县	87	87	378	34	344	176	28	63	85
遂川县	90	90	190	15	175	79	4	68	7
万安县	42	42	176	17	159	86	4	71	11
安福县	77	77	118	46	72	43	1	36	6
永新县	179	179	472	45	427	105	11	74	20
井冈山市	29	29	80	15	65	18	2	14	2
宜春市	**1996**	**1996**	**3177**	**423**	**2754**	**1155**	**82**	**793**	**280**
袁州区	528	528	545	111	434	247	22	202	23
奉新县	74	74	168	8	160	85	4	21	60
万载县	101	101	328	60	268	104	5	83	16
上高县	153	153	385	48	337	100	5	55	40
宜丰县	55	55	110	20	90	25		16	9
靖安县	83	83	73	4	69	11		8	3
铜鼓县	24	24	55	15	40	8		7	1
丰城市	530	530	909	84	825	301	26	194	81
樟树市	247	247	169	16	153	110	6	92	12
高安市	201	201	435	57	378	164	14	115	35
抚州市	**1269**	**1269**	**2574**	**224**	**2350**	**790**	**75**	**546**	**169**
临川区	439	439	808	76	732	274	29	197	48
东乡区	169	169	289	22	267	77	14	50	13
南城县	92	92	128	10	118	42	8	30	4
黎川县	67	67	200	4	196	106	3	62	41
南丰县	65	65	93	7	86	21	3	15	3
崇仁县	149	149	167	9	158	42	4	33	5
乐安县	90	90	387	54	333	109	7	74	28
宜黄县	58	58	81	19	62	20		17	3
金溪县	65	65	193	6	187	58	4	39	15
资溪县	14	14	82	5	77	14		12	2
广昌县	61	61	146	12	134	27	3	17	7
上饶市	**2668**	**2668**	**7017**	**718**	**6299**	**2072**	**157**	**1354**	**561**
信州区	430	430	1095	32	1063	283	31	195	57
广丰区	438	438	1428	382	1046	385	13	230	142
广信区	462	462	814	60	754	291	31	184	76
玉山县	125	125	398	20	378	112	8	81	23
铅山县	263	263	222	25	197	55	3	39	13
横峰县	52	52	269	21	248	42	6	27	9
弋阳县	89	89	377	32	345	97	3	66	28
余干县	254	254	690	24	666	156	16	120	20
鄱阳县	315	315	697	51	646	297	25	206	66
万年县	88	88	308	9	299	63	3	53	7
婺源县	98	98	428	29	399	165	11	70	84
德兴市	54	54	291	33	258	126	7	83	36

4-4 续表 58

单位：人

地区 性别	房地产业		租赁和商务服务业			科学研究和技术服务业			
	小计	房地产业	小计	租赁业	商务服务业	小计	研究和试验发展	专业技术服务业	科技推广和应用服务业
女	**12810**	**12810**	**23244**	**448**	**22796**	**6508**	**705**	**3911**	**1892**
南昌市	**3043**	**3043**	**4775**	**98**	**4677**	**1667**	**294**	**1095**	**278**
东湖区	238	238	415	8	407	165	29	116	20
西湖区	324	324	496	6	490	179	25	132	22
青云谱区	152	152	182	3	179	101	6	84	11
青山湖区	653	653	1500	26	1474	530	101	332	97
新建区	419	419	564	12	552	124	25	81	18
红谷滩区	467	467	661	13	648	230	29	167	34
南昌县	637	637	635	26	609	281	72	152	57
安义县	37	37	52		52	10	2	5	3
进贤县	116	116	270	4	266	47	5	26	16
景德镇市	**338**	**338**	**972**	**16**	**956**	**213**	**34**	**124**	**55**
昌江区	38	38	133	2	131	31	4	18	9
珠山区	128	128	356	3	353	69	25	41	3
浮梁县	43	43	170	3	167	27	3	21	3
乐平市	129	129	313	8	305	86	2	44	40
萍乡市	**502**	**502**	**1098**	**18**	**1080**	**266**	**22**	**161**	**83**
安源区	257	257	622	8	614	139	11	80	48
湘东区	45	45	146	5	141	45	3	33	9
莲花县	24	24	53	1	52	15	1	9	5
上栗县	122	122	189	3	186	23	2	18	3
芦溪县	54	54	88	1	87	44	5	21	18
九江市	**1546**	**1546**	**3008**	**58**	**2950**	**786**	**68**	**425**	**293**
濂溪区	223	223	407	17	390	98	17	63	18
浔阳区	266	266	285	7	278	116	18	79	19
柴桑区	178	178	153	6	147	60	5	40	15
武宁县	90	90	107	1	106	14		14	
修水县	111	111	358	6	352	70	8	33	29
永修县	103	103	119		119	19	3	15	1
德安县	71	71	96	3	93	10		8	2
都昌县	127	127	628	5	623	123	2	50	71
湖口县	47	47	57	2	55	17	2	13	2
彭泽县	78	78	163	2	161	56	7	40	9
瑞昌市	152	152	458	4	454	172	2	55	115
共青城市	46	46	64	1	63	14	2	8	4
庐山市	54	54	113	4	109	17	2	7	8
新余市	**367**	**367**	**771**	**13**	**758**	**193**	**16**	**105**	**72**
渝水区	328	328	598	9	589	172	16	89	67
分宜县	39	39	173	4	169	21		16	5
鹰潭市	**373**	**373**	**729**	**9**	**720**	**293**	**7**	**94**	**192**
月湖区	196	196	190	3	187	61	3	50	8
余江区	74	74	401	2	399	199	1	22	176
贵溪市	103	103	138	4	134	33	3	22	8
赣州市	**2176**	**2176**	**3677**	**81**	**3596**	**1002**	**81**	**696**	**225**
章贡区	693	693	753	21	732	263	32	201	30
南康区	231	231	290	4	286	65	5	47	13
赣县区	105	105	220	8	212	67	6	38	23
信丰县	100	100	208	6	202	125	5	96	24
大余县	66	66	149		149	26	1	15	10
上犹县	48	48	115		115	19	3	11	5
崇义县	24	24	62	2	60	7		5	2
安远县	38	38	89	4	85	19		15	4
定南县	50	50	116	3	113	15	1	12	2
全南县	31	31	54	3	51	9	1	6	2

4-4 续表 59

单位：人

地区 性别	房地产业		租赁和商务服务业			科学研究和技术服务业			
	小计	房地产业	小计	租赁业	商务服务业	小计	研究和试验发展	专业技术服务业	科技推广和应用服务业
宁都县	103	103	415	7	408	87	5	43	39
于都县	229	229	244	5	239	92	7	63	22
兴国县	117	117	198	2	196	39	1	34	4
会昌县	125	125	205	1	204	46	3	23	20
寻乌县	33	33	106	4	102	22	2	17	3
石城县	38	38	82	2	80	27	3	16	8
瑞金市	94	94	263	4	259	50	5	33	12
龙南市	51	51	108	5	103	24	1	21	2
吉安市	**835**	**835**	**1583**	**29**	**1554**	**443**	**43**	**267**	**133**
吉州区	172	172	235	2	233	58	3	47	8
青原区	74	74	103	1	102	28	2	21	5
吉安县	87	87	97	3	94	28	2	23	3
吉水县	49	49	177	1	176	45	4	22	19
峡江县	6	6	36	2	34	6		6	
新干县	60	60	105	1	104	27	8	14	5
永丰县	37	37	44	1	43	11		7	4
泰和县	75	75	182	6	176	89	15	15	59
遂川县	52	52	100		100	26	1	24	1
万安县	26	26	99	4	95	35	3	26	6
安福县	47	47	56	2	54	16	1	14	1
永新县	132	132	296	5	291	70	4	45	21
井冈山市	18	18	53	1	52	4		3	1
宜春市	**1346**	**1346**	**1801**	**50**	**1751**	**478**	**34**	**277**	**167**
袁州区	390	390	293	19	274	92	9	76	7
奉新县	57	57	107	2	105	62	2	7	53
万载县	57	57	172	5	167	28	5	16	7
上高县	98	98	237	2	235	53	2	22	29
宜丰县	43	43	60	1	59	13		11	2
靖安县	26	26	34	1	33	6	1	4	1
铜鼓县	11	11	38	1	37	2	2		
丰城市	342	342	513	11	502	111	8	63	40
樟树市	160	160	100	2	98	34	2	30	2
高安市	162	162	247	6	241	77	3	48	26
抚州市	**789**	**789**	**1269**	**17**	**1252**	**309**	**34**	**159**	**116**
临川区	294	294	425	3	422	106	13	62	31
东乡区	114	114	126	2	124	22	7	12	3
南城县	70	70	63	1	62	15	2	7	6
黎川县	24	24	157	3	154	35	1	14	20
南丰县	47	47	46		46	8	1	5	2
崇仁县	89	89	66	1	65	17	2	10	5
乐安县	40	40	157	3	154	42	2	24	16
宜黄县	30	30	36	3	33	7	1	3	3
金溪县	37	37	96		96	21	1	10	10
资溪县	12	12	33		33	20	2	1	17
广昌县	32	32	64	1	63	16	2	11	3
上饶市	**1495**	**1495**	**3561**	**59**	**3502**	**858**	**72**	**508**	**278**
信州区	283	283	643	7	636	142	20	99	23
广丰区	177	177	536	11	525	164	7	86	71
广信区	301	301	447	10	437	93	16	55	22
玉山县	50	50	208	2	206	39	2	19	18
铅山县	160	160	107	2	105	11	1	8	2
横峰县	36	36	118	1	117	19		12	7
弋阳县	47	47	188	5	183	34	2	21	11
余干县	125	125	371	3	368	66	5	46	15
鄱阳县	168	168	333	11	322	137	13	84	40
万年县	37	37	168	2	166	21	1	16	4
婺源县	60	60	279	1	278	86	3	31	52
德兴市	51	51	163	4	159	46	2	31	13

4-4 续表 60

单位：人

地区 性别	水利、环境和公共设施管理业					居民服务、修理和其他服务业			
	小计	水利管理业	生态保护和环境治理业	公共设施管理业	土地管理业	小计	居民服务业	机动车、电子产品和日用产品修理业	其他服务业
全省	**14523**	**681**	**1250**	**12442**	**150**	**88670**	**52894**	**19504**	**16272**
南昌市	**2589**	**149**	**171**	**2246**	**23**	**10394**	**5863**	**2434**	**2097**
东湖区	192	18	14	158	2	880	573	149	158
西湖区	187	20	11	154	2	855	572	161	122
青云谱区	83	3	5	74	1	639	345	193	101
青山湖区	444	32	39	369	4	1775	969	446	360
新建区	527	21	12	488	6	1791	964	381	446
红谷滩区	372	22	25	321	4	929	594	161	174
南昌县	582	21	56	502	3	2417	1256	650	511
安义县	53	2	3	48		225	115	42	68
进贤县	149	10	6	132	1	883	475	251	157
景德镇市	**571**	**25**	**36**	**504**	**6**	**4090**	**2394**	**705**	**991**
昌江区	64	3	2	58	1	528	146	60	322
珠山区	123	6	7	109	1	715	432	127	156
浮梁县	144	7	9	127	1	596	330	154	112
乐平市	240	9	18	210	3	2251	1486	364	401
萍乡市	**733**	**25**	**53**	**641**	**14**	**9515**	**7790**	**869**	**856**
安源区	229	5	15	196	13	3489	2897	293	299
湘东区	113	8	12	92	1	1050	789	169	92
莲花县	63	5	2	56		1349	1185	88	76
上栗县	188	4	17	167		1262	887	225	150
芦溪县	140	3	7	130		2365	2032	94	239
九江市	**1688**	**59**	**177**	**1428**	**24**	**10795**	**6257**	**1844**	**2694**
濂溪区	165	10	9	145	1	668	393	168	107
浔阳区	156	6	17	132	1	890	534	148	208
柴桑区	213	3	26	183	1	651	375	140	136
武宁县	89	1	10	78		659	460	103	96
修水县	166	7	23	134	2	1272	843	269	160
永修县	106	7	4	94	1	943	696	121	126
德安县	61	2		59		543	343	84	116
都昌县	129	6	27	92	4	1288	924	232	132
湖口县	104	1	18	85		321	180	98	43
彭泽县	172	8	18	139	7	780	454	117	209
瑞昌市	158	6	4	144	4	2002	597	216	1189
共青城市	47		3	43	1	211	94	51	66
庐山市	122	2	18	100	2	567	364	97	106
新余市	**355**	**23**	**38**	**288**	**6**	**1752**	**892**	**462**	**398**
渝水区	271	18	37	211	5	1395	713	365	317
分宜县	84	5	1	77	1	357	179	97	81
鹰潭市	**409**	**13**	**37**	**354**	**5**	**2593**	**1681**	**445**	**467**
月湖区	159	7	8	142	2	737	465	130	142
余江区	53	1	24	26	2	598	374	118	106
贵溪市	197	5	5	186	1	1258	842	197	219
赣州市	**2684**	**101**	**312**	**2250**	**21**	**15212**	**7651**	**4557**	**3004**
章贡区	479	29	41	409		2384	1329	631	424
南康区	244	1	24	217	2	1239	592	312	335
赣县区	370	7	27	335	1	867	437	282	148
信丰县	140	13	29	97	1	873	377	342	154
大余县	87	1	8	78		1226	375	130	721
上犹县	82	4	11	66	1	414	192	133	89
崇义县	59	2	10	47		340	148	104	88
安远县	93	1	2	90		354	175	116	63
定南县	31		9	22		328	143	115	70
全南县	123		13	108	2	318	137	129	52

4-4 续表 61　　　　单位：人

地区 性别	水利、环境和公共设施管理业					居民服务、修理和其他服务业			
	小计	水利管理业	生态保护和环境治理业	公共设施管理业	土地管理业	小计	居民服务业	机动车、电子产品和日用产品修理业	其他服务业
宁都县	128	10	21	97		1282	770	338	174
于都县	180	14	16	145	5	1286	660	490	136
兴国县	145	6	20	118	1	1206	608	437	161
会昌县	79	3	13	62	1	782	407	285	90
寻乌县	89	4	13	72		421	202	159	60
石城县	74	3	3	68		389	268	100	21
瑞金市	151	3	11	136	1	996	589	258	149
龙南市	130		41	83	6	507	242	196	69
吉安市	**1184**	**68**	**101**	**1001**	**14**	**5924**	**3151**	**1635**	**1138**
吉州区	132	13	8	108	3	599	327	151	121
青原区	58		11	46	1	327	132	93	102
吉安县	103	5	4	93	1	600	270	172	158
吉水县	119	9	11	96	3	583	298	163	122
峡江县	34	2	2	30		168	91	47	30
新干县	99	6	3	90		405	193	120	92
永丰县	69	3	7	58	1	548	358	134	56
泰和县	59	9	5	44	1	481	262	139	80
遂川县	128	3	9	116		570	332	201	37
万安县	56	4	4	47	1	441	237	133	71
安福县	115	8	5	102		408	247	100	61
永新县	92	1	8	80	3	593	316	138	139
井冈山市	120	5	24	91		201	88	44	69
宜春市	**1543**	**95**	**94**	**1339**	**15**	**9329**	**5813**	**2057**	**1459**
袁州区	493	8	27	457	1	1788	1077	497	214
奉新县	50	2	7	41		536	354	98	84
万载县	160	4	10	145	1	792	543	150	99
上高县	70	4	6	58	2	527	284	115	128
宜丰县	57	3	6	45	3	1225	1035	111	79
靖安县	61	1	2	58		254	164	39	51
铜鼓县	28	4	1	23		247	162	64	21
丰城市	233	51	13	164	5	1818	950	390	478
樟树市	141	2	8	131		789	529	162	98
高安市	250	16	14	217	3	1353	715	431	207
抚州市	**970**	**46**	**87**	**829**	**8**	**6022**	**3489**	**1455**	**1078**
临川区	295	18	27	249	1	1578	890	390	298
东乡区	145	4	3	137	1	630	316	147	167
南城县	50		4	46		404	223	104	77
黎川县	59	4	8	46	1	666	442	94	130
南丰县	51	4	3	44		318	179	67	72
崇仁县	68	5	13	50		460	277	130	53
乐安县	92	7	10	73	2	546	279	174	93
宜黄县	69		8	59	2	460	297	132	31
金溪县	42	2	4	36		441	228	141	72
资溪县	37	1	1	34	1	76	38	8	30
广昌县	62	1	6	55		443	320	68	55
上饶市	**1797**	**77**	**144**	**1562**	**14**	**13044**	**7913**	**3041**	**2090**
信州区	210	9	16	184	1	1454	888	304	262
广丰区	206	17	8	180	1	1581	868	422	291
广信区	254	7	24	218	5	1794	1046	462	286
玉山县	138	8	14	116		779	418	225	136
铅山县	120	3	5	110	2	811	591	151	69
横峰县	44	3	2	39		337	213	81	43
弋阳县	75	3	7	65		580	371	128	81
余干县	126	4	14	108		1363	875	325	163
鄱阳县	302	15	5	282		2000	1143	513	344
万年县	89	3	23	62	1	772	365	160	247
婺源县	171	2	20	147	2	677	451	143	83
德兴市	62	3	6	51	2	896	684	127	85

4-4 续表 62

单位：人

地区 性别	水利、环境和公共设施管理业					居民服务、修理和其他服务业			
	小计	水利管理业	生态保护和环境治理业	公共设施管理业	土地管理业	小计	居民服务业	机动车、电子产品和日用产品修理业	其他服务业
男	**8840**	**523**	**927**	**7275**	**115**	**38903**	**15552**	**16604**	**6747**
南昌市	**1631**	**104**	**120**	**1388**	**19**	**4904**	**2061**	**2054**	**789**
东湖区	121	13	7	99	2	361	191	120	50
西湖区	118	13	8	95	2	372	177	133	62
青云谱区	46	1	3	41	1	311	105	160	46
青山湖区	308	18	29	259	2	904	382	387	135
新建区	314	19	10	281	4	805	327	335	143
红谷滩区	252	15	18	215	4	386	195	129	62
南昌县	336	14	39	280	3	1160	437	540	183
安义县	38	2	2	34		121	46	38	37
进贤县	98	9	4	84	1	484	201	212	71
景德镇市	**320**	**16**	**25**	**275**	**4**	**1680**	**686**	**596**	**398**
昌江区	33	1	2	29	1	279	57	51	171
珠山区	75	4	6	65		307	135	96	76
浮梁县	85	5	8	71	1	296	115	135	46
乐平市	127	6	9	110	2	798	379	314	105
萍乡市	**448**	**16**	**36**	**386**	**10**	**2516**	**1485**	**748**	**283**
安源区	129		9	111	9	836	534	236	66
湘东区	69	5	7	56	1	343	157	150	36
莲花县	38	4	2	32		405	293	78	34
上栗县	118	4	13	101		427	172	203	52
芦溪县	94	3	5	86		505	329	81	95
九江市	**1094**	**47**	**128**	**901**	**18**	**4937**	**2008**	**1513**	**1416**
濂溪区	103	9	7	86	1	298	126	139	33
浔阳区	106	6	11	88	1	369	162	113	94
柴桑区	113	3	19	91		284	121	121	42
武宁县	70	1	7	62		308	165	86	57
修水县	121	4	17	98	2	553	281	201	71
永修县	68	6	3	58	1	310	159	104	47
德安县	42	1		41		166	68	72	26
都昌县	84	5	17	59	3	560	316	198	46
湖口县	68		14	54		159	56	79	24
彭泽县	105	6	15	78	6	267	94	94	79
瑞昌市	105	4	2	97	2	1209	231	179	799
共青城市	35		3	31	1	126	40	44	42
庐山市	74	2	13	58	1	328	189	83	56
新余市	**199**	**17**	**29**	**151**	**2**	**795**	**247**	**397**	**151**
渝水区	147	12	28	105	2	621	202	308	111
分宜县	52	5	1	46		174	45	89	40
鹰潭市	**242**	**9**	**26**	**205**	**2**	**1015**	**485**	**364**	**166**
月湖区	88	3	5	80		256	112	103	41
余江区	32	1	16	14	1	269	133	96	40
贵溪市	122	5	5	111	1	490	240	165	85
赣州市	**1569**	**85**	**241**	**1224**	**19**	**7861**	**2715**	**3942**	**1204**
章贡区	279	17	27	235		1095	429	541	125
南康区	136	1	20	113	2	574	212	252	110
赣县区	190	7	24	159		447	153	241	53
信丰县	84	13	16	54	1	513	153	289	71
大余县	51	1	8	42		638	173	116	349
上犹县	49	3	7	39		214	72	113	29
崇义县	32	2	9	21		169	50	88	31
安远县	50	1	2	47		207	78	101	28
定南县	22		6	16		184	54	104	26
全南县	54		12	40	2	173	48	111	14

4-4 续表 63 单位：人

地 区 性 别	水利、环境和公共设施管理业					居民服务、修理和其他服务业			
	小计	水 利 管理业	生态保护 和环境 治理业	公共设施 管理业	土 地 管理业	小计	居 民 服务业	机动车、 电子产品 和日用产 品修理业	其 他 服务业
宁都县	84	8	16	60		608	244	300	64
于都县	116	13	13	85	5	701	217	415	69
兴国县	95	6	16	72	1	656	211	372	73
会昌县	51	3	8	39	1	460	168	255	37
寻乌县	60	4	12	44		248	84	144	20
石城县	45	3	2	40		173	73	88	12
瑞金市	85	3	9	72	1	494	193	242	59
龙南市	86		34	46	6	307	103	170	34
吉安市	**672**	**59**	**75**	**529**	**9**	**2712**	**907**	**1373**	**432**
吉州区	82	12	6	62	2	249	87	131	31
青原区	36		9	27		148	27	83	38
吉安县	63	5	4	54		295	80	140	75
吉水县	66	8	8	47	3	279	98	139	42
峡江县	22	2	1	19		96	39	41	16
新干县	57	4	3	50		191	49	101	41
永丰县	37	3	5	28	1	211	79	112	20
泰和县	34	7	4	23		214	82	102	30
遂川县	51	2	6	43		276	90	172	14
万安县	34	3	1	29	1	210	64	117	29
安福县	75	7	4	64		165	60	86	19
永新县	50	1	5	42	2	287	121	113	53
井冈山市	65	5	19	41		91	31	36	24
宜春市	**913**	**78**	**74**	**749**	**12**	**3708**	**1430**	**1751**	**527**
袁州区	276	7	25	243	1	821	311	430	80
奉新县	35	2	6	27		209	98	82	29
万载县	106	4	8	93	1	319	152	134	33
上高县	44	3	5	34	2	232	70	100	62
宜丰县	37	3	5	26	3	262	131	90	41
靖安县	30	1	2	27		89	29	38	22
铜鼓县	16	2	1	13		108	48	54	6
丰城市	146	43	9	91	3	791	306	324	161
樟树市	81	2	6	73		279	110	136	33
高安市	142	11	7	122	2	598	175	363	60
抚州市	**591**	**35**	**66**	**482**	**8**	**2667**	**956**	**1253**	**458**
临川区	174	11	24	138	1	704	249	337	118
东乡区	75	3	3	68	1	317	103	126	88
南城县	27		2	25		192	75	94	23
黎川县	42	3	5	33	1	215	87	84	44
南丰县	39	4	2	33		152	62	59	31
崇仁县	45	4	9	32		225	91	113	21
乐安县	63	7	9	45	2	280	87	147	46
宜黄县	43		5	36	2	182	60	109	13
金溪县	27	2	2	23		213	57	118	38
资溪县	21			20	1	38	16	7	15
广昌县	35	1	5	29		149	69	59	21
上饶市	**1161**	**57**	**107**	**985**	**12**	**6108**	**2572**	**2613**	**923**
信州区	145	5	11	128	1	655	306	246	103
广丰区	146	14	7	124	1	748	265	358	125
广信区	167	3	21	138	5	898	379	402	117
玉山县	90	6	9	75		440	167	201	72
铅山县	79	3	3	71	2	304	131	138	35
横峰县	30	3	2	25		191	97	71	23
弋阳县	48	2	3	43		296	145	109	42
余干县	74	3	11	60		747	391	277	79
鄱阳县	179	12	5	162		865	315	443	107
万年县	60	2	17	41		396	107	141	148
婺源县	106	2	14	89	1	315	162	118	35
德兴市	37	2	4	29	2	253	107	109	37

4-4 续表 64

单位：人

地区 性别	水利、环境和公共设施管理业					居民服务、修理和其他服务业			
	小计	水利管理业	生态保护和环境治理业	公共设施管理业	土地管理业	小计	居民服务业	机动车、电子产品和日用产品修理业	其他服务业
女	**5683**	**158**	**323**	**5167**	**35**	**49767**	**37342**	**2900**	**9525**
南昌市	**958**	**45**	**51**	**858**	**4**	**5490**	**3802**	**380**	**1308**
东湖区	71	5	7	59		519	382	29	108
西湖区	69	7	3	59		483	395	28	60
青云谱区	37	2	2	33		328	240	33	55
青山湖区	136	14	10	110	2	871	587	59	225
新建区	213	2	2	207	2	986	637	46	303
红谷滩区	120	7	7	106		543	399	32	112
南昌县	246	7	17	222		1257	819	110	328
安义县	15		1	14		104	69	4	31
进贤县	51	1	2	48		399	274	39	86
景德镇市	**251**	**9**	**11**	**229**	**2**	**2410**	**1708**	**109**	**593**
昌江区	31	2		29		249	89	9	151
珠山区	48	2	1	44	1	408	297	31	80
浮梁县	59	2	1	56		300	215	19	66
乐平市	113	3	9	100	1	1453	1107	50	296
萍乡市	**285**	**9**	**17**	**255**	**4**	**6999**	**6305**	**121**	**573**
安源区	100	5	6	85	4	2653	2363	57	233
湘东区	44	3	5	36		707	632	19	56
莲花县	25	1		24		944	892	10	42
上栗县	70		4	66		835	715	22	98
芦溪县	46		2	44		1860	1703	13	144
九江市	**594**	**12**	**49**	**527**	**6**	**5858**	**4249**	**331**	**1278**
濂溪区	62	1	2	59		370	267	29	74
浔阳区	50		6	44		521	372	35	114
柴桑区	100		7	92	1	367	254	19	94
武宁县	19		3	16		351	295	17	39
修水县	45	3	6	36		719	562	68	89
永修县	38	1	1	36		633	537	17	79
德安县	19	1		18		377	275	12	90
都昌县	45	1	10	33	1	728	608	34	86
湖口县	36	1	4	31		162	124	19	19
彭泽县	67	2	3	61	1	513	360	23	130
瑞昌市	53	2	2	47	2	793	366	37	390
共青城市	12			12		85	54	7	24
庐山市	48		5	42	1	239	175	14	50
新余市	**156**	**6**	**9**	**137**	**4**	**957**	**645**	**65**	**247**
渝水区	124	6	9	106	3	774	511	57	206
分宜县	32			31	1	183	134	8	41
鹰潭市	**167**	**4**	**11**	**149**	**3**	**1578**	**1196**	**81**	**301**
月湖区	71	4	3	62	2	481	353	27	101
余江区	21		8	12	1	329	241	22	66
贵溪市	75			75		768	602	32	134
赣州市	**1115**	**16**	**71**	**1026**	**2**	**7351**	**4936**	**615**	**1800**
章贡区	200	12	14	174		1289	900	90	299
南康区	108		4	104		665	380	60	225
赣县区	180		3	176	1	420	284	41	95
信丰县	56		13	43		360	224	53	83
大余县	36			36		588	202	14	372
上犹县	33	1	4	27	1	200	120	20	60
崇义县	27		1	26		171	98	16	57
安远县	43			43		147	97	15	35
定南县	9		3	6		144	89	11	44
全南县	69		1	68		145	89	18	38

4-4 续表 65　　　　单位：人

地区 性别	水利、环境和公共设施管理业					居民服务、修理和其他服务业			
	小计	水利管理业	生态保护和环境治理业	公共设施管理业	土地管理业	小计	居民服务业	机动车、电子产品和日用产品修理业	其他服务业
宁都县	44	2	5	37		674	526	38	110
于都县	64	1	3	60		585	443	75	67
兴国县	50		4	46		550	397	65	88
会昌县	28		5	23		322	239	30	53
寻乌县	29		1	28		173	118	15	40
石城县	29		1	28		216	195	12	9
瑞金市	66		2	64		502	396	16	90
龙南市	44		7	37		200	139	26	35
吉安市	**512**	**9**	**26**	**472**	**5**	**3212**	**2244**	**262**	**706**
吉州区	50	1	2	46	1	350	240	20	90
青原区	22		2	19	1	179	105	10	64
吉安县	40			39	1	305	190	32	83
吉水县	53	1	3	49		304	200	24	80
峡江县	12		1	11		72	52	6	14
新干县	42	2		40		214	144	19	51
永丰县	32		2	30		337	279	22	36
泰和县	25	2	1	21	1	267	180	37	50
遂川县	77	1	3	73		294	242	29	23
万安县	22	1	3	18		231	173	16	42
安福县	40	1	1	38		243	187	14	42
永新县	42		3	38	1	306	195	25	86
井冈山市	55		5	50		110	57	8	45
宜春市	**630**	**17**	**20**	**590**	**3**	**5621**	**4383**	**306**	**932**
袁州区	217	1	2	214		967	766	67	134
奉新县	15		1	14		327	256	16	55
万载县	54		2	52		473	391	16	66
上高县	26	1	1	24		295	214	15	66
宜丰县	20		1	19		963	904	21	38
靖安县	31			31		165	135	1	29
铜鼓县	12	2		10		139	114	10	15
丰城市	87	8	4	73	2	1027	644	66	317
樟树市	60		2	58		510	419	26	65
高安市	108	5	7	95	1	755	540	68	147
抚州市	**379**	**11**	**21**	**347**		**3355**	**2533**	**202**	**620**
临川区	121	7	3	111		874	641	53	180
东乡区	70	1		69		313	213	21	79
南城县	23		2	21		212	148	10	54
黎川县	17	1	3	13		451	355	10	86
南丰县	12		1	11		166	117	8	41
崇仁县	23	1	4	18		235	186	17	32
乐安县	29		1	28		266	192	27	47
宜黄县	26		3	23		278	237	23	18
金溪县	15		2	13		228	171	23	34
资溪县	16	1	1	14		38	22	1	15
广昌县	27		1	26		294	251	9	34
上饶市	**636**	**20**	**37**	**577**	**2**	**6936**	**5341**	**428**	**1167**
信州区	65	4	5	56		799	582	58	159
广丰区	60	3	1	56		833	603	64	166
广信区	87	4	3	80		896	667	60	169
玉山县	48	2	5	41		339	251	24	64
铅山县	41		2	39		507	460	13	34
横峰县	14			14		146	116	10	20
弋阳县	27	1	4	22		284	226	19	39
余干县	52	1	3	48		616	484	48	84
鄱阳县	123	3		120		1135	828	70	237
万年县	29	1	6	21	1	376	258	19	99
婺源县	65		6	58	1	362	289	25	48
德兴市	25	1	2	22		643	577	18	48

4-4 续表 66

单位：人

地区 性别	教育		卫生和社会工作			文化、体育和娱乐业				
	小计	教育	小计	卫生	社会工作	小计	新闻和出版业	广播、电视、电影和录音制作业	文化艺术业	体育
全省	**91557**	**91557**	**38408**	**37077**	**1331**	**11887**	**966**	**1372**	**2645**	**1730**
南昌市	**16492**	**16492**	**6527**	**6381**	**146**	**2934**	**516**	**431**	**540**	**380**
东湖区	1458	1458	1585	1560	25	452	98	53	94	57
西湖区	1421	1421	738	723	15	409	57	63	79	32
青云谱区	731	731	417	416	1	148	21	17	22	21
青山湖区	4760	4760	1170	1129	41	647	118	155	123	71
新建区	1704	1704	474	450	24	214	24	15	43	30
红谷滩区	2345	2345	779	764	15	579	161	72	87	82
南昌县	2745	2745	886	873	13	391	32	47	65	72
安义县	356	356	142	139	3	19	3	2	4	4
进贤县	972	972	336	327	9	75	2	7	23	11
景德镇市	**3262**	**3262**	**1314**	**1280**	**34**	**479**	**26**	**40**	**135**	**72**
昌江区	338	338	139	128	11	64	6	2	31	8
珠山区	970	970	472	464	8	192	15	16	60	14
浮梁县	523	523	196	194	2	39	2	5	6	7
乐平市	1431	1431	507	494	13	184	3	17	38	43
萍乡市	**4220**	**4220**	**1938**	**1854**	**84**	**716**	**33**	**73**	**134**	**114**
安源区	1655	1655	932	901	31	338	28	52	58	50
湘东区	556	556	223	193	30	142	2	2	19	19
莲花县	455	455	172	165	7	40	1	1	19	10
上栗县	1002	1002	389	383	6	137	1	10	29	25
芦溪县	552	552	222	212	10	59	1	8	9	10
九江市	**9594**	**9594**	**4493**	**4305**	**188**	**1399**	**74**	**138**	**270**	**234**
濂溪区	1036	1036	394	376	18	147	8	19	30	23
浔阳区	1340	1340	886	865	21	257	31	43	49	28
柴桑区	593	593	246	221	25	79	8	7	15	10
武宁县	514	514	257	249	8	61	1	3	11	9
修水县	1299	1299	558	533	25	191	8	9	32	59
永修县	530	530	292	288	4	115	3	6	15	15
德安县	281	281	136	134	2	69	2	8	16	4
都昌县	1333	1333	704	679	25	117	1	10	31	19
湖口县	443	443	197	190	7	46	3	3	4	5
彭泽县	578	578	259	242	17	94	3	6	23	10
瑞昌市	1034	1034	325	306	19	110	4	14	20	26
共青城市	315	315	69	67	2	43	1	4	9	15
庐山市	298	298	170	155	15	70	1	6	15	11
新余市	**2351**	**2351**	**967**	**893**	**74**	**241**	**32**	**23**	**47**	**39**
渝水区	1973	1973	724	683	41	211	27	22	40	33
分宜县	378	378	243	210	33	30	5	1	7	6
鹰潭市	**2406**	**2406**	**1015**	**992**	**23**	**341**	**20**	**41**	**52**	**57**
月湖区	747	747	404	400	4	154	13	21	15	23
余江区	756	756	210	200	10	63	3	7	11	15
贵溪市	903	903	401	392	9	124	4	13	26	19
赣州市	**17498**	**17498**	**6973**	**6771**	**202**	**1678**	**69**	**193**	**394**	**254**
章贡区	2893	2893	1669	1634	35	459	28	69	68	49
南康区	1551	1551	673	659	14	147	2	13	26	27
赣县区	1191	1191	372	363	9	167	8	19	85	17
信丰县	1161	1161	319	309	10	84		8	12	11
大余县	533	533	183	177	6	34	2	1	8	6
上犹县	540	540	233	225	8	39	3	4	5	9
崇义县	404	404	168	155	13	24	3	4	6	4
安远县	624	624	163	156	7	23	2	1	4	6
定南县	294	294	128	124	4	16	1	5	1	1
全南县	363	363	195	192	3	31		1	3	6

4—4 续表 67

单位：人

地区 性别	教育		卫生和社会工作			文化、体育和娱乐业				
	小计	教育	小计	卫生	社会工作	小计	新闻和出版业	广播、电视、电影和录音制作业	文化艺术业	体育
宁都县	1569	1569	394	377	17	109	5	11	42	13
于都县	1599	1599	580	572	8	159	1	15	43	37
兴国县	1382	1382	582	571	11	80	6	10	19	11
会昌县	807	807	324	313	11	64	2	9	24	10
寻乌县	635	635	201	188	13	33		3	7	4
石城县	473	473	238	231	7	52	1	7	9	10
瑞金市	980	980	334	310	24	116	5	11	23	25
龙南市	499	499	217	215	2	41		2	9	8
吉安市	**8296**	**8296**	**3185**	**3075**	**110**	**783**	**41**	**96**	**201**	**100**
吉州区	1030	1030	554	551	3	139	20	29	28	13
青原区	475	475	180	167	13	49	1	2	8	4
吉安县	637	637	235	216	19	67	2	9	16	9
吉水县	783	783	279	266	13	57	3	5	17	10
峡江县	201	201	80	77	3	8	1	2	1	1
新干县	481	481	205	198	7	43	3	1	8	9
永丰县	637	637	242	237	5	56		7	8	5
泰和县	927	927	292	279	13	57	2	11	21	6
遂川县	910	910	340	336	4	57		13	18	8
万安县	459	459	192	188	4	61	2	2	19	9
安福县	548	548	237	229	8	50	1	4	13	11
永新县	797	797	253	238	15	77	4	8	22	12
井冈山市	411	411	96	93	3	62	2	3	22	3
宜春市	**9553**	**9553**	**4246**	**4050**	**196**	**1049**	**43**	**99**	**252**	**138**
袁州区	2277	2277	1108	1055	53	296	15	31	77	49
奉新县	444	444	229	223	6	47		4	22	4
万载县	921	921	412	391	21	101	3	6	33	18
上高县	624	624	190	181	9	43		5	11	6
宜丰县	458	458	212	196	16	46	2	8	15	4
靖安县	206	206	113	107	6	23	1	2	7	1
铜鼓县	237	237	101	97	4	25	1	3	6	3
丰城市	1997	1997	844	803	41	200	7	17	36	28
樟树市	964	964	438	411	27	142	5	12	16	13
高安市	1425	1425	599	586	13	126	9	11	29	12
抚州市	**6003**	**6003**	**2596**	**2516**	**80**	**691**	**41**	**68**	**161**	**108**
临川区	1815	1815	883	856	27	265	22	36	73	42
东乡区	650	650	298	286	12	46		2	3	7
南城县	384	384	160	156	4	28		2	5	7
黎川县	377	377	127	122	5	63	4	1	21	8
南丰县	419	419	181	169	12	30	3	4	5	5
崇仁县	524	524	183	179	4	45	2	3	13	5
乐安县	557	557	246	241	5	53	1	6	16	7
宜黄县	368	368	179	178	1	35	4	5	6	7
金溪县	383	383	175	169	6	51	4		12	12
资溪县	133	133	47	46	1	20		1	2	2
广昌县	393	393	117	114	3	55	1	8	5	6
上饶市	**11882**	**11882**	**5154**	**4960**	**194**	**1576**	**71**	**170**	**459**	**234**
信州区	1484	1484	1017	981	36	346	26	72	70	47
广丰区	1600	1600	448	435	13	145	10	13	33	37
广信区	1564	1564	609	583	26	172	8	15	42	23
玉山县	818	818	410	399	11	94	5	10	17	18
铅山县	511	511	311	294	17	48	1	2	12	13
横峰县	317	317	102	93	9	25	2	4	10	
弋阳县	659	659	220	217	3	58	2	11	13	10
余干县	1107	1107	507	487	20	258	3	6	165	17
鄱阳县	2043	2043	726	705	21	238	7	25	48	43
万年县	548	548	272	268	4	62	1	5	16	13
婺源县	648	648	267	249	18	81	2	1	23	7
德兴市	583	583	265	249	16	49	4	6	10	6

4-4 续表 68

单位：人

地区 性别	教育		卫生和社会工作			文化、体育和娱乐业				
	小计	教育	小计	卫生	社会工作	小计	新闻和出版业	广播、电视、电影和录音制作业	文化艺术业	体育
男	**35019**	**35019**	**14489**	**13964**	**525**	**6580**	**551**	**784**	**1432**	**1002**
南昌市	**6384**	**6384**	**2176**	**2123**	**53**	**1667**	**280**	**244**	**291**	**230**
东湖区	552	552	539	532	7	272	55	34	55	34
西湖区	473	473	220	215	5	230	27	40	42	24
青云谱区	215	215	131	130	1	82	15	8	14	11
青山湖区	2070	2070	372	364	8	392	61	94	72	44
新建区	627	627	190	178	12	122	15	9	27	16
红谷滩区	908	908	254	245	9	309	90	29	34	56
南昌县	1015	1015	293	288	5	209	14	25	31	38
安义县	120	120	48	46	2	11	2		2	3
进贤县	404	404	129	125	4	40	1	5	14	4
景德镇市	**1344**	**1344**	**467**	**449**	**18**	**271**	**18**	**25**	**75**	**40**
昌江区	141	141	51	43	8	34	4	1	17	4
珠山区	352	352	158	152	6	102	11	10	32	5
浮梁县	218	218	63	63		22		2	4	5
乐平市	633	633	195	191	4	113	3	12	22	26
萍乡市	**1283**	**1283**	**638**	**614**	**24**	**344**	**16**	**35**	**70**	**63**
安源区	505	505	282	273	9	160	11	27	30	21
湘东区	172	172	55	46	9	63	2	1	11	12
莲花县	165	165	73	71	2	16	1		8	4
上栗县	292	292	150	148	2	77	1	4	16	20
芦溪县	149	149	78	76	2	28	1	3	5	6
九江市	**3793**	**3793**	**1824**	**1760**	**64**	**776**	**44**	**82**	**151**	**136**
濂溪区	407	407	125	122	3	78	5	12	12	11
浔阳区	453	453	315	308	7	144	18	27	24	18
柴桑区	223	223	87	79	8	47	5	3	11	7
武宁县	183	183	97	94	3	41	1	3	8	8
修水县	539	539	235	221	14	101	3	4	22	28
永修县	184	184	102	100	2	59	2	3	8	5
德安县	95	95	50	49	1	38	2	6	9	4
都昌县	600	600	401	393	8	67	1	5	15	14
湖口县	182	182	76	75	1	21	1		2	3
彭泽县	250	250	108	105	3	62	3	3	16	7
瑞昌市	445	445	132	125	7	52	2	9	9	14
共青城市	119	119	33	31	2	31	1	2	7	11
庐山市	113	113	63	58	5	35		5	8	6
新余市	**911**	**911**	**340**	**314**	**26**	**127**	**16**	**8**	**29**	**21**
渝水区	792	792	253	242	11	110	14	7	26	17
分宜县	119	119	87	72	15	17	2	1	3	4
鹰潭市	**843**	**843**	**393**	**385**	**8**	**176**	**12**	**25**	**24**	**24**
月湖区	234	234	137	136	1	70	9	11	7	8
余江区	308	308	89	86	3	41	1	4	8	8
贵溪市	301	301	167	163	4	65	2	10	9	8
赣州市	**6778**	**6778**	**2787**	**2710**	**77**	**963**	**44**	**130**	**218**	**152**
章贡区	1043	1043	563	553	10	242	17	45	34	23
南康区	587	587	268	265	3	76	1	8	18	18
赣县区	487	487	140	136	4	88	4	12	35	11
信丰县	466	466	143	140	3	47		4	7	9
大余县	169	169	79	76	3	12	1	1		2
上犹县	193	193	84	83	1	26	3	1	4	6
崇义县	142	142	77	71	6	15	2	2	4	3
安远县	231	231	58	54	4	13	1		3	2
定南县	89	89	42	40	2	9	1	3	1	1
全南县	132	132	78	77	1	21		1	3	4

4-4 续表 69　　　　单位：人

地区 性别	教育		卫生和社会工作			文化、体育和娱乐业				
	小计	教育	小计	卫生	社会工作	小计	新闻和出版业	广播、电视、电影和录音制作业	文化艺术业	体育
宁都县	643	643	172	162	10	71	4	8	26	9
于都县	707	707	257	255	2	96		12	28	20
兴国县	572	572	252	249	3	50	5	8	14	6
会昌县	374	374	151	146	5	42	2	7	13	6
寻乌县	245	245	86	81	5	22		2	3	4
石城县	187	187	104	100	4	36		6	6	7
瑞金市	366	366	145	134	11	76	3	9	14	17
龙南市	145	145	88	88		21		1	5	4
吉安市	**3129**	**3129**	**1258**	**1209**	**49**	**442**	**21**	**56**	**113**	**59**
吉州区	363	363	194	194		82	12	17	15	8
青原区	154	154	64	57	7	22		1	3	2
吉安县	238	238	80	73	7	41	2	4	12	5
吉水县	306	306	109	102	7	31	1	3	9	5
峡江县	72	72	32	31	1	5		1	1	1
新干县	168	168	88	85	3	24	3	1	2	4
永丰县	259	259	109	106	3	34		4	5	3
泰和县	374	374	124	121	3	29	1	7	10	4
遂川县	346	346	166	163	3	37		8	16	5
万安县	168	168	73	71	2	37		2	8	8
安福县	199	199	89	86	3	24		3	6	3
永新县	326	326	97	88	9	47	2	4	13	8
井冈山市	156	156	33	32	1	29		1	13	3
宜春市	**3380**	**3380**	**1555**	**1479**	**76**	**530**	**27**	**54**	**131**	**64**
袁州区	811	811	406	383	23	154	11	23	32	25
奉新县	162	162	92	92		22			16	1
万载县	300	300	155	149	6	50	2	3	19	3
上高县	207	207	73	68	5	25		3	6	3
宜丰县	150	150	80	70	10	24	2	3	11	1
靖安县	71	71	36	34	2	12	1	1	5	
铜鼓县	80	80	33	33		13		1	4	2
丰城市	775	775	325	313	12	110	4	8	21	14
樟树市	307	307	154	142	12	63	2	6	7	7
高安市	517	517	201	195	6	57	5	6	10	8
抚州市	**2273**	**2273**	**986**	**958**	**28**	**388**	**24**	**40**	**80**	**69**
临川区	677	677	295	286	9	146	12	23	34	27
东乡区	240	240	96	89	7	28		1		7
南城县	139	139	65	63	2	13		1	1	4
黎川县	136	136	52	50	2	39	3	1	13	4
南丰县	160	160	70	69	1	17	1	3	3	2
崇仁县	218	218	70	68	2	23	2	1	5	3
乐安县	198	198	114	112	2	35	1	5	11	4
宜黄县	160	160	85	85		15	2		2	5
金溪县	148	148	77	77		34	3		8	9
资溪县	52	52	17	16	1	6				1
广昌县	145	145	45	43	2	32		5	3	3
上饶市	**4901**	**4901**	**2065**	**1963**	**102**	**896**	**49**	**85**	**250**	**144**
信州区	547	547	374	357	17	178	18	29	32	24
广丰区	737	737	181	173	8	84	7	8	21	22
广信区	612	612	229	216	13	107	7	10	24	12
玉山县	334	334	148	142	6	56	3	6	10	10
铅山县	193	193	117	106	11	28	1		9	8
横峰县	129	129	48	42	6	14	2	2	5	
弋阳县	274	274	92	89	3	35	1	6	9	8
余干县	497	497	254	241	13	139		4	85	12
鄱阳县	880	880	314	304	10	148	5	12	30	26
万年县	224	224	116	115	1	38	1	3	8	10
婺源县	258	258	99	93	6	44	1	1	12	7
德兴市	216	216	93	85	8	25	3	4	5	5

4-4　续表 70　　　　单位：人

地　区 性　别	教育		卫生和社会工作			文化、体育和娱乐业				
	小计	教育	小计	卫生	社会工作	小计	新闻和出版业	广播、电视、电影和录音制作业	文化艺术业	体育
女	**56538**	**56538**	**23919**	**23113**	**806**	**5307**	**415**	**588**	**1213**	**728**
南昌市	**10108**	**10108**	**4351**	**4258**	**93**	**1267**	**236**	**187**	**249**	**150**
东湖区	906	906	1046	1028	18	180	43	19	39	23
西湖区	948	948	518	508	10	179	30	23	37	8
青云谱区	516	516	286	286		66	6	9	8	10
青山湖区	2690	2690	798	765	33	255	57	61	51	27
新建区	1077	1077	284	272	12	92	9	6	16	14
红谷滩区	1437	1437	525	519	6	270	71	43	53	26
南昌县	1730	1730	593	585	8	182	18	22	34	34
安义县	236	236	94	93	1	8	1	2	2	1
进贤县	568	568	207	202	5	35	1	2	9	7
景德镇市	**1918**	**1918**	**847**	**831**	**16**	**208**	**8**	**15**	**60**	**32**
昌江区	197	197	88	85	3	30	2	1	14	4
珠山区	618	618	314	312	2	90	4	6	28	9
浮梁县	305	305	133	131	2	17	2	3	2	2
乐平市	798	798	312	303	9	71		5	16	17
萍乡市	**2937**	**2937**	**1300**	**1240**	**60**	**372**	**17**	**38**	**64**	**51**
安源区	1150	1150	650	628	22	178	17	25	28	29
湘东区	384	384	168	147	21	79		1	8	7
莲花县	290	290	99	94	5	24		1	11	6
上栗县	710	710	239	235	4	60		6	13	5
芦溪县	403	403	144	136	8	31		5	4	4
九江市	**5801**	**5801**	**2669**	**2545**	**124**	**623**	**30**	**56**	**119**	**98**
濂溪区	629	629	269	254	15	69	3	7	18	12
浔阳区	887	887	571	557	14	113	13	16	25	10
柴桑区	370	370	159	142	17	32	3	4	4	3
武宁县	331	331	160	155	5	20			3	1
修水县	760	760	323	312	11	90	5	5	10	31
永修县	346	346	190	188	2	56	1	3	7	10
德安县	186	186	86	85	1	31		2	7	
都昌县	733	733	303	286	17	50		5	16	5
湖口县	261	261	121	115	6	25	2	3	2	2
彭泽县	328	328	151	137	14	32		3	7	3
瑞昌市	589	589	193	181	12	58	2	5	11	12
共青城市	196	196	36	36		12		2	2	4
庐山市	185	185	107	97	10	35	1	1	7	5
新余市	**1440**	**1440**	**627**	**579**	**48**	**114**	**16**	**15**	**18**	**18**
渝水区	1181	1181	471	441	30	101	13	15	14	16
分宜县	259	259	156	138	18	13	3		4	2
鹰潭市	**1563**	**1563**	**622**	**607**	**15**	**165**	**8**	**16**	**28**	**33**
月湖区	513	513	267	264	3	84	4	10	8	15
余江区	448	448	121	114	7	22	2	3	3	7
贵溪市	602	602	234	229	5	59	2	3	17	11
赣州市	**10720**	**10720**	**4186**	**4061**	**125**	**715**	**25**	**63**	**176**	**102**
章贡区	1850	1850	1106	1081	25	217	11	24	34	26
南康区	964	964	405	394	11	71	1	5	8	9
赣县区	704	704	232	227	5	79	4	7	50	6
信丰县	695	695	176	169	7	37		4	5	2
大余县	364	364	104	101	3	22	1		8	4
上犹县	347	347	149	142	7	13		3	1	3
崇义县	262	262	91	84	7	9	1	2	2	1
安远县	393	393	105	102	3	10	1	1	1	4
定南县	205	205	86	84	2	7		2		
全南县	231	231	117	115	2	10				2

4-4 续表 71　　单位：人

地区 性别	教育		卫生和社会工作			文化、体育和娱乐业				
	小计	教育	小计	卫生	社会工作	小计	新闻和出版业	广播、电视、电影和录音制作业	文化艺术业	体育
宁都县	926	926	222	215	7	38	1	3	16	4
于都县	892	892	323	317	6	63	1	3	15	17
兴国县	810	810	330	322	8	30	1	2	5	5
会昌县	433	433	173	167	6	22		2	11	4
寻乌县	390	390	115	107	8	11		1	4	
石城县	286	286	134	131	3	16	1	1	3	3
瑞金市	614	614	189	176	13	40	2	2	9	8
龙南市	354	354	129	127	2	20		1	4	4
吉安市	**5167**	**5167**	**1927**	**1866**	**61**	**341**	**20**	**40**	**88**	**41**
吉州区	667	667	360	357	3	57	8	12	13	5
青原区	321	321	116	110	6	27	1	1	5	2
吉安县	399	399	155	143	12	26		5	4	4
吉水县	477	477	170	164	6	26	2	2	8	5
峡江县	129	129	48	46	2	3	1	1		
新干县	313	313	117	113	4	19			6	5
永丰县	378	378	133	131	2	22		3	3	2
泰和县	553	553	168	158	10	28	1	4	11	2
遂川县	564	564	174	173	1	20		5	2	3
万安县	291	291	119	117	2	24	2		11	1
安福县	349	349	148	143	5	26	1	1	7	8
永新县	471	471	156	150	6	30	2	4	9	4
井冈山市	255	255	63	61	2	33	2	2	9	
宜春市	**6173**	**6173**	**2691**	**2571**	**120**	**519**	**16**	**45**	**121**	**74**
袁州区	1466	1466	702	672	30	142	4	8	45	24
奉新县	282	282	137	131	6	25		4	6	3
万载县	621	621	257	242	15	51	1	3	14	15
上高县	417	417	117	113	4	18		2	5	3
宜丰县	308	308	132	126	6	22		5	4	3
靖安县	135	135	77	73	4	11		1	2	1
铜鼓县	157	157	68	64	4	12	1	2	2	1
丰城市	1222	1222	519	490	29	90	3	9	15	14
樟树市	657	657	284	269	15	79	3	6	9	6
高安市	908	908	398	391	7	69	4	5	19	4
抚州市	**3730**	**3730**	**1610**	**1558**	**52**	**303**	**17**	**28**	**81**	**39**
临川区	1138	1138	588	570	18	119	10	13	39	15
东乡区	410	410	202	197	5	18		1	3	
南城县	245	245	95	93	2	15		1	4	3
黎川县	241	241	75	72	3	24	1		8	4
南丰县	259	259	111	100	11	13	2	1	2	3
崇仁县	306	306	113	111	2	22		2	8	2
乐安县	359	359	132	129	3	18		1	5	3
宜黄县	208	208	94	93	1	20	2	5	4	2
金溪县	235	235	98	92	6	17	1		4	3
资溪县	81	81	30	30		14		1	2	1
广昌县	248	248	72	71	1	23	1	3	2	3
上饶市	**6981**	**6981**	**3089**	**2997**	**92**	**680**	**22**	**85**	**209**	**90**
信州区	937	937	643	624	19	168	8	43	38	23
广丰区	863	863	267	262	5	61	3	5	12	15
广信区	952	952	380	367	13	65	1	5	18	11
玉山县	484	484	262	257	5	38	2	4	7	8
铅山县	318	318	194	188	6	20		2	3	5
横峰县	188	188	54	51	3	11		2	5	
弋阳县	385	385	128	128		23	1	5	4	2
余干县	610	610	253	246	7	119	3	2	80	5
鄱阳县	1163	1163	412	401	11	90	2	13	18	17
万年县	324	324	156	153	3	24		2	8	3
婺源县	390	390	168	156	12	37	1		11	
德兴市	367	367	172	164	8	24	1	2	5	1

4−4　续表 72　　　　　　　　　　　　　　　　　　　　　　　　　　　　单位：人

地　区 性　别	娱乐业	公共管理、社会保障和社会组织							国际组织	
		小计	中国共产党机关	国家机构	人民政协、民主党派	社会保障	群众团体、社会团体和其他成员组织	基层群众自治组织	小计	国际组织
全　省	**5174**	**82496**	**2103**	**61716**	**162**	**445**	**6310**	**11760**	**11**	**11**
南昌市	**1067**	**13188**	**411**	**10298**	**36**	**71**	**960**	**1412**	**1**	**1**
东湖区	150	1531	29	1316	12	6	78	90		
西湖区	178	1474	61	1221		5	86	101		
青云谱区	67	527	6	421		3	11	86		
青山湖区	180	2554	50	1825	1	21	360	297		
新建区	102	1736	63	1249	1	11	195	217		
红谷滩区	177	2327	106	2013	12	17	83	96		
南昌县	175	1784	63	1325	7	6	69	314		
安义县	6	422	14	339	2		16	51		
进贤县	32	833	19	589	1	2	62	160	1	1
景德镇市	**206**	**3189**	**77**	**2393**	**6**	**22**	**302**	**389**	**2**	**2**
昌江区	17	485	10	393	1	7	31	43		
珠山区	87	1067	35	808	3	9	118	94	1	1
浮梁县	19	673	7	480	1	1	67	117		
乐平市	83	964	25	712	1	5	86	135	1	1
萍乡市	**362**	**3939**	**77**	**3058**	**9**	**16**	**245**	**534**		
安源区	150	1900	40	1606	4	6	127	117		
湘东区	100	306	9	191	2	3	22	79		
莲花县	9	544		427	1	1	4	111		
上栗县	72	625	19	458		5	29	114		
芦溪县	31	564	9	376	2	1	63	113		
九江市	**683**	**8876**	**185**	**6538**	**19**	**38**	**812**	**1284**	**1**	**1**
濂溪区	67	829	13	675	3	2	69	67		
浔阳区	106	1726	45	1535	6	11	50	79		
柴桑区	39	485	12	356		2	27	88		
武宁县	37	586	7	483			10	86	1	1
修水县	83	943	28	580		3	178	154		
永修县	76	591	2	459	4		21	105		
德安县	39	447	9	378	2	1	13	44		
都昌县	56	735	20	370		6	161	178		
湖口县	31	419	10	330			17	62		
彭泽县	52	480	8	341	1	9	34	87		
瑞昌市	46	929	12	517	1	1	166	232		
共青城市	14	325	7	228	2	1	37	50		
庐山市	37	381	12	286		2	29	52		
新余市	**100**	**2477**	**43**	**1777**		**47**	**267**	**343**		
渝水区	89	1925	36	1415		44	197	233		
分宜县	11	552	7	362		3	70	110		
鹰潭市	**171**	**2561**	**28**	**2022**	**5**	**7**	**211**	**288**	**1**	**1**
月湖区	82	1041	20	916	4	3	42	56	1	1
余江区	27	669	5	422		2	139	101		
贵溪市	62	851	3	684	1	2	30	131		
赣州市	**768**	**14278**	**348**	**10758**	**17**	**79**	**831**	**2245**	**2**	**2**
章贡区	245	2525	43	2219	6	12	51	194		
南康区	79	1146	31	774	2	8	79	252		
赣县区	38	867	13	671	1	8	45	129		
信丰县	53	686	35	441			79	131		
大余县	17	498	14	348	2	4	45	85		
上犹县	18	590	6	457	1	2	40	84		
崇义县	7	558	22	434	2	3	14	83		
安远县	10	594	1	520			20	53		
定南县	8	333	17	270			3	43		
全南县	21	369	3	301			11	54		

4-4 续表 73　　　　单位：人

地区 性别	娱乐业	公共管理、社会保障和社会组织							国际组织	
		小计	中国共产党机关	国家机构	人民政协、民主党派	社会保障	群众团体、社会团体和其他成员组织	基层群众自治组织	小计	国际组织
宁都县	38	1083	27	567	1	12	189	287	2	2
于都县	63	984	29	781		17	49	108		
兴国县	34	983	50	636		4	52	241		
会昌县	19	676	7	490	2	2	28	147		
寻乌县	19	602	9	491		1	14	87		
石城县	25	510	10	408		3	33	56		
瑞金市	52	732	18	505		1	65	143		
龙南市	22	542	13	445		2	14	68		
吉安市	**345**	**7550**	**147**	**5869**	**15**	**37**	**521**	**961**	**2**	**2**
吉州区	49	1421	27	1245	3	8	64	74		
青原区	34	376	1	266	2	4	35	68		
吉安县	31	543	13	427	3	1	36	63		
吉水县	22	645	7	437		3	45	153		
峡江县	3	207	11	175				21		
新干县	22	464	9	343	1	5	64	42		
永丰县	36	558	2	442		1	13	100		
泰和县	17	615	24	384	2	8	85	112		
遂川县	18	724	19	590	3	2	11	99	2	2
万安县	29	421	7	320	1		27	66		
安福县	21	486	4	423		3	8	48		
永新县	31	655	10	455		2	120	68		
井冈山市	32	435	13	362			13	47		
宜春市	**517**	**9000**	**206**	**6565**	**16**	**31**	**537**	**1645**		
袁州区	124	2081	40	1660	3		35	343		
奉新县	17	600	14	393		4	55	134		
万载县	41	671	18	478		1	53	121		
上高县	21	715	10	465		3	121	116		
宜丰县	17	554	17	412			24	101		
靖安县	12	356	15	285	1	2	6	47		
铜鼓县	12	561	2	373		2	7	177		
丰城市	112	1580	61	1048	6	14	174	277		
樟树市	96	830	4	602	2	1	13	208		
高安市	65	1052	25	849	4	4	49	121		
抚州市	**313**	**6688**	**232**	**5100**	**15**	**33**	**437**	**871**		
临川区	92	1656	97	1285	4	14	112	144		
东乡区	34	629	19	507	4	4	7	88		
南城县	14	500	2	429	1		11	57		
黎川县	29	672	38	378		2	113	141		
南丰县	13	482	20	389	3	1	4	65		
崇仁县	22	445	8	365	1	5	22	44		
乐安县	23	674	15	476		3	60	120		
宜黄县	13	372	11	297		2	17	45		
金溪县	23	491	11	406		1	32	41		
资溪县	15	352	4	230			41	77		
广昌县	35	415	7	338	2	1	18	49		
上饶市	**642**	**10750**	**349**	**7338**	**24**	**64**	**1187**	**1788**	**2**	**2**
信州区	131	1622	91	1245	3	16	163	104		
广丰区	52	1059	39	540		10	207	263		
广信区	84	1291	55	835	1	3	208	189	2	2
玉山县	44	816	22	621	6	8	19	140		
铅山县	20	621	10	481	3	14	35	78		
横峰县	9	371	13	234			67	57		
弋阳县	22	546	22	357	2	4	78	83		
余干县	67	899	19	593		4	137	146		
鄱阳县	115	1378	21	1016	4	1	79	257		
万年县	27	554	7	393	2	1	52	99		
婺源县	48	912	25	508	1	2	116	260		
德兴市	23	681	25	515	2	1	26	112		

4–4　续表 74　　　　　　　　　　　　　　　　　　　　　　　　单位：人

地区 性别	娱乐业	公共管理、社会保障和社会组织							国际组织	
		小计	中国共产党机关	国家机构	人民政协、民主党派	社会保障	群众团体、社会团体和其他成员组织	基层群众自治组织	小计	国际组织
男	**2811**	**55105**	**1532**	**42481**	**118**	**216**	**3467**	**7291**	**8**	**8**
南昌市	**622**	**8466**	**279**	**6866**	**25**	**27**	**500**	**769**	**1**	**1**
东湖区	94	970	18	871	9		37	35		
西湖区	97	935	40	798		3	54	40		
青云谱区	34	342	5	295		1	7	34		
青山湖区	121	1587	29	1206		7	189	156		
新建区	55	1201	47	901	1	6	105	141		
红谷滩区	100	1424	67	1272	8	6	35	36		
南昌县	101	1169	45	891	5	3	35	190		
安义县	4	268	11	218	1		5	33		
进贤县	16	570	17	414	1	1	33	104	1	1
景德镇市	**113**	**2066**	**58**	**1593**	**3**	**10**	**159**	**243**	**2**	**2**
昌江区	8	305	6	252		5	18	24		
珠山区	44	659	26	524	2	4	59	44	1	1
浮梁县	11	440	6	316	1		36	81		
乐平市	50	662	20	501		1	46	94	1	1
萍乡市	**160**	**2513**	**62**	**2000**	**4**	**9**	**143**	**295**		
安源区	71	1164	30	1004	1	4	69	56		
湘东区	37	187	8	122	1	3	13	40		
莲花县	3	333		275	1		1	56		
上栗县	36	438	17	332		1	16	72		
芦溪县	13	391	7	267	1	1	44	71		
九江市	**363**	**6022**	**135**	**4621**	**15**	**16**	**457**	**778**		
濂溪区	38	530	9	447	2	1	35	36		
浔阳区	57	1151	32	1047	4	3	34	31		
柴桑区	21	354	6	276		2	15	55		
武宁县	21	420	7	346			5	62		
修水县	44	688	22	434		2	120	110		
永修县	41	398	2	316	4		16	60		
德安县	17	306	5	265	1		6	29		
都昌县	32	492	19	274		4	76	119		
湖口县	15	297	9	239			8	41		
彭泽县	33	337	3	259	1	2	16	56		
瑞昌市	18	579	8	372	1	1	82	115		
共青城市	10	209	3	155	2	1	22	26		
庐山市	16	261	10	191			22	38		
新余市	**53**	**1627**	**34**	**1222**		**29**	**144**	**198**		
渝水区	46	1281	29	993		27	102	130		
分宜县	7	346	5	229		2	42	68		
鹰潭市	**91**	**1680**	**21**	**1355**	**3**	**5**	**119**	**177**		
月湖区	35	687	13	620	2	2	22	28		
余江区	20	427	5	276		2	76	68		
贵溪市	36	566	3	459	1	1	21	81		
赣州市	**419**	**9696**	**249**	**7494**	**14**	**41**	**469**	**1429**	**2**	**2**
章贡区	123	1607	33	1461	5	5	31	72		
南康区	31	777	22	545	1	5	46	158		
赣县区	26	588	12	458	1	4	26	87		
信丰县	27	464	28	309			37	90		
大余县	8	331	9	230	2	2	29	59		
上犹县	12	395	5	322	1	1	21	45		
崇义县	4	380	16	301	1	2	9	51		
安远县	7	425	1	372			10	42		
定南县	3	236	12	190			1	33		
全南县	13	267	2	229			6	30		

4-4 续表 75

单位：人

地区 性别	娱乐业	公共管理、社会保障和社会组织						国际组织	
		小计	中国共产党机关	国家机构	人民政协、民主党派	社会保障	群众团体、社会团体和其他成员组织	基层群众自治组织	小计	国际组织
宁都县	24	770	20	427	1	7	120	195	2	2
于都县	36	670	20	537		8	31	74		
兴国县	17	666	31	442		3	33	157		
会昌县	14	481	5	361	2		15	98		
寻乌县	13	408	5	339		1	1	62		
石城县	17	361	6	301		1	13	40		
瑞金市	33	527	13	382		1	34	97		
龙南市	11	343	9	288		1	6	39		
吉安市	**193**	**5190**	**113**	**4143**	**11**	**16**	**287**	**620**	**1**	**1**
吉州区	30	928	26	829	2	4	34	33		
青原区	16	252	1	181	2	2	23	43		
吉安县	18	397	10	316	3	1	25	42		
吉水县	13	432	5	321		2	22	82		
峡江县	2	159	6	137				16		
新干县	14	295	7	228		2	30	28		
永丰县	22	400	2	318		1	7	72		
泰和县	7	403	17	266	1	3	49	67		
遂川县	8	531	13	435	2		6	75	1	1
万安县	19	292	6	227	1		14	44		
安福县	12	355	3	310		1	3	38		
永新县	20	453	8	329			68	48		
井冈山市	12	293	9	246			6	32		
宜春市	**254**	**6074**	**156**	**4598**	**12**	**13**	**300**	**995**		
袁州区	63	1387	26	1149	2		23	187		
奉新县	5	382	10	269		2	32	69		
万载县	23	460	14	331		1	35	79		
上高县	13	465	7	321			67	70		
宜丰县	7	374	12	288			6	68		
靖安县	5	219	10	177	1		2	29		
铜鼓县	6	361	2	244			5	110		
丰城市	63	1117	54	777	5	8	91	182		
樟树市	41	560	2	438			6	114		
高安市	28	749	19	604	4	2	33	87		
抚州市	**175**	**4614**	**168**	**3592**	**15**	**17**	**225**	**597**		
临川区	50	1088	65	882	4	9	36	92		
东乡区	20	454	14	361	4	2	3	70		
南城县	7	357	2	305	1		7	42		
黎川县	18	432	26	251			67	88		
南丰县	8	342	17	275	3		2	45		
崇仁县	12	303	6	249	1	1	15	31		
乐安县	14	493	12	365		2	34	80		
宜黄县	6	253	10	195		1	11	36		
金溪县	14	353	8	299		1	17	28		
资溪县	5	244	3	163			26	52		
广昌县	21	295	5	247	2	1	7	33		
上饶市	**368**	**7157**	**257**	**4997**	**16**	**33**	**664**	**1190**	**2**	**2**
信州区	75	977	60	776	2	5	75	59		
广丰区	26	713	30	387		7	118	171		
广信区	54	810	42	524	1	2	115	126	2	2
玉山县	27	563	17	440	4	3	11	88		
铅山县	10	401	7	317	1	9	22	45		
横峰县	5	244	9	158			41	36		
弋阳县	11	375	17	255	2	1	42	58		
余干县	38	638	16	427		4	82	109		
鄱阳县	75	991	15	746	3		42	185		
万年县	16	399	6	285	1	1	35	71		
婺源县	23	607	20	347	1		70	169		
德兴市	8	439	18	335	1	1	11	73		

4-4　续表 76　　　　单位：人

地区 性别	娱乐业	公共管理、社会保障和社会组织							国际组织	
		小计	中国共产党机关	国家机构	人民政协、民主党派	社会保障	群众团体、社会团体和其他成员组织	基层群众自治组织	小计	国际组织
女	**2363**	**27391**	**571**	**19235**	**44**	**229**	**2843**	**4469**	**3**	**3**
南昌市	**445**	**4722**	**132**	**3432**	**11**	**44**	**460**	**643**		
东湖区	56	561	11	445	3	6	41	55		
西湖区	81	539	21	423		2	32	61		
青云谱区	33	185	1	126		2	4	52		
青山湖区	59	967	21	619	1	14	171	141		
新建区	47	535	16	348		5	90	76		
红谷滩区	77	903	39	741	4	11	48	60		
南昌县	74	615	18	434	2	3	34	124		
安义县	2	154	3	121	1		11	18		
进贤县	16	263	2	175		1	29	56		
景德镇市	**93**	**1123**	**19**	**800**	**3**	**12**	**143**	**146**		
昌江区	9	180	4	141	1	2	13	19		
珠山区	43	408	9	284	1	5	59	50		
浮梁县	8	233	1	164		1	31	36		
乐平市	33	302	5	211	1	4	40	41		
萍乡市	**202**	**1426**	**15**	**1058**	**5**	**7**	**102**	**239**		
安源区	79	736	10	602	3	2	58	61		
湘东区	63	119	1	69	1		9	39		
莲花县	6	211		152		1	3	55		
上栗县	36	187	2	126		4	13	42		
芦溪县	18	173	2	109	1		19	42		
九江市	**320**	**2854**	**50**	**1917**	**4**	**22**	**355**	**506**	**1**	**1**
濂溪区	29	299	4	228	1	1	34	31		
浔阳区	49	575	13	488	2	8	16	48		
柴桑区	18	131	6	80			12	33		
武宁县	16	166		137			5	24	1	1
修水县	39	255	6	146		1	58	44		
永修县	35	193		143			5	45		
德安县	22	141	4	113	1	1	7	15		
都昌县	24	243	1	96		2	85	59		
湖口县	16	122	1	91			9	21		
彭泽县	19	143	5	82		7	18	31		
瑞昌市	28	350	4	145			84	117		
共青城市	4	116	4	73			15	24		
庐山市	21	120	2	95		2	7	14		
新余市	**47**	**850**	**9**	**555**		**18**	**123**	**145**		
渝水区	43	644	7	422		17	95	103		
分宜县	4	206	2	133		1	28	42		
鹰潭市	**80**	**881**	**7**	**667**	**2**	**2**	**92**	**111**	**1**	**1**
月湖区	47	354	7	296	2	1	20	28	1	1
余江区	7	242		146			63	33		
贵溪市	26	285		225		1	9	50		
赣州市	**349**	**4582**	**99**	**3264**	**3**	**38**	**362**	**816**		
章贡区	122	918	10	758	1	7	20	122		
南康区	48	369	9	229	1	3	33	94		
赣县区	12	279	1	213		4	19	42		
信丰县	26	222	7	132			42	41		
大余县	9	167	5	118		2	16	26		
上犹县	6	195	1	135		1	19	39		
崇义县	3	178	6	133	1	1	5	32		
安远县	3	169		148			10	11		
定南县	5	97	5	80			2	10		
全南县	8	102	1	72			5	24		

4-4 续表 77　　　　　　　　　　　　　　　　　　　　　　　　　　单位：人

地区 性别	娱乐业	公共管理、社会保障和社会组织							国际组织	
		小计	中国共产党机关	国家机构	人民政协、民主党派	社会保障	群众团体、社会团体和其他成员组织	基层群众自治组织	小计	国际组织
宁都县	14	313	7	140		5	69	92		
于都县	27	314	9	244		9	18	34		
兴国县	17	317	19	194		1	19	84		
会昌县	5	195	2	129		2	13	49		
寻乌县	6	194	4	152			13	25		
石城县	8	149	4	107		2	20	16		
瑞金市	19	205	5	123			31	46		
龙南市	11	199	4	157		1	8	29		
吉安市	**152**	**2360**	**34**	**1726**	**4**	**21**	**234**	**341**	**1**	**1**
吉州区	19	493	1	416	1	4	30	41		
青原区	18	124		85		2	12	25		
吉安县	13	146	3	111			11	21		
吉水县	9	213	2	116		1	23	71		
峡江县	1	48	5	38				5		
新干县	8	169	2	115	1	3	34	14		
永丰县	14	158		124			6	28		
泰和县	10	212	7	118	1	5	36	45		
遂川县	10	193	6	155	1	2	5	24	1	1
万安县	10	129	1	93			13	22		
安福县	9	131	1	113		2	5	10		
永新县	11	202	2	126		2	52	20		
井冈山市	20	142	4	116			7	15		
宜春市	**263**	**2926**	**50**	**1967**	**4**	**18**	**237**	**650**		
袁州区	61	694	14	511	1		12	156		
奉新县	12	218	4	124		2	23	65		
万载县	18	211	4	147			18	42		
上高县	8	250	3	144		3	54	46		
宜丰县	10	180	5	124			18	33		
靖安县	7	137	5	108		2	4	18		
铜鼓县	6	200		129		2	2	67		
丰城市	49	463	7	271	1	6	83	95		
樟树市	55	270	2	164	2	1	7	94		
高安市	37	303	6	245		2	16	34		
抚州市	**138**	**2074**	**64**	**1508**		**16**	**212**	**274**		
临川区	42	568	32	403		5	76	52		
东乡区	14	175	5	146		2	4	18		
南城县	7	143		124			4	15		
黎川县	11	240	12	127		2	46	53		
南丰县	5	140	3	114		1	2	20		
崇仁县	10	142	2	116		4	7	13		
乐安县	9	181	3	111		1	26	40		
宜黄县	7	119	1	102		1	6	9		
金溪县	9	138	3	107			15	13		
资溪县	10	108	1	67			15	25		
广昌县	14	120	2	91			11	16		
上饶市	**274**	**3593**	**92**	**2341**	**8**	**31**	**523**	**598**		
信州区	56	645	31	469	1	11	88	45		
广丰区	26	346	9	153		3	89	92		
广信区	30	481	13	311		1	93	63		
玉山县	17	253	5	181	2	5	8	52		
铅山县	10	220	3	164	2	5	13	33		
横峰县	4	127	4	76			26	21		
弋阳县	11	171	5	102		3	36	25		
余干县	29	261	3	166			55	37		
鄱阳县	40	387	6	270	1	1	37	72		
万年县	11	155	1	108	1		17	28		
婺源县	25	305	5	161		2	46	91		
德兴市	15	242	7	180	1		15	39		

4-4a 各地区分性别、行业大类的就业人口(城市)

单位：人

地区 性别	合计	农、林、牧、渔业						采矿业	
		小计	农业	林业	畜牧业	渔业	农、林、牧、渔专业及辅助性活动	小计	煤炭开采和洗选业
全　省	**582693**	**25227**	**19914**	**1604**	**1393**	**646**	**1670**	**2828**	**658**
南昌市	**139263**	**1804**	**1212**	**206**	**154**	**46**	**186**	**134**	**19**
东湖区	17413	49	34	2	8	2	3	5	
西湖区	20710	108	71	10	8	5	14	18	2
青云谱区	14284	72	53	6	8		5	13	1
青山湖区	45157	919	642	112	61	27	77	54	11
新建区	18397	401	265	37	40	4	55	17	1
红谷滩区	23052	240	141	36	25	7	31	27	4
南昌县	250	15	6	3	4	1	1		
安义县									
进贤县									
景德镇市	**34143**	**1542**	**1303**	**77**	**63**	**26**	**73**	**147**	**106**
昌江区	6020	162	64	32	19	11	36	8	2
珠山区	15926	84	66	3	4	6	5	105	95
浮梁县	1016	218	191	18	7	1	1	9	
乐平市	11181	1078	982	24	33	8	31	25	9
萍乡市	**32773**	**2334**	**2058**	**59**	**132**	**26**	**59**	**478**	**340**
安源区	24796	726	570	48	42	11	55	427	326
湘东区	7585	1608	1488	11	90	15	4	50	14
莲花县									
上栗县	392							1	
芦溪县									
九江市	**52910**	**1869**	**1301**	**198**	**81**	**86**	**203**	**182**	**3**
濂溪区	12479	698	486	73	33	34	72	19	1
浔阳区	18416	240	139	34	11	23	33	80	2
柴桑区	5468	152	127	6	11	2	6	34	
武宁县									
修水县									
永修县									
德安县									
都昌县									
湖口县									
彭泽县									
瑞昌市	8072	393	324	27	13	10	19	40	
共青城市	4493	175	80	54	9	11	21	1	
庐山市	3982	211	145	4	4	6	52	8	
新余市	**26051**	**1057**	**848**	**78**	**63**	**23**	**45**	**120**	**21**
渝水区	26051	1057	848	78	63	23	45	120	21
分宜县									
鹰潭市	**29613**	**1770**	**1317**	**133**	**116**	**44**	**160**	**47**	**1**
月湖区	13185	347	265	25	28	10	19	21	1
余江区	4919	461	285	45	39	19	73	5	
贵溪市	11509	962	767	63	49	15	68	21	
赣州市	**91927**	**2249**	**1687**	**167**	**185**	**73**	**137**	**214**	**9**
章贡区	40775	473	340	36	51	13	33	124	4
南康区	21384	551	347	90	35	21	58	21	
赣县区	10130	215	171	7	20	10	7	16	1
信丰县									
大余县									
上犹县									
崇义县									
安远县									
定南县									
全南县									

4-4a 续表 1

单位：人

地　区 性　别	合计	农、林、牧、渔业						采矿业	
		小计	农业	林业	畜牧业	渔业	农、林、牧、渔专业及辅助性活动	小计	煤炭开采和洗选业
宁都县									
于都县									
兴国县									
会昌县									
寻乌县	49	2	2						
石城县									
瑞金市	11071	663	565	19	48	15	16	14	3
龙南市	8518	345	262	15	31	14	23	39	1
吉安市	**18356**	**630**	**495**	**37**	**39**	**23**	**36**	**28**	**5**
吉州区	11767	240	197	10	12	13	8	14	2
青原区	4626	196	143	11	14	10	18	8	2
吉安县									
吉水县									
峡江县									
新干县									
永丰县									
泰和县									
遂川县									
万安县									
安福县									
永新县									
井冈山市	1963	194	155	16	13		10	6	1
宜春市	**64794**	**3287**	**2792**	**101**	**202**	**98**	**94**	**498**	**149**
袁州区	25643	724	607	39	47	20	11	154	6
奉新县									
万载县									
上高县									
宜丰县									
靖安县									
铜鼓县									
丰城市	15226	943	823	24	30	27	39	167	132
樟树市	10913	774	681		53	32	8	143	2
高安市	13012	846	681	38	72	19	36	34	9
抚州市	**26762**	**1442**	**1103**	**103**	**75**	**36**	**125**	**42**	**2**
临川区	19378	1127	842	99	47	26	113	28	1
东乡区	7384	315	261	4	28	10	12	14	1
南城县									
黎川县									
南丰县									
崇仁县									
乐安县									
宜黄县									
金溪县									
资溪县									
广昌县									
上饶市	**66101**	**7243**	**5798**	**445**	**283**	**165**	**552**	**938**	**3**
信州区	21137	1636	1241	145	35	38	177	48	
广丰区	17041	2983	2334	159	168	59	263	48	3
广信区	17257	722	609	25	41	18	29	39	
玉山县									
铅山县	74	18	18						
横峰县									
弋阳县									
余干县	1769	753	662	56	6	16	13	2	
鄱阳县	96	13	12		1				
万年县									
婺源县									
德兴市	8727	1118	922	60	32	34	70	801	

4—4a　续表 2

单位：人

地区 性别	合计	农、林、牧、渔业						采矿业	
		小计	农业	林业	畜牧业	渔业	农、林、牧、渔专业及辅助性活动	小计	煤炭开采和洗选业
男	**338316**	**14864**	**11076**	**1260**	**950**	**454**	**1124**	**2302**	**547**
南昌市	**82060**	**1178**	**736**	**172**	**109**	**30**	**131**	**89**	**12**
东湖区	9645	26	18	1	5	1	1	5	
西湖区	11899	76	47	10	6	3	10	9	
青云谱区	8604	44	33	5	3		3	10	1
青山湖区	26935	603	395	91	44	18	55	35	6
新建区	11439	263	165	32	27	2	37	10	1
红谷滩区	13389	157	76	30	20	6	25	20	4
南昌县	149	9	2	3	4				
安义县									
进贤县									
景德镇市	**20132**	**851**	**687**	**57**	**36**	**17**	**54**	**114**	**83**
昌江区	3634	117	44	24	14	6	29	6	1
珠山区	9436	52	39	1	3	4	5	84	76
浮梁县	655	139	120	13	5	1		7	
乐平市	6407	543	484	19	14	6	20	17	6
萍乡市	**17218**	**1126**	**951**	**47**	**82**	**16**	**30**	**405**	**294**
安源区	12743	435	337	39	24	7	28	361	280
湘东区	4267	691	614	8	58	9	2	44	14
莲花县									
上栗县	208								
芦溪县									
九江市	**29674**	**1079**	**665**	**162**	**61**	**62**	**129**	**141**	**3**
濂溪区	7197	410	267	54	23	21	45	16	1
浔阳区	10355	150	76	27	7	17	23	55	2
柴桑区	3156	79	58	6	8	2	5	29	
武宁县									
修水县									
永修县									
德安县									
都昌县									
湖口县									
彭泽县									
瑞昌市	4160	190	147	18	12	7	6	33	
共青城市	2578	146	60	53	7	11	15	1	
庐山市	2228	104	57	4	4	4	35	7	
新余市	**15912**	**672**	**515**	**64**	**50**	**17**	**26**	**105**	**16**
渝水区	15912	672	515	64	50	17	26	105	16
分宜县									
鹰潭市	**16505**	**1036**	**712**	**107**	**80**	**29**	**108**	**38**	**1**
月湖区	7374	195	134	17	21	8	15	17	1
余江区	2861	290	171	38	28	10	43	4	
贵溪市	6270	551	407	52	31	11	50	17	
赣州市	**52230**	**1288**	**917**	**117**	**129**	**48**	**77**	**167**	**7**
章贡区	23101	254	167	23	38	8	18	94	3
南康区	12037	307	176	64	22	12	33	19	
赣县区	5728	121	91	5	16	7	2	12	1
信丰县									
大余县									
上犹县									
崇义县									
安远县									
定南县									
全南县									

4－4a　续表 3

单位：人

地区 性别	合计	农、林、牧、渔业						采矿业	
		小计	农业	林业	畜牧业	渔业	农、林、牧、渔专业及辅助性活动	小计	煤炭开采和洗选业
宁都县									
于都县									
兴国县									
会昌县									
寻乌县	27	1	1						
石城县									
瑞金市	6503	400	335	13	33	10	9	11	2
龙南市	4834	205	147	12	20	11	15	31	1
吉安市	**10312**	**340**	**245**	**25**	**29**	**15**	**26**	**21**	**3**
吉州区	6664	139	107	8	8	10	6	12	1
青原区	2598	106	69	7	13	5	12	6	1
吉安县									
吉水县									
峡江县									
新干县									
永丰县									
泰和县									
遂川县									
万安县									
安福县									
永新县									
井冈山市	1050	95	69	10	8		8	3	1
宜春市	**37867**	**1664**	**1314**	**79**	**139**	**74**	**58**	**385**	**123**
袁州区	15145	440	352	29	33	16	10	127	5
奉新县									
万载县									
上高县									
宜丰县									
靖安县									
铜鼓县									
丰城市	9329	477	395	20	17	21	24	140	109
樟树市	6187	329	262		36	25	6	90	2
高安市	7206	418	305	30	53	12	18	28	7
抚州市	**16391**	**992**	**730**	**83**	**57**	**25**	**97**	**36**	**2**
临川区	11891	753	538	79	32	16	88	24	1
东乡区	4500	239	192	4	25	9	9	12	1
南城县									
黎川县									
南丰县									
崇仁县									
乐安县									
宜黄县									
金溪县									
资溪县									
广昌县									
上饶市	**40015**	**4638**	**3604**	**347**	**178**	**121**	**388**	**801**	**3**
信州区	12231	1035	766	111	25	26	107	33	
广丰区	10601	1936	1476	126	92	43	199	34	3
广信区	10764	531	444	21	29	13	24	35	
玉山县									
铅山县	49	17	17						
横峰县									
弋阳县									
余干县	1110	442	373	42	6	14	7	2	
鄱阳县	62	9	9						
万年县									
婺源县									
德兴市	5198	668	519	47	26	25	51	697	

4–4a　续表 4

单位：人

地区 性别	合计	农、林、牧、渔业						采矿业	
		小计	农业	林业	畜牧业	渔业	农、林、牧、渔专业及辅助性活动	小计	煤炭开采和洗选业
女	**244377**	**10363**	**8838**	**344**	**443**	**192**	**546**	**526**	**111**
南昌市	**57203**	**626**	**476**	**34**	**45**	**16**	**55**	**45**	**7**
东湖区	7768	23	16	1	3	1	2		
西湖区	8811	32	24		2	2	4	9	2
青云谱区	5680	28	20	1	5		2	3	
青山湖区	18222	316	247	21	17	9	22	19	5
新建区	6958	138	100	5	13	2	18	7	
红谷滩区	9663	83	65	6	5	1	6	7	
南昌县	101	6	4			1	1		
安义县									
进贤县									
景德镇市	**14011**	**691**	**616**	**20**	**27**	**9**	**19**	**33**	**23**
昌江区	2386	45	20	8	5	5	7	2	1
珠山区	6490	32	27	2	1	2		21	19
浮梁县	361	79	71	5	2		1	2	
乐平市	4774	535	498	5	19	2	11	8	3
萍乡市	**15555**	**1208**	**1107**	**12**	**50**	**10**	**29**	**73**	**46**
安源区	12053	291	233	9	18	4	27	66	46
湘东区	3318	917	874	3	32	6	2	6	
莲花县									
上栗县	184							1	
芦溪县									
九江市	**23236**	**790**	**636**	**36**	**20**	**24**	**74**	**41**	
濂溪区	5282	288	219	19	10	13	27	3	
浔阳区	8061	90	63	7	4	6	10	25	
柴桑区	2312	73	69		3		1	5	
武宁县									
修水县									
永修县									
德安县									
都昌县									
湖口县									
彭泽县									
瑞昌市	3912	203	177	9	1	3	13	7	
共青城市	1915	29	20	1	2		6		
庐山市	1754	107	88			2	17	1	
新余市	**10139**	**385**	**333**	**14**	**13**	**6**	**19**	**15**	**5**
渝水区	10139	385	333	14	13	6	19	15	5
分宜县									
鹰潭市	**13108**	**734**	**605**	**26**	**36**	**15**	**52**	**9**	
月湖区	5811	152	131	8	7	2	4	4	
余江区	2058	171	114	7	11	9	30	1	
贵溪市	5239	411	360	11	18	4	18	4	
赣州市	**39697**	**961**	**770**	**50**	**56**	**25**	**60**	**47**	**2**
章贡区	17674	219	173	13	13	5	15	30	1
南康区	9347	244	171	26	13	9	25	2	
赣县区	4402	94	80	2	4	3	5	4	
信丰县									
大余县									
上犹县									
崇义县									
安远县									
定南县									
全南县									

4－4a 续表 5

单位：人

地区 性别	合计	农、林、牧、渔业						采矿业	
		小计	农业	林业	畜牧业	渔业	农、林、牧、渔专业及辅助性活动	小计	煤炭开采和洗选业
宁都县									
于都县									
兴国县									
会昌县									
寻乌县	22	1	1						
石城县									
瑞金市	4568	263	230	6	15	5	7	3	1
龙南市	3684	140	115	3	11	3	8	8	
吉安市	**8044**	**290**	**250**	**12**	**10**	**8**	**10**	**7**	**2**
吉州区	5103	101	90	2	4	3	2	2	1
青原区	2028	90	74	4	1	5	6	2	1
吉安县									
吉水县									
峡江县									
新干县									
永丰县									
泰和县									
遂川县									
万安县									
安福县									
永新县									
井冈山市	913	99	86	6	5		2	3	
宜春市	**26927**	**1623**	**1478**	**22**	**63**	**24**	**36**	**113**	**26**
袁州区	10498	284	255	10	14	4	1	27	1
奉新县									
万载县									
上高县									
宜丰县									
靖安县									
铜鼓县									
丰城市	5897	466	428	4	13	6	15	27	23
樟树市	4726	445	419		17	7	2	53	
高安市	5806	428	376	8	19	7	18	6	2
抚州市	**10371**	**450**	**373**	**20**	**18**	**11**	**28**	**6**	
临川区	7487	374	304	20	15	10	25	4	
东乡区	2884	76	69		3	1	3	2	
南城县									
黎川县									
南丰县									
崇仁县									
乐安县									
宜黄县									
金溪县									
资溪县									
广昌县									
上饶市	**26086**	**2605**	**2194**	**98**	**105**	**44**	**164**	**137**	
信州区	8906	601	475	34	10	12	70	15	
广丰区	6440	1047	858	33	76	16	64	14	
广信区	6493	191	165	4	12	5	5	4	
玉山县									
铅山县	25	1	1						
横峰县									
弋阳县									
余干县	659	311	289	14		2	6		
鄱阳县	34	4	3		1				
万年县									
婺源县									
德兴市	3529	450	403	13	6	9	19	104	

4-4a 续表 6

单位：人

地区 性别	采矿业						制造业		
	石油和天然气开采业	黑色金属矿采选业	有色金属矿采选业	非金属矿采选业	开采专业及辅助性活动	其他采矿业	小计	农副食品加工业	食品制造业
全省	**48**	**149**	**926**	**582**	**158**	**307**	**93020**	**2457**	**2830**
南昌市	**6**	**11**	**12**	**65**	**11**	**10**	**14818**	**557**	**493**
东湖区				5			839	25	37
西湖区				12	2	2	1281	49	70
青云谱区	1	1		7	2	1	2606	45	57
青山湖区	4	7	7	18	1	6	7197	262	148
新建区			2	10	4		1808	106	86
红谷滩区	1	3	3	13	2	1	1048	64	85
南昌县							39	6	10
安义县									
进贤县									
景德镇市	**5**		**4**	**23**	**4**	**5**	**8141**	**179**	**119**
昌江区				5		1	1420	19	23
珠山区	1			5	2	2	4905	100	56
浮梁县			3	6			217	11	3
乐平市	4		1	7	2	2	1599	49	37
萍乡市	**1**	**20**	**4**	**30**	**69**	**14**	**4378**	**179**	**172**
安源区	1	15	2	12	63	8	2235	116	120
湘东区		5	1	18	6	6	1932	63	52
莲花县									
上栗县			1				211		
芦溪县									
九江市	**25**	**22**	**72**	**34**	**10**	**16**	**8709**	**180**	**206**
濂溪区	1	1	8	4	2	2	1223	33	45
浔阳区	24	4	26	12	6	6	1722	57	59
柴桑区		15	12	4	1	2	1117	24	39
武宁县									
修水县									
永修县									
德安县									
都昌县									
湖口县									
彭泽县									
瑞昌市		2	25	8		5	2156	25	35
共青城市				1			1706	18	12
庐山市			1	5	1	1	785	23	16
新余市		**60**	**7**	**19**	**4**	**9**	**4277**	**78**	**76**
渝水区		60	7	19	4	9	4277	78	76
分宜县									
鹰潭市	**2**		**16**	**20**	**3**	**5**	**4805**	**107**	**552**
月湖区	2		6	6	2	4	1519	49	348
余江区			1	3	1		951	21	54
贵溪市			9	11		1	2335	37	150
赣州市	**5**	**7**	**99**	**52**	**18**	**24**	**21953**	**463**	**366**
章贡区	4	1	66	17	17	15	5484	199	143
南康区		1	8	7		5	9067	39	47
赣县区			11	3		1	2080	68	52
信丰县									
大余县									
上犹县									
崇义县									
安远县									
定南县									
全南县									

4-4a 续表 7

单位：人

地区 性别	采矿业						制造业		
	石油和天然气开采业	黑色金属矿采选业	有色金属矿采选业	非金属矿采选业	开采专业及辅助性活动	其他采矿业	小计	农副食品加工业	食品制造业
宁都县									
于都县									
兴国县									
会昌县									
寻乌县							11		
石城县									
瑞金市			1	9	1		2219	119	96
龙南市	1	5	13	16		3	3092	38	28
吉安市	**1**	**1**	**1**	**15**	**2**	**3**	**1820**	**48**	**78**
吉州区	1	1		7	1	2	1096	21	53
青原区				5		1	539	21	11
吉安县									
吉水县									
峡江县									
新干县									
永丰县									
泰和县									
遂川县									
万安县									
安福县									
永新县									
井冈山市			1	3	1		185	6	14
宜春市	**1**	**2**	**123**	**193**	**18**	**12**	**11138**	**336**	**479**
袁州区		2	105	38	2	1	4151	69	60
奉新县									
万载县									
上高县									
宜丰县									
靖安县									
铜鼓县									
丰城市			10	8	9	8	2142	80	79
樟树市	1		7	131	2		2168	87	257
高安市			1	16	5	3	2677	100	83
抚州市		**2**	**7**	**21**	**8**	**2**	**3243**	**110**	**82**
临川区		2		15	8	2	1576	61	52
东乡区			7	6			1667	49	30
南城县									
黎川县									
南丰县									
崇仁县									
乐安县									
宜黄县									
金溪县									
资溪县									
广昌县									
上饶市	**2**	**24**	**581**	**110**	**11**	**207**	**9738**	**220**	**207**
信州区	2	5	15	11	5	10	1422	50	94
广丰区		3	3	36	1	2	2563	72	48
广信区			11	22	4	2	4328	73	45
玉山县									
铅山县							13		
横峰县									
弋阳县									
余干县				2			157		1
鄱阳县							52	1	
万年县									
婺源县									
德兴市		16	552	39	1	193	1203	24	19

4-4a 续表 8

单位：人

地区 性别	采矿业						制造业		
	石油和天然气开采业	黑色金属矿采选业	有色金属矿采选业	非金属矿采选业	开采专业及辅助性活动	其他采矿业	小计	农副食品加工业	食品制造业
男	**30**	**130**	**749**	**459**	**113**	**274**	**53396**	**1497**	**1379**
南昌市	**2**	**10**	**5**	**51**	**4**	**5**	**9254**	**363**	**238**
东湖区				5			547	17	16
西湖区				8	1		870	30	38
青云谱区		1		6	1	1	1697	25	27
青山湖区	1	7	4	13	1	3	4224	178	61
新建区				9			1196	64	40
红谷滩区	1	2	1	10	1	1	695	45	53
南昌县							25	4	3
安义县									
进贤县									
景德镇市	**2**		**2**	**20**	**2**	**5**	**4890**	**102**	**54**
昌江区				4		1	832	11	14
珠山区				5	1	2	3073	58	21
浮梁县			2	5			131	3	2
乐平市	2			6	1	2	854	30	17
萍乡市	**1**	**19**	**2**	**25**	**51**	**13**	**2680**	**96**	**84**
安源区	1	14	1	9	48	8	1403	61	59
湘东区		5	1	16	3	5	1180	35	25
莲花县									
上栗县							97		
芦溪县									
九江市	**17**	**17**	**58**	**27**	**7**	**12**	**4225**	**99**	**98**
濂溪区	1	1	6	4	1	2	708	20	20
浔阳区	16	2	19	8	5	3	1078	31	33
柴桑区		12	12	2	1	2	508	14	14
武宁县									
修水县									
永修县									
德安县									
都昌县									
湖口县									
彭泽县									
瑞昌市		2	20	7		4	896	11	17
共青城市				1			712	12	6
庐山市			1	5		1	323	11	8
新余市		**56**	**5**	**16**	**3**	**9**	**2851**	**51**	**32**
渝水区		56	5	16	3	9	2851	51	32
分宜县									
鹰潭市	**1**		**13**	**16**	**3**	**4**	**2741**	**62**	**333**
月湖区	1		5	5	2	3	903	29	215
余江区				3	1		558	13	28
贵溪市			8	8		1	1280	20	90
赣州市	**3**	**7**	**70**	**45**	**13**	**22**	**12002**	**291**	**156**
章贡区	3	1	45	16	12	14	3261	135	47
南康区		1	8	5		5	5016	21	19
赣县区			7	3		1	1015	46	28
信丰县									
大余县									
上犹县									
崇义县									
安远县									
定南县									
全南县									

4–4a 续表 9

单位：人

地 区 性 别	采矿业						制造业		
	石油和天然气开采业	黑色金属矿采选业	有色金属矿采选业	非金属矿采选业	开采专业及辅助性活动	其他采矿业	小计	农副食品加工业	食品制造业
宁都县									
于都县									
兴国县									
会昌县									
寻乌县							2		
石城县									
瑞金市			1	7	1		1152	73	50
龙南市		5	9	14		2	1556	16	12
吉安市	**1**	**1**		**12**	**2**	**2**	**1032**	**27**	**38**
吉州区	1	1		7	1	1	629	12	27
青原区				4		1	309	12	5
吉安县									
吉水县									
峡江县									
新干县									
永丰县									
泰和县									
遂川县									
万安县									
安福县									
永新县									
井冈山市				1	1		94	3	6
宜春市	**1**	**2**	**98**	**138**	**14**	**9**	**6401**	**196**	**209**
袁州区		2	83	35	2		2458	44	27
奉新县									
万载县									
上高县									
宜丰县									
靖安县									
铜鼓县									
丰城市			10	7	8	6	1375	48	44
樟树市	1		4	82	1		1231	55	90
高安市			1	14	3	3	1337	49	48
抚州市		**1**	**5**	**18**	**8**	**2**	**1850**	**71**	**41**
临川区		1		12	8	2	971	39	29
东乡区			5	6			879	32	12
南城县									
黎川县									
南丰县									
崇仁县									
乐安县									
宜黄县									
金溪县									
资溪县									
广昌县									
上饶市	**2**	**17**	**491**	**91**	**6**	**191**	**5470**	**139**	**96**
信州区	2	4	10	9	1	7	859	28	42
广丰区		3	1	24	1	2	1236	47	29
广信区			8	22	3	2	2568	46	19
玉山县									
铅山县							4		
横峰县									
弋阳县									
余干县				2			100		1
鄱阳县							32	1	
万年县									
婺源县									
德兴市		10	472	34	1	180	671	17	5

4—4a 续表 10

单位：人

地区 性别	采矿业						制造业		
	石油和天然气开采业	黑色金属矿采选业	有色金属矿采选业	非金属矿采选业	开采专业及辅助性活动	其他采矿业	小计	农副食品加工业	食品制造业
女	**18**	**19**	**177**	**123**	**45**	**33**	**39624**	**960**	**1451**
南昌市	**4**	**1**	**7**	**14**	**7**	**5**	**5564**	**194**	**255**
东湖区							292	8	21
西湖区				4	1	2	411	19	32
青云谱区	1			1	1		909	20	30
青山湖区	3		3	5		3	2973	84	87
新建区			2	1	4		612	42	46
红谷滩区		1	2	3	1		353	19	32
南昌县							14	2	7
安义县									
进贤县									
景德镇市	**3**		**2**	**3**	**2**		**3251**	**77**	**65**
昌江区				1			588	8	9
珠山区	1				1		1832	42	35
浮梁县			1	1			86	8	1
乐平市	2		1	1	1		745	19	20
萍乡市		**1**	**2**	**5**	**18**	**1**	**1698**	**83**	**88**
安源区		1	1	3	15		832	55	61
湘东区				2	3	1	752	28	27
莲花县									
上栗县			1				114		
芦溪县									
九江市	**8**	**5**	**14**	**7**	**3**	**4**	**4484**	**81**	**108**
濂溪区			2		1		515	13	25
浔阳区	8	2	7	4	1	3	644	26	26
柴桑区		3		2			609	10	25
武宁县									
修水县									
永修县									
德安县									
都昌县									
湖口县									
彭泽县									
瑞昌市			5	1		1	1260	14	18
共青城市							994	6	6
庐山市					1		462	12	8
新余市		**4**	**2**	**3**	**1**		**1426**	**27**	**44**
渝水区		4	2	3	1		1426	27	44
分宜县									
鹰潭市	**1**		**3**	**4**		**1**	**2064**	**45**	**219**
月湖区	1		1	1		1	616	20	133
余江区			1				393	8	26
贵溪市			1	3			1055	17	60
赣州市	**2**		**29**	**7**	**5**	**2**	**9951**	**172**	**210**
章贡区	1		21	1	5	1	2223	64	96
南康区				2			4051	18	28
赣县区			4				1065	22	24
信丰县									
大余县									
上犹县									
崇义县									
安远县									
定南县									
全南县									

4-4a 续表 11

单位：人

地区 性别	采矿业						制造业		
	石油和天然气开采业	黑色金属矿采选业	有色金属矿采选业	非金属矿采选业	开采专业及辅助性活动	其他采矿业	小计	农副食品加工业	食品制造业
宁都县									
于都县									
兴国县									
会昌县									
寻乌县							9		
石城县									
瑞金市				2			1067	46	46
龙南市	1		4	2		1	1536	22	16
吉安市			**1**	**3**		**1**	**788**	**21**	**40**
吉州区						1	467	9	26
青原区				1			230	9	6
吉安县									
吉水县									
峡江县									
新干县									
永丰县									
泰和县									
遂川县									
万安县									
安福县									
永新县									
井冈山市			1	2			91	3	8
宜春市			**25**	**55**	**4**	**3**	**4737**	**140**	**270**
袁州区			22	3		1	1693	25	33
奉新县									
万载县									
上高县									
宜丰县									
靖安县									
铜鼓县									
丰城市				1	1	2	767	32	35
樟树市			3	49	1		937	32	167
高安市				2	2		1340	51	35
抚州市		**1**	**2**	**3**			**1393**	**39**	**41**
临川区		1		3			605	22	23
东乡区			2				788	17	18
南城县									
黎川县									
南丰县									
崇仁县									
乐安县									
宜黄县									
金溪县									
资溪县									
广昌县									
上饶市		**7**	**90**	**19**	**5**	**16**	**4268**	**81**	**111**
信州区		1	5	2	4	3	563	22	52
广丰区			2	12			1327	25	19
广信区			3		1		1760	27	26
玉山县									
铅山县							9		
横峰县									
弋阳县									
余干县							57		
鄱阳县							20		
万年县									
婺源县									
德兴市		6	80	5		13	532	7	14

4－4a　续表 12　　　　单位：人

地　区 性　别	制造业								
	酒、饮料和精制茶制造业	烟　草制品业	纺织业	纺织服装、服饰业	皮革、毛皮、羽毛及其制品和制鞋业	木材加工和木、竹、藤、棕、草制品业	家　具制造业	造纸和纸制品业	印刷和记录媒介复制业
全　省	**975**	**373**	**2191**	**12158**	**2392**	**1547**	**8063**	**1327**	**1322**
南昌市	**199**	**148**	**296**	**2007**	**77**	**160**	**217**	**207**	**611**
东湖区	14	12	17	59	6	3	9	12	52
西湖区	34	57	27	76	18	15	23	11	93
青云谱区	16	14	53	301	6	13	32	28	100
青山湖区	84	52	136	1390	22	90	102	122	277
新建区	22	1	39	140	21	23	33	20	39
红谷滩区	28	12	22	39	3	14	18	13	49
南昌县	1		2	2	1	2		1	1
安义县									
进贤县									
景德镇市	**35**	**3**	**118**	**484**	**114**	**74**	**75**	**61**	**41**
昌江区	2	2	6	40	1	18	14	19	13
珠山区	14		10	89	7	17	26	22	21
浮梁县	4		4	12	5	11	3	5	1
乐平市	15	1	98	343	101	28	32	15	6
萍乡市	**24**	**3**	**54**	**134**	**211**	**40**	**39**	**164**	**84**
安源区	14	3	31	76	58	23	32	78	42
湘东区	10		22	56	82	17	7	86	42
莲花县									
上栗县			1	2	71				
芦溪县									
九江市	**85**	**7**	**452**	**2773**	**338**	**117**	**112**	**84**	**90**
濂溪区	30		41	172	7	16	28	15	18
浔阳区	31	5	67	141	21	26	16	12	45
柴桑区	10		76	429	8	21	23	2	9
武宁县									
修水县									
永修县									
德安县									
都昌县									
湖口县									
彭泽县									
瑞昌市	7		190	471	217	35	27	31	8
共青城市	7		62	1255	25	13	13	22	6
庐山市		2	16	305	60	6	5	2	4
新余市	**38**		**84**	**180**	**78**	**64**	**50**	**36**	**31**
渝水区	38		84	180	78	64	50	36	31
分宜县									
鹰潭市	**32**	**4**	**118**	**526**	**138**	**108**	**81**	**25**	**29**
月湖区	12	3	28	117	117	26	33	7	6
余江区	10		20	105	18	25	20	6	16
贵溪市	10	1	70	304	3	57	28	12	7
赣州市	**156**	**60**	**341**	**3664**	**449**	**334**	**6715**	**346**	**169**
章贡区	82	30	54	546	99	71	343	187	56
南康区	18	24	48	1238	25	179	6130	71	6
赣县区	7	3	47	818	99	16	75	18	10
信丰县									
大余县									
上犹县									
崇义县									
安远县									
定南县									
全南县									

4—4a 续表 13

单位：人

地区 性别	制造业								
	酒、饮料和精制茶制造业	烟草制品业	纺织业	纺织服装、服饰业	皮革、毛皮、羽毛及其制品和制鞋业	木材加工和木、竹、藤、棕、草制品业	家具制造业	造纸和纸制品业	印刷和记录媒介复制业
宁都县									
于都县									
兴国县									
会昌县									
寻乌县				1				2	
石城县									
瑞金市	34		123	756	173	15	35	58	16
龙南市	15	3	69	305	53	53	132	10	81
吉安市	**49**	**4**	**35**	**123**	**34**	**46**	**52**	**17**	**20**
吉州区	28	3	27	82	18	22	33	13	14
青原区	10	1	7	28	6	15	15	3	5
吉安县									
吉水县									
峡江县									
新干县									
永丰县									
泰和县									
遂川县									
万安县									
安福县									
永新县									
井冈山市	11		1	13	10	9	4	1	1
宜春市	**240**	**6**	**195**	**504**	**470**	**203**	**312**	**231**	**131**
袁州区	34	1	48	227	307	126	85	30	37
奉新县									
万载县									
上高县									
宜丰县									
靖安县									
铜鼓县									
丰城市	21	3	22	103	121	33	105	19	10
樟树市	171		16	49	18	5	81	103	58
高安市	14	2	109	125	24	39	41	79	26
抚州市	**60**	**6**	**195**	**580**	**79**	**59**	**65**	**63**	**39**
临川区	47	6	107	124	34	43	39	19	20
东乡区	13		88	456	45	16	26	44	19
南城县									
黎川县									
南丰县									
崇仁县									
乐安县									
宜黄县									
金溪县									
资溪县									
广昌县									
上饶市	**57**	**132**	**303**	**1183**	**404**	**342**	**345**	**93**	**77**
信州区	32	2	44	118	83	38	44	11	32
广丰区	9	129	141	465	101	68	141	40	28
广信区	10	1	51	425	147	189	115	31	9
玉山县									
铅山县				2		1			
横峰县									
弋阳县									
余干县	2			63	18	2			
鄱阳县			5	3	8		4		
万年县									
婺源县									
德兴市	4		62	107	47	44	41	11	8

4-4a　续表 14

单位：人

地　区 性　别	制造业								
	酒、饮料和精制茶制造业	烟　草制品业	纺织业	纺织服装、服饰业	皮革、毛皮、羽毛及其制品和制鞋业	木材加工和木、竹、藤、棕、草制品业	家　具制造业	造纸和纸制品业	印刷和记录媒介复制业
男	**565**	**240**	**892**	**3391**	**979**	**1137**	**5053**	**736**	**763**
南昌市	**122**	**96**	**142**	**532**	**36**	**109**	**156**	**120**	**369**
东湖区	11	7	10	19	4	3	6	9	33
西湖区	21	39	14	27	8	9	18	6	65
青云谱区	10	9	18	68	1	7	26	13	67
青山湖区	50	33	67	367	12	63	70	69	153
新建区	13	1	22	32	9	17	26	14	26
红谷滩区	16	7	10	19	1	9	10	8	24
南昌县	1		1		1	1		1	1
安义县									
进贤县									
景德镇市	**26**	**1**	**41**	**171**	**53**	**56**	**59**	**25**	**27**
昌江区	1	1	2	7		15	9	8	9
珠山区	10		7	43	3	13	22	11	14
浮梁县	4		1	4	4	9	2	3	1
乐平市	11		31	117	46	19	26	3	3
萍乡市	**14**	**2**	**20**	**36**	**77**	**30**	**26**	**70**	**38**
安源区	7	2	9	20	24	16	21	42	20
湘东区	7		11	16	22	14	5	28	18
莲花县									
上栗县					31				
芦溪县									
九江市	**49**	**5**	**189**	**699**	**112**	**92**	**83**	**48**	**51**
濂溪区	15		22	37	3	11	18	8	10
浔阳区	18	3	39	40	13	19	14	7	28
柴桑区	6		21	72	4	20	16	1	5
武宁县									
修水县									
永修县									
德安县									
都昌县									
湖口县									
彭泽县									
瑞昌市	4		77	83	63	28	23	22	4
共青城市	6		25	439	15	10	9	10	2
庐山市		2	5	28	14	4	3		2
新余市	**23**		**23**	**57**	**42**	**54**	**37**	**12**	**14**
渝水区	23		23	57	42	54	37	12	14
分宜县									
鹰潭市	**20**	**3**	**32**	**157**	**58**	**85**	**57**	**11**	**17**
月湖区	9	2	9	45	48	20	22	1	3
余江区	7		8	44	10	21	16	5	11
贵溪市	4	1	15	68		44	19	5	3
赣州市	**85**	**37**	**153**	**1109**	**186**	**223**	**4073**	**217**	**78**
章贡区	47	17	23	150	42	52	233	127	36
南康区	9	16	16	336	16	110	3682	40	4
赣县区	6	2	24	277	41	9	56	11	6
信丰县									
大余县									
上犹县									
崇义县									
安远县									
定南县									
全南县									

4-4a 续表 15

单位：人

地区 性别	制造业								
	酒、饮料和精制茶制造业	烟草制品业	纺织业	纺织服装、服饰业	皮革、毛皮、羽毛及其制品和制鞋业	木材加工和木、竹、藤、棕、草制品业	家具制造业	造纸和纸制品业	印刷和记录媒介复制业
宁都县									
于都县									
兴国县									
会昌县									
寻乌县									
石城县									
瑞金市	13		64	274	71	13	25	33	6
龙南市	10	2	26	72	16	39	77	6	26
吉安市	**30**	**1**	**12**	**39**	**17**	**30**	**39**	**8**	**12**
吉州区	18	1	9	27	12	16	27	6	9
青原区	5		2	8	5	9	9	1	3
吉安县									
吉水县									
峡江县									
新干县									
永丰县									
泰和县									
遂川县									
万安县									
安福县									
永新县									
井冈山市	7		1	4		5	3	1	
宜春市	**133**	**5**	**85**	**150**	**189**	**153**	**223**	**137**	**76**
袁州区	18	1	26	74	111	94	62	20	26
奉新县									
万载县									
上高县									
宜丰县									
靖安县									
铜鼓县									
丰城市	8	2	8	33	54	28	79	13	6
樟树市	97		7	15	12	5	61	64	30
高安市	10	2	44	28	12	26	21	40	14
抚州市	**33**	**4**	**86**	**168**	**38**	**44**	**49**	**46**	**25**
临川区	28	4	45	36	18	34	28	13	12
东乡区	5		41	132	20	10	21	33	13
南城县									
黎川县									
南丰县									
崇仁县									
乐安县									
宜黄县									
金溪县									
资溪县									
广昌县									
上饶市	**30**	**86**	**109**	**273**	**171**	**261**	**251**	**42**	**56**
信州区	14		21	30	41	23	29	6	20
广丰区	8	86	50	102	44	42	105	21	21
广信区	6		17	85	54	166	83	14	9
玉山县									
铅山县						1			
横峰县									
弋阳县									
余干县	1			33	7	1			
鄱阳县			2	2	6		2		
万年县									
婺源县									
德兴市	1		19	21	19	28	32	1	6

4-4a　续表 16　　　　单位：人

地　区 性　别	制造业								
	酒、饮料和精制茶制造业	烟　草制品业	纺织业	纺织服装、服饰业	皮革、毛皮、羽毛及其制品和制鞋业	木材加工和木、竹、藤、棕、草制品业	家　具制造业	造纸和纸制品业	印刷和记录媒介复制业
女	**410**	**133**	**1299**	**8767**	**1413**	**410**	**3010**	**591**	**559**
南昌市	**77**	**52**	**154**	**1475**	**41**	**51**	**61**	**87**	**242**
东湖区	3	5	7	40	2		3	3	19
西湖区	13	18	13	49	10	6	5	5	28
青云谱区	6	5	35	233	5	6	6	15	33
青山湖区	34	19	69	1023	10	27	32	53	124
新建区	9		17	108	12	6	7	6	13
红谷滩区	12	5	12	20	2	5	8	5	25
南昌县			1	2		1			
安义县									
进贤县									
景德镇市	**9**	**2**	**77**	**313**	**61**	**18**	**16**	**36**	**14**
昌江区	1	1	4	33	1	3	5	11	4
珠山区	4		3	46	4	4	4	11	7
浮梁县			3	8	1	2	1	2	
乐平市	4	1	67	226	55	9	6	12	3
萍乡市	**10**	**1**	**34**	**98**	**134**	**10**	**13**	**94**	**46**
安源区	7	1	22	56	34	7	11	36	22
湘东区	3		11	40	60	3	2	58	24
莲花县									
上栗县			1	2	40				
芦溪县									
九江市	**36**	**2**	**263**	**2074**	**226**	**25**	**29**	**36**	**39**
濂溪区	15		19	135	4	5	10	7	8
浔阳区	13	2	28	101	8	7	2	5	17
柴桑区	4		55	357	4	1	7	1	4
武宁县									
修水县									
永修县									
德安县									
都昌县									
湖口县									
彭泽县									
瑞昌市	3		113	388	154	7	4	9	4
共青城市	1		37	816	10	3	4	12	4
庐山市			11	277	46	2	2	2	2
新余市	**15**		**61**	**123**	**36**	**10**	**13**	**24**	**17**
渝水区	15		61	123	36	10	13	24	17
分宜县									
鹰潭市	**12**	**1**	**86**	**369**	**80**	**23**	**24**	**14**	**12**
月湖区	3	1	19	72	69	6	11	6	3
余江区	3		12	61	8	4	4	1	5
贵溪市	6		55	236	3	13	9	7	4
赣州市	**71**	**23**	**188**	**2555**	**263**	**111**	**2642**	**129**	**91**
章贡区	35	13	31	396	57	19	110	60	20
南康区	9	8	32	902	9	69	2448	31	2
赣县区	1	1	23	541	58	7	19	7	4
信丰县									
大余县									
上犹县									
崇义县									
安远县									
定南县									
全南县									

4-4a 续表 17　　单位：人

地　区 性　别	制造业								
	酒、饮料和精制茶制造业	烟　草制品业	纺织业	纺织服装、服饰业	皮革、毛皮、羽毛及其制品和制鞋业	木材加工和木、竹、藤、棕、草制品业	家　具制造业	造纸和纸制品业	印刷和记录媒介复制业
宁都县									
于都县									
兴国县									
会昌县									
寻乌县				1				2	
石城县									
瑞金市	21		59	482	102	2	10	25	10
龙南市	5	1	43	233	37	14	55	4	55
吉安市	**19**	**3**	**23**	**84**	**17**	**16**	**13**	**9**	**8**
吉州区	10	2	18	55	6	6	6	7	5
青原区	5	1	5	20	1	6	6	2	2
吉安县									
吉水县									
峡江县									
新干县									
永丰县									
泰和县									
遂川县									
万安县									
安福县									
永新县									
井冈山市	4			9	10	4	1		1
宜春市	**107**	**1**	**110**	**354**	**281**	**50**	**89**	**94**	**55**
袁州区	16		22	153	196	32	23	10	11
奉新县									
万载县									
上高县									
宜丰县									
靖安县									
铜鼓县									
丰城市	13	1	14	70	67	5	26	6	4
樟树市	74		9	34	6		20	39	28
高安市	4		65	97	12	13	20	39	12
抚州市	**27**	**2**	**109**	**412**	**41**	**15**	**16**	**17**	**14**
临川区	19	2	62	88	16	9	11	6	8
东乡区	8		47	324	25	6	5	11	6
南城县									
黎川县									
南丰县									
崇仁县									
乐安县									
宜黄县									
金溪县									
资溪县									
广昌县									
上饶市	**27**	**46**	**194**	**910**	**233**	**81**	**94**	**51**	**21**
信州区	18	2	23	88	42	15	15	5	12
广丰区	1	43	91	363	57	26	36	19	7
广信区	4	1	34	340	93	23	32	17	
玉山县									
铅山县				2					
横峰县									
弋阳县									
余干县	1			30	11	1			
鄱阳县			3	1	2		2		
万年县									
婺源县									
德兴市	3		43	86	28	16	9	10	2

4-4a 续表 18

单位：人

地区 性别	制造业								
	文教、工美、体育和娱乐用品制造业	石油、煤炭及其他燃料加工业	化学原料和化学制品制造业	医药制造业	化学纤维制造业	橡胶和塑料制品业	非金属矿物制品业	黑色金属冶炼和压延加工业	有色金属冶炼和压延加工业
全省	**2843**	**417**	**2321**	**1935**	**93**	**2012**	**9132**	**2475**	**2426**
南昌市	**168**	**14**	**275**	**421**	**3**	**354**	**476**	**379**	**268**
东湖区	18		16	103	1	25	24	13	8
西湖区	29	4	32	43	1	49	48	7	11
青云谱区	15		27	27		29	42	13	2
青山湖区	30	7	125	152		202	188	328	219
新建区	53		37	53	1	29	112	9	22
红谷滩区	23	3	37	43		20	59	9	6
南昌县			1				3		
安义县									
进贤县									
景德镇市	**201**	**73**	**262**	**197**	**8**	**74**	**4018**	**9**	**8**
昌江区	28	30	22	7		4	821	1	4
珠山区	50	37	38	18		40	3040	3	3
浮梁县	3	4	3		1	4	89		
乐平市	120	2	199	172	7	26	68	5	1
萍乡市	**55**	**22**	**168**	**51**	**4**	**122**	**718**	**675**	**34**
安源区	34	7	90	40	2	63	327	249	20
湘东区	21	15	78	10	2	58	390	426	14
莲花县									
上栗县				1		1	1		
芦溪县									
九江市	**142**	**228**	**170**	**74**	**62**	**356**	**752**	**56**	**72**
濂溪区	21	8	44	8	17	33	198	3	14
浔阳区	18	217	63	27	42	19	162	13	45
柴桑区	8		14	10	2	18	127	20	6
武宁县									
修水县									
永修县									
德安县									
都昌县									
湖口县									
彭泽县									
瑞昌市	24	3	28	6	1	280	79	8	3
共青城市	16		17	16		4	32	5	3
庐山市	55		4	7		2	154	7	1
新余市	**43**	**21**	**85**	**14**	**3**	**97**	**200**	**1215**	**134**
渝水区	43	21	85	14	3	97	200	1215	134
分宜县									
鹰潭市	**426**	**3**	**112**	**33**	**3**	**50**	**168**	**15**	**822**
月湖区	23	1	26	14		20	42	3	70
余江区	104	1	32	2	3	7	54	2	19
贵溪市	299	1	54	17		23	72	10	733
赣州市	**868**	**14**	**483**	**234**	**3**	**293**	**537**	**56**	**616**
章贡区	196	9	113	185	1	89	175	20	295
南康区	21		96	7	2	29	138	3	103
赣县区	74	1	213	18		56	45	7	82
信丰县									
大余县									
上犹县									
崇义县									
安远县									
定南县									
全南县									

4—4a 续表 19

单位：人

地区 性别	制造业								
	文教、工美、体育和娱乐用品制造业	石油、煤炭及其他燃料加工业	化学原料和化学制品制造业	医药制造业	化学纤维制造业	橡胶和塑料制品业	非金属矿物制品业	黑色金属冶炼和压延加工业	有色金属冶炼和压延加工业
宁都县									
于都县									
兴国县									
会昌县									
寻乌县							1		
石城县									
瑞金市	63		35	7		64	76	2	17
龙南市	514	4	26	17		55	102	24	119
吉安市	**57**	**2**	**29**	**37**		**40**	**110**	**7**	**13**
吉州区	44		15	31		30	52	2	9
青原区	8	2	13	5		7	23	4	2
吉安县									
吉水县									
峡江县									
新干县									
永丰县									
泰和县									
遂川县									
万安县									
安福县									
永新县									
井冈山市	5		1	1		3	35	1	2
宜春市	**224**	**28**	**368**	**664**	**2**	**236**	**1082**	**30**	**263**
袁州区	122	1	146	162	1	74	206	11	164
奉新县									
万载县									
上高县									
宜丰县									
靖安县									
铜鼓县									
丰城市	22	15	41	15	1	65	400	7	89
樟树市	21	7	101	470		38	78	6	5
高安市	59	5	80	17		59	398	6	5
抚州市	**109**	**5**	**123**	**151**	**1**	**229**	**210**	**12**	**42**
临川区	40	2	72	82	1	36	133	5	20
东乡区	69	3	51	69		193	77	7	22
南城县									
黎川县									
南丰县									
崇仁县									
乐安县									
宜黄县									
金溪县									
资溪县									
广昌县									
上饶市	**550**	**7**	**246**	**59**	**4**	**161**	**861**	**21**	**154**
信州区	32		59	12	2	18	145	5	12
广丰区	289		39	6		42	72	2	20
广信区	130	3	68	15	1	81	523	7	56
玉山县									
铅山县	3						1		
横峰县									
弋阳县									
余干县			2	1		2	29		3
鄱阳县	3					1	5		1
万年县									
婺源县									
德兴市	93	4	78	25	1	17	86	7	62

4-4a 续表 20

单位：人

地区 性别	制造业								
	文教、工美、体育和娱乐用品制造业	石油、煤炭及其他燃料加工业	化学原料和化学制品制造业	医药制造业	化学纤维制造业	橡胶和塑料制品业	非金属矿物制品业	黑色金属冶炼和压延加工业	有色金属冶炼和压延加工业
男	**1037**	**324**	**1487**	**991**	**73**	**1173**	**6132**	**1907**	**1762**
南昌市	**93**	**14**	**185**	**218**	**3**	**221**	**370**	**304**	**192**
东湖区	9		16	60	1	17	14	10	4
西湖区	14	4	17	28	1	32	42	6	6
青云谱区	8		18	15		21	34	11	1
青山湖区	14	7	85	74		122	147	261	159
新建区	33		26	20	1	17	88	8	17
红谷滩区	15	3	23	21		12	42	8	5
南昌县							3		
安义县									
进贤县									
景德镇市	**65**	**53**	**182**	**137**	**6**	**41**	**2429**	**9**	**6**
昌江区	14	21	16	6		3	464	1	3
珠山区	27	27	23	9		24	1856	3	2
浮梁县	2	3	2			4	53		
乐平市	22	2	141	122	6	10	56	5	1
萍乡市	**21**	**17**	**98**	**29**	**4**	**79**	**497**	**505**	**22**
安源区	12	5	53	21	2	47	241	180	14
湘东区	9	12	45	8	2	31	255	325	8
莲花县									
上栗县						1	1		
芦溪县									
九江市	**69**	**182**	**107**	**42**	**49**	**173**	**550**	**46**	**53**
濂溪区	14	5	26	6	11	19	138	3	10
浔阳区	7	175	43	14	35	12	101	11	31
柴桑区	5		10	7	2	12	97	18	5
武宁县									
修水县									
永修县									
德安县									
都昌县									
湖口县									
彭泽县									
瑞昌市	12	2	19	1	1	125	59	7	3
共青城市	9		7	8		3	25	3	3
庐山市	22		2	6		2	130	4	1
新余市	**15**	**17**	**60**	**10**	**3**	**59**	**160**	**934**	**93**
渝水区	15	17	60	10	3	59	160	934	93
分宜县									
鹰潭市	**136**	**2**	**77**	**18**	**2**	**25**	**131**	**10**	**589**
月湖区	11	1	15	11		16	29	2	49
余江区	61		22	1	2	3	43	1	15
贵溪市	64	1	40	6		6	59	7	525
赣州市	**358**	**7**	**251**	**132**	**2**	**169**	**390**	**42**	**441**
章贡区	91	4	77	111	1	53	116	14	200
南康区	12		39	2	1	19	96	3	91
赣县区	33		94	7		38	36	2	55
信丰县									
大余县									
上犹县									
崇义县									
安远县									
定南县									
全南县									

4-4a 续表 21 单位：人

地区 性别	制造业								
	文教、工美、体育和娱乐用品制造业	石油、煤炭及其他燃料加工业	化学原料和化学制品制造业	医药制造业	化学纤维制造业	橡胶和塑料制品业	非金属矿物制品业	黑色金属冶炼和压延加工业	有色金属冶炼和压延加工业
宁都县									
于都县									
兴国县									
会昌县									
寻乌县							1		
石城县									
瑞金市	22		20	2		34	62	2	15
龙南市	200	3	21	10		25	79	21	80
吉安市	**23**	**2**	**17**	**20**		**26**	**67**	**4**	**7**
吉州区	17		9	17		18	37	1	6
青原区	3	2	8	2		5	14	2	1
吉安县									
吉水县									
峡江县									
新干县									
永丰县									
泰和县									
遂川县									
万安县									
安福县									
永新县									
井冈山市	3			1		3	16	1	
宜春市	**78**	**19**	**247**	**285**	**1**	**142**	**831**	**26**	**206**
袁州区	45	1	103	84	1	44	165	11	126
奉新县									
万载县									
上高县									
宜丰县									
靖安县									
铜鼓县									
丰城市	10	10	22	10		38	298	5	73
樟树市	13	4	68	188		26	60	4	4
高安市	10	4	54	3		34	308	6	3
抚州市	**68**	**5**	**88**	**73**	**1**	**150**	**141**	**9**	**31**
临川区	26	2	50	44	1	25	85	2	15
东乡区	42	3	38	29		125	56	7	16
南城县									
黎川县									
南丰县									
崇仁县									
乐安县									
宜黄县									
金溪县									
资溪县									
广昌县									
上饶市	**111**	**6**	**175**	**27**	**2**	**88**	**566**	**18**	**122**
信州区	16		39	6	1	11	98	5	9
广丰区	63		23	3		22	59	2	15
广信区	25	3	46	3		44	315	7	47
玉山县									
铅山县							1		
横峰县									
弋阳县									
余干县			2			1	25		2
鄱阳县	1					1	4		
万年县									
婺源县									
德兴市	6	3	65	15	1	9	64	4	49

4-4a　续表 22　　　　单位：人

地区 性别	制造业								
	文教、工美、体育和娱乐用品制造业	石油、煤炭及其他燃料加工业	化学原料和化学制品制造业	医药制造业	化学纤维制造业	橡胶和塑料制品业	非金属矿物制品业	黑色金属冶炼和压延加工业	有色金属冶炼和压延加工业
女	**1806**	**93**	**834**	**944**	**20**	**839**	**3000**	**568**	**664**
南昌市	**75**		**90**	**203**		**133**	**106**	**75**	**76**
东湖区	9			43		8	10	3	4
西湖区	15		15	15		17	6	1	5
青云谱区	7		9	12		8	8	2	1
青山湖区	16		40	78		80	41	67	60
新建区	20		11	33		12	24	1	5
红谷滩区	8		14	22		8	17	1	1
南昌县			1						
安义县									
进贤县									
景德镇市	**136**	**20**	**80**	**60**	**2**	**33**	**1589**		**2**
昌江区	14	9	6	1		1	357		1
珠山区	23	10	15	9		16	1184		1
浮梁县	1	1	1		1		36		
乐平市	98		58	50	1	16	12		
萍乡市	**34**	**5**	**70**	**22**		**43**	**221**	**170**	**12**
安源区	22	2	37	19		16	86	69	6
湘东区	12	3	33	2		27	135	101	6
莲花县									
上栗县				1					
芦溪县									
九江市	**73**	**46**	**63**	**32**	**13**	**183**	**202**	**10**	**19**
濂溪区	7	3	18	2	6	14	60		4
浔阳区	11	42	20	13	7	7	61	2	14
柴桑区	3		4	3		6	30	2	1
武宁县									
修水县									
永修县									
德安县									
都昌县									
湖口县									
彭泽县									
瑞昌市	12	1	9	5		155	20	1	
共青城市	7		10	8		1	7	2	
庐山市	33		2	1			24	3	
新余市	**28**	**4**	**25**	**4**		**38**	**40**	**281**	**41**
渝水区	28	4	25	4		38	40	281	41
分宜县									
鹰潭市	**290**	**1**	**35**	**15**	**1**	**25**	**37**	**5**	**233**
月湖区	12		11	3		4	13	1	21
余江区	43	1	10	1	1	4	11	1	4
贵溪市	235		14	11		17	13	3	208
赣州市	**510**	**7**	**232**	**102**	**1**	**124**	**147**	**14**	**175**
章贡区	105	5	36	74		36	59	6	95
南康区	9		57	5	1	10	42		12
赣县区	41	1	119	11		18	9	5	27
信丰县									
大余县									
上犹县									
崇义县									
安远县									
定南县									
全南县									

4－4a 续表 23 单位：人

地区 性别	制造业 文教、工美、体育和娱乐用品制造业	石油、煤炭及其他燃料加工业	化学原料和化学制品制造业	医药制造业	化学纤维制造业	橡胶和塑料制品业	非金属矿物制品业	黑色金属冶炼和压延加工业	有色金属冶炼和压延加工业
宁都县									
于都县									
兴国县									
会昌县									
寻乌县									
石城县									
瑞金市	41		15	5		30	14		2
龙南市	314	1	5	7		30	23	3	39
吉安市	**34**		**12**	**17**		**14**	**43**	**3**	**6**
吉州区	27		6	14		12	15	1	3
青原区	5		5	3		2	9	2	1
吉安县									
吉水县									
峡江县									
新干县									
永丰县									
泰和县									
遂川县									
万安县									
安福县									
永新县									
井冈山市	2		1				19		2
宜春市	**146**	**9**	**121**	**379**	**1**	**94**	**251**	**4**	**57**
袁州区	77		43	78		30	41		38
奉新县									
万载县									
上高县									
宜丰县									
靖安县									
铜鼓县									
丰城市	12	5	19	5	1	27	102	2	16
樟树市	8	3	33	282		12	18	2	1
高安市	49	1	26	14		25	90		2
抚州市	**41**		**35**	**78**		**79**	**69**	**3**	**11**
临川区	14		22	38		11	48	3	5
东乡区	27		13	40		68	21		6
南城县									
黎川县									
南丰县									
崇仁县									
乐安县									
宜黄县									
金溪县									
资溪县									
广昌县									
上饶市	**439**	**1**	**71**	**32**	**2**	**73**	**295**	**3**	**32**
信州区	16		20	6	1	7	47		3
广丰区	226		16	3		20	13		5
广信区	105		22	12	1	37	208		9
玉山县									
铅山县	3								
横峰县									
弋阳县									
余干县				1		1	4		1
鄱阳县	2						1		1
万年县									
婺源县									
德兴市	87	1	13	10		8	22	3	13

4-4a　续表 24

单位：人

地区 性别	制造业								
	金属制品业	通用设备制造业	专用设备制造业	汽车制造业	铁路、船舶、航空航天和其他运输设备制造业	电气机械和器材制造业	计算机、通信和其他电子设备制造业	仪器仪表制造业	其他制造业
全　省	**4451**	**3452**	**2273**	**2379**	**1889**	**4663**	**10403**	**1000**	**1067**
南昌市	**704**	**749**	**497**	**1196**	**889**	**748**	**2087**	**109**	**105**
东湖区	38	44	33	114	14	41	47	9	7
西湖区	78	76	44	135	33	92	54	17	12
青云谱区	99	191	43	527	685	84	58	9	12
青山湖区	297	259	206	165	115	364	1642	42	47
新建区	140	125	103	178	10	115	208	16	16
红谷滩区	51	53	68	77	31	47	77	16	11
南昌县	1	1			1	5	1		
安义县									
进贤县									
景德镇市	**119**	**312**	**97**	**221**	**715**	**78**	**160**	**15**	**172**
昌江区	34	76	31	13	14	31	12	3	110
珠山区	45	187	32	188	687	28	64	6	39
浮梁县	6	10	3	11	4	2	10		4
乐平市	34	39	31	9	10	17	74	6	19
萍乡市	**242**	**158**	**150**	**64**	**19**	**92**	**516**	**18**	**49**
安源区	147	93	112	46	19	70	212	16	21
湘东区	95	63	38	13		21	179	2	27
莲花县									
上栗县		2		5		1	125		1
芦溪县									
九江市	**324**	**356**	**167**	**108**	**105**	**423**	**580**	**60**	**101**
濂溪区	72	73	37	25	52	32	105	20	18
浔阳区	84	101	63	46	42	60	130	23	33
柴桑区	44	40	11	11	3	38	97	8	7
武宁县									
修水县									
永修县									
德安县									
都昌县									
湖口县									
彭泽县									
瑞昌市	72	111	29	11	1	249	171	3	22
共青城市	23	17	14	4	4	32	56	2	18
庐山市	29	14	13	11	3	12	21	4	3
新余市	**389**	**207**	**139**	**27**	**21**	**219**	**522**	**47**	**44**
渝水区	389	207	139	27	21	219	522	47	44
分宜县									
鹰潭市	**251**	**120**	**111**	**15**	**27**	**297**	**334**	**71**	**26**
月湖区	48	54	56	9	16	42	209	35	12
余江区	71	14	40	4	2	153	88	28	3
贵溪市	132	52	15	2	9	102	37	8	11
赣州市	**720**	**361**	**289**	**98**	**18**	**665**	**3068**	**82**	**160**
章贡区	415	151	114	75	11	241	1381	12	23
南康区	125	47	39	11	3	116	416	4	21
赣县区	59	54	32	6	1	40	142	8	11
信丰县									
大余县									
上犹县									
崇义县									
安远县									
定南县									
全南县									

4-4a 续表 25　　　　单位：人

地　区 性　别	制造业 金　属 制品业	通用设备 制造业	专用设备 制造业	汽　车 制造业	铁路、船舶、 航空航天和 其他运输 设备制造业	电气机械 和器材 制造业	计算机、 通信和其 他电子设 备制造业	仪器仪表 制造业	其　他 制造业
宁都县									
于都县									
兴国县									
会昌县									
寻乌县			1				6		
石城县									
瑞金市	49	51	37	1	1	159	161	15	11
龙南市	72	58	66	5	2	109	962	43	94
吉安市	**89**	**83**	**54**	**14**	**7**	**116**	**430**	**8**	**176**
吉州区	41	52	35	12	5	87	325	5	16
青原区	21	26	14		2	17	94	2	160
吉安县									
吉水县									
峡江县									
新干县									
永丰县									
泰和县									
遂川县									
万安县									
安福县									
永新县									
井冈山市	27	5	5	2		12	11	1	
宜春市	**950**	**641**	**444**	**185**	**28**	**1075**	**1410**	**41**	**58**
袁州区	324	239	209	92	16	691	574	20	32
奉新县									
万载县									
上高县									
宜丰县									
靖安县									
铜鼓县									
丰城市	150	94	84	19	5	118	200	9	8
樟树市	324	72	31	21	3	31	72	6	8
高安市	152	236	120	53	4	235	564	6	10
抚州市	**149**	**92**	**119**	**159**	**9**	**69**	**283**	**11**	**53**
临川区	79	70	87	104	7	51	149	10	22
东乡区	70	22	32	55	2	18	134	1	31
南城县									
黎川县									
南丰县									
崇仁县									
乐安县									
宜黄县									
金溪县									
资溪县									
广昌县									
上饶市	**514**	**373**	**206**	**292**	**51**	**881**	**1013**	**538**	**123**
信州区	74	41	47	27	31	58	71	134	18
广丰区	87	90	49	20	3	27	469	29	44
广信区	207	140	82	240	10	778	430	356	21
玉山县									
铅山县	1								4
横峰县									
弋阳县									
余干县	7	1		3		2	17	1	
鄱阳县	1	1	1			3			
万年县									
婺源县									
德兴市	137	100	27	2	7	13	26	18	36

4-4a 续表 26

单位：人

地区 性别	制造业								
	金属制品业	通用设备制造业	专用设备制造业	汽车制造业	铁路、船舶、航空航天和其他运输设备制造业	电气机械和器材制造业	计算机、通信和其他电子设备制造业	仪器仪表制造业	其他制造业
男	**3363**	**2463**	**1440**	**1760**	**1347**	**2824**	**5767**	**599**	**590**
南昌市	**545**	**552**	**326**	**903**	**652**	**517**	**1400**	**82**	**69**
东湖区	26	33	23	80	13	32	33	7	2
西湖区	68	54	28	101	29	71	36	12	10
青云谱区	76	149	31	398	493	54	41	6	9
青山湖区	221	187	122	124	86	234	1092	33	33
新建区	116	86	75	147	6	92	144	12	8
红谷滩区	37	42	47	53	24	29	53	12	7
南昌县	1	1			1	5	1		
安义县									
进贤县									
景德镇市	**99**	**218**	**69**	**165**	**473**	**45**	**93**	**13**	**93**
昌江区	28	53	20	11	12	16	8	2	59
珠山区	35	136	26	142	449	18	34	5	24
浮梁县	5	3	3	5	4	1	8		1
乐平市	31	26	20	7	8	10	43	6	9
萍乡市	**178**	**121**	**92**	**43**	**17**	**59**	**262**	**15**	**32**
安源区	115	70	69	32	17	46	112	13	15
湘东区	63	50	23	8		12	92	2	16
莲花县									
上栗县		1		3		1	58		1
芦溪县									
九江市	**239**	**236**	**103**	**71**	**75**	**203**	**293**	**43**	**58**
濂溪区	46	58	21	17	38	13	55	16	14
浔阳区	62	68	37	32	28	40	60	15	18
柴桑区	35	28	8	6	3	27	51	7	3
武宁县									
修水县									
永修县									
德安县									
都昌县									
湖口县									
彭泽县									
瑞昌市	54	60	20	6	1	93	82	2	9
共青城市	19	11	9	4	3	20	32	2	12
庐山市	23	11	8	6	2	10	13	1	2
新余市	**318**	**155**	**89**	**13**	**19**	**121**	**266**	**36**	**24**
渝水区	318	155	89	13	19	121	266	36	24
分宜县									
鹰潭市	**194**	**79**	**61**	**9**	**23**	**149**	**177**	**37**	**17**
月湖区	34	42	24	4	13	27	117	19	9
余江区	57	12	25	3	2	68	40	14	2
贵溪市	103	25	12	2	8	54	20	4	6
赣州市	**546**	**243**	**196**	**68**	**14**	**426**	**1746**	**50**	**75**
章贡区	310	105	70	54	8	151	852	8	9
南康区	92	40	28	6	2	71	185	2	13
赣县区	45	36	25	3	1	22	86	5	7
信丰县									
大余县									
上犹县									
崇义县									
安远县									
定南县									
全南县									

4-4a 续表 27

单位：人

地　　区 性　　别	制造业								
	金　属 制品业	通用设备 制造业	专用设备 制造业	汽　车 制造业	铁路、船舶、 航空航天和 其他运输 设备制造业	电气机械 和器材 制造业	计算机、 通信和其 他电子设 备制造业	仪器仪表 制造业	其　他 制造业
宁都县									
于都县									
兴国县									
会昌县									
寻乌县			1						
石城县									
瑞金市	41	34	26	1	1	117	100	7	7
龙南市	58	28	46	4	2	65	523	28	39
吉安市	**60**	**60**	**34**	**13**	**6**	**77**	**227**	**5**	**97**
吉州区	30	38	23	11	4	60	166	4	9
青原区	15	19	9		2	11	53		88
吉安县									
吉水县									
峡江县									
新干县									
永丰县									
泰和县									
遂川县									
万安县									
安福县									
永新县									
井冈山市	15	3	2	2		6	8	1	
宜春市	**693**	**485**	**265**	**134**	**22**	**557**	**566**	**22**	**30**
袁州区	227	186	134	63	13	414	268	13	19
奉新县									
万载县									
上高县									
宜丰县									
靖安县									
铜鼓县									
丰城市	123	68	50	13	3	68	95	6	3
樟树市	238	55	24	12	2	21	48	2	5
高安市	105	176	57	46	4	54	155	1	3
抚州市	**118**	**66**	**71**	**121**	**6**	**45**	**150**	**5**	**35**
临川区	62	52	45	86	4	32	91	4	16
东乡区	56	14	26	35	2	13	59	1	19
南城县									
黎川县									
南丰县									
崇仁县									
乐安县									
宜黄县									
金溪县									
资溪县									
广昌县									
上饶市	**373**	**248**	**134**	**220**	**40**	**625**	**587**	**291**	**60**
信州区	55	30	32	20	24	37	51	83	10
广丰区	67	58	33	11	3	18	235	20	26
广信区	150	90	56	185	8	558	276	175	7
玉山县									
铅山县	1								1
横峰县									
弋阳县									
余干县	7	1		3		2	11	1	
鄱阳县	1	1				2			
万年县									
婺源县									
德兴市	92	68	13	1	5	8	14	12	16

4-4a　续表 28　　　　单位：人

地区 性别	制造业								
	金　属 制品业	通用设备 制造业	专用设备 制造业	汽　车 制造业	铁路、船舶、 航空航天和 其他运输 设备制造业	电气机械 和器材 制造业	计算机、 通信和其 他电子设 备制造业	仪器仪表 制造业	其　他 制造业
女	**1088**	**989**	**833**	**619**	**542**	**1839**	**4636**	**401**	**477**
南昌市	**159**	**197**	**171**	**293**	**237**	**231**	**687**	**27**	**36**
东湖区	12	11	10	34	1	9	14	2	5
西湖区	10	22	16	34	4	21	18	5	2
青云谱区	23	42	12	129	192	30	17	3	3
青山湖区	76	72	84	41	29	130	550	9	14
新建区	24	39	28	31	4	23	64	4	8
红谷滩区	14	11	21	24	7	18	24	4	4
南昌县									
安义县									
进贤县									
景德镇市	**20**	**94**	**28**	**56**	**242**	**33**	**67**	**2**	**79**
昌江区	6	23	11	2	2	15	4	1	51
珠山区	10	51	6	46	238	10	30	1	15
浮梁县	1	7		6		1	2		3
乐平市	3	13	11	2	2	7	31		10
萍乡市	**64**	**37**	**58**	**21**	**2**	**33**	**254**	**3**	**17**
安源区	32	23	43	14	2	24	100	3	6
湘东区	32	13	15	5		9	87		11
莲花县									
上栗县		1		2			67		
芦溪县									
九江市	**85**	**120**	**64**	**37**	**30**	**220**	**287**	**17**	**43**
濂溪区	26	15	16	8	14	19	50	4	4
浔阳区	22	33	26	14	14	20	70	8	15
柴桑区	9	12	3	5		11	46	1	4
武宁县									
修水县									
永修县									
德安县									
都昌县									
湖口县									
彭泽县									
瑞昌市	18	51	9	5		156	89	1	13
共青城市	4	6	5		1	12	24		6
庐山市	6	3	5	5	1	2	8	3	1
新余市	**71**	**52**	**50**	**14**	**2**	**98**	**256**	**11**	**20**
渝水区	71	52	50	14	2	98	256	11	20
分宜县									
鹰潭市	**57**	**41**	**50**	**6**	**4**	**148**	**157**	**34**	**9**
月湖区	14	12	32	5	3	15	92	16	3
余江区	14	2	15	1		85	48	14	1
贵溪市	29	27	3		1	48	17	4	5
赣州市	**174**	**118**	**93**	**30**	**4**	**239**	**1322**	**32**	**85**
章贡区	105	46	44	21	3	90	529	4	14
南康区	33	7	11	5	1	45	231	2	8
赣县区	14	18	7	3		18	56	3	4
信丰县									
大余县									
上犹县									
崇义县									
安远县									
定南县									
全南县									

4−4a 续表 29

单位：人

地 区 性 别	制造业								
	金 属 制品业	通用设备 制造业	专用设备 制造业	汽 车 制造业	铁路、船舶、 航空航天和 其他运输 设备制造业	电气机械 和器材 制造业	计算机、 通信和其 他电子设 备制造业	仪器仪表 制造业	其 他 制造业
宁都县									
于都县									
兴国县									
会昌县									
寻乌县							6		
石城县									
瑞金市	8	17	11			42	61	8	4
龙南市	14	30	20	1		44	439	15	55
吉安市	**29**	**23**	**20**	**1**	**1**	**39**	**203**	**3**	**79**
吉州区	11	14	12	1	1	27	159	1	7
青原区	6	7	5			6	41	2	72
吉安县									
吉水县									
峡江县									
新干县									
永丰县									
泰和县									
遂川县									
万安县									
安福县									
永新县									
井冈山市	12	2	3			6	3		
宜春市	**257**	**156**	**179**	**51**	**6**	**518**	**844**	**19**	**28**
袁州区	97	53	75	29	3	277	306	7	13
奉新县									
万载县									
上高县									
宜丰县									
靖安县									
铜鼓县									
丰城市	27	26	34	6	2	50	105	3	5
樟树市	86	17	7	9	1	10	24	4	3
高安市	47	60	63	7		181	409	5	7
抚州市	**31**	**26**	**48**	**38**	**3**	**24**	**133**	**6**	**18**
临川区	17	18	42	18	3	19	58	6	6
东乡区	14	8	6	20		5	75		12
南城县									
黎川县									
南丰县									
崇仁县									
乐安县									
宜黄县									
金溪县									
资溪县									
广昌县									
上饶市	**141**	**125**	**72**	**72**	**11**	**256**	**426**	**247**	**63**
信州区	19	11	15	7	7	21	20	51	8
广丰区	20	32	16	9		9	234	9	18
广信区	57	50	26	55	2	220	154	181	14
玉山县									
铅山县									3
横峰县									
弋阳县									
余干县							6		
鄱阳县			1			1			
万年县									
婺源县									
德兴市	45	32	14	1	2	5	12	6	20

4-4a 续表 30

单位：人

地区 性别	制造业		电力、热力、燃气及水生产和供应业				建筑业		
	废弃资源综合利用业	金属制品、机械和设备修理业	小计	电力、热力生产和供应业	燃气生产和供应业	水的生产和供应业	小计	房屋建筑业	土木工程建筑业
全省	**1051**	**1103**	**6610**	**4676**	**855**	**1079**	**69097**	**32639**	**6177**
南昌市	**173**	**231**	**1455**	**975**	**192**	**288**	**15194**	**6382**	**2026**
东湖区	13	25	387	300	50	37	1340	376	294
西湖区	23	20	158	49	30	79	1713	628	377
青云谱区	26	52	115	80	17	18	1618	772	222
青山湖区	63	61	424	337	45	42	4455	1490	512
新建区	36	15	97	50	22	25	3196	1744	183
红谷滩区	12	58	274	159	28	87	2855	1367	437
南昌县							17	5	1
安义县									
进贤县									
景德镇市	**45**	**54**	**403**	**251**	**74**	**78**	**3304**	**1687**	**199**
昌江区	7	15	69	53	10	6	631	276	47
珠山区	16	22	194	92	59	43	1141	545	92
浮梁县	2	2	4	3		1	141	70	6
乐平市	20	15	136	103	5	28	1391	796	54
萍乡市	**47**	**70**	**487**	**353**	**67**	**67**	**2671**	**1162**	**273**
安源区	33	41	408	306	48	54	1845	677	218
湘东区	14	29	79	47	19	13	766	444	53
莲花县									
上栗县							60	41	2
芦溪县									
九江市	**28**	**101**	**796**	**569**	**98**	**129**	**6737**	**2529**	**752**
濂溪区	8	30	135	83	24	28	1726	452	137
浔阳区	10	44	516	412	40	64	1847	592	381
柴桑区	4	8	36	26	3	7	1103	548	116
武宁县									
修水县									
永修县									
德安县									
都昌县									
湖口县									
彭泽县									
瑞昌市	2	7	41	17	9	15	911	384	57
共青城市	2	8	44	16	19	9	577	294	28
庐山市	2	4	24	15	3	6	573	259	33
新余市	**49**	**86**	**345**	**269**	**36**	**40**	**3045**	**1344**	**270**
渝水区	49	86	345	269	36	40	3045	1344	270
分宜县									
鹰潭市	**82**	**119**	**502**	**416**	**33**	**53**	**2664**	**1133**	**334**
月湖区	19	74	223	179	12	32	1271	498	213
余江区	23	6	34	28	2	4	444	250	19
贵溪市	40	39	245	209	19	17	949	385	102
赣州市	**191**	**134**	**719**	**531**	**77**	**111**	**11355**	**5997**	**590**
章贡区	118	50	471	367	46	58	4695	2559	317
南康区	22	39	72	54	4	14	2291	1222	86
赣县区	7	11	55	36	3	16	1699	796	70
信丰县									
大余县									
上犹县									
崇义县									
安远县									
定南县									
全南县									

4-4a 续表 31

单位：人

地区 性别	制造业		电力、热力、燃气及水生产和供应业				建筑业		
	废弃资源综合利用业	金属制品、机械和设备修理业	小计	电力、热力生产和供应业	燃气生产和供应业	水的生产和供应业	小计	房屋建筑业	土木工程建筑业
宁都县									
于都县									
兴国县									
会昌县									
寻乌县							17		
石城县									
瑞金市	25	20	37	23	6	8	1555	872	50
龙南市	19	14	84	51	18	15	1098	548	67
吉安市	**10**	**32**	**278**	**209**	**36**	**33**	**2253**	**957**	**184**
吉州区	6	15	147	94	30	23	1217	546	106
青原区	2	15	88	78	6	4	798	289	61
吉安县									
吉水县									
峡江县									
新干县									
永丰县									
泰和县									
遂川县									
万安县									
安福县									
永新县									
井冈山市	2	2	43	37		6	238	122	17
宜春市	**224**	**78**	**874**	**598**	**134**	**142**	**9097**	**4824**	**661**
袁州区	10	33	255	143	37	75	3974	2417	312
奉新县									
万载县									
上高县									
宜丰县									
靖安县									
铜鼓县									
丰城市	188	16	414	329	65	20	2218	940	158
樟树市	19	10	91	53	13	25	1544	720	56
高安市	7	19	114	73	19	22	1361	747	135
抚州市	**36**	**43**	**268**	**198**	**33**	**37**	**4758**	**2928**	**274**
临川区	25	29	218	160	28	30	3684	2282	196
东乡区	11	14	50	38	5	7	1074	646	78
南城县									
黎川县									
南丰县									
崇仁县									
乐安县									
宜黄县									
金溪县									
资溪县									
广昌县									
上饶市	**166**	**155**	**483**	**307**	**75**	**101**	**8019**	**3696**	**614**
信州区	18	70	196	116	38	42	1659	676	184
广丰区	10	23	69	42	9	18	2519	1145	235
广信区	69	15	121	88	16	17	2713	1452	141
玉山县									
铅山县	1						12	5	
横峰县									
弋阳县									
余干县		3	4	1	3		137	91	2
鄱阳县	15						11	3	2
万年县									
婺源县									
德兴市	53	44	93	60	9	24	968	324	50

4-4a 续表 32

单位：人

地区 性别	制造业		电力、热力、燃气及水生产和供应业				建筑业		
	废弃资源综合利用业	金属制品、机械和设备修理业	小计	电力、热力生产和供应业	燃气生产和供应业	水的生产和供应业	小计	房屋建筑业	土木工程建筑业
男	**773**	**952**	**4639**	**3367**	**577**	**695**	**58416**	**27398**	**5166**
南昌市	**125**	**200**	**979**	**669**	**125**	**185**	**12438**	**5187**	**1596**
东湖区	9	23	269	211	29	29	1092	303	230
西湖区	17	19	97	29	18	50	1370	521	297
青云谱区	19	42	82	55	14	13	1309	602	174
青山湖区	46	54	283	228	32	23	3691	1240	400
新建区	24	12	74	38	15	21	2670	1409	160
红谷滩区	10	50	174	108	17	49	2293	1107	334
南昌县							13	5	1
安义县									
进贤县									
景德镇市	**31**	**48**	**296**	**189**	**52**	**55**	**2912**	**1482**	**177**
昌江区	5	13	55	42	9	4	545	235	40
珠山区	10	21	138	67	42	29	970	467	78
浮梁县	2	2	3	2		1	133	67	6
乐平市	14	12	100	78	1	21	1264	713	53
萍乡市	**33**	**63**	**331**	**242**	**47**	**42**	**2376**	**1048**	**243**
安源区	21	37	276	207	32	37	1608	600	192
湘东区	12	26	55	35	15	5	719	416	49
莲花县									
上栗县							49	32	2
芦溪县									
九江市	**19**	**89**	**548**	**397**	**67**	**84**	**5610**	**2119**	**614**
濂溪区	6	28	100	62	17	21	1346	351	116
浔阳区	7	37	351	283	30	38	1478	480	284
柴桑区	3	8	29	21	2	6	966	473	106
武宁县									
修水县									
永修县									
德安县									
都昌县									
湖口县									
彭泽县									
瑞昌市	2	6	21	8	5	8	778	323	49
共青城市	1	7	27	11	10	6	538	271	27
庐山市		3	20	12	3	5	504	221	32
新余市	**35**	**79**	**243**	**196**	**22**	**25**	**2652**	**1153**	**239**
渝水区	35	79	243	196	22	25	2652	1153	239
分宜县									
鹰潭市	**68**	**102**	**368**	**312**	**21**	**35**	**2344**	**972**	**289**
月湖区	14	63	150	123	7	20	1119	433	178
余江区	20	4	25	20	2	3	392	211	18
贵溪市	34	35	193	169	12	12	833	328	93
赣州市	**123**	**115**	**509**	**381**	**58**	**70**	**8979**	**4684**	**486**
章贡区	75	43	336	267	36	33	3704	1982	254
南康区	12	33	52	38	4	10	1743	937	71
赣县区	5	9	40	28	3	9	1297	594	59
信丰县									
大余县									
上犹县									
崇义县									
安远县									
定南县									
全南县									

4-4a 续表 33

单位：人

地区 性别	制造业		电力、热力、燃气及水生产和供应业				建筑业		
	废弃资源综合利用业	金属制品、机械和设备修理业	小计	电力、热力生产和供应业	燃气生产和供应业	水的生产和供应业	小计	房屋建筑业	土木工程建筑业
宁都县									
于都县									
兴国县									
会昌县									
寻乌县							11		
石城县									
瑞金市	20	19	23	13	4	6	1299	718	44
龙南市	11	11	58	35	11	12	925	453	58
吉安市	**7**	**27**	**197**	**158**	**23**	**16**	**1768**	**747**	**149**
吉州区	4	11	102	71	19	12	1009	447	89
青原区	2	14	69	64	4	1	568	209	45
吉安县									
吉水县									
峡江县									
新干县									
永丰县									
泰和县									
遂川县									
万安县									
安福县									
永新县									
井冈山市	1	2	26	23		3	191	91	15
宜春市	**170**	**66**	**636**	**450**	**88**	**98**	**8021**	**4207**	**591**
袁州区	7	31	180	103	26	51	3540	2140	277
奉新县									
万载县									
上高县									
宜丰县									
靖安县									
铜鼓县									
丰城市	145	12	313	260	40	13	1943	794	141
樟树市	13	8	71	42	10	19	1365	628	49
高安市	5	15	72	45	12	15	1173	645	124
抚州市	**30**	**32**	**195**	**149**	**20**	**26**	**4218**	**2583**	**248**
临川区	22	21	160	123	16	21	3265	2020	174
东乡区	8	11	35	26	4	5	953	563	74
南城县									
黎川县									
南丰县									
崇仁县									
乐安县									
宜黄县									
金溪县									
资溪县									
广昌县									
上饶市	**132**	**131**	**337**	**224**	**54**	**59**	**7098**	**3216**	**534**
信州区	13	65	140	86	26	28	1378	567	148
广丰区	7	16	51	33	8	10	2258	987	206
广信区	61	13	85	65	11	9	2470	1303	133
玉山县									
铅山县							12	5	
横峰县									
弋阳县									
余干县		2	4	1	3		110	67	2
鄱阳县	9						10	3	2
万年县									
婺源县									
德兴市	42	35	57	39	6	12	860	284	43

4-4a　续表 34

单位：人

地区 性别	制造业		电力、热力、燃气及水生产和供应业				建筑业		
	废弃资源综合利用业	金属制品、机械和设备修理业	小计	电力、热力生产和供应业	燃气生产和供应业	水的生产和供应业	小计	房屋建筑业	土木工程建筑业
女	**278**	**151**	**1971**	**1309**	**278**	**384**	**10681**	**5241**	**1011**
南昌市	**48**	**31**	**476**	**306**	**67**	**103**	**2756**	**1195**	**430**
东湖区	4	2	118	89	21	8	248	73	64
西湖区	6	1	61	20	12	29	343	107	80
青云谱区	7	10	33	25	3	5	309	170	48
青山湖区	17	7	141	109	13	19	764	250	112
新建区	12	3	23	12	7	4	526	335	23
红谷滩区	2	8	100	51	11	38	562	260	103
南昌县							4		
安义县									
进贤县									
景德镇市	**14**	**6**	**107**	**62**	**22**	**23**	**392**	**205**	**22**
昌江区	2	2	14	11	1	2	86	41	7
珠山区	6	1	56	25	17	14	171	78	14
浮梁县			1	1			8	3	
乐平市	6	3	36	25	4	7	127	83	1
萍乡市	**14**	**7**	**156**	**111**	**20**	**25**	**295**	**114**	**30**
安源区	12	4	132	99	16	17	237	77	26
湘东区	2	3	24	12	4	8	47	28	4
莲花县									
上栗县							11	9	
芦溪县									
九江市	**9**	**12**	**248**	**172**	**31**	**45**	**1127**	**410**	**138**
濂溪区	2	2	35	21	7	7	380	101	21
浔阳区	3	7	165	129	10	26	369	112	97
柴桑区	1		7	5	1	1	137	75	10
武宁县									
修水县									
永修县									
德安县									
都昌县									
湖口县									
彭泽县									
瑞昌市		1	20	9	4	7	133	61	8
共青城市	1	1	17	5	9	3	39	23	1
庐山市	2	1	4	3		1	69	38	1
新余市	**14**	**7**	**102**	**73**	**14**	**15**	**393**	**191**	**31**
渝水区	14	7	102	73	14	15	393	191	31
分宜县									
鹰潭市	**14**	**17**	**134**	**104**	**12**	**18**	**320**	**161**	**45**
月湖区	5	11	73	56	5	12	152	65	35
余江区	3	2	9	8		1	52	39	1
贵溪市	6	4	52	40	7	5	116	57	9
赣州市	**68**	**19**	**210**	**150**	**19**	**41**	**2376**	**1313**	**104**
章贡区	43	7	135	100	10	25	991	577	63
南康区	10	6	20	16		4	548	285	15
赣县区	2	2	15	8		7	402	202	11
信丰县									
大余县									
上犹县									
崇义县									
安远县									
定南县									
全南县									

4-4a 续表 35

单位：人

地区 性别	制造业		电力、热力、燃气及水生产和供应业				建筑业		
	废弃资源综合利用业	金属制品、机械和设备修理业	小计	电力、热力生产和供应业	燃气生产和供应业	水的生产和供应业	小计	房屋建筑业	土木工程建筑业
宁都县									
于都县									
兴国县									
会昌县									
寻乌县							6		
石城县									
瑞金市	5	1	14	10	2	2	256	154	6
龙南市	8	3	26	16	7	3	173	95	9
吉安市	**3**	**5**	**81**	**51**	**13**	**17**	**485**	**210**	**35**
吉州区	2	4	45	23	11	11	208	99	17
青原区		1	19	14	2	3	230	80	16
吉安县									
吉水县									
峡江县									
新干县									
永丰县									
泰和县									
遂川县									
万安县									
安福县									
永新县									
井冈山市	1		17	14		3	47	31	2
宜春市	**54**	**12**	**238**	**148**	**46**	**44**	**1076**	**617**	**70**
袁州区	3	2	75	40	11	24	434	277	35
奉新县									
万载县									
上高县									
宜丰县									
靖安县									
铜鼓县									
丰城市	43	4	101	69	25	7	275	146	17
樟树市	6	2	20	11	3	6	179	92	7
高安市	2	4	42	28	7	7	188	102	11
抚州市	**6**	**11**	**73**	**49**	**13**	**11**	**540**	**345**	**26**
临川区	3	8	58	37	12	9	419	262	22
东乡区	3	3	15	12	1	2	121	83	4
南城县									
黎川县									
南丰县									
崇仁县									
乐安县									
宜黄县									
金溪县									
资溪县									
广昌县									
上饶市	**34**	**24**	**146**	**83**	**21**	**42**	**921**	**480**	**80**
信州区	5	5	56	30	12	14	281	109	36
广丰区	3	7	18	9	1	8	261	158	29
广信区	8	2	36	23	5	8	243	149	8
玉山县									
铅山县	1								
横峰县									
弋阳县									
余干县		1					27	24	
鄱阳县	6						1		
万年县									
婺源县									
德兴市	11	9	36	21	3	12	108	40	7

4-4a　续表 36　　　　单位：人

地区 性别	建筑业：建筑安装业	建筑业：建筑装饰、装修和其他建筑业	批发和零售业：小计	批发和零售业：批发业	批发和零售业：零售业	交通运输、仓储和邮政业：小计	交通运输、仓储和邮政业：铁路运输业	交通运输、仓储和邮政业：道路运输业	交通运输、仓储和邮政业：水上运输业
全　省	**4488**	**25793**	**108764**	**27060**	**81704**	**30948**	**2078**	**18598**	**287**
南昌市	**1005**	**5781**	**25656**	**8101**	**17555**	**7985**	**727**	**4569**	**72**
东湖区	98	572	3499	1081	2418	908	67	504	14
西湖区	126	582	5166	1654	3512	1592	232	910	13
青云谱区	96	528	3503	1103	2400	1210	194	682	2
青山湖区	347	2106	7437	2437	5000	2235	133	1287	9
新建区	196	1073	2926	858	2068	1030	18	648	5
红谷滩区	140	911	3053	948	2105	982	83	520	29
南昌县	2	9	72	20	52	28		18	
安义县									
进贤县									
景德镇市	**214**	**1204**	**5754**	**1375**	**4379**	**1874**	**71**	**1108**	**10**
昌江区	28	280	906	270	636	315	3	188	3
珠山区	60	444	2477	508	1969	867	45	503	1
浮梁县	12	53	148	70	78	67		52	1
乐平市	114	427	2223	527	1696	625	23	365	5
萍乡市	**228**	**1008**	**6407**	**1401**	**5006**	**1713**	**117**	**1067**	**6**
安源区	153	797	5379	1189	4190	1330	107	791	5
湘东区	74	195	985	205	780	372	10	269	1
莲花县									
上栗县	1	16	43	7	36	11		7	
芦溪县									
九江市	**510**	**2946**	**9868**	**2330**	**7538**	**2785**	**176**	**1671**	**94**
濂溪区	122	1015	2386	659	1727	713	28	473	13
浔阳区	170	704	3841	950	2891	1124	122	656	62
柴桑区	70	369	851	130	721	290	15	181	1
武宁县									
修水县									
永修县									
德安县									
都昌县									
湖口县									
彭泽县									
瑞昌市	94	376	1497	362	1135	310	4	204	7
共青城市	30	225	497	113	384	163	5	76	2
庐山市	24	257	796	116	680	185	2	81	9
新余市	**194**	**1237**	**5366**	**1821**	**3545**	**1301**	**118**	**750**	**3**
渝水区	194	1237	5366	1821	3545	1301	118	750	3
分宜县									
鹰潭市	**208**	**989**	**6614**	**1163**	**5451**	**1859**	**310**	**1121**	**6**
月湖区	98	462	2874	448	2426	1125	262	641	5
余江区	40	135	1094	276	818	154	4	99	
贵溪市	70	392	2646	439	2207	580	44	381	1
赣州市	**666**	**4102**	**17650**	**3495**	**14155**	**4173**	**216**	**2428**	**15**
章贡区	291	1528	8531	1754	6777	2166	192	1200	5
南康区	103	880	3429	571	2858	785	7	506	5
赣县区	101	732	1814	370	1444	373	5	227	1
信丰县									
大余县									
上犹县									
崇义县									
安远县									
定南县									
全南县									

4—4a 续表 37

单位：人

地区 性别	建筑业		批发和零售业			交通运输、仓储和邮政业			
	建筑安装业	建筑装饰、装修和其他建筑业	小计	批发业	零售业	小计	铁路运输业	道路运输业	水上运输业
宁都县									
于都县									
兴国县									
会昌县									
寻乌县		17	5	1	4	2		2	
石城县									
瑞金市	90	543	2512	549	1963	506	6	262	1
龙南市	81	402	1359	250	1109	341	6	231	3
吉安市	**147**	**965**	**3385**	**760**	**2625**	**1042**	**70**	**563**	**16**
吉州区	82	483	2203	508	1695	670	19	376	10
青原区	50	398	902	228	674	292	50	140	6
吉安县									
吉水县									
峡江县									
新干县									
永丰县									
泰和县									
遂川县									
万安县									
安福县									
永新县									
井冈山市	15	84	280	24	256	80	1	47	
宜春市	**445**	**3167**	**11822**	**2526**	**9296**	**3990**	**142**	**2801**	**36**
袁州区	188	1057	4498	736	3762	1276	72	878	
奉新县									
万载县									
上高县									
宜丰县									
靖安县									
铜鼓县									
丰城市	100	1020	2684	612	2072	887	26	558	20
樟树市	84	684	2260	672	1588	630	36	419	15
高安市	73	406	2380	506	1874	1197	8	946	1
抚州市	**240**	**1316**	**4655**	**1033**	**3622**	**1426**	**36**	**887**	**11**
临川区	176	1030	3447	869	2578	936	24	552	9
东乡区	64	286	1208	164	1044	490	12	335	2
南城县									
黎川县									
南丰县									
崇仁县									
乐安县									
宜黄县									
金溪县									
资溪县									
广昌县									
上饶市	**631**	**3078**	**11587**	**3055**	**8532**	**2800**	**95**	**1633**	**18**
信州区	149	650	4281	1199	3082	1078	73	532	6
广丰区	146	993	2934	735	2199	544	9	304	11
广信区	279	841	2815	764	2051	716	10	453	
玉山县									
铅山县		7	13		13	4		4	
横峰县									
弋阳县									
余干县	11	33	388	64	324	44	1	28	
鄱阳县	1	5	9		9	2			
万年县									
婺源县									
德兴市	45	549	1147	293	854	412	2	312	1

4-4a　续表 38

单位：人

地区 性别	建筑业		批发和零售业			交通运输、仓储和邮政业			
	建筑安装业	建筑装饰、装修和其他建筑业	小计	批发业	零售业	小计	铁路运输业	道路运输业	水上运输业
男	**4042**	**21810**	**52450**	**15861**	**36589**	**25460**	**1601**	**16209**	**206**
南昌市	**860**	**4795**	**13133**	**4841**	**8292**	**6337**	**510**	**3845**	**51**
东湖区	76	483	1663	632	1031	701	43	428	12
西湖区	107	445	2638	965	1673	1217	162	727	11
青云谱区	85	448	1815	665	1150	989	138	585	1
青山湖区	294	1757	3971	1518	2453	1813	101	1097	6
新建区	182	919	1385	483	902	889	15	588	4
红谷滩区	114	738	1624	572	1052	702	51	404	17
南昌县	2	5	37	6	31	26		16	
安义县									
进贤县									
景德镇市	**201**	**1052**	**2742**	**799**	**1943**	**1638**	**58**	**1011**	**8**
昌江区	26	244	462	145	317	275	2	173	2
珠山区	57	368	1206	300	906	742	39	442	1
浮梁县	10	50	80	39	41	65		51	1
乐平市	108	390	994	315	679	556	17	345	4
萍乡市	**212**	**873**	**2731**	**785**	**1946**	**1427**	**86**	**939**	**2**
安源区	140	676	2265	659	1606	1099	79	686	2
湘东区	71	183	445	121	324	320	7	246	
莲花县									
上栗县	1	14	21	5	16	8		7	
芦溪县									
九江市	**454**	**2423**	**4472**	**1325**	**3147**	**2268**	**149**	**1427**	**69**
濂溪区	106	773	1141	368	773	586	24	402	11
浔阳区	151	563	1772	545	1227	880	105	525	40
柴桑区	63	324	353	75	278	246	12	168	1
武宁县									
修水县									
永修县									
德安县									
都昌县									
湖口县									
彭泽县									
瑞昌市	82	324	559	204	355	264	3	187	6
共青城市	29	211	269	66	203	139	3	72	2
庐山市	23	228	378	67	311	153	2	73	9
新余市	**175**	**1085**	**2803**	**1156**	**1647**	**1114**	**98**	**682**	**3**
渝水区	175	1085	2803	1156	1647	1114	98	682	3
分宜县									
鹰潭市	**191**	**892**	**2817**	**661**	**2156**	**1562**	**250**	**995**	**3**
月湖区	91	417	1212	262	950	925	212	553	3
余江区	39	124	519	149	370	123	2	89	
贵溪市	61	351	1086	250	836	514	36	353	
赣州市	**596**	**3213**	**8662**	**2004**	**6658**	**3376**	**169**	**2102**	**9**
章贡区	266	1202	4204	1056	3148	1696	150	1009	4
南康区	87	648	1660	282	1378	633	7	429	1
赣县区	86	558	872	199	673	307	2	202	
信丰县									
大余县									
上犹县									
崇义县									
安远县									
定南县									
全南县									

4-4a 续表 39 单位：人

地 区 性 别	建筑业		批发和零售业			交通运输、仓储和邮政业			
	建筑安装业	建筑装饰、装修和其他建筑业	小计	批发业	零售业	小计	铁路运输业	道路运输业	水上运输业
宁都县									
于都县									
兴国县									
会昌县									
寻乌县		11	3	1	2	2		2	
石城县									
瑞金市	80	457	1271	322	949	439	5	241	1
龙南市	77	337	652	144	508	299	5	219	3
吉安市	**134**	**738**	**1509**	**435**	**1074**	**851**	**53**	**499**	**12**
吉州区	77	396	969	308	661	556	15	339	7
青原区	43	271	421	114	307	232	37	120	5
吉安县									
吉水县									
峡江县									
新干县									
永丰县									
泰和县									
遂川县									
万安县									
安福县									
永新县									
井冈山市	14	71	119	13	106	63	1	40	
宜春市	**409**	**2814**	**5320**	**1416**	**3904**	**3375**	**118**	**2467**	**31**
袁州区	175	948	1981	463	1518	1084	53	780	
奉新县									
万载县									
上高县									
宜丰县									
靖安县									
铜鼓县									
丰城市	93	915	1251	329	922	758	26	505	16
樟树市	79	609	955	332	623	549	34	376	14
高安市	62	342	1133	292	841	984	5	806	1
抚州市	**221**	**1166**	**2306**	**596**	**1710**	**1194**	**28**	**793**	**10**
临川区	161	910	1695	495	1200	769	20	479	9
东乡区	60	256	611	101	510	425	8	314	1
南城县									
黎川县									
南丰县									
崇仁县									
乐安县									
宜黄县									
金溪县									
资溪县									
广昌县									
上饶市	**589**	**2759**	**5955**	**1843**	**4112**	**2318**	**82**	**1449**	**8**
信州区	133	530	2221	693	1528	850	66	448	2
广丰区	140	925	1515	467	1048	458	7	276	6
广信区	261	773	1453	458	995	617	7	411	
玉山县									
铅山县		7	5		5	4		4	
横峰县									
弋阳县									
余干县	10	31	239	42	197	37	1	25	
鄱阳县	1	4	5		5	2			
万年县									
婺源县									
德兴市	44	489	517	183	334	350	1	285	

4-4a　续表 40

单位：人

地　区 性　别	建筑业		批发和零售业			交通运输、仓储和邮政业			
	建　筑 安装业	建筑装饰、装修和其他建筑业	小计	批发业	零售业	小计	铁　路 运输业	道　路 运输业	水　上 运输业
女	**446**	**3983**	**56314**	**11199**	**45115**	**5488**	**477**	**2389**	**81**
南昌市	**145**	**986**	**12523**	**3260**	**9263**	**1648**	**217**	**724**	**21**
东湖区	22	89	1836	449	1387	207	24	76	2
西湖区	19	137	2528	689	1839	375	70	183	2
青云谱区	11	80	1688	438	1250	221	56	97	1
青山湖区	53	349	3466	919	2547	422	32	190	3
新建区	14	154	1541	375	1166	141	3	60	1
红谷滩区	26	173	1429	376	1053	280	32	116	12
南昌县		4	35	14	21	2		2	
安义县									
进贤县									
景德镇市	**13**	**152**	**3012**	**576**	**2436**	**236**	**13**	**97**	**2**
昌江区	2	36	444	125	319	40	1	15	1
珠山区	3	76	1271	208	1063	125	6	61	
浮梁县	2	3	68	31	37	2		1	
乐平市	6	37	1229	212	1017	69	6	20	1
萍乡市	**16**	**135**	**3676**	**616**	**3060**	**286**	**31**	**128**	**4**
安源区	13	121	3114	530	2584	231	28	105	3
湘东区	3	12	540	84	456	52	3	23	1
莲花县									
上栗县		2	22	2	20	3			
芦溪县									
九江市	**56**	**523**	**5396**	**1005**	**4391**	**517**	**27**	**244**	**25**
濂溪区	16	242	1245	291	954	127	4	71	2
浔阳区	19	141	2069	405	1664	244	17	131	22
柴桑区	7	45	498	55	443	44	3	13	
武宁县									
修水县									
永修县									
德安县									
都昌县									
湖口县									
彭泽县									
瑞昌市	12	52	938	158	780	46	1	17	1
共青城市	1	14	228	47	181	24	2	4	
庐山市	1	29	418	49	369	32		8	
新余市	**19**	**152**	**2563**	**665**	**1898**	**187**	**20**	**68**	
渝水区	19	152	2563	665	1898	187	20	68	
分宜县									
鹰潭市	**17**	**97**	**3797**	**502**	**3295**	**297**	**60**	**126**	**3**
月湖区	7	45	1662	186	1476	200	50	88	2
余江区	1	11	575	127	448	31	2	10	
贵溪市	9	41	1560	189	1371	66	8	28	1
赣州市	**70**	**889**	**8988**	**1491**	**7497**	**797**	**47**	**326**	**6**
章贡区	25	326	4327	698	3629	470	42	191	1
南康区	16	232	1769	289	1480	152		77	4
赣县区	15	174	942	171	771	66	3	25	1
信丰县									
大余县									
上犹县									
崇义县									
安远县									
定南县									
全南县									

4-4a 续表 41

单位：人

地区 性别	建筑业		批发和零售业			交通运输、仓储和邮政业			
	建筑安装业	建筑装饰、装修和其他建筑业	小计	批发业	零售业	小计	铁路运输业	道路运输业	水上运输业
宁都县									
于都县									
兴国县									
会昌县									
寻乌县		6	2		2				
石城县									
瑞金市	10	86	1241	227	1014	67	1	21	
龙南市	4	65	707	106	601	42	1	12	
吉安市	**13**	**227**	**1876**	**325**	**1551**	**191**	**17**	**64**	**4**
吉州区	5	87	1234	200	1034	114	4	37	3
青原区	7	127	481	114	367	60	13	20	1
吉安县									
吉水县									
峡江县									
新干县									
永丰县									
泰和县									
遂川县									
万安县									
安福县									
永新县									
井冈山市	1	13	161	11	150	17		7	
宜春市	**36**	**353**	**6502**	**1110**	**5392**	**615**	**24**	**334**	**5**
袁州区	13	109	2517	273	2244	192	19	98	
奉新县									
万载县									
上高县									
宜丰县									
靖安县									
铜鼓县									
丰城市	7	105	1433	283	1150	129		53	4
樟树市	5	75	1305	340	965	81	2	43	1
高安市	11	64	1247	214	1033	213	3	140	
抚州市	**19**	**150**	**2349**	**437**	**1912**	**232**	**8**	**94**	**1**
临川区	15	120	1752	374	1378	167	4	73	
东乡区	4	30	597	63	534	65	4	21	1
南城县									
黎川县									
南丰县									
崇仁县									
乐安县									
宜黄县									
金溪县									
资溪县									
广昌县									
上饶市	**42**	**319**	**5632**	**1212**	**4420**	**482**	**13**	**184**	**10**
信州区	16	120	2060	506	1554	228	7	84	4
广丰区	6	68	1419	268	1151	86	2	28	5
广信区	18	68	1362	306	1056	99	3	42	
玉山县									
铅山县			8		8				
横峰县									
弋阳县									
余干县	1	2	149	22	127	7		3	
鄱阳县		1	4		4				
万年县									
婺源县									
德兴市	1	60	630	110	520	62	1	27	1

4-4a　续表 42

单位：人

地区 性别	交通运输、仓储和邮政业					住宿和餐饮业		
	航空运输业	管道运输业	多式联运和运输代理业	装卸搬运和仓储业	邮政业	小计	住宿业	餐饮业
全　省	**485**	**67**	**976**	**2812**	**5645**	**34698**	**4585**	**30113**
南昌市	**283**	**13**	**293**	**597**	**1431**	**8986**	**1248**	**7738**
东湖区	42	3	36	63	179	1183	236	947
西湖区	54		54	88	241	1349	187	1162
青云谱区	23		32	117	160	696	95	601
青山湖区	61	3	103	150	489	2529	261	2268
新建区	17	3	38	127	174	1489	148	1341
红谷滩区	86	4	29	48	183	1734	321	1413
南昌县			1	4	5	6		6
安义县								
进贤县								
景德镇市	**15**	**8**	**74**	**205**	**383**	**2021**	**193**	**1828**
昌江区	3	6	11	30	71	380	45	335
珠山区	8		51	79	180	883	98	785
浮梁县	1			4	9	63	4	59
乐平市	3	2	12	92	123	695	46	649
萍乡市	**20**	**14**	**43**	**145**	**301**	**1812**	**240**	**1572**
安源区	19	5	32	113	258	1516	220	1296
湘东区	1	9	11	32	39	278	20	258
莲花县								
上栗县					4	18		18
芦溪县								
九江市	**35**	**4**	**79**	**248**	**478**	**3028**	**395**	**2633**
濂溪区	3	3	25	52	116	797	101	696
浔阳区	13	1	26	104	140	1098	173	925
柴桑区	2		8	22	61	280	30	250
武宁县								
修水县								
永修县								
德安县								
都昌县								
湖口县								
彭泽县								
瑞昌市			9	45	41	344	30	314
共青城市	16		2	13	49	191	39	152
庐山市	1		9	12	71	318	22	296
新余市	**6**	**1**	**65**	**149**	**209**	**1414**	**145**	**1269**
渝水区	6	1	65	149	209	1414	145	1269
分宜县								
鹰潭市	**11**		**31**	**118**	**262**	**1982**	**177**	**1805**
月湖区	7		21	55	134	907	137	770
余江区			3	15	33	247	13	234
贵溪市	4		7	48	95	828	27	801
赣州市	**39**	**2**	**93**	**438**	**942**	**5309**	**770**	**4539**
章贡区	33		33	199	504	2926	348	2578
南康区	2	1	26	80	158	698	150	548
赣县区			7	54	79	540	87	453
信丰县								
大余县								
上犹县								
崇义县								
安远县								
定南县								
全南县								

4-4a 续表 43

单位：人

地区 性别	交通运输、仓储和邮政业					住宿和餐饮业		
	航空运输业	管道运输业	多式联运和运输代理业	装卸搬运和仓储业	邮政业	小计	住宿业	餐饮业
宁都县								
于都县								
兴国县								
会昌县								
寻乌县								
石城县								
瑞金市	4	1	23	66	143	780	124	656
龙南市			4	39	58	365	61	304
吉安市	**13**	**7**	**42**	**174**	**157**	**1161**	**178**	**983**
吉州区	7	1	28	121	108	734	102	632
青原区	6	6	13	39	32	270	38	232
吉安县								
吉水县								
峡江县								
新干县								
永丰县								
泰和县								
遂川县								
万安县								
安福县								
永新县								
井冈山市			1	14	17	157	38	119
宜春市	**21**	**2**	**144**	**341**	**503**	**3662**	**531**	**3131**
袁州区	17		7	89	213	1676	252	1424
奉新县								
万载县								
上高县								
宜丰县								
靖安县								
铜鼓县								
丰城市	2		38	128	115	850	143	707
樟树市			16	71	73	524	73	451
高安市	2	2	83	53	102	612	63	549
抚州市	**11**	**8**	**35**	**148**	**290**	**1437**	**158**	**1279**
临川区	8	8	31	89	215	1087	117	970
东乡区	3		4	59	75	350	41	309
南城县								
黎川县								
南丰县								
崇仁县								
乐安县								
宜黄县								
金溪县								
资溪县								
广昌县								
上饶市	**31**	**8**	**77**	**249**	**689**	**3886**	**550**	**3336**
信州区	21	5	27	63	351	1865	324	1541
广丰区	5	1	23	56	135	742	110	632
广信区	3	2	21	95	132	792	68	724
玉山县								
铅山县						6		6
横峰县								
弋阳县								
余干县			2	7	6	34	3	31
鄱阳县					2	1		1
万年县								
婺源县								
德兴市	2		4	28	63	446	45	401

4-4a　续表 44

单位：人

地　区 性　别	交通运输、仓储和邮政业					住宿和餐饮业		
	航　空 运输业	管　道 运输业	多式联运 和运输 代理业	装卸搬运 和仓储业	邮政业	小计	住宿业	餐饮业
男	**311**	**48**	**766**	**2293**	**4026**	**16932**	**1859**	**15073**
南昌市	**182**	**11**	**217**	**486**	**1035**	**4902**	**560**	**4342**
东湖区	22	2	22	48	124	643	118	525
西湖区	30		39	71	177	746	91	655
青云谱区	14		24	101	126	360	40	320
青山湖区	43	2	80	125	359	1389	111	1278
新建区	15	3	34	100	130	803	53	750
红谷滩区	58	4	17	37	114	957	147	810
南昌县			1	4	5	4		4
安义县								
进贤县								
景德镇市	**14**	**7**	**68**	**176**	**296**	**960**	**70**	**890**
昌江区	2	5	9	27	55	187	23	164
珠山区	8		47	63	142	418	28	390
浮梁县	1			4	8	23	1	22
乐平市	3	2	12	82	91	332	18	314
萍乡市	**16**	**7**	**38**	**130**	**209**	**787**	**77**	**710**
安源区	15	5	28	100	184	639	71	568
湘东区	1	2	10	30	24	138	6	132
莲花县								
上栗县					1	10		10
芦溪县								
九江市	**23**	**4**	**67**	**189**	**340**	**1366**	**127**	**1239**
濂溪区	1	3	21	42	82	375	31	344
浔阳区	11	1	22	77	99	490	58	432
柴桑区	2		7	19	37	106	9	97
武宁县								
修水县								
永修县								
德安县								
都昌县								
湖口县								
彭泽县								
瑞昌市			6	30	32	139	6	133
共青城市	8		2	11	41	101	17	84
庐山市	1		9	10	49	155	6	149
新余市	**1**	**1**	**56**	**124**	**149**	**582**	**55**	**527**
渝水区	1	1	56	124	149	582	55	527
分宜县								
鹰潭市	**7**		**18**	**100**	**189**	**880**	**55**	**825**
月湖区	6		11	45	95	397	47	350
余江区			1	12	19	126	4	122
贵溪市	1		6	43	75	357	4	353
赣州市	**23**	**1**	**69**	**332**	**671**	**2541**	**308**	**2233**
章贡区	18		22	145	348	1421	142	1279
南康区	2	1	18	60	115	320	63	257
赣县区			6	38	59	272	34	238
信丰县								
大余县								
上犹县								
崇义县								
安远县								
定南县								
全南县								

4-4a 续表 45

单位：人

地区 性别	交通运输、仓储和邮政业					住宿和餐饮业		
	航空运输业	管道运输业	多式联运和运输代理业	装卸搬运和仓储业	邮政业	小计	住宿业	餐饮业
宁都县								
于都县								
兴国县								
会昌县								
寻乌县								
石城县								
瑞金市	3		19	60	110	372	45	327
龙南市			4	29	39	156	24	132
吉安市	**8**	**5**	**30**	**137**	**107**	**573**	**62**	**511**
吉州区	4	1	18	98	74	388	39	349
青原区	4	4	11	29	22	123	10	113
吉安县								
吉水县								
峡江县								
新干县								
永丰县								
泰和县								
遂川县								
万安县								
安福县								
永新县								
井冈山市			1	10	11	62	13	49
宜春市	**14**	**1**	**113**	**284**	**347**	**1656**	**200**	**1456**
袁州区	10		7	78	156	787	94	693
奉新县								
万载县								
上高县								
宜丰县								
靖安县								
铜鼓县								
丰城市	2		33	103	73	405	66	339
樟树市			14	60	51	240	22	218
高安市	2	1	59	43	67	224	18	206
抚州市	**6**	**5**	**31**	**121**	**200**	**680**	**58**	**622**
临川区	5	5	27	73	151	520	46	474
东乡区	1		4	48	49	160	12	148
南城县								
黎川县								
南丰县								
崇仁县								
乐安县								
宜黄县								
金溪县								
资溪县								
广昌县								
上饶市	**17**	**6**	**59**	**214**	**483**	**2005**	**287**	**1718**
信州区	10	5	20	56	243	1047	183	864
广丰区	4		20	48	97	392	69	323
广信区	1	1	15	85	97	371	19	352
玉山县								
铅山县						3		3
横峰县								
弋阳县								
余干县			1	7	3	18	1	17
鄱阳县					2			
万年县								
婺源县								
德兴市	2		3	18	41	174	15	159

4-4a　续表 46　　　　单位：人

地　区 性　别	交通运输、仓储和邮政业					住宿和餐饮业		
	航　空 运输业	管　道 运输业	多式联运 和运输 代理业	装卸搬运 和仓储业	邮政业	小计	住宿业	餐饮业
女	**174**	**19**	**210**	**519**	**1619**	**17766**	**2726**	**15040**
南昌市	**101**	**2**	**76**	**111**	**396**	**4084**	**688**	**3396**
东湖区	20	1	14	15	55	540	118	422
西湖区	24		15	17	64	603	96	507
青云谱区	9		8	16	34	336	55	281
青山湖区	18	1	23	25	130	1140	150	990
新建区	2		4	27	44	686	95	591
红谷滩区	28		12	11	69	777	174	603
南昌县						2		2
安义县								
进贤县								
景德镇市	**1**	**1**	**6**	**29**	**87**	**1061**	**123**	**938**
昌江区	1	1	2	3	16	193	22	171
珠山区			4	16	38	465	70	395
浮梁县					1	40	3	37
乐平市				10	32	363	28	335
萍乡市	**4**	**7**	**5**	**15**	**92**	**1025**	**163**	**862**
安源区	4		4	13	74	877	149	728
湘东区		7	1	2	15	140	14	126
莲花县								
上栗县					3	8		8
芦溪县								
九江市	**12**		**12**	**59**	**138**	**1662**	**268**	**1394**
濂溪区	2		4	10	34	422	70	352
浔阳区	2		4	27	41	608	115	493
柴桑区			1	3	24	174	21	153
武宁县								
修水县								
永修县								
德安县								
都昌县								
湖口县								
彭泽县								
瑞昌市			3	15	9	205	24	181
共青城市	8			2	8	90	22	68
庐山市				2	22	163	16	147
新余市	**5**		**9**	**25**	**60**	**832**	**90**	**742**
渝水区	5		9	25	60	832	90	742
分宜县								
鹰潭市	**4**		**13**	**18**	**73**	**1102**	**122**	**980**
月湖区	1		10	10	39	510	90	420
余江区			2	3	14	121	9	112
贵溪市	3		1	5	20	471	23	448
赣州市	**16**	**1**	**24**	**106**	**271**	**2768**	**462**	**2306**
章贡区	15		11	54	156	1505	206	1299
南康区			8	20	43	378	87	291
赣县区			1	16	20	268	53	215
信丰县								
大余县								
上犹县								
崇义县								
安远县								
定南县								
全南县								

4-4a 续表 47

单位：人

地 区 性 别	交通运输、仓储和邮政业					住宿和餐饮业		
	航 空 运输业	管 道 运输业	多式联运 和运输 代理业	装卸搬运 和仓储业	邮政业	小计	住宿业	餐饮业
宁都县								
于都县								
兴国县								
会昌县								
寻乌县								
石城县								
瑞金市	1	1	4	6	33	408	79	329
龙南市				10	19	209	37	172
吉安市	**5**	**2**	**12**	**37**	**50**	**588**	**116**	**472**
吉州区	3		10	23	34	346	63	283
青原区	2	2	2	10	10	147	28	119
吉安县								
吉水县								
峡江县								
新干县								
永丰县								
泰和县								
遂川县								
万安县								
安福县								
永新县								
井冈山市				4	6	95	25	70
宜春市	**7**	**1**	**31**	**57**	**156**	**2006**	**331**	**1675**
袁州区	7			11	57	889	158	731
奉新县								
万载县								
上高县								
宜丰县								
靖安县								
铜鼓县								
丰城市			5	25	42	445	77	368
樟树市			2	11	22	284	51	233
高安市		1	24	10	35	388	45	343
抚州市	**5**	**3**	**4**	**27**	**90**	**757**	**100**	**657**
临川区	3	3	4	16	64	567	71	496
东乡区	2			11	26	190	29	161
南城县								
黎川县								
南丰县								
崇仁县								
乐安县								
宜黄县								
金溪县								
资溪县								
广昌县								
上饶市	**14**	**2**	**18**	**35**	**206**	**1881**	**263**	**1618**
信州区	11		7	7	108	818	141	677
广丰区	1	1	3	8	38	350	41	309
广信区	2	1	6	10	35	421	49	372
玉山县								
铅山县						3		3
横峰县								
弋阳县								
余干县			1		3	16	2	14
鄱阳县						1		1
万年县								
婺源县								
德兴市			1	10	22	272	30	242

4−4a　续表 48

单位：人

地　区 性　别	信息传输、软件和信息技术服务业				金融业				
	小计	电信、广播电视和卫星传输服务	互联网和相关服务	软件和信息技术服务业	小计	货币金融服　务	资本市场服　务	保险业	其　他金融业
全　省	**12283**	**3709**	**4151**	**4423**	**13451**	**6107**	**982**	**4711**	**1651**
南昌市	**4677**	**1185**	**1275**	**2217**	**4682**	**1922**	**417**	**1528**	**815**
东湖区	534	185	143	206	776	376	81	191	128
西湖区	745	255	173	317	852	392	80	250	130
青云谱区	389	136	96	157	306	131	28	107	40
青山湖区	1610	311	397	902	1172	301	85	607	179
新建区	374	85	117	172	360	142	18	124	76
红谷滩区	1022	211	349	462	1214	580	125	249	260
南昌县	3	2		1	2				2
安义县									
进贤县									
景德镇市	**534**	**152**	**240**	**142**	**541**	**230**	**33**	**186**	**92**
昌江区	127	27	72	28	124	54	6	44	20
珠山区	231	77	76	78	249	117	19	62	51
浮梁县	5	3		2	5	1		3	1
乐平市	171	45	92	34	163	58	8	77	20
萍乡市	**585**	**214**	**224**	**147**	**573**	**282**	**32**	**209**	**50**
安源区	466	197	156	113	523	260	29	189	45
湘东区	114	17	66	31	49	22	3	19	5
莲花县									
上栗县	5		2	3	1			1	
芦溪县									
九江市	**953**	**312**	**366**	**275**	**1081**	**530**	**54**	**384**	**113**
濂溪区	254	65	105	84	246	81	13	118	34
浔阳区	402	179	107	116	596	361	33	155	47
柴桑区	79	24	26	29	82	40	3	35	4
武宁县									
修水县									
永修县									
德安县									
都昌县									
湖口县									
彭泽县									
瑞昌市	70	18	25	27	86	26	3	50	7
共青城市	47	14	27	6	36	14	1	10	11
庐山市	101	12	76	13	35	8	1	16	10
新余市	**425**	**121**	**176**	**128**	**638**	**165**	**53**	**326**	**94**
渝水区	425	121	176	128	638	165	53	326	94
分宜县									
鹰潭市	**412**	**189**	**137**	**86**	**536**	**292**	**30**	**175**	**39**
月湖区	255	130	74	51	348	200	23	103	22
余江区	45	14	20	11	50	31		14	5
贵溪市	112	45	43	24	138	61	7	58	12
赣州市	**1877**	**549**	**831**	**497**	**1881**	**974**	**155**	**613**	**139**
章贡区	1111	334	444	333	1209	628	114	366	101
南康区	317	50	218	49	213	101	9	90	13
赣县区	168	56	58	54	225	138	22	59	6
信丰县									
大余县									
上犹县									
崇义县									
安远县									
定南县									
全南县									

4－4a　续表 49　　　　单位：人

地　区 性　别	信息传输、软件和信息技术服务业				金融业				
	小计	电信、广播电视和卫星传输服务	互联网和相关服务	软件和信息技术服务业	小计	货币金融服　务	资本市场服　务	保险业	其　他金融业
宁都县									
于都县									
兴国县									
会昌县									
寻乌县	1		1						
石城县									
瑞金市	188	71	77	40	151	61	5	72	13
龙南市	92	38	33	21	83	46	5	26	6
吉安市	**366**	**154**	**103**	**109**	**632**	**359**	**30**	**206**	**37**
吉州区	259	111	73	75	490	291	26	146	27
青原区	83	31	23	29	86	26	4	51	5
吉安县									
吉水县									
峡江县									
新干县									
永丰县									
泰和县									
遂川县									
万安县									
安福县									
永新县									
井冈山市	24	12	7	5	56	42		9	5
宜春市	**958**	**411**	**242**	**305**	**1223**	**661**	**66**	**424**	**72**
袁州区	527	266	108	153	653	343	46	244	20
奉新县									
万载县									
上高县									
宜丰县									
靖安县									
铜鼓县									
丰城市	132	48	34	50	200	104	3	57	36
樟树市	110	39	25	46	164	116	12	31	5
高安市	189	58	75	56	206	98	5	92	11
抚州市	**502**	**176**	**190**	**136**	**560**	**291**	**46**	**156**	**67**
临川区	408	137	162	109	469	232	39	134	64
东乡区	94	39	28	27	91	59	7	22	3
南城县									
黎川县									
南丰县									
崇仁县									
乐安县									
宜黄县									
金溪县									
资溪县									
广昌县									
上饶市	**994**	**246**	**367**	**381**	**1104**	**401**	**66**	**504**	**133**
信州区	538	144	202	192	629	217	39	290	83
广丰区	192	37	65	90	167	55	10	89	13
广信区	177	36	72	69	231	85	12	103	31
玉山县									
铅山县	1			1					
横峰县									
弋阳县									
余干县	9		2	7	3	1	1		1
鄱阳县	1			1					
万年县									
婺源县									
德兴市	76	29	26	21	74	43	4	22	5

4-4a　续表 50　　　　单位：人

地　区 性　别	信息传输、软件和信息技术服务业				金融业				
	小计	电信、广播电视和卫星传输服务	互联网和相关服务	软件和信息技术服务业	小计	货币金融服务	资本市场服务	保险业	其他金融业
男	**7801**	**2116**	**2598**	**3087**	**6555**	**3045**	**605**	**2005**	**900**
南昌市	**3076**	**698**	**827**	**1551**	**2322**	**927**	**248**	**687**	**460**
东湖区	359	110	103	146	414	193	49	90	82
西湖区	471	147	107	217	412	180	43	120	69
青云谱区	242	75	62	105	147	61	19	43	24
青山湖区	1112	200	272	640	542	142	50	257	93
新建区	259	53	79	127	191	75	10	61	45
红谷滩区	631	112	204	315	615	276	77	116	146
南昌县	2	1		1	1				1
安义县									
进贤县									
景德镇市	**324**	**84**	**148**	**92**	**275**	**122**	**22**	**84**	**47**
昌江区	72	16	42	14	66	26	4	24	12
珠山区	134	39	47	48	126	61	11	31	23
浮梁县	4	2		2	2			1	1
乐平市	114	27	59	28	81	35	7	28	11
萍乡市	**352**	**106**	**139**	**107**	**242**	**118**	**19**	**83**	**22**
安源区	273	98	95	80	224	109	18	76	21
湘东区	77	8	44	25	18	9	1	7	1
莲花县									
上栗县	2			2					
芦溪县									
九江市	**575**	**175**	**213**	**187**	**490**	**253**	**31**	**141**	**65**
濂溪区	169	40	66	63	106	36	10	42	18
浔阳区	233	95	62	76	286	175	17	63	31
柴桑区	51	17	14	20	35	20	2	10	3
武宁县									
修水县									
永修县									
德安县									
都昌县									
湖口县									
彭泽县									
瑞昌市	38	11	13	14	33	9	2	19	3
共青城市	32	6	22	4	16	8		2	6
庐山市	52	6	36	10	14	5		5	4
新余市	**273**	**74**	**110**	**89**	**305**	**89**	**29**	**144**	**43**
渝水区	273	74	110	89	305	89	29	144	43
分宜县									
鹰潭市	**248**	**106**	**79**	**63**	**261**	**149**	**18**	**76**	**18**
月湖区	155	74	43	38	163	99	14	42	8
余江区	28	7	13	8	30	17		9	4
贵溪市	65	25	23	17	68	33	4	25	6
赣州市	**1147**	**307**	**495**	**345**	**929**	**501**	**102**	**248**	**78**
章贡区	672	187	260	225	592	307	76	153	56
南康区	188	25	128	35	94	51	2	35	6
赣县区	112	34	40	38	127	82	16	24	5
信丰县									
大余县									
上犹县									
崇义县									
安远县									
定南县									
全南县									

4-4a 续表 51 单位：人

地区 性别	信息传输、软件和信息技术服务业				金融业				
	小计	电信、广播电视和卫星传输服务	互联网和相关服务	软件和信息技术服务业	小计	货币金融服务	资本市场服务	保险业	其他金融业
宁都县									
于都县									
兴国县									
会昌县									
寻乌县	1		1						
石城县									
瑞金市	115	41	45	29	73	33	4	27	9
龙南市	59	20	21	18	43	28	4	9	2
吉安市	**235**	**88**	**67**	**80**	**295**	**179**	**20**	**75**	**21**
吉州区	170	67	49	54	237	151	17	55	14
青原区	49	13	13	23	35	10	3	19	3
吉安县									
吉水县									
峡江县									
新干县									
永丰县									
泰和县									
遂川县									
万安县									
安福县									
永新县									
井冈山市	16	8	5	3	23	18		1	4
宜春市	**623**	**239**	**140**	**244**	**592**	**344**	**44**	**163**	**41**
袁州区	340	160	64	116	304	167	29	95	13
奉新县									
万载县									
上高县									
宜丰县									
靖安县									
铜鼓县									
丰城市	89	28	21	40	110	66	2	23	19
樟树市	78	21	17	40	78	52	9	15	2
高安市	116	30	38	48	100	59	4	30	7
抚州市	**326**	**101**	**139**	**86**	**293**	**152**	**30**	**67**	**44**
临川区	263	80	117	66	245	121	24	59	41
东乡区	63	21	22	20	48	31	6	8	3
南城县									
黎川县									
南丰县									
崇仁县									
乐安县									
宜黄县									
金溪县									
资溪县									
广昌县									
上饶市	**622**	**138**	**241**	**243**	**551**	**211**	**42**	**237**	**61**
信州区	332	79	135	118	314	109	23	142	40
广丰区	125	26	39	60	82	33	6	38	5
广信区	114	20	48	46	122	51	10	48	13
玉山县									
铅山县	1			1					
横峰县									
弋阳县									
余干县	3		2	1	3	1	1		1
鄱阳县	1			1					
万年县									
婺源县									
德兴市	46	13	17	16	30	17	2	9	2

4—4a　续表 52

单位：人

地区 性别	信息传输、软件和信息技术服务业				金融业				
	小计	电信、广播电视和卫星传输服务	互联网和相关服务	软件和信息技术服务业	小计	货币金融服务	资本市场服务	保险业	其他金融业
女	**4482**	**1593**	**1553**	**1336**	**6896**	**3062**	**377**	**2706**	**751**
南昌市	**1601**	**487**	**448**	**666**	**2360**	**995**	**169**	**841**	**355**
东湖区	175	75	40	60	362	183	32	101	46
西湖区	274	108	66	100	440	212	37	130	61
青云谱区	147	61	34	52	159	70	9	64	16
青山湖区	498	111	125	262	630	159	35	350	86
新建区	115	32	38	45	169	67	8	63	31
红谷滩区	391	99	145	147	599	304	48	133	114
南昌县	1	1			1				1
安义县									
进贤县									
景德镇市	**210**	**68**	**92**	**50**	**266**	**108**	**11**	**102**	**45**
昌江区	55	11	30	14	58	28	2	20	8
珠山区	97	38	29	30	123	56	8	31	28
浮梁县	1	1			3	1		2	
乐平市	57	18	33	6	82	23	1	49	9
萍乡市	**233**	**108**	**85**	**40**	**331**	**164**	**13**	**126**	**28**
安源区	193	99	61	33	299	151	11	113	24
湘东区	37	9	22	6	31	13	2	12	4
莲花县									
上栗县	3		2	1	1			1	
芦溪县									
九江市	**378**	**137**	**153**	**88**	**591**	**277**	**23**	**243**	**48**
濂溪区	85	25	39	21	140	45	3	76	16
浔阳区	169	84	45	40	310	186	16	92	16
柴桑区	28	7	12	9	47	20	1	25	1
武宁县									
修水县									
永修县									
德安县									
都昌县									
湖口县									
彭泽县									
瑞昌市	32	7	12	13	53	17	1	31	4
共青城市	15	8	5	2	20	6	1	8	5
庐山市	49	6	40	3	21	3	1	11	6
新余市	**152**	**47**	**66**	**39**	**333**	**76**	**24**	**182**	**51**
渝水区	152	47	66	39	333	76	24	182	51
分宜县									
鹰潭市	**164**	**83**	**58**	**23**	**275**	**143**	**12**	**99**	**21**
月湖区	100	56	31	13	185	101	9	61	14
余江区	17	7	7	3	20	14		5	1
贵溪市	47	20	20	7	70	28	3	33	6
赣州市	**730**	**242**	**336**	**152**	**952**	**473**	**53**	**365**	**61**
章贡区	439	147	184	108	617	321	38	213	45
南康区	129	25	90	14	119	50	7	55	7
赣县区	56	22	18	16	98	56	6	35	1
信丰县									
大余县									
上犹县									
崇义县									
安远县									
定南县									
全南县									

4－4a　续表 53　　　　单位：人

地区 性别	信息传输、软件和信息技术服务业				金融业				
	小计	电信、广播电视和卫星传输服务	互联网和相关服务	软件和信息技术服务业	小计	货币金融服务	资本市场服务	保险业	其他金融业
宁都县									
于都县									
兴国县									
会昌县									
寻乌县									
石城县									
瑞金市	73	30	32	11	78	28	1	45	4
龙南市	33	18	12	3	40	18	1	17	4
吉安市	**131**	**66**	**36**	**29**	**337**	**180**	**10**	**131**	**16**
吉州区	89	44	24	21	253	140	9	91	13
青原区	34	18	10	6	51	16	1	32	2
吉安县									
吉水县									
峡江县									
新干县									
永丰县									
泰和县									
遂川县									
万安县									
安福县									
永新县									
井冈山市	8	4	2	2	33	24		8	1
宜春市	**335**	**172**	**102**	**61**	**631**	**317**	**22**	**261**	**31**
袁州区	187	106	44	37	349	176	17	149	7
奉新县									
万载县									
上高县									
宜丰县									
靖安县									
铜鼓县									
丰城市	43	20	13	10	90	38	1	34	17
樟树市	32	18	8	6	86	64	3	16	3
高安市	73	28	37	8	106	39	1	62	4
抚州市	**176**	**75**	**51**	**50**	**267**	**139**	**16**	**89**	**23**
临川区	145	57	45	43	224	111	15	75	23
东乡区	31	18	6	7	43	28	1	14	
南城县									
黎川县									
南丰县									
崇仁县									
乐安县									
宜黄县									
金溪县									
资溪县									
广昌县									
上饶市	**372**	**108**	**126**	**138**	**553**	**190**	**24**	**267**	**72**
信州区	206	65	67	74	315	108	16	148	43
广丰区	67	11	26	30	85	22	4	51	8
广信区	63	16	24	23	109	34	2	55	18
玉山县									
铅山县									
横峰县									
弋阳县									
余干县	6			6					
鄱阳县									
万年县									
婺源县									
德兴市	30	16	9	5	44	26	2	13	3

4-4a 续表 54

单位：人

地区 性别	房地产业		租赁和商务服务业			科学研究和技术服务业			
	小计	房地产业	小计	租赁业	商务服务业	小计	研究和试验发展	专业技术服务业	科技推广和应用服务业
全　省	**17146**	**17146**	**26617**	**1434**	**25183**	**9822**	**1177**	**7159**	**1486**
南昌市	**5793**	**5793**	**8746**	**346**	**8400**	**3891**	**553**	**2798**	**540**
东湖区	587	587	919	36	883	494	74	362	58
西湖区	858	858	1178	39	1139	608	86	447	75
青云谱区	419	419	525	35	490	279	23	231	25
青山湖区	1695	1695	3437	131	3306	1531	262	1009	260
新建区	1048	1048	1144	55	1089	274	28	209	37
红谷滩区	1171	1171	1535	49	1486	702	79	540	83
南昌县	15	15	8	1	7	3	1		2
安义县									
进贤县									
景德镇市	**612**	**612**	**1402**	**39**	**1363**	**441**	**113**	**284**	**44**
昌江区	91	91	299	8	291	76	15	55	6
珠山区	369	369	790	24	766	281	91	165	25
浮梁县	8	8	16	2	14	5	1	3	1
乐平市	144	144	297	5	292	79	6	61	12
萍乡市	**709**	**709**	**1464**	**66**	**1398**	**395**	**31**	**309**	**55**
安源区	643	643	1292	49	1243	325	27	248	50
湘东区	63	63	170	17	153	67	4	58	5
莲花县									
上栗县	3	3	2		2	3		3	
芦溪县									
九江市	**1637**	**1637**	**2238**	**127**	**2111**	**889**	**109**	**661**	**119**
濂溪区	498	498	792	61	731	261	40	183	38
浔阳区	626	626	670	28	642	416	57	312	47
柴桑区	196	196	129	13	116	78	3	67	8
武宁县									
修水县									
永修县									
德安县									
都昌县									
湖口县									
彭泽县									
瑞昌市	136	136	332	15	317	83	6	62	15
共青城市	93	93	149	4	145	32	3	22	7
庐山市	88	88	166	6	160	19		15	4
新余市	**760**	**760**	**1420**	**61**	**1359**	**437**	**41**	**273**	**123**
渝水区	760	760	1420	61	1359	437	41	273	123
分宜县									
鹰潭市	**674**	**674**	**1019**	**44**	**975**	**361**	**22**	**272**	**67**
月湖区	398	398	492	19	473	230	7	203	20
余江区	71	71	265	12	253	78	10	30	38
贵溪市	205	205	262	13	249	53	5	39	9
赣州市	**2436**	**2436**	**3166**	**204**	**2962**	**1206**	**108**	**955**	**143**
章贡区	1550	1550	1674	90	1584	762	79	615	68
南康区	411	411	541	28	513	158	10	118	30
赣县区	225	225	323	33	290	129	11	94	24
信丰县									
大余县									
上犹县									
崇义县									
安远县									
定南县									
全南县									

4-4a 续表 55 单位：人

地区 性别	房地产业		租赁和商务服务业			科学研究和技术服务业			
	小计	房地产业	小计	租赁业	商务服务业	小计	研究和试验发展	专业技术服务业	科技推广和应用服务业
宁都县									
于都县									
兴国县									
会昌县									
寻乌县			1		1				
石城县									
瑞金市	163	163	405	30	375	100	4	82	14
龙南市	87	87	222	23	199	57	4	46	7
吉安市	**532**	**532**	**799**	**33**	**766**	**319**	**28**	**257**	**34**
吉州区	361	361	579	22	557	209	18	170	21
青原区	142	142	158	7	151	103	10	81	12
吉安县									
吉水县									
峡江县									
新干县									
永丰县									
泰和县									
遂川县									
万安县									
安福县									
永新县									
井冈山市	29	29	62	4	58	7		6	1
宜春市	**1651**	**1651**	**1755**	**171**	**1584**	**626**	**48**	**498**	**80**
袁州区	783	783	604	87	517	275	28	223	24
奉新县									
万载县									
上高县									
宜丰县									
靖安县									
铜鼓县									
丰城市	414	414	638	51	587	156	14	109	33
樟树市	232	232	172	7	165	92	5	81	6
高安市	222	222	341	26	315	103	1	85	17
抚州市	**719**	**719**	**1050**	**50**	**1000**	**301**	**40**	**206**	**55**
临川区	525	525	841	37	804	255	33	176	46
东乡区	194	194	209	13	196	46	7	30	9
南城县									
黎川县									
南丰县									
崇仁县									
乐安县									
宜黄县									
金溪县									
资溪县									
广昌县									
上饶市	**1623**	**1623**	**3558**	**293**	**3265**	**956**	**84**	**646**	**226**
信州区	632	632	1551	35	1516	379	51	254	74
广丰区	335	335	969	203	766	233	10	159	64
广信区	566	566	596	26	570	196	15	131	50
玉山县									
铅山县	1	1							
横峰县									
弋阳县									
余干县	13	13	102	2	100	7		4	3
鄱阳县	1	1							
万年县									
婺源县									
德兴市	75	75	340	27	313	141	8	98	35

4-4a 续表 56

单位：人

地区 性别	房地产业		租赁和商务服务业			科学研究和技术服务业			
	小计	房地产业	小计	租赁业	商务服务业	小计	研究和试验发展	专业技术服务业	科技推广和应用服务业
男	**10373**	**10373**	**16167**	**1235**	**14932**	**6822**	**768**	**5067**	**987**
南昌市	**3677**	**3677**	**5131**	**290**	**4841**	**2644**	**352**	**1940**	**352**
东湖区	357	357	514	28	486	336	45	252	39
西湖区	534	534	682	33	649	429	61	315	53
青云谱区	267	267	343	32	311	179	17	148	14
青山湖区	1085	1085	2003	112	1891	1030	163	697	170
新建区	714	714	705	48	657	195	15	154	26
红谷滩区	711	711	878	36	842	474	51	374	49
南昌县	9	9	6	1	5	1			1
安义县									
进贤县									
景德镇市	**390**	**390**	**835**	**34**	**801**	**327**	**82**	**207**	**38**
昌江区	55	55	173	6	167	56	11	40	5
珠山区	253	253	454	21	433	214	66	126	22
浮梁县	6	6	11	2	9	3		2	1
乐平市	76	76	197	5	192	54	5	39	10
萍乡市	**440**	**440**	**822**	**58**	**764**	**270**	**19**	**214**	**37**
安源区	399	399	723	44	679	224	16	174	34
湘东区	39	39	98	14	84	43	3	37	3
莲花县									
上栗县	2	2	1		1	3		3	
芦溪县									
九江市	**986**	**986**	**1337**	**101**	**1236**	**620**	**69**	**480**	**71**
濂溪区	311	311	459	49	410	171	24	126	21
浔阳区	363	363	385	21	364	301	39	233	29
柴桑区	120	120	87	9	78	60	1	54	5
武宁县									
修水县									
永修县									
德安县									
都昌县									
湖口县									
彭泽县									
瑞昌市	80	80	202	14	188	53	4	37	12
共青城市	53	53	101	3	98	21	1	17	3
庐山市	59	59	103	5	98	14		13	1
新余市	**458**	**458**	**898**	**52**	**846**	**287**	**25**	**190**	**72**
渝水区	458	458	898	52	846	287	25	190	72
分宜县									
鹰潭市	**382**	**382**	**648**	**37**	**611**	**256**	**15**	**198**	**43**
月湖区	214	214	305	16	289	170	4	154	12
余江区	43	43	165	11	154	56	9	23	24
贵溪市	125	125	178	10	168	30	2	21	7
赣州市	**1421**	**1421**	**1937**	**169**	**1768**	**846**	**68**	**685**	**93**
章贡区	906	906	998	70	928	522	48	432	42
南康区	221	221	337	24	313	114	6	88	20
赣县区	145	145	182	27	155	96	8	71	17
信丰县									
大余县									
上犹县									
崇义县									
安远县									
定南县									
全南县									

4—4a 续表 57 单位：人

地区 性别	房地产业		租赁和商务服务业			科学研究和技术服务业			
	小计	房地产业	小计	租赁业	商务服务业	小计	研究和试验发展	专业技术服务业	科技推广和应用服务业
宁都县									
于都县									
兴国县									
会昌县									
寻乌县			1		1				
石城县									
瑞金市	101	101	270	28	242	76	3	64	9
龙南市	48	48	149	20	129	38	3	30	5
吉安市	**295**	**295**	**474**	**30**	**444**	**242**	**23**	**194**	**25**
吉州区	198	198	362	20	342	154	15	125	14
青原区	82	82	81	6	75	83	8	65	10
吉安县									
吉水县									
峡江县									
新干县									
永丰县									
泰和县									
遂川县									
万安县									
安福县									
永新县									
井冈山市	15	15	31	4	27	5		4	1
宜春市	**919**	**919**	**1102**	**147**	**955**	**449**	**33**	**360**	**56**
袁州区	445	445	381	75	306	194	19	157	18
奉新县									
万载县									
上高县									
宜丰县									
靖安县									
铜鼓县									
丰城市	237	237	404	42	362	118	10	85	23
樟树市	131	131	103	6	97	67	4	58	5
高安市	106	106	214	24	190	70		60	10
抚州市	**416**	**416**	**671**	**46**	**625**	**221**	**26**	**160**	**35**
临川区	299	299	527	35	492	185	22	136	27
东乡区	117	117	144	11	133	36	4	24	8
南城县									
黎川县									
南丰县									
崇仁县									
乐安县									
宜黄县									
金溪县									
资溪县									
广昌县									
上饶市	**989**	**989**	**2312**	**271**	**2041**	**660**	**56**	**439**	**165**
信州区	377	377	974	28	946	245	31	162	52
广丰区	235	235	695	197	498	168	8	114	46
广信区	333	333	357	21	336	140	11	89	40
玉山县									
铅山县	1	1							
横峰县									
弋阳县									
余干县	11	11	67	1	66	4		2	2
鄱阳县									
万年县									
婺源县									
德兴市	32	32	219	24	195	103	6	72	25

4-4a　续表 58　　　　单位：人

地区 性别	房地产业 小计	房地产业 房地产业	租赁和商务服务业 小计	租赁和商务服务业 租赁业	租赁和商务服务业 商务服务业	科学研究和技术服务业 小计	科学研究和技术服务业 研究和试验发展	科学研究和技术服务业 专业技术服务业	科学研究和技术服务业 科技推广和应用服务业
女	**6773**	**6773**	**10450**	**199**	**10251**	**3000**	**409**	**2092**	**499**
南昌市	**2116**	**2116**	**3615**	**56**	**3559**	**1247**	**201**	**858**	**188**
东湖区	230	230	405	8	397	158	29	110	19
西湖区	324	324	496	6	490	179	25	132	22
青云谱区	152	152	182	3	179	100	6	83	11
青山湖区	610	610	1434	19	1415	501	99	312	90
新建区	334	334	439	7	432	79	13	55	11
红谷滩区	460	460	657	13	644	228	28	166	34
南昌县	6	6	2		2	2	1		1
安义县									
进贤县									
景德镇市	**222**	**222**	**567**	**5**	**562**	**114**	**31**	**77**	**6**
昌江区	36	36	126	2	124	20	4	15	1
珠山区	116	116	336	3	333	67	25	39	3
浮梁县	2	2	5		5	2	1	1	
乐平市	68	68	100		100	25	1	22	2
萍乡市	**269**	**269**	**642**	**8**	**634**	**125**	**12**	**95**	**18**
安源区	244	244	569	5	564	101	11	74	16
湘东区	24	24	72	3	69	24	1	21	2
莲花县									
上栗县	1	1	1		1				
芦溪县									
九江市	**651**	**651**	**901**	**26**	**875**	**269**	**40**	**181**	**48**
濂溪区	187	187	333	12	321	90	16	57	17
浔阳区	263	263	285	7	278	115	18	79	18
柴桑区	76	76	42	4	38	18	2	13	3
武宁县									
修水县									
永修县									
德安县									
都昌县									
湖口县									
彭泽县									
瑞昌市	56	56	130	1	129	30	2	25	3
共青城市	40	40	48	1	47	11	2	5	4
庐山市	29	29	63	1	62	5		2	3
新余市	**302**	**302**	**522**	**9**	**513**	**150**	**16**	**83**	**51**
渝水区	302	302	522	9	513	150	16	83	51
分宜县									
鹰潭市	**292**	**292**	**371**	**7**	**364**	**105**	**7**	**74**	**24**
月湖区	184	184	187	3	184	60	3	49	8
余江区	28	28	100	1	99	22	1	7	14
贵溪市	80	80	84	3	81	23	3	18	2
赣州市	**1015**	**1015**	**1229**	**35**	**1194**	**360**	**40**	**270**	**50**
章贡区	644	644	676	20	656	240	31	183	26
南康区	190	190	204	4	200	44	4	30	10
赣县区	80	80	141	6	135	33	3	23	7
信丰县									
大余县									
上犹县									
崇义县									
安远县									
定南县									
全南县									

4－4a 续表 59 单位：人

地区 性别	房地产业		租赁和商务服务业			科学研究和技术服务业			
	小计	房地产业	小计	租赁业	商务服务业	小计	研究和试验发展	专业技术服务业	科技推广和应用服务业
宁都县									
于都县									
兴国县									
会昌县									
寻乌县									
石城县									
瑞金市	62	62	135	2	133	24	1	18	5
龙南市	39	39	73	3	70	19	1	16	2
吉安市	**237**	**237**	**325**	**3**	**322**	**77**	**5**	**63**	**9**
吉州区	163	163	217	2	215	55	3	45	7
青原区	60	60	77	1	76	20	2	16	2
吉安县									
吉水县									
峡江县									
新干县									
永丰县									
泰和县									
遂川县									
万安县									
安福县									
永新县									
井冈山市	14	14	31		31	2		2	
宜春市	**732**	**732**	**653**	**24**	**629**	**177**	**15**	**138**	**24**
袁州区	338	338	223	12	211	81	9	66	6
奉新县									
万载县									
上高县									
宜丰县									
靖安县									
铜鼓县									
丰城市	177	177	234	9	225	38	4	24	10
樟树市	101	101	69	1	68	25	1	23	1
高安市	116	116	127	2	125	33	1	25	7
抚州市	**303**	**303**	**379**	**4**	**375**	**80**	**14**	**46**	**20**
临川区	226	226	314	2	312	70	11	40	19
东乡区	77	77	65	2	63	10	3	6	1
南城县									
黎川县									
南丰县									
崇仁县									
乐安县									
宜黄县									
金溪县									
资溪县									
广昌县									
上饶市	**634**	**634**	**1246**	**22**	**1224**	**296**	**28**	**207**	**61**
信州区	255	255	577	7	570	134	20	92	22
广丰区	100	100	274	6	268	65	2	45	18
广信区	233	233	239	5	234	56	4	42	10
玉山县									
铅山县									
横峰县									
弋阳县									
余干县	2	2	35	1	34	3		2	1
鄱阳县	1	1							
万年县									
婺源县									
德兴市	43	43	121	3	118	38	2	26	10

4-4a　续表 60　　　　单位：人

地区 性别	水利、环境和公共设施管理业					居民服务、修理和其他服务业			
	小计	水利管理业	生态保护和环境治理业	公共设施管理业	土地管理业	小计	居民服务业	机动车、电子产品和日用产品修理业	其他服务业
全　省	**4952**	**306**	**394**	**4196**	**56**	**27763**	**17040**	**5877**	**4846**
南昌市	**1405**	**109**	**92**	**1186**	**18**	**5833**	**3456**	**1269**	**1108**
东湖区	182	18	13	149	2	791	504	139	148
西湖区	187	20	11	154	2	855	572	161	122
青云谱区	83	3	5	74	1	632	343	188	101
青山湖区	368	31	35	298	4	1612	890	401	321
新建区	238	15	3	215	5	1052	560	236	256
红谷滩区	345	22	25	294	4	880	582	144	154
南昌县	2			2		11	5		6
安义县									
进贤县									
景德镇市	**252**	**16**	**15**	**219**	**2**	**1891**	**1014**	**309**	**568**
昌江区	44	3	2	38	1	484	120	51	313
珠山区	117	6	7	103	1	634	368	124	142
浮梁县	13	1	1	11		46	36	4	6
乐平市	78	6	5	67		727	490	130	107
萍乡市	**223**	**8**	**23**	**187**	**5**	**3433**	**2816**	**335**	**282**
安源区	177	5	15	152	5	3030	2537	250	243
湘东区	42	3	8	31		387	270	81	36
莲花县									
上栗县	4			4		16	9	4	3
芦溪县									
九江市	**450**	**18**	**33**	**393**	**6**	**2527**	**1365**	**504**	**658**
濂溪区	97	9	8	79	1	509	292	137	80
浔阳区	151	6	17	127	1	888	533	148	207
柴桑区	83		3	80		220	132	43	45
武宁县									
修水县									
永修县									
德安县									
都昌县									
湖口县									
彭泽县									
瑞昌市	60	3		55	2	529	211	88	230
共青城市	33		3	29	1	163	72	38	53
庐山市	26		2	23	1	218	125	50	43
新余市	**155**	**12**	**35**	**105**	**3**	**1014**	**560**	**262**	**192**
渝水区	155	12	35	105	3	1014	560	262	192
分宜县									
鹰潭市	**218**	**8**	**15**	**192**	**3**	**1441**	**914**	**245**	**282**
月湖区	156	7	8	139	2	706	447	125	134
余江区	8		5	3		132	85	26	21
贵溪市	54	1	2	50	1	603	382	94	127
赣州市	**803**	**34**	**76**	**692**	**1**	**3862**	**2235**	**1064**	**563**
章贡区	376	29	30	317		2104	1234	539	331
南康区	65	1	6	58		637	362	176	99
赣县区	219	3	4	212		347	192	131	24
信丰县									
大余县									
上犹县									
崇义县									
安远县									
定南县									
全南县									

4－4a 续表 61

单位：人

地区 性别	水利、环境和公共设施管理业					居民服务、修理和其他服务业			
	小计	水利管理业	生态保护和环境治理业	公共设施管理业	土地管理业	小计	居民服务业	机动车、电子产品和日用产品修理业	其他服务业
宁都县									
于都县									
兴国县									
会昌县									
寻乌县						2	1		1
石城县									
瑞金市	71	1	3	66	1	497	306	112	79
龙南市	72		33	39		275	140	106	29
吉安市	**153**	**14**	**13**	**122**	**4**	**766**	**400**	**191**	**175**
吉州区	100	13	7	77	3	491	283	114	94
青原区	27		4	22	1	210	87	58	65
吉安县									
吉水县									
峡江县									
新干县									
永丰县									
泰和县									
遂川县									
万安县									
安福县									
永新县									
井冈山市	26	1	2	23		65	30	19	16
宜春市	**574**	**49**	**43**	**477**	**5**	**2752**	**1685**	**726**	**341**
袁州区	306	6	22	278		1132	727	315	90
奉新县									
万载县									
上高县									
宜丰县									
靖安县									
铜鼓县									
丰城市	104	28	4	70	2	592	328	141	123
樟树市	64	2	6	56		358	252	70	36
高安市	100	13	11	73	3	670	378	200	92
抚州市	**276**	**20**	**22**	**233**	**1**	**1155**	**713**	**277**	**165**
临川区	185	16	20	149		843	526	194	123
东乡区	91	4	2	84	1	312	187	83	42
南城县									
黎川县									
南丰县									
崇仁县									
乐安县									
宜黄县									
金溪县									
资溪县									
广昌县									
上饶市	**443**	**18**	**27**	**390**	**8**	**3089**	**1882**	**695**	**512**
信州区	149	9	10	129	1	1063	675	196	192
广丰区	108	3	4	101		649	323	195	131
广信区	129	3	5	116	5	752	425	204	123
玉山县									
铅山县						3		2	1
横峰县									
弋阳县									
余干县	5		4	1		39	21	13	5
鄱阳县	1			1					
万年县									
婺源县									
德兴市	51	3	4	42	2	583	438	85	60

4-4a　续表 62　　　　　　　　　　　　　　　　　　单位：人

地区 性别	水利、环境和公共设施管理业					居民服务、修理和其他服务业			
	小计	水利管理业	生态保护和环境治理业	公共设施管理业	土地管理业	小计	居民服务业	机动车、电子产品和日用产品修理业	其他服务业
男	**2996**	**210**	**292**	**2451**	**43**	**11623**	**4907**	**4858**	**1858**
南昌市	**892**	**72**	**64**	**742**	**14**	**2661**	**1179**	**1070**	**412**
东湖区	113	13	6	92	2	328	172	111	45
西湖区	118	13	8	95	2	372	177	133	62
青云谱区	46	1	3	41	1	305	104	155	46
青山湖区	248	17	26	203	2	813	348	348	117
新建区	135	13	3	116	3	478	185	209	84
红谷滩区	231	15	18	194	4	362	191	114	57
南昌县	1			1		3	2		1
安义县									
进贤县									
景德镇市	**151**	**11**	**12**	**127**	**1**	**831**	**295**	**258**	**278**
昌江区	26	1	2	22	1	258	47	43	168
珠山区	74	4	6	64		278	109	94	75
浮梁县	7	1	1	5		14	7	4	3
乐平市	44	5	3	36		281	132	117	32
萍乡市	**127**	**2**	**14**	**106**	**5**	**895**	**546**	**273**	**76**
安源区	101		9	87	5	751	492	199	60
湘东区	26	2	5	19		136	53	70	13
莲花县									
上栗县						8	1	4	3
芦溪县									
九江市	**282**	**15**	**23**	**239**	**5**	**1181**	**451**	**398**	**332**
濂溪区	67	8	6	52	1	219	86	109	24
浔阳区	104	6	11	86	1	368	161	113	94
柴桑区	37		2	35		82	38	34	10
武宁县									
修水县									
永修县									
德安县									
都昌县									
湖口县									
彭泽县									
瑞昌市	39	1		37	1	286	67	69	150
共青城市	22		3	18	1	98	31	31	36
庐山市	13		1	11	1	128	68	42	18
新余市	**93**	**8**	**26**	**57**	**2**	**431**	**158**	**219**	**54**
渝水区	93	8	26	57	2	431	158	219	54
分宜县									
鹰潭市	**122**	**4**	**11**	**106**	**1**	**532**	**245**	**200**	**87**
月湖区	86	3	5	78		248	111	99	38
余江区	5		4	1		55	24	25	6
贵溪市	31	1	2	27	1	229	110	76	43
赣州市	**450**	**22**	**58**	**369**	**1**	**1815**	**745**	**889**	**181**
章贡区	224	17	20	187		943	385	458	100
南康区	36	1	6	29		287	127	133	27
赣县区	100	3	2	95		188	74	106	8
信丰县									
大余县									
上犹县									
崇义县									
安远县									
定南县									
全南县									

4－4a 续表 63

单位：人

地区 性别	水利、环境和公共设施管理业					居民服务、修理和其他服务业			
	小计	水利管理业	生态保护和环境治理业	公共设施管理业	土地管理业	小计	居民服务业	机动车、电子产品和日用产品修理业	其他服务业
宁都县									
于都县									
兴国县									
会昌县									
寻乌县						2	1		1
石城县									
瑞金市	39	1	3	34	1	243	106	104	33
龙南市	51		27	24		152	52	88	12
吉安市	**93**	**13**	**11**	**67**	**2**	**315**	**98**	**163**	**54**
吉州区	67	12	6	47	2	194	71	98	25
青原区	15		3	12		94	16	52	26
吉安县									
吉水县									
峡江县									
新干县									
永丰县									
泰和县									
遂川县									
万安县									
安福县									
永新县									
井冈山市	11	1	2	8		27	11	13	3
宜春市	**340**	**40**	**32**	**265**	**3**	**1166**	**446**	**600**	**120**
袁州区	168	5	20	143		502	199	268	35
奉新县									
万载县									
上高县									
宜丰县									
靖安县									
铜鼓县									
丰城市	76	24	4	47	1	271	114	110	47
樟树市	42	2	4	36		125	53	59	13
高安市	54	9	4	39	2	268	80	163	25
抚州市	**154**	**12**	**20**	**121**	**1**	**492**	**198**	**227**	**67**
临川区	106	9	18	79		344	141	156	47
东乡区	48	3	2	42	1	148	57	71	20
南城县									
黎川县									
南丰县									
崇仁县									
乐安县									
宜黄县									
金溪县									
资溪县									
广昌县									
上饶市	**292**	**11**	**21**	**252**	**8**	**1304**	**546**	**561**	**197**
信州区	103	5	8	89	1	452	228	148	76
广丰区	70	3	3	64		321	115	155	51
广信区	85	1	5	74	5	352	134	174	44
玉山县									
铅山县						2		1	1
横峰县									
弋阳县									
余干县	3		3			25	10	13	2
鄱阳县									
万年县									
婺源县									
德兴市	31	2	2	25	2	152	59	70	23

4-4a　续表 64

单位：人

地　区 性　别	水利、环境和公共设施管理业					居民服务、修理和其他服务业			
	小计	水　利 管理业	生态保护 和环境 治理业	公共设施 管理业	土　地 管理业	小计	居　民 服务业	机动车、 电子产品 和日用产 品修理业	其　他 服务业
女	**1956**	**96**	**102**	**1745**	**13**	**16140**	**12133**	**1019**	**2988**
南昌市	**513**	**37**	**28**	**444**	**4**	**3172**	**2277**	**199**	**696**
东湖区	69	5	7	57		463	332	28	103
西湖区	69	7	3	59		483	395	28	60
青云谱区	37	2	2	33		327	239	33	55
青山湖区	120	14	9	95	2	799	542	53	204
新建区	103	2		99	2	574	375	27	172
红谷滩区	114	7	7	100		518	391	30	97
南昌县	1			1		8	3		5
安义县									
进贤县									
景德镇市	**101**	**5**	**3**	**92**	**1**	**1060**	**719**	**51**	**290**
昌江区	18	2		16		226	73	8	145
珠山区	43	2	1	39	1	356	259	30	67
浮梁县	6			6		32	29		3
乐平市	34	1	2	31		446	358	13	75
萍乡市	**96**	**6**	**9**	**81**		**2538**	**2270**	**62**	**206**
安源区	76	5	6	65		2279	2045	51	183
湘东区	16	1	3	12		251	217	11	23
莲花县									
上栗县	4			4		8	8		
芦溪县									
九江市	**168**	**3**	**10**	**154**	**1**	**1346**	**914**	**106**	**326**
濂溪区	30	1	2	27		290	206	28	56
浔阳区	47		6	41		520	372	35	113
柴桑区	46		1	45		138	94	9	35
武宁县									
修水县									
永修县									
德安县									
都昌县									
湖口县									
彭泽县									
瑞昌市	21	2		18	1	243	144	19	80
共青城市	11			11		65	41	7	17
庐山市	13		1	12		90	57	8	25
新余市	**62**	**4**	**9**	**48**	**1**	**583**	**402**	**43**	**138**
渝水区	62	4	9	48	1	583	402	43	138
分宜县									
鹰潭市	**96**	**4**	**4**	**86**	**2**	**909**	**669**	**45**	**195**
月湖区	70	4	3	61	2	458	336	26	96
余江区	3		1	2		77	61	1	15
贵溪市	23			23		374	272	18	84
赣州市	**353**	**12**	**18**	**323**		**2047**	**1490**	**175**	**382**
章贡区	152	12	10	130		1161	849	81	231
南康区	29			29		350	235	43	72
赣县区	119		2	117		159	118	25	16
信丰县									
大余县									
上犹县									
崇义县									
安远县									
定南县									
全南县									

4－4a 续表 65

单位：人

地　区 性　别	水利、环境和公共设施管理业					居民服务、修理和其他服务业			
	小计	水　利 管理业	生态保护 和环境 治理业	公共设施 管理业	土　地 管理业	小计	居　民 服务业	机动车、 电子产品 和日用产 品修理业	其　他 服务业
宁都县									
于都县									
兴国县									
会昌县									
寻乌县									
石城县									
瑞金市	32			32		254	200	8	46
龙南市	21		6	15		123	88	18	17
吉安市	**60**	**1**	**2**	**55**	**2**	**451**	**302**	**28**	**121**
吉州区	33	1	1	30	1	297	212	16	69
青原区	12		1	10	1	116	71	6	39
吉安县									
吉水县									
峡江县									
新干县									
永丰县									
泰和县									
遂川县									
万安县									
安福县									
永新县									
井冈山市	15			15		38	19	6	13
宜春市	**234**	**9**	**11**	**212**	**2**	**1586**	**1239**	**126**	**221**
袁州区	138	1	2	135		630	528	47	55
奉新县									
万载县									
上高县									
宜丰县									
靖安县									
铜鼓县									
丰城市	28	4		23	1	321	214	31	76
樟树市	22		2	20		233	199	11	23
高安市	46	4	7	34	1	402	298	37	67
抚州市	**122**	**8**	**2**	**112**		**663**	**515**	**50**	**98**
临川区	79	7	2	70		499	385	38	76
东乡区	43	1		42		164	130	12	22
南城县									
黎川县									
南丰县									
崇仁县									
乐安县									
宜黄县									
金溪县									
资溪县									
广昌县									
上饶市	**151**	**7**	**6**	**138**		**1785**	**1336**	**134**	**315**
信州区	46	4	2	40		611	447	48	116
广丰区	38		1	37		328	208	40	80
广信区	44	2		42		400	291	30	79
玉山县									
铅山县						1		1	
横峰县									
弋阳县									
余干县	2		1	1		14	11		3
鄱阳县	1			1					
万年县									
婺源县									
德兴市	20	1	2	17		431	379	15	37

4-4a　续表 66

单位：人

地区 性别	教育		卫生和社会工作			文化、体育和娱乐业				
	小计	教育	小计	卫生	社会工作	小计	新闻和出版业	广播、电视、电影和录音制作业	文化艺术业	体育
全　省	**38910**	**38910**	**17720**	**17325**	**395**	**6175**	**752**	**866**	**1233**	**794**
南昌市	**11502**	**11502**	**4928**	**4817**	**111**	**2341**	**466**	**365**	**429**	**275**
东湖区	1424	1424	1563	1539	24	437	98	53	88	56
西湖区	1421	1421	738	723	15	409	57	63	79	32
青云谱区	728	728	415	414	1	148	21	17	22	21
青山湖区	4366	4366	1127	1086	41	613	109	151	117	65
新建区	1225	1225	316	300	16	155	20	9	35	19
红谷滩区	2320	2320	765	751	14	577	161	72	87	82
南昌县	18	18	4	4		2			1	
安义县										
进贤县										
景德镇市	**2011**	**2011**	**866**	**855**	**11**	**329**	**22**	**26**	**102**	**42**
昌江区	285	285	113	113		55	6	2	24	7
珠山区	913	913	463	455	8	189	15	16	60	13
浮梁县	23	23	7	7		1			1	
乐平市	790	790	283	280	3	84	1	8	17	22
萍乡市	**1781**	**1781**	**986**	**953**	**33**	**377**	**28**	**48**	**63**	**56**
安源区	1515	1515	875	850	25	301	27	47	55	44
湘东区	261	261	107	99	8	76	1	1	8	12
莲花县										
上栗县	5	5	4	4						
芦溪县										
九江市	**3437**	**3437**	**1611**	**1571**	**40**	**509**	**48**	**73**	**97**	**75**
濂溪区	928	928	330	322	8	123	7	17	27	19
浔阳区	1336	1336	884	863	21	257	31	43	49	28
柴桑区	307	307	104	99	5	35	5	5	6	3
武宁县										
修水县										
永修县										
德安县										
都昌县										
湖口县										
彭泽县										
瑞昌市	480	480	150	145	5	46	3	5	8	6
共青城市	252	252	51	51		32	1	3	5	14
庐山市	134	134	92	91	1	16	1		2	5
新余市	**1811**	**1811**	**627**	**596**	**31**	**174**	**26**	**20**	**32**	**29**
渝水区	1811	1811	627	596	31	174	26	20	32	29
分宜县										
鹰潭市	**1706**	**1706**	**773**	**764**	**9**	**253**	**18**	**37**	**36**	**36**
月湖区	730	730	399	395	4	153	13	21	15	22
余江区	373	373	103	101	2	26	1	4	3	3
贵溪市	603	603	271	268	3	74	4	12	18	11
赣州市	**5311**	**5311**	**2551**	**2502**	**49**	**738**	**39**	**93**	**172**	**85**
章贡区	2710	2710	1581	1552	29	433	28	67	67	46
南康区	1012	1012	381	371	10	100	2	8	13	15
赣县区	739	739	251	251		130	6	12	78	12
信丰县										
大余县										
上犹县										
崇义县										
安远县										
定南县										
全南县										

4-4a 续表 67

单位：人

地区 性别	教育		卫生和社会工作			文化、体育和娱乐业				
	小计	教育	小计	卫生	社会工作	小计	新闻和出版业	广播、电视、电影和录音制作业	文化艺术业	体育
宁都县										
于都县										
兴国县										
会昌县										
寻乌县	2	2	1	1						
石城县										
瑞金市	503	503	204	195	9	46	3	5	9	8
龙南市	345	345	133	132	1	29		1	5	4
吉安市	**1453**	**1453**	**665**	**660**	**5**	**200**	**23**	**31**	**43**	**15**
吉州区	940	940	533	532	1	133	20	28	28	11
青原区	350	350	94	90	4	43	1	1	7	4
吉安县										
吉水县										
峡江县										
新干县										
永丰县										
泰和县										
遂川县										
万安县										
安福县										
永新县										
井冈山市	163	163	38	38		24	2	2	8	
宜春市	**4384**	**4384**	**2036**	**1983**	**53**	**472**	**23**	**51**	**85**	**69**
袁州区	1841	1841	862	834	28	218	13	24	45	39
奉新县										
万载县										
上高县										
宜丰县										
靖安县										
铜鼓县										
丰城市	1064	1064	513	504	9	103	4	13	15	17
樟树市	653	653	282	271	11	82	4	6	7	8
高安市	826	826	379	374	5	69	2	8	18	5
抚州市	**1889**	**1889**	**921**	**909**	**12**	**240**	**21**	**32**	**53**	**32**
临川区	1420	1420	714	706	8	211	21	32	50	32
东乡区	469	469	207	203	4	29			3	
南城县										
黎川县										
南丰县										
崇仁县										
乐安县										
宜黄县										
金溪县										
资溪县										
广昌县										
上饶市	**3625**	**3625**	**1756**	**1715**	**41**	**542**	**38**	**90**	**121**	**80**
信州区	1276	1276	891	876	15	319	23	71	68	46
广丰区	956	956	296	291	5	79	4	6	20	18
广信区	983	983	342	330	12	96	7	8	25	9
玉山县										
铅山县	3	3								
横峰县										
弋阳县										
余干县	36	36	7	7		10	1		3	2
鄱阳县	1	1	2	2						
万年县										
婺源县										
德兴市	370	370	218	209	9	38	3	5	5	5

4－4a　续表 68

单位：人

地区 性别	教育		卫生和社会工作			文化、体育和娱乐业				
	小计	教育	小计	卫生	社会工作	小计	新闻和出版业	广播、电视、电影和录音制作业	文化艺术业	体育
男	**14500**	**14500**	**6020**	**5877**	**143**	**3308**	**424**	**493**	**605**	**446**
南昌市	**4462**	**4462**	**1608**	**1572**	**36**	**1341**	**258**	**208**	**230**	**174**
东湖区	538	538	535	528	7	263	55	34	53	33
西湖区	473	473	220	215	5	230	27	40	42	24
青云谱区	215	215	130	129	1	82	15	8	14	11
青山湖区	1902	1902	360	352	8	370	58	91	67	39
新建区	433	433	113	106	7	86	13	6	20	11
红谷滩区	896	896	248	240	8	309	90	29	34	56
南昌县	5	5	2	2		1				
安义县										
进贤县										
景德镇市	**803**	**803**	**285**	**279**	**6**	**182**	**16**	**16**	**58**	**21**
昌江区	109	109	37	37		29	4	1	13	4
珠山区	329	329	153	147	6	101	11	10	32	4
浮梁县	11	11	2	2		1			1	
乐平市	354	354	93	93		51	1	5	12	13
萍乡市	**538**	**538**	**294**	**282**	**12**	**169**	**11**	**25**	**30**	**25**
安源区	465	465	269	261	8	139	10	25	27	19
湘东区	73	73	22	18	4	30	1		3	6
莲花县										
上栗县			3	3						
芦溪县										
九江市	**1282**	**1282**	**563**	**551**	**12**	**271**	**28**	**45**	**45**	**45**
濂溪区	368	368	104	102	2	66	4	12	10	9
浔阳区	453	453	315	308	7	144	18	27	24	18
柴桑区	111	111	35	34	1	16	3	2	3	1
武宁县										
修水县										
永修县										
德安县										
都昌县										
湖口县										
彭泽县										
瑞昌市	206	206	58	56	2	19	2	3	4	4
共青城市	98	98	23	23		22	1	1	4	11
庐山市	46	46	28	28		4				2
新余市	**731**	**731**	**212**	**204**	**8**	**86**	**13**	**7**	**19**	**14**
渝水区	731	731	212	204	8	86	13	7	19	14
分宜县										
鹰潭市	**578**	**578**	**284**	**280**	**4**	**125**	**11**	**23**	**15**	**13**
月湖区	229	229	136	135	1	70	9	11	7	8
余江区	148	148	41	40	1	15		3	2	1
贵溪市	201	201	107	105	2	40	2	9	6	4
赣州市	**1944**	**1944**	**902**	**890**	**12**	**382**	**21**	**62**	**79**	**46**
章贡区	981	981	539	531	8	234	17	44	33	23
南康区	378	378	147	146	1	48	1	5	9	8
赣县区	309	309	89	89		59	2	8	29	8
信丰县										
大余县										
上犹县										
崇义县										
安远县										
定南县										
全南县										

4−4a 续表 69

单位：人

地区 性别	教育		卫生和社会工作			文化、体育和娱乐业				
	小计	教育	小计	卫生	社会工作	小计	新闻和出版业	广播、电视、电影和录音制作业	文化艺术业	体育
宁都县										
于都县										
兴国县										
会昌县										
寻乌县	1	1								
石城县										
瑞金市	180	180	79	76	3	27	1	4	6	6
龙南市	95	95	48	48		14		1	2	1
吉安市	**503**	**503**	**236**	**233**	**3**	**106**	**12**	**16**	**21**	**9**
吉州区	327	327	188	188		77	12	16	15	7
青原区	116	116	36	33	3	19			3	2
吉安县										
吉水县										
峡江县										
新干县										
永丰县										
泰和县										
遂川县										
万安县										
安福县										
永新县										
井冈山市	60	60	12	12		10			3	
宜春市	**1566**	**1566**	**708**	**685**	**23**	**236**	**15**	**32**	**35**	**35**
袁州区	650	650	311	298	13	117	9	19	20	19
奉新县										
万载县										
上高县										
宜丰县										
靖安县										
铜鼓县										
丰城市	409	409	184	181	3	62	3	6	9	10
樟树市	213	213	99	93	6	28	2	3	1	2
高安市	294	294	114	113	1	29	1	4	5	4
抚州市	**667**	**667**	**297**	**289**	**8**	**124**	**12**	**19**	**16**	**19**
临川区	506	506	229	224	5	108	12	19	16	19
东乡区	161	161	68	65	3	16				
南城县										
黎川县										
南丰县										
崇仁县										
乐安县										
宜黄县										
金溪县										
资溪县										
广昌县										
上饶市	**1426**	**1426**	**631**	**612**	**19**	**286**	**27**	**40**	**57**	**45**
信州区	479	479	324	321	3	162	16	28	31	23
广丰区	431	431	106	102	4	44	3	4	11	11
广信区	376	376	119	112	7	55	6	5	11	5
玉山县										
铅山县										
横峰县										
弋阳县										
余干县	13	13	5	5		7			2	2
鄱阳县	1	1								
万年县										
婺源县										
德兴市	126	126	77	72	5	18	2	3	2	4

4-4a　续表 70　　　　　　　　　　　　　　　　　　　　　　　　　　　　单位：人

地区 性别	教育		卫生和社会工作			文化、体育和娱乐业				
	小计	教育	小计	卫生	社会工作	小计	新闻和出版业	广播、电视、电影和录音制作业	文化艺术业	体育
女	**24410**	**24410**	**11700**	**11448**	**252**	**2867**	**328**	**373**	**628**	**348**
南昌市	**7040**	**7040**	**3320**	**3245**	**75**	**1000**	**208**	**157**	**199**	**101**
东湖区	886	886	1028	1011	17	174	43	19	35	23
西湖区	948	948	518	508	10	179	30	23	37	8
青云谱区	513	513	285	285		66	6	9	8	10
青山湖区	2464	2464	767	734	33	243	51	60	50	26
新建区	792	792	203	194	9	69	7	3	15	8
红谷滩区	1424	1424	517	511	6	268	71	43	53	26
南昌县	13	13	2	2		1			1	
安义县										
进贤县										
景德镇市	**1208**	**1208**	**581**	**576**	**5**	**147**	**6**	**10**	**44**	**21**
昌江区	176	176	76	76		26	2	1	11	3
珠山区	584	584	310	308	2	88	4	6	28	9
浮梁县	12	12	5	5						
乐平市	436	436	190	187	3	33		3	5	9
萍乡市	**1243**	**1243**	**692**	**671**	**21**	**208**	**17**	**23**	**33**	**31**
安源区	1050	1050	606	589	17	162	17	22	28	25
湘东区	188	188	85	81	4	46		1	5	6
莲花县										
上栗县	5	5	1	1						
芦溪县										
九江市	**2155**	**2155**	**1048**	**1020**	**28**	**238**	**20**	**28**	**52**	**30**
濂溪区	560	560	226	220	6	57	3	5	17	10
浔阳区	883	883	569	555	14	113	13	16	25	10
柴桑区	196	196	69	65	4	19	2	3	3	2
武宁县										
修水县										
永修县										
德安县										
都昌县										
湖口县										
彭泽县										
瑞昌市	274	274	92	89	3	27	1	2	4	2
共青城市	154	154	28	28		10		2	1	3
庐山市	88	88	64	63	1	12	1		2	3
新余市	**1080**	**1080**	**415**	**392**	**23**	**88**	**13**	**13**	**13**	**15**
渝水区	1080	1080	415	392	23	88	13	13	13	15
分宜县										
鹰潭市	**1128**	**1128**	**489**	**484**	**5**	**128**	**7**	**14**	**21**	**23**
月湖区	501	501	263	260	3	83	4	10	8	14
余江区	225	225	62	61	1	11	1	1	1	2
贵溪市	402	402	164	163	1	34	2	3	12	7
赣州市	**3367**	**3367**	**1649**	**1612**	**37**	**356**	**18**	**31**	**93**	**39**
章贡区	1729	1729	1042	1021	21	199	11	23	34	23
南康区	634	634	234	225	9	52	1	3	4	7
赣县区	430	430	162	162		71	4	4	49	4
信丰县										
大余县										
上犹县										
崇义县										
安远县										
定南县										
全南县										

4–4a 续表 71 单位：人

地 区 性 别	教育		卫生和社会工作			文化、体育和娱乐业				
	小计	教育	小计	卫生	社会工作	小计	新闻和出版业	广播、电视、电影和录音制作业	文 化艺术业	体育
宁都县										
于都县										
兴国县										
会昌县										
寻乌县	1	1	1	1						
石城县										
瑞金市	323	323	125	119	6	19	2	1	3	2
龙南市	250	250	85	84	1	15			3	3
吉安市	**950**	**950**	**429**	**427**	**2**	**94**	**11**	**15**	**22**	**6**
吉州区	613	613	345	344	1	56	8	12	13	4
青原区	234	234	58	57	1	24	1	1	4	2
吉安县										
吉水县										
峡江县										
新干县										
永丰县										
泰和县										
遂川县										
万安县										
安福县										
永新县										
井冈山市	103	103	26	26		14	2	2	5	
宜春市	**2818**	**2818**	**1328**	**1298**	**30**	**236**	**8**	**19**	**50**	**34**
袁州区	1191	1191	551	536	15	101	4	5	25	20
奉新县										
万载县										
上高县										
宜丰县										
靖安县										
铜鼓县										
丰城市	655	655	329	323	6	41	1	7	6	7
樟树市	440	440	183	178	5	54	2	3	6	6
高安市	532	532	265	261	4	40	1	4	13	1
抚州市	**1222**	**1222**	**624**	**620**	**4**	**116**	**9**	**13**	**37**	**13**
临川区	914	914	485	482	3	103	9	13	34	13
东乡区	308	308	139	138	1	13			3	
南城县										
黎川县										
南丰县										
崇仁县										
乐安县										
宜黄县										
金溪县										
资溪县										
广昌县										
上饶市	**2199**	**2199**	**1125**	**1103**	**22**	**256**	**11**	**50**	**64**	**35**
信州区	797	797	567	555	12	157	7	43	37	23
广丰区	525	525	190	189	1	35	1	2	9	7
广信区	607	607	223	218	5	41	1	3	14	4
玉山县										
铅山县	3	3								
横峰县										
弋阳县										
余干县	23	23	2	2		3	1		1	
鄱阳县			2	2						
万年县										
婺源县										
德兴市	244	244	141	137	4	20	1	2	3	1

4-4a　续表 72

单位：人

地区 性别	娱乐业	公共管理、社会保障和社会组织							国际组织	
		小计	中国共产党机关	国家机构	人民政协、民主党派	社会保障	群众团体、社会团体和其他成员组织	基层群众自治组织	小计	国际组织
全　省	**2530**	**36658**	**1075**	**30286**	**88**	**248**	**2383**	**2578**	**4**	**4**
南昌市	**806**	**9433**	**304**	**7574**	**25**	**60**	**758**	**712**		
东湖区	142	1496	29	1295	12	6	77	77		
西湖区	178	1474	61	1221		5	86	101		
青云谱区	67	527	6	421		3	11	86		
青山湖区	171	2376	48	1712	1	21	341	253		
新建区	72	1247	54	919		8	163	103		
红谷滩区	175	2308	106	2002	12	17	80	91		
南昌县	1	5		4				1		
安义县										
进贤县										
景德镇市	**137**	**2076**	**52**	**1704**	**4**	**19**	**158**	**139**	**2**	**2**
昌江区	16	431	7	372		7	18	27		
珠山区	85	1033	33	792	3	9	108	88	1	1
浮梁县		20	1	11				8		
乐平市	36	592	11	529	1	3	32	16	1	1
萍乡市	**182**	**1967**	**42**	**1672**	**6**	**9**	**125**	**113**		
安源区	128	1783	35	1545	4	6	112	81		
湘东区	54	179	5	124	2	3	13	32		
莲花县										
上栗县		5	2	3						
芦溪县										
九江市	**216**	**3604**	**84**	**3042**	**10**	**16**	**235**	**217**		
濂溪区	53	744	11	631	2	1	60	39		
浔阳区	106	1722	45	1534	6	11	50	76		
柴桑区	16	292	11	229		1	18	33		
武宁县										
修水县										
永修县										
德安县										
都昌县										
湖口县										
彭泽县										
瑞昌市	24	408	9	297			80	22		
共青城市	9	251	4	189	2	1	23	32		
庐山市	8	187	4	162		2	4	15		
新余市	**67**	**1665**	**29**	**1300**		**43**	**155**	**138**		
渝水区	67	1665	29	1300		43	155	138		
分宜县										
鹰潭市	**126**	**1976**	**26**	**1713**	**5**	**7**	**119**	**106**	**1**	**1**
月湖区	82	1030	20	908	4	3	42	53	1	1
余江区	15	378	3	287		2	67	19		
贵溪市	29	568	3	518	1	2	10	34		
赣州市	**349**	**4474**	**101**	**3932**	**8**	**27**	**144**	**262**		
章贡区	225	2395	41	2137	6	12	49	150		
南康区	62	635	26	520	1	6	45	37		
赣县区	22	582	7	547	1	6	7	14		
信丰县										
大余县										
上犹县										
崇义县										
安远县										
定南县										
全南县										

4-4a 续表 73

单位：人

地区 性别	娱乐业	公共管理、社会保障和社会组织							国际组织	
		小计	中国共产党机关	国家机构	人民政协、民主党派	社会保障	群众团体、社会团体和其他成员组织	基层群众自治组织	小计	国际组织
宁都县										
于都县										
兴国县										
会昌县										
寻乌县		5		3				2		
石城县										
瑞金市	21	457	15	373		1	32	36		
龙南市	19	400	12	352		2	11	23		
吉安市	**88**	**1874**	**40**	**1653**	**4**	**11**	**80**	**86**		
吉州区	46	1351	27	1195	3	8	60	58		
青原区	30	237		200	1	3	16	17		
吉安县										
吉水县										
峡江县										
新干县										
永丰县										
泰和县										
遂川县										
万安县										
安福县										
永新县										
井冈山市	12	286	13	258			4	11		
宜春市	**244**	**3995**	**104**	**3367**	**14**	**10**	**145**	**355**		
袁州区	97	1734	39	1500	3		24	168		
奉新县										
万载县										
上高县										
宜丰县										
靖安县										
铜鼓县										
丰城市	54	1005	40	782	5	8	88	82		
樟树市	57	570	3	483	2	1	10	71		
高安市	36	686	22	602	4	1	23	34		
抚州市	**102**	**1878**	**109**	**1561**	**7**	**17**	**76**	**108**		
临川区	76	1404	91	1156	4	14	69	70		
东乡区	26	474	18	405	3	3	7	38		
南城县										
黎川县										
南丰县										
崇仁县										
乐安县										
宜黄县										
金溪县										
资溪县										
广昌县										
上饶市	**213**	**3716**	**184**	**2768**	**5**	**29**	**388**	**342**	**1**	**1**
信州区	111	1525	86	1182	3	16	160	78		
广丰区	31	655	27	439		8	73	108		
广信区	47	942	46	685	1	3	135	72	1	1
玉山县										
铅山县										
横峰县										
弋阳县										
余干县	4	19		4		1	9	5		
鄱阳县		2		1				1		
万年县										
婺源县										
德兴市	20	573	25	457	1	1	11	78		

4-4a 续表 74

单位：人

地区 性别	娱乐业	公共管理、社会保障和社会组织							国际组织	
		小计	中国共产党机关	国家机构	人民政协、民主党派	社会保障	群众团体、社会团体和其他成员组织	基层群众自治组织	小计	国际组织
男	**1340**	**23689**	**758**	**20255**	**62**	**121**	**1246**	**1247**	**3**	**3**
南昌市	**471**	**5936**	**198**	**4988**	**17**	**21**	**395**	**317**		
东湖区	88	942	18	853	9		37	25		
西湖区	97	935	40	798		3	54	40		
青云谱区	34	342	5	295		1	7	34		
青山湖区	115	1461	27	1123		7	177	127		
新建区	36	840	41	652		4	86	57		
红谷滩区	100	1412	67	1264	8	6	34	33		
南昌县	1	4		3				1		
安义县										
进贤县										
景德镇市	**71**	**1324**	**37**	**1122**	**2**	**9**	**83**	**71**	**2**	**2**
昌江区	7	274	4	238		5	12	15		
珠山区	44	636	24	512	2	4	54	40	1	1
浮梁县		13		8				5		
乐平市	20	401	9	364			17	11	1	1
萍乡市	**78**	**1206**	**33**	**1041**	**2**	**7**	**69**	**54**		
安源区	58	1089	27	959	1	4	61	37		
湘东区	20	113	4	80	1	3	8	17		
莲花县										
上栗县		4	2	2						
芦溪县										
九江市	**108**	**2378**	**55**	**2087**	**7**	**6**	**123**	**100**		
濂溪区	31	475	7	419	1	1	30	17		
浔阳区	57	1149	32	1047	4	3	34	29		
柴桑区	7	206	6	173		1	9	17		
武宁县										
修水县										
永修县										
德安县										
都昌县										
湖口县										
彭泽县										
瑞昌市	6	266	6	214			33	13		
共青城市	5	159	1	128	2	1	14	13		
庐山市	2	123	3	106			3	11		
新余市	**33**	**1116**	**23**	**907**		**27**	**88**	**71**		
渝水区	33	1116	23	907		27	88	71		
分宜县										
鹰潭市	**63**	**1283**	**19**	**1139**	**3**	**5**	**63**	**54**		
月湖区	35	680	13	615	2	2	22	26		
余江区	9	238	3	188		2	34	11		
贵溪市	19	365	3	336	1	1	7	17		
赣州市	**174**	**2933**	**77**	**2638**	**7**	**12**	**83**	**116**		
章贡区	117	1520	32	1398	5	5	30	50		
南康区	25	437	20	367	1	3	24	22		
赣县区	12	385	6	360	1	2	6	10		
信丰县										
大余县										
上犹县										
崇义县										
安远县										
定南县										
全南县										

4-4a 续表 75

单位：人

地区 性别	娱乐业	公共管理、社会保障和社会组织							国际组织	
		小计	中国共产党机关	国家机构	人民政协、民主党派	社会保障	群众团体、社会团体和其他成员组织	基层群众自治组织	小计	国际组织
宁都县										
于都县										
兴国县										
会昌县										
寻乌县		3		2				1		
石城县										
瑞金市	10	333	11	280		1	19	22		
龙南市	10	255	8	231		1	4	11		
吉安市	**48**	**1227**	**35**	**1105**	**3**	**5**	**44**	**35**		
吉州区	27	886	26	801	2	4	33	20		
青原区	14	154		132	1	1	9	11		
吉安县										
吉水县										
峡江县										
新干县										
永丰县										
泰和县										
遂川县										
万安县										
安福县										
永新县										
井冈山市	7	187	9	172			2	4		
宜春市	**119**	**2708**	**77**	**2377**	**10**	**5**	**76**	**163**		
袁州区	50	1136	26	1025	2		13	70		
奉新县										
万载县										
上高县										
宜丰县										
靖安县										
铜鼓县										
丰城市	34	707	34	575	4	5	43	46		
樟树市	20	393	1	359			5	28		
高安市	15	472	16	418	4		15	19		
抚州市	**58**	**1259**	**73**	**1077**	**7**	**10**	**32**	**60**		
临川区	42	922	60	785	4	9	29	35		
东乡区	16	337	13	292	3	1	3	25		
南城县										
黎川县										
南丰县										
崇仁县										
乐安县										
宜黄县										
金溪县										
资溪县										
广昌县										
上饶市	**117**	**2319**	**131**	**1774**	**4**	**14**	**190**	**206**	**1**	**1**
信州区	64	906	57	730	2	5	73	39		
广丰区	15	444	21	314		5	36	68		
广信区	28	580	35	426	1	2	69	47	1	1
玉山县										
铅山县										
横峰县										
弋阳县										
余干县	3	17		4		1	8	4		
鄱阳县		2		1				1		
万年县										
婺源县										
德兴市	7	370	18	299	1	1	4	47		

4-4a 续表 76

单位：人

地区 性别	娱乐业	公共管理、社会保障和社会组织							国际组织	
		小计	中国共产党机关	国家机构	人民政协、民主党派	社会保障	群众团体、社会团体和其他成员组织	基层群众自治组织	小计	国际组织
女	**1190**	**12969**	**317**	**10031**	**26**	**127**	**1137**	**1331**	**1**	**1**
南昌市	**335**	**3497**	**106**	**2586**	**8**	**39**	**363**	**395**		
东湖区	54	554	11	442	3	6	40	52		
西湖区	81	539	21	423		2	32	61		
青云谱区	33	185	1	126		2	4	52		
青山湖区	56	915	21	589	1	14	164	126		
新建区	36	407	13	267		4	77	46		
红谷滩区	75	896	39	738	4	11	46	58		
南昌县		1		1						
安义县										
进贤县										
景德镇市	**66**	**752**	**15**	**582**	**2**	**10**	**75**	**68**		
昌江区	9	157	3	134		2	6	12		
珠山区	41	397	9	280	1	5	54	48		
浮梁县		7	1	3				3		
乐平市	16	191	2	165	1	3	15	5		
萍乡市	**104**	**761**	**9**	**631**	**4**	**2**	**56**	**59**		
安源区	70	694	8	586	3	2	51	44		
湘东区	34	66	1	44	1		5	15		
莲花县										
上栗县		1		1						
芦溪县										
九江市	**108**	**1226**	**29**	**955**	**3**	**10**	**112**	**117**		
濂溪区	22	269	4	212	1		30	22		
浔阳区	49	573	13	487	2	8	16	47		
柴桑区	9	86	5	56			9	16		
武宁县										
修水县										
永修县										
德安县										
都昌县										
湖口县										
彭泽县										
瑞昌市	18	142	3	83			47	9		
共青城市	4	92	3	61			9	19		
庐山市	6	64	1	56		2	1	4		
新余市	**34**	**549**	**6**	**393**		**16**	**67**	**67**		
渝水区	34	549	6	393		16	67	67		
分宜县										
鹰潭市	**63**	**693**	**7**	**574**	**2**	**2**	**56**	**52**	**1**	**1**
月湖区	47	350	7	293	2	1	20	27	1	1
余江区	6	140		99			33	8		
贵溪市	10	203		182		1	3	17		
赣州市	**175**	**1541**	**24**	**1294**	**1**	**15**	**61**	**146**		
章贡区	108	875	9	739	1	7	19	100		
南康区	37	198	6	153		3	21	15		
赣县区	10	197	1	187		4	1	4		
信丰县										
大余县										
上犹县										
崇义县										
安远县										
定南县										
全南县										

4－4a 续表 77

单位：人

地区 性别	娱乐业	公共管理、社会保障和社会组织 小计	中国共产党机关	国家机构	人民政协、民主党派	社会保障	群众团体、社会团体和其他成员组织	基层群众自治组织	国际组织 小计	国际组织
宁都县										
于都县										
兴国县										
会昌县										
寻乌县		2		1				1		
石城县										
瑞金市	11	124	4	93			13	14		
龙南市	9	145	4	121		1	7	12		
吉安市	**40**	**647**	**5**	**548**	**1**	**6**	**36**	**51**		
吉州区	19	465	1	394	1	4	27	38		
青原区	16	83		68		2	7	6		
吉安县										
吉水县										
峡江县										
新干县										
永丰县										
泰和县										
遂川县										
万安县										
安福县										
永新县										
井冈山市	5	99	4	86			2	7		
宜春市	**125**	**1287**	**27**	**990**	**4**	**5**	**69**	**192**		
袁州区	47	598	13	475	1		11	98		
奉新县										
万载县										
上高县										
宜丰县										
靖安县										
铜鼓县										
丰城市	20	298	6	207	1	3	45	36		
樟树市	37	177	2	124	2	1	5	43		
高安市	21	214	6	184		1	8	15		
抚州市	**44**	**619**	**36**	**484**		**7**	**44**	**48**		
临川区	34	482	31	371		5	40	35		
东乡区	10	137	5	113		2	4	13		
南城县										
黎川县										
南丰县										
崇仁县										
乐安县										
宜黄县										
金溪县										
资溪县										
广昌县										
上饶市	**96**	**1397**	**53**	**994**	**1**	**15**	**198**	**136**		
信州区	47	619	29	452	1	11	87	39		
广丰区	16	211	6	125		3	37	40		
广信区	19	362	11	259		1	66	25		
玉山县										
铅山县										
横峰县										
弋阳县										
余干县	1	2					1	1		
鄱阳县										
万年县										
婺源县										
德兴市	13	203	7	158			7	31		

4–4b　各地区分性别、行业大类的就业人口(镇)

单位：人

地区 性别	合计	农、林、牧、渔业						采矿业	
		小计	农业	林业	畜牧业	渔业	农、林、牧、渔专业及辅助性活动	小计	煤炭开采和洗选业
全　省	**644311**	**80016**	**69835**	**2341**	**3950**	**1326**	**2564**	**2663**	**403**
南昌市	**61317**	**2759**	**2162**	**123**	**205**	**64**	**205**	**49**	**8**
东湖区	220	18	18						
西湖区									
青云谱区	98								
青山湖区	3617	22	16		4		2	8	
新建区	1985	353	307	7	8	4	27	1	
红谷滩区									
南昌县	37008	1513	1146	74	100	46	147	26	6
安义县	6245	141	118	9	4	4	6	3	
进贤县	12144	712	557	33	89	10	23	11	2
景德镇市	**12735**	**1570**	**1438**	**27**	**60**	**14**	**31**	**80**	**48**
昌江区	367	37	31	3			3	3	1
珠山区	616								
浮梁县	6212	520	453	16	29	9	13	17	1
乐平市	5540	1013	954	8	31	5	15	60	46
萍乡市	**36315**	**5814**	**5129**	**71**	**524**	**57**	**33**	**193**	**123**
安源区	3621	302	254	1	40	3	4	47	30
湘东区	4050	1270	1216	5	37	12		53	37
莲花县	6193	1427	1356	18	45	2	6	11	6
上栗县	14107	1588	1173	24	349	32	10	54	33
芦溪县	8344	1227	1130	23	53	8	13	28	17
九江市	**75029**	**8318**	**7131**	**305**	**383**	**205**	**294**	**176**	**4**
濂溪区	951	175	121	36	3	1	14	2	
浔阳区									
柴桑区	2707	275	249	15	2	3	6	1	
武宁县	5919	816	758	3	33	21	1	7	
修水县	14903	1810	1391	94	178	24	123	28	
永修县	8408	1141	1050	15	34	29	13	11	
德安县	5802	183	149	3	25	1	5	41	
都昌县	14619	2249	1993	83	53	41	79	12	
湖口县	5273	254	233	3	4	12	2	6	
彭泽县	8333	964	814	35	24	62	29	23	
瑞昌市	5058	170	120	13	12	8	17	43	4
共青城市	66	4	3		1				
庐山市	2990	277	250	5	14	3	5	2	
新余市	**7923**	**673**	**596**	**18**	**30**	**16**	**13**	**61**	**15**
渝水区	1062	94	87	1	3	3		10	5
分宜县	6861	579	509	17	27	13	13	51	10
鹰潭市	**8942**	**1436**	**1189**	**63**	**65**	**15**	**104**	**91**	
月湖区	237	69	68		1				
余江区	4009	450	311	17	30	7	85	5	
贵溪市	4696	917	810	46	34	8	19	86	
赣州市	**137154**	**15126**	**12994**	**542**	**839**	**251**	**500**	**991**	**41**
章贡区	1027	8	7			1			
南康区	1585	74	46	13	9	2	4	5	
赣县区	4254	348	313	3	25	4	3	9	2
信丰县	18107	1955	1579	74	121	46	135	21	4
大余县	6548	566	458	37	42	5	24	230	
上犹县	5626	199	167	12	15	3	2	46	1
崇义县	3608	233	157	53	16	1	6	147	1
安远县	7414	1463	1326	21	73	8	35	42	
定南县	5679	484	385	22	59	15	3	19	
全南县	4137	263	179	19	46	10	9	96	1

4-4b 续表 1

单位：人

地区 性别	合计	农、林、牧、渔业						采矿业	
		小计	农业	林业	畜牧业	渔业	农、林、牧、渔专业及辅助性活动	小计	煤炭开采和洗选业
宁都县	17285	2704	2278	51	180	54	141	22	6
于都县	20539	776	679	30	21	16	30	150	3
兴国县	15105	1672	1485	40	96	17	34	77	21
会昌县	11644	1371	1201	44	67	38	21	106	2
寻乌县	6410	1631	1579	9	18	8	17	8	
石城县	5500	569	440	86	25	13	5	6	
瑞金市	1606	572	515	10	13	7	27	3	
龙南市	1080	238	200	18	13	3	4	4	
吉安市	**84836**	**13751**	**12362**	**410**	**544**	**130**	**305**	**266**	**13**
吉州区	829	68	65	1	1	1		1	
青原区	654	122	100	12	3		7	1	
吉安县	11468	1065	947	20	69	10	19	18	3
吉水县	10349	1536	1382	44	52	12	46	13	1
峡江县	2802	600	576	10	8	1	5	6	
新干县	6033	971	780	38	76	17	60	30	
永丰县	7740	1362	1240	33	60	13	16	29	2
泰和县	11874	2776	2543	62	70	39	62	23	1
遂川县	9594	1896	1743	64	70	10	9	18	3
万安县	5340	889	809	13	38	16	13	8	1
安福县	6220	1037	909	59	28	3	38	109	2
永新县	9801	1040	943	21	45	4	27	10	
井冈山市	2132	389	325	33	24	4	3		
宜春市	**60208**	**6083**	**5301**	**145**	**458**	**66**	**113**	**345**	**131**
袁州区	2385	374	332	11	21	10		20	
奉新县	7257	660	575	38	23	8	16	10	
万载县	10886	1074	883	18	140	11	22	26	1
上高县	8518	536	431	5	75	9	16	43	
宜丰县	8116	796	675	42	57	15	7	48	2
靖安县	3099	176	151	14	3		8	1	
铜鼓县	2804	200	153	8	35	1	3	5	
丰城市	6018	901	833	5	40		23	145	107
樟树市	1876	408	381		19	4	4	10	
高安市	9249	958	887	4	45	8	14	37	21
抚州市	**58345**	**8262**	**7128**	**212**	**301**	**183**	**438**	**107**	**2**
临川区	3272	417	367	6	17	4	23	1	
东乡区	1528	316	280	14	14	5	3	32	
南城县	7587	1081	928	38	46	26	43	12	
黎川县	6440	577	461	30	50	22	14	6	1
南丰县	6394	2177	1898	10	13	55	201	5	
崇仁县	7106	1391	1268	25	39	35	24	10	
乐安县	5968	189	125	8	14	2	40	23	
宜黄县	6696	361	295	18	29	9	10	4	1
金溪县	5340	847	785	14	13	14	21	5	
资溪县	2247	265	231	6	20		8	5	
广昌县	5767	641	490	43	46	11	51	4	
上饶市	**101507**	**16224**	**14405**	**425**	**541**	**325**	**528**	**304**	**18**
信州区	849	66	64		2				
广丰区	5845	1321	1173	56	31	11	50	8	
广信区	3501	426	352	27	24	5	18	6	1
玉山县	11813	1469	1256	32	72	31	78	41	
铅山县	10292	2111	1731	133	90	40	117	94	2
横峰县	4402	307	281	5	14	2	5	19	2
弋阳县	8122	1625	1474	27	55	16	53	44	3
余干县	16208	2882	2610	37	61	120	54	22	
鄱阳县	24397	4298	3853	84	137	87	137	33	10
万年县	6995	506	473	8	21	3	1	22	
婺源县	8438	1044	999	10	15	10	10	12	
德兴市	645	169	139	6	19		5	3	

4-4b　续表 2　　　　单位：人

地区 性别	合计	农、林、牧、渔业						采矿业	
		小计	农业	林业	畜牧业	渔业	农、林、牧、渔专业及辅助性活动	小计	煤炭开采和洗选业
男	**374433**	**44460**	**37548**	**1855**	**2435**	**966**	**1656**	**2191**	**342**
南昌市	**37935**	**1777**	**1366**	**92**	**143**	**42**	**134**	**36**	**7**
东湖区	135	12	12						
西湖区									
青云谱区	71								
青山湖区	2406	14	10		2		2	4	
新建区	1269	230	200	5	5	3	17	1	
红谷滩区									
南昌县	22614	977	726	55	72	32	92	22	5
安义县	4073	86	70	8	3	2	3	1	
进贤县	7367	458	348	24	61	5	20	8	2
景德镇市	**7579**	**838**	**747**	**22**	**39**	**10**	**20**	**73**	**46**
昌江区	256	33	28	3			2	2	1
珠山区	339								
浮梁县	3822	322	271	12	23	5	11	16	1
乐平市	3162	483	448	7	16	5	7	55	44
萍乡市	**18956**	**2813**	**2478**	**50**	**216**	**44**	**25**	**167**	**108**
安源区	2020	178	146	1	24	3	4	42	28
湘东区	2172	594	557	1	26	10		44	32
莲花县	2992	612	561	15	31	2	3	8	4
上栗县	7431	791	633	18	107	24	9	49	30
芦溪县	4341	638	581	15	28	5	9	24	14
九江市	**43462**	**4485**	**3670**	**237**	**222**	**155**	**201**	**149**	**3**
濂溪区	605	113	82	18	2	1	10	2	
浔阳区									
柴桑区	1629	139	122	11	1	2	3	1	
武宁县	3717	517	465	3	28	20	1	7	
修水县	8897	1160	876	80	93	21	90	25	
永修县	4952	608	543	14	21	22	8	10	
德安县	3001	94	70	3	16		5	30	
都昌县	8062	1065	896	64	28	31	46	11	
湖口县	3141	110	95	3	2	9	1	5	
彭泽县	4755	423	324	26	12	39	22	20	
瑞昌市	2843	98	60	11	8	7	12	36	3
共青城市	41	3	2		1				
庐山市	1819	155	135	4	10	3	3	2	
新余市	**4841**	**420**	**361**	**15**	**24**	**13**	**7**	**56**	**13**
渝水区	672	53	47	1	2	3		9	4
分宜县	4169	367	314	14	22	10	7	47	9
鹰潭市	**5487**	**845**	**680**	**50**	**36**	**12**	**67**	**83**	
月湖区	126	26	26						
余江区	2422	284	189	17	19	7	52	5	
贵溪市	2939	535	465	33	17	5	15	78	
赣州市	**77859**	**8270**	**6803**	**401**	**569**	**169**	**328**	**789**	**37**
章贡区	644	4	3			1			
南康区	911	36	14	12	7	1	2	4	
赣县区	2658	183	158	2	17	3	3	8	1
信丰县	10015	1020	755	61	84	27	93	16	3
大余县	3643	295	225	33	23	3	11	199	
上犹县	3046	102	78	10	10	2	2	40	1
崇义县	2099	145	90	41	10	1	3	115	1
安远县	4103	826	728	17	49	8	24	24	
定南县	3374	301	223	17	47	11	3	17	
全南县	2305	144	84	16	30	6	8	79	1

4-4b 续表 3

单位：人

地区 性别	合计	农、林、牧、渔业 小计	农业	林业	畜牧业	渔业	农、林、牧、渔专业及辅助性活动	采矿业 小计	煤炭开采和洗选业
宁都县	10502	1616	1318	38	128	38	94	20	6
于都县	11353	431	366	19	15	10	21	112	3
兴国县	8187	742	625	31	51	10	25	63	19
会昌县	6538	715	600	28	46	30	11	73	2
寻乌县	3642	888	852	8	14	5	9	8	
石城县	3278	368	284	50	22	8	4	4	
瑞金市	932	327	299	4	8	3	13	3	
龙南市	629	127	101	14	8	2	2	4	
吉安市	**46330**	**6801**	**5824**	**332**	**352**	**94**	**199**	**227**	**9**
吉州区	370	36	33	1	1	1		1	
青原区	376	64	52	8	2		2	1	
吉安县	6158	567	476	17	51	9	14	14	1
吉水县	5732	801	688	41	36	8	28	10	1
峡江县	1615	309	296	5	4	1	3	5	
新干县	3460	526	390	37	45	14	40	25	
永丰县	4380	669	581	25	41	10	12	22	2
泰和县	6261	1386	1232	46	45	26	37	19	1
遂川县	5141	844	736	49	43	8	8	14	2
万安县	2890	453	401	11	22	10	9	5	1
安福县	3412	522	426	52	16	2	26	102	1
永新县	5391	432	370	13	30	2	17	9	
井冈山市	1144	192	143	27	16	3	3		
宜春市	**34728**	**3336**	**2796**	**116**	**283**	**51**	**90**	**276**	**104**
袁州区	1487	233	201	8	15	9		17	
奉新县	4153	357	294	27	17	7	12	7	
万载县	5992	565	467	16	57	7	18	21	1
上高县	4975	353	270	4	60	7	12	33	
宜丰县	4381	457	359	38	41	12	7	40	2
靖安县	1806	86	68	10	2		6	1	
铜鼓县	1654	125	98	7	16	1	3	4	
丰城市	3655	479	428	4	30		17	115	86
樟树市	1046	194	173		14	3	4	7	
高安市	5579	487	438	2	31	5	11	31	15
抚州市	**35016**	**4883**	**4156**	**173**	**195**	**131**	**228**	**93**	**2**
临川区	2300	258	223	6	13	4	12	1	
东乡区	962	193	165	9	12	4	3	27	
南城县	4640	637	533	33	33	20	18	11	
黎川县	3817	374	295	24	32	13	10	5	1
南丰县	3742	1230	1081	10	9	45	85	4	
崇仁县	4356	795	711	22	22	21	19	10	
乐安县	3673	130	80	6	9	2	33	19	
宜黄县	3743	218	178	13	16	7	4	4	1
金溪县	3192	516	472	11	9	10	14	4	
资溪县	1356	177	151	6	15		5	5	
广昌县	3235	355	267	33	25	5	25	3	
上饶市	**62240**	**9992**	**8667**	**367**	**356**	**245**	**357**	**242**	**13**
信州区	497	37	36		1				
广丰区	3771	855	738	50	23	9	35	7	
广信区	2209	256	206	27	9	4	10	5	1
玉山县	7504	988	831	27	43	28	59	33	
铅山县	6466	1491	1219	112	54	27	79	72	2
横峰县	2707	205	182	5	13	2	3	18	2
弋阳县	4733	979	876	22	39	9	33	34	2
余干县	9967	1703	1503	31	44	87	38	17	
鄱阳县	14981	2543	2215	75	94	70	89	25	6
万年县	4448	328	301	6	18	2	1	18	
婺源县	4557	522	492	6	10	7	7	10	
德兴市	400	85	68	6	8		3	3	

4-4b　续表 4　　　　单位：人

地区 性别	合计	农、林、牧、渔业 小计	农业	林业	畜牧业	渔业	农、林、牧、渔专业及辅助性活动	采矿业 小计	煤炭开采和洗选业
女	**269878**	**35556**	**32287**	**486**	**1515**	**360**	**908**	**472**	**61**
南昌市	**23382**	**982**	**796**	**31**	**62**	**22**	**71**	**13**	**1**
东湖区	85	6	6						
西湖区									
青云谱区	27								
青山湖区	1211	8	6		2			4	
新建区	716	123	107	2	3	1	10		
红谷滩区									
南昌县	14394	536	420	19	28	14	55	4	1
安义县	2172	55	48	1	1	2	3	2	
进贤县	4777	254	209	9	28	5	3	3	
景德镇市	**5156**	**732**	**691**	**5**	**21**	**4**	**11**	**7**	**2**
昌江区	111	4	3				1	1	
珠山区	277								
浮梁县	2390	198	182	4	6	4	2	1	
乐平市	2378	530	506	1	15		8	5	2
萍乡市	**17359**	**3001**	**2651**	**21**	**308**	**13**	**8**	**26**	**15**
安源区	1601	124	108		16			5	2
湘东区	1878	676	659	4	11	2		9	5
莲花县	3201	815	795	3	14		3	3	2
上栗县	6676	797	540	6	242	8	1	5	3
芦溪县	4003	589	549	8	25	3	4	4	3
九江市	**31567**	**3833**	**3461**	**68**	**161**	**50**	**93**	**27**	**1**
濂溪区	346	62	39	18	1		4		
浔阳区									
柴桑区	1078	136	127	4	1	1	3		
武宁县	2202	299	293		5	1			
修水县	6006	650	515	14	85	3	33	3	
永修县	3456	533	507	1	13	7	5	1	
德安县	2801	89	79		9	1		11	
都昌县	6557	1184	1097	19	25	10	33	1	
湖口县	2132	144	138		2	3	1	1	
彭泽县	3578	541	490	9	12	23	7	3	
瑞昌市	2215	72	60	2	4	1	5	7	1
共青城市	25	1	1						
庐山市	1171	122	115	1	4		2		
新余市	**3082**	**253**	**235**	**3**	**6**	**3**	**6**	**5**	**2**
渝水区	390	41	40		1			1	1
分宜县	2692	212	195	3	5	3	6	4	1
鹰潭市	**3455**	**591**	**509**	**13**	**29**	**3**	**37**	**8**	
月湖区	111	43	42		1				
余江区	1587	166	122		11		33		
贵溪市	1757	382	345	13	17	3	4	8	
赣州市	**59295**	**6856**	**6191**	**141**	**270**	**82**	**172**	**202**	**4**
章贡区	383	4	4						
南康区	674	38	32	1	2	1	2	1	
赣县区	1596	165	155	1	8	1		1	1
信丰县	8092	935	824	13	37	19	42	5	1
大余县	2905	271	233	4	19	2	13	31	
上犹县	2580	97	89	2	5	1		6	
崇义县	1509	88	67	12	6		3	32	
安远县	3311	637	598	4	24		11	18	
定南县	2305	183	162	5	12	4		2	
全南县	1832	119	95	3	16	4	1	17	

4-4b 续表 5

单位：人

地区 性别	合计	农、林、牧、渔业						采矿业	
		小计	农业	林业	畜牧业	渔业	农、林、牧、渔专业及辅助性活动	小计	煤炭开采和洗选业
宁都县	6783	1088	960	13	52	16	47	2	
于都县	9186	345	313	11	6	6	9	38	
兴国县	6918	930	860	9	45	7	9	14	2
会昌县	5106	656	601	16	21	8	10	33	
寻乌县	2768	743	727	1	4	3	8		
石城县	2222	201	156	36	3	5	1	2	
瑞金市	674	245	216	6	5	4	14		
龙南市	451	111	99	4	5	1	2		
吉安市	**38506**	**6950**	**6538**	**78**	**192**	**36**	**106**	**39**	**4**
吉州区	459	32	32						
青原区	278	58	48	4	1		5		
吉安县	5310	498	471	3	18	1	5	4	2
吉水县	4617	735	694	3	16	4	18	3	
峡江县	1187	291	280	5	4		2	1	
新干县	2573	445	390	1	31	3	20	5	
永丰县	3360	693	659	8	19	3	4	7	
泰和县	5613	1390	1311	16	25	13	25	4	
遂川县	4453	1052	1007	15	27	2	1	4	1
万安县	2450	436	408	2	16	6	4	3	
安福县	2808	515	483	7	12	1	12	7	1
永新县	4410	608	573	8	15	2	10	1	
井冈山市	988	197	182	6	8	1			
宜春市	**25480**	**2747**	**2505**	**29**	**175**	**15**	**23**	**69**	**27**
袁州区	898	141	131	3	6	1		3	
奉新县	3104	303	281	11	6	1	4	3	
万载县	4894	509	416	2	83	4	4	5	
上高县	3543	183	161	1	15	2	4	10	
宜丰县	3735	339	316	4	16	3		8	
靖安县	1293	90	83	4	1		2		
铜鼓县	1150	75	55	1	19			1	
丰城市	2363	422	405	1	10		6	30	21
樟树市	830	214	208		5	1		3	
高安市	3670	471	449	2	14	3	3	6	6
抚州市	**23329**	**3379**	**2972**	**39**	**106**	**52**	**210**	**14**	
临川区	972	159	144		4		11		
东乡区	566	123	115	5	2	1		5	
南城县	2947	444	395	5	13	6	25	1	
黎川县	2623	203	166	6	18	9	4	1	
南丰县	2652	947	817		4	10	116	1	
崇仁县	2750	596	557	3	17	14	5		
乐安县	2295	59	45	2	5		7	4	
宜黄县	2953	143	117	5	13	2	6		
金溪县	2148	331	313	3	4	4	7	1	
资溪县	891	88	80		5		3		
广昌县	2532	286	223	10	21	6	26	1	
上饶市	**39267**	**6232**	**5738**	**58**	**185**	**80**	**171**	**62**	**5**
信州区	352	29	28		1				
广丰区	2074	466	435	6	8	2	15	1	
广信区	1292	170	146		15	1	8	1	
玉山县	4309	481	425	5	29	3	19	8	
铅山县	3826	620	512	21	36	13	38	22	
横峰县	1695	102	99		1		2	1	
弋阳县	3389	646	598	5	16	7	20	10	1
余干县	6241	1179	1107	6	17	33	16	5	
鄱阳县	9416	1755	1638	9	43	17	48	8	4
万年县	2547	178	172	2	3	1		4	
婺源县	3881	522	507	4	5	3	3	2	
德兴市	245	84	71		11		2		

4-4b　续表 6

单位：人

地区 性别	采矿业						制造业		
	石油和天然气开采业	黑色金属矿采选业	有色金属矿采选业	非金属矿采选业	开采专业及辅助性活动	其他采矿业	小计	农副食品加工业	食品制造业
全　省	**25**	**96**	**1034**	**799**	**125**	**181**	**151690**	**4091**	**3796**
南昌市	**5**	**2**		**23**	**8**	**3**	**13629**	**541**	**321**
东湖区							31	4	10
西湖区									
青云谱区							24	1	1
青山湖区	3			4	1		1175	16	21
新建区				1			253	41	10
红谷滩区									
南昌县	1	2		9	6	2	6201	334	238
安义县	1			2			3435	34	14
进贤县				7	1	1	2510	111	27
景德镇市	**3**			**21**	**5**	**3**	**2846**	**57**	**38**
昌江区	1					1	113	4	
珠山区							183		
浮梁县	1			14		1	1476	27	14
乐平市	1			7	5	1	1074	26	24
萍乡市	**1**	**7**	**6**	**37**	**6**	**13**	**7713**	**270**	**322**
安源区				12	1	4	733	34	21
湘东区		3	5	5	1	2	719	33	21
莲花县		1		4			1023	10	11
上栗县		2		10	3	6	3640	162	245
芦溪县	1	1	1	6	1	1	1598	31	24
九江市	**2**	**3**	**36**	**102**	**6**	**23**	**15372**	**262**	**339**
濂溪区	1			1			205	15	3
浔阳区									
柴桑区				1			718	2	11
武宁县		1	3	2	1		693	15	16
修水县			2	19	1	6	1941	45	97
永修县	1			9	1		1472	54	29
德安县		1	9	29		2	1663	21	84
都昌县			3	8	1		2821	55	29
湖口县				6			1830	9	17
彭泽县		1		13	2	7	1816	26	26
瑞昌市			19	12		8	1416	12	9
共青城市							24	2	
庐山市				2			773	6	18
新余市	**2**	**34**	**1**	**5**	**2**	**2**	**1815**	**38**	**18**
渝水区		2		3			436	7	5
分宜县	2	32	1	2	2	2	1379	31	13
鹰潭市		**1**	**49**	**22**	**1**	**18**	**2133**	**82**	**374**
月湖区							30	3	7
余江区				4	1		1000	29	59
贵溪市		1	49	18		18	1103	50	308
赣州市	**1**	**17**	**620**	**234**	**28**	**50**	**37780**	**912**	**700**
章贡区							669	19	6
南康区		1		2		2	491	10	4
赣县区				7			1276	60	17
信丰县			5	9	1	2	6357	118	43
大余县		4	202	14	1	9	1336	35	37
上犹县		2	25	5	2	11	1916	23	19
崇义县		2	135	6	1	2	596	22	8
安远县				39	2	1	1656	87	14
定南县			7	3	9		1424	20	13
全南县		1	89	5			1093	13	8

4-4b 续表 7 单位：人

地区 性别	采矿业						制造业		
	石油和天然气开采业	黑色金属矿采选业	有色金属矿采选业	非金属矿采选业	开采专业及辅助性活动	其他采矿业	小计	农副食品加工业	食品制造业
宁都县			3	9	1	3	3050	176	41
于都县		5	125	9		8	8111	96	216
兴国县	1	1	23	20	8	3	4126	83	77
会昌县			6	90	2	6	3001	58	164
寻乌县		1		7			809	40	9
石城县				4		2	1233	41	20
瑞金市				2	1		333	4	3
龙南市				3		1	303	7	1
吉安市	**2**	**8**	**113**	**112**	**13**	**5**	**22071**	**494**	**274**
吉州区				1			472	3	2
青原区				1			119	8	2
吉安县				11	3	1	5315	37	65
吉水县				10	1	1	2633	64	28
峡江县	2			3	1		420	3	9
新干县		1	4	22	2	1	1251	49	34
永丰县				27			1453	59	32
泰和县		1	15	5		1	2480	48	20
遂川县				12	3		2132	94	23
万安县		1		6			1293	26	11
安福县		3	92	9	2	1	1370	35	18
永新县		2	2	5	1		2688	54	22
井冈山市							445	14	8
宜春市	**2**	**13**	**66**	**85**	**30**	**18**	**16268**	**455**	**387**
袁州区			6	12		2	541	25	3
奉新县	1		2	6	1		1624	53	20
万载县	1		1	21		2	2606	101	45
上高县		12	7	15	1	8	2078	91	111
宜丰县			40	4		2	2246	36	28
靖安县				1			593	9	17
铜鼓县			4	1			368	26	25
丰城市		1	6	1	26	4	1071	47	17
樟树市				10			365	9	27
高安市				14	2		4776	58	94
抚州市	**2**	**3**	**36**	**41**	**6**	**17**	**12742**	**474**	**705**
临川区						1	654	19	4
东乡区			32				281	10	5
南城县		2		9	1		1538	46	68
黎川县				3		2	1626	37	29
南丰县				5			546	30	10
崇仁县	1		1	7	1		1028	37	22
乐安县			1	7	2	13	1434	68	52
宜黄县				3			2899	51	27
金溪县		1	1	2	1		1240	49	256
资溪县				5			385	62	198
广昌县	1		1		1	1	1111	65	34
上饶市	**5**	**8**	**107**	**117**	**20**	**29**	**19321**	**506**	**318**
信州区							176	5	
广丰区	1	2		4	1		1085	24	15
广信区			1	3	1		873	15	19
玉山县		2	4	19	6	10	2189	70	42
铅山县		1	77	3	3	8	1886	48	28
横峰县				17			855	29	6
弋阳县	1	1	13	22	1	3	1313	47	36
余干县	1	1	2	9	6	3	2628	61	56
鄱阳县			4	17		2	4602	85	60
万年县	2		1	17	1	1	1618	70	27
婺源县		1	3	6	1	1	1948	51	26
德兴市			2			1	148	1	3

4-4b　续表 8　　　　　　　　　　　　　　　　　　　　　　　　　　　　单位：人

地区 性别	采矿业						制造业		
	石油和天然气开采业	黑色金属矿采选业	有色金属矿采选业	非金属矿采选业	开采专业及辅助性活动	其他采矿业	小计	农副食品加工业	食品制造业
男	**15**	**82**	**841**	**664**	**98**	**149**	**80558**	**2490**	**1885**
南昌市	**1**	**2**		**17**	**6**	**3**	**8385**	**328**	**148**
东湖区							18	3	3
西湖区									
青云谱区							17		
青山湖区				3	1		818	10	8
新建区				1			153	26	5
红谷滩区									
南昌县	1	2		8	4	2	3686	201	110
安义县				1			2400	21	7
进贤县				4	1	1	1293	67	15
景德镇市	**2**			**19**	**3**	**3**	**1547**	**39**	**17**
昌江区						1	70	3	
珠山区							103		
浮梁县	1			13		1	850	18	6
乐平市	1			6	3	1	524	18	11
萍乡市	**1**	**7**	**3**	**32**	**5**	**11**	**4020**	**150**	**116**
安源区				10	1	3	443	22	13
湘东区		3	2	4	1	2	404	23	10
莲花县		1		3			587	9	5
上栗县		2		10	2	5	1636	78	78
芦溪县	1	1	1	5	1	1	950	18	10
九江市	**2**	**3**	**28**	**89**	**5**	**19**	**8182**	**150**	**143**
濂溪区	1			1			131	8	1
浔阳区									
柴桑区				1			400	2	4
武宁县		1	3	2	1		396	8	8
修水县			2	17	1	5	1129	26	41
永修县	1			8	1		903	35	17
德安县		1	5	22		2	708	10	34
都昌县			2	8	1		1369	29	10
湖口县				5			1128	3	6
彭泽县		1		12	1	6	1011	17	9
瑞昌市			16	11		6	701	7	2
共青城市							12	2	
庐山市				2			294	3	11
新余市	**2**	**33**	**1**	**5**	**1**	**1**	**1047**	**24**	**6**
渝水区		2		3			258	4	1
分宜县	2	31	1	2	1	1	789	20	5
鹰潭市		**1**	**46**	**21**	**1**	**14**	**1266**	**46**	**216**
月湖区							14		5
余江区				4	1		568	19	36
贵溪市		1	46	17		14	684	27	175
赣州市		**15**	**492**	**178**	**25**	**42**	**18674**	**545**	**351**
章贡区							426	12	2
南康区		1		2		1	275	7	1
赣县区				7			661	40	7
信丰县			2	8	1	2	3166	76	23
大余县		4	173	13	1	8	681	22	18
上犹县		2	20	5	2	10	919	14	7
崇义县		2	103	6	1	2	332	11	1
安远县				21	2	1	770	47	10
定南县			7	2	8		733	10	6
全南县			73	5			493	4	4

4-4b 续表 9 单位：人

地 区 性 别	采矿业						制造业		
	石油和天然气开采业	黑色金属矿采选业	有色金属矿采选业	非金属矿采选业	开采专业及辅助性活动	其他采矿业	小计	农副食品加工业	食品制造业
宁都县			2	8	1	3	1573	115	19
于都县		4	91	9		5	3840	64	111
兴国县		1	17	16	7	3	1978	49	37
会昌县			4	61	1	5	1471	33	88
寻乌县		1		7			402	15	5
石城县				3		1	627	20	10
瑞金市				2	1		175	3	1
龙南市				3		1	152	3	1
吉安市	**1**	**5**	**104**	**92**	**11**	**5**	**10734**	**314**	**134**
吉州区				1			154	3	1
青原区				1			71	4	1
吉安县				10	2	1	2625	26	34
吉水县				7	1	1	1148	38	16
峡江县	1			3	1		213	3	4
新干县		1	3	18	2	1	694	31	17
永丰县				20			782	42	16
泰和县		1	12	4		1	1110	31	8
遂川县				10	2		1080	60	12
万安县				4			600	15	5
安福县		1	88	9	2	1	649	24	7
永新县		2	1	5	1		1393	32	9
井冈山市							215	5	4
宜春市	**1**	**8**	**55**	**69**	**22**	**17**	**9104**	**283**	**178**
袁州区			5	10		2	257	16	1
奉新县	1		2	3	1		932	31	8
万载县			1	17		2	1260	58	24
上高县		7	6	12	1	7	1119	62	55
宜丰县			33	3		2	1284	19	14
靖安县				1			374	9	11
铜鼓县			3	1			206	18	9
丰城市		1	5	1	18	4	635	25	11
樟树市				7			219	5	14
高安市				14	2		2818	40	31
抚州市	**1**	**3**	**31**	**39**	**4**	**13**	**7230**	**276**	**405**
临川区						1	424	10	3
东乡区			27				171	8	3
南城县		2		8	1		845	23	34
黎川县				3		1	934	26	18
南丰县				4			351	18	6
崇仁县	1		1	7	1		615	26	14
乐安县			1	7	1	10	718	38	30
宜黄县				3			1659	28	12
金溪县		1	1	2			743	29	153
资溪县				5			233	36	112
广昌县			1		1	1	537	34	20
上饶市	**4**	**5**	**81**	**103**	**15**	**21**	**10369**	**335**	**171**
信州区							59	4	
广丰区	1	2		4			487	13	6
广信区				3	1		484	11	12
玉山县		1	3	16	6	7	1236	49	25
铅山县		1	59	2	2	6	971	24	15
横峰县				16			403	18	1
弋阳县	1	1	10	17		3	572	33	13
余干县	1		1	9	4	2	1574	40	28
鄱阳县			2	16		1	2619	63	42
万年县	1		1	14	1	1	968	44	16
婺源县			3	6	1		904	35	11
德兴市			2			1	92	1	2

4-4b　续表 10

单位：人

地区 性别	采矿业						制造业		
	石油和天然气开采业	黑色金属矿采选业	有色金属矿采选业	非金属矿采选业	开采专业及辅助性活动	其他采矿业	小计	农副食品加工业	食品制造业
女	**10**	**14**	**193**	**135**	**27**	**32**	**71132**	**1601**	**1911**
南昌市	**4**			**6**	**2**		**5244**	**213**	**173**
东湖区							13	1	7
西湖区									
青云谱区							7	1	1
青山湖区	3			1			357	6	13
新建区							100	15	5
红谷滩区									
南昌县				1	2		2515	133	128
安义县	1			1			1035	13	7
进贤县				3			1217	44	12
景德镇市	**1**			**2**	**2**		**1299**	**18**	**21**
昌江区	1						43	1	
珠山区							80		
浮梁县				1			626	9	8
乐平市				1	2		550	8	13
萍乡市			**3**	**5**	**1**	**2**	**3693**	**120**	**206**
安源区				2		1	290	12	8
湘东区			3	1			315	10	11
莲花县				1			436	1	6
上栗县					1	1	2004	84	167
芦溪县				1			648	13	14
九江市			**8**	**13**	**1**	**4**	**7190**	**112**	**196**
濂溪区							74	7	2
浔阳区									
柴桑区							318		7
武宁县							297	7	8
修水县				2		1	812	19	56
永修县				1			569	19	12
德安县			4	7			955	11	50
都昌县			1				1452	26	19
湖口县				1			702	6	11
彭泽县				1	1	1	805	9	17
瑞昌市			3	1		2	715	5	7
共青城市							12		
庐山市							479	3	7
新余市		**1**			**1**	**1**	**768**	**14**	**12**
渝水区							178	3	4
分宜县		1			1	1	590	11	8
鹰潭市			**3**	**1**		**4**	**867**	**36**	**158**
月湖区							16	3	2
余江区							432	10	23
贵溪市			3	1		4	419	23	133
赣州市	**1**	**2**	**128**	**56**	**3**	**8**	**19106**	**367**	**349**
章贡区							243	7	4
南康区						1	216	3	3
赣县区							615	20	10
信丰县			3	1			3191	42	20
大余县			29	1		1	655	13	19
上犹县			5			1	997	9	12
崇义县			32				264	11	7
安远县				18			886	40	4
定南县				1	1		691	10	7
全南县		1	16				600	9	4

4-4b 续表 11　　　　单位：人

地区 性别	采矿业						制造业		
	石油和天然气开采业	黑色金属矿采选业	有色金属矿采选业	非金属矿采选业	开采专业及辅助性活动	其他采矿业	小计	农副食品加工业	食品制造业
宁都县			1	1			1477	61	22
于都县		1	34			3	4271	32	105
兴国县	1		6	4	1		2148	34	40
会昌县			2	29	1	1	1530	25	76
寻乌县							407	25	4
石城县				1		1	606	21	10
瑞金市							158	1	2
龙南市							151	4	
吉安市	**1**	**3**	**9**	**20**	**2**		**11337**	**180**	**140**
吉州区							318		1
青原区							48	4	1
吉安县				1	1		2690	11	31
吉水县				3			1485	26	12
峡江县	1						207		5
新干县			1	4			557	18	17
永丰县				7			671	17	16
泰和县			3	1			1370	17	12
遂川县				2	1		1052	34	11
万安县		1		2			693	11	6
安福县		2	4				721	11	11
永新县			1				1295	22	13
井冈山市							230	9	4
宜春市	**1**	**5**	**11**	**16**	**8**	**1**	**7164**	**172**	**209**
袁州区			1	2			284	9	2
奉新县				3			692	22	12
万载县	1			4			1346	43	21
上高县		5	1	3		1	959	29	56
宜丰县			7	1			962	17	14
靖安县							219		6
铜鼓县			1				162	8	16
丰城市			1		8		436	22	6
樟树市				3			146	4	13
高安市							1958	18	63
抚州市	**1**		**5**	**2**	**2**	**4**	**5512**	**198**	**300**
临川区							230	9	1
东乡区			5				110	2	2
南城县				1			693	23	34
黎川县						1	692	11	11
南丰县				1			195	12	4
崇仁县							413	11	8
乐安县					1	3	716	30	22
宜黄县							1240	23	15
金溪县					1		497	20	103
资溪县							152	26	86
广昌县	1						574	31	14
上饶市	**1**	**3**	**26**	**14**	**5**	**8**	**8952**	**171**	**147**
信州区							117	1	
广丰区					1		598	11	9
广信区			1				389	4	7
玉山县		1	1	3		3	953	21	17
铅山县			18	1	1	2	915	24	13
横峰县				1			452	11	5
弋阳县			3	5	1		741	14	23
余干县		1	1		2	1	1054	21	28
鄱阳县			2	1		1	1983	22	18
万年县	1			3			650	26	11
婺源县		1				1	1044	16	15
德兴市							56		1

4-4b　续表 12　　　　单位：人

地　区 性　别	制造业								
	酒、饮料和精制茶制造业	烟　草制品业	纺织业	纺织服装、服饰业	皮革、毛皮、羽毛及其制品和制鞋业	木材加工和木、竹、藤、棕、草制品业	家　具制造业	造纸和纸制品业	印刷和记录媒介复制业
全　省	**1190**	**129**	**4643**	**31298**	**10664**	**3585**	**4391**	**2443**	**1060**
南昌市	**186**	**14**	**358**	**1516**	**363**	**149**	**190**	**175**	**165**
东湖区				5				1	
西湖区									
青云谱区				5					
青山湖区	5		4	63		3	5	81	8
新建区	5		3	20	5	15	2	6	1
红谷滩区									
南昌县	154	10	125	784	325	88	155	43	134
安义县	1	2	167	41	9	15	11	4	2
进贤县	21	2	59	598	24	28	17	40	20
景德镇市	**17**	**3**	**45**	**333**	**239**	**48**	**40**	**22**	**18**
昌江区			6	12			2		
珠山区				1			3		3
浮梁县	12	2	16	49	18	22	12	21	13
乐平市	5	1	23	271	221	26	23	1	2
萍乡市	**37**	**2**	**83**	**314**	**677**	**87**	**119**	**264**	**99**
安源区	2		4	16	75	6	6	35	11
湘东区	11		12	40	90	8	10	18	9
莲花县	7	1	21	98	211	16	43	16	18
上栗县	9	1	31	84	168	32	35	187	46
芦溪县	8		15	76	133	25	25	8	15
九江市	**134**	**1**	**742**	**4099**	**1077**	**241**	**419**	**203**	**113**
濂溪区	13		10	7	3	6	2	2	
浔阳区									
柴桑区	6		24	151	15	27	31	25	11
武宁县	3	1	32	59	80	32	47	16	5
修水县	61		49	243	258	57	154	39	27
永修县	11		30	146	91	19	32	19	8
德安县	6		398	438	78	22	11	12	9
都昌县	12		37	1663	123	11	48	6	19
湖口县	5		7	289	10	4	37	39	3
彭泽县	12		94	431	83	40	29	15	23
瑞昌市	3		51	303	182	18	26	29	8
共青城市				14	3				
庐山市	2		10	355	151	5	2	1	
新余市	**9**		**56**	**158**	**543**	**64**	**29**	**19**	**15**
渝水区			6	6	313	4	2	4	2
分宜县	9		50	152	230	60	27	15	13
鹰潭市	**8**	**1**	**30**	**191**	**29**	**59**	**29**	**21**	**13**
月湖区	1			1					
余江区	3		12	105	24	21	12	11	9
贵溪市	4	1	18	85	5	38	17	10	4
赣州市	**239**	**32**	**753**	**14322**	**2230**	**575**	**1539**	**392**	**161**
章贡区	57		19	25	2	3	19		1
南康区			5	49	3	19	318	3	1
赣县区	8		13	496	36	8	111	10	
信丰县	38	1	164	2419	121	71	317	14	13
大余县	2	3	37	331	21	41	101	14	7
上犹县	6	1	19	710	19	26	169	20	17
崇义县	2	1	16	85	6	59	89	3	
安远县	5		50	201	80	64	40	35	17
定南县	5	2	11	233	45	11	22	9	7
全南县	7	1	48	300	52	21	21	22	5

4-4b 续表 13 单位：人

地区 性别	制造业								
	酒、饮料和精制茶制造业	烟草制品业	纺织业	纺织服装、服饰业	皮革、毛皮、羽毛及其制品和制鞋业	木材加工和木、竹、藤、棕、草制品业	家具制造业	造纸和纸制品业	印刷和记录媒介复制业
宁都县	22	1	69	1142	332	49	82	22	18
于都县	40		136	4116	683	25	69	191	15
兴国县	9	15	91	2277	57	78	63	10	13
会昌县	12	5	17	1369	141	54	48	10	23
寻乌县	8		12	215	7	13	20	17	4
石城县	12	2	28	156	561	20	35	9	14
瑞金市	4		7	162	53	9	2	3	4
龙南市	2		11	36	11	4	13		2
吉安市	**210**	**53**	**626**	**1931**	**1787**	**594**	**411**	**207**	**208**
吉州区			111	15			2	6	
青原区	1		3	15	2	3	8	3	2
吉安县	47	42	78	124	69	62	49	29	57
吉水县	40	7	222	461	264	77	65	16	17
峡江县	11	1	5	100	13	29	4	18	5
新干县	12		9	24	415	78	22	17	4
永丰县	8	1	40	226	106	52	20	17	14
泰和县	9	1	54	208	57	22	62	18	31
遂川县	37	1	24	209	227	119	71	10	13
万安县	29		24	110	27	35	39	3	7
安福县	6		16	38	328	30	17	21	9
永新县	2		33	392	248	74	48	43	47
井冈山市	8		7	9	31	13	4	6	2
宜春市	**126**	**3**	**756**	**679**	**1201**	**646**	**307**	**456**	**88**
袁州区	1		6	50	57	12	10	5	4
奉新县	11	1	510	58	6	92	17	11	5
万载县	28		54	120	232	46	28	75	27
上高县	19		90	61	548	41	30	12	22
宜丰县	30		36	140	242	241	23	17	9
靖安县	3		7	14	6	67	3	31	5
铜鼓县	1		7	7	21	65	5		2
丰城市	7	1	13	107	45	33	171	50	10
樟树市	21	1	10	14	5	9	8	16	
高安市	5		23	108	39	40	12	239	4
抚州市	**63**	**9**	**463**	**1755**	**846**	**525**	**647**	**416**	**63**
临川区	4		31	29	8	13	7	26	3
东乡区			3	58	17	13	5	11	4
南城县	2	2	46	287	128	94	197	9	8
黎川县	16		74	163	129	70	273	17	9
南丰县	12	1	23	27	14	65	9	7	12
崇仁县	4	1	46	174	29	61	40	10	5
乐安县	6	1	65	258	134	36	38	13	8
宜黄县	5	2	81	281	150	95	40	297	6
金溪县	7		51	152	125	21	22	7	2
资溪县	5		1	14	38	25	1		
广昌县	2	2	42	312	74	32	15	19	6
上饶市	**161**	**11**	**731**	**6000**	**1672**	**597**	**661**	**268**	**117**
信州区			15	75	18	3	2	1	
广丰区	3	1	56	440	14	28	49	19	17
广信区	7		38	228	117	69	38	18	5
玉山县	20	6	176	342	99	90	289	25	14
铅山县	9		97	630	141	38	34	27	14
横峰县	1		45	269	43	15	16	3	11
弋阳县	13	1	48	394	52	27	28	48	10
余干县	9	2	36	914	178	79	36	45	12
鄱阳县	23		113	1673	510	55	91	47	23
万年县	4	1	42	481	107	35	6	9	1
婺源县	72		47	526	385	153	72	24	10
德兴市			18	28	8	5		2	

4-4b　续表 14　　　　单位：人

地区 性别	制造业								
	酒、饮料和精制茶制造业	烟草制品业	纺织业	纺织服装、服饰业	皮革、毛皮、羽毛及其制品和制鞋业	木材加工和木、竹、藤、棕、草制品业	家具制造业	造纸和纸制品业	印刷和记录媒介复制业
男	**727**	**82**	**1919**	**10217**	**4297**	**2651**	**3171**	**1435**	**629**
南昌市	**119**	**8**	**166**	**363**	**130**	**101**	**137**	**114**	**95**
东湖区				2				1	
西湖区									
青云谱区				2					
青山湖区	4			11		2	3	54	3
新建区			1	5	3	10	1	5	1
红谷滩区									
南昌县	100	8	55	159	112	59	114	26	80
安义县	1		87	21	4	11	8	4	2
进贤县	14		23	163	11	19	11	24	9
景德镇市	**9**	**2**	**22**	**104**	**99**	**36**	**25**	**11**	**14**
昌江区			4	7			2		
珠山区							2		1
浮梁县	6	2	7	10	6	18	5	11	11
乐平市	3		11	87	93	18	16		2
萍乡市	**26**	**1**	**30**	**93**	**195**	**62**	**90**	**121**	**59**
安源区	1		2	3	20	4	3	16	5
湘东区	9		4	6	20	5	7	8	4
莲花县	5		8	38	74	13	31	12	14
上栗县	6	1	12	27	44	25	30	79	24
芦溪县	5		4	19	37	15	19	6	12
九江市	**67**	**1**	**321**	**1189**	**430**	**187**	**301**	**146**	**73**
濂溪区	4		4	2	1	4	2	1	
浔阳区									
柴桑区	3		12	45	8	20	24	14	4
武宁县	2	1	13	18	38	24	37	8	3
修水县	33		23	73	113	42	102	33	22
永修县	6		11	45	42	14	22	14	5
德安县	4		176	90	24	19	11	10	6
都昌县	5		21	639	66	10	36	2	10
湖口县	1		2	66	4	3	27	32	2
彭泽县	6		32	106	37	32	21	9	14
瑞昌市	1		21	57	58	14	18	22	7
共青城市				4	1				
庐山市	2		6	44	38	5	1	1	
新余市	**5**		**23**	**54**	**246**	**54**	**22**	**9**	**8**
渝水区			2	2	179	3	2	2	1
分宜县	5		21	52	67	51	20	7	7
鹰潭市	**6**	**1**	**12**	**69**	**18**	**50**	**20**	**5**	**5**
月湖区	1								
余江区	3		2	41	16	17	8	4	4
贵溪市	2	1	10	28	2	33	12	1	1
赣州市	**135**	**19**	**335**	**5277**	**947**	**417**	**1095**	**195**	**79**
章贡区	41		15	17	1	3	17		1
南康区			1	12	1	9	199		1
赣县区	3		4	177	9	7	84	8	
信丰县	21		87	932	46	52	227	6	9
大余县		1	11	58	13	26	71	10	3
上犹县	2	1	9	210	9	20	129	12	8
崇义县	2		6	25	2	37	65	2	
安远县	3		20	53	24	35	28	8	5
定南县	2	2	1	77	19	9	16	5	4
全南县	5		16	74	25	17	18	2	3

4−4b 续表 15

单位：人

地区 性别	制造业								
	酒、饮料和精制茶制造业	烟草制品业	纺织业	纺织服装、服饰业	皮革、毛皮、羽毛及其制品和制鞋业	木材加工和木、竹、藤、棕、草制品业	家具制造业	造纸和纸制品业	印刷和记录媒介复制业
宁都县	11	1	32	387	166	40	60	13	7
于都县	23		67	1704	274	18	49	103	5
兴国县	3	9	36	876	26	63	44	7	9
会昌县	6	3	4	493	62	41	34	5	13
寻乌县	3		7	54	2	12	16	5	2
石城县	7	2	9	47	234	16	27	7	6
瑞金市	2		3	68	28	9	2	2	2
龙南市	1		7	13	6	3	9		1
吉安市	**129**	**37**	**182**	**426**	**664**	**443**	**315**	**136**	**126**
吉州区			25	4			2	4	
青原区			1	3		2	8	2	1
吉安县	28	29	21	30	31	53	39	18	29
吉水县	30	4	46	51	68	59	54	10	13
峡江县	9	1	2	9	6	21	4	14	2
新干县	7		4	4	147	57	13	9	3
永丰县	1	1	14	38	53	43	17	10	6
泰和县	4	1	26	47	21	20	52	10	19
遂川县	24	1	10	45	86	80	50	6	5
万安县	19		4	38	9	28	26	2	5
安福县	3		8	10	106	22	14	18	6
永新县	1		17	146	125	50	32	31	37
井冈山市	3		4	1	12	8	4	2	
宜春市	**81**	**1**	**336**	**182**	**355**	**399**	**214**	**295**	**56**
袁州区			2	21	13	11	7	5	3
奉新县	7		240	23	5	55	12	6	3
万载县	21		17	31	71	33	20	40	18
上高县	11		37	16	172	29	18	7	16
宜丰县	22		15	21	51	141	18	8	2
靖安县	2		2	2	5	36	2	26	3
铜鼓县			3	2	11	37	3		2
丰城市	5	1	5	28	20	24	118	27	7
樟树市	10		5	2	1	7	7	8	
高安市	3		10	36	6	26	9	168	2
抚州市	**45**	**7**	**209**	**430**	**393**	**412**	**452**	**277**	**34**
临川区	3		14	12	4	12	7	24	2
东乡区			1	24	10	11	4	7	2
南城县	2	2	17	78	56	78	128	7	4
黎川县	12		33	40	51	56	187	11	5
南丰县	10	1	10	11	5	55	8	3	5
崇仁县	2	1	17	40	13	44	30	8	1
乐安县	5	1	35	37	55	31	30	11	6
宜黄县	1	1	33	42	89	69	34	191	2
金溪县	6		27	60	58	17	14	4	1
资溪县	2			5	25	20			
广昌县	2	1	22	81	27	19	10	11	6
上饶市	**105**	**5**	**283**	**2030**	**820**	**490**	**500**	**126**	**80**
信州区			6	11	5	3	2	1	
广丰区	1		19	93	5	22	41	11	13
广信区	6		21	76	59	58	25	5	3
玉山县	11	2	57	76	45	77	227	9	9
铅山县	4		42	148	75	34	29	20	8
横峰县			14	39	17	12	13	2	9
弋阳县	9		15	71	25	19	20	10	7
余干县	6	2	16	464	88	67	22	23	7
鄱阳县	17		52	685	285	50	68	33	18
万年县	1	1	18	223	52	27	3	3	
婺源县	50		13	136	161	117	50	8	6
德兴市			10	8	3	4		1	

4-4b 续表 16

单位：人

地区 性别	制造业								
	酒、饮料和精制茶制造业	烟草制品业	纺织业	纺织服装、服饰业	皮革、毛皮、羽毛及其制品和制鞋业	木材加工和木、竹、藤、棕、草制品业	家具制造业	造纸和纸制品业	印刷和记录媒介复制业
女	**463**	**47**	**2724**	**21081**	**6367**	**934**	**1220**	**1008**	**431**
南昌市	**67**	**6**	**192**	**1153**	**233**	**48**	**53**	**61**	**70**
东湖区				3					
西湖区									
青云谱区				3					
青山湖区	1		4	52		1	2	27	5
新建区	5		2	15	2	5	1	1	
红谷滩区									
南昌县	54	2	70	625	213	29	41	17	54
安义县		2	80	20	5	4	3		
进贤县	7	2	36	435	13	9	6	16	11
景德镇市	**8**	**1**	**23**	**229**	**140**	**12**	**15**	**11**	**4**
昌江区			2	5					
珠山区				1			1		2
浮梁县	6		9	39	12	4	7	10	2
乐平市	2	1	12	184	128	8	7	1	
萍乡市	**11**	**1**	**53**	**221**	**482**	**25**	**29**	**143**	**40**
安源区	1		2	13	55	2	3	19	6
湘东区	2		8	34	70	3	3	10	5
莲花县	2	1	13	60	137	3	12	4	4
上栗县	3		19	57	124	7	5	108	22
芦溪县	3		11	57	96	10	6	2	3
九江市	**67**		**421**	**2910**	**647**	**54**	**118**	**57**	**40**
濂溪区	9		6	5	2	2		1	
浔阳区									
柴桑区	3		12	106	7	7	7	11	7
武宁县	1		19	41	42	8	10	8	2
修水县	28		26	170	145	15	52	6	5
永修县	5		19	101	49	5	10	5	3
德安县	2		222	348	54	3		2	3
都昌县	7		16	1024	57	1	12	4	9
湖口县	4		5	223	6	1	10	7	1
彭泽县	6		62	325	46	8	8	6	9
瑞昌市	2		30	246	124	4	8	7	1
共青城市				10	2				
庐山市			4	311	113		1		
新余市	**4**		**33**	**104**	**297**	**10**	**7**	**10**	**7**
渝水区			4	4	134	1		2	1
分宜县	4		29	100	163	9	7	8	6
鹰潭市	**2**		**18**	**122**	**11**	**9**	**9**	**16**	**8**
月湖区				1					
余江区			10	64	8	4	4	7	5
贵溪市	2		8	57	3	5	5	9	3
赣州市	**104**	**13**	**418**	**9045**	**1283**	**158**	**444**	**197**	**82**
章贡区	16		4	8	1		2		
南康区			4	37	2	10	119	3	
赣县区	5		9	319	27	1	27	2	
信丰县	17	1	77	1487	75	19	90	8	4
大余县	2	2	26	273	8	15	30	4	4
上犹县	4		10	500	10	6	40	8	9
崇义县		1	10	60	4	22	24	1	
安远县	2		30	148	56	29	12	27	12
定南县	3		10	156	26	2	6	4	3
全南县	2	1	32	226	27	4	3	20	2

4-4b 续表 17　　　　单位：人

地区 性别	制造业：酒、饮料和精制茶制造业	烟草制品业	纺织业	纺织服装、服饰业	皮革、毛皮、羽毛及其制品和制鞋业	木材加工和木、竹、藤、棕、草制品业	家具制造业	造纸和纸制品业	印刷和记录媒介复制业
宁都县	11		37	755	166	9	22	9	11
于都县	17		69	2412	409	7	20	88	10
兴国县	6	6	55	1401	31	15	19	3	4
会昌县	6	2	13	876	79	13	14	5	10
寻乌县	5		5	161	5	1	4	12	2
石城县	5		19	109	327	4	8	2	8
瑞金市	2		4	94	25			1	2
龙南市	1		4	23	5	1	4		1
吉安市	**81**	**16**	**444**	**1505**	**1123**	**151**	**96**	**71**	**82**
吉州区			86	11				2	
青原区	1		2	12	2	1		1	1
吉安县	19	13	57	94	38	9	10	11	28
吉水县	10	3	176	410	196	18	11	6	4
峡江县	2		3	91	7	8		4	3
新干县	5		5	20	268	21	9	8	1
永丰县	7		26	188	53	9	3	7	8
泰和县	5		28	161	36	2	10	8	12
遂川县	13		14	164	141	39	21	4	8
万安县	10		20	72	18	7	13	1	2
安福县	3		8	28	222	8	3	3	3
永新县	1		16	246	123	24	16	12	10
井冈山市	5		3	8	19	5		4	2
宜春市	**45**	**2**	**420**	**497**	**846**	**247**	**93**	**161**	**32**
袁州区	1		4	29	44	1	3		1
奉新县	4	1	270	35	1	37	5	5	2
万载县	7		37	89	161	13	8	35	9
上高县	8		53	45	376	12	12	5	6
宜丰县	8		21	119	191	100	5	9	7
靖安县	1		5	12	1	31	1	5	2
铜鼓县	1		4	5	10	28	2		
丰城市	2		8	79	25	9	53	23	3
樟树市	11	1	5	12	4	2	1	8	
高安市	2		13	72	33	14	3	71	2
抚州市	**18**	**2**	**254**	**1325**	**453**	**113**	**195**	**139**	**29**
临川区	1		17	17	4	1		2	1
东乡区			2	34	7	2	1	4	2
南城县			29	209	72	16	69	2	4
黎川县	4		41	123	78	14	86	6	4
南丰县	2		13	16	9	10	1	4	7
崇仁县	2		29	134	16	17	10	2	4
乐安县	1		30	221	79	5	8	2	2
宜黄县	4	1	48	239	61	26	6	106	4
金溪县	1		24	92	67	4	8	3	1
资溪县	3		1	9	13	5	1		
广昌县		1	20	231	47	13	5	8	
上饶市	**56**	**6**	**448**	**3970**	**852**	**107**	**161**	**142**	**37**
信州区			9	64	13				
广丰区	2	1	37	347	9	6	8	8	4
广信区	1		17	152	58	11	13	13	2
玉山县	9	4	119	266	54	13	62	16	5
铅山县	5		55	482	66	4	5	7	6
横峰县	1		31	230	26	3	3	1	2
弋阳县	4	1	33	323	27	8	8	38	3
余干县	3		20	450	90	12	14	22	5
鄱阳县	6		61	988	225	5	23	14	5
万年县	3		24	258	55	8	3	6	1
婺源县	22		34	390	224	36	22	16	4
德兴市			8	20	5	1		1	

4-4b　续表 18

单位：人

地区 性别	制造业								
	文教、工美、体育和娱乐用品制造业	石油、煤炭及其他燃料加工业	化学原料和化学制品制造业	医　药制造业	化学纤维制造业	橡胶和塑　料制品业	非金属矿　物制品业	黑色金属冶炼和压延加工业	有色金属冶炼和压延加工业
全　省	**4067**	**173**	**5782**	**2138**	**136**	**4127**	**13875**	**1027**	**3452**
南昌市	**437**	**11**	**360**	**450**	**5**	**230**	**432**	**128**	**1455**
东湖区			6	1		1			1
西湖区									
青云谱区							8		
青山湖区	2	1	31	27		5	23	7	50
新建区	2		6	60		4	8		3
红谷滩区									
南昌县	52	8	83	159	2	106	218	43	17
安义县	4		194	5	1	65	112	69	1379
进贤县	377	2	40	198	2	49	63	9	5
景德镇市	**134**	**2**	**42**	**24**	**1**	**37**	**1228**	**6**	**5**
昌江区	1		1	4			19		
珠山区	6		2			1	157		
浮梁县	15	1	9	4	1	17	951	3	2
乐平市	112	1	30	16		19	101	3	3
萍乡市	**127**	**14**	**1624**	**80**	**3**	**172**	**1136**	**64**	**20**
安源区	27	6	14	9		21	226	12	2
湘东区	14		33	7		15	141	26	3
莲花县	23	5	28	30		35	95	7	6
上栗县	43	1	1503	27	3	43	194	10	4
芦溪县	20	2	46	7		58	480	9	5
九江市	**309**	**16**	**1051**	**325**	**68**	**491**	**1029**	**583**	**203**
濂溪区		5	17		27	3	51		11
浔阳区									
柴桑区	5	1	20		1	49	54	7	12
武宁县	12		11	29	1	11	48	1	4
修水县	91	1	76	4	2	30	203	6	39
永修县	57	3	329	14	1	31	72	2	1
德安县	41		10	92		15	46	3	5
都昌县	58	1	32	16	1	70	131	3	5
湖口县	9		273	37	34	38	52	551	120
彭泽县	13	5	241	129	1	56	100	8	5
瑞昌市	10		40	4		186	110	2	
共青城市	1					1			
庐山市	12		2			1	162		1
新余市	**51**	**4**	**36**	**6**		**46**	**132**	**26**	**24**
渝水区				1		1	17	17	1
分宜县	51	4	36	5		45	115	9	23
鹰潭市	**111**		**32**	**11**	**1**	**121**	**145**	**2**	**177**
月湖区	3					1	2		
余江区	49		14	3	1	103	64	2	20
贵溪市	59		18	8		17	79		157
赣州市	**868**	**15**	**669**	**117**	**14**	**481**	**1559**	**34**	**491**
章贡区			3			16	19		20
南康区	2		8	1			7		2
赣县区	31	5	34	19	1	6	54		81
信丰县	333	2	120	6		55	261	2	10
大余县	18	1	57	18		25	44	2	67
上犹县	28		19	4	6	66	154	1	59
崇义县	9		8	3	1	2	24		87
安远县	74		24	1		24	71		60
定南县	34		20	9	1	26	45	5	30
全南县	33		26	7		21	36	4	41

4-4b 续表 19 单位：人

地　区 性　别	制造业 文教、工美、体育和娱乐用品制造业	石油、煤炭及其他燃料加工业	化学原料和化学制品制造业	医　药制造业	化学纤维制造业	橡胶和塑　料制品业	非金属矿　物制品业	黑色金属冶炼和压延加工业	有色金属冶炼和压延加工业
宁都县	60	1	99	5		69	108	1	1
于都县	32	1	23	15		46	221	5	12
兴国县	90	1	101	10		43	190	3	6
会昌县	36	2	102	8	5	35	196	4	6
寻乌县	18		9	4		15	65	4	2
石城县	19	1	11	3		18	34	1	3
瑞金市	4	1	2	2		6	10		
龙南市	47		3	2		8	20	2	4
吉安市	**446**	**12**	**373**	**368**	**3**	**525**	**1087**	**33**	**200**
吉州区	51		2	6		2	3		
青原区	5		3			3	1		
吉安县	49	1	56	39		58	94	3	6
吉水县	66	1	27	7		48	134	2	12
峡江县	11		2	70		5	6	2	36
新干县	13		76	12		51	148	2	24
永丰县	36	3	83	197	2	40	96	2	34
泰和县	64		15	3		51	91		2
遂川县	39	3	13	2		56	94	6	27
万安县	20		14	9	1	10	42	2	6
安福县	19		30	9		19	58	4	1
永新县	58	4	52	13		173	81	10	52
井冈山市	15			1		9	239		
宜春市	**260**	**56**	**853**	**290**	**34**	**403**	**5183**	**38**	**233**
袁州区	34	1	20	2		9	34	3	27
奉新县	9	3	43	117	5	26	161	3	47
万载县	49	5	588	15	9	95	122	6	23
上高县	26		35	54	20	94	330	7	7
宜丰县	68	2	26	28		95	603	3	68
靖安县	15		13			4	27	5	32
铜鼓县	7	2	34	31		7	18	2	8
丰城市	11	28	10	3		19	227	1	9
樟树市	1	9	26	34		3	49	4	
高安市	40	6	58	6		51	3612	4	12
抚州市	**376**	**27**	**401**	**303**	**2**	**1206**	**821**	**39**	**284**
临川区	17		17	10		15	45	2	144
东乡区	7		2	7		12	22	2	7
南城县	79		33	23		27	35	3	38
黎川县	45	2	35	4		89	373		24
南丰县	3	3	8	9		68	44		5
崇仁县	27		20	12	1	10	44	5	5
乐安县	62	10	17	111		34	52	6	30
宜黄县	54	7	155	90	1	898	72	11	9
金溪县	13		97	30		31	83	3	3
资溪县	3	2	5	2		1	8	3	
广昌县	66	3	12	5		21	43	4	19
上饶市	**948**	**16**	**341**	**164**	**5**	**415**	**1123**	**74**	**360**
信州区	20		1			1	4	1	
广丰区	26	1	21	5		19	49	22	2
广信区	49	6	13	3		12	47		1
玉山县	64	2	65	25	1	55	146	10	40
铅山县	47	2	89	29		69	92	7	181
横峰县	68		7	3		18	45	3	59
弋阳县	129		27	45	2	28	113	7	31
余干县	179	2	33	15	1	65	153	10	33
鄱阳县	167	3	52	5	1	59	199	1	4
万年县	28		10	17		48	208	5	6
婺源县	164		22	12		34	64	8	3
德兴市	7		1	5		7	3		

4-4b　续表 20

单位：人

地　区 性　别	制造业								
	文教、工美、体育和娱乐用品制造业	石油、煤炭及其他燃料加工业	化学原料和化学制品制造业	医　药制造业	化学纤维制造业	橡胶和塑　料制品业	非金属矿　物制品业	黑色金属冶炼和压延加工业	有色金属冶炼和压延加工业
男	**1659**	**131**	**3370**	**1132**	**85**	**2463**	**9388**	**770**	**2589**
南昌市	**209**	**7**	**250**	**197**	**3**	**136**	**339**	**107**	**994**
东湖区			5			1			1
西湖区									
青云谱区							8		
青山湖区	2	1	24	11		2	19	6	42
新建区	2		5	34		3	5		3
红谷滩区									
南昌县	25	5	53	82	1	59	168	41	10
安义县	3		134	2	1	42	92	55	935
进贤县	177	1	29	68	1	29	47	5	3
景德镇市	**41**	**2**	**34**	**14**	**1**	**19**	**679**	**4**	**3**
昌江区				2			12		
珠山区	3		1			1	87		
浮梁县	6	1	6	1	1	9	515	1	1
乐平市	32	1	27	11		9	65	3	2
萍乡市	**44**	**13**	**648**	**52**	**2**	**111**	**810**	**52**	**18**
安源区	12	6	8	5		14	167	8	2
湘东区	3		25	7		11	100	21	2
莲花县	10	4	22	22		20	73	7	5
上栗县	13	1	565	12	2	30	156	9	4
芦溪县	6	2	28	6		36	314	7	5
九江市	**144**	**12**	**727**	**168**	**46**	**278**	**787**	**411**	**166**
濂溪区		5	14		20		35		9
浔阳区									
柴桑区	3	1	15		1	27	37	7	9
武宁县	8		7	10	1	5	31	1	4
修水县	42	1	49	4		20	141	4	31
永修县	28	2	214	10	1	20	60	2	1
德安县	13		5	24		5	33	3	4
都昌县	22	1	26	12	1	37	97	2	5
湖口县	3		184	29	22	21	35	383	98
彭泽县	9	2	184	77		33	79	7	4
瑞昌市	6		28	2		108	98	2	
共青城市	1					1			
庐山市	9		1			1	141		1
新余市	**17**	**2**	**31**	**4**		**34**	**104**	**20**	**18**
渝水区						1	12	14	1
分宜县	17	2	31	4		33	92	6	17
鹰潭市	**43**		**25**	**3**		**60**	**111**	**2**	**147**
月湖区	1					1	1		
余江区	32		9	1		50	45	2	16
贵溪市	10		16	2		9	65		131
赣州市	**358**	**12**	**438**	**67**	**8**	**306**	**1098**	**25**	**363**
章贡区			2			11	18		12
南康区	1		4	1			5		1
赣县区	14	5	19	11		4	31		59
信丰县	131	2	73	2		32	186	2	7
大余县	11		40	10		16	39	2	55
上犹县	13		12	2	3	46	96	1	49
崇义县	4		4	2		1	16		69
安远县	24		13			14	52		39
定南县	17		16	2	1	15	33	4	18
全南县	10		17	6		16	22	1	31

4－4b 续表 21　　　　单位：人

地　区 性　别	制造业								
	文教、工美、体育和娱乐用品制造业	石油、煤炭及其他燃料加工业	化学原料和化学制品制造业	医　药制造业	化学纤维制造业	橡胶和塑　料制品业	非金属矿　物制品业	黑色金属冶炼和压延加工业	有色金属冶炼和压延加工业
宁都县	34	1	67	3		42	91	1	1
于都县	8		12	7		22	154	4	6
兴国县	36	1	79	6		28	134	2	5
会昌县	19	2	67	6	4	25	128	3	4
寻乌县	9		5	3		10	44	2	1
石城县	11	1	6	2		14	27	1	3
瑞金市	1		1	2		4	9		
龙南市	15		1	2		6	13	2	3
吉安市	**199**	**8**	**263**	**196**	**2**	**312**	**730**	**27**	**170**
吉州区	10		2	4			2		
青原区	3		1			3	1		
吉安县	35	1	35	16		35	65	3	4
吉水县	22	1	21	3		33	87	1	10
峡江县			2	49		3	5	2	28
新干县	5		55	7		24	111		22
永丰县	18	2	62	87	2	29	79	2	29
泰和县	23		12	2		30	60		
遂川县	22	2	7	1		33	66	5	23
万安县	15		7	7		5	28	2	3
安福县	11		20	7		15	48	4	
永新县	32	2	39	12		96	66	8	51
井冈山市	3			1		6	112		
宜春市	**92**	**43**	**435**	**169**	**19**	**255**	**3315**	**25**	**180**
袁州区	11	1	11	2		5	24	2	25
奉新县		2	27	83	3	18	101	2	36
万载县	24	3	263	8	6	51	91	5	16
上高县	10		27	34	10	64	251	4	6
宜丰县	25	1	14	15		64	421	2	55
靖安县	5		9			4	23	2	20
铜鼓县	5	2	21	8		5	14	2	6
丰城市	6	22	7	1		12	144	1	6
樟树市	1	7	16	16		1	37	2	
高安市	5	5	40	2		31	2209	3	10
抚州市	**142**	**18**	**281**	**179**	**1**	**726**	**547**	**31**	**238**
临川区	5		9	9		8	39	2	120
东乡区	2		2	3		6	16	2	6
南城县	44		18	13		14	26	3	33
黎川县	26	2	25	3		56	211		19
南丰县	1	2	6	4		53	36		3
崇仁县	15		14	7	1	6	38	4	4
乐安县	15	6	11	44		16	33	4	28
宜黄县	12	5	108	69		531	48	8	7
金溪县	5		75	25		20	63	2	3
资溪县	3	1	3	1		1	7	2	
广昌县	14	2	10	1		15	30	4	15
上饶市	**370**	**14**	**238**	**83**	**3**	**226**	**868**	**66**	**292**
信州区	3		1				3	1	
广丰区	10	1	13	3		12	36	21	2
广信区	23	6	9	2		4	35		1
玉山县	15	1	53	6	1	24	120	10	36
铅山县	9	1	62	15		44	74	6	143
横峰县	14		6	3		11	40	1	50
弋阳县	27		16	22	1	11	92	6	24
余干县	128	2	21	8	1	43	108	9	29
鄱阳县	84	3	35	3		32	143	1	3
万年县	17		7	14		24	167	5	4
婺源县	39		14	5		18	47	6	
德兴市	1		1	2		3	3		

4-4b 续表 22

单位：人

地区 性别	制造业								
	文教、工美、体育和娱乐用品制造业	石油、煤炭及其他燃料加工业	化学原料和化学制品制造业	医药制造业	化学纤维制造业	橡胶和塑料制品业	非金属矿物制品业	黑色金属冶炼和压延加工业	有色金属冶炼和压延加工业
女	**2408**	**42**	**2412**	**1006**	**51**	**1664**	**4487**	**257**	**863**
南昌市	**228**	**4**	**110**	**253**	**2**	**94**	**93**	**21**	**461**
东湖区			1	1					
西湖区									
青云谱区									
青山湖区			7	16		3	4	1	8
新建区			1	26		1	3		
红谷滩区									
南昌县	27	3	30	77	1	47	50	2	7
安义县	1		60	3		23	20	14	444
进贤县	200	1	11	130	1	20	16	4	2
景德镇市	**93**		**8**	**10**		**18**	**549**	**2**	**2**
昌江区	1		1	2			7		
珠山区	3		1				70		
浮梁县	9		3	3		8	436	2	1
乐平市	80		3	5		10	36		1
萍乡市	**83**	**1**	**976**	**28**	**1**	**61**	**326**	**12**	**2**
安源区	15		6	4		7	59	4	
湘东区	11		8			4	41	5	1
莲花县	13	1	6	8		15	22		1
上栗县	30		938	15	1	13	38	1	
芦溪县	14		18	1		22	166	2	
九江市	**165**	**4**	**324**	**157**	**22**	**213**	**242**	**172**	**37**
濂溪区			3		7	3	16		2
浔阳区									
柴桑区	2		5			22	17		3
武宁县	4		4	19		6	17		
修水县	49		27		2	10	62	2	8
永修县	29	1	115	4		11	12		
德安县	28		5	68		10	13		1
都昌县	36		6	4		33	34	1	
湖口县	6		89	8	12	17	17	168	22
彭泽县	4	3	57	52	1	23	21	1	1
瑞昌市	4		12	2		78	12		
共青城市									
庐山市	3		1				21		
新余市	**34**	**2**	**5**	**2**		**12**	**28**	**6**	**6**
渝水区				1			5	3	
分宜县	34	2	5	1		12	23	3	6
鹰潭市	**68**		**7**	**8**	**1**	**61**	**34**		**30**
月湖区	2						1		
余江区	17		5	2	1	53	19		4
贵溪市	49		2	6		8	14		26
赣州市	**510**	**3**	**231**	**50**	**6**	**175**	**461**	**9**	**128**
章贡区			1			5	1		8
南康区	1		4				2		1
赣县区	17		15	8	1	2	23		22
信丰县	202		47	4		23	75		3
大余县	7	1	17	8		9	5		12
上犹县	15		7	2	3	20	58		10
崇义县	5		4	1	1	1	8		18
安远县	50		11	1		10	19		21
定南县	17		4	7		11	12	1	12
全南县	23		9	1		5	14	3	10

4－4b 续表 23 单位：人

地　区 性　别	制造业 文教、工美、体育和娱乐用品制造业	石油、煤炭及其他燃料加工业	化学原料和化学制品制造业	医　药 制造业	化学纤维 制造业	橡胶和塑　料制品业	非金属矿　物制品业	黑色金属冶炼和压延加工业	有色金属冶炼和压延加工业
宁都县	26		32	2		27	17		
于都县	24	1	11	8		24	67	1	6
兴国县	54		22	4		15	56	1	1
会昌县	17		35	2	1	10	68	1	2
寻乌县	9		4	1		5	21	2	1
石城县	8		5	1		4	7		
瑞金市	3	1	1			2	1		
龙南市	32		2			2	7		1
吉安市	**247**	**4**	**110**	**172**	**1**	**213**	**357**	**6**	**30**
吉州区	41			2		2	1		
青原区	2		2						
吉安县	14		21	23		23	29		2
吉水县	44		6	4		15	47	1	2
峡江县	11			21		2	1		8
新干县	8		21	5		27	37	2	2
永丰县	18	1	21	110		11	17		5
泰和县	41		3	1		21	31		2
遂川县	17	1	6	1		23	28	1	4
万安县	5		7	2	1	5	14		3
安福县	8		10	2		4	10		1
永新县	26	2	13	1		77	15	2	1
井冈山市	12					3	127		
宜春市	**168**	**13**	**418**	**121**	**15**	**148**	**1868**	**13**	**53**
袁州区	23		9			4	10	1	2
奉新县	9	1	16	34	2	8	60	1	11
万载县	25	2	325	7	3	44	31	1	7
上高县	16		8	20	10	30	79	3	1
宜丰县	43	1	12	13		31	182	1	13
靖安县	10		4				4	3	12
铜鼓县	2		13	23		2	4		2
丰城市	5	6	3	2		7	83		3
樟树市		2	10	18		2	12	2	
高安市	35	1	18	4		20	1403	1	2
抚州市	**234**	**9**	**120**	**124**	**1**	**480**	**274**	**8**	**46**
临川区	12		8	1		7	6		24
东乡区	5			4		6	6		1
南城县	35		15	10		13	9		5
黎川县	19		10	1		33	162		5
南丰县	2	1	2	5		15	8		2
崇仁县	12		6	5		4	6	1	1
乐安县	47	4	6	67		18	19	2	2
宜黄县	42	2	47	21	1	367	24	3	2
金溪县	8		22	5		11	20	1	
资溪县		1	2	1			1	1	
广昌县	52	1	2	4		6	13		4
上饶市	**578**	**2**	**103**	**81**	**2**	**189**	**255**	**8**	**68**
信州区	17					1	1		
广丰区	16		8	2		7	13	1	
广信区	26		4	1		8	12		
玉山县	49	1	12	19		31	26		4
铅山县	38	1	27	14		25	18	1	38
横峰县	54		1			7	5	2	9
弋阳县	102		11	23	1	17	21	1	7
余干县	51		12	7		22	45	1	4
鄱阳县	83		17	2	1	27	56		1
万年县	11		3	3		24	41		2
婺源县	125		8	7		16	17	2	3
德兴市	6			3		4			

4-4b　续表 24

单位：人

地区 性别	制造业								
	金属制品业	通用设备制造业	专用设备制造业	汽车制造业	铁路、船舶、航空航天和其他运输设备制造业	电气机械和器材制造业	计算机、通信和其他电子设备制造业	仪器仪表制造业	其他制造业
全　省	**7533**	**4624**	**2923**	**2065**	**760**	**5871**	**21924**	**528**	**1672**
南昌市	**1862**	**650**	**409**	**1045**	**227**	**301**	**1330**	**40**	**95**
东湖区	1						1		
西湖区									
青云谱区		2	1	4					
青山湖区	51	305	16	221	4	61	140	2	2
新建区	8	13	5	14	1	3	17		
红谷滩区									
南昌县	290	207	171	775	215	205	1045	28	59
安义县	1127	75	32	1	3	4	39	2	14
进贤县	385	48	184	30	4	28	88	8	20
景德镇市	**111**	**85**	**30**	**17**	**68**	**61**	**90**	**4**	**15**
昌江区	2	10			32	15	3		1
珠山区	1	4		1	3				
浮梁县	69	44	12	15	28	26	52	3	7
乐平市	39	27	18	1	5	20	35	1	7
萍乡市	**284**	**232**	**179**	**42**	**15**	**327**	**916**	**19**	**69**
安源区	41	23	22	3	4	24	73	7	6
湘东区	50	28	22	4	3	19	77	2	7
莲花县	51	35	45	1	2	49	118	6	20
上栗县	74	55	57	18	1	34	516	2	14
芦溪县	68	91	33	16	5	201	132	2	22
九江市	**905**	**437**	**253**	**84**	**163**	**479**	**841**	**80**	**242**
濂溪区	6	4	2			1	4	2	8
浔阳区									
柴桑区	55	51	24	1	1	30	71	12	12
武宁县	42	31	18	7	5	57	86	5	6
修水县	153	81	43	19	5	33	72	8	19
永修县	143	39	30	6	4	136	93	30	8
德安县	199	38	12	8	2	46	44	7	11
都昌县	76	80	46	20	36	44	142	7	35
湖口县	51	16	16	3	87	18	87	1	4
彭泽县	108	36	32	14	5	26	73	4	125
瑞昌市	54	54	25	4	18	87	158	4	14
共青城市	1	1					1		
庐山市	17	6	5	2		1	10		
新余市	**93**	**80**	**51**	**21**	**1**	**57**	**181**	**9**	**11**
渝水区	10	10	2	1		11	15		
分宜县	83	70	49	20	1	46	166	9	11
鹰潭市	**60**	**118**	**168**	**47**	**7**	**52**	**151**	**38**	**2**
月湖区	1	3				3	4		
余江区	41	98	160	43	3	26	39	33	1
贵溪市	18	17	8	4	4	23	108	5	1
赣州市	**987**	**723**	**635**	**214**	**66**	**1527**	**6707**	**105**	**381**
章贡区	43	4	29	80		198	99		1
南康区	8	5	1	3		3	27	2	
赣县区	24	39	39	2	3	43	117	5	6
信丰县	166	46	113	21	7	217	1426	24	199
大余县	55	36	33	6	19	57	232	2	14
上犹县	43	59	44	17	1	117	238	2	12
崇义县	15	7	14	5	1	18	98	1	1
安远县	17	31	22	17	1	102	597		9
定南县	43	8	63	7	1	263	441	28	5
全南县	40	15	14	4	4	73	249	4	13

4-4b 续表 25

单位：人

地区 性别	制造业								
	金属制品业	通用设备制造业	专用设备制造业	汽车制造业	铁路、船舶、航空航天和其他运输设备制造业	电气机械和器材制造业	计算机、通信和其他电子设备制造业	仪器仪表制造业	其他制造业
宁都县	88	206	43	12	5	42	269	8	33
于都县	83	70	58	16	12	210	1682	3	4
兴国县	87	59	75	14	6	110	466	7	42
会昌县	193	54	28	4	1	35	341	11	19
寻乌县	25	47	18	4	5	12	191	4	3
石城县	34	26	35	2		19	108	2	13
瑞金市	6	6	2			3	34	1	1
龙南市	17	5	4			5	92	1	6
吉安市	**700**	**863**	**389**	**112**	**50**	**1354**	**8342**	**60**	**187**
吉州区	7	3	7	1		16	226		
青原区	5	3	3	2		12	33	2	
吉安县	131	20	59	49	6	160	3878	5	11
吉水县	82	67	69	7	8	113	671	16	15
峡江县	6	3	31	1	2	15	23	1	2
新干县	41	49	17	10	9	59	35	2	23
永丰县	48	21	38	13	1	58	179	8	3
泰和县	64	516	50	4	12	30	937	5	93
遂川县	81	17	26	6	2	48	859	9	3
万安县	35	18	8	2	2	16	787		2
安福县	58	38	20	6	4	352	214	3	9
永新县	132	101	54	9	4	472	464	7	20
井冈山市	10	7	7	2		3	36	2	6
宜春市	**695**	**440**	**303**	**60**	**22**	**858**	**1093**	**40**	**133**
袁州区	33	12	15	6	1	40	103	2	24
奉新县	188	42	49	10	3	48	48	9	16
万载县	97	80	67	14	9	99	481	15	24
上高县	59	79	51	6	3	151	91	6	11
宜丰县	87	38	15	7	1	333	34	1	7
靖安县	89	84	21	2		112	15		10
铜鼓县	8	8	1	7		3	47	1	18
丰城市	26	28	28	5	1	25	105	4	15
樟树市	56	6	9	2		7	32		6
高安市	52	63	47	1	4	40	137	2	2
抚州市	**636**	**302**	**201**	**209**	**27**	**470**	**1165**	**24**	**135**
临川区	45	7	6	4		44	140		8
东乡区	11	14	4	16		3	17	2	19
南城县	64	33	24	6	5	13	231	1	8
黎川县	64	24	22	3	2	32	34	5	35
南丰县	20	6	7	4	3	37	102	2	3
崇仁县	71	32	31	14	1	207	70	2	20
乐安县	50	107	58	7	5	28	150	9	8
宜黄县	154	27	10	140	8	53	164	1	4
金溪县	37	17	18	11	1	9	158	1	20
资溪县	4	4	1			1	2		1
广昌县	116	31	20	4	2	43	97	1	9
上饶市	**1200**	**694**	**305**	**214**	**114**	**385**	**1108**	**109**	**402**
信州区	3	9				2	11		2
广丰区	42	22	15	4	8	12	136	8	12
广信区	36	34	12	2		31	22	28	9
玉山县	128	65	40	17	10	71	107	8	130
铅山县	78	18	37	21	4	28	65	9	10
横峰县	69	44	20	1	3	20	14	9	26
弋阳县	61	57	18	9	3	9	24	4	24
余干县	125	48	55	95	26	74	241	9	19
鄱阳县	495	304	47	47	54	71	193	15	79
万年县	54	40	33	8	1	30	257	5	68
婺源县	67	48	27	10	5	36	33	13	18
德兴市	42	5	1			1	5	1	5

4-4b 续表 26

单位：人

地区 性别	制造业								
	金属制品业	通用设备制造业	专用设备制造业	汽车制造业	铁路、船舶、航空航天和其他运输设备制造业	电气机械和器材制造业	计算机、通信和其他电子设备制造业	仪器仪表制造业	其他制造业
男	**5723**	**3025**	**1880**	**1420**	**585**	**3226**	**11077**	**336**	**845**
南昌市	**1474**	**490**	**196**	**766**	**164**	**209**	**892**	**29**	**67**
东湖区	1						1		
西湖区									
青云谱区		1	1	4					
青山湖区	42	242	9	156	3	49	98	2	2
新建区	7	10	3	10		1	12		
红谷滩区									
南昌县	226	148	100	573	156	141	708	21	39
安义县	849	53	17	1	2	4	22	2	14
进贤县	349	36	66	22	3	14	51	4	12
景德镇市	**95**	**63**	**23**	**13**	**56**	**40**	**43**	**4**	**9**
昌江区	2	4			23	8	2		
珠山区	1	3			3				
浮梁县	60	37	9	12	25	19	26	3	7
乐平市	32	19	14	1	5	13	15	1	2
萍乡市	**235**	**163**	**124**	**28**	**12**	**210**	**418**	**11**	**38**
安源区	37	16	15	2	3	13	35	5	3
湘东区	39	22	17		2	11	31		4
莲花县	42	22	35	1	1	31	58	4	10
上栗县	56	38	39	13	1	19	239		5
芦溪县	61	65	18	12	5	136	55	2	16
九江市	**668**	**320**	**168**	**58**	**124**	**290**	**458**	**55**	**141**
濂溪区	3	4	2			1	2	2	4
浔阳区									
柴桑区	35	37	18		1	16	37	4	8
武宁县	35	21	14	5	2	34	42	3	3
修水县	115	60	26	15	4	23	43	7	14
永修县	108	28	19	6	3	85	51	22	5
德安县	131	28	9	4	2	31	19	4	5
都昌县	63	63	28	14	29	24	78	6	21
湖口县	39	12	10	1	67	7	58	1	2
彭泽县	85	28	23	8	3	18	43	3	73
瑞昌市	39	34	16	4	13	51	79	3	6
共青城市	1	1					1		
庐山市	14	4	3	1			5		
新余市	**71**	**63**	**34**	**15**		**45**	**98**	**6**	**8**
渝水区	8	9	1	1		10	5		
分宜县	63	54	33	14		35	93	6	8
鹰潭市	**36**	**72**	**105**	**30**	**6**	**31**	**91**	**19**	**1**
月湖区		3					1		
余江区	25	56	100	27	3	11	16	17	
贵溪市	11	13	5	3	3	20	74	2	1
赣州市	**718**	**475**	**449**	**144**	**59**	**787**	**3508**	**57**	**154**
章贡区	19	4	17	54		117	60		
南康区	7	4	1	1		1	10		
赣县区	17	28	33	2	3	30	54	3	3
信丰县	118	33	99	12	7	109	783	8	58
大余县	43	30	27	6	19	23	99	2	11
上犹县	33	40	28	16	1	55	85	1	5
崇义县	13	3	9	4	1	9	36	1	
安远县	15	17	12	6	1	51	279		7
定南县	31	7	53	5	1	103	245	15	2
全南县	30	10	8	2	4	36	115	3	7

4-4b 续表 27

单位：人

地区 性别	制造业								
	金属制品业	通用设备制造业	专用设备制造业	汽车制造业	铁路、船舶、航空航天和其他运输设备制造业	电气机械和器材制造业	计算机、通信和其他电子设备制造业	仪器仪表制造业	其他制造业
宁都县	69	118	27	6	3	25	171	7	20
于都县	59	50	34	10	9	137	883	2	2
兴国县	65	37	44	12	6	51	260	3	16
会昌县	132	32	15	3	1	16	195	8	12
寻乌县	19	30	11	4	3	6	100	3	2
石城县	32	23	27	1		13	70		5
瑞金市	5	5	1			1	23		1
龙南市	11	4	3			4	40	1	3
吉安市	**498**	**401**	**256**	**77**	**36**	**566**	**3816**	**41**	**106**
吉州区	5	2	3	1		9	73		
青原区	5	3	2	1		8	21	1	
吉安县	80	6	45	34	4	62	1828	2	10
吉水县	61	38	40	5	5	70	321	12	8
峡江县	4	2	19	1	1	3	12	1	1
新干县	30	32	12	8	8	40	22	2	15
永丰县	37	14	21	9	1	27	104	4	3
泰和县	50	183	28	3	7	19	391	5	48
遂川县	63	11	18	4	2	23	403	6	1
万安县	28	9	6	2	1	7	321		2
安福县	42	23	16	4	3	156	72	2	2
永新县	87	72	42	4	4	140	228	5	11
井冈山市	6	6	4	1		2	20	1	5
宜春市	**537**	**298**	**192**	**37**	**18**	**473**	**418**	**21**	**61**
袁州区	26	8	7	3	1	16	33		1
奉新县	135	28	29	8	3	20	23	4	10
万载县	78	52	43	8	6	43	167	9	11
上高县	49	48	26	4	3	80	51	5	5
宜丰县	60	33	9	6	1	223	16		5
靖安县	70	59	16			51	8		7
铜鼓县	7	5		4		2	24	1	11
丰城市	19	20	22	3	1	11	62		9
樟树市	47	3	8	1		5	14		1
高安市	46	42	32		3	22	20	2	1
抚州市	**482**	**191**	**129**	**122**	**19**	**324**	**663**	**18**	**61**
临川区	27	4	5	1		30	64		5
东乡区	9	11	3	7		1	9	1	14
南城县	53	19	17	2	4	9	137	1	2
黎川县	47	11	13	1	2	25	22	3	14
南丰县	17	3	2	1	2	22	55	2	
崇仁县	54	21	20	11	1	144	44	2	11
乐安县	43	63	40	6	3	19	93	7	2
宜黄县	106	18	7	81	4	42	103	1	2
金溪县	29	14	11	9	1	6	94		5
资溪县	3	4	1			1	2		1
广昌县	94	23	10	3	2	25	40	1	5
上饶市	**909**	**489**	**204**	**130**	**91**	**251**	**672**	**75**	**199**
信州区	2	8				1	5		
广丰区	33	10	11	4	2	9	70	7	5
广信区	27	22	9	2		20	17	17	3
玉山县	92	47	26	12	8	43	55	6	68
铅山县	62	11	27	16	2	20	42	6	3
横峰县	57	26	16	1	2	16	9	7	11
弋阳县	47	34	10	8	3	7	14	3	10
余干县	93	29	32	50	21	55	150	7	13
鄱阳县	365	237	32	25	49	39	117	10	32
万年县	43	30	21	4	1	15	170	2	40
婺源县	49	31	19	8	3	25	19	10	10
德兴市	39	4	1			1	4		4

4-4b　续表 28

单位：人

地　区 性　别	制造业								
	金　属 制品业	通用设备 制造业	专用设备 制造业	汽　车 制造业	铁路、船舶、 航空航天和 其他运输 设备制造业	电气机械 和器材 制造业	计算机、 通信和其 他电子设 备制造业	仪器仪表 制造业	其　他 制造业
女	**1810**	**1599**	**1043**	**645**	**175**	**2645**	**10847**	**192**	**827**
南昌市	**388**	**160**	**213**	**279**	**63**	**92**	**438**	**11**	**28**
东湖区									
西湖区									
青云谱区		1							
青山湖区	9	63	7	65	1	12	42		
新建区	1	3	2	4	1	2	5		
红谷滩区									
南昌县	64	59	71	202	59	64	337	7	20
安义县	278	22	15		1		17		
进贤县	36	12	118	8	1	14	37	4	8
景德镇市	**16**	**22**	**7**	**4**	**12**	**21**	**47**		**6**
昌江区		6			9	7	1		1
珠山区		1		1					
浮梁县	9	7	3	3	3	7	26		
乐平市	7	8	4			7	20		5
萍乡市	**49**	**69**	**55**	**14**	**3**	**117**	**498**	**8**	**31**
安源区	4	7	7	1	1	11	38	2	3
湘东区	11	6	5	4	1	8	46	2	3
莲花县	9	13	10		1	18	60	2	10
上栗县	18	17	18	5		15	277	2	9
芦溪县	7	26	15	4		65	77		6
九江市	**237**	**117**	**85**	**26**	**39**	**189**	**383**	**25**	**101**
濂溪区	3						2		4
浔阳区									
柴桑区	20	14	6	1		14	34	8	4
武宁县	7	10	4	2	3	23	44	2	3
修水县	38	21	17	4	1	10	29	1	5
永修县	35	11	11		1	51	42	8	3
德安县	68	10	3	4		15	25	3	6
都昌县	13	17	18	6	7	20	64	1	14
湖口县	12	4	6	2	20	11	29		2
彭泽县	23	8	9	6	2	8	30	1	52
瑞昌市	15	20	9		5	36	79	1	8
共青城市									
庐山市	3	2	2	1		1	5		
新余市	**22**	**17**	**17**	**6**	**1**	**12**	**83**	**3**	**3**
渝水区	2	1	1			1	10		
分宜县	20	16	16	6	1	11	73	3	3
鹰潭市	**24**	**46**	**63**	**17**	**1**	**21**	**60**	**19**	**1**
月湖区	1					3	3		
余江区	16	42	60	16		15	23	16	1
贵溪市	7	4	3	1	1	3	34	3	
赣州市	**269**	**248**	**186**	**70**	**7**	**740**	**3199**	**48**	**227**
章贡区	24		12	26		81	39		1
南康区	1	1		2		2	17	2	
赣县区	7	11	6			13	63	2	3
信丰县	48	13	14	9		108	643	16	141
大余县	12	6	6			34	133		3
上犹县	10	19	16	1		62	153	1	7
崇义县	2	4	5	1		9	62		1
安远县	2	14	10	11		51	318		2
定南县	12	1	10	2		160	196	13	3
全南县	10	5	6	2		37	134	1	6

4-4b 续表 29

单位：人

地区 性别	制造业								
	金属制品业	通用设备制造业	专用设备制造业	汽车制造业	铁路、船舶、航空航天和其他运输设备制造业	电气机械和器材制造业	计算机、通信和其他电子设备制造业	仪器仪表制造业	其他制造业
宁都县	19	88	16	6	2	17	98	1	13
于都县	24	20	24	6	3	73	799	1	2
兴国县	22	22	31	2		59	206	4	26
会昌县	61	22	13	1		19	146	3	7
寻乌县	6	17	7		2	6	91	1	1
石城县	2	3	8	1		6	38	2	8
瑞金市	1	1	1			2	11	1	
龙南市	6	1	1			1	52		3
吉安市	**202**	**462**	**133**	**35**	**14**	**788**	**4526**	**19**	**81**
吉州区	2	1	4			7	153		
青原区			1	1		4	12	1	
吉安县	51	14	14	15	2	98	2050	3	1
吉水县	21	29	29	2	3	43	350	4	7
峡江县	2	1	12		1	12	11		1
新干县	11	17	5	2	1	19	13		8
永丰县	11	7	17	4		31	75	4	
泰和县	14	333	22	1	5	11	546		45
遂川县	18	6	8	2		25	456	3	2
万安县	7	9	2		1	9	466		
安福县	16	15	4	2	1	196	142	1	7
永新县	45	29	12	5		332	236	2	9
井冈山市	4	1	3	1		1	16	1	1
宜春市	**158**	**142**	**111**	**23**	**4**	**385**	**675**	**19**	**72**
袁州区	7	4	8	3		24	70	2	23
奉新县	53	14	20	2		28	25	5	6
万载县	19	28	24	6	3	56	314	6	13
上高县	10	31	25	2		71	40	1	6
宜丰县	27	5	6	1		110	18	1	2
靖安县	19	25	5	2		61	7		3
铜鼓县	1	3	1	3		1	23		7
丰城市	7	8	6	2		14	43	4	6
樟树市	9	3	1	1		2	18		5
高安市	6	21	15	1	1	18	117		1
抚州市	**154**	**111**	**72**	**87**	**8**	**146**	**502**	**6**	**74**
临川区	18	3	1	3		14	76		3
东乡区	2	3	1	9		2	8	1	5
南城县	11	14	7	4	1	4	94		6
黎川县	17	13	9	2		7	12	2	21
南丰县	3	3	5	3	1	15	47		3
崇仁县	17	11	11	3		63	26		9
乐安县	7	44	18	1	2	9	57	2	6
宜黄县	48	9	3	59	4	11	61		2
金溪县	8	3	7	2		3	64	1	15
资溪县	1								
广昌县	22	8	10	1		18	57		4
上饶市	**291**	**205**	**101**	**84**	**23**	**134**	**436**	**34**	**203**
信州区	1	1				1	6		2
广丰区	9	12	4		6	3	66	1	7
广信区	9	12	3			11	5	11	6
玉山县	36	18	14	5	2	28	52	2	62
铅山县	16	7	10	5	2	8	23	3	7
横峰县	12	18	4		1	4	5	2	15
弋阳县	14	23	8	1		2	10	1	14
余干县	32	19	23	45	5	19	91	2	6
鄱阳县	130	67	15	22	5	32	76	5	47
万年县	11	10	12	4		15	87	3	28
婺源县	18	17	8	2	2	11	14	3	8
德兴市	3	1					1	1	1

4-4b 续表 30

单位：人

地区 性别	制造业		电力、热力、燃气及水生产和供应业				建筑业		
	废弃资源综合利用业	金属制品、机械和设备修理业	小计	电力、热力生产和供应业	燃气生产和供应业	水的生产和供应业	小计	房屋建筑业	土木工程建筑业
全省	**874**	**849**	**4640**	**3038**	**660**	**942**	**80371**	**42135**	**5189**
南昌市	**83**	**101**	**466**	**333**	**56**	**77**	**8605**	**4182**	**690**
东湖区			4	2	2		18	12	
西湖区									
青云谱区	2						3	1	1
青山湖区	16	5	28	18	3	7	427	219	55
新建区		1	16	10	2	4	275	161	10
红谷滩区									
南昌县	52	76	298	222	37	39	5262	2299	497
安义县	3	6	49	42	2	5	225	134	12
进贤县	10	13	71	39	10	22	2395	1356	115
景德镇市	**12**	**14**	**70**	**48**	**13**	**9**	**2046**	**1257**	**80**
昌江区		1	7	4	2	1	88	71	2
珠山区		1	1	1			21	4	4
浮梁县	4	7	51	35	9	7	819	484	27
乐平市	8	5	11	8	2	1	1118	698	47
萍乡市	**75**	**41**	**177**	**114**	**30**	**33**	**3646**	**1940**	**259**
安源区	2	1	17	9	5	3	275	122	20
湘东区	14	2	17	9	6	2	401	200	32
莲花县	7	8	40	32	1	7	384	211	28
上栗县	29	12	58	39	6	13	1828	969	136
芦溪县	23	18	45	25	12	8	758	438	43
九江市	**65**	**118**	**534**	**334**	**65**	**135**	**10719**	**4987**	**798**
濂溪区	1	2	10	4	3	3	118	44	16
浔阳区									
柴桑区	4	5	16	14	2		499	260	44
武宁县	6	7	59	37	5	17	1220	277	45
修水县	12	14	125	92	7	26	1552	685	78
永修县	18	16	63	42	9	12	1165	689	136
德安县	4	1	45	22	5	18	708	317	53
都昌县	1	14	51	20	8	23	1722	734	88
湖口县	8	5	66	46	11	9	716	352	83
彭泽县	7	49	68	39	13	16	1562	799	207
瑞昌市	2	3	15	8	2	5	746	471	35
共青城市			1	1			11	10	
庐山市	2	2	15	9		6	700	349	13
新余市	**18**	**19**	**110**	**93**	**8**	**9**	**1004**	**648**	**53**
渝水区		1	4	3	1		108	63	10
分宜县	18	18	106	90	7	9	896	585	43
鹰潭市	**41**	**12**	**37**	**26**	**8**	**3**	**974**	**552**	**43**
月湖区		1	1		1		43	18	
余江区	10	5	15	9	5	1	306	165	16
贵溪市	31	6	21	17	2	2	625	369	27
赣州市	**162**	**170**	**922**	**610**	**120**	**192**	**16362**	**8436**	**1308**
章贡区	3	3					174	45	
南康区	5	5	7	4	1	2	212	109	11
赣县区	6	2	34	25	3	6	1101	317	404
信丰县	12	18	103	75	14	14	1848	799	98
大余县	7	14	45	27	5	13	724	404	48
上犹县	13	4	41	27	6	8	509	240	27
崇义县	6	5	41	30		11	494	251	24
安远县	8	5	50	21	14	15	729	368	38
定南县	7	10	76	55	12	9	800	540	48
全南县	6	5	57	45	4	8	550	338	14

4-4b 续表 31

单位：人

地 区 性 别	制造业		电力、热力、燃气及水生产和供应业				建筑业		
	废弃资源综合利用业	金属制品、机械和设备修理业	小计	电力、热力生产和供应业	燃气生产和供应业	水的生产和供应业	小计	房屋建筑业	土木工程建筑业
宁都县	27	19	80	59	6	15	2170	1044	137
于都县	14	17	116	55	23	38	2028	1225	66
兴国县	20	23	109	77	10	22	2063	1045	182
会昌县	10	10	74	52	6	16	1294	741	62
寻乌县	15	23	29	23	3	3	713	422	20
石城县	1	5	51	28	13	10	641	383	59
瑞金市	2	2	3	2		1	105	66	2
龙南市			6	5		1	207	99	68
吉安市	**76**	**96**	**676**	**489**	**56**	**131**	**9161**	**4764**	**549**
吉州区	9						78	46	4
青原区			23	22		1	60	32	
吉安县	20	11	61	38	9	14	1039	649	65
吉水县	10	17	88	63	4	21	1274	510	62
峡江县		6	21	7	6	8	435	335	17
新干县	11	5	68	48	6	14	536	204	30
永丰县	8	8	66	42	9	15	1064	606	64
泰和县	4	9	50	34	10	6	868	278	80
遂川县	2	11	79	62	2	15	1190	809	34
万安县	2	6	84	71	2	11	594	343	43
安福县	2	6	70	54	6	10	585	306	59
永新县	8	11	41	28	1	12	1288	575	80
井冈山市		6	25	20	1	4	150	71	11
宜春市	**99**	**71**	**652**	**376**	**167**	**109**	**6740**	**3566**	**339**
袁州区	1	1	6	5		1	433	295	22
奉新县	3	10	114	87	13	14	867	565	20
万载县	39	13	80	40	14	26	1257	698	56
上高县	14	9	49	26	14	9	765	334	63
宜丰县	18	10	101	66	11	24	649	334	40
靖安县	1	1	50	41	2	7	389	202	23
铜鼓县	6	1	52	38	5	9	406	211	21
丰城市	13	12	73	57	12	4	1069	393	60
樟树市		1	2	1	1		194	113	9
高安市	4	13	125	15	95	15	711	421	25
抚州市	**73**	**75**	**420**	**240**	**71**	**109**	**6959**	**4097**	**359**
临川区	4	2	17	7	10		1010	661	48
东乡区	6	4	7	4	2	1	215	133	29
南城县	12	16	60	38	9	13	1154	641	41
黎川县	8	8	46	18	18	10	586	324	28
南丰县	10	2	55	31	4	20	434	226	23
崇仁县	9	18	42	25	5	12	1106	792	33
乐安县	6	5	45	26	7	12	874	431	70
宜黄县	4	2	64	44	5	15	382	216	17
金溪县	10	6	28	14	5	9	420	182	26
资溪县	2	2	23	14	2	7	233	161	16
广昌县	2	10	33	19	4	10	545	330	28
上饶市	**170**	**132**	**576**	**375**	**66**	**135**	**14155**	**7706**	**711**
信州区	2	1	8	7		1	200	130	7
广丰区	1	14	6	3	1	2	1145	414	39
广信区	8	6	17	8	6	3	565	271	28
玉山县	13	19	101	63	11	27	1866	926	142
铅山县	21	13	65	50	4	11	993	389	27
横峰县	3	5	21	14	2	5	570	343	23
弋阳县	8	10	60	35	8	17	811	367	45
余干县	6	11	74	57	8	9	2263	1410	112
鄱阳县	89	37	115	69	10	36	3867	2348	184
万年县	6	11	34	13	13	8	1023	694	41
婺源县	13	5	72	54	2	16	775	377	58
德兴市			3	2	1		77	37	5

4-4b　续表 32　　　　　　　　　　　　　　　　　　　　　　　　　　　　　单位：人

地区 性别	制造业		电力、热力、燃气及水生产和供应业				建筑业		
	废弃资源综合利用业	金属制品、机械和设备修理业	小计	电力、热力生产和供应业	燃气生产和供应业	水的生产和供应业	小计	房屋建筑业	土木工程建筑业
男	**627**	**724**	**3318**	**2267**	**445**	**606**	**68252**	**34633**	**4672**
南昌市	**59**	**88**	**331**	**247**	**33**	**51**	**7292**	**3533**	**592**
东湖区			2	2			17	12	
西湖区									
青云谱区	1						3	1	1
青山湖区	9	4	24	16	1	7	378	191	50
新建区		1	10	7	1	2	244	138	9
红谷滩区									
南昌县	39	67	206	160	25	21	4432	1934	417
安义县	2	4	36	30	2	4	199	121	8
进贤县	8	12	53	32	4	17	2019	1136	107
景德镇市	**12**	**14**	**53**	**36**	**12**	**5**	**1817**	**1088**	**78**
昌江区		1	4	3	1		78	64	2
珠山区		1	1	1			19	4	3
浮梁县	4	7	39	26	9	4	724	413	26
乐平市	8	5	9	6	2	1	996	607	47
萍乡市	**58**	**30**	**135**	**95**	**20**	**20**	**3328**	**1771**	**240**
安源区	2	1	15	9	4	2	266	118	19
湘东区	12	1	12	7	4	1	379	190	28
莲花县	5	6	28	24	1	3	337	184	27
上栗县	21	9	49	36	3	10	1654	879	125
芦溪县	18	13	31	19	8	4	692	400	41
九江市	**51**	**102**	**384**	**257**	**38**	**89**	**9185**	**4114**	**729**
濂溪区	1	2	8	4	1	3	105	37	14
浔阳区									
柴桑区	3	5	13	11	2		437	220	41
武宁县	4	6	38	28	1	9	1065	244	42
修水县	11	11	86	67	3	16	1422	629	75
永修县	13	14	47	32	5	10	1031	611	117
德安县	3	1	34	18	3	13	616	262	49
都昌县	1	11	36	17	5	14	1429	593	81
湖口县	6	4	52	37	9	6	595	283	76
彭泽县	5	44	48	29	8	11	1271	576	194
瑞昌市	2	3	9	6	1	2	583	355	29
共青城市			1	1			11	10	
庐山市	2	1	12	7		5	620	294	11
新余市	**10**	**16**	**90**	**81**	**3**	**6**	**884**	**547**	**49**
渝水区			3	3			104	61	10
分宜县	10	16	87	78	3	6	780	486	39
鹰潭市	**25**	**11**	**28**	**18**	**7**	**3**	**852**	**460**	**41**
月湖区		1	1		1		41	17	
余江区	4	4	13	8	4	1	274	145	15
贵溪市	21	6	14	10	2	2	537	298	26
赣州市	**111**	**142**	**655**	**455**	**71**	**129**	**13173**	**6454**	**1170**
章贡区	1	2					115	34	
南康区	4	4	4	4			164	81	9
赣县区	4	2	27	19	3	5	947	232	372
信丰县	10	15	75	59	9	7	1487	626	90
大余县	5	10	36	22	3	11	532	267	40
上犹县	8	4	27	20	3	4	409	185	25
崇义县	4	5	27	22		5	368	166	24
安远县	3	4	36	18	9	9	591	276	35
定南县	5	9	55	40	10	5	653	437	37
全南县	4	3	42	38		4	447	265	13

4-4b　续表 33　　　　单位：人

地区 性别	制造业		电力、热力、燃气及水生产和供应业				建筑业		
	废弃资源综合利用业	金属制品、机械和设备修理业	小计	电力、热力生产和供应业	燃气生产和供应业	水的生产和供应业	小计	房屋建筑业	土木工程建筑业
宁都县	20	16	55	39	5	11	1784	833	124
于都县	8	15	81	42	9	30	1651	971	56
兴国县	15	19	73	48	7	18	1700	824	166
会昌县	8	9	56	41	5	10	968	512	53
寻乌县	10	19	22	17	2	3	546	295	18
石城县	1	5	32	20	6	6	548	316	48
瑞金市	1	1	2	2			91	55	2
龙南市			5	4		1	172	79	58
吉安市	**42**	**82**	**474**	**359**	**38**	**77**	**7571**	**3701**	**499**
吉州区	4						66	38	4
青原区			17	16		1	50	28	
吉安县	14	8	44	31	4	9	874	521	62
吉水县	6	15	59	47	2	10	1156	452	58
峡江县		5	13	5	3	5	300	211	17
新干县	5	4	46	34	5	7	451	163	29
永丰县	3	8	46	30	7	9	856	452	52
泰和县	2	8	35	23	8	4	716	221	70
遂川县		11	55	42	2	11	917	580	31
万安县	2	4	61	54	2	5	455	240	40
安福县	1	5	48	38	3	7	526	268	54
永新县	5	9	32	24	1	7	1073	469	71
井冈山市		5	18	15	1	2	131	58	11
宜春市	**73**	**63**	**452**	**256**	**131**	**65**	**5776**	**2968**	**298**
袁州区	1	1	3	2		1	401	271	21
奉新县	2	8	70	55	7	8	723	467	17
万载县	31	12	63	33	12	18	1098	605	51
上高县	11	8	35	20	11	4	647	270	56
宜丰县	14	9	61	43	8	10	573	281	33
靖安县	1	1	38	32	2	4	342	169	21
铜鼓县	3	1	39	27	5	7	352	182	17
丰城市	7	11	43	34	6	3	882	283	52
樟树市		1	2	1	1		167	98	9
高安市	3	11	98	9	79	10	591	342	21
抚州市	**53**	**65**	**305**	**177**	**48**	**80**	**5965**	**3432**	**334**
临川区	3	2	14	6	8		895	579	48
东乡区	5	4	7	4	2	1	186	113	28
南城县	8	13	43	27	6	10	953	520	35
黎川县	7	8	32	14	11	7	481	248	25
南丰县	8	2	40	24	4	12	381	194	23
崇仁县	7	15	34	22	3	9	949	672	31
乐安县	2	4	34	19	5	10	797	385	69
宜黄县	4	1	44	29	3	12	340	187	15
金溪县	7	5	20	11	3	6	358	150	25
资溪县	1	2	13	7	1	5	196	131	14
广昌县	1	9	24	14	2	8	429	253	21
上饶市	**133**	**111**	**411**	**286**	**44**	**81**	**12409**	**6565**	**642**
信州区	2	1	6	5		1	184	120	6
广丰区	1	13	4	3		1	1063	369	38
广信区	7	4	10	5	3	2	496	237	26
玉山县	11	15	67	46	6	15	1722	844	133
铅山县	19	10	48	37	3	8	916	364	26
横峰县	3	5	14	9	2	3	534	323	22
弋阳县	8	7	40	27	5	8	744	336	42
余干县	4	8	60	49	5	6	1768	1019	98
鄱阳县	63	33	82	53	7	22	3319	1979	157
万年县	5	11	26	10	10	6	917	615	38
婺源县	10	4	51	40	2	9	674	323	53
德兴市			3	2	1		72	36	3

4-4b 续表 34

单位：人

地区 性别	制造业		电力、热力、燃气及水生产和供应业				建筑业		
	废弃资源综合利用业	金属制品、机械和设备修理业	小计	电力、热力生产和供应业	燃气生产和供应业	水的生产和供应业	小计	房屋建筑业	土木工程建筑业
女	**247**	**125**	**1322**	**771**	**215**	**336**	**12119**	**7502**	**517**
南昌市	**24**	**13**	**135**	**86**	**23**	**26**	**1313**	**649**	**98**
东湖区			2		2		1		
西湖区									
青云谱区	1								
青山湖区	7	1	4	2	2		49	28	5
新建区			6	3	1	2	31	23	1
红谷滩区									
南昌县	13	9	92	62	12	18	830	365	80
安义县	1	2	13	12		1	26	13	4
进贤县	2	1	18	7	6	5	376	220	8
景德镇市			**17**	**12**	**1**	**4**	**229**	**169**	**2**
昌江区			3	1	1	1	10	7	
珠山区							2		1
浮梁县			12	9		3	95	71	1
乐平市			2	2			122	91	
萍乡市	**17**	**11**	**42**	**19**	**10**	**13**	**318**	**169**	**19**
安源区			2		1	1	9	4	1
湘东区	2	1	5	2	2	1	22	10	4
莲花县	2	2	12	8		4	47	27	1
上栗县	8	3	9	3	3	3	174	90	11
芦溪县	5	5	14	6	4	4	66	38	2
九江市	**14**	**16**	**150**	**77**	**27**	**46**	**1534**	**873**	**69**
濂溪区			2		2		13	7	2
浔阳区									
柴桑区	1		3	3			62	40	3
武宁县	2	1	21	9	4	8	155	33	3
修水县	1	3	39	25	4	10	130	56	3
永修县	5	2	16	10	4	2	134	78	19
德安县	1		11	4	2	5	92	55	4
都昌县		3	15	3	3	9	293	141	7
湖口县	2	1	14	9	2	3	121	69	7
彭泽县	2	5	20	10	5	5	291	223	13
瑞昌市			6	2	1	3	163	116	6
共青城市									
庐山市		1	3	2		1	80	55	2
新余市	**8**	**3**	**20**	**12**	**5**	**3**	**120**	**101**	**4**
渝水区		1	1		1		4	2	
分宜县	8	2	19	12	4	3	116	99	4
鹰潭市	**16**	**1**	**9**	**8**	**1**		**122**	**92**	**2**
月湖区							2	1	
余江区	6	1	2	1	1		32	20	1
贵溪市	10		7	7			88	71	1
赣州市	**51**	**28**	**267**	**155**	**49**	**63**	**3189**	**1982**	**138**
章贡区	2	1					59	11	
南康区	1	1	3		1	2	48	28	2
赣县区	2		7	6		1	154	85	32
信丰县	2	3	28	16	5	7	361	173	8
大余县	2	4	9	5	2	2	192	137	8
上犹县	5		14	7	3	4	100	55	2
崇义县	2		14	8		6	126	85	
安远县	5	1	14	3	5	6	138	92	3
定南县	2	1	21	15	2	4	147	103	11
全南县	2	2	15	7	4	4	103	73	1

4-4b 续表 35　　　　单位：人

地区 性别	制造业		电力、热力、燃气及水生产和供应业				建筑业		
	废弃资源综合利用业	金属制品、机械和设备修理业	小计	电力、热力生产和供应业	燃气生产和供应业	水的生产和供应业	小计	房屋建筑业	土木工程建筑业
宁都县	7	3	25	20	1	4	386	211	13
于都县	6	2	35	13	14	8	377	254	10
兴国县	5	4	36	29	3	4	363	221	16
会昌县	2	1	18	11	1	6	326	229	9
寻乌县	5	4	7	6	1		167	127	2
石城县			19	8	7	4	93	67	11
瑞金市	1	1	1			1	14	11	
龙南市			1	1			35	20	10
吉安市	**34**	**14**	**202**	**130**	**18**	**54**	**1590**	**1063**	**50**
吉州区	5						12	8	
青原区			6	6			10	4	
吉安县	6	3	17	7	5	5	165	128	3
吉水县	4	2	29	16	2	11	118	58	4
峡江县		1	8	2	3	3	135	124	
新干县	6	1	22	14	1	7	85	41	1
永丰县	5		20	12	2	6	208	154	12
泰和县	2	1	15	11	2	2	152	57	10
遂川县	2		24	20		4	273	229	3
万安县		2	23	17		6	139	103	3
安福县	1	1	22	16	3	3	59	38	5
永新县	3	2	9	4		5	215	106	9
井冈山市		1	7	5		2	19	13	
宜春市	**26**	**8**	**200**	**120**	**36**	**44**	**964**	**598**	**41**
袁州区			3	3			32	24	1
奉新县	1	2	44	32	6	6	144	98	3
万载县	8	1	17	7	2	8	159	93	5
上高县	3	1	14	6	3	5	118	64	7
宜丰县	4	1	40	23	3	14	76	53	7
靖安县			12	9		3	47	33	2
铜鼓县	3		13	11		2	54	29	4
丰城市	6	1	30	23	6	1	187	110	8
樟树市							27	15	
高安市	1	2	27	6	16	5	120	79	4
抚州市	**20**	**10**	**115**	**63**	**23**	**29**	**994**	**665**	**25**
临川区	1		3	1	2		115	82	
东乡区	1						29	20	1
南城县	4	3	17	11	3	3	201	121	6
黎川县	1		14	4	7	3	105	76	3
南丰县	2		15	7		8	53	32	
崇仁县	2	3	8	3	2	3	157	120	2
乐安县	4	1	11	7	2	2	77	46	1
宜黄县		1	20	15	2	3	42	29	2
金溪县	3	1	8	3	2	3	62	32	1
资溪县	1		10	7	1	2	37	30	2
广昌县	1	1	9	5	2	2	116	77	7
上饶市	**37**	**21**	**165**	**89**	**22**	**54**	**1746**	**1141**	**69**
信州区			2	2			16	10	1
广丰区		1	2		1	1	82	45	1
广信区	1	2	7	3	3	1	69	34	2
玉山县	2	4	34	17	5	12	144	82	9
铅山县	2	3	17	13	1	3	77	25	1
横峰县			7	5		2	36	20	1
弋阳县		3	20	8	3	9	67	31	3
余干县	2	3	14	8	3	3	495	391	14
鄱阳县	26	4	33	16	3	14	548	369	27
万年县	1		8	3	3	2	106	79	3
婺源县	3	1	21	14		7	101	54	5
德兴市							5	1	2

4-4b 续表 36 单位：人

地区 性别	建筑业		批发和零售业			交通运输、仓储和邮政业			
	建筑安装业	建筑装饰、装修和其他建筑业	小计	批发业	零售业	小计	铁路运输业	道路运输业	水上运输业
全省	**4686**	**28361**	**105166**	**23264**	**81902**	**29676**	**612**	**18948**	**163**
南昌市	**448**	**3285**	**11600**	**2971**	**8629**	**4208**	**278**	**2406**	**25**
东湖区	2	4	47	25	22	17		13	
西湖区									
青云谱区		1	40	29	11	7		4	
青山湖区	29	124	457	164	293	324	3	194	1
新建区	11	93	254	57	197	114	4	65	1
红谷滩区									
南昌县	319	2147	7517	1787	5730	2933	258	1780	22
安义县	9	70	887	195	692	140	2	71	
进贤县	78	846	2398	714	1684	673	11	279	1
景德镇市	**93**	**616**	**1653**	**295**	**1358**	**716**	**8**	**504**	**1**
昌江区	3	12	25	3	22	13		11	
珠山区	4	9	68	27	41	18		9	
浮梁县	39	269	748	134	614	455	6	325	1
乐平市	47	326	812	131	681	230	2	159	
萍乡市	**302**	**1145**	**5342**	**1110**	**4232**	**1534**	**20**	**1048**	**3**
安源区	31	102	721	298	423	210		135	
湘东区	48	121	445	133	312	149	1	99	1
莲花县	27	118	662	121	541	166	2	120	
上栗县	116	607	2471	339	2132	683	6	486	1
芦溪县	80	197	1043	219	824	326	11	208	1
九江市	**621**	**4313**	**12985**	**2700**	**10285**	**3216**	**39**	**2068**	**43**
濂溪区	22	36	138	61	77	44		33	
浔阳区									
柴桑区	39	156	408	106	302	127	6	79	2
武宁县	41	857	792	71	721	226	1	169	3
修水县	96	693	3773	890	2883	743		506	1
永修县	67	273	1379	235	1144	387	14	230	9
德安县	36	302	906	186	720	301	11	218	2
都昌县	136	764	2755	607	2148	520	2	245	3
湖口县	22	259	678	126	552	216	1	157	13
彭泽县	112	444	1057	112	945	349	3	249	9
瑞昌市	36	204	831	246	585	201		102	1
共青城市		1	3		3	2		1	
庐山市	14	324	265	60	205	100	1	79	
新余市	**68**	**235**	**1427**	**243**	**1184**	**461**	**11**	**332**	
渝水区	10	25	168	26	142	38		32	
分宜县	58	210	1259	217	1042	423	11	300	
鹰潭市	**43**	**336**	**1821**	**440**	**1381**	**260**	**3**	**167**	
月湖区		25	35	7	28	8	2	4	
余江区	23	102	947	295	652	91	1	58	
贵溪市	20	209	839	138	701	161		105	
赣州市	**939**	**5679**	**21950**	**4990**	**16960**	**5177**	**58**	**3118**	**12**
章贡区	3	126	92	25	67	8		4	
南康区	12	80	275	40	235	90		63	1
赣县区	22	358	579	152	427	161	1	88	1
信丰县	95	856	3241	947	2294	606	2	424	
大余县	28	244	971	152	819	240	3	148	
上犹县	45	197	804	152	652	195	3	112	
崇义县	22	197	526	149	377	160	4	122	1
安远县	39	284	1258	228	1030	212	2	118	
定南县	40	172	842	113	729	341	9	154	1
全南县	31	167	553	84	469	160		97	1

4-4b 续表 37

单位：人

地区 性别	建筑业		批发和零售业			交通运输、仓储和邮政业			
	建筑安装业	建筑装饰、装修和其他建筑业	小计	批发业	零售业	小计	铁路运输业	道路运输业	水上运输业
宁都县	115	874	3218	992	2226	850	2	535	2
于都县	168	569	3216	680	2536	543	1	365	
兴国县	127	709	2239	406	1833	472	16	284	2
会昌县	94	397	1970	391	1579	438	6	240	2
寻乌县	52	219	861	163	698	322	2	182	
石城县	35	164	885	240	645	297	6	141	
瑞金市	7	30	309	57	252	41		19	
龙南市	4	36	111	19	92	41	1	22	1
吉安市	**597**	**3251**	**12199**	**2530**	**9669**	**3447**	**54**	**2281**	**20**
吉州区	5	23	35	7	28	21		13	
青原区	12	16	126	21	105	15		12	
吉安县	61	264	1206	138	1068	358	4	234	2
吉水县	73	629	1374	407	967	408	4	269	5
峡江县	16	67	411	50	361	182	2	169	
新干县	42	260	906	231	675	378	10	227	2
永丰县	73	321	1293	183	1110	392	11	275	
泰和县	50	460	2030	671	1359	367	3	213	2
遂川县	90	257	1332	210	1122	352	1	256	1
万安县	41	167	706	144	562	222	5	129	4
安福县	35	185	860	132	728	284	8	187	1
永新县	92	541	1589	294	1295	371	6	238	3
井冈山市	7	61	331	42	289	97		59	
宜春市	**414**	**2421**	**9303**	**2156**	**7147**	**3211**	**32**	**2252**	**12**
袁州区	24	92	398	79	319	102	2	80	1
奉新县	24	258	1140	237	903	528	8	390	1
万载县	87	416	1894	441	1453	544	3	345	1
上高县	57	311	1483	502	981	544	1	345	1
宜丰县	57	218	1121	191	930	406	1	297	2
靖安县	28	136	571	99	472	168	2	120	2
铜鼓县	30	144	484	109	375	153		110	
丰城市	39	577	1051	213	838	219	9	145	3
樟树市	14	58	324	63	261	98	4	63	
高安市	54	211	837	222	615	449	2	357	1
抚州市	**323**	**2180**	**9375**	**2161**	**7214**	**3333**	**33**	**2328**	**21**
临川区	24	277	478	109	369	95	1	57	3
东乡区	9	44	204	45	159	76	2	54	
南城县	37	435	1212	183	1029	584	12	465	3
黎川县	41	193	1129	248	881	304	1	154	5
南丰县	19	166	1052	449	603	360		248	2
崇仁县	49	232	1090	155	935	309	8	200	4
乐安县	45	328	1029	262	767	276	1	159	
宜黄县	12	137	1177	160	1017	235	2	142	
金溪县	60	152	842	285	557	194	2	93	3
资溪县	1	55	276	67	209	67	3	39	1
广昌县	26	161	886	198	688	833	1	717	
上饶市	**838**	**4900**	**17511**	**3668**	**13843**	**4113**	**76**	**2444**	**26**
信州区	6	57	158	37	121	27	2	17	
广丰区	45	647	905	298	607	115	2	64	
广信区	38	228	621	180	441	141		76	1
玉山县	123	675	1957	433	1524	436	30	290	5
铅山县	76	501	1912	555	1357	438	2	254	1
横峰县	40	164	897	222	675	275	2	140	1
弋阳县	68	331	1361	389	972	357	14	211	
余干县	123	618	3187	432	2755	560	10	318	3
鄱阳县	168	1167	3889	606	3283	1035	3	619	10
万年县	61	227	1092	170	922	344	7	232	3
婺源县	79	261	1451	332	1119	351	4	199	1
德兴市	11	24	81	14	67	34		24	1

4-4b 续表 38

单位：人

地区 性别	建筑业		批发和零售业			交通运输、仓储和邮政业			
	建筑安装业	建筑装饰、装修和其他建筑业	小计	批发业	零售业	小计	铁路运输业	道路运输业	水上运输业
男	**4277**	**24670**	**51301**	**13604**	**37697**	**25401**	**474**	**17144**	**126**
南昌市	**391**	**2776**	**6068**	**1796**	**4272**	**3444**	**233**	**2077**	**21**
东湖区	2	3	22	14	8	14		11	
西湖区									
青云谱区		1	31	23	8	6		3	
青山湖区	27	110	256	99	157	263	2	171	
新建区	11	86	133	30	103	94	3	57	1
红谷滩区									
南昌县	276	1805	3884	1084	2800	2400	218	1514	19
安义县	7	63	505	129	376	125	1	65	
进贤县	68	708	1237	417	820	542	9	256	1
景德镇市	**88**	**563**	**758**	**185**	**573**	**649**	**5**	**481**	**1**
昌江区	2	10	11	1	10	11		11	
珠山区	4	8	38	15	23	17		9	
浮梁县	37	248	360	95	265	406	3	307	1
乐平市	45	297	349	74	275	215	2	154	
萍乡市	**278**	**1039**	**2286**	**627**	**1659**	**1366**	**15**	**984**	**3**
安源区	30	99	347	170	177	182		125	
湘东区	45	116	208	81	127	134	1	94	1
莲花县	26	100	292	64	228	136	1	103	
上栗县	106	544	969	189	780	629	5	471	1
芦溪县	71	180	470	123	347	285	8	191	1
九江市	**574**	**3768**	**5981**	**1569**	**4412**	**2727**	**29**	**1864**	**36**
濂溪区	22	32	66	34	32	39		30	
浔阳区									
柴桑区	34	142	202	66	136	109	4	72	1
武宁县	39	740	371	43	328	194	1	152	2
修水县	91	627	1796	506	1290	638		455	1
永修县	63	240	651	133	518	336	8	219	8
德安县	35	270	364	111	253	265	11	194	2
都昌县	121	634	1279	347	932	429	1	221	3
湖口县	19	217	298	78	220	174		136	11
彭泽县	103	398	442	70	372	290	3	221	7
瑞昌市	33	166	376	145	231	169		93	1
共青城市		1	1		1	2		1	
庐山市	14	301	135	36	99	82	1	70	
新余市	**67**	**221**	**723**	**154**	**569**	**423**	**9**	**315**	
渝水区	10	23	95	17	78	36		31	
分宜县	57	198	628	137	491	387	9	284	
鹰潭市	**42**	**309**	**1024**	**274**	**750**	**235**	**3**	**158**	
月湖区		24	15	5	10	8	2	4	
余江区	22	92	548	177	371	84	1	54	
贵溪市	20	193	461	92	369	143		100	
赣州市	**846**	**4703**	**10928**	**2883**	**8045**	**4410**	**36**	**2817**	**8**
章贡区	3	78	53	16	37	6		4	
南康区	7	67	131	25	106	75		57	
赣县区	22	321	293	91	202	142	1	81	1
信丰县	83	688	1637	527	1110	540	2	398	
大余县	25	200	449	79	370	207	2	131	
上犹县	41	158	403	89	314	156	2	96	
崇义县	21	157	253	80	173	137	1	111	
安远县	38	242	606	131	475	184	1	109	
定南县	35	144	426	65	361	277	5	142	1
全南县	31	138	244	41	203	135		87	

4-4b 续表 39　　　　单位：人

地区 性别	建筑业		批发和零售业			交通运输、仓储和邮政业			
	建筑安装业	建筑装饰、装修和其他建筑业	小计	批发业	零售业	小计	铁路运输业	道路运输业	水上运输业
宁都县	104	723	1775	606	1169	759	2	495	2
于都县	149	475	1581	376	1205	448		317	
兴国县	113	597	1020	231	789	389	15	243	1
会昌县	81	322	983	237	746	374	3	218	2
寻乌县	49	184	399	91	308	267	1	168	
石城县	34	150	463	154	309	243		122	
瑞金市	7	27	165	35	130	37		18	
龙南市	3	32	47	9	38	34	1	20	1
吉安市	**534**	**2837**	**5628**	**1425**	**4203**	**2874**	**34**	**2055**	**14**
吉州区	5	19	15	5	10	18		12	
青原区	8	14	69	14	55	15		12	
吉安县	55	236	516	79	437	299	4	215	1
吉水县	66	580	638	208	430	344	2	243	3
峡江县	12	60	215	30	185	167	1	159	
新干县	35	224	441	140	301	310	8	208	1
永丰县	69	283	577	117	460	334	3	252	
泰和县	43	382	988	376	612	297	2	189	2
遂川县	81	225	598	120	478	299	1	233	1
万安县	35	140	318	82	236	185	3	114	3
安福县	33	171	356	78	278	233	7	166	1
永新县	85	448	745	153	592	291	3	196	2
井冈山市	7	55	152	23	129	82		56	
宜春市	**372**	**2138**	**4389**	**1246**	**3143**	**2826**	**27**	**2073**	**7**
袁州区	23	86	199	47	152	95	2	75	1
奉新县	22	217	484	141	343	461	6	355	
万载县	77	365	852	239	613	487	2	318	1
上高县	48	273	757	302	455	473	1	319	1
宜丰县	54	205	481	103	378	356	1	268	1
靖安县	25	127	258	55	203	147	2	112	1
铜鼓县	28	125	229	69	160	131		99	
丰城市	33	514	553	132	421	183	8	131	2
樟树市	12	48	150	33	117	80	3	58	
高安市	50	178	426	125	301	413	2	338	
抚州市	**301**	**1898**	**4539**	**1214**	**3325**	**2822**	**28**	**2027**	**15**
临川区	23	245	274	68	206	85	1	55	3
东乡区	9	36	101	26	75	67	2	49	
南城县	34	364	588	103	485	525	12	429	3
黎川县	40	168	595	149	446	257		134	2
南丰县	18	146	472	228	244	323		232	2
崇仁县	46	200	534	96	438	268	6	179	1
乐安县	43	300	531	149	382	239	1	147	
宜黄县	11	127	503	82	421	196	1	126	
金溪县	56	127	437	171	266	161	2	82	3
资溪县	1	50	127	38	89	53	3	33	1
广昌县	20	135	377	104	273	648		561	
上饶市	**784**	**4418**	**8977**	**2231**	**6746**	**3625**	**55**	**2293**	**21**
信州区	6	52	71	19	52	22	1	16	
广丰区	41	615	466	171	295	101	2	60	
广信区	32	201	325	101	224	124		69	
玉山县	116	629	1047	275	772	374	30	270	2
铅山县	71	455	991	343	648	379	2	239	
横峰县	39	150	443	132	311	259	2	137	1
弋阳县	64	302	686	234	452	320	11	196	
余干县	111	540	1715	263	1452	484	3	293	3
鄱阳县	159	1024	1949	380	1569	921	1	583	10
万年县	60	204	570	115	455	313	2	223	3
婺源县	75	223	671	188	483	294	1	183	1
德兴市	10	23	43	10	33	34		24	1

4-4b　续表 40　　　　单位：人

地区 性别	建筑业		批发和零售业			交通运输、仓储和邮政业			
	建筑安装业	建筑装饰、装修和其他建筑业	小计	批发业	零售业	小计	铁路运输业	道路运输业	水上运输业
女	**409**	**3691**	**53865**	**9660**	**44205**	**4275**	**138**	**1804**	**37**
南昌市	**57**	**509**	**5532**	**1175**	**4357**	**764**	**45**	**329**	**4**
东湖区		1	25	11	14	3		2	
西湖区									
青云谱区			9	6	3	1		1	
青山湖区	2	14	201	65	136	61	1	23	1
新建区		7	121	27	94	20	1	8	
红谷滩区									
南昌县	43	342	3633	703	2930	533	40	266	3
安义县	2	7	382	66	316	15	1	6	
进贤县	10	138	1161	297	864	131	2	23	
景德镇市	**5**	**53**	**895**	**110**	**785**	**67**	**3**	**23**	
昌江区	1	2	14	2	12	2			
珠山区		1	30	12	18	1			
浮梁县	2	21	388	39	349	49	3	18	
乐平市	2	29	463	57	406	15		5	
萍乡市	**24**	**106**	**3056**	**483**	**2573**	**168**	**5**	**64**	
安源区	1	3	374	128	246	28		10	
湘东区	3	5	237	52	185	15		5	
莲花县	1	18	370	57	313	30	1	17	
上栗县	10	63	1502	150	1352	54	1	15	
芦溪县	9	17	573	96	477	41	3	17	
九江市	**47**	**545**	**7004**	**1131**	**5873**	**489**	**10**	**204**	**7**
濂溪区		4	72	27	45	5		3	
浔阳区									
柴桑区	5	14	206	40	166	18	2	7	1
武宁县	2	117	421	28	393	32		17	1
修水县	5	66	1977	384	1593	105		51	
永修县	4	33	728	102	626	51	6	11	1
德安县	1	32	542	75	467	36		24	
都昌县	15	130	1476	260	1216	91	1	24	
湖口县	3	42	380	48	332	42	1	21	2
彭泽县	9	46	615	42	573	59		28	2
瑞昌市	3	38	455	101	354	32		9	
共青城市			2		2				
庐山市		23	130	24	106	18		9	
新余市	**1**	**14**	**704**	**89**	**615**	**38**	**2**	**17**	
渝水区		2	73	9	64	2		1	
分宜县	1	12	631	80	551	36	2	16	
鹰潭市	**1**	**27**	**797**	**166**	**631**	**25**		**9**	
月湖区		1	20	2	18				
余江区	1	10	399	118	281	7		4	
贵溪市		16	378	46	332	18		5	
赣州市	**93**	**976**	**11022**	**2107**	**8915**	**767**	**22**	**301**	**4**
章贡区		48	39	9	30	2			
南康区	5	13	144	15	129	15		6	1
赣县区		37	286	61	225	19		7	
信丰县	12	168	1604	420	1184	66		26	
大余县	3	44	522	73	449	33	1	17	
上犹县	4	39	401	63	338	39	1	16	
崇义县	1	40	273	69	204	23	3	11	1
安远县	1	42	652	97	555	28	1	9	
定南县	5	28	416	48	368	64	4	12	
全南县		29	309	43	266	25		10	1

4-4b 续表 41

单位：人

地区 性别	建筑业		批发和零售业			交通运输、仓储和邮政业			
	建筑安装业	建筑装饰、装修和其他建筑业	小计	批发业	零售业	小计	铁路运输业	道路运输业	水上运输业
宁都县	11	151	1443	386	1057	91		40	
于都县	19	94	1635	304	1331	95	1	48	
兴国县	14	112	1219	175	1044	83	1	41	1
会昌县	13	75	987	154	833	64	3	22	
寻乌县	3	35	462	72	390	55	1	14	
石城县	1	14	422	86	336	54	6	19	
瑞金市		3	144	22	122	4		1	
龙南市	1	4	64	10	54	7		2	
吉安市	**63**	**414**	**6571**	**1105**	**5466**	**573**	**20**	**226**	**6**
吉州区		4	20	2	18	3		1	
青原区	4	2	57	7	50				
吉安县	6	28	690	59	631	59		19	1
吉水县	7	49	736	199	537	64	2	26	2
峡江县	4	7	196	20	176	15	1	10	
新干县	7	36	465	91	374	68	2	19	1
永丰县	4	38	716	66	650	58	8	23	
泰和县	7	78	1042	295	747	70	1	24	
遂川县	9	32	734	90	644	53		23	
万安县	6	27	388	62	326	37	2	15	1
安福县	2	14	504	54	450	51	1	21	
永新县	7	93	844	141	703	80	3	42	1
井冈山市		6	179	19	160	15		3	
宜春市	**42**	**283**	**4914**	**910**	**4004**	**385**	**5**	**179**	**5**
袁州区	1	6	199	32	167	7		5	
奉新县	2	41	656	96	560	67	2	35	1
万载县	10	51	1042	202	840	57	1	27	
上高县	9	38	726	200	526	71		26	
宜丰县	3	13	640	88	552	50		29	1
靖安县	3	9	313	44	269	21		8	1
铜鼓县	2	19	255	40	215	22		11	
丰城市	6	63	498	81	417	36	1	14	1
樟树市	2	10	174	30	144	18	1	5	
高安市	4	33	411	97	314	36		19	1
抚州市	**22**	**282**	**4836**	**947**	**3889**	**511**	**5**	**301**	**6**
临川区	1	32	204	41	163	10		2	
东乡区		8	103	19	84	9		5	
南城县	3	71	624	80	544	59		36	
黎川县	1	25	534	99	435	47	1	20	3
南丰县	1	20	580	221	359	37		16	
崇仁县	3	32	556	59	497	41	2	21	3
乐安县	2	28	498	113	385	37		12	
宜黄县	1	10	674	78	596	39	1	16	
金溪县	4	25	405	114	291	33		11	
资溪县		5	149	29	120	14		6	
广昌县	6	26	509	94	415	185	1	156	
上饶市	**54**	**482**	**8534**	**1437**	**7097**	**488**	**21**	**151**	**5**
信州区		5	87	18	69	5	1	1	
广丰区	4	32	439	127	312	14		4	
广信区	6	27	296	79	217	17		7	1
玉山县	7	46	910	158	752	62		20	3
铅山县	5	46	921	212	709	59		15	1
横峰县	1	14	454	90	364	16		3	
弋阳县	4	29	675	155	520	37	3	15	
余干县	12	78	1472	169	1303	76	7	25	
鄱阳县	9	143	1940	226	1714	114	2	36	
万年县	1	23	522	55	467	31	5	9	
婺源县	4	38	780	144	636	57	3	16	
德兴市	1	1	38	4	34				

4-4b　续表 42　　　　单位：人

地区 性别	交通运输、仓储和邮政业					住宿和餐饮业		
	航空运输业	管道运输业	多式联运和运输代理业	装卸搬运和仓储业	邮政业	小计	住宿业	餐饮业
全　省	**206**	**27**	**746**	**3716**	**5258**	**31511**	**3645**	**27866**
南昌市	**53**	**4**	**104**	**450**	**888**	**3101**	**292**	**2809**
东湖区					4	14		14
西湖区								
青云谱区			1	2		5	2	3
青山湖区	5		10	28	83	179	19	160
新建区			6	16	22	104	16	88
红谷滩区								
南昌县	42		72	244	515	2045	195	1850
安义县	3		6	23	35	205	22	183
进贤县	3	4	9	137	229	549	38	511
景德镇市	**6**	**1**	**10**	**109**	**77**	**705**	**55**	**650**
昌江区				2		15	1	14
珠山区			2	4	3	41	1	40
浮梁县	6		7	54	56	344	22	322
乐平市		1	1	49	18	305	31	274
萍乡市	**12**	**1**	**67**	**135**	**248**	**1581**	**116**	**1465**
安源区			9	24	42	181	13	168
湘东区			8	14	26	186	11	175
莲花县	3		5	10	26	190	20	170
上栗县	7	1	37	45	100	684	45	639
芦溪县	2		8	42	54	340	27	313
九江市	**11**	**6**	**108**	**327**	**614**	**4223**	**649**	**3574**
濂溪区			2	2	7	56	6	50
浔阳区								
柴桑区	1		6	13	20	177	14	163
武宁县			3	21	29	332	55	277
修水县			48	32	156	895	110	785
永修县	3		6	60	65	510	92	418
德安县	2	2	12	19	35	361	31	330
都昌县	3	4	14	105	144	639	82	557
湖口县				13	32	210	36	174
彭泽县	1		1	31	55	445	75	370
瑞昌市			16	20	62	326	60	266
共青城市					1	6		6
庐山市	1			11	8	266	88	178
新余市	**1**		**25**	**54**	**38**	**320**	**37**	**283**
渝水区			2	3	1	45	4	41
分宜县	1		23	51	37	275	33	242
鹰潭市			**4**	**50**	**36**	**433**	**37**	**396**
月湖区					2	16		16
余江区			2	13	17	172	7	165
贵溪市			2	37	17	245	30	215
赣州市	**35**	**2**	**128**	**780**	**1044**	**6406**	**649**	**5757**
章贡区					4	35	1	34
南康区	1		1	14	10	59	5	54
赣县区			7	37	27	154	7	147
信丰县	1		14	74	91	686	67	619
大余县	2			26	61	268	27	241
上犹县	3		3	34	40	246	27	219
崇义县				12	21	218	26	192
安远县			3	30	59	353	20	333
定南县	4	1	2	112	58	314	29	285
全南县	14		2	16	30	207	27	180

4-4b 续表 43

单位：人

地区 性别	交通运输、仓储和邮政业					住宿和餐饮业		
	航空运输业	管道运输业	多式联运和运输代理业	装卸搬运和仓储业	邮政业	小计	住宿业	餐饮业
宁都县	1		41	129	140	905	105	800
于都县			9	30	138	1023	104	919
兴国县	6	1	19	31	113	667	55	612
会昌县			10	66	114	664	75	589
寻乌县			11	72	55	259	29	230
石城县	3		3	73	71	277	36	241
瑞金市			3	9	10	35	6	29
龙南市				15	2	36	3	33
吉安市	**46**		**57**	**453**	**536**	**3320**	**446**	**2874**
吉州区				4	4	33	3	30
青原区				1	2	21		21
吉安县	6		3	36	73	384	67	317
吉水县	10		11	57	52	377	36	341
峡江县				5	6	91	14	77
新干县	2		7	55	75	244	42	202
永丰县			5	36	65	300	32	268
泰和县	25		9	53	62	469	51	418
遂川县			4	50	40	401	45	356
万安县	1		3	39	41	200	19	181
安福县	1		6	42	39	222	33	189
永新县	1		7	52	64	378	53	325
井冈山市			2	23	13	200	51	149
宜春市	**19**	**6**	**103**	**412**	**375**	**2616**	**282**	**2334**
袁州区	1			10	8	122	14	108
奉新县	10	2	1	50	66	295	36	259
万载县	3		24	93	75	545	54	491
上高县		4	39	107	47	368	27	341
宜丰县	1		6	43	56	384	28	356
靖安县	3		5	16	20	153	27	126
铜鼓县			2	9	32	164	20	144
丰城市	1		7	21	33	319	53	266
樟树市			1	14	16	71	7	64
高安市			18	49	22	195	16	179
抚州市	**10**		**72**	**348**	**521**	**3278**	**304**	**2974**
临川区	1		1	12	20	130	8	122
东乡区			1	11	8	52	3	49
南城县	2		3	41	58	359	21	338
黎川县			11	51	82	386	14	372
南丰县	2		2	56	50	249	26	223
崇仁县	1		4	43	49	400	69	331
乐安县	1		10	50	55	287	20	267
宜黄县			1	23	67	392	40	352
金溪县	2		7	20	67	381	23	358
资溪县			1	5	18	343	44	299
广昌县	1		31	36	47	299	36	263
上饶市	**13**	**7**	**68**	**598**	**881**	**5528**	**778**	**4750**
信州区				3	5	25	3	22
广丰区		2	5	16	26	175	24	151
广信区	1		3	32	28	145	22	123
玉山县	5	1	8	28	69	610	94	516
铅山县	1	2	5	47	126	622	97	525
横峰县			5	50	77	264	23	241
弋阳县	3	1	8	42	78	377	54	323
余干县	1	1	5	113	109	946	100	846
鄱阳县	2		10	164	227	1468	163	1305
万年县			7	43	52	364	53	311
婺源县			12	57	78	506	142	364
德兴市				3	6	26	3	23

4-4b　续表 44　　　　单位：人

地区 性别	交通运输、仓储和邮政业					住宿和餐饮业		
	航空运输业	管道运输业	多式联运和运输代理业	装卸搬运和仓储业	邮政业	小计	住宿业	餐饮业
男	**140**	**18**	**627**	**3068**	**3804**	**14861**	**1475**	**13386**
南昌市	**33**	**4**	**83**	**377**	**616**	**1532**	**99**	**1433**
东湖区					3	8		8
西湖区								
青云谱区			1	2		2		2
青山湖区	5		10	21	54	90	7	83
新建区			5	12	16	46	4	42
红谷滩区								
南昌县	23		54	211	361	1034	70	964
安义县	3		4	22	30	101	6	95
进贤县	2	4	9	109	152	251	12	239
景德镇市	**4**	**1**	**9**	**96**	**52**	**293**	**25**	**268**
昌江区						4		4
珠山区			2	3	3	22	1	21
浮梁县	4		6	49	36	141	9	132
乐平市		1	1	44	13	126	15	111
萍乡市	**8**	**1**	**59**	**113**	**183**	**670**	**34**	**636**
安源区			7	22	28	74	5	69
湘东区			7	12	19	78	3	75
莲花县	2		4	8	18	80	6	74
上栗县	5	1	33	36	77	284	11	273
芦溪县	1		8	35	41	154	9	145
九江市	**11**	**5**	**95**	**251**	**436**	**1932**	**246**	**1686**
濂溪区			2	2	5	25	2	23
浔阳区								
柴桑区	1		5	10	16	69	3	66
武宁县			2	17	20	176	20	156
修水县			41	31	110	432	42	390
永修县	3		5	52	41	229	35	194
德安县	2	1	11	18	26	148	11	137
都昌县	3	4	13	72	112	321	38	283
湖口县				8	19	75	6	69
彭泽县	1		1	22	35	174	25	149
瑞昌市			15	13	47	132	19	113
共青城市					1	2		2
庐山市	1			6	4	149	45	104
新余市	**1**		**23**	**43**	**32**	**132**	**8**	**124**
渝水区			2	2	1	21	1	20
分宜县	1		21	41	31	111	7	104
鹰潭市			**4**	**42**	**28**	**196**	**14**	**182**
月湖区					2	6		6
余江区			2	12	15	84	3	81
贵溪市			2	30	11	106	11	95
赣州市	**28**		**109**	**625**	**787**	**2898**	**281**	**2617**
章贡区					2	14		14
南康区	1		1	10	6	24	3	21
赣县区			7	29	23	69	4	65
信丰县	1		11	59	69	291	30	261
大余县	2			24	48	122	12	110
上犹县	1		2	27	28	93	6	87
崇义县				11	14	78	6	72
安远县			2	30	42	161	6	155
定南县	3		2	82	42	156	8	148
全南县	12		1	12	23	89	8	81

4-4b 续表 45　　　　单位：人

地区 性别	交通运输、仓储和邮政业					住宿和餐饮业		
	航空运输业	管道运输业	多式联运和运输代理业	装卸搬运和仓储业	邮政业	小计	住宿业	餐饮业
宁都县	1		35	109	115	445	62	383
于都县			7	24	100	513	46	467
兴国县	4		18	28	80	253	20	233
会昌县			9	51	91	292	34	258
寻乌县			8	49	41	128	14	114
石城县	3		3	61	54	139	17	122
瑞金市			3	8	8	14	3	11
龙南市				11	1	17	2	15
吉安市	**34**		**39**	**360**	**338**	**1488**	**183**	**1305**
吉州区				4	2	18	1	17
青原区				1	2	11		11
吉安县	4		1	30	44	176	21	155
吉水县	7		6	46	37	163	18	145
峡江县				4	3	35	5	30
新干县			6	42	45	107	18	89
永丰县			4	32	43	143	16	127
泰和县	22		6	41	35	234	22	212
遂川县			4	36	24	165	12	153
万安县			2	32	31	86	9	77
安福县			4	34	21	100	16	84
永新县	1		4	42	43	156	22	134
井冈山市			2	16	8	94	23	71
宜春市	**12**	**5**	**91**	**337**	**274**	**1178**	**115**	**1063**
袁州区				10	7	65	8	57
奉新县	7	2	1	45	45	139	18	121
万载县	1		23	84	58	236	21	215
上高县		3	35	77	37	160	11	149
宜丰县	1		6	35	44	180	9	171
靖安县	3		4	14	11	65	8	57
铜鼓县			1	8	23	70	4	66
丰城市			6	15	21	137	29	108
樟树市				8	11	40	3	37
高安市			15	41	17	86	4	82
抚州市	**5**		**59**	**300**	**388**	**1643**	**111**	**1532**
临川区			1	12	13	66	3	63
东乡区			1	9	6	24		24
南城县	2		1	39	39	178	6	172
黎川县			10	46	65	207	6	201
南丰县	2		1	50	36	138	9	129
崇仁县	1		3	34	44	204	21	183
乐安县			10	38	43	152	8	144
宜黄县			1	22	46	152	10	142
金溪县			6	17	51	198	9	189
资溪县			1	4	11	182	23	159
广昌县			24	29	34	142	16	126
上饶市	**4**	**2**	**56**	**524**	**670**	**2899**	**359**	**2540**
信州区				3	2	14	1	13
广丰区		1	5	15	18	94	15	79
广信区			2	30	23	73	8	65
玉山县	3		5	24	40	309	42	267
铅山县			5	43	90	388	63	325
横峰县			4	46	69	146	9	137
弋阳县	1		7	40	65	167	15	152
余干县		1	4	99	81	528	45	483
鄱阳县			7	143	177	754	83	671
万年县			6	37	42	196	23	173
婺源县			11	41	57	218	54	164
德兴市				3	6	12	1	11

4-4b 续表 46

单位：人

地区 性别	交通运输、仓储和邮政业					住宿和餐饮业		
	航空运输业	管道运输业	多式联运和运输代理业	装卸搬运和仓储业	邮政业	小计	住宿业	餐饮业
女	**66**	**9**	**119**	**648**	**1454**	**16650**	**2170**	**14480**
南昌市	**20**		**21**	**73**	**272**	**1569**	**193**	**1376**
东湖区					1	6		6
西湖区								
青云谱区						3	2	1
青山湖区				7	29	89	12	77
新建区			1	4	6	58	12	46
红谷滩区								
南昌县	19		18	33	154	1011	125	886
安义县			2	1	5	104	16	88
进贤县	1			28	77	298	26	272
景德镇市	**2**		**1**	**13**	**25**	**412**	**30**	**382**
昌江区				2		11	1	10
珠山区				1		19		19
浮梁县	2		1	5	20	203	13	190
乐平市				5	5	179	16	163
萍乡市	**4**		**8**	**22**	**65**	**911**	**82**	**829**
安源区			2	2	14	107	8	99
湘东区			1	2	7	108	8	100
莲花县	1		1	2	8	110	14	96
上栗县	2		4	9	23	400	34	366
芦溪县	1			7	13	186	18	168
九江市		**1**	**13**	**76**	**178**	**2291**	**403**	**1888**
濂溪区					2	31	4	27
浔阳区								
柴桑区			1	3	4	108	11	97
武宁县			1	4	9	156	35	121
修水县			7	1	46	463	68	395
永修县			1	8	24	281	57	224
德安县		1	1	1	9	213	20	193
都昌县			1	33	32	318	44	274
湖口县				5	13	135	30	105
彭泽县				9	20	271	50	221
瑞昌市			1	7	15	194	41	153
共青城市						4		4
庐山市				5	4	117	43	74
新余市			**2**	**11**	**6**	**188**	**29**	**159**
渝水区				1		24	3	21
分宜县			2	10	6	164	26	138
鹰潭市				**8**	**8**	**237**	**23**	**214**
月湖区						10		10
余江区				1	2	88	4	84
贵溪市				7	6	139	19	120
赣州市	**7**	**2**	**19**	**155**	**257**	**3508**	**368**	**3140**
章贡区					2	21	1	20
南康区				4	4	35	2	33
赣县区				8	4	85	3	82
信丰县			3	15	22	395	37	358
大余县				2	13	146	15	131
上犹县	2		1	7	12	153	21	132
崇义县				1	7	140	20	120
安远县			1		17	192	14	178
定南县	1	1		30	16	158	21	137
全南县	2		1	4	7	118	19	99

4-4b 续表 47

单位：人

地区 性别	交通运输、仓储和邮政业					住宿和餐饮业		
	航空运输业	管道运输业	多式联运和运输代理业	装卸搬运和仓储业	邮政业	小计	住宿业	餐饮业
宁都县			6	20	25	460	43	417
于都县			2	6	38	510	58	452
兴国县	2	1	1	3	33	414	35	379
会昌县			1	15	23	372	41	331
寻乌县			3	23	14	131	15	116
石城县				12	17	138	19	119
瑞金市				1	2	21	3	18
龙南市				4	1	19	1	18
吉安市	**12**		**18**	**93**	**198**	**1832**	**263**	**1569**
吉州区					2	15	2	13
青原区						10		10
吉安县	2		2	6	29	208	46	162
吉水县	3		5	11	15	214	18	196
峡江县				1	3	56	9	47
新干县	2		1	13	30	137	24	113
永丰县			1	4	22	157	16	141
泰和县	3		3	12	27	235	29	206
遂川县				14	16	236	33	203
万安县	1		1	7	10	114	10	104
安福县	1		2	8	18	122	17	105
永新县			3	10	21	222	31	191
井冈山市				7	5	106	28	78
宜春市	**7**	**1**	**12**	**75**	**101**	**1438**	**167**	**1271**
袁州区	1				1	57	6	51
奉新县	3			5	21	156	18	138
万载县	2		1	9	17	309	33	276
上高县		1	4	30	10	208	16	192
宜丰县				8	12	204	19	185
靖安县			1	2	9	88	19	69
铜鼓县			1	1	9	94	16	78
丰城市	1		1	6	12	182	24	158
樟树市			1	6	5	31	4	27
高安市			3	8	5	109	12	97
抚州市	**5**		**13**	**48**	**133**	**1635**	**193**	**1442**
临川区	1				7	64	5	59
东乡区				2	2	28	3	25
南城县			2	2	19	181	15	166
黎川县			1	5	17	179	8	171
南丰县			1	6	14	111	17	94
崇仁县			1	9	5	196	48	148
乐安县	1			12	12	135	12	123
宜黄县				1	21	240	30	210
金溪县	2		1	3	16	183	14	169
资溪县				1	7	161	21	140
广昌县	1		7	7	13	157	20	137
上饶市	**9**	**5**	**12**	**74**	**211**	**2629**	**419**	**2210**
信州区					3	11	2	9
广丰区		1		1	8	81	9	72
广信区	1		1	2	5	72	14	58
玉山县	2	1	3	4	29	301	52	249
铅山县	1	2		4	36	234	34	200
横峰县			1	4	8	118	14	104
弋阳县	2	1	1	2	13	210	39	171
余干县	1		1	14	28	418	55	363
鄱阳县	2		3	21	50	714	80	634
万年县			1	6	10	168	30	138
婺源县			1	16	21	288	88	200
德兴市						14	2	12

4-4b　续表 48　　　　　　　　　　　　　　　　　　　　　　　　　　　　单位：人

地　区 性　别	信息传输、软件和信息技术服务业				金融业				
	小计	电信、广播电视和卫星传输服务	互联网和相关服务	软件和信息技术服务业	小计	货币金融服　务	资本市场服　务	保险业	其　他金融业
全　省	**7416**	**2170**	**3132**	**2114**	**6578**	**3158**	**278**	**2525**	**617**
南昌市	**1085**	**277**	**407**	**401**	**736**	**355**	**56**	**243**	**82**
东湖区	4	1	1	2	2			2	
西湖区									
青云谱区					1				1
青山湖区	37	9	8	20	33	12	2	11	8
新建区	19	5	8	6	17	4	6	7	
红谷滩区									
南昌县	871	200	340	331	482	224	41	165	52
安义县	46	24	8	14	101	65	4	30	2
进贤县	108	38	42	28	100	50	3	28	19
景德镇市	**92**	**30**	**31**	**31**	**101**	**35**	**4**	**56**	**6**
昌江区	2	1		1					
珠山区	5	2		3	29	2		27	
浮梁县	61	21	20	20	54	25	4	20	5
乐平市	24	6	11	7	18	8		9	1
萍乡市	**328**	**82**	**151**	**95**	**348**	**143**	**19**	**149**	**37**
安源区	46	9	19	18	52	15	3	26	8
湘东区	40	6	18	16	19	2	1	11	5
莲花县	60	17	29	14	70	41	3	19	7
上栗县	101	34	47	20	132	50	9	62	11
芦溪县	81	16	38	27	75	35	3	31	6
九江市	**862**	**257**	**342**	**263**	**864**	**345**	**23**	**406**	**90**
濂溪区	10	4	4	2	5			2	3
浔阳区									
柴桑区	39	7	18	14	19	7		10	2
武宁县	57	22	18	17	93	53	1	31	8
修水县	233	58	139	36	124	29	6	56	33
永修县	83	30	22	31	110	76	5	23	6
德安县	68	37	12	19	88	57	1	29	1
都昌县	176	46	61	69	192	24	4	143	21
湖口县	42	21	8	13	68	45		22	1
彭泽县	74	14	27	33	90	45	5	29	11
瑞昌市	51	3	23	25	65	6	1	54	4
共青城市	1	1							
庐山市	28	14	10	4	10	3		7	
新余市	**54**	**31**	**8**	**15**	**83**	**36**	**3**	**35**	**9**
渝水区	5	1	2	2	7	4	2	1	
分宜县	49	30	6	13	76	32	1	34	9
鹰潭市	**54**	**8**	**24**	**22**	**29**	**15**	**1**	**7**	**6**
月湖区	1		1		1			1	
余江区	37	6	14	17	8	5		3	
贵溪市	16	2	9	5	20	10	1	3	6
赣州市	**1767**	**466**	**884**	**417**	**1322**	**654**	**49**	**485**	**134**
章贡区	1		1		3		1	2	
南康区	25	3	21	1	8	4		3	1
赣县区	30	8	14	8	24	16		8	
信丰县	176	45	85	46	135	65	3	55	12
大余县	76	29	27	20	58	30	5	18	5
上犹县	87	29	35	23	67	35	2	27	3
崇义县	51	24	19	8	62	34	2	17	9
安远县	55	25	18	12	63	43		14	6
定南县	58	25	15	18	62	34	3	17	8
全南县	56	19	29	8	60	38	2	17	3

4-4b 续表 49 单位：人

地区 性别	信息传输、软件和信息技术服务业				金融业				
	小计	电信、广播电视和卫星传输服务	互联网和相关服务	软件和信息技术服务业	小计	货币金融服务	资本市场服务	保险业	其他金融业
宁都县	219	31	139	49	182	70	2	79	31
于都县	394	76	206	112	167	73	2	75	17
兴国县	169	62	65	42	150	67	9	58	16
会昌县	108	26	51	31	101	46	10	33	12
寻乌县	126	20	85	21	62	39	1	18	4
石城县	69	38	14	17	113	57	7	42	7
瑞金市	60	3	57		1			1	
龙南市	7	3	3	1	4	3		1	
吉安市	**888**	**322**	**283**	**283**	**1016**	**509**	**38**	**403**	**66**
吉州区	2	1		1	3	1		1	1
青原区	7	2	1	4	6	1		2	3
吉安县	79	29	33	17	116	63	5	39	9
吉水县	118	31	48	39	121	52	2	47	20
峡江县	17	10	3	4	44	31		12	1
新干县	62	22	19	21	80	41	3	31	5
永丰县	73	29	22	22	106	59	5	37	5
泰和县	188	55	55	78	138	50	8	74	6
遂川县	72	31	25	16	88	53	4	29	2
万安县	78	32	28	18	62	31	1	22	8
安福县	56	34	13	9	107	74	3	27	3
永新县	117	41	29	47	129	39	7	80	3
井冈山市	19	5	7	7	16	14		2	
宜春市	**598**	**225**	**246**	**127**	**652**	**346**	**29**	**231**	**46**
袁州区	18	13	3	2	8	4	1	2	1
奉新县	71	19	38	14	103	58	5	28	12
万载县	141	34	81	26	117	61	6	41	9
上高县	101	44	30	27	141	45	3	78	15
宜丰县	72	50	12	10	109	73	3	32	1
靖安县	33	14	8	11	53	37	4	12	
铜鼓县	46	24	17	5	50	27	1	22	
丰城市	50	10	21	19	21	9	2	4	6
樟树市	13	8	3	2	18	14	1	3	
高安市	53	9	33	11	32	18	3	9	2
抚州市	**640**	**185**	**269**	**186**	**581**	**342**	**22**	**153**	**64**
临川区	12	3	3	6	7	1		6	
东乡区	14	1	6	7	8	5	1		2
南城县	91	19	40	32	66	40		23	3
黎川县	102	19	59	24	64	34	1	13	16
南丰县	47	29	9	9	83	43	3	27	10
崇仁县	98	20	44	34	62	37	5	17	3
乐安县	48	17	16	15	60	37	3	18	2
宜黄县	59	23	30	6	84	58	3	22	1
金溪县	47	19	11	17	36	19	1	8	8
资溪县	25	11	10	4	44	39		4	1
广昌县	97	24	41	32	67	29	5	15	18
上饶市	**1048**	**287**	**487**	**274**	**846**	**378**	**34**	**357**	**77**
信州区	8	3	4	1	5	2	1	2	
广丰区	87	7	58	22	20	1	4	13	2
广信区	37	7	19	11	16	3		7	6
玉山县	151	28	85	38	87	38	1	37	11
铅山县	110	28	57	25	55	35	1	12	7
横峰县	51	8	22	21	53	18	1	27	7
弋阳县	81	24	35	22	117	37	1	67	12
余干县	136	38	56	42	158	77	7	63	11
鄱阳县	213	71	86	56	149	65	10	66	8
万年县	93	37	33	23	91	57	6	20	8
婺源县	73	34	28	11	94	45	2	42	5
德兴市	8	2	4	2	1			1	

4-4b　续表 50

单位：人

地区 性别	信息传输、软件和信息技术服务业				金融业				
	小计	电信、广播电视和卫星传输服务	互联网和相关服务	软件和信息技术服务业	小计	货币金融服务	资本市场服务	保险业	其他金融业
男	**4743**	**1216**	**2015**	**1512**	**3298**	**1712**	**166**	**1067**	**353**
南昌市	**739**	**162**	**287**	**290**	**375**	**187**	**29**	**108**	**51**
东湖区	2	1		1	2			2	
西湖区									
青云谱区									
青山湖区	31	9	7	15	15	6		2	7
新建区	13	3	5	5	4	1	3		
红谷滩区									
南昌县	591	116	241	234	248	119	22	76	31
安义县	30	13	5	12	54	34	3	16	1
进贤县	72	20	29	23	52	27	1	12	12
景德镇市	**47**	**14**	**16**	**17**	**49**	**18**	**2**	**25**	**4**
昌江区									
珠山区	2	1		1	15	1		14	
浮梁县	33	10	11	12	25	11	2	9	3
乐平市	12	3	5	4	9	6		2	1
萍乡市	**219**	**49**	**98**	**72**	**158**	**78**	**10**	**52**	**18**
安源区	30	4	13	13	29	8		16	5
湘东区	28	6	11	11	7		1	4	2
莲花县	35	8	17	10	34	26	2	3	3
上栗县	72	23	33	16	58	25	6	23	4
芦溪县	54	8	24	22	30	19	1	6	4
九江市	**534**	**141**	**220**	**173**	**445**	**187**	**13**	**191**	**54**
濂溪区	7	2	4	1	3			2	1
浔阳区									
柴桑区	30	5	13	12	10	2		6	2
武宁县	40	15	14	11	45	29		13	3
修水县	140	31	84	25	68	16	4	28	20
永修县	56	17	14	25	56	41	3	7	5
德安县	40	23	8	9	35	24		11	
都昌县	100	23	37	40	109	14	3	79	13
湖口县	21	6	7	8	35	27		7	1
彭泽县	43	9	10	24	42	27	3	6	6
瑞昌市	35		20	15	34	4		27	3
共青城市									
庐山市	22	10	9	3	8	3		5	
新余市	**30**	**16**	**6**	**8**	**38**	**18**	**2**	**14**	**4**
渝水区	5	1	2	2	3	2	1		
分宜县	25	15	4	6	35	16	1	14	4
鹰潭市	**32**	**4**	**16**	**12**	**15**	**6**	**1**	**4**	**4**
月湖区	1		1		1			1	
余江区	22	3	9	10	3	1		2	
贵溪市	9	1	6	2	11	5	1	1	4
赣州市	**1154**	**278**	**565**	**311**	**716**	**366**	**33**	**226**	**91**
章贡区					1		1		
南康区	15	2	12	1	3	2			1
赣县区	22	4	10	8	13	9		4	
信丰县	118	28	58	32	63	34	1	23	5
大余县	48	13	19	16	38	22	4	8	4
上犹县	64	19	29	16	29	16	2	10	1
崇义县	38	14	16	8	31	12	1	10	8
安远县	36	15	11	10	31	23		4	4
定南县	29	13	7	9	31	15	2	10	4
全南县	34	10	16	8	29	19		8	2

4－4b 续表 51

单位：人

地区 性别	信息传输、软件和信息技术服务业				金融业				
	小计	电信、广播电视和卫星传输服务	互联网和相关服务	软件和信息技术服务业	小计	货币金融服务	资本市场服务	保险业	其他金融业
宁都县	143	20	86	37	119	44	1	50	24
于都县	264	47	135	82	98	45	2	40	11
兴国县	114	44	39	31	67	38	7	13	9
会昌县	67	11	33	23	64	27	8	17	12
寻乌县	83	14	52	17	36	26		8	2
石城县	43	22	9	12	59	32	4	19	4
瑞金市	32	2	30		1			1	
龙南市	4		3	1	3	2		1	
吉安市	**545**	**184**	**164**	**197**	**489**	**285**	**24**	**148**	**32**
吉州区	2	1		1	2	1			1
青原区	5	1		4	5	1		1	3
吉安县	43	16	18	9	59	35	3	16	5
吉水县	70	15	27	28	51	21	1	19	10
峡江县	13	9	2	2	26	21		5	
新干县	37	11	11	15	32	19	2	10	1
永丰县	49	17	15	17	50	32	4	11	3
泰和县	106	34	28	44	62	32	4	24	2
遂川县	51	21	16	14	50	34	2	12	2
万安县	48	14	19	15	36	23	1	9	3
安福县	33	18	8	7	46	37	2	6	1
永新县	79	25	17	37	64	24	5	34	1
井冈山市	9	2	3	4	6	5		1	
宜春市	**358**	**122**	**141**	**95**	**306**	**178**	**16**	**79**	**33**
袁州区	12	8	2	2	4	2	1	1	
奉新县	37	11	14	12	50	31	3	9	7
万载县	83	19	47	17	53	29	3	13	8
上高县	65	20	21	24	67	23	2	28	14
宜丰县	41	24	11	6	49	35	2	11	1
靖安县	22	10	3	9	24	18	2	4	
铜鼓县	25	13	8	4	24	15		9	
丰城市	33	7	14	12	10	5		2	3
樟树市	9	5	2	2	9	9			
高安市	31	5	19	7	16	11	3	2	
抚州市	**410**	**99**	**167**	**144**	**281**	**177**	**13**	**62**	**29**
临川区	6	1		5	4			4	
东乡区	9	1	3	5	4	3			1
南城县	56	10	22	24	30	20		10	
黎川县	72	11	40	21	36	18		8	10
南丰县	28	13	7	8	35	21	2	6	6
崇仁县	66	12	31	23	38	22	3	11	2
乐安县	34	11	10	13	32	20	3	9	
宜黄县	36	12	19	5	37	28	2	7	
金溪县	31	14	6	11	17	10	1	4	2
资溪县	14	4	8	2	25	23		1	1
广昌县	58	10	21	27	23	12	2	2	7
上饶市	**675**	**147**	**335**	**193**	**426**	**212**	**23**	**158**	**33**
信州区	6	1	4	1	4	2		2	
广丰区	61	5	41	15	13		3	9	1
广信区	27	5	15	7	12	3		6	3
玉山县	94	10	57	27	34	17	1	12	4
铅山县	71	16	36	19	33	22	1	8	2
横峰县	34	3	16	15	28	8	1	18	1
弋阳县	49	9	29	11	45	17	1	20	7
余干县	94	22	37	35	94	46	3	38	7
鄱阳县	138	41	59	38	71	40	7	20	4
万年县	56	18	22	16	46	28	5	10	3
婺源县	38	15	15	8	45	29	1	14	1
德兴市	7	2	4	1	1			1	

4-4b　续表 52

单位：人

地区 性别	信息传输、软件和信息技术服务业				金融业				
	小计	电信、广播电视和卫星传输服务	互联网和相关服务	软件和信息技术服务业	小计	货币金融服务	资本市场服务	保险业	其他金融业
女	**2673**	**954**	**1117**	**602**	**3280**	**1446**	**112**	**1458**	**264**
南昌市	**346**	**115**	**120**	**111**	**361**	**168**	**27**	**135**	**31**
东湖区	2		1	1					
西湖区									
青云谱区					1				1
青山湖区	6		1	5	18	6	2	9	1
新建区	6	2	3	1	13	3	3	7	
红谷滩区									
南昌县	280	84	99	97	234	105	19	89	21
安义县	16	11	3	2	47	31	1	14	1
进贤县	36	18	13	5	48	23	2	16	7
景德镇市	**45**	**16**	**15**	**14**	**52**	**17**	**2**	**31**	**2**
昌江区	2	1		1					
珠山区	3	1		2	14	1		13	
浮梁县	28	11	9	8	29	14	2	11	2
乐平市	12	3	6	3	9	2		7	
萍乡市	**109**	**33**	**53**	**23**	**190**	**65**	**9**	**97**	**19**
安源区	16	5	6	5	23	7	3	10	3
湘东区	12		7	5	12	2		7	3
莲花县	25	9	12	4	36	15	1	16	4
上栗县	29	11	14	4	74	25	3	39	7
芦溪县	27	8	14	5	45	16	2	25	2
九江市	**328**	**116**	**122**	**90**	**419**	**158**	**10**	**215**	**36**
濂溪区	3	2		1	2				2
浔阳区									
柴桑区	9	2	5	2	9	5		4	
武宁县	17	7	4	6	48	24	1	18	5
修水县	93	27	55	11	56	13	2	28	13
永修县	27	13	8	6	54	35	2	16	1
德安县	28	14	4	10	53	33	1	18	1
都昌县	76	23	24	29	83	10	1	64	8
湖口县	21	15	1	5	33	18		15	
彭泽县	31	5	17	9	48	18	2	23	5
瑞昌市	16	3	3	10	31	2	1	27	1
共青城市	1	1							
庐山市	6	4	1	1	2			2	
新余市	**24**	**15**	**2**	**7**	**45**	**18**	**1**	**21**	**5**
渝水区					4	2	1	1	
分宜县	24	15	2	7	41	16		20	5
鹰潭市	**22**	**4**	**8**	**10**	**14**	**9**		**3**	**2**
月湖区									
余江区	15	3	5	7	5	4		1	
贵溪市	7	1	3	3	9	5		2	2
赣州市	**613**	**188**	**319**	**106**	**606**	**288**	**16**	**259**	**43**
章贡区	1		1		2			2	
南康区	10	1	9		5	2		3	
赣县区	8	4	4		11	7		4	
信丰县	58	17	27	14	72	31	2	32	7
大余县	28	16	8	4	20	8	1	10	1
上犹县	23	10	6	7	38	19		17	2
崇义县	13	10	3		31	22	1	7	1
安远县	19	10	7	2	32	20		10	2
定南县	29	12	8	9	31	19	1	7	4
全南县	22	9	13		31	19	2	9	1

4-4b 续表 53 单位：人

地区 性别	信息传输、软件和信息技术服务业				金融业				
	小计	电信、广播电视和卫星传输服务	互联网和相关服务	软件和信息技术服务业	小计	货币金融服务	资本市场服务	保险业	其他金融业
宁都县	76	11	53	12	63	26	1	29	7
于都县	130	29	71	30	69	28		35	6
兴国县	55	18	26	11	83	29	2	45	7
会昌县	41	15	18	8	37	19	2	16	
寻乌县	43	6	33	4	26	13	1	10	2
石城县	26	16	5	5	54	25	3	23	3
瑞金市	28	1	27						
龙南市	3	3			1	1			
吉安市	**343**	**138**	**119**	**86**	**527**	**224**	**14**	**255**	**34**
吉州区					1			1	
青原区	2	1	1		1			1	
吉安县	36	13	15	8	57	28	2	23	4
吉水县	48	16	21	11	70	31	1	28	10
峡江县	4	1	1	2	18	10		7	1
新干县	25	11	8	6	48	22	1	21	4
永丰县	24	12	7	5	56	27	1	26	2
泰和县	82	21	27	34	76	18	4	50	4
遂川县	21	10	9	2	38	19	2	17	
万安县	30	18	9	3	26	8		13	5
安福县	23	16	5	2	61	37	1	21	2
永新县	38	16	12	10	65	15	2	46	2
井冈山市	10	3	4	3	10	9		1	
宜春市	**240**	**103**	**105**	**32**	**346**	**168**	**13**	**152**	**13**
袁州区	6	5	1		4	2		1	1
奉新县	34	8	24	2	53	27	2	19	5
万载县	58	15	34	9	64	32	3	28	1
上高县	36	24	9	3	74	22	1	50	1
宜丰县	31	26	1	4	60	38	1	21	
靖安县	11	4	5	2	29	19	2	8	
铜鼓县	21	11	9	1	26	12	1	13	
丰城市	17	3	7	7	11	4	2	2	3
樟树市	4	3	1		9	5	1	3	
高安市	22	4	14	4	16	7		7	2
抚州市	**230**	**86**	**102**	**42**	**300**	**165**	**9**	**91**	**35**
临川区	6	2	3	1	3	1		2	
东乡区	5		3	2	4	2	1		1
南城县	35	9	18	8	36	20		13	3
黎川县	30	8	19	3	28	16	1	5	6
南丰县	19	16	2	1	48	22	1	21	4
崇仁县	32	8	13	11	24	15	2	6	1
乐安县	14	6	6	2	28	17		9	2
宜黄县	23	11	11	1	47	30	1	15	1
金溪县	16	5	5	6	19	9		4	6
资溪县	11	7	2	2	19	16		3	
广昌县	39	14	20	5	44	17	3	13	11
上饶市	**373**	**140**	**152**	**81**	**420**	**166**	**11**	**199**	**44**
信州区	2	2			1		1		
广丰区	26	2	17	7	7	1	1	4	1
广信区	10	2	4	4	4			1	3
玉山县	57	18	28	11	53	21		25	7
铅山县	39	12	21	6	22	13		4	5
横峰县	17	5	6	6	25	10		9	6
弋阳县	32	15	6	11	72	20		47	5
余干县	42	16	19	7	64	31	4	25	4
鄱阳县	75	30	27	18	78	25	3	46	4
万年县	37	19	11	7	45	29	1	10	5
婺源县	35	19	13	3	49	16	1	28	4
德兴市	1			1					

4-4b　续表 54　　　　　　　　　　　　　　　　　　　　　　　　单位：人

地区 性别	房地产业		租赁和商务服务业			科学研究和技术服务业			
	小计	房地产业	小计	租赁业	商务服务业	小计	研究和试验发展	专业技术服务业	科技推广和应用服务业
全　省	**9566**	**9566**	**18279**	**1188**	**17091**	**5349**	**504**	**3562**	**1283**
南昌市	**1637**	**1637**	**2062**	**124**	**1938**	**990**	**165**	**682**	**143**
东湖区	6	6	16		16	5	1	4	
西湖区									
青云谱区	1	1	4		4	1		1	
青山湖区	85	85	122	11	111	73	2	55	16
新建区	44	44	78	2	76	22	1	16	5
红谷滩区									
南昌县	1258	1258	1386	97	1289	787	153	536	98
安义县	69	69	91	3	88	28	2	21	5
进贤县	174	174	365	11	354	74	6	49	19
景德镇市	**134**	**134**	**387**	**27**	**360**	**80**	**5**	**69**	**6**
昌江区	1	1	8		8	3		1	2
珠山区	27	27	51		51	7		6	1
浮梁县	75	75	240	15	225	51	4	44	3
乐平市	31	31	88	12	76	19	1	18	
萍乡市	**421**	**421**	**728**	**81**	**647**	**234**	**23**	**132**	**79**
安源区	56	56	147	12	135	64	3	19	42
湘东区	28	28	62	4	58	25	2	14	9
莲花县	36	36	93	9	84	34	1	25	8
上栗县	216	216	269	26	243	51	8	40	3
芦溪县	85	85	157	30	127	60	9	34	17
九江市	**1376**	**1376**	**2575**	**131**	**2444**	**626**	**47**	**412**	**167**
濂溪区	20	20	48	4	44	12	3	9	
浔阳区									
柴桑区	51	51	76	2	74	26		15	11
武宁县	165	165	130	10	120	17		16	1
修水县	257	257	521	35	486	119	14	83	22
永修县	152	152	209	8	201	47	6	37	4
德安县	122	122	136	9	127	27		22	5
都昌县	210	210	778	18	760	150	4	84	62
湖口县	96	96	74	8	66	20		20	
彭泽县	119	119	262	17	245	111	17	79	15
瑞昌市	157	157	250	10	240	82	1	43	38
共青城市	3	3	1		1				
庐山市	24	24	90	10	80	15	2	4	9
新余市	**90**	**90**	**402**	**20**	**382**	**53**	**4**	**42**	**7**
渝水区	6	6	13		13	5		5	
分宜县	84	84	389	20	369	48	4	37	7
鹰潭市	**101**	**101**	**387**	**18**	**369**	**161**	**6**	**30**	**125**
月湖区	7	7	5		5	2		2	
余江区	66	66	307	6	301	146	5	21	120
贵溪市	28	28	75	12	63	13	1	7	5
赣州市	**2148**	**2148**	**3572**	**250**	**3322**	**977**	**55**	**734**	**188**
章贡区	5	5	7		7	3	2	1	
南康区	14	14	41	5	36	6	1	5	
赣县区	23	23	57	7	50	28	2	22	4
信丰县	162	162	425	33	392	200	6	154	40
大余县	76	76	151	7	144	40	4	28	8
上犹县	81	81	166	6	160	47	5	37	5
崇义县	40	40	87	15	72	22		17	5
安远县	68	68	176	13	163	37	2	31	4
定南县	152	152	220	19	201	30		29	1
全南县	48	48	108	5	103	15	1	12	2

4-4b 续表 55 单位：人

地区 性别	房地产业		租赁和商务服务业			科学研究和技术服务业			
	小计	房地产业	小计	租赁业	商务服务业	小计	研究和试验发展	专业技术服务业	科技推广和应用服务业
宁都县	223	223	711	59	652	150	11	99	40
于都县	678	678	396	22	374	68	9	48	11
兴国县	192	192	318	25	293	116	5	98	13
会昌县	249	249	389	13	376	97	2	76	19
寻乌县	58	58	157	5	152	43	1	36	6
石城县	75	75	127	12	115	66	4	36	26
瑞金市	2	2	25	4	21	9		5	4
龙南市	2	2	11		11				
吉安市	**916**	**916**	**2026**	**170**	**1856**	**752**	**79**	**468**	**205**
吉州区	6	6	18	2	16	3		2	1
青原区	2	2	16	5	11	2		2	
吉安县	140	140	139	23	116	60	11	41	8
吉水县	79	79	350	20	330	121	8	73	40
峡江县	12	12	66	5	61	7	1	6	
新干县	84	84	195	13	182	55	8	44	3
永丰县	60	60	109	14	95	32	1	24	7
泰和县	118	118	357	13	344	196	35	51	110
遂川县	83	83	137	5	132	54	3	48	3
万安县	39	39	134	16	118	64	2	54	8
安福县	90	90	100	27	73	36		34	2
永新县	192	192	378	21	357	114	9	82	23
井冈山市	11	11	27	6	21	8	1	7	
宜春市	**776**	**776**	**1525**	**118**	**1407**	**353**	**34**	**237**	**82**
袁州区	19	19	28	8	20	6		6	
奉新县	82	82	198	4	194	63	4	24	35
万载县	116	116	349	21	328	100	9	74	17
上高县	232	232	471	30	441	79	6	60	13
宜丰县	69	69	114	17	97	21		17	4
靖安县	97	97	79	5	74	10		8	2
铜鼓县	21	21	65	7	58	4	1	3	
丰城市	73	73	116	11	105	37	10	18	9
樟树市	23	23	14	3	11	5		4	1
高安市	44	44	91	12	79	28	4	23	1
抚州市	**713**	**713**	**1396**	**65**	**1331**	**341**	**31**	**240**	**70**
临川区	25	25	74	6	68	20	2	12	6
东乡区	12	12	49	2	47	11	2	8	1
南城县	117	117	129	6	123	33	7	23	3
黎川县	47	47	229	7	222	56	4	41	11
南丰县	91	91	97	4	93	21	4	13	4
崇仁县	159	159	152	7	145	27	2	21	4
乐安县	75	75	223	15	208	64	5	54	5
宜黄县	60	60	53	8	45	17	1	14	2
金溪县	53	53	162		162	40	2	28	10
资溪县	12	12	80	4	76	30	1	11	18
广昌县	62	62	148	6	142	22	1	15	6
上饶市	**1254**	**1254**	**3219**	**184**	**3035**	**782**	**55**	**516**	**211**
信州区	7	7	17		17	9		9	
广丰区	61	61	252	59	193	74	4	49	21
广信区	46	46	102	5	97	28	1	17	10
玉山县	109	109	424	16	408	105	9	60	36
铅山县	234	234	233	15	218	45	2	32	11
横峰县	57	57	236	9	227	36	6	25	5
弋阳县	97	97	327	25	302	89	5	53	31
余干县	203	203	561	15	546	71	5	51	15
鄱阳县	283	283	472	23	449	196	15	134	47
万年县	62	62	285	1	284	44	2	33	9
婺源县	94	94	287	16	271	83	6	52	25
德兴市	1	1	23		23	2		1	1

4-4b 续表 56

单位：人

地区 性别	房地产业		租赁和商务服务业			科学研究和技术服务业			
	小计	房地产业	小计	租赁业	商务服务业	小计	研究和试验发展	专业技术服务业	科技推广和应用服务业
男	**5863**	**5863**	**11727**	**1055**	**10672**	**3794**	**344**	**2643**	**807**
南昌市	**977**	**977**	**1303**	**93**	**1210**	**698**	**101**	**503**	**94**
东湖区	6	6	13		13	4	1	3	
西湖区									
青云谱区	1	1	4		4				
青山湖区	53	53	73	7	66	49		38	11
新建区	28	28	54	2	52	17	1	11	5
红谷滩区									
南昌县	743	743	885	73	812	555	93	400	62
安义县	46	46	55	3	52	22	1	18	3
进贤县	100	100	219	8	211	51	5	33	13
景德镇市	**84**	**84**	**244**	**24**	**220**	**54**	**5**	**44**	**5**
昌江区	1	1	8		8	2			2
珠山区	15	15	31		31	5		4	1
浮梁县	49	49	143	14	129	36	4	30	2
乐平市	19	19	62	10	52	11	1	10	
萍乡市	**244**	**244**	**451**	**74**	**377**	**166**	**16**	**102**	**48**
安源区	45	45	103	9	94	42	3	13	26
湘东区	16	16	31	3	28	17		12	5
莲花县	18	18	55	8	47	31	1	23	7
上栗县	124	124	153	25	128	39	8	29	2
芦溪县	41	41	109	29	80	37	4	25	8
九江市	**812**	**812**	**1615**	**115**	**1500**	**441**	**34**	**309**	**98**
濂溪区	10	10	30	3	27	11	2	9	
浔阳区									
柴桑区	23	23	48	2	46	19		15	4
武宁县	91	91	73	9	64	13		12	1
修水县	172	172	347	30	317	89	9	66	14
永修县	80	80	129	8	121	33	4	26	3
德安县	60	60	71	6	65	21		18	3
都昌县	127	127	502	18	484	99	3	62	34
湖口县	65	65	42	7	35	12		12	
彭泽县	65	65	165	15	150	77	14	54	9
瑞昌市	98	98	146	10	136	57	1	32	24
共青城市	3	3	1		1				
庐山市	18	18	61	7	54	10	1	3	6
新余市	**60**	**60**	**253**	**16**	**237**	**34**	**4**	**27**	**3**
渝水区	6	6	9		9	5		5	
分宜县	54	54	244	16	228	29	4	22	3
鹰潭市	**68**	**68**	**252**	**17**	**235**	**92**	**6**	**17**	**69**
月湖区	3	3	3		3	1		1	
余江区	43	43	195	6	189	82	5	11	66
贵溪市	22	22	54	11	43	9	1	5	3
赣州市	**1423**	**1423**	**2311**	**226**	**2085**	**711**	**40**	**538**	**133**
章贡区	2	2	7		7	3	2	1	
南康区	9	9	28	5	23	5	1	4	
赣县区	13	13	37	7	30	21		18	3
信丰县	94	94	266	30	236	112	5	81	26
大余县	42	42	99	7	92	29	3	20	6
上犹县	46	46	111	6	105	37	4	29	4
崇义县	26	26	46	13	33	19		15	4
安远县	39	39	108	9	99	27	2	23	2
定南县	106	106	140	17	123	19		19	
全南县	33	33	71	4	67	12	1	10	1

4-4b 续表 57 单位：人

地区 性别	房地产业		租赁和商务服务业			科学研究和技术服务业			
	小计	房地产业	小计	租赁业	商务服务业	小计	研究和试验发展	专业技术服务业	科技推广和应用服务业
宁都县	152	152	473	53	420	116	8	80	28
于都县	505	505	274	21	253	55	7	40	8
兴国县	111	111	212	24	188	96	5	79	12
会昌县	161	161	241	12	229	73	1	59	13
寻乌县	32	32	96	5	91	32		28	4
石城县	48	48	82	10	72	49	1	28	20
瑞金市	2	2	14	3	11	6		4	2
龙南市	2	2	6		6				
吉安市	**503**	**503**	**1297**	**158**	**1139**	**538**	**54**	**353**	**131**
吉州区	3	3	10	2	8	2		1	1
青原区	2	2	13	5	8	2		2	
吉安县	67	67	85	20	65	47	9	33	5
吉水县	47	47	230	20	210	94	7	58	29
峡江县	9	9	38	3	35	5	1	4	
新干县	48	48	123	13	110	41	3	35	3
永丰县	34	34	82	14	68	25	1	20	4
泰和县	56	56	237	11	226	132	24	40	68
遂川县	41	41	84	5	79	44	2	39	3
万安县	27	27	79	14	65	45		40	5
安福县	52	52	69	25	44	25		23	2
永新县	109	109	223	20	203	68	6	51	11
井冈山市	8	8	24	6	18	8	1	7	
宜春市	**467**	**467**	**956**	**110**	**846**	**254**	**24**	**177**	**53**
袁州区	15	15	22	7	15	4		4	
奉新县	38	38	122	3	119	40	3	17	20
万载县	70	70	215	20	195	77	4	61	12
上高县	138	138	288	29	259	55	4	44	7
宜丰县	39	39	71	16	55	15		12	3
靖安县	74	74	54	4	50	7		6	1
铜鼓县	13	13	39	7	32	3		3	
丰城市	40	40	76	11	65	33	9	15	9
樟树市	13	13	7	2	5	5		4	1
高安市	27	27	62	11	51	15	4	11	
抚州市	**428**	**428**	**946**	**56**	**890**	**237**	**23**	**177**	**37**
临川区	10	10	56	6	50	13	2	7	4
东乡区	7	7	34	2	32	8	2	5	1
南城县	64	64	87	5	82	27	5	20	2
黎川县	32	32	134	4	130	40	3	29	8
南丰县	50	50	65	4	61	14	3	8	3
崇仁县	94	94	109	6	103	20	2	16	2
乐安县	53	53	164	14	150	49	4	41	4
宜黄县	40	40	38	6	32	13		12	1
金溪县	32	32	98		98	28	2	19	7
资溪县	8	8	58	4	54	11		10	1
广昌县	38	38	103	5	98	14		10	4
上饶市	**797**	**797**	**2099**	**166**	**1933**	**569**	**37**	**396**	**136**
信州区	6	6	15		15	7		7	
广丰区	47	47	195	58	137	53	1	39	13
广信区	28	28	74	5	69	23	1	16	6
玉山县	76	76	264	14	250	75	7	50	18
铅山县	151	151	160	13	147	36	1	26	9
横峰县	30	30	150	8	142	26	6	18	2
弋阳县	63	63	201	20	181	64	3	38	23
余干县	133	133	358	14	344	47	3	35	9
鄱阳县	172	172	312	17	295	138	9	101	28
万年县	37	37	178	1	177	36	2	28	6
婺源县	53	53	180	16	164	62	4	37	21
德兴市	1	1	12		12	2		1	1

4-4b 续表 58

单位：人

地区 性别	房地产业		租赁和商务服务业			科学研究和技术服务业			
	小计	房地产业	小计	租赁业	商务服务业	小计	研究和试验发展	专业技术服务业	科技推广和应用服务业
女	**3703**	**3703**	**6552**	**133**	**6419**	**1555**	**160**	**919**	**476**
南昌市	**660**	**660**	**759**	**31**	**728**	**292**	**64**	**179**	**49**
东湖区			3		3	1		1	
西湖区									
青云谱区						1		1	
青山湖区	32	32	49	4	45	24	2	17	5
新建区	16	16	24		24	5		5	
红谷滩区									
南昌县	515	515	501	24	477	232	60	136	36
安义县	23	23	36		36	6	1	3	2
进贤县	74	74	146	3	143	23	1	16	6
景德镇市	**50**	**50**	**143**	**3**	**140**	**26**		**25**	**1**
昌江区						1		1	
珠山区	12	12	20		20	2		2	
浮梁县	26	26	97	1	96	15		14	1
乐平市	12	12	26	2	24	8		8	
萍乡市	**177**	**177**	**277**	**7**	**270**	**68**	**7**	**30**	**31**
安源区	11	11	44	3	41	22		6	16
湘东区	12	12	31	1	30	8	2	2	4
莲花县	18	18	38	1	37	3		2	1
上栗县	92	92	116	1	115	12		11	1
芦溪县	44	44	48	1	47	23	5	9	9
九江市	**564**	**564**	**960**	**16**	**944**	**185**	**13**	**103**	**69**
濂溪区	10	10	18	1	17	1	1		
浔阳区									
柴桑区	28	28	28		28	7			7
武宁县	74	74	57	1	56	4		4	
修水县	85	85	174	5	169	30	5	17	8
永修县	72	72	80		80	14	2	11	1
德安县	62	62	65	3	62	6		4	2
都昌县	83	83	276		276	51	1	22	28
湖口县	31	31	32	1	31	8		8	
彭泽县	54	54	97	2	95	34	3	25	6
瑞昌市	59	59	104		104	25		11	14
共青城市									
庐山市	6	6	29	3	26	5	1	1	3
新余市	**30**	**30**	**149**	**4**	**145**	**19**		**15**	**4**
渝水区			4		4				
分宜县	30	30	145	4	141	19		15	4
鹰潭市	**33**	**33**	**135**	**1**	**134**	**69**		**13**	**56**
月湖区	4	4	2		2	1		1	
余江区	23	23	112		112	64		10	54
贵溪市	6	6	21	1	20	4		2	2
赣州市	**725**	**725**	**1261**	**24**	**1237**	**266**	**15**	**196**	**55**
章贡区	3	3							
南康区	5	5	13		13	1		1	
赣县区	10	10	20		20	7	2	4	1
信丰县	68	68	159	3	156	88	1	73	14
大余县	34	34	52		52	11	1	8	2
上犹县	35	35	55		55	10	1	8	1
崇义县	14	14	41	2	39	3		2	1
安远县	29	29	68	4	64	10		8	2
定南县	46	46	80	2	78	11		10	1
全南县	15	15	37	1	36	3		2	1

4-4b 续表 59

单位：人

地区 性别	房地产业 小计	房地产业 房地产业	租赁和商务服务业 小计	租赁和商务服务业 租赁业	租赁和商务服务业 商务服务业	科学研究和技术服务业 小计	科学研究和技术服务业 研究和试验发展	科学研究和技术服务业 专业技术服务业	科学研究和技术服务业 科技推广和应用服务业
宁都县	71	71	238	6	232	34	3	19	12
于都县	173	173	122	1	121	13	2	8	3
兴国县	81	81	106	1	105	20		19	1
会昌县	88	88	148	1	147	24	1	17	6
寻乌县	26	26	61		61	11	1	8	2
石城县	27	27	45	2	43	17	3	8	6
瑞金市			11	1	10	3		1	2
龙南市			5		5				
吉安市	**413**	**413**	**729**	**12**	**717**	**214**	**25**	**115**	**74**
吉州区	3	3	8		8	1		1	
青原区			3		3				
吉安县	73	73	54	3	51	13	2	8	3
吉水县	32	32	120		120	27	1	15	11
峡江县	3	3	28	2	26	2		2	
新干县	36	36	72		72	14	5	9	
永丰县	26	26	27		27	7		4	3
泰和县	62	62	120	2	118	64	11	11	42
遂川县	42	42	53		53	10	1	9	
万安县	12	12	55	2	53	19	2	14	3
安福县	38	38	31	2	29	11		11	
永新县	83	83	155	1	154	46	3	31	12
井冈山市	3	3	3		3				
宜春市	**309**	**309**	**569**	**8**	**561**	**99**	**10**	**60**	**29**
袁州区	4	4	6	1	5	2		2	
奉新县	44	44	76	1	75	23	1	7	15
万载县	46	46	134	1	133	23	5	13	5
上高县	94	94	183	1	182	24	2	16	6
宜丰县	30	30	43	1	42	6		5	1
靖安县	23	23	25	1	24	3		2	1
铜鼓县	8	8	26		26	1	1		
丰城市	33	33	40		40	4	1	3	
樟树市	10	10	7	1	6				
高安市	17	17	29	1	28	13		12	1
抚州市	**285**	**285**	**450**	**9**	**441**	**104**	**8**	**63**	**33**
临川区	15	15	18		18	7		5	2
东乡区	5	5	15		15	3		3	
南城县	53	53	42	1	41	6	2	3	1
黎川县	15	15	95	3	92	16	1	12	3
南丰县	41	41	32		32	7	1	5	1
崇仁县	65	65	43	1	42	7		5	2
乐安县	22	22	59	1	58	15	1	13	1
宜黄县	20	20	15	2	13	4	1	2	1
金溪县	21	21	64		64	12		9	3
资溪县	4	4	22		22	19	1	1	17
广昌县	24	24	45	1	44	8	1	5	2
上饶市	**457**	**457**	**1120**	**18**	**1102**	**213**	**18**	**120**	**75**
信州区	1	1	2		2	2		2	
广丰区	14	14	57	1	56	21	3	10	8
广信区	18	18	28		28	5		1	4
玉山县	33	33	160	2	158	30	2	10	18
铅山县	83	83	73	2	71	9	1	6	2
横峰县	27	27	86	1	85	10		7	3
弋阳县	34	34	126	5	121	25	2	15	8
余干县	70	70	203	1	202	24	2	16	6
鄱阳县	111	111	160	6	154	58	6	33	19
万年县	25	25	107		107	8		5	3
婺源县	41	41	107		107	21	2	15	4
德兴市			11		11				

4-4b　续表 60

单位：人

地区 性别	水利、环境和公共设施管理业					居民服务、修理和其他服务业			
	小计	水利管理业	生态保护和环境治理业	公共设施管理业	土地管理业	小计	居民服务业	机动车、电子产品和日用产品修理业	其他服务业
全　省	**3978**	**219**	**342**	**3373**	**44**	**28000**	**17288**	**6160**	**4552**
南昌市	**522**	**31**	**51**	**437**	**3**	**2107**	**1172**	**573**	**362**
东湖区						17	9	3	5
西湖区									
青云谱区						7	2	5	
青山湖区	44	1		43		96	48	20	28
新建区	45	1		44		74	43	13	18
红谷滩区									
南昌县	344	19	47	276	2	1425	772	416	237
安义县	13	1	1	11		106	62	30	14
进贤县	76	9	3	63	1	382	236	86	60
景德镇市	**111**	**5**	**3**	**102**	**1**	**713**	**421**	**132**	**160**
昌江区						13	9	2	2
珠山区	6			6		79	62	3	14
浮梁县	66	5	2	58	1	272	149	72	51
乐平市	39		1	38		349	201	55	93
萍乡市	**262**	**7**	**18**	**237**		**4146**	**3460**	**289**	**397**
安源区	43			43		421	333	36	52
湘东区	27	4	2	21		339	287	29	23
莲花县	25		1	24		1091	1005	54	32
上栗县	110	3	13	94		777	563	115	99
芦溪县	57		2	55		1518	1272	55	191
九江市	**543**	**28**	**50**	**454**	**11**	**3366**	**2186**	**662**	**518**
濂溪区	17			17		22	13	6	3
浔阳区									
柴桑区	20	1	2	16	1	103	65	22	16
武宁县	35		5	30		290	198	45	47
修水县	83	5	7	70	1	672	442	160	70
永修县	60	5	4	51		419	308	70	41
德安县	35	2		33		382	245	55	82
都昌县	60	5	8	46	1	661	470	133	58
湖口县	51		13	38		153	91	51	11
彭泽县	102	8	8	79	7	324	202	52	70
瑞昌市	22	1	1	20		234	92	44	98
共青城市	1			1		1			1
庐山市	57	1	2	53	1	105	60	24	21
新余市	**35**	**2**		**33**		**255**	**143**	**70**	**42**
渝水区	13			13		27	15	7	5
分宜县	22	2		20		228	128	63	37
鹰潭市	**63**	**3**		**60**		**324**	**196**	**68**	**60**
月湖区	1			1		6	2	1	3
余江区	13	1		12		125	77	28	20
贵溪市	49	2		47		193	117	39	37
赣州市	**696**	**36**	**85**	**567**	**8**	**5172**	**2547**	**1505**	**1120**
章贡区						14	3	4	7
南康区	12			12		82	54	20	8
赣县区	28		2	26		127	58	51	18
信丰县	65	1	21	42	1	494	241	189	64
大余县	56		4	52		914	208	64	642
上犹县	41	4	3	33	1	177	78	61	38
崇义县	31	1	2	28		167	73	59	35
安远县	46	1	1	44		185	103	67	15
定南县	16		6	10		196	97	75	24
全南县	55		9	46		151	76	62	13

4-4b　续表 61　　　　　　　　　　　　　　　　　　　　　　　　　　　　单位：人

地　区 性　别	水利、环境和公共设施管理业					居民服务、修理和其他服务业			
	小计	水　利 管理业	生态保护 和环境 治理业	公共设施 管理业	土　地 管理业	小计	居　民 服务业	机动车、 电子产品 和日用产 品修理业	其　他 服务业
宁都县	61	10	8	43		655	404	175	76
于都县	70	8	1	57	4	523	324	170	29
兴国县	72	4	10	58		603	326	195	82
会昌县	41	3	9	29		441	234	166	41
寻乌县	47	3	5	39		206	112	81	13
石城县	43	1	2	40		164	121	36	7
瑞金市	2			2		40	19	18	3
龙南市	10		2	6	2	33	16	12	5
吉安市	**531**	**37**	**33**	**453**	**8**	**2650**	**1447**	**766**	**437**
吉州区	5			5		16	3	5	8
青原区	4		3	1		15	8	6	1
吉安县	64	4	1	59		299	166	99	34
吉水县	76	6	6	61	3	395	198	120	77
峡江县	20		2	18		81	46	23	12
新干县	55	4	1	50		212	93	63	56
永丰县	45	3	4	37	1	308	203	72	33
泰和县	38	7	5	25	1	304	146	101	57
遂川县	53	3	3	47		285	181	90	14
万安县	21	3	1	17		192	105	57	30
安福县	63	2	1	60		206	124	48	34
永新县	31	1	4	23	3	283	141	69	73
井冈山市	56	4	2	50		54	33	13	8
宜春市	**347**	**20**	**18**	**304**	**5**	**2861**	**1965**	**549**	**347**
袁州区	23			23		85	53	23	9
奉新县	34	2	4	28		365	243	67	55
万载县	75	3	4	67	1	450	299	86	65
上高县	48	4	4	38	2	311	189	79	43
宜丰县	35	2	2	29	2	874	744	82	48
靖安县	28			28		148	114	19	15
铜鼓县	21	4		17		140	87	42	11
丰城市	20	4	3	13		210	94	51	65
樟树市	12			12		66	39	22	5
高安市	51	1	1	49		212	103	78	31
抚州市	**313**	**21**	**31**	**255**	**6**	**2256**	**1314**	**522**	**420**
临川区	18		1	17		127	51	37	39
东乡区	18			18		106	24	12	70
南城县	25		2	23		255	154	57	44
黎川县	32	2	3	26	1	341	227	60	54
南丰县	29	4	2	23		220	120	48	52
崇仁县	44	4	9	31		250	153	65	32
乐安县	40	7	4	27	2	237	113	78	46
宜黄县	28		3	23	2	209	132	63	14
金溪县	19	2	2	15		216	136	58	22
资溪县	22	1		20	1	58	32	6	20
广昌县	38	1	5	32		237	172	38	27
上饶市	**555**	**29**	**53**	**471**	**2**	**4150**	**2437**	**1024**	**689**
信州区	5			5		43	24	12	7
广丰区	26	2	1	23		249	132	82	35
广信区	27		11	16		183	104	53	26
玉山县	83	3	13	67		457	251	130	76
铅山县	48	2	4	40	2	289	188	70	31
横峰县	16	3	1	12		165	104	40	21
弋阳县	50	2	7	41		286	192	71	23
余干县	58	3	4	51		709	480	148	81
鄱阳县	123	9	1	113		945	511	254	180
万年县	28	3	3	22		425	187	73	165
婺源县	90	2	8	80		372	248	83	41
德兴市	1			1		27	16	8	3

4-4b　续表 62

单位：人

地区 性别	水利、环境和公共设施管理业					居民服务、修理和其他服务业			
	小计	水利管理业	生态保护和环境治理业	公共设施管理业	土地管理业	小计	居民服务业	机动车、电子产品和日用产品修理业	其他服务业
男	**2465**	**178**	**232**	**2017**	**38**	**11963**	**4985**	**5198**	**1780**
南昌市	**334**	**23**	**35**	**273**	**3**	**1016**	**410**	**473**	**133**
东湖区						6	1	3	2
西湖区									
青云谱区						6	1	5	
青山湖区	31	1		30		48	20	15	13
新建区	29	1		28		28	14	10	4
红谷滩区									
南昌县	215	12	33	168	2	679	259	337	83
安义县	9	1		8		64	30	27	7
进贤县	50	8	2	39	1	185	85	76	24
景德镇市	**66**	**3**	**1**	**61**	**1**	**267**	**124**	**113**	**30**
昌江区						8	5	2	1
珠山区	1			1		29	26	2	1
浮梁县	40	3	1	35	1	134	54	63	17
乐平市	25			25		96	39	46	11
萍乡市	**170**	**6**	**11**	**153**		**1026**	**654**	**252**	**120**
安源区	23			23		77	41	30	6
湘东区	17	3		14		90	55	27	8
莲花县	17		1	16		293	236	46	11
上栗县	72	3	9	60		215	86	103	26
芦溪县	41		1	40		351	236	46	69
九江市	**349**	**20**	**34**	**287**	**8**	**1436**	**675**	**542**	**219**
濂溪区	10			10		12	5	5	2
浔阳区									
柴桑区	8	1	2	5		48	21	19	8
武宁县	25		3	22		153	87	40	26
修水县	55	2	3	49	1	289	139	119	31
永修县	41	4	3	34		151	76	62	13
德安县	23	1		22		113	51	49	13
都昌县	38	4	5	28	1	287	161	108	18
湖口县	34		10	24		78	31	40	7
彭泽县	61	6	5	44	6	110	42	42	26
瑞昌市	16	1	1	14		137	36	38	63
共青城市	1			1					
庐山市	37	1	2	34		58	26	20	12
新余市	**22**	**2**		**20**		**119**	**40**	**65**	**14**
渝水区	6			6		15	6	7	2
分宜县	16	2		14		104	34	58	12
鹰潭市	**37**	**3**		**34**		**126**	**51**	**52**	**23**
月湖区	1			1		2		1	1
余江区	8	1		7		46	19	21	6
贵溪市	28	2		26		78	32	30	16
赣州市	**417**	**33**	**58**	**319**	**7**	**2683**	**907**	**1291**	**485**
章贡区						10	2	4	4
南康区	8			8		38	18	16	4
赣县区	13		2	11		74	23	45	6
信丰县	39	1	12	25	1	275	94	156	25
大余县	32		4	28		457	89	58	310
上犹县	23	3	1	19		86	28	48	10
崇义县	17	1	2	14		75	20	47	8
安远县	27	1	1	25		106	43	60	3
定南县	10		3	7		112	38	67	7
全南县	26		8	18		76	23	51	2

4-4b 续表 63　　　　单位：人

地区 性别	水利、环境和公共设施管理业					居民服务、修理和其他服务业			
	小计	水利管理业	生态保护和环境治理业	公共设施管理业	土地管理业	小计	居民服务业	机动车、电子产品和日用产品修理业	其他服务业
宁都县	41	8	5	28		327	140	157	30
于都县	48	8	1	35	4	259	105	140	14
兴国县	46	4	7	35		308	105	165	38
会昌县	26	3	5	18		252	90	148	14
寻乌县	27	3	4	20		117	43	71	3
石城县	28	1	2	25		69	35	31	3
瑞金市	1			1		23	4	17	2
龙南市	5		1	2	2	19	7	10	2
吉安市	**302**	**30**	**23**	**243**	**6**	**1211**	**447**	**621**	**143**
吉州区	5			5		7	1	5	1
青原区	4		3	1		7	2	4	1
吉安县	37	4	1	32		136	52	74	10
吉水县	44	5	5	31	3	187	67	101	19
峡江县	13		1	12		46	22	19	5
新干县	28	3	1	24		107	28	53	26
永丰县	24	3	2	18	1	121	51	61	9
泰和县	20	5	4	11		140	46	73	21
遂川县	17	2	1	14		129	51	74	4
万安县	15	2		13		91	32	49	10
安福县	44	1	1	42		79	30	39	10
永新县	18	1	2	13	2	137	55	58	24
井冈山市	33	4	2	27		24	10	11	3
宜春市	**211**	**16**	**14**	**176**	**5**	**977**	**402**	**461**	**114**
袁州区	17			17		44	20	22	2
奉新县	25	2	4	19		131	58	52	21
万载县	46	3	3	39	1	169	75	77	17
上高县	29	3	3	21	2	133	48	68	17
宜丰县	21	2	1	16	2	181	97	66	18
靖安县	10			10		41	21	18	2
铜鼓县	12	2		10		60	23	34	3
丰城市	11	3	2	6		89	28	42	19
樟树市	10			10		25	6	18	1
高安市	30	1	1	28		104	26	64	14
抚州市	**207**	**18**	**20**	**163**	**6**	**980**	**363**	**449**	**168**
临川区	14		1	13		62	20	33	9
东乡区	8			8		59	8	9	42
南城县	15		1	14		114	53	51	10
黎川县	25	1	2	21	1	118	53	54	11
南丰县	22	4	1	17		103	40	42	21
崇仁县	29	3	6	20		120	51	59	10
乐安县	28	7	3	16	2	119	28	64	27
宜黄县	19		1	16	2	81	28	48	5
金溪县	14	2	1	11		93	32	51	10
资溪县	13			12	1	28	12	5	11
广昌县	20	1	4	15		83	38	33	12
上饶市	**350**	**24**	**36**	**288**	**2**	**2122**	**912**	**879**	**331**
信州区	4			4		25	11	11	3
广丰区	23	2	1	20		131	43	67	21
广信区	20		9	11		111	52	44	15
玉山县	53	2	8	43		254	97	117	40
铅山县	35	2	2	29	2	139	57	65	17
横峰县	10	3	1	6		92	44	34	14
弋阳县	30	1	3	26		149	80	60	9
余干县	35	3	4	28		395	226	124	45
鄱阳县	66	7	1	58		428	159	221	48
万年县	16	2	2	12		227	62	63	102
婺源县	57	2	5	50		161	79	66	16
德兴市	1			1		10	2	7	1

4-4b　续表 64

单位：人

地区 性别	水利、环境和公共设施管理业					居民服务、修理和其他服务业			
	小计	水利管理业	生态保护和环境治理业	公共设施管理业	土地管理业	小计	居民服务业	机动车、电子产品和日用产品修理业	其他服务业
女	**1513**	**41**	**110**	**1356**	**6**	**16037**	**12303**	**962**	**2772**
南昌市	**188**	**8**	**16**	**164**		**1091**	**762**	**100**	**229**
东湖区						11	8		3
西湖区									
青云谱区						1	1		
青山湖区	13			13		48	28	5	15
新建区	16			16		46	29	3	14
红谷滩区									
南昌县	129	7	14	108		746	513	79	154
安义县	4		1	3		42	32	3	7
进贤县	26	1	1	24		197	151	10	36
景德镇市	**45**	**2**	**2**	**41**		**446**	**297**	**19**	**130**
昌江区						5	4		1
珠山区	5			5		50	36	1	13
浮梁县	26	2	1	23		138	95	9	34
乐平市	14		1	13		253	162	9	82
萍乡市	**92**	**1**	**7**	**84**		**3120**	**2806**	**37**	**277**
安源区	20			20		344	292	6	46
湘东区	10	1	2	7		249	232	2	15
莲花县	8			8		798	769	8	21
上栗县	38		4	34		562	477	12	73
芦溪县	16		1	15		1167	1036	9	122
九江市	**194**	**8**	**16**	**167**	**3**	**1930**	**1511**	**120**	**299**
濂溪区	7			7		10	8	1	1
浔阳区									
柴桑区	12			11	1	55	44	3	8
武宁县	10		2	8		137	111	5	21
修水县	28	3	4	21		383	303	41	39
永修县	19	1	1	17		268	232	8	28
德安县	12	1		11		269	194	6	69
都昌县	22	1	3	18		374	309	25	40
湖口县	17		3	14		75	60	11	4
彭泽县	41	2	3	35	1	214	160	10	44
瑞昌市	6			6		97	56	6	35
共青城市						1			1
庐山市	20			19	1	47	34	4	9
新余市	**13**			**13**		**136**	**103**	**5**	**28**
渝水区	7			7		12	9		3
分宜县	6			6		124	94	5	25
鹰潭市	**26**			**26**		**198**	**145**	**16**	**37**
月湖区						4	2		2
余江区	5			5		79	58	7	14
贵溪市	21			21		115	85	9	21
赣州市	**279**	**3**	**27**	**248**	**1**	**2489**	**1640**	**214**	**635**
章贡区						4	1		3
南康区	4			4		44	36	4	4
赣县区	15			15		53	35	6	12
信丰县	26		9	17		219	147	33	39
大余县	24			24		457	119	6	332
上犹县	18	1	2	14	1	91	50	13	28
崇义县	14			14		92	53	12	27
安远县	19			19		79	60	7	12
定南县	6		3	3		84	59	8	17
全南县	29		1	28		75	53	11	11

4-4b 续表 65

单位：人

地区 性别	水利、环境和公共设施管理业					居民服务、修理和其他服务业			
	小计	水利管理业	生态保护和环境治理业	公共设施管理业	土地管理业	小计	居民服务业	机动车、电子产品和日用产品修理业	其他服务业
宁都县	20	2	3	15		328	264	18	46
于都县	22			22		264	219	30	15
兴国县	26		3	23		295	221	30	44
会昌县	15		4	11		189	144	18	27
寻乌县	20		1	19		89	69	10	10
石城县	15			15		95	86	5	4
瑞金市	1			1		17	15	1	1
龙南市	5		1	4		14	9	2	3
吉安市	**229**	**7**	**10**	**210**	**2**	**1439**	**1000**	**145**	**294**
吉州区						9	2		7
青原区						8	6	2	
吉安县	27			27		163	114	25	24
吉水县	32	1	1	30		208	131	19	58
峡江县	7		1	6		35	24	4	7
新干县	27	1		26		105	65	10	30
永丰县	21		2	19		187	152	11	24
泰和县	18	2	1	14	1	164	100	28	36
遂川县	36	1	2	33		156	130	16	10
万安县	6	1	1	4		101	73	8	20
安福县	19	1		18		127	94	9	24
永新县	13		2	10	1	146	86	11	49
井冈山市	23			23		30	23	2	5
宜春市	**136**	**4**	**4**	**128**		**1884**	**1563**	**88**	**233**
袁州区	6			6		41	33	1	7
奉新县	9			9		234	185	15	34
万载县	29		1	28		281	224	9	48
上高县	19	1	1	17		178	141	11	26
宜丰县	14		1	13		693	647	16	30
靖安县	18			18		107	93	1	13
铜鼓县	9	2		7		80	64	8	8
丰城市	9	1	1	7		121	66	9	46
樟树市	2			2		41	33	4	4
高安市	21			21		108	77	14	17
抚州市	**106**	**3**	**11**	**92**		**1276**	**951**	**73**	**252**
临川区	4			4		65	31	4	30
东乡区	10			10		47	16	3	28
南城县	10		1	9		141	101	6	34
黎川县	7	1	1	5		223	174	6	43
南丰县	7		1	6		117	80	6	31
崇仁县	15	1	3	11		130	102	6	22
乐安县	12		1	11		118	85	14	19
宜黄县	9		2	7		128	104	15	9
金溪县	5		1	4		123	104	7	12
资溪县	9	1		8		30	20	1	9
广昌县	18		1	17		154	134	5	15
上饶市	**205**	**5**	**17**	**183**		**2028**	**1525**	**145**	**358**
信州区	1			1		18	13	1	4
广丰区	3			3		118	89	15	14
广信区	7		2	5		72	52	9	11
玉山县	30	1	5	24		203	154	13	36
铅山县	13		2	11		150	131	5	14
横峰县	6			6		73	60	6	7
弋阳县	20	1	4	15		137	112	11	14
余干县	23			23		314	254	24	36
鄱阳县	57	2		55		517	352	33	132
万年县	12	1	1	10		198	125	10	63
婺源县	33		3	30		211	169	17	25
德兴市						17	14	1	2

4-4b 续表 66

单位：人

地区 性别	教育		卫生和社会工作			文化、体育和娱乐业				
	小计	教育	小计	卫生	社会工作	小计	新闻和出版业	广播、电视、电影和录音制作业	文化艺术业	体育
全　省	**32857**	**32857**	**12703**	**12318**	**385**	**3149**	**128**	**300**	**794**	**504**
南昌市	**3612**	**3612**	**1116**	**1104**	**12**	**395**	**38**	**47**	**79**	**80**
东湖区	6	6	7	7		1				
西湖区										
青云谱区	3	3	2	2						
青山湖区	338	338	31	31		24	5	2	6	6
新建区	92	92	24	23	1	19	2	1	2	5
红谷滩区										
南昌县	2295	2295	714	706	8	288	29	39	52	60
安义县	254	254	104	104		14	2	2	3	4
进贤县	624	624	234	231	3	49		3	16	5
景德镇市	**563**	**563**	**215**	**203**	**12**	**43**	**1**	**3**	**8**	**11**
昌江区	12	12	15	7	8					
珠山区	52	52	8	8		2				1
浮梁县	357	357	128	127	1	19	1	2	4	5
乐平市	142	142	64	61	3	22		1	4	5
萍乡市	**1643**	**1643**	**626**	**601**	**25**	**208**	**2**	**19**	**39**	**35**
安源区	121	121	50	45	5	33	1	5	3	5
湘东区	127	127	51	42	9	31	1	1	4	3
莲花县	323	323	123	118	5	29		1	14	7
上栗县	686	686	243	238	5	85		5	14	16
芦溪县	386	386	159	158	1	30		7	4	4
九江市	**3725**	**3725**	**1654**	**1596**	**58**	**496**	**16**	**39**	**94**	**95**
濂溪区	31	31	17	15	2	5				1
浔阳区										
柴桑区	63	63	33	31	2	6	1	1	2	
武宁县	370	370	170	169	1	29	1	2	4	2
修水县	868	868	352	340	12	110	8	7	16	43
永修县	428	428	212	211	1	69	1	6	11	9
德安县	229	229	103	102	1	54		6	12	3
都昌县	795	795	330	315	15	70		8	18	9
湖口县	313	313	139	137	2	31	3	1	3	3
彭泽县	379	379	177	166	11	58	1	3	11	7
瑞昌市	180	180	81	80	1	31	1	1	8	16
共青城市			2	2						
庐山市	69	69	38	28	10	33		4	9	2
新余市	**374**	**374**	**194**	**172**	**22**	**28**	**3**	**1**	**8**	**6**
渝水区	39	39	8	7	1	2			2	
分宜县	335	335	186	165	21	26	3	1	6	6
鹰潭市	**274**	**274**	**71**	**70**	**1**	**25**		**1**	**4**	**8**
月湖区	9	9	1	1		1				1
余江区	154	154	36	36		10		1		5
贵溪市	111	111	34	33	1	14			4	2
赣州市	**7394**	**7394**	**2611**	**2554**	**57**	**469**	**22**	**48**	**81**	**81**
章贡区	3	3	2	2						
南康区	93	93	36	36		5		1	1	1
赣县区	159	159	32	31	1	9	1			1
信丰县	800	800	244	237	7	62		4	5	8
大余县	320	320	116	114	2	17	1	1	6	1
上犹县	389	389	166	165	1	22	3	2	3	5
崇义县	242	242	116	107	9	18	3	3	4	3
安远县	420	420	116	110	6	15	1	1	2	4
定南县	255	255	103	99	4	13	1	4		1
全南县	232	232	132	130	2	21		1	3	3

4-4b 续表 67

单位：人

地区 性别	教育		卫生和社会工作			文化、体育和娱乐业				
	小计	教育	小计	卫生	社会工作	小计	新闻和出版业	广播、电视、电影和录音制作业	文化艺术业	体育
宁都县	1028	1028	262	256	6	49	4	7	14	7
于都县	1135	1135	346	345	1	92		10	11	25
兴国县	953	953	393	386	7	59	5	7	10	8
会昌县	543	543	219	217	2	39	2	3	14	9
寻乌县	440	440	141	135	6	17		1	4	1
石城县	324	324	153	150	3	24	1	3	3	4
瑞金市	29	29	15	15		6			1	
龙南市	29	29	19	19		1				
吉安市	**4789**	**4789**	**1720**	**1674**	**46**	**364**	**9**	**47**	**106**	**48**
吉州区	27	27	4	4		1				
青原区	47	47	34	33	1					
吉安县	485	485	147	145	2	54		8	11	8
吉水县	606	606	220	212	8	44	2	4	15	6
峡江县	162	162	55	55		1		1		
新干县	349	349	138	134	4	29	2	1	8	3
永丰县	412	412	171	170	1	35		5	1	4
泰和县	719	719	215	206	9	44	2	8	19	4
遂川县	623	623	210	208	2	33		10	9	3
万安县	269	269	138	136	2	38	1	2	13	3
安福县	384	384	182	177	5	35	1	2	10	9
永新县	544	544	159	149	10	32	1	5	8	7
井冈山市	162	162	47	45	2	18		1	12	1
宜春市	**3049**	**3049**	**1313**	**1249**	**64**	**272**	**8**	**27**	**78**	**39**
袁州区	78	78	51	45	6	11		3	4	
奉新县	357	357	187	184	3	38		4	17	4
万载县	645	645	300	294	6	67	3	4	17	18
上高县	518	518	146	140	6	36		4	10	6
宜丰县	385	385	186	172	14	38	2	6	12	4
靖安县	159	159	88	85	3	10	1	1	5	
铜鼓县	172	172	66	64	2	17	1	3	3	3
丰城市	303	303	122	111	11	26			8	2
樟树市	109	109	67	58	9	12		1		1
高安市	323	323	100	96	4	17	1	1	2	1
抚州市	**2776**	**2776**	**1113**	**1085**	**28**	**228**	**11**	**23**	**50**	**33**
临川区	93	93	26	24	2	9		1	2	2
东乡区	65	65	26	25	1	1				
南城县	302	302	134	133	1	19		1	2	5
黎川县	280	280	102	99	3	44	3	1	17	3
南丰县	340	340	152	142	10	21	3	4	2	5
崇仁县	386	386	145	143	2	34	1	3	7	5
乐安县	391	391	178	176	2	29		3	7	5
宜黄县	247	247	112	111	1	16	3	1	4	1
金溪县	281	281	114	110	4	14	1		4	2
资溪县	91	91	39	38	1	6		1	1	
广昌县	300	300	85	84	1	35		8	4	5
上饶市	**4658**	**4658**	**2070**	**2010**	**60**	**621**	**18**	**45**	**247**	**68**
信州区	60	60	18	18		1				
广丰区	180	180	55	52	3	13	1	2	3	2
广信区	121	121	59	57	2	17	1	1	3	2
玉山县	653	653	318	309	9	74	4	10	14	11
铅山县	378	378	228	216	12	34	1	2	6	10
横峰县	216	216	67	60	7	16	2	3	5	
弋阳县	474	474	176	175	1	40	1	8	7	5
余干县	653	653	314	311	3	210	1	2	155	4
鄱阳县	1149	1149	467	452	15	121	4	12	24	23
万年县	341	341	176	175	1	30	1	4	8	5
婺源县	412	412	185	179	6	62	2	1	20	6
德兴市	21	21	7	6	1	3			2	

4-4b　续表 68　　　　单位：人

地区 性别	教育		卫生和社会工作			文化、体育和娱乐业				
	小计	教育	小计	卫生	社会工作	小计	新闻和出版业	广播、电视、电影和录音制作业	文化艺术业	体育
男	**12761**	**12761**	**4850**	**4697**	**153**	**1704**	**71**	**164**	**429**	**277**
南昌市	**1348**	**1348**	**341**	**335**	**6**	**216**	**18**	**26**	**40**	**43**
东湖区	3	3				1				
西湖区										
青云谱区			1	1						
青山湖区	154	154	8	8		16	2	1	5	5
新建区	26	26	11	10	1	12	1		1	2
红谷滩区										
南昌县	829	829	206	203	3	154	13	22	24	32
安义县	88	88	32	32		7	2		1	3
进贤县	248	248	83	81	2	26		3	9	1
景德镇市	**245**	**245**	**74**	**67**	**7**	**24**		**1**	**4**	**8**
昌江区	8	8	10	4	6					
珠山区	23	23	5	5		1				1
浮梁县	156	156	40	40		11			3	3
乐平市	58	58	19	18	1	12		1	1	4
萍乡市	**499**	**499**	**215**	**208**	**7**	**103**	**2**	**8**	**19**	**23**
安源区	33	33	9	9		18	1	2	3	2
湘东区	44	44	15	12	3	15	1	1	2	2
莲花县	114	114	52	50	2	10			4	3
上栗县	198	198	87	85	2	48		2	8	13
芦溪县	110	110	52	52		12		3	2	3
九江市	**1522**	**1522**	**666**	**647**	**19**	**270**	**7**	**20**	**56**	**49**
濂溪区	12	12	6	6		3				
浔阳区										
柴桑区	19	19	11	10	1	4			2	
武宁县	139	139	62	62		19	1	2	3	2
修水县	367	367	128	124	4	57	3	2	10	20
永修县	147	147	80	80		37	1	3	6	2
德安县	78	78	38	37	1	26		4	6	3
都昌县	376	376	162	156	6	42		5	9	7
湖口县	127	127	52	51	1	13	1		2	2
彭泽县	162	162	69	68	1	36	1	1	9	4
瑞昌市	65	65	37	37		12			2	8
共青城市										
庐山市	30	30	21	16	5	21		3	7	1
新余市	**130**	**130**	**63**	**54**	**9**	**17**		**1**	**5**	**4**
渝水区	19	19	3	3		2			2	
分宜县	111	111	60	51	9	15		1	3	4
鹰潭市	**104**	**104**	**31**	**30**	**1**	**16**		**1**	**2**	**3**
月湖区	1	1	1	1						
余江区	65	65	13	13		7		1		2
贵溪市	38	38	17	16	1	9			2	1
赣州市	**2974**	**2974**	**1062**	**1037**	**25**	**266**	**18**	**35**	**41**	**46**
章贡区	1	1								
南康区	43	43	13	13		1				1
赣县区	62	62	14	13	1	7	1			1
信丰县	322	322	112	109	3	29		2	1	6
大余县	92	92	50	49	1	6	1	1		
上犹县	140	140	59	59		16	3	1	3	3
崇义县	96	96	45	42	3	10	2	1	2	2
安远县	156	156	38	34	4	8			2	2
定南县	80	80	32	30	2	7	1	2		1
全南县	81	81	47	47		14		1	3	1

4-4b 续表 69

单位：人

地区 性别	教育		卫生和社会工作			文化、体育和娱乐业				
	小计	教育	小计	卫生	社会工作	小计	新闻和出版业	广播、电视、电影和录音制作业	文化艺术业	体育
宁都县	423	423	116	111	5	34	4	6	10	5
于都县	517	517	150	150		47		8	3	13
兴国县	396	396	154	153	1	33	4	6	5	4
会昌县	243	243	99	98	1	25	2	3	8	5
寻乌县	164	164	56	54	2	11		1	2	1
石城县	132	132	59	57	2	13		3	1	1
瑞金市	12	12	11	11		5			1	
龙南市	14	14	7	7						
吉安市	**1854**	**1854**	**652**	**633**	**19**	**188**	**4**	**26**	**57**	**23**
吉州区	11	11	1	1		1				
青原区	10	10	6	6						
吉安县	177	177	46	45	1	29		3	7	4
吉水县	244	244	81	75	6	22	1	2	8	3
峡江县	59	59	19	19		1		1		
新干县	126	126	53	51	2	15	2	1	2	1
永丰县	166	166	75	75		20		2		2
泰和县	292	292	92	91	1	20	1	5	9	2
遂川县	244	244	95	93	2	18		6	8	1
万安县	103	103	45	44	1	20		2	5	3
安福县	136	136	68	66	2	16		1	5	3
永新县	219	219	53	49	4	13		2	4	3
井冈山市	67	67	18	18		13		1	9	1
宜春市	**1079**	**1079**	**483**	**460**	**23**	**126**	**5**	**11**	**46**	**13**
袁州区	32	32	17	16	1	6		3	1	
奉新县	122	122	70	70		16			12	1
万载县	209	209	110	107	3	31	2	2	10	3
上高县	174	174	53	50	3	19		2	5	3
宜丰县	132	132	69	59	10	19	2	2	8	1
靖安县	54	54	26	26		4	1		3	
铜鼓县	59	59	20	20		7		1	2	2
丰城市	123	123	52	51	1	11			4	1
樟树市	36	36	26	23	3	6				1
高安市	138	138	40	38	2	7		1	1	1
抚州市	**1057**	**1057**	**435**	**430**	**5**	**125**	**5**	**13**	**25**	**17**
临川区	47	47	15	13	2	7		1	2	2
东乡区	29	29	6	5	1	1				
南城县	109	109	50	50		7				2
黎川县	99	99	38	37	1	26	2	1	9	1
南丰县	122	122	60	60		12	1	3	2	2
崇仁县	151	151	53	53		18	1	1	3	3
乐安县	142	142	79	79		17		2	4	2
宜黄县	107	107	53	53		7	1		1	1
金溪县	110	110	43	43		7			2	1
资溪县	33	33	11	10	1	3				
广昌县	108	108	27	27		20		5	2	3
上饶市	**1949**	**1949**	**828**	**796**	**32**	**353**	**12**	**22**	**134**	**48**
信州区	20	20	6	6		1				
广丰区	91	91	27	25	2	6		1	1	1
广信区	48	48	27	27		14	1	1	3	2
玉山县	263	263	104	100	4	47	3	6	7	8
铅山县	147	147	91	82	9	17	1		5	6
横峰县	85	85	34	29	5	9	2	1	3	
弋阳县	205	205	65	64	1	24	1	5	4	5
余干县	298	298	145	144	1	108		2	80	1
鄱阳县	482	482	184	178	6	74	2	3	15	15
万年县	128	128	76	76		16	1	2	3	4
婺源县	170	170	67	64	3	34	1	1	11	6
德兴市	12	12	2	1	1	3			2	

4-4b　续表 70

单位：人

地　区 性　别	教育		卫生和社会工作			文化、体育和娱乐业				
	小计	教育	小计	卫生	社会工作	小计	新闻和出版业	广播、电视、电影和录音制作业	文 化艺术业	体育
女	**20096**	**20096**	**7853**	**7621**	**232**	**1445**	**57**	**136**	**365**	**227**
南昌市	**2264**	**2264**	**775**	**769**	**6**	**179**	**20**	**21**	**39**	**37**
东湖区	3	3	7	7						
西湖区										
青云谱区	3	3	1	1						
青山湖区	184	184	23	23		8	3	1	1	1
新建区	66	66	13	13		7	1	1	1	3
红谷滩区										
南昌县	1466	1466	508	503	5	134	16	17	28	28
安义县	166	166	72	72		7		2	2	1
进贤县	376	376	151	150	1	23			7	4
景德镇市	**318**	**318**	**141**	**136**	**5**	**19**	**1**	**2**	**4**	**3**
昌江区	4	4	5	3	2					
珠山区	29	29	3	3		1				
浮梁县	201	201	88	87	1	8	1	2	1	2
乐平市	84	84	45	43	2	10			3	1
萍乡市	**1144**	**1144**	**411**	**393**	**18**	**105**		**11**	**20**	**12**
安源区	88	88	41	36	5	15		3		3
湘东区	83	83	36	30	6	16			2	1
莲花县	209	209	71	68	3	19		1	10	4
上栗县	488	488	156	153	3	37		3	6	3
芦溪县	276	276	107	106	1	18		4	2	1
九江市	**2203**	**2203**	**988**	**949**	**39**	**226**	**9**	**19**	**38**	**46**
濂溪区	19	19	11	9	2	2				1
浔阳区										
柴桑区	44	44	22	21	1	2	1	1		
武宁县	231	231	108	107	1	10			1	
修水县	501	501	224	216	8	53	5	5	6	23
永修县	281	281	132	131	1	32		3	5	7
德安县	151	151	65	65		28		2	6	
都昌县	419	419	168	159	9	28		3	9	2
湖口县	186	186	87	86	1	18	2	1	1	1
彭泽县	217	217	108	98	10	22		2	2	3
瑞昌市	115	115	44	43	1	19	1	1	6	8
共青城市			2	2						
庐山市	39	39	17	12	5	12		1	2	1
新余市	**244**	**244**	**131**	**118**	**13**	**11**	**3**		**3**	**2**
渝水区	20	20	5	4	1					
分宜县	224	224	126	114	12	11	3		3	2
鹰潭市	**170**	**170**	**40**	**40**		**9**			**2**	**5**
月湖区	8	8				1				1
余江区	89	89	23	23		3				3
贵溪市	73	73	17	17		5			2	1
赣州市	**4420**	**4420**	**1549**	**1517**	**32**	**203**	**4**	**13**	**40**	**35**
章贡区	2	2	2	2						
南康区	50	50	23	23		4		1	1	
赣县区	97	97	18	18		2				
信丰县	478	478	132	128	4	33		2	4	2
大余县	228	228	66	65	1	11			6	1
上犹县	249	249	107	106	1	6		1		2
崇义县	146	146	71	65	6	8	1	2	2	1
安远县	264	264	78	76	2	7	1	1		2
定南县	175	175	71	69	2	6		2		
全南县	151	151	85	83	2	7				2

4-4b 续表 71

单位：人

地区 性别	教育		卫生和社会工作			文化、体育和娱乐业				
	小计	教育	小计	卫生	社会工作	小计	新闻和出版业	广播、电视、电影和录音制作业	文化艺术业	体育
宁都县	605	605	146	145	1	15		1	4	2
于都县	618	618	196	195	1	45		2	8	12
兴国县	557	557	239	233	6	26	1	1	5	4
会昌县	300	300	120	119	1	14			6	4
寻乌县	276	276	85	81	4	6			2	
石城县	192	192	94	93	1	11	1		2	3
瑞金市	17	17	4	4		1				
龙南市	15	15	12	12		1				
吉安市	**2935**	**2935**	**1068**	**1041**	**27**	**176**	**5**	**21**	**49**	**25**
吉州区	16	16	3	3						
青原区	37	37	28	27	1					
吉安县	308	308	101	100	1	25		5	4	4
吉水县	362	362	139	137	2	22	1	2	7	3
峡江县	103	103	36	36						
新干县	223	223	85	83	2	14			6	2
永丰县	246	246	96	95	1	15		3	1	2
泰和县	427	427	123	115	8	24	1	3	10	2
遂川县	379	379	115	115		15		4	1	2
万安县	166	166	93	92	1	18	1		8	
安福县	248	248	114	111	3	19	1	1	5	6
永新县	325	325	106	100	6	19	1	3	4	4
井冈山市	95	95	29	27	2	5			3	
宜春市	**1970**	**1970**	**830**	**789**	**41**	**146**	**3**	**16**	**32**	**26**
袁州区	46	46	34	29	5	5			3	
奉新县	235	235	117	114	3	22		4	5	3
万载县	436	436	190	187	3	36	1	2	7	15
上高县	344	344	93	90	3	17		2	5	3
宜丰县	253	253	117	113	4	19		4	4	3
靖安县	105	105	62	59	3	6		1	2	
铜鼓县	113	113	46	44	2	10	1	2	1	1
丰城市	180	180	70	60	10	15			4	1
樟树市	73	73	41	35	6	6		1		
高安市	185	185	60	58	2	10	1		1	
抚州市	**1719**	**1719**	**678**	**655**	**23**	**103**	**6**	**10**	**25**	**16**
临川区	46	46	11	11		2				
东乡区	36	36	20	20						
南城县	193	193	84	83	1	12		1	2	3
黎川县	181	181	64	62	2	18	1		8	2
南丰县	218	218	92	82	10	9	2	1		3
崇仁县	235	235	92	90	2	16		2	4	2
乐安县	249	249	99	97	2	12		1	3	3
宜黄县	140	140	59	58	1	9	2	1	3	
金溪县	171	171	71	67	4	7	1		2	1
资溪县	58	58	28	28		3		1	1	
广昌县	192	192	58	57	1	15		3	2	2
上饶市	**2709**	**2709**	**1242**	**1214**	**28**	**268**	**6**	**23**	**113**	**20**
信州区	40	40	12	12						
广丰区	89	89	28	27	1	7	1	1	2	1
广信区	73	73	32	30	2	3				
玉山县	390	390	214	209	5	27	1	4	7	3
铅山县	231	231	137	134	3	17		2	1	4
横峰县	131	131	33	31	2	7		2	2	
弋阳县	269	269	111	111		16		3	3	
余干县	355	355	169	167	2	102	1		75	3
鄱阳县	667	667	283	274	9	47	2	9	9	8
万年县	213	213	100	99	1	14		2	5	1
婺源县	242	242	118	115	3	28	1		9	
德兴市	9	9	5	5						

4-4b　续表 72　　　　　　　　　　　　　　　　　　　　单位：人

地　区 性　别	娱乐业	公共管理、社会保障和社会组织							国际组织	
		小计	中国共产党机关	国家机构	人民政协、民主党派	社会保障	群众团体、社会团体和其他成员组织	基层群众自治组织	小计	国际组织
全　省	**1423**	**30700**	**762**	**24883**	**61**	**130**	**2000**	**2864**	**3**	**3**
南昌市	**151**	**2637**	**86**	**2175**	**9**	**7**	**102**	**258**	**1**	**1**
东湖区	1	7		3			1	3		
西湖区										
青云谱区										
青山湖区	5	114		85			6	23		
新建区	9	181	1	171			4	5		
红谷滩区										
南昌县	108	1363	56	1129	7	5	35	131		
安义县	3	334	12	294	1		12	15		
进贤县	25	638	17	493	1	2	44	81	1	1
景德镇市	**20**	**610**	**8**	**492**		**1**	**33**	**76**		
昌江区		12		9			1	2		
珠山区	1	18		11			7			
浮梁县	7	459	4	383		1	21	50		
乐平市	12	121	4	89			4	24		
萍乡市	**113**	**1371**	**20**	**1123**	**2**	**2**	**59**	**165**		
安源区	19	102	5	55			10	32		
湘东区	22	61	4	41			5	11		
莲花县	7	406		368	1	1	4	32		
上栗县	50	431	7	358		1	11	54		
芦溪县	15	371	4	301	1		29	36		
九江市	**252**	**3399**	**77**	**2697**	**6**	**13**	**276**	**330**		
濂溪区	4	16	1	9		1	1	4		
浔阳区										
柴桑区	2	50		40				10		
武宁县	20	418	7	380			5	26		
修水县	36	697	24	485		2	114	72		
永修县	42	491	1	411	4		15	60		
德安县	33	350	9	310	2	1	10	18		
都昌县	35	428	13	283		1	86	45		
湖口县	21	310	9	275			5	21		
彭泽县	36	353	8	284		8	23	30		
瑞昌市	5	157	2	117			11	27		
共青城市		6		6						
庐山市	18	123	3	97			6	17		
新余市	**10**	**484**	**6**	**347**		**3**	**64**	**64**		
渝水区		34	1	18			2	13		
分宜县	10	450	5	329		3	62	51		
鹰潭市	**12**	**268**	**1**	**176**			**49**	**42**		
月湖区		1		1						
余江区	4	121	1	57			37	26		
贵溪市	8	146		118			12	16		
赣州市	**237**	**6310**	**177**	**5164**	**8**	**33**	**382**	**546**	**2**	**2**
章贡区		3		2				1		
南康区	2	50		32			1	17		
赣县区	7	75	3	46			4	22		
信丰县	45	527	29	379			65	54		
大余县	8	344	10	287	2	3	17	25		
上犹县	9	427	4	368	1	2	27	25		
崇义县	5	357	16	309	2	3	12	15		
安远县	7	470	1	430			17	22		
定南县	7	274	16	242			2	14		
全南县	14	280	3	253			7	17		

4-4b 续表 73 单位：人

地区 性别	娱乐业	公共管理、社会保障和社会组织						国际组织	
		小计	中国共产党机关	国家机构	人民政协、民主党派	社会保障	群众团体、社会团体和其他成员组织	基层群众自治组织	小计	国际组织
宁都县	17	744	23	439	1	7	131	143	2	2
于都县	46	707	17	644		11	22	13		
兴国县	29	655	34	532		4	25	60		
会昌县	11	499	7	414	2	1	24	51		
寻乌县	11	481	5	425			11	40		
石城县	13	383	9	338		2	16	18		
瑞金市	5	16		10			1	5		
龙南市	1	18		14				4		
吉安市	**154**	**4293**	**96**	**3556**	**10**	**20**	**281**	**330**		
吉州区	1	36		34			1	1		
青原区		34		31			1	2		
吉安县	27	439	12	385	3	1	7	31		
吉水县	17	516	6	394		2	33	81		
峡江县		171	11	152				8		
新干县	15	390	6	302	1	3	55	23		
永丰县	25	430	1	391		1	7	30		
泰和县	11	494	23	338	2	7	75	49		
遂川县	11	556	18	497	3	1	8	29		
万安县	19	309	7	271	1		16	14		
安福县	13	424	3	393		3	6	19		
永新县	11	417	9	308		2	70	28		
井冈山市	4	77		60			2	15		
宜春市	**120**	**3244**	**74**	**2580**	**2**	**9**	**223**	**356**		
袁州区	4	62		45				17		
奉新县	13	521	14	376		1	31	99		
万载县	25	500	12	420			33	35		
上高县	16	569	7	426		3	100	33		
宜丰县	14	462	16	379			13	54		
靖安县	3	293	14	254	1	1	6	17		
铜鼓县	7	370	2	340		2	3	23		
丰城市	16	192	7	116	1	1	31	36		
樟树市	10	65		48				17		
高安市	12	210	2	176		1	6	25		
抚州市	**111**	**3512**	**103**	**2959**	**7**	**14**	**194**	**235**		
临川区	4	59	1	47			3	8		
东乡区	1	35		30				5		
南城县	11	416	2	379	1		10	24		
黎川县	20	483	36	347		2	64	34		
南丰县	7	415	19	360	3	1	4	28		
崇仁县	18	373	5	320	1	5	18	24		
乐安县	14	466	13	380		3	28	42		
宜黄县	7	297	6	258		1	12	20		
金溪县	7	401	11	353		1	19	17		
资溪县	4	243	4	198			30	11		
广昌县	18	324	6	287	2	1	6	22		
上饶市	**243**	**4572**	**114**	**3614**	**17**	**28**	**337**	**462**		
信州区	1	16	2	10				4		
广丰区	5	68	4	11			32	21		
广信区	10	71	3	36			17	15		
玉山县	35	683	19	560	5	6	14	79		
铅山县	15	517	5	437	3	12	21	39		
横峰县	6	281	11	208			51	11		
弋阳县	19	437	18	323	2	4	49	41		
余干县	48	573	15	469		2	43	44		
鄱阳县	58	972	16	794	4	1	36	121		
万年县	12	417	3	331	2	1	38	42		
婺源县	33	527	18	430	1	2	34	42		
德兴市	1	10		5			2	3		

4-4b　续表 74

单位：人

地区 性别	娱乐业	公共管理、社会保障和社会组织						国际组织	
		小计	中国共产党机关	国家机构	人民政协、民主党派	社会保障	群众团体、社会团体和其他成员组织	基层群众自治组织	小计	国际组织
男	**763**	**20920**	**565**	**17405**	**48**	**54**	**1106**	**1742**	**3**	**3**
南昌市	**89**	**1722**	**65**	**1467**	**7**	**3**	**47**	**133**	**1**	**1**
东湖区	1	5		3				2		
西湖区										
青云谱区										
青山湖区	3	81		64			3	14		
新建区	8	136	1	130			1	4		
红谷滩区										
南昌县	63	868	39	743	5	2	18	61		
安义县	1	213	10	190	1		4	8		
进贤县	13	419	15	337	1	1	21	44	1	1
景德镇市	**11**	**397**	**6**	**319**			**19**	**53**		
昌江区		6		5			1			
珠山区		12		8			4			
浮梁县	5	297	4	244			14	35		
乐平市	6	82	2	62				18		
萍乡市	**51**	**920**	**16**	**766**	**2**		**41**	**95**		
安源区	10	64	3	39			6	16		
湘东区	9	39	4	26			3	6		
莲花县	3	253		233	1		1	18		
上栗县	25	304	7	256			6	35		
芦溪县	4	260	2	212	1		25	20		
九江市	**138**	**2347**	**62**	**1937**	**5**	**5**	**148**	**190**		
濂溪区	3	12	1	8				3		
浔阳区										
柴桑区	2	39		32				7		
武宁县	11	293	7	268			2	16		
修水县	22	497	21	357		2	71	46		
永修县	25	327	1	282	4		10	30		
德安县	13	237	5	219	1		4	8		
都昌县	21	281	12	203		1	38	27		
湖口县	8	225	8	200			3	14		
彭泽县	21	246	3	216		2	9	16		
瑞昌市	2	102	1	82			7	12		
共青城市		4		4						
庐山市	10	84	3	66			4	11		
新余市	**7**	**300**	**3**	**222**		**2**	**39**	**34**		
渝水区		20		14			1	5		
分宜县	7	280	3	208		2	38	29		
鹰潭市	**10**	**185**	**1**	**123**			**31**	**30**		
月湖区		1		1						
余江区	4	78	1	34			24	19		
贵溪市	6	106		88			7	11		
赣州市	**126**	**4343**	**126**	**3622**	**7**	**18**	**212**	**358**	**2**	**2**
章贡区		2		2						
南康区		35		23			1	11		
赣县区	5	52	3	33			1	15		
信丰县	20	353	24	260			31	38		
大余县	4	229	6	192	2	1	12	16		
上犹县	6	286	3	256	1	1	15	10		
崇义县	3	241	11	208	1	2	8	11		
安远县	4	329	1	303			9	16		
定南县	3	190	11	168			1	10		
全南县	9	209	2	193			4	10		

4-4b 续表 75 单位：人

地区 性别	娱乐业	公共管理、社会保障和社会组织							国际组织	
		小计	中国共产党机关	国家机构	人民政协、民主党派	社会保障	群众团体、社会团体和其他成员组织	基层群众自治组织	小计	国际组织
宁都县	9	529	17	329	1	4	80	98	2	2
于都县	23	479	13	434		6	18	8		
兴国县	14	432	21	362		3	14	32		
会昌县	7	355	5	304	2		13	31		
寻乌县	7	328	3	295				30		
石城县	8	272	6	247		1	4	14		
瑞金市	4	11		6			1	4		
龙南市		11		7				4		
吉安市	**78**	**2954**	**68**	**2545**	**7**	**7**	**140**	**187**		
吉州区	1	18		17				1		
青原区		24		22			1	1		
吉安县	15	317	9	287	3	1	4	13		
吉水县	8	343	4	288		1	13	37		
峡江县		129	6	117				6		
新干县	9	250	5	203		1	27	14		
永丰县	16	305	1	278		1	2	23		
泰和县	3	319	16	231	1	2	43	26		
遂川县	3	396	12	357	2		3	22		
万安县	10	218	6	196	1		7	8		
安福县	7	308	2	291		1	3	11		
永新县	4	277	7	218			36	16		
井冈山市	2	50		40			1	9		
宜春市	**51**	**2174**	**55**	**1769**	**2**	**2**	**124**	**222**		
袁州区	2	44		36				8		
奉新县	3	329	10	257			13	49		
万载县	14	347	9	293			23	22		
上高县	9	377	4	291			58	24		
宜丰县	6	312	11	261			3	37		
靖安县		179	10	157	1		2	9		
铜鼓县	2	236	2	220			2	12		
丰城市	6	150	7	95	1	1	18	28		
樟树市	5	41		29				12		
高安市	4	159	2	130		1	5	21		
抚州市	**65**	**2430**	**78**	**2088**	**7**	**5**	**111**	**141**		
临川区	2	49	1	39			2	7		
东乡区	1	21		17				4		
南城县	5	301	2	272	1		7	19		
黎川县	13	312	25	235			34	18		
南丰县	4	292	16	254	3		2	17		
崇仁县	10	249	3	219	1	1	12	13		
乐安县	9	336	10	282		2	17	25		
宜黄县	4	196	5	170			6	15		
金溪县	4	282	8	254		1	11	8		
资溪县	3	166	3	141			18	4		
广昌县	10	226	5	205	2	1	2	11		
上饶市	**137**	**3148**	**85**	**2547**	**11**	**12**	**194**	**299**		
信州区	1	10	1	7				2		
广丰区	3	47	3	9			21	14		
广信区	7	52	3	26			12	11		
玉山县	23	464	14	393	3	1	7	46		
铅山县	5	330	3	286	1	7	14	19		
横峰县	3	187	7	140			32	8		
弋阳县	9	296	14	226	2	1	24	29		
余干县	25	411	13	341		2	23	32		
鄱阳县	39	704	12	586	3		21	82		
万年县	6	296	2	240	1	1	23	29		
婺源县	15	346	13	291	1		17	24		
德兴市	1	5		2				3		

4-4b 续表 76

单位：人

地区 性别	娱乐业	公共管理、社会保障和社会组织							国际组织	
		小计	中国共产党机关	国家机构	人民政协、民主党派	社会保障	群众团体、社会团体和其他成员组织	基层群众自治组织	小计	国际组织
女	**660**	**9780**	**197**	**7478**	**13**	**76**	**894**	**1122**		
南昌市	**62**	**915**	**21**	**708**	**2**	**4**	**55**	**125**		
东湖区		2					1	1		
西湖区										
青云谱区										
青山湖区	2	33		21			3	9		
新建区	1	45		41			3	1		
红谷滩区										
南昌县	45	495	17	386	2	3	17	70		
安义县	2	121	2	104			8	7		
进贤县	12	219	2	156		1	23	37		
景德镇市	**9**	**213**	**2**	**173**		**1**	**14**	**23**		
昌江区		6		4				2		
珠山区	1	6		3			3			
浮梁县	2	162		139		1	7	15		
乐平市	6	39	2	27			4	6		
萍乡市	**62**	**451**	**4**	**357**		**2**	**18**	**70**		
安源区	9	38	2	16			4	16		
湘东区	13	22		15			2	5		
莲花县	4	153		135		1	3	14		
上栗县	25	127		102		1	5	19		
芦溪县	11	111	2	89			4	16		
九江市	**114**	**1052**	**15**	**760**	**1**	**8**	**128**	**140**		
濂溪区	1	4		1		1	1	1		
浔阳区										
柴桑区		11		8				3		
武宁县	9	125		112			3	10		
修水县	14	200	3	128			43	26		
永修县	17	164		129			5	30		
德安县	20	113	4	91	1	1	6	10		
都昌县	14	147	1	80			48	18		
湖口县	13	85	1	75			2	7		
彭泽县	15	107	5	68		6	14	14		
瑞昌市	3	55	1	35			4	15		
共青城市		2		2						
庐山市	8	39		31			2	6		
新余市	**3**	**184**	**3**	**125**		**1**	**25**	**30**		
渝水区		14	1	4			1	8		
分宜县	3	170	2	121		1	24	22		
鹰潭市	**2**	**83**		**53**			**18**	**12**		
月湖区										
余江区		43		23			13	7		
贵溪市	2	40		30			5	5		
赣州市	**111**	**1967**	**51**	**1542**	**1**	**15**	**170**	**188**		
章贡区		1						1		
南康区	2	15		9				6		
赣县区	2	23		13			3	7		
信丰县	25	174	5	119			34	16		
大余县	4	115	4	95		2	5	9		
上犹县	3	141	1	112		1	12	15		
崇义县	2	116	5	101	1	1	4	4		
安远县	3	141		127			8	6		
定南县	4	84	5	74			1	4		
全南县	5	71	1	60			3	7		

4-4b 续表 77

单位：人

地区 性别	娱乐业	公共管理、社会保障和社会组织							国际组织	
		小计	中国共产党机关	国家机构	人民政协、民主党派	社会保障	群众团体、社会团体和其他成员组织	基层群众自治组织	小计	国际组织
宁都县	8	215	6	110		3	51	45		
于都县	23	228	4	210		5	4	5		
兴国县	15	223	13	170		1	11	28		
会昌县	4	144	2	110		1	11	20		
寻乌县	4	153	2	130			11	10		
石城县	5	111	3	91		1	12	4		
瑞金市	1	5		4				1		
龙南市	1	7		7						
吉安市	**76**	**1339**	**28**	**1011**	**3**	**13**	**141**	**143**		
吉州区		18		17			1			
青原区		10		9				1		
吉安县	12	122	3	98			3	18		
吉水县	9	173	2	106		1	20	44		
峡江县		42	5	35				2		
新干县	6	140	1	99	1	2	28	9		
永丰县	9	125		113			5	7		
泰和县	8	175	7	107	1	5	32	23		
遂川县	8	160	6	140	1	1	5	7		
万安县	9	91	1	75			9	6		
安福县	6	116	1	102		2	3	8		
永新县	7	140	2	90		2	34	12		
井冈山市	2	27		20			1	6		
宜春市	**69**	**1070**	**19**	**811**		**7**	**99**	**134**		
袁州区	2	18		9				9		
奉新县	10	192	4	119		1	18	50		
万载县	11	153	3	127			10	13		
上高县	7	192	3	135		3	42	9		
宜丰县	8	150	5	118			10	17		
靖安县	3	114	4	97		1	4	8		
铜鼓县	5	134		120		2	1	11		
丰城市	10	42		21			13	8		
樟树市	5	24		19				5		
高安市	8	51		46			1	4		
抚州市	**46**	**1082**	**25**	**871**		**9**	**83**	**94**		
临川区	2	10		8			1	1		
东乡区		14		13				1		
南城县	6	115		107			3	5		
黎川县	7	171	11	112		2	30	16		
南丰县	3	123	3	106		1	2	11		
崇仁县	8	124	2	101		4	6	11		
乐安县	5	130	3	98		1	11	17		
宜黄县	3	101	1	88		1	6	5		
金溪县	3	119	3	99			8	9		
资溪县	1	77	1	57			12	7		
广昌县	8	98	1	82			4	11		
上饶市	**106**	**1424**	**29**	**1067**	**6**	**16**	**143**	**163**		
信州区		6	1	3				2		
广丰区	2	21	1	2			11	7		
广信区	3	19		10			5	4		
玉山县	12	219	5	167	2	5	7	33		
铅山县	10	187	2	151	2	5	7	20		
横峰县	3	94	4	68			19	3		
弋阳县	10	141	4	97		3	25	12		
余干县	23	162	2	128			20	12		
鄱阳县	19	268	4	208	1	1	15	39		
万年县	6	121	1	91	1		15	13		
婺源县	18	181	5	139		2	17	18		
德兴市		5		3			2			

4-4c 各地区分性别、行业大类的就业人口(乡村)

单位：人

地区 性别	合计	农、林、牧、渔业						采矿业	
		小计	农业	林业	畜牧业	渔业	农、林、牧、渔专业及辅助性活动	小计	煤炭开采和洗选业
全　省	**1033967**	**339562**	**311487**	**5756**	**13923**	**3065**	**5331**	**3642**	**516**
南昌市	**77297**	**20361**	**18488**	**396**	**677**	**431**	**369**	**43**	**1**
东湖区	1302	372	369		2	1		1	
西湖区									
青云谱区									
青山湖区	2997	408	189	203		7	9		
新建区	16397	4417	4070	65	115	52	115	12	1
红谷滩区	1051	251	234	5	2		10		
南昌县	29085	9895	9113	83	286	240	173	21	
安义县	6400	1016	939	12	30	11	24	2	
进贤县	20065	4002	3574	28	242	120	38	7	
景德镇市	**37677**	**9581**	**8822**	**189**	**247**	**60**	**263**	**161**	**75**
昌江区	1877	775	639	40	15	8	73	2	1
珠山区	89	3	2		1			1	
浮梁县	6655	1423	1249	43	61	7	63	19	2
乐平市	29056	7380	6932	106	170	45	127	139	72
萍乡市	**35432**	**11773**	**10449**	**121**	**1084**	**69**	**50**	**321**	**167**
安源区	440	14	6		4	1	3	30	27
湘东区	7374	2718	2425	25	233	21	14	66	21
莲花县	6898	3400	3294	16	82	7	1	66	46
上栗县	13267	3246	2554	20	633	24	15	105	50
芦溪县	7453	2395	2170	60	132	16	17	54	23
九江市	**112243**	**29810**	**26489**	**694**	**1818**	**284**	**525**	**424**	**18**
濂溪区	3077	512	417	25	11	20	39	7	
浔阳区	108	13	9	1	3				
柴桑区	10028	1307	1088	98	52	19	50	25	1
武宁县	7900	1590	1467	12	85	25	1	13	
修水县	21469	8880	7350	163	1207	39	121	33	4
永修县	7936	2984	2807	31	98	29	19	9	
德安县	3368	788	639	18	116	11	4	27	
都昌县	19772	4712	4252	187	63	40	170	27	
湖口县	6870	1898	1840	4	36	16	2	5	
彭泽县	9822	2948	2775	57	35	54	27	53	
瑞昌市	13934	2621	2421	67	49	14	70	215	12
共青城市	2407	384	316	22	20	12	14	5	1
庐山市	5552	1173	1108	9	43	5	8	5	
新余市	**14980**	**5949**	**5475**	**88**	**198**	**61**	**127**	**141**	**24**
渝水区	10083	4022	3786	52	78	38	68	97	19
分宜县	4897	1927	1689	36	120	23	59	44	5
鹰潭市	**28028**	**11057**	**9957**	**260**	**333**	**66**	**441**	**39**	**4**
月湖区	617	223	216		4		3	1	
余江区	11216	3112	2465	140	94	28	385	14	
贵溪市	16195	7722	7276	120	235	38	53	24	4
赣州市	**230619**	**67694**	**61555**	**1180**	**3397**	**547**	**1015**	**1253**	**117**
章贡区	6766	723	632	12	58	19	2	13	
南康区	20194	2853	2420	112	206	31	84	49	
赣县区	13675	4517	4202	56	205	31	23	48	5
信丰县	19479	7492	7031	94	242	68	57	32	6
大余县	7371	2446	2182	125	76	22	41	175	
上犹县	8725	2175	1934	63	128	23	27	111	16
崇义县	5555	1682	1458	126	73	13	12	309	9
安远县	9397	4376	4008	33	269	45	21	4	
定南县	3832	1029	883	20	95	14	17	37	6
全南县	5019	1252	1093	25	104	14	16	99	1

4-4c 续表 1

单位：人

地区 性别	合计	农、林、牧、渔业						采矿业	
		小计	农业	林业	畜牧业	渔业	农、林、牧、渔专业及辅助性活动	小计	煤炭开采和洗选业
宁都县	26519	9610	8741	68	411	67	323	48	9
于都县	27995	4417	3957	97	250	39	74	77	19
兴国县	21935	7485	6827	131	417	35	75	78	22
会昌县	12226	3286	2908	64	182	28	104	44	6
寻乌县	8425	4240	4064	20	95	15	46	8	
石城县	8284	2463	2336	40	59	9	19	9	1
瑞金市	19124	6236	5673	73	397	43	50	55	16
龙南市	6098	1412	1206	21	130	31	24	57	1
吉安市	**112450**	**51468**	**48753**	**664**	**1521**	**184**	**346**	**288**	**16**
吉州区	3244	1334	1284	3	26	2	19	1	
青原区	4924	2035	1915	48	36	9	27	2	
吉安县	11603	5647	5330	35	246	15	21	56	
吉水县	10412	5318	5136	30	89	14	49	7	2
峡江县	4320	2927	2854	10	50	5	8	1	
新干县	9028	4064	3833	19	160	13	39	22	
永丰县	9555	5120	4870	85	139	11	15	75	
泰和县	9795	5209	4959	53	112	22	63	2	
遂川县	16876	7190	6749	146	276	10	9	43	10
万安县	8180	3113	2920	30	86	41	36	14	2
安福县	9210	5236	4903	143	153	10	27	36	
永新县	12844	3428	3250	43	90	17	28	24	2
井冈山市	2459	847	750	19	58	15	5	5	
宜春市	**118440**	**44259**	**40751**	**749**	**1953**	**400**	**406**	**518**	**76**
袁州区	16706	4530	4045	184	257	35	9	164	10
奉新县	5422	2699	2412	123	69	8	87	8	
万载县	11397	3917	3275	134	445	30	33	22	3
上高县	6922	2920	2734	15	123	33	15	23	
宜丰县	5858	2777	2539	73	134	25	6	37	1
靖安县	2864	942	837	49	47	1	8	31	
铜鼓县	2520	777	610	31	125	3	8	4	
丰城市	30919	9356	8634	107	339	89	187	132	59
樟树市	14246	6908	6540	5	196	144	23	37	1
高安市	21586	9433	9125	28	218	32	30	60	2
抚州市	**101602**	**40251**	**37807**	**524**	**921**	**287**	**712**	**131**	**5**
临川区	21285	5787	5149	128	225	43	242	11	1
东乡区	7934	2895	2714	10	105	18	48	15	
南城县	7104	2622	2445	33	82	33	29	25	
黎川县	7053	1572	1429	24	73	14	32	12	
南丰县	7775	5449	5247	3	24	51	124	1	
崇仁县	11932	7874	7604	87	77	51	55	10	
乐安县	10894	2998	2715	115	73	12	83	13	4
宜黄县	8482	2771	2558	60	102	18	33	4	
金溪县	9450	4029	3874	18	66	40	31		
资溪县	3135	1599	1482	28	65	4	20	19	
广昌县	6558	2655	2590	18	29	3	15	21	
上饶市	**165199**	**47359**	**42941**	**891**	**1774**	**676**	**1077**	**323**	**13**
信州区	6454	671	542	8	35	14	72	5	
广丰区	17479	4876	4078	272	232	32	262	47	
广信区	17100	3007	2519	51	264	36	137	36	2
玉山县	9749	3170	2837	39	198	25	71	36	
铅山县	10433	4043	3710	95	157	34	47	12	1
横峰县	3936	847	777	20	27	1	22	14	3
弋阳县	9154	3283	3061	66	89	34	33	33	1
余干县	25072	8320	7793	67	141	227	92	13	
鄱阳县	38567	11673	10595	189	424	211	254	60	1
万年县	10307	2274	2087	26	95	40	26	25	
婺源县	10961	2794	2713	9	44	7	21	10	4
德兴市	5987	2401	2229	49	68	15	40	32	1

4-4c　续表 2

单位：人

地　区 性　别	合计	农、林、牧、渔业						采矿业	
		小计	农业	林业	畜牧业	渔业	农、林、牧、渔专业及辅助性活动	小计	煤炭开采和洗选业
男	**619370**	**182924**	**164839**	**4533**	**7869**	**2272**	**3411**	**3133**	**484**
南昌市	**49293**	**12035**	**10747**	**286**	**448**	**312**	**242**	**35**	**1**
东湖区	773	191	189		1	1		1	
西湖区									
青云谱区									
青山湖区	1950	250	109	128		6	7		
新建区	10449	2677	2443	51	73	39	71	10	1
红谷滩区	712	135	124	5	2		4		
南昌县	18511	5914	5365	66	190	177	116	17	
安义县	4119	571	519	9	19	8	16	1	
进贤县	12779	2297	1998	27	163	81	28	6	
景德镇市	**22391**	**4970**	**4454**	**164**	**131**	**50**	**171**	**146**	**74**
昌江区	1240	539	434	35	12	7	51	2	1
珠山区	52	3	2		1			1	
浮梁县	4327	842	716	36	40	6	44	16	2
乐平市	16772	3586	3302	93	78	37	76	127	71
萍乡市	**19469**	**5549**	**4900**	**105**	**448**	**56**	**40**	**301**	**164**
安源区	270	8	5		1		2	30	27
湘东区	4241	1257	1095	21	112	16	13	59	20
莲花县	3633	1488	1419	11	52	5	1	63	46
上栗县	7178	1484	1234	18	201	21	10	99	48
芦溪县	4147	1312	1147	55	82	14	14	50	23
九江市	**66819**	**15446**	**13532**	**561**	**784**	**220**	**349**	**362**	**12**
濂溪区	1935	281	215	18	8	19	21	6	
浔阳区	64	6	4	1	1				
柴桑区	6285	711	546	75	35	12	43	19	1
武宁县	5449	1093	993	11	66	22	1	13	
修水县	12930	5045	4400	141	396	30	78	30	3
永修县	4499	1454	1345	23	49	24	13	9	
德安县	2003	392	296	13	71	10	2	25	
都昌县	11466	2192	1867	144	41	31	109	23	
湖口县	4052	863	827	3	18	13	2	3	
彭泽县	5388	1309	1185	47	23	35	19	45	
瑞昌市	8033	1340	1191	57	34	11	47	181	7
共青城市	1431	253	200	20	15	9	9	5	1
庐山市	3284	507	463	8	27	4	5	3	
新余市	**9253**	**3310**	**2951**	**73**	**147**	**53**	**86**	**119**	**22**
渝水区	6204	2210	2029	43	58	31	49	85	17
分宜县	3049	1100	922	30	89	22	37	34	5
鹰潭市	**16849**	**6339**	**5669**	**216**	**147**	**49**	**258**	**35**	**4**
月湖区	340	86	80		3		3	1	
余江区	6869	1763	1353	121	56	21	212	12	
贵溪市	9640	4490	4236	95	88	28	43	22	4
赣州市	**135004**	**34912**	**30885**	**880**	**2131**	**382**	**634**	**1036**	**103**
章贡区	4038	335	272	10	39	12	2	10	
南康区	12006	1344	1067	79	126	19	53	42	
赣县区	7999	2233	2015	42	132	25	19	36	4
信丰县	10950	3722	3412	66	161	48	35	29	5
大余县	4263	1195	1014	85	57	15	24	137	
上犹县	5084	1057	897	48	76	18	18	96	14
崇义县	3333	875	715	95	49	8	8	234	6
安远县	5305	2310	2085	24	158	30	13	3	
定南县	2322	562	457	14	71	11	9	31	6
全南县	2980	622	512	20	68	13	9	87	1

4－4c 续表 3

单位：人

地 区 性 别	合计	农、林、牧、渔业						采矿业	
		小计	农业	林业	畜牧业	渔业	农、林、牧、渔专业及辅助性活动	小计	煤炭开采和洗选业
宁都县	16128	5513	4963	47	260	44	199	40	8
于都县	16027	2126	1805	74	170	26	51	69	16
兴国县	12460	3557	3171	104	215	21	46	67	20
会昌县	7104	1711	1463	49	113	21	65	38	6
寻乌县	4835	2196	2078	18	62	13	25	7	
石城县	5096	1429	1336	31	45	7	10	9	1
瑞金市	11432	3409	3064	57	232	26	30	50	15
龙南市	3642	716	559	17	97	25	18	51	1
吉安市	**63575**	**25380**	**23561**	**479**	**975**	**139**	**226**	**254**	**15**
吉州区	1897	713	680	1	18	2	12	1	
青原区	2795	993	917	29	20	7	20	2	
吉安县	6517	2812	2597	29	163	12	11	48	
吉水县	5932	2746	2632	20	55	10	29	7	2
峡江县	2423	1520	1468	7	35	3	7	1	
新干县	5199	2032	1871	19	105	11	26	20	
永丰县	5436	2640	2476	62	84	8	10	67	
泰和县	5324	2542	2372	44	75	14	37	2	
遂川县	9318	3269	2993	101	159	8	8	39	9
万安县	4621	1506	1374	22	55	29	26	11	2
安福县	5130	2687	2446	100	110	7	24	30	
永新县	7586	1501	1381	28	64	16	12	21	2
井冈山市	1397	419	354	17	32	12	4	5	
宜春市	**69941**	**22992**	**20712**	**582**	**1140**	**299**	**259**	**441**	**71**
袁州区	10795	2739	2386	134	181	31	7	146	10
奉新县	3347	1568	1350	104	47	5	62	5	
万载县	6293	1943	1617	118	156	22	30	18	2
上高县	4026	1739	1600	10	88	29	12	19	
宜丰县	3181	1501	1330	59	88	20	4	33	1
靖安县	1764	514	443	37	27	1	6	26	
铜鼓县	1634	487	385	28	66	2	6	4	
丰城市	18464	4692	4251	69	221	57	94	108	55
樟树市	7998	3331	3100	4	109	104	14	23	1
高安市	12439	4478	4250	19	157	28	24	59	2
抚州市	**62908**	**23078**	**21492**	**425**	**594**	**213**	**354**	**124**	**5**
临川区	14414	3411	3038	104	150	29	90	10	1
东乡区	5067	1726	1597	9	70	15	35	14	
南城县	4232	1462	1339	33	49	26	15	23	
黎川县	4201	901	816	15	45	10	15	11	
南丰县	4577	2991	2883	3	17	40	48	1	
崇仁县	7214	4448	4271	69	47	33	28	10	
乐安县	6931	1863	1651	93	52	10	57	11	4
宜黄县	4821	1530	1380	50	64	13	23	4	
金溪县	5786	2402	2288	12	46	32	24		
资溪县	1866	944	872	23	36	3	10	19	
广昌县	3799	1400	1357	14	18	2	9	21	
上饶市	**103868**	**28913**	**25936**	**762**	**924**	**499**	**792**	**280**	**13**
信州区	4343	493	390	6	25	13	59	5	
广丰区	11421	3196	2648	230	99	26	193	35	
广信区	10985	1974	1705	44	88	30	107	33	2
玉山县	6469	1855	1676	35	67	22	55	34	
铅山县	6268	2588	2390	79	62	24	33	11	1
横峰县	2547	577	524	16	18	1	18	14	3
弋阳县	5783	2079	1920	54	61	21	23	26	1
余干县	15395	4842	4469	55	98	156	64	9	
鄱阳县	23984	7131	6347	168	275	166	175	57	1
万年县	6776	1494	1358	21	72	19	24	19	
婺源县	6436	1421	1366	9	27	7	12	10	4
德兴市	3461	1263	1143	45	32	14	29	27	1

4-4c　续表 4

单位：人

地　区 性　别	合计	农、林、牧、渔业						采矿业	
		小计	农业	林业	畜牧业	渔业	农、林、牧、渔专业及辅助性活动	小计	煤炭开采和洗选业
女	**414597**	**156638**	**146648**	**1223**	**6054**	**793**	**1920**	**509**	**32**
南昌市	**28004**	**8326**	**7741**	**110**	**229**	**119**	**127**	**8**	
东湖区	529	181	180		1				
西湖区									
青云谱区									
青山湖区	1047	158	80	75		1	2		
新建区	5948	1740	1627	14	42	13	44	2	
红谷滩区	339	116	110				6		
南昌县	10574	3981	3748	17	96	63	57	4	
安义县	2281	445	420	3	11	3	8	1	
进贤县	7286	1705	1576	1	79	39	10	1	
景德镇市	**15286**	**4611**	**4368**	**25**	**116**	**10**	**92**	**15**	**1**
昌江区	637	236	205	5	3	1	22		
珠山区	37								
浮梁县	2328	581	533	7	21	1	19	3	
乐平市	12284	3794	3630	13	92	8	51	12	1
萍乡市	**15963**	**6224**	**5549**	**16**	**636**	**13**	**10**	**20**	**3**
安源区	170	6	1		3	1	1		
湘东区	3133	1461	1330	4	121	5	1	7	1
莲花县	3265	1912	1875	5	30	2		3	
上栗县	6089	1762	1320	2	432	3	5	6	2
芦溪县	3306	1083	1023	5	50	2	3	4	
九江市	**45424**	**14364**	**12957**	**133**	**1034**	**64**	**176**	**62**	**6**
濂溪区	1142	231	202	7	3	1	18	1	
浔阳区	44	7	5		2				
柴桑区	3743	596	542	23	17	7	7	6	
武宁县	2451	497	474	1	19	3			
修水县	8539	3835	2950	22	811	9	43	3	1
永修县	3437	1530	1462	8	49	5	6		
德安县	1365	396	343	5	45	1	2	2	
都昌县	8306	2520	2385	43	22	9	61	4	
湖口县	2818	1035	1013	1	18	3		2	
彭泽县	4434	1639	1590	10	12	19	8	8	
瑞昌市	5901	1281	1230	10	15	3	23	34	5
共青城市	976	131	116	2	5	3	5		
庐山市	2268	666	645	1	16	1	3	2	
新余市	**5727**	**2639**	**2524**	**15**	**51**	**8**	**41**	**22**	**2**
渝水区	3879	1812	1757	9	20	7	19	12	2
分宜县	1848	827	767	6	31	1	22	10	
鹰潭市	**11179**	**4718**	**4288**	**44**	**186**	**17**	**183**	**4**	
月湖区	277	137	136		1				
余江区	4347	1349	1112	19	38	7	173	2	
贵溪市	6555	3232	3040	25	147	10	10	2	
赣州市	**95615**	**32782**	**30670**	**300**	**1266**	**165**	**381**	**217**	**14**
章贡区	2728	388	360	2	19	7		3	
南康区	8188	1509	1353	33	80	12	31	7	
赣县区	5676	2284	2187	14	73	6	4	12	1
信丰县	8529	3770	3619	28	81	20	22	3	1
大余县	3108	1251	1168	40	19	7	17	38	
上犹县	3641	1118	1037	15	52	5	9	15	2
崇义县	2222	807	743	31	24	5	4	75	3
安远县	4092	2066	1923	9	111	15	8	1	
定南县	1510	467	426	6	24	3	8	6	
全南县	2039	630	581	5	36	1	7	12	

4-4c　续表 5

单位：人

地　区 性　别	合计	农、林、牧、渔业						采矿业	
		小计	农业	林业	畜牧业	渔业	农、林、牧、渔专业及辅助性活动	小计	煤炭开采和洗选业
宁都县	10391	4097	3778	21	151	23	124	8	1
于都县	11968	2291	2152	23	80	13	23	8	3
兴国县	9475	3928	3656	27	202	14	29	11	2
会昌县	5122	1575	1445	15	69	7	39	6	
寻乌县	3590	2044	1986	2	33	2	21	1	
石城县	3188	1034	1000	9	14	2	9		
瑞金市	7692	2827	2609	16	165	17	20	5	1
龙南市	2456	696	647	4	33	6	6	6	
吉安市	**48875**	**26088**	**25192**	**185**	**546**	**45**	**120**	**34**	**1**
吉州区	1347	621	604	2	8		7		
青原区	2129	1042	998	19	16	2	7		
吉安县	5086	2835	2733	6	83	3	10	8	
吉水县	4480	2572	2504	10	34	4	20		
峡江县	1897	1407	1386	3	15	2	1		
新干县	3829	2032	1962		55	2	13	2	
永丰县	4119	2480	2394	23	55	3	5	8	
泰和县	4471	2667	2587	9	37	8	26		
遂川县	7558	3921	3756	45	117	2	1	4	1
万安县	3559	1607	1546	8	31	12	10	3	
安福县	4080	2549	2457	43	43	3	3	6	
永新县	5258	1927	1869	15	26	1	16	3	
井冈山市	1062	428	396	2	26	3	1		
宜春市	**48499**	**21267**	**20039**	**167**	**813**	**101**	**147**	**77**	**5**
袁州区	5911	1791	1659	50	76	4	2	18	
奉新县	2075	1131	1062	19	22	3	25	3	
万载县	5104	1974	1658	16	289	8	3	4	1
上高县	2896	1181	1134	5	35	4	3	4	
宜丰县	2677	1276	1209	14	46	5	2	4	
靖安县	1100	428	394	12	20		2	5	
铜鼓县	886	290	225	3	59	1	2		
丰城市	12455	4664	4383	38	118	32	93	24	4
樟树市	6248	3577	3440	1	87	40	9	14	
高安市	9147	4955	4875	9	61	4	6	1	
抚州市	**38694**	**17173**	**16315**	**99**	**327**	**74**	**358**	**7**	
临川区	6871	2376	2111	24	75	14	152	1	
东乡区	2867	1169	1117	1	35	3	13	1	
南城县	2872	1160	1106		33	7	14	2	
黎川县	2852	671	613	9	28	4	17	1	
南丰县	3198	2458	2364		7	11	76		
崇仁县	4718	3426	3333	18	30	18	27		
乐安县	3963	1135	1064	22	21	2	26	2	
宜黄县	3661	1241	1178	10	38	5	10		
金溪县	3664	1627	1586	6	20	8	7		
资溪县	1269	655	610	5	29	1	10		
广昌县	2759	1255	1233	4	11	1	6		
上饶市	**61331**	**18446**	**17005**	**129**	**850**	**177**	**285**	**43**	
信州区	2111	178	152	2	10	1	13		
广丰区	6058	1680	1430	42	133	6	69	12	
广信区	6115	1033	814	7	176	6	30	3	
玉山县	3280	1315	1161	4	131	3	16	2	
铅山县	4165	1455	1320	16	95	10	14	1	
横峰县	1389	270	253	4	9		4		
弋阳县	3371	1204	1141	12	28	13	10	7	
余干县	9677	3478	3324	12	43	71	28	4	
鄱阳县	14583	4542	4248	21	149	45	79	3	
万年县	3531	780	729	5	23	21	2	6	
婺源县	4525	1373	1347		17		9		
德兴市	2526	1138	1086	4	36	1	11	5	

4-4c　续表 6　　　　单位：人

地　区 性　别	采矿业						制造业		
	石油和天然气开采业	黑色金属矿采选业	有色金属矿采选业	非金属矿采选业	开采专业及辅助性活动	其他采矿业	小计	农副食品加工业	食品制造业
全　省	**20**	**185**	**1118**	**1451**	**113**	**239**	**228029**	**5243**	**5238**
南昌市			**1**	**33**	**7**	**1**	**16881**	**669**	**271**
东湖区				1			105	6	3
西湖区									
青云谱区									
青山湖区							1196	27	3
新建区			1	7	2	1	1810	214	44
红谷滩区							48	3	2
南昌县				18	3		5434	249	151
安义县				2			3513	45	6
进贤县				5	2		4775	125	62
景德镇市	**1**	**6**	**2**	**61**	**10**	**6**	**8333**	**114**	**71**
昌江区				1			215	3	
珠山区				1			17		
浮梁县		4	1	12			1413	32	12
乐平市	1	2	1	47	10	6	6688	79	59
萍乡市	**1**	**14**	**4**	**112**	**12**	**11**	**8166**	**214**	**430**
安源区				3			101	5	
湘东区		12	1	30	1	1	1568	52	17
莲花县				20			1497	11	18
上栗县		2		38	11	4	3752	96	370
芦溪县	1		3	21		6	1248	50	25
九江市	**4**	**31**	**211**	**136**	**9**	**15**	**24031**	**403**	**283**
濂溪区	1	1		4	1		437	14	6
浔阳区							19		
柴桑区		1	7	15	1		2838	31	33
武宁县			8	4	1		1441	17	23
修水县			11	15		3	4119	82	32
永修县				8	1		1330	49	46
德安县			2	23		2	790	21	21
都昌县		1	18	8			4196	91	33
湖口县		1		3	1		1597	16	13
彭泽县	3	26		20	3	1	2301	27	21
瑞昌市			165	29	1	8	2798	40	29
共青城市		1		2		1	926	7	18
庐山市				5			1239	8	8
新余市	**1**	**41**	**19**	**45**	**3**	**8**	**2021**	**72**	**32**
渝水区	1	30		40	2	5	1257	61	30
分宜县		11	19	5	1	3	764	11	2
鹰潭市	**1**			**27**		**7**	**4150**	**170**	**916**
月湖区				1			71	2	40
余江区	1			13			1771	66	115
贵溪市				13		7	2308	102	761
赣州市	**2**	**25**	**659**	**292**	**35**	**123**	**68996**	**1184**	**624**
章贡区		1	4	7		1	1703	67	30
南康区		3	17	20	3	6	8722	80	20
赣县区			25	15		3	3157	120	30
信丰县			3	15	1	7	5886	103	36
大余县			152	9	1	13	1572	43	18
上犹县		6	43	16	3	27	3144	37	15
崇义县		6	279	10	2	3	1247	25	16
安远县			1	3			2362	54	7
定南县			13	12	1	5	993	25	8
全南县	1		61	33	3		1243	25	4

4-4c 续表 7

单位：人

地区 性别	采矿业						制造业		
	石油和天然气开采业	黑色金属矿采选业	有色金属矿采选业	非金属矿采选业	开采专业及辅助性活动	其他采矿业	小计	农副食品加工业	食品制造业
宁都县		3	5	20	4	7	5296	168	48
于都县			31	18	4	5	12544	85	82
兴国县			8	30	4	14	5936	85	42
会昌县	1	1	1	18	2	15	4586	74	138
寻乌县			1	6	1		1303	53	15
石城县				6	2		2251	36	42
瑞金市		5	3	22	4	5	5160	70	60
龙南市			12	32		12	1891	34	13
吉安市	**2**	**47**	**32**	**170**	**7**	**14**	**22000**	**509**	**207**
吉州区				1			567	10	7
青原区				2			732	25	6
吉安县	1	5	1	49			2585	57	28
吉水县				1	3	1	1531	37	14
峡江县					1		359	7	8
新干县	1			17		4	1677	44	29
永丰县		4	18	50		3	1533	57	10
泰和县			1	1			1256	18	19
遂川县			4	27		2	4399	108	36
万安县			3	7	1	1	1905	29	16
安福县		27	4	3		2	1417	35	12
永新县		11		9	1	1	3554	55	15
井冈山市			1	3	1		485	27	7
宜春市	**3**	**4**	**142**	**265**	**9**	**19**	**22193**	**610**	**429**
袁州区		1	52	96	1	4	3554	76	26
奉新县	1			6	1		616	50	6
万载县			1	18			3048	96	54
上高县			1	20		2	1663	52	33
宜丰县			28	8			1196	19	11
靖安县			21	9		1	491	13	8
铜鼓县			2	2			395	17	15
丰城市	1	2	35	17	6	12	4720	120	69
樟树市	1			34	1		1875	68	124
高安市		1	2	55			4635	99	83
抚州市	**1**	**3**	**19**	**92**	**9**	**2**	**16758**	**671**	**1627**
临川区	1			6	3		2330	83	73
东乡区			2	12	1		1401	28	43
南城县				24	1		1542	23	119
黎川县				12			1756	70	22
南丰县				1			611	16	13
崇仁县				9	1		845	57	26
乐安县				6	2	1	2177	101	21
宜黄县		3		1			2084	133	55
金溪县							2210	32	868
资溪县				19			643	98	359
广昌县			17	2	1	1	1159	30	28
上饶市	**4**	**14**	**29**	**218**	**12**	**33**	**34500**	**627**	**348**
信州区				4	1		1272	22	16
广丰区		6	3	28	1	9	2733	107	27
广信区			4	26	2	2	4327	61	48
玉山县		1	2	22	4	7	1795	38	11
铅山县		1	3	4	2	1	2206	34	14
横峰县			1	9		1	881	59	16
弋阳县	2	1	5	19	1	4	1529	30	25
余干县			1	8	1	3	4924	76	57
鄱阳县		1	3	54		1	8501	85	83
万年县	2	1	2	17		3	2942	28	30
婺源县			2	3		1	2428	70	12
德兴市		3	3	24		1	962	17	9

4-4c　续表 8

单位：人

地　区 性　别	采矿业						制造业		
	石油和天然气开采业	黑色金属矿采选业	有色金属矿采选业	非金属矿采选业	开采专业及辅助性活　动	其　他采矿业	小计	农副食品加工业	食　品制造业
男	**14**	**155**	**910**	**1272**	**98**	**200**	**125034**	**3217**	**2720**
南昌市			**1**	**26**	**6**	**1**	**9969**	**405**	**128**
东湖区				1			75	5	1
西湖区									
青云谱区									
青山湖区							687	18	3
新建区			1	5	2	1	1148	118	20
红谷滩区							33	2	1
南昌县				15	2		3047	150	60
安义县				1			2379	30	5
进贤县				4	2		2600	82	38
景德镇市	**1**	**5**	**1**	**50**	**9**	**6**	**4147**	**71**	**40**
昌江区				1			123	3	
珠山区				1			10		
浮梁县		3		11			843	20	7
乐平市	1	2	1	37	9	6	3171	48	33
萍乡市		**12**	**3**	**103**	**11**	**8**	**4044**	**113**	**132**
安源区				3			60	3	
湘东区		10		28	1		904	27	5
莲花县				17			877	8	8
上栗县		2		35	10	4	1522	49	108
芦溪县			3	20		4	681	26	11
九江市	**3**	**28**	**181**	**117**	**6**	**15**	**13009**	**224**	**150**
濂溪区	1	1		4			268	7	3
浔阳区							12		
柴桑区		1	6	10	1		1578	16	15
武宁县			8	4	1		886	11	10
修水县			10	14		3	2464	46	14
永修县				8	1		776	28	31
德安县			2	21		2	404	15	13
都昌县		1	14	8			2141	40	16
湖口县		1		1	1		886	11	6
彭泽县	2	23		17	2	1	1292	20	10
瑞昌市			141	25		8	1452	20	15
共青城市		1		2		1	359	5	13
庐山市				3			491	5	4
新余市		**37**	**14**	**37**	**3**	**6**	**1195**	**48**	**13**
渝水区		29		33	2	4	775	39	11
分宜县		8	14	4	1	2	420	9	2
鹰潭市	**1**			**24**		**6**	**2238**	**71**	**571**
月湖区				1			48		38
余江区	1			11			1050	42	68
贵溪市				12		6	1140	29	465
赣州市	**2**	**16**	**519**	**254**	**34**	**108**	**38376**	**753**	**298**
章贡区		1	2	6		1	1026	39	15
南康区		2	15	18	3	4	5203	50	7
赣县区			17	12		3	1766	85	10
信丰县			3	13	1	7	3180	57	17
大余县			117	7	1	12	914	29	6
上犹县		5	37	14	3	23	1844	22	8
崇义县		2	213	8	2	3	771	16	7
安远县			1	2			1327	28	4
定南县			11	8	1	5	559	19	5
全南县	1		52	30	3		664	18	2

4-4c 续表 9

单位：人

地区 性别	采矿业						制造业		
	石油和天然气开采业	黑色金属矿采选业	有色金属矿采选业	非金属矿采选业	开采专业及辅助性活动	其他采矿业	小计	农副食品加工业	食品制造业
宁都县		2	3	17	4	6	2956	120	24
于都县			27	17	4	5	6562	52	38
兴国县			6	25	4	12	3100	56	16
会昌县	1	1	1	15	1	13	2564	41	67
寻乌县			1	5	1		778	29	7
石城县				6	2		1248	17	26
瑞金市		3	3	22	4	3	2903	53	36
龙南市			10	29		11	1011	22	3
吉安市	**2**	**40**	**27**	**153**	**6**	**11**	**12409**	**346**	**104**
吉州区				1			259	7	3
青原区				2			420	12	2
吉安县	1	4	1	42			1407	41	15
吉水县				1	3	1	746	29	6
峡江县					1		215	5	6
新干县	1			16		3	985	26	14
永丰县		3	16	46		2	912	43	6
泰和县			1	1			681	15	8
遂川县			3	25		2	2525	67	21
万安县			3	5		1	1103	23	7
安福县		25	2	2		1	728	21	8
永新县		8		9	1	1	2135	38	6
井冈山市			1	3	1		293	19	2
宜春市	**1**	**3**	**122**	**227**	**6**	**11**	**11750**	**345**	**164**
袁州区		1	45	85	1	4	1925	45	13
奉新县				5			379	29	4
万载县			1	15			1386	48	20
上高县			1	16		2	739	34	12
宜丰县			25	7			551	11	4
靖安县			18	7		1	280	6	3
铜鼓县			2	2			246	11	6
丰城市		1	28	16	4	4	2599	69	31
樟树市	1			20	1		1016	41	31
高安市		1	2	54			2629	51	40
抚州市	**1**	**3**	**19**	**87**	**7**	**2**	**9485**	**409**	**933**
临川区	1			6	2		1348	57	37
东乡区			2	11	1		813	22	26
南城县				22	1		826	10	65
黎川县				11			1047	44	12
南丰县				1			402	10	6
崇仁县				9	1		496	38	13
乐安县				5	1	1	1230	67	14
宜黄县		3		1			1000	61	40
金溪县							1296	22	487
资溪县				19			396	58	217
广昌县			17	2	1	1	631	20	16
上饶市	**3**	**11**	**23**	**194**	**10**	**26**	**18412**	**432**	**187**
信州区				4	1		637	11	11
广丰区		4	2	21	1	7	1317	71	13
广信区			3	25	2	1	2250	48	31
玉山县		1	2	22	4	5	1055	31	8
铅山县		1	3	4	1	1	1046	23	6
横峰县			1	9		1	434	43	9
弋阳县	2	1	5	14		3	703	16	12
余干县			1	5	1	2	2858	49	28
鄱阳县		1	1	53		1	4501	65	42
万年县	1	1	1	13		3	1646	23	17
婺源县			2	3		1	1454	42	6
德兴市		2	2	21		1	511	10	4

4-4c 续表 10

单位：人

地区 性别	采矿业						制造业		
	石油和天然气开采业	黑色金属矿采选业	有色金属矿采选业	非金属矿采选业	开采专业及辅助性活动	其他采矿业	小计	农副食品加工业	食品制造业
女	**6**	**30**	**208**	**179**	**15**	**39**	**102995**	**2026**	**2518**
南昌市				**7**	**1**		**6912**	**264**	**143**
东湖区							30	1	2
西湖区									
青云谱区									
青山湖区							509	9	
新建区				2			662	96	24
红谷滩区							15	1	1
南昌县				3	1		2387	99	91
安义县				1			1134	15	1
进贤县				1			2175	43	24
景德镇市		**1**	**1**	**11**	**1**		**4186**	**43**	**31**
昌江区							92		
珠山区							7		
浮梁县		1	1	1			570	12	5
乐平市				10	1		3517	31	26
萍乡市	**1**	**2**	**1**	**9**	**1**	**3**	**4122**	**101**	**298**
安源区							41	2	
湘东区		2	1	2		1	664	25	12
莲花县				3			620	3	10
上栗县				3	1		2230	47	262
芦溪县	1			1		2	567	24	14
九江市	**1**	**3**	**30**	**19**	**3**		**11022**	**179**	**133**
濂溪区					1		169	7	3
浔阳区							7		
柴桑区			1	5			1260	15	18
武宁县							555	6	13
修水县			1	1			1655	36	18
永修县							554	21	15
德安县				2			386	6	8
都昌县			4				2055	51	17
湖口县				2			711	5	7
彭泽县	1	3		3	1		1009	7	11
瑞昌市			24	4	1		1346	20	14
共青城市							567	2	5
庐山市				2			748	3	4
新余市	**1**	**4**	**5**	**8**		**2**	**826**	**24**	**19**
渝水区	1	1		7		1	482	22	19
分宜县		3	5	1		1	344	2	
鹰潭市				**3**		**1**	**1912**	**99**	**345**
月湖区							23	2	2
余江区				2			721	24	47
贵溪市				1		1	1168	73	296
赣州市		**9**	**140**	**38**	**1**	**15**	**30620**	**431**	**326**
章贡区			2	1			677	28	15
南康区		1	2	2		2	3519	30	13
赣县区			8	3			1391	35	20
信丰县				2			2706	46	19
大余县			35	2		1	658	14	12
上犹县		1	6	2		4	1300	15	7
崇义县		4	66	2			476	9	9
安远县				1			1035	26	3
定南县			2	4			434	6	3
全南县			9	3			579	7	2

4-4c 续表 11 单位：人

地区 性别	采矿业						制造业		
	石油和天然气开采业	黑色金属矿采选业	有色金属矿采选业	非金属矿采选业	开采专业及辅助性活动	其他采矿业	小计	农副食品加工业	食品制造业
宁都县		1	2	3		1	2340	48	24
于都县			4	1			5982	33	44
兴国县			2	5		2	2836	29	26
会昌县				3	1	2	2022	33	71
寻乌县				1			525	24	8
石城县							1003	19	16
瑞金市		2				2	2257	17	24
龙南市			2	3		1	880	12	10
吉安市		**7**	**5**	**17**	**1**	**3**	**9591**	**163**	**103**
吉州区							308	3	4
青原区							312	13	4
吉安县		1		7			1178	16	13
吉水县							785	8	8
峡江县							144	2	2
新干县				1		1	692	18	15
永丰县		1	2	4		1	621	14	4
泰和县							575	3	11
遂川县			1	2			1874	41	15
万安县				2	1		802	6	9
安福县		2	2	1		1	689	14	4
永新县		3					1419	17	9
井冈山市							192	8	5
宜春市	**2**	**1**	**20**	**38**	**3**	**8**	**10443**	**265**	**265**
袁州区			7	11			1629	31	13
奉新县	1			1	1		237	21	2
万载县				3			1662	48	34
上高县				4			924	18	21
宜丰县			3	1			645	8	7
靖安县			3	2			211	7	5
铜鼓县							149	6	9
丰城市	1	1	7	1	2	8	2121	51	38
樟树市				14			859	27	93
高安市				1			2006	48	43
抚州市				**5**	**2**		**7273**	**262**	**694**
临川区					1		982	26	36
东乡区				1			588	6	17
南城县				2			716	13	54
黎川县				1			709	26	10
南丰县							209	6	7
崇仁县							349	19	13
乐安县				1	1		947	34	7
宜黄县							1084	72	15
金溪县							914	10	381
资溪县							247	40	142
广昌县							528	10	12
上饶市	**1**	**3**	**6**	**24**	**2**	**7**	**16088**	**195**	**161**
信州区							635	11	5
广丰区		2	1	7		2	1416	36	14
广信区			1	1		1	2077	13	17
玉山县						2	740	7	3
铅山县					1		1160	11	8
横峰县							447	16	7
弋阳县				5	1	1	826	14	13
余干县				3		1	2066	27	29
鄱阳县			2	1			4000	20	41
万年县	1		1	4			1296	5	13
婺源县							974	28	6
德兴市		1	1	3			451	7	5

4-4c 续表 12

单位：人

地区 性别	制造业								
	酒、饮料和精制茶制造业	烟草制品业	纺织业	纺织服装、服饰业	皮革、毛皮、羽毛及其制品和制鞋业	木材加工和木、竹、藤、棕、草制品业	家具制造业	造纸和纸制品业	印刷和记录媒介复制业
全省	**1339**	**101**	**5862**	**55757**	**19283**	**6823**	**17229**	**3409**	**1658**
南昌市	**113**	**7**	**234**	**3048**	**333**	**244**	**177**	**124**	**77**
东湖区			4	7			9	1	
西湖区									
青云谱区									
青山湖区	1	1	35	266	1	5	11	13	1
新建区	27	2	20	180	19	75	17	18	18
红谷滩区	2		2	2		1	2		1
南昌县	61		87	1061	226	72	101	54	31
安义县	5		8	13		11	6	3	1
进贤县	17	4	78	1519	87	80	31	35	25
景德镇市	**73**	**2**	**367**	**2277**	**1461**	**175**	**136**	**70**	**51**
昌江区	1		9	26	8	5	2	2	6
珠山区								1	
浮梁县	56		29	144	44	43	38	14	18
乐平市	16	2	329	2107	1409	127	96	53	27
萍乡市	**64**	**2**	**119**	**437**	**844**	**189**	**172**	**318**	**82**
安源区				5	9	1		1	1
湘东区	20	1	19	112	171	40	26	107	21
莲花县	5		46	133	313	26	79	17	22
上栗县	11		30	126	173	65	37	182	30
芦溪县	28	1	24	61	178	57	30	11	8
九江市	**147**	**7**	**827**	**6616**	**2180**	**497**	**1194**	**338**	**266**
濂溪区	15		22	39	4	9	8	2	
浔阳区			1	1					
柴桑区	22		90	650	56	58	65	41	38
武宁县	14		39	155	181	73	150	23	12
修水县	38	1	92	403	820	50	670	51	47
永修县	9		87	148	89	30	24	39	14
德安县			97	219	53	36	6	4	9
都昌县	10		82	2444	215	53	67	33	19
湖口县	4	3	14	563	53	14	82	33	7
彭泽县	10		104	474	208	71	65	26	75
瑞昌市	12	2	144	421	277	93	52	77	25
共青城市	2		34	584	8	5	2	4	15
庐山市	11	1	21	515	216	5	3	5	5
新余市	**13**	**2**	**85**	**147**	**158**	**91**	**43**	**21**	**15**
渝水区	10	1	33	56	75	49	30	17	13
分宜县	3	1	52	91	83	42	13	4	2
鹰潭市	**28**		**105**	**748**	**221**	**122**	**89**	**34**	**13**
月湖区	2		2	2		2	1		1
余江区	9		75	325	151	50	49	7	11
贵溪市	17		28	421	70	70	39	27	1
赣州市	**168**	**25**	**1342**	**23784**	**4050**	**1656**	**10781**	**524**	**401**
章贡区	11	2	16	99	15	37	505	39	3
南康区	11	1	29	817	20	295	6430	40	8
赣县区	6	1	29	1200	45	69	641	23	13
信丰县	7	3	77	2744	146	122	572	27	9
大余县	5	1	31	282	39	168	158	18	13
上犹县	15	3	34	1006	82	148	517	17	14
崇义县	5		26	152	17	162	437	7	4
安远县	6		11	488	173	27	146	26	10
定南县	4		16	137	22	27	30	5	3
全南县	2		64	337	38	39	91	12	20

4-4c 续表 13

单位：人

地区 性别	制造业								
	酒、饮料和精制茶制造业	烟草制品业	纺织业	纺织服装、服饰业	皮革、毛皮、羽毛及其制品和制鞋业	木材加工和木、竹、藤、棕、草制品业	家具制造业	造纸和纸制品业	印刷和记录媒介复制业
宁都县	13	1	131	1911	707	92	238	69	66
于都县	16		359	6635	663	97	395	73	48
兴国县	21	4	172	3421	197	98	203	28	32
会昌县	9	2	80	1647	360	81	68	29	35
寻乌县	5		18	300	34	23	41	18	8
石城县	4	6	38	203	877	20	76	43	31
瑞金市	19	1	178	2220	545	88	103	40	63
龙南市	9		33	185	70	63	130	10	21
吉安市	**180**	**14**	**456**	**2364**	**2263**	**748**	**1007**	**287**	**195**
吉州区	1		4	40	11	3	7	5	2
青原区	8	2	11	52	11	31	71	14	10
吉安县	26	1	40	137	97	65	82	18	12
吉水县	14		145	291	130	86	74	27	14
峡江县	4		11	41	34	22	9	9	3
新干县	30	2	18	47	380	81	57	14	5
永丰县	7	1	42	197	194	63	44	29	11
泰和县	14	1	23	119	81	43	78	18	20
遂川县	36		53	307	654	179	217	47	32
万安县	5	5	26	339	81	40	156	23	6
安福县	13	2	20	76	283	46	44	23	13
永新县	7		62	705	287	63	151	59	64
井冈山市	15		1	13	20	26	17	1	3
宜春市	**200**	**5**	**550**	**1656**	**2483**	**1155**	**1153**	**832**	**158**
袁州区	18	2	82	219	429	148	78	72	29
奉新县	1		121	34	10	59	8	2	3
万载县	23		61	132	347	126	45	93	17
上高县	16		32	43	632	106	13	12	4
宜丰县	11	1	6	79	228	197	25	9	2
靖安县	3		7	11	4	83	7	5	
铜鼓县	7		6	7	54	75	15	3	4
丰城市	24	2	99	860	497	245	804	79	29
樟树市	86		44	61	95	23	93	199	33
高安市	11		92	210	187	93	65	358	37
抚州市	**91**	**10**	**484**	**2632**	**1657**	**832**	**1229**	**363**	**198**
临川区	17	2	89	295	171	73	97	110	51
东乡区	4		84	448	102	28	22	23	12
南城县	1	1	22	253	158	90	312	15	3
黎川县	6	2	30	154	138	96	536	14	17
南丰县	4		21	50	29	132	18	3	11
崇仁县	19	3	69	106	32	60	37	18	3
乐安县	4	1	72	321	346	76	105	59	37
宜黄县	14		34	415	144	153	34	79	14
金溪县	9		29	215	297	25	34	28	33
资溪县	10		4	43	27	57	2		2
广昌县	3	1	30	332	213	42	32	14	15
上饶市	**262**	**27**	**1293**	**12048**	**3633**	**1114**	**1248**	**498**	**202**
信州区	5		80	375	60	30	39	7	10
广丰区	16	1	178	837	95	107	101	43	20
广信区	41	3	118	1266	397	213	182	121	13
玉山县	12	10	91	350	101	56	383	20	4
铅山县	33	3	109	763	403	62	54	19	20
横峰县	3		40	270	57	17	28	19	2
弋阳县	4	1	71	564	78	45	31	36	19
余干县	26	2	161	2268	459	76	64	39	23
鄱阳县	38	1	171	3421	1167	165	255	121	46
万年县	4	2	140	1233	411	55	29	21	17
婺源县	75	4	51	452	345	254	67	49	26
德兴市	5		83	249	60	34	15	3	2

4–4c　续表 14　　单位：人

地　区 性　别	制造业								
	酒、饮料和精制茶制造业	烟　草制品业	纺织业	纺织服装、服饰业	皮革、毛皮、羽毛及其制品和制鞋业	木材加工和木、竹、藤、棕、草制品业	家　具制造业	造纸和纸制品业	印刷和记录媒介复制业
男	**822**	**65**	**2597**	**21827**	**9148**	**4921**	**11655**	**1924**	**1102**
南昌市	**73**	**5**	**103**	**1016**	**107**	**192**	**128**	**77**	**54**
东湖区			2	3			6	1	
西湖区									
青云谱区									
青山湖区	1	1	18	52		4	10	8	
新建区	17	1	11	66	11	60	12	12	11
红谷滩区	1		2	1		1	2		
南昌县	41		23	214	51	58	70	31	22
安义县	3		6	1		9	3	1	1
进贤县	10	3	41	679	45	60	25	24	20
景德镇市	**40**		**144**	**868**	**714**	**137**	**95**	**31**	**31**
昌江区			6	8	7	3	1	2	1
珠山区									
浮梁县	33		18	63	24	33	26	7	14
乐平市	7		120	797	683	101	68	22	16
萍乡市	**43**	**1**	**54**	**140**	**267**	**137**	**139**	**137**	**53**
安源区				1	2	1		1	1
湘东区	11		7	29	58	34	21	45	14
莲花县	5		24	60	124	21	65	10	14
上栗县	7		11	33	42	54	30	74	19
芦溪县	20	1	12	17	41	27	23	7	5
九江市	**91**	**5**	**382**	**2133**	**1079**	**397**	**821**	**208**	**179**
濂溪区	8		9	10	1	7	5	2	
浔阳区									
柴桑区	16		41	154	32	48	48	27	22
武宁县	9		20	56	105	54	105	11	8
修水县	22	1	45	159	457	39	444	35	33
永修县	5		53	36	31	26	15	26	7
德安县			35	59	24	30	3	4	7
都昌县	6		41	1055	104	40	54	15	16
湖口县	3	2	8	198	23	11	65	20	4
彭泽县	7		45	151	114	60	41	16	49
瑞昌市	7	2	58	82	113	73	36	46	19
共青城市	2		16	126	3	5	2	4	11
庐山市	6		11	47	72	4	3	2	3
新余市	**10**		**18**	**42**	**63**	**70**	**30**	**5**	**10**
渝水区	8		7	13	28	39	23	4	10
分宜县	2		11	29	35	31	7	1	
鹰潭市	**15**		**46**	**283**	**119**	**100**	**62**	**12**	**6**
月湖区				1		2			
余江区	5		33	164	90	43	32	5	6
贵溪市	10		13	118	29	55	30	7	
赣州市	**97**	**18**	**681**	**10364**	**2174**	**1111**	**6987**	**308**	**261**
章贡区	7	2	4	23	3	26	301	22	2
南康区	4	1	13	260	9	181	3999	22	6
赣县区	5	1	14	472	24	50	438	15	5
信丰县	7	2	44	1256	71	87	398	17	8
大余县	4		15	122	24	93	102	11	8
上犹县	8	3	19	470	49	96	366	14	8
崇义县	2		14	70	11	95	301	5	2
安远县	4		6	206	100	20	95	10	8
定南县	2		8	59	9	18	23	4	3
全南县	2		26	106	17	31	69	5	13

4-4c 续表 15　　　　单位：人

地区 性别	制造业								
	酒、饮料和精制茶制造业	烟草制品业	纺织业	纺织服装、服饰业	皮革、毛皮、羽毛及其制品和制鞋业	木材加工和木、竹、藤、棕、草制品业	家具制造业	造纸和纸制品业	印刷和记录媒介复制业
宁都县	9	1	67	753	417	65	174	43	47
于都县	8		180	2966	361	76	281	46	32
兴国县	12	2	87	1504	112	82	139	16	21
会昌县	3	1	39	760	196	59	46	15	21
寻乌县	3		11	146	21	16	27	9	7
石城县	4	4	22	88	436	14	55	21	21
瑞金市	9	1	99	1057	281	56	74	27	42
龙南市	4		13	46	33	46	99	6	7
吉安市	**104**	**10**	**187**	**954**	**1039**	**555**	**746**	**174**	**142**
吉州区			1	15	5	2	6	4	2
青原区	4		6	16	5	20	54	8	8
吉安县	15	1	15	45	46	59	67	11	10
吉水县	8		32	71	53	74	60	15	10
峡江县	3		5	12	16	14	8	6	3
新干县	18	1	9	24	163	52	43	9	3
永丰县	6	1	19	70	104	41	28	19	6
泰和县	6	1	12	44	40	34	54	11	15
遂川县	18		27	116	326	132	151	32	21
万安县	3	4	14	154	42	28	111	12	6
安福县	8	2	10	25	77	34	37	15	8
永新县	5		36	358	155	49	111	32	49
井冈山市	10		1	4	7	16	16		1
宜春市	**122**	**3**	**231**	**512**	**796**	**756**	**835**	**516**	**100**
袁州区	14	1	35	76	167	108	60	49	19
奉新县	1		54	12	6	38	5	2	2
万载县	16		21	48	91	77	37	66	13
上高县	13		10	12	131	62	10	5	4
宜丰县	8	1	2	5	21	96	16	6	1
靖安县	1		4	6	4	48	5	1	
铜鼓县	5		3	3	33	35	12	2	3
丰城市	14	1	45	255	230	195	570	46	19
樟树市	42		21	16	51	17	71	115	13
高安市	8		36	79	62	80	49	224	26
抚州市	**58**	**5**	**220**	**913**	**915**	**567**	**867**	**220**	**134**
临川区	11	1	43	104	95	48	77	65	34
东乡区	2		35	200	58	23	18	17	5
南城县		1	7	69	61	60	219	9	1
黎川县	3	1	17	55	73	61	354	8	9
南丰县	3		12	26	16	100	16	2	9
崇仁县	13	2	28	33	22	38	28	11	1
乐安县	4		31	83	197	52	83	39	27
宜黄县	8		16	73	83	95	24	45	10
金溪县	7		15	111	165	23	24	16	25
资溪县	5		2	19	17	41	2		1
广昌县	2		14	140	128	26	22	8	12
上饶市	**169**	**18**	**531**	**4602**	**1875**	**899**	**945**	**236**	**132**
信州区	4		27	106	31	28	27	6	8
广丰区	11	1	55	215	47	83	80	21	11
广信区	33	2	32	368	215	191	140	50	9
玉山县	8	6	30	73	50	53	303	13	3
铅山县	16	3	30	203	222	48	37	13	13
横峰县	2		12	75	22	15	23	2	1
弋阳县	3	1	23	173	30	29	23	8	11
余干县	17	2	89	1159	256	63	50	20	15
鄱阳县	22		90	1379	555	127	173	66	29
万年县	3	2	72	565	227	44	21	12	10
婺源县	46	1	24	203	197	191	54	23	21
德兴市	4		47	83	23	27	14	2	1

4-4c　续表 16　　　　单位：人

地区 性别	制造业								
	酒、饮料和精制茶制造业	烟草制品业	纺织业	纺织服装、服饰业	皮革、毛皮、羽毛及其制品和制鞋业	木材加工和木、竹、藤、棕、草制品业	家具制造业	造纸和纸制品业	印刷和记录媒介复制业
女	**517**	**36**	**3265**	**33930**	**10135**	**1902**	**5574**	**1485**	**556**
南昌市	**40**	**2**	**131**	**2032**	**226**	**52**	**49**	**47**	**23**
东湖区			2	4			3		
西湖区									
青云谱区									
青山湖区			17	214	1	1	1	5	1
新建区	10	1	9	114	8	15	5	6	7
红谷滩区	1			1					1
南昌县	20		64	847	175	14	31	23	9
安义县	2		2	12		2	3	2	
进贤县	7	1	37	840	42	20	6	11	5
景德镇市	**33**	**2**	**223**	**1409**	**747**	**38**	**41**	**39**	**20**
昌江区	1		3	18	1	2	1		5
珠山区								1	
浮梁县	23		11	81	20	10	12	7	4
乐平市	9	2	209	1310	726	26	28	31	11
萍乡市	**21**	**1**	**65**	**297**	**577**	**52**	**33**	**181**	**29**
安源区				4	7				
湘东区	9	1	12	83	113	6	5	62	7
莲花县			22	73	189	5	14	7	8
上栗县	4		19	93	131	11	7	108	11
芦溪县	8		12	44	137	30	7	4	3
九江市	**56**	**2**	**445**	**4483**	**1101**	**100**	**373**	**130**	**87**
濂溪区	7		13	29	3	2	3		
浔阳区			1	1					
柴桑区	6		49	496	24	10	17	14	16
武宁县	5		19	99	76	19	45	12	4
修水县	16		47	244	363	11	226	16	14
永修县	4		34	112	58	4	9	13	7
德安县			62	160	29	6	3		2
都昌县	4		41	1389	111	13	13	18	3
湖口县	1	1	6	365	30	3	17	13	3
彭泽县	3		59	323	94	11	24	10	26
瑞昌市	5		86	339	164	20	16	31	6
共青城市			18	458	5				4
庐山市	5	1	10	468	144	1		3	2
新余市	**3**	**2**	**67**	**105**	**95**	**21**	**13**	**16**	**5**
渝水区	2	1	26	43	47	10	7	13	3
分宜县	1	1	41	62	48	11	6	3	2
鹰潭市	**13**		**59**	**465**	**102**	**22**	**27**	**22**	**7**
月湖区	2		2	1			1		1
余江区	4		42	161	61	7	17	2	5
贵溪市	7		15	303	41	15	9	20	1
赣州市	**71**	**7**	**661**	**13420**	**1876**	**545**	**3794**	**216**	**140**
章贡区	4		12	76	12	11	204	17	1
南康区	7		16	557	11	114	2431	18	2
赣县区	1		15	728	21	19	203	8	8
信丰县		1	33	1488	75	35	174	10	1
大余县	1	1	16	160	15	75	56	7	5
上犹县	7		15	536	33	52	151	3	6
崇义县	3		12	82	6	67	136	2	2
安远县	2		5	282	73	7	51	16	2
定南县	2		8	78	13	9	7	1	
全南县			38	231	21	8	22	7	7

4-4c 续表 17

单位：人

地区 性别	制造业								
	酒、饮料和精制茶制造业	烟草制品业	纺织业	纺织服装、服饰业	皮革、毛皮、羽毛及其制品和制鞋业	木材加工和木、竹、藤、棕、草制品业	家具制造业	造纸和纸制品业	印刷和记录媒介复制业
宁都县	4		64	1158	290	27	64	26	19
于都县	8		179	3669	302	21	114	27	16
兴国县	9	2	85	1917	85	16	64	12	11
会昌县	6	1	41	887	164	22	22	14	14
寻乌县	2		7	154	13	7	14	9	1
石城县		2	16	115	441	6	21	22	10
瑞金市	10		79	1163	264	32	29	13	21
龙南市	5		20	139	37	17	31	4	14
吉安市	**76**	**4**	**269**	**1410**	**1224**	**193**	**261**	**113**	**53**
吉州区	1		3	25	6	1	1	1	
青原区	4	2	5	36	6	11	17	6	2
吉安县	11		25	92	51	6	15	7	2
吉水县	6		113	220	77	12	14	12	4
峡江县	1		6	29	18	8	1	3	
新干县	12	1	9	23	217	29	14	5	2
永丰县	1		23	127	90	22	16	10	5
泰和县	8		11	75	41	9	24	7	5
遂川县	18		26	191	328	47	66	15	11
万安县	2	1	12	185	39	12	45	11	
安福县	5		10	51	206	12	7	8	5
永新县	2		26	347	132	14	40	27	15
井冈山市	5			9	13	10	1	1	2
宜春市	**78**	**2**	**319**	**1144**	**1687**	**399**	**318**	**316**	**58**
袁州区	4	1	47	143	262	40	18	23	10
奉新县			67	22	4	21	3		1
万载县	7		40	84	256	49	8	27	4
上高县	3		22	31	501	44	3	7	
宜丰县	3		4	74	207	101	9	3	1
靖安县	2		3	5		35	2	4	
铜鼓县	2		3	4	21	40	3	1	1
丰城市	10	1	54	605	267	50	234	33	10
樟树市	44		23	45	44	6	22	84	20
高安市	3		56	131	125	13	16	134	11
抚州市	**33**	**5**	**264**	**1719**	**742**	**265**	**362**	**143**	**64**
临川区	6	1	46	191	76	25	20	45	17
东乡区	2		49	248	44	5	4	6	7
南城县	1		15	184	97	30	93	6	2
黎川县	3	1	13	99	65	35	182	6	8
南丰县	1		9	24	13	32	2	1	2
崇仁县	6	1	41	73	10	22	9	7	2
乐安县		1	41	238	149	24	22	20	10
宜黄县	6		18	342	61	58	10	34	4
金溪县	2		14	104	132	2	10	12	8
资溪县	5		2	24	10	16			1
广昌县	1	1	16	192	85	16	10	6	3
上饶市	**93**	**9**	**762**	**7446**	**1758**	**215**	**303**	**262**	**70**
信州区	1		53	269	29	2	12	1	2
广丰区	5		123	622	48	24	21	22	9
广信区	8	1	86	898	182	22	42	71	4
玉山县	4	4	61	277	51	3	80	7	1
铅山县	17		79	560	181	14	17	6	7
横峰县	1		28	195	35	2	5	17	1
弋阳县	1		48	391	48	16	8	28	8
余干县	9		72	1109	203	13	14	19	8
鄱阳县	16	1	81	2042	612	38	82	55	17
万年县	1		68	668	184	11	8	9	7
婺源县	29	3	27	249	148	63	13	26	5
德兴市	1		36	166	37	7	1	1	1

4-4c　续表 18　　　　单位：人

地区 性别	制造业								
	文教、工美、体育和娱乐用品制造业	石油、煤炭及其他燃料加工业	化学原料和化学制品制造业	医药制造业	化学纤维制造业	橡胶和塑料制品业	非金属矿物制品业	黑色金属冶炼和压延加工业	有色金属冶炼和压延加工业
全省	**7059**	**231**	**6257**	**1798**	**211**	**5133**	**15125**	**760**	**1551**
南昌市	**799**	**10**	**250**	**600**		**204**	**668**	**38**	**235**
东湖区	1		9	4		2	7	1	
西湖区									
青云谱区									
青山湖区	4		8	10		3	45	5	1
新建区	20		20	133		35	148	6	53
红谷滩区	1		1				2	1	
南昌县	66	7	77	54		72	248	10	14
安义县	4		60	8		25	136	5	153
进贤县	703	3	75	391		67	82	10	14
景德镇市	**588**	**21**	**128**	**85**	**5**	**143**	**958**	**19**	**23**
昌江区	6	4	8	4		2	42		
珠山区	1						13		
浮梁县	31	3	13	5	2	28	580	7	2
乐平市	550	14	107	76	3	113	323	12	21
萍乡市	**149**	**28**	**1742**	**46**	**4**	**192**	**656**	**71**	**14**
安源区	5	2	3			2	45		
湘东区	36	11	72	5		43	270	41	5
莲花县	28	6	30	21	1	65	53	2	8
上栗县	55	7	1599	17	3	37	129	22	1
芦溪县	25	2	38	3		45	159	6	
九江市	**543**	**19**	**755**	**187**	**156**	**859**	**1659**	**124**	**135**
濂溪区	3		21		76	8	77		1
浔阳区							5		2
柴桑区	44	8	44	10	2	61	185	10	37
武宁县	53		26	16		28	153	4	7
修水县	202	1	123	3	1	125	161	6	19
永修县	35	2	104	8	1	26	69	4	12
德安县	18	2	11	47	13	10	54	1	2
都昌县	64	1	38	5	1	56	240	9	11
湖口县	26	4	186	22	45	35	56	72	17
彭泽县	33	1	105	67	1	121	260	10	17
瑞昌市	30		89	6	1	377	127	2	4
共青城市	7		3	1		10	38	1	2
庐山市	28		5	2	15	2	234	5	4
新余市	**41**	**10**	**29**	**9**		**54**	**175**	**88**	**71**
渝水区	12	4	19	8		33	89	85	25
分宜县	29	6	10	1		21	86	3	46
鹰潭市	**377**	**5**	**36**	**15**		**64**	**238**	**7**	**93**
月湖区						1	4		3
余江区	93	4	22	6		32	115	3	16
贵溪市	284	1	14	9		31	119	4	74
赣州市	**1378**	**32**	**551**	**124**	**11**	**1096**	**3218**	**128**	**378**
章贡区	57	2	17	5		29	99	7	32
南康区	25	11	40	7	3	34	164	2	15
赣县区	36		35	14		28	102	14	34
信丰县	115	7	19	2	1	80	181	12	26
大余县	33		24	7	2	33	86	2	12
上犹县	46	2	14	4	1	70	143	5	33
崇义县	10	2	12	5	1	8	34	1	44
安远县	60		7	2		37	426	4	11
定南县	27		7	3		22	32	3	8
全南县	27		12	3	1	28	56	9	33

4-4c 续表 19

单位：人

地区 性别	制造业								
	文教、工美、体育和娱乐用品制造业	石油、煤炭及其他燃料加工业	化学原料和化学制品制造业	医药制造业	化学纤维制造业	橡胶和塑料制品业	非金属矿物制品业	黑色金属冶炼和压延加工业	有色金属冶炼和压延加工业
宁都县	133	1	132	5		170	214	6	8
于都县	111		37	15		92	513	7	21
兴国县	89	2	30	18	1	68	154	17	10
会昌县	66	2	37	7		107	436	10	7
寻乌县	39		16	1	1	35	153	4	14
石城县	103		15	5		60	79	7	18
瑞金市	130	1	75	14		133	202	7	7
龙南市	271	2	22	7		62	144	11	45
吉安市	**600**	**18**	**352**	**115**	**6**	**602**	**1326**	**60**	**101**
吉州区	41		3	4		3	20		
青原区	14	1	8	6		16	36		2
吉安县	49		34	6	1	36	57	7	6
吉水县	41	2	24	3		16	54	2	4
峡江县	12		4	16		4	33	2	8
新干县	18	2	89	11		82	332	3	5
永丰县	71	4	42	45	1	28	142	2	26
泰和县	25		17	2		22	69	5	
遂川县	91	4	39	8		147	138	22	29
万安县	78	2	21	4		32	70	2	9
安福县	29		19	1	2	46	72	6	4
永新县	116	3	52	8	2	165	85	7	8
井冈山市	15			1		5	218	2	
宜春市	**517**	**48**	**1552**	**300**	**8**	**474**	**3384**	**73**	**225**
袁州区	148	8	364	36		73	242	9	98
奉新县	10	1	12	13		4	69	5	9
万载县	66	4	917	14		68	142	12	31
上高县	24	1	18	5		54	306	2	1
宜丰县	11	1	5	5		33	197	4	26
靖安县	45		5	2	1	11	15	13	22
铜鼓县	6		15	11		6	32	1	4
丰城市	82	9	67	12	3	70	370	15	17
樟树市	28	17	73	184	1	35	131	2	3
高安市	97	7	76	18	3	120	1880	10	14
抚州市	**532**	**14**	**280**	**161**	**8**	**688**	**853**	**29**	**118**
临川区	96	4	65	37		55	131	10	58
东乡区	34	1	30	11		56	85	5	21
南城县	30	1	34	24		24	56		3
黎川县	53	4	11	1	4	44	220	1	1
南丰县	18		6	3		12	21	1	4
崇仁县	12		17	7	1	17	41	1	3
乐安县	112	1	32	31		47	153	6	8
宜黄县	64	3	42	33	2	356	33		11
金溪县	60		26	7		48	56	2	6
资溪县	4		3	1		2	15		1
广昌县	49		14	6	1	27	42	3	2
上饶市	**1535**	**26**	**582**	**156**	**13**	**757**	**1990**	**123**	**158**
信州区	67		18	16	1	31	48	2	2
广丰区	218	2	73	8	1	67	122	24	24
广信区	240	9	80	12	1	99	372	7	18
玉山县	68	3	52	5	2	31	97	16	9
铅山县	57	1	31	7		39	58	6	38
横峰县	59		24	7		38	39	4	16
弋阳县	126	1	34	11		104	109	4	6
余干县	141	3	75	14	7	61	193	23	7
鄱阳县	245	7	106	6	1	103	608	6	14
万年县	78		45	44		31	129	10	19
婺源县	179		22	12		128	66	18	5
德兴市	57		22	14		25	149	3	

4-4c　续表 20　　　　单位：人

地　区 性　别	制造业 文教、工美、体育和娱乐用品制造业	石油、煤炭及其他燃料加工业	化学原料和化学制品制造业	医　药制造业	化学纤维制造业	橡胶和塑　料制品业	非金属矿　物制品业	黑色金属冶炼和压延加工业	有色金属冶炼和压延加工业
男	**2869**	**158**	**3347**	**845**	**133**	**2988**	**10428**	**620**	**1173**
南昌市	**331**	**8**	**156**	**247**		**136**	**510**	**34**	**156**
东湖区			7	3		1	6	1	
西湖区									
青云谱区									
青山湖区	3		8	7		2	33	4	1
新建区	13		17	65		20	112	6	34
红谷滩区	1		1				1	1	
南昌县	40	5	44	21		52	189	10	12
安义县	2		39	5		15	101	3	98
进贤县	272	3	40	146		46	68	9	11
景德镇市	**116**	**16**	**87**	**51**	**3**	**69**	**587**	**14**	**12**
昌江区	1	4	3	4		1	22		
珠山区	1						9		
浮梁县	14	2	9	1	1	14	331	7	
乐平市	100	10	75	46	2	54	225	7	12
萍乡市	**63**	**19**	**599**	**27**	**1**	**119**	**459**	**64**	**13**
安源区	1	2	2			1	30		
湘东区	14	7	43	3		31	173	37	5
莲花县	17	5	18	17		44	40	1	7
上栗县	22	3	516	5	1	22	99	20	1
芦溪县	9	2	20	2		21	117	6	
九江市	**281**	**14**	**554**	**94**	**98**	**487**	**1214**	**99**	**108**
濂溪区	2		16		57	2	51		1
浔阳区							3		1
柴桑区	25	6	33	8	2	44	140	10	31
武宁县	35		17	9		14	110	3	4
修水县	101	1	81		1	83	119	5	14
永修县	22	1	74	5		17	49	3	8
德安县	7	1	9	11	8	8	46	1	2
都昌县	29	1	27	3	1	33	160	7	10
湖口县	7	3	142	18	18	15	36	57	15
彭泽县	21	1	79	36		54	177	7	14
瑞昌市	12		70	3	1	208	93	1	3
共青城市	4		2	1		7	31	1	2
庐山市	16		4		10	2	199	4	3
新余市	**15**	**8**	**22**	**5**		**37**	**140**	**76**	**65**
渝水区	5	4	14	5		23	69	74	25
分宜县	10	4	8			14	71	2	40
鹰潭市	**105**	**4**	**24**	**6**		**30**	**198**	**6**	**64**
月湖区						1	2		1
余江区	60	3	15	3		17	91	2	12
贵溪市	45	1	9	3		12	105	4	51
赣州市	**623**	**21**	**363**	**67**	**4**	**679**	**2201**	**102**	**298**
章贡区	34	1	7	1		15	80	5	20
南康区	18	8	25	3	1	14	117	2	12
赣县区	18		23	6		17	73	10	28
信丰县	44	2	13	2		47	136	10	19
大余县	9		18	4	1	21	61	2	9
上犹县	24	2	9	2		40	89	5	30
崇义县	5	2	6	4	1	5	28	1	34
安远县	22		4	1		24	261	4	7
定南县	15		7	3		12	26	2	7
全南县	15		9	1		14	44	6	23

4-4c 续表 21　　单位：人

地区 性别	制造业								
	文教、工美、体育和娱乐用品制造业	石油、煤炭及其他燃料加工业	化学原料和化学制品制造业	医药制造业	化学纤维制造业	橡胶和塑料制品业	非金属矿物制品业	黑色金属冶炼和压延加工业	有色金属冶炼和压延加工业
宁都县	61		99	3		113	154	4	6
于都县	58		21	8		62	309	7	17
兴国县	46	2	20	12		45	120	14	5
会昌县	34	1	22	4		69	284	6	6
寻乌县	20		12		1	22	101	2	12
石城县	50		8	2		40	54	5	16
瑞金市	58	1	46	8		83	160	7	7
龙南市	92	2	14	3		36	104	10	40
吉安市	**300**	**11**	**230**	**57**	**5**	**363**	**938**	**50**	**70**
吉州区	13		1	3		2	12		
青原区	8	1	7	2		12	25		1
吉安县	19		24	4	1	23	49	5	4
吉水县	19	1	17	2		10	38	2	3
峡江县	3		4	9		3	24	2	5
新干县	9	1	52	2		43	232	1	4
永丰县	38	3	32	17	1	17	102	1	19
泰和县	11		12	2		10	51	4	
遂川县	46	2	19	7		89	98	21	19
万安县	46	2	15	2		17	49	1	6
安福县	21		11		1	34	58	5	4
永新县	64	1	36	6	2	99	61	6	5
井冈山市	3			1		4	139	2	
宜春市	**219**	**30**	**684**	**122**	**5**	**272**	**2132**	**61**	**175**
袁州区	56	5	181	14		46	197	8	79
奉新县	8	1	9	11		1	50	4	8
万载县	24	2	325	7		38	106	11	26
上高县	12	1	15	4		35	197	2	1
宜丰县	3	1	3	3		17	116	4	22
靖安县	23		2	1		6	14	8	15
铜鼓县	6		9	5		5	25	1	4
丰城市	36	7	48	6	2	34	241	12	11
樟树市	17	9	44	62		20	87	2	1
高安市	34	4	48	9	3	70	1099	9	8
抚州市	**232**	**9**	**171**	**85**	**8**	**381**	**587**	**22**	**89**
临川区	33	2	41	21		34	104	7	43
东乡区	23		23	5		42	64	4	17
南城县	19	1	14	15		14	40		3
黎川县	29	2	7		4	30	116		1
南丰县	11		4	2		9	16	1	3
崇仁县	3		9	4	1	9	31	1	2
乐安县	46	1	24	9		27	108	4	8
宜黄县	19	3	26	22	2	163	24		7
金溪县	30		15	3		34	40	2	4
资溪县	2		2	1		1	14		
广昌县	17		6	3	1	18	30	3	1
上饶市	**584**	**18**	**457**	**84**	**9**	**415**	**1462**	**92**	**123**
信州区	13		15	7	1	12	37	1	2
广丰区	63		60	5		29	98	17	18
广信区	58	7	64	6	1	60	234	7	14
玉山县	24	1	45	1	2	13	80	12	8
铅山县	19	1	19	6		14	47	4	28
横峰县	14		20	4		24	30	4	14
弋阳县	42	1	26	4		46	95	4	5
余干县	83	1	62	7	4	41	153	15	6
鄱阳县	116	7	78	2	1	68	408	5	11
万年县	40		41	34		19	97	8	14
婺源县	100		14	5		79	51	12	3
德兴市	12		13	3		10	132	3	

4-4c　续表 22　　　　单位：人

地区 性别	制造业								
	文教、工美、体育和娱乐用品制造业	石油、煤炭及其他燃料加工业	化学原料和化学制品制造业	医药制造业	化学纤维制造业	橡胶和塑料制品业	非金属矿物制品业	黑色金属冶炼和压延加工业	有色金属冶炼和压延加工业
女	**4190**	**73**	**2910**	**953**	**78**	**2145**	**4697**	**140**	**378**
南昌市	**468**	**2**	**94**	**353**		**68**	**158**	**4**	**79**
东湖区	1		2	1		1	1		
西湖区									
青云谱区									
青山湖区	1			3		1	12	1	
新建区	7		3	68		15	36		19
红谷滩区							1		
南昌县	26	2	33	33		20	59		2
安义县	2		21	3		10	35	2	55
进贤县	431		35	245		21	14	1	3
景德镇市	**472**	**5**	**41**	**34**	**2**	**74**	**371**	**5**	**11**
昌江区	5		5			1	20		
珠山区							4		
浮梁县	17	1	4	4	1	14	249		2
乐平市	450	4	32	30	1	59	98	5	9
萍乡市	**86**	**9**	**1143**	**19**	**3**	**73**	**197**	**7**	**1**
安源区	4		1			1	15		
湘东区	22	4	29	2		12	97	4	
莲花县	11	1	12	4	1	21	13	1	1
上栗县	33	4	1083	12	2	15	30	2	
芦溪县	16		18	1		24	42		
九江市	**262**	**5**	**201**	**93**	**58**	**372**	**445**	**25**	**27**
濂溪区	1		5		19	6	26		
浔阳区							2		1
柴桑区	19	2	11	2		17	45		6
武宁县	18		9	7		14	43	1	3
修水县	101		42	3		42	42	1	5
永修县	13	1	30	3	1	9	20	1	4
德安县	11	1	2	36	5	2	8		
都昌县	35		11	2		23	80	2	1
湖口县	19	1	44	4	27	20	20	15	2
彭泽县	12		26	31	1	67	83	3	3
瑞昌市	18		19	3		169	34	1	1
共青城市	3		1			3	7		
庐山市	12		1	2	5		35	1	1
新余市	**26**	**2**	**7**	**4**		**17**	**35**	**12**	**6**
渝水区	7		5	3		10	20	11	
分宜县	19	2	2	1		7	15	1	6
鹰潭市	**272**	**1**	**12**	**9**		**34**	**40**	**1**	**29**
月湖区							2		2
余江区	33	1	7	3		15	24	1	4
贵溪市	239		5	6		19	14		23
赣州市	**755**	**11**	**188**	**57**	**7**	**417**	**1017**	**26**	**80**
章贡区	23	1	10	4		14	19	2	12
南康区	7	3	15	4	2	20	47		3
赣县区	18		12	8		11	29	4	6
信丰县	71	5	6		1	33	45	2	7
大余县	24		6	3	1	12	25		3
上犹县	22		5	2	1	30	54		3
崇义县	5		6	1		3	6		10
安远县	38		3	1		13	165		4
定南县	12					10	6	1	1
全南县	12		3	2	1	14	12	3	10

4-4c 续表 23 单位：人

地区 性别	制造业 文教、工美、体育和娱乐用品制造业	石油、煤炭及其他燃料加工业	化学原料和化学制品制造业	医药制造业	化学纤维制造业	橡胶和塑料制品业	非金属矿物制品业	黑色金属冶炼和压延加工业	有色金属冶炼和压延加工业
宁都县	72	1	33	2		57	60	2	2
于都县	53		16	7		30	204		4
兴国县	43		10	6	1	23	34	3	5
会昌县	32	1	15	3		38	152	4	1
寻乌县	19		4	1		13	52	2	2
石城县	53		7	3		20	25	2	2
瑞金市	72		29	6		50	42		
龙南市	179		8	4		26	40	1	5
吉安市	**300**	**7**	**122**	**58**	**1**	**239**	**388**	**10**	**31**
吉州区	28		2	1		1	8		
青原区	6		1	4		4	11		1
吉安县	30		10	2		13	8	2	2
吉水县	22	1	7	1		6	16		1
峡江县	9			7		1	9		3
新干县	9	1	37	9		39	100	2	1
永丰县	33	1	10	28		11	40	1	7
泰和县	14		5			12	18	1	
遂川县	45	2	20	1		58	40	1	10
万安县	32		6	2		15	21	1	3
安福县	8		8	1	1	12	14	1	
永新县	52	2	16	2		66	24	1	3
井冈山市	12					1	79		
宜春市	**298**	**18**	**868**	**178**	**3**	**202**	**1252**	**12**	**50**
袁州区	92	3	183	22		27	45	1	19
奉新县	2		3	2		3	19	1	1
万载县	42	2	592	7		30	36	1	5
上高县	12		3	1		19	109		
宜丰县	8		2	2		16	81		4
靖安县	22		3	1	1	5	1	5	7
铜鼓县			6	6		1	7		
丰城市	46	2	19	6	1	36	129	3	6
樟树市	11	8	29	122	1	15	44		2
高安市	63	3	28	9		50	781	1	6
抚州市	**300**	**5**	**109**	**76**		**307**	**266**	**7**	**29**
临川区	63	2	24	16		21	27	3	15
东乡区	11	1	7	6		14	21	1	4
南城县	11		20	9		10	16		
黎川县	24	2	4	1		14	104	1	
南丰县	7		2	1		3	5		1
崇仁县	9		8	3		8	10		1
乐安县	66		8	22		20	45	2	
宜黄县	45		16	11		193	9		4
金溪县	30		11	4		14	16		2
资溪县	2		1			1	1		1
广昌县	32		8	3		9	12		1
上饶市	**951**	**8**	**125**	**72**	**4**	**342**	**528**	**31**	**35**
信州区	54		3	9		19	11	1	
广丰区	155	2	13	3	1	38	24	7	6
广信区	182	2	16	6		39	138		4
玉山县	44	2	7	4		18	17	4	1
铅山县	38		12	1		25	11	2	10
横峰县	45		4	3		14	9		2
弋阳县	84		8	7		58	14		1
余干县	58	2	13	7	3	20	40	8	1
鄱阳县	129		28	4		35	200	1	3
万年县	38		4	10		12	32	2	5
婺源县	79		8	7		49	15	6	2
德兴市	45		9	11		15	17		

4-4c 续表 24

单位：人

地区 性别	制造业								
	金属制品业	通用设备制造业	专用设备制造业	汽车制造业	铁路、船舶、航空航天和其他运输设备制造业	电气机械和器材制造业	计算机、通信和其他电子设备制造业	仪器仪表制造业	其他制造业
全省	**14972**	**5992**	**4242**	**2031**	**578**	**7560**	**26845**	**945**	**2227**
南昌市	**4175**	**316**	**368**	**531**	**68**	**415**	**2594**	**31**	**82**
东湖区	14			4	12	1	19	1	
西湖区									
青云谱区									
青山湖区	27	25	11	13	1	219	440	1	3
新建区	246	80	55	44	5	57	214	2	25
红谷滩区	1	3	5	11		3		1	
南昌县	232	121	116	425	36	98	1651	17	21
安义县	2961	29	7		1	3	12		3
进贤县	694	58	174	34	13	34	258	9	30
景德镇市	**420**	**289**	**112**	**36**	**45**	**112**	**346**	**18**	**101**
昌江区	12	4	18	1	4	14	21	2	5
珠山区		1					1		
浮梁县	68	46	30	12	18	29	62	3	28
乐平市	340	238	64	23	23	69	262	13	68
萍乡市	**317**	**209**	**239**	**54**	**15**	**316**	**1013**	**32**	**106**
安源区	2	3	4			3	7		2
湘东区	89	68	62	14	3	53	173	5	11
莲花县	103	41	81	15	1	69	220	14	47
上栗县	43	49	61	14	5	44	480	8	33
芦溪县	80	48	31	11	6	147	133	5	13
九江市	**1450**	**1026**	**486**	**184**	**139**	**1165**	**1698**	**149**	**327**
濂溪区	35	20	9	4		5	26		13
浔阳区	1		1	1		3	2		
柴桑区	195	186	43	43	7	298	447	61	50
武宁县	80	52	20	18	14	162	80	6	17
修水县	309	280	65	49	5	117	264	37	43
永修县	272	28	17	4	8	74	94	7	19
德安县	58	25	19	4		18	33	2	1
都昌县	116	131	120	23	36	51	165	12	22
湖口县	64	33	25	8	44	47	80	3	7
彭泽县	143	77	62	15	13	49	133	5	85
瑞昌市	126	157	98	8	8	299	233	7	41
共青城市	25	15	5	2	1	28	103	2	3
庐山市	26	22	2	5	3	14	38	7	26
新余市	**166**	**88**	**83**	**17**	**5**	**125**	**267**	**15**	**62**
渝水区	129	60	60	13	2	102	168	11	32
分宜县	37	28	23	4	3	23	99	4	30
鹰潭市	**165**	**112**	**76**	**19**	**6**	**146**	**212**	**53**	**24**
月湖区		1	2			4	1	1	
余江区	115	96	65	14	6	116	123	47	9
贵溪市	50	15	9	5		26	88	5	15
赣州市	**2873**	**1263**	**1055**	**355**	**101**	**2093**	**8674**	**140**	**387**
章贡区	72	28	11	61	1	267	150	3	6
南康区	113	51	44	87	4	31	257	5	15
赣县区	105	55	55	8	2	55	376	9	19
信丰县	270	124	66	20	8	72	958	7	17
大余县	103	71	60	6	2	41	253	9	35
上犹县	153	66	77	18	2	142	403	6	49
崇义县	41	22	27	4	1	23	149	2	3
安远县	121	32	22	11	3	43	620	5	8
定南县	32	9	51	3		167	332	3	11
全南县	38	46	36	7	2	54	227	3	13

4-4c 续表 25

单位：人

地区 性别	制造业								
	金属制品业	通用设备制造业	专用设备制造业	汽车制造业	铁路、船舶、航空航天和其他运输设备制造业	电气机械和器材制造业	计算机、通信和其他电子设备制造业	仪器仪表制造业	其他制造业
宁都县	231	144	58	15	14	89	516	20	42
于都县	429	138	196	28	10	710	1636	16	10
兴国县	324	114	72	35	10	85	531	5	28
会昌县	414	82	76	9	5	57	665	14	38
寻乌县	43	47	31	9		34	313	4	18
石城县	96	36	44	6	1	48	322	1	20
瑞金市	232	167	99	24	32	120	437	21	29
龙南市	56	31	30	4	4	55	529	7	26
吉安市	**1348**	**599**	**537**	**147**	**41**	**1029**	**6434**	**94**	**167**
吉州区	26	9	16	1	1	29	318	3	
青原区	55	25	28	4		24	220	2	29
吉安县	68	52	63	12	6	96	1493	2	20
吉水县	68	39	16	4	3	36	351	4	10
峡江县	32	10	12			10	57	1	2
新干县	71	62	34	22	3	81	123	4	7
永丰县	100	46	37	16	4	50	223	14	9
泰和县	62	34	30	4		43	470	3	14
遂川县	435	61	74	18	8	119	1489	11	14
万安县	96	43	30	21	7	45	671	17	16
安福县	90	44	35	7	3	261	214	2	8
永新县	223	168	150	36	5	232	747	27	35
井冈山市	22	6	12	2	1	3	58	4	3
宜春市	**1268**	**611**	**452**	**168**	**50**	**926**	**2236**	**80**	**238**
袁州区	220	85	102	31	10	253	574	20	86
奉新县	105	12	15	5		10	32	1	10
万载县	129	70	46	17	7	107	368	8	19
上高县	30	57	24	3	1	86	63	8	8
宜丰县	55	26	22	1		163	40	3	6
靖安县	99	49	3	3		49	19		10
铜鼓县	12	13	10	5	4	6	21	2	40
丰城市	227	125	89	42	11	95	459	18	26
樟树市	199	39	35	14	3	48	195	3	15
高安市	192	135	106	47	14	109	465	17	18
抚州市	**797**	**373**	**267**	**197**	**28**	**380**	**1645**	**45**	**286**
临川区	91	51	68	33	5	73	346	14	50
东乡区	56	34	25	25	1	17	85	4	89
南城县	56	20	11	7	3	10	238		2
黎川县	110	46	23	4	3	29	54	7	45
南丰县	31	7	9	1	1	18	166		5
崇仁县	49	36	20	11		65	100	4	11
乐安县	128	86	46	12	7	59	211	10	37
宜黄县	127	28	22	88	2	50	120	1	14
金溪县	55	44	33	9	3	37	219	1	23
资溪县	8	1				2	3		
广昌县	86	20	10	7	3	20	103	4	10
上饶市	**1993**	**1106**	**567**	**323**	**80**	**853**	**1726**	**288**	**447**
信州区	61	62	25	12	3	59	58	122	19
广丰区	111	84	47	26	1	32	288	14	16
广信区	226	114	83	74	4	272	89	35	64
玉山县	80	77	29	17	6	42	99	9	50
铅山县	133	28	50	10	6	76	78	9	49
横峰县	62	45	15	4	1	15	24	1	12
弋阳县	68	42	17	6	4	15	32	5	27
余干县	227	80	60	77	15	80	489	40	28
鄱阳县	696	240	106	55	25	148	329	24	61
万年县	139	101	64	20	7	54	156	10	23
婺源县	116	212	59	15	6	52	50	14	54
德兴市	74	21	12	7	2	8	34	5	44

4-4c　续表 26

单位：人

地　区 性　别	制造业								
	金　属 制品业	通用设备 制造业	专用设备 制造业	汽　车 制造业	铁路、船舶、 航空航天和 其他运输 设备制造业	电气机械 和器材 制造业	计算机、 通信和其 他电子设 备制造业	仪器仪表 制造业	其　他 制造业
男	**10939**	**4116**	**2727**	**1409**	**434**	**4346**	**14734**	**590**	**1169**
南昌市	**3033**	**223**	**176**	**366**	**56**	**271**	**1763**	**15**	**40**
东湖区	11			4	10		13	1	
西湖区									
青云谱区									
青山湖区	20	16	3	10	1	142	308	1	2
新建区	201	54	38	31	5	44	129	1	11
红谷滩区	1	2	3	6		2		1	
南昌县	194	91	56	292	30	59	1148	8	11
安义县	2015	23	3		1	2	4		3
进贤县	591	37	73	23	9	22	161	3	13
景德镇市	**313**	**193**	**78**	**24**	**31**	**67**	**171**	**14**	**56**
昌江区	11	2	14		2	10	8	1	4
珠山区									
浮梁县	51	35	20	11	14	17	37	3	18
乐平市	251	156	44	13	15	40	126	10	34
萍乡市	**240**	**160**	**171**	**39**	**12**	**193**	**494**	**22**	**58**
安源区	2	3	4			2	2		1
湘东区	61	56	42	13	3	33	101	4	7
莲花县	75	31	61	8	1	40	123	9	25
上栗县	38	33	40	10	4	26	210	5	19
芦溪县	64	37	24	8	4	92	58	4	6
九江市	**1060**	**697**	**319**	**123**	**112**	**656**	**969**	**86**	**196**
濂溪区	25	15	2	2		5	15		7
浔阳区	1		1	1		2	1		
柴桑区	141	124	25	30	5	183	273	27	31
武宁县	63	43	14	12	12	91	46	5	8
修水县	225	185	45	35	5	61	146	21	23
永修县	183	25	9	4	6	40	50	2	10
德安县	44	20	15	2		12	21	2	
都昌县	89	85	74	17	31	35	90	10	14
湖口县	45	23	16	4	35	29	50	2	2
彭泽县	100	55	37	7	9	31	66	5	59
瑞昌市	102	94	74	5	6	139	129	6	25
共青城市	23	12	5	2	1	17	59	2	3
庐山市	19	16	2	2	2	11	23	4	14
新余市	**135**	**64**	**53**	**11**	**4**	**72**	**114**	**5**	**28**
渝水区	106	43	41	7	1	57	70	3	19
分宜县	29	21	12	4	3	15	44	2	9
鹰潭市	**124**	**65**	**47**	**11**	**4**	**68**	**115**	**26**	**11**
月湖区						1			
余江区	84	55	41	8	4	49	65	23	5
贵溪市	40	10	6	3		18	50	3	6
赣州市	**2047**	**869**	**697**	**261**	**70**	**1227**	**5027**	**101**	**197**
章贡区	57	20	6	31	1	191	82	2	5
南康区	86	36	21	76	4	23	140	5	9
赣县区	82	41	33	6	1	37	228	7	9
信丰县	178	60	45	13	7	45	538	4	8
大余县	81	51	47	5	1	25	133	5	15
上犹县	107	51	61	14	2	70	224	5	30
崇义县	34	15	17	2	1	14	70	2	1
安远县	84	18	13	7	2	17	370	4	6
定南县	24	6	35	2		81	175	3	5
全南县	31	28	29	5	2	31	116	1	7

4−4c 续表 27

单位：人

地 区 性 别	制造业								
	金 属 制品业	通用设备 制造业	专用设备 制造业	汽 车 制造业	铁路、船舶、 航空航天和 其他运输 设备制造业	电气机械 和器材 制造业	计算机、 通信和其 他电子设 备制造业	仪器仪表 制造业	其 他 制造业
宁都县	173	110	38	8	10	59	323	15	23
于都县	290	92	137	23	8	400	979	10	6
兴国县	220	81	43	25	7	52	313	3	16
会昌县	277	52	48	9	4	35	404	11	21
寻乌县	34	33	22	7		21	182	4	8
石城县	70	26	18	6	1	28	194	1	11
瑞金市	170	130	66	18	15	68	276	15	8
龙南市	49	19	18	4	4	30	280	4	9
吉安市	**968**	**431**	**370**	**112**	**31**	**531**	**3282**	**59**	**97**
吉州区	18	6	9		1	13	131	3	
青原区	51	19	17	3		11	98	1	15
吉安县	53	39	43	5	3	49	738	1	11
吉水县	49	20	10	2	2	20	170	2	7
峡江县	22	6	6			7	36		2
新干县	52	42	22	19	3	40	82	2	3
永丰县	72	36	28	13	4	32	127	10	4
泰和县	48	21	19	3		18	216	2	7
遂川县	294	45	54	12	6	83	785	8	8
万安县	66	30	21	19	6	28	357	10	11
安福县	65	35	26	6	2	98	105	2	5
永新县	162	127	106	29	3	131	409	16	21
井冈山市	16	5	9	1	1	1	28	2	3
宜春市	**957**	**414**	**275**	**117**	**40**	**500**	**928**	**51**	**117**
袁州区	153	60	69	15	9	144	236	14	37
奉新县	72	10	9	5		5	20	1	4
万载县	108	40	38	12	6	54	116	4	10
上高县	26	29	14	3	1	47	29	3	5
宜丰县	48	20	12	1		97	19	3	2
靖安县	73	37	1	3		4	7		5
铜鼓县	11	9	7	4	3	4	13		25
丰城市	166	84	37	28	9	57	210	13	11
樟树市	145	29	22	10	1	29	90	2	10
高安市	155	96	66	36	11	59	188	11	8
抚州市	**575**	**260**	**160**	**124**	**20**	**222**	**905**	**31**	**166**
临川区	65	37	35	22	3	40	188	9	28
东乡区	37	27	18	16		9	44	3	55
南城县	37	14	9	7	3	7	122		1
黎川县	76	35	14	2	3	19	30	6	27
南丰县	26	6	7	1	1	11	91		5
崇仁县	35	22	13	8		47	62	3	4
乐安县	97	52	28	9	5	31	121	7	22
宜黄县	91	18	13	47	1	20	73		6
金溪县	44	35	18	8	2	24	119	1	13
资溪县	7	1				2	3		
广昌县	60	13	5	4	2	12	52	2	5
上饶市	**1487**	**740**	**381**	**221**	**54**	**539**	**966**	**180**	**203**
信州区	46	43	20	10	2	40	37	71	5
广丰区	96	51	36	19	1	20	143	10	5
广信区	173	76	56	48	3	170	51	17	28
玉山县	62	60	13	14	4	25	55	6	28
铅山县	98	21	33	10	3	54	40	6	18
横峰县	46	30	8	3		6	15	1	7
弋阳县	48	31	10	4	3	10	16	3	14
余干县	161	54	40	43	12	53	292	27	15
鄱阳县	503	171	79	42	14	88	191	18	30
万年县	106	77	41	9	7	32	79	6	13
婺源县	95	112	39	12	4	36	31	12	28
德兴市	53	14	6	7	1	5	16	3	12

4-4c　续表 28

单位：人

地区 性别	制造业								
	金属制品业	通用设备制造业	专用设备制造业	汽车制造业	铁路、船舶、航空航天和其他运输设备制造业	电气机械和器材制造业	计算机、通信和其他电子设备制造业	仪器仪表制造业	其他制造业
女	**4033**	**1876**	**1515**	**622**	**144**	**3214**	**12111**	**355**	**1058**
南昌市	**1142**	**93**	**192**	**165**	**12**	**144**	**831**	**16**	**42**
东湖区	3				2	1	6		
西湖区									
青云谱区									
青山湖区	7	9	8	3		77	132		1
新建区	45	26	17	13		13	85	1	14
红谷滩区		1	2	5		1			
南昌县	38	30	60	133	6	39	503	9	10
安义县	946	6	4			1	8		
进贤县	103	21	101	11	4	12	97	6	17
景德镇市	**107**	**96**	**34**	**12**	**14**	**45**	**175**	**4**	**45**
昌江区	1	2	4	1	2	4	13	1	1
珠山区		1					1		
浮梁县	17	11	10	1	4	12	25		10
乐平市	89	82	20	10	8	29	136	3	34
萍乡市	**77**	**49**	**68**	**15**	**3**	**123**	**519**	**10**	**48**
安源区						1	5		1
湘东区	28	12	20	1		20	72	1	4
莲花县	28	10	20	7		29	97	5	22
上栗县	5	16	21	4	1	18	270	3	14
芦溪县	16	11	7	3	2	55	75	1	7
九江市	**390**	**329**	**167**	**61**	**27**	**509**	**729**	**63**	**131**
濂溪区	10	5	7	2			11		6
浔阳区						1	1		
柴桑区	54	62	18	13	2	115	174	34	19
武宁县	17	9	6	6	2	71	34	1	9
修水县	84	95	20	14		56	118	16	20
永修县	89	3	8		2	34	44	5	9
德安县	14	5	4	2		6	12		1
都昌县	27	46	46	6	5	16	75	2	8
湖口县	19	10	9	4	9	18	30	1	5
彭泽县	43	22	25	8	4	18	67		26
瑞昌市	24	63	24	3	2	160	104	1	16
共青城市	2	3				11	44		
庐山市	7	6		3	1	3	15	3	12
新余市	**31**	**24**	**30**	**6**	**1**	**53**	**153**	**10**	**34**
渝水区	23	17	19	6	1	45	98	8	13
分宜县	8	7	11			8	55	2	21
鹰潭市	**41**	**47**	**29**	**8**	**2**	**78**	**97**	**27**	**13**
月湖区		1	2			3	1	1	
余江区	31	41	24	6	2	67	58	24	4
贵溪市	10	5	3	2		8	38	2	9
赣州市	**826**	**394**	**358**	**94**	**31**	**866**	**3647**	**39**	**190**
章贡区	15	8	5	30		76	68	1	1
南康区	27	15	23	11		8	117		6
赣县区	23	14	22	2	1	18	148	2	10
信丰县	92	64	21	7	1	27	420	3	9
大余县	22	20	13	1	1	16	120	4	20
上犹县	46	15	16	4		72	179	1	19
崇义县	7	7	10	2		9	79		2
安远县	37	14	9	4	1	26	250	1	2
定南县	8	3	16	1		86	157		6
全南县	7	18	7	2		23	111	2	6

4-4c 续表 29　　　　单位：人

地区 性别	制造业								
	金属制品业	通用设备制造业	专用设备制造业	汽车制造业	铁路、船舶、航空航天和其他运输设备制造业	电气机械和器材制造业	计算机、通信和其他电子设备制造业	仪器仪表制造业	其他制造业
宁都县	58	34	20	7	4	30	193	5	19
于都县	139	46	59	5	2	310	657	6	4
兴国县	104	33	29	10	3	33	218	2	12
会昌县	137	30	28		1	22	261	3	17
寻乌县	9	14	9	2		13	131		10
石城县	26	10	26			20	128		9
瑞金市	62	37	33	6	17	52	161	6	21
龙南市	7	12	12			25	249	3	17
吉安市	**380**	**168**	**167**	**35**	**10**	**498**	**3152**	**35**	**70**
吉州区	8	3	7	1		16	187		
青原区	4	6	11	1		13	122	1	14
吉安县	15	13	20	7	3	47	755	1	9
吉水县	19	19	6	2	1	16	181	2	3
峡江县	10	4	6			3	21	1	
新干县	19	20	12	3		41	41	2	4
永丰县	28	10	9	3		18	96	4	5
泰和县	14	13	11	1		25	254	1	7
遂川县	141	16	20	6	2	36	704	3	6
万安县	30	13	9	2	1	17	314	7	5
安福县	25	9	9	1	1	163	109		3
永新县	61	41	44	7	2	101	338	11	14
井冈山市	6	1	3	1		2	30	2	
宜春市	**311**	**197**	**177**	**51**	**10**	**426**	**1308**	**29**	**121**
袁州区	67	25	33	16	1	109	338	6	49
奉新县	33	2	6			5	12		6
万载县	21	30	8	5	1	53	252	4	9
上高县	4	28	10			39	34	5	3
宜丰县	7	6	10			66	21		4
靖安县	26	12	2			45	12		5
铜鼓县	1	4	3	1	1	2	8	2	15
丰城市	61	41	52	14	2	38	249	5	15
樟树市	54	10	13	4	2	19	105	1	5
高安市	37	39	40	11	3	50	277	6	10
抚州市	**222**	**113**	**107**	**73**	**8**	**158**	**740**	**14**	**120**
临川区	26	14	33	11	2	33	158	5	22
东乡区	19	7	7	9	1	8	41	1	34
南城县	19	6	2			3	116		1
黎川县	34	11	9	2		10	24	1	18
南丰县	5	1	2			7	75		
崇仁县	14	14	7	3		18	38	1	7
乐安县	31	34	18	3	2	28	90	3	15
宜黄县	36	10	9	41	1	30	47	1	8
金溪县	11	9	15	1	1	13	100		10
资溪县	1								
广昌县	26	7	5	3	1	8	51	2	5
上饶市	**506**	**366**	**186**	**102**	**26**	**314**	**760**	**108**	**244**
信州区	15	19	5	2	1	19	21	51	14
广丰区	15	33	11	7		12	145	4	11
广信区	53	38	27	26	1	102	38	18	36
玉山县	18	17	16	3	2	17	44	3	22
铅山县	35	7	17		3	22	38	3	31
横峰县	16	15	7	1	1	9	9		5
弋阳县	20	11	7	2	1	5	16	2	13
余干县	66	26	20	34	3	27	197	13	13
鄱阳县	193	69	27	13	11	60	138	6	31
万年县	33	24	23	11		22	77	4	10
婺源县	21	100	20	3	2	16	19	2	26
德兴市	21	7	6		1	3	18	2	32

4-4c 续表 30 单位：人

地区 性别	制造业		电力、热力、燃气及水生产和供应业				建筑业		
	废弃资源综合利用业	金属制品、机械和设备修理业	小计	电力、热力生产和供应业	燃气生产和供应业	水的生产和供应业	小计	房屋建筑业	土木工程建筑业
全　省	**1371**	**1199**	**2864**	**2016**	**436**	**412**	**153760**	**85220**	**8018**
南昌市	**135**	**65**	**173**	**113**	**36**	**24**	**13205**	**7850**	**776**
东湖区			3	3			98	54	8
西湖区									
青云谱区									
青山湖区	14	2	7	5		2	483	263	59
新建区	25	8	29	19	6	4	3332	1788	105
红谷滩区	1	3	1	1			308	136	111
南昌县	51	25	89	59	18	12	4033	2207	256
安义县	3	5	8	4	1	3	431	319	16
进贤县	41	22	36	22	11	3	4520	3083	221
景德镇市	**39**	**48**	**61**	**38**	**16**	**7**	**7609**	**5209**	**318**
昌江区	1	5	5	3	2		137	68	11
珠山区			1	1			8	5	
浮梁县	4	12	10	4	3	3	1255	835	98
乐平市	34	31	45	30	11	4	6209	4301	209
萍乡市	**34**	**58**	**121**	**77**	**28**	**16**	**4246**	**2531**	**319**
安源区	1		3	3			38	3	4
湘东区	9	12	19	15	3	1	1039	558	149
莲花县		22	15	13	1	1	421	195	69
上栗县	12	13	41	22	16	3	1944	1299	52
芦溪县	12	11	43	24	8	11	804	476	45
九江市	**59**	**153**	**369**	**263**	**52**	**54**	**18678**	**8437**	**1129**
濂溪区		20	14	13		1	610	258	35
浔阳区		2					20	15	1
柴桑区	7	16	36	27	3	6	1874	934	127
武宁县	8	10	45	32	5	8	2329	424	81
修水县	12	11	61	51	6	4	1722	653	84
永修县	7	4	22	10	4	8	978	486	111
德安县	4	2	24	13	3	8	599	359	39
都昌县	9	39	33	13	16	4	4122	2056	364
湖口县	4	17	38	31	5	2	1628	828	44
彭泽县	1	22	44	35	3	6	1345	715	83
瑞昌市	7	6	11	2	5	4	1714	864	113
共青城市		1	14	10	1	3	441	249	36
庐山市		3	27	26	1		1296	596	11
新余市	**20**	**17**	**76**	**57**	**5**	**14**	**2304**	**1471**	**146**
渝水区	14	16	39	27	4	8	1518	912	116
分宜县	6	1	37	30	1	6	786	559	30
鹰潭市	**29**	**27**	**49**	**34**	**7**	**8**	**3476**	**2056**	**122**
月湖区		2	1	1			130	19	2
余江区	12	19	25	19	1	5	1244	803	49
贵溪市	17	6	23	14	6	3	2102	1234	71
赣州市	**346**	**254**	**617**	**425**	**83**	**109**	**30165**	**15019**	**1690**
章贡区	14	18	22	8	11	3	1546	849	38
南康区	44	19	38	20	6	12	3155	1635	216
赣县区	23	10	40	31	6	3	2486	1309	126
信丰县	32	23	60	53	3	4	2016	1014	112
大余县	11	6	24	17	4	3	708	317	54
上犹县	14	8	26	21	5		959	457	25
崇义县	3	4	44	33	6	5	547	321	36
安远县	2		45	30	2	13	562	337	18
定南县	2	4	20	14	2	4	589	366	67
全南县	6	10	22	16	1	5	895	537	116

4-4c 续表 31

单位：人

地区 性别	制造业		电力、热力、燃气及水生产和供应业				建筑业		
	废弃资源综合利用业	金属制品、机械和设备修理业	小计	电力、热力生产和供应业	燃气生产和供应业	水的生产和供应业	小计	房屋建筑业	土木工程建筑业
宁都县	38	16	27	13	3	11	3536	1262	207
于都县	80	42	46	27	10	9	3610	1968	112
兴国县	13	27	42	29	5	8	3448	1634	182
会昌县	11	20	20	15	3	2	1169	610	57
寻乌县	12	14	30	15	2	13	865	485	30
石城县	8	6	39	29	6	4	960	575	59
瑞金市	21	22	30	24	3	3	2181	897	92
龙南市	12	5	42	30	5	7	933	446	143
吉安市	**89**	**105**	**275**	**200**	**27**	**48**	**12566**	**6953**	**743**
吉州区	1	2	5	1	4		557	384	23
青原区	10	11	29	23	1	5	750	491	22
吉安县	9	5	14	12	2		1047	616	48
吉水县	17	5	12	5	2	5	1376	609	59
峡江县	1	7	13	13			266	155	18
新干县	10	11	29	18	3	8	960	432	41
永丰县	7	11	19	15	1	3	849	450	93
泰和县	13	9	17	12	4	1	762	240	85
遂川县	1	22	36	25	3	8	1921	1425	69
万安县	5	10	34	26	3	5	1028	634	41
安福县	1	6	29	22	2	5	830	470	92
永新县	13	4	26	20	1	5	1917	934	92
井冈山市	1	2	12	8	1	3	303	113	60
宜春市	**230**	**122**	**346**	**225**	**70**	**51**	**18289**	**9978**	**794**
袁州区	6	10	53	38	7	8	3347	2320	206
奉新县		9	18	14	2	2	401	212	24
万载县	22	7	38	25	6	7	1383	891	65
上高县	23	6	18	11	4	3	624	352	43
宜丰县	3	7	16	13	1	2	417	235	29
靖安县		4	47	42	3	2	525	302	28
铜鼓县	4		14	14			333	221	19
丰城市	123	32	53	31	15	7	6752	2738	194
樟树市	10	14	41	18	14	9	2195	1307	67
高安市	39	33	48	19	18	11	2312	1400	119
抚州市	**107**	**156**	**333**	**268**	**34**	**31**	**15704**	**10700**	**615**
临川区	31	51	148	137	6	5	6936	5273	196
东乡区	21	7	23	14	2	7	1177	832	77
南城县	7	19	14	8	3	3	1054	471	45
黎川县	7	4	43	41		2	551	287	29
南丰县	3	8	5	3	1	1	379	226	33
崇仁县	6	14	30	20	8	2	1305	934	39
乐安县	20	28	18	14	4		1825	1090	100
宜黄县	2	11	15	11	3	1	1137	777	24
金溪县	4	7	14	5	5	4	604	291	39
资溪县		1	5	4		1	149	97	5
广昌县	6	6	18	11	2	5	587	422	28
上饶市	**283**	**194**	**444**	**316**	**78**	**50**	**27518**	**15016**	**1366**
信州区	8	14	28	12	9	7	1785	1028	104
广丰区	17	26	41	27	5	9	3192	1292	229
广信区	52	13	67	46	10	11	3073	1359	97
玉山县	8	19	23	13	9	1	1896	1048	110
铅山县	12	4	20	15	5		938	492	34
横峰县		4	16	16			473	259	38
弋阳县	8	6	34	21	6	7	1257	710	51
余干县	4	49	94	78	12	4	4090	2663	127
鄱阳县	143	25	55	39	10	6	7066	3833	291
万年县	22	20	40	29	8	3	1952	1400	73
婺源县	5	10	17	15	2		1041	490	176
德兴市	4	4	9	5	2	2	755	442	36

4-4c 续表 32

单位：人

地区 性别	制造业		电力、热力、燃气及水生产和供应业				建筑业		
	废弃资源综合利用业	金属制品、机械和设备修理业	小计	电力、热力生产和供应业	燃气生产和供应业	水的生产和供应业	小计	房屋建筑业	土木工程建筑业
男	**994**	**1017**	**2316**	**1660**	**334**	**322**	**129329**	**69233**	**7329**
南昌市	**100**	**60**	**146**	**101**	**26**	**19**	**10861**	**6256**	**723**
东湖区			3	3			85	48	7
西湖区									
青云谱区									
青山湖区	9	2	7	5		2	417	220	55
新建区	20	8	24	18	3	3	2499	1293	99
红谷滩区	1	3	1	1			276	117	103
南昌县	43	22	76	52	14	10	3544	1879	241
安义县	2	4	6	3	1	2	353	259	15
进贤县	25	21	29	19	8	2	3687	2440	203
景德镇市	**31**	**43**	**47**	**30**	**10**	**7**	**6452**	**4294**	**291**
昌江区	1	4	3	2	1		125	62	11
珠山区							8	5	
浮梁县	2	11	9	3	3	3	1109	720	89
乐平市	28	28	35	25	6	4	5210	3507	191
萍乡市	**27**	**48**	**95**	**63**	**23**	**9**	**3911**	**2312**	**294**
安源区	1		1	1			37	2	4
湘东区	8	12	17	13	3	1	988	526	140
莲花县		16	11	10	1		367	163	61
上栗县	10	11	33	19	11	3	1776	1183	48
芦溪县	8	9	33	20	8	5	743	438	41
九江市	**43**	**130**	**301**	**214**	**42**	**45**	**15845**	**6856**	**1040**
濂溪区		16	12	11		1	540	213	30
浔阳区		2					18	13	1
柴桑区	6	15	32	23	3	6	1631	791	118
武宁县	4	7	37	27	4	6	1992	354	77
修水县	9	9	53	44	6	3	1567	579	82
永修县	6	4	17	9	3	5	871	428	94
德安县	3	2	18	10	1	7	528	308	37
都昌县	7	31	26	11	12	3	3322	1573	337
湖口县	3	15	26	20	4	2	1301	629	40
彭泽县	1	20	35	26	3	6	1042	509	75
瑞昌市	4	6	10	2	4	4	1437	701	105
共青城市			9	6	1	2	416	231	34
庐山市		3	26	25	1		1180	527	10
新余市	**15**	**17**	**59**	**45**	**3**	**11**	**1976**	**1229**	**133**
渝水区	11	16	32	22	3	7	1296	759	106
分宜县	4	1	27	23		4	680	470	27
鹰潭市	**21**	**24**	**40**	**28**	**6**	**6**	**3008**	**1709**	**110**
月湖区		2	1	1			124	19	2
余江区	9	16	18	15		3	1068	676	44
贵溪市	12	6	21	12	6	3	1816	1014	64
赣州市	**249**	**221**	**515**	**361**	**65**	**89**	**23789**	**11157**	**1492**
章贡区	11	13	17	7	9	1	1165	603	33
南康区	32	19	31	17	5	9	2351	1126	185
赣县区	18	10	30	24	4	2	1957	949	115
信丰县	23	22	52	46	2	4	1615	768	101
大余县	6	6	20	16	1	3	565	237	52
上犹县	9	7	18	13	5		710	333	24
崇义县	2	4	39	30	5	4	414	221	30
安远县	2		39	29	2	8	427	234	18
定南县	2	4	13	8	2	3	472	284	58
全南县	4	9	18	14	1	3	707	397	97

4-4c 续表 33

单位：人

地区 性别	制造业		电力、热力、燃气及水生产和供应业				建筑业		
	废弃资源综合利用业	金属制品、机械和设备修理业	小计	电力、热力生产和供应业	燃气生产和供应业	水的生产和供应业	小计	房屋建筑业	土木工程建筑业
宁都县	23	14	22	11	2	9	2819	998	187
于都县	60	35	37	21	8	8	2862	1479	105
兴国县	8	21	36	26	3	7	2783	1224	156
会昌县	10	19	16	11	3	2	889	417	53
寻乌县	10	11	28	14	1	13	633	327	27
石城县	5	5	34	26	5	3	802	461	48
瑞金市	15	17	27	22	2	3	1826	730	81
龙南市	9	5	38	26	5	7	792	369	122
吉安市	**59**	**84**	**214**	**159**	**19**	**36**	**10457**	**5530**	**666**
吉州区		2	3	1	2		469	310	19
青原区	7	7	19	14		5	583	376	21
吉安县	7	4	11	10	1		895	518	46
吉水县	9	5	8	4	1	3	1208	498	52
峡江县	1	7	13	13			209	109	18
新干县	6	8	25	15	3	7	823	368	40
永丰县	3	10	16	15		1	686	343	77
泰和县	10	7	11	7	4		667	209	80
遂川县	1	17	27	19	3	5	1492	1056	62
万安县	4	9	31	25	2	4	787	477	36
安福县		5	21	16	1	4	745	410	83
永新县	10	2	20	14	1	5	1634	760	84
井冈山市	1	1	9	6	1	2	259	96	48
宜春市	**164**	**107**	**280**	**184**	**57**	**39**	**15845**	**8371**	**743**
袁州区	6	9	44	32	5	7	3032	2062	188
奉新县		8	15	12	1	2	351	184	24
万载县	16	6	30	20	4	6	1233	773	63
上高县	16	6	14	7	4	3	527	285	33
宜丰县	3	6	12	11	1		370	197	29
靖安县		3	43	38	3	2	443	252	28
铜鼓县	2		10	10			306	200	19
丰城市	85	27	40	22	12	6	5605	2078	183
樟树市	6	12	33	16	11	6	1928	1130	62
高安市	30	30	39	16	16	7	2050	1210	114
抚州市	**73**	**124**	**268**	**222**	**25**	**21**	**13160**	**8788**	**555**
临川区	25	39	118	110	5	3	6046	4561	168
东乡区	13	7	19	12	2	5	1013	704	69
南城县	5	13	12	8	3	1	813	339	41
黎川县	5	4	34	33		1	409	200	27
南丰县		8	4	2	1	1	321	181	31
崇仁县	3	12	22	16	5	1	1070	754	35
乐安县	14	20	15	12	3		1486	820	92
宜黄县		10	14	11	2	1	981	658	23
金溪县	3	6	9	5	2	2	509	243	37
资溪县		1	4	3		1	98	62	5
广昌县	5	4	17	10	2	5	414	266	27
上饶市	**212**	**159**	**351**	**253**	**58**	**40**	**24025**	**12731**	**1282**
信州区	6	10	19	8	6	5	1663	956	93
广丰区	16	22	33	22	4	7	2984	1204	215
广信区	46	12	50	33	8	9	2866	1247	92
玉山县	7	17	21	12	8	1	1746	934	108
铅山县	8	3	16	12	4		874	458	32
横峰县		4	14	14			441	238	36
弋阳县	6	6	27	16	6	5	1144	644	49
余干县	3	38	70	62	5	3	3112	1899	117
鄱阳县	99	22	47	34	8	5	5887	3117	275
万年县	15	12	35	25	7	3	1722	1210	70
婺源县	3	10	13	12	1		908	419	163
德兴市	3	3	6	3	1	2	678	405	32

4-4c　续表 34

单位：人

地区 性别	制造业		电力、热力、燃气及水生产和供应业				建筑业		
	废弃资源综合利用业	金属制品、机械和设备修理业	小计	电力、热力生产和供应业	燃气生产和供应业	水的生产和供应业	小计	房屋建筑业	土木工程建筑业
女	**377**	**182**	**548**	**356**	**102**	**90**	**24431**	**15987**	**689**
南昌市	**35**	**5**	**27**	**12**	**10**	**5**	**2344**	**1594**	**53**
东湖区							13	6	1
西湖区									
青云谱区									
青山湖区	5						66	43	4
新建区	5		5	1	3	1	833	495	6
红谷滩区							32	19	8
南昌县	8	3	13	7	4	2	489	328	15
安义县	1	1	2	1		1	78	60	1
进贤县	16	1	7	3	3	1	833	643	18
景德镇市	**8**	**5**	**14**	**8**	**6**		**1157**	**915**	**27**
昌江区		1	2	1	1		12	6	
珠山区			1	1					
浮梁县	2	1	1	1			146	115	9
乐平市	6	3	10	5	5		999	794	18
萍乡市	**7**	**10**	**26**	**14**	**5**	**7**	**335**	**219**	**25**
安源区			2	2			1	1	
湘东区	1		2	2			51	32	9
莲花县		6	4	3		1	54	32	8
上栗县	2	2	8	3	5		168	116	4
芦溪县	4	2	10	4		6	61	38	4
九江市	**16**	**23**	**68**	**49**	**10**	**9**	**2833**	**1581**	**89**
濂溪区		4	2	2			70	45	5
浔阳区							2	2	
柴桑区	1	1	4	4			243	143	9
武宁县	4	3	8	5	1	2	337	70	4
修水县	3	2	8	7		1	155	74	2
永修县	1		5	1	1	3	107	58	17
德安县	1		6	3	2	1	71	51	2
都昌县	2	8	7	2	4	1	800	483	27
湖口县	1	2	12	11	1		327	199	4
彭泽县		2	9	9			303	206	8
瑞昌市	3		1		1		277	163	8
共青城市		1	5	4		1	25	18	2
庐山市			1	1			116	69	1
新余市	**5**		**17**	**12**	**2**	**3**	**328**	**242**	**13**
渝水区	3		7	5	1	1	222	153	10
分宜县	2		10	7	1	2	106	89	3
鹰潭市	**8**	**3**	**9**	**6**	**1**	**2**	**468**	**347**	**12**
月湖区							6		
余江区	3	3	7	4	1	2	176	127	5
贵溪市	5		2	2			286	220	7
赣州市	**97**	**33**	**102**	**64**	**18**	**20**	**6376**	**3862**	**198**
章贡区	3	5	5	1	2	2	381	246	5
南康区	12		7	3	1	3	804	509	31
赣县区	5		10	7	2	1	529	360	11
信丰县	9	1	8	7	1		401	246	11
大余县	5		4	1	3		143	80	2
上犹县	5	1	8	8			249	124	1
崇义县	1		5	3	1	1	133	100	6
安远县			6	1		5	135	103	
定南县			7	6		1	117	82	9
全南县	2	1	4	2		2	188	140	19

4-4c 续表 35

单位：人

地区 性别	制造业		电力、热力、燃气及水生产和供应业				建筑业		
	废弃资源综合利用业	金属制品、机械和设备修理业	小计	电力、热力生产和供应业	燃气生产和供应业	水的生产和供应业	小计	房屋建筑业	土木工程建筑业
宁都县	15	2	5	2	1	2	717	264	20
于都县	20	7	9	6	2	1	748	489	7
兴国县	5	6	6	3	2	1	665	410	26
会昌县	1	1	4	4			280	193	4
寻乌县	2	3	2	1	1		232	158	3
石城县	3	1	5	3	1	1	158	114	11
瑞金市	6	5	3	2	1		355	167	11
龙南市	3		4	4			141	77	21
吉安市	**30**	**21**	**61**	**41**	**8**	**12**	**2109**	**1423**	**77**
吉州区	1		2		2		88	74	4
青原区	3	4	10	9	1		167	115	1
吉安县	2	1	3	2	1		152	98	2
吉水县	8		4	1	1	2	168	111	7
峡江县							57	46	
新干县	4	3	4	3		1	137	64	1
永丰县	4	1	3		1	2	163	107	16
泰和县	3	2	6	5		1	95	31	5
遂川县		5	9	6		3	429	369	7
万安县	1	1	3	1	1	1	241	157	5
安福县	1	1	8	6	1	1	85	60	9
永新县	3	2	6	6			283	174	8
井冈山市		1	3	2		1	44	17	12
宜春市	**66**	**15**	**66**	**41**	**13**	**12**	**2444**	**1607**	**51**
袁州区		1	9	6	2	1	315	258	18
奉新县		1	3	2	1		50	28	
万载县	6	1	8	5	2	1	150	118	2
上高县	7		4	4			97	67	10
宜丰县		1	4	2		2	47	38	
靖安县		1	4	4			82	50	
铜鼓县	2		4	4			27	21	
丰城市	38	5	13	9	3	1	1147	660	11
樟树市	4	2	8	2	3	3	267	177	5
高安市	9	3	9	3	2	4	262	190	5
抚州市	**34**	**32**	**65**	**46**	**9**	**10**	**2544**	**1912**	**60**
临川区	6	12	30	27	1	2	890	712	28
东乡区	8		4	2		2	164	128	8
南城县	2	6	2			2	241	132	4
黎川县	2		9	8		1	142	87	2
南丰县	3		1	1			58	45	2
崇仁县	3	2	8	4	3	1	235	180	4
乐安县	6	8	3	2	1		339	270	8
宜黄县	2	1	1		1		156	119	1
金溪县	1	1	5		3	2	95	48	2
资溪县			1	1			51	35	
广昌县	1	2	1	1			173	156	1
上饶市	**71**	**35**	**93**	**63**	**20**	**10**	**3493**	**2285**	**84**
信州区	2	4	9	4	3	2	122	72	11
广丰区	1	4	8	5	1	2	208	88	14
广信区	6	1	17	13	2	2	207	112	5
玉山县	1	2	2	1	1		150	114	2
铅山县	4	1	4	3	1		64	34	2
横峰县			2	2			32	21	2
弋阳县	2		7	5		2	113	66	2
余干县	1	11	24	16	7	1	978	764	10
鄱阳县	44	3	8	5	2	1	1179	716	16
万年县	7	8	5	4	1		230	190	3
婺源县	2		4	3	1		133	71	13
德兴市	1	1	3	2	1		77	37	4

4-4c 续表 36

单位：人

地区 性别	建筑业		批发和零售业			交通运输、仓储和邮政业			
	建筑安装业	建筑装饰、装修和其他建筑业	小计	批发业	零售业	小计	铁路运输业	道路运输业	水上运输业
全省	**7517**	**53005**	**111340**	**31207**	**80133**	**33104**	**327**	**20984**	**288**
南昌市	**658**	**3921**	**9215**	**2522**	**6693**	**3716**	**39**	**2148**	**26**
东湖区	18	18	278	107	171	84	3	51	
西湖区									
青云谱区									
青山湖区	22	139	203	61	142	202	1	97	
新建区	151	1288	1773	516	1257	904	13	445	14
红谷滩区	13	48	109	31	78	44		32	
南昌县	274	1296	2777	641	2136	1775	16	1109	10
安义县	16	80	658	179	479	104	5	65	1
进贤县	164	1052	3417	987	2430	603	1	349	1
景德镇市	**310**	**1772**	**3944**	**1207**	**2737**	**1331**	**10**	**838**	**2**
昌江区	8	50	267	151	116	63	2	43	
珠山区		3	11	7	4	6		4	
浮梁县	53	269	720	247	473	345	1	215	
乐平市	249	1450	2946	802	2144	917	7	576	2
萍乡市	**277**	**1119**	**3122**	**814**	**2308**	**1159**	**6**	**754**	**4**
安源区	9	22	63	23	40	21		7	
湘东区	83	249	524	152	372	225	1	157	1
莲花县	22	135	375	61	314	190	2	140	
上栗县	99	494	1504	305	1199	512	1	324	
芦溪县	64	219	656	273	383	211	2	126	3
九江市	**939**	**8173**	**13228**	**3963**	**9265**	**3294**	**29**	**2212**	**39**
濂溪区	29	288	401	112	289	144	5	106	3
浔阳区	1	3	12	3	9	7		4	
柴桑区	114	699	1241	290	951	492	4	327	3
武宁县	98	1726	701	142	559	245		156	2
修水县	99	886	2925	826	2099	532		394	1
永修县	86	295	756	135	621	269	2	175	2
德安县	45	156	344	104	240	107	2	83	1
都昌县	144	1558	2308	870	1438	381	3	189	5
湖口县	55	701	570	115	455	170	3	127	3
彭泽县	56	491	985	204	781	334	6	234	7
瑞昌市	143	594	2402	1031	1371	397	1	280	4
共青城市	31	125	201	46	155	58	2	35	1
庐山市	38	651	382	85	297	158	1	102	7
新余市	**127**	**560**	**1418**	**541**	**877**	**562**	**6**	**372**	**6**
渝水区	90	400	991	396	595	372	5	244	6
分宜县	37	160	427	145	282	190	1	128	
鹰潭市	**137**	**1161**	**4231**	**1166**	**3065**	**721**	**9**	**428**	**1**
月湖区	4	105	65	9	56	16	1	13	
余江区	63	329	2575	844	1731	263	8	146	
贵溪市	70	727	1591	313	1278	442		269	1
赣州市	**1666**	**11790**	**22710**	**6725**	**15985**	**6440**	**73**	**3905**	**24**
章贡区	74	585	901	256	645	300	7	171	
南康区	157	1147	1752	268	1484	626	11	432	3
赣县区	113	938	1086	224	862	422	3	251	4
信丰县	77	813	1636	521	1115	473	7	281	1
大余县	31	306	864	390	474	205	1	138	
上犹县	83	394	753	216	537	262	2	169	
崇义县	19	171	541	138	403	176	2	119	1
安远县	38	169	788	140	648	142	2	73	1
定南县	15	141	400	98	302	199	3	101	
全南县	43	199	443	90	353	174	2	101	1

4-4c 续表 37

单位：人

地区 性别	建筑业		批发和零售业			交通运输、仓储和邮政业			
	建筑安装业	建筑装饰、装修和其他建筑业	小计	批发业	零售业	小计	铁路运输业	道路运输业	水上运输业
宁都县	177	1890	3498	1748	1750	913	2	592	
于都县	209	1321	2796	665	2131	673	6	418	7
兴国县	165	1467	1778	358	1420	422	20	241	1
会昌县	91	411	1090	351	739	311	2	176	2
寻乌县	41	309	631	90	541	222		113	
石城县	48	278	1011	381	630	257	2	153	
瑞金市	235	957	2174	670	1504	445	1	239	2
龙南市	50	294	568	121	447	218		137	1
吉安市	**735**	**4135**	**9110**	**2508**	**6602**	**3096**	**60**	**1910**	**20**
吉州区	35	115	266	82	184	98	3	66	
青原区	35	202	546	183	363	147	2	89	2
吉安县	66	317	697	147	550	275	8	165	4
吉水县	93	615	742	252	490	244	2	159	1
峡江县	10	83	246	52	194	142	6	99	3
新干县	58	429	791	274	517	364	11	230	2
永丰县	53	253	623	105	518	284	2	168	2
泰和县	60	377	1199	624	575	217	1	136	
遂川县	111	316	1145	223	922	455	2	277	
万安县	53	300	637	157	480	261	7	129	2
安福县	43	225	522	61	461	213	5	154	3
永新县	108	783	1527	330	1197	314	3	185	
井冈山市	10	120	169	18	151	82	8	53	1
宜春市	**738**	**6779**	**11258**	**2815**	**8443**	**4453**	**32**	**3202**	**93**
袁州区	160	661	1450	316	1134	679	2	533	2
奉新县	22	143	681	265	416	234	1	169	
万载县	72	355	1033	239	794	394	3	250	1
上高县	30	199	449	170	279	253		178	
宜丰县	17	136	376	51	325	219		149	1
靖安县	21	174	261	33	228	93	2	54	
铜鼓县	11	82	288	115	173	112		75	
丰城市	226	3594	3896	764	3132	929	13	562	85
樟树市	70	751	1098	235	863	381	5	302	
高安市	109	684	1726	627	1099	1159	6	930	4
抚州市	**590**	**3799**	**11383**	**3365**	**8018**	**3634**	**21**	**2519**	**12**
临川区	199	1268	2568	773	1795	545	6	325	3
东乡区	56	212	933	188	745	323	1	226	1
南城县	17	521	654	100	554	392	2	324	
黎川县	34	201	1489	553	936	195		82	
南丰县	13	107	501	217	284	273	4	205	
崇仁县	36	296	745	195	550	198		137	2
乐安县	98	537	1833	831	1002	295	6	140	3
宜黄县	32	304	977	159	818	274		167	1
金溪县	82	192	1041	229	812	246	1	123	2
资溪县	3	44	213	56	157	47		32	
广昌县	20	117	429	64	365	846	1	758	
上饶市	**1340**	**9796**	**21721**	**5581**	**16140**	**4698**	**42**	**2696**	**61**
信州区	79	574	955	173	782	201	4	108	1
广丰区	157	1514	2390	798	1592	476	2	302	5
广信区	210	1407	2317	693	1624	548	6	322	1
玉山县	92	646	1021	231	790	257	4	178	4
铅山县	76	336	1046	221	825	343	3	205	7
横峰县	39	137	602	197	405	212	1	92	
弋阳县	77	419	1127	304	823	433	6	173	1
余干县	131	1169	3897	555	3342	449	3	231	22
鄱阳县	288	2654	4749	915	3834	964	5	592	16
万年县	79	400	987	199	788	367	6	234	2
婺源县	68	307	1989	1082	907	309	1	161	2
德兴市	44	233	641	213	428	139	1	98	

4-4c 续表 38

单位：人

地区 性别	建筑业		批发和零售业			交通运输、仓储和邮政业			
	建筑安装业	建筑装饰、装修和其他建筑业	小计	批发业	零售业	小计	铁路运输业	道路运输业	水上运输业
男	**6906**	**45861**	**60129**	**18645**	**41484**	**28692**	**231**	**19339**	**214**
南昌市	**622**	**3260**	**5147**	**1616**	**3531**	**3134**	**28**	**1946**	**19**
东湖区	16	14	148	70	78	74	2	48	
西湖区									
青云谱区									
青山湖区	20	122	106	38	68	164		84	
新建区	146	961	925	303	622	740	7	401	11
红谷滩区	12	44	49	18	31	35		29	
南昌县	259	1165	1494	410	1084	1513	14	1000	8
安义县	15	64	371	117	254	86	4	60	
进贤县	154	890	2054	660	1394	522	1	324	
景德镇市	**289**	**1578**	**2057**	**700**	**1357**	**1184**	**7**	**801**	**1**
昌江区	8	44	156	96	60	56	2	39	
珠山区		3	4	4		6		4	
浮梁县	52	248	402	151	251	310	1	206	
乐平市	229	1283	1495	449	1046	812	4	552	1
萍乡市	**263**	**1042**	**1543**	**477**	**1066**	**1059**	**5**	**727**	**2**
安源区	9	22	38	15	23	18		7	
湘东区	82	240	252	88	164	210		152	1
莲花县	21	122	189	40	149	164	2	130	
上栗县	90	455	717	169	548	470	1	313	
芦溪县	61	203	347	165	182	197	2	125	1
九江市	**852**	**7097**	**6844**	**2269**	**4575**	**2839**	**17**	**2035**	**30**
濂溪区	28	269	185	70	115	127	3	97	2
浔阳区	1	3	5	2	3	6		3	
柴桑区	101	621	675	192	483	422	3	299	2
武宁县	93	1468	407	96	311	220		146	2
修水县	86	820	1578	485	1093	473		359	1
永修县	83	266	405	89	316	239	2	168	2
德安县	40	143	185	70	115	101	2	80	1
都昌县	130	1282	1193	475	718	286	1	167	4
湖口县	51	581	300	62	238	146	2	115	2
彭泽县	54	404	479	114	365	285	2	211	6
瑞昌市	120	511	1118	532	586	349		260	3
共青城市	30	121	109	26	83	52	1	34	1
庐山市	35	608	205	56	149	133	1	96	4
新余市	**123**	**491**	**778**	**321**	**457**	**495**	**4**	**350**	**5**
渝水区	87	344	545	237	308	324	3	228	5
分宜县	36	147	233	84	149	171	1	122	
鹰潭市	**128**	**1061**	**2250**	**680**	**1570**	**644**	**7**	**408**	**1**
月湖区	4	99	24	8	16	16	1	13	
余江区	58	290	1463	485	978	233	6	135	
贵溪市	66	672	763	187	576	395		260	1
赣州市	**1493**	**9647**	**12594**	**3999**	**8595**	**5551**	**57**	**3552**	**16**
章贡区	71	458	458	155	303	242	5	146	
南康区	141	899	916	159	757	525	7	374	3
赣县区	107	786	580	129	451	369	2	237	3
信丰县	69	677	894	289	605	403	6	263	
大余县	29	247	506	226	280	178	1	125	
上犹县	69	284	427	140	287	226	2	155	
崇义县	19	144	293	83	210	157	2	112	1
安远县	35	140	450	84	366	120		62	1
定南县	15	115	186	52	134	171	3	90	
全南县	38	175	240	59	181	150	2	94	1

4-4c 续表 39 单位：人

地 区 性 别	建筑业		批发和零售业			交通运输、仓储和邮政业			
	建 筑 安装业	建筑装饰、装修和其他建筑业	小计	批发业	零售业	小计	铁 路 运输业	道 路 运输业	水 上 运输业
宁都县	154	1480	1987	1007	980	791	1	528	
于都县	186	1092	1573	403	1170	596	6	387	4
兴国县	146	1257	987	241	746	362	18	224	1
会昌县	80	339	599	209	390	270	1	159	1
寻乌县	38	241	350	51	299	185		107	
石城县	47	246	624	232	392	216		136	
瑞金市	203	812	1228	416	812	402	1	228	1
龙南市	46	255	296	64	232	188		125	
吉安市	**666**	**3595**	**4894**	**1472**	**3422**	**2610**	**41**	**1766**	**13**
吉州区	34	106	147	55	92	83	1	57	
青原区	30	156	294	112	182	114	1	81	1
吉安县	60	271	379	100	279	248	7	159	2
吉水县	86	572	364	128	236	216	1	152	
峡江县	9	73	140	35	105	123	3	95	3
新干县	53	362	425	166	259	316	10	213	1
永丰县	47	219	326	70	256	236	2	152	2
泰和县	52	326	631	322	309	178		122	
遂川县	105	269	641	140	501	389	2	257	
万安县	43	231	350	90	260	200	7	117	1
安福县	42	210	266	42	224	185	4	146	2
永新县	97	693	849	201	648	255	1	165	
井冈山市	8	107	82	11	71	67	2	50	1
宜春市	**684**	**6047**	**5880**	**1646**	**4234**	**3978**	**17**	**3018**	**69**
袁州区	154	628	740	196	544	621		507	2
奉新县	19	124	411	151	260	209	1	159	
万载县	67	330	502	140	362	365	2	243	1
上高县	28	181	246	105	141	236		173	
宜丰县	16	128	193	37	156	198		141	
靖安县	19	144	141	20	121	81	1	51	
铜鼓县	11	76	165	86	79	102		75	
丰城市	206	3138	2037	441	1596	765	8	495	65
樟树市	66	670	507	114	393	331	4	280	
高安市	98	628	938	356	582	1070	1	894	1
抚州市	**529**	**3288**	**6338**	**2065**	**4273**	**3063**	**17**	**2190**	**10**
临川区	184	1133	1405	460	945	463	6	292	3
东乡区	52	188	506	125	381	292		214	1
南城县	17	416	330	55	275	340	1	287	
黎川县	28	154	897	335	562	167		76	
南丰县	13	96	297	135	162	235	4	180	
崇仁县	32	249	451	130	321	172		123	2
乐安县	86	488	1049	498	551	252	4	134	2
宜黄县	29	271	475	103	372	236		154	1
金溪县	66	163	604	144	460	202	1	112	1
资溪县	3	28	98	41	57	37		25	
广昌县	19	102	226	39	187	667	1	593	
上饶市	**1257**	**8755**	**11804**	**3400**	**8404**	**4135**	**31**	**2546**	**48**
信州区	76	538	518	115	403	177	3	99	1
广丰区	153	1412	1267	503	764	428	2	293	3
广信区	198	1329	1252	420	832	508	5	308	1
玉山县	91	613	593	159	434	231	2	171	3
铅山县	75	309	533	124	409	308	3	193	6
横峰县	37	130	345	137	208	187	1	89	
弋阳县	71	380	596	182	414	363	6	163	1
余干县	115	981	2193	331	1862	386		220	17
鄱阳县	267	2228	2543	563	1980	842	5	549	13
万年县	74	368	529	121	408	321	3	218	2
婺源县	61	265	1074	598	476	265	1	155	1
德兴市	39	202	361	147	214	119		88	

4–4c 续表 40

单位：人

地区 性别	建筑业		批发和零售业			交通运输、仓储和邮政业			
	建筑安装业	建筑装饰、装修和其他建筑业	小计	批发业	零售业	小计	铁路运输业	道路运输业	水上运输业
女	**611**	**7144**	**51211**	**12562**	**38649**	**4412**	**96**	**1645**	**74**
南昌市	**36**	**661**	**4068**	**906**	**3162**	**582**	**11**	**202**	**7**
东湖区	2	4	130	37	93	10	1	3	
西湖区									
青云谱区									
青山湖区	2	17	97	23	74	38	1	13	
新建区	5	327	848	213	635	164	6	44	3
红谷滩区	1	4	60	13	47	9		3	
南昌县	15	131	1283	231	1052	262	2	109	2
安义县	1	16	287	62	225	18	1	5	1
进贤县	10	162	1363	327	1036	81		25	1
景德镇市	**21**	**194**	**1887**	**507**	**1380**	**147**	**3**	**37**	**1**
昌江区		6	111	55	56	7		4	
珠山区			7	3	4				
浮梁县	1	21	318	96	222	35		9	
乐平市	20	167	1451	353	1098	105	3	24	1
萍乡市	**14**	**77**	**1579**	**337**	**1242**	**100**	**1**	**27**	**2**
安源区			25	8	17	3			
湘东区	1	9	272	64	208	15	1	5	
莲花县	1	13	186	21	165	26		10	
上栗县	9	39	787	136	651	42		11	
芦溪县	3	16	309	108	201	14		1	2
九江市	**87**	**1076**	**6384**	**1694**	**4690**	**455**	**12**	**177**	**9**
濂溪区	1	19	216	42	174	17	2	9	1
浔阳区			7	1	6	1		1	
柴桑区	13	78	566	98	468	70	1	28	1
武宁县	5	258	294	46	248	25		10	
修水县	13	66	1347	341	1006	59		35	
永修县	3	29	351	46	305	30		7	
德安县	5	13	159	34	125	6		3	
都昌县	14	276	1115	395	720	95	2	22	1
湖口县	4	120	270	53	217	24	1	12	1
彭泽县	2	87	506	90	416	49	4	23	1
瑞昌市	23	83	1284	499	785	48	1	20	1
共青城市	1	4	92	20	72	6	1	1	
庐山市	3	43	177	29	148	25		6	3
新余市	**4**	**69**	**640**	**220**	**420**	**67**	**2**	**22**	**1**
渝水区	3	56	446	159	287	48	2	16	1
分宜县	1	13	194	61	133	19		6	
鹰潭市	**9**	**100**	**1981**	**486**	**1495**	**77**	**2**	**20**	
月湖区		6	41	1	40				
余江区	5	39	1112	359	753	30	2	11	
贵溪市	4	55	828	126	702	47		9	
赣州市	**173**	**2143**	**10116**	**2726**	**7390**	**889**	**16**	**353**	**8**
章贡区	3	127	443	101	342	58	2	25	
南康区	16	248	836	109	727	101	4	58	
赣县区	6	152	506	95	411	53	1	14	1
信丰县	8	136	742	232	510	70	1	18	1
大余县	2	59	358	164	194	27		13	
上犹县	14	110	326	76	250	36		14	
崇义县		27	248	55	193	19		7	
安远县	3	29	338	56	282	22	2	11	
定南县		26	214	46	168	28		11	
全南县	5	24	203	31	172	24		7	

4-4c 续表 41

单位：人

地区 性别	建筑业		批发和零售业			交通运输、仓储和邮政业			
	建筑安装业	建筑装饰、装修和其他建筑业	小计	批发业	零售业	小计	铁路运输业	道路运输业	水上运输业
宁都县	23	410	1511	741	770	122	1	64	
于都县	23	229	1223	262	961	77		31	3
兴国县	19	210	791	117	674	60	2	17	
会昌县	11	72	491	142	349	41	1	17	1
寻乌县	3	68	281	39	242	37		6	
石城县	1	32	387	149	238	41	2	17	
瑞金市	32	145	946	254	692	43		11	1
龙南市	4	39	272	57	215	30		12	1
吉安市	**69**	**540**	**4216**	**1036**	**3180**	**486**	**19**	**144**	**7**
吉州区	1	9	119	27	92	15	2	9	
青原区	5	46	252	71	181	33	1	8	1
吉安县	6	46	318	47	271	27	1	6	2
吉水县	7	43	378	124	254	28	1	7	1
峡江县	1	10	106	17	89	19	3	4	
新干县	5	67	366	108	258	48	1	17	1
永丰县	6	34	297	35	262	48		16	
泰和县	8	51	568	302	266	39	1	14	
遂川县	6	47	504	83	421	66		20	
万安县	10	69	287	67	220	61		12	1
安福县	1	15	256	19	237	28	1	8	1
永新县	11	90	678	129	549	59	2	20	
井冈山市	2	13	87	7	80	15	6	3	
宜春市	**54**	**732**	**5378**	**1169**	**4209**	**475**	**15**	**184**	**24**
袁州区	6	33	710	120	590	58	2	26	
奉新县	3	19	270	114	156	25		10	
万载县	5	25	531	99	432	29	1	7	
上高县	2	18	203	65	138	17		5	
宜丰县	1	8	183	14	169	21		8	1
靖安县	2	30	120	13	107	12	1	3	
铜鼓县		6	123	29	94	10			
丰城市	20	456	1859	323	1536	164	5	67	20
樟树市	4	81	591	121	470	50	1	22	
高安市	11	56	788	271	517	89	5	36	3
抚州市	**61**	**511**	**5045**	**1300**	**3745**	**571**	**4**	**329**	**2**
临川区	15	135	1163	313	850	82		33	
东乡区	4	24	427	63	364	31	1	12	
南城县		105	324	45	279	52	1	37	
黎川县	6	47	592	218	374	28		6	
南丰县		11	204	82	122	38		25	
崇仁县	4	47	294	65	229	26		14	
乐安县	12	49	784	333	451	43	2	6	1
宜黄县	3	33	502	56	446	38		13	
金溪县	16	29	437	85	352	44		11	1
资溪县		16	115	15	100	10		7	
广昌县	1	15	203	25	178	179		165	
上饶市	**83**	**1041**	**9917**	**2181**	**7736**	**563**	**11**	**150**	**13**
信州区	3	36	437	58	379	24	1	9	
广丰区	4	102	1123	295	828	48		9	2
广信区	12	78	1065	273	792	40	1	14	
玉山县	1	33	428	72	356	26	2	7	1
铅山县	1	27	513	97	416	35		12	1
横峰县	2	7	257	60	197	25		3	
弋阳县	6	39	531	122	409	70		10	
余干县	16	188	1704	224	1480	63	3	11	5
鄱阳县	21	426	2206	352	1854	122		43	3
万年县	5	32	458	78	380	46	3	16	
婺源县	7	42	915	484	431	44		6	1
德兴市	5	31	280	66	214	20	1	10	

4−4c　续表 42

单位：人

地　区 性　别	交通运输、仓储和邮政业					住宿和餐饮业		
	航　空 运输业	管　道 运输业	多式联运 和运输 代理业	装卸搬运 和仓储业	邮政业	小计	住宿业	餐饮业
全　省	**175**	**37**	**836**	**5568**	**4889**	**34771**	**3630**	**31141**
南昌市	**78**		**96**	**689**	**640**	**3874**	**299**	**3575**
东湖区			3	16	11	94	3	91
西湖区								
青云谱区								
青山湖区	3		6	30	65	84	5	79
新建区	68		16	223	125	1402	140	1262
红谷滩区				7	5	84	6	78
南昌县	6		39	258	337	1396	85	1311
安义县			4	18	11	139	17	122
进贤县	1		28	137	86	675	43	632
景德镇市	**5**	**1**	**29**	**221**	**225**	**1870**	**121**	**1749**
昌江区	1			8	9	109	2	107
珠山区					2	9		9
浮梁县			6	57	66	336	31	305
乐平市	4	1	23	156	148	1416	88	1328
萍乡市	**5**	**2**	**27**	**206**	**155**	**1155**	**133**	**1022**
安源区			2	5	7	14		14
湘东区	1		9	40	16	241	18	223
莲花县	1	1	5	9	32	128	15	113
上栗县		1	5	110	71	442	25	417
芦溪县	3		6	42	29	330	75	255
九江市	**9**	**7**	**131**	**398**	**469**	**4195**	**489**	**3706**
濂溪区			3	11	16	266	32	234
浔阳区			2		1	10		10
柴桑区	3		33	50	72	524	54	470
武宁县			7	32	48	352	78	274
修水县		1	29	32	75	557	72	485
永修县			7	32	51	380	45	335
德安县	1		2	12	6	147	12	135
都昌县	2	5	12	108	57	361	42	319
湖口县	2		2	10	23	151	17	134
彭泽县	1	1	8	36	41	388	49	339
瑞昌市			24	28	60	436	44	392
共青城市			2	7	11	61	4	57
庐山市				40	8	562	40	522
新余市	**1**	**4**	**24**	**93**	**56**	**555**	**45**	**510**
渝水区	1	4	19	53	40	377	39	338
分宜县			5	40	16	178	6	172
鹰潭市	**1**		**11**	**184**	**87**	**1050**	**125**	**925**
月湖区				2		38	5	33
余江区	1		5	64	39	367	31	336
贵溪市			6	118	48	645	89	556
赣州市	**15**	**5**	**173**	**1329**	**916**	**6134**	**574**	**5560**
章贡区	1	1	10	68	42	310	33	277
南康区	3		8	115	54	450	27	423
赣县区			21	98	45	350	51	299
信丰县			4	132	48	333	33	300
大余县			5	30	31	147	13	134
上犹县	1		6	38	46	264	26	238
崇义县			2	26	26	206	11	195
安远县				43	23	316	21	295
定南县			5	71	19	129	5	124
全南县	1		1	32	36	181	17	164

4－4c 续表 43 单位：人

地区 性别	交通运输、仓储和邮政业					住宿和餐饮业		
	航空运输业	管道运输业	多式联运和运输代理业	装卸搬运和仓储业	邮政业	小计	住宿业	餐饮业
宁都县	2	1	52	155	109	683	62	621
于都县	1	1	21	132	87	731	71	660
兴国县	2	1	12	51	94	429	28	401
会昌县	1		4	78	48	295	24	271
寻乌县	1		2	70	36	199	16	183
石城县			3	54	45	355	41	314
瑞金市	2	1	14	91	95	551	73	478
龙南市			3	45	32	205	22	183
吉安市	**10**	**1**	**63**	**580**	**452**	**2637**	**301**	**2336**
吉州区			4	15	10	91	9	82
青原区	3		3	36	12	132	6	126
吉安县		1	9	47	41	300	24	276
吉水县			6	49	27	241	11	230
峡江县				16	18	86	5	81
新干县			11	77	33	275	48	227
永丰县			7	50	55	157	12	145
泰和县	2		2	43	33	144	9	135
遂川县	1		7	91	77	349	41	308
万安县	2			74	47	198	16	182
安福县	1		5	12	33	194	31	163
永新县	1		9	62	54	303	36	267
井冈山市				8	12	167	53	114
宜春市	**14**	**5**	**85**	**598**	**424**	**3577**	**544**	**3033**
袁州区	2		1	67	72	759	137	622
奉新县	2	1	9	29	23	110	25	85
万载县	1		19	76	44	249	21	228
上高县			9	49	17	150	9	141
宜丰县	2		3	40	24	116	13	103
靖安县	1		1	25	10	119	32	87
铜鼓县			1	17	19	110	17	93
丰城市	2	2	13	148	104	1189	211	978
樟树市	3		8	20	43	379	43	336
高安市	1	2	21	127	68	396	36	360
抚州市	**9**	**5**	**93**	**480**	**495**	**3601**	**305**	**3296**
临川区	4	1	44	74	88	750	69	681
东乡区	1		2	52	40	264	27	237
南城县			4	24	38	240	25	215
黎川县			5	72	36	349	17	332
南丰县			2	26	36	143	5	138
崇仁县		3	4	15	37	172	16	156
乐安县	2	1	6	69	68	347	30	317
宜黄县			5	45	56	463	39	424
金溪县	1		6	43	70	469	24	445
资溪县				8	7	192	14	178
广昌县	1		15	52	19	212	39	173
上饶市	**28**	**7**	**104**	**790**	**970**	**6123**	**694**	**5429**
信州区	11	1	4	33	39	358	15	343
广丰区	1	2	16	96	52	501	56	445
广信区	3		11	113	92	699	58	641
玉山县	3		5	20	43	357	71	286
铅山县	1		3	66	58	527	82	445
横峰县			2	75	42	204	33	171
弋阳县		1	11	88	153	393	25	368
余干县	7	3	5	67	111	723	82	641
鄱阳县	1		26	113	211	1272	133	1139
万年县	1		5	50	69	443	29	414
婺源县			15	57	73	454	95	359
德兴市			1	12	27	192	15	177

4-4c　续表 44

单位：人

地　区 性　别	交通运输、仓储和邮政业					住宿和餐饮业		
	航　空 运输业	管　道 运输业	多式联运 和运输 代理业	装卸搬运 和仓储业	邮政业	小计	住宿业	餐饮业
男	**120**	**30**	**705**	**4459**	**3594**	**16857**	**1525**	**15332**
南昌市	**56**		**79**	**558**	**448**	**2139**	**136**	**2003**
东湖区			1	15	8	46	1	45
西湖区								
青云谱区								
青山湖区	3		4	26	47	50	1	49
新建区	49		16	172	84	814	67	747
红谷滩区				2	4	54	2	52
南昌县	4		32	224	231	773	38	735
安义县			1	15	6	66	8	58
进贤县			25	104	68	336	19	317
景德镇市	**5**		**26**	**171**	**173**	**846**	**44**	**802**
昌江区	1			8	6	29	1	28
珠山区					2	3		3
浮梁县			6	47	50	153	9	144
乐平市	4		20	116	115	661	34	627
萍乡市	**2**	**2**	**22**	**183**	**116**	**514**	**51**	**463**
安源区			2	5	4	6		6
湘东区	1		7	37	12	105	5	100
莲花县		1	3	7	21	60	6	54
上栗县		1	4	95	56	206	12	194
芦溪县	1		6	39	23	137	28	109
九江市	**4**	**5**	**113**	**280**	**355**	**1927**	**175**	**1752**
濂溪区			2	10	13	147	8	139
浔阳区			2		1	7		7
柴桑区	1		26	39	52	233	19	214
武宁县			7	26	39	154	26	128
修水县		1	24	29	59	235	23	212
永修县			7	21	39	178	21	157
德安县	1		2	10	5	64	4	60
都昌县		3	12	55	44	167	15	152
湖口县	2		2	9	14	56	7	49
彭泽县		1	5	26	34	165	19	146
瑞昌市			23	22	41	172	15	157
共青城市			1	6	9	34	2	32
庐山市				27	5	315	16	299
新余市		**2**	**23**	**72**	**39**	**220**	**14**	**206**
渝水区		2	18	42	26	144	13	131
分宜县			5	30	13	76	1	75
鹰潭市	**1**		**10**	**151**	**66**	**523**	**39**	**484**
月湖区				2		12		12
余江区	1		4	55	32	200	11	189
贵溪市			6	94	34	311	28	283
赣州市	**10**	**4**	**146**	**1061**	**705**	**2829**	**265**	**2564**
章贡区			9	47	35	131	14	117
南康区	2		6	92	41	193	13	180
赣县区			14	78	35	150	17	133
信丰县			4	97	33	150	15	135
大余县			5	25	22	64	5	59
上犹县	1		3	31	34	110	11	99
崇义县			1	22	19	93	5	88
安远县				38	19	159	11	148
定南县			5	60	13	67	4	63
全南县	1		1	26	25	101	7	94

4-4c 续表 45

单位：人

地区 性别	交通运输、仓储和邮政业					住宿和餐饮业		
	航空运输业	管道运输业	多式联运和运输代理业	装卸搬运和仓储业	邮政业	小计	住宿业	餐饮业
宁都县	1	1	44	125	91	326	35	291
于都县		1	19	114	65	339	36	303
兴国县	1	1	11	37	69	177	16	161
会昌县	1		4	70	34	136	6	130
寻乌县	1		1	45	31	102	8	94
石城县			3	44	33	190	22	168
瑞金市	2	1	13	75	81	238	27	211
龙南市			3	35	25	103	13	90
吉安市	**9**	**1**	**44**	**421**	**315**	**1228**	**129**	**1099**
吉州区			4	14	7	49	4	45
青原区	3		2	19	7	60	2	58
吉安县		1	7	42	30	153	10	143
吉水县			3	37	23	115	5	110
峡江县				10	12	36	2	34
新干县			8	64	20	113	23	90
永丰县			4	40	36	74	6	68
泰和县	2		2	27	25	66	3	63
遂川县	1		3	69	57	164	16	148
万安县	2			44	29	94	10	84
安福县	1		3	8	21	88	13	75
永新县			8	41	40	156	20	136
井冈山市				6	8	60	15	45
宜春市	**8**	**4**	**75**	**493**	**294**	**1658**	**227**	**1431**
袁州区	1		1	61	49	375	57	318
奉新县		1	7	21	20	50	4	46
万载县	1		19	67	32	122	6	116
上高县			7	43	13	67	4	63
宜丰县	1		2	36	18	53	8	45
靖安县	1		1	21	6	47	17	30
铜鼓县			1	13	13	50	5	45
丰城市	2	1	11	110	73	526	97	429
樟树市	1		7	15	24	178	16	162
高安市	1	2	19	106	46	190	13	177
抚州市	**7**	**5**	**83**	**398**	**353**	**1800**	**137**	**1663**
临川区	2	1	39	60	60	357	30	327
东乡区	1		2	42	32	143	18	125
南城县			2	23	27	114	11	103
黎川县			5	56	30	192	8	184
南丰县				26	25	82	1	81
崇仁县		3	4	14	26	94	8	86
乐安县	2	1	6	54	49	175	12	163
宜黄县			5	34	42	193	9	184
金溪县	1		6	35	46	245	13	232
资溪县				8	4	109	7	102
广昌县	1		14	46	12	96	20	76
上饶市	**18**	**7**	**84**	**671**	**730**	**3173**	**308**	**2865**
信州区	8	1	4	30	31	181	4	177
广丰区		2	13	77	38	240	26	214
广信区	3		10	103	78	341	23	318
玉山县	1		5	17	32	187	31	156
铅山县			3	60	43	293	44	249
横峰县			2	66	29	105	14	91
弋阳县		1	9	73	110	214	13	201
余干县	4	3	4	52	86	411	47	364
鄱阳县	1		18	102	154	637	51	586
万年县	1		4	38	55	261	16	245
婺源县			11	43	54	210	34	176
德兴市			1	10	20	93	5	88

4-4c　续表 46　　　　　　　　　　　　　　　　　　　　　　　　　　　　单位：人

地　区 性　别	交通运输、仓储和邮政业					住宿和餐饮业		
	航　空 运输业	管　道 运输业	多式联运 和运输 代理业	装卸搬运 和仓储业	邮政业	小计	住宿业	餐饮业
女	**55**	**7**	**131**	**1109**	**1295**	**17914**	**2105**	**15809**
南昌市	**22**		**17**	**131**	**192**	**1735**	**163**	**1572**
东湖区			2	1	3	48	2	46
西湖区								
青云谱区								
青山湖区			2	4	18	34	4	30
新建区	19			51	41	588	73	515
红谷滩区				5	1	30	4	26
南昌县	2		7	34	106	623	47	576
安义县			3	3	5	73	9	64
进贤县	1		3	33	18	339	24	315
景德镇市		**1**	**3**	**50**	**52**	**1024**	**77**	**947**
昌江区					3	80	1	79
珠山区						6		6
浮梁县				10	16	183	22	161
乐平市		1	3	40	33	755	54	701
萍乡市	**3**		**5**	**23**	**39**	**641**	**82**	**559**
安源区					3	8		8
湘东区			2	3	4	136	13	123
莲花县	1		2	2	11	68	9	59
上栗县			1	15	15	236	13	223
芦溪县	2			3	6	193	47	146
九江市	**5**	**2**	**18**	**118**	**114**	**2268**	**314**	**1954**
濂溪区			1	1	3	119	24	95
浔阳区						3		3
柴桑区	2		7	11	20	291	35	256
武宁县				6	9	198	52	146
修水县			5	3	16	322	49	273
永修县				11	12	202	24	178
德安县				2	1	83	8	75
都昌县	2	2		53	13	194	27	167
湖口县				1	9	95	10	85
彭泽县	1		3	10	7	223	30	193
瑞昌市			1	6	19	264	29	235
共青城市			1	1	2	27	2	25
庐山市				13	3	247	24	223
新余市	**1**	**2**	**1**	**21**	**17**	**335**	**31**	**304**
渝水区	1	2	1	11	14	233	26	207
分宜县				10	3	102	5	97
鹰潭市			**1**	**33**	**21**	**527**	**86**	**441**
月湖区						26	5	21
余江区			1	9	7	167	20	147
贵溪市				24	14	334	61	273
赣州市	**5**	**1**	**27**	**268**	**211**	**3305**	**309**	**2996**
章贡区	1	1	1	21	7	179	19	160
南康区	1		2	23	13	257	14	243
赣县区			7	20	10	200	34	166
信丰县				35	15	183	18	165
大余县				5	9	83	8	75
上犹县			3	7	12	154	15	139
崇义县			1	4	7	113	6	107
安远县				5	4	157	10	147
定南县				11	6	62	1	61
全南县				6	11	80	10	70

4−4c 续表 47

单位：人

地区 性别	交通运输、仓储和邮政业					住宿和餐饮业		
	航空运输业	管道运输业	多式联运和运输代理业	装卸搬运和仓储业	邮政业	小计	住宿业	餐饮业
宁都县	1		8	30	18	357	27	330
于都县	1		2	18	22	392	35	357
兴国县	1		1	14	25	252	12	240
会昌县				8	14	159	18	141
寻乌县			1	25	5	97	8	89
石城县				10	12	165	19	146
瑞金市			1	16	14	313	46	267
龙南市				10	7	102	9	93
吉安市	**1**		**19**	**159**	**137**	**1409**	**172**	**1237**
吉州区				1	3	42	5	37
青原区			1	17	5	72	4	68
吉安县			2	5	11	147	14	133
吉水县			3	12	4	126	6	120
峡江县				6	6	50	3	47
新干县			3	13	13	162	25	137
永丰县			3	10	19	83	6	77
泰和县				16	8	78	6	72
遂川县			4	22	20	185	25	160
万安县				30	18	104	6	98
安福县			2	4	12	106	18	88
永新县	1		1	21	14	147	16	131
井冈山市				2	4	107	38	69
宜春市	**6**	**1**	**10**	**105**	**130**	**1919**	**317**	**1602**
袁州区	1			6	23	384	80	304
奉新县	2		2	8	3	60	21	39
万载县				9	12	127	15	112
上高县			2	6	4	83	5	78
宜丰县	1		1	4	6	63	5	58
靖安县				4	4	72	15	57
铜鼓县				4	6	60	12	48
丰城市		1	2	38	31	663	114	549
樟树市	2		1	5	19	201	27	174
高安市			2	21	22	206	23	183
抚州市	**2**		**10**	**82**	**142**	**1801**	**168**	**1633**
临川区	2		5	14	28	393	39	354
东乡区				10	8	121	9	112
南城县			2	1	11	126	14	112
黎川县				16	6	157	9	148
南丰县			2		11	61	4	57
崇仁县				1	11	78	8	70
乐安县				15	19	172	18	154
宜黄县				11	14	270	30	240
金溪县				8	24	224	11	213
资溪县					3	83	7	76
广昌县			1	6	7	116	19	97
上饶市	**10**		**20**	**119**	**240**	**2950**	**386**	**2564**
信州区	3			3	8	177	11	166
广丰区	1		3	19	14	261	30	231
广信区			1	10	14	358	35	323
玉山县	2			3	11	170	40	130
铅山县	1			6	15	234	38	196
横峰县				9	13	99	19	80
弋阳县			2	15	43	179	12	167
余干县	3		1	15	25	312	35	277
鄱阳县			8	11	57	635	82	553
万年县			1	12	14	182	13	169
婺源县			4	14	19	244	61	183
德兴市				2	7	99	10	89

4-4c 续表 48

单位：人

地区 性别	信息传输、软件和信息技术服务业				金融业				
	小计	电信、广播电视和卫星传输服务	互联网和相关服务	软件和信息技术服务业	小计	货币金融服务	资本市场服务	保险业	其他金融业
全省	**6881**	**1078**	**3422**	**2381**	**3181**	**834**	**188**	**1729**	**430**
南昌市	**530**	**104**	**235**	**191**	**240**	**74**	**18**	**109**	**39**
东湖区	14	4	2	8	10	7	1	2	
西湖区									
青云谱区									
青山湖区	36	6	13	17	11	3	1	5	2
新建区	85	23	37	25	68	18	3	35	12
红谷滩区	8	2	1	5	6	1	2	2	1
南昌县	271	50	117	104	72	23	8	31	10
安义县	15	5	5	5	12	5		2	5
进贤县	101	14	60	27	61	17	3	32	9
景德镇市	**236**	**34**	**137**	**65**	**92**	**19**	**4**	**51**	**18**
昌江区	5	1		4	1			1	
珠山区	3	3							
浮梁县	48	10	25	13	35	7	1	22	5
乐平市	180	20	112	48	56	12	3	28	13
萍乡市	**278**	**42**	**146**	**90**	**112**	**34**	**12**	**51**	**15**
安源区	2		1	1	4	1		3	
湘东区	58	7	25	26	24	7	2	10	5
莲花县	46	8	24	14	15	4	2	6	3
上栗县	103	20	68	15	48	15	4	24	5
芦溪县	69	7	28	34	21	7	4	8	2
九江市	**933**	**145**	**430**	**358**	**520**	**99**	**21**	**326**	**74**
濂溪区	20	6	6	8	17		2	14	1
浔阳区	1		1						
柴桑区	124	17	56	51	50	15	2	24	9
武宁县	54	15	21	18	28	12	2	12	2
修水县	199	12	133	54	54	5	3	31	15
永修县	40	12	14	14	24	11	1	9	3
德安县	16	5	7	4	10	3	1	6	
都昌县	199	19	96	84	134	16	2	94	22
湖口县	61	14	18	29	29	12	2	12	3
彭泽县	102	15	48	39	33	10	2	15	6
瑞昌市	79	23	15	41	116	8	3	97	8
共青城市	9	3	3	3	8	3		2	3
庐山市	29	4	12	13	17	4	1	10	2
新余市	**90**	**13**	**59**	**18**	**35**	**10**	**2**	**14**	**9**
渝水区	81	12	51	18	27	5	2	13	7
分宜县	9	1	8		8	5		1	2
鹰潭市	**135**	**18**	**77**	**40**	**69**	**16**	**1**	**38**	**14**
月湖区	2	1		1	2			1	1
余江区	55	7	25	23	37	3	1	29	4
贵溪市	78	10	52	16	30	13		8	9
赣州市	**1680**	**235**	**882**	**563**	**621**	**180**	**34**	**322**	**85**
章贡区	43	13	18	12	57	13	2	42	
南康区	144	17	89	38	61	18	2	31	10
赣县区	72	23	22	27	49	16	3	22	8
信丰县	114	10	61	43	22	6		14	2
大余县	50	3	23	24	20	6	1	10	3
上犹县	65	17	27	21	23	4	2	15	2
崇义县	40	11	14	15	19	6	2	8	3
安远县	30	7	13	10	12	4	1	6	1
定南县	18	4	6	8	10	2	2	5	1
全南县	47	7	30	10	18	5	2	8	3

4-4c 续表 49

单位：人

地区 性别	信息传输、软件和信息技术服务业				金融业				
	小计	电信、广播电视和卫星传输服务	互联网和相关服务	软件和信息技术服务业	小计	货币金融服务	资本市场服务	保险业	其他金融业
宁都县	197	12	130	55	60	11	3	38	8
于都县	296	31	156	109	73	19	4	38	12
兴国县	152	20	78	54	48	16	3	17	12
会昌县	81	15	39	27	26	10	1	15	
寻乌县	60	4	43	13	24	13	1	4	6
石城县	50	14	13	23	34	10	2	21	1
瑞金市	184	20	107	57	52	15	3	25	9
龙南市	37	7	13	17	13	6		3	4
吉安市	**569**	**121**	**213**	**235**	**322**	**103**	**27**	**154**	**38**
吉州区	11	4	4	3	19	8		9	2
青原区	27	6	11	10	15	2		11	2
吉安县	41	7	25	9	27	12	1	12	2
吉水县	36	11	9	16	16	4		11	1
峡江县	13	4	5	4	6		2	4	
新干县	71	13	34	24	26	10	3	8	5
永丰县	53	10	22	21	16	9	2	4	1
泰和县	29	5	12	12	27	6	4	16	1
遂川县	69	16	20	33	35	14	5	12	4
万安县	67	15	27	25	33	18	1	8	6
安福县	35	6	20	9	17	6	3	5	3
永新县	101	14	21	66	79	11	5	52	11
井冈山市	16	10	3	3	6	3	1	2	
宜春市	**548**	**110**	**229**	**209**	**311**	**95**	**18**	**162**	**36**
袁州区	90	34	24	32	60	17	5	28	10
奉新县	23	8	9	6	18	8		9	1
万载县	46	4	23	19	22	8		14	
上高县	29	7	18	4	8			8	
宜丰县	18	6	9	3	12	3	2	7	
靖安县	14	6	6	2	7	3	1	2	1
铜鼓县	14	8	5	1	12	7		4	1
丰城市	128	13	50	65	74	15	2	44	13
樟树市	49	11	19	19	37	16	5	13	3
高安市	137	13	66	58	61	18	3	33	7
抚州市	**668**	**76**	**373**	**219**	**246**	**78**	**19**	**124**	**25**
临川区	169	8	85	76	52	13	11	21	7
东乡区	41	9	18	14	21	7	1	10	3
南城县	39	8	13	18	16	5		10	1
黎川县	116	10	93	13	31	6	1	19	5
南丰县	25	6	6	13	13	5		7	1
崇仁县	50	6	28	16	18	3		14	1
乐安县	70	7	45	18	28	10	2	14	2
宜黄县	62	10	44	8	19	9		9	1
金溪县	61	9	24	28	23	9	2	11	1
资溪县	4		3	1	5	4		1	
广昌县	31	3	14	14	20	7	2	8	3
上饶市	**1214**	**180**	**641**	**393**	**613**	**126**	**32**	**378**	**77**
信州区	82	14	51	17	49	14	5	26	4
广丰区	178	47	93	38	136	10	2	117	7
广信区	107	15	47	45	82	19	5	45	13
玉山县	94	5	61	28	19	5	2	7	5
铅山县	54	6	33	15	17	5	1	7	4
横峰县	35	3	22	10	10	2	1	6	1
弋阳县	49	7	34	8	22	7	1	9	5
余干县	159	15	62	82	71	19	6	32	14
鄱阳县	257	36	140	81	71	16	2	44	9
万年县	71	16	26	29	32	12	3	10	7
婺源县	79	9	42	28	80	7	3	64	6
德兴市	49	7	30	12	24	10	1	11	2

4-4c　续表 50

单位：人

地　区 性　别	信息传输、软件和信息技术服务业				金融业				
	小计	电信、广播电视和卫星传输服务	互联网和相关服务	软件和信息技术服务业	小计	货币金融服　务	资本市场服　务	保险业	其　他金融业
男	**4702**	**679**	**2224**	**1799**	**1791**	**465**	**138**	**927**	**261**
南昌市	**364**	**57**	**167**	**140**	**142**	**43**	**13**	**60**	**26**
东湖区	7	1	1	5	7	5	1	1	
西湖区									
青云谱区									
青山湖区	28	5	9	14	7	2	1	4	
新建区	58	14	27	17	45	11	3	24	7
红谷滩区	7	1	1	5	4		1	2	1
南昌县	183	28	80	75	42	13	5	15	9
安义县	10	1	4	5	7	3		1	3
进贤县	71	7	45	19	30	9	2	13	6
景德镇市	**157**	**22**	**89**	**46**	**53**	**10**	**2**	**32**	**9**
昌江区	3	1		2	1			1	
珠山区	1	1							
浮梁县	28	4	16	8	19	4	1	13	1
乐平市	125	16	73	36	33	6	1	18	8
萍乡市	**183**	**24**	**91**	**68**	**57**	**16**	**7**	**25**	**9**
安源区	2		1	1	1	1			
湘东区	42	5	14	23	13	4	1	5	3
莲花县	29	3	15	11	8	1	2	4	1
上栗县	59	10	39	10	28	9	2	13	4
芦溪县	51	6	22	23	7	1	2	3	1
九江市	**631**	**95**	**268**	**268**	**290**	**53**	**18**	**181**	**38**
濂溪区	13	4	3	6	9		1	7	1
浔阳区									
柴桑区	90	12	41	37	28	9	1	13	5
武宁县	36	9	15	12	12	5	2	4	1
修水县	119	9	76	34	32	5	3	18	6
永修县	27	7	9	11	14	5	1	7	1
德安县	9	2	5	2	7	1	1	5	
都昌县	143	11	63	69	86	11	2	59	14
湖口县	43	10	12	21	14	6	2	3	3
彭泽县	67	11	25	31	17	4	2	10	1
瑞昌市	53	15	6	32	55	1	3	47	4
共青城市	7	3	2	2	4	2		2	
庐山市	24	2	11	11	12	4		6	2
新余市	**64**	**8**	**45**	**11**	**15**	**3**	**2**	**5**	**5**
渝水区	57	7	39	11	14	2	2	5	5
分宜县	7	1	6		1	1			
鹰潭市	**76**	**9**	**44**	**23**	**42**	**9**	**1**	**25**	**7**
月湖区					1				1
余江区	30	4	14	12	27	2	1	22	2
贵溪市	46	5	30	11	14	7		3	4
赣州市	**1184**	**144**	**593**	**447**	**357**	**101**	**26**	**178**	**52**
章贡区	36	10	15	11	29	5	1	23	
南康区	100	11	59	30	31	13	1	13	4
赣县区	52	15	15	22	27	8	3	10	6
信丰县	80	4	44	32	12	3		8	1
大余县	37	1	18	18	11	5		4	2
上犹县	46	7	19	20	14	3	2	8	1
崇义县	33	9	12	12	6	1		4	1
安远县	21	5	7	9	7	2	1	3	1
定南县	15	2	6	7	4	1		3	
全南县	31	5	19	7	10	1	2	6	1

4-4c 续表 51

单位：人

地区 性别	信息传输、软件和信息技术服务业				金融业				
	小计	电信、广播电视和卫星传输服务	互联网和相关服务	软件和信息技术服务业	小计	货币金融服务	资本市场服务	保险业	其他金融业
宁都县	135	7	85	43	38	5	3	23	7
于都县	212	19	105	88	44	11	4	22	7
兴国县	114	13	53	48	28	8	2	9	9
会昌县	52	8	26	18	18	7	1	10	
寻乌县	37	2	24	11	18	10	1	3	4
石城县	32	7	8	17	27	7	2	17	1
瑞金市	132	15	74	43	27	9	3	10	5
龙南市	19	4	4	11	6	2		2	2
吉安市	**407**	**80**	**138**	**189**	**172**	**65**	**19**	**69**	**19**
吉州区	7	4	1	2	11	7		2	2
青原区	18	4	6	8	7	1		5	1
吉安县	28	6	14	8	19	10	1	7	1
吉水县	26	5	7	14	6	4		2	
峡江县	7		3	4	2		2		
新干县	50	7	21	22	11	6	2	2	1
永丰县	44	8	18	18	11	6	2	2	1
泰和县	19	5	7	7	16	2	4	9	1
遂川县	51	11	15	25	22	9	3	7	3
万安县	47	9	18	20	17	9	1	4	3
安福县	23	4	12	7	9	4	2	1	2
永新县	78	11	15	52	38	5	2	27	4
井冈山市	9	6	1	2	3	2		1	
宜春市	**372**	**75**	**144**	**153**	**178**	**57**	**13**	**81**	**27**
袁州区	61	23	14	24	42	10	2	21	9
奉新县	12	4	5	3	11	6		4	1
万载县	33	2	14	17	12	5		7	
上高县	19	5	11	3	2			2	
宜丰县	9	4	3	2	3	1	1	1	
靖安县	10	5	3	2	4	1	1	1	1
铜鼓县	8	5	2	1	7	3		3	1
丰城市	94	9	34	51	47	13	2	23	9
樟树市	34	9	12	13	17	7	4	3	3
高安市	92	9	46	37	33	11	3	16	3
抚州市	**444**	**46**	**226**	**172**	**142**	**41**	**12**	**74**	**15**
临川区	117	5	54	58	33	7	9	14	3
东乡区	30	4	12	14	14	4	1	7	2
南城县	24	5	7	12	7	1		5	1
黎川县	63	6	48	9	15	4		10	1
南丰县	19	3	6	10	6	1		4	1
崇仁县	43	5	23	15	9	1		7	1
乐安县	49	5	29	15	19	6	1	11	1
宜黄县	36	8	23	5	9	4		4	1
金溪县	43	5	16	22	15	7	1	6	1
资溪县	2		2		2	2			
广昌县	18		6	12	13	4		6	3
上饶市	**820**	**119**	**419**	**282**	**343**	**67**	**25**	**197**	**54**
信州区	53	9	32	12	29	9	5	13	2
广丰区	123	32	60	31	72	6	1	60	5
广信区	71	9	30	32	43	11	5	19	8
玉山县	69	1	45	23	12	2	2	4	4
铅山县	38	6	24	8	8	2	1	3	2
横峰县	28	3	19	6	6	1	1	3	1
弋阳县	32	4	22	6	13	4		6	3
余干县	99	10	37	52	48	13	5	20	10
鄱阳县	174	24	89	61	42	6		28	8
万年县	52	9	19	24	15	2	2	6	5
婺源县	51	7	24	20	40	3	2	30	5
德兴市	30	5	18	7	15	8	1	5	1

4-4c　续表 52　　　　单位：人

地区 性别	信息传输、软件和信息技术服务业 小计	电信、广播电视和卫星传输服务	互联网和相关服务	软件和信息技术服务业	金融业 小计	货币金融服务	资本市场服务	保险业	其他金融业
女	**2179**	**399**	**1198**	**582**	**1390**	**369**	**50**	**802**	**169**
南昌市	**166**	**47**	**68**	**51**	**98**	**31**	**5**	**49**	**13**
东湖区	7	3	1	3	3	2		1	
西湖区									
青云谱区									
青山湖区	8	1	4	3	4	1		1	2
新建区	27	9	10	8	23	7		11	5
红谷滩区	1	1			2	1	1		
南昌县	88	22	37	29	30	10	3	16	1
安义县	5	4	1		5	2		1	2
进贤县	30	7	15	8	31	8	1	19	3
景德镇市	**79**	**12**	**48**	**19**	**39**	**9**	**2**	**19**	**9**
昌江区	2			2					
珠山区	2	2							
浮梁县	20	6	9	5	16	3		9	4
乐平市	55	4	39	12	23	6	2	10	5
萍乡市	**95**	**18**	**55**	**22**	**55**	**18**	**5**	**26**	**6**
安源区					3			3	
湘东区	16	2	11	3	11	3	1	5	2
莲花县	17	5	9	3	7	3		2	2
上栗县	44	10	29	5	20	6	2	11	1
芦溪县	18	1	6	11	14	6	2	5	1
九江市	**302**	**50**	**162**	**90**	**230**	**46**	**3**	**145**	**36**
濂溪区	7	2	3	2	8		1	7	
浔阳区	1		1						
柴桑区	34	5	15	14	22	6	1	11	4
武宁县	18	6	6	6	16	7		8	1
修水县	80	3	57	20	22			13	9
永修县	13	5	5	3	10	6		2	2
德安县	7	3	2	2	3	2		1	
都昌县	56	8	33	15	48	5		35	8
湖口县	18	4	6	8	15	6		9	
彭泽县	35	4	23	8	16	6		5	5
瑞昌市	26	8	9	9	61	7		50	4
共青城市	2		1	1	4	1			3
庐山市	5	2	1	2	5		1	4	
新余市	**26**	**5**	**14**	**7**	**20**	**7**		**9**	**4**
渝水区	24	5	12	7	13	3		8	2
分宜县	2		2		7	4		1	2
鹰潭市	**59**	**9**	**33**	**17**	**27**	**7**		**13**	**7**
月湖区	2	1		1	1			1	
余江区	25	3	11	11	10	1		7	2
贵溪市	32	5	22	5	16	6		5	5
赣州市	**496**	**91**	**289**	**116**	**264**	**79**	**8**	**144**	**33**
章贡区	7	3	3	1	28	8	1	19	
南康区	44	6	30	8	30	5	1	18	6
赣县区	20	8	7	5	22	8		12	2
信丰县	34	6	17	11	10	3		6	1
大余县	13	2	5	6	9	1	1	6	1
上犹县	19	10	8	1	9	1		7	1
崇义县	7	2	2	3	13	5	2	4	2
安远县	9	2	6	1	5	2		3	
定南县	3	2		1	6	1	2	2	1
全南县	16	2	11	3	8	4		2	2

4-4c 续表 53 单位：人

地区 性别	信息传输、软件和信息技术服务业				金融业				
	小计	电信、广播电视和卫星传输服务	互联网和相关服务	软件和信息技术服务业	小计	货币金融服务	资本市场服务	保险业	其他金融业
宁都县	62	5	45	12	22	6		15	1
于都县	84	12	51	21	29	8		16	5
兴国县	38	7	25	6	20	8	1	8	3
会昌县	29	7	13	9	8	3		5	
寻乌县	23	2	19	2	6	3		1	2
石城县	18	7	5	6	7	3		4	
瑞金市	52	5	33	14	25	6		15	4
龙南市	18	3	9	6	7	4		1	2
吉安市	**162**	**41**	**75**	**46**	**150**	**38**	**8**	**85**	**19**
吉州区	4		3	1	8	1		7	
青原区	9	2	5	2	8	1		6	1
吉安县	13	1	11	1	8	2		5	1
吉水县	10	6	2	2	10			9	1
峡江县	6	4	2		4			4	
新干县	21	6	13	2	15	4	1	6	4
永丰县	9	2	4	3	5	3		2	
泰和县	10		5	5	11	4		7	
遂川县	18	5	5	8	13	5	2	5	1
万安县	20	6	9	5	16	9		4	3
安福县	12	2	8	2	8	2	1	4	1
永新县	23	3	6	14	41	6	3	25	7
井冈山市	7	4	2	1	3	1	1	1	
宜春市	**176**	**35**	**85**	**56**	**133**	**38**	**5**	**81**	**9**
袁州区	29	11	10	8	18	7	3	7	1
奉新县	11	4	4	3	7	2		5	
万载县	13	2	9	2	10	3		7	
上高县	10	2	7	1	6			6	
宜丰县	9	2	6	1	9	2	1	6	
靖安县	4	1	3		3	2		1	
铜鼓县	6	3	3		5	4		1	
丰城市	34	4	16	14	27	2		21	4
樟树市	15	2	7	6	20	9	1	10	
高安市	45	4	20	21	28	7		17	4
抚州市	**224**	**30**	**147**	**47**	**104**	**37**	**7**	**50**	**10**
临川区	52	3	31	18	19	6	2	7	4
东乡区	11	5	6		7	3		3	1
南城县	15	3	6	6	9	4		5	
黎川县	53	4	45	4	16	2	1	9	4
南丰县	6	3		3	7	4		3	
崇仁县	7	1	5	1	9	2		7	
乐安县	21	2	16	3	9	4	1	3	1
宜黄县	26	2	21	3	10	5		5	
金溪县	18	4	8	6	8	2	1	5	
资溪县	2		1	1	3	2		1	
广昌县	13	3	8	2	7	3	2	2	
上饶市	**394**	**61**	**222**	**111**	**270**	**59**	**7**	**181**	**23**
信州区	29	5	19	5	20	5		13	2
广丰区	55	15	33	7	64	4	1	57	2
广信区	36	6	17	13	39	8		26	5
玉山县	25	4	16	5	7	3		3	1
铅山县	16		9	7	9	3		4	2
横峰县	7		3	4	4	1		3	
弋阳县	17	3	12	2	9	3	1	3	2
余干县	60	5	25	30	23	6	1	12	4
鄱阳县	83	12	51	20	29	10	2	16	1
万年县	19	7	7	5	17	10	1	4	2
婺源县	28	2	18	8	40	4	1	34	1
德兴市	19	2	12	5	9	2		6	1

4-4c 续表 54

单位：人

地区 性别	房地产业		租赁和商务服务业			科学研究和技术服务业			
	小计	房地产业	小计	租赁业	商务服务业	小计	研究和试验发展	专业技术服务业	科技推广和应用服务业
全 省	**7266**	**7266**	**19263**	**1664**	**17599**	**6324**	**460**	**3684**	**2180**
南昌市	**901**	**901**	**1472**	**139**	**1333**	**393**	**63**	**243**	**87**
东湖区	24	24	32	9	23	20		18	2
西湖区									
青云谱区									
青山湖区	35	35	77	12	65	14		12	2
新建区	268	268	420	47	373	99	17	67	15
红谷滩区	17	17	30	3	27	9	1	8	
南昌县	364	364	470	39	431	154	29	83	42
安义县	38	38	61	8	53	11	2	8	1
进贤县	155	155	382	21	361	86	14	47	25
景德镇市	**220**	**220**	**812**	**54**	**758**	**202**	**8**	**100**	**94**
昌江区	11	11	106		106	27	1	10	16
珠山区	2	2	1	1		2		2	
浮梁县	65	65	182	17	165	44	3	24	17
乐平市	142	142	523	36	487	129	4	64	61
萍乡市	**172**	**172**	**567**	**79**	**488**	**202**	**12**	**136**	**54**
安源区	4	4	32	1	31	22		3	19
湘东区	37	37	109	10	99	44	5	33	6
莲花县	21	21	68	13	55	30	2	21	7
上栗县	65	65	219	44	175	49	4	36	9
芦溪县	45	45	139	11	128	57	1	43	13
九江市	**1038**	**1038**	**3185**	**182**	**3003**	**1013**	**66**	**582**	**365**
濂溪区	70	70	149	16	133	30	1	26	3
浔阳区	4	4	1		1	4		3	1
柴桑区	182	182	245	19	226	139	8	117	14
武宁县	58	58	150	17	133	39	1	35	3
修水县	100	100	507	34	473	133	12	70	51
永修县	97	97	126	10	116	23	2	19	2
德安县	33	33	80	4	76	19		17	2
都昌县	156	156	964	22	942	217	13	115	89
湖口县	64	64	86	13	73	40	8	26	6
彭泽县	71	71	176	3	173	72	12	51	9
瑞昌市	114	114	593	34	559	258	5	77	176
共青城市	33	33	39	2	37	10		9	1
庐山市	56	56	69	8	61	29	4	17	8
新余市	**106**	**106**	**323**	**29**	**294**	**73**	**3**	**39**	**31**
渝水区	87	87	226	19	207	59	3	28	28
分宜县	19	19	97	10	87	14		11	3
鹰潭市	**148**	**148**	**627**	**28**	**599**	**343**	**11**	**50**	**282**
月湖区	12	12	5		5	2			2
余江区	66	66	504	15	489	313	9	38	266
贵溪市	70	70	118	13	105	28	2	12	14
赣州市	**1280**	**1280**	**3788**	**391**	**3397**	**1309**	**93**	**911**	**305**
章贡区	103	103	187	15	172	70	3	58	9
南康区	89	89	250	26	224	113	12	90	11
赣县区	55	55	173	21	152	84	2	49	33
信丰县	71	71	186	33	153	87	8	56	23
大余县	78	78	226	11	215	62	6	34	22
上犹县	49	49	180	7	173	38	4	25	9
崇义县	22	22	66	13	53	34	1	28	5
安远县	37	37	93	8	85	31	1	24	6
定南县	10	10	118	22	96	7	1	5	1
全南县	29	29	70	10	60	18	2	12	4

4-4c 续表 55 单位：人

地区 性别	房地产业		租赁和商务服务业			科学研究和技术服务业			
	小计	房地产业	小计	租赁业	商务服务业	小计	研究和试验发展	专业技术服务业	科技推广和应用服务业
宁都县	118	118	580	49	531	187	11	109	67
于都县	162	162	424	54	370	231	17	176	38
兴国县	106	106	286	23	263	82	3	68	11
会昌县	116	116	188	19	169	64	4	29	31
寻乌县	43	43	127	21	106	34	6	25	3
石城县	43	43	129	10	119	38	2	27	9
瑞金市	128	128	408	37	371	97	7	70	20
龙南市	21	21	97	12	85	32	3	26	3
吉安市	**574**	**574**	**1593**	**152**	**1441**	**486**	**42**	**329**	**115**
吉州区	21	21	30	3	27	6		5	1
青原区	38	38	81	3	78	20	1	14	5
吉安县	45	45	121	11	110	51		51	
吉水县	49	49	176	12	164	55	7	27	21
峡江县	15	15	26	2	24	12	1	10	1
新干县	84	84	91	11	80	50	6	35	9
永丰县	30	30	63	12	51	24	3	16	5
泰和县	44	44	203	27	176	69	8	27	34
遂川县	59	59	153	10	143	51	2	44	5
万安县	29	29	141	5	136	57	5	43	9
安福县	34	34	74	21	53	23	2	16	5
永新县	119	119	390	29	361	61	6	37	18
井冈山市	7	7	44	6	38	7	1	4	2
宜春市	**915**	**915**	**1698**	**184**	**1514**	**654**	**34**	**335**	**285**
袁州区	116	116	206	35	171	58	3	49	6
奉新县	49	49	77	6	71	84	2	4	78
万载县	42	42	151	44	107	32	1	25	6
上高县	19	19	151	20	131	74	1	17	56
宜丰县	29	29	56	4	52	17		10	7
靖安县	12	12	28		28	7	1	4	2
铜鼓县	14	14	28	9	19	6	1	4	1
丰城市	385	385	668	33	635	219	10	130	79
樟树市	152	152	83	8	75	47	3	37	7
高安市	97	97	250	25	225	110	12	55	43
抚州市	**626**	**626**	**1397**	**126**	**1271**	**457**	**38**	**259**	**160**
临川区	183	183	318	36	282	105	7	71	27
东乡区	77	77	157	9	148	42	12	24	6
南城县	45	45	62	5	57	24	3	14	7
黎川县	44	44	128		128	85		35	50
南丰县	21	21	42	3	39	8		7	1
崇仁县	79	79	81	3	78	32	4	22	6
乐安县	55	55	321	42	279	87	4	44	39
宜黄县	28	28	64	14	50	10		6	4
金溪县	49	49	127	6	121	39	3	21	15
资溪县	14	14	35	1	34	4	1	2	1
广昌县	31	31	62	7	55	21	4	13	4
上饶市	**1286**	**1286**	**3801**	**300**	**3501**	**1192**	**90**	**700**	**402**
信州区	74	74	170	4	166	37		31	6
广丰区	219	219	743	131	612	242	6	108	128
广信区	151	151	563	39	524	160	31	91	38
玉山县	66	66	182	6	176	46	1	40	5
铅山县	188	188	96	12	84	21	2	15	4
横峰县	31	31	151	13	138	25		14	11
弋阳县	39	39	238	12	226	42		34	8
余干县	163	163	398	10	388	144	16	111	17
鄱阳县	199	199	558	39	519	238	23	156	59
万年县	63	63	191	10	181	40	2	36	2
婺源县	64	64	420	14	406	168	8	49	111
德兴市	29	29	91	10	81	29	1	15	13

4-4c　续表 56　　　　单位：人

地　区 性　别	房地产业		租赁和商务服务业			科学研究和技术服务业			
	小计	房地产业	小计	租赁业	商　务 服务业	小计	研究和 试验发展	专业技术 服务业	科技推广 和应用 服务业
男	**4932**	**4932**	**13021**	**1548**	**11473**	**4371**	**324**	**2784**	**1263**
南昌市	**634**	**634**	**1071**	**128**	**943**	**265**	**34**	**185**	**46**
东湖区	16	16	25	9	16	14		13	1
西湖区									
青云谱区									
青山湖区	24	24	60	9	51	9		9	
新建区	199	199	319	42	277	59	5	46	8
红谷滩区	10	10	26	3	23	7		7	
南昌县	248	248	338	37	301	107	18	67	22
安义县	24	24	45	8	37	7	1	6	
进贤县	113	113	258	20	238	62	10	37	15
景德镇市	**154**	**154**	**550**	**46**	**504**	**129**	**5**	**78**	**46**
昌江区	9	9	99		99	17	1	8	8
珠山区	2	2	1	1		2		2	
浮梁县	50	50	114	15	99	34	1	18	15
乐平市	93	93	336	30	306	76	3	50	23
萍乡市	**116**	**116**	**388**	**76**	**312**	**129**	**9**	**100**	**20**
安源区	2	2	23	1	22	6		3	3
湘东区	28	28	66	9	57	31	5	23	3
莲花县	15	15	53	13	40	18	1	14	3
上栗县	36	36	147	42	105	38	2	29	7
芦溪县	35	35	99	11	88	36	1	31	4
九江市	**707**	**707**	**2038**	**166**	**1872**	**681**	**51**	**441**	**189**
濂溪区	44	44	93	12	81	23	1	20	2
浔阳区	1	1	1		1	3		3	
柴桑区	108	108	162	17	145	104	5	90	9
武宁县	42	42	100	17	83	29	1	25	3
修水县	74	74	323	33	290	93	9	54	30
永修县	66	66	87	10	77	18	1	15	2
德安县	24	24	49	4	45	15		13	2
都昌县	112	112	612	17	595	145	12	87	46
湖口县	48	48	61	12	49	31	6	21	4
彭泽县	47	47	110	3	107	50	8	36	6
瑞昌市	77	77	369	31	338	141	5	58	78
共青城市	27	27	23	2	21	7		6	1
庐山市	37	37	48	8	40	22	3	13	6
新余市	**71**	**71**	**223**	**29**	**194**	**49**	**3**	**32**	**14**
渝水区	61	61	154	19	135	37	3	22	12
分宜县	10	10	69	10	59	12		10	2
鹰潭市	**100**	**100**	**404**	**27**	**377**	**224**	**11**	**43**	**170**
月湖区	4	4	4		4	2			2
余江区	43	43	315	14	301	200	9	33	158
贵溪市	53	53	85	13	72	22	2	10	10
赣州市	**844**	**844**	**2601**	**369**	**2232**	**933**	**67**	**681**	**185**
章贡区	57	57	110	14	96	47	2	40	5
南康区	53	53	177	26	151	93	11	74	8
赣县区	40	40	114	19	95	57	1	38	18
信丰县	39	39	137	30	107	50	4	33	13
大余县	46	46	129	11	118	47	6	27	14
上犹县	36	36	120	7	113	29	2	22	5
崇义县	12	12	45	13	32	30	1	25	4
安远县	28	28	72	8	64	22	1	17	4
定南县	6	6	82	21	61	3		3	
全南县	13	13	53	8	45	12	1	8	3

4－4c 续表 57

单位：人

地区 性别	房地产业		租赁和商务服务业			科学研究和技术服务业			
	小计	房地产业	小计	租赁业	商务服务业	小计	研究和试验发展	专业技术服务业	科技推广和应用服务业
宁都县	86	86	403	48	355	134	9	85	40
于都县	106	106	302	50	252	152	12	121	19
兴国县	70	70	194	22	172	63	2	53	8
会昌县	79	79	131	19	112	42	2	23	17
寻乌县	36	36	82	17	65	23	5	16	2
石城县	32	32	92	10	82	28	2	19	7
瑞金市	96	96	291	36	255	74	3	56	15
龙南市	9	9	67	10	57	27	3	21	3
吉安市	**389**	**389**	**1064**	**138**	**926**	**334**	**29**	**240**	**65**
吉州区	15	15	20	3	17	4		4	
青原区	24	24	58	3	55	12	1	9	2
吉安县	31	31	78	11	67	36		36	
吉水县	32	32	119	11	108	37	4	20	13
峡江县	12	12	18	2	16	8	1	6	1
新干县	60	60	58	10	48	37	3	30	4
永丰县	19	19	46	11	35	20	3	13	4
泰和县	31	31	141	23	118	44	4	23	17
遂川县	49	49	106	10	96	35	2	29	4
万安县	15	15	97	3	94	41	4	31	6
安福县	25	25	49	21	28	18	1	13	4
永新县	70	70	249	25	224	37	5	23	9
井冈山市	6	6	25	5	20	5	1	3	1
宜春市	**610**	**610**	**1119**	**166**	**953**	**452**	**25**	**256**	**171**
袁州区	68	68	142	29	113	49	3	41	5
奉新县	36	36	46	5	41	45	1	4	40
万载县	31	31	113	40	73	27	1	22	4
上高县	15	15	97	19	78	45	1	11	33
宜丰县	16	16	39	4	35	10		4	6
靖安县	9	9	19		19	4		2	2
铜鼓县	11	11	16	8	8	5		4	1
丰城市	253	253	429	31	398	150	7	94	49
樟树市	103	103	59	8	51	38	2	30	6
高安市	68	68	159	22	137	79	10	44	25
抚州市	**425**	**425**	**957**	**122**	**835**	**332**	**26**	**209**	**97**
临川区	130	130	225	35	190	76	5	54	17
东乡区	45	45	111	9	102	33	8	21	4
南城县	28	28	41	5	36	15	3	10	2
黎川县	35	35	66		66	66		33	33
南丰县	15	15	28	3	25	7		7	
崇仁县	55	55	58	3	55	22	2	17	3
乐安县	37	37	223	40	183	60	3	33	24
宜黄县	18	18	43	13	30	7		5	2
金溪县	33	33	95	6	89	30	2	20	8
资溪县	6	6	24	1	23	3		2	1
广昌县	23	23	43	7	36	13	3	7	3
上饶市	**882**	**882**	**2606**	**281**	**2325**	**843**	**64**	**519**	**260**
信州区	47	47	106	4	102	31		26	5
广丰区	156	156	538	127	411	164	4	77	83
广信区	101	101	383	34	349	128	19	79	30
玉山县	49	49	134	6	128	37	1	31	5
铅山县	111	111	62	12	50	19	2	13	4
横峰县	22	22	119	13	106	16		9	7
弋阳县	26	26	176	12	164	33		28	5
余干县	110	110	265	9	256	105	13	83	9
鄱阳县	143	143	385	34	351	159	16	105	38
万年县	51	51	130	8	122	27	1	25	1
婺源县	45	45	248	13	235	103	7	33	63
德兴市	21	21	60	9	51	21	1	10	10

4-4c　续表 58

单位：人

地区 性别	房地产业		租赁和商务服务业			科学研究和技术服务业			
	小计	房地产业	小计	租赁业	商务服务业	小计	研究和试验发展	专业技术服务业	科技推广和应用服务业
女	**2334**	**2334**	**6242**	**116**	**6126**	**1953**	**136**	**900**	**917**
南昌市	**267**	**267**	**401**	**11**	**390**	**128**	**29**	**58**	**41**
东湖区	8	8	7		7	6		5	1
西湖区									
青云谱区									
青山湖区	11	11	17	3	14	5		3	2
新建区	69	69	101	5	96	40	12	21	7
红谷滩区	7	7	4		4	2	1	1	
南昌县	116	116	132	2	130	47	11	16	20
安义县	14	14	16		16	4	1	2	1
进贤县	42	42	124	1	123	24	4	10	10
景德镇市	**66**	**66**	**262**	**8**	**254**	**73**	**3**	**22**	**48**
昌江区	2	2	7		7	10		2	8
珠山区									
浮梁县	15	15	68	2	66	10	2	6	2
乐平市	49	49	187	6	181	53	1	14	38
萍乡市	**56**	**56**	**179**	**3**	**176**	**73**	**3**	**36**	**34**
安源区	2	2	9		9	16			16
湘东区	9	9	43	1	42	13		10	3
莲花县	6	6	15		15	12	1	7	4
上栗县	29	29	72	2	70	11	2	7	2
芦溪县	10	10	40		40	21		12	9
九江市	**331**	**331**	**1147**	**16**	**1131**	**332**	**15**	**141**	**176**
濂溪区	26	26	56	4	52	7		6	1
浔阳区	3	3				1			1
柴桑区	74	74	83	2	81	35	3	27	5
武宁县	16	16	50		50	10		10	
修水县	26	26	184	1	183	40	3	16	21
永修县	31	31	39		39	5	1	4	
德安县	9	9	31		31	4		4	
都昌县	44	44	352	5	347	72	1	28	43
湖口县	16	16	25	1	24	9	2	5	2
彭泽县	24	24	66		66	22	4	15	3
瑞昌市	37	37	224	3	221	117		19	98
共青城市	6	6	16		16	3		3	
庐山市	19	19	21		21	7	1	4	2
新余市	**35**	**35**	**100**		**100**	**24**		**7**	**17**
渝水区	26	26	72		72	22		6	16
分宜县	9	9	28		28	2		1	1
鹰潭市	**48**	**48**	**223**	**1**	**222**	**119**		**7**	**112**
月湖区	8	8	1		1				
余江区	23	23	189	1	188	113		5	108
贵溪市	17	17	33		33	6		2	4
赣州市	**436**	**436**	**1187**	**22**	**1165**	**376**	**26**	**230**	**120**
章贡区	46	46	77	1	76	23	1	18	4
南康区	36	36	73		73	20	1	16	3
赣县区	15	15	59	2	57	27	1	11	15
信丰县	32	32	49	3	46	37	4	23	10
大余县	32	32	97		97	15		7	8
上犹县	13	13	60		60	9	2	3	4
崇义县	10	10	21		21	4		3	1
安远县	9	9	21		21	9		7	2
定南县	4	4	36	1	35	4	1	2	1
全南县	16	16	17	2	15	6	1	4	1

4-4c 续表 59

单位：人

地区 性别	房地产业		租赁和商务服务业			科学研究和技术服务业			
	小计	房地产业	小计	租赁业	商务服务业	小计	研究和试验发展	专业技术服务业	科技推广和应用服务业
宁都县	32	32	177	1	176	53	2	24	27
于都县	56	56	122	4	118	79	5	55	19
兴国县	36	36	92	1	91	19	1	15	3
会昌县	37	37	57		57	22	2	6	14
寻乌县	7	7	45	4	41	11	1	9	1
石城县	11	11	37		37	10		8	2
瑞金市	32	32	117	1	116	23	4	14	5
龙南市	12	12	30	2	28	5		5	
吉安市	**185**	**185**	**529**	**14**	**515**	**152**	**13**	**89**	**50**
吉州区	6	6	10		10	2		1	1
青原区	14	14	23		23	8		5	3
吉安县	14	14	43		43	15		15	
吉水县	17	17	57	1	56	18	3	7	8
峡江县	3	3	8		8	4		4	
新干县	24	24	33	1	32	13	3	5	5
永丰县	11	11	17	1	16	4		3	1
泰和县	13	13	62	4	58	25	4	4	17
遂川县	10	10	47		47	16		15	1
万安县	14	14	44	2	42	16	1	12	3
安福县	9	9	25		25	5	1	3	1
永新县	49	49	141	4	137	24	1	14	9
井冈山市	1	1	19	1	18	2		1	1
宜春市	**305**	**305**	**579**	**18**	**561**	**202**	**9**	**79**	**114**
袁州区	48	48	64	6	58	9		8	1
奉新县	13	13	31	1	30	39	1		38
万载县	11	11	38	4	34	5		3	2
上高县	4	4	54	1	53	29		6	23
宜丰县	13	13	17		17	7		6	1
靖安县	3	3	9		9	3	1	2	
铜鼓县	3	3	12	1	11	1	1		
丰城市	132	132	239	2	237	69	3	36	30
樟树市	49	49	24		24	9	1	7	1
高安市	29	29	91	3	88	31	2	11	18
抚州市	**201**	**201**	**440**	**4**	**436**	**125**	**12**	**50**	**63**
临川区	53	53	93	1	92	29	2	17	10
东乡区	32	32	46		46	9	4	3	2
南城县	17	17	21		21	9		4	5
黎川县	9	9	62		62	19		2	17
南丰县	6	6	14		14	1			1
崇仁县	24	24	23		23	10	2	5	3
乐安县	18	18	98	2	96	27	1	11	15
宜黄县	10	10	21	1	20	3		1	2
金溪县	16	16	32		32	9	1	1	7
资溪县	8	8	11		11	1	1		
广昌县	8	8	19		19	8	1	6	1
上饶市	**404**	**404**	**1195**	**19**	**1176**	**349**	**26**	**181**	**142**
信州区	27	27	64		64	6		5	1
广丰区	63	63	205	4	201	78	2	31	45
广信区	50	50	180	5	175	32	12	12	8
玉山县	17	17	48		48	9		9	
铅山县	77	77	34		34	2		2	
横峰县	9	9	32		32	9		5	4
弋阳县	13	13	62		62	9		6	3
余干县	53	53	133	1	132	39	3	28	8
鄱阳县	56	56	173	5	168	79	7	51	21
万年县	12	12	61	2	59	13	1	11	1
婺源县	19	19	172	1	171	65	1	16	48
德兴市	8	8	31	1	30	8		5	3

4-4c　续表 60　　　　单位：人

地　区 性　别	水利、环境和公共设施管理业					居民服务、修理和其他服务业			
	小计	水　利 管理业	生态保护 和环境 治理业	公共设施 管理业	土　地 管理业	小计	居　民 服务业	机动车、 电子产品 和日用产 品修理业	其　他 服务业
全　省	**5593**	**156**	**514**	**4873**	**50**	**32907**	**18566**	**7467**	**6874**
南昌市	**662**	**9**	**28**	**623**	**2**	**2454**	**1235**	**592**	**627**
东湖区	10		1	9		72	60	7	5
西湖区									
青云谱区									
青山湖区	32		4	28		67	31	25	11
新建区	244	5	9	229	1	665	361	132	172
红谷滩区	27			27		49	12	17	20
南昌县	236	2	9	224	1	981	479	234	268
安义县	40	1	2	37		119	53	12	54
进贤县	73	1	3	69		501	239	165	97
景德镇市	**208**	**4**	**18**	**183**	**3**	**1486**	**959**	**264**	**263**
昌江区	20			20		31	17	7	7
珠山区						2	2		
浮梁县	65	1	6	58		278	145	78	55
乐平市	123	3	12	105	3	1175	795	179	201
萍乡市	**248**	**10**	**12**	**217**	**9**	**1936**	**1514**	**245**	**177**
安源区	9			1	8	38	27	7	4
湘东区	44	1	2	40	1	324	232	59	33
莲花县	38	5	1	32		258	180	34	44
上栗县	74	1	4	69		469	315	106	48
芦溪县	83	3	5	75		847	760	39	48
九江市	**695**	**13**	**94**	**581**	**7**	**4902**	**2706**	**678**	**1518**
濂溪区	51	1	1	49		137	88	25	24
浔阳区	5			5		2	1		1
柴桑区	110	2	21	87		328	178	75	75
武宁县	54	1	5	48		369	262	58	49
修水县	83	2	16	64	1	600	401	109	90
永修县	46	2		43	1	524	388	51	85
德安县	26			26		161	98	29	34
都昌县	69	1	19	46	3	627	454	99	74
湖口县	53	1	5	47		168	89	47	32
彭泽县	70		10	60		456	252	65	139
瑞昌市	76	2	3	69	2	1239	294	84	861
共青城市	13			13		47	22	13	12
庐山市	39	1	14	24		244	179	23	42
新余市	**165**	**9**	**3**	**150**	**3**	**483**	**189**	**130**	**164**
渝水区	103	6	2	93	2	354	138	96	120
分宜县	62	3	1	57	1	129	51	34	44
鹰潭市	**128**	**2**	**22**	**102**	**2**	**828**	**571**	**132**	**125**
月湖区	2			2		25	16	4	5
余江区	32		19	11	2	341	212	64	65
贵溪市	94	2	3	89		462	343	64	55
赣州市	**1185**	**31**	**151**	**991**	**12**	**6178**	**2869**	**1988**	**1321**
章贡区	103		11	92		266	92	88	86
南康区	167		18	147	2	520	176	116	228
赣县区	123	4	21	97	1	393	187	100	106
信丰县	75	12	8	55		379	136	153	90
大余县	31	1	4	26		312	167	66	79
上犹县	41		8	33		237	114	72	51
崇义县	28	1	8	19		173	75	45	53
安远县	47		1	46		169	72	49	48
定南县	15		3	12		132	46	40	46
全南县	68		4	62	2	167	61	67	39

4-4c 续表 61 单位：人

地区 性别	水利、环境和公共设施管理业					居民服务、修理和其他服务业			
	小计	水利管理业	生态保护和环境治理业	公共设施管理业	土地管理业	小计	居民服务业	机动车、电子产品和日用产品修理业	其他服务业
宁都县	67		13	54		627	366	163	98
于都县	110	6	15	88	1	763	336	320	107
兴国县	73	2	10	60	1	603	282	242	79
会昌县	38		4	33	1	341	173	119	49
寻乌县	42	1	8	33		213	89	78	46
石城县	31	2	1	28		225	147	64	14
瑞金市	78	2	8	68		459	264	128	67
龙南市	48		6	38	4	199	86	78	35
吉安市	**500**	**17**	**55**	**426**	**2**	**2508**	**1304**	**678**	**526**
吉州区	27		1	26		92	41	32	19
青原区	27		4	23		102	37	29	36
吉安县	39	1	3	34	1	301	104	73	124
吉水县	43	3	5	35		188	100	43	45
峡江县	14	2		12		87	45	24	18
新干县	44	2	2	40		193	100	57	36
永丰县	24		3	21		240	155	62	23
泰和县	21	2		19		177	116	38	23
遂川县	75		6	69		285	151	111	23
万安县	35	1	3	30	1	249	132	76	41
安福县	52	6	4	42		202	123	52	27
永新县	61		4	57		310	175	69	66
井冈山市	38		20	18		82	25	12	45
宜春市	**622**	**26**	**33**	**558**	**5**	**3716**	**2163**	**782**	**771**
袁州区	164	2	5	156	1	571	297	159	115
奉新县	16		3	13		171	111	31	29
万载县	85	1	6	78		342	244	64	34
上高县	22		2	20		216	95	36	85
宜丰县	22	1	4	16	1	351	291	29	31
靖安县	33	1	2	30		106	50	20	36
铜鼓县	7		1	6		107	75	22	10
丰城市	109	19	6	81	3	1016	528	198	290
樟树市	65		2	63		365	238	70	57
高安市	99	2	2	95		471	234	153	84
抚州市	**381**	**5**	**34**	**341**	**1**	**2611**	**1462**	**656**	**493**
临川区	92	2	6	83	1	608	313	159	136
东乡区	36		1	35		212	105	52	55
南城县	25		2	23		149	69	47	33
黎川县	27	2	5	20		325	215	34	76
南丰县	22		1	21		98	59	19	20
崇仁县	24	1	4	19		210	124	65	21
乐安县	52		6	46		309	166	96	47
宜黄县	41		5	36		251	165	69	17
金溪县	23		2	21		225	92	83	50
资溪县	15		1	14		18	6	2	10
广昌县	24		1	23		206	148	30	28
上饶市	**799**	**30**	**64**	**701**	**4**	**5805**	**3594**	**1322**	**889**
信州区	56		6	50		348	189	96	63
广丰区	72	12	3	56	1	683	413	145	125
广信区	98	4	8	86		859	517	205	137
玉山县	55	5	1	49		322	167	95	60
铅山县	72	1	1	70		519	403	79	37
横峰县	28		1	27		172	109	41	22
弋阳县	25	1		24		294	179	57	58
余干县	63	1	6	56		615	374	164	77
鄱阳县	178	6	4	168		1055	632	259	164
万年县	61		20	40	1	347	178	87	82
婺源县	81		12	67	2	305	203	60	42
德兴市	10		2	8		286	230	34	22

4-4c　续表 62

单位：人

地　区 性　别	水利、环境和公共设施管理业					居民服务、修理和其他服务业			
	小计	水　利 管理业	生态保护 和环境 治理业	公共设施 管理业	土　地 管理业	小计	居　民 服务业	机动车、 电子产品 和日用产 品修理业	其　他 服务业
男	**3379**	**135**	**403**	**2807**	**34**	**15317**	**5660**	**6548**	**3109**
南昌市	**405**	**9**	**21**	**373**	**2**	**1227**	**472**	**511**	**244**
东湖区	8		1	7		27	18	6	3
西湖区									
青云谱区									
青山湖区	29		3	26		43	14	24	5
新建区	150	5	7	137	1	299	128	116	55
红谷滩区	21			21		24	4	15	5
南昌县	120	2	6	111	1	478	176	203	99
安义县	29	1	2	26		57	16	11	30
进贤县	48	1	2	45		299	116	136	47
景德镇市	**103**	**2**	**12**	**87**	**2**	**582**	**267**	**225**	**90**
昌江区	7			7		13	5	6	2
珠山区									
浮梁县	38	1	6	31		148	54	68	26
乐平市	58	1	6	49	2	421	208	151	62
萍乡市	**151**	**8**	**11**	**127**	**5**	**595**	**285**	**223**	**87**
安源区	5			1	4	8	1	7	
湘东区	26		2	23	1	117	49	53	15
莲花县	21	4	1	16		112	57	32	23
上栗县	46	1	4	41		204	85	96	23
芦溪县	53	3	4	46		154	93	35	26
九江市	**463**	**12**	**71**	**375**	**5**	**2320**	**882**	**573**	**865**
濂溪区	26	1	1	24		67	35	25	7
浔阳区	2			2		1	1		
柴桑区	68	2	15	51		154	62	68	24
武宁县	45	1	4	40		155	78	46	31
修水县	66	2	14	49	1	264	142	82	40
永修县	27	2		24	1	159	83	42	34
德安县	19			19		53	17	23	13
都昌县	46	1	12	31	2	273	155	90	28
湖口县	34		4	30		81	25	39	17
彭泽县	44		10	34		157	52	52	53
瑞昌市	50	2	1	46	1	786	128	72	586
共青城市	12			12		28	9	13	6
庐山市	24	1	10	13		142	95	21	26
新余市	**84**	**7**	**3**	**74**		**245**	**49**	**113**	**83**
渝水区	48	4	2	42		175	38	82	55
分宜县	36	3	1	32		70	11	31	28
鹰潭市	**83**	**2**	**15**	**65**	**1**	**357**	**189**	**112**	**56**
月湖区	1			1		6	1	3	2
余江区	19		12	6	1	168	90	50	28
贵溪市	63	2	3	58		183	98	59	26
赣州市	**702**	**30**	**125**	**536**	**11**	**3363**	**1063**	**1762**	**538**
章贡区	55		7	48		142	42	79	21
南康区	92		14	76	2	249	67	103	79
赣县区	77	4	20	53		185	56	90	39
信丰县	45	12	4	29		238	59	133	46
大余县	19	1	4	14		181	84	58	39
上犹县	26		6	20		128	44	65	19
崇义县	15	1	7	7		94	30	41	23
安远县	23		1	22		101	35	41	25
定南县	12		3	9		72	16	37	19
全南县	28		4	22	2	97	25	60	12

4-4c 续表 63　　　　单位：人

地区 性别	水利、环境和公共设施管理业					居民服务、修理和其他服务业			
	小计	水利管理业	生态保护和环境治理业	公共设施管理业	土地管理业	小计	居民服务业	机动车、电子产品和日用产品修理业	其他服务业
宁都县	43		11	32		281	104	143	34
于都县	68	5	12	50	1	442	112	275	55
兴国县	49	2	9	37	1	348	106	207	35
会昌县	25		3	21	1	208	78	107	23
寻乌县	33	1	8	24		129	40	73	16
石城县	17	2		15		104	38	57	9
瑞金市	45	2	6	37		228	83	121	24
龙南市	30		6	20	4	136	44	72	20
吉安市	**277**	**16**	**41**	**219**	**1**	**1186**	**362**	**589**	**235**
吉州区	10			10		48	15	28	5
青原区	17		3	14		47	9	27	11
吉安县	26	1	3	22		159	28	66	65
吉水县	22	3	3	16		92	31	38	23
峡江县	9	2		7		50	17	22	11
新干县	29	1	2	26		84	21	48	15
永丰县	13		3	10		90	28	51	11
泰和县	14	2		12		74	36	29	9
遂川县	34		5	29		147	39	98	10
万安县	19	1	1	16	1	119	32	68	19
安福县	31	6	3	22		86	30	47	9
永新县	32		3	29		150	66	55	29
井冈山市	21		15	6		40	10	12	18
宜春市	**362**	**22**	**28**	**308**	**4**	**1565**	**582**	**690**	**293**
袁州区	91	2	5	83	1	275	92	140	43
奉新县	10		2	8		78	40	30	8
万载县	60	1	5	54		150	77	57	16
上高县	15		2	13		99	22	32	45
宜丰县	16	1	4	10	1	81	34	24	23
靖安县	20	1	2	17		48	8	20	20
铜鼓县	4		1	3		48	25	20	3
丰城市	59	16	3	38	2	431	164	172	95
樟树市	29		2	27		129	51	59	19
高安市	58	1	2	55		226	69	136	21
抚州市	**230**	**5**	**26**	**198**	**1**	**1195**	**395**	**577**	**223**
临川区	54	2	5	46	1	298	88	148	62
东乡区	19		1	18		110	38	46	26
南城县	12		1	11		78	22	43	13
黎川县	17	2	3	12		97	34	30	33
南丰县	17		1	16		49	22	17	10
崇仁县	16	1	3	12		105	40	54	11
乐安县	35		6	29		161	59	83	19
宜黄县	24		4	20		101	32	61	8
金溪县	13		1	12		120	25	67	28
资溪县	8			8		10	4	2	4
广昌县	15		1	14		66	31	26	9
上饶市	**519**	**22**	**50**	**445**	**2**	**2682**	**1114**	**1173**	**395**
信州区	38		3	35		178	67	87	24
广丰区	53	9	3	40	1	296	107	136	53
广信区	62	2	7	53		435	193	184	58
玉山县	37	4	1	32		186	70	84	32
铅山县	44	1	1	42		163	74	72	17
横峰县	20		1	19		99	53	37	9
弋阳县	18	1		17		147	65	49	33
余干县	36		4	32		327	155	140	32
鄱阳县	113	5	4	104		437	156	222	59
万年县	44		15	29		169	45	78	46
婺源县	49		9	39	1	154	83	52	19
德兴市	5		2	3		91	46	32	13

4-4c　续表 64

单位：人

地　区 性　别	水利、环境和公共设施管理业 小计	水　利 管理业	生态保护 和环境 治理业	公共设施 管理业	土　地 管理业	居民服务、修理和其他服务业 小计	居　民 服务业	机动车、 电子产品 和日用产 品修理业	其　他 服务业
女	**2214**	**21**	**111**	**2066**	**16**	**17590**	**12906**	**919**	**3765**
南昌市	**257**		**7**	**250**		**1227**	**763**	**81**	**383**
东湖区	2			2		45	42	1	2
西湖区									
青云谱区									
青山湖区	3		1	2		24	17	1	6
新建区	94		2	92		366	233	16	117
红谷滩区	6			6		25	8	2	15
南昌县	116		3	113		503	303	31	169
安义县	11			11		62	37	1	24
进贤县	25		1	24		202	123	29	50
景德镇市	**105**	**2**	**6**	**96**	**1**	**904**	**692**	**39**	**173**
昌江区	13			13		18	12	1	5
珠山区						2	2		
浮梁县	27			27		130	91	10	29
乐平市	65	2	6	56	1	754	587	28	139
萍乡市	**97**	**2**	**1**	**90**	**4**	**1341**	**1229**	**22**	**90**
安源区	4				4	30	26		4
湘东区	18	1		17		207	183	6	18
莲花县	17	1		16		146	123	2	21
上栗县	28			28		265	230	10	25
芦溪县	30		1	29		693	667	4	22
九江市	**232**	**1**	**23**	**206**	**2**	**2582**	**1824**	**105**	**653**
濂溪区	25			25		70	53		17
浔阳区	3			3		1			1
柴桑区	42		6	36		174	116	7	51
武宁县	9		1	8		214	184	12	18
修水县	17		2	15		336	259	27	50
永修县	19			19		365	305	9	51
德安县	7			7		108	81	6	21
都昌县	23		7	15	1	354	299	9	46
湖口县	19	1	1	17		87	64	8	15
彭泽县	26			26		299	200	13	86
瑞昌市	26		2	23	1	453	166	12	275
共青城市	1			1		19	13		6
庐山市	15		4	11		102	84	2	16
新余市	**81**	**2**		**76**	**3**	**238**	**140**	**17**	**81**
渝水区	55	2		51	2	179	100	14	65
分宜县	26			25	1	59	40	3	16
鹰潭市	**45**		**7**	**37**	**1**	**471**	**382**	**20**	**69**
月湖区	1			1		19	15	1	3
余江区	13		7	5	1	173	122	14	37
贵溪市	31			31		279	245	5	29
赣州市	**483**	**1**	**26**	**455**	**1**	**2815**	**1806**	**226**	**783**
章贡区	48		4	44		124	50	9	65
南康区	75		4	71		271	109	13	149
赣县区	46		1	44	1	208	131	10	67
信丰县	30		4	26		141	77	20	44
大余县	12			12		131	83	8	40
上犹县	15		2	13		109	70	7	32
崇义县	13		1	12		79	45	4	30
安远县	24			24		68	37	8	23
定南县	3			3		60	30	3	27
全南县	40			40		70	36	7	27

4–4c 续表 65 单位：人

地区 性别	水利、环境和公共设施管理业					居民服务、修理和其他服务业			
	小计	水利管理业	生态保护和环境治理业	公共设施管理业	土地管理业	小计	居民服务业	机动车、电子产品和日用产品修理业	其他服务业
宁都县	24		2	22		346	262	20	64
于都县	42	1	3	38		321	224	45	52
兴国县	24		1	23		255	176	35	44
会昌县	13		1	12		133	95	12	26
寻乌县	9			9		84	49	5	30
石城县	14		1	13		121	109	7	5
瑞金市	33		2	31		231	181	7	43
龙南市	18			18		63	42	6	15
吉安市	**223**	**1**	**14**	**207**	**1**	**1322**	**942**	**89**	**291**
吉州区	17		1	16		44	26	4	14
青原区	10		1	9		55	28	2	25
吉安县	13			12	1	142	76	7	59
吉水县	21		2	19		96	69	5	22
峡江县	5			5		37	28	2	7
新干县	15	1		14		109	79	9	21
永丰县	11			11		150	127	11	12
泰和县	7			7		103	80	9	14
遂川县	41		1	40		138	112	13	13
万安县	16		2	14		130	100	8	22
安福县	21		1	20		116	93	5	18
永新县	29		1	28		160	109	14	37
井冈山市	17		5	12		42	15		27
宜春市	**260**	**4**	**5**	**250**	**1**	**2151**	**1581**	**92**	**478**
袁州区	73			73		296	205	19	72
奉新县	6		1	5		93	71	1	21
万载县	25		1	24		192	167	7	18
上高县	7			7		117	73	4	40
宜丰县	6			6		270	257	5	8
靖安县	13			13		58	42		16
铜鼓县	3			3		59	50	2	7
丰城市	50	3	3	43	1	585	364	26	195
樟树市	36			36		236	187	11	38
高安市	41	1		40		245	165	17	63
抚州市	**151**		**8**	**143**		**1416**	**1067**	**79**	**270**
临川区	38		1	37		310	225	11	74
东乡区	17			17		102	67	6	29
南城县	13		1	12		71	47	4	20
黎川县	10		2	8		228	181	4	43
南丰县	5			5		49	37	2	10
崇仁县	8		1	7		105	84	11	10
乐安县	17			17		148	107	13	28
宜黄县	17		1	16		150	133	8	9
金溪县	10		1	9		105	67	16	22
资溪县	7		1	6		8	2		6
广昌县	9			9		140	117	4	19
上饶市	**280**	**8**	**14**	**256**	**2**	**3123**	**2480**	**149**	**494**
信州区	18		3	15		170	122	9	39
广丰区	19	3		16		387	306	9	72
广信区	36	2	1	33		424	324	21	79
玉山县	18	1		17		136	97	11	28
铅山县	28			28		356	329	7	20
横峰县	8			8		73	56	4	13
弋阳县	7			7		147	114	8	25
余干县	27	1	2	24		288	219	24	45
鄱阳县	65	1		64		618	476	37	105
万年县	17		5	11	1	178	133	9	36
婺源县	32		3	28	1	151	120	8	23
德兴市	5			5		195	184	2	9

4-4c　续表 66

单位：人

地　区 性　别	教育		卫生和社会工作			文化、体育和娱乐业				
	小计	教育	小计	卫生	社会工作	小计	新闻和出版业	广播、电视、电影和录音制作业	文化艺术业	体育
全　省	**19790**	**19790**	**7985**	**7434**	**551**	**2563**	**86**	**206**	**618**	**432**
南昌市	**1378**	**1378**	**483**	**460**	**23**	**198**	**12**	**19**	**32**	**25**
东湖区	28	28	15	14	1	14			6	1
西湖区										
青云谱区										
青山湖区	56	56	12	12		10	4	2		
新建区	387	387	134	127	7	40	2	5	6	6
红谷滩区	25	25	14	13	1	2				
南昌县	432	432	168	163	5	101	3	8	12	12
安义县	102	102	38	35	3	5	1		1	
进贤县	348	348	102	96	6	26	2	4	7	6
景德镇市	**688**	**688**	**233**	**222**	**11**	**107**	**3**	**11**	**25**	**19**
昌江区	41	41	11	8	3	9			7	1
珠山区	5	5	1	1		1				
浮梁县	143	143	61	60	1	19	1	3	1	2
乐平市	499	499	160	153	7	78	2	8	17	16
萍乡市	**796**	**796**	**326**	**300**	**26**	**131**	**3**	**6**	**32**	**23**
安源区	19	19	7	6	1	4				1
湘东区	168	168	65	52	13	35			7	4
莲花县	132	132	49	47	2	11	1		5	3
上栗县	311	311	142	141	1	52	1	5	15	9
芦溪县	166	166	63	54	9	29	1	1	5	6
九江市	**2432**	**2432**	**1228**	**1138**	**90**	**394**	**10**	**26**	**79**	**64**
濂溪区	77	77	47	39	8	19	1	2	3	3
浔阳区	4	4	2	2						
柴桑区	223	223	109	91	18	38	2	1	7	7
武宁县	144	144	87	80	7	32		1	7	7
修水县	431	431	206	193	13	81		2	16	16
永修县	102	102	80	77	3	46	2		4	6
德安县	52	52	33	32	1	15	2	2	4	1
都昌县	538	538	374	364	10	47	1	2	13	10
湖口县	130	130	58	53	5	15		2	1	2
彭泽县	199	199	82	76	6	36	2	3	12	3
瑞昌市	374	374	94	81	13	33		8	4	4
共青城市	63	63	16	14	2	11		1	4	1
庐山市	95	95	40	36	4	21		2	4	4
新余市	**166**	**166**	**146**	**125**	**21**	**39**	**3**	**2**	**7**	**4**
渝水区	123	123	89	80	9	35	1	2	6	4
分宜县	43	43	57	45	12	4	2		1	
鹰潭市	**426**	**426**	**171**	**158**	**13**	**63**	**2**	**3**	**12**	**13**
月湖区	8	8	4	4						
余江区	229	229	71	63	8	27	2	2	8	7
贵溪市	189	189	96	91	5	36		1	4	6
赣州市	**4793**	**4793**	**1811**	**1715**	**96**	**471**	**8**	**52**	**141**	**88**
章贡区	180	180	86	80	6	26		2	1	3
南康区	446	446	256	252	4	42		4	12	11
赣县区	293	293	89	81	8	28	1	7	7	4
信丰县	361	361	75	72	3	22		4	7	3
大余县	213	213	67	63	4	17	1		2	5
上犹县	151	151	67	60	7	17		2	2	4
崇义县	162	162	52	48	4	6		1	2	1
安远县	204	204	47	46	1	8	1		2	2
定南县	39	39	25	25		3		1	1	
全南县	131	131	63	62	1	10				3

4－4c 续表 67

单位：人

地 区 性 别	教育		卫生和社会工作			文化、体育和娱乐业				
	小计	教育	小计	卫生	社会工作	小计	新闻和出版业	广播、电视、电影和录音制作业	文化艺术业	体育
宁都县	541	541	132	121	11	60	1	4	28	6
于都县	464	464	234	227	7	67	1	5	32	12
兴国县	429	429	189	185	4	21	1	3	9	3
会昌县	264	264	105	96	9	25		6	10	1
寻乌县	193	193	59	52	7	16		2	3	3
石城县	149	149	85	81	4	28		4	6	6
瑞金市	448	448	115	100	15	64	2	6	13	17
龙南市	125	125	65	64	1	11		1	4	4
吉安市	**2054**	**2054**	**800**	**741**	**59**	**219**	**9**	**18**	**52**	**37**
吉州区	63	63	17	15	2	5		1		2
青原区	78	78	52	44	8	6		1	1	
吉安县	152	152	88	71	17	13	2	1	5	1
吉水县	177	177	59	54	5	13	1	1	2	4
峡江县	39	39	25	22	3	7	1	1	1	1
新干县	132	132	67	64	3	14	1			6
永丰县	225	225	71	67	4	21		2	7	1
泰和县	208	208	77	73	4	13		3	2	2
遂川县	287	287	130	128	2	24		3	9	5
万安县	190	190	54	52	2	23	1		6	6
安福县	164	164	55	52	3	15		2	3	2
永新县	253	253	94	89	5	45	3	3	14	5
井冈山市	86	86	11	10	1	20			2	2
宜春市	**2120**	**2120**	**897**	**818**	**79**	**305**	**12**	**21**	**89**	**30**
袁州区	358	358	195	176	19	67	2	4	28	10
奉新县	87	87	42	39	3	9			5	
万载县	276	276	112	97	15	34		2	16	
上高县	106	106	44	41	3	7		1	1	
宜丰县	73	73	26	24	2	8		2	3	
靖安县	47	47	25	22	3	13		1	2	1
铜鼓县	65	65	35	33	2	8			3	
丰城市	630	630	209	188	21	71	3	4	13	9
樟树市	202	202	89	82	7	48	1	5	9	4
高安市	276	276	120	116	4	40	6	2	9	6
抚州市	**1338**	**1338**	**562**	**522**	**40**	**223**	**9**	**13**	**58**	**43**
临川区	302	302	143	126	17	45	1	3	21	8
东乡区	116	116	65	58	7	16		2		7
南城县	82	82	26	23	3	9		1	3	2
黎川县	97	97	25	23	2	19	1		4	5
南丰县	79	79	29	27	2	9			3	
崇仁县	138	138	38	36	2	11	1		6	
乐安县	166	166	68	65	3	24	1	3	9	2
宜黄县	121	121	67	67		19	1	4	2	6
金溪县	102	102	61	59	2	37	3		8	10
资溪县	42	42	8	8		14			1	2
广昌县	93	93	32	30	2	20	1		1	1
上饶市	**3599**	**3599**	**1328**	**1235**	**93**	**413**	**15**	**35**	**91**	**86**
信州区	148	148	108	87	21	26	3	1	2	1
广丰区	464	464	97	92	5	53	5	5	10	17
广信区	460	460	208	196	12	59		6	14	12
玉山县	165	165	92	90	2	20	1		3	7
铅山县	130	130	83	78	5	14			6	3
横峰县	101	101	35	33	2	9		1	5	
弋阳县	185	185	44	42	2	18	1	3	6	5
余干县	418	418	186	169	17	38	1	4	7	11
鄱阳县	893	893	257	251	6	117	3	13	24	20
万年县	207	207	96	93	3	32		1	8	8
婺源县	236	236	82	70	12	19			3	1
德兴市	192	192	40	34	6	8	1	1	3	1

4-4c　续表 68　　　　单位：人

地区 性别	教育		卫生和社会工作			文化、体育和娱乐业				
	小计	教育	小计	卫生	社会工作	小计	新闻和出版业	广播、电视、电影和录音制作业	文化艺术业	体育
男	**7758**	**7758**	**3619**	**3390**	**229**	**1568**	**56**	**127**	**398**	**279**
南昌市	**574**	**574**	**227**	**216**	**11**	**110**	**4**	**10**	**21**	**13**
东湖区	11	11	4	4		8			2	1
西湖区										
青云谱区										
青山湖区	14	14	4	4		6	1	2		
新建区	168	168	66	62	4	24	1	3	6	3
红谷滩区	12	12	6	5	1					
南昌县	181	181	85	83	2	54	1	3	7	6
安义县	32	32	16	14	2	4			1	
进贤县	156	156	46	44	2	14	1	2	5	3
景德镇市	**296**	**296**	**108**	**103**	**5**	**65**	**2**	**8**	**13**	**11**
昌江区	24	24	4	2	2	5			4	
珠山区										
浮梁县	51	51	21	21		10		2		2
乐平市	221	221	83	80	3	50	2	6	9	9
萍乡市	**246**	**246**	**129**	**124**	**5**	**72**	**3**	**2**	**21**	**15**
安源区	7	7	4	3	1	3				
湘东区	55	55	18	16	2	18			6	4
莲花县	51	51	21	21		6	1		4	1
上栗县	94	94	60	60		29	1	2	8	7
芦溪县	39	39	26	24	2	16	1		3	3
九江市	**989**	**989**	**595**	**562**	**33**	**235**	**9**	**17**	**50**	**42**
濂溪区	27	27	15	14	1	9	1		2	2
浔阳区										
柴桑区	93	93	41	35	6	27	2	1	6	6
武宁县	44	44	35	32	3	22		1	5	6
修水县	172	172	107	97	10	44		2	12	8
永修县	37	37	22	20	2	22	1		2	3
德安县	17	17	12	12		12	2	2	3	1
都昌县	224	224	239	237	2	25	1		6	7
湖口县	55	55	24	24		8				1
彭泽县	88	88	39	37	2	26	2	2	7	3
瑞昌市	174	174	37	32	5	21		6	3	2
共青城市	21	21	10	8	2	9		1	3	
庐山市	37	37	14	14		10		2	1	3
新余市	**50**	**50**	**65**	**56**	**9**	**24**	**3**		**5**	**3**
渝水区	42	42	38	35	3	22	1		5	3
分宜县	8	8	27	21	6	2	2			
鹰潭市	**161**	**161**	**78**	**75**	**3**	**35**	**1**	**1**	**7**	**8**
月湖区	4	4								
余江区	95	95	35	33	2	19	1		6	5
贵溪市	62	62	43	42	1	16		1	1	3
赣州市	**1860**	**1860**	**823**	**783**	**40**	**315**	**5**	**33**	**98**	**60**
章贡区	61	61	24	22	2	8		1	1	
南康区	166	166	108	106	2	27		3	9	9
赣县区	116	116	37	34	3	22	1	4	6	2
信丰县	144	144	31	31		18		2	6	3
大余县	77	77	29	27	2	6				2
上犹县	53	53	25	24	1	10			1	3
崇义县	46	46	32	29	3	5		1	2	1
安远县	75	75	20	20		5	1		1	
定南县	9	9	10	10		2		1	1	
全南县	51	51	31	30	1	7				3

4-4c 续表 69 单位：人

地区 性别	教育		卫生和社会工作			文化、体育和娱乐业				
	小计	教育	小计	卫生	社会工作	小计	新闻和出版业	广播、电视、电影和录音制作业	文化艺术业	体育
宁都县	220	220	56	51	5	37		2	16	4
于都县	190	190	107	105	2	49		4	25	7
兴国县	176	176	98	96	2	17	1	2	9	2
会昌县	131	131	52	48	4	17		4	5	1
寻乌县	80	80	30	27	3	11		1	1	3
石城县	55	55	45	43	2	23		3	5	6
瑞金市	174	174	55	47	8	44	2	5	7	11
龙南市	36	36	33	33		7			3	3
吉安市	**772**	**772**	**370**	**343**	**27**	**148**	**5**	**14**	**35**	**27**
吉州区	25	25	5	5		4		1		1
青原区	28	28	22	18	4	3		1		
吉安县	61	61	34	28	6	12	2	1	5	1
吉水县	62	62	28	27	1	9		1	1	2
峡江县	13	13	13	12	1	4			1	1
新干县	42	42	35	34	1	9	1			3
永丰县	93	93	34	31	3	14		2	5	1
泰和县	82	82	32	30	2	9		2	1	2
遂川县	102	102	71	70	1	19		2	8	4
万安县	65	65	28	27	1	17			3	5
安福县	63	63	21	20	1	8		2	1	
永新县	107	107	44	39	5	34	2	2	9	5
井冈山市	29	29	3	2	1	6			1	2
宜春市	**735**	**735**	**364**	**334**	**30**	**168**	**7**	**11**	**50**	**16**
袁州区	129	129	78	69	9	31	2	1	11	6
奉新县	40	40	22	22		6			4	
万载县	91	91	45	42	3	19		1	9	
上高县	33	33	20	18	2	6		1	1	
宜丰县	18	18	11	11		5		1	3	
靖安县	17	17	10	8	2	8		1	2	
铜鼓县	21	21	13	13		6			2	
丰城市	243	243	89	81	8	37	1	2	8	3
樟树市	58	58	29	26	3	29		3	6	4
高安市	85	85	47	44	3	21	4	1	4	3
抚州市	**549**	**549**	**254**	**239**	**15**	**139**	**7**	**8**	**39**	**33**
临川区	124	124	51	49	2	31		3	16	6
东乡区	50	50	22	19	3	11		1		7
南城县	30	30	15	13	2	6		1	1	2
黎川县	37	37	14	13	1	13	1		4	3
南丰县	38	38	10	9	1	5			1	
崇仁县	67	67	17	15	2	5	1		2	
乐安县	56	56	35	33	2	18	1	3	7	2
宜黄县	53	53	32	32		8	1		1	4
金溪县	38	38	34	34		27	3		6	8
资溪县	19	19	6	6		3				1
广昌县	37	37	18	16	2	12			1	
上饶市	**1526**	**1526**	**606**	**555**	**51**	**257**	**10**	**23**	**59**	**51**
信州区	48	48	44	30	14	15	2	1	1	1
广丰区	215	215	48	46	2	34	4	3	9	10
广信区	188	188	83	77	6	38		4	10	5
玉山县	71	71	44	42	2	9			3	2
铅山县	46	46	26	24	2	11			4	2
横峰县	44	44	14	13	1	5		1	2	
弋阳县	69	69	27	25	2	11		1	5	3
余干县	186	186	104	92	12	24		2	3	9
鄱阳县	397	397	130	126	4	74	3	9	15	11
万年县	96	96	40	39	1	22		1	5	6
婺源县	88	88	32	29	3	10			1	1
德兴市	78	78	14	12	2	4	1	1	1	1

4-4c　续表 70　　　　　　　　　　　　　　　　　　　　单位：人

地区 性别	教育		卫生和社会工作			文化、体育和娱乐业				
	小计	教育	小计	卫生	社会工作	小计	新闻和出版业	广播、电视、电影和录音制作业	文化艺术业	体育
女	**12032**	**12032**	**4366**	**4044**	**322**	**995**	**30**	**79**	**220**	**153**
南昌市	**804**	**804**	**256**	**244**	**12**	**88**	**8**	**9**	**11**	**12**
东湖区	17	17	11	10	1	6			4	
西湖区										
青云谱区										
青山湖区	42	42	8	8		4	3			
新建区	219	219	68	65	3	16	1	2		3
红谷滩区	13	13	8	8		2				
南昌县	251	251	83	80	3	47	2	5	5	6
安义县	70	70	22	21	1	1	1			
进贤县	192	192	56	52	4	12	1	2	2	3
景德镇市	**392**	**392**	**125**	**119**	**6**	**42**	**1**	**3**	**12**	**8**
昌江区	17	17	7	6	1	4			3	1
珠山区	5	5	1	1		1				
浮梁县	92	92	40	39	1	9	1	1	1	
乐平市	278	278	77	73	4	28		2	8	7
萍乡市	**550**	**550**	**197**	**176**	**21**	**59**		**4**	**11**	**8**
安源区	12	12	3	3		1				1
湘东区	113	113	47	36	11	17			1	
莲花县	81	81	28	26	2	5			1	2
上栗县	217	217	82	81	1	23		3	7	2
芦溪县	127	127	37	30	7	13		1	2	3
九江市	**1443**	**1443**	**633**	**576**	**57**	**159**	**1**	**9**	**29**	**22**
濂溪区	50	50	32	25	7	10		2	1	1
浔阳区	4	4	2	2						
柴桑区	130	130	68	56	12	11			1	1
武宁县	100	100	52	48	4	10			2	1
修水县	259	259	99	96	3	37			4	8
永修县	65	65	58	57	1	24	1		2	3
德安县	35	35	21	20	1	3			1	
都昌县	314	314	135	127	8	22		2	7	3
湖口县	75	75	34	29	5	7		2	1	1
彭泽县	111	111	43	39	4	10		1	5	
瑞昌市	200	200	57	49	8	12		2	1	2
共青城市	42	42	6	6		2			1	1
庐山市	58	58	26	22	4	11			3	1
新余市	**116**	**116**	**81**	**69**	**12**	**15**		**2**	**2**	**1**
渝水区	81	81	51	45	6	13		2	1	1
分宜县	35	35	30	24	6	2			1	
鹰潭市	**265**	**265**	**93**	**83**	**10**	**28**	**1**	**2**	**5**	**5**
月湖区	4	4	4	4						
余江区	134	134	36	30	6	8	1	2	2	2
贵溪市	127	127	53	49	4	20			3	3
赣州市	**2933**	**2933**	**988**	**932**	**56**	**156**	**3**	**19**	**43**	**28**
章贡区	119	119	62	58	4	18		1		3
南康区	280	280	148	146	2	15		1	3	2
赣县区	177	177	52	47	5	6		3	1	2
信丰县	217	217	44	41	3	4		2	1	
大余县	136	136	38	36	2	11	1		2	3
上犹县	98	98	42	36	6	7		2	1	1
崇义县	116	116	20	19	1	1				
安远县	129	129	27	26	1	3			1	2
定南县	30	30	15	15		1				
全南县	80	80	32	32		3				

4-4c 续表 71　　　　单位：人

地区 性别	教育		卫生和社会工作			文化、体育和娱乐业				
	小计	教育	小计	卫生	社会工作	小计	新闻和出版业	广播、电视、电影和录音制作业	文化艺术业	体育
宁都县	321	321	76	70	6	23	1	2	12	2
于都县	274	274	127	122	5	18	1	1	7	5
兴国县	253	253	91	89	2	4		1		1
会昌县	133	133	53	48	5	8		2	5	
寻乌县	113	113	29	25	4	5		1	2	
石城县	94	94	40	38	2	5		1	1	
瑞金市	274	274	60	53	7	20		1	6	6
龙南市	89	89	32	31	1	4		1	1	1
吉安市	**1282**	**1282**	**430**	**398**	**32**	**71**	**4**	**4**	**17**	**10**
吉州区	38	38	12	10	2	1				1
青原区	50	50	30	26	4	3			1	
吉安县	91	91	54	43	11	1				
吉水县	115	115	31	27	4	4	1		1	2
峡江县	26	26	12	10	2	3	1	1		
新干县	90	90	32	30	2	5				3
永丰县	132	132	37	36	1	7			2	
泰和县	126	126	45	43	2	4		1	1	
遂川县	185	185	59	58	1	5		1	1	1
万安县	125	125	26	25	1	6	1		3	1
安福县	101	101	34	32	2	7			2	2
永新县	146	146	50	50		11	1	1	5	
井冈山市	57	57	8	8		14			1	
宜春市	**1385**	**1385**	**533**	**484**	**49**	**137**	**5**	**10**	**39**	**14**
袁州区	229	229	117	107	10	36		3	17	4
奉新县	47	47	20	17	3	3			1	
万载县	185	185	67	55	12	15		1	7	
上高县	73	73	24	23	1	1				
宜丰县	55	55	15	13	2	3		1		
靖安县	30	30	15	14	1	5				1
铜鼓县	44	44	22	20	2	2			1	
丰城市	387	387	120	107	13	34	2	2	5	6
樟树市	144	144	60	56	4	19	1	2	3	
高安市	191	191	73	72	1	19	2	1	5	3
抚州市	**789**	**789**	**308**	**283**	**25**	**84**	**2**	**5**	**19**	**10**
临川区	178	178	92	77	15	14	1		5	2
东乡区	66	66	43	39	4	5		1		
南城县	52	52	11	10	1	3			2	
黎川县	60	60	11	10	1	6				2
南丰县	41	41	19	18	1	4			2	
崇仁县	71	71	21	21		6			4	
乐安县	110	110	33	32	1	6			2	
宜黄县	68	68	35	35		11		4	1	2
金溪县	64	64	27	25	2	10			2	2
资溪县	23	23	2	2		11			1	1
广昌县	56	56	14	14		8	1			1
上饶市	**2073**	**2073**	**722**	**680**	**42**	**156**	**5**	**12**	**32**	**35**
信州区	100	100	64	57	7	11	1		1	
广丰区	249	249	49	46	3	19	1	2	1	7
广信区	272	272	125	119	6	21		2	4	7
玉山县	94	94	48	48		11	1			5
铅山县	84	84	57	54	3	3			2	1
横峰县	57	57	21	20	1	4			3	
弋阳县	116	116	17	17		7	1	2	1	2
余干县	232	232	82	77	5	14	1	2	4	2
鄱阳县	496	496	127	125	2	43		4	9	9
万年县	111	111	56	54	2	10			3	2
婺源县	148	148	50	41	9	9			2	
德兴市	114	114	26	22	4	4			2	

4-4c　续表 72

单位：人

地区 性别	娱乐业	公共管理、社会保障和社会组织							国际组织	
		小计	中国共产党机关	国家机构	人民政协、民主党派	社会保障	群众团体、社会团体和其他成员组织	基层群众自治组织	小计	国际组织
全　省	**1221**	**15138**	**266**	**6547**	**13**	**67**	**1927**	**6318**	**4**	**4**
南昌市	**110**	**1118**	**21**	**549**	**2**	**4**	**100**	**442**		
东湖区	7	28		18				10		
西湖区										
青云谱区										
青山湖区	4	64	2	28			13	21		
新建区	21	308	8	159	1	3	28	109		
红谷滩区	2	19		11			3	5		
南昌县	66	416	7	192		1	34	182		
安义县	3	88	2	45	1		4	36		
进贤县	7	195	2	96			18	79		
景德镇市	**49**	**503**	**17**	**197**	**2**	**2**	**111**	**174**		
昌江区	1	42	3	12	1		12	14		
珠山区	1	16	2	5			3	6		
浮梁县	12	194	2	86	1		46	59		
乐平市	35	251	10	94		2	50	95		
萍乡市	**67**	**601**	**15**	**263**	**1**	**5**	**61**	**256**		
安源区	3	15		6			5	4		
湘东区	24	66		26			4	36		
莲花县	2	138		59				79		
上栗县	22	189	10	97		4	18	60		
芦溪县	16	193	5	75	1	1	34	77		
九江市	**215**	**1873**	**24**	**799**	**3**	**9**	**301**	**737**	**1**	**1**
濂溪区	10	69	1	35	1		8	24		
浔阳区		4		1				3		
柴桑区	21	143	1	87		1	9	45		
武宁县	17	168		103			5	60	1	1
修水县	47	246	4	95		1	64	82		
永修县	34	100	1	48			6	45		
德安县	6	97		68			3	26		
都昌县	21	307	7	87		5	75	133		
湖口县	10	109	1	55			12	41		
彭泽县	16	127		57	1	1	11	57		
瑞昌市	17	364	1	103	1	1	75	183		
共青城市	5	68	3	33			14	18		
庐山市	11	71	5	27			19	20		
新余市	**23**	**328**	**8**	**130**		**1**	**48**	**141**		
渝水区	22	226	6	97		1	40	82		
分宜县	1	102	2	33			8	59		
鹰潭市	**33**	**317**	**1**	**133**			**43**	**140**		
月湖区		10		7				3		
余江区	8	170	1	78			35	56		
贵溪市	25	137		48			8	81		
赣州市	**182**	**3494**	**70**	**1662**	**1**	**19**	**305**	**1437**		
章贡区	20	127	2	80			2	43		
南康区	15	461	5	222	1	2	33	198		
赣县区	9	210	3	78		2	34	93		
信丰县	8	159	6	62			14	77		
大余县	9	154	4	61		1	28	60		
上犹县	9	163	2	89			13	59		
崇义县	2	201	6	125			2	68		
安远县	3	124		90			3	31		
定南县	1	59	1	28			1	29		
全南县	7	89		48			4	37		

4-4c 续表 73

单位：人

地区 性别	娱乐业	公共管理、社会保障和社会组织						国际组织	
		小计	中国共产党机关	国家机构	人民政协、民主党派	社会保障	群众团体、社会团体和其他成员组织	基层群众自治组织	小计	国际组织
宁都县	21	339	4	128		5	58	144		
于都县	17	277	12	137		6	27	95		
兴国县	5	328	16	104			27	181		
会昌县	8	177		76		1	4	96		
寻乌县	8	116	4	63		1	3	45		
石城县	12	127	1	70		1	17	38		
瑞金市	26	259	3	122			32	102		
龙南市	2	124	1	79			3	41		
吉安市	**103**	**1383**	**11**	**660**	**1**	**6**	**160**	**545**	**2**	**2**
吉州区	2	34		16			3	15		
青原区	4	105	1	35	1	1	18	49		
吉安县	4	104	1	42			29	32		
吉水县	5	129	1	43		1	12	72		
峡江县	3	36		23				13		
新干县	7	74	3	41		2	9	19		
永丰县	11	128	1	51			6	70		
泰和县	6	121	1	46		1	10	63		
遂川县	7	168	1	93		1	3	70	2	2
万安县	10	112		49			11	52		
安福县	8	62	1	30			2	29		
永新县	20	238	1	147			50	40		
井冈山市	16	72		44			7	21		
宜春市	**153**	**1761**	**28**	**618**		**12**	**169**	**934**		
袁州区	23	285	1	115			11	158		
奉新县	4	79		17		3	24	35		
万载县	16	171	6	58		1	20	86		
上高县	5	146	3	39			21	83		
宜丰县	3	92	1	33			11	47		
靖安县	9	63	1	31		1		30		
铜鼓县	5	191		33			4	154		
丰城市	42	383	14	150		5	55	159		
樟树市	29	195	1	71			3	120		
高安市	17	156	1	71		2	20	62		
抚州市	**100**	**1298**	**20**	**580**	**1**	**2**	**167**	**528**		
临川区	12	193	5	82			40	66		
东乡区	7	120	1	72	1	1		45		
南城县	3	84		50			1	33		
黎川县	9	189	2	31			49	107		
南丰县	6	67	1	29				37		
崇仁县	4	72	3	45			4	20		
乐安县	9	208	2	96			32	78		
宜黄县	6	75	5	39		1	5	25		
金溪县	16	90		53			13	24		
资溪县	11	109		32			11	66		
广昌县	17	91	1	51			12	27		
上饶市	**186**	**2462**	**51**	**956**	**2**	**7**	**462**	**984**	**1**	**1**
信州区	19	81	3	53			3	22		
广丰区	16	336	8	90		2	102	134		
广信区	27	278	6	114			56	102	1	1
玉山县	9	133	3	61	1	2	5	61		
铅山县	5	104	5	44		2	14	39		
横峰县	3	90	2	26			16	46		
弋阳县	3	109	4	34			29	42		
余干县	15	307	4	120		1	85	97		
鄱阳县	57	404	5	221			43	135		
万年县	15	137	4	62			14	57		
婺源县	15	385	7	78			82	218		
德兴市	2	98		53	1		13	31		

4-4c　续表 74　　　　单位：人

地区 性别	娱乐业	公共管理、社会保障和社会组织							国际组织	
		小计	中国共产党机关	国家机构	人民政协、民主党派	社会保障	群众团体、社会团体和其他成员组织	基层群众自治组织	小计	国际组织
男	**708**	**10496**	**209**	**4821**	**8**	**41**	**1115**	**4302**	**2**	**2**
南昌市	**62**	**808**	**16**	**411**	**1**	**3**	**58**	**319**		
东湖区	5	23		15				8		
西湖区										
青云谱区										
青山湖区	3	45	2	19			9	15		
新建区	11	225	5	119	1	2	18	80		
红谷滩区		12		8			1	3		
南昌县	37	297	6	145		1	17	128		
安义县	3	55	1	28			1	25		
进贤县	3	151	2	77			12	60		
景德镇市	**31**	**345**	**15**	**152**	**1**	**1**	**57**	**119**		
昌江区	1	25	2	9			5	9		
珠山区		11	2	4			1	4		
浮梁县	6	130	2	64	1		22	41		
乐平市	24	179	9	75		1	29	65		
萍乡市	**31**	**387**	**13**	**193**		**2**	**33**	**146**		
安源区	3	11		6			2	3		
湘东区	8	35		16			2	17		
莲花县		80		42				38		
上栗县	11	130	8	74		1	10	37		
芦溪县	9	131	5	55		1	19	51		
九江市	**117**	**1297**	**18**	**597**	**3**	**5**	**186**	**488**		
濂溪区	4	43	1	20	1		5	16		
浔阳区		2						2		
柴桑区	12	109		71		1	6	31		
武宁县	10	127		78			3	46		
修水县	22	191	1	77			49	64		
永修县	16	71	1	34			6	30		
德安县	4	69		46			2	21		
都昌县	11	211	7	71		3	38	92		
湖口县	7	72	1	39			5	27		
彭泽县	12	91		43	1		7	40		
瑞昌市	10	211	1	76	1	1	42	90		
共青城市	5	46	2	23			8	13		
庐山市	4	54	4	19			15	16		
新余市	**13**	**211**	**8**	**93**			**17**	**93**		
渝水区	13	145	6	72			13	54		
分宜县		66	2	21			4	39		
鹰潭市	**18**	**212**	**1**	**93**			**25**	**93**		
月湖区		6		4				2		
余江区	7	111	1	54			18	38		
贵溪市	11	95		35			7	53		
赣州市	**119**	**2420**	**46**	**1234**		**11**	**174**	**955**		
章贡区	6	85	1	61			1	22		
南康区	6	305	2	155		2	21	125		
赣县区	9	151	3	65		2	19	62		
信丰县	7	111	4	49			6	52		
大余县	4	102	3	38		1	17	43		
上犹县	6	109	2	66			6	35		
崇义县	1	139	5	93			1	40		
安远县	3	96		69			1	26		
定南县		46	1	22				23		
全南县	4	58		36			2	20		

4-4c 续表 75

单位：人

地区 性别	娱乐业	公共管理、社会保障和社会组织						国际组织	
		小计	中国共产党机关	国家机构	人民政协、民主党派	社会保障	群众团体、社会团体和其他成员组织	基层群众自治组织	小计	国际组织
宁都县	15	241	3	98		3	40	97		
于都县	13	191	7	103		2	13	66		
兴国县	3	234	10	80			19	125		
会昌县	7	126		57			2	67		
寻乌县	6	77	2	42		1	1	31		
石城县	9	89		54			9	26		
瑞金市	19	183	2	96			14	71		
龙南市	1	77	1	50			2	24		
吉安市	**67**	**1009**	**10**	**493**	**1**	**4**	**103**	**398**	**1**	**1**
吉州区	2	24		11			1	12		
青原区	2	74	1	27	1	1	13	31		
吉安县	3	80	1	29			21	29		
吉水县	5	89	1	33		1	9	45		
峡江县	2	30		20				10		
新干县	5	45	2	25		1	3	14		
永丰县	6	95	1	40			5	49		
泰和县	4	84	1	35		1	6	41		
遂川县	5	135	1	78			3	53	1	1
万安县	9	74		31			7	36		
安福县	5	47	1	19				27		
永新县	16	176	1	111			32	32		
井冈山市	3	56		34			3	19		
宜春市	**84**	**1192**	**24**	**452**		**6**	**100**	**610**		
袁州区	11	207		88			10	109		
奉新县	2	53		12		2	19	20		
万载县	9	113	5	38		1	12	57		
上高县	4	88	3	30			9	46		
宜丰县	1	62	1	27			3	31		
靖安县	5	40		20				20		
铜鼓县	4	125		24			3	98		
丰城市	23	260	13	107		2	30	108		
樟树市	16	126	1	50			1	74		
高安市	9	118	1	56		1	13	47		
抚州市	**52**	**925**	**17**	**427**	**1**	**2**	**82**	**396**		
临川区	6	117	4	58			5	50		
东乡区	3	96	1	52	1	1		41		
南城县	2	56		33				23		
黎川县	5	120	1	16			33	70		
南丰县	4	50	1	21				28		
崇仁县	2	54	3	30			3	18		
乐安县	5	157	2	83			17	55		
宜黄县	2	57	5	25		1	5	21		
金溪县	10	71		45			6	20		
资溪县	2	78		22			8	48		
广昌县	11	69		42			5	22		
上饶市	**114**	**1690**	**41**	**676**	**1**	**7**	**280**	**685**	**1**	**1**
信州区	10	61	2	39			2	18		
广丰区	8	222	6	64		2	61	89		
广信区	19	178	4	72			34	68	1	1
玉山县	4	99	3	47	1	2	4	42		
铅山县	5	71	4	31		2	8	26		
横峰县	2	57	2	18			9	28		
弋阳县	2	79	3	29			18	29		
余干县	10	210	3	82		1	51	73		
鄱阳县	36	285	3	159			21	102		
万年县	10	103	4	45			12	42		
婺源县	8	261	7	56			53	145		
德兴市		64		34			7	23		

4-4c　续表 76　　　　单位：人

地区 性别	娱乐业	公共管理、社会保障和社会组织							国际组织	
		小计	中国共产党机关	国家机构	人民政协、民主党派	社会保障	群众团体、社会团体和其他成员组织	基层群众自治组织	小计	国际组织
女	**513**	**4642**	**57**	**1726**	**5**	**26**	**812**	**2016**	**2**	**2**
南昌市	**48**	**310**	**5**	**138**	**1**	**1**	**42**	**123**		
东湖区	2	5		3				2		
西湖区										
青云谱区										
青山湖区	1	19		9			4	6		
新建区	10	83	3	40		1	10	29		
红谷滩区	2	7		3			2	2		
南昌县	29	119	1	47			17	54		
安义县		33	1	17	1		3	11		
进贤县	4	44		19			6	19		
景德镇市	**18**	**158**	**2**	**45**	**1**	**1**	**54**	**55**		
昌江区		17	1	3	1		7	5		
珠山区	1	5		1			2	2		
浮梁县	6	64		22			24	18		
乐平市	11	72	1	19		1	21	30		
萍乡市	**36**	**214**	**2**	**70**	**1**	**3**	**28**	**110**		
安源区		4					3	1		
湘东区	16	31		10			2	19		
莲花县	2	58		17				41		
上栗县	11	59	2	23		3	8	23		
芦溪县	7	62		20	1		15	26		
九江市	**98**	**576**	**6**	**202**		**4**	**115**	**249**	**1**	**1**
濂溪区	6	26		15			3	8		
浔阳区		2		1				1		
柴桑区	9	34	1	16			3	14		
武宁县	7	41		25			2	14	1	1
修水县	25	55	3	18		1	15	18		
永修县	18	29		14				15		
德安县	2	28		22			1	5		
都昌县	10	96		16		2	37	41		
湖口县	3	37		16			7	14		
彭泽县	4	36		14		1	4	17		
瑞昌市	7	153		27			33	93		
共青城市		22	1	10			6	5		
庐山市	7	17	1	8			4	4		
新余市	**10**	**117**		**37**		**1**	**31**	**48**		
渝水区	9	81		25		1	27	28		
分宜县	1	36		12			4	20		
鹰潭市	**15**	**105**		**40**			**18**	**47**		
月湖区		4		3				1		
余江区	1	59		24			17	18		
贵溪市	14	42		13			1	28		
赣州市	**63**	**1074**	**24**	**428**	**1**	**8**	**131**	**482**		
章贡区	14	42	1	19			1	21		
南康区	9	156	3	67	1		12	73		
赣县区		59		13			15	31		
信丰县	1	48	2	13			8	25		
大余县	5	52	1	23			11	17		
上犹县	3	54		23			7	24		
崇义县	1	62	1	32			1	28		
安远县		28		21			2	5		
定南县	1	13		6			1	6		
全南县	3	31		12			2	17		

4-4c 续表 77

单位：人

地区 性别	娱乐业	公共管理、社会保障和社会组织 小计	中国共产党机关	国家机构	人民政协、民主党派	社会保障	群众团体、社会团体和其他成员组织	基层群众自治组织	国际组织 小计	国际组织
宁都县	6	98	1	30		2	18	47		
于都县	4	86	5	34		4	14	29		
兴国县	2	94	6	24			8	56		
会昌县	1	51		19		1	2	29		
寻乌县	2	39	2	21			2	14		
石城县	3	38	1	16		1	8	12		
瑞金市	7	76	1	26			18	31		
龙南市	1	47		29			1	17		
吉安市	**36**	**374**	**1**	**167**		**2**	**57**	**147**	**1**	**1**
吉州区		10		5			2	3		
青原区	2	31		8			5	18		
吉安县	1	24		13			8	3		
吉水县		40		10			3	27		
峡江县	1	6		3				3		
新干县	2	29	1	16		1	6	5		
永丰县	5	33		11			1	21		
泰和县	2	37		11			4	22		
遂川县	2	33		15		1		17	1	1
万安县	1	38		18			4	16		
安福县	3	15		11			2	2		
永新县	4	62		36			18	8		
井冈山市	13	16		10			4	2		
宜春市	**69**	**569**	**4**	**166**		**6**	**69**	**324**		
袁州区	12	78	1	27			1	49		
奉新县	2	26		5		1	5	15		
万载县	7	58	1	20			8	29		
上高县	1	58		9			12	37		
宜丰县	2	30		6			8	16		
靖安县	4	23	1	11		1		10		
铜鼓县	1	66		9			1	56		
丰城市	19	123	1	43		3	25	51		
樟树市	13	69		21			2	46		
高安市	8	38		15		1	7	15		
抚州市	**48**	**373**	**3**	**153**			**85**	**132**		
临川区	6	76	1	24			35	16		
东乡区	4	24		20				4		
南城县	1	28		17			1	10		
黎川县	4	69	1	15			16	37		
南丰县	2	17		8				9		
崇仁县	2	18		15			1	2		
乐安县	4	51		13			15	23		
宜黄县	4	18		14				4		
金溪县	6	19		8			7	4		
资溪县	9	31		10			3	18		
广昌县	6	22	1	9			7	5		
上饶市	**72**	**772**	**10**	**280**	**1**		**182**	**299**		
信州区	9	20	1	14			1	4		
广丰区	8	114	2	26			41	45		
广信区	8	100	2	42			22	34		
玉山县	5	34		14			1	19		
铅山县		33	1	13			6	13		
横峰县	1	33		8			7	18		
弋阳县	1	30	1	5			11	13		
余干县	5	97	1	38			34	24		
鄱阳县	21	119	2	62			22	33		
万年县	5	34		17			2	15		
婺源县	7	124		22			29	73		
德兴市	2	34		19	1		6	8		

4-5 全省分年龄、性别、行业大类的就业人口

单位：人

年龄组 性别	合计	农、林、牧、渔业						采矿业	
		小计	农业	林业	畜牧业	渔业	农、林、牧、渔专业及辅助性活动	小计	煤炭开采和洗选业
总　计	**2260971**	**444805**	**401236**	**9701**	**19266**	**5037**	**9565**	**9133**	**1577**
16-19岁	37068	3113	2746	78	123	36	130	28	
20-24岁	152136	10355	8755	331	550	161	558	254	11
25-29岁	222111	16044	13592	552	903	242	755	544	28
30-34岁	309566	25743	21858	841	1519	453	1072	794	60
35-39岁	254682	24900	21212	848	1557	445	838	810	94
40-44岁	298794	38976	33719	1174	2250	650	1183	1333	203
45-49岁	325764	57806	50664	1713	3049	866	1514	1955	392
50-54岁	270561	72616	65395	1744	3202	862	1413	1960	454
55-59岁	183436	65859	60406	1338	2434	653	1028	1084	249
60-64岁	98131	53404	50314	609	1581	350	550	235	46
65-69岁	66609	43910	41831	332	1184	209	354	86	23
70-74岁	28324	21214	20399	102	526	75	112	32	12
75岁及以上	13789	10865	10345	39	388	35	58	18	5
男	**1332119**	**242248**	**213463**	**7648**	**11254**	**3692**	**6191**	**7626**	**1373**
16-19岁	22182	1944	1679	59	89	28	89	21	
20-24岁	86706	6084	4987	249	380	119	349	214	8
25-29岁	127643	9062	7428	401	561	183	489	431	23
30-34岁	174356	13848	11289	627	959	316	657	629	45
35-39岁	141911	13040	10622	657	933	323	505	645	77
40-44岁	167467	19947	16573	877	1327	444	726	1031	168
45-49岁	187537	29438	24743	1319	1806	611	959	1560	331
50-54岁	169075	36629	31842	1419	1829	630	909	1751	414
55-59岁	122469	34916	31211	1135	1348	494	728	1012	233
60-64岁	63014	30534	28489	518	844	279	404	209	38
65-69岁	42692	26463	25104	275	661	170	253	77	19
70-74岁	18355	13451	12919	75	304	68	85	30	12
75岁及以上	8712	6892	6577	37	213	27	38	16	5
女	**928852**	**202557**	**187773**	**2053**	**8012**	**1345**	**3374**	**1507**	**204**
16-19岁	14886	1169	1067	19	34	8	41	7	
20-24岁	65430	4271	3768	82	170	42	209	40	3
25-29岁	94468	6982	6164	151	342	59	266	113	5
30-34岁	135210	11895	10569	214	560	137	415	165	15
35-39岁	112771	11860	10590	191	624	122	333	165	17
40-44岁	131327	19029	17146	297	923	206	457	302	35
45-49岁	138227	28368	25921	394	1243	255	555	395	61
50-54岁	101486	35987	33553	325	1373	232	504	209	40
55-59岁	60967	30943	29195	203	1086	159	300	72	16
60-64岁	35117	22870	21825	91	737	71	146	26	8
65-69岁	23917	17447	16727	57	523	39	101	9	4
70-74岁	9969	7763	7480	27	222	7	27	2	
75岁及以上	5077	3973	3768	2	175	8	20	2	

4-5 续表 1

单位：人

年龄组 性别	采矿业						制造业		
	石油和天然气开采业	黑色金属矿采选业	有色金属矿采选业	非金属矿采选业	开采专业及辅助性活动	其他采矿业	小计	农副食品加工业	食品制造业
总计	**93**	**430**	**3078**	**2832**	**396**	**727**	**472739**	**11791**	**11864**
16－19岁	1		7	16	2	2	10303	88	364
20－24岁	2	12	90	94	19	26	34877	494	1064
25－29岁	7	21	188	228	20	52	49963	796	1363
30－34岁	18	35	269	303	35	74	77099	1235	2023
35－39岁	6	27	240	343	36	64	65975	1167	1692
40－44岁	20	65	464	448	51	82	75491	1593	1723
45－49岁	18	87	681	508	86	183	75150	2049	1637
50－54岁	10	102	698	463	84	149	46871	1815	1184
55－59岁	11	65	358	285	47	69	23266	1263	490
60－64岁		8	56	97	8	20	8331	623	188
65－69岁		6	14	35	3	5	3755	422	98
70－74岁		2	6	10	1	1	1173	171	27
75岁及以上			7	2	4		485	75	11
男	**59**	**367**	**2500**	**2395**	**309**	**623**	**258988**	**7204**	**5984**
16－19岁			4	13	2	2	6116	57	206
20－24岁	2	11	70	84	14	25	21075	312	581
25－29岁	7	20	147	177	13	44	29123	513	731
30－34岁	13	26	202	255	23	65	41097	736	995
35－39岁	1	25	184	280	24	54	33134	652	811
40－44岁	9	49	343	361	36	65	36684	887	795
45－49岁	7	69	514	419	69	151	38050	1163	735
50－54岁	9	93	625	406	75	129	28205	1114	634
55－59岁	11	60	336	268	39	65	16120	864	291
60－64岁		7	50	91	6	17	5817	436	123
65－69岁		6	12	32	3	5	2550	303	65
70－74岁		1	6	9	1	1	748	124	10
75岁及以上			7		4		269	43	7
女	**34**	**63**	**578**	**437**	**87**	**104**	**213751**	**4587**	**5880**
16－19岁	1		3	3			4187	31	158
20－24岁		1	20	10	5	1	13802	182	483
25－29岁		1	41	51	7	8	20840	283	632
30－34岁	5	9	67	48	12	9	36002	499	1028
35－39岁	5	2	56	63	12	10	32841	515	881
40－44岁	11	16	121	87	15	17	38807	706	928
45－49岁	11	18	167	89	17	32	37100	886	902
50－54岁	1	9	73	57	9	20	18666	701	550
55－59岁		5	22	17	8	4	7146	399	199
60－64岁		1	6	6	2	3	2514	187	65
65－69岁			2	3			1205	119	33
70－74岁		1		1			425	47	17
75岁及以上				2			216	32	4

4-5　续表 2

单位：人

年龄组 性　别	制造业								
	酒、饮料和精制茶制造业	烟　草制品业	纺织业	纺织服装、服饰业	皮革、毛皮、羽毛及其制品和制鞋业	木材加工和木、竹、藤、棕、草制品业	家　具制造业	造纸和纸制品业	印刷和记录媒介复制业
总　计	**3504**	**603**	**12696**	**99213**	**32339**	**11955**	**29683**	**7179**	**4040**
16–19岁	38	2	188	2079	644	98	362	104	85
20–24岁	167	19	611	6887	1944	339	1694	401	314
25–29岁	320	40	1060	10047	3049	595	2888	680	411
30–34岁	496	74	1852	17787	5484	1123	4181	966	666
35–39岁	438	62	1832	16197	5148	1113	3916	922	536
40–44岁	462	127	2221	18327	6071	1661	4777	1112	694
45–49岁	566	139	2353	16315	5827	2318	5328	1213	625
50–54岁	442	73	1426	7428	2746	2233	3863	957	418
55–59岁	314	52	675	2713	954	1460	1833	499	206
60–64岁	130	7	272	863	310	593	571	198	59
65–69岁	88	8	136	406	124	286	187	97	17
70–74岁	32		51	114	29	94	64	17	6
75岁及以上	11		19	50	9	42	19	13	3
男	**2114**	**387**	**5408**	**35435**	**14424**	**8709**	**19879**	**4095**	**2494**
16–19岁	25	1	87	881	352	80	287	72	56
20–24岁	94	17	299	2796	1067	249	1227	250	204
25–29岁	198	26	472	3896	1542	437	1974	394	262
30–34岁	273	52	770	6255	2511	837	2768	555	426
35–39岁	244	33	702	5553	2241	762	2523	512	310
40–44岁	224	71	854	5956	2428	1094	3050	601	418
45–49岁	322	75	922	5554	2320	1530	3354	646	336
50–54岁	301	54	673	2810	1206	1646	2611	581	263
55–59岁	237	46	374	1120	481	1194	1411	318	151
60–64岁	95	6	156	370	182	512	461	109	49
65–69岁	72	6	71	179	73	249	146	43	14
70–74岁	21		22	46	16	82	54	9	3
75岁及以上	8		6	19	5	37	13	5	2
女	**1390**	**216**	**7288**	**63778**	**17915**	**3246**	**9804**	**3084**	**1546**
16–19岁	13	1	101	1198	292	18	75	32	29
20–24岁	73	2	312	4091	877	90	467	151	110
25–29岁	122	14	588	6151	1507	158	914	286	149
30–34岁	223	22	1082	11532	2973	286	1413	411	240
35–39岁	194	29	1130	10644	2907	351	1393	410	226
40–44岁	238	56	1367	12371	3643	567	1727	511	276
45–49岁	244	64	1431	10761	3507	788	1974	567	289
50–54岁	141	19	753	4618	1540	587	1252	376	155
55–59岁	77	6	301	1593	473	266	422	181	55
60–64岁	35	1	116	493	128	81	110	89	10
65–69岁	16	2	65	227	51	37	41	54	3
70–74岁	11		29	68	13	12	10	8	3
75岁及以上	3		13	31	4	5	6	8	1

4–5 续表 3

单位：人

年龄组 性　别	制造业								
	文教、工美、体育和娱乐用品制造业	石油、煤炭及其他燃料加工业	化学原料和化学制品制造业	医　药制造业	化学纤维制造业	橡胶和塑　料制品业	非金属矿　物制品业	黑色金属冶炼和压延加工业	有色金属冶炼和压延加工业
总　计	**13969**	**821**	**14360**	**5871**	**440**	**11272**	**38132**	**4262**	**7429**
16–19岁	267	1	209	79	3	185	314	7	66
20–24岁	785	32	741	441	36	649	1681	148	397
25–29岁	1222	46	1065	653	43	1017	2915	243	662
30–34岁	2030	83	1867	941	62	1587	5053	532	1120
35–39岁	1914	66	1731	791	64	1503	4724	472	890
40–44岁	2195	121	2286	929	60	1852	5896	747	1115
45–49岁	2302	199	2637	993	82	2010	6884	908	1307
50–54岁	1540	153	1945	593	47	1404	5515	737	1084
55–59岁	812	75	1172	318	35	666	3235	380	611
60–64岁	454	31	453	86	6	231	1311	47	118
65–69岁	255	10	187	36	1	113	486	29	41
70–74岁	130	4	43	9	1	35	102	8	13
75岁及以上	63		24	2		20	16	4	5
男	**5565**	**613**	**8204**	**2968**	**291**	**6624**	**25948**	**3297**	**5524**
16–19岁	135	1	103	29	3	134	220	7	53
20–24岁	401	26	430	228	29	430	1195	130	300
25–29岁	566	32	598	335	31	653	1992	196	486
30–34岁	837	53	1058	449	39	933	3256	398	790
35–39岁	750	46	933	346	36	820	2955	331	603
40–44岁	823	80	1257	388	36	992	3660	521	761
45–49岁	838	139	1472	479	44	1083	4373	618	914
50–54岁	592	130	1192	379	37	863	4025	664	893
55–59岁	317	69	768	242	29	446	2642	355	562
60–64岁	170	26	248	60	5	172	1109	40	109
65–69岁	83	7	107	25	1	67	422	25	37
70–74岁	33	4	25	7	1	23	87	8	13
75岁及以上	20		13	1		8	12	4	3
女	**8404**	**208**	**6156**	**2903**	**149**	**4648**	**12184**	**965**	**1905**
16–19岁	132		106	50		51	94		13
20–24岁	384	6	311	213	7	219	486	18	97
25–29岁	656	14	467	318	12	364	923	47	176
30–34岁	1193	30	809	492	23	654	1797	134	330
35–39岁	1164	20	798	445	28	683	1769	141	287
40–44岁	1372	41	1029	541	24	860	2236	226	354
45–49岁	1464	60	1165	514	38	927	2511	290	393
50–54岁	948	23	753	214	10	541	1490	73	191
55–59岁	495	6	404	76	6	220	593	25	49
60–64岁	284	5	205	26	1	59	202	7	9
65–69岁	172	3	80	11		46	64	4	4
70–74岁	97		18	2		12	15		
75岁及以上	43		11	1		12	4		2

4-5　续表 4　　　　单位：人

年龄组 性　别	制造业								
	金　属 制品业	通用设备 制造业	专用设备 制造业	汽　车 制造业	铁路、船舶、 航空航天和 其他运输 设备制造业	电气机械 和器材 制造业	计算机、 通信和其 他电子设 备制造业	仪器仪表 制造业	其　他 制造业
总　计	**26956**	**14068**	**9438**	**6475**	**3227**	**18094**	**59172**	**2473**	**4966**
16–19岁	515	332	224	169	22	519	3077	83	99
20–24岁	1856	1143	868	625	269	1639	8625	249	386
25–29岁	2781	1574	1222	964	402	2218	10270	341	494
30–34岁	4525	2447	1772	1315	530	3398	11912	468	775
35–39岁	3797	1908	1285	870	395	2706	8091	376	662
40–44岁	4371	2140	1332	883	474	2703	7604	342	774
45–49岁	4224	2186	1196	845	483	2576	5790	306	777
50–54岁	2877	1303	816	487	346	1459	2399	175	524
55–59岁	1358	737	435	243	251	608	931	97	274
60–64岁	437	184	161	51	41	176	311	19	124
65–69岁	158	83	86	17	11	68	113	11	40
70–74岁	43	20	28	4	3	18	33	5	24
75岁及以上	14	11	13	2		6	16	1	13
男	**20025**	**9604**	**6047**	**4589**	**2366**	**10396**	**31578**	**1525**	**2604**
16–19岁	425	228	162	142	20	312	1878	40	52
20–24岁	1450	860	587	495	198	1071	5446	160	227
25–29岁	2137	1126	807	742	294	1426	6248	233	288
30–34岁	3341	1715	1157	907	382	1936	6383	270	391
35–39岁	2741	1221	792	586	271	1450	3850	203	316
40–44岁	3075	1315	750	541	320	1322	3239	197	360
45–49岁	3001	1396	725	530	327	1312	2470	191	389
50–54岁	2164	922	555	372	273	935	1210	120	281
55–59岁	1126	588	317	215	232	443	553	80	176
60–64岁	384	148	103	40	38	134	195	16	88
65–69岁	134	66	63	14	8	41	79	9	20
70–74岁	35	10	22	3	3	13	20	5	9
75岁及以上	12	9	7	2		1	7	1	7
女	**6931**	**4464**	**3391**	**1886**	**861**	**7698**	**27594**	**948**	**2362**
16–19岁	90	104	62	27	2	207	1199	43	47
20–24岁	406	283	281	130	71	568	3179	89	159
25–29岁	644	448	415	222	108	792	4022	108	206
30–34岁	1184	732	615	408	148	1462	5529	198	384
35–39岁	1056	687	493	284	124	1256	4241	173	346
40–44岁	1296	825	582	342	154	1381	4365	145	414
45–49岁	1223	790	471	315	156	1264	3320	115	388
50–54岁	713	381	261	115	73	524	1189	55	243
55–59岁	232	149	118	28	19	165	378	17	98
60–64岁	53	36	58	11	3	42	116	3	36
65–69岁	24	17	23	3	3	27	34	2	20
70–74岁	8	10	6	1		5	13		15
75岁及以上	2	2	6			5	9		6

4－5　续表 5　　　　单位：人

年龄组 性　别	制造业		电力、热力、燃气及水生产和供应业				建筑业		
	废弃资源综合利用业	金属制品、机械和设备修理业	小计	电力、热力生产和供应业	燃气生产和供应业	水的生产和供应业	小计	房屋建筑业	土木工程建筑业
总　计	**3296**	**3151**	**14114**	**9730**	**1951**	**2433**	**303228**	**159994**	**19384**
16－19岁	18	62	63	44	15	4	2995	1380	162
20－24岁	84	289	600	399	106	95	14458	6530	1166
25－29岁	187	395	1336	901	205	230	23797	10277	2040
30－34岁	272	523	1877	1203	344	330	36655	15854	2641
35－39岁	317	390	1580	1084	222	274	33037	15097	2121
40－44岁	459	440	2258	1576	272	410	44344	22614	2424
45－49岁	608	467	2665	1857	318	490	53168	29503	3025
50－54岁	547	335	1935	1414	225	296	47315	28324	2854
55－59岁	397	172	1361	994	164	203	29170	17920	1915
60－64岁	222	54	266	157	47	62	11975	8050	691
65－69岁	127	14	131	74	23	34	4992	3504	285
70－74岁	38	7	39	24	10	5	1033	756	46
75岁及以上	20	3	3	3			289	185	14
男	**2394**	**2693**	**10273**	**7294**	**1356**	**1623**	**255997**	**131264**	**17167**
16－19岁	16	52	46	32	11	3	2590	1134	146
20－24岁	66	250	429	297	76	56	12237	5386	1026
25－29岁	143	345	937	657	128	152	20179	8446	1779
30－34岁	180	444	1248	823	218	207	30852	12884	2304
35－39岁	220	321	1052	752	142	158	27380	11938	1819
40－44岁	303	366	1471	1061	169	241	36392	17869	2100
45－49岁	421	371	1821	1314	218	289	43250	23146	2600
50－54岁	396	309	1621	1194	185	242	40301	23408	2612
55－59岁	311	162	1253	931	141	181	26111	15716	1802
60－64岁	182	51	240	144	38	58	10975	7312	660
65－69岁	109	12	118	66	21	31	4589	3211	263
70－74岁	33	7	35	21	9	5	906	659	44
75岁及以上	14	3	2	2			235	155	12
女	**902**	**458**	**3841**	**2436**	**595**	**810**	**47231**	**28730**	**2217**
16－19岁	2	10	17	12	4	1	405	246	16
20－24岁	18	39	171	102	30	39	2221	1144	140
25－29岁	44	50	399	244	77	78	3618	1831	261
30－34岁	92	79	629	380	126	123	5803	2970	337
35－39岁	97	69	528	332	80	116	5657	3159	302
40－44岁	156	74	787	515	103	169	7952	4745	324
45－49岁	187	96	844	543	100	201	9918	6357	425
50－54岁	151	26	314	220	40	54	7014	4916	242
55－59岁	86	10	108	63	23	22	3059	2204	113
60－64岁	40	3	26	13	9	4	1000	738	31
65－69岁	18	2	13	8	2	3	403	293	22
70－74岁	5		4	3	1		127	97	2
75岁及以上	6		1	1			54	30	2

4-5　续表 6　　　　单位：人

年龄组 性　别	建筑业		批发和零售业			交通运输、仓储和邮政业			
	建　筑 安装业	建筑装 饰、装修 和其他 建筑业	小计	批发业	零售业	小计	铁　路 运输业	道　路 运输业	水　上 运输业
总　计	**16691**	**107159**	**325270**	**81531**	**243739**	**93728**	**3017**	**58530**	**738**
16-19岁	188	1265	5115	929	4186	806	29	303	5
20-24岁	934	5828	25119	5248	19871	5115	281	2280	45
25-29岁	1762	9718	37924	8369	29555	8799	377	4577	66
30-34岁	2817	15343	56264	12930	43334	13536	366	8119	82
35-39岁	2266	13553	45657	10494	35163	12363	296	8350	80
40-44岁	2587	16719	49535	11772	37763	15930	394	11285	95
45-49岁	2582	18058	47423	12210	35213	16363	456	11161	113
50-54岁	1940	14197	29699	8683	21016	11395	402	7249	112
55-59岁	1096	8239	15979	5456	10523	6529	358	3835	85
60-64岁	368	2866	6663	2582	4081	1903	42	966	26
65-69岁	128	1075	3740	1714	2026	771	10	334	18
70-74岁	22	209	1479	787	692	160	4	53	7
75岁及以上	1	89	673	357	316	58	2	18	4
男	**15225**	**92341**	**163880**	**48110**	**115770**	**79553**	**2306**	**52692**	**546**
16-19岁	180	1130	2633	564	2069	617	19	247	4
20-24岁	849	4976	12835	3139	9696	3992	184	1880	36
25-29岁	1622	8332	19359	4990	14369	7018	272	3894	49
30-34岁	2554	13110	27128	7414	19714	10987	261	7122	62
35-39岁	2033	11590	21280	5823	15457	10369	216	7466	56
40-44岁	2311	14112	22843	6481	16362	13570	284	10183	64
45-49岁	2325	15179	22861	6888	15973	14066	339	10137	80
50-54岁	1811	12470	16613	5486	11127	10278	354	6798	85
55-59岁	1048	7545	10103	3675	6428	6027	330	3671	68
60-64岁	350	2653	4327	1729	2598	1736	32	915	20
65-69岁	120	995	2493	1151	1342	704	9	318	14
70-74岁	21	182	979	536	443	142	4	47	4
75岁及以上	1	67	426	234	192	47	2	14	4
女	**1466**	**14818**	**161390**	**33421**	**127969**	**14175**	**711**	**5838**	**192**
16-19岁	8	135	2482	365	2117	189	10	56	1
20-24岁	85	852	12284	2109	10175	1123	97	400	9
25-29岁	140	1386	18565	3379	15186	1781	105	683	17
30-34岁	263	2233	29136	5516	23620	2549	105	997	20
35-39岁	233	1963	24377	4671	19706	1994	80	884	24
40-44岁	276	2607	26692	5291	21401	2360	110	1102	31
45-49岁	257	2879	24562	5322	19240	2297	117	1024	33
50-54岁	129	1727	13086	3197	9889	1117	48	451	27
55-59岁	48	694	5876	1781	4095	502	28	164	17
60-64岁	18	213	2336	853	1483	167	10	51	6
65-69岁	8	80	1247	563	684	67	1	16	4
70-74岁	1	27	500	251	249	18		6	3
75岁及以上		22	247	123	124	11		4	

4-5 续表 7 单位：人

年龄组 性别	交通运输、仓储和邮政业					住宿和餐饮业		
	航空运输业	管道运输业	多式联运和运输代理业	装卸搬运和仓储业	邮政业	小计	住宿业	餐饮业
总计	**866**	**131**	**2558**	**12096**	**15792**	**100980**	**11860**	**89120**
16-19岁	4		25	87	353	3494	410	3084
20-24岁	116	7	143	425	1818	8914	1119	7795
25-29岁	211	8	256	607	2697	10897	1345	9552
30-34岁	137	19	408	996	3409	15637	1816	13821
35-39岁	101	19	364	953	2200	12701	1336	11365
40-44岁	78	20	412	1659	1987	14722	1714	13008
45-49岁	91	20	441	2362	1719	14878	1815	13063
50-54岁	72	20	292	2285	963	10584	1264	9320
55-59岁	40	14	152	1562	483	5580	686	4894
60-64岁	9	1	49	705	105	2211	221	1990
65-69岁	5	3	9	357	35	1030	102	928
70-74岁	2		3	77	14	247	25	222
75岁及以上			4	21	9	85	7	78
男	**571**	**96**	**2098**	**9820**	**11424**	**48650**	**4859**	**43791**
16-19岁	2		18	72	255	2115	209	1906
20-24岁	70	3	97	369	1353	5422	532	4890
25-29岁	135	4	188	474	2002	6325	597	5728
30-34岁	79	15	310	779	2359	8255	713	7542
35-39岁	59	16	298	720	1538	6026	493	5533
40-44岁	59	12	342	1238	1388	6348	603	5745
45-49岁	61	16	377	1851	1205	5851	614	5237
50-54岁	57	17	272	1937	758	4108	510	3598
55-59岁	36	10	137	1346	429	2505	365	2140
60-64岁	7		44	628	90	993	133	860
65-69岁	4	3	9	321	26	518	68	450
70-74岁	2		3	68	14	141	17	124
75岁及以上			3	17	7	43	5	38
女	**295**	**35**	**460**	**2276**	**4368**	**52330**	**7001**	**45329**
16-19岁	2		7	15	98	1379	201	1178
20-24岁	46	4	46	56	465	3492	587	2905
25-29岁	76	4	68	133	695	4572	748	3824
30-34岁	58	4	98	217	1050	7382	1103	6279
35-39岁	42	3	66	233	662	6675	843	5832
40-44岁	19	8	70	421	599	8374	1111	7263
45-49岁	30	4	64	511	514	9027	1201	7826
50-54岁	15	3	20	348	205	6476	754	5722
55-59岁	4	4	15	216	54	3075	321	2754
60-64岁	2	1	5	77	15	1218	88	1130
65-69岁	1			36	9	512	34	478
70-74岁				9		106	8	98
75岁及以上			1	4	2	42	2	40

4－5　续表 8

单位：人

年龄组 性　别	信息传输、软件和信息技术服务业				金融业				
	小计	电信、广播电视和卫星传输服务	互联网和相关服务	软件和信息技术服务业	小计	货币金融服　务	资本市场服　务	保险业	其　他金融业
总　计	**26580**	**6957**	**10705**	**8918**	**23210**	**10099**	**1448**	**8965**	**2698**
16－19岁	694	97	410	187	166	38	6	91	31
20－24岁	5089	611	2456	2022	2109	787	151	816	355
25－29岁	6212	1024	2771	2417	4511	1893	328	1693	597
30－34岁	5908	1554	2406	1948	5339	2276	347	2046	670
35－39岁	3397	1146	1204	1047	2880	1064	204	1284	328
40－44岁	2278	1023	665	590	2468	954	138	1174	202
45－49岁	1604	766	466	372	2613	1233	138	1012	230
50－54岁	821	413	208	200	1821	1018	91	535	177
55－59岁	449	262	83	104	1058	693	34	239	92
60－64岁	89	42	21	26	155	91	6	47	11
65－69岁	29	13	12	4	54	32	2	18	2
70－74岁	9	5	3	1	23	13	2	5	3
75岁及以上	1	1			13	7	1	5	
男	**17246**	**4011**	**6837**	**6398**	**11644**	**5222**	**909**	**3999**	**1514**
16－19岁	430	49	246	135	81	23	3	44	11
20－24岁	3264	316	1528	1420	1106	380	91	459	176
25－29岁	4113	576	1763	1774	2286	876	199	887	324
30－34岁	3744	826	1534	1384	2514	1019	203	919	373
35－39岁	2094	582	761	751	1361	508	135	516	202
40－44岁	1407	544	439	424	980	427	77	380	96
45－49岁	1057	508	311	238	1169	598	91	345	135
50－54岁	644	326	158	160	1109	676	74	249	110
55－59岁	395	237	72	86	870	615	28	149	78
60－64岁	65	31	13	21	109	66	5	31	7
65－69岁	26	12	10	4	39	23	2	13	1
70－74岁	6	3	2	1	10	6		3	1
75岁及以上	1	1			10	5	1	4	
女	**9334**	**2946**	**3868**	**2520**	**11566**	**4877**	**539**	**4966**	**1184**
16－19岁	264	48	164	52	85	15	3	47	20
20－24岁	1825	295	928	602	1003	407	60	357	179
25－29岁	2099	448	1008	643	2225	1017	129	806	273
30－34岁	2164	728	872	564	2825	1257	144	1127	297
35－39岁	1303	564	443	296	1519	556	69	768	126
40－44岁	871	479	226	166	1488	527	61	794	106
45－49岁	547	258	155	134	1444	635	47	667	95
50－54岁	177	87	50	40	712	342	17	286	67
55－59岁	54	25	11	18	188	78	6	90	14
60－64岁	24	11	8	5	46	25	1	16	4
65－69岁	3	1	2		15	9		5	1
70－74岁	3	2	1		13	7	2	2	2
75岁及以上					3	2		1	

4-5 续表 9

单位：人

年龄组 性别	房地产业		租赁和商务服务业			科学研究和技术服务业			
	小计	房地产业	小计	租赁业	商务服务业	小计	研究和试验发展	专业技术服务业	科技推广和应用服务业
总计	**33978**	**33978**	**64159**	**4286**	**59873**	**21495**	**2141**	**14405**	**4949**
16-19岁	409	409	1161	95	1066	306	23	224	59
20-24岁	3359	3359	6755	346	6409	2473	211	1871	391
25-29岁	5257	5257	9294	581	8713	3754	408	2728	618
30-34岁	5981	5981	10874	890	9984	4089	457	2902	730
35-39岁	3713	3713	7374	597	6777	2647	298	1838	511
40-44岁	3670	3670	7271	595	6676	2130	239	1420	471
45-49岁	3682	3682	7395	556	6839	2174	209	1392	573
50-54岁	3177	3177	6219	373	5846	1761	147	1096	518
55-59岁	2549	2549	4521	179	4342	1245	120	689	436
60-64岁	1298	1298	1861	52	1809	423	12	143	268
65-69岁	704	704	1042	17	1025	294	11	62	221
70-74岁	146	146	287	1	286	129	5	21	103
75岁及以上	33	33	105	4	101	70	1	19	50
男	**21168**	**21168**	**40915**	**3838**	**37077**	**14987**	**1436**	**10494**	**3057**
16-19岁	255	255	702	91	611	209	18	156	35
20-24岁	2074	2074	3735	322	3413	1661	125	1301	235
25-29岁	3203	3203	5379	541	4838	2683	283	1993	407
30-34岁	3347	3347	6443	796	5647	2819	311	2063	445
35-39岁	1979	1979	4454	531	3923	1804	188	1305	311
40-44岁	2075	2075	4400	509	3891	1430	156	991	283
45-49岁	2182	2182	4704	474	4230	1423	126	978	319
50-54岁	2277	2277	4599	338	4261	1342	107	899	336
55-59岁	2036	2036	3762	170	3592	977	100	603	274
60-64岁	1020	1020	1554	46	1508	295	10	121	164
65-69岁	577	577	879	16	863	199	7	53	139
70-74岁	118	118	231	1	230	97	4	17	76
75岁及以上	25	25	73	3	70	48	1	14	33
女	**12810**	**12810**	**23244**	**448**	**22796**	**6508**	**705**	**3911**	**1892**
16-19岁	154	154	459	4	455	97	5	68	24
20-24岁	1285	1285	3020	24	2996	812	86	570	156
25-29岁	2054	2054	3915	40	3875	1071	125	735	211
30-34岁	2634	2634	4431	94	4337	1270	146	839	285
35-39岁	1734	1734	2920	66	2854	843	110	533	200
40-44岁	1595	1595	2871	86	2785	700	83	429	188
45-49岁	1500	1500	2691	82	2609	751	83	414	254
50-54岁	900	900	1620	35	1585	419	40	197	182
55-59岁	513	513	759	9	750	268	20	86	162
60-64岁	278	278	307	6	301	128	2	22	104
65-69岁	127	127	163	1	162	95	4	9	82
70-74岁	28	28	56		56	32	1	4	27
75岁及以上	8	8	32	1	31	22		5	17

4-5　续表 10　　　　单位：人

年龄组 性　别	水利、环境和公共设施管理业					居民服务、修理和其他服务业			
	小计	水　利 管理业	生态保护 和环境 治理业	公共设施 管理业	土　地 管理业	小计	居　民 服务业	机动车、 电子产品 和日用产 品修理业	其　他 服务业
总　计	**14523**	**681**	**1250**	**12442**	**150**	**88670**	**52894**	**19504**	**16272**
16-19岁	65		8	56	1	3380	2009	1233	138
20-24岁	406	33	47	310	16	8175	4952	2738	485
25-29岁	816	67	96	632	21	9580	5944	2886	750
30-34岁	1166	84	137	919	26	12752	7891	3575	1286
35-39岁	1057	67	110	863	17	9790	6012	2576	1202
40-44岁	1486	108	137	1230	11	10252	5971	2442	1839
45-49岁	1998	109	208	1660	21	10725	6129	1970	2626
50-54岁	2190	89	199	1887	15	9131	5333	1093	2705
55-59岁	2019	83	145	1782	9	6619	3912	641	2066
60-64岁	1599	21	83	1490	5	3968	2198	224	1546
65-69岁	1259	17	50	1187	5	2652	1427	94	1131
70-74岁	357	1	24	331	1	1088	695	25	368
75岁及以上	105	2	6	95	2	558	421	7	130
男	**8840**	**523**	**927**	**7275**	**115**	**38903**	**15552**	**16604**	**6747**
16-19岁	32		3	29		2164	893	1180	91
20-24岁	266	23	31	203	9	4707	1934	2512	261
25-29岁	540	53	71	402	14	4979	2072	2503	404
30-34岁	756	55	93	586	22	6079	2469	2997	613
35-39岁	666	46	76	532	12	4357	1708	2108	541
40-44岁	872	80	97	684	11	4067	1468	1952	647
45-49岁	1123	77	149	880	17	3764	1317	1573	874
50-54岁	1261	75	155	1018	13	3021	1210	913	898
55-59岁	1218	79	118	1013	8	2318	995	559	764
60-64岁	955	17	66	868	4	1530	630	196	704
65-69岁	808	15	42	749	2	1166	458	79	629
70-74岁	265	1	23	240	1	520	257	25	238
75岁及以上	78	2	3	71	2	231	141	7	83
女	**5683**	**158**	**323**	**5167**	**35**	**49767**	**37342**	**2900**	**9525**
16-19岁	33		5	27	1	1216	1116	53	47
20-24岁	140	10	16	107	7	3468	3018	226	224
25-29岁	276	14	25	230	7	4601	3872	383	346
30-34岁	410	29	44	333	4	6673	5422	578	673
35-39岁	391	21	34	331	5	5433	4304	468	661
40-44岁	614	28	40	546		6185	4503	490	1192
45-49岁	875	32	59	780	4	6961	4812	397	1752
50-54岁	929	14	44	869	2	6110	4123	180	1807
55-59岁	801	4	27	769	1	4301	2917	82	1302
60-64岁	644	4	17	622	1	2438	1568	28	842
65-69岁	451	2	8	438	3	1486	969	15	502
70-74岁	92		1	91		568	438		130
75岁及以上	27		3	24		327	280		47

4-5 续表 11

单位：人

年龄组 性别	教育		卫生和社会工作			文化、体育和娱乐业				
	小计	教育	小计	卫生	社会工作	小计	新闻和出版业	广播、电视、电影和录音制作业	文化艺术业	体育
总计	**91557**	**91557**	**38408**	**37077**	**1331**	**11887**	**966**	**1372**	**2645**	**1730**
16-19岁	3512	3512	514	500	14	410	5	31	61	62
20-24岁	12390	12390	5036	4986	50	1771	88	254	282	389
25-29岁	15173	15173	7064	6987	77	2034	159	263	393	391
30-34岁	14973	14973	6399	6303	96	2039	172	254	385	320
35-39岁	11090	11090	4605	4502	103	1346	129	146	289	179
40-44岁	10133	10133	4096	3963	133	1255	128	139	315	122
45-49岁	9004	9004	3808	3600	208	1188	130	134	296	118
50-54岁	8250	8250	3015	2794	221	850	85	73	259	78
55-59岁	5103	5103	2084	1906	178	617	64	56	205	46
60-64岁	1095	1095	797	683	114	206	4	11	77	12
65-69岁	512	512	617	530	87	111	1	11	52	6
70-74岁	205	205	264	230	34	46	1		25	7
75岁及以上	117	117	109	93	16	14			6	
男	**35019**	**35019**	**14489**	**13964**	**525**	**6580**	**551**	**784**	**1432**	**1002**
16-19岁	1545	1545	98	93	5	232	3	15	30	37
20-24岁	2707	2707	1032	1013	19	997	34	143	113	266
25-29岁	3908	3908	1729	1702	27	1156	83	152	177	242
30-34岁	4247	4247	1902	1864	38	1070	89	134	184	177
35-39岁	3796	3796	1698	1671	27	694	67	83	137	82
40-44岁	4424	4424	1836	1793	43	612	77	74	151	56
45-49岁	4475	4475	1917	1834	83	625	77	79	182	45
50-54岁	4798	4798	1705	1631	74	486	58	47	166	47
55-59岁	3777	3777	1349	1260	89	446	57	44	161	32
60-64岁	758	758	511	459	52	140	4	7	65	8
65-69岁	346	346	419	381	38	74	1	6	40	5
70-74岁	155	155	211	188	23	37	1		21	5
75岁及以上	83	83	82	75	7	11			5	
女	**56538**	**56538**	**23919**	**23113**	**806**	**5307**	**415**	**588**	**1213**	**728**
16-19岁	1967	1967	416	407	9	178	2	16	31	25
20-24岁	9683	9683	4004	3973	31	774	54	111	169	123
25-29岁	11265	11265	5335	5285	50	878	76	111	216	149
30-34岁	10726	10726	4497	4439	58	969	83	120	201	143
35-39岁	7294	7294	2907	2831	76	652	62	63	152	97
40-44岁	5709	5709	2260	2170	90	643	51	65	164	66
45-49岁	4529	4529	1891	1766	125	563	53	55	114	73
50-54岁	3452	3452	1310	1163	147	364	27	26	93	31
55-59岁	1326	1326	735	646	89	171	7	12	44	14
60-64岁	337	337	286	224	62	66		4	12	4
65-69岁	166	166	198	149	49	37		5	12	1
70-74岁	50	50	53	42	11	9			4	2
75岁及以上	34	34	27	18	9	3			1	

4-5　续表 12

单位：人

年龄组 性　别	娱乐业	公共管理、社会保障和社会组织							国际组织	
		小计	中国共产党机关	国家机构	人民政协、民主党派	社会保障	群众团体、社会团体和其他成员组织	基层群众自治组织	小计	国际组织
总　计	**5174**	**82496**	**2103**	**61716**	**162**	**445**	**6310**	**11760**	**11**	**11**
16-19岁	251	534	10	319		2	171	32		
20-24岁	758	4881	81	3934	6	28	531	301		
25-29岁	828	9111	226	7456	8	62	715	644	1	1
30-34岁	908	12439	345	9963	14	76	873	1168	2	2
35-39岁	603	9757	247	7723	8	61	643	1075	3	3
40-44岁	551	11164	309	8392	29	65	837	1532	2	2
45-49岁	510	12165	321	8835	24	59	912	2014		
50-54岁	355	10951	316	7860	35	43	700	1997		
55-59岁	246	8342	207	5956	34	26	490	1629	2	2
60-64岁	102	1651	30	710	2	12	199	698	1	1
65-69岁	41	920	3	350	1	4	124	438		
70-74岁	13	393	4	145		5	72	167		
75岁及以上	8	188	4	73	1	2	43	65		
男	**2811**	**55105**	**1532**	**42481**	**118**	**216**	**3467**	**7291**	**8**	**8**
16-19岁	147	352	7	242		1	91	11		
20-24岁	441	2869	46	2442	5	13	229	134		
25-29岁	502	5232	138	4450	5	30	320	289	1	1
30-34岁	486	7389	224	6187	12	30	451	485	2	2
35-39岁	325	6081	184	5001	3	27	332	534	1	1
40-44岁	254	7077	208	5500	16	24	426	903	1	1
45-49岁	242	8201	241	6104	15	24	512	1305		
50-54岁	168	8327	261	6145	27	28	461	1405		
55-59岁	152	7272	190	5399	31	23	355	1274	2	2
60-64岁	56	1245	25	569	2	9	134	506	1	1
65-69岁	22	647	2	267	1	3	82	292		
70-74岁	10	273	4	111		3	49	106		
75岁及以上	6	140	2	64	1	1	25	47		
女	**2363**	**27391**	**571**	**19235**	**44**	**229**	**2843**	**4469**	**3**	**3**
16-19岁	104	182	3	77		1	80	21		
20-24岁	317	2012	35	1492	1	15	302	167		
25-29岁	326	3879	88	3006	3	32	395	355		
30-34岁	422	5050	121	3776	2	46	422	683		
35-39岁	278	3676	63	2722	5	34	311	541	2	2
40-44岁	297	4087	101	2892	13	41	411	629	1	1
45-49岁	268	3964	80	2731	9	35	400	709		
50-54岁	187	2624	55	1715	8	15	239	592		
55-59岁	94	1070	17	557	3	3	135	355		
60-64岁	46	406	5	141		3	65	192		
65-69岁	19	273	1	83		1	42	146		
70-74岁	3	120		34		2	23	61		
75岁及以上	2	48	2	9		1	18	18		

4－5a　全省分年龄、性别、行业大类的就业人口(城市)

单位：人

年龄组 性　别	合计	农、林、牧、渔业						采矿业	
		小计	农业	林业	畜牧业	渔业	农、林、牧、渔专业及辅助性活动	小计	煤炭开采和洗选业
总　计	**582693**	**25227**	**19914**	**1604**	**1393**	**646**	**1670**	**2828**	**658**
16－19岁	7224	170	130	14	12		14	4	
20－24岁	41531	881	638	59	59	16	109	78	2
25－29岁	67758	1525	1109	112	99	42	163	198	11
30－34岁	96856	2405	1730	184	181	74	236	255	21
35－39岁	78462	2135	1540	206	142	79	168	260	44
40－44岁	85069	2676	1912	219	192	111	242	420	88
45－49岁	85562	3529	2638	307	213	105	266	627	168
50－54岁	62030	3893	3096	260	218	96	223	592	201
55－59岁	38213	3121	2611	155	147	70	138	327	106
60－64岁	11434	2100	1885	57	65	29	64	38	10
65－69岁	5814	1653	1531	27	47	18	30	19	6
70－74岁	1869	765	739	3	7	5	11	5	1
75岁及以上	871	374	355	1	11	1	6	5	
男	**338316**	**14864**	**11076**	**1260**	**950**	**454**	**1124**	**2302**	**547**
16－19岁	4135	101	71	10	10		10	2	
20－24岁	22538	520	349	45	48	12	66	60	2
25－29岁	37195	904	611	86	65	29	113	158	9
30－34岁	52116	1353	908	127	126	49	143	191	14
35－39岁	42340	1261	855	157	98	47	104	199	34
40－44岁	46688	1542	1019	165	120	82	156	313	68
45－49岁	49227	2025	1405	238	146	64	172	483	131
50－54岁	41436	2253	1653	216	149	75	160	533	178
55－59岁	28931	1885	1478	138	107	53	109	309	98
60－64岁	7955	1268	1095	52	43	23	55	28	8
65－69岁	3956	1012	925	23	27	14	23	16	4
70－74岁	1252	500	478	2	6	5	9	5	1
75岁及以上	547	240	229	1	5	1	4	5	
女	**244377**	**10363**	**8838**	**344**	**443**	**192**	**546**	**526**	**111**
16－19岁	3089	69	59	4	2		4	2	
20－24岁	18993	361	289	14	11	4	43	18	
25－29岁	30563	621	498	26	34	13	50	40	2
30－34岁	44740	1052	822	57	55	25	93	64	7
35－39岁	36122	874	685	49	44	32	64	61	10
40－44岁	38381	1134	893	54	72	29	86	107	20
45－49岁	36335	1504	1233	69	67	41	94	144	37
50－54岁	20594	1640	1443	44	69	21	63	59	23
55－59岁	9282	1236	1133	17	40	17	29	18	8
60－64岁	3479	832	790	5	22	6	9	10	2
65－69岁	1858	641	606	4	20	4	7	3	2
70－74岁	617	265	261	1	1		2		
75岁及以上	324	134	126		6		2		

4−5a　续表 1　　　　单位：人

年龄组 性　别	采矿业						制造业		
	石油和天然气开采业	黑色金属矿采选业	有色金属矿采选业	非金属矿采选业	开采专业及辅助性活　动	其　他采矿业	小计	农副食品加工业	食　品制造业
总　计	**48**	**149**	**926**	**582**	**158**	**307**	**93020**	**2457**	**2830**
16−19岁	1		1	1		1	1407	22	70
20−24岁		4	31	17	4	20	5816	123	283
25−29岁	4	6	81	61	9	26	9403	204	339
30−34岁	6	15	101	72	14	26	15433	328	474
35−39岁	4	13	72	81	17	29	13369	292	374
40−44岁	9	27	119	112	26	39	15368	362	417
45−49岁	9	34	190	115	38	73	15163	426	384
50−54岁	7	35	200	65	29	55	9599	340	273
55−59岁	8	13	111	45	17	27	5268	223	132
60−64岁			8	10	3	7	1351	70	55
65−69岁		2	3	3	1	4	606	49	24
70−74岁			4				154	10	3
75岁及以上			5				83	8	2
男	**30**	**130**	**749**	**459**	**113**	**274**	**53396**	**1497**	**1379**
16−19岁				1		1	874	14	31
20−24岁		4	20	12	3	19	3684	78	146
25−29岁	4	6	65	47	4	23	5689	127	187
30−34岁	4	11	77	54	6	25	8501	191	227
35−39岁	1	12	60	56	10	26	6921	158	177
40−44岁	3	23	87	84	16	32	7797	212	188
45−49岁	4	28	135	91	31	63	8110	246	160
50−54岁	6	32	179	60	26	52	6377	211	138
55−59岁	8	12	109	43	14	25	3935	161	74
60−64岁			6	8	2	4	939	50	32
65−69岁		2	2	3	1	4	417	35	17
70−74岁			4				103	7	1
75岁及以上			5				49	7	1
女	**18**	**19**	**177**	**123**	**45**	**33**	**39624**	**960**	**1451**
16−19岁	1		1				533	8	39
20−24岁			11	5	1	1	2132	45	137
25−29岁			16	14	5	3	3714	77	152
30−34岁	2	4	24	18	8	1	6932	137	247
35−39岁	3	1	12	25	7	3	6448	134	197
40−44岁	6	4	32	28	10	7	7571	150	229
45−49岁	5	6	55	24	7	10	7053	180	224
50−54岁	1	3	21	5	3	3	3222	129	135
55−59岁		1	2	2	3	2	1333	62	58
60−64岁			2	2	1	3	412	20	23
65−69岁			1				189	14	7
70−74岁							51	3	2
75岁及以上							34	1	1

4-5a 续表 2 单位：人

年龄组 性别	制造业								
	酒、饮料和精制茶制造业	烟草制品业	纺织业	纺织服装、服饰业	皮革、毛皮、羽毛及其制品和制鞋业	木材加工和木、竹、藤、棕、草制品业	家具制造业	造纸和纸制品业	印刷和记录媒介复制业
总计	**975**	**373**	**2191**	**12158**	**2392**	**1547**	**8063**	**1327**	**1322**
16-19岁	6		17	98	26	16	59	10	5
20-24岁	39	8	72	419	113	64	397	57	100
25-29岁	102	21	150	886	214	95	808	115	136
30-34岁	161	39	296	2060	385	166	1279	183	171
35-39岁	152	38	305	2098	411	174	1250	181	149
40-44岁	151	89	377	2472	482	238	1415	227	224
45-49岁	159	93	430	2297	416	300	1380	258	244
50-54岁	99	39	286	1050	219	256	916	186	164
55-59岁	75	40	149	512	82	139	406	74	98
60-64岁	22	3	64	167	19	66	102	23	19
65-69岁	4	3	32	69	17	27	34	8	8
70-74岁	4		8	21	3	5	12	2	2
75岁及以上	1		5	9	5	1	5	3	2
男	**565**	**240**	**892**	**3391**	**979**	**1137**	**5053**	**736**	**763**
16-19岁	5		5	39	10	11	39	8	2
20-24岁	22	7	33	146	58	50	234	32	60
25-29岁	62	13	73	284	101	63	508	64	75
30-34岁	77	25	111	537	162	125	783	95	105
35-39岁	84	21	97	535	154	111	741	95	78
40-44岁	70	51	137	597	170	157	869	123	128
45-49岁	85	51	159	606	170	216	862	127	114
50-54岁	79	29	144	330	96	199	604	116	105
55-59岁	57	38	71	199	37	120	299	52	72
60-64岁	16	3	39	71	10	59	80	17	16
65-69岁	4	2	15	34	8	21	24	3	6
70-74岁	3		5	8	1	4	8	2	1
75岁及以上	1		3	5	2	1	2	2	1
女	**410**	**133**	**1299**	**8767**	**1413**	**410**	**3010**	**591**	**559**
16-19岁	1		12	59	16	5	20	2	3
20-24岁	17	1	39	273	55	14	163	25	40
25-29岁	40	8	77	602	113	32	300	51	61
30-34岁	84	14	185	1523	223	41	496	88	66
35-39岁	68	17	208	1563	257	63	509	86	71
40-44岁	81	38	240	1875	312	81	546	104	96
45-49岁	74	42	271	1691	246	84	518	131	130
50-54岁	20	10	142	720	123	57	312	70	59
55-59岁	18	2	78	313	45	19	107	22	26
60-64岁	6		25	96	9	7	22	6	3
65-69岁		1	17	35	9	6	10	5	2
70-74岁	1		3	13	2	1	4		1
75岁及以上			2	4	3		3	1	1

4-5a 续表 3

单位：人

年龄组 性别	制造业								
	文教、工美、体育和娱乐用品制造业	石油、煤炭及其他燃料加工业	化学原料和化学制品制造业	医药制造业	化学纤维制造业	橡胶和塑料制品业	非金属矿物制品业	黑色金属冶炼和压延加工业	有色金属冶炼和压延加工业
总　计	**2843**	**417**	**2321**	**1935**	**93**	**2012**	**9132**	**2475**	**2426**
16—19岁	27		88	12		29	64		9
20—24岁	128	13	138	130	4	93	469	70	115
25—29岁	234	28	205	197	9	185	869	110	200
30—34岁	437	53	351	335	11	298	1530	237	376
35—39岁	360	36	290	282	12	279	1300	227	348
40—44岁	464	61	365	354	12	342	1436	463	358
45—49岁	470	104	403	310	22	354	1464	590	388
50—54岁	343	73	273	156	14	246	1098	497	378
55—59岁	205	38	146	112	8	124	654	258	219
60—64岁	102	8	33	34	1	36	165	11	19
65—69岁	51	1	25	11		19	63	9	11
70—74岁	12	2	2	1		6	17	3	4
75岁及以上	10		2	1		1	3		1
男	**1037**	**324**	**1487**	**991**	**73**	**1173**	**6132**	**1907**	**1762**
16—19岁	12		44	4		25	39		8
20—24岁	59	10	71	67	3	57	319	61	82
25—29岁	89	18	112	89	9	107	565	84	147
30—34岁	168	37	223	167	10	176	934	174	257
35—39岁	127	29	163	127	7	144	779	168	233
40—44岁	153	41	219	156	10	187	891	315	235
45—49岁	166	75	272	144	12	188	965	379	264
50—54岁	127	67	208	111	14	164	851	466	305
55—59岁	79	37	126	95	7	81	578	243	199
60—64岁	35	8	27	23	1	25	137	7	17
65—69岁	16		19	7		12	58	7	10
70—74岁	3	2	1	1		6	15	3	4
75岁及以上	3		2			1	1		1
女	**1806**	**93**	**834**	**944**	**20**	**839**	**3000**	**568**	**664**
16—19岁	15		44	8		4	25		1
20—24岁	69	3	67	63	1	36	150	9	33
25—29岁	145	10	93	108		78	304	26	53
30—34岁	269	16	128	168	1	122	596	63	119
35—39岁	233	7	127	155	5	135	521	59	115
40—44岁	311	20	146	198	2	155	545	148	123
45—49岁	304	29	131	166	10	166	499	211	124
50—54岁	216	6	65	45		82	247	31	73
55—59岁	126	1	20	17	1	43	76	15	20
60—64岁	67		6	11		11	28	4	2
65—69岁	35	1	6	4		7	5	2	1
70—74岁	9		1				2		
75岁及以上	7			1			2		

4-5a 续表 4

单位：人

年龄组 性别	制造业								
	金属制品业	通用设备制造业	专用设备制造业	汽车制造业	铁路、船舶、航空航天和其他运输设备制造业	电气机械和器材制造业	计算机、通信和其他电子设备制造业	仪器仪表制造业	其他制造业
总计	**4451**	**3452**	**2273**	**2379**	**1889**	**4663**	**10403**	**1000**	**1067**
16-19岁	34	45	35	41	7	89	532	42	12
20-24岁	228	190	172	201	147	407	1333	98	72
25-29岁	432	326	250	286	230	590	1733	139	103
30-34岁	675	606	411	432	314	927	2268	201	151
35-39岁	679	471	316	306	231	750	1522	140	167
40-44岁	829	549	348	378	298	679	1322	137	177
45-49岁	744	611	314	379	277	658	1046	115	176
50-54岁	486	346	241	220	187	346	376	77	110
55-59岁	248	239	126	117	174	163	199	43	68
60-64岁	63	42	35	14	15	35	45	3	21
65-69岁	24	15	17	3	8	13	22	3	3
70-74岁	6	6	5	1	1	6	4	2	2
75岁及以上	3	6	3	1			1		5
男	**3363**	**2463**	**1440**	**1760**	**1347**	**2824**	**5767**	**599**	**590**
16-19岁	33	33	27	38	6	55	351	16	8
20-24岁	178	146	113	168	102	280	880	61	45
25-29岁	348	235	149	231	160	406	1072	86	56
30-34岁	495	430	252	314	218	550	1253	117	76
35-39岁	474	323	186	216	163	416	770	67	91
40-44岁	597	347	193	244	184	334	571	78	85
45-49岁	538	418	200	247	181	357	475	78	90
50-54岁	399	269	181	178	149	259	211	54	61
55-59岁	219	206	97	109	163	123	132	36	57
60-64岁	54	33	24	11	15	28	30	2	15
65-69岁	20	13	13	3	5	12	19	2	3
70-74岁	6	4	4		1	4	2	2	1
75岁及以上	2	6	1	1			1		2
女	**1088**	**989**	**833**	**619**	**542**	**1839**	**4636**	**401**	**477**
16-19岁	1	12	8	3	1	34	181	26	4
20-24岁	50	44	59	33	45	127	453	37	27
25-29岁	84	91	101	55	70	184	661	53	47
30-34岁	180	176	159	118	96	377	1015	84	75
35-39岁	205	148	130	90	68	334	752	73	76
40-44岁	232	202	155	134	114	345	751	59	92
45-49岁	206	193	114	132	96	301	571	37	86
50-54岁	87	77	60	42	38	87	165	23	49
55-59岁	29	33	29	8	11	40	67	7	11
60-64岁	9	9	11	3		7	15	1	6
65-69岁	4	2	4		3	1	3	1	
70-74岁		2	1	1		2	2		1
75岁及以上	1		2						3

4–5a　续表 5

单位：人

年龄组 性　别	制造业		电力、热力、燃气及水生产和供应业				建筑业		
	废弃资源综合利用业	金属制品、机械和设备修理业	小计	电力、热力生产和供应业	燃气生产和供应业	水的生产和供应业	小计	房屋建筑业	土木工程建筑业
总　计	**1051**	**1103**	**6610**	**4676**	**855**	**1079**	**69097**	**32639**	**6177**
16–19岁	3	9	15	7	6	2	476	192	42
20–24岁	38	95	254	180	37	37	3334	1413	362
25–29岁	80	127	657	455	88	114	6281	2591	754
30–34岁	105	173	947	621	171	155	9736	3963	960
35–39岁	96	133	793	555	101	137	8436	3508	796
40–44岁	173	169	1067	763	131	173	10656	4897	800
45–49岁	174	177	1267	896	136	235	11911	5919	978
50–54岁	180	124	899	672	95	132	9847	5296	769
55–59岁	123	74	609	461	69	79	5746	3226	515
60–64岁	41	18	60	40	10	10	1878	1129	141
65–69岁	30	3	29	17	7	5	631	407	46
70–74岁	3	1	12	8	4		120	75	7
75岁及以上	5		1	1			45	23	7
男	**773**	**952**	**4639**	**3367**	**577**	**695**	**58416**	**27398**	**5166**
16–19岁	3	8	10	3	5	2	417	171	36
20–24岁	31	85	182	132	29	21	2703	1145	292
25–29岁	58	111	438	314	52	72	5188	2147	597
30–34岁	68	144	608	412	100	96	8087	3288	776
35–39岁	75	112	512	371	64	77	6934	2809	638
40–44岁	111	144	659	480	80	99	8770	3958	657
45–49岁	125	140	832	614	87	131	9899	4829	803
50–54岁	134	118	738	544	81	113	8627	4569	691
55–59岁	98	70	570	439	62	69	5302	2951	486
60–64岁	38	16	55	37	8	10	1760	1064	135
65–69岁	26	3	24	13	6	5	589	383	42
70–74岁	3	1	10	7	3		104	66	7
75岁及以上	3		1	1			36	18	6
女	**278**	**151**	**1971**	**1309**	**278**	**384**	**10681**	**5241**	**1011**
16–19岁		1	5	4	1		59	21	6
20–24岁	7	10	72	48	8	16	631	268	70
25–29岁	22	16	219	141	36	42	1093	444	157
30–34岁	37	29	339	209	71	59	1649	675	184
35–39岁	21	21	281	184	37	60	1502	699	158
40–44岁	62	25	408	283	51	74	1886	939	143
45–49岁	49	37	435	282	49	104	2012	1090	175
50–54岁	46	6	161	128	14	19	1220	727	78
55–59岁	25	4	39	22	7	10	444	275	29
60–64岁	3	2	5	3	2		118	65	6
65–69岁	4		5	4	1		42	24	4
70–74岁			2	1	1		16	9	
75岁及以上	2						9	5	1

4-5a 续表 6

单位：人

年龄组 性别	建筑业		批发和零售业			交通运输、仓储和邮政业			
	建筑安装业	建筑装饰、装修和其他建筑业	小计	批发业	零售业	小计	铁路运输业	道路运输业	水上运输业
总计	**4488**	**25793**	**108764**	**27060**	**81704**	**30948**	**2078**	**18598**	**287**
16-19岁	31	211	1104	184	920	166	13	60	3
20-24岁	226	1333	7294	1579	5715	1599	155	711	9
25-29岁	455	2481	12517	2793	9724	2885	221	1391	23
30-34岁	724	4089	19802	4741	15061	4448	242	2476	37
35-39岁	635	3497	16660	3945	12715	4086	230	2566	36
40-44岁	731	4228	17824	4337	13487	5405	305	3628	36
45-49岁	720	4294	16783	4372	12411	5574	345	3648	46
50-54岁	538	3244	9587	2776	6811	3870	280	2477	47
55-59岁	324	1681	4825	1558	3267	2302	263	1335	34
60-64岁	79	529	1422	450	972	409	18	222	9
65-69岁	22	156	647	218	429	156	3	68	5
70-74岁	3	35	191	67	124	34	3	10	1
75岁及以上		15	108	40	68	14		6	1
男	**4042**	**21810**	**52450**	**15861**	**36589**	**25460**	**1601**	**16209**	**206**
16-19岁	30	180	555	106	449	126	10	48	2
20-24岁	199	1067	3509	880	2629	1210	109	563	6
25-29岁	407	2037	6200	1650	4550	2185	159	1122	18
30-34岁	643	3380	9070	2643	6427	3459	172	2098	24
35-39岁	562	2925	7361	2090	5271	3287	167	2200	27
40-44岁	634	3521	7747	2355	5392	4407	217	3151	20
45-49岁	647	3620	7697	2472	5225	4578	254	3167	33
50-54岁	508	2859	5494	1890	3604	3485	247	2296	38
55-59岁	313	1552	3260	1190	2070	2169	247	1278	26
60-64岁	76	485	930	340	590	371	13	208	7
65-69岁	20	144	430	163	267	142	3	65	4
70-74岁	3	28	131	55	76	30	3	8	
75岁及以上		12	66	27	39	11		5	1
女	**446**	**3983**	**56314**	**11199**	**45115**	**5488**	**477**	**2389**	**81**
16-19岁	1	31	549	78	471	40	3	12	1
20-24岁	27	266	3785	699	3086	389	46	148	3
25-29岁	48	444	6317	1143	5174	700	62	269	5
30-34岁	81	709	10732	2098	8634	989	70	378	13
35-39岁	73	572	9299	1855	7444	799	63	366	9
40-44岁	97	707	10077	1982	8095	998	88	477	16
45-49岁	73	674	9086	1900	7186	996	91	481	13
50-54岁	30	385	4093	886	3207	385	33	181	9
55-59岁	11	129	1565	368	1197	133	16	57	8
60-64岁	3	44	492	110	382	38	5	14	2
65-69岁	2	12	217	55	162	14		3	1
70-74岁		7	60	12	48	4		2	1
75岁及以上		3	42	13	29	3		1	

4−5a　续表 7

单位：人

年龄组 性　别	交通运输、仓储和邮政业					住宿和餐饮业		
	航　空 运输业	管　道 运输业	多式联运 和运输 代理业	装卸搬运 和仓储业	邮政业	小计	住宿业	餐饮业
总　计	**485**	**67**	**976**	**2812**	**5645**	**34698**	**4585**	**30113**
16−19岁	1		6	14	69	1080	141	939
20−24岁	52	4	43	79	546	3010	413	2597
25−29岁	111	3	106	128	902	3894	527	3367
30−34岁	94	6	162	226	1205	5598	707	4891
35−39岁	62	10	130	238	814	4552	498	4054
40−44岁	44	15	153	421	803	5179	686	4493
45−49岁	50	9	173	593	710	5322	787	4535
50−54岁	42	12	120	542	350	3470	459	3011
55−59岁	25	7	65	376	197	1680	245	1435
60−64岁	2		13	117	28	582	79	503
65−69岁	2	1	1	62	14	255	32	223
70−74岁			2	13	5	54	10	44
75岁及以上			2	3	2	22	1	21
男	**311**	**48**	**766**	**2293**	**4026**	**16932**	**1859**	**15073**
16−19岁	1		3	13	49	643	76	567
20−24岁	34		26	62	410	1828	184	1644
25−29岁	57	2	76	94	657	2290	227	2063
30−34岁	54	5	119	178	809	2950	281	2669
35−39岁	35	9	100	179	570	2172	178	1994
40−44岁	35	9	120	305	550	2227	222	2005
45−49岁	35	6	136	458	489	2098	269	1829
50−54岁	34	11	108	477	274	1407	182	1225
55−59岁	23	5	60	350	180	871	158	713
60−64岁	2		13	106	22	270	51	219
65−69岁	1	1	1	57	10	135	24	111
70−74岁			2	12	5	31	6	25
75岁及以上			2	2	1	10	1	9
女	**174**	**19**	**210**	**519**	**1619**	**17766**	**2726**	**15040**
16−19岁			3	1	20	437	65	372
20−24岁	18	4	17	17	136	1182	229	953
25−29岁	54	1	30	34	245	1604	300	1304
30−34岁	40	1	43	48	396	2648	426	2222
35−39岁	27	1	30	59	244	2380	320	2060
40−44岁	9	6	33	116	253	2952	464	2488
45−49岁	15	3	37	135	221	3224	518	2706
50−54岁	8	1	12	65	76	2063	277	1786
55−59岁	2	2	5	26	17	809	87	722
60−64岁				11	6	312	28	284
65−69岁	1			5	4	120	8	112
70−74岁				1		23	4	19
75岁及以上				1	1	12		12

4-5a 续表 8

单位：人

年龄组 性别	信息传输、软件和信息技术服务业				金融业				
	小计	电信、广播电视和卫星传输服务	互联网和相关服务	软件和信息技术服务业	小计	货币金融服务	资本市场服务	保险业	其他金融业
总计	**12283**	**3709**	**4151**	**4423**	**13451**	**6107**	**982**	**4711**	**1651**
16-19岁	251	34	143	74	73	23	3	32	15
20-24岁	2050	278	893	879	998	391	84	368	155
25-29岁	2523	490	995	1038	2429	1047	197	862	323
30-34岁	2724	790	920	1014	3187	1390	238	1121	438
35-39岁	1798	657	518	623	1797	704	157	709	227
40-44岁	1323	630	326	367	1471	603	102	622	144
45-49岁	870	430	220	220	1629	802	104	561	162
50-54岁	451	235	90	126	1127	665	65	277	120
55-59岁	246	140	34	72	639	419	27	131	62
60-64岁	32	15	8	9	65	41	3	16	5
65-69岁	10	7	3		23	14		9	
70-74岁	4	2	1	1	7	5	1	1	
75岁及以上	1	1			6	3	1	2	
男	**7801**	**2116**	**2598**	**3087**	**6555**	**3045**	**605**	**2005**	**900**
16-19岁	157	19	86	52	36	16	2	12	6
20-24岁	1280	140	538	602	501	175	48	208	70
25-29岁	1623	276	621	726	1145	468	112	400	165
30-34岁	1695	426	578	691	1434	589	136	477	232
35-39岁	1088	332	323	433	836	324	101	271	140
40-44岁	799	320	209	270	587	263	57	198	69
45-49岁	562	275	142	145	747	387	68	200	92
50-54岁	347	181	66	100	668	409	53	133	73
55-59岁	221	130	29	62	532	371	24	87	50
60-64岁	17	8	4	5	46	29	3	11	3
65-69岁	9	7	2		16	10		6	
70-74岁	2	1		1	3	2		1	
75岁及以上	1	1			4	2	1	1	
女	**4482**	**1593**	**1553**	**1336**	**6896**	**3062**	**377**	**2706**	**751**
16-19岁	94	15	57	22	37	7	1	20	9
20-24岁	770	138	355	277	497	216	36	160	85
25-29岁	900	214	374	312	1284	579	85	462	158
30-34岁	1029	364	342	323	1753	801	102	644	206
35-39岁	710	325	195	190	961	380	56	438	87
40-44岁	524	310	117	97	884	340	45	424	75
45-49岁	308	155	78	75	882	415	36	361	70
50-54岁	104	54	24	26	459	256	12	144	47
55-59岁	25	10	5	10	107	48	3	44	12
60-64岁	15	7	4	4	19	12		5	2
65-69岁	1		1		7	4		3	
70-74岁	2	1	1		4	3	1		
75岁及以上					2	1		1	

4−5a　续表 9　　　　单位：人

年龄组 性　别	房地产业		租赁和商务服务业			科学研究和技术服务业			
	小计	房地产业	小计	租赁业	商　务 服务业	小计	研究和 试验发展	专业技术 服务业	科技推广 和应用 服务业
总　计	**17146**	**17146**	**26617**	**1434**	**25183**	**9822**	**1177**	**7159**	**1486**
16−19岁	132	132	362	11	351	71	5	55	11
20−24岁	1422	1422	2611	89	2522	985	78	773	134
25−29岁	2502	2502	3852	196	3656	1622	191	1206	225
30−34岁	3060	3060	4755	294	4461	2034	256	1492	286
35−39岁	1996	1996	3327	210	3117	1390	190	983	217
40−44岁	1963	1963	3267	211	3056	1090	147	782	161
45−49岁	1964	1964	3278	215	3063	1048	128	726	194
50−54岁	1744	1744	2504	120	2384	828	85	629	114
55−59岁	1338	1338	1797	61	1736	595	81	422	92
60−64岁	626	626	524	20	504	93	7	56	30
65−69岁	322	322	242	5	237	39	6	18	15
70−74岁	62	62	70		70	11	2	6	3
75岁及以上	15	15	28	2	26	16	1	11	4
男	**10373**	**10373**	**16167**	**1235**	**14932**	**6822**	**768**	**5067**	**987**
16−19岁	86	86	202	11	191	51	4	41	6
20−24岁	816	816	1361	81	1280	640	43	512	85
25−29岁	1425	1425	2127	177	1950	1113	125	835	153
30−34岁	1657	1657	2644	255	2389	1355	166	1009	180
35−39岁	1034	1034	1874	173	1701	929	116	683	130
40−44岁	1076	1076	1884	173	1711	719	95	526	98
45−49岁	1143	1143	1996	173	1823	691	73	500	118
50−54岁	1246	1246	1875	114	1761	684	66	526	92
55−59岁	1095	1095	1514	57	1457	516	69	365	82
60−64岁	474	474	426	16	410	75	5	45	25
65−69岁	256	256	198	4	194	29	4	13	12
70−74岁	54	54	48		48	9	1	5	3
75岁及以上	11	11	18	1	17	11	1	7	3
女	**6773**	**6773**	**10450**	**199**	**10251**	**3000**	**409**	**2092**	**499**
16−19岁	46	46	160		160	20	1	14	5
20−24岁	606	606	1250	8	1242	345	35	261	49
25−29岁	1077	1077	1725	19	1706	509	66	371	72
30−34岁	1403	1403	2111	39	2072	679	90	483	106
35−39岁	962	962	1453	37	1416	461	74	300	87
40−44岁	887	887	1383	38	1345	371	52	256	63
45−49岁	821	821	1282	42	1240	357	55	226	76
50−54岁	498	498	629	6	623	144	19	103	22
55−59岁	243	243	283	4	279	79	12	57	10
60−64岁	152	152	98	4	94	18	2	11	5
65−69岁	66	66	44	1	43	10	2	5	3
70−74岁	8	8	22		22	2	1	1	
75岁及以上	4	4	10	1	9	5		4	1

4-5a 续表 10 单位：人

年龄组 性 别	水利、环境和公共设施管理业					居民服务、修理和其他服务业			
	小计	水 利 管理业	生态保护 和环境 治理业	公共设施 管理业	土 地 管理业	小计	居 民 服务业	机动车、 电子产品 和日用产 品修理业	其 他 服务业
总 计	**4952**	**306**	**394**	**4196**	**56**	**27763**	**17040**	**5877**	**4846**
16-19岁	18		2	16		786	513	239	34
20-24岁	157	20	16	112	9	2270	1430	673	167
25-29岁	315	34	43	230	8	3124	2035	810	279
30-34岁	470	49	53	359	9	4361	2821	1135	405
35-39岁	436	33	41	353	9	3403	2161	836	406
40-44岁	616	57	47	506	6	3701	2265	792	644
45-49岁	776	52	74	643	7	3784	2213	691	880
50-54岁	769	26	65	673	5	2931	1731	378	822
55-59岁	660	31	25	602	2	1967	1151	235	581
60-64岁	412	2	16	393	1	802	400	59	343
65-69岁	268	2	11	255		445	212	23	210
70-74岁	48		1	47		139	76	5	58
75岁及以上	7			7		50	32	1	17
男	**2996**	**210**	**292**	**2451**	**43**	**11623**	**4907**	**4858**	**1858**
16-19岁	11			11		455	200	230	25
20-24岁	108	14	12	77	5	1234	542	608	84
25-29岁	209	25	31	148	5	1545	707	690	148
30-34岁	298	28	36	227	7	1967	849	927	191
35-39岁	278	21	30	222	5	1464	619	672	173
40-44岁	348	36	35	271	6	1350	536	612	202
45-49岁	435	36	55	337	7	1264	465	528	271
50-54岁	442	17	51	369	5	996	423	311	262
55-59岁	410	29	20	359	2	744	332	207	205
60-64岁	246	2	12	231	1	321	132	48	141
65-69岁	174	2	9	163		205	68	19	118
70-74岁	32		1	31		58	22	5	31
75岁及以上	5			5		20	12	1	7
女	**1956**	**96**	**102**	**1745**	**13**	**16140**	**12133**	**1019**	**2988**
16-19岁	7		2	5		331	313	9	9
20-24岁	49	6	4	35	4	1036	888	65	83
25-29岁	106	9	12	82	3	1579	1328	120	131
30-34岁	172	21	17	132	2	2394	1972	208	214
35-39岁	158	12	11	131	4	1939	1542	164	233
40-44岁	268	21	12	235		2351	1729	180	442
45-49岁	341	16	19	306		2520	1748	163	609
50-54岁	327	9	14	304		1935	1308	67	560
55-59岁	250	2	5	243		1223	819	28	376
60-64岁	166		4	162		481	268	11	202
65-69岁	94		2	92		240	144	4	92
70-74岁	16			16		81	54		27
75岁及以上	2			2		30	20		10

4–5a　续表 11

单位：人

年龄组 性　别	教育		卫生和社会工作			文化、体育和娱乐业				
	小计	教育	小计	卫生	社会工作	小计	新闻和出版业	广播、电视、电影和录音制作业	文　化艺术业	体育
总　计	**38910**	**38910**	**17720**	**17325**	**395**	**6175**	**752**	**866**	**1233**	**794**
16–19岁	611	611	191	184	7	180	1	12	12	19
20–24岁	4021	4021	2045	2026	19	902	48	147	126	158
25–29岁	5844	5844	3126	3098	28	1082	100	143	226	185
30–34岁	6994	6994	3466	3436	30	1123	139	160	199	153
35–39岁	5748	5748	2487	2451	36	771	110	100	160	89
40–44岁	5106	5106	1955	1898	57	653	110	107	140	57
45–49岁	4173	4173	1716	1647	69	605	110	93	132	61
50–54岁	3584	3584	1342	1276	66	424	74	52	106	37
55–59岁	2298	2298	927	890	37	330	54	47	98	28
60–64岁	327	327	238	214	24	63	4	3	21	2
65–69岁	116	116	147	129	18	32	1	2	11	2
70–74岁	54	54	51	49	2	9	1		2	3
75岁及以上	34	34	29	27	2	1				
男	**14500**	**14500**	**6020**	**5877**	**143**	**3308**	**424**	**493**	**605**	**446**
16–19岁	202	202	38	37	1	85		5	7	12
20–24岁	866	866	464	456	8	494	17	84	40	108
25–29岁	1498	1498	709	703	6	583	51	72	94	115
30–34岁	1920	1920	901	890	11	574	67	87	92	78
35–39岁	1898	1898	828	817	11	386	56	54	69	36
40–44岁	2129	2129	772	755	17	322	67	59	61	29
45–49岁	1984	1984	765	735	30	312	64	56	76	22
50–54岁	1970	1970	689	672	17	244	48	35	70	23
55–59岁	1667	1667	573	554	19	247	48	39	75	19
60–64岁	234	234	149	136	13	38	4	1	15	2
65–69岁	78	78	80	72	8	18	1	1	6	1
70–74岁	36	36	37	35	2	4	1			1
75岁及以上	18	18	15	15		1				
女	**24410**	**24410**	**11700**	**11448**	**252**	**2867**	**328**	**373**	**628**	**348**
16–19岁	409	409	153	147	6	95	1	7	5	7
20–24岁	3155	3155	1581	1570	11	408	31	63	86	50
25–29岁	4346	4346	2417	2395	22	499	49	71	132	70
30–34岁	5074	5074	2565	2546	19	549	72	73	107	75
35–39岁	3850	3850	1659	1634	25	385	54	46	91	53
40–44岁	2977	2977	1183	1143	40	331	43	48	79	28
45–49岁	2189	2189	951	912	39	293	46	37	56	39
50–54岁	1614	1614	653	604	49	180	26	17	36	14
55–59岁	631	631	354	336	18	83	6	8	23	9
60–64岁	93	93	89	78	11	25		2	6	
65–69岁	38	38	67	57	10	14		1	5	1
70–74岁	18	18	14	14		5			2	2
75岁及以上	16	16	14	12	2					

4−5a 续表 12

单位：人

年龄组 性 别	娱乐业	公共管理、社会保障和社会组织							国际组织	
		小计	中国共产党机关	国家机构	人民政协、民主党派	社会保障	群众团体、社会团体和其他成员组织	基层群众自治组织	小计	国际组织
总 计	**2530**	**36658**	**1075**	**30286**	**88**	**248**	**2383**	**2578**	**4**	**4**
16−19岁	136	127	2	90		1	26	8		
20−24岁	423	1804	33	1483	3	11	170	104		
25−29岁	428	3979	87	3354	5	37	288	208		
30−34岁	472	6056	181	5058	8	43	372	394	2	2
35−39岁	312	5017	142	4204	5	35	293	338	1	1
40−44岁	239	5329	161	4324	13	38	353	440		
45−49岁	209	5543	172	4547	13	36	364	411		
50−54岁	155	4569	166	3806	20	30	252	295		
55−59岁	103	3537	116	2982	20	12	174	233	1	1
60−64岁	33	412	12	255		2	49	94		
65−69岁	16	174	2	109	1	1	19	42		
70−74岁	3	79		53		2	15	9		
75岁及以上	1	32	1	21			8	2		
男	**1340**	**23689**	**758**	**20255**	**62**	**121**	**1246**	**1247**	**3**	**3**
16−19岁	61	84	2	68		1	12	1		
20−24岁	245	1078	18	931	3	6	76	44		
25−29岁	251	2166	47	1895	4	16	120	84		
30−34岁	250	3450	109	2990	7	19	178	147	2	2
35−39岁	171	3078	105	2684	2	16	144	127		
40−44岁	106	3240	106	2743	6	13	168	204		
45−49岁	94	3606	124	3059	7	15	195	206		
50−54岁	68	3361	132	2865	14	21	164	165		
55−59岁	66	3110	106	2678	18	10	132	166	1	1
60−64岁	16	308	8	205		1	30	64		
65−69岁	9	128	1	83	1	1	11	31		
70−74岁	2	55		36		2	11	6		
75岁及以上	1	25		18			5	2		
女	**1190**	**12969**	**317**	**10031**	**26**	**127**	**1137**	**1331**	**1**	**1**
16−19岁	75	43		22			14	7		
20−24岁	178	726	15	552		5	94	60		
25−29岁	177	1813	40	1459	1	21	168	124		
30−34岁	222	2606	72	2068	1	24	194	247		
35−39岁	141	1939	37	1520	3	19	149	211	1	1
40−44岁	133	2089	55	1581	7	25	185	236		
45−49岁	115	1937	48	1488	6	21	169	205		
50−54岁	87	1208	34	941	6	9	88	130		
55−59岁	37	427	10	304	2	2	42	67		
60−64岁	17	104	4	50		1	19	30		
65−69岁	7	46	1	26			8	11		
70−74岁	1	24		17			4	3		
75岁及以上		7	1	3			3			

4-5b　全省分年龄、性别、行业大类的就业人口(镇)

单位：人

年龄组 性　别	合计	农、林、牧、渔业						采矿业	
		小计	农业	林业	畜牧业	渔业	农、林、牧、渔专业及辅助性活动	小计	煤炭开采和洗选业
总　计	**644311**	**80016**	**69835**	**2341**	**3950**	**1326**	**2564**	**2663**	**403**
16-19岁	8605	525	457	14	19	9	26	3	
20-24岁	40999	1790	1455	77	95	29	134	80	6
25-29岁	63903	3188	2594	138	203	59	194	163	7
30-34岁	93271	5377	4379	227	342	135	294	243	16
35-39岁	79510	5362	4378	235	378	121	250	238	18
40-44岁	94703	8114	6797	326	466	174	351	380	50
45-49岁	98599	11151	9333	432	686	243	457	577	95
50-54岁	75157	13072	11360	404	682	244	382	573	109
55-59岁	47412	11636	10407	296	495	190	248	294	59
60-64岁	21547	8500	7914	117	280	68	121	59	17
65-69岁	13149	6673	6317	55	182	42	77	27	11
70-74岁	5028	3056	2947	14	64	8	23	17	10
75岁及以上	2428	1572	1497	6	58	4	7	9	5
男	**374433**	**44460**	**37548**	**1855**	**2435**	**966**	**1656**	**2191**	**342**
16-19岁	5042	324	280	10	16	5	13	2	
20-24岁	22748	1033	806	48	71	24	84	66	4
25-29岁	35388	1781	1389	94	136	45	117	123	5
30-34岁	50855	2952	2284	168	226	89	185	193	11
35-39岁	43126	2905	2240	182	247	87	149	180	14
40-44岁	52006	4350	3499	240	297	112	202	281	39
45-49岁	56400	5913	4678	339	419	176	301	458	81
50-54岁	48272	6878	5691	353	399	179	256	517	99
55-59岁	32945	6421	5523	265	299	147	187	271	54
60-64岁	14250	4937	4556	95	147	58	81	51	11
65-69岁	8647	4083	3833	44	111	36	59	25	9
70-74岁	3244	1898	1826	12	36	6	18	16	10
75岁及以上	1510	985	943	5	31	2	4	8	5
女	**269878**	**35556**	**32287**	**486**	**1515**	**360**	**908**	**472**	**61**
16-19岁	3563	201	177	4	3	4	13	1	
20-24岁	18251	757	649	29	24	5	50	14	2
25-29岁	28515	1407	1205	44	67	14	77	40	2
30-34岁	42416	2425	2095	59	116	46	109	50	5
35-39岁	36384	2457	2138	53	131	34	101	58	4
40-44岁	42697	3764	3298	86	169	62	149	99	11
45-49岁	42199	5238	4655	93	267	67	156	119	14
50-54岁	26885	6194	5669	51	283	65	126	56	10
55-59岁	14467	5215	4884	31	196	43	61	23	5
60-64岁	7297	3563	3358	22	133	10	40	8	6
65-69岁	4502	2590	2484	11	71	6	18	2	2
70-74岁	1784	1158	1121	2	28	2	5	1	
75岁及以上	918	587	554	1	27	2	3	1	

4-5b 续表 1

单位：人

年龄组 性 别	采矿业						制造业		
	石油和天然气开采业	黑色金属矿采选业	有色金属矿采选业	非金属矿采选业	开采专业及辅助性活 动	其 他采矿业	小计	农副食品加工业	食 品制造业
总 计	**25**	**96**	**1034**	**799**	**125**	**181**	**151690**	**4091**	**3796**
16-19岁			1	2			2423	15	74
20-24岁	1	2	32	26	8	5	9760	167	294
25-29岁	1	5	52	81	4	13	14917	275	404
30-34岁	8	10	88	86	15	20	24564	417	631
35-39岁	1	6	93	93	8	19	21986	417	570
40-44岁	5	13	159	118	16	19	25800	579	576
45-49岁	5	17	228	157	32	43	25550	766	617
50-54岁	2	29	239	125	28	41	14956	615	383
55-59岁	2	12	122	72	10	17	7381	441	159
60-64岁		1	13	23	2	3	2661	214	47
65-69岁		1	4	10	1		1223	140	26
70-74岁			1	5		1	335	32	11
75岁及以上			2	1	1		134	13	4
男	**15**	**82**	**841**	**664**	**98**	**149**	**80558**	**2490**	**1885**
16-19岁			1	1			1408	11	45
20-24岁	1	2	26	22	6	5	5879	98	162
25-29岁	1	4	41	60	3	9	8475	176	200
30-34岁	6	8	66	74	12	16	12616	254	303
35-39岁		6	66	74	5	15	10565	239	261
40-44岁	2	7	113	95	11	14	11910	293	253
45-49岁	1	14	174	127	25	36	12505	454	278
50-54岁	2	28	220	110	24	34	9045	380	225
55-59岁	2	11	114	65	9	16	5164	304	101
60-64岁		1	13	22	1	3	1863	151	34
65-69岁		1	4	10	1		842	103	16
70-74岁			1	4		1	211	21	4
75岁及以上			2		1		75	6	3
女	**10**	**14**	**193**	**135**	**27**	**32**	**71132**	**1601**	**1911**
16-19岁				1			1015	4	29
20-24岁			6	4	2		3881	69	132
25-29岁		1	11	21	1	4	6442	99	204
30-34岁	2	2	22	12	3	4	11948	163	328
35-39岁	1		27	19	3	4	11421	178	309
40-44岁	3	6	46	23	5	5	13890	286	323
45-49岁	4	3	54	30	7	7	13045	312	339
50-54岁		1	19	15	4	7	5911	235	158
55-59岁		1	8	7	1	1	2217	137	58
60-64岁				1	1		798	63	13
65-69岁							381	37	10
70-74岁				1			124	11	7
75岁及以上				1			59	7	1

4-5b 续表 2

单位：人

年龄组 性别	制造业								
	酒、饮料和精制茶制造业	烟草制品业	纺织业	纺织服装、服饰业	皮革、毛皮、羽毛及其制品和制鞋业	木材加工和木、竹、藤、棕、草制品业	家具制造业	造纸和纸制品业	印刷和记录媒介复制业
总计	**1190**	**129**	**4643**	**31298**	**10664**	**3585**	**4391**	**2443**	**1060**
16-19岁	13	1	43	428	114	18	45	34	15
20-24岁	59	5	187	1785	490	72	236	133	72
25-29岁	112	9	349	2896	833	175	387	240	87
30-34岁	167	12	651	5429	1729	346	645	324	178
35-39岁	153	12	690	5213	1736	371	600	342	169
40-44岁	165	25	866	6278	2163	498	735	385	193
45-49岁	209	36	928	5589	2155	706	764	393	157
50-54岁	145	21	526	2377	918	684	549	312	113
55-59岁	93	4	236	852	350	444	295	179	51
60-64岁	32	3	89	264	111	163	88	67	16
65-69岁	28	1	56	134	55	70	34	24	6
70-74岁	10		17	34	8	27	10	7	2
75岁及以上	4		5	19	2	11	3	3	1
男	**727**	**82**	**1919**	**10217**	**4297**	**2651**	**3171**	**1435**	**629**
16-19岁	7		20	188	55	15	39	25	9
20-24岁	39	5	92	719	257	56	180	96	45
25-29岁	73	5	143	1021	392	133	284	137	64
30-34岁	94	8	258	1737	697	250	452	199	104
35-39岁	80	8	249	1591	683	267	411	172	90
40-44岁	79	15	318	1804	784	319	498	220	114
45-49岁	123	19	356	1737	768	479	536	226	82
50-54岁	97	16	250	887	391	523	408	195	66
55-59岁	76	3	140	342	173	368	251	119	37
60-64岁	26	2	51	106	59	147	74	31	11
65-69岁	24	1	31	63	33	63	27	10	5
70-74岁	6		9	17	3	22	8	5	1
75岁及以上	3		2	5	2	9	3		1
女	**463**	**47**	**2724**	**21081**	**6367**	**934**	**1220**	**1008**	**431**
16-19岁	6	1	23	240	59	3	6	9	6
20-24岁	20		95	1066	233	16	56	37	27
25-29岁	39	4	206	1875	441	42	103	103	23
30-34岁	73	4	393	3692	1032	96	193	125	74
35-39岁	73	4	441	3622	1053	104	189	170	79
40-44岁	86	10	548	4474	1379	179	237	165	79
45-49岁	86	17	572	3852	1387	227	228	167	75
50-54岁	48	5	276	1490	527	161	141	117	47
55-59岁	17	1	96	510	177	76	44	60	14
60-64岁	6	1	38	158	52	16	14	36	5
65-69岁	4		25	71	22	7	7	14	1
70-74岁	4		8	17	5	5	2	2	1
75岁及以上	1		3	14		2		3	

4－5b 续表 3

单位：人

年龄组 性 别	制造业								
	文教、工美、体育和娱乐用品制造业	石油、煤炭及其他燃料加工业	化学原料和化学制品制造业	医 药制造业	化学纤维制造业	橡胶和塑 料制品业	非金属矿 物制品业	黑色金属冶炼和压延加工业	有色金属冶炼和压延加工业
总 计	**4067**	**173**	**5782**	**2138**	**136**	**4127**	**13875**	**1027**	**3452**
16－19岁	54	1	46	34		42	92	4	43
20－24岁	168	11	285	153	5	199	515	41	190
25－29岁	340	8	392	218	10	325	895	81	303
30－34岁	603	12	800	288	22	579	1760	197	524
35－39岁	605	14	708	292	19	545	1688	153	389
40－44岁	692	27	928	349	15	698	2223	179	530
45－49岁	737	43	1065	378	26	792	2611	170	647
50－54岁	434	30	803	254	22	515	2130	120	488
55－59岁	212	14	465	112	14	256	1225	53	261
60－64岁	124	9	182	35	1	108	512	13	58
65－69岁	55	4	83	19	1	43	189	11	11
70－74岁	31		17	6	1	14	31	3	5
75岁及以上	12		8			11	4	2	3
男	**1659**	**131**	**3370**	**1132**	**85**	**2463**	**9388**	**770**	**2589**
16－19岁	30	1	26	9		28	70	4	31
20－24岁	81	10	159	88	5	131	388	37	146
25－29岁	153	6	234	112	4	213	616	68	232
30－34岁	249	7	451	131	13	349	1126	148	375
35－39岁	249	9	391	137	10	295	1064	96	264
40－44岁	251	20	525	148	6	359	1368	121	364
45－49岁	275	32	598	204	16	439	1632	124	454
50－54岁	180	25	500	172	16	339	1541	96	415
55－59岁	95	10	316	85	12	191	980	48	240
60－64岁	59	7	105	26	1	82	417	13	53
65－69岁	21	4	51	15	1	26	157	10	9
70－74岁	10		10	5	1	8	25	3	5
75岁及以上	6		4			3	4	2	1
女	**2408**	**42**	**2412**	**1006**	**51**	**1664**	**4487**	**257**	**863**
16－19岁	24		20	25		14	22		12
20－24岁	87	1	126	65		68	127	4	44
25－29岁	187	2	158	106	6	112	279	13	71
30－34岁	354	5	349	157	9	230	634	49	149
35－39岁	356	5	317	155	9	250	624	57	125
40－44岁	441	7	403	201	9	339	855	58	166
45－49岁	462	11	467	174	10	353	979	46	193
50－54岁	254	5	303	82	6	176	589	24	73
55－59岁	117	4	149	27	2	65	245	5	21
60－64岁	65	2	77	9		26	95		5
65－69岁	34		32	4		17	32	1	2
70－74岁	21		7	1		6	6		
75岁及以上	6		4			8			2

4−5b　续表 4　　单位：人

年龄组 性　别	制造业								
	金　属 制品业	通用设备 制造业	专用设备 制造业	汽　车 制造业	铁路、船舶、 航空航天和 其他运输 设备制造业	电气机械 和器材 制造业	计算机、 通信和其 他电子设 备制造业	仪器仪表 制造业	其　他 制造业
总　计	**7533**	**4624**	**2923**	**2065**	**760**	**5871**	**21924**	**528**	**1672**
16−19岁	107	126	58	43	6	125	787	6	35
20−24岁	464	359	237	179	73	402	2738	36	121
25−29岁	743	524	344	299	105	605	3575	58	183
30−34岁	1288	769	587	466	120	1010	4460	88	258
35−39岁	1117	666	415	302	90	897	3287	91	243
40−44岁	1283	735	421	265	97	1035	3268	84	273
45−49岁	1213	717	407	265	112	976	2388	83	274
50−54岁	763	408	247	144	99	507	910	41	148
55−59岁	379	228	133	69	44	214	340	25	82
60−64岁	110	50	39	22	11	64	111	9	38
65−69岁	46	34	24	9	2	27	39	6	12
70−74岁	15	4	5	1	1	8	15	1	5
75岁及以上	5	4	6	1		1	6		
男	**5723**	**3025**	**1880**	**1420**	**585**	**3226**	**11077**	**336**	**845**
16−19岁	88	77	44	31	6	61	459	3	15
20−24岁	374	258	170	135	62	245	1678	27	65
25−29岁	587	368	228	222	81	373	2086	44	102
30−34岁	956	528	376	307	95	561	2255	44	131
35−39岁	836	386	251	205	56	467	1488	53	106
40−44岁	932	443	246	157	75	497	1351	54	119
45−49岁	880	419	245	164	78	479	984	52	137
50−54岁	595	290	169	110	79	319	454	28	80
55−59岁	321	183	104	61	40	158	211	17	50
60−64岁	99	41	24	18	10	45	73	8	31
65−69岁	39	26	17	8	2	15	26	5	6
70−74岁	11	3	3	1	1	5	8	1	3
75岁及以上	5	3	3	1		1	4		
女	**1810**	**1599**	**1043**	**645**	**175**	**2645**	**10847**	**192**	**827**
16−19岁	19	49	14	12		64	328	3	20
20−24岁	90	101	67	44	11	157	1060	9	56
25−29岁	156	156	116	77	24	232	1489	14	81
30−34岁	332	241	211	159	25	449	2205	44	127
35−39岁	281	280	164	97	34	430	1799	38	137
40−44岁	351	292	175	108	22	538	1917	30	154
45−49岁	333	298	162	101	34	497	1404	31	137
50−54岁	168	118	78	34	20	188	456	13	68
55−59岁	58	45	29	8	4	56	129	8	32
60−64岁	11	9	15	4	1	19	38	1	7
65−69岁	7	8	7	1		12	13	1	6
70−74岁	4	1	2			3	7		2
75岁及以上		1	3				2		

4－5b 续表 5

单位：人

年龄组 性别	制造业		电力、热力、燃气及水生产和供应业				建筑业		
	废弃资源综合利用业	金属制品、机械和设备修理业	小计	电力、热力生产和供应业	燃气生产和供应业	水的生产和供应业	小计	房屋建筑业	土木工程建筑业
总计	**874**	**849**	**4640**	**3038**	**660**	**942**	**80371**	**42135**	**5189**
16－19岁	3	11	20	17	3		598	281	28
20－24岁	20	64	185	107	44	34	3399	1592	292
25－29岁	49	93	391	230	77	84	5943	2561	522
30－34岁	63	141	567	335	110	122	9897	4274	741
35－39岁	82	110	493	314	78	101	9173	4117	615
40－44岁	124	111	872	583	93	196	12448	6234	729
45－49岁	179	147	952	652	106	194	14505	8002	795
50－54岁	147	103	621	440	80	101	12411	7351	754
55－59岁	106	45	407	289	41	77	7583	4682	461
60－64岁	60	11	81	43	15	23	2926	1993	159
65－69岁	28	6	38	21	9	8	1182	810	81
70－74岁	10	4	13	7	4	2	238	188	10
75岁及以上	3	3					68	50	2
男	**627**	**724**	**3318**	**2267**	**445**	**606**	**68252**	**34633**	**4672**
16－19岁	2	9	12	11	1		506	222	26
20－24岁	15	56	130	80	28	22	2828	1291	261
25－29岁	38	80	270	167	47	56	5029	2068	472
30－34岁	44	114	370	226	73	71	8334	3430	661
35－39岁	57	94	313	218	43	52	7698	3288	539
40－44岁	82	95	562	392	57	113	10326	4957	644
45－49岁	121	114	632	447	74	111	11939	6339	695
50－54岁	103	96	534	388	64	82	10730	6154	702
55－59岁	84	44	376	273	34	69	6823	4116	432
60－64岁	48	11	72	39	12	21	2682	1815	154
65－69岁	24	4	35	20	8	7	1090	746	75
70－74岁	8	4	12	6	4	2	211	166	9
75岁及以上	1	3					56	41	2
女	**247**	**125**	**1322**	**771**	**215**	**336**	**12119**	**7502**	**517**
16－19岁	1	2	8	6	2		92	59	2
20－24岁	5	8	55	27	16	12	571	301	31
25－29岁	11	13	121	63	30	28	914	493	50
30－34岁	19	27	197	109	37	51	1563	844	80
35－39岁	25	16	180	96	35	49	1475	829	76
40－44岁	42	16	310	191	36	83	2122	1277	85
45－49岁	58	33	320	205	32	83	2566	1663	100
50－54岁	44	7	87	52	16	19	1681	1197	52
55－59岁	22	1	31	16	7	8	760	566	29
60－64岁	12		9	4	3	2	244	178	5
65－69岁	4	2	3	1	1	1	92	64	6
70－74岁	2		1	1			27	22	1
75岁及以上	2						12	9	

4-5b　续表 6

单位：人

年龄组 性　别	建筑业		批发和零售业			交通运输、仓储和邮政业			
	建　筑 安装业	建筑装饰、装修和其他建筑业	小计	批发业	零售业	小计	铁　路 运输业	道　路 运输业	水　上 运输业
总　计	**4686**	**28361**	**105166**	**23264**	**81902**	**29676**	**612**	**18948**	**163**
16–19岁	40	249	1260	217	1043	229	4	85	1
20–24岁	194	1321	6883	1348	5535	1437	73	612	7
25–29岁	436	2424	11189	2332	8857	2588	95	1377	17
30–34岁	811	4071	17844	3724	14120	4199	80	2537	16
35–39岁	611	3830	15318	3263	12055	4021	50	2753	19
40–44岁	773	4712	17591	3678	13913	5374	66	3866	14
45–49岁	795	4913	16419	3667	12752	5374	83	3770	21
50–54岁	580	3726	9902	2440	7462	3623	79	2337	33
55–59岁	301	2139	5130	1422	3708	1920	72	1163	18
60–64岁	104	670	2077	627	1450	608	7	313	9
65–69岁	34	257	1023	333	690	237	2	113	5
70–74岁	6	34	385	158	227	49		14	2
75岁及以上	1	15	145	55	90	17	1	8	1
男	**4277**	**24670**	**51301**	**13604**	**37697**	**25401**	**474**	**17144**	**126**
16–19岁	37	221	665	134	531	180	3	71	1
20–24岁	174	1102	3554	831	2723	1119	46	503	6
25–29岁	406	2083	5496	1361	4135	2082	66	1174	11
30–34岁	741	3502	8280	2109	6171	3403	55	2216	16
35–39岁	543	3328	6928	1812	5116	3388	38	2475	12
40–44岁	698	4027	7783	1965	5818	4604	51	3496	11
45–49岁	711	4194	7675	2045	5630	4716	65	3468	15
50–54岁	540	3334	5362	1558	3804	3305	76	2205	24
55–59岁	291	1984	3186	966	2220	1763	65	1114	17
60–64岁	98	615	1351	441	910	559	6	297	6
65–69岁	32	237	679	231	448	223	2	107	5
70–74岁	5	31	252	113	139	45		13	1
75岁及以上	1	12	90	38	52	14	1	5	1
女	**409**	**3691**	**53865**	**9660**	**44205**	**4275**	**138**	**1804**	**37**
16–19岁	3	28	595	83	512	49	1	14	
20–24岁	20	219	3329	517	2812	318	27	109	1
25–29岁	30	341	5693	971	4722	506	29	203	6
30–34岁	70	569	9564	1615	7949	796	25	321	
35–39岁	68	502	8390	1451	6939	633	12	278	7
40–44岁	75	685	9808	1713	8095	770	15	370	3
45–49岁	84	719	8744	1622	7122	658	18	302	6
50–54岁	40	392	4540	882	3658	318	3	132	9
55–59岁	10	155	1944	456	1488	157	7	49	1
60–64岁	6	55	726	186	540	49	1	16	3
65–69岁	2	20	344	102	242	14		6	
70–74岁	1	3	133	45	88	4		1	1
75岁及以上		3	55	17	38	3		3	

4-5b 续表 7

单位：人

年龄组 性别	交通运输、仓储和邮政业					住宿和餐饮业		
	航空运输业	管道运输业	多式联运和运输代理业	装卸搬运和仓储业	邮政业	小计	住宿业	餐饮业
总计	**206**	**27**	**746**	**3716**	**5258**	**31511**	**3645**	**27866**
16-19岁	1		7	24	107	737	80	657
20-24岁	28		43	107	567	2279	292	1987
25-29岁	52	2	67	166	812	3067	377	2690
30-34岁	29	7	112	280	1138	4816	552	4264
35-39岁	20	2	105	296	776	4125	477	3648
40-44岁	15	3	131	560	719	4979	539	4440
45-49岁	23	7	134	737	599	4979	570	4409
50-54岁	18	5	94	710	347	3541	422	3119
55-59岁	13	1	36	477	140	1873	240	1633
60-64岁	4		13	227	35	695	60	635
65-69岁	2		3	105	7	318	27	291
70-74岁	1		1	24	7	71	5	66
75岁及以上				3	4	31	4	27
男	**140**	**18**	**627**	**3068**	**3804**	**14861**	**1475**	**13386**
16-19岁			5	20	80	444	39	405
20-24岁	16		31	97	420	1397	153	1244
25-29岁	37		48	133	613	1719	154	1565
30-34岁	17	6	86	224	783	2499	209	2290
35-39岁	12	1	89	223	538	1931	178	1753
40-44岁	9	2	110	429	496	2137	192	1945
45-49岁	17	6	122	592	431	1990	191	1799
50-54岁	15	3	90	618	274	1381	176	1205
55-59岁	11		32	402	122	823	119	704
60-64岁	3		10	205	32	321	38	283
65-69岁	2		3	100	4	160	20	140
70-74岁	1		1	22	7	42	4	38
75岁及以上				3	4	17	2	15
女	**66**	**9**	**119**	**648**	**1454**	**16650**	**2170**	**14480**
16-19岁	1		2	4	27	293	41	252
20-24岁	12		12	10	147	882	139	743
25-29岁	15	2	19	33	199	1348	223	1125
30-34岁	12	1	26	56	355	2317	343	1974
35-39岁	8	1	16	73	238	2194	299	1895
40-44岁	6	1	21	131	223	2842	347	2495
45-49岁	6	1	12	145	168	2989	379	2610
50-54岁	3	2	4	92	73	2160	246	1914
55-59岁	2	1	4	75	18	1050	121	929
60-64岁	1		3	22	3	374	22	352
65-69岁				5	3	158	7	151
70-74岁				2		29	1	28
75岁及以上						14	2	12

4−5b　续表 8

单位：人

年龄组 性　别	信息传输、软件和信息技术服务业				金融业				
	小计	电信、广播电视和卫星传输服务	互联网和相关服务	软件和信息技术服务业	小计	货币金融服　务	资本市场服　务	保险业	其　他金融业
总　计	**7416**	**2170**	**3132**	**2114**	**6578**	**3158**	**278**	**2525**	**617**
16−19岁	145	23	84	38	30	7	1	16	6
20−24岁	1314	187	638	489	585	263	32	187	103
25−29岁	1706	316	811	579	1195	582	62	409	142
30−34岁	1706	521	741	444	1420	692	73	526	129
35−39岁	999	370	385	244	777	301	30	386	60
40−44岁	648	292	206	150	757	304	26	377	50
45−49岁	499	249	153	97	814	389	30	341	54
50−54岁	238	115	75	48	570	317	18	190	45
55−59岁	124	77	28	19	340	246	2	71	21
60−64岁	23	15	4	4	54	36	1	12	5
65−69岁	11	4	5	2	20	11	2	7	
70−74岁	3	1	2		11	6	1	2	2
75岁及以上					5	4		1	
男	**4743**	**1216**	**2015**	**1512**	**3298**	**1712**	**166**	**1067**	**353**
16−19岁	88	13	48	27	13	4		8	1
20−24岁	844	101	408	335	313	139	17	100	57
25−29岁	1126	169	519	438	603	263	41	220	79
30−34岁	1039	252	466	321	660	321	40	229	70
35−39岁	593	178	236	179	355	145	18	156	36
40−44岁	396	160	138	98	295	145	12	115	23
45−49岁	331	167	108	56	346	189	20	105	32
50−54岁	186	92	58	36	368	240	13	85	30
55−59岁	109	68	25	16	286	225	2	38	21
60−64岁	20	13	3	4	35	26	1	5	3
65−69岁	9	3	4	2	16	9	2	5	
70−74岁	2		2		4	3			1
75岁及以上					4	3		1	
女	**2673**	**954**	**1117**	**602**	**3280**	**1446**	**112**	**1458**	**264**
16−19岁	57	10	36	11	17	3	1	8	5
20−24岁	470	86	230	154	272	124	15	87	46
25−29岁	580	147	292	141	592	319	21	189	63
30−34岁	667	269	275	123	760	371	33	297	59
35−39岁	406	192	149	65	422	156	12	230	24
40−44岁	252	132	68	52	462	159	14	262	27
45−49岁	168	82	45	41	468	200	10	236	22
50−54岁	52	23	17	12	202	77	5	105	15
55−59岁	15	9	3	3	54	21		33	
60−64岁	3	2	1		19	10		7	2
65−69岁	2	1	1		4	2		2	
70−74岁	1	1			7	3	1	2	1
75岁及以上					1	1			

4-5b 续表 9

单位：人

年龄组 性　别	房地产业		租赁和商务服务业			科学研究和技术服务业			
	小计	房地产业	小计	租赁业	商　务 服务业	小计	研究和 试验发展	专业技术 服务业	科技推广 和应用 服务业
总　计	**9566**	**9566**	**18279**	**1188**	**17091**	**5349**	**504**	**3562**	**1283**
16-19岁	93	93	281	23	258	72	9	51	12
20-24岁	814	814	1763	85	1678	593	49	449	95
25-29岁	1354	1354	2493	146	2347	938	92	688	158
30-34岁	1673	1673	3125	238	2887	974	105	690	179
35-39岁	1085	1085	2149	178	1971	663	64	463	136
40-44岁	1096	1096	2160	174	1986	563	61	358	144
45-49岁	1131	1131	2141	172	1969	578	53	371	154
50-54岁	927	927	1859	106	1753	438	38	267	133
55-59岁	756	756	1353	43	1310	295	25	158	112
60-64岁	381	381	511	17	494	108	4	37	67
65-69岁	205	205	331	4	327	69	2	19	48
70-74岁	41	41	84		84	36	2	6	28
75岁及以上	10	10	29	2	27	22		5	17
男	**5863**	**5863**	**11727**	**1055**	**10672**	**3794**	**344**	**2643**	**807**
16-19岁	50	50	176	21	155	52	9	36	7
20-24岁	510	510	996	74	922	400	29	320	51
25-29岁	816	816	1452	137	1315	693	62	529	102
30-34岁	895	895	1816	206	1610	671	75	490	106
35-39岁	530	530	1270	159	1111	480	43	339	98
40-44岁	610	610	1299	148	1151	391	38	262	91
45-49岁	665	665	1393	151	1242	378	35	256	87
50-54岁	680	680	1386	95	1291	334	26	216	92
55-59岁	590	590	1133	42	1091	230	20	140	70
60-64岁	301	301	434	16	418	75	4	30	41
65-69岁	175	175	279	4	275	48	1	16	31
70-74岁	31	31	69		69	27	2	5	20
75岁及以上	10	10	24	2	22	15		4	11
女	**3703**	**3703**	**6552**	**133**	**6419**	**1555**	**160**	**919**	**476**
16-19岁	43	43	105	2	103	20		15	5
20-24岁	304	304	767	11	756	193	20	129	44
25-29岁	538	538	1041	9	1032	245	30	159	56
30-34岁	778	778	1309	32	1277	303	30	200	73
35-39岁	555	555	879	19	860	183	21	124	38
40-44岁	486	486	861	26	835	172	23	96	53
45-49岁	466	466	748	21	727	200	18	115	67
50-54岁	247	247	473	11	462	104	12	51	41
55-59岁	166	166	220	1	219	65	5	18	42
60-64岁	80	80	77	1	76	33		7	26
65-69岁	30	30	52		52	21	1	3	17
70-74岁	10	10	15		15	9		1	8
75岁及以上			5		5	7		1	6

4-5b　续表 10

单位：人

年龄组 性　别	水利、环境和公共设施管理业					居民服务、修理和其他服务业			
	小计	水　利 管理业	生态保护 和环境 治理业	公共设施 管理业	土　地 管理业	小计	居　民 服务业	机动车、 电子产品 和日用产 品修理业	其　他 服务业
总　计	**3978**	**219**	**342**	**3373**	**44**	**28000**	**17288**	**6160**	**4552**
16-19岁	10		2	8		821	500	291	30
20-24岁	134	11	19	102	2	2299	1462	683	154
25-29岁	242	20	25	193	4	2949	1859	859	231
30-34岁	342	18	48	264	12	4170	2624	1126	420
35-39岁	321	22	35	260	4	3354	2133	864	357
40-44岁	427	32	46	346	3	3499	2058	890	551
45-49岁	567	39	48	471	9	3359	1907	711	741
50-54岁	577	38	53	481	5	2803	1661	389	753
55-59岁	527	29	32	463	3	2069	1300	213	556
60-64岁	401	5	16	379	1	1269	779	82	408
65-69岁	334	4	10	319	1	836	560	39	237
70-74岁	73		5	68		356	260	9	87
75岁及以上	23	1	3	19		216	185	4	27
男	**2465**	**178**	**232**	**2017**	**38**	**11963**	**4985**	**5198**	**1780**
16-19岁	3		1	2		523	230	277	16
20-24岁	81	8	8	63	2	1280	586	620	74
25-29岁	160	17	20	120	3	1472	609	742	121
30-34岁	229	14	30	174	11	1874	760	935	179
35-39岁	209	16	26	164	3	1445	584	706	155
40-44岁	271	27	26	215	3	1408	493	714	201
45-49岁	328	25	31	265	7	1225	428	575	222
50-54岁	363	35	41	282	5	942	376	323	243
55-59岁	307	28	22	254	3	723	336	187	200
60-64岁	237	5	14	217	1	471	217	73	181
65-69岁	206	2	7	197		342	188	33	121
70-74岁	56		5	51		172	112	9	51
75岁及以上	15	1	1	13		86	66	4	16
女	**1513**	**41**	**110**	**1356**	**6**	**16037**	**12303**	**962**	**2772**
16-19岁	7		1	6		298	270	14	14
20-24岁	53	3	11	39		1019	876	63	80
25-29岁	82	3	5	73	1	1477	1250	117	110
30-34岁	113	4	18	90	1	2296	1864	191	241
35-39岁	112	6	9	96	1	1909	1549	158	202
40-44岁	156	5	20	131		2091	1565	176	350
45-49岁	239	14	17	206	2	2134	1479	136	519
50-54岁	214	3	12	199		1861	1285	66	510
55-59岁	220	1	10	209		1346	964	26	356
60-64岁	164		2	162		798	562	9	227
65-69岁	128	2	3	122	1	494	372	6	116
70-74岁	17			17		184	148		36
75岁及以上	8		2	6		130	119		11

4－5b　续表 11　　　　　　　　　　　　　　　　　　　　　　　　　　　　　单位：人

年龄组 性　别	教育		卫生和社会工作			文化、体育和娱乐业				
	小计	教育	小计	卫生	社会工作	小计	新闻和出版业	广播、电视、电影和录音制作业	文　化艺术业	体育
总　计	**32857**	**32857**	**12703**	**12318**	**385**	**3149**	**128**	**300**	**794**	**504**
16－19岁	958	958	166	164	2	93	1	8	20	19
20－24岁	3971	3971	1546	1537	9	421	19	50	89	109
25－29岁	5368	5368	2309	2284	25	509	33	73	101	82
30－34岁	5296	5296	1995	1967	28	530	19	52	123	96
35－39岁	3953	3953	1586	1554	32	344	11	28	73	64
40－44岁	3774	3774	1481	1449	32	385	15	26	112	43
45－49岁	3601	3601	1350	1287	63	368	18	36	96	42
50－54岁	3458	3458	1034	971	63	235	5	16	83	24
55－59岁	1839	1839	681	626	55	150	7	5	57	12
60－64岁	379	379	268	232	36	62		2	17	7
65－69岁	158	158	179	155	24	30		4	14	2
70－74岁	54	54	78	67	11	16			8	4
75岁及以上	48	48	30	25	5	6			1	
男	**12761**	**12761**	**4850**	**4697**	**153**	**1704**	**71**	**164**	**429**	**277**
16－19岁	406	406	31	29	2	65	1	6	11	11
20－24岁	783	783	301	297	4	243	6	27	40	75
25－29岁	1250	1250	562	550	12	293	19	52	47	45
30－34岁	1396	1396	601	591	10	258	12	17	57	49
35－39岁	1330	1330	597	588	9	176	4	15	37	31
40－44岁	1733	1733	661	649	12	169	8	10	49	17
45－49岁	1876	1876	650	636	14	191	11	20	61	17
50－54岁	2113	2113	623	599	24	120	4	9	47	14
55－59岁	1431	1431	447	417	30	110	6	4	46	8
60－64岁	264	264	166	151	15	43		2	16	4
65－69岁	103	103	129	118	11	17		2	10	2
70－74岁	42	42	57	50	7	14			7	4
75岁及以上	34	34	25	22	3	5			1	
女	**20096**	**20096**	**7853**	**7621**	**232**	**1445**	**57**	**136**	**365**	**227**
16－19岁	552	552	135	135		28		2	9	8
20－24岁	3188	3188	1245	1240	5	178	13	23	49	34
25－29岁	4118	4118	1747	1734	13	216	14	21	54	37
30－34岁	3900	3900	1394	1376	18	272	7	35	66	47
35－39岁	2623	2623	989	966	23	168	7	13	36	33
40－44岁	2041	2041	820	800	20	216	7	16	63	26
45－49岁	1725	1725	700	651	49	177	7	16	35	25
50－54岁	1345	1345	411	372	39	115	1	7	36	10
55－59岁	408	408	234	209	25	40	1	1	11	4
60－64岁	115	115	102	81	21	19			1	3
65－69岁	55	55	50	37	13	13		2	4	
70－74岁	12	12	21	17	4	2			1	
75岁及以上	14	14	5	3	2	1				

4-5b　续表 12　　　　单位：人

年龄组 性　别	娱乐业	公共管理、社会保障和社会组织							国际组织	
		小计	中国共产党机关	国家机构	人民政协、民主党派	社会保障	群众团体、社会团体和其他成员组织	基层群众自治组织	小计	国际组织
总　计	**1423**	**30700**	**762**	**24883**	**61**	**130**	**2000**	**2864**	**3**	**3**
16-19岁	45	141	2	101		1	29	8		
20-24岁	154	1746	26	1499	1	3	156	61		
25-29岁	220	3394	92	2881	2	18	220	181		
30-34岁	240	4533	122	3789	4	23	281	314		
35-39岁	168	3562	75	2980	3	15	205	284	1	1
40-44岁	189	4355	133	3530	13	22	281	376		
45-49岁	176	4684	115	3680	9	21	312	547		
50-54岁	107	4319	117	3428	14	11	248	501		
55-59岁	69	3053	69	2456	13	12	151	352	1	1
60-64岁	36	483	7	283	1	2	57	133	1	1
65-69岁	10	255		153		1	26	75		
70-74岁	4	112	2	71			17	22		
75岁及以上	5	63	2	32	1	1	17	10		
男	**763**	**20920**	**565**	**17405**	**48**	**54**	**1106**	**1742**	**3**	**3**
16-19岁	36	94	1	71			18	4		
20-24岁	95	991	13	883	1	1	64	29		
25-29岁	130	1986	59	1734		9	103	81		
30-34岁	123	2769	82	2403	4	4	147	129		
35-39岁	89	2232	55	1926	1	5	100	145	1	1
40-44岁	85	2820	91	2352	8	8	138	223		
45-49岁	82	3189	87	2583	7	9	170	333		
50-54岁	46	3405	102	2759	13	6	169	356		
55-59岁	46	2751	65	2267	12	11	119	277	1	1
60-64岁	21	367	6	227	1		39	94	1	1
65-69岁	3	186		114		1	20	51		
70-74岁	3	83	2	58			10	13		
75岁及以上	4	47	2	28	1		9	7		
女	**660**	**9780**	**197**	**7478**	**13**	**76**	**894**	**1122**		
16-19岁	9	47	1	30		1	11	4		
20-24岁	59	755	13	616		2	92	32		
25-29岁	90	1408	33	1147	2	9	117	100		
30-34岁	117	1764	40	1386		19	134	185		
35-39岁	79	1330	20	1054	2	10	105	139		
40-44岁	104	1535	42	1178	5	14	143	153		
45-49岁	94	1495	28	1097	2	12	142	214		
50-54岁	61	914	15	669	1	5	79	145		
55-59岁	23	302	4	189	1	1	32	75		
60-64岁	15	116	1	56		2	18	39		
65-69岁	7	69		39			6	24		
70-74岁	1	29		13			7	9		
75岁及以上	1	16		4		1	8	3		

4-5c 全省分年龄、性别、行业大类的就业人口(乡村)

单位：人

年龄组 性别	合计	农、林、牧、渔业						采矿业	
		小计	农业	林业	畜牧业	渔业	农、林、牧、渔专业及辅助性活动	小计	煤炭开采和洗选业
总　计	**1033967**	**339562**	**311487**	**5756**	**13923**	**3065**	**5331**	**3642**	**516**
16-19岁	21239	2418	2159	50	92	27	90	21	
20-24岁	69606	7684	6662	195	396	116	315	96	3
25-29岁	90450	11331	9889	302	601	141	398	183	10
30-34岁	119439	17961	15749	430	996	244	542	296	23
35-39岁	96710	17403	15294	407	1037	245	420	312	32
40-44岁	119022	28186	25010	629	1592	365	590	533	65
45-49岁	141603	43126	38693	974	2150	518	791	751	129
50-54岁	133374	55651	50939	1080	2302	522	808	795	144
55-59岁	97811	51102	47388	887	1792	393	642	463	84
60-64岁	65150	42804	40515	435	1236	253	365	138	19
65-69岁	47646	35584	33983	250	955	149	247	40	6
70-74岁	21427	17393	16713	85	455	62	78	10	1
75岁及以上	10490	8919	8493	32	319	30	45	4	
男	**619370**	**182924**	**164839**	**4533**	**7869**	**2272**	**3411**	**3133**	**484**
16-19岁	13005	1519	1328	39	63	23	66	17	
20-24岁	41420	4531	3832	156	261	83	199	88	2
25-29岁	55060	6377	5428	221	360	109	259	150	9
30-34岁	71385	9543	8097	332	607	178	329	245	20
35-39岁	56445	8874	7527	318	588	189	252	266	29
40-44岁	68773	14055	12055	472	910	250	368	437	61
45-49岁	81910	21500	18660	742	1241	371	486	619	119
50-54岁	79367	27498	24498	850	1281	376	493	701	137
55-59岁	60593	26610	24210	732	942	294	432	432	81
60-64岁	40809	24329	22838	371	654	198	268	130	19
65-69岁	30089	21368	20346	208	523	120	171	36	6
70-74岁	13859	11053	10615	61	262	57	58	9	1
75岁及以上	6655	5667	5405	31	177	24	30	3	
女	**414597**	**156638**	**146648**	**1223**	**6054**	**793**	**1920**	**509**	**32**
16-19岁	8234	899	831	11	29	4	24	4	
20-24岁	28186	3153	2830	39	135	33	116	8	1
25-29岁	35390	4954	4461	81	241	32	139	33	1
30-34岁	48054	8418	7652	98	389	66	213	51	3
35-39岁	40265	8529	7767	89	449	56	168	46	3
40-44岁	50249	14131	12955	157	682	115	222	96	4
45-49岁	59693	21626	20033	232	909	147	305	132	10
50-54岁	54007	28153	26441	230	1021	146	315	94	7
55-59岁	37218	24492	23178	155	850	99	210	31	3
60-64岁	24341	18475	17677	64	582	55	97	8	
65-69岁	17557	14216	13637	42	432	29	76	4	
70-74岁	7568	6340	6098	24	193	5	20	1	
75岁及以上	3835	3252	3088	1	142	6	15	1	

4-5c　续表 1　　　　　　　　　　　　　　　　　　　　　　　　　　　　单位：人

年龄组 性　别	采矿业						制造业		
	石油和天然气开采业	黑色金属矿采选业	有色金属矿采选业	非金属矿采选业	开采专业及辅助性活　动	其　他采矿业	小计	农副食品加工业	食　品制造业
总　计	**20**	**185**	**1118**	**1451**	**113**	**239**	**228029**	**5243**	**5238**
16-19岁			5	13	2	1	6473	51	220
20-24岁	1	6	27	51	7	1	19301	204	487
25-29岁	2	10	55	86	7	13	25643	317	620
30-34岁	4	10	80	145	6	28	37102	490	918
35-39岁	1	8	75	169	11	16	30620	458	748
40-44岁	6	25	186	218	9	24	34323	652	730
45-49岁	4	36	263	236	16	67	34437	857	636
50-54岁	1	38	259	273	27	53	22316	860	528
55-59岁	1	40	125	168	20	25	10617	599	199
60-64岁		7	35	64	3	10	4319	339	86
65-69岁		3	7	22	1	1	1926	233	48
70-74岁		2	1	5	1		684	129	13
75岁及以上				1	3		268	54	5
男	**14**	**155**	**910**	**1272**	**98**	**200**	**125034**	**3217**	**2720**
16-19岁			3	11	2	1	3834	32	130
20-24岁	1	5	24	50	5	1	11512	136	273
25-29岁	2	10	41	70	6	12	14959	210	344
30-34岁	3	7	59	127	5	24	19980	291	465
35-39岁		7	58	150	9	13	15648	255	373
40-44岁	4	19	143	182	9	19	16977	382	354
45-49岁	2	27	205	201	13	52	17435	463	297
50-54岁	1	33	226	236	25	43	12783	523	271
55-59岁	1	37	113	160	16	24	7021	399	116
60-64岁		6	31	61	3	10	3015	235	57
65-69岁		3	6	19	1	1	1291	165	32
70-74岁		1	1	5	1		434	96	5
75岁及以上					3		145	30	3
女	**6**	**30**	**208**	**179**	**15**	**39**	**102995**	**2026**	**2518**
16-19岁			2	2			2639	19	90
20-24岁		1	3	1	2		7789	68	214
25-29岁			14	16	1	1	10684	107	276
30-34岁	1	3	21	18	1	4	17122	199	453
35-39岁	1	1	17	19	2	3	14972	203	375
40-44岁	2	6	43	36		5	17346	270	376
45-49岁	2	9	58	35	3	15	17002	394	339
50-54岁		5	33	37	2	10	9533	337	257
55-59岁		3	12	8	4	1	3596	200	83
60-64岁		1	4	3			1304	104	29
65-69岁			1	3			635	68	16
70-74岁		1					250	33	8
75岁及以上				1			123	24	2

4-5c 续表 2

单位：人

年龄组 性　别	制造业								
	酒、饮料和精制茶制造业	烟　草制品业	纺织业	纺织服装、服饰业	皮革、毛皮、羽毛及其制品和制鞋业	木材加工和木、竹、藤、棕、草制品业	家　具制造业	造纸和纸制品业	印刷和记录媒介复制业
总　计	**1339**	**101**	**5862**	**55757**	**19283**	**6823**	**17229**	**3409**	**1658**
16-19岁	19	1	128	1553	504	64	258	60	65
20-24岁	69	6	352	4683	1341	203	1061	211	142
25-29岁	106	10	561	6265	2002	325	1693	325	188
30-34岁	168	23	905	10298	3370	611	2257	459	317
35-39岁	133	12	837	8886	3001	568	2066	399	218
40-44岁	146	13	978	9577	3426	925	2627	500	277
45-49岁	198	10	995	8429	3256	1312	3184	562	224
50-54岁	198	13	614	4001	1609	1293	2398	459	141
55-59岁	146	8	290	1349	522	877	1132	246	57
60-64岁	76	1	119	432	180	364	381	108	24
65-69岁	56	4	48	203	52	189	119	65	3
70-74岁	18		26	59	18	62	42	8	2
75岁及以上	6		9	22	2	30	11	7	
男	**822**	**65**	**2597**	**21827**	**9148**	**4921**	**11655**	**1924**	**1102**
16-19岁	13	1	62	654	287	54	209	39	45
20-24岁	33	5	174	1931	752	143	813	122	99
25-29岁	63	8	256	2591	1049	241	1182	193	123
30-34岁	102	19	401	3981	1652	462	1533	261	217
35-39岁	80	4	356	3427	1404	384	1371	245	142
40-44岁	75	5	399	3555	1474	618	1683	258	176
45-49岁	114	5	407	3211	1382	835	1956	293	140
50-54岁	125	9	279	1593	719	924	1599	270	92
55-59岁	104	5	163	579	271	706	861	147	42
60-64岁	53	1	66	193	113	306	307	61	22
65-69岁	44	3	25	82	32	165	95	30	3
70-74岁	12		8	21	12	56	38	2	1
75岁及以上	4		1	9	1	27	8	3	
女	**517**	**36**	**3265**	**33930**	**10135**	**1902**	**5574**	**1485**	**556**
16-19岁	6		66	899	217	10	49	21	20
20-24岁	36	1	178	2752	589	60	248	89	43
25-29岁	43	2	305	3674	953	84	511	132	65
30-34岁	66	4	504	6317	1718	149	724	198	100
35-39岁	53	8	481	5459	1597	184	695	154	76
40-44岁	71	8	579	6022	1952	307	944	242	101
45-49岁	84	5	588	5218	1874	477	1228	269	84
50-54岁	73	4	335	2408	890	369	799	189	49
55-59岁	42	3	127	770	251	171	271	99	15
60-64岁	23		53	239	67	58	74	47	2
65-69岁	12	1	23	121	20	24	24	35	
70-74岁	6		18	38	6	6	4	6	1
75岁及以上	2		8	13	1	3	3	4	

4–5c　续表 3　　　　单位：人

年龄组 性　别	制造业								
	文教、工美、体育和娱乐用品制造业	石油、煤炭及其他燃料加工业	化学原料和化学制品制造业	医　药制造业	化学纤维制造业	橡胶和塑　料制品业	非金属矿　物制品业	黑色金属冶炼和压延加工业	有色金属冶炼和压延加工业
总　计	**7059**	**231**	**6257**	**1798**	**211**	**5133**	**15125**	**760**	**1551**
16–19岁	186		75	33	3	114	158	3	14
20–24岁	489	8	318	158	27	357	697	37	92
25–29岁	648	10	468	238	24	507	1151	52	159
30–34岁	990	18	716	318	29	710	1763	98	220
35–39岁	949	16	733	217	33	679	1736	92	153
40–44岁	1039	33	993	226	33	812	2237	105	227
45–49岁	1095	52	1169	305	34	864	2809	148	272
50–54岁	763	50	869	183	11	643	2287	120	218
55–59岁	395	23	561	94	13	286	1356	69	131
60–64岁	228	14	238	17	4	87	634	23	41
65–69岁	149	5	79	6		51	234	9	19
70–74岁	87	2	24	2		15	54	2	4
75岁及以上	41		14	1		8	9	2	1
男	**2869**	**158**	**3347**	**845**	**133**	**2988**	**10428**	**620**	**1173**
16–19岁	93		33	16	3	81	111	3	14
20–24岁	261	6	200	73	21	242	488	32	72
25–29岁	324	8	252	134	18	333	811	44	107
30–34岁	420	9	384	151	16	408	1196	76	158
35–39岁	374	8	379	82	19	381	1112	67	106
40–44岁	419	19	513	84	20	446	1401	85	162
45–49岁	397	32	602	131	16	456	1776	115	196
50–54岁	285	38	484	96	7	360	1633	102	173
55–59岁	143	22	326	62	10	174	1084	64	123
60–64岁	76	11	116	11	3	65	555	20	39
65–69岁	46	3	37	3		29	207	8	18
70–74岁	20	2	14	1		9	47	2	4
75岁及以上	11		7	1		4	7	2	1
女	**4190**	**73**	**2910**	**953**	**78**	**2145**	**4697**	**140**	**378**
16–19岁	93		42	17		33	47		
20–24岁	228	2	118	85	6	115	209	5	20
25–29岁	324	2	216	104	6	174	340	8	52
30–34岁	570	9	332	167	13	302	567	22	62
35–39岁	575	8	354	135	14	298	624	25	47
40–44岁	620	14	480	142	13	366	836	20	65
45–49岁	698	20	567	174	18	408	1033	33	76
50–54岁	478	12	385	87	4	283	654	18	45
55–59岁	252	1	235	32	3	112	272	5	8
60–64岁	152	3	122	6	1	22	79	3	2
65–69岁	103	2	42	3		22	27	1	1
70–74岁	67		10	1		6	7		
75岁及以上	30		7			4	2		

4－5c 续表 4

单位：人

年龄组 性　别	制造业								
	金　属 制品业	通用设备 制造业	专用设备 制造业	汽　车 制造业	铁路、船舶、航空航天和其他运输设备制造业	电气机械和器材制造业	计算机、通信和其他电子设备制造业	仪器仪表 制造业	其　他 制造业
总　计	**14972**	**5992**	**4242**	**2031**	**578**	**7560**	**26845**	**945**	**2227**
16－19岁	374	161	131	85	9	305	1758	35	52
20－24岁	1164	594	459	245	49	830	4554	115	193
25－29岁	1606	724	628	379	67	1023	4962	144	208
30－34岁	2562	1072	774	417	96	1461	5184	179	366
35－39岁	2001	771	554	262	74	1059	3282	145	252
40－44岁	2259	856	563	240	79	989	3014	121	324
45－49岁	2267	858	475	201	94	942	2356	108	327
50－54岁	1628	549	328	123	60	606	1113	57	266
55－59岁	731	270	176	57	33	231	392	29	124
60－64岁	264	92	87	15	15	77	155	7	65
65－69岁	88	34	45	5	1	28	52	2	25
70－74岁	22	10	18	2	1	4	14	2	17
75岁及以上	6	1	4			5	9	1	8
男	**10939**	**4116**	**2727**	**1409**	**434**	**4346**	**14734**	**590**	**1169**
16－19岁	304	118	91	73	8	196	1068	21	29
20－24岁	898	456	304	192	34	546	2888	72	117
25－29岁	1202	523	430	289	53	647	3090	103	130
30－34岁	1890	757	529	286	69	825	2875	109	184
35－39岁	1431	512	355	165	52	567	1592	83	119
40－44岁	1546	525	311	140	61	491	1317	65	156
45－49岁	1583	559	280	119	68	476	1011	61	162
50－54岁	1170	363	205	84	45	357	545	38	140
55－59岁	586	199	116	45	29	162	210	27	69
60－64岁	231	74	55	11	13	61	92	6	42
65－69岁	75	27	33	3	1	14	34	2	11
70－74岁	18	3	15	2	1	4	10	2	5
75岁及以上	5		3				2	1	5
女	**4033**	**1876**	**1515**	**622**	**144**	**3214**	**12111**	**355**	**1058**
16－19岁	70	43	40	12	1	109	690	14	23
20－24岁	266	138	155	53	15	284	1666	43	76
25－29岁	404	201	198	90	14	376	1872	41	78
30－34岁	672	315	245	131	27	636	2309	70	182
35－39岁	570	259	199	97	22	492	1690	62	133
40－44岁	713	331	252	100	18	498	1697	56	168
45－49岁	684	299	195	82	26	466	1345	47	165
50－54岁	458	186	123	39	15	249	568	19	126
55－59岁	145	71	60	12	4	69	182	2	55
60－64岁	33	18	32	4	2	16	63	1	23
65－69岁	13	7	12	2		14	18		14
70－74岁	4	7	3				4		12
75岁及以上	1	1	1			5	7		3

4-5c 续表 5

单位：人

年龄组 性别	制造业		电力、热力、燃气及水生产和供应业				建筑业		
	废弃资源综合利用业	金属制品、机械和设备修理业	小计	电力、热力生产和供应业	燃气生产和供应业	水的生产和供应业	小计	房屋建筑业	土木工程建筑业
总　计	**1371**	**1199**	**2864**	**2016**	**436**	**412**	**153760**	**85220**	**8018**
16-19岁	12	42	28	20	6	2	1921	907	92
20-24岁	26	130	161	112	25	24	7725	3525	512
25-29岁	58	175	288	216	40	32	11573	5125	764
30-34岁	104	209	363	247	63	53	17022	7617	940
35-39岁	139	147	294	215	43	36	15428	7472	710
40-44岁	162	160	319	230	48	41	21240	11483	895
45-49岁	255	143	446	309	76	61	26752	15582	1252
50-54岁	220	108	415	302	50	63	25057	15677	1331
55-59岁	168	53	345	244	54	47	15841	10012	939
60-64岁	121	25	125	74	22	29	7171	4928	391
65-69岁	69	5	64	36	7	21	3179	2287	158
70-74岁	25	2	14	9	2	3	675	493	29
75岁及以上	12		2	2			176	112	5
男	**994**	**1017**	**2316**	**1660**	**334**	**322**	**129329**	**69233**	**7329**
16-19岁	11	35	24	18	5	1	1667	741	84
20-24岁	20	109	117	85	19	13	6706	2950	473
25-29岁	47	154	229	176	29	24	9962	4231	710
30-34岁	68	186	270	185	45	40	14431	6166	867
35-39岁	88	115	227	163	35	29	12748	5841	642
40-44岁	110	127	250	189	32	29	17296	8954	799
45-49岁	175	117	357	253	57	47	21412	11978	1102
50-54岁	159	95	349	262	40	47	20944	12685	1219
55-59岁	129	48	307	219	45	43	13986	8649	884
60-64岁	96	24	113	68	18	27	6533	4433	371
65-69岁	59	5	59	33	7	19	2910	2082	146
70-74岁	22	2	13	8	2	3	591	427	28
75岁及以上	10		1	1			143	96	4
女	**377**	**182**	**548**	**356**	**102**	**90**	**24431**	**15987**	**689**
16-19岁	1	7	4	2	1	1	254	166	8
20-24岁	6	21	44	27	6	11	1019	575	39
25-29岁	11	21	59	40	11	8	1611	894	54
30-34岁	36	23	93	62	18	13	2591	1451	73
35-39岁	51	32	67	52	8	7	2680	1631	68
40-44岁	52	33	69	41	16	12	3944	2529	96
45-49岁	80	26	89	56	19	14	5340	3604	150
50-54岁	61	13	66	40	10	16	4113	2992	112
55-59岁	39	5	38	25	9	4	1855	1363	55
60-64岁	25	1	12	6	4	2	638	495	20
65-69岁	10		5	3		2	269	205	12
70-74岁	3		1	1			84	66	1
75岁及以上	2		1	1			33	16	1

4−5c 续表 6

单位：人

年龄组 性别	建筑业		批发和零售业			交通运输、仓储和邮政业			
	建筑安装业	建筑装饰、装修和其他建筑业	小计	批发业	零售业	小计	铁路运输业	道路运输业	水上运输业
总计	**7517**	**53005**	**111340**	**31207**	**80133**	**33104**	**327**	**20984**	**288**
16−19岁	117	805	2751	528	2223	411	12	158	1
20−24岁	514	3174	10942	2321	8621	2079	53	957	29
25−29岁	871	4813	14218	3244	10974	3326	61	1809	26
30−34岁	1282	7183	18618	4465	14153	4889	44	3106	29
35−39岁	1020	6226	13679	3286	10393	4256	16	3031	25
40−44岁	1083	7779	14120	3757	10363	5151	23	3791	45
45−49岁	1067	8851	14221	4171	10050	5415	28	3743	46
50−54岁	822	7227	10210	3467	6743	3902	43	2435	32
55−59岁	471	4419	6024	2476	3548	2307	23	1337	33
60−64岁	185	1667	3164	1505	1659	886	17	431	8
65−69岁	72	662	2070	1163	907	378	5	153	8
70−74岁	13	140	903	562	341	77	1	29	4
75岁及以上		59	420	262	158	27	1	4	2
男	**6906**	**45861**	**60129**	**18645**	**41484**	**28692**	**231**	**19339**	**214**
16−19岁	113	729	1413	324	1089	311	6	128	1
20−24岁	476	2807	5772	1428	4344	1663	29	814	24
25−29岁	809	4212	7663	1979	5684	2751	47	1598	20
30−34岁	1170	6228	9778	2662	7116	4125	34	2808	22
35−39岁	928	5337	6991	1921	5070	3694	11	2791	17
40−44岁	979	6564	7313	2161	5152	4559	16	3536	33
45−49岁	967	7365	7489	2371	5118	4772	20	3502	32
50−54岁	763	6277	5757	2038	3719	3488	31	2297	23
55−59岁	444	4009	3657	1519	2138	2095	18	1279	25
60−64岁	176	1553	2046	948	1098	806	13	410	7
65−69岁	68	614	1384	757	627	339	4	146	5
70−74岁	13	123	596	368	228	67	1	26	3
75岁及以上		43	270	169	101	22	1	4	2
女	**611**	**7144**	**51211**	**12562**	**38649**	**4412**	**96**	**1645**	**74**
16−19岁	4	76	1338	204	1134	100	6	30	
20−24岁	38	367	5170	893	4277	416	24	143	5
25−29岁	62	601	6555	1265	5290	575	14	211	6
30−34岁	112	955	8840	1803	7037	764	10	298	7
35−39岁	92	889	6688	1365	5323	562	5	240	8
40−44岁	104	1215	6807	1596	5211	592	7	255	12
45−49岁	100	1486	6732	1800	4932	643	8	241	14
50−54岁	59	950	4453	1429	3024	414	12	138	9
55−59岁	27	410	2367	957	1410	212	5	58	8
60−64岁	9	114	1118	557	561	80	4	21	1
65−69岁	4	48	686	406	280	39	1	7	3
70−74岁		17	307	194	113	10		3	1
75岁及以上		16	150	93	57	5			

4-5c　续表 7

单位：人

年龄组 性　别	交通运输、仓储和邮政业					住宿和餐饮业		
	航　空 运输业	管　道 运输业	多式联运 和运输 代理业	装卸搬运 和仓储业	邮政业	小计	住宿业	餐饮业
总　计	**175**	**37**	**836**	**5568**	**4889**	**34771**	**3630**	**31141**
16-19岁	2		12	49	177	1677	189	1488
20-24岁	36	3	57	239	705	3625	414	3211
25-29岁	48	3	83	313	983	3936	441	3495
30-34岁	14	6	134	490	1066	5223	557	4666
35-39岁	19	7	129	419	610	4024	361	3663
40-44岁	19	2	128	678	465	4564	489	4075
45-49岁	18	4	134	1032	410	4577	458	4119
50-54岁	12	3	78	1033	266	3573	383	3190
55-59岁	2	6	51	709	146	2027	201	1826
60-64岁	3	1	23	361	42	934	82	852
65-69岁	1	2	5	190	14	457	43	414
70-74岁	1			40	2	122	10	112
75岁及以上			2	15	3	32	2	30
男	**120**	**30**	**705**	**4459**	**3594**	**16857**	**1525**	**15332**
16-19岁	1		10	39	126	1028	94	934
20-24岁	20	3	40	210	523	2197	195	2002
25-29岁	41	2	64	247	732	2316	216	2100
30-34岁	8	4	105	377	767	2806	223	2583
35-39岁	12	6	109	318	430	1923	137	1786
40-44岁	15	1	112	504	342	1984	189	1795
45-49岁	9	4	119	801	285	1763	154	1609
50-54岁	8	3	74	842	210	1320	152	1168
55-59岁	2	5	45	594	127	811	88	723
60-64岁	2		21	317	36	402	44	358
65-69岁	1	2	5	164	12	223	24	199
70-74岁	1			34	2	68	7	61
75岁及以上			1	12	2	16	2	14
女	**55**	**7**	**131**	**1109**	**1295**	**17914**	**2105**	**15809**
16-19岁	1		2	10	51	649	95	554
20-24岁	16		17	29	182	1428	219	1209
25-29岁	7	1	19	66	251	1620	225	1395
30-34岁	6	2	29	113	299	2417	334	2083
35-39岁	7	1	20	101	180	2101	224	1877
40-44岁	4	1	16	174	123	2580	300	2280
45-49岁	9		15	231	125	2814	304	2510
50-54岁	4		4	191	56	2253	231	2022
55-59岁		1	6	115	19	1216	113	1103
60-64岁	1	1	2	44	6	532	38	494
65-69岁				26	2	234	19	215
70-74岁				6		54	3	51
75岁及以上			1	3	1	16		16

4-5c 续表 8

单位：人

年龄组 性别	信息传输、软件和信息技术服务业				金融业				
	小计	电信、广播电视和卫星传输服务	互联网和相关服务	软件和信息技术服务业	小计	货币金融服务	资本市场服务	保险业	其他金融业
总计	**6881**	**1078**	**3422**	**2381**	**3181**	**834**	**188**	**1729**	**430**
16-19岁	298	40	183	75	63	8	2	43	10
20-24岁	1725	146	925	654	526	133	35	261	97
25-29岁	1983	218	965	800	887	264	69	422	132
30-34岁	1478	243	745	490	732	194	36	399	103
35-39岁	600	119	301	180	306	59	17	189	41
40-44岁	307	101	133	73	240	47	10	175	8
45-49岁	235	87	93	55	170	42	4	110	14
50-54岁	132	63	43	26	124	36	8	68	12
55-59岁	79	45	21	13	79	28	5	37	9
60-64岁	34	12	9	13	36	14	2	19	1
65-69岁	8	2	4	2	11	7		2	2
70-74岁	2	2			5	2		2	1
75岁及以上					2			2	
男	**4702**	**679**	**2224**	**1799**	**1791**	**465**	**138**	**927**	**261**
16-19岁	185	17	112	56	32	3	1	24	4
20-24岁	1140	75	582	483	292	66	26	151	49
25-29岁	1364	131	623	610	538	145	46	267	80
30-34岁	1010	148	490	372	420	109	27	213	71
35-39岁	413	72	202	139	170	39	16	89	26
40-44岁	212	64	92	56	98	19	8	67	4
45-49岁	164	66	61	37	76	22	3	40	11
50-54岁	111	53	34	24	73	27	8	31	7
55-59岁	65	39	18	8	52	19	2	24	7
60-64岁	28	10	6	12	28	11	1	15	1
65-69岁	8	2	4	2	7	4		2	1
70-74岁	2	2			3	1		2	
75岁及以上					2			2	
女	**2179**	**399**	**1198**	**582**	**1390**	**369**	**50**	**802**	**169**
16-19岁	113	23	71	19	31	5	1	19	6
20-24岁	585	71	343	171	234	67	9	110	48
25-29岁	619	87	342	190	349	119	23	155	52
30-34岁	468	95	255	118	312	85	9	186	32
35-39岁	187	47	99	41	136	20	1	100	15
40-44岁	95	37	41	17	142	28	2	108	4
45-49岁	71	21	32	18	94	20	1	70	3
50-54岁	21	10	9	2	51	9		37	5
55-59岁	14	6	3	5	27	9	3	13	2
60-64岁	6	2	3	1	8	3	1	4	
65-69岁					4	3			1
70-74岁					2	1			1
75岁及以上									

4–5c　续表 9　　　　单位：人

年龄组 性　别	房地产业		租赁和商务服务业			科学研究和技术服务业			
	小计	房地产业	小计	租赁业	商　务 服务业	小计	研究和 试验发展	专业技术 服务业	科技推广 和应用 服务业
总　计	**7266**	**7266**	**19263**	**1664**	**17599**	**6324**	**460**	**3684**	**2180**
16–19岁	184	184	518	61	457	163	9	118	36
20–24岁	1123	1123	2381	172	2209	895	84	649	162
25–29岁	1401	1401	2949	239	2710	1194	125	834	235
30–34岁	1248	1248	2994	358	2636	1081	96	720	265
35–39岁	632	632	1898	209	1689	594	44	392	158
40–44岁	611	611	1844	210	1634	477	31	280	166
45–49岁	587	587	1976	169	1807	548	28	295	225
50–54岁	506	506	1856	147	1709	495	24	200	271
55–59岁	455	455	1371	75	1296	355	14	109	232
60–64岁	291	291	826	15	811	222	1	50	171
65–69岁	177	177	469	8	461	186	3	25	158
70–74岁	43	43	133	1	132	82	1	9	72
75岁及以上	8	8	48		48	32		3	29
男	**4932**	**4932**	**13021**	**1548**	**11473**	**4371**	**324**	**2784**	**1263**
16–19岁	119	119	324	59	265	106	5	79	22
20–24岁	748	748	1378	167	1211	621	53	469	99
25–29岁	962	962	1800	227	1573	877	96	629	152
30–34岁	795	795	1983	335	1648	793	70	564	159
35–39岁	415	415	1310	199	1111	395	29	283	83
40–44岁	389	389	1217	188	1029	320	23	203	94
45–49岁	374	374	1315	150	1165	354	18	222	114
50–54岁	351	351	1338	129	1209	324	15	157	152
55–59岁	351	351	1115	71	1044	231	11	98	122
60–64岁	245	245	694	14	680	145	1	46	98
65–69岁	146	146	402	8	394	122	2	24	96
70–74岁	33	33	114	1	113	61	1	7	53
75岁及以上	4	4	31		31	22		3	19
女	**2334**	**2334**	**6242**	**116**	**6126**	**1953**	**136**	**900**	**917**
16–19岁	65	65	194	2	192	57	4	39	14
20–24岁	375	375	1003	5	998	274	31	180	63
25–29岁	439	439	1149	12	1137	317	29	205	83
30–34岁	453	453	1011	23	988	288	26	156	106
35–39岁	217	217	588	10	578	199	15	109	75
40–44岁	222	222	627	22	605	157	8	77	72
45–49岁	213	213	661	19	642	194	10	73	111
50–54岁	155	155	518	18	500	171	9	43	119
55–59岁	104	104	256	4	252	124	3	11	110
60–64岁	46	46	132	1	131	77		4	73
65–69岁	31	31	67		67	64	1	1	62
70–74岁	10	10	19		19	21		2	19
75岁及以上	4	4	17		17	10			10

4-5c 续表 10

单位：人

年龄组 性 别	水利、环境和公共设施管理业					居民服务、修理和其他服务业			
	小计	水 利 管理业	生态保护 和环境 治理业	公共设施 管理业	土 地 管理业	小计	居 民 服务业	机动车、 电子产品 和日用产 品修理业	其 他 服务业
总 计	**5593**	**156**	**514**	**4873**	**50**	**32907**	**18566**	**7467**	**6874**
16-19岁	37		4	32	1	1773	996	703	74
20-24岁	115	2	12	96	5	3606	2060	1382	164
25-29岁	259	13	28	209	9	3507	2050	1217	240
30-34岁	354	17	36	296	5	4221	2446	1314	461
35-39岁	300	12	34	250	4	3033	1718	876	439
40-44岁	443	19	44	378	2	3052	1648	760	644
45-49岁	655	18	86	546	5	3582	2009	568	1005
50-54岁	844	25	81	733	5	3397	1941	326	1130
55-59岁	832	23	88	717	4	2583	1461	193	929
60-64岁	786	14	51	718	3	1897	1019	83	795
65-69岁	657	11	29	613	4	1371	655	32	684
70-74岁	236	1	18	216	1	593	359	11	223
75岁及以上	75	1	3	69	2	292	204	2	86
男	**3379**	**135**	**403**	**2807**	**34**	**15317**	**5660**	**6548**	**3109**
16-19岁	18		2	16		1186	463	673	50
20-24岁	77	1	11	63	2	2193	806	1284	103
25-29岁	171	11	20	134	6	1962	756	1071	135
30-34岁	229	13	27	185	4	2238	860	1135	243
35-39岁	179	9	20	146	4	1448	505	730	213
40-44岁	253	17	36	198	2	1309	439	626	244
45-49岁	360	16	63	278	3	1275	424	470	381
50-54岁	456	23	63	367	3	1083	411	279	393
55-59岁	501	22	76	400	3	851	327	165	359
60-64岁	472	10	40	420	2	738	281	75	382
65-69岁	428	11	26	389	2	619	202	27	390
70-74岁	177	1	17	158	1	290	123	11	156
75岁及以上	58	1	2	53	2	125	63	2	60
女	**2214**	**21**	**111**	**2066**	**16**	**17590**	**12906**	**919**	**3765**
16-19岁	19		2	16	1	587	533	30	24
20-24岁	38	1	1	33	3	1413	1254	98	61
25-29岁	88	2	8	75	3	1545	1294	146	105
30-34岁	125	4	9	111	1	1983	1586	179	218
35-39岁	121	3	14	104		1585	1213	146	226
40-44岁	190	2	8	180		1743	1209	134	400
45-49岁	295	2	23	268	2	2307	1585	98	624
50-54岁	388	2	18	366	2	2314	1530	47	737
55-59岁	331	1	12	317	1	1732	1134	28	570
60-64岁	314	4	11	298	1	1159	738	8	413
65-69岁	229		3	224	2	752	453	5	294
70-74岁	59		1	58		303	236		67
75岁及以上	17		1	16		167	141		26

4-5c 续表 11

单位：人

年龄组 性 别	教育		卫生和社会工作			文化、体育和娱乐业				
	小计	教育	小计	卫生	社会工作	小计	新闻和出版业	广播、电视、电影和录音制作业	文 化 艺术业	体育
总　计	**19790**	**19790**	**7985**	**7434**	**551**	**2563**	**86**	**206**	**618**	**432**
16—19岁	1943	1943	157	152	5	137	3	11	29	24
20—24岁	4398	4398	1445	1423	22	448	21	57	67	122
25—29岁	3961	3961	1629	1605	24	443	26	47	66	124
30—34岁	2683	2683	938	900	38	386	14	42	63	71
35—39岁	1389	1389	532	497	35	231	8	18	56	26
40—44岁	1253	1253	660	616	44	217	3	6	63	22
45—49岁	1230	1230	742	666	76	215	2	5	68	15
50—54岁	1208	1208	639	547	92	191	6	5	70	17
55—59岁	966	966	476	390	86	137	3	4	50	6
60—64岁	389	389	291	237	54	81		6	39	3
65—69岁	238	238	291	246	45	49		5	27	2
70—74岁	97	97	135	114	21	21			15	
75岁及以上	35	35	50	41	9	7			5	
男	**7758**	**7758**	**3619**	**3390**	**229**	**1568**	**56**	**127**	**398**	**279**
16—19岁	937	937	29	27	2	82	2	4	12	14
20—24岁	1058	1058	267	260	7	260	11	32	33	83
25—29岁	1160	1160	458	449	9	280	13	28	36	82
30—34岁	931	931	400	383	17	238	10	30	35	50
35—39岁	568	568	273	266	7	132	7	14	31	15
40—44岁	562	562	403	389	14	121	2	5	41	10
45—49岁	615	615	502	463	39	122	2	3	45	6
50—54岁	715	715	393	360	33	122	6	3	49	10
55—59岁	679	679	329	289	40	89	3	1	40	5
60—64岁	260	260	196	172	24	59		4	34	2
65—69岁	165	165	210	191	19	39		3	24	2
70—74岁	77	77	117	103	14	19			14	
75岁及以上	31	31	42	38	4	5			4	
女	**12032**	**12032**	**4366**	**4044**	**322**	**995**	**30**	**79**	**220**	**153**
16—19岁	1006	1006	128	125	3	55	1	7	17	10
20—24岁	3340	3340	1178	1163	15	188	10	25	34	39
25—29岁	2801	2801	1171	1156	15	163	13	19	30	42
30—34岁	1752	1752	538	517	21	148	4	12	28	21
35—39岁	821	821	259	231	28	99	1	4	25	11
40—44岁	691	691	257	227	30	96	1	1	22	12
45—49岁	615	615	240	203	37	93		2	23	9
50—54岁	493	493	246	187	59	69		2	21	7
55—59岁	287	287	147	101	46	48		3	10	1
60—64岁	129	129	95	65	30	22		2	5	1
65—69岁	73	73	81	55	26	10		2	3	
70—74岁	20	20	18	11	7	2			1	
75岁及以上	4	4	8	3	5	2			1	

4－5c 续表 12

单位：人

年龄组 性 别	娱乐业	公共管理、社会保障和社会组织							国际组织	
		小计	中国共产党机关	国家机构	人民政协、民主党派	社会保障	群众团体、社会团体和其他成员组织	基层群众自治组织	小计	国际组织
总 计	**1221**	**15138**	**266**	**6547**	**13**	**67**	**1927**	**6318**	**4**	**4**
16－19岁	70	266	6	128			116	16		
20－24岁	181	1331	22	952	2	14	205	136		
25－29岁	180	1738	47	1221	1	7	207	255	1	1
30－34岁	196	1850	42	1116	2	10	220	460		
35－39岁	123	1178	30	539		11	145	453	1	1
40－44岁	123	1480	15	538	3	5	203	716	2	2
45－49岁	125	1938	34	608	2	2	236	1056		
50－54岁	93	2063	33	626	1	2	200	1201		
55－59岁	74	1752	22	518	1	2	165	1044		
60－64岁	33	756	11	172	1	8	93	471		
65－69岁	15	491	1	88		2	79	321		
70－74岁	6	202	2	21		3	40	136		
75岁及以上	2	93	1	20		1	18	53		
男	**708**	**10496**	**209**	**4821**	**8**	**41**	**1115**	**4302**	**2**	**2**
16－19岁	50	174	4	103			61	6		
20－24岁	101	800	15	628	1	6	89	61		
25－29岁	121	1080	32	821	1	5	97	124	1	1
30－34岁	113	1170	33	794	1	7	126	209		
35－39岁	65	771	24	391		6	88	262		
40－44岁	63	1017	11	405	2	3	120	476	1	1
45－49岁	66	1406	30	462	1		147	766		
50－54岁	54	1561	27	521		1	128	884		
55－59岁	40	1411	19	454	1	2	104	831		
60－64岁	19	570	11	137	1	8	65	348		
65－69岁	10	333	1	70		1	51	210		
70－74岁	5	135	2	17		1	28	87		
75岁及以上	1	68		18		1	11	38		
女	**513**	**4642**	**57**	**1726**	**5**	**26**	**812**	**2016**	**2**	**2**
16－19岁	20	92	2	25			55	10		
20－24岁	80	531	7	324	1	8	116	75		
25－29岁	59	658	15	400		2	110	131		
30－34岁	83	680	9	322	1	3	94	251		
35－39岁	58	407	6	148		5	57	191	1	1
40－44岁	60	463	4	133	1	2	83	240	1	1
45－49岁	59	532	4	146	1	2	89	290		
50－54岁	39	502	6	105	1	1	72	317		
55－59岁	34	341	3	64			61	213		
60－64岁	14	186		35			28	123		
65－69岁	5	158		18		1	28	111		
70－74岁	1	67		4		2	12	49		
75岁及以上	1	25	1	2			7	15		

4-6 各地区分性别、职业中类的就业人口

单位：人

地区 性别	合计	党的机关、国家机关、群众团体和社会组织、企事业单位负责人						
		小计	中国共产党机关负责人	国家机关负责人	民主党派和工商联负责人	人民团体和群众团体、社会组织及其他成员组织负责人	基层群众自治组织负责人	企事业单位负责人
全省	**2260971**	**52642**	**105**	**2610**	**6**	**2632**	**1063**	**46226**
南昌市	**277877**	**9752**	**17**	**374**	**2**	**325**	**97**	**8937**
东湖区	18935	732		42	1	11	8	670
西湖区	20710	1449	2	57		32		1358
青云谱区	14382	633		13		18	7	595
青山湖区	51771	1820	2	54		53	5	1706
新建区	36779	872	4	45	1	87	14	721
红谷滩区	24103	1759	6	103		36	12	1602
南昌县	66343	1712	1	27		52	26	1606
安义县	12645	297		22		4	12	259
进贤县	32209	478	2	11		32	13	420
景德镇市	**84555**	**1517**	**1**	**115**		**97**	**27**	**1277**
昌江区	8264	180		17		15	3	145
珠山区	16631	471	1	30		46	4	390
浮梁县	13883	208		23		3	11	171
乐平市	45777	658		45		33	9	571
萍乡市	**104520**	**2159**	**5**	**116**	**1**	**199**	**58**	**1780**
安源区	28857	1009	2	70		94	4	839
湘东区	19009	274	2	11	1	45	21	194
莲花县	13091	204	1	14		13	14	162
上栗县	27766	429		14		34	6	375
芦溪县	15797	243		7		13	13	210
九江市	**240182**	**6192**	**6**	**293**		**188**	**110**	**5595**
濂溪区	16507	756		36		9	3	708
浔阳区	18524	1116		68		17	6	1025
柴桑区	18203	378		18		9	8	343
武宁县	13819	302		18		2	11	271
修水县	36372	1104		33		35	4	1032
永修县	16344	234		10		28	15	181
德安县	9170	114		11		4	16	83
都昌县	34391	609	4	17		15	4	569
湖口县	12143	232	1	10		2	22	197
彭泽县	18155	523		30		60	17	416
瑞昌市	27064	489		23		6	2	458
共青城市	6966	204	1	10			2	191
庐山市	12524	131		9		1		121
新余市	**48954**	**1517**	**17**	**67**		**97**	**26**	**1310**
渝水区	37196	1266	16	42		79	18	1111
分宜县	11758	251	1	25		18	8	199
鹰潭市	**66583**	**1386**	**2**	**47**		**26**	**10**	**1301**
月湖区	14039	555		19		5	4	527
余江区	20144	440		12		9	1	418
贵溪市	32400	391	2	16		12	5	356
赣州市	**459700**	**9265**	**19**	**433**		**635**	**212**	**7966**
章贡区	48568	1545	2	57		55	14	1417
南康区	43163	1458		30		68	3	1357
赣县区	28059	389	1	10		66	10	302
信丰县	37586	623		18		17	11	577
大余县	13919	330	7	14		8	14	287
上犹县	14351	334		30		6	9	289
崇义县	9163	200		21		8	5	166
安远县	16811	203	1	23		40	10	129
定南县	9511	172	2	13		5	14	138
全南县	9156	141	1	14		14	9	103

4-6 续表 1

单位：人

地区 性别	合计	党的机关、国家机关、群众团体和社会组织、企事业单位负责人						
		小计	中国共产党机关负责人	国家机关负责人	民主党派和工商联负责人	人民团体和群众团体、社会组织及其他成员组织负责人	基层群众自治组织负责人	企事业单位负责人
宁都县	43804	629	2	43		70	12	502
于都县	48534	525		14		91	28	392
兴国县	37040	756	2	31		31	35	657
会昌县	23870	330		24		47	6	253
寻乌县	14884	194		20		10	16	148
石城县	13784	404		34		18	6	346
瑞金市	31801	669	1	24		35	6	603
龙南市	15696	363		13		46	4	300
吉安市	**215642**	**4385**	**7**	**261**	**1**	**260**	**185**	**3671**
吉州区	15840	633	1	63	1	20	6	542
青原区	10204	329		17		32	3	277
吉安县	23071	250		8		11	8	223
吉水县	20761	343		15		28	6	294
峡江县	7122	122		3			8	111
新干县	15061	420	1	25		6	8	380
永丰县	17295	247		15		15	23	194
泰和县	21669	544	1	21		9	10	503
遂川县	26470	378		39		20	52	267
万安县	13520	216		12		10	11	183
安福县	15430	281	2	27		76	20	156
永新县	22645	449	2	11		5	20	411
井冈山市	6554	173		5		28	10	130
宜春市	**243442**	**5655**	**13**	**327**	**1**	**335**	**153**	**4826**
袁州区	44734	1621	2	101		122	43	1353
奉新县	12679	178		15		8	7	148
万载县	22283	548		32		34	16	466
上高县	15440	409	2	27		40	6	334
宜丰县	13974	176	1	16		14	11	134
靖安县	5963	134		17			12	105
铜鼓县	5324	130	1	18		2	2	107
丰城市	52163	1098	1	45		53	21	978
樟树市	27035	575	3	23		12	19	518
高安市	43847	786	3	33	1	50	16	683
抚州市	**186709**	**3698**	**9**	**223**		**138**	**83**	**3245**
临川区	43935	849	6	65		50	11	717
东乡区	16846	308		16		5	6	281
南城县	14691	319		14		14	6	285
黎川县	13493	317		19		17	2	279
南丰县	14169	184		19			7	158
崇仁县	19038	242		13		8	7	214
乐安县	16862	205		20		9	14	162
宜黄县	15178	187	2	12		9	11	153
金溪县	14790	263	1	6		12	2	242
资溪县	5382	167		24			1	142
广昌县	12325	657		15		14	16	612
上饶市	**332807**	**7116**	**9**	**354**	**1**	**332**	**102**	**6318**
信州区	28440	1196		64		62	9	1061
广丰区	40365	812	1	25	1	59	6	720
广信区	37858	747	2	42		58	14	631
玉山县	21562	648		35		20	16	577
铅山县	20799	466	1	10		8	16	431
横峰县	8338	112		6		6	5	95
弋阳县	17276	444		45		21	9	369
余干县	43049	569		15		26	5	523
鄱阳县	63060	794		32		35	1	726
万年县	17302	368	2	16		10	13	327
婺源县	19399	622	3	47		23	4	545
德兴市	15359	338		17		4	4	313

4-6　续表 2

单位：人

地区 性别	合计	党的机关、国家机关、群众团体和社会组织、企事业单位负责人						
		小计	中国共产党机关负责人	国家机关负责人	民主党派和工商联负责人	人民团体和群众团体、社会组织及其他成员组织负责人	基层群众自治组织负责人	企事业单位负责人
男	**1332119**	**38260**	**78**	**2144**	**2**	**1615**	**868**	**33553**
南昌市	**169288**	**7044**	**11**	**281**		**195**	**71**	**6486**
东湖区	10553	508		27		7	5	469
西湖区	11899	1009	2	40		17		950
青云谱区	8675	455		13		15	4	423
青山湖区	31291	1342	1	42		31	4	1264
新建区	23157	629	2	37		56	10	524
红谷滩区	14101	1263	3	74		19	7	1160
南昌县	41274	1254	1	19		30	20	1184
安义县	8192	226		19		2	9	196
进贤县	20146	358	2	10		18	12	316
景德镇市	**50102**	**1103**		**93**		**66**	**24**	**920**
昌江区	5130	138		13		11	3	111
珠山区	9827	316		25		29	2	260
浮梁县	8804	156		18		2	11	125
乐平市	26341	493		37		24	8	424
萍乡市	**55643**	**1496**	**3**	**94**	**1**	**112**	**43**	**1243**
安源区	15033	654	1	52		47	4	550
湘东区	10680	199	1	9	1	28	14	146
莲花县	6625	161	1	13		8	11	128
上栗县	14817	297		13		20	6	258
芦溪县	8488	185		7		9	8	161
九江市	**139955**	**4444**	**5**	**244**		**118**	**85**	**3992**
濂溪区	9737	508		31		6	2	469
浔阳区	10419	743		51		11	2	679
柴桑区	11070	291		16		5	6	264
武宁县	9166	268		16		1	9	242
修水县	21827	764		28		24	3	709
永修县	9451	184		10		14	15	145
德安县	5004	85		7		4	12	62
都昌县	19528	450	3	16		9	4	418
湖口县	7193	170	1	8		1	16	144
彭泽县	10143	378		28		38	12	300
瑞昌市	15036	363		19		4	2	338
共青城市	4050	134	1	5			2	126
庐山市	7331	106		9		1		96
新余市	**30006**	**1100**	**9**	**57**		**62**	**23**	**949**
渝水区	22788	913	8	36		50	15	804
分宜县	7218	187	1	21		12	8	145
鹰潭市	**38841**	**948**	**1**	**36**		**10**	**8**	**893**
月湖区	7840	367		17		1	2	347
余江区	12152	294		7		5	1	281
贵溪市	18849	287	1	12		4	5	265
赣州市	**265093**	**6745**	**16**	**376**		**390**	**166**	**5797**
章贡区	27783	1114	2	50		32	8	1022
南康区	24954	1071		27		39	2	1003
赣县区	16385	269	1	9		38	9	212
信丰县	20965	444		15		11	7	411
大余县	7906	243	5	13		3	10	212
上犹县	8130	224		27		3	6	188
崇义县	5432	164		20		7	5	132
安远县	9408	151	1	19		25	8	98
定南县	5696	120	1	11		2	13	93
全南县	5285	109	1	12		9	6	81

4-6 续表 3

单位：人

地区 性别	合计	党的机关、国家机关、群众团体和社会组织、企事业单位负责人						
		小计	中国共产党机关负责人	国家机关负责人	民主党派和工商联负责人	人民团体和群众团体、社会组织及其他成员组织负责人	基层群众自治组织负责人	企事业单位负责人
宁都县	26630	507	2	38		55	9	403
于都县	27380	380		13		60	23	284
兴国县	20647	541	2	24		21	28	466
会昌县	13642	234		21		27	4	182
寻乌县	8504	149		17		5	15	112
石城县	8374	298		29		9	5	255
瑞金市	18867	473	1	19		19	6	428
龙南市	9105	254		12		25	2	215
吉安市	**120217**	**3307**	**7**	**224**		**169**	**163**	**2744**
吉州区	8931	452	1	55		8	6	382
青原区	5769	229		15		19	3	192
吉安县	12675	190		7		9	6	168
吉水县	11664	251		13		17	4	217
峡江县	4038	94		3			7	84
新干县	8659	332	1	19		5	7	300
永丰县	9816	206		15		12	20	159
泰和县	11585	394	1	19		7	9	358
遂川县	14459	289		33		8	45	203
万安县	7511	173		8		7	9	149
安福县	8542	229	2	23		56	17	131
永新县	12977	339	2	10		4	20	303
井冈山市	3591	129		4		17	10	98
宜春市	**142536**	**4172**	**10**	**285**	**1**	**198**	**129**	**3549**
袁州区	27427	1184		86		70	36	992
奉新县	7500	125		13		3	4	105
万载县	12285	387		30		21	13	323
上高县	9001	293	2	25		23	6	237
宜丰县	7562	130	1	13		8	8	100
靖安县	3570	114		16			11	87
铜鼓县	3288	98	1	15			2	80
丰城市	31448	768	1	42		32	19	674
樟树市	15231	447	2	19		6	17	403
高安市	25224	626	3	26	1	35	13	548
抚州市	**114315**	**2749**	**9**	**176**		**77**	**73**	**2414**
临川区	28605	648	6	52		28	11	551
东乡区	10529	220		11		1	6	202
南城县	8872	250		10		7	6	227
黎川县	8018	240		16		11	1	212
南丰县	8319	145		14			7	124
崇仁县	11570	188		11		6	7	164
乐安县	10604	160		18		8	11	123
宜黄县	8564	139	2	11		5	9	112
金溪县	8978	193	1	5		5	2	180
资溪县	3222	105		15			1	89
广昌县	7034	461		13		6	12	430
上饶市	**206123**	**5152**	**7**	**278**		**218**	**83**	**4566**
信州区	17071	781		43		33	6	699
广丰区	25793	612	1	21		42	6	542
广信区	23958	546	1	31		38	13	463
玉山县	13973	483		26		12	13	432
铅山县	12783	313	1	7		6	11	288
横峰县	5254	86		5		3	5	73
弋阳县	10516	309		35		13	6	255
余干县	26472	438		13		20	4	401
鄱阳县	39027	606		27		29	1	549
万年县	11224	263	1	15		8	12	227
婺源县	10993	457	3	38		11	4	401
德兴市	9059	258		17		3	2	236

4-6 续表 4

单位：人

地区 性别	合计	党的机关、国家机关、群众团体和社会组织、企事业单位负责人						
		小计	中国共产党机关负责人	国家机关负责人	民主党派和工商联负责人	人民团体和群众团体、社会组织及其他成员组织负责人	基层群众自治组织负责人	企事业单位负责人
女	**928852**	**14382**	**27**	**466**	**4**	**1017**	**195**	**12673**
南昌市	**108589**	**2708**	**6**	**93**	**2**	**130**	**26**	**2451**
东湖区	8382	224		15	1	4	3	201
西湖区	8811	440		17		15		408
青云谱区	5707	178				3	3	172
青山湖区	20480	478	1	12		22	1	442
新建区	13622	243	2	8	1	31	4	197
红谷滩区	10002	496	3	29		17	5	442
南昌县	25069	458		8		22	6	422
安义县	4453	71		3		2	3	63
进贤县	12063	120		1		14	1	104
景德镇市	**34453**	**414**	**1**	**22**		**31**	**3**	**357**
昌江区	3134	42		4		4		34
珠山区	6804	155	1	5		17	2	130
浮梁县	5079	52		5		1		46
乐平市	19436	165		8		9	1	147
萍乡市	**48877**	**663**	**2**	**22**		**87**	**15**	**537**
安源区	13824	355	1	18		47		289
湘东区	8329	75	1	2		17	7	48
莲花县	6466	43		1		5	3	34
上栗县	12949	132		1		14		117
芦溪县	7309	58				4	5	49
九江市	**100227**	**1748**	**1**	**49**		**70**	**25**	**1603**
濂溪区	6770	248		5		3	1	239
浔阳区	8105	373		17		6	4	346
柴桑区	7133	87		2		4	2	79
武宁县	4653	34		2		1	2	29
修水县	14545	340		5		11	1	323
永修县	6893	50				14		36
德安县	4166	29		4			4	21
都昌县	14863	159	1	1		6		151
湖口县	4950	62		2		1	6	53
彭泽县	8012	145		2		22	5	116
瑞昌市	12028	126		4		2		120
共青城市	2916	70		5				65
庐山市	5193	25						25
新余市	**18948**	**417**	**8**	**10**		**35**	**3**	**361**
渝水区	14408	353	8	6		29	3	307
分宜县	4540	64		4		6		54
鹰潭市	**27742**	**438**	**1**	**11**		**16**	**2**	**408**
月湖区	6199	188		2		4	2	180
余江区	7992	146		5		4		137
贵溪市	13551	104	1	4		8		91
赣州市	**194607**	**2520**	**3**	**57**		**245**	**46**	**2169**
章贡区	20785	431		7		23	6	395
南康区	18209	387		3		29	1	354
赣县区	11674	120		1		28	1	90
信丰县	16621	179		3		6	4	166
大余县	6013	87	2	1		5	4	75
上犹县	6221	110		3		3	3	101
崇义县	3731	36		1		1		34
安远县	7403	52		4		15	2	31
定南县	3815	52	1	2		3	1	45
全南县	3871	32		2		5	3	22

4-6 续表 5

单位：人

地区 性别	合计	党的机关、国家机关、群众团体和社会组织、企事业单位负责人						
		小计	中国共产党机关负责人	国家机关负责人	民主党派和工商联负责人	人民团体和群众团体、社会组织及其他成员组织负责人	基层群众自治组织负责人	企事业单位负责人
宁都县	17174	122		5		15	3	99
于都县	21154	145		1		31	5	108
兴国县	16393	215		7		10	7	191
会昌县	10228	96		3		20	2	71
寻乌县	6380	45		3		5	1	36
石城县	5410	106		5		9	1	91
瑞金市	12934	196		5		16		175
龙南市	6591	109		1		21	2	85
吉安市	**95425**	**1078**		**37**	**1**	**91**	**22**	**927**
吉州区	6909	181		8	1	12		160
青原区	4435	100		2		13		85
吉安县	10396	60		1		2	2	55
吉水县	9097	92		2		11	2	77
峡江县	3084	28					1	27
新干县	6402	88		6		1	1	80
永丰县	7479	41				3	3	35
泰和县	10084	150		2		2	1	145
遂川县	12011	89		6		12	7	64
万安县	6009	43		4		3	2	34
安福县	6888	52		4		20	3	25
永新县	9668	110		1		1		108
井冈山市	2963	44		1		11		32
宜春市	**100906**	**1483**	**3**	**42**		**137**	**24**	**1277**
袁州区	17307	437	2	15		52	7	361
奉新县	5179	53		2		5	3	43
万载县	9998	161		2		13	3	143
上高县	6439	116		2		17		97
宜丰县	6412	46		3		6	3	34
靖安县	2393	20		1			1	18
铜鼓县	2036	32		3		2		27
丰城市	20715	330		3		21	2	304
樟树市	11804	128	1	4		6	2	115
高安市	18623	160		7		15	3	135
抚州市	**72394**	**949**		**47**		**61**	**10**	**831**
临川区	15330	201		13		22		166
东乡区	6317	88		5		4		79
南城县	5819	69		4		7		58
黎川县	5475	77		3		6	1	67
南丰县	5850	39		5				34
崇仁县	7468	54		2		2		50
乐安县	6258	45		2		1	3	39
宜黄县	6614	48		1		4	2	41
金溪县	5812	70		1		7		62
资溪县	2160	62		9				53
广昌县	5291	196		2		8	4	182
上饶市	**126684**	**1964**	**2**	**76**	**1**	**114**	**19**	**1752**
信州区	11369	415		21		29	3	362
广丰区	14572	200		4	1	17		178
广信区	13900	201	1	11		20	1	168
玉山县	7589	165		9		8	3	145
铅山县	8016	153		3		2	5	143
横峰县	3084	26		1		3		22
弋阳县	6760	135		10		8	3	114
余干县	16577	131		2		6	1	122
鄱阳县	24033	188		5		6		177
万年县	6078	105	1	1		2	1	100
婺源县	8406	165		9		12		144
德兴市	6300	80				1	2	77

4-6　续表 6

单位：人

地　区 性　别	专业技术人员									
	小计	科学研究人员	工程技术人员	农业技术人员	飞机和船舶技术人员	卫生专业技术人员	经济和金融专业人员	法律、社会和宗教专业人员	教学人员	文学艺术、体育专业人员
全　省	**188977**	**731**	**36225**	**1176**	**205**	**33899**	**30044**	**3204**	**76620**	**3033**
南昌市	**38261**	**295**	**8694**	**136**	**103**	**5596**	**7720**	**872**	**13079**	**633**
东湖区	4272	34	663	11	2	1349	720	85	1184	87
西湖区	3871	31	791	4	1	607	1024	111	1115	84
青云谱区	2447	10	663	5	77	335	552	62	629	36
青山湖区	9872	106	2523	23	4	1033	1957	208	3545	163
新建区	3328	27	709	17	2	430	512	70	1435	44
红谷滩区	5697	28	1123	17	11	649	1415	196	1880	99
南昌县	6391	51	1865	28	5	750	1205	91	2198	91
安义县	742	2	117	10		127	150	12	314	4
进贤县	1641	6	240	21	1	316	185	37	779	25
景德镇市	**6688**	**44**	**1229**	**31**	**34**	**1196**	**865**	**115**	**2718**	**271**
昌江区	761	7	136	1		125	102	22	281	33
珠山区	2414	32	545	3	30	422	301	55	805	141
浮梁县	1032	1	169	10	1	196	169	9	448	20
乐平市	2481	4	379	17	3	453	293	29	1184	77
萍乡市	**8915**	**18**	**1707**	**65**	**5**	**1695**	**1451**	**110**	**3553**	**118**
安源区	3826	6	699	6	2	822	739	58	1338	55
湘东区	1245	2	292	39	1	179	193	12	491	14
莲花县	896	2	202	5		137	145	8	363	13
上栗县	1780	6	249	10	1	352	202	16	880	27
芦溪县	1168	2	265	5	1	205	172	16	481	9
九江市	**20114**	**66**	**3919**	**117**	**21**	**3997**	**3263**	**311**	**7779**	**287**
濂溪区	2263	18	525	3	4	366	401	35	837	34
浔阳区	3458	15	641	5	9	708	680	77	1186	40
柴桑区	1392	3	414	3		208	228	15	478	15
武宁县	1073		202	4	1	209	177	11	399	44
修水县	2510		424	33	1	547	332	34	1075	33
永修县	1227	6	208	8		266	222	12	469	10
德安县	654	1	149	10		119	93	13	245	11
都昌县	2427	10	383	17	4	673	282	17	986	39
湖口县	904	1	212	9	1	167	111	13	375	7
彭泽县	1287	5	240	9		225	258	20	498	19
瑞昌市	1720	2	338	8	1	312	274	31	701	23
共青城市	582	2	108	1		60	93	14	283	6
庐山市	617	3	75	7		137	112	19	247	6
新余市	**4810**	**17**	**991**	**23**	**2**	**847**	**768**	**81**	**1888**	**57**
渝水区	3890	13	820	14	2	643	631	67	1549	43
分宜县	920	4	171	9		204	137	14	339	14
鹰潭市	**4888**	**14**	**885**	**48**	**2**	**883**	**810**	**85**	**2013**	**84**
月湖区	1874	9	392	7		341	349	47	667	25
余江区	1256	2	233	33		208	181	12	554	18
贵溪市	1758	3	260	8	2	334	280	26	792	41
赣州市	**35030**	**96**	**6900**	**294**	**7**	**6280**	**4625**	**511**	**15270**	**598**
章贡区	7449	43	1667	17	1	1441	1456	142	2500	80
南康区	3250	9	573	13	1	601	559	31	1392	48
赣县区	2229	6	503	24		323	245	29	1008	36
信丰县	2133	2	473	55		322	257	15	945	23
大余县	1078	4	228	19	4	152	133	32	481	8
上犹县	1001	1	185	7		211	90	12	469	15
崇义县	806	1	176	10		142	106	4	351	10
安远县	941		97	8		155	95	7	561	10
定南县	678		167	5		114	80	11	279	14
全南县	793	1	168	6		157	100	8	334	7

4-6 续表 7

单位：人

地区 性别	专业技术人员									
	小计	科学研究人员	工程技术人员	农业技术人员	飞机和船舶技术人员	卫生专业技术人员	经济和金融专业人员	法律、社会和宗教专业人员	教学人员	文学艺术、体育专业人员
宁都县	2420	8	455	14		359	248	35	1225	58
于都县	3045	7	473	15		565	307	41	1523	84
兴国县	2699	4	537	30		532	260	37	1208	45
会昌县	1525	2	230	15	1	296	119	21	768	59
寻乌县	1048	1	143	13		180	87	23	580	13
石城县	937	2	157	8		222	101	19	400	16
瑞金市	1794	3	340	13		301	235	28	799	52
龙南市	1204	2	328	22		207	147	16	447	20
吉安市	**16184**	**41**	**3040**	**145**	**3**	**2827**	**2304**	**300**	**7109**	**201**
吉州区	2302	9	400	18	1	466	437	59	829	30
青原区	1019	1	245	4		150	147	26	416	14
吉安县	1475	6	337	13		208	262	45	570	14
吉水县	1466	3	297	8	1	253	154	16	689	23
峡江县	393	2	49	8		74	53	7	197	1
新干县	1026	5	201	6		184	152	15	436	6
永丰县	1117	1	118	8		231	156	24	557	17
泰和县	1521	3	276	7		273	139	32	756	14
遂川县	1705	3	271	14		312	193	26	857	20
万安县	1023	2	217	12	1	174	157	20	416	14
安福县	1033	2	181	11		192	153	10	464	15
永新县	1506		369	24		229	202	12	624	28
井冈山市	598	4	79	12		81	99	8	298	5
宜春市	**19052**	**58**	**3117**	**124**	**13**	**3599**	**3122**	**279**	**8191**	**231**
袁州区	4623	16	792	20	2	905	719	60	1934	51
奉新县	911	12	103	3		190	140	24	409	14
万载县	1720	7	220	17	2	359	246	27	780	40
上高县	1076	2	166	7		209	136	18	509	12
宜丰县	919	2	123	7	1	168	173	20	404	12
靖安县	455		73	6	1	90	85	9	176	13
铜鼓县	446		60	3		92	62	13	206	7
丰城市	3706	8	646	29	4	731	500	43	1664	27
樟树市	2146	4	365	15	3	343	502	28	834	18
高安市	3050	7	569	17		512	559	37	1275	37
抚州市	**11971**	**38**	**1878**	**88**	**5**	**2326**	**1753**	**181**	**5321**	**153**
临川区	3947	14	732	17	3	775	604	60	1598	54
东乡区	1231	5	147	13		268	152	20	591	14
南城县	777	4	102	8	1	151	141	7	351	6
黎川县	785	4	106	5		127	150	15	322	33
南丰县	733	2	88	7		156	83	3	386	4
崇仁县	884	2	126	6		160	97	19	442	9
乐安县	1178	1	204	13	1	233	137	13	527	15
宜黄县	722		97	6		162	123	18	303	5
金溪县	767	2	124	8		158	86	15	352	7
资溪县	244	1	44	2		42	37	3	115	
广昌县	703	3	108	3		94	143	8	334	6
上饶市	**23064**	**44**	**3865**	**105**	**10**	**4653**	**3363**	**359**	**9699**	**400**
信州区	3788	13	636	11		901	714	75	1259	71
广丰区	2733	7	589	16	1	497	313	56	1111	60
广信区	3049	6	597	13	1	564	409	61	1275	59
玉山县	1691	3	196	7		362	230	19	732	11
铅山县	998	2	154	1		250	115	16	432	7
横峰县	470		78	1	1	97	50	6	203	7
弋阳县	1119	1	138	7		200	171	13	543	24
余干县	2190	4	432	16	7	450	257	24	929	40
鄱阳县	3445	4	417	13		638	462	36	1788	65
万年县	1135		143	8		253	182	19	496	21
婺源县	1237	4	241	7		223	232	19	465	24
德兴市	1209		244	5		218	228	15	466	11

4–6 续表 8

单位：人

地区 性别	专业技术人员 小计	科学研究人员	工程技术人员	农业技术人员	飞机和船舶技术人员	卫生专业技术人员	经济和金融专业人员	法律、社会和宗教专业人员	教学人员	文学艺术、体育专业人员
男	**87044**	**474**	**30679**	**850**	**168**	**12345**	**9532**	**1774**	**27102**	**1888**
南昌市	**17669**	**171**	**7211**	**103**	**82**	**1749**	**2377**	**411**	**4560**	**391**
东湖区	1814	23	543	8	1	437	225	40	406	57
西湖区	1601	18	659	3	1	173	289	50	309	49
青云谱区	1111	3	533	4	62	90	162	28	165	22
青山湖区	4808	63	2066	18	2	287	611	107	1404	98
新建区	1601	16	599	14	2	175	181	35	489	32
红谷滩区	2568	14	918	11	10	197	445	85	676	49
南昌县	3118	30	1581	23	3	219	367	42	731	66
安义县	305	1	102	8		43	39	7	101	3
进贤县	743	3	210	14	1	128	58	17	279	15
景德镇市	**3120**	**29**	**1013**	**26**	**25**	**416**	**263**	**54**	**1024**	**151**
昌江区	364	5	117	1		40	36	9	100	16
珠山区	1106	21	437	3	22	131	83	26	260	76
浮梁县	453	1	148	9	1	58	38	4	174	16
乐平市	1197	2	311	13	2	187	106	15	490	43
萍乡市	**3650**	**8**	**1468**	**38**	**5**	**541**	**383**	**55**	**966**	**72**
安源区	1506		605	6	2	236	190	26	353	36
湘东区	534	2	258	18	1	38	50	5	134	11
莲花县	421	1	175	4		58	44	4	116	6
上栗县	708	3	208	6	1	138	63	8	239	15
芦溪县	481	2	222	4	1	71	36	12	124	4
九江市	**9454**	**51**	**3358**	**84**	**19**	**1570**	**960**	**179**	**2860**	**174**
濂溪区	1056	14	438	2	4	120	127	17	301	16
浔阳区	1455	9	532	3	7	231	182	35	375	28
柴桑区	703	3	358	3		72	65	9	170	6
武宁县	503		181	3	1	78	53	5	136	32
修水县	1172		376	21	1	226	76	27	406	22
永修县	521	5	186	3		89	60	6	151	6
德安县	316		133	7		40	30	7	82	6
都昌县	1290	9	319	12	4	367	109	14	427	20
湖口县	459	1	181	8	1	68	39	6	146	4
彭泽县	636	5	202	7		88	85	10	218	14
瑞昌市	805	2	294	8	1	118	70	21	262	13
共青城市	273	2	90	1		26	27	7	105	4
庐山市	265	1	68	6		47	37	15	81	3
新余市	**2263**	**12**	**847**	**20**	**2**	**297**	**273**	**43**	**656**	**35**
渝水区	1844	8	703	11	2	225	221	37	550	26
分宜县	419	4	144	9		72	52	6	106	9
鹰潭市	**2150**	**11**	**775**	**31**	**2**	**320**	**260**	**53**	**632**	**38**
月湖区	836	7	354	6		104	102	28	204	14
余江区	574	1	193	21		82	69	9	179	13
贵溪市	740	3	228	4	2	134	89	16	249	11
赣州市	**16726**	**66**	**5765**	**197**	**7**	**2460**	**1600**	**325**	**5626**	**390**
章贡区	3384	28	1374	11	1	486	446	86	840	48
南康区	1483	8	500	10	1	233	153	20	512	32
赣县区	1093	2	405	14		115	99	23	381	20
信丰县	1048		386	32		136	81	11	359	16
大余县	522	4	199	13	4	63	52	23	148	7
上犹县	459	1	163	7		72	36	8	152	12
崇义县	385	1	156	3		62	33	2	115	8
安远县	384		82	5		52	36	4	193	6
定南县	301		129	5		37	25	6	83	10
全南县	370	1	140	4		62	36	5	110	6

4-6 续表 9

单位：人

地区 性别	专业技术人员									
	小计	科学研究人员	工程技术人员	农业技术人员	飞机和船舶技术人员	卫生专业技术人员	经济和金融专业人员	法律、社会和宗教专业人员	教学人员	文学艺术、体育专业人员
宁都县	1230	7	380	11		155	108	28	487	42
于都县	1521	5	387	10		242	116	27	665	53
兴国县	1360	3	453	17		229	102	18	476	29
会昌县	805	2	192	9	1	137	57	16	349	30
寻乌县	465	1	114	11		74	31	14	207	8
石城县	438		127	7		91	42	11	141	14
瑞金市	897	1	296	11		129	107	15	286	35
龙南市	581	2	282	17		85	40	8	122	14
吉安市	**7531**	**29**	**2578**	**101**	**3**	**1086**	**757**	**183**	**2544**	**137**
吉州区	1004	7	338	14	1	157	155	26	258	17
青原区	453	1	200	3		51	31	17	132	9
吉安县	699	5	294	8		69	70	29	206	8
吉水县	701	2	248	8	1	99	51	10	253	18
峡江县	173	2	40	7		30	18	6	69	1
新干县	476	2	183	5		76	45	9	144	3
永丰县	525	1	107	5		100	65	16	217	13
泰和县	726	2	237	4		114	39	24	288	7
遂川县	803	2	210	10		150	73	16	323	13
万安县	494	2	184	7	1	65	56	14	150	11
安福县	470	1	157	7		69	58	4	160	12
永新县	751		317	13		78	67	6	237	22
井冈山市	256	2	63	10		28	29	6	107	3
宜春市	**8336**	**36**	**2725**	**96**	**11**	**1268**	**945**	**170**	**2762**	**142**
袁州区	2043	13	705	12	1	307	201	36	663	30
奉新县	381	7	83	3		77	40	18	135	8
万载县	728	3	193	13	2	134	82	17	256	20
上高县	460	2	138	4		79	46	13	153	11
宜丰县	381	1	97	6	1	61	60	14	128	8
靖安县	193		68	5	1	29	19	5	54	10
铜鼓县	183		49	3		33	20	9	64	5
丰城市	1731	3	567	23	3	261	199	25	608	17
樟树市	877	2	319	11	3	119	125	14	253	11
高安市	1359	5	506	16		168	153	19	448	22
抚州市	**5451**	**29**	**1638**	**72**	**5**	**858**	**619**	**99**	**1893**	**100**
临川区	1801	9	646	13	3	246	204	29	561	34
东乡区	538	3	134	12		86	63	13	208	10
南城县	349	4	86	7	1	60	53	4	125	4
黎川县	333	4	95	4		50	31	6	105	24
南丰县	323	1	82	6		61	29	1	139	2
崇仁县	423	2	106	4		58	46	12	174	7
乐安县	585	1	173	10	1	107	65	10	189	9
宜黄县	334		82	5		73	36	11	121	
金溪县	352	2	106	7		66	27	6	123	5
资溪县	101		32	1		14	13	1	40	
广昌县	312	3	96	3		37	52	6	108	5
上饶市	**10694**	**32**	**3301**	**82**	**7**	**1780**	**1095**	**202**	**3579**	**258**
信州区	1629	7	540	8		317	214	29	411	45
广丰区	1368	6	516	14	1	186	108	45	399	44
广信区	1376	5	498	9		192	121	34	435	39
玉山县	770	2	167	6		121	72	12	290	8
铅山县	438	1	140	1		96	31	10	140	4
横峰县	229		67	1	1	44	24	2	67	3
弋阳县	508	1	125	5		77	60	10	202	16
余干县	1154	2	360	13	5	215	106	15	387	27
鄱阳县	1617	4	353	11		274	170	20	736	39
万年县	521		126	8		109	61	9	188	11
婺源县	550	4	201	5		77	65	7	164	15
德兴市	534		208	1		72	63	9	160	7

4-6 续表 10

单位：人

地 区 性 别	专业技术人员 小计	科学研究人员	工程技术人员	农业技术人员	飞机和船舶技术人员	卫生专业技术人员	经济和金融专业人员	法律、社会和宗教专业人员	教学人员	文学艺术、体育专业人员
女	**101933**	**257**	**5546**	**326**	**37**	**21554**	**20512**	**1430**	**49518**	**1145**
南昌市	**20592**	**124**	**1483**	**33**	**21**	**3847**	**5343**	**461**	**8519**	**242**
东湖区	2458	11	120	3	1	912	495	45	778	30
西湖区	2270	13	132	1		434	735	61	806	35
青云谱区	1336	7	130	1	15	245	390	34	464	14
青山湖区	5064	43	457	5	2	746	1346	101	2141	65
新建区	1727	11	110	3		255	331	35	946	12
红谷滩区	3129	14	205	6	1	452	970	111	1204	50
南昌县	3273	21	284	5	2	531	838	49	1467	25
安义县	437	1	15	2		84	111	5	213	1
进贤县	898	3	30	7		188	127	20	500	10
景德镇市	**3568**	**15**	**216**	**5**	**9**	**780**	**602**	**61**	**1694**	**120**
昌江区	397	2	19			85	66	13	181	17
珠山区	1308	11	108		8	291	218	29	545	65
浮梁县	579		21	1		138	131	5	274	4
乐平市	1284	2	68	4	1	266	187	14	694	34
萍乡市	**5265**	**10**	**239**	**27**		**1154**	**1068**	**55**	**2587**	**46**
安源区	2320	6	94			586	549	32	985	19
湘东区	711		34	21		141	143	7	357	3
莲花县	475	1	27	1		79	101	4	247	7
上栗县	1072	3	41	4		214	139	8	641	12
芦溪县	687		43	1		134	136	4	357	5
九江市	**10660**	**15**	**561**	**33**	**2**	**2427**	**2303**	**132**	**4919**	**113**
濂溪区	1207	4	87	1		246	274	18	536	18
浔阳区	2003	6	109	2	2	477	498	42	811	12
柴桑区	689		56			136	163	6	308	9
武宁县	570		21	1		131	124	6	263	12
修水县	1338		48	12		321	256	7	669	11
永修县	706	1	22	5		177	162	6	318	4
德安县	338	1	16	3		79	63	6	163	5
都昌县	1137	1	64	5		306	173	3	559	19
湖口县	445		31	1		99	72	7	229	3
彭泽县	651		38	2		137	173	10	280	5
瑞昌市	915		44			194	204	10	439	10
共青城市	309		18			34	66	7	178	2
庐山市	352	2	7	1		90	75	4	166	3
新余市	**2547**	**5**	**144**	**3**		**550**	**495**	**38**	**1232**	**22**
渝水区	2046	5	117	3		418	410	30	999	17
分宜县	501		27			132	85	8	233	5
鹰潭市	**2738**	**3**	**110**	**17**		**563**	**550**	**32**	**1381**	**46**
月湖区	1038	2	38	1		237	247	19	463	11
余江区	682	1	40	12		126	112	3	375	5
贵溪市	1018		32	4		200	191	10	543	30
赣州市	**18304**	**30**	**1135**	**97**		**3820**	**3025**	**186**	**9644**	**208**
章贡区	4065	15	293	6		955	1010	56	1660	32
南康区	1767	1	73	3		368	406	11	880	16
赣县区	1136	4	98	10		208	146	6	627	16
信丰县	1085	2	87	23		186	176	4	586	7
大余县	556		29	6		89	81	9	333	1
上犹县	542		22			139	54	4	317	3
崇义县	421		20	7		80	73	2	236	2
安远县	557		15	3		103	59	3	368	4
定南县	377		38			77	55	5	196	4
全南县	423		28	2		95	64	3	224	1

4-6 续表 11

单位：人

地区 性别	专业技术人员 小计	科学研究人员	工程技术人员	农业技术人员	飞机和船舶技术人员	卫生专业技术人员	经济和金融专业人员	法律、社会和宗教专业人员	教学人员	文学艺术、体育专业人员
宁都县	1190	1	75	3		204	140	7	738	16
于都县	1524	2	86	5		323	191	14	858	31
兴国县	1339	1	84	13		303	158	19	732	16
会昌县	720		38	6		159	62	5	419	29
寻乌县	583		29	2		106	56	9	373	5
石城县	499	2	30	1		131	59	8	259	2
瑞金市	897	2	44	2		172	128	13	513	17
龙南市	623		46	5		122	107	8	325	6
吉安市	**8653**	**12**	**462**	**44**		**1741**	**1547**	**117**	**4565**	**64**
吉州区	1298	2	62	4		309	282	33	571	13
青原区	566		45	1		99	116	9	284	5
吉安县	776	1	43	5		139	192	16	364	6
吉水县	765	1	49			154	103	6	436	5
峡江县	220		9	1		44	35	1	128	
新干县	550	3	18	1		108	107	6	292	3
永丰县	592		11	3		131	91	8	340	4
泰和县	795	1	39	3		159	100	8	468	7
遂川县	902	1	61	4		162	120	10	534	7
万安县	529		33	5		109	101	6	266	3
安福县	563	1	24	4		123	95	6	304	3
永新县	755		52	11		151	135	6	387	6
井冈山市	342	2	16	2		53	70	2	191	2
宜春市	**10716**	**22**	**392**	**28**	**2**	**2331**	**2177**	**109**	**5429**	**89**
袁州区	2580	3	87	8	1	598	518	24	1271	21
奉新县	530	5	20			113	100	6	274	6
万载县	992	4	27	4		225	164	10	524	20
上高县	616		28	3		130	90	5	356	1
宜丰县	538	1	26	1		107	113	6	276	4
靖安县	262		5	1		61	66	4	122	3
铜鼓县	263		11			59	42	4	142	2
丰城市	1975	5	79	6	1	470	301	18	1056	10
樟树市	1269	2	46	4		224	377	14	581	7
高安市	1691	2	63	1		344	406	18	827	15
抚州市	**6520**	**9**	**240**	**16**		**1468**	**1134**	**82**	**3428**	**53**
临川区	2146	5	86	4		529	400	31	1037	20
东乡区	693	2	13	1		182	89	7	383	4
南城县	428		16	1		91	88	3	226	2
黎川县	452		11	1		77	119	9	217	9
南丰县	410	1	6	1		95	54	2	247	2
崇仁县	461		20	2		102	51	7	268	2
乐安县	593		31	3		126	72	3	338	6
宜黄县	388		15	1		89	87	7	182	5
金溪县	415		18	1		92	59	9	229	2
资溪县	143	1	12	1		28	24	2	75	
广昌县	391		12			57	91	2	226	1
上饶市	**12370**	**12**	**564**	**23**	**3**	**2873**	**2268**	**157**	**6120**	**142**
信州区	2159	6	96	3		584	500	46	848	26
广丰区	1365	1	73	2		311	205	11	712	16
广信区	1673	1	99	4	1	372	288	27	840	20
玉山县	921	1	29	1		241	158	7	442	3
铅山县	560	1	14			154	84	6	292	3
横峰县	241		11			53	26	4	136	4
弋阳县	611		13	2		123	111	3	341	8
余干县	1036	2	72	3	2	235	151	9	542	13
鄱阳县	1828		64	2		364	292	16	1052	26
万年县	614		17			144	121	10	308	10
婺源县	687		40	2		146	167	12	301	9
德兴市	675		36	4		146	165	6	306	4

4-6 续表 12

单位：人

地区 性别	专业技术人员 新闻出版、文化专业人员	其他专业技术人员	办事人员和有关人员 小计	办事人员	安全和消防人员	其他办事人员和有关人员	社会生产服务和生活服务人员 小计	批发与零售服务人员	交通运输、仓储和邮政业服务人员
全 省	**2185**	**1655**	**128846**	**103539**	**23962**	**1345**	**709207**	**321274**	**110944**
南昌市	**793**	**340**	**27461**	**22438**	**4730**	**293**	**107423**	**47185**	**17923**
东湖区	102	35	3533	2938	508	87	8067	3603	1085
西湖区	87	16	3323	2774	534	15	10094	4921	1557
青云谱区	35	43	1645	1336	291	18	6696	3238	1335
青山湖区	268	42	5926	4990	906	30	20746	8818	3385
新建区	40	42	2652	1890	699	63	14010	4982	2203
红谷滩区	173	106	4194	3563	586	45	9059	3449	842
南昌县	74	33	4439	3533	889	17	25709	10791	5662
安义县	5	1	526	451	73	2	3005	1611	439
进贤县	9	22	1223	963	244	16	10037	5772	1415
景德镇市	**71**	**114**	**4792**	**3852**	**873**	**67**	**27630**	**11913**	**4398**
昌江区	17	37	812	674	128	10	3052	1464	416
珠山区	35	45	1911	1531	349	31	6739	3264	957
浮梁县	8	1	827	682	139	6	4289	1481	969
乐平市	11	31	1242	965	257	20	13550	5704	2056
萍乡市	**119**	**74**	**6530**	**5176**	**1294**	**60**	**39196**	**15152**	**5565**
安源区	73	28	3514	2739	745	30	14863	6280	1872
湘东区	8	14	606	494	109	3	5416	1865	986
莲花县	12	9	653	555	86	12	3682	1169	445
上栗县	15	22	1073	851	212	10	9093	4187	1530
芦溪县	11	1	684	537	142	5	6142	1651	732
九江市	**221**	**133**	**13859**	**11165**	**2620**	**74**	**78681**	**35150**	**11203**
濂溪区	29	11	1508	1230	271	7	7082	3122	1108
浔阳区	54	43	2562	2160	382	20	8072	3741	1182
柴桑区	15	13	880	644	229	7	6240	2486	1084
武宁县	8	18	788	637	144	7	4480	1647	614
修水县	26	5	1589	1283	306		11806	6423	1600
永修县	15	11	810	638	168	4	5473	2147	854
德安县	7	6	594	456	134	4	3377	1372	520
都昌县	8	8	1042	814	217	11	9346	4952	931
湖口县	6	2	704	571	131	2	2984	1301	523
彭泽县	11	2	826	679	144	3	5061	1920	817
瑞昌市	24	6	1345	1050	293	2	8830	3451	1235
共青城市	11	4	597	494	103		1595	667	247
庐山市	7	4	614	509	98	7	4335	1921	488
新余市	**59**	**77**	**3415**	**2700**	**671**	**44**	**16734**	**7692**	**2694**
渝水区	48	60	2859	2255	568	36	13125	6040	2030
分宜县	11	17	556	445	103	8	3609	1652	664
鹰潭市	**46**	**18**	**3791**	**2944**	**834**	**13**	**24023**	**12277**	**3261**
月湖区	30	7	1734	1425	305	4	6550	2903	1004
余江区	7	8	771	576	189	6	6979	4420	642
贵溪市	9	3	1286	943	340	3	10494	4954	1615
赣州市	**267**	**182**	**21955**	**17987**	**3760**	**208**	**128360**	**59914**	**19440**
章贡区	87	15	4827	3885	921	21	21592	10305	2892
南康区	16	7	2343	1987	349	7	12813	6412	2290
赣县区	34	21	1215	1000	199	16	7666	3313	1142
信丰县	6	35	1264	1037	223	4	8093	3675	1340
大余县	6	11	791	651	127	13	3719	1506	579
上犹县	9	2	753	646	102	5	3489	1517	573
崇义县	3	3	687	577	100	10	2439	1009	426
安远县	6	2	714	577	131	6	3819	1928	424
定南县	5	3	484	399	83	2	2780	1116	585
全南县	9	3	481	388	82	11	2661	1080	423

4-6 续表 13　　单位：人

地区 性别	专业技术人员		办事人员和有关人员				社会生产服务和生活服务人员		
	新闻出版、文化专业人员	其他专业技术人员	小计	办事人员	安全和消防人员	其他办事人员和有关人员	小计	批发与零售服务人员	交通运输、仓储和邮政业服务人员
宁都县	12	6	1260	1048	200	12	11388	5282	1884
于都县	21	9	1541	1302	228	11	12390	6051	1584
兴国县	12	34	1330	1013	261	56	8341	3888	1094
会昌县	11	3	1075	900	166	9	6287	3002	904
寻乌县	4	4	646	515	119	12	3473	1576	640
石城县	10	2	695	586	106	3	3760	1740	659
瑞金市	13	10	1052	849	201	2	9248	4608	1255
龙南市	3	12	797	627	162	8	4402	1906	746
吉安市	**137**	**77**	**10011**	**8111**	**1762**	**138**	**52923**	**23960**	**9103**
吉州区	42	11	1823	1485	300	38	5977	2641	967
青原区	6	10	559	435	110	14	3080	1456	468
吉安县	13	7	753	602	140	11	4689	1885	833
吉水县	7	15	836	636	177	23	4399	1801	724
峡江县	2		254	213	39	2	1479	643	355
新干县	9	12	684	556	126	2	3856	1554	894
永丰县	4	1	594	476	117	1	4321	1994	796
泰和县	14	7	1041	888	149	4	5121	2845	666
遂川县	7	2	769	619	147	3	5417	2614	974
万安县	7	3	555	449	94	12	3232	1423	540
安福县	4	1	529	443	83	3	3336	1370	665
永新县	11	7	1093	878	201	14	5820	2903	867
井冈山市	11	1	521	431	79	11	2196	831	354
宜春市	**157**	**161**	**12480**	**9525**	**2801**	**154**	**74199**	**31906**	**14176**
袁州区	68	56	3090	2293	751	46	15378	6481	2420
奉新县	4	12	682	543	127	12	3778	1558	819
万载县	18	4	872	672	190	10	6257	2705	1188
上高县	4	13	910	758	130	22	4402	2074	893
宜丰县	5	4	658	577	79	2	4526	1502	809
靖安县	1	1	427	352	71	4	1939	851	307
铜鼓县	2	1	459	380	77	2	1777	753	328
丰城市	22	32	2304	1733	550	21	15486	7202	2410
樟树市	12	22	1330	1002	314	14	8106	3671	1589
高安市	21	16	1748	1215	512	21	12550	5109	3413
抚州市	**102**	**126**	**8734**	**6890**	**1722**	**122**	**54463**	**25235**	**9335**
临川区	46	44	2729	2184	506	39	13840	6564	1947
东乡区	12	9	810	619	174	17	5366	2488	999
南城县	3	3	587	452	127	8	4399	1960	1046
黎川县	3	20	614	468	138	8	4644	2287	629
南丰县	2	2	586	486	94	6	3095	1428	686
崇仁县	11	12	554	434	108	12	4255	2146	591
乐安县	9	25	725	541	173	11	4801	2338	664
宜黄县	5	3	504	397	102	5	4749	2312	816
金溪县	10	5	620	499	115	6	3819	1696	484
资溪县			300	242	58		1444	562	153
广昌县	1	3	705	568	127	10	4051	1454	1320
上饶市	**213**	**353**	**15818**	**12751**	**2895**	**172**	**105575**	**50890**	**13846**
信州区	61	47	3060	2508	524	28	13221	6733	1290
广丰区	19	64	1705	1462	224	19	13498	7053	1567
广信区	32	32	1700	1296	388	16	12258	5321	1648
玉山县	6	125	1218	967	218	33	5916	2735	837
铅山县	8	13	914	767	129	18	6550	2790	957
横峰县	7	20	422	340	57	25	2862	1323	445
弋阳县	13	9	655	512	140	3	5081	2260	986
余干县	13	18	1217	959	241	17	13488	7793	1187
鄱阳县	15	7	2481	1969	511	1	17539	8517	2577
万年县	11	2	698	540	151	7	5069	2300	806
婺源县	14	8	797	633	160	4	5363	2333	781
德兴市	14	8	951	798	152	1	4730	1732	765

4-6　续表 14

单位：人

地　区 性　别	专业技术人员		办事人员和有关人员				社会生产服务和生活服务人员		
	新闻出版、文化专业人员	其他专业技术人员	小计	办事人员	安全和消防人员	其他办事人员和有关人员	小计	批发与零售服务人员	交通运输、仓储和邮政业服务人员
男	**1015**	**1217**	**82844**	**60038**	**21967**	**839**	**389926**	**157889**	**96070**
南昌市	**348**	**266**	**16624**	**12197**	**4251**	**176**	**62292**	**24471**	**15020**
东湖区	49	25	2096	1597	447	52	4410	1736	912
西湖区	38	12	1983	1489	484	10	5723	2447	1279
青云谱区	14	28	1002	727	262	13	3897	1657	1111
青山湖区	118	34	3397	2583	798	16	12415	4717	2823
新建区	18	40	1826	1150	640	36	7830	2401	1857
红谷滩区	75	88	2425	1878	521	26	5069	1818	674
南昌县	32	24	2763	1945	809	9	15327	5636	4803
安义县		1	313	248	63	2	1687	828	364
进贤县	4	14	819	580	227	12	5934	3231	1197
景德镇市	**38**	**81**	**3158**	**2302**	**808**	**48**	**14808**	**5615**	**3944**
昌江区	9	31	543	416	120	7	1688	750	370
珠山区	16	31	1202	856	325	21	3672	1555	855
浮梁县	4		545	414	126	5	2500	730	874
乐平市	9	19	868	616	237	15	6948	2580	1845
萍乡市	**52**	**62**	**4155**	**2922**	**1197**	**36**	**18097**	**6383**	**4960**
安源区	30	22	2225	1516	689	20	6465	2536	1619
湘东区	4	13	363	263	98	2	2814	842	865
莲花县	7	6	388	304	78	6	1683	533	388
上栗县	7	20	719	512	202	5	4573	1706	1426
芦溪县	4	1	460	327	130	3	2562	766	662
九江市	**96**	**103**	**9113**	**6658**	**2407**	**48**	**41757**	**16292**	**9705**
濂溪区	10	7	920	668	248	4	3756	1372	946
浔阳区	17	36	1622	1263	344	15	4149	1639	963
柴桑区	5	12	624	403	216	5	3385	1227	929
武宁县	2	12	564	432	128	4	2542	794	550
修水县	13	4	1086	797	289		6318	3065	1454
永修县	8	7	514	358	154	2	2874	1022	744
德安县	7	4	375	255	117	3	1599	565	454
都昌县	4	5	735	530	199	6	4889	2404	795
湖口县	3	2	472	350	121	1	1593	624	433
彭泽县	5	2	529	400	128	1	2551	838	712
瑞昌市	12	4	845	571	273	1	4695	1421	1070
共青城市	7	4	391	291	100		968	341	224
庐山市	3	4	436	340	90	6	2438	980	431
新余市	**20**	**58**	**2186**	**1565**	**594**	**27**	**9108**	**3783**	**2372**
渝水区	16	45	1841	1314	506	21	7079	2980	1766
分宜县	4	13	345	251	88	6	2029	803	606
鹰潭市	**19**	**9**	**2576**	**1812**	**757**	**7**	**12440**	**5671**	**2841**
月湖区	13	4	1129	858	270	1	3173	1136	856
余江区	3	4	535	360	172	3	3881	2336	565
贵溪市	3	1	912	594	315	3	5386	2199	1420
赣州市	**152**	**138**	**14039**	**10434**	**3469**	**136**	**71942**	**30231**	**16566**
章贡区	51	13	2929	2091	828	10	11513	5024	2353
南康区	8	6	1341	1015	321	5	6848	3063	1876
赣县区	22	12	778	588	180	10	4259	1632	974
信丰县	4	23	775	559	212	4	4632	1862	1194
大余县	1	8	519	389	119	11	2065	760	501
上犹县	7	1	490	392	96	2	1962	758	483
崇义县	2	3	457	354	94	9	1345	510	381
安远县	4	2	503	376	123	4	2154	984	363
定南县	4	2	321	238	82	1	1612	523	487
全南县	4	2	344	262	74	8	1477	516	358

4−6 续表 15

单位：人

地区 性别	专业技术人员		办事人员和有关人员				社会生产服务和生活服务人员		
	新闻出版、文化专业人员	其他专业技术人员	小计	办事人员	安全和消防人员	其他办事人员和有关人员	小计	批发与零售服务人员	交通运输、仓储和邮政业服务人员
宁都县	7	5	863	668	187	8	6830	3034	1694
于都县	11	5	973	761	208	4	7185	3204	1323
兴国县	5	28	887	605	245	37	4533	1882	937
会昌县	9	3	730	564	159	7	3565	1495	787
寻乌县	2	3	435	322	106	7	2033	752	550
石城县	3	2	478	373	103	2	2246	973	561
瑞金市	8	9	722	535	185	2	5205	2374	1097
龙南市		11	494	342	147	5	2478	885	647
吉安市	**62**	**51**	**6562**	**4854**	**1617**	**91**	**28729**	**11234**	**7834**
吉州区	26	5	1137	856	262	19	3175	1169	832
青原区	1	8	340	231	99	10	1623	708	385
吉安县	5	5	516	373	134	9	2601	869	720
吉水县	2	9	573	391	167	15	2354	801	656
峡江县			168	130	38		920	348	318
新干县	2	7	405	290	113	2	2188	741	775
永丰县		1	441	326	114	1	2333	927	691
泰和县	6	5	668	533	133	2	2677	1313	569
遂川县	5	1	520	385	134	1	3032	1277	836
万安县	2	2	362	263	89	10	1810	719	454
安福县	1	1	366	284	80	2	1776	573	573
永新县	5	6	719	524	183	12	3171	1422	726
井冈山市	7	1	347	268	71	8	1069	367	299
宜春市	**71**	**110**	**8156**	**5460**	**2602**	**94**	**40301**	**15127**	**12419**
袁州区	34	41	2016	1292	699	25	8189	2909	2180
奉新县	2	8	441	318	116	7	2032	679	737
万载县	7	1	554	368	177	9	3385	1203	1077
上高县	2	12	563	427	123	13	2531	1065	805
宜丰县	2	3	413	342	71		2128	647	707
靖安县	1	1	262	193	65	4	999	397	267
铜鼓县			286	210	74	2	958	344	294
丰城市	9	16	1630	1103	514	13	8247	3480	2028
樟树市	4	16	784	484	293	7	4346	1725	1358
高安市	10	12	1207	723	470	14	7486	2678	2966
抚州市	**47**	**91**	**5830**	**4149**	**1605**	**76**	**30839**	**12730**	**8116**
临川区	23	33	1737	1245	468	24	7597	3260	1650
东乡区	2	7	590	420	162	8	3160	1291	894
南城县	2	3	394	269	119	6	2616	955	939
黎川县	1	13	402	268	129	5	2576	1226	553
南丰县		2	403	312	88	3	1913	765	623
崇仁县	7	7	381	276	97	8	2457	1144	520
乐安县	3	17	520	353	160	7	2835	1253	584
宜黄县	3	3	308	208	96	4	2379	1024	678
金溪县	6	4	448	332	111	5	2183	906	407
资溪县			207	152	55		776	252	134
广昌县		2	440	314	120	6	2347	654	1134
上饶市	**110**	**248**	**10445**	**7685**	**2660**	**100**	**59613**	**26352**	**12293**
信州区	26	32	1895	1413	468	14	7412	3493	1122
广丰区	8	41	1110	893	206	11	7584	3641	1435
广信区	19	24	1094	725	359	10	6881	2708	1469
玉山县	2	90	827	603	203	21	3416	1409	762
铅山县	6	9	574	444	122	8	3714	1451	857
横峰县	5	15	273	212	48	13	1680	658	420
弋阳县	7	5	451	320	130	1	2898	1089	863
余干县	9	15	852	618	220	14	7928	4349	1014
鄱阳县	7	3	1703	1232	471		9917	4433	2274
万年县	8	1	486	341	140	5	3050	1226	731
婺源县	6	6	542	389	150	3	2836	1098	687
德兴市	7	7	638	495	143		2297	797	659

4-6　续表 16

单位：人

地　区 性　别	专业技术人员		办事人员和有关人员				社会生产服务和生活服务人员		
	新闻出版、文化专业人员	其他专业技术人员	小计	办事人员	安全和消防人员	其他办事人员和有关人员	小计	批发与零售服务人员	交通运输、仓储和邮政业服务人员
女	**1170**	**438**	**46002**	**43501**	**1995**	**506**	**319281**	**163385**	**14874**
南昌市	**445**	**74**	**10837**	**10241**	**479**	**117**	**45131**	**22714**	**2903**
东湖区	53	10	1437	1341	61	35	3657	1867	173
西湖区	49	4	1340	1285	50	5	4371	2474	278
青云谱区	21	15	643	609	29	5	2799	1581	224
青山湖区	150	8	2529	2407	108	14	8331	4101	562
新建区	22	2	826	740	59	27	6180	2581	346
红谷滩区	98	18	1769	1685	65	19	3990	1631	168
南昌县	42	9	1676	1588	80	8	10382	5155	859
安义县	5		213	203	10		1318	783	75
进贤县	5	8	404	383	17	4	4103	2541	218
景德镇市	**33**	**33**	**1634**	**1550**	**65**	**19**	**12822**	**6298**	**454**
昌江区	8	6	269	258	8	3	1364	714	46
珠山区	19	14	709	675	24	10	3067	1709	102
浮梁县	4	1	282	268	13	1	1789	751	95
乐平市	2	12	374	349	20	5	6602	3124	211
萍乡市	**67**	**12**	**2375**	**2254**	**97**	**24**	**21099**	**8769**	**605**
安源区	43	6	1289	1223	56	10	8398	3744	253
湘东区	4	1	243	231	11	1	2602	1023	121
莲花县	5	3	265	251	8	6	1999	636	57
上栗县	8	2	354	339	10	5	4520	2481	104
芦溪县	7		224	210	12	2	3580	885	70
九江市	**125**	**30**	**4746**	**4507**	**213**	**26**	**36924**	**18858**	**1498**
濂溪区	19	4	588	562	23	3	3326	1750	162
浔阳区	37	7	940	897	38	5	3923	2102	219
柴桑区	10	1	256	241	13	2	2855	1259	155
武宁县	6	6	224	205	16	3	1938	853	64
修水县	13	1	503	486	17		5488	3358	146
永修县	7	4	296	280	14	2	2599	1125	110
德安县		2	219	201	17	1	1778	807	66
都昌县	4	3	307	284	18	5	4457	2548	136
湖口县	3		232	221	10	1	1391	677	90
彭泽县	6		297	279	16	2	2510	1082	105
瑞昌市	12	2	500	479	20	1	4135	2030	165
共青城市	4		206	203	3		627	326	23
庐山市	4		178	169	8	1	1897	941	57
新余市	**39**	**19**	**1229**	**1135**	**77**	**17**	**7626**	**3909**	**322**
渝水区	32	15	1018	941	62	15	6046	3060	264
分宜县	7	4	211	194	15	2	1580	849	58
鹰潭市	**27**	**9**	**1215**	**1132**	**77**	**6**	**11583**	**6606**	**420**
月湖区	17	3	605	567	35	3	3377	1767	148
余江区	4	4	236	216	17	3	3098	2084	77
贵溪市	6	2	374	349	25		5108	2755	195
赣州市	**115**	**44**	**7916**	**7553**	**291**	**72**	**56418**	**29683**	**2874**
章贡区	36	2	1898	1794	93	11	10079	5281	539
南康区	8	1	1002	972	28	2	5965	3349	414
赣县区	12	9	437	412	19	6	3407	1681	168
信丰县	2	12	489	478	11		3461	1813	146
大余县	5	3	272	262	8	2	1654	746	78
上犹县	2	1	263	254	6	3	1527	759	90
崇义县	1		230	223	6	1	1094	499	45
安远县	2		211	201	8	2	1665	944	61
定南县	1	1	163	161	1	1	1168	593	98
全南县	5	1	137	126	8	3	1184	564	65

4−6 续表 17

单位：人

地区 性别	专业技术人员		办事人员和有关人员				社会生产服务和生活服务人员		
	新闻出版、文化专业人员	其他专业技术人员	小计	办事人员	安全和消防人员	其他办事人员和有关人员	小计	批发与零售服务人员	交通运输、仓储和邮政业服务人员
宁都县	5	1	397	380	13	4	4558	2248	190
于都县	10	4	568	541	20	7	5205	2847	261
兴国县	7	6	443	408	16	19	3808	2006	157
会昌县	2		345	336	7	2	2722	1507	117
寻乌县	2	1	211	193	13	5	1440	824	90
石城县	7		217	213	3	1	1514	767	98
瑞金市	5	1	330	314	16		4043	2234	158
龙南市	3	1	303	285	15	3	1924	1021	99
吉安市	**75**	**26**	**3449**	**3257**	**145**	**47**	**24194**	**12726**	**1269**
吉州区	16	6	686	629	38	19	2802	1472	135
青原区	5	2	219	204	11	4	1457	748	83
吉安县	8	2	237	229	6	2	2088	1016	113
吉水县	5	6	263	245	10	8	2045	1000	68
峡江县	2		86	83	1	2	559	295	37
新干县	7	5	279	266	13		1668	813	119
永丰县	4		153	150	3		1988	1067	105
泰和县	8	2	373	355	16	2	2444	1532	97
遂川县	2	1	249	234	13	2	2385	1337	138
万安县	5	1	193	186	5	2	1422	704	86
安福县	3		163	159	3	1	1560	797	92
永新县	6	1	374	354	18	2	2649	1481	141
井冈山市	4		174	163	8	3	1127	464	55
宜春市	**86**	**51**	**4324**	**4065**	**199**	**60**	**33898**	**16779**	**1757**
袁州区	34	15	1074	1001	52	21	7189	3572	240
奉新县	2	4	241	225	11	5	1746	879	82
万载县	11	3	318	304	13	1	2872	1502	111
上高县	2	1	347	331	7	9	1871	1009	88
宜丰县	3	1	245	235	8	2	2398	855	102
靖安县			165	159	6		940	454	40
铜鼓县	2	1	173	170	3		819	409	34
丰城市	13	16	674	630	36	8	7239	3722	382
樟树市	8	6	546	518	21	7	3760	1946	231
高安市	11	4	541	492	42	7	5064	2431	447
抚州市	**55**	**35**	**2904**	**2741**	**117**	**46**	**23624**	**12505**	**1219**
临川区	23	11	992	939	38	15	6243	3304	297
东乡区	10	2	220	199	12	9	2206	1197	105
南城县	1		193	183	8	2	1783	1005	107
黎川县	2	7	212	200	9	3	2068	1061	76
南丰县	2		183	174	6	3	1182	663	63
崇仁县	4	5	173	158	11	4	1798	1002	71
乐安县	6	8	205	188	13	4	1966	1085	80
宜黄县	2		196	189	6	1	2370	1288	138
金溪县	4	1	172	167	4	1	1636	790	77
资溪县			93	90	3		668	310	19
广昌县	1	1	265	254	7	4	1704	800	186
上饶市	**103**	**105**	**5373**	**5066**	**235**	**72**	**45962**	**24538**	**1553**
信州区	35	15	1165	1095	56	14	5809	3240	168
广丰区	11	23	595	569	18	8	5914	3412	132
广信区	13	8	606	571	29	6	5377	2613	179
玉山县	4	35	391	364	15	12	2500	1326	75
铅山县	2	4	340	323	7	10	2836	1339	100
横峰县	2	5	149	128	9	12	1182	665	25
弋阳县	6	4	204	192	10	2	2183	1171	123
余干县	4	3	365	341	21	3	5560	3444	173
鄱阳县	8	4	778	737	40	1	7622	4084	303
万年县	3	1	212	199	11	2	2019	1074	75
婺源县	8	2	255	244	10	1	2527	1235	94
德兴市	7	1	313	303	9	1	2433	935	106

4-6 续表 18

单位：人

地区 性别	社会生产服务和生活服务人员 住宿和餐饮服务人员	信息传输、软件和信息技术服务人员	金融服务人员	房地产服务人员	租赁和商务服务人员	技术辅助服务人员	水利、环境和公共设施管理服务人员	居民服务人员	电力、燃气及水供应服务人员
全省	**95331**	**11709**	**11362**	**8673**	**10525**	**15272**	**31034**	**58458**	**5758**
南昌市	**14472**	**2621**	**2280**	**2188**	**2406**	**2910**	**4998**	**5788**	**648**
东湖区	1073	270	313	181	149	253	257	520	78
西湖区	1101	314	303	180	217	360	279	477	45
青云谱区	594	175	116	112	130	169	183	331	36
青山湖区	2638	720	432	460	665	783	932	1018	136
新建区	2875	226	200	337	302	217	1025	1018	79
红谷滩区	1511	360	464	296	414	347	513	470	40
南昌县	3189	448	281	478	406	574	1389	1327	152
安义县	323	30	76	18	53	98	139	124	18
进贤县	1168	78	95	126	70	109	281	503	64
景德镇市	**4367**	**420**	**349**	**285**	**325**	**514**	**1274**	**2477**	**213**
昌江区	451	59	73	22	39	56	156	185	31
珠山区	892	115	128	129	134	174	216	425	65
浮梁县	738	60	45	36	64	87	243	311	33
乐平市	2286	186	103	98	88	197	659	1556	84
萍乡市	**4418**	**571**	**511**	**242**	**483**	**657**	**1831**	**8068**	**275**
安源区	1526	222	250	98	212	287	758	2792	88
湘东区	743	118	55	45	106	113	233	793	53
莲花县	317	51	47	17	41	44	150	1227	31
上栗县	1163	98	91	43	77	122	450	921	75
芦溪县	669	82	68	39	47	91	240	2335	28
九江市	**10872**	**1336**	**1185**	**967**	**1121**	**2036**	**3832**	**7450**	**641**
濂溪区	1072	139	112	110	175	174	313	426	51
浔阳区	889	188	314	212	240	216	252	457	73
柴桑区	985	138	89	122	79	146	394	449	38
武宁县	648	63	79	48	45	438	179	487	79
修水县	1334	138	127	62	78	192	414	968	97
永修县	892	58	63	81	94	96	320	640	32
德安县	523	63	40	35	31	47	185	424	23
都昌县	1004	197	107	91	69	211	314	1044	53
湖口县	389	63	50	30	31	91	168	192	23
彭泽县	767	93	64	40	122	129	348	518	42
瑞昌市	1126	124	91	71	61	207	703	1397	45
共青城市	226	29	20	26	15	34	94	128	26
庐山市	1017	43	29	39	81	55	148	320	59
新余市	**2227**	**289**	**360**	**193**	**234**	**248**	**897**	**1047**	**158**
渝水区	1766	241	317	168	179	200	707	823	116
分宜县	461	48	43	25	55	48	190	224	42
鹰潭市	**3232**	**271**	**335**	**208**	**338**	**320**	**1076**	**1777**	**170**
月湖区	841	109	188	123	161	130	354	447	56
余江区	761	77	43	23	36	68	186	482	41
贵溪市	1630	85	104	62	141	122	536	848	73
赣州市	**16740**	**2059**	**2201**	**1563**	**1757**	**3348**	**5251**	**8872**	**1169**
章贡区	2770	373	594	445	445	686	956	1114	160
南康区	1265	131	158	115	151	305	749	732	70
赣县区	959	154	195	108	88	213	542	514	107
信丰县	1048	73	120	105	74	242	342	554	69
大余县	413	56	36	56	45	83	122	626	25
上犹县	495	70	53	25	42	82	170	239	40
崇义县	423	43	45	9	25	33	145	152	26
安远县	638	59	65	32	33	78	135	184	84
定南县	397	46	37	34	60	45	110	159	35
全南县	378	37	54	22	57	65	183	171	31

4-6 续表 19

单位：人

地区 性别	社会生产服务和生活服务人员								
	住宿和餐饮服务人员	信息传输、软件和信息技术服务人员	金融服务人员	房地产服务人员	租赁和商务服务人员	技术辅助服务人员	水利、环境和公共设施管理服务人员	居民服务人员	电力、燃气及水供应服务人员
宁都县	1611	153	135	96	89	184	262	1130	61
于都县	1564	275	170	214	223	437	348	770	109
兴国县	1052	168	120	67	95	262	260	697	88
会昌县	949	73	81	54	29	169	176	432	58
寻乌县	415	63	68	28	51	52	129	199	42
石城县	566	67	77	26	33	63	90	244	44
瑞金市	1201	147	124	99	113	229	316	686	57
龙南市	596	71	69	28	104	120	216	269	63
吉安市	**6847**	**908**	**1040**	**559**	**831**	**1105**	**2401**	**3410**	**480**
吉州区	723	130	240	133	177	122	278	308	47
青原区	386	58	46	48	34	57	149	218	32
吉安县	709	52	90	67	96	100	237	296	55
吉水县	625	91	73	37	47	87	272	371	45
峡江县	167	21	35	3	23	12	66	80	15
新干县	478	78	65	48	54	75	182	233	26
永丰县	462	63	74	38	41	90	175	343	53
泰和县	620	76	100	40	47	92	123	313	23
遂川县	657	75	68	39	90	123	155	328	41
万安县	391	69	62	18	42	93	146	262	33
安福县	417	44	81	36	56	88	159	232	39
永新县	719	123	67	39	50	146	296	345	36
井冈山市	493	28	39	13	74	20	163	81	35
宜春市	**9628**	**1009**	**1115**	**916**	**989**	**1201**	**3782**	**5913**	**622**
袁州区	2279	291	328	382	253	299	944	931	98
奉新县	413	39	81	40	29	38	152	384	56
万载县	798	81	76	38	87	148	297	522	61
上高县	523	55	57	34	40	40	158	339	31
宜丰县	524	49	79	30	89	38	194	1026	50
靖安县	266	23	33	21	30	25	149	152	29
铜鼓县	279	27	25	9	12	23	60	158	18
丰城市	2301	195	143	156	225	248	763	1146	135
樟树市	980	89	120	67	121	135	498	520	49
高安市	1265	160	173	139	103	207	567	735	95
抚州市	**7841**	**795**	**715**	**527**	**642**	**849**	**2004**	**3892**	**505**
临川区	1892	218	229	182	182	234	611	1016	162
东乡区	591	83	75	74	58	100	270	346	39
南城县	585	65	57	23	40	75	148	223	41
黎川县	685	73	45	30	44	72	163	449	36
南丰县	368	34	59	53	30	40	74	194	31
崇仁县	535	77	46	54	71	55	121	347	39
乐安县	619	69	51	61	54	84	162	365	62
宜黄县	744	50	55	13	62	69	173	272	37
金溪县	874	58	40	23	28	40	108	252	22
资溪县	498	11	21	4	21	20	55	62	14
广昌县	450	57	37	10	52	60	119	366	22
上饶市	**14687**	**1430**	**1271**	**1025**	**1399**	**2084**	**3688**	**9764**	**877**
信州区	1888	224	367	208	237	310	412	960	101
广丰区	1520	182	137	129	145	304	444	1289	80
广信区	1692	166	147	198	166	281	592	1272	101
玉山县	877	76	57	46	78	115	215	513	59
铅山县	1047	90	32	57	238	57	180	838	53
横峰县	457	43	48	23	31	31	97	224	27
弋阳县	709	53	56	22	43	70	155	472	53
余干县	1689	154	105	98	94	275	320	992	136
鄱阳县	2450	217	133	129	118	374	784	1440	97
万年县	751	88	58	40	40	109	169	428	54
婺源县	896	89	72	50	148	96	163	490	48
德兴市	711	48	59	25	61	62	157	846	68

4-6　续表 20

单位：人

地区 性别	社会生产服务和生活服务人员								
	住宿和餐饮服务人员	信息传输、软件和信息技术服务人员	金融服务人员	房地产服务人员	租赁和商务服务人员	技术辅助服务人员	水利、环境和公共设施管理服务人员	居民服务人员	电力、燃气及水供应服务人员
男	**42952**	**8216**	**5554**	**5041**	**7262**	**10492**	**11495**	**16809**	**4696**
南昌市	**7453**	**1835**	**1157**	**1307**	**1564**	**1984**	**1821**	**1958**	**500**
东湖区	565	183	158	114	73	172	90	145	55
西湖区	606	198	148	102	133	261	103	144	33
青云谱区	276	116	48	58	96	122	63	96	28
青山湖区	1391	541	207	288	444	543	352	386	97
新建区	1533	159	105	214	204	148	346	345	68
红谷滩区	828	240	250	171	234	235	192	138	33
南昌县	1584	318	151	279	284	377	477	464	118
安义县	140	22	41	11	43	57	59	43	15
进贤县	530	58	49	70	53	69	139	197	53
景德镇市	**1881**	**283**	**179**	**187**	**211**	**332**	**407**	**676**	**179**
昌江区	187	34	44	17	17	36	49	74	29
珠山区	392	74	64	83	98	104	76	137	55
浮梁县	294	35	17	23	44	55	106	97	27
乐平市	1008	140	54	64	52	137	176	368	68
萍乡市	**1815**	**399**	**204**	**145**	**384**	**420**	**594**	**1446**	**234**
安源区	615	154	96	53	175	196	151	438	69
湘东区	318	86	22	30	85	59	105	133	44
莲花县	130	33	24	14	28	25	63	308	26
上栗县	484	67	40	24	62	82	157	174	69
芦溪县	268	59	22	24	34	58	118	393	26
九江市	**4625**	**949**	**556**	**574**	**756**	**1440**	**1525**	**2527**	**532**
濂溪区	513	99	40	63	115	127	93	119	45
浔阳区	368	119	149	120	171	141	71	142	51
柴桑区	369	103	44	73	54	106	113	139	34
武宁县	287	52	33	33	26	331	86	164	67
修水县	541	96	70	41	52	148	191	296	78
永修县	396	44	34	51	70	70	132	131	29
德安县	195	39	17	16	20	26	65	89	21
都昌县	462	147	55	55	42	144	123	312	43
湖口县	122	45	22	15	18	61	80	56	20
彭泽县	276	62	29	17	96	82	130	124	34
瑞昌市	438	93	37	49	39	139	325	783	33
共青城市	121	19	9	13	10	26	53	67	22
庐山市	537	31	17	28	43	39	63	105	55
新余市	**846**	**212**	**154**	**93**	**175**	**178**	**312**	**312**	**119**
渝水区	658	186	140	83	134	149	230	240	85
分宜县	188	26	14	10	41	29	82	72	34
鹰潭市	**1437**	**184**	**145**	**119**	**245**	**224**	**360**	**484**	**140**
月湖区	342	71	72	72	122	86	103	105	38
余江区	384	62	22	13	20	49	77	155	36
贵溪市	711	51	51	34	103	89	180	224	66
赣州市	**7031**	**1471**	**1140**	**907**	**1244**	**2311**	**1958**	**3099**	**952**
章贡区	1223	246	280	245	273	472	254	335	125
南康区	425	97	77	60	102	237	257	261	54
赣县区	413	109	107	72	62	135	223	170	79
信丰县	412	56	62	52	55	160	131	217	59
大余县	154	39	19	30	31	53	52	253	24
上犹县	179	52	29	14	31	65	64	102	31
崇义县	144	36	26	7	16	20	52	44	24
安远县	303	42	34	22	24	58	54	76	71
定南县	187	31	18	17	50	33	42	66	26
全南县	176	31	24	16	47	32	65	52	25

4-6 续表 21

单位：人

地区 性别	社会生产服务和生活服务人员								
	住宿和餐饮服务人员	信息传输、软件和信息技术服务人员	金融服务人员	房地产服务人员	租赁和商务服务人员	技术辅助服务人员	水利、环境和公共设施管理服务人员	居民服务人员	电力、燃气及水供应服务人员
宁都县	723	105	79	61	77	122	99	362	54
于都县	701	200	100	133	182	309	158	254	88
兴国县	361	129	54	32	64	169	106	254	77
会昌县	392	48	51	39	22	125	76	175	48
寻乌县	203	46	45	13	39	35	59	73	33
石城县	269	49	42	19	21	47	39	63	38
瑞金市	506	106	66	61	70	165	133	229	46
龙南市	260	49	27	14	78	74	94	113	50
吉安市	**2907**	**614**	**514**	**278**	**630**	**733**	**826**	**950**	**373**
吉州区	334	81	114	65	147	79	81	72	39
青原区	162	32	21	21	19	38	41	69	26
吉安县	325	35	52	28	79	72	84	76	39
吉水县	266	64	38	21	35	55	91	105	35
峡江县	66	14	21	2	21	9	30	29	12
新干县	182	52	23	28	33	54	74	70	21
永丰县	192	51	34	21	33	62	58	69	44
泰和县	294	53	48	16	38	55	43	101	17
遂川县	276	49	40	19	81	82	50	83	26
万安县	158	49	39	10	29	56	59	79	27
安福县	180	27	34	16	48	56	66	53	28
永新县	301	94	37	22	30	102	101	122	31
井冈山市	171	13	13	9	37	13	48	22	28
宜春市	**4090**	**715**	**516**	**480**	**663**	**793**	**1309**	**1341**	**494**
袁州区	992	189	146	197	149	202	343	253	76
奉新县	180	25	35	15	15	27	53	107	38
万载县	344	56	32	25	61	85	120	128	50
上高县	211	34	29	12	34	25	63	98	27
宜丰县	228	35	28	14	81	21	97	124	44
靖安县	103	17	14	12	13	20	64	24	24
铜鼓县	108	20	13	5	7	18	26	37	14
丰城市	993	146	87	89	146	178	224	319	105
樟树市	438	79	50	39	81	91	140	101	44
高安市	493	114	82	72	76	126	179	150	72
抚州市	**3695**	**565**	**350**	**312**	**453**	**611**	**786**	**1058**	**421**
临川区	837	155	116	105	130	172	237	283	139
东乡区	274	58	41	37	45	78	109	111	29
南城县	275	46	25	10	30	55	56	73	35
黎川县	351	49	24	20	27	50	61	80	30
南丰县	204	24	23	32	20	19	37	57	26
崇仁县	261	58	26	35	47	42	51	97	34
乐安县	307	52	30	39	39	65	73	124	56
宜黄县	269	32	21	6	56	45	48	56	26
金溪县	455	41	19	16	19	33	48	67	18
资溪县	273	6	9	3	10	14	25	26	9
广昌县	189	44	16	9	30	38	41	84	19
上饶市	**7172**	**989**	**639**	**639**	**937**	**1466**	**1597**	**2958**	**752**
信州区	957	139	179	129	157	215	182	348	94
广丰区	762	132	69	82	109	224	189	325	71
广信区	777	109	82	117	125	191	265	392	83
玉山县	401	54	23	29	55	85	100	179	48
铅山县	579	65	18	38	163	42	91	176	45
横峰县	233	23	25	12	25	20	58	90	25
弋阳县	344	43	24	12	29	49	69	172	43
余干县	917	103	60	71	60	189	147	427	113
鄱阳县	1162	169	70	81	70	264	275	428	83
万年县	408	60	33	27	23	73	83	140	51
婺源县	358	63	29	29	75	68	79	147	40
德兴市	274	29	27	12	46	46	59	134	56

4-6　续表 22　　　　单位：人

地区 性别	社会生产服务和生活服务人员								
	住宿和餐饮服务人员	信息传输、软件和信息技术服务人员	金融服务人员	房地产服务人员	租赁和商务服务人员	技术辅助服务人员	水利、环境和公共设施管理服务人员	居民服务人员	电力、燃气及水供应服务人员
女	**52379**	**3493**	**5808**	**3632**	**3263**	**4780**	**19539**	**41649**	**1062**
南昌市	**7019**	**786**	**1123**	**881**	**842**	**926**	**3177**	**3830**	**148**
东湖区	508	87	155	67	76	81	167	375	23
西湖区	495	116	155	78	84	99	176	333	12
青云谱区	318	59	68	54	34	47	120	235	8
青山湖区	1247	179	225	172	221	240	580	632	39
新建区	1342	67	95	123	98	69	679	673	11
红谷滩区	683	120	214	125	180	112	321	332	7
南昌县	1605	130	130	199	122	197	912	863	34
安义县	183	8	35	7	10	41	80	81	3
进贤县	638	20	46	56	17	40	142	306	11
景德镇市	**2486**	**137**	**170**	**98**	**114**	**182**	**867**	**1801**	**34**
昌江区	264	25	29	5	22	20	107	111	2
珠山区	500	41	64	46	36	70	140	288	10
浮梁县	444	25	28	13	20	32	137	214	6
乐平市	1278	46	49	34	36	60	483	1188	16
萍乡市	**2603**	**172**	**307**	**97**	**99**	**237**	**1237**	**6622**	**41**
安源区	911	68	154	45	37	91	607	2354	19
湘东区	425	32	33	15	21	54	128	660	9
莲花县	187	18	23	3	13	19	87	919	5
上栗县	679	31	51	19	15	40	293	747	6
芦溪县	401	23	46	15	13	33	122	1942	2
九江市	**6247**	**387**	**629**	**393**	**365**	**596**	**2307**	**4923**	**109**
濂溪区	559	40	72	47	60	47	220	307	6
浔阳区	521	69	165	92	69	75	181	315	22
柴桑区	616	35	45	49	25	40	281	310	4
武宁县	361	11	46	15	19	107	93	323	12
修水县	793	42	57	21	26	44	223	672	19
永修县	496	14	29	30	24	26	188	509	3
德安县	328	24	23	19	11	21	120	335	2
都昌县	542	50	52	36	27	67	191	732	10
湖口县	267	18	28	15	13	30	88	136	3
彭泽县	491	31	35	23	26	47	218	394	8
瑞昌市	688	31	54	22	22	68	378	614	12
共青城市	105	10	11	13	5	8	41	61	4
庐山市	480	12	12	11	38	16	85	215	4
新余市	**1381**	**77**	**206**	**100**	**59**	**70**	**585**	**735**	**39**
渝水区	1108	55	177	85	45	51	477	583	31
分宜县	273	22	29	15	14	19	108	152	8
鹰潭市	**1795**	**87**	**190**	**89**	**93**	**96**	**716**	**1293**	**30**
月湖区	499	38	116	51	39	44	251	342	18
余江区	377	15	21	10	16	19	109	327	5
贵溪市	919	34	53	28	38	33	356	624	7
赣州市	**9709**	**588**	**1061**	**656**	**513**	**1037**	**3293**	**5773**	**217**
章贡区	1547	127	314	200	172	214	702	779	35
南康区	840	34	81	55	49	68	492	471	16
赣县区	546	45	88	36	26	78	319	344	28
信丰县	636	17	58	53	19	82	211	337	10
大余县	259	17	17	26	14	30	70	373	1
上犹县	316	18	24	11	11	17	106	137	9
崇义县	279	7	19	2	9	13	93	108	2
安远县	335	17	31	10	9	20	81	108	13
定南县	210	15	19	17	10	12	68	93	9
全南县	202	6	30	6	10	33	118	119	6

4-6 续表 23

单位：人

地区 性别	社会生产服务和生活服务人员 住宿和餐饮服务人员	信息传输、软件和信息技术服务人员	金融服务人员	房地产服务人员	租赁和商务服务人员	技术辅助服务人员	水利、环境和公共设施管理服务人员	居民服务人员	电力、燃气及水供应服务人员
宁都县	888	48	56	35	12	62	163	768	7
于都县	863	75	70	81	41	128	190	516	21
兴国县	691	39	66	35	31	93	154	443	11
会昌县	557	25	30	15	7	44	100	257	10
寻乌县	212	17	23	15	12	17	70	126	9
石城县	297	18	35	7	12	16	51	181	6
瑞金市	695	41	58	38	43	64	183	457	11
龙南市	336	22	42	14	26	46	122	156	13
吉安市	**3940**	**294**	**526**	**281**	**201**	**372**	**1575**	**2460**	**107**
吉州区	389	49	126	68	30	43	197	236	8
青原区	224	26	25	27	15	19	108	149	6
吉安县	384	17	38	39	17	28	153	220	16
吉水县	359	27	35	16	12	32	181	266	10
峡江县	101	7	14	1	2	3	36	51	3
新干县	296	26	42	20	21	21	108	163	5
永丰县	270	12	40	17	8	28	117	274	9
泰和县	326	23	52	24	9	37	80	212	6
遂川县	381	26	28	20	9	41	105	245	15
万安县	233	20	23	8	13	37	87	183	6
安福县	237	17	47	20	8	32	93	179	11
永新县	418	29	30	17	20	44	195	223	5
井冈山市	322	15	26	4	37	7	115	59	7
宜春市	**5538**	**294**	**599**	**436**	**326**	**408**	**2473**	**4572**	**128**
袁州区	1287	102	182	185	104	97	601	678	22
奉新县	233	14	46	25	14	11	99	277	18
万载县	454	25	44	13	26	63	177	394	11
上高县	312	21	28	22	6	15	95	241	4
宜丰县	296	14	51	16	8	17	97	902	6
靖安县	163	6	19	9	17	5	85	128	5
铜鼓县	171	7	12	4	5	5	34	121	4
丰城市	1308	49	56	67	79	70	539	827	30
樟树市	542	10	70	28	40	44	358	419	5
高安市	772	46	91	67	27	81	388	585	23
抚州市	**4146**	**230**	**365**	**215**	**189**	**238**	**1218**	**2834**	**84**
临川区	1055	63	113	77	52	62	374	733	23
东乡区	317	25	34	37	13	22	161	235	10
南城县	310	19	32	13	10	20	92	150	6
黎川县	334	24	21	10	17	22	102	369	6
南丰县	164	10	36	21	10	21	37	137	5
崇仁县	274	19	20	19	24	13	70	250	5
乐安县	312	17	21	22	15	19	89	241	6
宜黄县	475	18	34	7	6	24	125	216	11
金溪县	419	17	21	7	9	7	60	185	4
资溪县	225	5	12	1	11	6	30	36	5
广昌县	261	13	21	1	22	22	78	282	3
上饶市	**7515**	**441**	**632**	**386**	**462**	**618**	**2091**	**6806**	**125**
信州区	931	85	188	79	80	95	230	612	7
广丰区	758	50	68	47	36	80	255	964	9
广信区	915	57	65	81	41	90	327	880	18
玉山县	476	22	34	17	23	30	115	334	11
铅山县	468	25	14	19	75	15	89	662	8
横峰县	224	20	23	11	6	11	39	134	2
弋阳县	365	10	32	10	14	21	86	300	10
余干县	772	51	45	27	34	86	173	565	23
鄱阳县	1288	48	63	48	48	110	509	1012	14
万年县	343	28	25	13	17	36	86	288	3
婺源县	538	26	43	21	73	28	84	343	8
德兴市	437	19	32	13	15	16	98	712	12

4-6　续表 24

单位：人

地　区 性　别	社会生产服务和生活服务人员				农、林、牧、渔业生产及辅助人员				
	修理及制作服务人　员	文化、体育和娱乐服务人员	健康服务人　员	其他社会生产和生活服务人　员	小计	农业生产人　员	林业生产人　员	畜牧业生产人员	渔业生产人　员
全　省	**23538**	**3515**	**1074**	**740**	**422827**	**392322**	**5318**	**17566**	**4338**
南昌市	**3101**	**650**	**158**	**95**	**22471**	**20527**	**374**	**808**	**465**
东湖区	181	77	17	10	437	413	1	8	4
西湖区	216	101	15	8	51	46	1	3	1
青云谱区	218	37	13	9	70	42	20	3	1
青山湖区	602	110	36	11	850	550	210	33	15
新建区	448	65	14	19	5003	4592	66	137	60
红谷滩区	209	110	26	8	342	298	11	15	5
南昌县	861	116	19	16	10060	9480	34	263	238
安义县	60	5	6	5	1024	943	15	40	15
进贤县	306	29	12	9	4634	4163	16	306	126
景德镇市	**885**	**142**	**36**	**32**	**12179**	**11499**	**132**	**329**	**112**
昌江区	79	11	3	7	373	330	11	19	5
珠山区	181	40	12	7	162	147	5	4	2
浮梁县	195	24	2	1	2349	2109	81	92	22
乐平市	430	67	19	17	9295	8913	35	214	83
萍乡市	**1054**	**257**	**63**	**49**	**19332**	**17237**	**160**	**1659**	**136**
安源区	362	79	30	7	1021	920	13	75	9
湘东区	193	93	11	9	5556	5100	32	357	42
莲花县	101	11	11	20	4820	4545	33	125	12
上栗县	268	53	8	7	4646	3505	30	931	59
芦溪县	130	21	3	6	3289	2967	52	171	14
九江市	**2281**	**379**	**116**	**112**	**36040**	**32352**	**463**	**2081**	**477**
濂溪区	229	33	15	3	401	304	48	23	19
浔阳区	177	62	38	31	79	51	6	6	15
柴桑区	193	21	6	10	1591	1401	85	66	20
武宁县	116	21	6	10	2380	2173	43	113	42
修水县	302	59	9	3	8978	7526	88	1299	35
永修县	149	40	5	2	4067	3329	43	132	45
德安县	94	14	4	2	991	815	30	127	12
都昌县	316	29	6	22	6056	5354	18	92	64
湖口县	114	8		1	2149	2075	12	37	25
彭泽县	147	30	12	12	3792	3586	29	43	109
瑞昌市	283	26	7	3	3476	3313	38	60	48
共青城市	52	19	7	5	440	386	6	24	22
庐山市	109	17	1	8	1640	1539	17	59	21
新余市	**577**	**77**	**29**	**12**	**7035**	**6508**	**107**	**251**	**100**
渝水区	456	50	22	10	4525	4279	39	105	54
分宜县	121	27	7	2	2510	2229	68	146	46
鹰潭市	**561**	**90**	**89**	**18**	**13943**	**13073**	**120**	**402**	**75**
月湖区	162	33	27	12	590	536	6	26	8
余江区	140	12	46	2	4025	3554	13	111	17
贵溪市	259	45	16	4	9328	8383	101	265	50
赣州市	**5263**	**523**	**169**	**91**	**83516**	**76552**	**1392**	**4192**	**724**
章贡区	681	121	34	16	1074	919	36	86	20
南康区	375	38	17	5	2761	2436	83	188	32
赣县区	279	33	14	5	5204	4708	91	230	47
信丰县	404	37	8	2	8936	8343	85	322	94
大余县	157	8	1	6	2972	2728	112	100	21
上犹县	164	12	4	3	2435	2097	146	141	23
崇义县	91	5	6	1	1985	1559	198	88	13
安远县	146	8	2	3	5776	5310	44	342	54
定南县	142	7	4	3	1573	1327	48	157	27
全南县	141	13	4	2	1469	1251	54	139	15

4-6 续表 25

单位：人

地区 性别	社会生产服务和生活服务人员				农、林、牧、渔业生产及辅助人员				
	修理及制作服务人员	文化、体育和娱乐服务人员	健康服务人员	其他社会生产和生活服务人员	小计	农业生产人员	林业生产人员	畜牧业生产人员	渔业生产人员
宁都县	438	40	13	10	12983	12072	81	626	100
于都县	578	57	7	3	4931	4534	61	251	54
兴国县	487	30	18	15	8853	8149	117	498	40
会昌县	325	19	13	3	4597	4189	64	259	52
寻乌县	194	12	3	1	5872	5700	35	104	18
石城县	116	27	5	3	3011	2877	22	81	21
瑞金市	350	40	14	9	7119	6596	48	399	46
龙南市	195	16	2	1	1965	1657	67	181	47
吉安市	**1864**	**238**	**90**	**87**	**64388**	**61025**	**770**	**1969**	**354**
吉州区	150	43	11	7	1626	1550	11	41	18
青原区	102	20	5	1	2195	2089	22	43	19
吉安县	217	23	6	23	6556	6174	28	304	26
吉水县	199	15	9	3	6736	6508	33	128	37
峡江县	52		5	2	3498	3415	12	60	4
新干县	144	16	4	5	4831	4537	23	212	34
永丰县	159	20	9	4	6398	6081	91	188	19
泰和县	157	13	5	1	7492	7269	22	134	44
遂川县	229	14	9	1	8995	8475	161	326	21
万安县	129	20	2	2	3968	3681	47	128	72
安福县	120	16	12	1	6211	5810	188	171	16
永新县	161	28	7	33	4492	4234	59	144	27
井冈山市	45	10	6	4	1390	1202	73	90	17
宜春市	**2408**	**322**	**117**	**95**	**53393**	**49017**	**846**	**2548**	**546**
袁州区	547	93	24	8	5534	4918	192	313	52
奉新县	130	12	7	20	3403	3103	146	83	19
万载县	188	40	10	18	5072	4207	170	599	46
上高县	122	23	8	5	3571	3258	31	193	51
宜丰县	112	17	2	5	3588	3233	118	190	40
靖安县	47	2	2	2	1074	970	51	45	2
铜鼓县	73	8	2	2	1162	922	41	162	6
丰城市	478	56	22	6	10659	9989	57	383	105
樟树市	203	42	12	10	8032	7567	15	250	175
高安市	508	29	28	19	11298	10850	25	330	50
抚州市	**1736**	**219**	**94**	**74**	**48481**	**45736**	**459**	**1151**	**439**
临川区	513	58	19	13	6205	5724	46	235	41
东乡区	171	28	9	35	3444	3239	18	139	34
南城县	127	6	3		3618	3388	47	115	50
黎川县	112	12	2	5	2556	2301	32	136	49
南丰县	81	13	2	2	7587	7081	31	39	96
崇仁县	145	17	6	5	8750	8573	19	89	56
乐安县	202	24	40	6	3491	3222	102	91	29
宜黄县	126	11	5	4	3142	2880	79	131	25
金溪县	162	27	5		4758	4605	20	73	50
资溪县	18	4	1		1830	1697	46	69	4
广昌县	79	19	2	4	3100	3026	19	34	5
上饶市	**3808**	**618**	**113**	**75**	**62049**	**58196**	**495**	**2176**	**910**
信州区	378	82	21	10	940	861	8	36	25
广丰区	584	38	13	13	5478	5051	46	281	58
广信区	574	66	25	9	3900	3470	49	295	60
玉山县	264	27	6	11	4278	3973	21	230	35
铅山县	187	11	6	7	5401	5048	78	199	53
横峰县	89	8	9	7	1293	1201	20	51	6
弋阳县	175	18	5	4	4294	4079	44	126	33
余干县	376	254	7	8	11183	10625	22	179	311
鄱阳县	655	40	7	1	14505	13712	54	470	229
万年县	189	32	5		2626	2419	43	113	38
婺源县	167	20	6	4	4966	4761	72	95	26
德兴市	170	22	3	1	3185	2996	38	101	36

4-6　续表 26　　　　　　　　　　　　　　　　　　　　单位：人

地区 性别	社会生产服务和生活服务人员				农、林、牧、渔业生产及辅助人员				
	修理及制作服务人员	文化、体育和娱乐服务人员	健康服务人员	其他社会生产和生活服务人员	小计	农业生产人员	林业生产人员	畜牧业生产人员	渔业生产人员
男	**20690**	**1922**	**409**	**429**	**227560**	**208065**	**4164**	**10167**	**3268**
南昌市	**2732**	**379**	**54**	**57**	**13387**	**12116**	**255**	**548**	**340**
东湖区	150	48	5	4	228	212		4	3
西湖区	196	61	7	5	32	28	1	2	1
青云谱区	196	22	5	3	43	28	10	3	
青山湖区	539	71	9	7	544	335	140	23	13
新建区	398	35	4	13	3067	2849	51	88	49
红谷滩区	191	50	10	5	190	156	9	12	5
南昌县	749	72	5	10	6015	5615	20	181	175
安义县	54	2	4	4	585	532	10	28	10
进贤县	259	18	5	6	2683	2351	14	207	84
景德镇市	**802**	**76**	**15**	**21**	**6287**	**5840**	**115**	**179**	**75**
昌江区	69	6	1	5	262	229	11	14	3
珠山区	159	13	4	3	102	38	5	3	2
浮梁县	183	14	1		1411	1232	70	64	16
乐平市	391	43	9	13	4512	4291	29	98	54
萍乡市	**955**	**110**	**18**	**30**	**9109**	**8122**	**125**	**692**	**106**
安源区	325	29	4	5	610	547	10	44	7
湘东区	169	44	6	6	2505	2252	24	190	32
莲花县	91	5	4	11	2094	1975	27	81	9
上栗县	252	23	3	4	2150	1799	17	273	46
芦溪县	118	9	1	4	1750	1549	47	104	12
九江市	**1979**	**207**	**35**	**55**	**18206**	**16432**	**353**	**913**	**362**
濂溪区	202	21	1		230	154	26	18	17
浔阳区	155	32	13	15	53	32	6	4	11
柴桑区	173	13	2	6	821	638	66	43	13
武宁县	96	12	2	9	1588	1418	39	90	37
修水县	257	26	2	1	5092	4559	78	408	30
永修县	132	17	1	1	2016	1850	34	73	37
德安县	82	8	1	1	499	331	26	78	10
都昌县	277	20	2	8	2629	2496	16	57	49
湖口县	92	5			964	919	8	18	19
彭泽县	123	16	7	5	1629	1497	22	24	67
瑞昌市	249	16	2	1	1652	1549	15	43	35
共青城市	46	12	2	3	293	249	5	19	19
庐山市	95	9		5	740	670	12	38	18
新余市	**504**	**40**	**4**	**4**	**3975**	**3555**	**90**	**193**	**86**
渝水区	397	24	3	4	2494	2302	30	81	45
分宜县	107	16	1		1481	1253	60	112	41
鹰潭市	**474**	**50**	**54**	**12**	**7976**	**7439**	**97**	**207**	**60**
月湖区	133	19	11	7	273	232	4	20	7
余江区	120	8	33	1	2302	2061	9	71	15
贵溪市	221	23	10	4	5401	5146	84	116	38
赣州市	**4620**	**291**	**73**	**48**	**43467**	**38816**	**1077**	**2665**	**519**
章贡区	605	57	14	7	507	399	26	60	12
南康区	314	16	7	2	1264	1041	70	116	20
赣县区	249	24	7	3	2621	2296	73	152	35
信丰县	352	15	4	1	4426	4020	55	219	66
大余县	143	3	1	2	1444	1268	84	68	17
上犹县	141	8	3	2	1197	978	103	83	19
崇义县	78	2	4	1	1063	825	157	58	8
安远县	117	4	1	1	3090	2800	33	207	38
定南县	125	4		3	887	703	36	121	20
全南县	122	10	2	1	740	581	47	91	13

4-6 续表 27

单位：人

地区 性别	社会生产服务和生活服务人员 修理及制作服务人员	文化、体育和娱乐服务人员	健康服务人员	其他社会生产和生活服务人员	农、林、牧、渔业生产及辅助人员 小计	农业生产人员	林业生产人员	畜牧业生产人员	渔业生产人员
宁都县	382	28	4	6	7532	6939	59	407	66
于都县	494	31	5	3	2406	2122	51	174	39
兴国县	437	19	4	8	4091	3694	91	251	23
会昌县	290	9	8		2381	2108	49	163	41
寻乌县	174	9	1	1	3081	2962	29	69	16
石城县	105	16	2	2	1780	1678	20	62	14
瑞金市	317	26	4	5	3928	3603	39	236	34
龙南市	175	10	2		1029	799	55	128	38
吉安市	**1606**	**137**	**35**	**58**	**31518**	**29239**	**586**	**1256**	**262**
吉州区	132	24	3	3	870	820	5	28	14
青原区	91	9	1		1081	1007	20	29	12
吉安县	187	15	3	17	3286	3020	20	205	22
吉水县	174	8	2	3	3462	3304	28	85	27
峡江县	47		1	2	1813	1753	9	43	3
新干县	121	10		4	2395	2209	21	125	28
永丰县	134	9	5	3	3256	3045	64	118	14
泰和县	120	7	2	1	3587	3444	14	84	29
遂川县	201	8	3	1	4053	3717	121	189	17
万安县	115	14		2	1931	1741	33	79	48
安福县	108	8	6		3163	2873	146	117	12
永新县	138	21	5	19	1942	1759	43	101	23
井冈山市	38	4	4	3	679	547	62	53	13
宜春市	**2102**	**155**	**47**	**50**	**27800**	**24948**	**680**	**1489**	**422**
袁州区	494	48	6	5	3354	2898	142	223	47
奉新县	103	4	4	10	1921	1694	127	53	15
万载县	168	24	3	9	2544	2120	140	212	38
上高县	111	13	1	3	2153	1916	25	142	43
宜丰县	93	7		2	1972	1703	100	130	33
靖安县	42			2	574	503	41	25	2
铜鼓县	66	4		2	733	594	39	80	4
丰城市	410	31	9	2	5339	4927	35	245	72
樟树市	176	11	9	4	3818	3526	11	143	128
高安市	439	13	15	11	5392	5067	20	236	40
抚州市	**1533**	**127**	**34**	**48**	**27956**	**26184**	**378**	**774**	**342**
临川区	464	33	7	9	3661	3388	39	164	33
东乡区	149	20	1	23	2097	1943	15	102	27
南城县	112	4	1		2038	1872	44	71	41
黎川县	96	6		3	1539	1364	27	90	34
南丰县	72	9		2	4160	3929	22	28	78
崇仁县	129	8	3	2	4926	4802	18	59	38
乐安县	176	15	18	4	2183	1969	82	68	26
宜黄县	111	3	2	2	1763	1578	65	82	18
金溪县	137	16	1		2840	2732	13	47	41
资溪县	15				1103	1011	36	42	3
广昌县	72	13	1	3	1646	1596	17	21	3
上饶市	**3383**	**350**	**40**	**46**	**37879**	**35324**	**408**	**1251**	**694**
信州区	334	53	6	4	664	600	6	26	23
广丰区	516	18	2	9	3661	3408	38	143	43
广信区	509	38	11	5	2635	2388	41	137	48
玉山县	246	16	2	7	2582	2428	17	89	33
铅山县	177	8	2	2	3640	3410	74	97	43
横峰县	81	3	2	5	876	805	16	38	5
弋阳县	147	10		4	2708	2548	35	91	24
余干县	330	139	3	6	6446	6056	17	119	221
鄱阳县	578	25	4	1	8653	8092	41	307	183
万年县	168	22	5		1713	1557	36	89	19
婺源县	147	11	3	2	2556	2413	53	61	23
德兴市	150	7		1	1745	1619	34	54	29

4-6　续表 28　　　　　　　　　　　　　　　　　　　　　　　　　　　　　　　单位：人

地区 性别	社会生产服务和生活服务人员				农、林、牧、渔业生产及辅助人员				
	修理及制作服务人员	文化、体育和娱乐服务人员	健康服务人员	其他社会生产和生活服务人员	小计	农业生产人员	林业生产人员	畜牧业生产人员	渔业生产人员
女	**2848**	**1593**	**665**	**311**	**195267**	**184257**	**1154**	**7399**	**1070**
南昌市	**369**	**271**	**104**	**38**	**9084**	**8511**	**119**	**260**	**125**
东湖区	31	29	12	6	209	201	1	4	1
西湖区	20	40	8	3	19	18		1	
青云谱区	22	15	8	6	27	14	10		1
青山湖区	63	39	27	4	306	215	70	10	2
新建区	50	30	10	6	1936	1843	15	49	11
红谷滩区	18	60	16	3	152	142	2	3	
南昌县	112	44	14	6	4045	3865	14	82	63
安义县	6	3	2	1	439	411	5	12	5
进贤县	47	11	7	3	1951	1802	2	99	42
景德镇市	**83**	**66**	**21**	**11**	**5892**	**5659**	**17**	**150**	**37**
昌江区	10	5	2	2	111	101		5	2
珠山区	22	27	8	4	60	59		1	
浮梁县	12	10	1	1	938	877	11	28	6
乐平市	39	24	10	4	4783	4622	6	116	29
萍乡市	**99**	**147**	**45**	**19**	**10223**	**9115**	**35**	**967**	**30**
安源区	37	50	26	2	411	373	3	31	2
湘东区	24	49	5	3	3051	2848	8	167	10
莲花县	10	6	7	9	2726	2670	6	44	3
上栗县	16	30	5	3	2496	1806	13	658	13
芦溪县	12	12	2	2	1539	1418	5	67	2
九江市	**302**	**172**	**81**	**57**	**17834**	**16370**	**110**	**1168**	**115**
濂溪区	27	12	14	3	171	140	22	5	2
浔阳区	22	30	25	16	26	19		2	4
柴桑区	20	8	4	4	770	713	19	23	7
武宁县	20	9	4	1	792	755	4	23	5
修水县	45	33	7	2	3886	2967	10	891	5
永修县	17	23	4	1	2051	1969	9	59	8
德安县	12	6	3	1	492	434	4	49	2
都昌县	39	9	4	14	3427	3358	2	35	15
湖口县	22	3		1	1185	1156	4	19	6
彭泽县	24	14	5	7	2163	2089	7	19	42
瑞昌市	34	10	5	2	1824	1764	23	17	13
共青城市	6	7	5	2	147	137	1	5	3
庐山市	14	8	1	3	900	869	5	21	3
新余市	**73**	**37**	**25**	**8**	**3060**	**2953**	**17**	**58**	**14**
渝水区	59	26	19	6	2031	1977	9	24	9
分宜县	14	11	6	2	1029	976	8	34	5
鹰潭市	**87**	**40**	**35**	**6**	**5967**	**5634**	**23**	**195**	**15**
月湖区	29	14	16	5	317	304	2	6	1
余江区	20	4	13	1	1723	1593	4	40	2
贵溪市	38	22	6		3927	3737	17	149	12
赣州市	**643**	**232**	**96**	**43**	**40049**	**37736**	**315**	**1527**	**205**
章贡区	76	64	20	9	567	520	10	26	8
南康区	61	22	10	3	1497	1395	13	72	12
赣县区	30	9	7	2	2583	2412	18	78	12
信丰县	52	22	4	1	4510	4323	30	103	28
大余县	14	5		4	1528	1460	28	32	4
上犹县	23	4	1	1	1238	1119	43	58	4
崇义县	13	3	2		922	834	41	30	5
安远县	29	4	1	2	2686	2510	11	135	16
定南县	17	3	4		686	624	12	36	7
全南县	19	3	2	1	729	670	7	48	2

4-6 续表 29　　　　单位：人

地区 性别	社会生产服务和生活服务人员				农、林、牧、渔业生产及辅助人员				
	修理及制作服务人员	文化、体育和娱乐服务人员	健康服务人员	其他社会生产和生活服务人员	小计	农业生产人员	林业生产人员	畜牧业生产人员	渔业生产人员
宁都县	56	12	9	4	5451	5133	22	219	34
于都县	84	26	2		2525	2412	10	77	15
兴国县	50	11	14	7	4762	4455	26	247	17
会昌县	35	10	5	3	2216	2081	15	96	11
寻乌县	20	3	2		2791	2738	6	35	2
石城县	11	11	3	1	1231	1199	2	19	7
瑞金市	33	14	10	4	3191	2993	9	163	12
龙南市	20	6		1	936	858	12	53	9
吉安市	**258**	**101**	**55**	**29**	**32870**	**31786**	**184**	**713**	**92**
吉州区	18	19	8	4	756	730	6	13	4
青原区	11	11	4	1	1114	1082	2	14	7
吉安县	30	8	3	6	3270	3154	8	99	4
吉水县	25	7	7		3274	3204	5	43	10
峡江县	5		4		1685	1662	3	17	1
新干县	23	6	4	1	2436	2328	2	87	6
永丰县	25	11	4	1	3142	3036	27	70	5
泰和县	37	6	3		3905	3825	8	50	15
遂川县	28	6	6		4942	4758	40	137	4
万安县	14	6	2		2037	1940	14	49	24
安福县	12	8	6	1	3048	2937	42	54	4
永新县	23	7	2	14	2550	2475	16	43	4
井冈山市	7	6	2	1	711	655	11	37	4
宜春市	**306**	**167**	**70**	**45**	**25593**	**24069**	**166**	**1059**	**124**
袁州区	53	45	18	3	2180	2020	50	90	5
奉新县	27	8	3	10	1482	1409	19	30	4
万载县	20	16	7	9	2528	2087	30	387	8
上高县	11	10	7	2	1418	1342	6	51	8
宜丰县	19	10	2	3	1616	1530	18	60	7
靖安县	5	2	2		500	467	10	20	
铜鼓县	7	4	2		429	328	2	82	2
丰城市	68	25	13	4	5320	5062	22	138	33
樟树市	27	31	3	6	4214	4041	4	107	47
高安市	69	16	13	8	5906	5783	5	94	10
抚州市	**203**	**92**	**60**	**26**	**20525**	**19552**	**81**	**377**	**97**
临川区	49	25	12	4	2544	2336	7	71	8
东乡区	22	8	8	12	1347	1296	3	37	7
南城县	15	2	2		1580	1516	3	44	9
黎川县	16	6	2	2	1017	937	5	46	15
南丰县	9	4	2		3427	3152	9	11	18
崇仁县	16	9	3	3	3824	3771	1	30	18
乐安县	26	9	22	2	1308	1253	20	23	3
宜黄县	15	8	3	2	1379	1302	14	49	7
金溪县	25	11	4		1918	1873	7	26	9
资溪县	3	4	1		727	686	10	27	1
广昌县	7	6	1	1	1454	1430	2	13	2
上饶市	**425**	**268**	**73**	**29**	**24170**	**22872**	**87**	**925**	**216**
信州区	44	29	15	6	276	261	2	10	2
广丰区	68	20	11	4	1817	1643	8	138	15
广信区	65	28	14	4	1265	1082	8	158	12
玉山县	18	11	4	4	1696	1545	4	141	2
铅山县	10	3	4	5	1761	1638	4	102	10
横峰县	8	5	7	2	417	396	4	13	1
弋阳县	28	8	5		1586	1531	9	35	9
余干县	46	115	4	2	4737	4569	5	60	90
鄱阳县	77	15	3		5852	5620	13	163	46
万年县	21	10			913	862	7	24	19
婺源县	20	9	3	2	2410	2348	19	34	3
德兴市	20	15	3		1440	1377	4	47	7

4-6　续表 30　　　　单位：人

地区 性别	农林牧渔生产辅助人员	其他农、林、牧、渔业生产加工人员	生产制造及有关人员						
			小计	农副产品加工人员	食品、饮料生产加工人员	烟草及其制品加工人员	纺织、针织、印染人员	纺织品、服装和皮革、毛皮制品加工制作人员	木材加工、家具与木制品制作人员
全　省	**2944**	**339**	**748445**	**6285**	**10472**	**223**	**7198**	**131116**	**37410**
南昌市	**184**	**13**	**71699**	**710**	**861**	**55**	**529**	**7241**	**1692**
东湖区	10	1	1793	33	40	3	4	61	28
西湖区			1884	21	49	17	12	72	23
青云谱区	4		2882	11	32	3	21	253	76
青山湖区	41	1	12438	101	126	24	171	1628	231
新建区	43	5	10705	156	162		17	425	325
红谷滩区	10	3	2977	15	75	4	3	39	168
南昌县	44	1	17993	245	273	2	84	2292	524
安义县	10	1	7002	55	21	1	97	75	60
进贤县	22	1	14025	73	83	1	120	2396	257
景德镇市	**98**	**9**	**31132**	**170**	**279**	**4**	**303**	**5041**	**940**
昌江区	7	1	2809	9	18	1	3	125	60
珠山区	4		4854	40	63		5	117	74
浮梁县	44	1	5122	31	47	1	23	355	151
乐平市	43	7	18347	90	151	2	272	4444	655
萍乡市	**135**	**5**	**28096**	**264**	**541**	**2**	**120**	**2423**	**605**
安源区	4		4548	20	93	1	12	234	68
湘东区	25		5864	59	73		33	549	145
莲花县	5		2820	25	24		27	625	133
上栗县	20	1	10652	117	294	1	31	593	166
芦溪县	81	4	4212	43	57		17	422	93
九江市	**144**	**23**	**83691**	**471**	**675**	**4**	**926**	**17928**	**2884**
濂溪区	7		4279	32	53		39	316	121
浔阳区		1	3077	27	42	1	27	168	81
柴桑区	19		7633	30	72		77	1324	262
武宁县	8	1	4639	22	48		45	430	301
修水县	30		10326	74	109		50	1993	826
永修县	17	1	4506	77	58		34	482	106
德安县	6	1	3417	30	55		252	770	86
都昌县	25	3	14637	58	52		77	4702	264
湖口县			5148	26	17	3	17	837	172
彭泽县	11	14	6338	32	43		103	1035	236
瑞昌市	15	2	11112	38	59		132	2720	228
共青城市	2		3496	9	31		56	1697	93
庐山市	4		5083	16	36		17	1454	108
新余市	**64**	**5**	**15249**	**85**	**137**		**186**	**1195**	**438**
渝水区	45	3	11345	50	114		73	644	314
分宜县	19	2	3904	35	23		113	551	124
鹰潭市	**269**	**4**	**18500**	**233**	**1717**	**1**	**165**	**1854**	**729**
月湖区	13	1	2710	21	409	1	15	227	49
余江区	230		6652	56	210		37	797	395
贵溪市	26	3	9138	156	1098		113	830	285
赣州市	**600**	**56**	**179435**	**1386**	**1591**	**70**	**1684**	**47294**	**15694**
章贡区	11	2	11930	138	180	16	23	743	772
南康区	9	13	20399	77	90	13	47	2072	8004
赣县区	125	3	11243	138	87	6	47	2590	912
信丰县	90	2	16430	113	114	5	154	5567	1059
大余县	10	1	4454	32	43		24	668	394
上犹县	21	7	6278	40	35		46	1757	646
崇义县	24	3	3010	29	18		10	283	586
安远县	26		5320	77	37	2	70	900	266
定南县	12	2	3785	36	29		31	411	82
全南县	10		3603	20	14		80	673	135

4-6 续表 31　　　　单位：人

地区 性别	农林牧渔生产辅助人员	其他农、林、牧、渔业生产加工人员	生产制造及有关人员 小计	农副产品加工人员	食品、饮料生产加工人员	烟草及其制品加工人员	纺织、针织、印染人员	纺织品、服装和皮革、毛皮制品加工制作人员	木材加工、家具与木制品制作人员
宁都县	95	9	14853	154	99	3	95	4442	442
于都县	27	4	26018	137	233	1	584	11171	627
兴国县	47	2	14874	95	97	4	133	5662	561
会昌县	33		10046	58	194	12	64	3403	301
寻乌县	15		3604	53	24		9	551	99
石城县	3	7	4885	35	51	5	79	1631	212
瑞金市	29	1	11740	104	195	3	136	4158	243
龙南市	13		6963	50	51		52	612	353
吉安市	**244**	**26**	**66967**	**607**	**594**	**24**	**699**	**7907**	**2871**
吉州区	5	1	3421	31	53	1	15	214	91
青原区	22		2903	32	22		19	140	194
吉安县	21	3	9301	50	103	18	37	469	248
吉水县	24	6	6890	43	50		330	1135	389
峡江县	6	1	1365	5	21	2	6	174	57
新干县	22	3	4181	38	64	1	12	639	256
永丰县	18	1	4577	76	35	1	70	663	156
泰和县	23		5851	49	32		28	475	206
遂川县	10	2	9184	132	80		55	1287	507
万安县	37	3	4490	35	35		15	519	240
安福县	23	3	3908	28	41	1	17	581	116
永新县	26	2	9224	62	33		76	1503	337
井冈山市	7	1	1672	26	25		19	108	74
宜春市	**399**	**37**	**77883**	**812**	**931**	**1**	**832**	**7157**	**3707**
袁州区	58	1	14375	112	110	1	62	1272	391
奉新县	43	9	3640	38	20		342	275	140
万载县	50		7767	90	97		42	853	178
上高县	34	4	4977	45	126		79	1214	162
宜丰县	7		4090	33	48		40	602	360
靖安县	6		1919	13	21		9	34	119
铜鼓县	29	2	1336	17	28		5	76	99
丰城市	119	6	18632	241	191		56	1881	1737
樟树市	11	14	6798	66	170		15	243	223
高安市	42	1	14349	157	120		182	707	298
抚州市	**554**	**142**	**58422**	**763**	**2171**	**8**	**569**	**7738**	**3199**
临川区	43	116	16146	135	148		92	814	488
东乡区	14		5544	46	68		105	1056	188
南城县	18		4979	63	151		33	788	559
黎川县	37	1	4424	49	47	5	70	645	808
南丰县	337	3	1924	20	16		17	143	166
崇仁县	12	1	4238	39	40		21	420	183
乐安县	34	13	6385	86	74	1	60	1181	236
宜黄县	26	1	5833	128	46		92	896	301
金溪县	6	4	4522	40	1060		44	870	102
资溪县	14		1374	100	489	2	3	96	75
广昌县	13	3	3053	57	32		32	829	93
上饶市	**253**	**19**	**117371**	**784**	**975**	**54**	**1185**	**25338**	**4651**
信州区	10		6074	41	134		27	734	210
广丰区	38	4	15640	109	107	49	163	2251	514
广信区	25	1	16034	93	130	1	142	2535	763
玉山县	16	3	7667	69	67	1	97	972	823
铅山县	17	6	6403	68	70		75	2073	195
横峰县	14	1	3145	25	28		48	765	107
弋阳县	11	1	5596	47	51	1	107	1138	140
余干县	46		14150	82	121	2	122	3640	417
鄱阳县	37	3	24201	112	120		160	6528	650
万年县	13		7213	52	36		151	2066	216
婺源县	12		6356	54	81		55	2004	449
德兴市	14		4892	32	30		38	632	167

4-6　续表 32

单位：人

地区 性别	农林牧渔生产辅助人员	其他农、林、牧、渔业生产加工人员	生产制造及有关人员 小计	农副产品加工人员	食品、饮料生产加工人员	烟草及其制品加工人员	纺织、针织、印染人员	纺织品、服装和皮革、毛皮制品加工制作人员	木材加工、家具与木制品制作人员
男	**1762**	**134**	**500413**	**3935**	**5901**	**156**	**2610**	**47766**	**29071**
南昌市	**118**	**10**	**51742**	**445**	**493**	**42**	**200**	**2108**	**1498**
东湖区	8	1	1438	19	23	2	2	18	25
西湖区			1522	13	30	14	6	26	20
青云谱区	2		2160	7	18	2	5	49	66
青山湖区	32	1	8711	60	66	17	63	393	194
新建区	26	4	8058	94	96		7	136	288
红谷滩区	6	2	2539	9	50	4	1	13	151
南昌县	23	1	12766	145	141	2	9	505	477
安义县	5		5047	39	14		42	32	46
进贤县	16	1	9501	59	55	1	65	936	231
景德镇市	**70**	**8**	**21244**	**114**	**164**	**3**	**84**	**2016**	**830**
昌江区	4	1	1965	9	9		1	42	52
珠山区	4		3372	27	33		2	58	68
浮梁县	29		3712	23	26	1	10	149	130
乐平市	33	7	12195	55	96	2	71	1767	580
萍乡市	**62**	**2**	**18956**	**170**	**247**	**2**	**45**	**689**	**527**
安源区	2		3527	16	63	1	3	64	62
湘东区	7		4236	42	36		14	138	127
莲花县	2		1865	19	9		14	230	118
上栗县	15		6319	66	104	1	7	165	148
芦溪县	36	2	3009	27	35		7	92	72
九江市	**83**	**13**	**56012**	**292**	**359**	**3**	**299**	**5679**	**2425**
濂溪区	5		3144	19	27		10	97	108
浔阳区			2300	17	25	1	9	45	74
柴桑区	11		5188	16	35		27	309	226
武宁县	3	1	3618	15	28		10	193	237
修水县	17		7356	50	55		20	872	653
永修县	11	1	3320	45	35		19	161	89
德安县	4		2113	18	32		87	176	79
都昌县	10	1	9378	35	24		34	1898	232
湖口县			3522	17	9	2	6	251	142
彭泽县	9	10	4217	23	23		29	304	203
瑞昌市	10		6619	19	29		26	694	196
共青城市	1		1957	7	21		14	500	88
庐山市	2		3280	11	16		8	179	98
新余市	**49**	**2**	**11239**	**57**	**71**		**57**	**438**	**391**
渝水区	35	1	8487	32	56		14	267	284
分宜县	14	1	2752	25	15		43	171	107
鹰潭市	**172**	**1**	**12719**	**105**	**1160**	**1**	**57**	**678**	**648**
月湖区	10		2049	12	280	1	4	88	44
余江区	146		4548	35	133		19	385	352
贵溪市	16	1	6122	58	747		34	205	252
赣州市	**358**	**32**	**110899**	**883**	**775**	**47**	**706**	**19018**	**10988**
章贡区	8	2	8251	88	82	10	8	202	560
南康区	7	10	12862	47	38	7	10	567	5256
赣县区	64	1	7297	92	45	3	21	938	668
信丰县	64	2	9579	71	58	4	72	2312	792
大余县	7		2801	21	19		12	195	256
上犹县	13	1	3760	27	17		20	698	467
崇义县	14	1	1995	18	5		5	109	400
安远县	12		3100	44	22	1	32	362	182
定南县	6	1	2426	21	16		8	152	66
全南县	8		2241	11	8		33	190	113

4-6 续表 33

单位：人

地区 性别	农林牧渔生产辅助人员	其他农、林、牧、渔业生产加工人员	生产制造及有关人员 小计	农副产品加工人员	食品、饮料生产加工人员	烟草及其制品加工人员	纺织、针织、印染人员	纺织品、服装和皮革、毛皮制品加工制作人员	木材加工、家具与木制品制作人员
宁都县	56	5	9503	101	52	2	46	1766	364
于都县	16	4	14861	95	112	1	229	4888	469
兴国县	32		9114	59	42	3	64	2320	460
会昌县	20		5920	38	99	8	22	1446	244
寻乌县	5		2312	29	12		5	226	74
石城县	1	5	3080	18	35	5	28	668	171
瑞金市	16		7529	76	96	3	72	1819	193
龙南市	9		4268	27	17		19	160	253
吉安市	**163**	**12**	**42108**	**404**	**325**	**16**	**201**	**2702**	**2322**
吉州区	3		2258	25	29	1	5	63	79
青原区	13		1974	18	11		6	45	157
吉安县	17	2	5353	34	54	12	14	146	223
吉水县	14	4	4262	29	26		48	208	351
峡江县	5		862	5	17	2	3	38	43
新干县	11	1	2830	21	34		4	221	192
永丰县	15		3023	49	20		26	233	115
泰和县	16		3487	28	16		10	141	170
遂川县	8	1	5750	88	49		20	513	370
万安县	27	3	2720	30	18		8	215	177
安福县	14	1	2469	18	22	1	11	154	101
永新县	16		6013	42	18		43	690	285
井冈山市	4		1107	17	11		3	35	59
宜春市	**246**	**15**	**53297**	**472**	**478**		**272**	**2131**	**2890**
袁州区	43	1	10565	73	59		19	438	317
奉新县	26	6	2546	26	11		130	129	93
万载县	34		4666	45	47		10	211	140
上高县	25	2	2939	34	59		19	264	112
宜丰县	6		2526	16	26		9	74	199
靖安县	3		1415	10	13		3	15	67
铜鼓县	15	1	1023	10	13		3	40	59
丰城市	58	2	13574	143	94		22	679	1456
樟树市	7	3	4930	44	105		10	89	198
高安市	29		9113	71	51		47	192	249
抚州市	**251**	**27**	**40945**	**451**	**1256**	**4**	**218**	**2810**	**2523**
临川区	27	10	13020	88	93		38	292	448
东乡区	10		3840	29	41		37	409	169
南城县	10		3219	38	85		11	227	407
黎川县	23	1	2862	37	33	2	27	240	571
南丰县	102	1	1341	14	10		10	61	131
崇仁县	9		3131	29	21		6	148	149
乐安县	30	8	4267	52	36	1	21	401	189
宜黄县	19	1	3620	51	24		36	242	242
金溪县	4	3	2937	24	604		17	428	91
资溪县	11		917	60	289	1	1	45	60
广昌县	6	3	1791	29	20		14	317	66
上饶市	**190**	**12**	**81252**	**542**	**573**	**38**	**471**	**9497**	**4029**
信州区	9		4590	26	88		12	205	193
广丰区	25	4	11186	76	65	33	44	580	445
广信区	20	1	11319	75	80	1	45	785	670
玉山县	13	2	5807	48	47	1	34	254	720
铅山县	14	2	4059	36	40		37	672	161
横峰县	12		2089	17	18		8	186	95
弋阳县	9	1	3594	33	31	1	36	297	123
余干县	33		9497	56	59	2	51	1871	375
鄱阳县	28	2	16471	80	65		81	2734	545
万年县	12		5062	35	23		82	972	186
婺源县	6		4018	36	44		25	764	374
德兴市	9		3560	24	13		16	177	142

4-6 续表 34

单位：人

地区 性别	农林牧渔生产辅助人员	其他农、林、牧、渔业生产加工人员	生产制造及有关人员 小计	农副产品加工人员	食品、饮料生产加工人员	烟草及其制品加工人员	纺织、针织、印染人员	纺织品、服装和皮革、毛皮制品加工制作人员	木材加工、家具与木制品制作人员
女	**1182**	**205**	**248032**	**2350**	**4571**	**67**	**4588**	**83350**	**8339**
南昌市	**66**	**3**	**19957**	**265**	**368**	**13**	**329**	**5133**	**194**
东湖区	2		355	14	17	1	2	43	3
西湖区			362	8	19	3	6	46	3
青云谱区	2		722	4	14	1	16	204	10
青山湖区	9		3727	41	60	7	108	1235	37
新建区	17	1	2647	62	66		10	289	37
红谷滩区	4	1	438	6	25		2	26	17
南昌县	21		5227	100	132		75	1787	47
安义县	5	1	1955	16	7	1	55	43	14
进贤县	6		4524	14	28		55	1460	26
景德镇市	**28**	**1**	**9888**	**56**	**115**	**1**	**219**	**3025**	**110**
昌江区	3		844		9	1	2	83	8
珠山区			1482	13	30		3	59	6
浮梁县	15	1	1410	8	21		13	206	21
乐平市	10		6152	35	55		201	2677	75
萍乡市	**73**	**3**	**9140**	**94**	**294**		**75**	**1734**	**78**
安源区	2		1021	4	30		9	170	6
湘东区	18		1628	17	37		19	411	18
莲花县	3		955	6	15		13	395	15
上栗县	5	1	4333	51	190		24	428	18
芦溪县	45	2	1203	16	22		10	330	21
九江市	**61**	**10**	**27679**	**179**	**316**	**1**	**627**	**12249**	**459**
濂溪区	2		1135	13	26		29	219	13
浔阳区		1	777	10	17		18	123	7
柴桑区	8		2445	14	37		50	1015	36
武宁县	5		1021	7	20		35	237	64
修水县	13		2970	24	54		30	1121	173
永修县	6		1186	32	23		15	321	17
德安县	2	1	1304	12	23		165	594	7
都昌县	15	2	5259	23	28		43	2804	32
湖口县			1626	9	8	1	11	586	30
彭泽县	2	4	2121	9	20		74	731	33
瑞昌市	5	2	4493	19	30		106	2026	32
共青城市	1		1539	2	10		42	1197	5
庐山市	2		1803	5	20		9	1275	10
新余市	**15**	**3**	**4010**	**28**	**66**		**129**	**757**	**47**
渝水区	10	2	2858	18	58		59	377	30
分宜县	5	1	1152	10	8		70	380	17
鹰潭市	**97**	**3**	**5781**	**128**	**557**		**108**	**1176**	**81**
月湖区	3	1	661	9	129		11	139	5
余江区	84		2104	21	77		18	412	43
贵溪市	10	2	3016	98	351		79	625	33
赣州市	**242**	**24**	**68536**	**503**	**816**	**23**	**978**	**28276**	**4706**
章贡区	3		3679	50	98	6	15	541	212
南康区	2	3	7537	30	52	6	37	1505	2748
赣县区	61	2	3946	46	42	3	26	1652	244
信丰县	26		6851	42	56	1	82	3255	267
大余县	3	1	1653	11	24		12	473	138
上犹县	8	6	2518	13	18		26	1059	179
崇义县	10	2	1015	11	13		5	174	186
安远县	14		2220	33	15	1	38	538	84
定南县	6	1	1359	15	13		23	259	16
全南县	2		1362	9	6		47	483	22

4-6 续表 35

单位：人

地区 性别	农林牧渔生产辅助人员	其他农、林、牧、渔业生产加工人员	生产制造及有关人员 小计	农副产品加工人员	食品、饮料生产加工人员	烟草及其制品加工人员	纺织、针织、印染人员	纺织品、服装和皮革、毛皮制品加工制作人员	木材加工、家具与木制品制作人员
宁都县	39	4	5350	53	47	1	49	2676	78
于都县	11		11157	42	121		355	6283	158
兴国县	15	2	5760	36	55	1	69	3342	101
会昌县	13		4126	20	95	4	42	1957	57
寻乌县	10		1292	24	12		4	325	25
石城县	2	2	1805	17	16		51	963	41
瑞金市	13	1	4211	28	99		64	2339	50
龙南市	4		2695	23	34		33	452	100
吉安市	**81**	**14**	**24859**	**203**	**269**	**8**	**498**	**5205**	**549**
吉州区	2	1	1163	6	24		10	151	12
青原区	9		929	14	11		13	95	37
吉安县	4	1	3948	16	49	6	23	323	25
吉水县	10	2	2628	14	24		282	927	38
峡江县	1	1	503		4		3	136	14
新干县	11	2	1351	17	30	1	8	418	64
永丰县	3	1	1554	27	15	1	44	430	41
泰和县	7		2364	21	16		18	334	36
遂川县	2	1	3434	44	31		35	774	137
万安县	10		1770	5	17		7	304	63
安福县	9	2	1439	10	19		6	427	15
永新县	10	2	3211	20	15		33	813	52
井冈山市	3	1	565	9	14		16	73	15
宜春市	**153**	**22**	**24586**	**340**	**453**	**1**	**560**	**5026**	**817**
袁州区	15		3810	39	51	1	43	834	74
奉新县	17	3	1094	12	9		212	146	47
万载县	16		3101	45	50		32	642	38
上高县	9	2	2038	11	67		60	950	50
宜丰县	1		1564	17	22		31	528	161
靖安县	3		504	3	8		6	19	52
铜鼓县	14	1	313	7	15		2	36	40
丰城市	61	4	5058	98	97		34	1202	281
樟树市	4	11	1868	22	65		5	154	25
高安市	13	1	5236	86	69		135	515	49
抚州市	**303**	**115**	**17477**	**312**	**915**	**4**	**351**	**4928**	**676**
临川区	16	106	3126	47	55		54	522	40
东乡区	4		1704	17	27		68	647	19
南城县	8		1760	25	66		22	561	152
黎川县	14		1562	12	14	3	43	405	237
南丰县	235	2	583	6	6		7	82	35
崇仁县	3	1	1107	10	19		15	272	34
乐安县	4	5	2118	34	38		39	780	47
宜黄县	7		2213	77	22		56	654	59
金溪县	2	1	1585	16	456		27	442	11
资溪县	3		457	40	200	1	2	51	15
广昌县	7		1262	28	12		18	512	27
上饶市	**63**	**7**	**36119**	**242**	**402**	**16**	**714**	**15841**	**622**
信州区	1		1484	15	46		15	529	17
广丰区	13		4454	33	42	16	119	1671	69
广信区	5		4715	18	50		97	1750	93
玉山县	3	1	1860	21	20		63	718	103
铅山县	3	4	2344	32	30		38	1401	34
横峰县	2	1	1056	8	10		40	579	12
弋阳县	2		2002	14	20		71	841	17
余干县	13		4653	26	62		71	1769	42
鄱阳县	9	1	7730	32	55		79	3794	105
万年县	1		2151	17	13		69	1094	30
婺源县	6		2338	18	37		30	1240	75
德兴市	5		1332	8	17		22	455	25

4-6 续表 36

单位：人

地区 性别	生产制造及有关人员 纸及纸制品生产加工人员	印刷和记录媒介复制人员	文教、工美、体育和娱乐用品制造人员	石油加工和炼焦、煤化工生产人员	化学原料和化学制品制造人员	医药制造人员	化学纤维制造人员	橡胶和塑料制品制造人员	非金属矿物制品制造人员
全省	**3689**	**2723**	**12951**	**544**	**7673**	**2118**	**180**	**5686**	**20826**
南昌市	**182**	**436**	**1128**	**26**	**260**	**308**	**4**	**322**	**541**
东湖区	1	22	6	1	12	31	1	4	9
西湖区	5	39	9		5	10		8	8
青云谱区	6	46	3		6	14		8	14
青山湖区	75	112	21	15	35	41	1	57	77
新建区	19	38	44		20	88		37	97
红谷滩区	1	26	12		6	9		2	12
南昌县	33	110	54	6	35	59		75	139
安义县	7	6	9		81	11	1	55	117
进贤县	35	37	970	4	60	45	1	76	68
景德镇市	**82**	**93**	**1347**	**61**	**232**	**164**	**6**	**123**	**3587**
昌江区	10	16	61	35	32	13		5	591
珠山区	8	15	378	16	24	14		10	1634
浮梁县	22	29	87	2	7	10	3	19	1092
乐平市	42	33	821	8	169	127	3	89	270
萍乡市	**434**	**170**	**272**	**36**	**2435**	**80**	**5**	**215**	**1145**
安源区	29	25	37	7	22	15	1	27	136
湘东区	103	45	51	18	96	11	2	46	453
莲花县	12	30	54	3	26	24		49	56
上栗县	283	45	73	5	2254	23	2	35	164
芦溪县	7	25	57	3	37	7		58	336
九江市	**224**	**304**	**709**	**168**	**930**	**253**	**90**	**489**	**1748**
濂溪区	3	10	9	11	24	5	11	6	110
浔阳区	6	31	9	137	25	14	20	15	48
柴桑区	30	31	51	10	33	13	3	84	171
武宁县	15	11	54		18	14		20	142
修水县	21	49	171	1	48	5		82	145
永修县	35	11	42	2	162	6	1	35	84
德安县	4	10	46		9	16		12	31
都昌县	12	34	134	2	25	10	1	31	198
湖口县	22	5	27	2	325	28	44	33	44
彭泽县	12	69	34	1	220	125	4	122	203
瑞昌市	47	27	53	2	31	6		37	113
共青城市	15	13	20		9	3		6	38
庐山市	2	3	59		1	8	6	6	421
新余市	**43**	**34**	**120**	**38**	**69**	**18**	**1**	**75**	**219**
渝水区	28	26	53	36	47	11		34	107
分宜县	15	8	67	2	22	7	1	41	112
鹰潭市	**30**	**50**	**1105**	**6**	**74**	**26**	**2**	**98**	**340**
月湖区	1	7	18		8	9		7	26
余江区	6	23	229	5	25	5	1	35	151
贵溪市	23	20	858	1	41	12	1	56	163
赣州市	**810**	**531**	**2463**	**43**	**793**	**227**	**14**	**1103**	**3328**
章贡区	94	31	189	1	44	73		47	118
南康区	53	16	97	3	176	12	2	29	114
赣县区	42	13	73	5	96	19	1	50	131
信丰县	26	56	350		37	6		83	195
大余县	18	13	36		24	11		31	54
上犹县	20	28	50	1	26	4	5	85	156
崇义县	7	3	19	1	13	4		8	35
安远县	49	17	109		26	1		42	483
定南县	9	12	45		12	8		46	51
全南县	38	14	45	1	18	8		34	65

4−6 续表 37

单位：人

地区 性别	生产制造及有关人员								
	纸及纸制品生产加工人员	印刷和记录媒介复制人员	文教、工美、体育和娱乐用品制造人员	石油加工和炼焦、煤化工生产人员	化学原料和化学制品制造人员	医药制造人员	化学纤维制造人员	橡胶和塑料制品制造人员	非金属矿物制品制造人员
宁都县	48	51	141	7	90	7	1	98	192
于都县	198	57	116	6	36	18	1	87	585
兴国县	27	36	116	11	52	10		70	167
会昌县	37	47	91	1	40	11	2	100	508
寻乌县	25	8	38		9	9	2	32	141
石城县	40	35	126	1	14	1		49	70
瑞金市	54	68	137	1	49	14		102	113
龙南市	25	26	685	4	31	11		110	150
吉安市	**239**	**314**	**887**	**15**	**330**	**176**	**4**	**608**	**1471**
吉州区	8	12	91		6	17		20	22
青原区	9	13	20	4	6	5		19	27
吉安县	23	51	131		42	16	2	74	72
吉水县	7	20	66	1	27			31	78
峡江县	12	9	18		4	39		5	27
新干县	12	16	28		66	18		85	332
永丰县	22	17	79	3	45	58	2	46	100
泰和县	14	34	97	1	14	3		20	70
遂川县	42	44	120	4	32	4		164	159
万安县	14	15	75		12	4		16	76
安福县	17	12	36		24	5		43	53
永新县	52	61	109	2	52	6		76	77
井冈山市	7	10	17			1		9	378
宜春市	**788**	**291**	**699**	**86**	**1742**	**441**	**26**	**542**	**4609**
袁州区	53	63	163	8	375	87	3	111	256
奉新县	10	4	23	1	20	70	9	20	105
万载县	124	28	80	8	1051	13	2	68	126
上高县	7	13	15		29	26	3	63	297
宜丰县	12	15	50	3	7	19	1	57	355
靖安县	7	9	35		9	4	1	9	28
铜鼓县	3	6	11		26	15		9	29
丰城市	99	36	127	25	79	37	1	63	544
樟树市	118	45	24	23	73	158	1	29	97
高安市	355	72	171	18	73	12	5	113	2772
抚州市	**469**	**208**	**839**	**39**	**337**	**255**	**16**	**1374**	**1104**
临川区	63	61	111		57	43		48	155
东乡区	44	16	83	4	38	40		152	113
南城县	20	10	68	2	37	36		25	72
黎川县	17	19	89	2	20	3	1	71	347
南丰县	3	12	14		6	8		60	41
崇仁县	11	8	47		8	4	4	20	52
乐安县	39	30	186	9	16	32	9	46	105
宜黄县	236	13	95	19	59	45	2	884	73
金溪县	22	27	58	2	78	38		45	79
资溪县		4		1	5			1	18
广昌县	14	8	88		13	6		22	49
上饶市	**388**	**292**	**3382**	**26**	**471**	**170**	**12**	**737**	**2734**
信州区	6	31	121		14	12		22	189
广丰区	64	41	694	6	54	10		65	144
广信区	88	24	544	7	75	11		89	782
玉山县	20	13	167	1	35	7	1	63	140
铅山县	27	25	142		34	8		68	112
横峰县	5	4	164	2	13	8		26	44
弋阳县	18	12	328	2	19	11	1	107	122
余干县	42	29	247	1	60	13	7	82	286
鄱阳县	65	60	322	2	71	13	1	93	506
万年县	12	19	85	1	32	42		48	170
婺源县	32	27	379	2	17	14	2	47	79
德兴市	9	7	189	2	47	21		27	160

4-6 续表 38

单位：人

地区 性别	生产制造及有关人员								
	纸及纸制品生产加工人员	印刷和记录媒介复制人员	文教、工美、体育和娱乐用品制造人员	石油加工和炼焦、煤化工生产人员	化学原料和化学制品制造人员	医药制造人员	化学纤维制造人员	橡胶和塑料制品制造人员	非金属矿物制品制造人员
男	**2043**	**1730**	**4570**	**439**	**4046**	**1142**	**106**	**3252**	**13911**
南昌市	**108**	**279**	**470**	**20**	**175**	**141**	**3**	**200**	**446**
东湖区		13	1		9	22		2	7
西湖区	4	28	6		3	3		6	7
青云谱区	2	31	2		4	11		7	12
青山湖区	46	68	11	11	26	23	1	31	65
新建区	15	23	32		15	36		20	79
红谷滩区		13	8		5	3		2	9
南昌县	16	72	20	5	22	21		46	115
安义县	4	4	5		57	8	1	41	94
进贤县	21	27	385	4	34	14	1	45	58
景德镇市	**33**	**56**	**394**	**54**	**170**	**103**	**3**	**66**	**2171**
昌江区	5	12	23	31	19	8		4	339
珠山区	2	5	189	14	17	5		4	1014
浮梁县	12	21	44	2	7	5	2	12	621
乐平市	14	18	138	7	127	85	1	46	197
萍乡市	**169**	**119**	**104**	**28**	**816**	**41**	**3**	**140**	**787**
安源区	16	18	21	5	14	4		19	99
湘东区	30	28	18	14	58	7	2	33	287
莲花县	7	20	28	2	14	20		34	48
上栗县	113	36	21	5	709	7	1	21	131
芦溪县	3	17	16	2	21	3		33	222
九江市	**143**	**182**	**334**	**134**	**697**	**150**	**53**	**284**	**1336**
濂溪区	2	5	8	11	20	2	4	3	71
浔阳区	4	20	5	109	17	6	18	7	31
柴桑区	18	13	29	8	26	4	3	54	130
武宁县	4	8	36		12	6		12	113
修水县	12	33	76	1	46	4		54	114
永修县	24	7	17	1	112	3		23	67
德安县	3	6	15		7	3		8	23
都昌县	7	20	61	1	22	7	1	21	139
湖口县	17	1	4	1	241	23	22	11	33
彭泽县	7	42	19	1	164	80	1	60	132
瑞昌市	35	18	27	1	22	4		25	82
共青城市	9	7	11		7	3		3	32
庐山市	1	2	26		1	5	4	3	369
新余市	**20**	**15**	**36**	**36**	**44**	**7**		**48**	**179**
渝水区	12	13	14	34	26	3		24	88
分宜县	8	2	22	2	18	4		24	91
鹰潭市	**13**	**24**	**282**	**4**	**57**	**13**	**1**	**45**	**275**
月湖区		4	9		7	5		4	21
余江区	4	11	127	3	18	2		21	113
贵溪市	9	9	146	1	32	6	1	20	141
赣州市	**422**	**355**	**1029**	**35**	**522**	**117**	**11**	**669**	**2300**
章贡区	49	22	101	1	25	42		30	93
南康区	26	12	58	2	119	1	1	14	75
赣县区	30	7	34	4	54	14	1	30	98
信丰县	13	45	128		29	3		55	157
大余县	9	6	8		19	5		23	44
上犹县	12	16	22	1	17	4	3	50	97
崇义县	4	2	10	1	7			5	27
安远县	14	8	41		12			26	297
定南县	7	11	24		10	4		24	36
全南县	10	9	23	1	12	4		18	49

4-6 续表 39

单位：人

地区 性别	生产制造及有关人员								
	纸及纸制品生产加工人员	印刷和记录媒介复制人员	文教、工美、体育和娱乐用品制造人员	石油加工和炼焦、煤化工生产人员	化学原料和化学制品制造人员	医药制造人员	化学纤维制造人员	橡胶和塑料制品制造人员	非金属矿物制品制造人员
宁都县	29	37	51	7	65	2	1	61	150
于都县	113	36	56	5	20	8	1	50	376
兴国县	18	26	53	8	44	5		45	123
会昌县	18	27	45		20	5	2	64	327
寻乌县	10	6	22		7	5	2	19	97
石城县	22	20	60	1	12			30	51
瑞金市	31	47	53	1	31	7		60	95
龙南市	7	18	240	3	19	8		65	108
吉安市	**153**	**197**	**409**	**11**	**241**	**93**	**3**	**352**	**994**
吉州区	4	9	19		4	9		6	15
青原区	5	10	10	3	4	1		14	20
吉安县	12	27	78		30	7	2	42	58
吉水县	6	14	24	1	23			22	55
峡江县	8	5	3		4	27		5	20
新干县	8	8	13		47	10		41	236
永丰县	18	9	39	3	37	27	1	28	80
泰和县	9	21	33	1	11	1		10	48
遂川县	30	25	60	2	18	2		99	115
万安县	7	10	47		9	1		5	51
安福县	12	9	20		13	4		24	40
永新县	31	45	59	1	41	3		52	57
井冈山市	3	5	4			1		4	199
宜春市	**470**	**179**	**265**	**64**	**754**	**232**	**11**	**302**	**2697**
袁州区	42	39	61	6	185	45		63	207
奉新县	6	3	9	1	15	56	5	10	67
万载县	73	20	28	4	344	9		33	85
上高县	5	4	5		22	21	1	48	197
宜丰县	8	8	18	1	4	11		31	225
靖安县	4	7	13		7	1		4	26
铜鼓县	2	5	5		18	5		7	24
丰城市	53	22	61	17	60	11	1	28	350
樟树市	59	31	14	17	45	70	1	15	75
高安市	218	40	51	18	54	3	3	63	1441
抚州市	**305**	**126**	**304**	**31**	**228**	**148**	**9**	**787**	**768**
临川区	51	33	46		35	24		23	124
东乡区	32	10	49	3	26	13		99	90
南城县	13	5	30	1	16	21		12	64
黎川县	10	12	43	1	17	2	1	45	177
南丰县	1	8	8		4	3		43	33
崇仁县	6	3	11		5	4	2	10	42
乐安县	28	19	56	6	10	13	4	23	79
宜黄县	142	9	22	18	39	34	2	486	47
金溪县	11	20	23	2	65	31		28	58
资溪县		1			3			1	17
广昌县	11	6	16		8	3		17	37
上饶市	**207**	**198**	**943**	**22**	**342**	**97**	**9**	**359**	**1958**
信州区	4	23	37		8	4		8	119
广丰区	28	29	151	5	35	5		20	127
广信区	46	18	122	6	56	4		47	462
玉山县	13	11	40	1	27	1	1	26	119
铅山县	19	16	27		22	6		33	91
横峰县	2	3	26	2	10	3		18	34
弋阳县	7	6	58	2	15	7		42	103
余干县	17	17	161	1	45	7	5	53	230
鄱阳县	43	40	131	2	54	10	1	52	346
万年县	7	9	46		24	34		24	131
婺源县	19	21	128	2	9	4	2	26	57
德兴市	2	5	16	1	37	12		10	139

4-6　续表 40

单位：人

地　区 性　别	生产制造及有关人员 纸及纸制品生产加工人员	印刷和记录媒介复制人员	文教、工美、体育和娱乐用品制造人　员	石油加工和炼焦、煤化工生产人员	化学原料和化学制品制造人　员	医药制造人　员	化学纤维制造人员	橡胶和塑料制品制造人员	非金属矿物制品制造人员
女	**1646**	**993**	**8381**	**105**	**3627**	**976**	**74**	**2434**	**6915**
南昌市	**74**	**157**	**658**	**6**	**85**	**167**	**1**	**122**	**95**
东湖区	1	9	5	1	3	9	1	2	2
西湖区	1	11	3		2	7		2	1
青云谱区	4	15	1		2	3		1	2
青山湖区	29	44	10	4	9	18		26	12
新建区	4	15	12		5	52		17	18
红谷滩区	1	13	4		1	6			3
南昌县	17	38	34	1	13	38		29	24
安义县	3	2	4		24	3		14	23
进贤县	14	10	585		26	31		31	10
景德镇市	**49**	**37**	**953**	**7**	**62**	**61**	**3**	**57**	**1416**
昌江区	5	4	38	4	13	5		1	252
珠山区	6	10	189	2	7	9		6	620
浮梁县	10	8	43			5	1	7	471
乐平市	28	15	683	1	42	42	2	43	73
萍乡市	**265**	**51**	**168**	**8**	**1619**	**39**	**2**	**75**	**358**
安源区	13	7	16	2	8	11	1	8	37
湘东区	73	17	33	4	38	4		13	166
莲花县	5	10	26	1	12	4		15	8
上栗县	170	9	52		1545	16	1	14	33
芦溪县	4	8	41	1	16	4		25	114
九江市	**81**	**122**	**375**	**34**	**233**	**103**	**37**	**205**	**412**
濂溪区	1	5	1		4	3	7	3	39
浔阳区	2	11	4	28	8	8	2	8	17
柴桑区	12	18	22	2	7	9		30	41
武宁县	11	3	18		6	8		8	29
修水县	9	16	95		2	1		28	31
永修县	11	4	25	1	50	3	1	12	17
德安县	1	4	31		2	13		4	8
都昌县	5	14	73	1	3	3		10	59
湖口县	5	4	23	1	84	5	22	22	11
彭泽县	5	27	15		56	45	3	62	71
瑞昌市	12	9	26	1	9	2		12	31
共青城市	6	6	9		2			3	6
庐山市	1	1	33			3	2	3	52
新余市	**23**	**19**	**84**	**2**	**25**	**11**	**1**	**27**	**40**
渝水区	16	13	39	2	21	8		10	19
分宜县	7	6	45		4	3	1	17	21
鹰潭市	**17**	**26**	**823**	**2**	**17**	**13**	**1**	**53**	**65**
月湖区	1	3	9		1	4		3	5
余江区	2	12	102	2	7	3	1	14	38
贵溪市	14	11	712		9	6		36	22
赣州市	**388**	**176**	**1434**	**8**	**271**	**110**	**3**	**434**	**1028**
章贡区	45	9	88		19	31		17	25
南康区	27	4	39	1	57	11	1	15	39
赣县区	12	6	39	1	42	5		20	33
信丰县	13	11	222		8	3		28	38
大余县	9	7	28		5	6		8	10
上犹县	8	12	28		9		2	35	59
崇义县	3	1	9		6	4		3	8
安远县	35	9	68		14	1		16	186
定南县	2	1	21		2	4		22	15
全南县	28	5	22		6	4		16	16

4-6 续表 41 单位：人

地区 性别	生产制造及有关人员								
	纸及纸制品生产加工人员	印刷和记录媒介复制人员	文教、工美、体育和娱乐用品制造人员	石油加工和炼焦、煤化工生产人员	化学原料和化学制品制造人员	医药制造人员	化学纤维制造人员	橡胶和塑料制品制造人员	非金属矿物制品制造人员
宁都县	19	14	90		25	5		37	42
于都县	85	21	60	1	16	10		37	209
兴国县	9	10	63	3	8	5		25	44
会昌县	19	20	46	1	20	6		36	181
寻乌县	15	2	16		2	4		13	44
石城县	18	15	66		2	1		19	19
瑞金市	23	21	84		18	7		42	18
龙南市	18	8	445	1	12	3		45	42
吉安市	**86**	**117**	**478**	**4**	**89**	**83**	**1**	**256**	**477**
吉州区	4	3	72		2	8		14	7
青原区	4	3	10	1	2	4		5	7
吉安县	11	24	53		12	9		32	14
吉水县	1	6	42		4			9	23
峡江县	4	4	15			12			7
新干县	4	8	15		19	8		44	96
永丰县	4	8	40		8	31	1	18	20
泰和县	5	13	64		3	2		10	22
遂川县	12	19	60	2	14	2		65	44
万安县	7	5	28		3	3		11	25
安福县	5	3	16		11	1		19	13
永新县	21	16	50	1	11	3		24	20
井冈山市	4	5	13					5	179
宜春市	**318**	**112**	**434**	**22**	**988**	**209**	**15**	**240**	**1912**
袁州区	11	24	102	2	190	42	3	48	49
奉新县	4	1	14		5	14	4	10	38
万载县	51	8	52	4	707	4	2	35	41
上高县	2	9	10		7	5	2	15	100
宜丰县	4	7	32	2	3	8	1	26	130
靖安县	3	2	22		2	3	1	5	2
铜鼓县	1	1	6		8	10		2	5
丰城市	46	14	66	8	19	26		35	194
樟树市	59	14	10	6	28	88		14	22
高安市	137	32	120		19	9	2	50	1331
抚州市	**164**	**82**	**535**	**8**	**109**	**107**	**7**	**587**	**336**
临川区	12	28	65		22	19		25	31
东乡区	12	6	34	1	12	27		53	23
南城县	7	5	38	1	21	15		13	8
黎川县	7	7	46	1	3	1		26	170
南丰县	2	4	6		2	5		17	8
崇仁县	5	5	36		3		2	10	10
乐安县	11	11	130	3	6	19	5	23	26
宜黄县	94	4	73	1	20	11		398	26
金溪县	11	7	35		13	7		17	21
资溪县		3		1	2				1
广昌县	3	2	72		5	3		5	12
上饶市	**181**	**94**	**2439**	**4**	**129**	**73**	**3**	**378**	**776**
信州区	2	8	84		6	8		14	70
广丰区	36	12	543	1	19	5		45	17
广信区	42	6	422	1	19	7		42	320
玉山县	7	2	127		8	6		37	21
铅山县	8	9	115		12	2		35	21
横峰县	3	1	138		3	5		8	10
弋阳县	11	6	270		4	4	1	65	19
余干县	25	12	86		15	6	2	29	56
鄱阳县	22	20	191		17	3		41	160
万年县	5	10	39	1	8	8		24	39
婺源县	13	6	251		8	10		21	22
德兴市	7	2	173	1	10	9		17	21

4–6 续表 42

单位：人

地区 性别	生产制造及有关人员								
	采矿人员	金属冶炼和压延加工人员	机械制造基础加工人员	金属制品制造人员	通用设备制造人员	专用设备制造人员	汽车制造人员	铁路、船舶、航空设备制造人员	电气机械和器材制造人员
全省	**4573**	**5781**	**16460**	**22677**	**2802**	**1479**	**3469**	**792**	**7570**
南昌市	**67**	**1069**	**2416**	**4916**	**351**	**334**	**922**	**208**	**339**
东湖区	5	17	65	38	5	2	39	7	4
西湖区	5	4	40	34	3	7	35	5	5
青云谱区	6	22	239	85	41	3	172	91	28
青山湖区	20	223	311	231	60	47	111	15	136
新建区	4	38	195	386	29	13	125	4	54
红谷滩区	4	3	25	37	7	10	18	3	9
南昌县	11	37	521	469	79	51	389	73	65
安义县	4	693	280	3222	7	1	1	4	4
进贤县	8	32	740	414	120	200	32	6	34
景德镇市	**189**	**75**	**732**	**594**	**133**	**27**	**176**	**151**	**123**
昌江区	10	7	71	66	18		11	4	15
珠山区	32	4	105	42	29	5	107	130	13
浮梁县	16	8	145	131	15	2	30	7	26
乐平市	131	56	411	355	71	20	28	10	69
萍乡市	**552**	**435**	**630**	**558**	**129**	**93**	**95**	**13**	**329**
安源区	280	115	122	117	26	7	27		22
湘东区	96	274	207	120	45	32	29	4	42
莲花县	42	7	78	117	14	25	3	2	57
上栗县	88	26	88	101	28	18	21	6	43
芦溪县	46	13	135	103	16	11	15	1	165
九江市	**345**	**652**	**1921**	**2365**	**311**	**133**	**202**	**143**	**698**
濂溪区	20	11	125	63	15	20	10	9	6
浔阳区	19	12	113	48	20	8	20	9	10
柴桑区	37	37	219	314	43	13	29	5	101
武宁县	10	13	73	107	20	8	12	10	91
修水县	37	29	298	507	38	12	43	2	34
永修县	7	21	117	358	20	5	10	3	105
德安县	15	3	75	101	19	12	3	3	19
都昌县	20	10	200	235	30	21	24	45	29
湖口县	17	468	137	84	7	6	11	45	16
彭泽县	22	22	193	123	61	15	12	8	28
瑞昌市	129	14	256	332	24	8	18	2	233
共青城市	5		56	44	6	1	4	1	13
庐山市	7	12	59	49	8	4	6	1	13
新余市	**178**	**720**	**444**	**326**	**90**	**44**	**72**	**4**	**96**
渝水区	153	686	355	221	62	33	50		65
分宜县	25	34	89	105	28	11	22	4	31
鹰潭市	**102**	**536**	**360**	**514**	**104**	**22**	**51**	**14**	**126**
月湖区	12	25	47	52	13	7	5	11	8
余江区	9	45	166	345	38	9	30	3	68
贵溪市	81	466	147	117	53	6	16		50
赣州市	**1494**	**994**	**3281**	**4470**	**429**	**243**	**488**	**97**	**2339**
章贡区	32	127	323	341	40	15	159	31	319
南康区	57	93	567	211	20	8	59	3	83
赣县区	34	105	163	195	18	17	20	6	81
信丰县	25	36	196	383	20	45	29	3	61
大余县	247	33	145	141	13	10	12	15	23
上犹县	137	72	157	181	18	7	25	2	136
崇义县	295	81	36	54	7	4	10		21
安远县	5	65	44	160	28	12	15	2	140
定南县	32	35	93	64	4	5	7		303
全南县	119	45	60	71	9	6	6	3	44

4-6 续表 43

单位：人

地区 性别	生产制造及有关人员								
	采矿人员	金属冶炼和压延加工人员	机械制造基础加工人员	金属制品制造人员	通用设备制造人员	专用设备制造人员	汽车制造人员	铁路、船舶、航空设备制造人员	电气机械和器材制造人员
宁都县	42	16	203	351	46	20	24	5	60
于都县	195	20	395	526	43	24	32	8	709
兴国县	81	29	195	436	38	14	25	10	67
会昌县	49	17	149	596	29	10	18		42
寻乌县	6	24	85	70	27	8	7	2	18
石城县	7	19	95	130	9	14	5	2	22
瑞金市	61	40	267	375	33	7	24	1	96
龙南市	70	137	108	185	27	17	11	4	114
吉安市	**279**	**212**	**1484**	**1940**	**171**	**153**	**207**	**30**	**1145**
吉州区	4	5	50	65	10	8	19	1	33
青原区	4	7	50	85	8	1	1	7	13
吉安县	44	15	197	175	22	19	54	3	210
吉水县	9	10	113	134	15	13	6	1	56
峡江县		19	24	36	4	14	2		14
新干县	11	24	113	151	24	12	22	3	58
永丰县	43	51	86	163	16	15	15	1	54
泰和县	11	10	114	121	9	5	8	3	37
遂川县	43	33	246	441	17	14	21	1	110
万安县	9	9	77	144	6	10	12	2	15
安福县	93	8	97	93	16	3	6	4	210
永新县	6	18	293	285	21	37	35	3	331
井冈山市	2	3	24	47	3	2	6	1	4
宜春市	**540**	**444**	**2033**	**2240**	**442**	**205**	**234**	**46**	**1156**
袁州区	99	105	411	519	102	59	65	4	306
奉新县	3	45	74	337	16	5	6	2	12
万载县	16	53	190	188	37	29	24	5	115
上高县	34	15	83	128	38	8	8	15	100
宜丰县	49	65	94	81	18	7	3	1	263
靖安县	21	19	100	104	16	6	6	1	97
铜鼓县	3	17	19	29	5	1	8	3	5
丰城市	243	73	298	375	55	30	44	8	88
樟树市	35	9	236	211	39	11	18	1	23
高安市	37	43	528	268	116	49	52	6	147
抚州市	**154**	**285**	**992**	**1425**	**229**	**93**	**447**	**23**	**348**
临川区	16	137	140	289	25	25	67	5	31
东乡区	19	36	88	118	31	14	66	3	19
南城县	19	14	145	86	18		7		21
黎川县	7	24	75	177	19	3	8	4	24
南丰县	4	3	23	47	7	2	7	1	18
崇仁县	2	30	69	102	31	7	18		97
乐安县	51	11	125	240	26	25	14	2	63
宜黄县	3	11	169	136	39	4	245	4	29
金溪县	3	6	63	117	20	11	8	2	19
资溪县	10	1	6	11					
广昌县	20	12	89	102	13	2	7	2	27
上饶市	**673**	**359**	**2167**	**3329**	**413**	**132**	**575**	**63**	**871**
信州区	22	7	78	144	26	3	32	1	32
广丰区	65	46	175	210	35	11	36	2	25
广信区	27	46	311	440	64	16	170		496
玉山县	39	25	127	215	44	11	23	1	32
铅山县	123	52	96	190	19	20	25	2	51
横峰县	22	39	63	109	13	7	9	2	11
弋阳县	25	15	124	135	15	7	6	1	9
余干县	13	45	218	294	31	16	152	6	82
鄱阳县	41	23	546	1135	111	16	73	41	68
万年县	25	23	171	189	26	8	22	2	35
婺源县	13	22	135	133	10	8	21	4	22
德兴市	258	16	123	135	19	9	6	1	8

4-6　续表 44

单位：人

地　区 性　别	生产制造及有关人员 采矿人员	金属冶炼和压延加工人员	机械制造基础加工人员	金属制品制造人员	通用设备制造人员	专用设备制造人员	汽车制造人员	铁路、船舶、航空设备制造人员	电气机械和器材制造人员
男	**3925**	**4580**	**13465**	**16391**	**2250**	**807**	**2460**	**613**	**4220**
南昌市	**51**	**834**	**2116**	**3585**	**309**	**125**	**697**	**168**	**234**
东湖区	4	13	54	33	4	2	28	6	3
西湖区	3	3	37	26	3	5	28	5	3
青云谱区	6	18	193	61	35	2	147	70	17
青山湖区	15	186	265	163	52	26	85	15	97
新建区	4	29	176	316	27	7	95	4	44
红谷滩区	3	3	22	32	5	9	13	3	8
南昌县	10	30	448	354	74	19	276	59	38
安义县	1	527	232	2276	6		1	3	4
进贤县	5	25	689	324	103	55	24	3	20
景德镇市	**174**	**51**	**588**	**430**	**107**	**16**	**129**	**94**	**74**
昌江区	7	5	61	48	13		10	3	11
珠山区	31	4	89	34	26	5	75	77	10
浮梁县	12	6	132	97	12	1	24	6	13
乐平市	124	36	306	251	56	10	20	8	40
萍乡市	**521**	**360**	**547**	**431**	**114**	**66**	**67**	**10**	**198**
安源区	260	95	109	97	23	5	22		11
湘东区	93	224	178	84	40	26	20	3	25
莲花县	40	6	69	92	12	20	1	1	41
上栗县	86	25	77	81	24	8	13	6	18
芦溪县	42	10	114	77	15	7	11		103
九江市	**298**	**499**	**1597**	**1689**	**239**	**80**	**132**	**114**	**376**
濂溪区	14	8	111	47	12	10	5	5	4
浔阳区	17	9	98	32	14	7	18	5	7
柴桑区	31	32	189	232	35	10	18	3	67
武宁县	9	13	64	88	19	6	6	8	48
修水县	28	20	239	364	27	8	36	2	23
永修县	7	13	93	244	13	4	8	3	69
德安县	13	3	64	74	13	2	1	3	14
都昌县	18	10	166	172	27	15	13	37	19
湖口县	17	354	109	61	7	2	5	38	8
彭泽县	18	17	165	78	43	8	6	6	15
瑞昌市	116	12	211	221	15	5	8	2	88
共青城市	5		39	38	6		3	1	5
庐山市	5	8	49	38	8	3	5	1	9
新余市	**147**	**580**	**391**	**248**	**78**	**27**	**52**	**3**	**58**
渝水区	126	547	316	174	52	23	34		41
分宜县	21	33	75	74	26	4	18	3	17
鹰潭市	**86**	**432**	**285**	**317**	**76**	**12**	**30**	**14**	**59**
月湖区	10	19	42	33	11	5	1	11	4
余江区	7	41	133	206	18	5	19	3	30
贵溪市	69	372	110	78	47	2	10		25
赣州市	**1221**	**747**	**2587**	**3173**	**337**	**176**	**362**	**89**	**1332**
章贡区	24	89	250	243	30	11	96	30	223
南康区	35	84	420	152	20	7	54	2	49
赣县区	27	70	139	141	16	8	16	5	53
信丰县	25	29	163	259	16	40	22	3	29
大余县	201	27	113	106	11	8	10	15	15
上犹县	120	61	129	133	15	5	21	2	68
崇义县	227	59	29	43	6	3	7		15
安远县	5	42	38	108	13	7	10	2	63
定南县	26	27	72	48	2	5	6		122
全南县	102	34	54	57	7	3	5	3	23

4-6 续表 45

单位：人

地区 性别	生产制造及有关人员								
	采矿人员	金属冶炼和压延加工人员	机械制造基础加工人员	金属制品制造人员	通用设备制造人员	专用设备制造人员	汽车制造人员	铁路、船舶、航空设备制造人员	电气机械和器材制造人员
宁都县	34	10	166	264	40	14	17	5	39
于都县	153	17	292	365	36	15	21	6	416
兴国县	70	23	147	307	34	7	21	8	38
会昌县	40	13	120	409	19	8	17		27
寻乌县	5	19	65	50	17	8	6	2	12
石城县	6	17	83	101	9	10	5	2	14
瑞金市	58	29	218	266	26	6	18		61
龙南市	63	97	89	121	20	11	10	4	65
吉安市	**247**	**173**	**1157**	**1348**	**129**	**91**	**152**	**20**	**514**
吉州区	4	3	41	51	8	6	12	1	13
青原区	3	6	43	65	7	1	1	4	6
吉安县	38	13	148	123	18	10	35	2	95
吉水县	8	7	80	103	11	6	4	1	33
峡江县		13	17	27	3	12	2		6
新干县	8	23	93	83	22	7	18	1	35
永丰县	41	43	70	116	9	4	12	1	27
泰和县	11	6	90	88	7	4	7	2	17
遂川县	34	28	187	292	15	8	16	1	68
万安县	8	7	66	102	4	5	11	1	9
安福县	85	8	81	69	8	3	5	3	85
永新县	5	13	219	204	15	24	25	2	119
井冈山市	2	3	22	25	2	1	4	1	1
宜春市	**456**	**357**	**1616**	**1614**	**343**	**99**	**164**	**33**	**589**
袁州区	88	84	329	354	76	26	40	4	168
奉新县	2	28	61	256	10	4	4	1	8
万载县	14	46	150	150	21	17	18	5	42
上高县	25	12	77	83	28	3	5	9	59
宜丰县	40	52	75	67	15	4	3		167
靖安县	18	14	75	79	15	4	3	1	32
铜鼓县	3	14	18	27	5	1	7	2	2
丰城市	211	64	244	261	45	16	30	5	47
樟树市	25	6	194	146	30	7	14	1	12
高安市	30	37	393	191	98	17	40	5	52
抚州市	**136**	**238**	**789**	**1082**	**173**	**50**	**281**	**18**	**226**
临川区	14	114	125	221	19	15	49	4	17
东乡区	17	28	75	93	22	8	45	3	10
南城县	19	12	112	64	13		5		15
黎川县	6	19	63	123	16	1	5	4	17
南丰县	4	2	17	41	5	1	4	1	11
崇仁县	2	28	61	81	23	2	14		68
乐安县	39	10	103	191	21	9	11	2	39
宜黄县	3	9	113	96	27	3	139	2	22
金溪县	2	4	49	89	18	9	5	1	12
资溪县	10	1	6	9					
广昌县	20	11	65	74	9	2	4	1	15
上饶市	**588**	**309**	**1792**	**2474**	**345**	**65**	**394**	**50**	**560**
信州区	17	7	67	110	22	2	26	1	22
广丰区	55	40	143	175	26	4	26	1	16
广信区	25	42	261	344	52	8	120		343
玉山县	34	20	104	169	40	5	16	1	14
铅山县	102	47	82	148	18	14	18	1	27
横峰县	21	35	47	85	12	4	6	2	6
弋阳县	22	12	105	106	11	3	4		7
余干县	9	38	178	202	22	8	85	5	54
鄱阳县	40	20	441	800	95	8	56	33	32
万年县	23	19	146	141	20	4	15	2	19
婺源县	12	15	114	95	10	2	18	3	16
德兴市	228	14	104	99	17	3	4	1	4

4–6 续表 46

单位：人

地区 性别	生产制造及有关人员								
	采矿人员	金属冶炼和压延加工人员	机械制造基础加工人员	金属制品制造人员	通用设备制造人员	专用设备制造人员	汽车制造人员	铁路、船舶、航空设备制造人员	电气机械和器材制造人员
女	**648**	**1201**	**2995**	**6286**	**552**	**672**	**1009**	**179**	**3350**
南昌市	**16**	**235**	**300**	**1331**	**42**	**209**	**225**	**40**	**105**
东湖区	1	4	11	5	1		11	1	1
西湖区	2	1	3	8		2	7		2
青云谱区		4	46	24	6	1	25	21	11
青山湖区	5	37	46	68	8	21	26		39
新建区		9	19	70	2	6	30		10
红谷滩区	1		3	5	2	1	5		1
南昌县	1	7	73	115	5	32	113	14	27
安义县	3	166	48	946	1	1		1	
进贤县	3	7	51	90	17	145	8	3	14
景德镇市	**15**	**24**	**144**	**164**	**26**	**11**	**47**	**57**	**49**
昌江区	3	2	10	18	5		1	1	4
珠山区	1		16	8	3		32	53	3
浮梁县	4	2	13	34	3	1	6	1	13
乐平市	7	20	105	104	15	10	8	2	29
萍乡市	**31**	**75**	**83**	**127**	**15**	**27**	**28**	**3**	**131**
安源区	20	20	13	20	3	2	5		11
湘东区	3	50	29	36	5	6	9	1	17
莲花县	2	1	9	25	2	5	2	1	16
上栗县	2	1	11	20	4	10	8		25
芦溪县	4	3	21	26	1	4	4	1	62
九江市	**47**	**153**	**324**	**676**	**72**	**53**	**70**	**29**	**322**
濂溪区	6	3	14	16	3	10	5	4	2
浔阳区	2	3	15	16	6	1	2	4	3
柴桑区	6	5	30	82	8	3	11	2	34
武宁县	1		9	19	1	2	6	2	43
修水县	9	9	59	143	11	4	7		11
永修县		8	24	114	7	1	2		36
德安县	2		11	27	6	10	2		5
都昌县	2		34	63	3	6	11	8	10
湖口县		114	28	23		4	6	7	8
彭泽县	4	5	28	45	18	7	6	2	13
瑞昌市	13	2	45	111	9	3	10		145
共青城市			17	6		1	1		8
庐山市	2	4	10	11		1	1		4
新余市	**31**	**140**	**53**	**78**	**12**	**17**	**20**	**1**	**38**
渝水区	27	139	39	47	10	10	16		24
分宜县	4	1	14	31	2	7	4	1	14
鹰潭市	**16**	**104**	**75**	**197**	**28**	**10**	**21**		**67**
月湖区	2	6	5	19	2	2	4		4
余江区	2	4	33	139	20	4	11		38
贵溪市	12	94	37	39	6	4	6		25
赣州市	**273**	**247**	**694**	**1297**	**92**	**67**	**126**	**8**	**1007**
章贡区	8	38	73	98	10	4	63	1	96
南康区	22	9	147	59		1	5	1	34
赣县区	7	35	24	54	2	9	4	1	28
信丰县		7	33	124	4	5	7		32
大余县	46	6	32	35	2	2	2		8
上犹县	17	11	28	48	3	2	4		68
崇义县	68	22	7	11	1	1	3		6
安远县		23	6	52	15	5	5		77
定南县	6	8	21	16	2		1		181
全南县	17	11	6	14	2	3	1		21

4-6 续表 47

单位：人

地区 性别	生产制造及有关人员								
	采矿人员	金属冶炼和压延加工人员	机械制造基础加工人员	金属制品制造人员	通用设备制造人员	专用设备制造人员	汽车制造人员	铁路、船舶、航空设备制造人员	电气机械和器材制造人员
宁都县	8	6	37	87	6	6	7		21
于都县	42	3	103	161	7	9	11	2	293
兴国县	11	6	48	129	4	7	4	2	29
会昌县	9	4	29	187	10	2	1		15
寻乌县	1	5	20	20	10		1		6
石城县	1	2	12	29		4			8
瑞金市	3	11	49	109	7	1	6	1	35
龙南市	7	40	19	64	7	6	1		49
吉安市	**32**	**39**	**327**	**592**	**42**	**62**	**55**	**10**	**631**
吉州区		2	9	14	2	2	7		20
青原区	1	1	7	20	1			3	7
吉安县	6	2	49	52	4	9	19	1	115
吉水县	1	3	33	31	4	7	2		23
峡江县		6	7	9	1	2			8
新干县	3	1	20	68	2	5	4	2	23
永丰县	2	8	16	47	7	11	3		27
泰和县		4	24	33	2	1	1	1	20
遂川县	9	5	59	149	2	6	5		42
万安县	1	2	11	42	2	5	1	1	6
安福县	8		16	24	8		1	1	125
永新县	1	5	74	81	6	13	10	1	212
井冈山市			2	22	1	1	2		3
宜春市	**84**	**87**	**417**	**626**	**99**	**106**	**70**	**13**	**567**
袁州区	11	21	82	165	26	33	25		138
奉新县	1	17	13	81	6	1	2	1	4
万载县	2	7	40	38	16	12	6		73
上高县	9	3	6	45	10	5	3	6	41
宜丰县	9	13	19	14	3	3		1	96
靖安县	3	5	25	25	1	2	3		65
铜鼓县		3	1	2			1	1	3
丰城市	32	9	54	114	10	14	14	3	41
樟树市	10	3	42	65	9	4	4		11
高安市	7	6	135	77	18	32	12	1	95
抚州市	**18**	**47**	**203**	**343**	**56**	**43**	**166**	**5**	**122**
临川区	2	23	15	68	6	10	18	1	14
东乡区	2	8	13	25	9	6	21		9
南城县		2	33	22	5		2		6
黎川县	1	5	12	54	3	2	3		7
南丰县		1	6	6	2	1	3		7
崇仁县		2	8	21	8	5	4		29
乐安县	12	1	22	49	5	16	3		24
宜黄县		2	56	40	12	1	106	2	7
金溪县	1	2	14	28	2	2	3	1	7
资溪县				2					
广昌县		1	24	28	4		3	1	12
上饶市	**85**	**50**	**375**	**855**	**68**	**67**	**181**	**13**	**311**
信州区	5		11	34	4	1	6		10
广丰区	10	6	32	35	9	7	10	1	9
广信区	2	4	50	96	12	8	50		153
玉山县	5	5	23	46	4	6	7		18
铅山县	21	5	14	42	1	6	7	1	24
横峰县	1	4	16	24	1	3	3		5
弋阳县	3	3	19	29	4	4	2	1	2
余干县	4	7	40	92	9	8	67	1	28
鄱阳县	1	3	105	335	16	8	17	8	36
万年县	2	4	25	48	6	4	7		16
婺源县	1	7	21	38		6	3	1	6
德兴市	30	2	19	36	2	6	2		4

4-6 续表 48

单位：人

地区 性别	生产制造及有关人员 计算机、通信和其他电子设备制造人员	仪器仪表制造人员	废弃资源综合利用人员	电力、热力、气体、水生产和输配人员	建筑施工人员	运输设备和通用工程机械操作人员及有关人员	生产辅助人员	其他生产制造及有关人员	不便分类的其他从业人员
全省	**71031**	**429**	**743**	**1865**	**287484**	**16086**	**53183**	**2927**	**10027**
南昌市	**6197**	**27**	**62**	**161**	**31463**	**1965**	**6692**	**215**	**810**
东湖区	110	1	3	34	833	109	260	5	101
西湖区	104	2	4	6	944	100	307	1	38
青云谱区	155	3	5	10	1049	85	383	12	9
青山湖区	2448	11	7	37	4263	452	1332	19	119
新建区	621		15	14	6684	413	643	39	209
红谷滩区	72		4	15	1812	165	414	7	75
南昌县	2100	4	14	27	7875	408	1904	35	39
安义县	101		3	4	1332	85	631	34	49
进贤县	486	6	7	14	6671	148	818	63	171
景德镇市	**1310**	**6**	**17**	**69**	**12466**	**577**	**1855**	**200**	**617**
昌江区	204	1	2	4	1050	72	229	66	277
珠山区	293	2	1	35	991	111	504	52	80
浮梁县	201	1	4	8	2080	152	400	17	56
乐平市	612	2	10	22	8345	242	722	65	204
萍乡市	**2653**	**17**	**21**	**90**	**9463**	**815**	**3242**	**214**	**292**
安源区	495	2	3	32	1679	194	681	19	76
湘东区	417	5	9	26	1926	258	657	33	48
莲花县	305	6	1	9	653	59	285	69	16
上栗县	1027	1	4	11	3610	190	1231	73	93
芦溪县	409	3	4	12	1595	114	388	20	59
九江市	**5930**	**67**	**72**	**353**	**35334**	**1383**	**5708**	**271**	**1605**
濂溪区	345	3	3	17	2330	151	389	12	218
浔阳区	160	6	3	197	1182	103	502	14	160
柴桑区	725	4	3	22	3201	131	523	35	89
武宁县	251	2	6	11	2275	71	556	3	157
修水县	962	17	5	19	3766	190	783	10	59
永修县	241	23	15	9	1955	116	361	5	27
德安县	192		10	6	1287	83	260	8	23
都昌县	625	1	1	7	7092	98	539	60	274
湖口县	136	2	10	29	2184	88	304	2	22
彭泽县	206	1	14	19	2547	131	608	89	328
瑞昌市	1791	2	2	10	4086	131	567	14	92
共青城市	200	2		3	958	39	161	13	52
庐山市	96	4		4	2471	51	155	6	104
新余市	**2043**	**14**	**26**	**126**	**6566**	**481**	**1280**	**81**	**194**
渝水区	1692	10	22	92	4859	380	1055	73	186
分宜县	351	4	4	34	1707	101	225	8	8
鹰潭市	**1339**	**31**	**19**	**81**	**7056**	**366**	**1313**	**36**	**52**
月湖区	194	6		13	1091	110	296	22	26
余江区	782	20	3	5	2631	69	445	9	21
贵溪市	363	5	16	63	3334	187	572	5	5
赣州市	**19674**	**53**	**157**	**262**	**53745**	**2752**	**11428**	**498**	**2139**
章贡区	1460	3	21	32	5035	259	1215	49	151
南康区	551		13	11	5302	285	2308	23	139
赣县区	840	2	15	26	4802	171	471	67	113
信丰县	2819	5	9	27	3719	216	1036	36	107
大余县	588	2	1	13	1422	120	299	22	575
上犹县	825	3	7	14	1397	76	312	10	61
崇义县	243	2	1	23	890	99	220	8	36
安远县	1177	1	2	5	1255	75	241	14	38
定南县	857	4	4	9	1372	73	147	4	39
全南县	494	3	3	12	1309	66	198	10	8

4－6 续表 49

单位：人

地区 性别	生产制造及有关人员								不便分类的其他从业人员
	计算机、通信和其他电子设备制造人员	仪器仪表制造人员	废弃资源综合利用人员	电力、热力、气体、水生产和输配人员	建筑施工人员	运输设备和通用工程机械操作人员及有关人员	生产辅助人员	其他生产制造及有关人员	
宁都县	1298	3	16	10	5782	276	763	68	271
于都县	3175	7	20	9	5460	227	1293	18	84
兴国县	1070	1	12	13	4974	179	649	40	187
会昌县	1036	3	7	15	2467	145	561	33	10
寻乌县	573	2	10	8	1476	97	179	12	47
石城县	415	1		2	1411	91	298	15	92
瑞金市	858	7	9	7	3680	166	701	31	179
龙南市	1395	4	7	26	1992	131	537	38	2
吉安市	**15179**	**47**	**38**	**176**	**23125**	**1276**	**4572**	**187**	**784**
吉州区	653	1	3	14	1516	119	328	11	58
青原区	455	1	3	33	1488	82	139	16	119
吉安县	4545	2	8	9	1918	122	613	9	47
吉水县	1165	2	4	11	2655	91	411	17	91
峡江县	73			5	648	33	112	2	11
新干县	279	2	1	13	1405	119	339	38	63
永丰县	406	3	4	9	1792	136	396	14	41
泰和县	2170	2	10	6	1890	110	290	12	99
遂川县	1938	15		21	3013	153	486	2	22
万安县	1283	1		12	1506	74	265	9	36
安福县	540	2	3	15	1275	104	460	5	132
永新县	1570	14	2	15	3393	82	635	38	61
井冈山市	102	2		13	626	51	98	14	4
宜春市	**5618**	**49**	**154**	**311**	**31324**	**2388**	**7533**	**502**	**780**
袁州区	1291	12	14	26	6610	497	1082	106	113
奉新县	168	1	2	17	1521	67	263	24	87
万载县	860	4	14	32	2390	256	762	32	47
上高县	383	2	12	19	1399	155	429	70	95
宜丰县	155	1	4	17	940	155	545	90	17
靖安县	61		3	13	968	59	129	18	15
铜鼓县	75	1		26	650	38	91	41	14
丰城市	1177	6	86	58	9504	380	1045	45	278
樟树市	287	7	2	33	3388	170	1016	27	48
高安市	1161	15	17	70	3954	611	2171	49	66
抚州市	**4029**	**20**	**50**	**101**	**26120**	**1296**	**3366**	**355**	**940**
临川区	1030	3	9	26	11107	296	675	50	219
东乡区	302	2	4	11	2225	133	403	117	143
南城县	457		10	6	2016	75	233	8	12
黎川县	172	1	8	15	1265	66	310	53	153
南丰县	276		5	10	733	71	205	6	60
崇仁县	319	2		6	2427	53	189	29	115
乐安县	542	7	6	6	2440	383	306	28	77
宜黄县	226	1		18	1416	86	542	15	41
金溪县	488	1	8	1	1060	50	184	16	41
资溪县	14			2	404	16	114	2	23
广昌县	203	3			1027	67	205	31	56
上饶市	**7059**	**98**	**127**	**135**	**50822**	**2787**	**6194**	**368**	**1814**
信州区	297	25	6	9	3185	202	439	25	161
广丰区	1378	5	13	13	7703	902	694	56	499
广信区	1223	16	33	23	6698	318	828	41	170
玉山县	337	3	5	9	3666	168	413	73	144
铅山县	351	5	11	10	1907	160	422	62	67
横峰县	169	1	2	10	1207	91	125	26	34
弋阳县	156	2	3	5	2390	83	498	18	87
余干县	977	18	3	14	6495	126	484	25	252
鄱阳县	1044	10	38	10	10826	295	1221		95
万年县	502		5	5	2903	102	255	10	193
婺源县	295	6	8	13	1959	94	342	29	58
德兴市	330	7		14	1883	246	473	3	54

4-6　续表 50

单位：人

地　　区 性　　别	生产制造及有关人员								不便分类的其他从业人员
	计算机、通信和其他电子设备制造人员	仪器仪表制造人员	废弃资源综合利用人员	电力、热力、气体、水生产和输配人员	建筑施工人员	运输设备和通用工程机械操作人员及有关人员	生产辅助人员	其他生产制造及有关人员	
男	**37757**	**256**	**533**	**1515**	**242278**	**14966**	**31990**	**1729**	**6072**
南昌市	**4184**	**15**	**41**	**143**	**26538**	**1797**	**4140**	**137**	**530**
东湖区	79	1	2	30	742	104	186	4	59
西湖区	81	1	2	6	830	83	239	1	29
青云谱区	117	2	3	8	904	77	276	8	7
青山湖区	1666	6	6	32	3715	417	877	13	74
新建区	369		6	14	5334	382	386	24	146
红谷滩区	53		3	14	1611	148	337	7	47
南昌县	1461	2	11	23	6856	362	1122	25	31
安义县	73		3	4	1077	82	349	22	29
进贤县	285	3	5	12	5469	142	368	33	108
景德镇市	**733**	**5**	**13**	**56**	**10700**	**542**	**1164**	**107**	**382**
昌江区	109		2	4	892	68	137	41	170
珠山区	200	2		25	847	105	374	30	57
浮梁县	107	1	3	7	1848	146	225	7	27
乐平市	317	2	8	20	7113	223	428	29	128
萍乡市	**1326**	**10**	**18**	**68**	**8760**	**734**	**1725**	**114**	**180**
安源区	278	1	3	26	1551	171	458	12	46
湘东区	202	3	7	18	1848	221	394	16	29
莲花县	154	3	1	7	575	59	181	40	13
上栗县	486		3	10	3299	175	440	33	51
芦溪县	206	3	4	7	1487	108	252	13	41
九江市	**3274**	**47**	**56**	**271**	**29777**	**1274**	**3759**	**160**	**969**
濂溪区	214	1	2	10	1895	139	272	8	123
浔阳区	67	6	3	142	1000	93	384	10	97
柴桑区	376	3	3	21	2793	117	340	20	58
武宁县	138	2	4	8	1998	69	463	1	83
修水县	543	10	3	16	3418	185	438	6	39
永修县	138	18	12	7	1751	108	224	5	22
德安县	98		8	6	1112	78	161	6	17
都昌县	345			6	5605	88	320	35	157
湖口县	79	1	6	27	1765	67	195	1	13
彭泽县	107		13	15	2035	125	429	49	203
瑞昌市	997	1	2	8	3292	119	338	6	57
共青城市	115	2		1	905	39	85	11	34
庐山市	57	3		4	2208	47	110	2	66
新余市	**1066**	**9**	**19**	**106**	**5634**	**438**	**932**	**52**	**135**
渝水区	879	6	17	76	4176	337	767	49	130
分宜县	187	3	2	30	1458	101	165	3	5
鹰潭市	**712**	**12**	**13**	**69**	**6051**	**345**	**824**	**19**	**32**
月湖区	101	4		12	1000	103	204	10	13
余江区	397	5	3	5	2145	67	237	4	18
贵溪市	214	3	10	52	2906	175	383	5	1
赣州市	**10802**	**33**	**104**	**217**	**42220**	**2587**	**6752**	**283**	**1275**
章贡区	889	3	14	26	3976	216	781	37	85
南康区	267		8	9	3942	269	1298	13	85
赣县区	476	1	12	20	3790	158	289	37	68
信丰县	1505		7	24	2958	206	538	16	61
大余县	279	2	1	10	1068	116	193	9	312
上犹县	412	2	4	11	1047	70	200	9	38
崇义县	90	1		21	656	98	144	3	23
安远县	621		2	5	958	73	104	8	26
定南县	459	4	3	7	1109	68	86	3	29
全南县	244	3	3	10	1029	59	118	6	4

4-6 续表 51

单位：人

地区 性别	生产制造及有关人员								不便分类的其他从业人员
	计算机、通信和其他电子设备制造人员	仪器仪表制造人员	废弃资源综合利用人员	电力、热力、气体、水生产和输配人员	建筑施工人员	运输设备和通用工程机械操作人员及有关人员	生产辅助人员	其他生产制造及有关人员	
宁都县	793	2	10	8	4583	268	474	42	165
于都县	1794	6	13	8	4302	213	737	8	54
兴国县	568	1	7	12	3996	168	413	24	121
会昌县	607	2	4	10	1818	141	299	21	7
寻乌县	306	2	5	6	1081	93	117	4	29
石城县	254			2	1175	88	186	7	54
瑞金市	533	3	7	6	3056	158	482	18	113
龙南市	705	1	4	22	1676	125	293	18	1
吉安市	**6952**	**29**	**26**	**136**	**18824**	**1210**	**2559**	**118**	**462**
吉州区	256	1	1	9	1278	109	189	8	35
青原区	219	1	3	26	1105	74	96	10	69
吉安县	2046	1	7	6	1601	116	348	7	30
吉水县	559	1	2	5	2317	88	220	10	61
峡江县	43			5	453	32	68	1	8
新干县	182		1	9	1179	114	200	20	33
永丰县	216	1	2	7	1433	131	215	10	32
泰和县	891	2	7	6	1557	104	182	7	46
遂川县	960	12		17	2312	141	267	1	12
万安县	569			12	1133	71	137	7	21
安福县	187	2	2	11	1148	100	239	4	69
永新县	773	7	1	13	2782	80	339	25	42
井冈山市	51	1		10	526	50	59	8	4
宜春市	**2358**	**25**	**108**	**263**	**27212**	**2186**	**4365**	**292**	**474**
袁州区	545	10	10	21	6032	461	704	59	76
奉新县	101		2	10	1236	60	184	18	54
万载县	311	4	11	29	2153	245	385	16	21
上高县	190	1	7	17	1177	147	271	37	62
宜丰县	83	1	4	11	829	148	336	61	12
靖安县	21		2	12	835	54	68	12	13
铜鼓县	44			23	583	37	45	21	7
丰城市	581	2	58	51	7919	343	678	22	159
樟树市	123	6		29	3025	151	371	17	29
高安市	359	1	14	60	3423	540	1323	29	41
抚州市	**2189**	**9**	**37**	**82**	**22167**	**1238**	**2034**	**228**	**545**
临川区	544		8	24	9795	272	472	32	141
东乡区	145		3	10	1920	125	252	77	84
南城县	239		8	4	1587	74	132	5	6
黎川县	102		7	11	999	64	172	35	66
南丰县	152		2	6	631	70	63	5	34
崇仁县	189	1		5	2016	47	137	21	64
乐安县	305	4	4	5	2010	378	181	17	54
宜黄县	147	1		14	1246	81	315	8	21
金溪县	260	1	5	1	887	49	131	12	25
资溪县	10			2	316	14	69	2	13
广昌县	96	2			760	64	110	14	37
上饶市	**4161**	**62**	**98**	**104**	**44395**	**2615**	**3736**	**219**	**1088**
信州区	185	16	5	4	2871	189	302	17	100
广丰区	728	4	12	10	6983	875	415	30	272
广信区	734	6	29	19	6120	291	479	29	107
玉山县	201	3	3	9	3382	161	251	51	88
铅山县	226	4	8	8	1778	156	234	28	45
横峰县	129	1	2	8	1120	89	86	14	21
弋阳县	91	2	3	5	2148	78	227	9	48
余干县	580	13	2	9	4933	113	281	15	157
鄱阳县	588	3	26	7	9152	270	716		60
万年县	294		3	5	2532	97	163	6	129
婺源县	184	3	5	10	1688	92	221	19	34
德兴市	221	7		10	1688	204	361	1	27

4-6 续表 52

单位：人

地区 性别	生产制造及有关人员								不便分类的其他从业人员
	计算机、通信和其他电子设备制造人员	仪器仪表制造人员	废弃资源综合利用人员	电力、热力、气体、水生产和输配人员	建筑施工人员	运输设备和通用工程机械操作人员及有关人员	生产辅助人员	其他生产制造及有关人员	
女	**33274**	**173**	**210**	**350**	**45206**	**1120**	**21193**	**1198**	**3955**
南昌市	**2013**	**12**	**21**	**18**	**4925**	**168**	**2552**	**78**	**280**
东湖区	31		1	4	91	5	74	1	42
西湖区	23	1	2		114	17	68		9
青云谱区	38	1	2	2	145	8	107	4	2
青山湖区	782	5	1	5	548	35	455	6	45
新建区	252		9		1350	31	257	15	63
红谷滩区	19		1	1	201	17	77		28
南昌县	639	2	3	4	1019	46	782	10	8
安义县	28				255	3	282	12	20
进贤县	201	3	2	2	1202	6	450	30	63
景德镇市	**577**	**1**	**4**	**13**	**1766**	**35**	**691**	**93**	**235**
昌江区	95	1			158	4	92	25	107
珠山区	93		1	10	144	6	130	22	23
浮梁县	94		1	1	232	6	175	10	29
乐平市	295		2	2	1232	19	294	36	76
萍乡市	**1327**	**7**	**3**	**22**	**703**	**81**	**1517**	**100**	**112**
安源区	217	1		6	128	23	223	7	30
湘东区	215	2	2	8	78	37	263	17	19
莲花县	151	3		2	78		104	29	3
上栗县	541	1	1	1	311	15	791	40	42
芦溪县	203			5	108	6	136	7	18
九江市	**2656**	**20**	**16**	**82**	**5557**	**109**	**1949**	**111**	**636**
濂溪区	131	2	1	7	435	12	117	4	95
浔阳区	93			55	182	10	118	4	63
柴桑区	349	1		1	408	14	183	15	31
武宁县	113		2	3	277	2	93	2	74
修水县	419	7	2	3	348	5	345	4	20
永修县	103	5	3	2	204	8	137		5
德安县	94		2		175	5	99	2	6
都昌县	280	1	1	1	1487	10	219	25	117
湖口县	57	1	4	2	419	21	109	1	9
彭泽县	99	1	1	4	512	6	179	40	125
瑞昌市	794	1		2	794	12	229	8	35
共青城市	85			2	53		76	2	18
庐山市	39	1			263	4	45	4	38
新余市	**977**	**5**	**7**	**20**	**932**	**43**	**348**	**29**	**59**
渝水区	813	4	5	16	683	43	288	24	56
分宜县	164	1	2	4	249		60	5	3
鹰潭市	**627**	**19**	**6**	**12**	**1005**	**21**	**489**	**17**	**20**
月湖区	93	2		1	91	7	92	12	13
余江区	385	15			486	2	208	5	3
贵溪市	149	2	6	11	428	12	189		4
赣州市	**8872**	**20**	**53**	**45**	**11525**	**165**	**4676**	**215**	**864**
章贡区	571		7	6	1059	43	434	12	66
南康区	284		5	2	1360	16	1010	10	54
赣县区	364	1	3	6	1012	13	182	30	45
信丰县	1314	5	2	3	761	10	498	20	46
大余县	309			3	354	4	106	13	263
上犹县	413	1	3	3	350	6	112	1	23
崇义县	153	1	1	2	234	1	76	5	13
安远县	556	1			297	2	137	6	12
定南县	398		1	2	263	5	61	1	10
全南县	250			2	280	7	80	4	4

4－6 续表 53

单位：人

地区 性别	生产制造及有关人员								不便分类的其他从业人员
	计算机、通信和其他电子设备制造人员	仪器仪表制造人员	废弃资源综合利用人员	电力、热力、气体、水生产和输配人员	建筑施工人员	运输设备和通用工程机械操作人员及有关人员	生产辅助人员	其他生产制造及有关人员	
宁都县	505	1	6	2	1199	8	289	26	106
于都县	1381	1	7	1	1158	14	556	10	30
兴国县	502		5	1	978	11	236	16	66
会昌县	429	1	3	5	649	4	262	12	3
寻乌县	267		5	2	395	4	62	8	18
石城县	161	1			236	3	112	8	38
瑞金市	325	4	2	1	624	8	219	13	66
龙南市	690	3	3	4	316	6	244	20	1
吉安市	**8227**	**18**	**12**	**40**	**4301**	**66**	**2013**	**69**	**322**
吉州区	397		2	5	238	10	139	3	23
青原区	236			7	383	8	43	6	50
吉安县	2499	1	1	3	317	6	265	2	17
吉水县	606	1	2	6	338	3	191	7	30
峡江县	30				195	1	44	1	3
新干县	97	2		4	226	5	139	18	30
永丰县	190	2	2	2	359	5	181	4	9
泰和县	1279		3		333	6	108	5	53
遂川县	978	3		4	701	12	219	1	10
万安县	714	1			373	3	128	2	15
安福县	353		1	4	127	4	221	1	63
永新县	797	7	1	2	611	2	296	13	19
井冈山市	51	1		3	100	1	39	6	
宜春市	**3260**	**24**	**46**	**48**	**4112**	**202**	**3168**	**210**	**306**
袁州区	746	2	4	5	578	36	378	47	37
奉新县	67	1		7	285	7	79	6	33
万载县	549		3	3	237	11	377	16	26
上高县	193	1	5	2	222	8	158	33	33
宜丰县	72			6	111	7	209	29	5
靖安县	40		1	1	133	5	61	6	2
铜鼓县	31	1		3	67	1	46	20	7
丰城市	596	4	28	7	1585	37	367	23	119
樟树市	164	1	2	4	363	19	645	10	19
高安市	802	14	3	10	531	71	848	20	25
抚州市	**1840**	**11**	**13**	**19**	**3953**	**58**	**1332**	**127**	**395**
临川区	486	3	1	2	1312	24	203	18	78
东乡区	157	2	1	1	305	8	151	40	59
南城县	218		2	2	429	1	101	3	6
黎川县	70	1	1	4	266	2	138	18	87
南丰县	124		3	4	102	1	142	1	26
崇仁县	130	1		1	411	6	52	8	51
乐安县	237	3	2	1	430	5	125	11	23
宜黄县	79			4	170	5	227	7	20
金溪县	228		3		173	1	53	4	16
资溪县	4				88	2	45		10
广昌县	107	1			267	3	95	17	19
上饶市	**2898**	**36**	**29**	**31**	**6427**	**172**	**2458**	**149**	**726**
信州区	112	9	1	5	314	13	137	8	61
广丰区	650	1	1	3	720	27	279	26	227
广信区	489	10	4	4	578	27	349	12	63
玉山县	136		2		284	7	162	22	56
铅山县	125	1	3	2	129	4	188	34	22
横峰县	40			2	87	2	39	12	13
弋阳县	65				242	5	271	9	39
余干县	397	5	1	5	1562	13	203	10	95
鄱阳县	456	7	12	3	1674	25	505		35
万年县	208		2		371	5	92	4	64
婺源县	111	3	3	3	271	2	121	10	24
德兴市	109			4	195	42	112	2	27

4-6a 各地区分性别、职业中类的就业人口(城市)

单位：人

地区 性别	合计	党的机关、国家机关、群众团体和社会组织、企事业单位负责人						
		小计	中国共产党机关负责人	国家机关负责人	民主党派和工商联负责人	人民团体和群众团体、社会组织及其他成员组织负责人	基层群众自治组织负责人	企事业单位负责人
全省	**582693**	**23365**	**33**	**1219**	**5**	**1147**	**137**	**20824**
南昌市	**139263**	**6861**	**13**	**306**	**2**	**224**	**32**	**6284**
东湖区	17413	688		42	1	11	6	628
西湖区	20710	1449	2	57		32		1358
青云谱区	14284	631		13		18	7	593
青山湖区	45157	1714	2	54		51	3	1604
新建区	18397	635	3	37	1	78	6	510
红谷滩区	23052	1738	6	102		34	10	1586
南昌县	250	6		1				5
安义县								
进贤县								
景德镇市	**34143**	**998**	**1**	**78**		**77**	**7**	**835**
昌江区	6020	159		15		12	1	131
珠山区	15926	462	1	30		44	4	383
浮梁县	1016	5				2		3
乐平市	11181	372		33		19	2	318
萍乡市	**32773**	**1093**	**3**	**77**		**133**	**9**	**871**
安源区	24796	935	2	67		93	3	770
湘东区	7585	156	1	9		40	6	100
莲花县								
上栗县	392	2		1				1
芦溪县								
九江市	**52910**	**2334**		**137**		**29**	**11**	**2157**
濂溪区	12479	682		33		6	1	642
浔阳区	18416	1116		68		17	6	1025
柴桑区	5468	110		11		2	2	95
武宁县								
修水县								
永修县								
德安县								
都昌县								
湖口县								
彭泽县								
瑞昌市	8072	211		11		4	1	195
共青城市	4493	173		9			1	163
庐山市	3982	42		5				37
新余市	**26051**	**960**		**32**		**63**	**7**	**858**
渝水区	26051	960		32		63	7	858
分宜县								
鹰潭市	**29613**	**972**		**33**		**5**	**4**	**930**
月湖区	13185	553		19		4	4	526
余江区	4919	225		5				220
贵溪市	11509	194		9		1		184
赣州市	**91927**	**3310**	**3**	**110**		**201**	**15**	**2981**
章贡区	40775	1472	2	55		54	12	1349
南康区	21384	926		17		39		870
赣县区	10130	254		4		59	1	190
信丰县								
大余县								
上犹县								
崇义县								
安远县								
定南县								
全南县								

4-6a 续表 1

单位：人

地区 性别	合计	党的机关、国家机关、群众团体和社会组织、企事业单位负责人						
		小计	中国共产党机关负责人	国家机关负责人	民主党派和工商联负责人	人民团体和群众团体、社会组织及其他成员组织负责人	基层群众自治组织负责人	企事业单位负责人
宁都县								
于都县								
兴国县								
会昌县								
寻乌县	49	1				1		
石城县								
瑞金市	11071	385	1	22		18	1	343
龙南市	8518	272		12		30	1	229
吉安市	**18356**	**900**	**1**	**80**	**1**	**49**	**4**	**765**
吉州区	11767	582	1	63	1	17	1	499
青原区	4626	266		12		24	1	229
吉安县								
吉水县								
峡江县								
新干县								
永丰县								
泰和县								
遂川县								
万安县								
安福县								
永新县								
井冈山市	1963	52		5		8	2	37
宜春市	**64794**	**2701**	**4**	**164**	**1**	**181**	**29**	**2322**
袁州区	25643	1304		84		98	19	1103
奉新县								
万载县								
上高县								
宜丰县								
靖安县								
铜鼓县								
丰城市	15226	529	1	32		36	2	458
樟树市	10913	364	3	19		6	2	334
高安市	13012	504		29	1	41	6	427
抚州市	**26762**	**836**	**6**	**69**		**48**	**3**	**710**
临川区	19378	651	6	57		43		545
东乡区	7384	185		12		5	3	165
南城县								
黎川县								
南丰县								
崇仁县								
乐安县								
宜黄县								
金溪县								
资溪县								
广昌县								
上饶市	**66101**	**2400**	**2**	**133**	**1**	**137**	**16**	**2111**
信州区	21137	1131		61		58	8	1004
广丰区	17041	495		20	1	46	3	425
广信区	17257	505	2	36		29	5	433
玉山县								
铅山县	74							
横峰县								
弋阳县								
余干县	1769	27						27
鄱阳县	96							
万年县								
婺源县								
德兴市	8727	242		16		4		222

4-6a 续表 2

单位：人

地区 性别	合计	党的机关、国家机关、群众团体和社会组织、企事业单位负责人						
		小计	中国共产党机关负责人	国家机关负责人	民主党派和工商联负责人	人民团体和群众团体、社会组织及其他成员组织负责人	基层群众自治组织负责人	企事业单位负责人
男	**338316**	**16487**	**22**	**965**	**1**	**673**	**93**	**14733**
南昌市	**82060**	**4903**	**7**	**226**		**137**	**19**	**4514**
东湖区	9645	478		27		7	3	441
西湖区	11899	1009	2	40		17		950
青云谱区	8604	454		13		15	4	422
青山湖区	26935	1263	1	42		30	2	1188
新建区	11439	450	1	30		51	4	364
红谷滩区	13389	1245	3	73		17	6	1146
南昌县	149	4		1				3
安义县								
进贤县								
景德镇市	**20132**	**705**		**64**		**51**	**5**	**585**
昌江区	3634	121		11		9	1	100
珠山区	9436	312		25		28	2	257
浮梁县	655	4				1		3
乐平市	6407	268		28		13	2	225
萍乡市	**17218**	**719**	**1**	**57**		**70**	**7**	**584**
安源区	12743	604	1	49		46	3	505
湘东区	4267	113		7		24	4	78
莲花县								
上栗县	208	2		1				1
芦溪县								
九江市	**29674**	**1578**		**107**		**17**	**5**	**1449**
濂溪区	7197	455		28		4		423
浔阳区	10355	743		51		11	2	679
柴桑区	3156	85		9			1	75
武宁县								
修水县								
永修县								
德安县								
都昌县								
湖口县								
彭泽县								
瑞昌市	4160	150		10		2	1	137
共青城市	2578	111		4			1	106
庐山市	2228	34		5				29
新余市	**15912**	**699**		**27**		**41**	**7**	**624**
渝水区	15912	699		27		41	7	624
分宜县								
鹰潭市	**16505**	**641**		**27**		**1**	**2**	**611**
月湖区	7374	366		17		1	2	346
余江区	2861	144		3				141
贵溪市	6270	131		7				124
赣州市	**52230**	**2354**	**3**	**95**		**114**	**8**	**2134**
章贡区	23101	1052	2	48		31	6	965
南康区	12037	665		15		21		629
赣县区	5728	166		4		33	1	128
信丰县								
大余县								
上犹县								
崇义县								
安远县								
定南县								
全南县								

4-6a 续表 3 单位：人

地 区 性 别	合计	党的机关、国家机关、群众团体和社会组织、企事业单位负责人						
		小计	中国共产党机关负责人	国家机关负责人	民主党派和工商联负责人	人民团体和群众团体、社会组织及其他成员组织负责人	基层群众自治组织负责人	企事业单位负责人
宁都县								
于都县								
兴国县								
会昌县								
寻乌县	27							
石城县								
瑞金市	6503	274	1	17		12	1	243
龙南市	4834	197		11		17		169
吉安市	**10312**	**633**	**1**	**70**		**26**	**4**	**532**
吉州区	6664	409	1	55		7	1	345
青原区	2598	185		11		15	1	158
吉安县								
吉水县								
峡江县								
新干县								
永丰县								
泰和县								
遂川县								
万安县								
安福县								
永新县								
井冈山市	1050	39		4		4	2	29
宜春市	**37867**	**1974**	**3**	**139**	**1**	**106**	**21**	**1704**
袁州区	15145	935		70		55	15	795
奉新县								
万载县								
上高县								
宜丰县								
靖安县								
铜鼓县								
丰城市	9329	361	1	30		19	1	310
樟树市	6187	277	2	16		4	1	254
高安市	7206	401		23	1	28	4	345
抚州市	**16391**	**604**	**6**	**54**		**23**	**3**	**518**
临川区	11891	475	6	45		22		402
东乡区	4500	129		9		1	3	116
南城县								
黎川县								
南丰县								
崇仁县								
乐安县								
宜黄县								
金溪县								
资溪县								
广昌县								
上饶市	**40015**	**1677**	**1**	**99**		**87**	**12**	**1478**
信州区	12231	727		40		32	5	650
广丰区	10601	374		17		32	3	322
广信区	10764	372	1	26		20	4	321
玉山县								
铅山县	49							
横峰县								
弋阳县								
余干县	1110	25						25
鄱阳县	62							
万年县								
婺源县								
德兴市	5198	179		16		3		160

4—6a　续表 4

单位：人

地　区 性　别	合计	党的机关、国家机关、群众团体和社会组织、企事业单位负责人						
		小计	中国共产党机关负责人	国家机关负责人	民主党派和工商联负责人	人民团体和群众团体、社会组织及其他成员组织负责人	基层群众自治组织负责人	企事业单位负责人
女	**244377**	**6878**	**11**	**254**	**4**	**474**	**44**	**6091**
南昌市	**57203**	**1958**	**6**	**80**	**2**	**87**	**13**	**1770**
东湖区	7768	210		15	1	4	3	187
西湖区	8811	440		17		15		408
青云谱区	5680	177				3	3	171
青山湖区	18222	451	1	12		21	1	416
新建区	6958	185	2	7	1	27	2	146
红谷滩区	9663	493	3	29		17	4	440
南昌县	101	2						2
安义县								
进贤县								
景德镇市	**14011**	**293**	**1**	**14**		**26**	**2**	**250**
昌江区	2386	38		4		3		31
珠山区	6490	150	1	5		16	2	126
浮梁县	361	1				1		
乐平市	4774	104		5		6		93
萍乡市	**15555**	**374**	**2**	**20**		**63**	**2**	**287**
安源区	12053	331	1	18		47		265
湘东区	3318	43	1	2		16	2	22
莲花县								
上栗县	184							
芦溪县								
九江市	**23236**	**756**		**30**		**12**	**6**	**708**
濂溪区	5282	227		5		2	1	219
浔阳区	8061	373		17		6	4	346
柴桑区	2312	25		2		2	1	20
武宁县								
修水县								
永修县								
德安县								
都昌县								
湖口县								
彭泽县								
瑞昌市	3912	61		1		2		58
共青城市	1915	62		5				57
庐山市	1754	8						8
新余市	**10139**	**261**		**5**		**22**		**234**
渝水区	10139	261		5		22		234
分宜县								
鹰潭市	**13108**	**331**		**6**		**4**	**2**	**319**
月湖区	5811	187		2		3	2	180
余江区	2058	81		2				79
贵溪市	5239	63		2		1		60
赣州市	**39697**	**956**		**15**		**87**	**7**	**847**
章贡区	17674	420		7		23	6	384
南康区	9347	261		2		18		241
赣县区	4402	88				26		62
信丰县								
大余县								
上犹县								
崇义县								
安远县								
定南县								
全南县								

4-6a　续表 5　　　　单位：人

地区 性别	合计	党的机关、国家机关、群众团体和社会组织、企事业单位负责人						
		小计	中国共产党机关负责人	国家机关负责人	民主党派和工商联负责人	人民团体和群众团体、社会组织及其他成员组织负责人	基层群众自治组织负责人	企事业单位负责人
宁都县								
于都县								
兴国县								
会昌县								
寻乌县	22	1				1		
石城县								
瑞金市	4568	111		5		6		100
龙南市	3684	75		1		13	1	60
吉安市	**8044**	**267**		**10**	**1**	**23**		**233**
吉州区	5103	173		8	1	10		154
青原区	2028	81		1		9		71
吉安县								
吉水县								
峡江县								
新干县								
永丰县								
泰和县								
遂川县								
万安县								
安福县								
永新县								
井冈山市	913	13		1		4		8
宜春市	**26927**	**727**	**1**	**25**		**75**	**8**	**618**
袁州区	10498	369		14		43	4	308
奉新县								
万载县								
上高县								
宜丰县								
靖安县								
铜鼓县								
丰城市	5897	168		2		17	1	148
樟树市	4726	87	1	3		2	1	80
高安市	5806	103		6		13	2	82
抚州市	**10371**	**232**		**15**		**25**		**192**
临川区	7487	176		12		21		143
东乡区	2884	56		3		4		49
南城县								
黎川县								
南丰县								
崇仁县								
乐安县								
宜黄县								
金溪县								
资溪县								
广昌县								
上饶市	**26086**	**723**	**1**	**34**	**1**	**50**	**4**	**633**
信州区	8906	404		21		26	3	354
广丰区	6440	121		3	1	14		103
广信区	6493	133	1	10		9	1	112
玉山县								
铅山县	25							
横峰县								
弋阳县								
余干县	659	2						2
鄱阳县	34							
万年县								
婺源县								
德兴市	3529	63				1		62

4-6a　续表 6

单位：人

地　区 性　别	专业技术人员									
	小计	科学研究人员	工程技术人员	农业技术人员	飞机和船舶技术人员	卫生专业技术人员	经济和金融专业人员	法律、社会和宗教专业人员	教学人员	文学艺术、体育专业人员
全　省	**87245**	**443**	**16806**	**250**	**157**	**15382**	**16177**	**1788**	**32755**	**1377**
南昌市	**27598**	**219**	**5955**	**66**	**96**	**4182**	**5903**	**691**	**9095**	**495**
东湖区	4190	32	642	10	2	1332	708	82	1159	87
西湖区	3871	31	791	4	1	607	1024	111	1115	84
青云谱区	2439	10	661	5	77	333	551	62	626	36
青山湖区	9067	105	2214	23	4	991	1833	186	3283	154
新建区	2443	13	556	7	1	282	376	57	1043	35
红谷滩区	5569	28	1086	17	11	634	1407	193	1862	99
南昌县	19		5			3	4		7	
安义县										
进贤县										
景德镇市	**4439**	**39**	**819**	**13**	**30**	**775**	**557**	**96**	**1757**	**199**
昌江区	646	7	112	1		102	90	22	238	30
珠山区	2360	32	536	3	30	411	291	55	783	140
浮梁县	46		7	2		7	9		20	1
乐平市	1387		164	7		255	167	19	716	28
萍乡市	**4126**	**4**	**726**	**7**	**3**	**867**	**804**	**59**	**1490**	**55**
安源区	3524	4	602	5	2	770	696	53	1248	50
湘东区	586		118	2	1	92	108	6	237	5
莲花县										
上栗县	16		6			5			5	
芦溪县										
九江市	**7552**	**36**	**1412**	**16**	**13**	**1354**	**1354**	**160**	**2945**	**93**
濂溪区	1993	18	453	2	4	307	349	32	766	32
浔阳区	3448	15	639	5	9	707	677	76	1183	40
柴桑区	589		119	1		85	86	13	269	1
武宁县										
修水县										
永修县										
德安县										
都昌县										
湖口县										
彭泽县										
瑞昌市	783	1	112	4		137	113	23	367	13
共青城市	438	2	61	1		41	76	9	234	4
庐山市	301		28	3		77	53	7	126	3
新余市	**3494**	**11**	**732**	**6**		**563**	**560**	**65**	**1441**	**38**
渝水区	3494	11	732	6		563	560	65	1441	38
分宜县										
鹰潭市	**3587**	**11**	**633**	**8**		**652**	**619**	**67**	**1496**	**50**
月湖区	1853	9	390	7		337	345	47	656	25
余江区	575	1	62			103	81	5	309	8
贵溪市	1159	1	181	1		212	193	15	531	17
赣州市	**12315**	**52**	**2477**	**41**	**2**	**2266**	**2241**	**200**	**4713**	**162**
章贡区	7027	43	1535	14	1	1377	1382	139	2366	71
南康区	2029	5	297	5	1	341	405	19	914	29
赣县区	1454	1	281	8		225	182	18	680	30
信丰县										
大余县										
上犹县										
崇义县										
安远县										
定南县										
全南县										

4-6a 续表 7

单位：人

地区 性别	专业技术人员 小计	科学研究人员	工程技术人员	农业技术人员	飞机和船舶技术人员	卫生专业技术人员	经济和金融专业人员	法律、社会和宗教专业人员	教学人员	文学艺术、体育专业人员
宁都县										
于都县										
兴国县										
会昌县										
寻乌县	5		2			1			2	
石城县										
瑞金市	995	2	160	6		188	165	10	438	16
龙南市	805	1	202	8		134	107	14	313	16
吉安市	**3183**	**13**	**573**	**27**	**1**	**565**	**578**	**79**	**1231**	**43**
吉州区	2160	9	363	16	1	447	404	59	779	30
青原区	730	1	176	3		86	111	16	313	10
吉安县										
吉水县										
峡江县										
新干县										
永丰县										
泰和县										
遂川县										
万安县										
安福县										
永新县										
井冈山市	293	3	34	8		32	63	4	139	3
宜春市	**9067**	**21**	**1445**	**38**	**7**	**1719**	**1610**	**141**	**3841**	**72**
袁州区	3752	14	628	16	1	710	624	50	1574	28
奉新县										
万载县										
上高县										
宜丰县										
靖安县										
铜鼓县										
丰城市	2094	4	352	7	3	450	291	36	919	12
樟树市	1484	2	225	6	3	229	360	27	595	10
高安市	1737	1	240	9		330	335	28	753	22
抚州市	**3889**	**15**	**536**	**13**	**3**	**816**	**583**	**64**	**1730**	**43**
临川区	3047	12	452	7	3	632	490	53	1289	38
东乡区	842	3	84	6		184	93	11	441	5
南城县										
黎川县										
南丰县										
崇仁县										
乐安县										
宜黄县										
金溪县										
资溪县										
广昌县										
上饶市	**7995**	**22**	**1498**	**15**	**2**	**1623**	**1368**	**166**	**3016**	**127**
信州区	3324	13	535	8		806	650	71	1094	57
广丰区	1641	5	314	3	1	316	198	36	716	35
广信区	2026	4	431	2	1	321	313	42	848	28
玉山县										
铅山县	4						1		3	
横峰县										
弋阳县										
余干县	52		7			6	11	2	25	1
鄱阳县	5		1			2	1		1	
万年县										
婺源县										
德兴市	943		210	2		172	194	15	329	6

4–6a　续表 8

单位：人

地区 性别	专业技术人员									
	小计	科学研究人员	工程技术人员	农业技术人员	飞机和船舶技术人员	卫生专业技术人员	经济和金融专业人员	法律、社会和宗教专业人员	教学人员	文学艺术、体育专业人员
男	**38619**	**274**	**14103**	**187**	**126**	**4943**	**4912**	**898**	**11198**	**815**
南昌市	**12452**	**127**	**4880**	**47**	**77**	**1268**	**1806**	**323**	**3168**	**293**
东湖区	1774	22	524	7	1	434	219	39	398	57
西湖区	1601	18	659	3	1	173	289	50	309	49
青云谱区	1109	3	532	4	62	89	162	28	165	22
青山湖区	4349	62	1807	18	2	278	573	97	1293	91
新建区	1144	8	469	4	1	101	123	26	334	25
红谷滩区	2469	14	885	11	10	192	439	83	669	49
南昌县	6		4			1	1			
安义县										
进贤县										
景德镇市	**2047**	**26**	**674**	**11**	**22**	**247**	**164**	**44**	**651**	**110**
昌江区	301	5	96	1		32	31	9	80	16
珠山区	1080	21	429	3	22	125	79	26	253	76
浮梁县	26		7	2		2	5		9	1
乐平市	640		142	5		88	49	9	309	17
萍乡市	**1612**		**627**	**6**	**3**	**247**	**213**	**25**	**392**	**36**
安源区	1371		515	5	2	227	184	22	334	33
湘东区	232		106	1	1	17	29	3	58	3
莲花县										
上栗县	9		6			3				
芦溪县										
九江市	**3338**	**26**	**1185**	**12**	**11**	**445**	**396**	**83**	**1029**	**56**
濂溪区	932	14	375	1	4	100	113	16	280	15
浔阳区	1453	9	530	3	7	231	182	35	375	28
柴桑区	262		96	1		28	26	7	95	
武宁县										
修水县										
永修县										
德安县										
都昌县										
湖口县										
彭泽县										
瑞昌市	364	1	104	4		46	30	16	146	9
共青城市	207	2	54	1		18	25	4	91	3
庐山市	120		26	2		22	20	5	42	1
新余市	**1624**	**7**	**623**	**4**		**185**	**189**	**35**	**518**	**22**
渝水区	1624	7	623	4		185	189	35	518	22
分宜县										
鹰潭市	**1535**	**8**	**556**	**6**		**217**	**188**	**39**	**474**	**25**
月湖区	827	7	352	6		103	99	28	201	14
余江区	235		48			36	33	4	105	6
贵溪市	473	1	156			78	56	7	168	5
赣州市	**5561**	**34**	**2049**	**30**	**2**	**792**	**695**	**123**	**1639**	**95**
章贡区	3187	28	1266	10	1	470	423	84	799	43
南康区	863	4	254	4	1	126	103	13	332	18
赣县区	682		217	3		74	70	14	271	16
信丰县										
大余县										
上犹县										
崇义县										
安远县										
定南县										
全南县										

4-6a 续表 9 单位：人

地 区 性 别	专业技术人员 小计	科学研究人员	工程技术人员	农业技术人员	飞机和船舶技术人员	卫生专业技术人员	经济和金融专业人员	法律、社会和宗教专业人员	教学人员	文学艺术、体育专业人员
宁都县										
于都县										
兴国县										
会昌县										
寻乌县	2		1						1	
石城县										
瑞金市	464	1	138	5		73	73	5	154	7
龙南市	363	1	173	8		49	26	7	82	11
吉安市	**1375**	**9**	**473**	**21**	**1**	**194**	**180**	**36**	**394**	**25**
吉州区	939	7	309	12	1	151	145	26	241	17
青原区	321	1	139	3		33	19	7	105	7
吉安县										
吉水县										
峡江县										
新干县										
永丰县										
泰和县										
遂川县										
万安县										
安福县										
永新县										
井冈山市	115	1	25	6		10	16	3	48	1
宜春市	**3888**	**13**	**1277**	**29**	**6**	**562**	**470**	**74**	**1317**	**40**
袁州区	1627	11	559	10	1	233	171	26	537	16
奉新县										
万载县										
上高县										
宜丰县										
靖安县										
铜鼓县										
丰城市	969		318	6	2	151	121	21	333	8
樟树市	596	1	195	5	3	80	92	13	186	4
高安市	696	1	205	8		98	86	14	261	12
抚州市	**1643**	**8**	**479**	**11**	**3**	**244**	**208**	**30**	**585**	**27**
临川区	1301	7	400	5	3	186	172	25	437	23
东乡区	342	1	79	6		58	36	5	148	4
南城县										
黎川县										
南丰县										
崇仁县										
乐安县										
宜黄县										
金溪县										
资溪县										
广昌县										
上饶市	**3544**	**16**	**1280**	**10**	**1**	**542**	**403**	**86**	**1031**	**86**
信州区	1423	7	452	6		285	198	28	364	36
广丰区	762	5	273	3	1	99	60	27	257	27
广信区	918	4	368	1		98	92	20	291	20
玉山县										
铅山县										
横峰县										
弋阳县										
余干县	23		6			3	4	2	8	
鄱阳县	3		1				1		1	
万年县										
婺源县										
德兴市	415		180			57	48	9	110	3

4-6a　续表 10

单位：人

地　区 性　别	专业技术人员 小计	科学研究人员	工程技术人员	农业技术人员	飞机和船舶技术人员	卫生专业技术人员	经济和金融专业人员	法律、社会和宗教专业人员	教学人员	文学艺术、体育专业人员
女	**48626**	**169**	**2703**	**63**	**31**	**10439**	**11265**	**890**	**21557**	**562**
南昌市	**15146**	**92**	**1075**	**19**	**19**	**2914**	**4097**	**368**	**5927**	**202**
东湖区	2416	10	118	3	1	898	489	43	761	30
西湖区	2270	13	132	1		434	735	61	806	35
青云谱区	1330	7	129	1	15	244	389	34	461	14
青山湖区	4718	43	407	5	2	713	1260	89	1990	63
新建区	1299	5	87	3		181	253	31	709	10
红谷滩区	3100	14	201	6	1	442	968	110	1193	50
南昌县	13		1			2	3		7	
安义县										
进贤县										
景德镇市	**2392**	**13**	**145**	**2**	**8**	**528**	**393**	**52**	**1106**	**89**
昌江区	345	2	16			70	59	13	158	14
珠山区	1280	11	107		8	286	212	29	530	64
浮梁县	20					5	4		11	
乐平市	747		22	2		167	118	10	407	11
萍乡市	**2514**	**4**	**99**	**1**		**620**	**591**	**34**	**1098**	**19**
安源区	2153	4	87			543	512	31	914	17
湘东区	354		12	1		75	79	3	179	2
莲花县										
上栗县	7					2			5	
芦溪县										
九江市	**4214**	**10**	**227**	**4**	**2**	**909**	**958**	**77**	**1916**	**37**
濂溪区	1061	4	78	1		207	236	16	486	17
浔阳区	1995	6	109	2	2	476	495	41	808	12
柴桑区	327		23			57	60	6	174	1
武宁县										
修水县										
永修县										
德安县										
都昌县										
湖口县										
彭泽县										
瑞昌市	419		8			91	83	7	221	4
共青城市	231		7			23	51	5	143	1
庐山市	181		2	1		55	33	2	84	2
新余市	**1870**	**4**	**109**	**2**		**378**	**371**	**30**	**923**	**16**
渝水区	1870	4	109	2		378	371	30	923	16
分宜县										
鹰潭市	**2052**	**3**	**77**	**2**		**435**	**431**	**28**	**1022**	**25**
月湖区	1026	2	38	1		234	246	19	455	11
余江区	340	1	14			67	48	1	204	2
贵溪市	686		25	1		134	137	8	363	12
赣州市	**6754**	**18**	**428**	**11**		**1474**	**1546**	**77**	**3074**	**67**
章贡区	3840	15	269	4		907	959	55	1567	28
南康区	1166	1	43	1		215	302	6	582	11
赣县区	772	1	64	5		151	112	4	409	14
信丰县										
大余县										
上犹县										
崇义县										
安远县										
定南县										
全南县										

4－6a 续表 11

单位：人

地区 性别	专业技术人员 小计	科学研究人员	工程技术人员	农业技术人员	飞机和船舶技术人员	卫生专业技术人员	经济和金融专业人员	法律、社会和宗教专业人员	教学人员	文学艺术、体育专业人员
宁都县										
于都县										
兴国县										
会昌县										
寻乌县	3		1			1			1	
石城县										
瑞金市	531	1	22	1		115	92	5	284	9
龙南市	442		29			85	81	7	231	5
吉安市	**1808**	**4**	**100**	**6**		**371**	**398**	**43**	**837**	**18**
吉州区	1221	2	54	4		296	259	33	538	13
青原区	409		37			53	92	9	208	3
吉安县										
吉水县										
峡江县										
新干县										
永丰县										
泰和县										
遂川县										
万安县										
安福县										
永新县										
井冈山市	178	2	9	2		22	47	1	91	2
宜春市	**5179**	**8**	**168**	**9**	**1**	**1157**	**1140**	**67**	**2524**	**32**
袁州区	2125	3	69	6		477	453	24	1037	12
奉新县										
万载县										
上高县										
宜丰县										
靖安县										
铜鼓县										
丰城市	1125	4	34	1	1	299	170	15	586	4
樟树市	888	1	30	1		149	268	14	409	6
高安市	1041		35	1		232	249	14	492	10
抚州市	**2246**	**7**	**57**	**2**		**572**	**375**	**34**	**1145**	**16**
临川区	1746	5	52	2		446	318	28	852	15
东乡区	500	2	5			126	57	6	293	1
南城县										
黎川县										
南丰县										
崇仁县										
乐安县										
宜黄县										
金溪县										
资溪县										
广昌县										
上饶市	**4451**	**6**	**218**	**5**	**1**	**1081**	**965**	**80**	**1985**	**41**
信州区	1901	6	83	2		521	452	43	730	21
广丰区	879		41			217	138	9	459	8
广信区	1108		63	1	1	223	221	22	557	8
玉山县										
铅山县	4						1		3	
横峰县										
弋阳县										
余干县	29		1			3	7		17	1
鄱阳县	2					2				
万年县										
婺源县										
德兴市	528		30	2		115	146	6	219	3

4-6a　续表 12

单位：人

地　　区 性　　别	专业技术人员		办事人员和有关人员				社会生产服务和生活服务人员		
	新闻出版、文化专业人员	其他专业技术人员	小计	办事人员	安全和消防人员	其他办事人员和有关人员	小计	批发与零售服务人　员	交通运输、仓储和邮政业服务人员
全　省	**1422**	**688**	**63543**	**52050**	**10870**	**623**	**244718**	**113940**	**35032**
南昌市	**682**	**214**	**20008**	**16703**	**3081**	**224**	**59595**	**26169**	**8508**
东湖区	101	35	3455	2894	475	86	7362	3294	943
西湖区	87	16	3323	2774	534	15	10094	4921	1557
青云谱区	35	43	1639	1330	291	18	6646	3211	1330
青山湖区	252	22	5503	4695	783	25	18627	8201	2755
新建区	34	39	1908	1457	412	39	8020	3139	1096
红谷滩区	173	59	4166	3548	577	41	8699	3340	786
南昌县			14	5	9		147	63	41
安义县									
进贤县									
景德镇市	**58**	**96**	**3349**	**2729**	**571**	**49**	**13871**	**6572**	**1996**
昌江区	15	29	706	586	112	8	2455	1198	320
珠山区	35	44	1864	1506	327	31	6428	3120	914
浮梁县			28	22	6		327	105	78
乐平市	8	23	751	615	126	10	4661	2149	684
萍乡市	**71**	**40**	**3662**	**2907**	**727**	**28**	**15685**	**6700**	**2014**
安源区	68	26	3283	2589	668	26	13075	5698	1551
湘东区	3	14	355	297	56	2	2488	944	453
莲花县									
上栗县			24	21	3		122	58	10
芦溪县									
九江市	**106**	**63**	**5593**	**4648**	**911**	**34**	**21410**	**9921**	**3081**
濂溪区	22	8	1311	1093	211	7	5450	2565	814
浔阳区	54	43	2553	2156	377	20	8030	3733	1171
柴桑区	8	7	338	252	82	4	2094	868	328
武宁县									
修水县									
永修县									
德安县									
都昌县									
湖口县									
彭泽县									
瑞昌市	11	2	629	507	121	1	2825	1238	396
共青城市	7	3	484	406	78		1156	511	169
庐山市	4		278	234	42	2	1855	1006	203
新余市	**45**	**33**	**2526**	**2025**	**472**	**29**	**10429**	**5059**	**1537**
渝水区	45	33	2526	2025	472	29	10429	5059	1537
分宜县									
鹰潭市	**38**	**13**	**3062**	**2450**	**604**	**8**	**13535**	**6532**	**1971**
月湖区	30	7	1720	1417	299	4	6292	2787	973
余江区	3	3	402	325	76	1	1976	1228	199
贵溪市	5	3	940	708	229	3	5267	2517	799
赣州市	**124**	**37**	**8125**	**6738**	**1352**	**35**	**38384**	**19237**	**5278**
章贡区	85	14	4524	3700	804	20	19258	9401	2468
南康区	8	5	1612	1406	204	2	7591	4172	1307
赣县区	20	9	801	667	128	6	3931	1832	466
信丰县									
大余县									
上犹县									
崇义县									
安远县									
定南县									
全南县									

4−6a 续表 13

单位：人

地区 性别	专业技术人员		办事人员和有关人员				社会生产服务和生活服务人员		
	新闻出版、文化专业人员	其他专业技术人员	小计	办事人员	安全和消防人员	其他办事人员和有关人员	小计	批发与零售服务人员	交通运输、仓储和邮政业服务人员
宁都县									
于都县									
兴国县									
会昌县									
寻乌县			4	3	1		10	3	2
石城县									
瑞金市	8	2	607	488	118	1	4846	2536	618
龙南市	3	7	577	474	97	6	2748	1293	417
吉安市	**55**	**18**	**2410**	**2013**	**347**	**50**	**7766**	**3575**	**1161**
吉州区	42	10	1708	1418	254	36	5131	2345	792
青原区	6	8	377	314	58	5	1902	918	268
吉安县									
吉水县									
峡江县									
新干县									
永丰县									
泰和县									
遂川县									
万安县									
安福县									
永新县									
井冈山市	7		325	281	35	9	733	312	101
宜春市	**92**	**81**	**5950**	**4519**	**1355**	**76**	**26592**	**12130**	**4585**
袁州区	58	49	2614	1969	602	43	10347	4587	1421
奉新县									
万载县									
上高县									
宜丰县									
靖安县									
铜鼓县									
丰城市	14	6	1427	1119	301	7	5932	2773	1027
樟树市	9	18	926	712	204	10	4635	2219	924
高安市	11	8	983	719	248	16	5678	2551	1213
抚州市	**50**	**36**	**2826**	**2325**	**462**	**39**	**10626**	**4957**	**1623**
临川区	41	30	2219	1844	348	27	7797	3680	1077
东乡区	9	6	607	481	114	12	2829	1277	546
南城县									
黎川县									
南丰县									
崇仁县									
乐安县									
宜黄县									
金溪县									
资溪县									
广昌县									
上饶市	**101**	**57**	**6032**	**4993**	**988**	**51**	**26825**	**13088**	**3278**
信州区	54	36	2839	2353	461	25	10699	5531	1043
广丰区	10	7	1178	1023	142	13	6261	3326	764
广信区	23	13	1191	932	248	11	6184	2709	889
玉山县									
铅山县			2	1		1	27	16	4
横峰县									
弋阳县									
余干县			52	45	7		636	447	54
鄱阳县			1	1			32	26	2
万年县									
婺源县									
德兴市	14	1	769	638	130	1	2986	1033	522

4-6a 续表 14

单位：人

地 区 性 别	专业技术人员		办事人员和有关人员				社会生产服务和生活服务人员		
	新闻出版、文化专业人员	其他专业技术人员	小计	办事人员	安全和消防人员	其他办事人员和有关人员	小计	批发与零售服务人员	交通运输、仓储和邮政业服务人员
男	**646**	**517**	**39330**	**29151**	**9809**	**370**	**130529**	**53723**	**29686**
南昌市	**301**	**162**	**11837**	**8951**	**2752**	**134**	**33912**	**13291**	**7077**
东湖区	48	25	2037	1569	417	51	4008	1576	785
西湖区	38	12	1983	1489	484	10	5723	2447	1279
青云谱区	14	28	1001	726	262	13	3858	1636	1106
青山湖区	110	18	3130	2423	694	13	11062	4382	2301
新建区	16	37	1271	873	374	24	4320	1452	943
红谷滩区	75	42	2402	1867	512	23	4861	1773	627
南昌县			13	4	9		80	25	36
安义县									
进贤县									
景德镇市	**31**	**67**	**2177**	**1612**	**530**	**35**	**7370**	**3008**	**1774**
昌江区	7	24	471	361	104	6	1345	598	282
珠山区	16	30	1169	844	304	21	3520	1485	814
浮梁县			17	12	5		188	55	73
乐平市	8	13	520	395	117	8	2317	870	605
萍乡市	**28**	**35**	**2283**	**1598**	**666**	**19**	**6995**	**2717**	**1734**
安源区	27	22	2068	1437	613	18	5631	2279	1335
湘东区	1	13	201	150	50	1	1306	412	390
莲花县									
上栗县			14	11	3		58	26	9
芦溪县									
九江市	**41**	**54**	**3517**	**2664**	**830**	**23**	**11049**	**4304**	**2593**
濂溪区	8	6	785	589	192	4	2851	1129	695
浔阳区	17	36	1615	1261	339	15	4127	1636	955
柴桑区	2	7	240	160	77	3	1028	350	278
武宁县									
修水县									
永修县									
德安县									
都昌县									
湖口县									
彭泽县									
瑞昌市	6	2	382	271	111		1374	452	338
共青城市	6	3	313	238	75		678	250	155
庐山市	2		182	145	36	1	991	487	172
新余市	**15**	**26**	**1613**	**1180**	**415**	**18**	**5559**	**2454**	**1324**
渝水区	15	26	1613	1180	415	18	5559	2454	1324
分宜县									
鹰潭市	**15**	**7**	**2031**	**1486**	**541**	**4**	**6701**	**2726**	**1698**
月湖区	13	4	1120	854	265	1	3067	1100	825
余江区	1	2	270	202	68		1031	579	170
贵溪市	1	1	641	430	208	3	2603	1047	703
赣州市	**72**	**30**	**4913**	**3688**	**1206**	**19**	**20476**	**9232**	**4311**
章贡区	51	12	2724	1998	716	10	10266	4578	2017
南康区	4	4	916	729	185	2	3946	1938	1021
赣县区	11	6	507	392	112	3	2115	879	375
信丰县									
大余县									
上犹县									
崇义县									
安远县									
定南县									
全南县									

4－6a　续表 15　　　　单位：人

地区 性别	专业技术人员 新闻出版、文化专业人员	专业技术人员 其他专业技术人员	办事人员和有关人员 小计	办事人员和有关人员 办事人员	办事人员和有关人员 安全和消防人员	办事人员和有关人员 其他办事人员和有关人员	社会生产服务和生活服务人员 小计	社会生产服务和生活服务人员 批发与零售服务人员	社会生产服务和生活服务人员 交通运输、仓储和邮政业服务人员
宁都县									
于都县									
兴国县									
会昌县									
寻乌县			3	2	1		8	1	2
石城县									
瑞金市	6	2	413	307	105	1	2634	1247	526
龙南市		6	350	260	87	3	1507	589	370
吉安市	**32**	**10**	**1490**	**1149**	**313**	**28**	**3991**	**1575**	**981**
吉州区	26	4	1067	820	229	18	2695	1019	677
青原区	1	6	214	158	53	3	962	424	222
吉安县									
吉水县									
峡江县									
新干县									
永丰县									
泰和县									
遂川县									
万安县									
安福县									
永新县									
井冈山市	5		209	171	31	7	334	132	82
宜春市	**42**	**58**	**3870**	**2578**	**1248**	**44**	**13946**	**5434**	**3949**
袁州区	29	34	1670	1092	554	24	5280	1999	1249
奉新县									
万载县									
上高县									
宜丰县									
靖安县									
铜鼓县									
丰城市	5	4	1003	718	280	5	3197	1246	879
樟树市	3	14	536	343	188	5	2456	1014	781
高安市	5	6	661	425	226	10	3013	1175	1040
抚州市	**22**	**26**	**1817**	**1375**	**421**	**21**	**5732**	**2339**	**1396**
临川区	21	22	1381	1048	318	15	4125	1700	916
东乡区	1	4	436	327	103	6	1607	639	480
南城县									
黎川县									
南丰县									
崇仁县									
乐安县									
宜黄县									
金溪县									
资溪县									
广昌县									
上饶市	**47**	**42**	**3782**	**2870**	**887**	**25**	**14798**	**6643**	**2849**
信州区	22	25	1730	1310	408	12	5982	2864	902
广丰区	4	6	757	625	125	7	3575	1719	690
广信区	14	10	731	500	226	5	3425	1347	767
玉山县									
铅山县			2	1		1	15	8	4
横峰县									
弋阳县									
余干县			38	31	7		395	261	47
鄱阳县			1	1			19	16	2
万年县									
婺源县									
德兴市	7	1	523	402	121		1387	428	437

4−6a　续表 16

单位：人

地区 性别	专业技术人员		办事人员和有关人员				社会生产服务和生活服务人员		
	新闻出版、文化专业人员	其他专业技术人员	小计	办事人员	安全和消防人员	其他办事人员和有关人员	小计	批发与零售服务人员	交通运输、仓储和邮政业服务人员
女	**776**	**171**	**24213**	**22899**	**1061**	**253**	**114189**	**60217**	**5346**
南昌市	**381**	**52**	**8171**	**7752**	**329**	**90**	**25683**	**12878**	**1431**
东湖区	53	10	1418	1325	58	35	3354	1718	158
西湖区	49	4	1340	1285	50	5	4371	2474	278
青云谱区	21	15	638	604	29	5	2788	1575	224
青山湖区	142	4	2373	2272	89	12	7565	3819	454
新建区	18	2	637	584	38	15	3700	1687	153
红谷滩区	98	17	1764	1681	65	18	3838	1567	159
南昌县			1	1			67	38	5
安义县									
进贤县									
景德镇市	**27**	**29**	**1172**	**1117**	**41**	**14**	**6501**	**3564**	**222**
昌江区	8	5	235	225	8	2	1110	600	38
珠山区	19	14	695	662	23	10	2908	1635	100
浮梁县			11	10	1		139	50	5
乐平市		10	231	220	9	2	2344	1279	79
萍乡市	**43**	**5**	**1379**	**1309**	**61**	**9**	**8690**	**3983**	**280**
安源区	41	4	1215	1152	55	8	7444	3419	216
湘东区	2	1	154	147	6	1	1182	532	63
莲花县									
上栗县			10	10			64	32	1
芦溪县									
九江市	**65**	**9**	**2076**	**1984**	**81**	**11**	**10361**	**5617**	**488**
濂溪区	14	2	526	504	19	3	2599	1436	119
浔阳区	37	7	938	895	38	5	3903	2097	216
柴桑区	6		98	92	5	1	1066	518	50
武宁县									
修水县									
永修县									
德安县									
都昌县									
湖口县									
彭泽县									
瑞昌市	5		247	236	10	1	1451	786	58
共青城市	1		171	168	3		478	261	14
庐山市	2		96	89	6	1	864	519	31
新余市	**30**	**7**	**913**	**845**	**57**	**11**	**4870**	**2605**	**213**
渝水区	30	7	913	845	57	11	4870	2605	213
分宜县									
鹰潭市	**23**	**6**	**1031**	**964**	**63**	**4**	**6834**	**3806**	**273**
月湖区	17	3	600	563	34	3	3225	1687	148
余江区	2	1	132	123	8	1	945	649	29
贵溪市	4	2	299	278	21		2664	1470	96
赣州市	**52**	**7**	**3212**	**3050**	**146**	**16**	**17908**	**10005**	**967**
章贡区	34	2	1800	1702	88	10	8992	4823	451
南康区	4	1	696	677	19		3645	2234	286
赣县区	9	3	294	275	16	3	1816	953	91
信丰县									
大余县									
上犹县									
崇义县									
安远县									
定南县									
全南县									

4－6a 续表 17

单位：人

地区 性别	专业技术人员		办事人员和有关人员				社会生产服务和生活服务人员		
	新闻出版、文化专业人员	其他专业技术人员	小计	办事人员	安全和消防人员	其他办事人员和有关人员	小计	批发与零售服务人员	交通运输、仓储和邮政业服务人员
宁都县									
于都县									
兴国县									
会昌县									
寻乌县			1	1			2	2	
石城县									
瑞金市	2		194	181	13		2212	1289	92
龙南市	3	1	227	214	10	3	1241	704	47
吉安市	**23**	**8**	**920**	**864**	**34**	**22**	**3775**	**2000**	**180**
吉州区	16	6	641	598	25	18	2436	1326	115
青原区	5	2	163	156	5	2	940	494	46
吉安县									
吉水县									
峡江县									
新干县									
永丰县									
泰和县									
遂川县									
万安县									
安福县									
永新县									
井冈山市	2		116	110	4	2	399	180	19
宜春市	**50**	**23**	**2080**	**1941**	**107**	**32**	**12646**	**6696**	**636**
袁州区	29	15	944	877	48	19	5067	2588	172
奉新县									
万载县									
上高县									
宜丰县									
靖安县									
铜鼓县									
丰城市	9	2	424	401	21	2	2735	1527	148
樟树市	6	4	390	369	16	5	2179	1205	143
高安市	6	2	322	294	22	6	2665	1376	173
抚州市	**28**	**10**	**1009**	**950**	**41**	**18**	**4894**	**2618**	**227**
临川区	20	8	838	796	30	12	3672	1980	161
东乡区	8	2	171	154	11	6	1222	638	66
南城县									
黎川县									
南丰县									
崇仁县									
乐安县									
宜黄县									
金溪县									
资溪县									
广昌县									
上饶市	**54**	**15**	**2250**	**2123**	**101**	**26**	**12027**	**6445**	**429**
信州区	32	11	1109	1043	53	13	4717	2667	141
广丰区	6	1	421	398	17	6	2686	1607	74
广信区	9	3	460	432	22	6	2759	1362	122
玉山县									
铅山县							12	8	
横峰县									
弋阳县									
余干县			14	14			241	186	7
鄱阳县							13	10	
万年县									
婺源县									
德兴市	7		246	236	9	1	1599	605	85

4-6a 续表 18

单位：人

地区 性别	社会生产服务和生活服务人员								
	住宿和餐饮服务人员	信息传输、软件和信息技术服务人员	金融服务人员	房地产服务人员	租赁和商务服务人员	技术辅助服务人员	水利、环境和公共设施管理服务人员	居民服务人员	电力、燃气及水供应服务人员
全省	**30906**	**5239**	**6124**	**4436**	**4776**	**6219**	**10054**	**16904**	**1937**
南昌市	**7874**	**1960**	**1761**	**1409**	**1685**	**1993**	**2450**	**3224**	**361**
东湖区	971	262	310	172	138	240	238	449	76
西湖区	1101	314	303	180	217	360	279	477	45
青云谱区	590	175	115	112	130	163	183	330	36
青山湖区	2354	675	420	424	610	723	766	931	115
新建区	1432	173	153	238	183	165	489	574	48
红谷滩区	1421	358	460	282	406	342	478	454	39
南昌县	5	3		1	1		17	9	2
安义县									
进贤县									
景德镇市	**1892**	**262**	**270**	**189**	**198**	**303**	**460**	**1084**	**126**
昌江区	358	52	71	18	31	49	105	150	21
珠山区	830	113	126	128	133	170	196	402	61
浮梁县	62	4	1	1	2	4	15	34	4
乐平市	642	93	72	42	32	80	144	498	40
萍乡市	**1655**	**256**	**263**	**120**	**244**	**317**	**713**	**2728**	**114**
安源区	1335	193	238	92	175	263	604	2446	77
湘东区	295	59	24	28	68	52	97	277	36
莲花县									
上栗县	25	4	1		1	2	12	5	1
芦溪县									
九江市	**2675**	**442**	**546**	**441**	**464**	**534**	**947**	**1346**	**184**
濂溪区	720	119	103	85	143	154	214	279	39
浔阳区	877	188	314	211	240	215	245	456	73
柴桑区	285	52	53	69	35	53	132	140	13
武宁县									
修水县									
永修县									
德安县									
都昌县									
湖口县									
彭泽县									
瑞昌市	337	39	42	35	18	60	236	288	23
共青城市	161	23	17	23	11	23	61	82	12
庐山市	295	21	17	18	17	29	59	101	24
新余市	**1318**	**216**	**301**	**145**	**133**	**175**	**408**	**644**	**90**
渝水区	1318	216	301	145	133	175	408	644	90
分宜县									
鹰潭市	**1785**	**189**	**288**	**167**	**244**	**236**	**710**	**876**	**114**
月湖区	787	107	185	122	155	124	339	429	56
余江区	247	31	26	5	17	28	47	94	14
贵溪市	751	51	77	40	72	84	324	353	44
赣州市	**4486**	**641**	**990**	**656**	**685**	**1163**	**1437**	**2093**	**310**
章贡区	2400	341	570	410	407	646	707	1026	139
南康区	665	77	120	85	85	208	213	377	36
赣县区	442	95	156	81	51	124	274	197	64
信丰县									
大余县									
上犹县									
崇义县									
安远县									
定南县									
全南县									

4—6a 续表 19

单位：人

地 区 性 别	社会生产服务和生活服务人员								
	住宿和餐饮服务人员	信息传输、软件和信息技术服务人员	金融服务人员	房地产服务人员	租赁和商务服务人员	技术辅助服务人员	水利、环境和公共设施管理服务人员	居民服务人员	电力、燃气及水供应服务人员
宁都县									
于都县									
兴国县									
会昌县									
寻乌县					2	1		2	
石城县									
瑞金市	638	81	92	62	69	98	139	330	25
龙南市	341	47	52	18	71	86	104	161	46
吉安市	**968**	**176**	**296**	**172**	**204**	**142**	**318**	**428**	**68**
吉州区	598	123	231	122	160	100	204	246	44
青原区	223	42	35	41	23	34	75	156	12
吉安县									
吉水县									
峡江县									
新干县									
永丰县									
泰和县									
遂川县									
万安县									
安福县									
永新县									
井冈山市	147	11	30	9	21	8	39	26	12
宜春市	**3347**	**470**	**590**	**510**	**354**	**547**	**1242**	**1587**	**225**
袁州区	1417	230	286	314	161	242	608	589	71
奉新县									
万载县									
上高县									
宜丰县									
靖安县									
铜鼓县									
丰城市	828	91	96	79	87	111	232	333	76
樟树市	518	60	88	44	54	90	214	252	33
高安市	584	89	120	73	52	104	188	413	45
抚州市	**1292**	**212**	**251**	**187**	**164**	**222**	**432**	**727**	**105**
临川区	994	162	199	135	138	159	291	553	79
东乡区	298	50	52	52	26	63	141	174	26
南城县									
黎川县									
南丰县									
崇仁县									
乐安县									
宜黄县									
金溪县									
资溪县									
广昌县									
上饶市	**3614**	**415**	**568**	**440**	**401**	**587**	**937**	**2167**	**240**
信州区	1530	198	329	183	203	242	278	727	89
广丰区	736	88	89	76	51	143	211	448	41
广信区	830	96	102	150	98	148	318	484	49
玉山县									
铅山县	5					1			
横峰县									
弋阳县									
余干县	51	6		10	5	2	11	27	6
鄱阳县	1	1		1			1		
万年县									
婺源县									
德兴市	461	26	48	20	44	51	118	481	55

4−6a　续表 20

单位：人

地　区 性　别	社会生产服务和生活服务人员 住宿和餐饮服务人员	信息传输、软件和信息技术服务人员	金融服务人员	房地产服务人员	租赁和商务服务人员	技术辅助服务人员	水利、环境和公共设施管理服务人员	居民服务人员	电力、燃气及水供应服务人员
男	**14198**	**3574**	**2889**	**2477**	**3167**	**4275**	**3250**	**4573**	**1515**
南昌市	**4150**	**1363**	**880**	**840**	**1027**	**1393**	**849**	**1034**	**269**
东湖区	517	180	157	108	64	164	81	130	53
西湖区	606	198	148	102	133	261	103	144	33
青云谱区	275	116	48	58	96	117	63	95	28
青山湖区	1246	507	202	266	395	507	287	350	80
新建区	730	122	78	143	112	111	134	178	41
红谷滩区	772	238	247	162	226	233	179	134	32
南昌县	4	2		1	1		2	3	2
安义县									
进贤县									
景德镇市	**831**	**175**	**143**	**116**	**126**	**193**	**160**	**316**	**110**
昌江区	155	30	43	13	10	32	36	59	21
珠山区	368	73	64	82	97	103	75	132	52
浮梁县	21	3			2	2	7	5	4
乐平市	287	69	36	21	17	56	42	120	33
萍乡市	**685**	**176**	**96**	**66**	**201**	**202**	**163**	**443**	**89**
安源区	537	133	88	48	145	180	115	404	58
湘东区	138	41	8	18	55	21	45	37	30
莲花县									
上栗县	10	2			1	1	3	2	1
芦溪县									
九江市	**1153**	**293**	**237**	**256**	**311**	**377**	**325**	**429**	**143**
濂溪区	328	85	36	47	92	114	58	64	34
浔阳区	362	119	149	120	171	140	69	141	51
柴桑区	109	34	22	41	24	44	26	33	12
武宁县									
修水县									
永修县									
德安县									
都昌县									
湖口县									
彭泽县									
瑞昌市	128	27	16	26	10	37	125	107	15
共青城市	88	14	7	10	8	19	30	42	10
庐山市	138	14	7	12	6	23	17	42	21
新余市	**505**	**164**	**134**	**66**	**95**	**131**	**128**	**181**	**61**
渝水区	505	164	134	66	95	131	128	181	61
分宜县									
鹰潭市	**763**	**129**	**123**	**91**	**181**	**161**	**201**	**218**	**87**
月湖区	326	71	70	71	116	83	98	104	38
余江区	118	28	14	1	9	21	16	30	11
贵溪市	319	30	39	19	56	57	87	84	38
赣州市	**1973**	**428**	**478**	**370**	**438**	**805**	**421**	**651**	**236**
章贡区	1093	221	268	226	245	443	175	297	110
南康区	244	56	55	44	57	156	47	115	27
赣县区	205	61	87	53	37	83	102	66	44
信丰县									
大余县									
上犹县									
崇义县									
安远县									
定南县									
全南县									

4–6a 续表 21

单位：人

地区 性别	社会生产服务和生活服务人员								
	住宿和餐饮服务人员	信息传输、软件和信息技术服务人员	金融服务人员	房地产服务人员	租赁和商务服务人员	技术辅助服务人员	水利、环境和公共设施管理服务人员	居民服务人员	电力、燃气及水供应服务人员
宁都县									
于都县									
兴国县									
会昌县									
寻乌县					2	1		2	
石城县									
瑞金市	288	57	47	38	39	71	55	112	19
龙南市	143	33	21	9	58	51	42	59	36
吉安市	**418**	**104**	**131**	**82**	**155**	**98**	**84**	**112**	**57**
吉州区	279	75	109	59	133	69	60	51	37
青原区	88	22	13	17	13	24	15	55	11
吉安县									
吉水县									
峡江县									
新干县									
永丰县									
泰和县									
遂川县									
万安县									
安福县									
永新县									
井冈山市	51	7	9	6	9	5	9	6	9
宜春市	**1417**	**326**	**264**	**242**	**231**	**354**	**381**	**383**	**175**
袁州区	606	149	117	153	104	162	198	152	54
奉新县									
万载县									
上高县									
宜丰县									
靖安县									
铜鼓县									
丰城市	377	66	54	41	57	71	82	110	61
樟树市	227	52	38	24	33	58	56	49	28
高安市	207	59	55	24	37	63	45	72	32
抚州市	**566**	**146**	**130**	**92**	**118**	**160**	**143**	**190**	**80**
临川区	441	111	101	70	97	114	94	144	63
东乡区	125	35	29	22	21	46	49	46	17
南城县									
黎川县									
南丰县									
崇仁县									
乐安县									
宜黄县									
金溪县									
资溪县									
广昌县									
上饶市	**1737**	**270**	**273**	**256**	**284**	**401**	**395**	**616**	**208**
信州区	794	123	157	112	136	168	125	255	82
广丰区	386	65	40	45	38	103	90	130	35
广信区	363	62	55	83	73	94	133	152	40
玉山县									
铅山县	2								
横峰县									
弋阳县									
余干县	29	4		7	3	1	6	14	6
鄱阳县		1							
万年县									
婺源县									
德兴市	163	15	21	9	34	35	41	65	45

4-6a　续表 22

单位：人

地　区 性　别	社会生产服务和生活服务人员 住宿和餐饮服务人员	信息传输、软件和信息技术服务人员	金融服务人员	房地产服务人员	租赁和商务服务人员	技术辅助服务人员	水利、环境和公共设施管理服务人员	居民服务人员	电力、燃气及水供应服务人员
女	**16708**	**1665**	**3235**	**1959**	**1609**	**1944**	**6804**	**12331**	**422**
南昌市	**3724**	**597**	**881**	**569**	**658**	**600**	**1601**	**2190**	**92**
东湖区	454	82	153	64	74	76	157	319	23
西湖区	495	116	155	78	84	99	176	333	12
青云谱区	315	59	67	54	34	46	120	235	8
青山湖区	1108	168	218	158	215	216	479	581	35
新建区	702	51	75	95	71	54	355	396	7
红谷滩区	649	120	213	120	180	109	299	320	7
南昌县	1	1					15	6	
安义县									
进贤县									
景德镇市	**1061**	**87**	**127**	**73**	**72**	**110**	**300**	**768**	**16**
昌江区	203	22	28	5	21	17	69	91	
珠山区	462	40	62	46	36	67	121	270	9
浮梁县	41	1	1	1		2	8	29	
乐平市	355	24	36	21	15	24	102	378	7
萍乡市	**970**	**80**	**167**	**54**	**43**	**115**	**550**	**2285**	**25**
安源区	798	60	150	44	30	83	489	2042	19
湘东区	157	18	16	10	13	31	52	240	6
莲花县									
上栗县	15	2	1			1	9	3	
芦溪县									
九江市	**1522**	**149**	**309**	**185**	**153**	**157**	**622**	**917**	**41**
濂溪区	392	34	67	38	51	40	156	215	5
浔阳区	515	69	165	91	69	75	176	315	22
柴桑区	176	18	31	28	11	9	106	107	1
武宁县									
修水县									
永修县									
德安县									
都昌县									
湖口县									
彭泽县									
瑞昌市	209	12	26	9	8	23	111	181	8
共青城市	73	9	10	13	3	4	31	40	2
庐山市	157	7	10	6	11	6	42	59	3
新余市	**813**	**52**	**167**	**79**	**38**	**44**	**280**	**463**	**29**
渝水区	813	52	167	79	38	44	280	463	29
分宜县									
鹰潭市	**1022**	**60**	**165**	**76**	**63**	**75**	**509**	**658**	**27**
月湖区	461	36	115	51	39	41	241	325	18
余江区	129	3	12	4	8	7	31	64	3
贵溪市	432	21	38	21	16	27	237	269	6
赣州市	**2513**	**213**	**512**	**286**	**247**	**358**	**1016**	**1442**	**74**
章贡区	1307	120	302	184	162	203	532	729	29
南康区	421	21	65	41	28	52	166	262	9
赣县区	237	34	69	28	14	41	172	131	20
信丰县									
大余县									
上犹县									
崇义县									
安远县									
定南县									
全南县									

4-6a 续表 23

单位：人

地区 性别	社会生产服务和生活服务人员								
	住宿和餐饮服务人员	信息传输、软件和信息技术服务人员	金融服务人员	房地产服务人员	租赁和商务服务人员	技术辅助服务人员	水利、环境和公共设施管理服务人员	居民服务人员	电力、燃气及水供应服务人员
宁都县									
于都县									
兴国县									
会昌县									
寻乌县									
石城县									
瑞金市	350	24	45	24	30	27	84	218	6
龙南市	198	14	31	9	13	35	62	102	10
吉安市	**550**	**72**	**165**	**90**	**49**	**44**	**234**	**316**	**11**
吉州区	319	48	122	63	27	31	144	195	7
青原区	135	20	22	24	10	10	60	101	1
吉安县									
吉水县									
峡江县									
新干县									
永丰县									
泰和县									
遂川县									
万安县									
安福县									
永新县									
井冈山市	96	4	21	3	12	3	30	20	3
宜春市	**1930**	**144**	**326**	**268**	**123**	**193**	**861**	**1204**	**50**
袁州区	811	81	169	161	57	80	410	437	17
奉新县									
万载县									
上高县									
宜丰县									
靖安县									
铜鼓县									
丰城市	451	25	42	38	30	40	150	223	15
樟树市	291	8	50	20	21	32	158	203	5
高安市	377	30	65	49	15	41	143	341	13
抚州市	**726**	**66**	**121**	**95**	**46**	**62**	**289**	**537**	**25**
临川区	553	51	98	65	41	45	197	409	16
东乡区	173	15	23	30	5	17	92	128	9
南城县									
黎川县									
南丰县									
崇仁县									
乐安县									
宜黄县									
金溪县									
资溪县									
广昌县									
上饶市	**1877**	**145**	**295**	**184**	**117**	**186**	**542**	**1551**	**32**
信州区	736	75	172	71	67	74	153	472	7
广丰区	350	23	49	31	13	40	121	318	6
广信区	467	34	47	67	25	54	185	332	9
玉山县									
铅山县	3					1			
横峰县									
弋阳县									
余干县	22	2		3	2	1	5	13	
鄱阳县	1			1			1		
万年县									
婺源县									
德兴市	298	11	27	11	10	16	77	416	10

4-6a 续表 24

单位：人

地区 性别	社会生产服务和生活服务人员				农、林、牧、渔业生产及辅助人员				
	修理及制作服务人员	文化、体育和娱乐服务人员	健康服务人员	其他社会生产和生活服务人员	小计	农业生产人员	林业生产人员	畜牧业生产人员	渔业生产人员
全省	**6986**	**1468**	**464**	**233**	**17693**	**15559**	**376**	**966**	**413**
南昌市	**1578**	**454**	**113**	**56**	**980**	**719**	**78**	**81**	**27**
东湖区	169	73	17	10	47	31	1	6	3
西湖区	216	101	15	8	51	46	1	3	1
青云谱区	212	37	13	9	70	42	20	3	1
青山湖区	516	95	32	10	420	318	28	24	9
新建区	269	40	10	11	281	218	18	27	7
红谷滩区	191	108	26	8	106	64	10	14	5
南昌县	5				5			4	1
安义县									
进贤县									
景德镇市	**401**	**76**	**21**	**21**	**1522**	**1400**	**32**	**41**	**18**
昌江区	64	10	1	7	54	35	9	5	2
珠山区	177	39	12	7	151	138	5	3	2
浮梁县	15	2			286	249	14	7	1
乐平市	145	25	8	7	1031	978	4	26	13
萍乡市	**412**	**112**	**21**	**16**	**2086**	**1927**	**15**	**124**	**16**
安源区	313	67	16	7	497	446	9	36	4
湘东区	96	45	5	9	1589	1481	6	88	12
莲花县									
上栗县	3								
芦溪县									
九江市	**595**	**135**	**58**	**41**	**938**	**797**	**26**	**50**	**56**
濂溪区	173	31	10	1	119	93	5	11	7
浔阳区	176	62	38	31	66	42	5	3	15
柴桑区	53	10	1	2	155	131	8	13	2
武宁县									
修水县									
永修县									
德安县									
都昌县									
湖口县									
彭泽县									
瑞昌市	98	10	3	2	330	295	4	12	15
共青城市	39	14	6	4	76	58	3	6	9
庐山市	56	8		1	192	178	1	5	8
新余市	**334**	**43**	**20**	**6**	**658**	**560**	**19**	**34**	**20**
渝水区	334	43	20	6	658	560	19	34	20
分宜县									
鹰潭市	**311**	**56**	**41**	**15**	**1368**	**1225**	**20**	**74**	**20**
月湖区	156	33	27	12	297	252	6	21	8
余江区	31	3	6		274	238	3	20	1
贵溪市	124	20	8	3	797	735	11	33	11
赣州市	**1138**	**187**	**60**	**23**	**1756**	**1427**	**56**	**120**	**42**
章贡区	581	116	32	14	328	274	13	30	4
南康区	204	29	12	1	256	225	8	14	6
赣县区	119	19	9	2	289	177	13	12	8
信丰县									
大余县									
上犹县									
崇义县									
安远县									
定南县									
全南县									

4－6a 续表 25

单位：人

地　区 性　别	社会生产服务和生活服务人员				农、林、牧、渔业生产及辅助人员				
	修理及制作服务人员	文化、体育和娱乐服务人员	健康服务人员	其他社会生产和生活服务人员	小计	农业生产人员	林业生产人员	畜牧业生产人员	渔业生产人员
宁都县									
于都县									
兴国县									
会昌县									
寻乌县					2	2			
石城县									
瑞金市	135	13	5	5	544	481	7	34	10
龙南市	99	10	2	1	337	268	15	30	14
吉安市	**182**	**57**	**15**	**4**	**546**	**462**	**17**	**37**	**21**
吉州区	118	34	10	4	252	212	6	16	14
青原区	52	19	4		131	110	1	10	7
吉安县									
吉水县									
峡江县									
新干县									
永丰县									
泰和县									
遂川县									
万安县									
安福县									
永新县									
井冈山市	12	4	1		163	140	10	11	
宜春市	**806**	**134**	**47**	**18**	**2976**	**2607**	**52**	**191**	**80**
袁州区	335	66	17	3	695	598	31	38	15
奉新县									
万载县									
上高县									
宜丰县									
靖安县									
铜鼓县									
丰城市	158	26	12	3	856	775	8	38	23
樟树市	97	28	6	8	769	671	5	48	29
高安市	216	14	12	4	656	563	8	67	13
抚州市	**351**	**65**	**25**	**13**	**733**	**644**	**11**	**51**	**15**
临川区	261	43	18	8	415	370	5	26	6
东乡区	90	22	7	5	318	274	6	25	9
南城县									
黎川县									
南丰县									
崇仁县									
乐安县									
宜黄县									
金溪县									
资溪县									
广昌县									
上饶市	**878**	**149**	**43**	**20**	**4130**	**3791**	**50**	**163**	**98**
信州区	247	70	21	8	313	284	4	4	13
广丰区	251	22	8	7	1633	1486	14	87	36
广信区	261	34	11	5	678	610	7	42	16
玉山县									
铅山县	1				18	18			
横峰县									
弋阳县									
余干县	15	2			626	611		3	10
鄱阳县					13	12		1	
万年县									
婺源县									
德兴市	103	21	3		849	770	25	26	23

4-6a　续表 26

单位：人

地　区 性　别	社会生产服务和生活服务人员				农、林、牧、渔业生产及辅助人员				
	修理及制作服务人员	文化、体育和娱乐服务人员	健康服务人员	其他社会生产和生活服务人员	小计	农业生产人员	林业生产人员	畜牧业生产人员	渔业生产人员
男	**6152**	**766**	**155**	**129**	**10183**	**8658**	**300**	**656**	**320**
南昌市	**1408**	**261**	**38**	**32**	**653**	**454**	**60**	**60**	**24**
东湖区	139	45	5	4	25	15		3	2
西湖区	196	61	7	5	32	28	1	2	1
青云谱区	190	22	5	3	43	28	10	3	
青山湖区	464	61	7	7	284	203	23	17	9
新建区	242	22	4	8	199	146	17	21	7
红谷滩区	173	50	10	5	67	34	9	11	5
南昌县	4				3			3	
安义县									
进贤县									
景德镇市	**361**	**36**	**9**	**12**	**831**	**744**	**29**	**22**	**14**
昌江区	55	6		5	35	20	9	2	1
珠山区	156	12	4	3	94	82	5	2	2
浮梁县	14	2			177	151	11	5	1
乐平市	136	16	5	4	525	491	4	13	10
萍乡市	**362**	**45**	**5**	**11**	**984**	**886**	**8**	**75**	**11**
安源区	278	23	3	5	311	278	6	22	3
湘东区	81	22	2	6	673	608	2	53	8
莲花县									
上栗县	3								
芦溪县									
九江市	**518**	**74**	**17**	**19**	**509**	**396**	**24**	**39**	**44**
濂溪区	149	19	1		77	56	5	9	5
浔阳区	154	32	13	15	47	28	5	3	11
柴桑区	48	5	1	1	79	61	7	9	2
武宁县									
修水县									
永修县									
德安县									
都昌县									
湖口县									
彭泽县									
瑞昌市	86	5	1	1	158	131	3	9	11
共青城市	33	9	1	2	58	41	3	5	9
庐山市	48	4			90	79	1	4	6
新余市	**292**	**19**	**2**	**3**	**421**	**347**	**12**	**24**	**16**
渝水区	292	19	2	3	421	347	12	24	16
分宜县									
鹰潭市	**259**	**34**	**20**	**10**	**773**	**671**	**13**	**51**	**17**
月湖区	128	19	11	7	160	126	4	17	7
余江区	28	2	4		180	152	2	15	1
贵溪市	103	13	5	3	433	393	7	19	9
赣州市	**1006**	**90**	**25**	**12**	**995**	**782**	**45**	**84**	**31**
章贡区	519	54	13	7	164	125	9	24	2
南康区	171	11	4		132	112	6	9	4
赣县区	105	12	4	2	160	99	10	9	7
信丰县									
大余县									
上犹县									
崇义县									
安远县									
定南县									
全南县									

4-6a 续表 27

单位：人

地区 性别	社会生产服务和生活服务人员				农、林、牧、渔业生产及辅助人员				
	修理及制作服务人员	文化、体育和娱乐服务人员	健康服务人员	其他社会生产和生活服务人员	小计	农业生产人员	林业生产人员	畜牧业生产人员	渔业生产人员
宁都县									
于都县									
兴国县									
会昌县									
寻乌县					1	1			
石城县									
瑞金市	122	8	2	3	340	296	7	24	7
龙南市	89	5	2		198	149	13	18	11
吉安市	**159**	**29**	**5**	**1**	**293**	**231**	**12**	**30**	**14**
吉州区	103	20	3	1	143	115	4	12	10
青原区	48	9	1		75	58	1	10	4
吉安县									
吉水县									
峡江县									
新干县									
永丰县									
泰和县									
遂川县									
万安县									
安福县									
永新县									
井冈山市	8		1		75	58	7	8	
宜春市	**710**	**59**	**14**	**7**	**1480**	**1223**	**44**	**128**	**62**
袁州区	299	32	4	2	426	348	26	28	14
奉新县									
万载县									
上高县									
宜丰县									
靖安县									
铜鼓县									
丰城市	134	16	3		410	361	6	20	17
樟树市	84	5	3	4	323	260	4	32	22
高安市	193	6	4	1	321	254	8	48	9
抚州市	**313**	**39**	**8**	**12**	**518**	**440**	**11**	**42**	**13**
临川区	235	25	7	7	276	238	5	20	5
东乡区	78	14	1	5	242	202	6	22	8
南城县									
黎川县									
南丰县									
崇仁县									
乐安县									
宜黄县									
金溪县									
资溪县									
广昌县									
上饶市	**764**	**80**	**12**	**10**	**2726**	**2484**	**42**	**101**	**74**
信州区	211	44	6	3	216	191	3	3	11
广丰区	217	11	2	4	1100	1009	10	44	27
广信区	232	17	4	3	506	453	6	31	13
玉山县									
铅山县	1				17	17			
横峰县									
弋阳县									
余干县	15	2			354	342		3	7
鄱阳县					9	9			
万年县									
婺源县									
德兴市	88	6			524	463	23	20	16

4-6a　续表 28

单位：人

地　区 性　别	社会生产服务和生活服务人员				农、林、牧、渔业生产及辅助人员				
	修理及制作服务人　员	文化、体育和娱乐服务人员	健康服务人　员	其他社会生产和生活服务人　员	小计	农业生产人　员	林业生产人　员	畜牧业生产人员	渔业生产人　员
女	**834**	**702**	**309**	**104**	**7510**	**6901**	**76**	**310**	**93**
南昌市	**170**	**193**	**75**	**24**	**327**	**265**	**18**	**21**	**3**
东湖区	30	28	12	6	22	16	1	3	1
西湖区	20	40	8	3	19	18		1	
青云谱区	22	15	8	6	27	14	10		1
青山湖区	52	34	25	3	136	115	5	7	
新建区	27	18	6	3	82	72	1	6	
红谷滩区	18	58	16	3	39	30	1	3	
南昌县	1				2			1	1
安义县									
进贤县									
景德镇市	**40**	**40**	**12**	**9**	**691**	**656**	**3**	**19**	**4**
昌江区	9	4	1	2	19	15		3	1
珠山区	21	27	8	4	57	56		1	
浮梁县	1				109	98	3	2	
乐平市	9	9	3	3	506	487		13	3
萍乡市	**50**	**67**	**16**	**5**	**1102**	**1041**	**7**	**49**	**5**
安源区	35	44	13	2	186	168	3	14	1
湘东区	15	23	3	3	916	873	4	35	4
莲花县									
上栗县									
芦溪县									
九江市	**77**	**61**	**41**	**22**	**429**	**401**	**2**	**11**	**12**
濂溪区	24	12	9	1	42	37		2	2
浔阳区	22	30	25	16	19	14			4
柴桑区	5	5		1	76	70	1	4	
武宁县									
修水县									
永修县									
德安县									
都昌县									
湖口县									
彭泽县									
瑞昌市	12	5	2	1	172	164	1	3	4
共青城市	6	5	5	2	18	17		1	
庐山市	8	4		1	102	99		1	2
新余市	**42**	**24**	**18**	**3**	**237**	**213**	**7**	**10**	**4**
渝水区	42	24	18	3	237	213	7	10	4
分宜县									
鹰潭市	**52**	**22**	**21**	**5**	**595**	**554**	**7**	**23**	**3**
月湖区	28	14	16	5	137	126	2	4	1
余江区	3	1	2		94	86	1	5	
贵溪市	21	7	3		364	342	4	14	2
赣州市	**132**	**97**	**35**	**11**	**761**	**645**	**11**	**36**	**11**
章贡区	62	62	19	7	164	149	4	6	2
南康区	33	18	8	1	124	113	2	5	2
赣县区	14	7	5		129	78	3	3	1
信丰县									
大余县									
上犹县									
崇义县									
安远县									
定南县									
全南县									

4-6a 续表 29 单位：人

地　区 性　别	社会生产服务和生活服务人员				农、林、牧、渔业生产及辅助人员				
	修理及制作服务人员	文化、体育和娱乐服务人员	健康服务人员	其他社会生产和生活服务人员	小计	农业生产人员	林业生产人员	畜牧业生产人员	渔业生产人员
宁都县									
于都县									
兴国县									
会昌县									
寻乌县					1	1			
石城县									
瑞金市	13	5	3	2	204	185		10	3
龙南市	10	5		1	139	119	2	12	3
吉安市	**23**	**28**	**10**	**3**	**253**	**231**	**5**	**7**	**7**
吉州区	15	14	7	3	109	97	2	4	4
青原区	4	10	3		56	52			3
吉安县									
吉水县									
峡江县									
新干县									
永丰县									
泰和县									
遂川县									
万安县									
安福县									
永新县									
井冈山市	4	4			88	82	3	3	
宜春市	**96**	**75**	**33**	**11**	**1496**	**1384**	**8**	**63**	**18**
袁州区	36	34	13	1	269	250	5	10	1
奉新县									
万载县									
上高县									
宜丰县									
靖安县									
铜鼓县									
丰城市	24	10	9	3	446	414	2	18	6
樟树市	13	23	3	4	446	411	1	16	7
高安市	23	8	8	3	335	309		19	4
抚州市	**38**	**26**	**17**	**1**	**215**	**204**		**9**	**2**
临川区	26	18	11	1	139	132		6	1
东乡区	12	8	6		76	72		3	1
南城县									
黎川县									
南丰县									
崇仁县									
乐安县									
宜黄县									
金溪县									
资溪县									
广昌县									
上饶市	**114**	**69**	**31**	**10**	**1404**	**1307**	**8**	**62**	**24**
信州区	36	26	15	5	97	93	1	1	2
广丰区	34	11	6	3	533	477	4	43	9
广信区	29	17	7	2	172	157	1	11	3
玉山县									
铅山县					1	1			
横峰县									
弋阳县									
余干县					272	269			3
鄱阳县					4	3		1	
万年县									
婺源县									
德兴市	15	15	3		325	307	2	6	7

4-6a 续表 30

单位：人

地区 性别	农林牧渔生产辅助人员	其他农、林、牧、渔业生产加工人员	生产制造及有关人员 小计	农副产品加工人员	食品、饮料生产加工人员	烟草及其制品加工人员	纺织、针织、印染人员	纺织品、服装和皮革、毛皮制品加工制作人员	木材加工、家具与木制品制作人员
全　省	**353**	**26**	**143428**	**1107**	**2321**	**135**	**1038**	**14709**	**7670**
南昌市	**67**	**8**	**23732**	**204**	**384**	**51**	**190**	**1917**	**617**
东湖区	5	1	1572	30	33	3	4	49	27
西湖区			1884	21	49	17	12	72	23
青云谱区	4		2850	11	31	3	21	251	75
青山湖区	40	1	9731	82	109	24	140	1335	195
新建区	8	3	4936	46	91		9	172	153
红谷滩区	10	3	2700	12	70	4	3	33	142
南昌县			59	2	1		1	5	2
安义县									
进贤县									
景德镇市	**30**	**1**	**9595**	**88**	**140**	**3**	**69**	**650**	**223**
昌江区	2	1	1746	7	14	1	2	54	51
珠山区	3		4589	39	61		5	111	69
浮梁县	15		322	4	4		1	24	8
乐平市	10		2938	38	61	2	61	461	95
萍乡市	**4**		**6040**	**36**	**115**	**1**	**25**	**321**	**101**
安源区	2		3420	13	82	1	9	132	56
湘东区	2		2392	23	33		16	134	45
莲花县									
上栗县			228					55	
芦溪县									
九江市	**8**	**1**	**14716**	**81**	**152**	**1**	**153**	**3375**	**357**
濂溪区	3		2821	21	28		19	190	76
浔阳区		1	3043	27	42	1	26	166	81
柴桑区	1		2160	8	25		36	466	48
武宁县									
修水县									
永修县									
德安县									
都昌县									
湖口县									
彭泽县									
瑞昌市	4		3287	13	17		41	1064	51
共青城市			2124	4	19		24	1135	53
庐山市			1281	8	21		7	354	48
新余市	**25**		**7848**	**27**	**64**		**56**	**298**	**173**
渝水区	25		7848	27	64		56	298	173
分宜县									
鹰潭市	**28**	**1**	**7053**	**46**	**494**	**1**	**120**	**603**	**237**
月湖区	9	1	2444	17	358	1	15	224	48
余江区	12		1459	10	32		7	120	74
贵溪市	7		3150	19	104		98	259	115
赣州市	**111**		**27762**	**206**	**337**	**29**	**134**	**3914**	**4361**
章贡区	7		8036	80	119	14	14	546	383
南康区	3		8904	31	49	12	19	1196	3628
赣县区	79		3384	24	27	2	22	894	111
信丰县									
大余县									
上犹县									
崇义县									
安远县									
定南县									
全南县									

4—6a 续表 31 单位：人

地区 性别	农林牧渔生产辅助人员	其他农、林、牧、渔业生产加工人员	生产制造及有关人员 小计	农副产品加工人员	食品、饮料生产加工人员	烟草及其制品加工人员	纺织、针织、印染人员	纺织品、服装和皮革、毛皮制品加工制作人员	木材加工、家具与木制品制作人员
宁都县									
于都县									
兴国县									
会昌县									
寻乌县			27	1				1	
石城县									
瑞金市	12		3632	49	117	1	46	963	68
龙南市	10		3779	21	25		33	314	171
吉安市	**9**		**3412**	**34**	**60**	**1**	**16**	**158**	**138**
吉州区	4		1890	19	43	1	9	86	70
青原区	3		1126	10	10		7	46	52
吉安县									
吉水县									
峡江县									
新干县									
永丰县									
泰和县									
遂川县									
万安县									
安福县									
永新县									
井冈山市	2		396	5	7			26	16
宜春市	**32**	**14**	**17346**	**167**	**269**		**90**	**988**	**580**
袁州区	12	1	6882	48	66		26	514	176
奉新县									
万载县									
上高县									
宜丰县									
靖安县									
铜鼓县									
丰城市	12		4305	36	86		3	242	260
樟树市	3	13	2719	27	87		6	58	68
高安市	5		3440	56	30		55	174	76
抚州市	**12**		**7670**	**64**	**87**		**76**	**687**	**229**
临川区	8		5117	44	58		36	208	124
东乡区	4		2553	20	29		40	479	105
南城县									
黎川县									
南丰县									
崇仁县									
乐安县									
宜黄县									
金溪县									
资溪县									
广昌县									
上饶市	**27**	**1**	**18254**	**154**	**219**	**48**	**109**	**1798**	**654**
信州区	8		2713	20	102		7	186	59
广丰区	9	1	5576	55	58	48	48	643	189
广信区	3		6626	54	46		41	579	316
玉山县									
铅山县			23					3	1
横峰县									
弋阳县									
余干县	2		366	2				83	12
鄱阳县			45	1			3	11	4
万年县									
婺源县									
德兴市	5		2905	22	13		10	293	73

4-6a　续表 32

单位：人

地　区 性　别	农林牧渔生产辅助人员	其他农、林、牧、渔业生产加工人员	生产制造及有关人员 小计	农副产品加工人员	食品、饮料生产加工人员	烟草及其制品加工人员	纺织、针织、印染人员	纺织品、服装和皮革、毛皮制品加工制作人员	木材加工、家具与木制品制作人员
男	**236**	**13**	**101477**	**694**	**1322**	**93**	**313**	**4124**	**5859**
南昌市	**48**	**7**	**17982**	**116**	**225**	**39**	**63**	**503**	**543**
东湖区	4	1	1266	16	20	2	2	13	24
西湖区			1522	13	30	14	6	26	20
青云谱区	2		2132	7	18	2	5	49	65
青山湖区	31	1	6789	48	56	17	47	353	164
新建区	5	3	3932	24	54		2	50	139
红谷滩区	6	2	2298	7	47	4	1	11	129
南昌县			43	1				1	2
安义县									
进贤县									
景德镇市	**21**	**1**	**6763**	**61**	**85**	**2**	**16**	**234**	**207**
昌江区	2	1	1204	7	8			12	46
珠山区	3		3210	26	32		2	55	65
浮梁县	9		243	3	2			12	6
乐平市	7		2106	25	43	2	14	155	90
萍乡市	**4**		**4578**	**23**	**71**	**1**	**11**	**93**	**90**
安源区	2		2723	9	55	1	3	36	52
湘东区	2		1730	14	16		8	30	38
莲花县									
上栗县			125					27	
芦溪县									
九江市	**6**		**9457**	**46**	**81**	**1**	**39**	**815**	**318**
濂溪区	2		2034	10	16		4	50	65
浔阳区			2273	17	25	1	9	45	74
柴桑区			1449	4	10		10	81	45
武宁县									
修水县									
永修县									
德安县									
都昌县									
湖口县									
彭泽县									
瑞昌市	4		1728	7	9		6	226	44
共青城市			1183	3	14		7	377	48
庐山市			790	5	7		3	36	42
新余市	**22**		**5897**	**18**	**31**		**12**	**108**	**158**
渝水区	22		5897	18	31		12	108	158
分宜县									
鹰潭市	**21**		**4803**	**28**	**332**	**1**	**36**	**180**	**213**
月湖区	6		1821	11	235	1	4	88	43
余江区	10		994	4	19		3	48	68
贵溪市	5		1988	13	78		29	44	102
赣州市	**53**		**17764**	**129**	**150**	**16**	**50**	**1115**	**2917**
章贡区	4		5637	53	43	8	5	133	298
南康区	1		5473	19	23	6	2	301	2358
赣县区	35		2086	15	16	1	12	287	89
信丰县									
大余县									
上犹县									
崇义县									
安远县									
定南县									
全南县									

4-6a 续表 33

单位：人

地 区 性 别			生产制造及有关人员						
	农林牧渔生产辅助人员	其他农、林、牧、渔业生产加工人员	小计	农副产品加工人员	食品、饮料生产加工人员	烟草及其制品加工人员	纺织、针织、印染人员	纺织品、服装和皮革、毛皮制品加工制作人员	木材加工、家具与木制品制作人员
宁都县									
于都县									
兴国县									
会昌县									
寻乌县			13	1					
石城县									
瑞金市	6		2336	32	60	1	21	330	58
龙南市	7		2219	9	8		10	64	114
吉安市	**6**		**2449**	**24**	**30**	**1**	**4**	**51**	**118**
吉州区	2		1386	15	22	1	3	31	62
青原区	2		786	6	5		1	15	43
吉安县									
吉水县									
峡江县									
新干县									
永丰县									
泰和县									
遂川县									
万安县									
安福县									
永新县									
井冈山市	2		277	3	3			5	13
宜春市	**19**	**4**	**12607**	**95**	**139**		**28**	**328**	**514**
袁州区	9	1	5174	32	33		10	168	151
奉新县									
万载县									
上高县									
宜丰县									
靖安县									
铜鼓县									
丰城市	6		3338	22	41		1	96	239
樟树市	2	3	1990	20	50		3	20	59
高安市	2		2105	21	15		14	44	65
抚州市	**12**		**5959**	**40**	**53**		**24**	**208**	**208**
临川区	8		4247	29	38		13	66	113
东乡区	4		1712	11	15		11	142	95
南城县									
黎川县									
南丰县									
崇仁县									
乐安县									
宜黄县									
金溪县									
资溪县									
广昌县									
上饶市	**24**	**1**	**13218**	**114**	**125**	**32**	**30**	**489**	**573**
信州区	8		2077	13	66		5	63	52
广丰区	9	1	3899	37	36	32	16	166	164
广信区	3		4778	44	21		6	128	284
玉山县									
铅山县			15						1
横峰县									
弋阳县									
余干县	2		266	2				45	12
鄱阳县			30	1				8	2
万年县									
婺源县									
德兴市	2		2153	17	2		3	79	58

4−6a　续表 34

单位：人

地区 性别	农林牧渔生产辅助人员	其他农、林、牧、渔业生产加工人员	生产制造及有关人员 小计	农副产品加工人员	食品、饮料生产加工人员	烟草及其制品加工人员	纺织、针织、印染人员	纺织品、服装和皮革、毛皮制品加工制作人员	木材加工、家具与木制品制作人员
女	**117**	**13**	**41951**	**413**	**999**	**42**	**725**	**10585**	**1811**
南昌市	**19**	**1**	**5750**	**88**	**159**	**12**	**127**	**1414**	**74**
东湖区	1		306	14	13	1	2	36	3
西湖区			362	8	19	3	6	46	3
青云谱区	2		718	4	13	1	16	202	10
青山湖区	9		2942	34	53	7	93	982	31
新建区	3		1004	22	37		7	122	14
红谷滩区	4	1	402	5	23		2	22	13
南昌县			16	1	1		1	4	
安义县									
进贤县									
景德镇市	**9**		**2832**	**27**	**55**	**1**	**53**	**416**	**16**
昌江区			542		6	1	2	42	5
珠山区			1379	13	29		3	56	4
浮梁县	6		79	1	2		1	12	2
乐平市	3		832	13	18		47	306	5
萍乡市			**1462**	**13**	**44**		**14**	**228**	**11**
安源区			697	4	27		6	96	4
湘东区			662	9	17		8	104	7
莲花县									
上栗县			103					28	
芦溪县									
九江市	**2**	**1**	**5259**	**35**	**71**		**114**	**2560**	**39**
濂溪区	1		787	11	12		15	140	11
浔阳区		1	770	10	17		17	121	7
柴桑区	1		711	4	15		26	385	3
武宁县									
修水县									
永修县									
德安县									
都昌县									
湖口县									
彭泽县									
瑞昌市			1559	6	8		35	838	7
共青城市			941	1	5		17	758	5
庐山市			491	3	14		4	318	6
新余市	**3**		**1951**	**9**	**33**		**44**	**190**	**15**
渝水区	3		1951	9	33		44	190	15
分宜县									
鹰潭市	**7**	**1**	**2250**	**18**	**162**		**84**	**423**	**24**
月湖区	3	1	623	6	123		11	136	5
余江区	2		465	6	13		4	72	6
贵溪市	2		1162	6	26		69	215	13
赣州市	**58**		**9998**	**77**	**187**	**13**	**84**	**2799**	**1444**
章贡区	3		2399	27	76	6	9	413	85
南康区	2		3431	12	26	6	17	895	1270
赣县区	44		1298	9	11	1	10	607	22
信丰县									
大余县									
上犹县									
崇义县									
安远县									
定南县									
全南县									

4–6a 续表 35

单位：人

地区 性别	农林牧渔生产辅助人员	其他农、林、牧、渔业生产加工人员	生产制造及有关人员 小计	农副产品加工人员	食品、饮料生产加工人员	烟草及其制品加工人员	纺织、针织、印染人员	纺织品、服装和皮革、毛皮制品加工制作人员	木材加工、家具与木制品制作人员
宁都县									
于都县									
兴国县									
会昌县									
寻乌县			14					1	
石城县									
瑞金市	6		1296	17	57		25	633	10
龙南市	3		1560	12	17		23	250	57
吉安市	**3**		**963**	**10**	**30**		**12**	**107**	**20**
吉州区	2		504	4	21		6	55	8
青原区	1		340	4	5		6	31	9
吉安县									
吉水县									
峡江县									
新干县									
永丰县									
泰和县									
遂川县									
万安县									
安福县									
永新县									
井冈山市			119	2	4			21	3
宜春市	**13**	**10**	**4739**	**72**	**130**		**62**	**660**	**66**
袁州区	3		1708	16	33		16	346	25
奉新县									
万载县									
上高县									
宜丰县									
靖安县									
铜鼓县									
丰城市	6		967	14	45		2	146	21
樟树市	1	10	729	7	37		3	38	9
高安市	3		1335	35	15		41	130	11
抚州市			**1711**	**24**	**34**		**52**	**479**	**21**
临川区			870	15	20		23	142	11
东乡区			841	9	14		29	337	10
南城县									
黎川县									
南丰县									
崇仁县									
乐安县									
宜黄县									
金溪县									
资溪县									
广昌县									
上饶市	**3**		**5036**	**40**	**94**	**16**	**79**	**1309**	**81**
信州区			636	7	36		2	123	7
广丰区			1677	18	22	16	32	477	25
广信区			1848	10	25		35	451	32
玉山县									
铅山县			8					3	
横峰县									
弋阳县									
余干县			100					38	
鄱阳县			15				3	3	2
万年县									
婺源县									
德兴市	3		752	5	11		7	214	15

4-6a　续表 36

单位：人

地　区 性　别	生产制造及有关人员								
	纸及纸制品生产加工人员	印刷和记录媒介复制人员	文教、工美、体育和娱乐用品制造人　员	石油加工和炼焦、煤化工生产人员	化学原料和化学制品制造人　员	医药制造人　　员	化学纤维制造人员	橡胶和塑料制品制造人员	非金属矿物制品制造人员
全　省	**536**	**721**	**2970**	**272**	**808**	**706**	**38**	**720**	**4377**
南昌市	**72**	**261**	**61**	**16**	**62**	**119**	**2**	**79**	**144**
东湖区	1	22	5	1	9	30	1	4	5
西湖区	5	39	9		5	10		8	8
青云谱区	6	46	3		6	13		8	14
青山湖区	51	106	17	15	24	31	1	44	64
新建区	8	22	15		13	26		13	36
红谷滩区	1	26	12		5	9		2	12
南昌县									5
安义县									
进贤县									
景德镇市	**21**	**41**	**544**	**40**	**133**	**106**	**3**	**25**	**2071**
昌江区	9	15	38	24	20	9		1	487
珠山区	8	15	369	16	24	14		8	1475
浮梁县	2	2	7		2	1			67
乐平市	2	9	130		87	82	3	16	42
萍乡市	**60**	**43**	**34**	**11**	**54**	**18**	**2**	**36**	**271**
安源区	18	20	22	3	20	14	1	13	63
湘东区	42	23	12	8	34	4	1	22	208
莲花县									
上栗县								1	
芦溪县									
九江市	**34**	**64**	**82**	**145**	**55**	**40**	**28**	**53**	**353**
濂溪区	2	9	8	6	9	4	6	2	55
浔阳区	6	31	9	137	25	14	20	15	48
柴桑区	2	9	6		5	9	2	14	84
武宁县									
修水县									
永修县									
德安县									
都昌县									
湖口县									
彭泽县									
瑞昌市	12	6	13	2	9	5		18	39
共青城市	10	6	11		7	3		2	15
庐山市	2	3	35			5		2	112
新余市	**12**	**18**	**41**	**30**	**40**	**8**		**17**	**55**
渝水区	12	18	41	30	40	8		17	55
分宜县									
鹰潭市	**7**	**26**	**583**	**1**	**49**	**17**	**1**	**38**	**86**
月湖区	1	7	15		8	9		6	21
余江区	3	11	83		12	1		1	27
贵溪市	3	8	485	1	29	7	1	31	38
赣州市	**167**	**82**	**677**	**7**	**154**	**91**	**1**	**161**	**194**
章贡区	69	29	153	1	28	68		32	58
南康区	32	7	33	1	60	7	1	21	36
赣县区	13	8	24	2	43	5		21	24
信丰县									
大余县									
上犹县									
崇义县									
安远县									
定南县									
全南县									

4－6a 续表 37 单位：人

地 区 性 别	生产制造及有关人员								
	纸及纸制品生产加工人员	印刷和记录媒介复制人员	文教、工美、体育和娱乐用品制造人员	石油加工和炼焦、煤化工生产人员	化学原料和化学制品制造人员	医药制造人员	化学纤维制造人员	橡胶和塑料制品制造人员	非金属矿物制品制造人员
宁都县									
于都县									
兴国县									
会昌县									
寻乌县	1								
石城县									
瑞金市	39	19	39	1	7	5		41	24
龙南市	13	19	428	2	16	6		46	52
吉安市	**5**	**13**	**28**	**2**	**6**	**13**		**22**	**40**
吉州区	4	10	16		5	12		16	10
青原区		1	8	2	1	1		3	7
吉安县									
吉水县									
峡江县									
新干县									
永丰县									
泰和县									
遂川县									
万安县									
安福县									
永新县									
井冈山市	1	2	4					3	23
宜春市	**76**	**84**	**145**	**12**	**123**	**191**	**1**	**98**	**419**
袁州区	11	28	71	2	65	67	1	36	88
奉新县									
万载县									
上高县									
宜丰县									
靖安县									
铜鼓县									
丰城市	7	13	29	5	9	13		30	183
樟树市	31	24	9	4	36	105		14	19
高安市	27	19	36	1	13	6		18	129
抚州市	**32**	**34**	**69**	**1**	**43**	**60**		**122**	**89**
临川区	3	28	22		19	31		14	52
东乡区	29	6	47	1	24	29		108	37
南城县									
黎川县									
南丰县									
崇仁县									
乐安县									
宜黄县									
金溪县									
资溪县									
广昌县									
上饶市	**50**	**55**	**706**	**7**	**89**	**43**		**69**	**655**
信州区	3	21	31		6	8		10	64
广丰区	34	20	377	2	14	8		9	50
广信区	7	10	180	3	27	8		37	476
玉山县									
铅山县			1						1
横峰县									
弋阳县									
余干县									5
鄱阳县			3						5
万年县									
婺源县									
德兴市	6	4	114	2	42	19		13	54

4-6a　续表 38　　单位：人

地　区 性　别	生产制造及有关人员 纸及纸制品生产加工人员	印刷和记录媒介复制人员	文教、工美、体育和娱乐用品制造人　员	石油加工和炼焦、煤化工生产人员	化学原料和化学制品制造人　员	医药制造人　　员	化学纤维制造人员	橡胶和塑料制品制造人员	非金属矿物制品制造人员
男	**283**	**444**	**985**	**219**	**548**	**357**	**28**	**392**	**2950**
南昌市	**40**	**166**	**35**	**11**	**45**	**61**	**1**	**51**	**122**
东湖区		13	1		7	21		2	3
西湖区	4	28	6		3	3		6	7
青云谱区	2	31	2		4	10		7	12
青山湖区	29	65	8	11	17	17	1	25	56
新建区	5	16	10		10	7		9	30
红谷滩区		13	8		4	3		2	9
南昌县									5
安义县									
进贤县									
景德镇市	**9**	**22**	**219**	**34**	**97**	**65**	**1**	**13**	**1286**
昌江区	5	11	14	20	13	6			275
珠山区	2	5	183	14	17	5		3	927
浮梁县	1	2	4		2				44
乐平市	1	4	18		65	54	1	10	40
萍乡市	**20**	**25**	**23**	**7**	**35**	**6**	**1**	**27**	**185**
安源区	10	14	17	2	12	4		12	52
湘东区	10	11	6	5	23	2	1	14	133
莲花县									
上栗县								1	
芦溪县									
九江市	**22**	**35**	**38**	**116**	**37**	**23**	**23**	**29**	**271**
濂溪区	1	4	7	6	6	2	3		33
浔阳区	4	20	5	109	17	6	18	7	31
柴桑区	1	3	2		3	3	2	8	67
武宁县									
修水县									
永修县									
德安县									
都昌县									
湖口县									
彭泽县									
瑞昌市	9	4	6	1	6	4		12	27
共青城市	6	2	5		5	3		1	13
庐山市	1	2	13			5		1	100
新余市	**5**	**8**	**11**	**28**	**21**	**3**		**13**	**48**
渝水区	5	8	11	28	21	3		13	48
分宜县									
鹰潭市	**5**	**13**	**144**	**1**	**38**	**9**	**1**	**13**	**69**
月湖区		4	7		7	5		3	17
余江区	3	6	42		10			1	22
贵溪市	2	3	95	1	21	4	1	9	30
赣州市	**87**	**55**	**283**	**5**	**91**	**49**	**1**	**84**	**148**
章贡区	39	21	77	1	14	40		21	40
南康区	15	4	21	1	39		1	10	26
赣县区	8	5	10	1	23	2		14	20
信丰县									
大余县									
上犹县									
崇义县									
安远县									
定南县									
全南县									

4–6a 续表 39

单位：人

地区 性别	生产制造及有关人员								
	纸及纸制品生产加工人员	印刷和记录媒介复制人员	文教、工美、体育和娱乐用品制造人员	石油加工和炼焦、煤化工生产人员	化学原料和化学制品制造人员	医药制造人员	化学纤维制造人员	橡胶和塑料制品制造人员	非金属矿物制品制造人员
宁都县									
于都县									
兴国县									
会昌县									
寻乌县									
石城县									
瑞金市	22	11	13	1	4	3		17	22
龙南市	3	14	162	1	11	4		22	40
吉安市	**3**	**9**	**9**	**2**	**3**	**6**		**9**	**23**
吉州区	2	7	4		3	6		5	7
青原区		1	3	2				2	5
吉安县									
吉水县									
峡江县									
新干县									
永丰县									
泰和县									
遂川县									
万安县									
安福县									
永新县									
井冈山市	1	1	2					2	11
宜春市	**45**	**55**	**55**	**9**	**88**	**88**		**45**	**315**
袁州区	10	18	29	2	48	37		20	73
奉新县									
万载县									
上高县									
宜丰县									
靖安县									
铜鼓县									
丰城市	4	10	16	3	7	2		12	130
樟树市	16	18	4	3	24	48		7	17
高安市	15	9	6	1	9	1		6	95
抚州市	**24**	**17**	**37**	**1**	**28**	**28**		**78**	**72**
临川区	2	13	10		13	19		7	41
东乡区	22	4	27	1	15	9		71	31
南城县									
黎川县									
南丰县									
崇仁县									
乐安县									
宜黄县									
金溪县									
资溪县									
广昌县									
上饶市	**23**	**39**	**131**	**5**	**65**	**19**		**30**	**411**
信州区	2	14	18		3	2		5	38
广丰区	16	14	68	2	9	4		4	45
广信区	4	8	36	2	18	2		16	275
玉山县									
铅山县									1
横峰县									
弋阳县									
余干县									5
鄱阳县			1						4
万年县									
婺源县									
德兴市	1	3	8	1	35	11		5	43

4-6a 续表 40

单位：人

地区 性别	生产制造及有关人员								
	纸及纸制品生产加工人员	印刷和记录媒介复制人员	文教、工美、体育和娱乐用品制造人员	石油加工和炼焦、煤化工生产人员	化学原料和化学制品制造人员	医药制造人员	化学纤维制造人员	橡胶和塑料制品制造人员	非金属矿物制品制造人员
女	**253**	**277**	**1985**	**53**	**260**	**349**	**10**	**328**	**1427**
南昌市	**32**	**95**	**26**	**5**	**17**	**58**	**1**	**28**	**22**
东湖区	1	9	4	1	2	9	1	2	2
西湖区	1	11	3		2	7		2	1
青云谱区	4	15	1		2	3		1	2
青山湖区	22	41	9	4	7	14		19	8
新建区	3	6	5		3	19		4	6
红谷滩区	1	13	4		1	6			3
南昌县									
安义县									
进贤县									
景德镇市	**12**	**19**	**325**	**6**	**36**	**41**	**2**	**12**	**785**
昌江区	4	4	24	4	7	3		1	212
珠山区	6	10	186	2	7	9		5	548
浮梁县	1		3			1			23
乐平市	1	5	112		22	28	2	6	2
萍乡市	**40**	**18**	**11**	**4**	**19**	**12**	**1**	**9**	**86**
安源区	8	6	5	1	8	10	1	1	11
湘东区	32	12	6	3	11	2		8	75
莲花县									
上栗县									
芦溪县									
九江市	**12**	**29**	**44**	**29**	**18**	**17**	**5**	**24**	**82**
濂溪区	1	5	1		3	2	3	2	22
浔阳区	2	11	4	28	8	8	2	8	17
柴桑区	1	6	4		2	6		6	17
武宁县									
修水县									
永修县									
德安县									
都昌县									
湖口县									
彭泽县									
瑞昌市	3	2	7	1	3	1		6	12
共青城市	4	4	6		2			1	2
庐山市	1	1	22					1	12
新余市	**7**	**10**	**30**	**2**	**19**	**5**		**4**	**7**
渝水区	7	10	30	2	19	5		4	7
分宜县									
鹰潭市	**2**	**13**	**439**		**11**	**8**		**25**	**17**
月湖区	1	3	8		1	4		3	4
余江区		5	41		2	1			5
贵溪市	1	5	390		8	3		22	8
赣州市	**80**	**27**	**394**	**2**	**63**	**42**		**77**	**46**
章贡区	30	8	76		14	28		11	18
南康区	17	3	12		21	7		11	10
赣县区	5	3	14	1	20	3		7	4
信丰县									
大余县									
上犹县									
崇义县									
安远县									
定南县									
全南县									

4-6a 续表 41

单位：人

地区 性别	生产制造及有关人员 纸及纸制品生产加工人员	印刷和记录媒介复制人员	文教、工美、体育和娱乐用品制造人员	石油加工和炼焦、煤化工生产人员	化学原料和化学制品制造人员	医药制造人员	化学纤维制造人员	橡胶和塑料制品制造人员	非金属矿物制品制造人员
宁都县									
于都县									
兴国县									
会昌县									
寻乌县	1								
石城县									
瑞金市	17	8	26		3	2		24	2
龙南市	10	5	266	1	5	2		24	12
吉安市	**2**	**4**	**19**		**3**	**7**		**13**	**17**
吉州区	2	3	12		2	6		11	3
青原区			5		1	1		1	2
吉安县									
吉水县									
峡江县									
新干县									
永丰县									
泰和县									
遂川县									
万安县									
安福县									
永新县									
井冈山市		1	2					1	12
宜春市	**31**	**29**	**90**	**3**	**35**	**103**	**1**	**53**	**104**
袁州区	1	10	42		17	30	1	16	15
奉新县									
万载县									
上高县									
宜丰县									
靖安县									
铜鼓县									
丰城市	3	3	13	2	2	11		18	53
樟树市	15	6	5	1	12	57		7	2
高安市	12	10	30		4	5		12	34
抚州市	**8**	**17**	**32**		**15**	**32**		**44**	**17**
临川区	1	15	12		6	12		7	11
东乡区	7	2	20		9	20		37	6
南城县									
黎川县									
南丰县									
崇仁县									
乐安县									
宜黄县									
金溪县									
资溪县									
广昌县									
上饶市	**27**	**16**	**575**	**2**	**24**	**24**		**39**	**244**
信州区	1	7	13		3	6		5	26
广丰区	18	6	309		5	4		5	5
广信区	3	2	144	1	9	6		21	201
玉山县									
铅山县			1						
横峰县									
弋阳县									
余干县									
鄱阳县			2						1
万年县									
婺源县									
德兴市	5	1	106	1	7	8		8	11

4-6a　续表 42

单位：人

地区 性别	生产制造及有关人员								
	采矿人员	金属冶炼和压延加工人员	机械制造基础加工人员	金属制品制造人员	通用设备制造人员	专用设备制造人员	汽车制造人员	铁路、船舶、航空设备制造人员	电气机械和器材制造人员
全　省	**1144**	**2190**	**3459**	**2868**	**701**	**301**	**1064**	**340**	**1480**
南昌市	**36**	**255**	**689**	**508**	**117**	**68**	**403**	**120**	**176**
东湖区	4	12	49	22	5	2	36	4	4
西湖区	5	4	40	34	3	7	35	5	5
青云谱区	6	22	238	83	39	3	167	91	28
青山湖区	15	203	222	193	46	39	55	14	96
新建区	2	11	112	140	17	7	91	3	36
红谷滩区	4	3	24	33	6	10	16	3	7
南昌县			4	3	1		3		
安义县									
进贤县									
景德镇市	**51**	**8**	**204**	**125**	**48**	**8**	**128**	**134**	**24**
昌江区	7	2	46	38	8		9	4	6
珠山区	32	4	101	42	29	5	107	129	12
浮梁县	4		12	7	1		3		
乐平市	8	2	45	38	10	3	9	1	6
萍乡市	**254**	**323**	**179**	**116**	**42**	**22**	**35**		**19**
安源区	232	110	98	73	20	5	21		11
湘东区	22	213	81	42	22	17	12		8
莲花县									
上栗县				1			2		
芦溪县									
九江市	**89**	**43**	**314**	**218**	**64**	**21**	**52**	**21**	**168**
濂溪区	15	7	73	43	12	3	7	9	3
浔阳区	19	12	112	47	20	8	20	9	10
柴桑区	30	17	36	23	13	3	11	3	12
武宁县									
修水县									
永修县									
德安县									
都昌县									
湖口县									
彭泽县									
瑞昌市	22	3	47	67	12	5	10		137
共青城市	2		27	21	3	1	1		4
庐山市	1	4	19	17	4	1	3		2
新余市	**86**	**603**	**254**	**140**	**47**	**11**	**37**		**28**
渝水区	86	603	254	140	47	11	37		28
分宜县									
鹰潭市	**36**	**389**	**162**	**140**	**51**	**9**	**12**	**12**	**72**
月湖区	12	24	44	50	13	7	5	11	7
余江区	1	9	48	40	7	1		1	33
贵溪市	23	356	70	50	31	1	7		32
赣州市	**96**	**337**	**554**	**534**	**74**	**33**	**58**	**34**	**273**
章贡区	28	100	174	238	30	12	37	30	68
南康区	33	84	204	82	14	3	3		70
赣县区	10	39	53	59	9	4	8	1	11
信丰县									
大余县									
上犹县									
崇义县									
安远县									
定南县									
全南县									

4－6a 续表 43

单位：人

地区 性别	生产制造及有关人员								
	采矿人员	金属冶炼和压延加工人员	机械制造基础加工人员	金属制品制造人员	通用设备制造人员	专用设备制造人员	汽车制造人员	铁路、船舶、航空设备制造人员	电气机械和器材制造人员
宁都县									
于都县									
兴国县									
会昌县									
寻乌县			1						
石城县									
瑞金市	5	23	65	39	2	3	4	1	38
龙南市	20	91	57	116	19	11	6	2	86
吉安市	**7**	**9**	**47**	**80**	**10**	**6**	**10**	**5**	**14**
吉州区	4	5	27	45	5	6	8	1	9
青原区	3	3	12	24	4			4	1
吉安县									
吉水县									
峡江县									
新干县									
永丰县									
泰和县									
遂川县									
万安县									
安福县									
永新县									
井冈山市		1	8	11	1		2		4
宜春市	**178**	**137**	**620**	**483**	**165**	**89**	**91**	**7**	**294**
袁州区	57	57	237	235	80	45	42	2	204
奉新县									
万载县									
上高县									
宜丰县									
靖安县									
铜鼓县									
丰城市	86	58	83	81	20	11	14	4	34
樟树市	27	5	93	84	12	5	11	1	6
高安市	8	17	207	83	53	28	24		50
抚州市	**19**	**21**	**104**	**134**	**20**	**18**	**93**	**5**	**15**
临川区	14	5	68	84	10	13	51	3	7
东乡区	5	16	36	50	10	5	42	2	8
南城县									
黎川县									
南丰县									
崇仁县									
乐安县									
宜黄县									
金溪县									
资溪县									
广昌县									
上饶市	**292**	**65**	**332**	**390**	**63**	**16**	**145**	**2**	**397**
信州区	21	6	28	64	12	2	18	1	10
广丰区	13	18	66	84	11	5	15	1	10
广信区	11	28	146	171	25	5	109		374
玉山县									
铅山县				1					
横峰县									
弋阳县									
余干县	2		1	8	1				
鄱阳县				2		1	1		
万年县									
婺源县									
德兴市	245	13	91	60	14	3	2		3

4-6a　续表 44

单位：人

地　区 性　别	生产制造及有关人员								
	采矿人员	金属冶炼和压延加工人员	机械制造基础加工人　员	金属制品制造人员	通用设备制造人员	专用设备制造人员	汽车制造人　员	铁路、船舶、航空设备制造人　员	电气机械和器材制造人员
男	**973**	**1736**	**2878**	**2134**	**586**	**179**	**797**	**247**	**877**
南昌市	**30**	**209**	**582**	**388**	**105**	**43**	**323**	**98**	**124**
东湖区	3	9	41	17	4	2	25	3	3
西湖区	3	3	37	26	3	5	28	5	3
青云谱区	6	18	192	59	33	2	142	70	17
青山湖区	13	168	190	133	42	23	41	14	64
新建区	2	8	99	121	17	2	72	3	30
红谷滩区	3	3	21	29	5	9	12	3	7
南昌县			2	3	1		3		
安义县									
进贤县									
景德镇市	**43**	**8**	**180**	**95**	**41**	**7**	**94**	**80**	**19**
昌江区	4	2	39	26	5		8	3	5
珠山区	31	4	86	34	26	5	75	76	9
浮梁县	3		12	5			2		
乐平市	5	2	43	30	10	2	9	1	5
萍乡市	**233**	**262**	**161**	**90**	**38**	**19**	**27**		**12**
安源区	212	91	88	59	19	4	18		7
湘东区	21	171	73	30	19	15	8		5
莲花县									
上栗县				1			1		
芦溪县									
九江市	**73**	**34**	**268**	**154**	**51**	**18**	**34**	**12**	**65**
濂溪区	10	6	62	29	9	3	4	5	2
浔阳区	17	9	97	31	14	7	18	5	7
柴桑区	24	14	34	16	13	3	6	2	9
武宁县									
修水县									
永修县									
德安县									
都昌县									
湖口县									
彭泽县									
瑞昌市	19	2	39	45	8	4	3		42
共青城市	2		19	18	3		1		4
庐山市	1	3	17	15	4	1	2		1
新余市	**72**	**475**	**225**	**113**	**38**	**5**	**27**		**18**
渝水区	72	475	225	113	38	5	27		18
分宜县									
鹰潭市	**26**	**304**	**133**	**95**	**46**	**6**	**5**	**12**	**32**
月湖区	10	19	41	32	11	5	1	11	4
余江区		7	37	32	6			1	14
贵溪市	16	278	55	31	29	1	4		14
赣州市	**63**	**244**	**430**	**371**	**60**	**22**	**42**	**32**	**169**
章贡区	21	71	145	169	22	9	24	29	43
南康区	14	75	146	59	14	2	3		41
赣县区	8	23	43	41	8	1	7	1	8
信丰县									
大余县									
上犹县									
崇义县									
安远县									
定南县									
全南县									

4－6a　续表 45

单位：人

地区 性别	生产制造及有关人员								
	采矿人员	金属冶炼和压延加工人员	机械制造基础加工人员	金属制品制造人员	通用设备制造人员	专用设备制造人员	汽车制造人员	铁路、船舶、航空设备制造人员	电气机械和器材制造人员
宁都县									
于都县									
兴国县									
会昌县									
寻乌县			1						
石城县									
瑞金市	4	18	49	31	2	3	3		26
龙南市	16	57	46	71	14	7	5	2	51
吉安市	**6**	**6**	**40**	**56**	**8**	**5**	**8**	**3**	**7**
吉州区	4	3	22	36	4	5	6	1	6
青原区	2	2	12	16	3			2	
吉安县									
吉水县									
峡江县									
新干县									
永丰县									
泰和县									
遂川县									
万安县									
安福县									
永新县									
井冈山市		1	6	4	1		2		1
宜春市	**152**	**120**	**480**	**355**	**134**	**38**	**66**	**5**	**137**
袁州区	48	47	198	174	61	21	26	2	108
奉新县									
万载县									
上高县									
宜丰县									
靖安县									
铜鼓县									
丰城市	78	56	74	61	18	7	11	2	16
樟树市	20	3	81	62	10	4	8	1	3
高安市	6	14	127	58	45	6	21		10
抚州市	**17**	**14**	**94**	**112**	**13**	**10**	**65**	**4**	**6**
临川区	13	3	61	69	8	7	37	2	2
东乡区	4	11	33	43	5	3	28	2	4
南城县									
黎川县									
南丰县									
崇仁县									
乐安县									
宜黄县									
金溪县									
资溪县									
广昌县									
上饶市	**258**	**60**	**285**	**305**	**52**	**6**	**106**	**1**	**288**
信州区	16	6	26	52	10	1	15	1	8
广丰区	12	14	56	67	8	2	12		7
广信区	10	28	120	137	21	1	77		272
玉山县									
铅山县				1					
横峰县									
弋阳县									
余干县	2		1	6	1				
鄱阳县				1			1		
万年县									
婺源县									
德兴市	218	12	82	41	12	2	1		1

4−6a　续表 46

单位：人

地　区 性　别	生产制造及有关人员								
	采矿人员	金属冶炼和压延加工人员	机械制造基础加工人员	金属制品制造人员	通用设备制造人员	专用设备制造人员	汽车制造人员	铁路、船舶、航空设备制造人员	电气机械和器材制造人员
女	**171**	**454**	**581**	**734**	**115**	**122**	**267**	**93**	**603**
南昌市	**6**	**46**	**107**	**120**	**12**	**25**	**80**	**22**	**52**
东湖区	1	3	8	5	1		11	1	1
西湖区	2	1	3	8		2	7		2
青云谱区		4	46	24	6	1	25	21	11
青山湖区	2	35	32	60	4	16	14		32
新建区		3	13	19		5	19		6
红谷滩区	1		3	4	1	1	4		
南昌县			2						
安义县									
进贤县									
景德镇市	**8**		**24**	**30**	**7**	**1**	**34**	**54**	**5**
昌江区	3		7	12	3		1	1	1
珠山区	1		15	8	3		32	53	3
浮梁县	1			2	1		1		
乐平市	3		2	8		1			1
萍乡市	**21**	**61**	**18**	**26**	**4**	**3**	**8**		**7**
安源区	20	19	10	14	1	1	3		4
湘东区	1	42	8	12	3	2	4		3
莲花县									
上栗县							1		
芦溪县									
九江市	**16**	**9**	**46**	**64**	**13**	**3**	**18**	**9**	**103**
濂溪区	5	1	11	14	3		3	4	1
浔阳区	2	3	15	16	6	1	2	4	3
柴桑区	6	3	2	7			5	1	3
武宁县									
修水县									
永修县									
德安县									
都昌县									
湖口县									
彭泽县									
瑞昌市	3	1	8	22	4	1	7		95
共青城市			8	3		1			
庐山市		1	2	2			1		1
新余市	**14**	**128**	**29**	**27**	**9**	**6**	**10**		**10**
渝水区	14	128	29	27	9	6	10		10
分宜县									
鹰潭市	**10**	**85**	**29**	**45**	**5**	**3**	**7**		**40**
月湖区	2	5	3	18	2	2	4		3
余江区	1	2	11	8	1	1			19
贵溪市	7	78	15	19	2		3		18
赣州市	**33**	**93**	**124**	**163**	**14**	**11**	**16**	**2**	**104**
章贡区	7	29	29	69	8	3	13	1	25
南康区	19	9	58	23		1			29
赣县区	2	16	10	18	1	3	1		3
信丰县									
大余县									
上犹县									
崇义县									
安远县									
定南县									
全南县									

4-6a　续表 47　　　　单位：人

地　区 性　别	生产制造及有关人员								
	采矿人员	金属冶炼和压延加工人员	机械制造基础加工人员	金属制品制造人员	通用设备制造人员	专用设备制造人员	汽车制造人员	铁路、船舶、航空设备制造人员	电气机械和器材制造人员
宁都县									
于都县									
兴国县									
会昌县									
寻乌县									
石城县									
瑞金市	1	5	16	8			1	1	12
龙南市	4	34	11	45	5	4	1		35
吉安市	**1**	**3**	**7**	**24**	**2**	**1**	**2**	**2**	**7**
吉州区		2	5	9	1	1	2		3
青原区	1	1		8	1			2	1
吉安县									
吉水县									
峡江县									
新干县									
永丰县									
泰和县									
遂川县									
万安县									
安福县									
永新县									
井冈山市			2	7					3
宜春市	**26**	**17**	**140**	**128**	**31**	**51**	**25**	**2**	**157**
袁州区	9	10	39	61	19	24	16		96
奉新县									
万载县									
上高县									
宜丰县									
靖安县									
铜鼓县									
丰城市	8	2	9	20	2	4	3	2	18
樟树市	7	2	12	22	2	1	3		3
高安市	2	3	80	25	8	22	3		40
抚州市	**2**	**7**	**10**	**22**	**7**	**8**	**28**	**1**	**9**
临川区	1	2	7	15	2	6	14	1	5
东乡区	1	5	3	7	5	2	14		4
南城县									
黎川县									
南丰县									
崇仁县									
乐安县									
宜黄县									
金溪县									
资溪县									
广昌县									
上饶市	**34**	**5**	**47**	**85**	**11**	**10**	**39**	**1**	**109**
信州区	5		2	12	2	1	3		2
广丰区	1	4	10	17	3	3	3	1	3
广信区	1		26	34	4	4	32		102
玉山县									
铅山县									
横峰县									
弋阳县									
余干县				2					
鄱阳县				1		1			
万年县									
婺源县									
德兴市	27	1	9	19	2	1	1		2

4-6a　续表 48

单位：人

地　区 性　别	生产制造及有关人员								不便分类的其他从业人员
	计算机、通信和其他电子设备制造人员	仪器仪表制造人员	废弃资源综合利用人员	电力、热力、气体、水生产和输配人员	建筑施工人员	运输设备和通用工程机械操作人员及有关人员	生产辅助人员	其他生产制造及有关人员	
全　省	**13263**	**118**	**189**	**800**	**57353**	**4903**	**14421**	**706**	**2701**
南昌市	**2281**	**13**	**32**	**107**	**10992**	**999**	**2682**	**75**	**489**
东湖区	85	1	3	34	749	102	232	4	99
西湖区	104	2	4	6	944	100	307	1	38
青云谱区	154	3	5	10	1047	73	381	12	9
青山湖区	1570	7	4	31	3539	354	1087	18	95
新建区	291		12	11	3080	214	272	33	174
红谷滩区	66		4	15	1619	155	397	7	74
南昌县	11				14	1	6		
安义县									
进贤县									
景德镇市	**566**	**4**	**11**	**47**	**2819**	**250**	**878**	**133**	**369**
昌江区	119		2	3	487	56	169	58	254
珠山区	284	2	1	33	944	108	490	52	72
浮梁县	21				127	6	18	1	2
乐平市	142	2	8	11	1261	80	201	22	41
萍乡市	**579**	**5**	**5**	**46**	**2078**	**294**	**884**	**31**	**81**
安源区	302	2	1	25	1362	153	523	15	62
湘东区	174	3	4	21	664	140	348	16	19
莲花县									
上栗县	103				52	1	13		
芦溪县									
九江市	**1166**	**13**	**6**	**224**	**5818**	**318**	**1165**	**43**	**367**
濂溪区	229	3	2	14	1587	108	267	4	103
浔阳区	158	6	3	197	1158	103	499	14	160
柴桑区	113	2		10	1017	47	102	7	22
武宁县									
修水县									
永修县									
德安县									
都昌县									
湖口县									
彭泽县									
瑞昌市	545	1	1	1	989	32	120	5	7
共青城市	95	1		2	540	16	113	9	42
庐山市	26				527	12	64	4	33
新余市	**1314**	**10**	**18**	**81**	**3197**	**271**	**864**	**48**	**136**
渝水区	1314	10	18	81	3197	271	864	48	136
分宜县									
鹰潭市	**585**	**10**	**4**	**59**	**2173**	**214**	**788**	**28**	**36**
月湖区	182	6		13	923	106	289	22	26
余江区	219	1		1	515	26	174	2	8
贵溪市	184	3	4	45	735	82	325	4	2
赣州市	**2569**	**10**	**44**	**54**	**9215**	**492**	**2748**	**122**	**275**
章贡区	1013	3	20	30	3422	189	1012	36	130
南康区	261		7	8	1957	129	905	11	66
赣县区	251		7	9	1429	35	199	40	17
信丰县									
大余县									
上犹县									
崇义县									
安远县									
定南县									
全南县									

4-6a 续表 49

单位：人

地区 性别	生产制造及有关人员 计算机、通信和其他电子设备制造人员	仪器仪表制造人员	废弃资源综合利用人员	电力、热力、气体、水生产和输配人员	建筑施工人员	运输设备和通用工程机械操作人员及有关人员	生产辅助人员	其他生产制造及有关人员	不便分类的其他从业人员
宁都县									
于都县									
兴国县									
会昌县									
寻乌县	6				15		2		
石城县									
瑞金市	234	3	3	1	1443	68	267	14	62
龙南市	804	4	7	6	949	71	363	21	
吉安市	**360**		**3**	**35**	**1832**	**159**	**280**	**19**	**139**
吉州区	236		3	14	923	97	199	7	44
青原区	114			13	688	45	61	6	94
吉安县									
吉水县									
峡江县									
新干县									
永丰县									
泰和县									
遂川县									
万安县									
安福县									
永新县									
井冈山市	10			8	221	17	20	6	1
宜春市	**1518**	**12**	**44**	**89**	**7384**	**725**	**2168**	**99**	**162**
袁州区	614	2	6	16	3134	273	620	59	49
奉新县									
万载县									
上高县									
宜丰县									
靖安县									
铜鼓县									
丰城市	365	3	36	36	1908	204	433	13	83
樟树市	69	5	1	22	1268	82	521	19	16
高安市	470	2	1	15	1074	166	594	8	14
抚州市	**482**	**1**	**5**	**21**	**4302**	**243**	**549**	**45**	**182**
临川区	338		4	13	3389	172	287	20	132
东乡区	144	1	1	8	913	71	262	25	50
南城县									
黎川县									
南丰县									
崇仁县									
乐安县									
宜黄县									
金溪县									
资溪县									
广昌县									
上饶市	**1843**	**40**	**17**	**37**	**7543**	**938**	**1415**	**63**	**465**
信州区	161	24	4	9	1350	146	322	18	118
广丰区	633	3	3	5	2419	402	302	31	257
广信区	774	6	10	10	2606	175	382	10	47
玉山县									
铅山县					11		1	4	
横峰县									
弋阳县									
余干县	32				201	2	17		10
鄱阳县	2				11		1		
万年县									
婺源县									
德兴市	241	7		13	945	213	390		33

4-6a 续表 50

单位：人

地区 性别	生产制造及有关人员								不便分类的其他从业人员
	计算机、通信和其他电子设备制造人员	仪器仪表制造人员	废弃资源综合利用人员	电力、热力、气体、水生产和输配人员	建筑施工人员	运输设备和通用工程机械操作人员及有关人员	生产辅助人员	其他生产制造及有关人员	
男	**7391**	**73**	**129**	**633**	**49734**	**4437**	**9625**	**437**	**1691**
南昌市	**1523**	**6**	**17**	**96**	**9535**	**907**	**1922**	**53**	**321**
东湖区	62	1	2	30	669	97	171	3	57
西湖区	81	1	2	6	830	83	239	1	29
青云谱区	117	2	3	8	902	65	274	8	7
青山湖区	1026	2	3	27	3074	324	718	13	58
新建区	179		4	11	2615	197	195	21	123
红谷滩区	50		3	14	1433	140	321	7	47
南昌县	8				12	1	4		
安义县									
进贤县									
景德镇市	**364**	**4**	**8**	**37**	**2507**	**236**	**609**	**80**	**239**
昌江区	71		2	3	430	53	102	34	157
珠山区	197	2		23	809	102	365	30	51
浮梁县	11				122	6	5	1	
乐平市	85	2	6	11	1146	75	137	15	31
萍乡市	**293**	**3**	**3**	**33**	**1931**	**248**	**590**	**17**	**47**
安源区	166	1	1	20	1253	132	364	9	35
湘东区	81	2	2	13	635	115	221	8	12
莲花县									
上栗县	46				43	1	5		
芦溪县									
九江市	**608**	**10**	**6**	**161**	**4932**	**286**	**825**	**26**	**226**
濂溪区	138	1	2	9	1254	99	192	2	63
浔阳区	67	6	3	142	977	93	382	10	97
柴桑区	53	2		10	901	41	77	5	13
武宁县									
修水县									
永修县									
德安县									
都昌县									
湖口县									
彭泽县									
瑞昌市	278		1		825	27	73	1	4
共青城市	58	1			509	16	61	7	28
庐山市	14				466	10	40	1	21
新余市	**707**	**6**	**13**	**65**	**2766**	**231**	**637**	**35**	**99**
渝水区	707	6	13	65	2766	231	637	35	99
分宜县									
鹰潭市	**313**	**6**	**2**	**52**	**1933**	**197**	**543**	**15**	**21**
月湖区	99	4		12	839	99	199	10	13
余江区	109			1	431	25	104	1	7
贵溪市	105	2	2	39	663	73	240	4	1
赣州市	**1453**	**5**	**27**	**44**	**7383**	**437**	**1725**	**77**	**167**
章贡区	629	3	13	24	2784	158	670	30	71
南康区	122		4	7	1487	122	545	6	42
赣县区	150		4	8	1107	29	123	22	12
信丰县									
大余县									
上犹县									
崇义县									
安远县									
定南县									
全南县									

4－6a　续表 51　　　　单位：人

地　区 性　别	生产制造及有关人员								不便分类的其他从业人员
	计算机、通信和其他电子设备制造人　员	仪器仪表制造人员	废弃资源综合利用人　员	电力、热力、气体、水生产和输配人员	建筑施工人　员	运输设备和通用工程机械操作人员及有关人员	生产辅助人　员	其他生产制造及有关人员	
宁都县									
于都县									
兴国县									
会昌县									
寻乌县					10		1		
石城县									
瑞金市	146	1	2	1	1196	62	190	7	42
龙南市	406	1	4	4	799	66	196	12	
吉安市	**177**		**1**	**26**	**1458**	**145**	**201**	**10**	**81**
吉州区	109		1	9	782	89	135	6	25
青原区	62			11	501	39	51	2	55
吉安县									
吉水县									
峡江县									
新干县									
永丰县									
泰和县									
遂川县									
万安县									
安福县									
永新县									
井冈山市	6			6	175	17	15	2	1
宜春市	**607**	**7**	**34**	**75**	**6645**	**661**	**1228**	**59**	**102**
袁州区	271	2	4	13	2871	248	414	35	33
奉新县									
万载县									
上高县									
宜丰县									
靖安县									
铜鼓县									
丰城市	184	1	29	32	1681	184	315	6	51
樟树市	39	4		21	1156	77	199	13	9
高安市	113		1	9	937	152	300	5	9
抚州市	**264**		**5**	**20**	**3879**	**229**	**378**	**31**	**118**
临川区	205		4	12	3069	163	213	15	86
东乡区	59		1	8	810	66	165	16	32
南城县									
黎川县									
南丰县									
崇仁县									
乐安县									
宜黄县									
金溪县									
资溪县									
广昌县									
上饶市	**1082**	**26**	**13**	**24**	**6765**	**860**	**967**	**34**	**270**
信州区	102	15	3	4	1164	137	225	11	76
广丰区	334	2	2	3	2173	389	190	15	134
广信区	455	2	8	8	2399	159	230	7	34
玉山县									
铅山县					11			1	
横峰县									
弋阳县									
余干县	19				161	2	10		9
鄱阳县	1				10		1		
万年县									
婺源县									
德兴市	171	7		9	847	173	311		17

4−6a　续表 52　　　　　　　　　　　　　　　　　　　　　　　　　　单位：人

地　区 性　别	生产制造及有关人员								不便分类的其他从业人员
	计算机、通信和其他电子设备制造人员	仪器仪表制造人员	废弃资源综合利用人员	电力、热力、气体、水生产和输配人员	建筑施工人员	运输设备和通用工程机械操作人员及有关人员	生产辅助人员	其他生产制造及有关人员	
女	**5872**	**45**	**60**	**167**	**7619**	**466**	**4796**	**269**	**1010**
南昌市	**758**	**7**	**15**	**11**	**1457**	**92**	**760**	**22**	**168**
东湖区	23		1	4	80	5	61	1	42
西湖区	23	1	2		114	17	68		9
青云谱区	37	1	2	2	145	8	107	4	2
青山湖区	544	5	1	4	465	30	369	5	37
新建区	112		8		465	17	77	12	51
红谷滩区	16		1	1	186	15	76		27
南昌县	3				2		2		
安义县									
进贤县									
景德镇市	**202**		**3**	**10**	**312**	**14**	**269**	**53**	**130**
昌江区	48				57	3	67	24	97
珠山区	87		1	10	135	6	125	22	21
浮梁县	10				5		13		2
乐平市	57		2		115	5	64	7	10
萍乡市	**286**	**2**	**2**	**13**	**147**	**46**	**294**	**14**	**34**
安源区	136	1		5	109	21	159	6	27
湘东区	93	1	2	8	29	25	127	8	7
莲花县									
上栗县	57				9		8		
芦溪县									
九江市	**558**	**3**		**63**	**886**	**32**	**340**	**17**	**141**
濂溪区	91	2		5	333	9	75	2	40
浔阳区	91			55	181	10	117	4	63
柴桑区	60				116	6	25	2	9
武宁县									
修水县									
永修县									
德安县									
都昌县									
湖口县									
彭泽县									
瑞昌市	267	1		1	164	5	47	4	3
共青城市	37			2	31		52	2	14
庐山市	12				61	2	24	3	12
新余市	**607**	**4**	**5**	**16**	**431**	**40**	**227**	**13**	**37**
渝水区	607	4	5	16	431	40	227	13	37
分宜县									
鹰潭市	**272**	**4**	**2**	**7**	**240**	**17**	**245**	**13**	**15**
月湖区	83	2		1	84	7	90	12	13
余江区	110	1			84	1	70	1	1
贵溪市	79	1	2	6	72	9	85		1
赣州市	**1116**	**5**	**17**	**10**	**1832**	**55**	**1023**	**45**	**108**
章贡区	384		7	6	638	31	342	6	59
南康区	139		3	1	470	7	360	5	24
赣县区	101		3	1	322	6	76	18	5
信丰县									
大余县									
上犹县									
崇义县									
安远县									
定南县									
全南县									

4－6a 续表 53

单位：人

地区 性别	生产制造及有关人员								不便分类的其他从业人员
	计算机、通信和其他电子设备制造人员	仪器仪表制造人员	废弃资源综合利用人员	电力、热力、气体、水生产和输配人员	建筑施工人员	运输设备和通用工程机械操作人员及有关人员	生产辅助人员	其他生产制造及有关人员	
宁都县									
于都县									
兴国县									
会昌县									
寻乌县	6				5		1		
石城县									
瑞金市	88	2	1		247	6	77	7	20
龙南市	398	3	3	2	150	5	167	9	
吉安市	**183**		**2**	**9**	**374**	**14**	**79**	**9**	**58**
吉州区	127		2	5	141	8	64	1	19
青原区	52			2	187	6	10	4	39
吉安县									
吉水县									
峡江县									
新干县									
永丰县									
泰和县									
遂川县									
万安县									
安福县									
永新县									
井冈山市	4			2	46		5	4	
宜春市	**911**	**5**	**10**	**14**	**739**	**64**	**940**	**40**	**60**
袁州区	343		2	3	263	25	206	24	16
奉新县									
万载县									
上高县									
宜丰县									
靖安县									
铜鼓县									
丰城市	181	2	7	4	227	20	118	7	32
樟树市	30	1	1	1	112	5	322	6	7
高安市	357	2		6	137	14	294	3	5
抚州市	**218**	**1**		**1**	**423**	**14**	**171**	**14**	**64**
临川区	133			1	320	9	74	5	46
东乡区	85	1			103	5	97	9	18
南城县									
黎川县									
南丰县									
崇仁县									
乐安县									
宜黄县									
金溪县									
资溪县									
广昌县									
上饶市	**761**	**14**	**4**	**13**	**778**	**78**	**448**	**29**	**195**
信州区	59	9	1	5	186	9	97	7	42
广丰区	299	1	1	2	246	13	112	16	123
广信区	319	4	2	2	207	16	152	3	13
玉山县									
铅山县							1	3	
横峰县									
弋阳县									
余干县	13				40		7		1
鄱阳县	1				1				
万年县									
婺源县									
德兴市	70			4	98	40	79		16

4−6b　各地区分性别、职业中类的就业人口(镇)

单位：人

地　区 性　别	合计	党的机关、国家机关、群众团体和社会组织、企事业单位负责人						
		小计	中国共产党机关负责人	国家机关负责人	民主党派和工商联负责人	人民团体和群众团体、社会组织及其他成员组织负责人	基层群众自治组织负责人	企事业单位负责人
全　省	**644311**	**17365**	**32**	**1113**		**878**	**260**	**15082**
南昌市	**61317**	**1995**	**1**	**60**		**48**	**12**	**1874**
东湖区	220	9						9
西湖区								
青云谱区	98	2						2
青山湖区	3617	78				2	1	75
新建区	1985	42		5		1	1	35
红谷滩区								
南昌县	37008	1405	1	23		33	7	1341
安义县	6245	201		21		2	1	177
进贤县	12144	258		11		10	2	235
景德镇市	**12735**	**210**		**24**		**7**	**10**	**169**
昌江区	367	6		1		1	2	2
珠山区	616	5						5
浮梁县	6212	138		19			7	112
乐平市	5540	61		4		6	1	50
萍乡市	**36315**	**625**	**1**	**28**		**41**	**10**	**545**
安源区	3621	64		2		1	1	60
湘东区	4050	43	1	2		1	1	38
莲花县	6193	122		13		12	2	95
上栗县	14107	263		7		22	3	231
芦溪县	8344	133		4		5	3	121
九江市	**75029**	**2172**	**3**	**116**		**102**	**25**	**1926**
濂溪区	951	24		2			2	20
浔阳区								
柴桑区	2707	60		1		3	1	55
武宁县	5919	128		10		1	3	114
修水县	14903	758		28		20		710
永修县	8408	171		6		28	8	129
德安县	5802	78		11		2	4	61
都昌县	14619	406	2	13		6		385
湖口县	5273	111	1	10		1	4	95
彭泽县	8333	301		22		40	3	236
瑞昌市	5058	101		10		1		90
共青城市	66	2						2
庐山市	2990	32		3				29
新余市	**7923**	**350**	**1**	**25**		**18**	**1**	**305**
渝水区	1062	142				2		140
分宜县	6861	208	1	25		16	1	165
鹰潭市	**8942**	**159**		**6**		**7**	**1**	**145**
月湖区	237	1						1
余江区	4009	59		2		1		56
贵溪市	4696	99		4		6	1	88
赣州市	**137154**	**3429**	**13**	**255**		**287**	**55**	**2819**
章贡区	1027	6				1		5
南康区	1585	55		3		3		49
赣县区	4254	41		2		3	2	34
信丰县	18107	473		14		11	3	445
大余县	6548	188	6	13		1	5	163
上犹县	5626	220		18		4	2	196
崇义县	3608	122		16		7	1	98
安远县	7414	139	1	21		38		79
定南县	5679	143	2	12		2	4	123
全南县	4137	81	1	13		5		62

4-6b 续表 1

单位：人

地区 性别	合计	党的机关、国家机关、群众团体和社会组织、企事业单位负责人						
		小计	中国共产党机关负责人	国家机关负责人	民主党派和工商联负责人	人民团体和群众团体、社会组织及其他成员组织负责人	基层群众自治组织负责人	企事业单位负责人
宁都县	17285	397	2	36		47	4	308
于都县	20539	302		7		85	2	208
兴国县	15105	540	1	25		22	17	475
会昌县	11644	286		24		45	3	214
寻乌县	6410	138		19		4	7	108
石城县	5500	245		32		9	4	200
瑞金市	1606	37						37
龙南市	1080	16					1	15
吉安市	**84836**	**2356**	**3**	**163**		**135**	**53**	**2002**
吉州区	829	19				2		17
青原区	654	11		3		2		6
吉安县	11468	185		8		8	2	167
吉水县	10349	261		13		23	3	222
峡江县	2802	93		3			4	86
新干县	6033	322		25		3	2	292
永丰县	7740	161		14		9	9	129
泰和县	11874	441	1	16		2	2	420
遂川县	9594	214		34		9	15	156
万安县	5340	131		12		2	2	115
安福县	6220	199	1	26		60	8	104
永新县	9801	246	1	9		3	2	231
井冈山市	2132	73				12	4	57
宜春市	**60208**	**1546**	**5**	**124**		**93**	**36**	**1288**
袁州区	2385	67		7		2	3	55
奉新县	7257	147		13		6	4	124
万载县	10886	377		29		22	3	323
上高县	8518	366	1	26		37	1	301
宜丰县	8116	149	1	12		13	7	116
靖安县	3099	83		12			4	67
铜鼓县	2804	79	1	17		1	1	59
丰城市	6018	99		5		8	2	84
樟树市	1876	63		2		3	4	54
高安市	9249	116	2	1		1	7	105
抚州市	**58345**	**1772**	**1**	**127**		**55**	**23**	**1566**
临川区	3272	42		2		2	1	37
东乡区	1528	49		2				47
南城县	7587	237		14		14	3	206
黎川县	6440	223		18		12		193
南丰县	6394	134		17			2	115
崇仁县	7106	149		11		5	2	131
乐安县	5968	124		19		3	5	97
宜黄县	6696	94	1	10		6	4	73
金溪县	5340	160		5		3		152
资溪县	2247	111		19				92
广昌县	5767	449		10		10	6	423
上饶市	**101507**	**2751**	**4**	**185**		**85**	**34**	**2443**
信州区	849	12		2				10
广丰区	5845	86				9	1	76
广信区	3501	84		4		3	3	74
玉山县	11813	486		34		14	11	427
铅山县	10292	367	1	9		7	5	345
横峰县	4402	81		5		4	2	70
弋阳县	8122	327		41		9		277
余干县	16208	299		11		4	4	280
鄱阳县	24397	359		23		9		327
万年县	6995	246	2	15		10	5	214
婺源县	8438	393	1	41		16	3	332
德兴市	645	11						11

4-6b 续表 2

单位：人

地区 性别	合计	党的机关、国家机关、群众团体和社会组织、企事业单位负责人						
		小计	中国共产党机关负责人	国家机关负责人	民主党派和工商联负责人	人民团体和群众团体、社会组织及其他成员组织负责人	基层群众自治组织负责人	企事业单位负责人
男	**374433**	**12577**	**27**	**929**		**545**	**214**	**10862**
南昌市	**37935**	**1443**	**1**	**47**		**26**	**5**	**1364**
东湖区	135	8						8
西湖区								
青云谱区	71	1						1
青山湖区	2406	58				1	1	56
新建区	1269	36		4		1	1	30
红谷滩区								
南昌县	22614	1013	1	15		20	2	975
安义县	4073	145		18				127
进贤县	7367	182		10		4	1	167
景德镇市	**7579**	**146**		**18**		**6**	**10**	**112**
昌江区	256	6		1		1	2	2
珠山区	339	2						2
浮梁县	3822	96		15			7	74
乐平市	3162	42		2		5	1	34
萍乡市	**18956**	**445**	**1**	**27**		**24**	**8**	**385**
安源区	2020	41		2		1	1	37
湘东区	2172	28	1	2		1		24
莲花县	2992	95		12		7	2	74
上栗县	7431	180		7		12	3	158
芦溪县	4341	101		4		3	2	92
九江市	**43462**	**1546**	**2**	**100**		**59**	**19**	**1366**
濂溪区	605	21		2			2	17
浔阳区								
柴桑区	1629	40		1		1	1	37
武宁县	3717	109		10		1	2	96
修水县	8897	519		23		12		484
永修县	4952	126		6		14	8	98
德安县	3001	55		7		2	3	43
都昌县	8062	290	1	12		2		275
湖口县	3141	73	1	8			2	62
彭泽县	4755	212		21		26	1	164
瑞昌市	2843	76		7		1		68
共青城市	41							
庐山市	1819	25		3				22
新余市	**4841**	**240**	**1**	**21**		**13**	**1**	**204**
渝水区	672	88				2		86
分宜县	4169	152	1	21		11	1	118
鹰潭市	**5487**	**120**		**3**		**5**	**1**	**111**
月湖区	126	1						1
余江区	2422	44		1		1		42
贵溪市	2939	75		2		4	1	68
赣州市	**77859**	**2476**	**10**	**217**		**187**	**44**	**2018**
章贡区	644	5				1		4
南康区	911	38		2		1		35
赣县区	2658	33		1		2	2	28
信丰县	10015	342		11		5	3	323
大余县	3643	134	4	12		1	3	114
上犹县	3046	135		15		1	1	118
崇义县	2099	105		15		6	1	83
安远县	4103	104	1	18		23		62
定南县	3374	102	1	10		1	4	86
全南县	2305	60	1	12		2		45

4-6b 续表 3

单位：人

地区 性别	合计	党的机关、国家机关、群众团体和社会组织、企事业单位负责人						
		小计	中国共产党机关负责人	国家机关负责人	民主党派和工商联负责人	人民团体和群众团体、社会组织及其他成员组织负责人	基层群众自治组织负责人	企事业单位负责人
宁都县	10502	319	2	32		39	4	242
于都县	11353	217		6		57	2	152
兴国县	8187	363	1	19		14	12	317
会昌县	6538	199		21		25	2	151
寻乌县	3642	105		16		3	6	80
石城县	3278	175		27		6	3	139
瑞金市	932	29						29
龙南市	629	11					1	10
吉安市	**46330**	**1768**	**3**	**138**		**88**	**44**	**1495**
吉州区	370	15				1		14
青原区	376	7		3		1		3
吉安县	6158	142		7		7	2	126
吉水县	5732	187		11		12	2	162
峡江县	1615	70		3			4	63
新干县	3460	246		19		2	2	223
永丰县	4380	135		14		8	8	105
泰和县	6261	313	1	14			2	296
遂川县	5141	164		29		3	12	120
万安县	2890	98		8			1	89
安福县	3412	157	1	22		43	5	86
永新县	5391	182	1	8		2	2	169
井冈山市	1144	52				9	4	39
宜春市	**34728**	**1143**	**5**	**111**		**54**	**33**	**940**
袁州区	1487	53		7		1	3	42
奉新县	4153	105		11		2	2	90
万载县	5992	262		27		13	3	219
上高县	4975	263	1	24		22	1	215
宜丰县	4381	109	1	9		7	7	85
靖安县	1806	70		12			4	54
铜鼓县	1654	62	1	14			1	46
丰城市	3655	76		5		7	2	62
樟树市	1046	49		2		1	4	42
高安市	5579	94	2			1	6	85
抚州市	**35016**	**1276**	**1**	**99**		**32**	**19**	**1125**
临川区	2300	34		2		1	1	30
东乡区	962	30						30
南城县	4640	185		10		7	3	165
黎川县	3817	165		15		8		142
南丰县	3742	102		13			2	87
崇仁县	4356	111		9		4	2	96
乐安县	3673	97		17		2	4	74
宜黄县	3743	70	1	10		3	3	53
金溪县	3192	113		4		1		108
资溪县	1356	69		11				58
广昌县	3235	300		8		6	4	282
上饶市	**62240**	**1974**	**3**	**148**		**51**	**30**	**1742**
信州区	497	9		2				7
广丰区	3771	60				6	1	53
广信区	2209	57		3		1	3	50
玉山县	7504	354		25		8	9	312
铅山县	6466	237	1	7		5	4	220
横峰县	2707	60		4		1	2	53
弋阳县	4733	231		32		6		193
余干县	9967	226		10		3	3	210
鄱阳县	14981	274		19		6		249
万年县	4448	172	1	14		8	5	144
婺源县	4557	284	1	32		7	3	241
德兴市	400	10						10

4-6b　续表 4

单位：人

地　区 性　别	合计	党的机关、国家机关、群众团体和社会组织、企事业单位负责人						
		小计	中国共产党机关负责人	国家机关负责人	民主党派和工商联负责人	人民团体和群众团体、社会组织及其他成员组织负责人	基层群众自治组织负责人	企事业单位负责人
女	**269878**	**4788**	**5**	**184**		**333**	**46**	**4220**
南昌市	**23382**	**552**		**13**		**22**	**7**	**510**
东湖区	85	1						1
西湖区								
青云谱区	27	1						1
青山湖区	1211	20				1		19
新建区	716	6		1				5
红谷滩区								
南昌县	14394	392		8		13	5	366
安义县	2172	56		3		2	1	50
进贤县	4777	76		1		6	1	68
景德镇市	**5156**	**64**		**6**		**1**		**57**
昌江区	111							
珠山区	277	3						3
浮梁县	2390	42		4				38
乐平市	2378	19		2		1		16
萍乡市	**17359**	**180**		**1**		**17**	**2**	**160**
安源区	1601	23						23
湘东区	1878	15					1	14
莲花县	3201	27		1		5		21
上栗县	6676	83				10		73
芦溪县	4003	32				2	1	29
九江市	**31567**	**626**	**1**	**16**		**43**	**6**	**560**
濂溪区	346	3						3
浔阳区								
柴桑区	1078	20				2		18
武宁县	2202	19					1	18
修水县	6006	239		5		8		226
永修县	3456	45				14		31
德安县	2801	23		4			1	18
都昌县	6557	116	1	1		4		110
湖口县	2132	38		2		1	2	33
彭泽县	3578	89		1		14	2	72
瑞昌市	2215	25		3				22
共青城市	25	2						2
庐山市	1171	7						7
新余市	**3082**	**110**		**4**		**5**		**101**
渝水区	390	54						54
分宜县	2692	56		4		5		47
鹰潭市	**3455**	**39**		**3**		**2**		**34**
月湖区	111							
余江区	1587	15		1				14
贵溪市	1757	24		2		2		20
赣州市	**59295**	**953**	**3**	**38**		**100**	**11**	**801**
章贡区	383	1						1
南康区	674	17		1		2		14
赣县区	1596	8		1		1		6
信丰县	8092	131		3		6		122
大余县	2905	54	2	1			2	49
上犹县	2580	85		3		3	1	78
崇义县	1509	17		1		1		15
安远县	3311	35		3		15		17
定南县	2305	41	1	2		1		37
全南县	1832	21		1		3		17

4-6b 续表 5

单位：人

地区 性别	合计	党的机关、国家机关、群众团体和社会组织、企事业单位负责人						
		小计	中国共产党机关负责人	国家机关负责人	民主党派和工商联负责人	人民团体和群众团体、社会组织及其他成员组织负责人	基层群众自治组织负责人	企事业单位负责人
宁都县	6783	78		4		8		66
于都县	9186	85		1		28		56
兴国县	6918	177		6		8	5	158
会昌县	5106	87		3		20	1	63
寻乌县	2768	33		3		1	1	28
石城县	2222	70		5		3	1	61
瑞金市	674	8						8
龙南市	451	5						5
吉安市	**38506**	**588**		**25**		**47**	**9**	**507**
吉州区	459	4				1		3
青原区	278	4				1		3
吉安县	5310	43		1		1		41
吉水县	4617	74		2		11	1	60
峡江县	1187	23						23
新干县	2573	76		6		1		69
永丰县	3360	26				1	1	24
泰和县	5613	128		2		2		124
遂川县	4453	50		5		6	3	36
万安县	2450	33		4		2	1	26
安福县	2808	42		4		17	3	18
永新县	4410	64		1		1		62
井冈山市	988	21				3		18
宜春市	**25480**	**403**		**13**		**39**	**3**	**348**
袁州区	898	14				1		13
奉新县	3104	42		2		4	2	34
万载县	4894	115		2		9		104
上高县	3543	103		2		15		86
宜丰县	3735	40		3		6		31
靖安县	1293	13						13
铜鼓县	1150	17		3		1		13
丰城市	2363	23				1		22
樟树市	830	14				2		12
高安市	3670	22		1			1	20
抚州市	**23329**	**496**		**28**		**23**	**4**	**441**
临川区	972	8				1		7
东乡区	566	19		2				17
南城县	2947	52		4		7		41
黎川县	2623	58		3		4		51
南丰县	2652	32		4				28
崇仁县	2750	38		2		1		35
乐安县	2295	27		2		1	1	23
宜黄县	2953	24				3	1	20
金溪县	2148	47		1		2		44
资溪县	891	42		8				34
广昌县	2532	149		2		4	2	141
上饶市	**39267**	**777**	**1**	**37**		**34**	**4**	**701**
信州区	352	3						3
广丰区	2074	26				3		23
广信区	1292	27		1		2		24
玉山县	4309	132		9		6	2	115
铅山县	3826	130		2		2	1	125
横峰县	1695	21		1		3		17
弋阳县	3389	96		9		3		84
余干县	6241	73		1		1	1	70
鄱阳县	9416	85		4		3		78
万年县	2547	74	1	1		2		70
婺源县	3881	109		9		9		91
德兴市	245	1						1

4-6b　续表 6　　　　　　　　　　　　　　　　　　　　　　单位：人

地区 性别	专业技术人员									
	小计	科学研究人员	工程技术人员	农业技术人员	飞机和船舶技术人员	卫生专业技术人员	经济和金融专业人员	法律、社会和宗教专业人员	教学人员	文学艺术、体育专业人员
全　省	**61868**	**174**	**9912**	**360**	**24**	**11301**	**8754**	**920**	**28788**	**800**
南昌市	**7659**	**53**	**1848**	**34**	**6**	**962**	**1381**	**145**	**2988**	**100**
东湖区	21	2	5			7	3	1	3	
西湖区										
青云谱区	8		2			2	1		3	
青山湖区	548	1	155			27	99	16	216	7
新建区	191	1	24	2		20	51	2	84	4
红谷滩区										
南昌县	5262	45	1453	21	5	606	1001	86	1878	77
安义县	545	1	76	6		93	112	10	242	1
进贤县	1084	3	133	5	1	207	114	30	562	11
景德镇市	**1020**	**4**	**154**	**8**	**1**	**197**	**155**	**13**	**459**	**18**
昌江区	24		7			7	1		8	
珠山区	44		7			10	8		18	1
浮梁县	668	1	87	6	1	122	117	7	310	10
乐平市	284	3	53	2		58	29	6	123	7
萍乡市	**3030**	**8**	**552**	**7**	**1**	**527**	**419**	**22**	**1410**	**34**
安源区	274	1	91	1		45	39	5	81	4
湘东区	238	1	58	1		39	27	2	105	2
莲花县	576	1	98	1		87	103	4	262	9
上栗县	1143	3	138	3	1	210	127	5	623	13
芦溪县	799	2	167	1		146	123	6	339	6
九江市	**7151**	**17**	**1097**	**46**	**3**	**1514**	**1109**	**80**	**3131**	**62**
濂溪区	79		31	1		17	12		17	
浔阳区										
柴桑区	152	2	41			26	30		50	
武宁县	630		77	2		137	104	8	288	8
修水县	1617		226	11		337	224	20	768	7
永修县	927	3	133	8		195	172	10	382	6
德安县	501	1	106	6		86	70	11	201	11
都昌县	1305	6	152	8	2	329	171	10	608	10
湖口县	605		108	3	1	128	78	3	273	6
彭泽县	792	3	112	4		154	156	14	332	9
瑞昌市	399		90	1		78	61	3	156	4
共青城市	3					2	1			
庐山市	141	2	21	2		25	30	1	56	1
新余市	**814**	**4**	**134**	**5**		**164**	**123**	**14**	**332**	**14**
渝水区	53		8			6	11		28	
分宜县	761	4	126	5		158	112	14	304	14
鹰潭市	**489**	**1**	**83**	**6**	**2**	**71**	**85**	**13**	**216**	**5**
月湖区	8					1	1		6	
余江区	258		57	5		35	40	5	110	1
贵溪市	223	1	26	1	2	35	44	8	100	4
赣州市	**13361**	**21**	**2133**	**78**	**4**	**2388**	**1489**	**178**	**6701**	**225**
章贡区	44		23			2	15		1	2
南康区	151		13	1		32	17	4	81	1
赣县区	276	1	78	3		25	22	3	137	
信丰县	1484		281	11		248	208	13	679	14
大余县	631	3	119	7	4	91	87	8	301	4
上犹县	700	1	103	4		152	67	9	346	11
崇义县	506	1	94	7		97	75	3	219	6
安远县	667		68	1		108	76	6	395	7
定南县	552		126	2		90	68	10	242	7
全南县	501	1	83	1		106	73	6	217	7

4-6b 续表 7　　单位：人

地区 性别	专业技术人员 小计	科学研究人员	工程技术人员	农业技术人员	飞机和船舶技术人员	卫生专业技术人员	经济和金融专业人员	法律、社会和宗教专业人员	教学人员	文学艺术、体育专业人员
宁都县	1599	4	256	6		248	174	18	848	36
于都县	1977	4	262	6		343	206	25	1073	45
兴国县	1794	2	331	8		349	176	28	857	25
会昌县	1031	2	128	6		204	86	15	537	44
寻乌县	724		74	7		125	69	15	421	7
石城县	607	2	64	5		138	65	13	304	7
瑞金市	51		7			14	3	2	21	2
龙南市	66		23	3		16	2		22	
吉安市	**8854**	**20**	**1451**	**58**	**1**	**1553**	**1201**	**146**	**4244**	**97**
吉州区	42		10			4	10		18	
青原区	89		10			28	6		44	
吉安县	1105	6	252	7		135	207	23	453	11
吉水县	1119	2	192	5	1	199	124	13	544	21
峡江县	272	2	20	4		51	32	4	157	1
新干县	699	4	111	3		124	113	12	318	4
永丰县	764		71	5		168	115	16	378	7
泰和县	1160	3	199	6		200	104	28	593	7
遂川县	1100		152	8		191	122	24	585	14
万安县	630	1	107	9		123	116	10	250	9
安福县	728	1	105	3		142	115	8	344	8
永新县	951		197	6		149	110	5	467	14
井冈山市	195	1	25	2		39	27	3	93	1
宜春市	**5819**	**22**	**788**	**36**	**4**	**1122**	**902**	**100**	**2691**	**84**
袁州区	142		19		1	39	16		56	4
奉新县	754	11	79	2		154	123	14	346	13
万载县	1254	7	146	9	2	269	198	24	567	21
上高县	857	2	112	5		155	114	15	430	10
宜丰县	769		89	5	1	146	144	19	348	10
靖安县	334		34	4		67	69	8	143	8
铜鼓县	332		38	2		62	56	11	154	6
丰城市	529	2	89	3		102	50	4	265	3
樟树市	217		31	3		49	36		96	1
高安市	631		151	3		79	96	5	286	8
抚州市	**5251**	**15**	**641**	**46**	**1**	**994**	**729**	**88**	**2604**	**56**
临川区	170		35	3		24	18	3	86	
东乡区	124		17	2		27	12	3	62	
南城县	585	3	67	8	1	124	87	6	282	2
黎川县	609	4	61	3		103	113	15	264	28
南丰县	595	2	54	5		129	64	3	331	3
崇仁县	679	2	80	5		122	80	15	353	5
乐安县	785		108	7		164	86	8	388	7
宜黄县	486		48	4		99	87	15	225	4
金溪县	517	1	63	6		102	56	14	265	2
资溪县	179	1	31	1		34	22	3	87	
广昌县	522	2	77	2		66	104	3	261	5
上饶市	**8420**	**9**	**1031**	**36**	**1**	**1809**	**1161**	**121**	**4012**	**105**
信州区	99		18			16	14	1	46	3
广丰区	305		84	2		65	25	8	109	8
广信区	224		41	3		52	13	4	95	4
玉山县	1228	1	128	6		282	172	15	600	8
铅山县	739	2	110	1		185	87	11	325	4
横峰县	361		60	1	1	70	41	6	154	5
弋阳县	830	1	88	5		148	134	12	409	17
余干县	1166	1	149	6		269	132	16	572	12
鄱阳县	1939		183	5		390	267	20	1038	19
万年县	700		61	2		168	116	14	321	10
婺源县	800	4	103	4		156	155	14	335	14
德兴市	29		6	1		8	5		8	1

4-6b 续表 8

单位：人

地区 性别	专业技术人员									
	小计	科学研究人员	工程技术人员	农业技术人员	飞机和船舶技术人员	卫生专业技术人员	经济和金融专业人员	法律、社会和宗教专业人员	教学人员	文学艺术、体育专业人员
男	**27999**	**122**	**8434**	**275**	**21**	**4144**	**2802**	**529**	**10675**	**511**
南昌市	**3565**	**31**	**1566**	**29**	**4**	**274**	**404**	**69**	**1033**	**75**
东湖区	7	1	4				1		1	
西湖区										
青云谱区	2		1			1				
青山湖区	306	1	136			5	31	8	100	6
新建区	82	1	22	2		11	17	1	23	4
红谷滩区										
南昌县	2476	27	1226	17	3	150	287	39	620	57
安义县	224		66	6		30	30	7	83	1
进贤县	468	1	111	4	1	77	38	14	206	7
景德镇市	**470**	**3**	**135**	**7**	**1**	**65**	**43**	**7**	**191**	**12**
昌江区	15		6			4			4	
珠山区	23		7			6	3		7	
浮梁县	295	1	80	5	1	35	25	3	132	10
乐平市	137	2	42	2		20	15	4	48	2
萍乡市	**1209**	**6**	**467**	**7**	**1**	**170**	**107**	**10**	**400**	**16**
安源区	123		84	1		7	5	4	17	2
湘东区	104	1	48	1		11	5	1	34	2
莲花县	248	1	85	1		32	33	2	84	5
上栗县	416	2	111	3	1	74	37		171	5
芦溪县	318	2	139	1		46	27	3	94	2
九江市	**3260**	**14**	**953**	**36**	**3**	**580**	**324**	**47**	**1213**	**37**
濂溪区	37		25	1		6			5	
浔阳区										
柴桑区	67	2	34			8	6		14	
武宁县	267		70	2		46	32	4	105	5
修水县	722		209	10		116	51	14	302	7
永修县	378	3	119	3		71	45	4	121	2
德安县	232		95	5		28	19	5	67	6
都昌县	654	5	128	7	2	150	67	9	278	3
湖口县	281		89	2	1	50	25	2	104	4
彭泽县	373	3	92	3		58	55	6	144	8
瑞昌市	185		74	1		36	18	2	51	1
共青城市	1						1			
庐山市	63	1	18	2		11	5	1	22	1
新余市	**361**	**4**	**113**	**5**		**52**	**43**	**6**	**114**	**9**
渝水区	28		8			3	5		12	
分宜县	333	4	105	5		49	38	6	102	9
鹰潭市	**230**	**1**	**74**	**4**	**2**	**29**	**36**	**10**	**68**	**3**
月湖区	3					1	1		1	
余江区	124		49	4		13	17	4	34	1
贵溪市	103	1	25		2	15	18	6	33	2
赣州市	**6312**	**15**	**1788**	**53**	**4**	**932**	**556**	**112**	**2625**	**132**
章贡区	27		19				6			1
南康区	72		13			13	2	4	40	
赣县区	141		69	1		10	7	2	47	
信丰县	719		235	8		107	61	9	269	9
大余县	284	3	99	6	4	36	37	7	84	4
上犹县	313	1	94	4		49	26	6	120	8
崇义县	235	1	82	2		35	24	2	81	4
安远县	273		58			33	30	3	141	4
定南县	237		95	2		27	22	5	76	5
全南县	218	1	76			34	22	4	71	6

4-6b 续表 9 单位：人

地区 性别	专业技术人员									
	小计	科学研究人员	工程技术人员	农业技术人员	飞机和船舶技术人员	卫生专业技术人员	经济和金融专业人员	法律、社会和宗教专业人员	教学人员	文学艺术、体育专业人员
宁都县	794	3	214	5		109	76	13	342	24
于都县	974	3	213	3		145	81	17	483	23
兴国县	860	1	274	6		134	64	12	346	12
会昌县	527	2	111	4		91	41	11	238	21
寻乌县	304		58	6		45	26	10	151	4
石城县	265		52	4		47	28	6	118	6
瑞金市	32		7			11	3	1	8	1
龙南市	37		19	2		6			10	
吉安市	**4023**	**14**	**1234**	**38**	**1**	**569**	**380**	**88**	**1593**	**71**
吉州区	17		6			1	4		6	
青原区	24		10			4			9	
吉安县	515	5	223	3		42	54	12	165	7
吉水县	517	1	156	5	1	69	39	8	214	16
峡江县	108	2	15	3		17	11	3	56	1
新干县	304	2	101	2		46	29	7	110	3
永丰县	344		64	4		72	42	9	148	5
泰和县	549	2	170	3		87	25	22	227	3
遂川县	504		116	5		82	47	14	229	9
万安县	281	1	91	5		37	38	6	94	8
安福县	314		90	2		48	43	3	120	7
永新县	451		170	4		48	39	2	175	11
井冈山市	95	1	22	2		16	9	2	40	1
宜春市	**2459**	**14**	**674**	**30**	**3**	**393**	**274**	**62**	**911**	**54**
袁州区	64		15			14	4		22	3
奉新县	302	7	64	2		54	38	9	113	7
万载县	513	3	129	8	2	96	63	14	187	7
上高县	357	2	97	3		56	37	11	129	10
宜丰县	304		70	5	1	48	44	13	113	6
靖安县	125		31	3		19	16	4	44	7
铜鼓县	131		30	2		20	18	8	48	5
丰城市	247	2	71	2		38	21	2	103	2
樟树市	87		27	2		18	7		31	1
高安市	329		140	3		30	26	1	121	6
抚州市	**2321**	**13**	**553**	**35**	**1**	**383**	**253**	**47**	**954**	**36**
临川区	95		31	2		13	5	3	41	
东乡区	57		14	1		6	5	3	28	
南城县	252	3	55	7	1	46	30	4	101	1
黎川县	245	4	55	2		36	23	6	87	20
南丰县	251	1	51	4		52	20	1	118	2
崇仁县	310	2	68	3		41	43	8	133	3
乐安县	381		95	6		78	39	5	145	4
宜黄县	220		44	3		45	25	9	91	
金溪县	220	1	54	5		35	17	5	95	2
资溪县	69		19			9	9	1	31	
广昌县	221	2	67	2		22	37	2	84	4
上饶市	**3789**	**7**	**877**	**31**	**1**	**697**	**382**	**71**	**1573**	**66**
信州区	39		12			6	2		15	3
广丰区	179		72	2		35	10	8	45	5
广信区	113		32	3		26	5	2	33	3
玉山县	511		111	5		86	45	9	240	6
铅山县	330	1	99	1		76	23	6	112	3
横峰县	186		54	1	1	33	21	2	54	2
弋阳县	365	1	80	4		50	42	10	158	12
余干县	583	1	124	5		118	60	11	249	8
鄱阳县	848		158	4		146	94	11	418	10
万年县	299		53	2		71	39	5	117	5
婺源县	324	4	77	3		49	40	7	129	8
德兴市	12		5	1		1	1		3	1

4-6b 续表 10

单位：人

地区 性别	专业技术人员 小计	科学研究人员	工程技术人员	农业技术人员	飞机和船舶技术人员	卫生专业技术人员	经济和金融专业人员	法律、社会和宗教专业人员	教学人员	文学艺术、体育专业人员
女	**33869**	**52**	**1478**	**85**	**3**	**7157**	**5952**	**391**	**18113**	**289**
南昌市	**4094**	**22**	**282**	**5**	**2**	**688**	**977**	**76**	**1955**	**25**
东湖区	14	1	1			7	2	1	2	
西湖区										
青云谱区	6		1			1	1		3	
青山湖区	242		19			22	68	8	116	1
新建区	109		2			9	34	1	61	
红谷滩区										
南昌县	2786	18	227	4	2	456	714	47	1258	20
安义县	321	1	10			63	82	3	159	
进贤县	616	2	22	1		130	76	16	356	4
景德镇市	**550**	**1**	**19**	**1**		**132**	**112**	**6**	**268**	**6**
昌江区	9		1			3	1		4	
珠山区	21					4	5		11	1
浮梁县	373		7	1		87	92	4	178	
乐平市	147	1	11			38	14	2	75	5
萍乡市	**1821**	**2**	**85**			**357**	**312**	**12**	**1010**	**18**
安源区	151	1	7			38	34	1	64	2
湘东区	134		10			28	22	1	71	
莲花县	328		13			55	70	2	178	4
上栗县	727	1	27			136	90	5	452	8
芦溪县	481		28			100	96	3	245	4
九江市	**3891**	**3**	**144**	**10**		**934**	**785**	**33**	**1918**	**25**
濂溪区	42		6			11	12		12	
浔阳区										
柴桑区	85		7			18	24		36	
武宁县	363		7			91	72	4	183	3
修水县	895		17	1		221	173	6	466	
永修县	549		14	5		124	127	6	261	4
德安县	269	1	11	1		58	51	6	134	5
都昌县	651	1	24	1		179	104	1	330	7
湖口县	324		19	1		78	53	1	169	2
彭泽县	419		20	1		96	101	8	188	1
瑞昌市	214		16			42	43	1	105	3
共青城市	2					2				
庐山市	78	1	3			14	25		34	
新余市	**453**		**21**			**112**	**80**	**8**	**218**	**5**
渝水区	25					3	6		16	
分宜县	428		21			109	74	8	202	5
鹰潭市	**259**		**9**	**2**		**42**	**49**	**3**	**148**	**2**
月湖区	5								5	
余江区	134		8	1		22	23	1	76	
贵溪市	120		1	1		20	26	2	67	2
赣州市	**7049**	**6**	**345**	**25**		**1456**	**933**	**66**	**4076**	**93**
章贡区	17		4			2	9		1	1
南康区	79			1		19	15		41	1
赣县区	135	1	9	2		15	15	1	90	
信丰县	765		46	3		141	147	4	410	5
大余县	347		20	1		55	50	1	217	
上犹县	387		9			103	41	3	226	3
崇义县	271		12	5		62	51	1	138	2
安远县	394		10	1		75	46	3	254	3
定南县	315		31			63	46	5	166	2
全南县	283		7	1		72	51	2	146	1

4-6b 续表 11

单位：人

地区 性别	专业技术人员									
	小计	科学研究人员	工程技术人员	农业技术人员	飞机和船舶技术人员	卫生专业技术人员	经济和金融专业人员	法律、社会和宗教专业人员	教学人员	文学艺术、体育专业人员
宁都县	805	1	42	1		139	98	5	506	12
于都县	1003	1	49	3		198	125	8	590	22
兴国县	934	1	57	2		215	112	16	511	13
会昌县	504		17	2		113	45	4	299	23
寻乌县	420		16	1		80	43	5	270	3
石城县	342	2	12	1		91	37	7	186	1
瑞金市	19					3		1	13	1
龙南市	29		4	1		10	2		12	
吉安市	**4831**	**6**	**217**	**20**		**984**	**821**	**58**	**2651**	**26**
吉州区	25		4			3	6		12	
青原区	65					24	6		35	
吉安县	590	1	29	4		93	153	11	288	4
吉水县	602	1	36			130	85	5	330	5
峡江县	164		5	1		34	21	1	101	
新干县	395	2	10	1		78	84	5	208	1
永丰县	420		7	1		96	73	7	230	2
泰和县	611	1	29	3		113	79	6	366	4
遂川县	596		36	3		109	75	10	356	5
万安县	349		16	4		86	78	4	156	1
安福县	414	1	15	1		94	72	5	224	1
永新县	500		27	2		101	71	3	292	3
井冈山市	100		3			23	18	1	53	
宜春市	**3360**	**8**	**114**	**6**	**1**	**729**	**628**	**38**	**1780**	**30**
袁州区	78		4		1	25	12		34	1
奉新县	452	4	15			100	85	5	233	6
万载县	741	4	17	1		173	135	10	380	14
上高县	500		15	2		99	77	4	301	
宜丰县	465		19			98	100	6	235	4
靖安县	209		3	1		48	53	4	99	1
铜鼓县	201		8			42	38	3	106	1
丰城市	282		18	1		64	29	2	162	1
樟树市	130		4	1		31	29		65	
高安市	302		11			49	70	4	165	2
抚州市	**2930**	**2**	**88**	**11**		**611**	**476**	**41**	**1650**	**20**
临川区	75		4	1		11	13		45	
东乡区	67		3	1		21	7		34	
南城县	333		12	1		78	57	2	181	1
黎川县	364		6	1		67	90	9	177	8
南丰县	344	1	3	1		77	44	2	213	1
崇仁县	369		12	2		81	37	7	220	2
乐安县	404		13	1		86	47	3	243	3
宜黄县	266		4	1		54	62	6	134	4
金溪县	297		9	1		67	39	9	170	
资溪县	110	1	12	1		25	13	2	56	
广昌县	301		10			44	67	1	177	1
上饶市	**4631**	**2**	**154**	**5**		**1112**	**779**	**50**	**2439**	**39**
信州区	60		6			10	12	1	31	
广丰区	126		12			30	15		64	3
广信区	111		9			26	8	2	62	1
玉山县	717	1	17	1		196	127	6	360	2
铅山县	409	1	11			109	64	5	213	1
横峰县	175		6			37	20	4	100	3
弋阳县	465		8	1		98	92	2	251	5
余干县	583		25	1		151	72	5	323	4
鄱阳县	1091		25	1		244	173	9	620	9
万年县	401		8			97	77	9	204	5
婺源县	476		26	1		107	115	7	206	6
德兴市	17		1			7	4		5	

4–6b　续表 12

单位：人

地区 性别	专业技术人员		办事人员和有关人员				社会生产服务和生活服务人员		
	新闻出版、文化专业人员	其他专业技术人员	小计	办事人员	安全和消防人员	其他办事人员和有关人员	小计	批发与零售服务人员	交通运输、仓储和邮政业服务人员
全　省	**467**	**368**	**42694**	**34615**	**7675**	**404**	**225684**	**105787**	**35491**
南昌市	**90**	**52**	**5298**	**4252**	**1006**	**40**	**25170**	**11837**	**4844**
东湖区			15	10	5		111	46	25
西湖区									
青云谱区			6	6			50	27	5
青山湖区	14	13	310	202	104	4	1343	419	364
新建区	3		239	108	113	18	722	292	132
红谷滩区									
南昌县	64	26	3525	2922	596	7	16739	7746	3323
安义县	3	1	411	358	51	2	1781	949	280
进贤县	6	12	792	646	137	9	4424	2358	715
景德镇市	**9**	**2**	**751**	**619**	**128**	**4**	**4304**	**1739**	**790**
昌江区	1		22	20	2		89	27	19
珠山区			37	18	19		286	139	37
浮梁县	6	1	561	478	81	2	2086	753	473
乐平市	2	1	131	103	26	2	1843	820	261
萍乡市	**32**	**18**	**1986**	**1586**	**379**	**21**	**14603**	**5408**	**1991**
安源区	5	2	205	134	68	3	1648	532	295
湘东区	3		109	89	20		1276	415	190
莲花县	5	6	459	395	56	8	2427	736	210
上栗县	10	10	740	591	140	9	5500	2628	873
芦溪县	9		473	377	95	1	3752	1097	423
九江市	**63**	**29**	**5038**	**3993**	**1027**	**18**	**28214**	**13445**	**3982**
濂溪区		1	47	29	18		326	115	65
浔阳区									
柴桑区	2	1	124	85	38	1	949	398	153
武宁县	4	2	469	382	84	3	2188	944	287
修水县	21	3	1092	877	215		6559	3649	929
永修县	10	8	636	513	121	2	3209	1407	511
德安县	4	5	464	357	105	2	2458	1040	360
都昌县	5	4	638	483	154	1	5469	3005	553
湖口县	3	2	522	435	86	1	1616	733	319
彭泽县	7	1	530	443	85	2	2631	1019	400
瑞昌市	5	1	296	209	86	1	1848	786	277
共青城市			7	5	2		15	5	2
庐山市	2	1	213	175	33	5	946	344	126
新余市	**9**	**15**	**485**	**385**	**93**	**7**	**2825**	**1413**	**495**
渝水区			42	26	14	2	300	136	47
分宜县	9	15	443	359	79	5	2525	1277	448
鹰潭市	**4**	**3**	**293**	**206**	**87**		**3055**	**1631**	**359**
月湖区			3	1	2		84	44	11
余江区	2	3	141	101	40		1428	835	132
贵溪市	2		149	104	45		1543	752	216
赣州市	**81**	**63**	**8677**	**7275**	**1279**	**123**	**44155**	**21511**	**6293**
章贡区		1	41	34	7		156	45	40
南康区	2		89	65	24		587	302	97
赣县区	5	2	150	113	33	4	1128	509	199
信丰县	4	26	944	781	161	2	5342	2628	775
大余县	1	6	567	485	71	11	2320	973	320
上犹县	6	1	507	439	63	5	1674	829	232
崇义县	2	2	451	388	54	9	1224	555	195
安远县	5	1	529	468	59	2	2292	1194	263
定南县	5	2	402	334	67	1	1897	798	387
全南县	6	1	362	294	62	6	1413	607	196

4－6b　续表 13　　　　单位：人

地　区 性　别	专业技术人员		办事人员和有关人员				社会生产服务和生活服务人员		
	新闻出版、文化专业人员	其他专业技术人员	小计	办事人员	安全和消防人员	其他办事人员和有关人员	小计	批发与零售服务人员	交通运输、仓储和邮政业服务人员
宁都县	6	3	828	709	111	8	6117	3004	912
于都县	13		1069	942	126	1	6778	3557	788
兴国县	8	10	934	702	181	51	4568	2190	552
会昌县	7	2	796	664	125	7	4015	2027	532
寻乌县	3	3	477	392	74	11	1975	924	348
石城县	8	1	472	418	51	3	1911	929	363
瑞金市		2	35	27	7	1	477	325	47
龙南市			24	20	3	1	281	115	47
吉安市	**54**	**29**	**5625**	**4688**	**901**	**36**	**25755**	**12433**	**4137**
吉州区			62	31	31		167	51	37
青原区		1	39	33	5	1	201	119	19
吉安县	8	3	603	511	88	4	2856	1190	483
吉水县	7	11	679	531	132	16	2953	1271	445
峡江县	1		217	189	26	2	860	405	198
新干县	6	4	531	446	85		1990	859	439
永丰县	4		435	368	67		2735	1346	457
泰和县	14	6	877	771	103	3	3783	2243	417
遂川县	3	1	570	477	92	1	2799	1430	428
万安县	4	1	379	315	63	1	1592	757	239
安福县	2		423	352	69	2	1924	833	379
永新县	1	2	692	570	116	6	3068	1598	453
井冈山市	4		118	94	24		827	331	143
宜春市	**28**	**42**	**4186**	**3309**	**827**	**50**	**21539**	**9513**	**4061**
袁州区	2	5	95	67	26	2	797	405	117
奉新县	3	9	590	476	105	9	2697	1144	572
万载县	10	1	668	515	145	8	3927	1786	667
上高县	2	12	767	638	109	20	3251	1627	602
宜丰县	4	3	550	487	61	2	3310	1146	543
靖安县	1		345	289	55	1	1254	592	198
铜鼓县	2	1	382	324	57	1	1129	522	183
丰城市	2	9	298	207	87	4	1945	921	297
樟树市	1		87	59	27	1	654	301	136
高安市	1	2	404	247	155	2	2575	1069	746
抚州市	**30**	**47**	**4148**	**3304**	**800**	**44**	**20727**	**9686**	**3662**
临川区	1		126	83	38	5	970	490	139
东乡区	1		57	39	16	2	466	203	87
南城县	3	2	478	369	104	5	2744	1226	621
黎川县	3	15	480	368	106	6	2536	1236	390
南丰县	2	2	487	412	71	4	2000	932	410
崇仁县	6	11	437	343	85	9	2587	1247	366
乐安县	6	11	505	379	122	4	2086	961	318
宜黄县	3	1	348	288	60		2430	1286	380
金溪县	5	3	473	414	57	2	1742	825	203
资溪县			240	203	37		848	315	86
广昌县		2	517	406	104	7	2318	965	662
上饶市	**67**	**68**	**6207**	**4998**	**1148**	**61**	**35337**	**17171**	**4877**
信州区	1		25	19	5	1	281	154	30
广丰区	2	2	107	93	12	2	1843	1000	167
广信区	1	11	93	59	31	3	1195	573	153
玉山县	4	12	954	794	154	6	3761	1810	519
铅山县	6	8	780	674	96	10	3595	1735	537
横峰县	5	18	336	267	45	24	1743	832	286
弋阳县	10	6	519	415	102	2	2722	1310	452
余干县	8	1	722	591	124	7	6342	3368	599
鄱阳县	11	6	1640	1277	363		8172	3756	1276
万年县	7	1	459	358	96	5	2500	1191	399
婺源县	12	3	543	428	114	1	2975	1353	425
德兴市			29	23	6		208	89	34

4-6b　续表 14　　　　　　　　　　　　　　　　　　　　　　　　　　　　单位：人

地区 性别	专业技术人员		办事人员和有关人员				社会生产服务和生活服务人员		
	新闻出版、文化专业人员	其他专业技术人员	小计	办事人员	安全和消防人员	其他办事人员和有关人员	小计	批发与零售服务人员	交通运输、仓储和邮政业服务人员
男	**228**	**258**	**28106**	**20828**	**7020**	**258**	**121551**	**50020**	**30866**
南昌市	**40**	**40**	**3266**	**2352**	**894**	**20**	**14621**	**6130**	**4041**
东湖区			13	9	4		61	22	17
西湖区									
青云谱区			1	1			39	21	5
青山湖区	7	12	198	109	87	2	821	232	300
新建区	1		177	64	105	8	410	161	105
红谷滩区									
南昌县	30	20	2123	1591	529	3	9811	4001	2797
安义县		1	248	202	44	2	1015	481	240
进贤县	2	7	506	376	125	5	2464	1212	577
景德镇市	**5**	**1**	**490**	**373**	**114**	**3**	**2235**	**784**	**704**
昌江区	1		13	11	2		48	14	16
珠山区			25	7	18		141	70	35
浮梁县	3		364	290	72	2	1178	351	417
乐平市	1	1	88	65	22	1	868	349	236
萍乡市	**13**	**12**	**1299**	**935**	**354**	**10**	**6478**	**2202**	**1799**
安源区	3		140	71	68	1	765	230	261
湘东区	1		66	49	17		587	175	171
莲花县	1	4	279	225	50	4	967	309	178
上栗县	4	8	498	361	133	4	2617	1000	816
芦溪县	4		316	229	86	1	1542	488	373
九江市	**36**	**17**	**3392**	**2441**	**938**	**13**	**14497**	**5937**	**3455**
濂溪区			33	15	18		190	60	55
浔阳区									
柴桑区	2	1	87	48	38	1	498	203	124
武宁县	2	1	324	251	72	1	1205	421	258
修水县	11	2	753	552	201		3436	1624	837
永修县	6	4	409	298	110	1	1694	647	437
德安县	4	3	284	189	93	2	1096	391	307
都昌县	3	2	451	312	139		2756	1359	483
湖口县	2	2	349	269	79	1	832	322	258
彭泽县	3	1	338	264	73	1	1273	412	344
瑞昌市	2		197	115	81	1	958	317	233
共青城市			6	4	2		8	3	2
庐山市	1	1	161	124	32	5	551	178	117
新余市	**3**	**12**	**301**	**215**	**80**	**6**	**1570**	**683**	**451**
渝水区			31	16	14	1	174	73	44
分宜县	3	12	270	199	66	5	1396	610	407
鹰潭市	**2**	**1**	**222**	**140**	**82**		**1668**	**854**	**322**
月湖区			3	1	2		36	15	11
余江区	1	1	99	64	35		806	461	118
贵溪市	1		120	75	45		826	378	193
赣州市	**49**	**46**	**5720**	**4445**	**1189**	**86**	**24316**	**10493**	**5403**
章贡区		1	28	21	7		83	24	27
南康区			63	40	23		306	144	83
赣县区	4	1	94	60	30	4	658	260	180
信丰县	3	18	578	425	151	2	2925	1278	688
大余县		4	381	303	68	10	1221	450	278
上犹县	5		321	262	57	2	886	387	196
崇义县	2	2	290	230	52	8	628	264	176
安远县	3	1	365	308	55	2	1233	556	228
定南县	4	1	256	190	66		1076	374	321
全南县	3	1	270	210	56	4	748	271	164

4-6b 续表 15

单位：人

地区 性别	专业技术人员		办事人员和有关人员				社会生产服务和生活服务人员		
	新闻出版、文化专业人员	其他专业技术人员	小计	办事人员	安全和消防人员	其他办事人员和有关人员	小计	批发与零售服务人员	交通运输、仓储和邮政业服务人员
宁都县	5	3	570	462	103	5	3643	1657	830
于都县	6		666	556	109	1	3781	1807	624
兴国县	3	8	623	420	170	33	2326	963	478
会昌县	6	2	542	417	120	5	2181	966	453
寻乌县	2	2	321	251	64	6	1105	405	300
石城县	3	1	317	267	48	2	1110	479	297
瑞金市		1	21	13	7	1	261	165	41
龙南市			14	10	3	1	145	43	39
吉安市	**16**	**19**	**3709**	**2874**	**812**	**23**	**13397**	**5419**	**3571**
吉州区			34	16	18		83	22	31
青原区		1	21	17	4		120	67	17
吉安县	1	3	406	319	84	3	1487	488	403
吉水县	2	6	456	322	124	10	1521	537	402
峡江县			139	114	25		532	215	183
新干县	1	3	318	244	74		1074	368	389
永丰县			317	252	65		1428	583	401
泰和县	6	4	554	464	88	2	1915	1006	354
遂川县	2		379	299	80		1446	629	371
万安县	1		251	191	59	1	848	346	209
安福县	1		293	225	67	1	981	316	322
永新县		2	460	350	104	6	1543	698	367
井冈山市	2		81	61	20		419	144	122
宜春市	**12**	**32**	**2702**	**1907**	**763**	**32**	**11394**	**4443**	**3508**
袁州区	1	5	68	41	26	1	446	191	113
奉新县	2	6	381	279	97	5	1379	456	514
万载县	3	1	422	279	136	7	2027	774	596
上高县	1	11	480	366	102	12	1839	828	533
宜丰县	2	2	352	298	54		1520	482	465
靖安县	1		210	159	50	1	622	262	172
铜鼓县			230	175	54	1	588	234	157
丰城市	1	5	219	135	81	3	1040	459	240
樟树市	1		53	28	25		356	140	113
高安市		2	287	147	138	2	1577	617	605
抚州市	**12**	**34**	**2811**	**2042**	**741**	**28**	**11545**	**4603**	**3232**
临川区			97	56	37	4	587	275	121
东乡区			34	18	16		276	99	78
南城县	2	2	332	230	98	4	1611	580	569
黎川县	1	11	323	223	97	3	1389	635	340
南丰县		2	342	271	68	3	1165	453	375
崇仁县	2	7	292	213	74	5	1444	619	326
乐安县	2	7	356	242	111	3	1229	478	288
宜黄县	2	1	218	163	55		1172	519	316
金溪县	3	3	325	269	54	2	953	422	175
资溪县			160	126	34		457	143	77
广昌县		1	332	231	97	4	1262	380	567
上饶市	**40**	**44**	**4194**	**3104**	**1053**	**37**	**19830**	**8472**	**4380**
信州区	1		18	12	5	1	160	74	25
广丰区		2	63	50	12	1	1020	506	149
广信区		9	74	43	28	3	695	288	142
玉山县	2	7	637	493	140	4	2115	897	467
铅山县	4	5	487	391	92	4	2110	884	483
横峰县	5	13	209	158	39	12	991	381	275
弋阳县	6	2	350	254	95	1	1450	584	417
余干县	6	1	514	397	112	5	3678	1817	514
鄱阳县	5	2	1142	811	331		4525	1798	1134
万年县	6	1	321	228	88	5	1472	611	370
婺源县	5	2	364	258	105	1	1489	582	370
德兴市			15	9	6		125	50	34

4−6b 续表 16

单位：人

地区 性别	专业技术人员		办事人员和有关人员				社会生产服务和生活服务人员		
	新闻出版、文化专业人员	其他专业技术人员	小计	办事人员	安全和消防人员	其他办事人员和有关人员	小计	批发与零售服务人员	交通运输、仓储和邮政业服务人员
女	**239**	**110**	**14588**	**13787**	**655**	**146**	**104133**	**55767**	**4625**
南昌市	**50**	**12**	**2032**	**1900**	**112**	**20**	**10549**	**5707**	**803**
东湖区			2	1	1		50	24	8
西湖区									
青云谱区			5	5			11	6	
青山湖区	7	1	112	93	17	2	522	187	64
新建区	2		62	44	8	10	312	131	27
红谷滩区									
南昌县	34	6	1402	1331	67	4	6928	3745	526
安义县	3		163	156	7		766	468	40
进贤县	4	5	286	270	12	4	1960	1146	138
景德镇市	**4**	**1**	**261**	**246**	**14**	**1**	**2069**	**955**	**86**
昌江区			9	9			41	13	3
珠山区			12	11	1		145	69	2
浮梁县	3	1	197	188	9		908	402	56
乐平市	1		43	38	4	1	975	471	25
萍乡市	**19**	**6**	**687**	**651**	**25**	**11**	**8125**	**3206**	**192**
安源区	2	2	65	63		2	883	302	34
湘东区	2		43	40	3		689	240	19
莲花县	4	2	180	170	6	4	1460	427	32
上栗县	6	2	242	230	7	5	2883	1628	57
芦溪县	5		157	148	9		2210	609	50
九江市	**27**	**12**	**1646**	**1552**	**89**	**5**	**13717**	**7508**	**527**
濂溪区		1	14	14			136	55	10
浔阳区									
柴桑区			37	37			451	195	29
武宁县	2	1	145	131	12	2	983	523	29
修水县	10	1	339	325	14		3123	2025	92
永修县	4	4	227	215	11	1	1515	760	74
德安县		2	180	168	12		1362	649	53
都昌县	2	2	187	171	15	1	2713	1646	70
湖口县	1		173	166	7		784	411	61
彭泽县	4		192	179	12	1	1358	607	56
瑞昌市	3	1	99	94	5		890	469	44
共青城市			1	1			7	2	
庐山市	1		52	51	1		395	166	9
新余市	**6**	**3**	**184**	**170**	**13**	**1**	**1255**	**730**	**44**
渝水区			11	10		1	126	63	3
分宜县	6	3	173	160	13		1129	667	41
鹰潭市	**2**	**2**	**71**	**66**	**5**		**1387**	**777**	**37**
月湖区							48	29	
余江区	1	2	42	37	5		622	374	14
贵溪市	1		29	29			717	374	23
赣州市	**32**	**17**	**2957**	**2830**	**90**	**37**	**19839**	**11018**	**890**
章贡区			13	13			73	21	13
南康区	2		26	25	1		281	158	14
赣县区	1	1	56	53	3		470	249	19
信丰县	1	8	366	356	10		2417	1350	87
大余县	1	2	186	182	3	1	1099	523	42
上犹县	1	1	186	177	6	3	788	442	36
崇义县			161	158	2	1	596	291	19
安远县	2		164	160	4		1059	638	35
定南县	1	1	146	144	1	1	821	424	66
全南县	3		92	84	6	2	665	336	32

4-6b 续表 17

单位：人

地区 性别	专业技术人员		办事人员和有关人员				社会生产服务和生活服务人员		
	新闻出版、文化专业人员	其他专业技术人员	小计	办事人员	安全和消防人员	其他办事人员和有关人员	小计	批发与零售服务人员	交通运输、仓储和邮政业服务人员
宁都县	1		258	247	8	3	2474	1347	82
于都县	7		403	386	17		2997	1750	164
兴国县	5	2	311	282	11	18	2242	1227	74
会昌县	1		254	247	5	2	1834	1061	79
寻乌县	1	1	156	141	10	5	870	519	48
石城县	5		155	151	3	1	801	450	66
瑞金市		1	14	14			216	160	6
龙南市			10	10			136	72	8
吉安市	**38**	**10**	**1916**	**1814**	**89**	**13**	**12358**	**7014**	**566**
吉州区			28	15	13		84	29	6
青原区			18	16	1	1	81	52	2
吉安县	7		197	192	4	1	1369	702	80
吉水县	5	5	223	209	8	6	1432	734	43
峡江县	1		78	75	1	2	328	190	15
新干县	5	1	213	202	11		916	491	50
永丰县	4		118	116	2		1307	763	56
泰和县	8	2	323	307	15	1	1868	1237	63
遂川县	1	1	191	178	12	1	1353	801	57
万安县	3	1	128	124	4		744	411	30
安福县	1		130	127	2	1	943	517	57
永新县	1		232	220	12		1525	900	86
井冈山市	2		37	33	4		408	187	21
宜春市	**16**	**10**	**1484**	**1402**	**64**	**18**	**10145**	**5070**	**553**
袁州区	1		27	26		1	351	214	4
奉新县	1	3	209	197	8	4	1318	688	58
万载县	7		246	236	9	1	1900	1012	71
上高县	1	1	287	272	7	8	1412	799	69
宜丰县	2	1	198	189	7	2	1790	664	78
靖安县			135	130	5		632	330	26
铜鼓县	2	1	152	149	3		541	288	26
丰城市	1	4	79	72	6	1	905	462	57
樟树市			34	31	2	1	298	161	23
高安市	1		117	100	17		998	452	141
抚州市	**18**	**13**	**1337**	**1262**	**59**	**16**	**9182**	**5083**	**430**
临川区	1		29	27	1	1	383	215	18
东乡区	1		23	21		2	190	104	9
南城县	1		146	139	6	1	1133	646	52
黎川县	2	4	157	145	9	3	1147	601	50
南丰县	2		145	141	3	1	835	479	35
崇仁县	4	4	145	130	11	4	1143	628	40
乐安县	4	4	149	137	11	1	857	483	30
宜黄县	1		130	125	5		1258	767	64
金溪县	2		148	145	3		789	403	28
资溪县			80	77	3		391	172	9
广昌县		1	185	175	7	3	1056	585	95
上饶市	**27**	**24**	**2013**	**1894**	**95**	**24**	**15507**	**8699**	**497**
信州区			7	7			121	80	5
广丰区	2		44	43		1	823	494	18
广信区	1	2	19	16	3		500	285	11
玉山县	2	5	317	301	14	2	1646	913	52
铅山县	2	3	293	283	4	6	1485	851	54
横峰县		5	127	109	6	12	752	451	11
弋阳县	4	4	169	161	7	1	1272	726	35
余干县	2		208	194	12	2	2664	1551	85
鄱阳县	6	4	498	466	32		3647	1958	142
万年县	1		138	130	8		1028	580	29
婺源县	7	1	179	170	9		1486	771	55
德兴市			14	14			83	39	

4-6b 续表 18

单位：人

地区 性别	社会生产服务和生活服务人员								
	住宿和餐饮服务人员	信息传输、软件和信息技术服务人员	金融服务人员	房地产服务人员	租赁和商务服务人员	技术辅助服务人员	水利、环境和公共设施管理服务人员	居民服务人员	电力、燃气及水供应服务人员
全　省	**29444**	**3382**	**3654**	**2268**	**2954**	**4661**	**7892**	**18862**	**2097**
南昌市	**2778**	**470**	**396**	**502**	**378**	**638**	**1038**	**1155**	**177**
东湖区	16			3	3	3	1	10	
西湖区									
青云谱区	4		1			6		1	
青山湖区	185	35	10	26	22	43	111	39	19
新建区	98	17	10	11	20	9	45	53	8
红谷滩区									
南昌县	1745	351	245	383	275	431	739	749	102
安义县	179	23	69	11	31	90	32	54	13
进贤县	551	44	61	68	27	56	110	249	35
景德镇市	**695**	**57**	**35**	**40**	**67**	**77**	**249**	**350**	**27**
昌江区	19	2	1		1	2	3	11	1
珠山区	53	2	2	1	1	4	20	21	1
浮梁县	333	38	25	24	46	52	105	126	18
乐平市	290	15	7	15	19	19	121	192	7
萍乡市	**1551**	**172**	**173**	**78**	**138**	**196**	**634**	**3656**	**109**
安源区	177	27	12	6	36	24	138	323	11
湘东区	189	21	15	5	10	21	55	283	7
莲花县	182	23	37	10	23	18	62	1022	20
上栗县	654	56	56	32	45	78	282	566	52
芦溪县	349	45	53	25	24	55	97	1462	19
九江市	**3928**	**430**	**443**	**261**	**357**	**665**	**1108**	**2395**	**220**
濂溪区	67	5	4	6	1	3	14	22	3
浔阳区									
柴桑区	172	21	14	7	18	18	46	59	6
武宁县	292	25	59	29	26	168	67	191	34
修水县	722	74	98	39	47	97	193	448	59
永修县	485	40	47	51	56	60	148	273	22
德安县	364	52	36	30	26	35	114	315	12
都昌县	634	99	73	39	38	104	176	512	26
湖口县	221	27	34	12	13	45	51	88	15
彭泽县	433	39	46	23	78	68	170	229	27
瑞昌市	297	37	24	14	20	57	90	175	7
共青城市	5	1					2		
庐山市	236	10	8	11	34	10	37	83	9
新余市	**302**	**36**	**39**	**22**	**58**	**41**	**104**	**176**	**20**
渝水区	45	4	1	1	8	2	30	12	2
分宜县	257	32	38	21	50	39	74	164	18
鹰潭市	**409**	**28**	**19**	**21**	**25**	**39**	**127**	**254**	**19**
月湖区	16			1		5	4	2	
余江区	159	19	8	10	5	16	46	132	11
贵溪市	234	9	11	10	20	18	77	120	8
赣州市	**5909**	**678**	**860**	**483**	**589**	**1148**	**1095**	**3090**	**457**
章贡区	30	2	1	1	5	7	14	3	
南康区	72	7	3	2		12	24	39	4
赣县区	145	15	19	9	9	34	46	65	18
信丰县	693	46	105	79	52	183	129	339	44
大余县	230	27	30	13	24	44	62	492	13
上犹县	233	38	41	11	24	38	56	69	22
崇义县	200	26	39	5	6	10	53	72	10
安远县	334	36	59	24	28	50	53	109	45
定南县	281	33	34	17	30	38	50	101	25
全南县	193	21	44	15	39	38	70	87	21

4-6b 续表 19

单位：人

地区 性别	社会生产服务和生活服务人员								
	住宿和餐饮服务人员	信息传输、软件和信息技术服务人员	金融服务人员	房地产服务人员	租赁和商务服务人员	技术辅助服务人员	水利、环境和公共设施管理服务人员	居民服务人员	电力、燃气及水供应服务人员
宁都县	880	86	102	59	53	84	94	531	43
于都县	834	118	123	139	159	263	131	357	71
兴国县	615	98	90	40	70	144	123	341	43
会昌县	623	36	59	33	23	127	82	235	41
寻乌县	234	45	49	19	33	34	46	107	30
石城县	233	35	57	14	21	37	41	100	21
瑞金市	33	5	1		4	1	6	26	2
龙南市	46	4	4	3	9	4	15	17	4
吉安市	**3182**	**437**	**572**	**242**	**365**	**536**	**957**	**1559**	**259**
吉州区	30	2	1	2	2	14	12	10	
青原区	27	1	6		2	2	3	10	5
吉安县	399	37	70	56	70	64	121	169	34
吉水县	383	69	60	25	39	64	162	228	36
峡江县	82	10	32	1	15	7	33	39	9
新干县	211	40	53	21	25	32	91	121	16
永丰县	284	38	65	30	32	57	95	184	43
泰和县	456	58	87	34	31	63	67	205	13
遂川县	351	43	48	24	43	46	61	179	27
万安县	188	36	31	11	25	43	67	113	15
安福县	218	26	72	23	31	52	79	107	24
永新县	370	69	40	13	20	84	123	163	24
井冈山市	183	8	7	2	30	8	43	31	13
宜春市	**2609**	**267**	**359**	**195**	**247**	**318**	**893**	**2011**	**240**
袁州区	114	9	5	10	6	8	41	43	2
奉新县	289	31	73	34	24	32	96	232	51
万载县	528	57	61	26	52	105	173	290	35
上高县	368	46	53	31	34	30	88	241	19
宜丰县	390	42	70	21	65	30	123	738	44
靖安县	147	17	30	17	19	18	74	99	18
铜鼓县	162	19	22	7	10	18	26	85	17
丰城市	291	22	13	14	19	27	90	132	28
樟树市	71	6	10	4	4	10	31	49	3
高安市	249	18	22	31	14	40	151	102	23
抚州市	**2977**	**312**	**334**	**155**	**268**	**339**	**612**	**1400**	**225**
临川区	138	7	2	3	6	12	66	45	5
东乡区	50	10	4	5	10	4	32	25	5
南城县	365	49	50	17	25	48	79	153	33
黎川县	332	40	35	17	25	44	79	244	21
南丰县	226	22	50	42	21	30	34	136	29
崇仁县	369	53	38	30	47	38	69	202	27
乐安县	280	28	35	19	27	52	53	146	44
宜黄县	318	27	40	8	56	46	67	108	27
金溪县	351	25	28	9	11	16	38	136	12
资溪县	304	9	19	2	11	14	28	37	11
广昌县	244	42	33	3	29	35	67	168	11
上饶市	**5104**	**495**	**424**	**269**	**462**	**664**	**1075**	**2816**	**344**
信州区	23	4	5	1	4	8	11	23	1
广丰区	190	38	12	13	6	40	51	212	9
广信区	149	17	3	17	16	16	47	118	9
玉山县	566	51	43	26	49	74	125	273	43
铅山县	552	65	23	27	110	35	86	283	37
横峰县	259	23	41	18	20	22	41	118	20
弋阳县	357	38	47	9	33	36	68	232	32
余干县	902	73	73	41	48	143	148	465	69
鄱阳县	1306	88	86	64	60	178	362	591	64
万年县	315	51	36	21	21	59	63	207	27
婺源县	457	44	54	32	93	50	71	262	30
德兴市	28	3	1		2	3	2	32	3

4−6b　续表 20

单位：人

地　区 性　别	社会生产服务和生活服务人员								
	住宿和餐饮服务人　员	信息传输、软件和信息技术服务人　员	金融服务人　员	房地产服务人员	租赁和商务服务人　员	技术辅助服务人员	水利、环境和公共设施管理服务人员	居民服务人　员	电力、燃气及水供应服务人　员
男	**12949**	**2360**	**1772**	**1269**	**2076**	**3165**	**2771**	**5254**	**1663**
南昌市	**1289**	**337**	**205**	**281**	**252**	**419**	**367**	**379**	**136**
东湖区	9			3	3	3			
西湖区									
青云谱区	1					5		1	
青山湖区	86	26	4	14	18	22	38	13	15
新建区	39	12	3	8	14	5	17	18	7
红谷滩区									
南昌县	831	250	129	217	179	301	253	240	76
安义县	79	17	35	7	21	53	8	22	10
进贤县	244	32	34	32	17	30	51	85	28
景德镇市	**265**	**36**	**11**	**27**	**44**	**37**	**65**	**88**	**19**
昌江区	6	1			1	1		6	
珠山区	21	1		1	1	1	1	5	1
浮梁县	130	23	7	14	29	28	41	41	13
乐平市	108	11	4	12	13	7	23	36	5
萍乡市	**621**	**123**	**73**	**49**	**100**	**132**	**204**	**689**	**98**
安源区	71	19	8	5	29	16	36	32	11
湘东区	75	18	5	4	6	12	16	52	5
莲花县	70	15	18	8	13	14	25	238	16
上栗县	261	44	24	18	35	56	82	89	48
芦溪县	144	27	18	14	17	34	45	278	18
九江市	**1680**	**298**	**210**	**150**	**229**	**472**	**417**	**705**	**178**
濂溪区	32	3	2	5		1	4	9	3
浔阳区									
柴桑区	56	16	6	2	13	11	14	18	5
武宁县	145	22	26	19	13	127	26	72	26
修水县	318	50	51	28	33	75	78	139	46
永修县	210	30	24	31	38	45	63	63	19
德安县	134	30	14	12	15	20	29	72	12
都昌县	307	69	33	24	23	75	67	133	20
湖口县	72	18	17	4	6	27	24	28	13
彭泽县	152	24	20	6	58	43	68	52	20
瑞昌市	123	28	11	9	13	41	22	99	6
共青城市	2						1		
庐山市	129	8	6	10	17	7	21	20	8
新余市	**119**	**22**	**14**	**8**	**44**	**23**	**37**	**60**	**16**
渝水区	16	4		1	8	1	12	3	1
分宜县	103	18	14	7	36	22	25	57	15
鹰潭市	**176**	**20**	**6**	**17**	**15**	**24**	**50**	**69**	**18**
月湖区	5			1		2	1		
余江区	80	13	2	8	4	9	19	39	11
贵溪市	91	7	4	8	11	13	30	30	7
赣州市	**2452**	**490**	**453**	**271**	**446**	**779**	**382**	**1106**	**366**
章贡区	11	2		1	2	3	5	2	
南康区	20	4	2	1		10	13	10	1
赣县区	62	11	10	5	4	20	14	25	14
信丰县	266	35	50	36	35	120	44	125	35
大余县	89	18	15	6	18	25	24	208	12
上犹县	79	26	18	5	18	31	17	27	16
崇义县	60	21	22	3	2	5	12	15	8
安远县	149	26	30	16	20	36	18	42	36
定南县	132	20	16	8	21	29	15	39	17
全南县	80	16	20	12	34	18	23	28	16

4-6b　续表 21　　　　单位：人

地　区 性　别	社会生产服务和生活服务人员								
	住宿和餐饮服务人　员	信息传输、软件和信息技术服务人　员	金融服务人　员	房地产服务人员	租赁和商务服务人　员	技术辅助服务人员	水利、环境和公共设施管理服务人员	居民服务人　员	电力、燃气及水供应服务人　员
宁都县	415	57	61	34	46	55	28	198	36
于都县	386	83	75	85	131	187	53	104	58
兴国县	202	81	37	16	52	87	41	113	38
会昌县	252	25	36	23	18	95	26	86	33
寻乌县	108	33	30	8	24	26	18	41	22
石城县	112	27	27	9	14	27	22	27	19
瑞金市	10	3	1		3	1	3	8	2
龙南市	19	2	3	3	4	4	6	8	3
吉安市	**1319**	**294**	**278**	**101**	**278**	**349**	**290**	**458**	**187**
吉州区	11	2		1	1	4	3	3	
青原区	14	1	6		2	2	1	2	3
吉安县	175	22	38	21	55	46	34	49	25
吉水县	149	47	30	12	29	39	43	64	27
峡江县	31	8	19		13	5	11	16	7
新干县	78	25	18	8	12	24	30	43	12
永丰县	121	27	28	16	26	39	32	42	34
泰和县	222	38	39	12	25	38	20	71	9
遂川县	137	30	27	9	38	31	13	47	16
万安县	74	23	20	6	18	21	26	39	11
安福县	96	16	31	7	30	34	27	22	14
永新县	140	52	19	7	12	61	35	54	19
井冈山市	71	3	3	2	17	5	15	6	10
宜春市	**1095**	**181**	**161**	**110**	**179**	**200**	**294**	**400**	**179**
袁州区	54	7	4	9	4	4	13	15	1
奉新县	121	22	29	12	13	21	30	48	34
万载县	226	39	24	15	36	60	51	63	26
上高县	146	27	28	11	29	22	30	78	16
宜丰县	172	29	27	10	59	17	51	94	38
靖安县	59	12	12	11	8	14	23	15	14
铜鼓县	60	13	13	4	6	15	8	18	13
丰城市	120	14	10	10	13	19	27	36	18
樟树市	39	5	4	3	2	6	11	7	3
高安市	98	13	10	25	9	22	50	26	16
抚州市	**1415**	**215**	**153**	**89**	**198**	**240**	**228**	**363**	**184**
临川区	66	5	1	2	6	9	24	23	4
东乡区	23	6	2	3	7	4	16	8	5
南城县	175	33	22	8	17	35	28	50	27
黎川县	166	26	18	9	16	29	31	42	17
南丰县	125	14	19	23	15	16	10	34	24
崇仁县	177	35	22	20	35	28	21	56	23
乐安县	144	23	21	12	21	41	26	37	40
宜黄县	107	18	14	1	52	33	19	23	19
金溪县	171	16	12	7	7	13	14	34	9
资溪县	159	6	8	1	6	9	16	15	7
广昌县	102	33	14	3	16	23	23	41	9
上饶市	**2518**	**344**	**208**	**166**	**291**	**490**	**437**	**937**	**282**
信州区	10	1	4	1	3	8	5	12	1
广丰区	105	30	9	10	4	32	26	52	8
广信区	70	11	2	12	12	12	28	50	7
玉山县	253	36	15	15	30	57	52	98	33
铅山县	326	48	15	19	80	26	40	66	30
横峰县	130	11	21	10	16	15	25	43	18
弋阳县	153	28	20	4	21	25	23	70	23
余干县	487	50	41	33	27	97	70	210	58
鄱阳县	643	70	39	36	33	134	108	180	53
万年县	156	27	20	12	15	43	25	74	26
婺源县	174	29	21	14	48	38	34	75	22
德兴市	11	3	1		2	3	1	7	3

4-6b 续表 22

单位：人

地区 性别	社会生产服务和生活服务人员								
	住宿和餐饮服务人员	信息传输、软件和信息技术服务人员	金融服务人员	房地产服务人员	租赁和商务服务人员	技术辅助服务人员	水利、环境和公共设施管理服务人员	居民服务人员	电力、燃气及水供应服务人员
女	**16495**	**1022**	**1882**	**999**	**878**	**1496**	**5121**	**13608**	**434**
南昌市	**1489**	**133**	**191**	**221**	**126**	**219**	**671**	**776**	**41**
东湖区	7						1	10	
西湖区									
青云谱区	3		1			1			
青山湖区	99	9	6	12	4	21	73	26	4
新建区	59	5	7	3	6	4	28	35	1
红谷滩区									
南昌县	914	101	116	166	96	130	486	509	26
安义县	100	6	34	4	10	37	24	32	3
进贤县	307	12	27	36	10	26	59	164	7
景德镇市	**430**	**21**	**24**	**13**	**23**	**40**	**184**	**262**	**8**
昌江区	13	1	1			1	3	5	1
珠山区	32	1	2			3	19	16	
浮梁县	203	15	18	10	17	24	64	85	5
乐平市	182	4	3	3	6	12	98	156	2
萍乡市	**930**	**49**	**100**	**29**	**38**	**64**	**430**	**2967**	**11**
安源区	106	8	4	1	7	8	102	291	
湘东区	114	3	10	1	4	9	39	231	2
莲花县	112	8	19	2	10	4	37	784	4
上栗县	393	12	32	14	10	22	200	477	4
芦溪县	205	18	35	11	7	21	52	1184	1
九江市	**2248**	**132**	**233**	**111**	**128**	**193**	**691**	**1690**	**42**
濂溪区	35	2	2	1	1	2	10	13	
浔阳区									
柴桑区	116	5	8	5	5	7	32	41	1
武宁县	147	3	33	10	13	41	41	119	8
修水县	404	24	47	11	14	22	115	309	13
永修县	275	10	23	20	18	15	85	210	3
德安县	230	22	22	18	11	15	85	243	
都昌县	327	30	40	15	15	29	109	379	6
湖口县	149	9	17	8	7	18	27	60	2
彭泽县	281	15	26	17	20	25	102	177	7
瑞昌市	174	9	13	5	7	16	68	76	1
共青城市	3	1					1		
庐山市	107	2	2	1	17	3	16	63	1
新余市	**183**	**14**	**25**	**14**	**14**	**18**	**67**	**116**	**4**
渝水区	29		1			1	18	9	1
分宜县	154	14	24	14	14	17	49	107	3
鹰潭市	**233**	**8**	**13**	**4**	**10**	**15**	**77**	**185**	**1**
月湖区	11					3	3	2	
余江区	79	6	6	2	1	7	27	93	
贵溪市	143	2	7	2	9	5	47	90	1
赣州市	**3457**	**188**	**407**	**212**	**143**	**369**	**713**	**1984**	**91**
章贡区	19		1		3	4	9	1	
南康区	52	3	1	1		2	11	29	3
赣县区	83	4	9	4	5	14	32	40	4
信丰县	427	11	55	43	17	63	85	214	9
大余县	141	9	15	7	6	19	38	284	1
上犹县	154	12	23	6	6	7	39	42	6
崇义县	140	5	17	2	4	5	41	57	2
安远县	185	10	29	8	8	14	35	67	9
定南县	149	13	18	9	9	9	35	62	8
全南县	113	5	24	3	5	20	47	59	5

4-6b 续表 23

单位：人

地区 性别	社会生产服务和生活服务人员 住宿和餐饮服务人员	信息传输、软件和信息技术服务人员	金融服务人员	房地产服务人员	租赁和商务服务人员	技术辅助服务人员	水利、环境和公共设施管理服务人员	居民服务人员	电力、燃气及水供应服务人员
宁都县	465	29	41	25	7	29	66	333	7
于都县	448	35	48	54	28	76	78	253	13
兴国县	413	17	53	24	18	57	82	228	5
会昌县	371	11	23	10	5	32	56	149	8
寻乌县	126	12	19	11	9	8	28	66	8
石城县	121	8	30	5	7	10	19	73	2
瑞金市	23	2			1		3	18	
龙南市	27	2	1		5		9	9	1
吉安市	**1863**	**143**	**294**	**141**	**87**	**187**	**667**	**1101**	**72**
吉州区	19		1	1	1	10	9	7	
青原区	13						2	8	2
吉安县	224	15	32	35	15	18	87	120	9
吉水县	234	22	30	13	10	25	119	164	9
峡江县	51	2	13	1	2	2	22	23	2
新干县	133	15	35	13	13	8	61	78	4
永丰县	163	11	37	14	6	18	63	142	9
泰和县	234	20	48	22	6	25	47	134	4
遂川县	214	13	21	15	5	15	48	132	11
万安县	114	13	11	5	7	22	41	74	4
安福县	122	10	41	16	1	18	52	85	10
永新县	230	17	21	6	8	23	88	109	5
井冈山市	112	5	4		13	3	28	25	3
宜春市	**1514**	**86**	**198**	**85**	**68**	**118**	**599**	**1611**	**61**
袁州区	60	2	1	1	2	4	28	28	1
奉新县	168	9	44	22	11	11	66	184	17
万载县	302	18	37	11	16	45	122	227	9
上高县	222	19	25	20	5	8	58	163	3
宜丰县	218	13	43	11	6	13	72	644	6
靖安县	88	5	18	6	11	4	51	84	4
铜鼓县	102	6	9	3	4	3	18	67	4
丰城市	171	8	3	4	6	8	63	96	10
樟树市	32	1	6	1	2	4	20	42	
高安市	151	5	12	6	5	18	101	76	7
抚州市	**1562**	**97**	**181**	**66**	**70**	**99**	**384**	**1037**	**41**
临川区	72	2	1	1		3	42	22	1
东乡区	27	4	2	2	3		16	17	
南城县	190	16	28	9	8	13	51	103	6
黎川县	166	14	17	8	9	15	48	202	4
南丰县	101	8	31	19	6	14	24	102	5
崇仁县	192	18	16	10	12	10	48	146	4
乐安县	136	5	14	7	6	11	27	109	4
宜黄县	211	9	26	7	4	13	48	85	8
金溪县	180	9	16	2	4	3	24	102	3
资溪县	145	3	11	1	5	5	12	22	4
广昌县	142	9	19		13	12	44	127	2
上饶市	**2586**	**151**	**216**	**103**	**171**	**174**	**638**	**1879**	**62**
信州区	13	3	1		1		6	11	
广丰区	85	8	3	3	2	8	25	160	1
广信区	79	6	1	5	4	4	19	68	2
玉山县	313	15	28	11	19	17	73	175	10
铅山县	226	17	8	8	30	9	46	217	7
横峰县	129	12	20	8	4	7	16	75	2
弋阳县	204	10	27	5	12	11	45	162	9
余干县	415	23	32	8	21	46	78	255	11
鄱阳县	663	18	47	28	27	44	254	411	11
万年县	159	24	16	9	6	16	38	133	1
婺源县	283	15	33	18	45	12	37	187	8
德兴市	17						1	25	

4-6b　续表 24

单位：人

地区 性别	社会生产服务和生活服务人员				农、林、牧、渔业生产及辅助人员				
	修理及制作服务人员	文化、体育和娱乐服务人员	健康服务人员	其他社会生产和生活服务人员	小计	农业生产人员	林业生产人员	畜牧业生产人员	渔业生产人员
全　省	**7483**	**1134**	**342**	**233**	**72638**	**66013**	**1211**	**3365**	**1072**
南昌市	**791**	**120**	**33**	**13**	**1686**	**1440**	**25**	**130**	**49**
东湖区	3	1			19	14			
西湖区									
青云谱区	6								
青山湖区	53	12	4	1	35	27		7	
新建区	19	5	1	2	314	287	9	7	4
红谷滩区									
南昌县	547	81	15	7	625	537	4	39	29
安义县	41	3	5	1	76	66	1	2	3
进贤县	122	18	8	2	617	509	11	75	13
景德镇市	**154**	**19**	**4**	**1**	**1570**	**1464**	**27**	**47**	**17**
昌江区	3				31	29	1		1
珠山区	4	1			2	1			
浮梁县	85	7	1		551	485	22	29	10
乐平市	62	11	3	1	986	949	4	18	6
萍乡市	**363**	**89**	**34**	**11**	**5671**	**4996**	**46**	**489**	**52**
安源区	43	10	14		480	435	3	36	4
湘东区	36	26	3		1275	1204	3	42	8
莲花县	62	8	8	6	1421	1356	18	40	4
上栗县	138	31	6	3	1491	1111	14	328	32
芦溪县	84	14	3	2	1004	890	8	43	4
九江市	**800**	**113**	**26**	**41**	**6774**	**6128**	**137**	**305**	**166**
濂溪区	16	1	2	2	71	38	30	3	
浔阳区									
柴桑区	32	2		3	278	261	10	3	3
武宁县	49	9	5	3	819	759	12	30	17
修水县	169	28	6	1	1180	990	25	150	10
永修县	87	17	4	1	1107	1041	12	29	18
德安县	61	11	1	1	188	154	9	21	2
都昌县	178	12	3	17	1523	1450	9	30	29
湖口县	54	3		1	250	228	7	4	11
彭泽县	67	22	5	5	897	802	7	16	61
瑞昌市	59	5			189	155	10	7	11
共青城市					4	3		1	
庐山市	28	3		7	268	247	6	11	4
新余市	**87**	**23**	**7**	**2**	**692**	**602**	**30**	**32**	**17**
渝水区	10	1		1	93	86	1	3	3
分宜县	77	22	7	1	599	516	29	29	14
鹰潭市	**89**	**9**	**24**	**2**	**1564**	**1428**	**26**	**45**	**12**
月湖区	1				69	68		1	
余江区	32	2	20	1	586	512	4	16	8
贵溪市	56	7	4	1	909	848	22	28	4
赣州市	**1780**	**164**	**68**	**30**	**14113**	**12747**	**283**	**755**	**185**
章贡区	8				7	7			
南康区	22			3	65	51	3	6	4
赣县区	54	3	3		362	322	5	26	4
信丰县	231	33	4	1	1557	1373	24	99	28
大余县	82	4	1	5	459	398	25	32	3
上犹县	70	7	3	1	191	164	13	10	3
崇义县	44	3	5	1	245	181	40	16	
安远县	89	6	2		1412	1312	10	73	7
定南县	93	6	4		477	384	22	56	13
全南县	67	9	4	2	235	167	23	39	3

4-6b 续表 25

单位：人

地区 性别	社会生产服务和生活服务人员				农、林、牧、渔业生产及辅助人员				
	修理及制作服务人员	文化、体育和娱乐服务人员	健康服务人员	其他社会生产和生活服务人员	小计	农业生产人员	林业生产人员	畜牧业生产人员	渔业生产人员
宁都县	236	20	11	2	2663	2377	33	176	38
于都县	209	25	3	1	729	670	18	20	18
兴国县	224	14	15	9	1575	1461	22	75	9
会昌县	180	10	5	2	1310	1175	17	69	32
寻乌县	95	7	3	1	1606	1572	6	16	3
石城县	42	12	4	2	479	436	8	20	14
瑞金市	21	5	1		516	505		6	3
龙南市	13				225	192	14	16	3
吉安市	**904**	**96**	**39**	**37**	**12567**	**11649**	**257**	**466**	**109**
吉州区	3	3			67	64		1	2
青原区	7				103	92	7	2	
吉安县	139	15	3	6	991	902	14	62	9
吉水县	150	13	5	3	1487	1381	25	48	15
峡江县	27		2		589	574	3	8	1
新干县	74	7	1		707	624	9	58	9
永丰县	84	13	5	2	1327	1232	29	53	9
泰和县	98	8	3		2099	2029	4	42	19
遂川县	106	6	7		1862	1738	49	59	12
万安县	54	12	1		889	803	13	40	20
安福县	65	7	7	1	998	906	56	27	4
永新县	80	7	2	22	1066	982	20	42	6
井冈山市	17	5	3	3	382	322	28	24	3
宜春市	**656**	**92**	**40**	**38**	**6225**	**5467**	**158**	**431**	**64**
袁州区	31	3	2	1	369	327	6	24	7
奉新县	86	9	5	19	773	704	28	14	7
万载县	105	25	7	10	1115	930	22	137	13
上高县	83	19	8	2	529	435	7	66	10
宜丰县	85	11	1	1	799	674	55	55	13
靖安县	22	2	1		158	142	12	2	
铜鼓县	47	8	2	1	222	159	16	35	1
丰城市	78	6	6	1	863	789	7	36	1
樟树市	20	4	4	1	400	377	1	19	3
高安市	99	5	4	2	997	930	4	43	9
抚州市	**626**	**73**	**29**	**29**	**7721**	**6942**	**110**	**219**	**149**
临川区	52	5			357	334	3	11	5
东乡区	14	1		16	309	282	5	14	6
南城县	71	5	2		1014	931	9	43	21
黎川县	66	3	1	3	572	472	18	42	23
南丰县	56	9	1	2	2157	1849	20	13	48
崇仁县	81	11	6	3	1199	1148	8	25	13
乐安县	94	15	12	2	161	131	6	13	5
宜黄县	59	2	4	2	402	332	24	29	8
金溪县	79	7	2		827	794	3	10	18
资溪县	11	1			240	215	7	12	
广昌县	43	14	1	1	483	454	7	7	2
上饶市	**1233**	**336**	**38**	**29**	**14055**	**13150**	**112**	**446**	**252**
信州区	15	2			62	59	2	1	
广丰区	98	1	2	4	658	614	13	19	2
广信区	65	7	2	3	394	333	10	41	6
玉山县	159	19	1	3	1323	1247	12	40	15
铅山县	90	8	4	3	1652	1547	9	60	24
横峰县	47	4	7	5	365	336	7	15	3
弋阳县	88	11	5	4	1356	1288	9	40	15
余干县	163	237	7	6	2705	2509	6	55	103
鄱阳县	316	21	3	1	3800	3589	21	106	70
万年县	90	17	3		497	460	6	26	3
婺源县	91	9	4		1094	1042	16	23	10
德兴市	11				149	126	1	20	1

4-6b　续表 26

单位：人

地　区 性　别	社会生产服务和生活服务人员 修理及制作服务人员	文化、体育和娱乐服务人员	健康服务人员	其他社会生产和生活服务人员	农、林、牧、渔业生产及辅助人员 小计	农业生产人员	林业生产人员	畜牧业生产人员	渔业生产人员
男	**6526**	**602**	**130**	**128**	**39803**	**35370**	**986**	**2080**	**825**
南昌市	**690**	**79**	**10**	**6**	**1094**	**927**	**18**	**91**	**34**
东湖区	3	1			12	8			
西湖区									
青云谱区	6								
青山湖区	43	8	2		21	15		5	
新建区	16	4		1	206	191	5	4	3
红谷滩区									
南昌县	478	52	3	4	410	351	3	27	21
安义县	37	1	3	1	52	45	1	2	2
进贤县	107	13	2		393	317	9	53	8
景德镇市	**140**	**13**	**1**	**1**	**842**	**764**	**24**	**31**	**13**
昌江区	3				28	26	1		1
珠山区	3	1			1				
浮梁县	78	6			343	292	19	22	6
乐平市	56	6	1	1	470	446	4	9	6
萍乡市	**334**	**38**	**11**	**5**	**2732**	**2424**	**34**	**198**	**39**
安源区	41	5	1		280	252	3	21	4
湘东区	33	13	2		601	558	2	31	7
莲花县	55	2	4	2	609	560	16	28	3
上栗县	129	11	3	1	731	605	8	90	23
芦溪县	76	7	1	2	511	449	5	28	2
九江市	**688**	**56**	**5**	**17**	**3511**	**3098**	**94**	**171**	**127**
濂溪区	15	1			39	23	14	2	
浔阳区									
柴桑区	27	1		2	137	127	6	1	2
武宁县	43	3	1	3	518	467	10	25	16
修水县	144	12		1	733	631	21	69	9
永修县	80	6	1		576	527	11	20	15
德安县	54	6			96	71	8	15	1
都昌县	150	9	1	3	687	638	9	15	24
湖口县	42	1			105	92	4	2	7
彭泽县	58	11	2	3	380	317	5	9	39
瑞昌市	52	4			95	75	3	5	10
共青城市					3	2		1	
庐山市	23	2		5	142	128	3	7	4
新余市	**78**	**13**	**1**	**1**	**434**	**361**	**25**	**25**	**15**
渝水区	9	1		1	52	46	1	2	3
分宜县	69	12	1		382	315	24	23	12
鹰潭市	**74**	**6**	**15**	**2**	**913**	**817**	**24**	**26**	**10**
月湖区	1				26	26			
余江区	27	2	12	1	356	303	3	12	7
贵溪市	46	4	3	1	531	488	21	14	3
赣州市	**1549**	**84**	**26**	**16**	**7671**	**6701**	**229**	**517**	**129**
章贡区	6				3	3			
南康区	16			2	26	15	2	5	3
赣县区	48	3	2		191	160	5	18	3
信丰县	200	12	1		786	651	20	68	18
大余县	75		1	2	238	192	24	19	2
上犹县	59	5	2		100	79	11	7	2
崇义县	35	1	3	1	154	106	35	10	
安远县	73	2	1		790	722	7	49	7
定南县	80	4			293	224	16	44	9
全南县	55	8	2	1	125	77	20	24	2

4-6b 续表 27

单位：人

地区 性别	社会生产服务和生活服务人员				农、林、牧、渔业生产及辅助人员				
	修理及制作服务人员	文化、体育和娱乐服务人员	健康服务人员	其他社会生产和生活服务人员	小计	农业生产人员	林业生产人员	畜牧业生产人员	渔业生产人员
宁都县	208	14	3	1	1603	1406	23	126	26
于都县	176	9	2	1	408	366	14	13	12
兴国县	202	8	3	5	669	596	19	43	5
会昌县	161	4	3		684	589	12	48	24
寻乌县	84	4	1	1	872	850	4	12	3
石城县	40	6	2	2	320	285	7	17	10
瑞金市	20	4			289	282		4	1
龙南市	11				120	98	10	10	2
吉安市	**764**	**51**	**19**	**19**	**6077**	**5421**	**212**	**308**	**84**
吉州区	3	2			35	32		1	2
青原区	5				60	51	7	1	
吉安县	115	9	3	4	523	452	12	48	8
吉水县	131	6	2	3	767	690	23	35	10
峡江县	23		1		306	295	3	5	1
新干县	63	4			354	303	8	31	9
永丰县	71	5	2	1	646	578	21	38	7
泰和县	77	3	1		989	940	3	29	13
遂川县	92	3	3		819	731	39	35	11
万安县	47	8			455	398	10	23	14
安福县	57	4	5		497	424	51	16	3
永新县	66	3	1	9	441	385	12	30	4
井冈山市	14	4	1	2	185	142	23	16	2
宜春市	**564**	**45**	**16**	**19**	**3395**	**2879**	**140**	**261**	**52**
袁州区	30	1			233	199	6	18	7
奉新县	66	2	2	9	419	367	24	11	6
万载县	94	17	2	4	585	489	21	51	11
上高县	77	11	1	2	345	271	5	53	7
宜丰县	72	4			458	356	49	42	10
靖安县	20				78	65	11	1	
铜鼓县	42	4		1	141	103	16	17	1
丰城市	66	3	4	1	449	406	3	26	1
樟树市	18	1	4		189	171	1	14	3
高安市	79	2	3	2	498	452	4	28	6
抚州市	**554**	**40**	**12**	**19**	**4535**	**4037**	**95**	**155**	**121**
临川区	47	4			213	197	2	9	4
东乡区	13	1		11	188	166	3	13	4
南城县	63	3	1		597	530	9	31	19
黎川县	58	1		1	375	301	16	29	16
南丰县	50	5		2	1192	1052	15	9	41
崇仁县	72	5	3	2	684	643	8	18	10
乐安县	82	8	7	1	112	87	5	10	5
宜黄县	49		1	1	248	200	21	16	6
金溪县	70	3			503	477	3	6	15
资溪县	10				155	135	6	9	
广昌县	40	10		1	268	249	7	5	1
上饶市	**1091**	**177**	**14**	**23**	**8599**	**7941**	**91**	**297**	**201**
信州区	14	2			36	34	1	1	
广丰区	85			4	467	431	13	14	1
广信区	53	5	1	2	226	192	8	17	5
玉山县	148	11		3	856	802	9	25	14
铅山县	86	5	2		1195	1122	8	38	20
横峰县	41		1	4	250	225	6	12	3
弋阳县	73	5		4	837	785	7	31	11
余干县	140	126	3	5	1570	1432	6	35	76
鄱阳县	284	10	2	1	2212	2047	18	75	60
万年县	80	10	3		319	288	5	22	2
婺源县	77	3	2		556	518	10	18	8
德兴市	10				75	65		9	1

4-6b　续表 28

单位：人

地区 性别	社会生产服务和生活服务人员				农、林、牧、渔业生产及辅助人员				
	修理及制作服务人员	文化、体育和娱乐服务人员	健康服务人员	其他社会生产和生活服务人员	小计	农业生产人员	林业生产人员	畜牧业生产人员	渔业生产人员
女	**957**	**532**	**212**	**105**	**32835**	**30643**	**225**	**1285**	**247**
南昌市	**101**	**41**	**23**	**7**	**592**	**513**	**7**	**39**	**15**
东湖区					7	6			
西湖区									
青云谱区									
青山湖区	10	4	2	1	14	12		2	
新建区	3	1	1	1	108	96	4	3	1
红谷滩区									
南昌县	69	29	12	3	215	186	1	12	8
安义县	4	2	2		24	21			1
进贤县	15	5	6	2	224	192	2	22	5
景德镇市	**14**	**6**	**3**		**728**	**700**	**3**	**16**	**4**
昌江区					3	3			
珠山区	1				1	1			
浮梁县	7	1	1		208	193	3	7	4
乐平市	6	5	2		516	503		9	
萍乡市	**29**	**51**	**23**	**6**	**2939**	**2572**	**12**	**291**	**13**
安源区	2	5	13		200	183		15	
湘东区	3	13	1		674	646	1	11	1
莲花县	7	6	4	4	812	796	2	12	1
上栗县	9	20	3	2	760	506	6	238	9
芦溪县	8	7	2		493	441	3	15	2
九江市	**112**	**57**	**21**	**24**	**3263**	**3030**	**43**	**134**	**39**
濂溪区	1		2	2	32	15	16	1	
浔阳区									
柴桑区	5	1		1	141	134	4	2	1
武宁县	6	6	4		301	292	2	5	1
修水县	25	16	6		447	359	4	81	1
永修县	7	11	3	1	531	514	1	9	3
德安县	7	5	1	1	92	83	1	6	1
都昌县	28	3	2	14	836	812		15	5
湖口县	12	2		1	145	136	3	2	4
彭泽县	9	11	3	2	517	485	2	7	22
瑞昌市	7	1			94	80	7	2	1
共青城市					1	1			
庐山市	5	1		2	126	119	3	4	
新余市	**9**	**10**	**6**	**1**	**258**	**241**	**5**	**7**	**2**
渝水区	1				41	40		1	
分宜县	8	10	6	1	217	201	5	6	2
鹰潭市	**15**	**3**	**9**		**651**	**611**	**2**	**19**	**2**
月湖区					43	42		1	
余江区	5		8		230	209	1	4	1
贵溪市	10	3	1		378	360	1	14	1
赣州市	**231**	**80**	**42**	**14**	**6442**	**6046**	**54**	**238**	**56**
章贡区	2				4	4			
南康区	6			1	39	36	1	1	1
赣县区	6		1		171	162		8	1
信丰县	31	21	3	1	771	722	4	31	10
大余县	7	4		3	221	206	1	13	1
上犹县	11	2	1	1	91	85	2	3	1
崇义县	9	2	2		91	75	5	6	
安远县	16	4	1		622	590	3	24	
定南县	13	2	4		184	160	6	12	4
全南县	12	1	2	1	110	90	3	15	1

4－6b 续表 29

单位：人

地区 性别	社会生产服务和生活服务人员				农、林、牧、渔业生产及辅助人员				
	修理及制作服务人员	文化、体育和娱乐服务人员	健康服务人员	其他社会生产和生活服务人员	小计	农业生产人员	林业生产人员	畜牧业生产人员	渔业生产人员
宁都县	28	6	8	1	1060	971	10	50	12
于都县	33	16	1		321	304	4	7	6
兴国县	22	6	12	4	906	865	3	32	4
会昌县	19	6	2	2	626	586	5	21	8
寻乌县	11	3	2		734	722	2	4	
石城县	2	6	2		159	151	1	3	4
瑞金市	1	1	1		227	223		2	2
龙南市	2				105	94	4	6	1
吉安市	**140**	**45**	**20**	**18**	**6490**	**6228**	**45**	**158**	**25**
吉州区		1			32	32			
青原区	2				43	41		1	
吉安县	24	6		2	468	450	2	14	1
吉水县	19	7	3		720	691	2	13	5
峡江县	4		1		283	279		3	
新干县	11	3	1		353	321	1	27	
永丰县	13	8	3	1	681	654	8	15	2
泰和县	21	5	2		1110	1089	1	13	6
遂川县	14	3	4		1043	1007	10	24	1
万安县	7	4	1		434	405	3	17	6
安福县	8	3	2	1	501	482	5	11	1
永新县	14	4	1	13	625	597	8	12	2
井冈山市	3	1	2	1	197	180	5	8	1
宜春市	**92**	**47**	**24**	**19**	**2830**	**2588**	**18**	**170**	**12**
袁州区	1	2	2	1	136	128		6	
奉新县	20	7	3	10	354	337	4	3	1
万载县	11	8	5	6	530	441	1	86	2
上高县	6	8	7		184	164	2	13	3
宜丰县	13	7	1	1	341	318	6	13	3
靖安县	2	2	1		80	77	1	1	
铜鼓县	5	4	2		81	56		18	
丰城市	12	3	2		414	383	4	10	
樟树市	2	3		1	211	206		5	
高安市	20	3	1		499	478		15	3
抚州市	**72**	**33**	**17**	**10**	**3186**	**2905**	**15**	**64**	**28**
临川区	5	1			144	137	1	2	1
东乡区	1			5	121	116	2	1	2
南城县	8	2	1		417	401		12	2
黎川县	8	2	1	2	197	171	2	13	7
南丰县	6	4	1		965	797	5	4	7
崇仁县	9	6	3	1	515	505		7	3
乐安县	12	7	5	1	49	44	1	3	
宜黄县	10	2	3	1	154	132	3	13	2
金溪县	9	4	2		324	317		4	3
资溪县	1	1			85	80	1	3	
广昌县	3	4	1		215	205		2	1
上饶市	**142**	**159**	**24**	**6**	**5456**	**5209**	**21**	**149**	**51**
信州区	1				26	25	1		
广丰区	13	1	2		191	183		5	1
广信区	12	2	1	1	168	141	2	24	1
玉山县	11	8	1		467	445	3	15	1
铅山县	4	3	2	3	457	425	1	22	4
横峰县	6	4	6	1	115	111	1	3	
弋阳县	15	6	5		519	503	2	9	4
余干县	23	111	4	1	1135	1077		20	27
鄱阳县	32	11	1		1588	1542	3	31	10
万年县	10	7			178	172	1	4	1
婺源县	14	6	2		538	524	6	5	2
德兴市	1				74	61	1	11	

4–6b 续表 30

单位：人

地区 性别	农林牧渔生产辅助人员	其他农、林、牧、渔业生产加工人员	生产制造及有关人员 小计	农副产品加工人员	食品、饮料生产加工人员	烟草及其制品加工人员	纺织、针织、印染人员	纺织品、服装和皮革、毛皮制品加工制作人员	木材加工、家具与木制品制作人员
全　省	**925**	**52**	**221084**	**2156**	**3296**	**38**	**2589**	**41103**	**7789**
南昌市	**39**	**3**	**19419**	**191**	**237**	**2**	**158**	**1978**	**450**
东湖区	5		44	2	5			6	
西湖区									
青云谱区			32		1			2	1
青山湖区	1		1282	2	11		3	65	12
新建区	5	2	473	25	12			25	9
红谷滩区									
南昌县	15	1	9428	106	155	1	32	1049	317
安义县	4		3227	19	13	1	96	59	25
进贤县	9		4933	37	40		27	772	86
景德镇市	**15**		**4821**	**32**	**40**	**1**	**20**	**645**	**137**
昌江区			188	1			1	14	3
珠山区	1		234		2			6	5
浮梁县	5		2176	15	13	1	10	117	51
乐平市	9		2223	16	25		9	508	78
萍乡市	**87**	**1**	**10310**	**125**	**195**	**1**	**38**	**926**	**176**
安源区	2		945	6	10		3	88	10
湘东区	18		1093	19	19		2	141	21
莲花县	3		1182	9	12		10	257	40
上栗县	6		4942	69	127	1	15	239	66
芦溪县	58	1	2148	22	27		8	201	39
九江市	**33**	**5**	**25151**	**142**	**252**		**363**	**5283**	**740**
濂溪区			387	2	7		5	32	12
浔阳区									
柴桑区	1		1137	2	15		4	155	57
武宁县	1		1567	8	15		7	154	78
修水县	5		3676	34	72		18	568	178
永修县	7		2337	33	32		14	222	57
德安县	2		2093	18	36		201	496	39
都昌县	4	1	5179	12	31		21	1968	86
湖口县			2160	10	10		9	270	44
彭泽县	8	3	3032	14	21		51	438	74
瑞昌市	5	1	2187	6	9		26	536	65
共青城市			35	1				15	
庐山市			1361	2	4		7	429	50
新余市	**11**		**2750**	**23**	**22**		**58**	**583**	**80**
渝水区			432	3	8			205	14
分宜县	11		2318	20	14		58	378	66
鹰潭市	**50**	**3**	**3377**	**57**	**398**		**8**	**256**	**160**
月湖区			72	4	6			1	
余江区	46		1533	17	50		5	145	104
贵溪市	4	3	1772	36	342		3	110	56
赣州市	**137**	**6**	**52556**	**526**	**641**	**12**	**481**	**15901**	**1892**
章贡区			772	8	30		2	42	7
南康区	1		635	2	8		1	52	211
赣县区	5		2274	40	31		2	509	129
信丰县	32	1	8276	60	82	2	66	2671	386
大余县	1		1989	18	28		5	341	100
上犹县	1		2305	16	7		12	702	140
崇义县	7	1	1047	8	7		3	95	94
安远县	10		2367	45	23		56	262	99
定南县	2		2185	17	18		14	244	27
全南县	3		1539	6	9		44	314	43

4-6b 续表 31

单位：人

地 区 性 别	农林牧渔生产辅助人员	其他农、林、牧、渔业生产加工人员	生产制造及有关人员 小计	农副产品加工人员	食品、饮料生产加工人员	烟草及其制品加工人员	纺织、针织、印染人员	纺织品、服装和皮革、毛皮制品加工制作人员	木材加工、家具与木制品制作人员
宁都县	36	3	5529	88	55		22	1646	136
于都县	3		9657	83	158		157	4277	89
兴国县	8		5624	46	56	3	52	2189	162
会昌县	17		4201	28	87	6	18	1390	141
寻乌县	9		1474	34	7		4	211	37
石城县		1	1738	17	24	1	21	675	67
瑞金市	2		477	5	8			236	9
龙南市			467	5	3		2	45	15
吉安市	**74**	**12**	**29331**	**276**	**282**	**19**	**349**	**3422**	**1023**
吉州区			472	4	2		4	79	3
青原区	2		210	2	4		1	21	16
吉安县	4		5717	21	67	17	25	232	128
吉水县	13	5	3786	27	36		210	678	204
峡江县	2	1	768	2	11	2	1	101	32
新干县	4	3	1737	21	27		1	326	107
永丰县	3	1	2299	48	26		39	308	65
泰和县	5		3448	28	20		12	255	75
遂川县	4		3037	61	27		16	391	152
万安县	13		1707	10	20		3	135	62
安福县	5		1854	9	21		6	268	49
永新县	15	1	3760	32	17		16	581	115
井冈山市	4	1	536	11	4		15	47	15
宜春市	**99**	**6**	**20710**	**218**	**305**		**413**	**1894**	**816**
袁州区	5		907	10	8		4	103	23
奉新县	19	1	2239	27	14		258	200	82
万载县	13		3527	43	40		22	347	68
上高县	10	1	2712	33	93		46	568	57
宜丰县	2		2531	19	36		29	319	188
靖安县	2		918	6	9		6	17	41
铜鼓县	10	1	657	10	12		1	23	45
丰城市	27	3	2257	26	26		3	169	232
樟树市			452	10	18			18	25
高安市	11		4510	34	49		44	130	55
抚州市	**294**	**7**	**18505**	**270**	**600**	**1**	**250**	**2583**	**925**
临川区	3	1	1600	11	14		26	44	34
东乡区	2		488	7	4		8	64	22
南城县	10		2520	36	63		19	402	252
黎川县	16	1	2001	24	25		50	315	193
南丰县	227		975	12	10		6	48	49
崇仁县	5		2006	15	29		18	209	89
乐安县	4	2	2285	42	35	1	21	448	66
宜黄县	9		2931	22	14		63	368	122
金溪县	1	1	1612	18	211		25	297	41
资溪县	6		623	46	183		1	37	18
广昌县	11	2	1464	37	12		13	351	39
上饶市	**86**	**9**	**34154**	**296**	**324**	**2**	**451**	**7632**	**1390**
信州区			368	4	4		9	90	7
广丰区	9	1	2805	19	11		42	535	93
广信区	3	1	1496	3	19		21	335	88
玉山县	7	2	3962	38	39	1	70	486	367
铅山县	8	4	3135	41	43		36	826	98
横峰县	4		1498	12	8		32	347	45
弋阳县	4		2320	32	29		18	428	55
余干县	32		4817	38	45	1	42	984	157
鄱阳县	13	1	8443	46	54		65	2157	190
万年县	2		2475	40	19		91	485	79
婺源县	3		2616	21	51		15	925	186
德兴市	1		219	2	2		10	34	25

4-6b　续表 32

单位：人

地区 性别	农林牧渔生产辅助人员	其他农、林、牧、渔业生产加工人员	生产制造及有关人员 小计	农副产品加工人员	食品、饮料生产加工人员	烟草及其制品加工人员	纺织、针织、印染人员	纺织品、服装和皮革、毛皮制品加工制作人员	木材加工、家具与木制品制作人员
男	**514**	**28**	**142626**	**1341**	**1794**	**29**	**884**	**13521**	**6457**
南昌市	**22**	**2**	**13885**	**118**	**134**	**1**	**58**	**524**	**396**
东湖区	4		33	2	2			2	
西湖区									
青云谱区			28						1
青山湖区	1		989	1	6		1	8	10
新建区	2	1	357	15	7			8	7
红谷滩区									
南昌县	7	1	6762	61	85	1	5	258	284
安义县	2		2387	11	8		41	26	16
进贤县	6		3329	28	26		11	222	78
景德镇市	**10**		**3362**	**23**	**20**	**1**	**8**	**234**	**114**
昌江区			143	1			1	7	2
珠山区	1		141		1			3	3
浮梁县	4		1531	11	6	1	5	40	43
乐平市	5		1547	11	13		2	184	66
萍乡市	**36**	**1**	**6736**	**73**	**81**	**1**	**12**	**256**	**155**
安源区			667	6	7			24	8
湘东区	3		777	13	9		1	34	19
莲花县	2		789	7	4		4	86	37
上栗县	5		2976	32	46	1	3	67	58
芦溪县	26	1	1527	15	15		4	45	33
九江市	**18**	**3**	**16932**	**91**	**128**		**131**	**1551**	**647**
濂溪区			275	1	4		2	9	11
浔阳区									
柴桑区	1		796	2	7		2	46	44
武宁县			1236	4	10		2	59	64
修水县	3		2718	25	34		7	201	155
永修县	3		1753	19	19		8	73	49
德安县	1		1222	10	22		72	107	38
都昌县	1		3164	8	14		11	721	77
湖口县			1497	7	5		2	53	36
彭泽县	7	3	2085	8	7		13	99	66
瑞昌市	2		1306	4	4		7	131	59
共青城市			23	1				4	
庐山市			857	2	2		5	48	48
新余市	**8**		**1931**	**15**	**11**		**33**	**234**	**74**
渝水区			299	1	3			115	13
分宜县	8		1632	14	8		33	119	61
鹰潭市	**35**	**1**	**2330**	**34**	**266**		**4**	**93**	**142**
月湖区			57	1	5				
余江区	31		989	13	30		2	61	90
贵溪市	4	1	1284	20	231		2	32	52
赣州市	**91**	**4**	**30867**	**322**	**314**	**10**	**169**	**5749**	**1510**
章贡区			497	6	21		2	31	7
南康区	1		404	2	3			15	149
赣县区	5		1527	25	16		1	172	108
信丰县	28	1	4644	38	42	2	26	996	309
大余县	1		1184	12	12		2	60	72
上犹县	1		1273	11	2		1	207	112
崇义县	3		677	5			2	22	70
安远县	5		1331	27	15		24	68	67
定南县			1393	9	9		3	78	24
全南县	2		880	2	3		15	75	41

4-6b 续表 33

单位：人

地区 性别	农林牧渔生产辅助人员	其他农、林、牧、渔业生产加工人员	生产制造及有关人员 小计	农副产品加工人员	食品、饮料生产加工人员	烟草及其制品加工人员	纺织、针织、印染人员	纺织品、服装和皮革、毛皮制品加工制作人员	木材加工、家具与木制品制作人员
宁都县	20	2	3478	56	29		12	551	117
于都县	3		5290	56	77		46	1783	67
兴国县	6		3304	26	18	2	20	808	138
会昌县	11		2401	16	44	5	6	490	119
寻乌县	3		927	16	3		3	51	30
石城县		1	1065	9	14	1	4	226	58
瑞金市	2		291	4	4			101	9
龙南市			301	2	2		2	15	13
吉安市	**47**	**5**	**17156**	**175**	**149**	**13**	**57**	**900**	**857**
吉州区			186	4	2		1	11	3
青原区	1		144	1	2			5	15
吉安县	3		3079	11	35	11	11	59	117
吉水县	5	4	2241	17	19		18	109	189
峡江县	2		457	2	10	2		12	25
新干县	2	1	1139	11	12			106	84
永丰县	2		1493	31	14		9	80	54
泰和县	4		1911	15	7		3	59	69
遂川县	3		1823	40	17		3	109	106
万安县	10		951	9	11			43	47
安福县	3		1118	7	10		4	70	44
永新县	10		2303	21	9		6	220	91
井冈山市	2		311	6	1		2	17	13
宜春市	**61**	**2**	**13526**	**133**	**153**		**137**	**490**	**598**
袁州区	3		619	6	4		1	32	21
奉新县	10	1	1532	18	9		100	95	50
万载县	13		2175	23	20		6	85	59
上高县	9		1669	25	42		13	141	48
宜丰县	1		1633	9	21		9	49	109
靖安县	1		695	5	8		2	4	24
铜鼓县	4		499	6	5			9	28
丰城市	12	1	1610	18	14			50	193
樟树市			310	5	12			1	23
高安市	8		2784	18	18		6	24	43
抚州市	**121**	**6**	**12406**	**155**	**349**	**1**	**95**	**753**	**750**
临川区	1		1270	8	8		13	16	31
东乡区	2		358	4	4		3	27	19
南城县	8		1659	23	37		8	109	188
黎川县	12	1	1312	18	20		18	95	151
南丰县	75		665	8	6		3	15	43
崇仁县	5		1489	13	15		5	56	75
乐安县	3	2	1482	21	17	1	5	104	56
宜黄县	5		1812	8	6		26	96	105
金溪县	1	1	1072	12	129		9	121	38
资溪县	5		442	24	101		1	20	16
广昌县	4	2	845	16	6		4	94	28
上饶市	**65**	**4**	**23495**	**202**	**189**	**2**	**180**	**2737**	**1214**
信州区			234	3	2		5	11	7
广丰区	7	1	1960	14	8		6	122	81
广信区	3	1	1036	3	13		12	128	75
玉山县	5	1	2969	24	27	1	22	137	322
铅山县	7		2088	22	20		17	252	86
横峰县	4		1000	11	3		3	67	40
弋阳县	3		1472	25	19		7	87	51
余干县	21		3300	26	20	1	14	495	138
鄱阳县	11	1	5952	30	33		33	934	167
万年县	2		1793	27	12		52	219	66
婺源县	2		1528	16	30		5	278	157
德兴市			163	1	2		4	7	24

4-6b 续表 34

单位：人

地区 性别	农林牧渔生产辅助人员	其他农、林、牧、渔业生产加工人员	生产制造及有关人员 小计	农副产品加工人员	食品、饮料生产加工人员	烟草及其制品加工人员	纺织、针织、印染人员	纺织品、服装和皮革、毛皮制品加工制作人员	木材加工、家具与木制品制作人员
女	**411**	**24**	**78458**	**815**	**1502**	**9**	**1705**	**27582**	**1332**
南昌市	**17**	**1**	**5534**	**73**	**103**	**1**	**100**	**1454**	**54**
东湖区	1		11		3			4	
西湖区									
青云谱区			4		1			2	
青山湖区			293	1	5		2	57	2
新建区	3	1	116	10	5			17	2
红谷滩区									
南昌县	8		2666	45	70		27	791	33
安义县	2		840	8	5	1	55	33	9
进贤县	3		1604	9	14		16	550	8
景德镇市	**5**		**1459**	**9**	**20**		**12**	**411**	**23**
昌江区			45					7	1
珠山区			93		1			3	2
浮梁县	1		645	4	7		5	77	8
乐平市	4		676	5	12		7	324	12
萍乡市	**51**		**3574**	**52**	**114**		**26**	**670**	**21**
安源区	2		278		3		3	64	2
湘东区	15		316	6	10		1	107	2
莲花县	1		393	2	8		6	171	3
上栗县	1		1966	37	81		12	172	8
芦溪县	32		621	7	12		4	156	6
九江市	**15**	**2**	**8219**	**51**	**124**		**232**	**3732**	**93**
濂溪区			112	1	3		3	23	1
浔阳区									
柴桑区			341		8		2	109	13
武宁县	1		331	4	5		5	95	14
修水县	2		958	9	38		11	367	23
永修县	4		584	14	13		6	149	8
德安县	1		871	8	14		129	389	1
都昌县	3	1	2015	4	17		10	1247	9
湖口县			663	3	5		7	217	8
彭泽县	1		947	6	14		38	339	8
瑞昌市	3	1	881	2	5		19	405	6
共青城市			12					11	
庐山市			504		2		2	381	2
新余市	**3**		**819**	**8**	**11**		**25**	**349**	**6**
渝水区			133	2	5			90	1
分宜县	3		686	6	6		25	259	5
鹰潭市	**15**	**2**	**1047**	**23**	**132**		**4**	**163**	**18**
月湖区			15	3	1			1	
余江区	15		544	4	20		3	84	14
贵溪市		2	488	16	111		1	78	4
赣州市	**46**	**2**	**21689**	**204**	**327**	**2**	**312**	**10152**	**382**
章贡区			275	2	9			11	
南康区			231		5		1	37	62
赣县区			747	15	15		1	337	21
信丰县	4		3632	22	40		40	1675	77
大余县			805	6	16		3	281	28
上犹县			1032	5	5		11	495	28
崇义县	4	1	370	3	7		1	73	24
安远县	5		1036	18	8		32	194	32
定南县	2		792	8	9		11	166	3
全南县	1		659	4	6		29	239	2

4-6b 续表 35

单位：人

地区 性别	农林牧渔生产辅助人员	其他农、林、牧、渔业生产加工人员	生产制造及有关人员 小计	农副产品加工人员	食品、饮料生产加工人员	烟草及其制品加工人员	纺织、针织、印染人员	纺织品、服装和皮革、毛皮制品加工制作人员	木材加工、家具与木制品制作人员
宁都县	16	1	2051	32	26		10	1095	19
于都县			4367	27	81		111	2494	22
兴国县	2		2320	20	38	1	32	1381	24
会昌县	6		1800	12	43	1	12	900	22
寻乌县	6		547	18	4		1	160	7
石城县			673	8	10		17	449	9
瑞金市			186	1	4			135	
龙南市			166	3	1			30	2
吉安市	**27**	**7**	**12175**	**101**	**133**	**6**	**292**	**2522**	**166**
吉州区			286				3	68	
青原区	1		66	1	2		1	16	1
吉安县	1		2638	10	32	6	14	173	11
吉水县	8	1	1545	10	17		192	569	15
峡江县		1	311		1		1	89	7
新干县	2	2	598	10	15		1	220	23
永丰县	1	1	806	17	12		30	228	11
泰和县	1		1537	13	13		9	196	6
遂川县	1		1214	21	10		13	282	46
万安县	3		756	1	9		3	92	15
安福县	2		736	2	11		2	198	5
永新县	5	1	1457	11	8		10	361	24
井冈山市	2	1	225	5	3		13	30	2
宜春市	**38**	**4**	**7184**	**85**	**152**		**276**	**1404**	**218**
袁州区	2		288	4	4		3	71	2
奉新县	9		707	9	5		158	105	32
万载县			1352	20	20		16	262	9
上高县	1	1	1043	8	51		33	427	9
宜丰县	1		898	10	15		20	270	79
靖安县	1		223	1	1		4	13	17
铜鼓县	6	1	158	4	7		1	14	17
丰城市	15	2	647	8	12		3	119	39
樟树市			142	5	6			17	2
高安市	3		1726	16	31		38	106	12
抚州市	**173**	**1**	**6099**	**115**	**251**		**155**	**1830**	**175**
临川区	2	1	330	3	6		13	28	3
东乡区			130	3			5	37	3
南城县	2		861	13	26		11	293	64
黎川县	4		689	6	5		32	220	42
南丰县	152		310	4	4		3	33	6
崇仁县			517	2	14		13	153	14
乐安县	1		803	21	18		16	344	10
宜黄县	4		1119	14	8		37	272	17
金溪县			540	6	82		16	176	3
资溪县	1		181	22	82			17	2
广昌县	7		619	21	6		9	257	11
上饶市	**21**	**5**	**10659**	**94**	**135**		**271**	**4895**	**176**
信州区			134	1	2		4	79	
广丰区	2		845	5	3		36	413	12
广信区			460		6		9	207	13
玉山县	2	1	993	14	12		48	349	45
铅山县	1	4	1047	19	23		19	574	12
横峰县			498	1	5		29	280	5
弋阳县	1		848	7	10		11	341	4
余干县	11		1517	12	25		28	489	19
鄱阳县	2		2491	16	21		32	1223	23
万年县			682	13	7		39	266	13
婺源县	1		1088	5	21		10	647	29
德兴市	1		56	1			6	27	1

4-6b　续表 36

单位：人

地区 性别	生产制造及有关人员								
	纸及纸制品生产加工人员	印刷和记录媒介复制人员	文教、工美、体育和娱乐用品制造人员	石油加工和炼焦、煤化工生产人员	化学原料和化学制品制造人员	医药制造人员	化学纤维制造人员	橡胶和塑料制品制造人员	非金属矿物制品制造人员
全　省	**1284**	**848**	**3516**	**126**	**2924**	**769**	**55**	**2153**	**6855**
南昌市	**61**	**114**	**379**	**3**	**116**	**103**	**2**	**121**	**154**
东湖区									
西湖区									
青云谱区						1			
青山湖区	18	5	2		5	5		11	7
新建区	1	2	3		1	19		2	3
红谷滩区									
南昌县	16	86	24	2	20	43		37	68
安义县	6	4	3		72	8	1	45	45
进贤县	20	17	347	1	18	27	1	26	31
景德镇市	**17**	**12**	**165**	**2**	**30**	**14**	**1**	**12**	**824**
昌江区			2		2	3			13
珠山区			6						149
浮梁县	14	8	38	2	3	5	1	7	604
乐平市	3	4	119		25	6		5	58
萍乡市	**155**	**66**	**114**	**12**	**1094**	**31**	**1**	**80**	**498**
安源区	11	5	13	3	1	1		14	56
湘东区	7	1	13	3	16	4		5	71
莲花县	8	15	34		9	10		17	34
上栗县	128	25	32	3	1047	11	1	19	92
芦溪县	1	20	22	3	21	5		25	245
九江市	**54**	**87**	**216**	**11**	**513**	**131**	**21**	**153**	**456**
濂溪区				4	2	1	1	1	22
浔阳区									
柴桑区	6	9	5	4	13			41	34
武宁县	4	4	13		6	11		6	34
修水县	11	26	50		11	4		21	57
永修县	6	7	27		118	4		21	41
德安县	1	4	31		4	8		7	16
都昌县	2	16	64	2	13	8		5	54
湖口县	8	2	5		185	13	17	17	16
彭泽县	4	16	10	1	151	80	3	27	45
瑞昌市	12	3	6		10	1		6	14
共青城市			1					1	
庐山市			4			1			123
新余市	**16**	**7**	**48**	**2**	**7**	**6**		**22**	**64**
渝水区	4		1	1					7
分宜县	12	7	47	1	7	6		22	57
鹰潭市	**6**	**15**	**94**		**10**		**1**	**25**	**81**
月湖区			3						3
余江区	3	4	32		3		1	17	35
贵溪市	3	11	59		7			8	43
赣州市	**280**	**171**	**631**	**10**	**224**	**62**	**3**	**240**	**858**
章贡区	1	1	1					2	11
南康区	3	1	2						5
赣县区	8		21	1	27	9		3	33
信丰县	9	48	255		26	2		40	89
大余县	9	3	20		13	5		12	14
上犹县	9	15	16		12	1	3	40	80
崇义县	2		5		3	2		1	13
安远县	26	13	38		21	1		16	91
定南县	5	8	27		9	6		19	28
全南县	19	7	25		7	6		14	17

4－6b 续表 37

单位：人

地区 性别	生产制造及有关人员								
	纸及纸制品生产加工人员	印刷和记录媒介复制人员	文教、工美、体育和娱乐用品制造人员	石油加工和炼焦、煤化工生产人员	化学原料和化学制品制造人员	医药制造人员	化学纤维制造人员	橡胶和塑料制品制造人员	非金属矿物制品制造人员
宁都县	7	9	49	6	28	4		15	64
于都县	147	16	22	2	4	10		13	136
兴国县	8	12	48		44	1		24	61
会昌县	11	21	32		21	7		19	143
寻乌县	10	3	12		5	5		7	43
石城县	3	11	21	1	2			6	12
瑞金市	3	1	5		1	1			4
龙南市		2	32		1	2		9	14
吉安市	**88**	**153**	**392**	**4**	**142**	**113**	**3**	**237**	**537**
吉州区	1		50			3		1	2
青原区	2	1	2					2	2
吉安县	11	42	87		18	11	1	54	37
吉水县	3	15	40		15			23	45
峡江县	7	5	6		1	34		3	1
新干县	6	7	12		29	8		27	78
永丰县	11	8	31	2	31	46	2	30	34
泰和县	5	17	60	1	2	2		6	32
遂川县	5	14	32	1	6	1		46	42
万安县	1	7	16		2	2		2	24
安福县	6	3	16		12	5		15	26
永新县	25	29	35		26	1		24	34
井冈山市	5	5	5					4	180
宜春市	**238**	**74**	**183**	**43**	**503**	**125**	**16**	**183**	**2359**
袁州区	2	5	16		13	1	1	13	15
奉新县	9	2	12		17	55	6	13	66
万载县	54	18	34	3	403	6	2	39	57
上高县	5	12	9		13	24	3	31	131
宜丰县	7	13	36		6	17	1	46	258
靖安县	5	9	11		3	1	1		18
铜鼓县		2	6		15	13		2	11
丰城市	39	4	15	16	5	1	1	3	128
樟树市	7			9	5	5		1	18
高安市	110	9	44	15	23	2	1	35	1657
抚州市	**261**	**50**	**317**	**32**	**160**	**124**	**2**	**867**	**413**
临川区	23		16		10	4		7	20
东乡区	7	3	5		1	3		7	13
南城县	5	4	46	1	20	23		15	22
黎川县	9	9	34	1	6	2	1	51	187
南丰县	3	7	5		3	8		52	30
崇仁县	5	6	28		5	2		8	15
乐安县	5	7	66	8	8	26	1	13	21
宜黄县	193	4	45	19	43	23		690	45
金溪县	3	5	17	2	59	27		17	36
资溪县		2		1	1				8
广昌县	8	3	55		4	6		7	16
上饶市	**108**	**99**	**977**	**7**	**125**	**60**	**5**	**213**	**611**
信州区		1	21		5	1		1	3
广丰区	15	12	61	1	10	1		7	24
广信区	4	4	60	2	7	1		6	28
玉山县	8	8	94	1	19	6	1	36	79
铅山县	13	9	54		18	6		31	64
横峰县	2	2	74	2	3	4		7	18
弋阳县	12	6	150		6	10	1	12	30
余干县	23	17	141	1	16	7		38	124
鄱阳县	22	25	117		21	7	1	34	121
万年县	2	6	20		16	11		29	89
婺源县	7	9	179		4	6	2	11	31
德兴市			6					1	

4-6b 续表 38

单位：人

地 区 性 别	生产制造及有关人员								
	纸及纸制品生产加工人员	印刷和记录媒介复制人员	文教、工美、体育和娱乐用品制造人员	石油加工和炼焦、煤化工生产人员	化学原料和化学制品制造人员	医药制造人员	化学纤维制造人员	橡胶和塑料制品制造人员	非金属矿物制品制造人员
男	**723**	**497**	**1245**	**107**	**1575**	**440**	**29**	**1287**	**4425**
南昌市	**39**	**71**	**178**	**3**	**81**	**42**	**2**	**75**	**129**
东湖区									
西湖区									
青云谱区						1			
青山湖区	14	3	1		4	2		5	5
新建区	1	1	2			9			3
红谷滩区									
南昌县	8	53	11	2	13	15		21	58
安义县	4	4	1		53	6	1	36	36
进贤县	12	10	163	1	11	9	1	13	27
景德镇市	**9**	**7**	**60**	**2**	**25**	**9**	**1**	**7**	**447**
昌江区			2		1	1			8
珠山区			4						80
浮梁县	7	5	20	2	3	3	1	5	321
乐平市	2	2	34		21	5		2	38
萍乡市	**67**	**48**	**36**	**9**	**400**	**18**	**1**	**47**	**351**
安源区	6	4	4	2	1			7	34
湘东区	2	1	3	2	12	4		5	48
莲花县	4	10	18		7	8		11	30
上栗县	55	20	6	3	366	4	1	11	76
芦溪县		13	5	2	14	2		13	163
九江市	**37**	**44**	**96**	**9**	**382**	**76**	**10**	**97**	**359**
濂溪区				4	2			1	16
浔阳区									
柴桑区	4	2	4	3	11			23	24
武宁县		2	9		4	4		2	26
修水县	7	14	23		9	3		14	41
永修县	5	4	10		81	1		14	37
德安县		1	9		3	1		5	10
都昌县		9	25	1	13	5		4	37
湖口县	8		1		138	12	9	5	13
彭泽县	3	9	6	1	112	50	1	24	36
瑞昌市	10	3	5		9			4	11
共青城市			1					1	
庐山市			3						108
新余市	**9**	**2**	**16**	**2**	**6**	**3**		**15**	**53**
渝水区	2			1					5
分宜县	7	2	16	1	6	3		15	48
鹰潭市	**2**	**7**	**24**		**8**			**16**	**63**
月湖区			2						3
余江区	1	1	17		1			11	25
贵溪市	1	6	5		7			5	35
赣州市	**134**	**104**	**236**	**9**	**152**	**34**	**2**	**159**	**609**
章贡区	1	1						2	10
南康区		1	1						3
赣县区	7		10	1	15	8		2	24
信丰县	3	39	94		21	1		31	73
大余县	5	1	5		11	3		10	14
上犹县	3	7	8		9	1	2	28	48
崇义县	1		3		2			1	9
安远县	5	4	10		10			11	57
定南县	3	7	13		7	2		10	19
全南县	1	4	8		4	4		9	12

4-6b 续表 39

单位：人

地区 性别	生产制造及有关人员								
	纸及纸制品生产加工人员	印刷和记录媒介复制人员	文教、工美、体育和娱乐用品制造人员	石油加工和炼焦、煤化工生产人员	化学原料和化学制品制造人员	医药制造人员	化学纤维制造人员	橡胶和塑料制品制造人员	非金属矿物制品制造人员
宁都县	2	5	19	6	16	1		9	54
于都县	82	7	9	1	3	4		4	97
兴国县	8	9	15		37	1		15	45
会昌县	5	11	17		10	3		11	87
寻乌县	3	2	8		4	3		5	33
石城县	3	4	8	1	2			3	11
瑞金市	2	1	1		1	1			3
龙南市		1	7			2		8	10
吉安市	**58**	**80**	**174**	**4**	**103**	**63**	**2**	**131**	**346**
吉州区	1		10			2			2
青原区	1		2					2	1
吉安县	5	19	62		12	3	1	30	29
吉水县	3	11	12		11			16	33
峡江县	5	2			1	25		3	1
新干县	5	2	5		21	5		9	57
永丰县	7	4	14	2	25	23	1	18	31
泰和县	3	9	17	1	1	1		4	23
遂川县	3	7	14	1	3			27	28
万安县		4	11		1				15
安福县	5	1	6		5	4		7	18
永新县	18	19	21		23			14	27
井冈山市	2	2						1	81
宜春市	**145**	**43**	**66**	**35**	**222**	**84**	**5**	**106**	**1327**
袁州区	2	4	3		5			6	10
奉新县	5	2	3		13	43	3	7	38
万载县	28	13	15	2	150	5		18	39
上高县	4	3	4		11	19	1	23	94
宜丰县	5	6	13		3	10		28	171
靖安县	3	7	3		3				17
铜鼓县		2	2		12	4		1	9
丰城市	18	1	8	11	4		1	1	76
樟树市	4			7	2	3			14
高安市	76	5	15	15	19			22	859
抚州市	**168**	**28**	**74**	**27**	**113**	**78**	**2**	**521**	**265**
临川区	20		3		7	4		3	17
东乡区	4	2	3		1	1		5	10
南城县	4	2	16	1	9	11		5	19
黎川县	6	6	14	1	6	2	1	34	97
南丰县	1	3	1		2	3		38	24
崇仁县	3	2	9		3	2		4	13
乐安县	3	4	7	5	4	9	1	4	14
宜黄县	119	2	9	18	28	19		413	26
金溪县	1	3	5	2	49	24		9	26
资溪县		1			1				7
广昌县	7	3	7		3	3		6	12
上饶市	**55**	**63**	**285**	**7**	**83**	**33**	**4**	**113**	**476**
信州区		1	3		3				2
广丰区	7	9	14	1	7			2	22
广信区	1	2	20	2	6	1		3	19
玉山县	4	7	16	1	13	1	1	12	68
铅山县	9	6	8		13	4		22	54
横峰县	1	2	12	2	3	1		4	14
弋阳县	5	2	15		5	6		3	24
余干县	7	8	101	1	9	4		27	92
鄱阳县	17	18	47		13	6	1	19	86
万年县	1	2	12		9	9		15	69
婺源县	3	6	37		2	1	2	5	26
德兴市								1	

4－6b　续表 40

单位：人

地　区 性　别	生产制造及有关人员								
	纸及纸制品生产加工人员	印刷和记录媒介复制人员	文教、工美、体育和娱乐用品制造人　员	石油加工和炼焦、煤化工生产人员	化学原料和化学制品制造人　员	医药制造人　员	化学纤维制造人员	橡胶和塑料制品制造人员	非金属矿物制品制造人员
女	**561**	**351**	**2271**	**19**	**1349**	**329**	**26**	**866**	**2430**
南昌市	**22**	**43**	**201**		**35**	**61**		**46**	**25**
东湖区									
西湖区									
青云谱区									
青山湖区	4	2	1		1	3		6	2
新建区		1	1		1	10		2	
红谷滩区									
南昌县	8	33	13		7	28		16	10
安义县	2		2		19	2		9	9
进贤县	8	7	184		7	18		13	4
景德镇市	**8**	**5**	**105**		**5**	**5**		**5**	**377**
昌江区					1	2			5
珠山区			2						69
浮梁县	7	3	18			2		2	283
乐平市	1	2	85		4	1		3	20
萍乡市	**88**	**18**	**78**	**3**	**694**	**13**		**33**	**147**
安源区	5	1	9	1		1		7	22
湘东区	5		10	1	4				23
莲花县	4	5	16		2	2		6	4
上栗县	73	5	26		681	7		8	16
芦溪县	1	7	17	1	7	3		12	82
九江市	**17**	**43**	**120**	**2**	**131**	**55**	**11**	**56**	**97**
濂溪区						1	1		6
浔阳区									
柴桑区	2	7	1	1	2			18	10
武宁县	4	2	4		2	7		4	8
修水县	4	12	27		2	1		7	16
永修县	1	3	17		37	3		7	4
德安县	1	3	22		1	7		2	6
都昌县	2	7	39	1		3		1	17
湖口县		2	4		47	1	8	12	3
彭泽县	1	7	4		39	30	2	3	9
瑞昌市	2		1		1	1		2	3
共青城市									
庐山市			1			1			15
新余市	**7**	**5**	**32**		**1**	**3**		**7**	**11**
渝水区	2		1						2
分宜县	5	5	31		1	3		7	9
鹰潭市	**4**	**8**	**70**		**2**		**1**	**9**	**18**
月湖区			1						
余江区	2	3	15		2		1	6	10
贵溪市	2	5	54					3	8
赣州市	**146**	**67**	**395**	**1**	**72**	**28**	**1**	**81**	**249**
章贡区			1						1
南康区	3		1						2
赣县区	1		11		12	1		1	9
信丰县	6	9	161		5	1		9	16
大余县	4	2	15		2	2		2	
上犹县	6	8	8		3		1	12	32
崇义县	1		2		1	2			4
安远县	21	9	28		11	1		5	34
定南县	2	1	14		2	4		9	9
全南县	18	3	17		3	2		5	5

4-6b 续表 41　　　　单位：人

地区 性别	生产制造及有关人员								
	纸及纸制品生产加工人员	印刷和记录媒介复制人员	文教、工美、体育和娱乐用品制造人员	石油加工和炼焦、煤化工生产人员	化学原料和化学制品制造人员	医药制造人员	化学纤维制造人员	橡胶和塑料制品制造人员	非金属矿物制品制造人员
宁都县	5	4	30		12	3		6	10
于都县	65	9	13	1	1	6		9	39
兴国县		3	33		7			9	16
会昌县	6	10	15		11	4		8	56
寻乌县	7	1	4		1	2		2	10
石城县		7	13					3	1
瑞金市	1		4						1
龙南市		1	25		1			1	4
吉安市	**30**	**73**	**218**		**39**	**50**	**1**	**106**	**191**
吉州区			40			1		1	
青原区	1	1							1
吉安县	6	23	25		6	8		24	8
吉水县		4	28		4			7	12
峡江县	2	3	6			9			
新干县	1	5	7		8	3		18	21
永丰县	4	4	17		6	23	1	12	3
泰和县	2	8	43		1	1		2	9
遂川县	2	7	18		3	1		19	14
万安县	1	3	5		1	2		2	9
安福县	1	2	10		7	1		8	8
永新县	7	10	14		3	1		10	7
井冈山市	3	3	5					3	99
宜春市	**93**	**31**	**117**	**8**	**281**	**41**	**11**	**77**	**1032**
袁州区		1	13		8	1	1	7	5
奉新县	4		9		4	12	3	6	28
万载县	26	5	19	1	253	1	2	21	18
上高县	1	9	5		2	5	2	8	37
宜丰县	2	7	23		3	7	1	18	87
靖安县	2	2	8			1	1		1
铜鼓县			4		3	9		1	2
丰城市	21	3	7	5	1	1		2	52
樟树市	3			2	3	2		1	4
高安市	34	4	29		4	2	1	13	798
抚州市	**93**	**22**	**243**	**5**	**47**	**46**		**346**	**148**
临川区	3		13		3			4	3
东乡区	3	1	2			2		2	3
南城县	1	2	30		11	12		10	3
黎川县	3	3	20					17	90
南丰县	2	4	4		1	5		14	6
崇仁县	2	4	19		2			4	2
乐安县	2	3	59	3	4	17		9	7
宜黄县	74	2	36	1	15	4		277	19
金溪县	2	2	12		10	3		8	10
资溪县		1		1					1
广昌县	1		48		1	3		1	4
上饶市	**53**	**36**	**692**		**42**	**27**	**1**	**100**	**135**
信州区			18		2	1		1	1
广丰区	8	3	47		3	1		5	2
广信区	3	2	40		1			3	9
玉山县	4	1	78		6	5		24	11
铅山县	4	3	46		5	2		9	10
横峰县	1		62			3		3	4
弋阳县	7	4	135		1	4	1	9	6
余干县	16	9	40		7	3		11	32
鄱阳县	5	7	70		8	1		15	35
万年县	1	4	8		7	2		14	20
婺源县	4	3	142		2	5		6	5
德兴市			6						

4-6b　续表 42

单位：人

地　区 性　别	生产制造及有关人员								
	采矿人员	金属冶炼和压延加工人员	机械制造基础加工人员	金属制品制造人员	通用设备制造人员	专用设备制造人员	汽车制造人员	铁路、船舶、航空设备制造人员	电气机械和器材制造人员
全　省	**1450**	**2236**	**4892**	**6346**	**817**	**468**	**1056**	**253**	**2546**
南昌市	**20**	**691**	**914**	**1313**	**80**	**115**	**273**	**62**	**72**
东湖区	1		1	5					
西湖区									
青云谱区			1	2	2		5		
青山湖区	4	16	70	19	10	3	49	1	21
新建区		1	7	10			7		
红谷滩区									
南昌县	9	27	309	314	32	16	199	57	34
安义县	1	633	260	855	6	1		4	2
进贤县	5	14	266	108	30	95	13		15
景德镇市	**46**	**6**	**132**	**94**	**20**	**1**	**11**	**8**	**20**
昌江区	1		15	1	2				4
珠山区			4					1	1
浮梁县	2	4	69	52	6		11	5	7
乐平市	43	2	44	41	12	1		2	8
萍乡市	**117**	**56**	**203**	**219**	**49**	**22**	**27**	**5**	**134**
安源区	28	5	20	33	6	2	6		11
湘东区	38	29	45	33	7	1	7	2	9
莲花县	2	2	32	49	8	7	1	1	10
上栗县	32	13	45	44	20	8	4	2	15
芦溪县	17	7	61	60	8	4	9		89
九江市	**100**	**442**	**600**	**649**	**81**	**46**	**44**	**57**	**190**
濂溪区	4	1	16	4	1				1
浔阳区									
柴桑区		12	28	43	14	3	3		14
武宁县	2	3	25	32	7	5	3	3	27
修水县	19	5	100	140	9	5	14	1	15
永修县	3	2	74	111	4	5	5	1	65
德安县	9	2	46	57	9	4	3	2	14
都昌县	8	1	76	80	13	13	10	13	8
湖口县	15	406	54	29	7	4	1	32	8
彭泽县	4	8	110	47	16	4	4	4	10
瑞昌市	34	2	63	88		1		1	28
共青城市				2					
庐山市	2		8	16	1	2	1		
新余市	**20**	**33**	**71**	**71**	**19**	**6**	**20**		**23**
渝水区	5	9	13	3	3	1	2		7
分宜县	15	24	58	68	16	5	18		16
鹰潭市	**51**	**110**	**93**	**185**	**31**	**1**	**19**	**1**	**10**
月湖区			1						1
余江区	5	22	65	163	18	1	17	1	6
贵溪市	46	88	27	22	13		2		3
赣州市	**532**	**323**	**758**	**993**	**129**	**91**	**156**	**34**	**688**
章贡区		8	32	60	7		72		6
南康区	3		19	6			2		3
赣县区	1	37	35	28	2	3	4	1	34
信丰县	14	18	81	139	11	32	16	2	33
大余县	127	23	52	58	7	3	6	14	9
上犹县	39	41	37	50	5	4	11	2	64
崇义县	64	51	15	16			4		6
安远县	3	58	15	41	18	7	8	1	106
定南县	8	21	69	36		5	2		188
全南县	60	24	23	28	5	5	2	2	18

4-6b 续表 43

单位：人

地区 性别	生产制造及有关人员								
	采矿人员	金属冶炼和压延加工人员	机械制造基础加工人员	金属制品制造人员	通用设备制造人员	专用设备制造人员	汽车制造人员	铁路、船舶、航空设备制造人员	电气机械和器材制造人员
宁都县	8	2	57	118	21	8	2	2	11
于都县	131	8	105	80	25	11	11	5	153
兴国县	33	11	59	95	11	3	8	3	33
会昌县	31	4	55	179	4		4		12
寻乌县	4	7	42	20	5	2	1	2	3
石城县	4	4	36	24	5	8	2		5
瑞金市	1		12	8	1				2
龙南市	1	6	14	7	2		1		2
吉安市	**125**	**106**	**545**	**619**	**64**	**63**	**105**	**13**	**679**
吉州区			1	5	2	1	7		5
青原区		1	6	8	1				5
吉安县	2	11	103	88	7	7	48	2	144
吉水县	6	8	64	63	10	2	2	1	30
峡江县		12	3	12		13	2		9
新干县	11	19	46	82	9	10	8	3	31
永丰县	6	29	26	50	8	11	6		35
泰和县	8	4	45	70	5	2	7	3	16
遂川县	13	6	89	54	2	3	5		28
万安县	2	2	21	34	2	4	4		3
安福县	76	1	27	45	9	1	2	2	137
永新县	1	11	110	98	8	8	12	1	236
井冈山市		2	4	10	1	1	2	1	
宜春市	**156**	**163**	**531**	**590**	**101**	**51**	**40**	**20**	**416**
袁州区	6	9	29	39	4	3	2		19
奉新县	1	33	55	148	11	4	3	2	8
万载县	8	22	92	85	10	18	12	3	62
上高县	27	11	54	90	20	7	5	15	46
宜丰县	26	48	53	51	13	7	3		175
靖安县		15	60	63	9	6	4		66
铜鼓县	1	12	7	11	2		3		2
丰城市	76	4	29	46	5	2	5		3
樟树市	1	1	27	12	4		1		4
高安市	10	8	125	45	23	4	2		31
抚州市	**82**	**162**	**377**	**497**	**84**	**34**	**184**	**8**	**174**
临川区		104	11	58		4	2		3
东乡区	13	6	12	11	2	1	3		1
南城县	6	10	64	50	9		3		11
黎川县	7	17	25	53	8	1	1	1	7
南丰县	3	1	12	20	6		3		8
崇仁县	1	6	42	49	18	6	6		76
乐安县	43	7	53	87	9	13	3	1	21
宜黄县	2	6	88	69	23	2	158	4	21
金溪县	2	1	12	44	6	5	3	1	5
资溪县	2		3	6					
广昌县	3	4	55	50	3	2	2	1	21
上饶市	**201**	**144**	**668**	**1116**	**159**	**38**	**177**	**45**	**140**
信州区		1	5	11					2
广丰区	4	10	31	36	3	1	6	1	3
广信区	1	6	20	41	10	3	2		10
玉山县	14	17	75	108	18	6	13		19
铅山县	108	21	48	80	8	3	15	1	19
横峰县	16	27	24	40	4	6	2	1	4
弋阳县	15	10	73	63	10	2	3	1	5
余干县	7	23	68	118	8	7	80	4	35
鄱阳县	11	8	209	506	89	7	37	35	24
万年县	20	15	58	66	4		10		10
婺源县	3	5	52	37	4	3	9	2	8
德兴市	2	1	5	10	1				1

4-6b　续表 44

单位：人

地　区 性　别	生产制造及有关人员								
	采矿人员	金属冶炼和压延加工人员	机械制造基础加工人　员	金属制品制造人员	通用设备制造人员	专用设备制造人员	汽车制造人　员	铁路、船舶、航空设备制造人　员	电气机械和器材制造人员
男	**1223**	**1756**	**3962**	**4759**	**644**	**250**	**724**	**207**	**1327**
南昌市	**12**	**524**	**794**	**1019**	**72**	**30**	**209**	**49**	**48**
东湖区	1		1	5					
西湖区									
青云谱区			1	2	2		5		
青山湖区	1	14	60	15	6		39	1	18
新建区		1	6	9			6		
红谷滩区									
南昌县	8	20	258	226	31	5	149	45	21
安义县		480	218	668	5			3	2
进贤县	2	9	250	94	28	25	10		7
景德镇市	**45**	**4**	**109**	**75**	**14**	**1**	**8**	**7**	**11**
昌江区	1		13	1					3
珠山区			3					1	1
浮梁县	2	2	65	43	5		8	4	4
乐平市	42	2	28	31	9	1		2	3
萍乡市	**111**	**45**	**176**	**176**	**40**	**14**	**15**	**4**	**82**
安源区	28	4	18	28	4	1	4		4
湘东区	37	22	37	22	6	1	2	1	5
莲花县	1	2	30	40	7	6	1	1	7
上栗县	31	12	40	36	16	4	2	2	5
芦溪县	14	5	51	50	7	2	6		61
九江市	**84**	**332**	**509**	**485**	**64**	**29**	**27**	**49**	**123**
濂溪区	3	1	15	3	1				1
浔阳区									
柴桑区		11	24	38	11	1	1		7
武宁县	2	3	25	28	6	4	2	2	14
修水县	13	3	80	100	8	3	13	1	11
永修县	3	1	52	86	3	4	3	1	46
德安县	7	2	39	44	3	1	1	2	11
都昌县	7	1	67	61	12	10	4	12	6
湖口县	15	301	47	20	7	1		27	5
彭泽县	4	8	101	28	12	4	2	3	6
瑞昌市	28	1	51	64				1	16
共青城市				2					
庐山市	2		8	11	1	1	1		
新余市	**17**	**32**	**62**	**54**	**19**	**4**	**15**		**14**
渝水区	4	8	12	3	3	1	1		5
分宜县	13	24	50	51	16	3	14		9
鹰潭市	**48**	**96**	**72**	**101**	**17**	**1**	**13**	**1**	**5**
月湖区			1						
余江区	4	20	53	84	6	1	12	1	3
贵溪市	44	76	18	17	11		1		2
赣州市	**427**	**243**	**581**	**727**	**101**	**69**	**111**	**33**	**342**
章贡区		5	21	44	6		47		3
南康区	2		15	6			1		1
赣县区		28	32	17	2	3	3	1	23
信丰县	14	13	64	104	8	31	11	2	13
大余县	108	20	37	43	6	1	5	14	5
上犹县	35	34	32	36	4	2	11	2	30
崇义县	49	39	14	11			3		5
安远县	3	38	14	24	6	3	4	1	50
定南县	6	15	53	28		5	2		70
全南县	50	18	22	20	4	2	1	2	7

4-6b 续表 45

单位：人

地　区 性　别	生产制造及有关人员								
	采矿人员	金属冶炼和压延加工人员	机械制造基础加工人　员	金属制品制造人员	通用设备制造人员	专用设备制造人员	汽车制造人　员	铁路、船舶、航空设备制造人　员	电气机械和器材制造人员
宁都县	7	1	45	93	21	5	2	2	5
于都县	94	8	71	57	20	7	6	4	101
兴国县	28	8	39	71	9	1	8	3	18
会昌县	23	2	43	125	3		3		3
寻乌县	3	5	27	15	4	2	1	2	2
石城县	3	4	32	20	5	7	2		5
瑞金市	1		10	6	1				1
龙南市	1	5	10	7	2		1		
吉安市	**112**	**90**	**405**	**435**	**40**	**38**	**72**	**10**	**270**
吉州区			1	3	2		3		1
青原区		1	5	8	1				3
吉安县	2	10	77	58	4	3	32	2	57
吉水县	5	5	41	51	7	1	2	1	16
峡江县		9	2	9		11	2		2
新干县	8	19	39	44	9	6	6	1	19
永丰县	6	26	20	39	4	4	3		13
泰和县	8	2	38	51	3	2	6	2	9
遂川县	9	5	68	38	1	2	4		10
万安县	2	2	20	25	1	2	3		3
安福县	71	1	24	34	2	1	2	2	63
永新县	1	8	66	71	5	5	8	1	74
井冈山市		2	4	4	1	1	1	1	
宜春市	**128**	**127**	**422**	**439**	**76**	**29**	**27**	**13**	**224**
袁州区	5	7	18	20	2	1	1		10
奉新县	1	20	45	115	6	3	2	1	5
万载县	8	21	68	67	7	10	9	3	22
上高县	21	9	51	56	14	3	2	9	27
宜丰县	21	40	43	44	12	4	3		115
靖安县		11	47	51	9	4	2		30
铜鼓县	1	9	7	10	2		3		
丰城市	62	2	22	31	5	1	4		2
樟树市	1	1	19	9	2		1		2
高安市	8	7	102	36	17	3			11
抚州市	**69**	**138**	**295**	**386**	**65**	**16**	**111**	**6**	**120**
临川区		88	10	42		4	1		
东乡区	12	5	10	8	2		3		
南城县	6	8	53	41	6		2		8
黎川县	6	14	22	39	6			1	5
南丰县	3	1	8	18	4		1		5
崇仁县	1	6	37	41	14	1	5		54
乐安县	32	6	46	73	8	4	3	1	15
宜黄县	2	5	57	47	17	1	93	2	18
金溪县	2	1	9	32	6	4	2	1	3
资溪县	2		3	4					
广昌县	3	4	40	41	2	2	1	1	12
上饶市	**170**	**125**	**537**	**862**	**136**	**19**	**116**	**35**	**88**
信州区		1	3	10					1
广丰区	4	10	15	31	3		5	1	2
广信区	1	3	14	34	9	1	2		7
玉山县	12	15	58	89	18	3	9		10
铅山县	87	20	42	64	8	2	12		10
横峰县	15	24	16	37	4	4	1	1	2
弋阳县	13	8	62	52	7	1	2		4
余干县	5	22	57	87	4	3	43	3	27
鄱阳县	11	7	171	373	76	5	26	29	14
万年县	18	11	47	52	2		8		4
婺源县	2	4	47	26	4		8	1	7
德兴市	2		5	7	1				

4−6b　续表 46

单位：人

地区 性别	生产制造及有关人员								
	采矿人员	金属冶炼和压延加工人员	机械制造基础加工人员	金属制品制造人员	通用设备制造人员	专用设备制造人员	汽车制造人员	铁路、船舶、航空设备制造人员	电气机械和器材制造人员
女	**227**	**480**	**930**	**1587**	**173**	**218**	**332**	**46**	**1219**
南昌市	**8**	**167**	**120**	**294**	**8**	**85**	**64**	**13**	**24**
东湖区									
西湖区									
青云谱区									
青山湖区	3	2	10	4	4	3	10		3
新建区			1	1			1		
红谷滩区									
南昌县	1	7	51	88	1	11	50	12	13
安义县	1	153	42	187	1	1		1	
进贤县	3	5	16	14	2	70	3		8
景德镇市	**1**	**2**	**23**	**19**	**6**		**3**	**1**	**9**
昌江区			2		2				1
珠山区			1						
浮梁县		2	4	9	1		3	1	3
乐平市	1		16	10	3				5
萍乡市	**6**	**11**	**27**	**43**	**9**	**8**	**12**	**1**	**52**
安源区		1	2	5	2	1	2		7
湘东区	1	7	8	11	1		5	1	4
莲花县	1		2	9	1	1			3
上栗县	1	1	5	8	4	4	2		10
芦溪县	3	2	10	10	1	2	3		28
九江市	**16**	**110**	**91**	**164**	**17**	**17**	**17**	**8**	**67**
濂溪区	1		1	1					
浔阳区									
柴桑区		1	4	5	3	2	2		7
武宁县				4	1	1	1	1	13
修水县	6	2	20	40	1	2	1		4
永修县		1	22	25	1	1	2		19
德安县	2		7	13	6	3	2		3
都昌县	1		9	19	1	3	6	1	2
湖口县		105	7	9		3	1	5	3
彭泽县			9	19	4		2	1	4
瑞昌市	6	1	12	24		1			12
共青城市									
庐山市				5		1			
新余市	**3**	**1**	**9**	**17**		**2**	**5**		**9**
渝水区	1	1	1				1		2
分宜县	2		8	17		2	4		7
鹰潭市	**3**	**14**	**21**	**84**	**14**		**6**		**5**
月湖区									1
余江区	1	2	12	79	12		5		3
贵溪市	2	12	9	5	2		1		1
赣州市	**105**	**80**	**177**	**266**	**28**	**22**	**45**	**1**	**346**
章贡区		3	11	16	1		25		3
南康区	1		4				1		2
赣县区	1	9	3	11			1		11
信丰县		5	17	35	3	1	5		20
大余县	19	3	15	15	1	2	1		4
上犹县	4	7	5	14	1	2			34
崇义县	15	12	1	5			1		1
安远县		20	1	17	12	4	4		56
定南县	2	6	16	8					118
全南县	10	6	1	8	1	3	1		11

4－6b　续表 47　　　　单位：人

地区 性别	生产制造及有关人员								
	采矿人员	金属冶炼和压延加工人员	机械制造基础加工人员	金属制品制造人员	通用设备制造人员	专用设备制造人员	汽车制造人员	铁路、船舶、航空设备制造人员	电气机械和器材制造人员
宁都县	1	1	12	25		3			6
于都县	37		34	23	5	4	5	1	52
兴国县	5	3	20	24	2	2			15
会昌县	8	2	12	54	1		1		9
寻乌县	1	2	15	5	1				1
石城县	1		4	4		1			
瑞金市			2	2					1
龙南市		1	4						2
吉安市	**13**	**16**	**140**	**184**	**24**	**25**	**33**	**3**	**409**
吉州区				2		1	4		4
青原区			1						2
吉安县		1	26	30	3	4	16		87
吉水县	1	3	23	12	3	1			14
峡江县		3	1	3		2			7
新干县	3		7	38		4	2	2	12
永丰县		3	6	11	4	7	3		22
泰和县		2	7	19	2		1	1	7
遂川县	4	1	21	16	1	1	1		18
万安县			1	9	1	2	1		
安福县	5		3	11	7				74
永新县		3	44	27	3	3	4		162
井冈山市				6			1		
宜春市	**28**	**36**	**109**	**151**	**25**	**22**	**13**	**7**	**192**
袁州区	1	2	11	19	2	2	1		9
奉新县		13	10	33	5	1	1	1	3
万载县		1	24	18	3	8	3		40
上高县	6	2	3	34	6	4	3	6	19
宜丰县	5	8	10	7	1	3			60
靖安县		4	13	12		2	2		36
铜鼓县		3		1					2
丰城市	14	2	7	15		1	1		1
樟树市			8	3	2				2
高安市	2	1	23	9	6	1	2		20
抚州市	**13**	**24**	**82**	**111**	**19**	**18**	**73**	**2**	**54**
临川区		16	1	16			1		3
东乡区	1	1	2	3		1			1
南城县		2	11	9	3		1		3
黎川县	1	3	3	14	2	1	1		2
南丰县			4	2	2		2		3
崇仁县			5	8	4	5	1		22
乐安县	11	1	7	14	1	9			6
宜黄县		1	31	22	6	1	65	2	3
金溪县			3	12		1	1		2
资溪县				2					
广昌县			15	9	1		1		9
上饶市	**31**	**19**	**131**	**254**	**23**	**19**	**61**	**10**	**52**
信州区			2	1					1
广丰区			16	5		1	1		1
广信区		3	6	7	1	2			3
玉山县	2	2	17	19		3	4		9
铅山县	21	1	6	16		1	3	1	9
横峰县	1	3	8	3		2	1		2
弋阳县	2	2	11	11	3	1	1	1	1
余干县	2	1	11	31	4	4	37	1	8
鄱阳县		1	38	133	13	2	11	6	10
万年县	2	4	11	14	2		2		6
婺源县	1	1	5	11		3	1	1	1
德兴市		1		3					1

4-6b　续表 48　　　　单位：人

地　区 性　别	生产制造及有关人员								不便分类的其他从业人员
	计算机、通信和其他电子设备制造人　员	仪器仪表制造人员	废弃资源综合利用人　员	电力、热力、气体、水生产和输配人员	建筑施工人　员	运输设备和通用工程机械操作人员及有关人员	生产辅助人　员	其他生产制造及有关人员	
全　省	**24530**	**112**	**200**	**562**	**76680**	**4750**	**17726**	**959**	**2978**
南昌市	**1644**	**7**	**12**	**35**	**7500**	**416**	**2129**	**67**	**90**
东湖区	2				13		8	1	1
西湖区									
青云谱区	1				2	12	2		
青山湖区	386	3	1	4	343	58	147	1	21
新建区	20			2	262	20	42		4
红谷滩区									
南昌县	983	3	7	17	4136	199	1112	18	24
安义县	88		3	4	416	56	479	22	4
进贤县	164	1	1	8	2328	71	339	25	36
景德镇市	**144**	**1**	**2**	**11**	**1929**	**123**	**304**	**17**	**59**
昌江区	18	1			92	1	13	1	7
珠山区	5			2	39	1	13		8
浮梁县	76		2	6	762	83	192	10	32
乐平市	45			3	1036	38	86	6	12
萍乡市	**1035**	**5**	**10**	**23**	**3386**	**255**	**1175**	**77**	**90**
安源区	156		1	5	274	36	137	4	5
湘东区	90	1	2	2	360	44	93	8	16
莲花县	108	2	1	3	332	23	129	17	6
上栗县	468	1	3	8	1669	97	601	37	28
芦溪县	213	1	3	5	751	55	215	11	35
九江市	**1478**	**28**	**24**	**76**	**10302**	**523**	**1993**	**96**	**529**
濂溪区	60			1	150	10	42	8	17
浔阳区									
柴桑区	86	1	2	5	449	16	102	14	7
武宁县	90	1	3	4	839	28	155		118
修水县	248	3	1	14	1645	99	305	3	21
永修县	138	20	4	7	1030	69	213	4	21
德安县	142		5	4	684	54	191	6	20
都昌县	274			3	2100	49	233	16	99
湖口县	40	2	8	21	680	57	188	2	9
彭泽县	82		1	10	1336	85	335	41	150
瑞昌市	299	1		4	745	37	189	1	38
共青城市					11	1	2	1	
庐山市	19			3	633	18	38		29
新余市	**244**	**2**	**3**	**33**	**993**	**76**	**190**	**8**	**7**
渝水区	23				82	19	21	1	
分宜县	221	2	3	33	911	57	169	7	7
鹰潭市	**267**	**6**	**12**	**12**	**1155**	**56**	**254**	**3**	**5**
月湖区	5				41	3	4		
余江区	187	5	1	1	494	12	116	3	4
贵溪市	75	1	11	11	620	41	134		1
赣州市	**6987**	**12**	**44**	**83**	**15344**	**865**	**3420**	**165**	**863**
章贡区	285				128	15	44	10	1
南康区	33		1		210	18	52	3	3
赣县区	155		1	5	1027	36	79	13	23
信丰县	1688	1		23	1733	128	593	28	31
大余县	242	1		3	670	58	138	10	394
上犹县	315		2	7	480	26	163	6	29
崇义县	96	2	1	7	400	43	103	6	13
安远县	524		1	4	708	41	134	7	8
定南县	435	3	3	6	820	42	122	3	23
全南县	225	2	2	5	483	25	115	4	6

4－6b 续表 49

单位：人

地区 性别	生产制造及有关人员								不便分类的其他从业人员
	计算机、通信和其他电子设备制造人员	仪器仪表制造人员	废弃资源综合利用人员	电力、热力、气体、水生产和输配人员	建筑施工人员	运输设备和通用工程机械操作人员及有关人员	生产辅助人员	其他生产制造及有关人员	
宁都县	512		7	3	2202	132	294	21	152
于都县	1227		5	3	1936	74	769		27
兴国县	488		11	2	1765	79	296	21	70
会昌县	337		4	10	1298	54	271	14	5
寻乌县	214	2	6	5	649	41	88	5	16
石城县	92	1			536	36	116	8	48
瑞金市	39				108	8	23	2	13
龙南市	80				191	9	20	4	1
吉安市	**8018**	**17**	**16**	**80**	**8815**	**523**	**2434**	**69**	**348**
吉州区	146				74	6	76		
青原区	41		1	13	61	8	12		1
吉安县	3182		1	6	855	61	445	4	11
吉水县	700	2	3	9	1229	60	288	13	64
峡江县	21			1	413	13	62	1	3
新干县	90		1	8	517	58	178	17	47
永丰县	172	2	3	6	992	60	210	2	19
泰和县	1568	2	5	3	980	56	156	3	66
遂川县	646	6		5	1121	67	198		12
万安县	617			4	531	38	160	1	12
安福县	248	1	2	11	512	52	291	1	94
永新县	553	4		11	1394	32	323	23	18
井冈山市	34			3	136	12	35	4	1
宜春市	**1370**	**14**	**27**	**118**	**6274**	**687**	**2559**	**223**	**183**
袁州区	94		5		390	22	62	9	8
奉新县	78	1	2	12	850	45	206	19	57
万载县	457	2	8	17	1077	125	383	10	18
上高县	233		1	8	755	101	263	51	36
宜丰县	75	1	3	9	549	96	371	76	8
靖安县	28		2	6	417	26	79	10	7
铜鼓县	37			18	334	23	50	17	3
丰城市	162		4	11	1005	44	177	16	27
樟树市	39	1		1	170	11	63	1	3
高安市	167	9	2	36	727	194	905	14	16
抚州市	**1472**	**4**	**23**	**40**	**6623**	**448**	**1327**	**111**	**221**
临川区	128			1	992	34	50	4	7
东乡区	31		1	1	195	16	32	19	35
南城县	268		8	5	1031	39	101	7	9
黎川县	73	1	4	5	647	41	171	32	19
南丰县	121		4	6	379	27	148	4	46
崇仁县	146	1		4	1076	36	102	8	49
乐安县	231		1	5	750	127	151	15	22
宜黄县	134	1		12	379	48	332	1	5
金溪县	220		5	1	435	29	74	11	9
资溪县	10				251	11	42	1	6
广昌县	110	1			488	40	124	9	14
上饶市	**1871**	**16**	**27**	**51**	**14359**	**778**	**1941**	**123**	**583**
信州区	10				173	10	10		2
广丰区	234	1	1	1	1378	131	119	14	41
广信区	66	2	1	5	618	30	94	9	15
玉山县	174	3	3	9	1821	108	277	44	99
铅山县	216	1	1	9	998	85	269	14	24
横峰县	92	1	1	6	578	49	74	17	18
弋阳县	81		1	3	954	44	257	9	48
余干县	301	2	1	4	2245	65	213	2	157
鄱阳县	368	5	12	5	3791	156	320		44
万年县	256		2		989	38	115	5	118
婺源县	65	1	4	9	725	56	177	9	17
德兴市	8				89	6	16		

4-6b　续表 50　　　　单位：人

地　区 性　别	生产制造及有关人员								不便分类的其他从业人员
	计算机、通信和其他电子设备制造人员	仪器仪表制造人员	废弃资源综合利用人员	电力、热力、气体、水生产和输配人员	建筑施工人员	运输设备和通用工程机械操作人员及有关人员	生产辅助人员	其他生产制造及有关人员	
男	**12442**	**68**	**144**	**461**	**64840**	**4426**	**10467**	**572**	**1771**
南昌市	**1165**	**4**	**10**	**30**	**6440**	**382**	**1205**	**41**	**61**
东湖区	2				12		5	1	1
西湖区									
青云谱区					2	12	2		
青山湖区	304	3	1	3	308	56	100		13
新建区	11			2	232	19	18		1
红谷滩区									
南昌县	684	1	5	14	3560	172	675	13	19
安义县	66		3	4	369	55	256	15	2
进贤县	98		1	7	1957	68	149	12	25
景德镇市	**75**		**2**	**10**	**1723**	**116**	**186**	**9**	**34**
昌江区	9				85		8		3
珠山区	2			2	31	1	9		6
浮梁县	42		2	5	677	79	115	5	15
乐平市	22			3	930	36	54	4	10
萍乡市	**528**	**2**	**9**	**19**	**3114**	**229**	**573**	**44**	**57**
安源区	92		1	5	259	34	79	3	4
湘东区	41		2	2	349	33	58	6	9
莲花县	47	1	1	2	291	23	93	10	5
上栗县	238		2	7	1527	85	203	17	13
芦溪县	110	1	3	3	688	54	140	8	26
九江市	**837**	**21**	**17**	**65**	**8778**	**473**	**1321**	**60**	**324**
濂溪区	43				115	9	28	6	10
浔阳区									
柴桑区	43		2	4	394	13	67	8	4
武宁县	50	1	2	3	751	27	130		58
修水县	143	1		11	1519	97	179	3	16
永修县	78	17	3	5	922	63	142	4	16
德安县	68		4	4	589	49	115	5	16
都昌县	147			3	1702	41	155	11	60
湖口县	22	1	5	21	568	42	125	1	4
彭泽县	45		1	8	1090	80	237	21	94
瑞昌市	187	1		3	562	35	110		26
共青城市					11	1	1	1	
庐山市	11			3	555	16	32		20
新余市	**135**	**2**	**2**	**29**	**857**	**74**	**140**	**2**	**4**
渝水区	12				79	17	14		
分宜县	123	2	2	29	778	57	126	2	4
鹰潭市	**138**	**2**	**9**	**8**	**961**	**54**	**143**	**2**	**4**
月湖区					39	3	3		
余江区	89	2	1	1	394	11	53	2	4
贵溪市	49		8	7	528	40	87		
赣州市	**3552**	**9**	**27**	**68**	**12209**	**808**	**1955**	**92**	**497**
章贡区	171				85	8	22	4	1
南康区	7		1		160	17	18	2	2
赣县区	72		1	4	870	33	42	7	14
信丰县	894			21	1370	124	287	13	21
大余县	95	1		2	483	55	95	7	201
上犹县	129		2	6	378	22	106	5	18
崇义县	25	1		6	295	43	69	2	10
安远县	232		1	4	548	39	61	5	7
定南县	237	3	2	5	671	38	71	3	17
全南县	99	2	2	4	385	22	60	2	4

4－6b 续表 51

单位：人

地区 性别	生产制造及有关人员								不便分类的其他从业人员
	计算机、通信和其他电子设备制造人员	仪器仪表制造人员	废弃资源综合利用人员	电力、热力、气体、水生产和输配人员	建筑施工人员	运输设备和通用工程机械操作人员及有关人员	生产辅助人员	其他生产制造及有关人员	
宁都县	299		4	1	1779	126	198	13	95
于都县	629		2	3	1575	65	412		17
兴国县	235		6	2	1453	74	195	12	42
会昌县	192		2	6	969	52	145	9	4
寻乌县	113	2	4	4	486	39	55	2	8
石城县	61				455	34	91	2	26
瑞金市	27				90	8	18	2	9
龙南市	35				157	9	10	2	1
吉安市	**3452**	**10**	**10**	**61**	**7160**	**501**	**1334**	**44**	**200**
吉州区	41				62	6	31		
青原区	23		1	9	46	8	10		
吉安县	1400			5	711	59	250	4	6
吉水县	344	1	2	4	1097	59	160	7	43
峡江县	10			1	273	13	37		3
新干县	63		1	5	422	57	115	8	25
永丰县	92		2	5	795	59	110	2	17
泰和县	621	2	3	3	793	54	99	3	30
遂川县	284	4		5	858	58	119		6
万安县	232			4	399	36	80	1	6
安福县	67	1	1	7	460	49	151	1	52
永新县	258	2		11	1127	31	151	15	11
井冈山市	17			2	117	12	21	3	1
宜春市	**585**	**4**	**21**	**99**	**5387**	**618**	**1653**	**130**	**109**
袁州区	31		4		361	19	40	6	4
奉新县	42		2	7	700	40	144	13	35
万载县	164	2	6	16	974	123	208	4	8
上高县	122		1	6	628	95	175	22	22
宜丰县	39	1	3	5	488	94	237	51	5
靖安县	10		1	6	372	24	43	9	6
铜鼓县	21			16	295	23	24	10	3
丰城市	84		2	9	815	39	130	7	14
樟树市	15	1			150	9	29		2
高安市	57		2	34	604	152	623	8	10
抚州市	**812**	**3**	**15**	**29**	**5659**	**430**	**799**	**74**	**122**
临川区	51			1	878	31	32	2	4
东乡区	15		1	1	166	15	21	16	19
南城县	143		6	3	837	38	72	4	4
黎川县	46		3	4	538	39	98	22	8
南丰县	69		2	4	335	27	38	3	25
崇仁县	86	1		3	922	31	83	4	26
乐安县	129			4	675	126	96	9	16
宜黄县	93	1		8	340	47	205	1	3
金溪县	121		3	1	369	28	54	8	6
资溪县	7				212	10	32	1	4
广昌县	52	1			387	38	68	4	7
上饶市	**1163**	**11**	**22**	**43**	**12552**	**741**	**1158**	**74**	**359**
信州区	6				161	10	5		1
广丰区	130	1	1	1	1256	129	71	7	22
广信区	43	1	1	4	544	28	54	5	8
玉山县	98	3	2	9	1687	104	167	29	62
铅山县	150	1	1	7	924	83	154	10	19
横峰县	75	1	1	5	541	48	54	8	11
弋阳县	54		1	3	842	41	129	4	28
余干县	179	2	1	4	1736	59	123	2	96
鄱阳县	216	1	9	3	3272	141	194		28
万年县	166		2		874	36	78	2	72
婺源县	40	1	3	7	629	56	118	7	12
德兴市	6				86	6	11		

4-6b　续表 52

单位：人

地　区 性　别	生产制造及有关人员								不便分类的其他从业人员
	计算机、通信和其他电子设备制造人员	仪器仪表制造人员	废弃资源综合利用人员	电力、热力、气体、水生产和输配人员	建筑施工人员	运输设备和通用工程机械操作人员及有关人员	生产辅助人员	其他生产制造及有关人员	
女	**12088**	**44**	**56**	**101**	**11840**	**324**	**7259**	**387**	**1207**
南昌市	**479**	**3**	**2**	**5**	**1060**	**34**	**924**	**26**	**29**
东湖区					1		3		
西湖区									
青云谱区	1								
青山湖区	82			1	35	2	47	1	8
新建区	9				30	1	24		3
红谷滩区									
南昌县	299	2	2	3	576	27	437	5	5
安义县	22				47	1	223	7	2
进贤县	66	1		1	371	3	190	13	11
景德镇市	**69**	**1**		**1**	**206**	**7**	**118**	**8**	**25**
昌江区	9	1			7	1	5	1	4
珠山区	3				8		4		2
浮梁县	34			1	85	4	77	5	17
乐平市	23				106	2	32	2	2
萍乡市	**507**	**3**	**1**	**4**	**272**	**26**	**602**	**33**	**33**
安源区	64				15	2	58	1	1
湘东区	49	1			11	11	35	2	7
莲花县	61	1		1	41		36	7	1
上栗县	230	1	1	1	142	12	398	20	15
芦溪县	103			2	63	1	75	3	9
九江市	**641**	**7**	**7**	**11**	**1524**	**50**	**672**	**36**	**205**
濂溪区	17			1	35	1	14	2	7
浔阳区									
柴桑区	43	1		1	55	3	35	6	3
武宁县	40		1	1	88	1	25		60
修水县	105	2	1	3	126	2	126		5
永修县	60	3	1	2	108	6	71		5
德安县	74		1		95	5	76	1	4
都昌县	127				398	8	78	5	39
湖口县	18	1	3		112	15	63	1	5
彭泽县	37			2	246	5	98	20	56
瑞昌市	112			1	183	2	79	1	12
共青城市							1		
庐山市	8				78	2	6		9
新余市	**109**		**1**	**4**	**136**	**2**	**50**	**6**	**3**
渝水区	11				3	2	7	1	
分宜县	98		1	4	133		43	5	3
鹰潭市	**129**	**4**	**3**	**4**	**194**	**2**	**111**	**1**	**1**
月湖区	5				2		1		
余江区	98	3			100	1	63	1	
贵溪市	26	1	3	4	92	1	47		1
赣州市	**3435**	**3**	**17**	**15**	**3135**	**57**	**1465**	**73**	**366**
章贡区	114				43	7	22	6	
南康区	26				50	1	34	1	1
赣县区	83			1	157	3	37	6	9
信丰县	794	1		2	363	4	306	15	10
大余县	147			1	187	3	43	3	193
上犹县	186			1	102	4	57	1	11
崇义县	71	1	1	1	105		34	4	3
安远县	292				160	2	73	2	1
定南县	198		1	1	149	4	51		6
全南县	126			1	98	3	55	2	2

4-6b 续表 53

单位：人

地区 性别	生产制造及有关人员								
	计算机、通信和其他电子设备制造人员	仪器仪表制造人员	废弃资源综合利用人员	电力、热力、气体、水生产和输配人员	建筑施工人员	运输设备和通用工程机械操作人员及有关人员	生产辅助人员	其他生产制造及有关人员	不便分类的其他从业人员
宁都县	213		3	2	423	6	96	8	57
于都县	598		3		361	9	357		10
兴国县	253		5		312	5	101	9	28
会昌县	145		2	4	329	2	126	5	1
寻乌县	101		2	1	163	2	33	3	8
石城县	31	1			81	2	25	6	22
瑞金市	12				18		5		4
龙南市	45				34		10	2	
吉安市	**4566**	**7**	**6**	**19**	**1655**	**22**	**1100**	**25**	**148**
吉州区	105				12		45		
青原区	18			4	15		2		1
吉安县	1782		1	1	144	2	195		5
吉水县	356	1	1	5	132	1	128	6	21
峡江县	11				140		25	1	
新干县	27			3	95	1	63	9	22
永丰县	80	2	1	1	197	1	100		2
泰和县	947		2		187	2	57		36
遂川县	362	2			263	9	79		6
万安县	385				132	2	80		6
安福县	181		1	4	52	3	140		42
永新县	295	2			267	1	172	8	7
井冈山市	17			1	19		14	1	
宜春市	**785**	**10**	**6**	**19**	**887**	**69**	**906**	**93**	**74**
袁州区	63		1		29	3	22	3	4
奉新县	36	1		5	150	5	62	6	22
万载县	293		2	1	103	2	175	6	10
上高县	111			2	127	6	88	29	14
宜丰县	36			4	61	2	134	25	3
靖安县	18		1		45	2	36	1	1
铜鼓县	16			2	39		26	7	
丰城市	78		2	2	190	5	47	9	13
樟树市	24			1	20	2	34	1	1
高安市	110	9		2	123	42	282	6	6
抚州市	**660**	**1**	**8**	**11**	**964**	**18**	**528**	**37**	**99**
临川区	77				114	3	18	2	3
东乡区	16				29	1	11	3	16
南城县	125		2	2	194	1	29	3	5
黎川县	27	1	1	1	109	2	73	10	11
南丰县	52		2	2	44		110	1	21
崇仁县	60			1	154	5	19	4	23
乐安县	102		1	1	75	1	55	6	6
宜黄县	41			4	39	1	127		2
金溪县	99		2		66	1	20	3	3
资溪县	3				39	1	10		2
广昌县	58				101	2	56	5	7
上饶市	**708**	**5**	**5**	**8**	**1807**	**37**	**783**	**49**	**224**
信州区	4				12		5		1
广丰区	104				122	2	48	7	19
广信区	23	1		1	74	2	40	4	7
玉山县	76		1		134	4	110	15	37
铅山县	66			2	74	2	115	4	5
横峰县	17			1	37	1	20	9	7
弋阳县	27				112	3	128	5	20
余干县	122				509	6	90		61
鄱阳县	152	4	3	2	519	15	126		16
万年县	90				115	2	37	3	46
婺源县	25		1	2	96		59	2	5
德兴市	2				3		5		

4-6c 各地区分性别、职业中类的就业人口(乡村)

单位：人

地 区 性 别	合计	党的机关、国家机关、群众团体和社会组织、企事业单位负责人						
		小计	中国共产党机关负责人	国家机关负责人	民主党派和工商联负责人	人民团体和群众团体、社会组织及其他成员组织负责人	基层群众自治组织负责人	企事业单位负责人
全 省	**1033967**	**11912**	**40**	**278**	**1**	**607**	**666**	**10320**
南昌市	**77297**	**896**	**3**	**8**		**53**	**53**	**779**
东湖区	1302	35					2	33
西湖区								
青云谱区								
青山湖区	2997	28					1	27
新建区	16397	195	1	3		8	7	176
红谷滩区	1051	21		1		2	2	16
南昌县	29085	301		3		19	19	260
安义县	6400	96		1		2	11	82
进贤县	20065	220	2			22	11	185
景德镇市	**37677**	**309**		**13**		**13**	**10**	**273**
昌江区	1877	15		1		2		12
珠山区	89	4				2		2
浮梁县	6655	65		4		1	4	56
乐平市	29056	225		8		8	6	203
萍乡市	**35432**	**441**	**1**	**11**	**1**	**25**	**39**	**364**
安源区	440	10		1				9
湘东区	7374	75			1	4	14	56
莲花县	6898	82	1	1		1	12	67
上栗县	13267	164		6		12	3	143
芦溪县	7453	110		3		8	10	89
九江市	**112243**	**1686**	**3**	**40**		**57**	**74**	**1512**
濂溪区	3077	50		1		3		46
浔阳区	108							
柴桑区	10028	208		6		4	5	193
武宁县	7900	174		8		1	8	157
修水县	21469	346		5		15	4	322
永修县	7936	63		4			7	52
德安县	3368	36				2	12	22
都昌县	19772	203	2	4		9	4	184
湖口县	6870	121				1	18	102
彭泽县	9822	222		8		20	14	180
瑞昌市	13934	177		2		1	1	173
共青城市	2407	29	1	1			1	26
庐山市	5552	57		1		1		55
新余市	**14980**	**207**	**16**	**10**		**16**	**18**	**147**
渝水区	10083	164	16	10		14	11	113
分宜县	4897	43				2	7	34
鹰潭市	**28028**	**255**	**2**	**8**		**14**	**5**	**226**
月湖区	617	1				1		
余江区	11216	156		5		8	1	142
贵溪市	16195	98	2	3		5	4	84
赣州市	**230619**	**2526**	**3**	**68**		**147**	**142**	**2166**
章贡区	6766	67		2			2	63
南康区	20194	477		10		26	3	438
赣县区	13675	94	1	4		4	7	78
信丰县	19479	150		4		6	8	132
大余县	7371	142	1	1		7	9	124
上犹县	8725	114		12		2	7	93
崇义县	5555	78		5		1	4	68
安远县	9397	64		2		2	10	50
定南县	3832	29		1		3	10	15
全南县	5019	60		1		9	9	41

4−6c 续表 1

单位：人

地区 性别	合计	党的机关、国家机关、群众团体和社会组织、企事业单位负责人						
		小计	中国共产党机关负责人	国家机关负责人	民主党派和工商联负责人	人民团体和群众团体、社会组织及其他成员组织负责人	基层群众自治组织负责人	企事业单位负责人
宁都县	26519	232		7		23	8	194
于都县	27995	223		7		6	26	184
兴国县	21935	216	1	6		9	18	182
会昌县	12226	44				2	3	39
寻乌县	8425	55		1		5	9	40
石城县	8284	159		2		9	2	146
瑞金市	19124	247		2		17	5	223
龙南市	6098	75		1		16	2	56
吉安市	**112450**	**1129**	**3**	**18**		**76**	**128**	**904**
吉州区	3244	32				1	5	26
青原区	4924	52		2		6	2	42
吉安县	11603	65				3	6	56
吉水县	10412	82		2		5	3	72
峡江县	4320	29					4	25
新干县	9028	98	1			3	6	88
永丰县	9555	86		1		6	14	65
泰和县	9795	103		5		7	8	83
遂川县	16876	164		5		11	37	111
万安县	8180	85				8	9	68
安福县	9210	82	1	1		16	12	52
永新县	12844	203	1	2		2	18	180
井冈山市	2459	48				8	4	36
宜春市	**118440**	**1408**	**4**	**39**		**61**	**88**	**1216**
袁州区	16706	250	2	10		22	21	195
奉新县	5422	31		2		2	3	24
万载县	11397	171		3		12	13	143
上高县	6922	43	1	1		3	5	33
宜丰县	5858	27		4		1	4	18
靖安县	2864	51		5			8	38
铜鼓县	2520	51		1		1	1	48
丰城市	30919	470		8		9	17	436
樟树市	14246	148		2		3	13	130
高安市	21586	166	1	3		8	3	151
抚州市	**101602**	**1090**	**2**	**27**		**35**	**57**	**969**
临川区	21285	156		6		5	10	135
东乡区	7934	74		2			3	69
南城县	7104	82					3	79
黎川县	7053	94		1		5	2	86
南丰县	7775	50		2			5	43
崇仁县	11932	93		2		3	5	83
乐安县	10894	81		1		6	9	65
宜黄县	8482	93	1	2		3	7	80
金溪县	9450	103	1	1		9	2	90
资溪县	3135	56		5			1	50
广昌县	6558	208		5		4	10	189
上饶市	**165199**	**1965**	**3**	**36**		**110**	**52**	**1764**
信州区	6454	53		1		4	1	47
广丰区	17479	231	1	5		4	2	219
广信区	17100	158		2		26	6	124
玉山县	9749	162		1		6	5	150
铅山县	10433	99		1		1	11	86
横峰县	3936	31		1		2	3	25
弋阳县	9154	117		4		12	9	92
余干县	25072	243		4		22	1	216
鄱阳县	38567	435		9		26	1	399
万年县	10307	122		1			8	113
婺源县	10961	229	2	6		7	1	213
德兴市	5987	85		1			4	80

4-6c　续表 2

单位：人

地　区 性　别	合计	党的机关、国家机关、群众团体和社会组织、企事业单位负责人						
		小计	中国共产党机关负责人	国家机关负责人	民主党派和工商联负责人	人民团体和群众团体、社会组织及其他成员组织负责人	基层群众自治组织负责人	企事业单位负责人
男	**619370**	**9196**	**29**	**250**	**1**	**397**	**561**	**7958**
南昌市	**49293**	**698**	**3**	**8**		**32**	**47**	**608**
东湖区	773	22					2	20
西湖区								
青云谱区								
青山湖区	1950	21					1	20
新建区	10449	143	1	3		4	5	130
红谷滩区	712	18		1		2	1	14
南昌县	18511	237		3		10	18	206
安义县	4119	81		1		2	9	69
进贤县	12779	176	2			14	11	149
景德镇市	**22391**	**252**		**11**		**9**	**9**	**223**
昌江区	1240	11		1		1		9
珠山区	52	2				1		1
浮梁县	4327	56		3		1	4	48
乐平市	16772	183		7		6	5	165
萍乡市	**19469**	**332**	**1**	**10**	**1**	**18**	**28**	**274**
安源区	270	9		1				8
湘东区	4241	58			1	3	10	44
莲花县	3633	66	1	1		1	9	54
上栗县	7178	115		5		8	3	99
芦溪县	4147	84		3		6	6	69
九江市	**66819**	**1320**	**3**	**37**		**42**	**61**	**1177**
濂溪区	1935	32		1		2		29
浔阳区	64							
柴桑区	6285	166		6		4	4	152
武宁县	5449	159		6			7	146
修水县	12930	245		5		12	3	225
永修县	4499	58		4			7	47
德安县	2003	30				2	9	19
都昌县	11466	160	2	4		7	4	143
湖口县	4052	97				1	14	82
彭泽县	5388	166		7		12	11	136
瑞昌市	8033	137		2		1	1	133
共青城市	1431	23	1	1			1	20
庐山市	3284	47		1		1		45
新余市	**9253**	**161**	**8**	**9**		**8**	**15**	**121**
渝水区	6204	126	8	9		7	8	94
分宜县	3049	35				1	7	27
鹰潭市	**16849**	**187**	**1**	**6**		**4**	**5**	**171**
月湖区	340							
余江区	6869	106		3		4	1	98
贵溪市	9640	81	1	3			4	73
赣州市	**135004**	**1915**	**3**	**64**		**89**	**114**	**1645**
章贡区	4038	57		2			2	53
南康区	12006	368		10		17	2	339
赣县区	7999	70	1	4		3	6	56
信丰县	10950	102		4		6	4	88
大余县	4263	109	1	1		2	7	98
上犹县	5084	89		12		2	5	70
崇义县	3333	59		5		1	4	49
安远县	5305	47		1		2	8	36
定南县	2322	18		1		1	9	7
全南县	2980	49				7	6	36

4-6c 续表 3

单位：人

地区 性别	合计	党的机关、国家机关、群众团体和社会组织、企事业单位负责人						
		小计	中国共产党机关负责人	国家机关负责人	民主党派和工商联负责人	人民团体和群众团体、社会组织及其他成员组织负责人	基层群众自治组织负责人	企事业单位负责人
宁都县	16128	188		6		16	5	161
于都县	16027	163		7		3	21	132
兴国县	12460	178	1	5		7	16	149
会昌县	7104	35				2	2	31
寻乌县	4835	44		1		2	9	32
石城县	5096	123		2		3	2	116
瑞金市	11432	170		2		7	5	156
龙南市	3642	46		1		8	1	36
吉安市	**63575**	**906**	**3**	**16**		**55**	**115**	**717**
吉州区	1897	28					5	23
青原区	2795	37		1		3	2	31
吉安县	6517	48				2	4	42
吉水县	5932	64		2		5	2	55
峡江县	2423	24					3	21
新干县	5199	86	1			3	5	77
永丰县	5436	71		1		4	12	54
泰和县	5324	81		5		7	7	62
遂川县	9318	125		4		5	33	83
万安县	4621	75				7	8	60
安福县	5130	72	1	1		13	12	45
永新县	7586	157	1	2		2	18	134
井冈山市	1397	38				4	4	30
宜春市	**69941**	**1055**	**2**	**35**		**38**	**75**	**905**
袁州区	10795	196		9		14	18	155
奉新县	3347	20		2		1	2	15
万载县	6293	125		3		8	10	104
上高县	4026	30	1	1		1	5	22
宜丰县	3181	21		4		1	1	15
靖安县	1764	44		4			7	33
铜鼓县	1634	36		1			1	34
丰城市	18464	331		7		6	16	302
樟树市	7998	121		1		1	12	107
高安市	12439	131	1	3		6	3	118
抚州市	**62908**	**869**	**2**	**23**		**22**	**51**	**771**
临川区	14414	139		5		5	10	119
东乡区	5067	61		2			3	56
南城县	4232	65					3	62
黎川县	4201	75		1		3	1	70
南丰县	4577	43		1			5	37
崇仁县	7214	77		2		2	5	68
乐安县	6931	63		1		6	7	49
宜黄县	4821	69	1	1		2	6	59
金溪县	5786	80	1	1		4	2	72
资溪县	1866	36		4			1	31
广昌县	3799	161		5			8	148
上饶市	**103868**	**1501**	**3**	**31**		**80**	**41**	**1346**
信州区	4343	45		1		1	1	42
广丰区	11421	178	1	4		4	2	167
广信区	10985	117		2		17	6	92
玉山县	6469	129		1		4	4	120
铅山县	6268	76				1	7	68
横峰县	2547	26		1		2	3	20
弋阳县	5783	78		3		7	6	62
余干县	15395	187		3		17	1	166
鄱阳县	23984	332		8		23	1	300
万年县	6776	91		1			7	83
婺源县	6436	173	2	6		4	1	160
德兴市	3461	69		1			2	66

4-6c　续表 4

单位：人

地　区 性　别	合计	党的机关、国家机关、群众团体和社会组织、企事业单位负责人						
		小计	中国共产党机关负责人	国家机关负责人	民主党派和工商联负责人	人民团体和群众团体、社会组织及其他成员组织负责人	基层群众自治组织负责人	企事业单位负责人
女	**414597**	**2716**	**11**	**28**		**210**	**105**	**2362**
南昌市	**28004**	**198**				**21**	**6**	**171**
东湖区	529	13						13
西湖区								
青云谱区								
青山湖区	1047	7						7
新建区	5948	52				4	2	46
红谷滩区	339	3					1	2
南昌县	10574	64				9	1	54
安义县	2281	15					2	13
进贤县	7286	44				8		36
景德镇市	**15286**	**57**		**2**		**4**	**1**	**50**
昌江区	637	4				1		3
珠山区	37	2				1		1
浮梁县	2328	9		1				8
乐平市	12284	42		1		2	1	38
萍乡市	**15963**	**109**		**1**		**7**	**11**	**90**
安源区	170	1						1
湘东区	3133	17				1	4	12
莲花县	3265	16					3	13
上栗县	6089	49		1		4		44
芦溪县	3306	26				2	4	20
九江市	**45424**	**366**		**3**		**15**	**13**	**335**
濂溪区	1142	18				1		17
浔阳区	44							
柴桑区	3743	42					1	41
武宁县	2451	15		2		1	1	11
修水县	8539	101				3	1	97
永修县	3437	5						5
德安县	1365	6					3	3
都昌县	8306	43				2		41
湖口县	2818	24					4	20
彭泽县	4434	56		1		8	3	44
瑞昌市	5901	40						40
共青城市	976	6						6
庐山市	2268	10						10
新余市	**5727**	**46**	**8**	**1**		**8**	**3**	**26**
渝水区	3879	38	8	1		7	3	19
分宜县	1848	8				1		7
鹰潭市	**11179**	**68**	**1**	**2**		**10**		**55**
月湖区	277	1				1		
余江区	4347	50		2		4		44
贵溪市	6555	17	1			5		11
赣州市	**95615**	**611**		**4**		**58**	**28**	**521**
章贡区	2728	10						10
南康区	8188	109				9	1	99
赣县区	5676	24				1	1	22
信丰县	8529	48					4	44
大余县	3108	33				5	2	26
上犹县	3641	25					2	23
崇义县	2222	19						19
安远县	4092	17		1			2	14
定南县	1510	11				2	1	8
全南县	2039	11		1		2	3	5

4-6c 续表 5

单位：人

地区 性别	合计	党的机关、国家机关、群众团体和社会组织、企事业单位负责人						
		小计	中国共产党机关负责人	国家机关负责人	民主党派和工商联负责人	人民团体和群众团体、社会组织及其他成员组织负责人	基层群众自治组织负责人	企事业单位负责人
宁都县	10391	44		1		7	3	33
于都县	11968	60				3	5	52
兴国县	9475	38		1		2	2	33
会昌县	5122	9					1	8
寻乌县	3590	11				3		8
石城县	3188	36				6		30
瑞金市	7692	77				10		67
龙南市	2456	29				8	1	20
吉安市	**48875**	**223**		**2**		**21**	**13**	**187**
吉州区	1347	4				1		3
青原区	2129	15		1		3		11
吉安县	5086	17				1	2	14
吉水县	4480	18					1	17
峡江县	1897	5					1	4
新干县	3829	12					1	11
永丰县	4119	15				2	2	11
泰和县	4471	22					1	21
遂川县	7558	39		1		6	4	28
万安县	3559	10				1	1	8
安福县	4080	10				3		7
永新县	5258	46						46
井冈山市	1062	10				4		6
宜春市	**48499**	**353**	**2**	**4**		**23**	**13**	**311**
袁州区	5911	54	2	1		8	3	40
奉新县	2075	11				1	1	9
万载县	5104	46				4	3	39
上高县	2896	13				2		11
宜丰县	2677	6					3	3
靖安县	1100	7		1			1	5
铜鼓县	886	15				1		14
丰城市	12455	139		1		3	1	134
樟树市	6248	27		1		2	1	23
高安市	9147	35				2		33
抚州市	**38694**	**221**		**4**		**13**	**6**	**198**
临川区	6871	17		1				16
东乡区	2867	13						13
南城县	2872	17						17
黎川县	2852	19				2	1	16
南丰县	3198	7		1				6
崇仁县	4718	16				1		15
乐安县	3963	18					2	16
宜黄县	3661	24		1		1	1	21
金溪县	3664	23				5		18
资溪县	1269	20		1				19
广昌县	2759	47				4	2	41
上饶市	**61331**	**464**		**5**		**30**	**11**	**418**
信州区	2111	8				3		5
广丰区	6058	53		1				52
广信区	6115	41				9		32
玉山县	3280	33				2	1	30
铅山县	4165	23		1			4	18
横峰县	1389	5						5
弋阳县	3371	39		1		5	3	30
余干县	9677	56		1		5		50
鄱阳县	14583	103		1		3		99
万年县	3531	31					1	30
婺源县	4525	56				3		53
德兴市	2526	16					2	14

4-6c　续表 6

单位：人

地区 性别	专业技术人员 小计	科学研究人员	工程技术人员	农业技术人员	飞机和船舶技术人员	卫生专业技术人员	经济和金融专业人员	法律、社会和宗教专业人员	教学人员	文学艺术、体育专业人员
全　省	**39864**	**114**	**9507**	**566**	**24**	**7216**	**5113**	**496**	**15077**	**856**
南昌市	**3004**	**23**	**891**	**36**	**1**	**452**	**436**	**36**	**996**	**38**
东湖区	61		16	1		10	9	2	22	
西湖区										
青云谱区										
青山湖区	257		154			15	25	6	46	2
新建区	694	13	129	8	1	128	85	11	308	5
红谷滩区	128		37			15	8	3	18	
南昌县	1110	6	407	7		141	200	5	313	14
安义县	197	1	41	4		34	38	2	72	3
进贤县	557	3	107	16		109	71	7	217	14
景德镇市	**1229**	**1**	**256**	**10**	**3**	**224**	**153**	**6**	**502**	**54**
昌江区	91		17			16	11		35	3
珠山区	10		2			1	2		4	
浮梁县	318		75	2		67	43	2	118	9
乐平市	810	1	162	8	3	140	97	4	345	42
萍乡市	**1759**	**6**	**429**	**51**	**1**	**301**	**228**	**29**	**653**	**29**
安源区	28	1	6			7	4		9	1
湘东区	421	1	116	36		48	58	4	149	7
莲花县	320	1	104	4		50	42	4	101	4
上栗县	621	3	105	7		137	75	11	252	14
芦溪县	369		98	4	1	59	49	10	142	3
九江市	**5411**	**13**	**1410**	**55**	**5**	**1129**	**800**	**71**	**1703**	**132**
濂溪区	191		41			42	40	3	54	2
浔阳区	10		2			1	3	1	3	
柴桑区	651	1	254	2		97	112	2	159	14
武宁县	443		125	2	1	72	73	3	111	36
修水县	893		198	22	1	210	108	14	307	26
永修县	300	3	75			71	50	2	87	4
德安县	153		43	4		33	23	2	44	
都昌县	1122	4	231	9	2	344	111	7	378	29
湖口县	299	1	104	6		39	33	10	102	1
彭泽县	495	2	128	5		71	102	6	166	10
瑞昌市	538	1	136	3	1	97	100	5	178	6
共青城市	141		47			17	16	5	49	2
庐山市	175	1	26	2		35	29	11	65	2
新余市	**502**	**2**	**125**	**12**	**2**	**120**	**85**	**2**	**115**	**5**
渝水区	343	2	80	8	2	74	60	2	80	5
分宜县	159		45	4		46	25		35	
鹰潭市	**812**	**2**	**169**	**34**		**160**	**106**	**5**	**301**	**29**
月湖区	13		2			3	3		5	
余江区	423	1	114	28		70	60	2	135	9
贵溪市	376	1	53	6		87	43	3	161	20
赣州市	**9354**	**23**	**2290**	**175**	**1**	**1626**	**895**	**133**	**3856**	**211**
章贡区	378		109	3		62	59	3	133	7
南康区	1070	4	263	7		228	137	3	397	18
赣县区	499	4	144	13		73	41	8	191	6
信丰县	649	2	192	44		74	49	2	266	9
大余县	447	1	109	12		61	46	24	180	4
上犹县	301		82	3		59	23	3	123	4
崇义县	300		82	3		45	31	1	132	4
安远县	274		29	7		47	19	1	166	3
定南县	126		41	3		24	12	1	37	7
全南县	292		85	5		51	27	2	117	

4－6c 续表 7

单位：人

地区 性别	专业技术人员 小计	科学研究人员	工程技术人员	农业技术人员	飞机和船舶技术人员	卫生专业技术人员	经济和金融专业人员	法律、社会和宗教专业人员	教学人员	文学艺术、体育专业人员
宁都县	821	4	199	8		111	74	17	377	22
于都县	1068	3	211	9		222	101	16	450	39
兴国县	905	2	206	22		183	84	9	351	20
会昌县	494		102	9	1	92	33	6	231	15
寻乌县	319	1	67	6		54	18	8	157	6
石城县	330		93	3		84	36	6	96	9
瑞金市	748	1	173	7		99	67	16	340	34
龙南市	333	1	103	11		57	38	2	112	4
吉安市	**4147**	**8**	**1016**	**60**	**1**	**709**	**525**	**75**	**1634**	**61**
吉州区	100		27	2		15	23		32	
青原区	200		59	1		36	30	10	59	4
吉安县	370		85	6		73	55	22	117	3
吉水县	347	1	105	3		54	30	3	145	2
峡江县	121		29	4		23	21	3	40	
新干县	327	1	90	3		60	39	3	118	2
永丰县	353	1	47	3		63	41	8	179	10
泰和县	361		77	1		73	35	4	163	7
遂川县	605	3	119	6		121	71	2	272	6
万安县	393	1	110	3	1	51	41	10	166	5
安福县	305	1	76	8		50	38	2	120	7
永新县	555		172	18		80	92	7	157	14
井冈山市	110		20	2		10	9	1	66	1
宜春市	**4166**	**15**	**884**	**50**	**2**	**758**	**610**	**38**	**1659**	**75**
袁州区	729	2	145	4		156	79	10	304	19
奉新县	157	1	24	1		36	17	10	63	1
万载县	466		74	8		90	48	3	213	19
上高县	219		54	2		54	22	3	79	2
宜丰县	150	2	34	2		22	29	1	56	2
靖安县	121		39	2	1	23	16	1	33	5
铜鼓县	114		22	1		30	6	2	52	1
丰城市	1083	2	205	19	1	179	159	3	480	12
樟树市	445	2	109	6		65	106	1	143	7
高安市	682	6	178	5		103	128	4	236	7
抚州市	**2831**	**8**	**701**	**29**	**1**	**516**	**441**	**29**	**987**	**54**
临川区	730	2	245	7		119	96	4	223	16
东乡区	265	2	46	5		57	47	6	88	9
南城县	192	1	35			27	54	1	69	4
黎川县	176		45	2		24	37		58	5
南丰县	138		34	2		27	19		55	1
崇仁县	205		46	1		38	17	4	89	4
乐安县	393	1	96	6	1	69	51	5	139	8
宜黄县	236		49	2		63	36	3	78	1
金溪县	250	1	61	2		56	30	1	87	5
资溪县	65		13	1		8	15		28	
广昌县	181	1	31	1		28	39	5	73	1
上饶市	**6649**	**13**	**1336**	**54**	**7**	**1221**	**834**	**72**	**2671**	**168**
信州区	365		83	3		79	50	3	119	11
广丰区	787	2	191	11		116	90	12	286	17
广信区	799	2	125	8		191	83	15	332	27
玉山县	463	2	68	1		80	58	4	132	3
铅山县	255		44			65	27	5	104	3
横峰县	109		18			27	9		49	2
弋阳县	289		50	2		52	37	1	134	7
余干县	972	3	276	10	7	175	114	6	332	27
鄱阳县	1501	4	233	8		246	194	16	749	46
万年县	435		82	6		85	66	5	175	11
婺源县	437		138	3		67	77	5	130	10
德兴市	237		28	2		38	29		129	4

4-6c　续表 8

单位：人

地　区 性　别	专业技术人员 小计	科学研究人　员	工程技术人　员	农业技术人　员	飞机和船舶技术人　员	卫生专业技术人员	经济和金融专业人　员	法律、社会和宗教专业人员	教学人员	文学艺术、体育专业人员
男	**20426**	**78**	**8142**	**388**	**21**	**3258**	**1818**	**347**	**5229**	**562**
南昌市	**1652**	**13**	**765**	**27**	**1**	**207**	**167**	**19**	**359**	**23**
东湖区	33		15	1		3	5	1	7	
西湖区										
青云谱区										
青山湖区	153		123			4	7	2	11	1
新建区	375	7	108	8	1	63	41	8	132	3
红谷滩区	99		33			5	6	2	7	
南昌县	636	3	351	6		68	79	3	111	9
安义县	81	1	36	2		13	9		18	2
进贤县	275	2	99	10		51	20	3	73	8
景德镇市	**603**		**204**	**8**	**2**	**104**	**56**	**3**	**182**	**29**
昌江区	48		15			4	5		16	
珠山区	3		1				1			
浮梁县	132		61	2		21	8	1	33	5
乐平市	420		127	6	2	79	42	2	133	24
萍乡市	**829**	**2**	**374**	**25**	**1**	**124**	**63**	**20**	**174**	**20**
安源区	12		6			2	1		2	1
湘东区	198	1	104	16		10	16	1	42	6
莲花县	173		90	3		26	11	2	32	1
上栗县	283	1	91	3		61	26	8	68	10
芦溪县	163		83	3	1	25	9	9	30	2
九江市	**2856**	**11**	**1220**	**36**	**5**	**545**	**240**	**49**	**618**	**81**
濂溪区	87		38			14	14	1	16	1
浔阳区	2		2							
柴桑区	374	1	228	2		36	33	2	61	6
武宁县	236		111	1	1	32	21	1	31	27
修水县	450		167	11	1	110	25	13	104	15
永修县	143	2	67			18	15	2	30	4
德安县	84		38	2		12	11	2	15	
都昌县	636	4	191	5	2	217	42	5	149	17
湖口县	178	1	92	6		18	14	4	42	
彭泽县	263	2	110	4		30	30	4	74	6
瑞昌市	256	1	116	3	1	36	22	3	65	3
共青城市	65		36			8	1	3	14	1
庐山市	82		24	2		14	12	9	17	1
新余市	**278**	**1**	**111**	**11**	**2**	**60**	**41**	**2**	**24**	**4**
渝水区	192	1	72	7	2	37	27	2	20	4
分宜县	86		39	4		23	14		4	
鹰潭市	**385**	**2**	**145**	**21**		**74**	**36**	**4**	**90**	**10**
月湖区	6		2				2		2	
余江区	215	1	96	17		33	19	1	40	6
贵溪市	164	1	47	4		41	15	3	48	4
赣州市	**4853**	**17**	**1928**	**114**	**1**	**736**	**349**	**90**	**1362**	**163**
章贡区	170		89	1		16	17	2	41	4
南康区	548	4	233	6		94	48	3	140	14
赣县区	270	2	119	10		31	22	7	63	4
信丰县	329		151	24		29	20	2	90	7
大余县	238	1	100	7		27	15	16	64	3
上犹县	146		69	3		23	10	2	32	4
崇义县	150		74	1		27	9		34	4
安远县	111		24	5		19	6	1	52	2
定南县	64		34	3		10	3	1	7	5
全南县	152		64	4		28	14	1	39	

4-6c 续表 9

单位：人

地区 性别	专业技术人员 小计	科学研究人员	工程技术人员	农业技术人员	飞机和船舶技术人员	卫生专业技术人员	经济和金融专业人员	法律、社会和宗教专业人员	教学人员	文学艺术、体育专业人员
宁都县	436	4	166	6		46	32	15	145	18
于都县	547	2	174	7		97	35	10	182	30
兴国县	500	2	179	11		95	38	6	130	17
会昌县	278		81	5	1	46	16	5	111	9
寻乌县	159	1	55	5		29	5	4	55	4
石城县	173		75	3		44	14	5	23	8
瑞金市	401		151	6		45	31	9	124	27
龙南市	181	1	90	7		30	14	1	30	3
吉安市	**2133**	**6**	**871**	**42**	**1**	**323**	**197**	**59**	**557**	**41**
吉州区	48		23	2		5	6		11	
青原区	108		51			14	12	10	18	2
吉安县	184		71	5		27	16	17	41	1
吉水县	184	1	92	3		30	12	2	39	2
峡江县	65		25	4		13	7	3	13	
新干县	172		82	3		30	16	2	34	
永丰县	181	1	43	1		28	23	7	69	8
泰和县	177		67	1		27	14	2	61	4
遂川县	299	2	94	5		68	26	2	94	4
万安县	213	1	93	2	1	28	18	8	56	3
安福县	156	1	67	5		21	15	1	40	5
永新县	300		147	9		30	28	4	62	11
井冈山市	46		16	2		2	4	1	19	1
宜春市	**1989**	**9**	**774**	**37**	**2**	**313**	**201**	**34**	**534**	**48**
袁州区	352	2	131	2		60	26	10	104	11
奉新县	79		19	1		23	2	9	22	1
万载县	215		64	5		38	19	3	69	13
上高县	103		41	1		23	9	2	24	1
宜丰县	77	1	27	1		13	16	1	15	2
靖安县	68		37	2	1	10	3	1	10	3
铜鼓县	52		19	1		13	2	1	16	
丰城市	515	1	178	15	1	72	57	2	172	7
樟树市	194	1	97	4		21	26	1	36	6
高安市	334	4	161	5		40	41	4	66	4
抚州市	**1487**	**8**	**606**	**26**	**1**	**231**	**158**	**22**	**354**	**37**
临川区	405	2	215	6		47	27	1	83	11
东乡区	139	2	41	5		22	22	5	32	6
南城县	97	1	31			14	23		24	3
黎川县	88		40	2		14	8		18	4
南丰县	72		31	2		9	9		21	
崇仁县	113		38	1		17	3	4	41	4
乐安县	204	1	78	4	1	29	26	5	44	5
宜黄县	114		38	2		28	11	2	30	
金溪县	132	1	52	2		31	10	1	28	3
资溪县	32		13	1		5	4		9	
广昌县	91	1	29	1		15	15	4	24	1
上饶市	**3361**	**9**	**1144**	**41**	**5**	**541**	**310**	**45**	**975**	**106**
信州区	167		76	2		26	14	1	32	6
广丰区	427	1	171	9		52	38	10	97	12
广信区	345	1	98	5		68	24	12	111	16
玉山县	259	2	56	1		35	27	3	50	2
铅山县	108		41			20	8	4	28	1
横峰县	43		13			11	3		13	1
弋阳县	143		45	1		27	18		44	4
余干县	548	1	230	8	5	94	42	2	130	19
鄱阳县	766	4	194	7		128	75	9	317	29
万年县	222		73	6		38	22	4	71	6
婺源县	226		124	2		28	25		35	7
德兴市	107		23			14	14		47	3

4-6c　续表 10

单位：人

地区 性别	专业技术人员 小计	科学研究人员	工程技术人员	农业技术人员	飞机和船舶技术人员	卫生专业技术人员	经济和金融专业人员	法律、社会和宗教专业人员	教学人员	文学艺术、体育专业人员
女	**19438**	**36**	**1365**	**178**	**3**	**3958**	**3295**	**149**	**9848**	**294**
南昌市	**1352**	**10**	**126**	**9**		**245**	**269**	**17**	**637**	**15**
东湖区	28		1			7	4	1	15	
西湖区										
青云谱区										
青山湖区	104		31			11	18	4	35	1
新建区	319	6	21			65	44	3	176	2
红谷滩区	29		4			10	2	1	11	
南昌县	474	3	56	1		73	121	2	202	5
安义县	116		5	2		21	29	2	54	1
进贤县	282	1	8	6		58	51	4	144	6
景德镇市	**626**	**1**	**52**	**2**	**1**	**120**	**97**	**3**	**320**	**25**
昌江区	43		2			12	6		19	3
珠山区	7		1			1	1		4	
浮梁县	186		14			46	35	1	85	4
乐平市	390	1	35	2	1	61	55	2	212	18
萍乡市	**930**	**4**	**55**	**26**		**177**	**165**	**9**	**479**	**9**
安源区	16	1				5	3		7	
湘东区	223		12	20		38	42	3	107	1
莲花县	147	1	14	1		24	31	2	69	3
上栗县	338	2	14	4		76	49	3	184	4
芦溪县	206		15	1		34	40	1	112	1
九江市	**2555**	**2**	**190**	**19**		**584**	**560**	**22**	**1085**	**51**
濂溪区	104		3			28	26	2	38	1
浔阳区	8					1	3	1	3	
柴桑区	277		26			61	79		98	8
武宁县	207		14	1		40	52	2	80	9
修水县	443		31	11		100	83	1	203	11
永修县	157	1	8			53	35		57	
德安县	69		5	2		21	12		29	
都昌县	486		40	4		127	69	2	229	12
湖口县	121		12			21	19	6	60	1
彭泽县	232		18	1		41	72	2	92	4
瑞昌市	282		20			61	78	2	113	3
共青城市	76		11			9	15	2	35	1
庐山市	93	1	2			21	17	2	48	1
新余市	**224**	**1**	**14**	**1**		**60**	**44**		**91**	**1**
渝水区	151	1	8	1		37	33		60	1
分宜县	73		6			23	11		31	
鹰潭市	**427**		**24**	**13**		**86**	**70**	**1**	**211**	**19**
月湖区	7					3	1		3	
余江区	208		18	11		37	41	1	95	3
贵溪市	212		6	2		46	28		113	16
赣州市	**4501**	**6**	**362**	**61**		**890**	**546**	**43**	**2494**	**48**
章贡区	208		20	2		46	42	1	92	3
南康区	522		30	1		134	89	5	257	4
赣县区	229	2	25	3		42	19	1	128	2
信丰县	320	2	41	20		45	29		176	2
大余县	209		9	5		34	31	8	116	1
上犹县	155		13			36	13	1	91	
崇义县	150		8	2		18	22	1	98	
安远县	163		5	2		28	13		114	1
定南县	62		7			14	9		30	2
全南县	140		21	1		23	13	1	78	

4－6c 续表 11 单位：人

地区 性别	专业技术人员 小计	科学研究人员	工程技术人员	农业技术人员	飞机和船舶技术人员	卫生专业技术人员	经济和金融专业人员	法律、社会和宗教专业人员	教学人员	文学艺术、体育专业人员
宁都县	385		33	2		65	42	2	232	4
于都县	521	1	37	2		125	66	6	268	9
兴国县	405		27	11		88	46	3	221	3
会昌县	216		21	4		46	17	1	120	6
寻乌县	160		12	1		25	13	4	102	2
石城县	157		18			40	22	1	73	1
瑞金市	347	1	22	1		54	36	7	216	7
龙南市	152		13	4		27	24	1	82	1
吉安市	**2014**	**2**	**145**	**18**		**386**	**328**	**16**	**1077**	**20**
吉州区	52		4			10	17		21	
青原区	92		8	1		22	18		41	2
吉安县	186		14	1		46	39	5	76	2
吉水县	163		13			24	18	1	106	
峡江县	56		4			10	14		27	
新干县	155	1	8			30	23	1	84	2
永丰县	172		4	2		35	18	1	110	2
泰和县	184		10			46	21	2	102	3
遂川县	306	1	25	1		53	45		178	2
万安县	180		17	1		23	23	2	110	2
安福县	149		9	3		29	23	1	80	2
永新县	255		25	9		50	64	3	95	3
井冈山市	64		4			8	5		47	
宜春市	**2177**	**6**	**110**	**13**		**445**	**409**	**4**	**1125**	**27**
袁州区	377		14	2		96	53		200	8
奉新县	78	1	5			13	15	1	41	
万载县	251		10	3		52	29		144	6
上高县	116		13	1		31	13	1	55	1
宜丰县	73	1	7	1		9	13		41	
靖安县	53		2			13	13		23	2
铜鼓县	62		3			17	4	1	36	1
丰城市	568	1	27	4		107	102	1	308	5
樟树市	251	1	12	2		44	80		107	1
高安市	348	2	17			63	87		170	3
抚州市	**1344**		**95**	**3**		**285**	**283**	**7**	**633**	**17**
临川区	325		30	1		72	69	3	140	5
东乡区	126		5			35	25	1	56	3
南城县	95		4			13	31	1	45	1
黎川县	88		5			10	29		40	1
南丰县	66		3			18	10		34	1
崇仁县	92		8			21	14		48	
乐安县	189		18	2		40	25		95	3
宜黄县	122		11			35	25	1	48	1
金溪县	118		9			25	20		59	2
资溪县	33					3	11		19	
广昌县	90		2			13	24	1	49	
上饶市	**3288**	**4**	**192**	**13**	**2**	**680**	**524**	**27**	**1696**	**62**
信州区	198		7	1		53	36	2	87	5
广丰区	360	1	20	2		64	52	2	189	5
广信区	454	1	27	3		123	59	3	221	11
玉山县	204		12			45	31	1	82	1
铅山县	147		3			45	19	1	76	2
横峰县	66		5			16	6		36	1
弋阳县	146		5	1		25	19	1	90	3
余干县	424	2	46	2	2	81	72	4	202	8
鄱阳县	735		39	1		118	119	7	432	17
万年县	213		9			47	44	1	104	5
婺源县	211		14	1		39	52	5	95	3
德兴市	130		5	2		24	15		82	1

4-6c　续表 12　　　　单位：人

地区 性别	专业技术人员		办事人员和有关人员				社会生产服务和生活服务人员		
	新闻出版、文化专业人员	其他专业技术人员	小计	办事人员	安全和消防人员	其他办事人员和有关人员	小计	批发与零售服务人员	交通运输、仓储和邮政业服务人员
全　省	**296**	**599**	**22609**	**16874**	**5417**	**318**	**238805**	**101547**	**40421**
南昌市	**21**	**74**	**2155**	**1483**	**643**	**29**	**22658**	**9179**	**4571**
东湖区	1		63	34	28	1	594	263	117
西湖区									
青云谱区									
青山湖区	2	7	113	93	19	1	776	198	266
新建区	3	3	505	325	174	6	5268	1551	975
红谷滩区		47	28	15	9	4	360	109	56
南昌县	10	7	900	606	284	10	8823	2982	2298
安义县	2		115	93	22		1224	662	159
进贤县	3	10	431	317	107	7	5613	3414	700
景德镇市	**4**	**16**	**692**	**504**	**174**	**14**	**9455**	**3602**	**1612**
昌江区	1	8	84	68	14	2	508	239	77
珠山区		1	10	7	3		25	5	6
浮梁县	2		238	182	52	4	1876	623	418
乐平市	1	7	360	247	105	8	7046	2735	1111
萍乡市	**16**	**16**	**882**	**683**	**188**	**11**	**8908**	**3044**	**1560**
安源区			26	16	9	1	140	50	26
湘东区	2		142	108	33	1	1652	506	343
莲花县	7	3	194	160	30	4	1255	433	235
上栗县	5	12	309	239	69	1	3471	1501	647
芦溪县	2	1	211	160	47	4	2390	554	309
九江市	**52**	**41**	**3228**	**2524**	**682**	**22**	**29057**	**11784**	**4140**
濂溪区	7	2	150	108	42		1306	442	229
浔阳区			9	4	5		42	8	11
柴桑区	5	5	418	307	109	2	3197	1220	603
武宁县	4	16	319	255	60	4	2292	703	327
修水县	5	2	497	406	91		5247	2774	671
永修县	5	3	174	125	47	2	2264	740	343
德安县	3	1	130	99	29	2	919	332	160
都昌县	3	4	404	331	63	10	3877	1947	378
湖口县	3		182	136	45	1	1368	568	204
彭泽县	4	1	296	236	59	1	2430	901	417
瑞昌市	8	3	420	334	86		4157	1427	562
共青城市	4	1	106	83	23		424	151	76
庐山市	1	3	123	100	23		1534	571	159
新余市	**5**	**29**	**404**	**290**	**106**	**8**	**3480**	**1220**	**662**
渝水区	3	27	291	204	82	5	2396	845	446
分宜县	2	2	113	86	24	3	1084	375	216
鹰潭市	**4**	**2**	**436**	**288**	**143**	**5**	**7433**	**4114**	**931**
月湖区			11	7	4		174	72	20
余江区	2	2	228	150	73	5	3575	2357	311
贵溪市	2		197	131	66		3684	1685	600
赣州市	**62**	**82**	**5153**	**3974**	**1129**	**50**	**45821**	**19166**	**7869**
章贡区	2		262	151	110	1	2178	859	384
南康区	6	2	642	516	121	5	4635	1938	886
赣县区	9	10	264	220	38	6	2607	972	477
信丰县	2	9	320	256	62	2	2751	1047	565
大余县	5	5	224	166	56	2	1399	533	259
上犹县	3	1	246	207	39		1815	688	341
崇义县	1	1	236	189	46	1	1215	454	231
安远县	1	1	185	109	72	4	1527	734	161
定南县		1	82	65	16	1	883	318	198
全南县	3	2	119	94	20	5	1248	473	227

4-6c 续表 13　　　　单位：人

地区 性别	专业技术人员		办事人员和有关人员				社会生产服务和生活服务人员		
	新闻出版、文化专业人员	其他专业技术人员	小计	办事人员	安全和消防人员	其他办事人员和有关人员	小计	批发与零售服务人员	交通运输、仓储和邮政业服务人员
宁都县	6	3	432	339	89	4	5271	2278	972
于都县	8	9	472	360	102	10	5612	2494	796
兴国县	4	24	396	311	80	5	3773	1698	542
会昌县	4	1	279	236	41	2	2272	975	372
寻乌县	1	1	165	120	44	1	1488	649	290
石城县	2	1	223	168	55		1849	811	296
瑞金市	5	6	410	334	76		3925	1747	590
龙南市		5	196	133	62	1	1373	498	282
吉安市	**28**	**30**	**1976**	**1410**	**514**	**52**	**19402**	**7952**	**3805**
吉州区		1	53	36	15	2	679	245	138
青原区		1	143	88	47	8	977	419	181
吉安县	5	4	150	91	52	7	1833	695	350
吉水县		4	157	105	45	7	1446	530	279
峡江县	1		37	24	13		619	238	157
新干县	3	8	153	110	41	2	1866	695	455
永丰县		1	159	108	50	1	1586	648	339
泰和县		1	164	117	46	1	1338	602	249
遂川县	4	1	199	142	55	2	2618	1184	546
万安县	3	2	176	134	31	11	1640	666	301
安福县	2	1	106	91	14	1	1412	537	286
永新县	10	5	401	308	85	8	2752	1305	414
井冈山市		1	78	56	20	2	636	188	110
宜春市	**37**	**38**	**2344**	**1697**	**619**	**28**	**26068**	**10263**	**5530**
袁州区	8	2	381	257	123	1	4234	1489	882
奉新县	1	3	92	67	22	3	1081	414	247
万载县	8	3	204	157	45	2	2330	919	521
上高县	2	1	143	120	21	2	1151	447	291
宜丰县	1	1	108	90	18		1216	356	266
靖安县		1	82	63	16	3	685	259	109
铜鼓县			77	56	20	1	648	231	145
丰城市	6	17	579	407	162	10	7609	3508	1086
樟树市	2	4	317	231	83	3	2817	1151	529
高安市	9	6	361	249	109	3	4297	1489	1454
抚州市	**22**	**43**	**1760**	**1261**	**460**	**39**	**23110**	**10592**	**4050**
临川区	4	14	384	257	120	7	5073	2394	731
东乡区	2	3	146	99	44	3	2071	1008	366
南城县		1	109	83	23	3	1655	734	425
黎川县		5	134	100	32	2	2108	1051	239
南丰县			99	74	23	2	1095	496	276
崇仁县	5	1	117	91	23	3	1668	899	225
乐安县	3	14	220	162	51	7	2715	1377	346
宜黄县	2	2	156	109	42	5	2319	1026	436
金溪县	5	2	147	85	58	4	2077	871	281
资溪县			60	39	21		596	247	67
广昌县	1	1	188	162	23	3	1733	489	658
上饶市	**45**	**228**	**3579**	**2760**	**759**	**60**	**43413**	**20631**	**5691**
信州区	6	11	196	136	58	2	2241	1048	217
广丰区	7	55	420	346	70	4	5394	2727	636
广信区	8	8	416	305	109	2	4879	2039	606
玉山县	2	113	264	173	64	27	2155	925	318
铅山县	2	5	132	92	33	7	2928	1039	416
横峰县	2	2	86	73	12	1	1119	491	159
弋阳县	3	3	136	97	38	1	2359	950	534
余干县	5	17	443	323	110	10	6510	3978	534
鄱阳县	4	1	840	691	148	1	9335	4735	1299
万年县	4	1	239	182	55	2	2569	1109	407
婺源县	2	5	254	205	46	3	2388	980	356
德兴市		7	153	137	16		1536	610	209

4-6c 续表 14

单位：人

地区 性别	专业技术人员 新闻出版、文化专业人员	专业技术人员 其他专业技术人员	办事人员和有关人员 小计	办事人员和有关人员 办事人员	办事人员和有关人员 安全和消防人员	办事人员和有关人员 其他办事人员和有关人员	社会生产服务和生活服务人员 小计	社会生产服务和生活服务人员 批发与零售服务人员	社会生产服务和生活服务人员 交通运输、仓储和邮政业服务人员
男	**141**	**442**	**15408**	**10059**	**5138**	**211**	**137846**	**54146**	**35518**
南昌市	**7**	**64**	**1521**	**894**	**605**	**22**	**13759**	**5050**	**3902**
东湖区	1		46	19	26	1	341	138	110
西湖区									
青云谱区									
青山湖区	1	4	69	51	17	1	532	103	222
新建区	1	3	378	213	161	4	3100	788	809
红谷滩区		46	23	11	9	3	208	45	47
南昌县	2	4	627	350	271	6	5436	1610	1970
安义县			65	46	19		672	347	124
进贤县	2	7	313	204	102	7	3470	2019	620
景德镇市	**2**	**13**	**491**	**317**	**164**	**10**	**5203**	**1823**	**1466**
昌江区	1	7	59	44	14	1	295	138	72
珠山区		1	8	5	3		11		6
浮梁县	1		164	112	49	3	1134	324	384
乐平市		5	260	156	98	6	3763	1361	1004
萍乡市	**11**	**15**	**573**	**389**	**177**	**7**	**4624**	**1464**	**1427**
安源区			17	8	8	1	69	27	23
湘东区	2		96	64	31	1	921	255	304
莲花县	6	2	109	79	28	2	716	224	210
上栗县	3	12	207	140	66	1	1898	680	601
芦溪县		1	144	98	44	2	1020	278	289
九江市	**19**	**32**	**2204**	**1553**	**639**	**12**	**16211**	**6051**	**3657**
濂溪区	2	1	102	64	38		715	183	196
浔阳区			7	2	5		22	3	8
柴桑区	1	4	297	195	101	1	1859	674	527
武宁县		11	240	181	56	3	1337	373	292
修水县	2	2	333	245	88		2882	1441	617
永修县	2	3	105	60	44	1	1180	375	307
德安县	3	1	91	66	24	1	503	174	147
都昌县	1	3	284	218	60	6	2133	1045	312
湖口县	1		123	81	42		761	302	175
彭泽县	2	1	191	136	55		1278	426	368
瑞昌市	4	2	266	185	81		2363	652	499
共青城市	1	1	72	49	23		282	88	67
庐山市		3	93	71	22		896	315	142
新余市	**2**	**20**	**272**	**170**	**99**	**3**	**1979**	**646**	**597**
渝水区	1	19	197	118	77	2	1346	453	398
分宜县	1	1	75	52	22	1	633	193	199
鹰潭市	**2**	**1**	**323**	**186**	**134**	**3**	**4071**	**2091**	**821**
月湖区			6	3	3		70	21	20
余江区	1	1	166	94	69	3	2044	1296	277
贵溪市	1		151	89	62		1957	774	524
赣州市	**31**	**62**	**3406**	**2301**	**1074**	**31**	**27150**	**10506**	**6852**
章贡区			177	72	105		1164	422	309
南康区	4	2	362	246	113	3	2596	981	772
赣县区	7	5	177	136	38	3	1486	493	419
信丰县	1	5	197	134	61	2	1707	584	506
大余县	1	4	138	86	51	1	844	310	223
上犹县	2	1	169	130	39		1076	371	287
崇义县		1	167	124	42	1	717	246	205
安远县	1	1	138	68	68	2	921	428	135
定南县		1	65	48	16	1	536	149	166
全南县	1	1	74	52	18	4	729	245	194

4-6c 续表 15

单位：人

地区 性别	专业技术人员		办事人员和有关人员				社会生产服务和生活服务人员		
	新闻出版、文化专业人员	其他专业技术人员	小计	办事人员	安全和消防人员	其他办事人员和有关人员	小计	批发与零售服务人员	交通运输、仓储和邮政业服务人员
宁都县	2	2	293	206	84	3	3187	1377	864
于都县	5	5	307	205	99	3	3404	1397	699
兴国县	2	20	264	185	75	4	2207	919	459
会昌县	3	1	188	147	39	2	1384	529	334
寻乌县		1	111	69	41	1	920	346	248
石城县		1	161	106	55		1136	494	264
瑞金市	2	6	288	215	73		2310	962	530
龙南市		5	130	72	57	1	826	253	238
吉安市	**14**	**22**	**1363**	**831**	**492**	**40**	**11341**	**4240**	**3282**
吉州区		1	36	20	15	1	397	128	124
青原区		1	105	56	42	7	541	217	146
吉安县	4	2	110	54	50	6	1114	381	317
吉水县		3	117	69	43	5	833	264	254
峡江县			29	16	13		388	133	135
新干县	1	4	87	46	39	2	1114	373	386
永丰县		1	124	74	49	1	905	344	290
泰和县		1	114	69	45		762	307	215
遂川县	3	1	141	86	54	1	1586	648	465
万安县	1	2	111	72	30	9	962	373	245
安福县		1	73	59	13	1	795	257	251
永新县	5	4	259	174	79	6	1628	724	359
井冈山市		1	57	36	20	1	316	91	95
宜春市	**17**	**20**	**1584**	**975**	**591**	**18**	**14961**	**5250**	**4962**
袁州区	4	2	278	159	119		2463	719	818
奉新县		2	60	39	19	2	653	223	223
万载县	4		132	89	41	2	1358	429	481
上高县	1	1	83	61	21	1	692	237	272
宜丰县		1	61	44	17		608	165	242
靖安县		1	52	34	15	3	377	135	95
铜鼓县			56	35	20	1	370	110	137
丰城市	3	7	408	250	153	5	4010	1775	909
樟树市		2	195	113	80	2	1534	571	464
高安市	5	4	259	151	106	2	2896	886	1321
抚州市	**13**	**31**	**1202**	**732**	**443**	**27**	**13562**	**5788**	**3488**
临川区	2	11	259	141	113	5	2885	1285	613
东乡区	1	3	120	75	43	2	1277	553	336
南城县		1	62	39	21	2	1005	375	370
黎川县		2	79	45	32	2	1187	591	213
南丰县			61	41	20		748	312	248
崇仁县	5		89	63	23	3	1013	525	194
乐安县	1	10	164	111	49	4	1606	775	296
宜黄县	1	2	90	45	41	4	1207	505	362
金溪县	3	1	123	63	57	3	1230	484	232
资溪县			47	26	21		319	109	57
广昌县		1	108	83	23	2	1085	274	567
上饶市	**23**	**162**	**2469**	**1711**	**720**	**38**	**24985**	**11237**	**5064**
信州区	3	7	147	91	55	1	1270	555	195
广丰区	4	33	290	218	69	3	2989	1416	596
广信区	5	5	289	182	105	2	2761	1073	560
玉山县		83	190	110	63	17	1301	512	295
铅山县	2	4	85	52	30	3	1589	559	370
横峰县		2	64	54	9	1	689	277	145
弋阳县	1	3	101	66	35		1448	505	446
余干县	3	14	300	190	101	9	3855	2271	453
鄱阳县	2	1	560	420	140		5373	2619	1138
万年县	2		165	113	52		1578	615	361
婺源县	1	4	178	131	45	2	1347	516	317
德兴市		6	100	84	16		785	319	188

4-6c　续表 16

单位：人

地区 性别	专业技术人员		办事人员和有关人员				社会生产服务和生活服务人员		
	新闻出版、文化专业人员	其他专业技术人员	小计	办事人员	安全和消防人员	其他办事人员和有关人员	小计	批发与零售服务人员	交通运输、仓储和邮政业服务人员
女	**155**	**157**	**7201**	**6815**	**279**	**107**	**100959**	**47401**	**4903**
南昌市	**14**	**10**	**634**	**589**	**38**	**7**	**8899**	**4129**	**669**
东湖区			17	15	2		253	125	7
西湖区									
青云谱区									
青山湖区	1	3	44	42	2		244	95	44
新建区	2		127	112	13	2	2168	763	166
红谷滩区		1	5	4		1	152	64	9
南昌县	8	3	273	256	13	4	3387	1372	328
安义县	2		50	47	3		552	315	35
进贤县	1	3	118	113	5		2143	1395	80
景德镇市	**2**	**3**	**201**	**187**	**10**	**4**	**4252**	**1779**	**146**
昌江区		1	25	24		1	213	101	5
珠山区			2	2			14	5	
浮梁县	1		74	70	3	1	742	299	34
乐平市	1	2	100	91	7	2	3283	1374	107
萍乡市	**5**	**1**	**309**	**294**	**11**	**4**	**4284**	**1580**	**133**
安源区			9	8	1		71	23	3
湘东区			46	44	2		731	251	39
莲花县	1	1	85	81	2	2	539	209	25
上栗县	2		102	99	3		1573	821	46
芦溪县	2		67	62	3	2	1370	276	20
九江市	**33**	**9**	**1024**	**971**	**43**	**10**	**12846**	**5733**	**483**
濂溪区	5	1	48	44	4		591	259	33
浔阳区			2	2			20	5	3
柴桑区	4	1	121	112	8	1	1338	546	76
武宁县	4	5	79	74	4	1	955	330	35
修水县	3		164	161	3		2365	1333	54
永修县	3		69	65	3	1	1084	365	36
德安县			39	33	5	1	416	158	13
都昌县	2	1	120	113	3	4	1744	902	66
湖口县	2		59	55	3	1	607	266	29
彭泽县	2		105	100	4	1	1152	475	49
瑞昌市	4	1	154	149	5		1794	775	63
共青城市	3		34	34			142	63	9
庐山市	1		30	29	1		638	256	17
新余市	**3**	**9**	**132**	**120**	**7**	**5**	**1501**	**574**	**65**
渝水区	2	8	94	86	5	3	1050	392	48
分宜县	1	1	38	34	2	2	451	182	17
鹰潭市	**2**	**1**	**113**	**102**	**9**	**2**	**3362**	**2023**	**110**
月湖区			5	4	1		104	51	
余江区	1	1	62	56	4	2	1531	1061	34
贵溪市	1		46	42	4		1727	911	76
赣州市	**31**	**20**	**1747**	**1673**	**55**	**19**	**18671**	**8660**	**1017**
章贡区	2		85	79	5	1	1014	437	75
南康区	2		280	270	8	2	2039	957	114
赣县区	2	5	87	84		3	1121	479	58
信丰县	1	4	123	122	1		1044	463	59
大余县	4	1	86	80	5	1	555	223	36
上犹县	1		77	77			739	317	54
崇义县	1		69	65	4		498	208	26
安远县			47	41	4	2	606	306	26
定南县			17	17			347	169	32
全南县	2	1	45	42	2	1	519	228	33

4-6c 续表 17

单位：人

地区 性别	专业技术人员		办事人员和有关人员				社会生产服务和生活服务人员		
	新闻出版、文化专业人员	其他专业技术人员	小计	办事人员	安全和消防人员	其他办事人员和有关人员	小计	批发与零售服务人员	交通运输、仓储和邮政业服务人员
宁都县	4	1	139	133	5	1	2084	901	108
于都县	3	4	165	155	3	7	2208	1097	97
兴国县	2	4	132	126	5	1	1566	779	83
会昌县	1		91	89	2		888	446	38
寻乌县	1		54	51	3		568	303	42
石城县	2		62	62			713	317	32
瑞金市	3		122	119	3		1615	785	60
龙南市			66	61	5		547	245	44
吉安市	**14**	**8**	**613**	**579**	**22**	**12**	**8061**	**3712**	**523**
吉州区			17	16		1	282	117	14
青原区			38	32	5	1	436	202	35
吉安县	1	2	40	37	2	1	719	314	33
吉水县		1	40	36	2	2	613	266	25
峡江县	1		8	8			231	105	22
新干县	2	4	66	64	2		752	322	69
永丰县			35	34	1		681	304	49
泰和县			50	48	1	1	576	295	34
遂川县	1		58	56	1	1	1032	536	81
万安县	2		65	62	1	2	678	293	56
安福县	2		33	32	1		617	280	35
永新县	5	1	142	134	6	2	1124	581	55
井冈山市			21	20		1	320	97	15
宜春市	**20**	**18**	**760**	**722**	**28**	**10**	**11107**	**5013**	**568**
袁州区	4		103	98	4	1	1771	770	64
奉新县	1	1	32	28	3	1	428	191	24
万载县	4	3	72	68	4		972	490	40
上高县	1		60	59		1	459	210	19
宜丰县	1		47	46	1		608	191	24
靖安县			30	29	1		308	124	14
铜鼓县			21	21			278	121	8
丰城市	3	10	171	157	9	5	3599	1733	177
樟树市	2	2	122	118	3	1	1283	580	65
高安市	4	2	102	98	3	1	1401	603	133
抚州市	**9**	**12**	**558**	**529**	**17**	**12**	**9548**	**4804**	**562**
临川区	2	3	125	116	7	2	2188	1109	118
东乡区	1		26	24	1	1	794	455	30
南城县			47	44	2	1	650	359	55
黎川县		3	55	55			921	460	26
南丰县			38	33	3	2	347	184	28
崇仁县		1	28	28			655	374	31
乐安县	2	4	56	51	2	3	1109	602	50
宜黄县	1		66	64	1	1	1112	521	74
金溪县	2	1	24	22	1	1	847	387	49
资溪县			13	13			277	138	10
广昌县	1		80	79		1	648	215	91
上饶市	**22**	**66**	**1110**	**1049**	**39**	**22**	**18428**	**9394**	**627**
信州区	3	4	49	45	3	1	971	493	22
广丰区	3	22	130	128	1	1	2405	1311	40
广信区	3	3	127	123	4		2118	966	46
玉山县	2	30	74	63	1	10	854	413	23
铅山县		1	47	40	3	4	1339	480	46
横峰县	2		22	19	3		430	214	14
弋阳县	2		35	31	3	1	911	445	88
余干县	2	3	143	133	9	1	2655	1707	81
鄱阳县	2		280	271	8	1	3962	2116	161
万年县	2	1	74	69	3	2	991	494	46
婺源县	1	1	76	74	1	1	1041	464	39
德兴市		1	53	53			751	291	21

4−6c　续表 18

单位：人

地　区 性　别	社会生产服务和生活服务人员								
	住宿和餐饮服务人员	信息传输、软件和信息技术服务人员	金融服务人员	房地产服务人员	租赁和商务服务人员	技术辅助服务人员	水利、环境和公共设施管理服务人员	居民服务人员	电力、燃气及水供应服务人员
全　省	**34981**	**3088**	**1584**	**1969**	**2795**	**4392**	**13088**	**22692**	**1724**
南昌市	**3820**	**191**	**123**	**277**	**343**	**279**	**1510**	**1409**	**110**
东湖区	86	8	3	6	8	10	18	61	2
西湖区									
青云谱区									
青山湖区	99	10	2	10	33	17	55	48	2
新建区	1345	36	37	88	99	43	491	391	23
红谷滩区	90	2	4	14	8	5	35	16	1
南昌县	1439	94	36	94	130	143	633	569	48
安义县	144	7	7	7	22	8	107	70	5
进贤县	617	34	34	58	43	53	171	254	29
景德镇市	**1780**	**101**	**44**	**56**	**60**	**134**	**565**	**1043**	**60**
昌江区	74	5	1	4	7	5	48	24	9
珠山区	9							2	3
浮梁县	343	18	19	11	16	31	123	151	11
乐平市	1354	78	24	41	37	98	394	866	37
萍乡市	**1212**	**143**	**75**	**44**	**101**	**144**	**484**	**1684**	**52**
安源区	14	2			1		16	23	
湘东区	259	38	16	12	28	40	81	233	10
莲花县	135	28	10	7	18	26	88	205	11
上栗县	484	38	34	11	31	42	156	350	22
芦溪县	320	37	15	14	23	36	143	873	9
九江市	**4269**	**464**	**196**	**265**	**300**	**837**	**1777**	**3709**	**237**
濂溪区	285	15	5	19	31	17	85	125	9
浔阳区	12			1		1	7	1	
柴桑区	528	65	22	46	26	75	216	250	19
武宁县	356	38	20	19	19	270	112	296	45
修水县	612	64	29	23	31	95	221	520	38
永修县	407	18	16	30	38	36	172	367	10
德安县	159	11	4	5	5	12	71	109	11
都昌县	370	98	34	52	31	107	138	532	27
湖口县	168	36	16	18	18	46	117	104	8
彭泽县	334	54	18	17	44	61	178	289	15
瑞昌市	492	48	25	22	23	90	377	934	15
共青城市	60	5	3	3	4	11	31	46	14
庐山市	486	12	4	10	30	16	52	136	26
新余市	**607**	**37**	**20**	**26**	**43**	**32**	**385**	**227**	**48**
渝水区	403	21	15	22	38	23	269	167	24
分宜县	204	16	5	4	5	9	116	60	24
鹰潭市	**1038**	**54**	**28**	**20**	**69**	**45**	**239**	**647**	**37**
月湖区	38	2	3		6	1	11	16	
余江区	355	27	9	8	14	24	93	256	16
贵溪市	645	25	16	12	49	20	135	375	21
赣州市	**6345**	**740**	**351**	**424**	**483**	**1037**	**2719**	**3689**	**402**
章贡区	340	30	23	34	33	33	235	85	21
南康区	528	47	35	28	66	85	512	316	30
赣县区	372	44	20	18	28	55	222	252	25
信丰县	355	27	15	26	22	59	213	215	25
大余县	183	29	6	43	21	39	60	134	12
上犹县	262	32	12	14	18	44	114	170	18
崇义县	223	17	6	4	19	23	92	80	16
安远县	304	23	6	8	5	28	82	75	39
定南县	116	13	3	17	30	7	60	58	10
全南县	185	16	10	7	18	27	113	84	10

4－6c 续表 19

单位：人

地　区 性　别	社会生产服务和生活服务人员								
	住宿和餐饮服务人员	信息传输、软件和信息技术服务人员	金融服务人员	房地产服务人员	租赁和商务服务人员	技术辅助服务人员	水利、环境和公共设施管理服务人员	居民服务人员	电力、燃气及水供应服务人员
宁都县	731	67	33	37	36	100	168	599	18
于都县	730	157	47	75	64	174	217	413	38
兴国县	437	70	30	27	25	118	137	356	45
会昌县	326	37	22	21	6	42	94	197	17
寻乌县	181	18	19	9	16	17	83	90	12
石城县	333	32	20	12	12	26	49	144	23
瑞金市	530	61	31	37	40	130	171	330	30
龙南市	209	20	13	7	24	30	97	91	13
吉安市	**2697**	**295**	**172**	**145**	**262**	**427**	**1126**	**1423**	**153**
吉州区	95	5	8	9	15	8	62	52	3
青原区	136	15	5	7	9	21	71	52	15
吉安县	310	15	20	11	26	36	116	127	21
吉水县	242	22	13	12	8	23	110	143	9
峡江县	85	11	3	2	8	5	33	41	6
新干县	267	38	12	27	29	43	91	112	10
永丰县	178	25	9	8	9	33	80	159	10
泰和县	164	18	13	6	16	29	56	108	10
遂川县	306	32	20	15	47	77	94	149	14
万安县	203	33	31	7	17	50	79	149	18
安福县	199	18	9	13	25	36	80	125	15
永新县	349	54	27	26	30	62	173	182	12
井冈山市	163	9	2	2	23	4	81	24	10
宜春市	**3672**	**272**	**166**	**211**	**388**	**336**	**1647**	**2315**	**157**
袁州区	748	52	37	58	86	49	295	299	25
奉新县	124	8	8	6	5	6	56	152	5
万载县	270	24	15	12	35	43	124	232	26
上高县	155	9	4	3	6	10	70	98	12
宜丰县	134	7	9	9	24	8	71	288	6
靖安县	119	6	3	4	11	7	75	53	11
铜鼓县	117	8	3	2	2	5	34	73	1
丰城市	1182	82	34	63	119	110	441	681	31
樟树市	391	23	22	19	63	35	253	219	13
高安市	432	53	31	35	37	63	228	220	27
抚州市	**3572**	**271**	**130**	**185**	**210**	**288**	**960**	**1765**	**175**
临川区	760	49	28	44	38	63	254	418	78
东乡区	243	23	19	17	22	33	97	147	8
南城县	220	16	7	6	15	27	69	70	8
黎川县	353	33	10	13	19	28	84	205	15
南丰县	142	12	9	11	9	10	40	58	2
崇仁县	166	24	8	24	24	17	52	145	12
乐安县	339	41	16	42	27	32	109	219	18
宜黄县	426	23	15	5	6	23	106	164	10
金溪县	523	33	12	14	17	24	70	116	10
资溪县	194	2	2	2	10	6	27	25	3
广昌县	206	15	4	7	23	25	52	198	11
上饶市	**5969**	**520**	**279**	**316**	**536**	**833**	**1676**	**4781**	**293**
信州区	335	22	33	24	30	60	123	210	11
广丰区	594	56	36	40	88	121	182	629	30
广信区	713	53	42	31	52	117	227	670	43
玉山县	311	25	14	20	29	41	90	240	16
铅山县	490	25	9	30	128	21	94	555	16
横峰县	198	20	7	5	11	9	56	106	7
弋阳县	352	15	9	13	10	34	87	240	21
余干县	736	75	32	47	41	130	161	500	61
鄱阳县	1143	128	47	64	58	196	421	849	33
万年县	436	37	22	19	19	50	106	221	27
婺源县	439	45	18	18	55	46	92	228	18
德兴市	222	19	10	5	15	8	37	333	10

4-6c　续表 20

单位：人

地　区 性　别	社会生产服务和生活服务人员								
	住宿和餐饮服务人　员	信息传输、软件和信息技术服务人　员	金融服务人　　员	房地产服务人员	租赁和商务服务人　员	技术辅助服务人员	水利、环境和公共设施管理服务人员	居民服务人　　员	电力、燃气及水供应服务人　员
男	**15805**	**2282**	**893**	**1295**	**2019**	**3052**	**5474**	**6982**	**1518**
南昌市	**2014**	**135**	**72**	**186**	**285**	**172**	**605**	**545**	**95**
东湖区	39	3	1	3	6	5	9	15	2
西湖区									
青云谱区									
青山湖区	59	8	1	8	31	14	27	23	2
新建区	764	25	24	63	78	32	195	149	20
红谷滩区	56	2	3	9	8	2	13	4	1
南昌县	749	66	22	61	104	76	222	221	40
安义县	61	5	6	4	22	4	51	21	5
进贤县	286	26	15	38	36	39	88	112	25
景德镇市	**785**	**72**	**25**	**44**	**41**	**102**	**182**	**272**	**50**
昌江区	26	3	1	4	6	3	13	9	8
珠山区	3								2
浮梁县	143	9	10	9	13	25	58	51	10
乐平市	613	60	14	31	22	74	111	212	30
萍乡市	**509**	**100**	**35**	**30**	**83**	**86**	**227**	**314**	**47**
安源区	7	2			1			2	
湘东区	105	27	9	8	24	26	44	44	9
莲花县	60	18	6	6	15	11	38	70	10
上栗县	213	21	16	6	26	25	72	83	20
芦溪县	124	32	4	10	17	24	73	115	8
九江市	**1792**	**358**	**109**	**168**	**216**	**591**	**783**	**1393**	**211**
濂溪区	153	11	2	11	23	12	31	46	8
浔阳区	6					1	2	1	
柴桑区	204	53	16	30	17	51	73	88	17
武宁县	142	30	7	14	13	204	60	92	41
修水县	223	46	19	13	19	73	113	157	32
永修县	186	14	10	20	32	25	69	68	10
德安县	61	9	3	4	5	6	36	17	9
都昌县	155	78	22	31	19	69	56	179	23
湖口县	50	27	5	11	12	34	56	28	7
彭泽县	124	38	9	11	38	39	62	72	14
瑞昌市	187	38	10	14	16	61	178	577	12
共青城市	31	5	2	3	2	7	22	25	12
庐山市	270	9	4	6	20	9	25	43	26
新余市	**222**	**26**	**6**	**19**	**36**	**24**	**147**	**71**	**42**
渝水区	137	18	6	16	31	17	90	56	23
分宜县	85	8		3	5	7	57	15	19
鹰潭市	**498**	**35**	**16**	**11**	**49**	**39**	**109**	**197**	**35**
月湖区	11		2		6	1	4	1	
余江区	186	21	6	4	7	19	42	86	14
贵溪市	301	14	8	7	36	19	63	110	21
赣州市	**2606**	**553**	**209**	**266**	**360**	**727**	**1155**	**1342**	**350**
章贡区	119	23	12	18	26	26	74	36	15
南康区	161	37	20	15	45	71	197	136	26
赣县区	146	37	10	14	21	32	107	79	21
信丰县	146	21	12	16	20	40	87	92	24
大余县	65	21	4	24	13	28	28	45	12
上犹县	100	26	11	9	13	34	47	75	15
崇义县	84	15	4	4	14	15	40	29	16
安远县	154	16	4	6	4	22	36	34	35
定南县	55	11	2	9	29	4	27	27	9
全南县	96	15	4	4	13	14	42	24	9

4-6c 续表 21

单位：人

地区 性别	社会生产服务和生活服务人员								
	住宿和餐饮服务人员	信息传输、软件和信息技术服务人员	金融服务人员	房地产服务人员	租赁和商务服务人员	技术辅助服务人员	水利、环境和公共设施管理服务人员	居民服务人员	电力、燃气及水供应服务人员
宁都县	308	48	18	27	31	67	71	164	18
于都县	315	117	25	48	51	122	105	150	30
兴国县	159	48	17	16	12	82	65	141	39
会昌县	140	23	15	16	4	30	50	89	15
寻乌县	95	13	15	5	13	8	41	30	11
石城县	157	22	15	10	7	20	17	36	19
瑞金市	208	46	18	23	28	93	75	109	25
龙南市	98	14	3	2	16	19	46	46	11
吉安市	**1170**	**216**	**105**	**95**	**197**	**286**	**452**	**380**	**129**
吉州区	44	4	5	5	13	6	18	18	2
青原区	60	9	2	4	4	12	25	12	12
吉安县	150	13	14	7	24	26	50	27	14
吉水县	117	17	8	9	6	16	48	41	8
峡江县	35	6	2	2	8	4	19	13	5
新干县	104	27	5	20	21	30	44	27	9
永丰县	71	24	6	5	7	23	26	27	10
泰和县	72	15	9	4	13	17	23	30	8
遂川县	139	19	13	10	43	51	37	36	10
万安县	84	26	19	4	11	35	33	40	16
安福县	84	11	3	9	18	22	39	31	14
永新县	161	42	18	15	18	41	66	68	12
井冈山市	49	3	1	1	11	3	24	10	9
宜春市	**1578**	**208**	**91**	**128**	**253**	**239**	**634**	**558**	**140**
袁州区	332	33	25	35	41	36	132	86	21
奉新县	59	3	6	3	2	6	23	59	4
万载县	118	17	8	10	25	25	69	65	24
上高县	65	7	1	1	5	3	33	20	11
宜丰县	56	6	1	4	22	4	46	30	6
靖安县	44	5	2	1	5	6	41	9	10
铜鼓县	48	7		1	1	3	18	19	1
丰城市	496	66	23	38	76	88	115	173	26
樟树市	172	22	8	12	46	27	73	45	13
高安市	188	42	17	23	30	41	84	52	24
抚州市	**1714**	**204**	**67**	**131**	**137**	**211**	**415**	**505**	**157**
临川区	330	39	14	33	27	49	119	116	72
东乡区	126	17	10	12	17	28	44	57	7
南城县	100	13	3	2	13	20	28	23	8
黎川县	185	23	6	11	11	21	30	38	13
南丰县	79	10	4	9	5	3	27	23	2
崇仁县	84	23	4	15	12	14	30	41	11
乐安县	163	29	9	27	18	24	47	87	16
宜黄县	162	14	7	5	4	12	29	33	7
金溪县	284	25	7	9	12	20	34	33	9
资溪县	114		1	2	4	5	9	11	2
广昌县	87	11	2	6	14	15	18	43	10
上饶市	**2917**	**375**	**158**	**217**	**362**	**575**	**765**	**1405**	**262**
信州区	153	15	18	16	18	39	52	81	11
广丰区	271	37	20	27	67	89	73	143	28
广信区	344	36	25	22	40	85	104	190	36
玉山县	148	18	8	14	25	28	48	81	15
铅山县	251	17	3	19	83	16	51	110	15
横峰县	103	12	4	2	9	5	33	47	7
弋阳县	191	15	4	8	8	24	46	102	20
余干县	401	49	19	31	30	91	71	203	49
鄱阳县	519	98	31	45	37	130	167	248	30
万年县	252	33	13	15	8	30	58	66	25
婺源县	184	34	8	15	27	30	45	72	18
德兴市	100	11	5	3	10	8	17	62	8

4-6c　续表 22

单位：人

地　区 性　别	社会生产服务和生活服务人员								
	住宿和餐饮服务人员	信息传输、软件和信息技术服务人员	金融服务人员	房地产服务人员	租赁和商务服务人员	技术辅助服务人员	水利、环境和公共设施管理服务人员	居民服务人员	电力、燃气及水供应服务人员
女	**19176**	**806**	**691**	**674**	**776**	**1340**	**7614**	**15710**	**206**
南昌市	**1806**	**56**	**51**	**91**	**58**	**107**	**905**	**864**	**15**
东湖区	47	5	2	3	2	5	9	46	
西湖区									
青云谱区									
青山湖区	40	2	1	2	2	3	28	25	
新建区	581	11	13	25	21	11	296	242	3
红谷滩区	34		1	5		3	22	12	
南昌县	690	28	14	33	26	67	411	348	8
安义县	83	2	1	3		4	56	49	
进贤县	331	8	19	20	7	14	83	142	4
景德镇市	**995**	**29**	**19**	**12**	**19**	**32**	**383**	**771**	**10**
昌江区	48	2			1	2	35	15	1
珠山区	6							2	1
浮梁县	200	9	9	2	3	6	65	100	1
乐平市	741	18	10	10	15	24	283	654	7
萍乡市	**703**	**43**	**40**	**14**	**18**	**58**	**257**	**1370**	**5**
安源区	7						16	21	
湘东区	154	11	7	4	4	14	37	189	1
莲花县	75	10	4	1	3	15	50	135	1
上栗县	271	17	18	5	5	17	84	267	2
芦溪县	196	5	11	4	6	12	70	758	1
九江市	**2477**	**106**	**87**	**97**	**84**	**246**	**994**	**2316**	**26**
濂溪区	132	4	3	8	8	5	54	79	1
浔阳区	6			1			5		
柴桑区	324	12	6	16	9	24	143	162	2
武宁县	214	8	13	5	6	66	52	204	4
修水县	389	18	10	10	12	22	108	363	6
永修县	221	4	6	10	6	11	103	299	
德安县	98	2	1	1		6	35	92	2
都昌县	215	20	12	21	12	38	82	353	4
湖口县	118	9	11	7	6	12	61	76	1
彭泽县	210	16	9	6	6	22	116	217	1
瑞昌市	305	10	15	8	7	29	199	357	3
共青城市	29		1		2	4	9	21	2
庐山市	216	3		4	10	7	27	93	
新余市	**385**	**11**	**14**	**7**	**7**	**8**	**238**	**156**	**6**
渝水区	266	3	9	6	7	6	179	111	1
分宜县	119	8	5	1		2	59	45	5
鹰潭市	**540**	**19**	**12**	**9**	**20**	**6**	**130**	**450**	**2**
月湖区	27	2	1				7	15	
余江区	169	6	3	4	7	5	51	170	2
贵溪市	344	11	8	5	13	1	72	265	
赣州市	**3739**	**187**	**142**	**158**	**123**	**310**	**1564**	**2347**	**52**
章贡区	221	7	11	16	7	7	161	49	6
南康区	367	10	15	13	21	14	315	180	4
赣县区	226	7	10	4	7	23	115	173	4
信丰县	209	6	3	10	2	19	126	123	1
大余县	118	8	2	19	8	11	32	89	
上犹县	162	6	1	5	5	10	67	95	3
崇义县	139	2	2		5	8	52	51	
安远县	150	7	2	2	1	6	46	41	4
定南县	61	2	1	8	1	3	33	31	1
全南县	89	1	6	3	5	13	71	60	1

4－6c 续表 23　　　　　　　　　　　　　　　　　　　　单位：人

地区 性别	社会生产服务和生活服务人员								
	住宿和餐饮服务人员	信息传输、软件和信息技术服务人员	金融服务人员	房地产服务人员	租赁和商务服务人员	技术辅助服务人员	水利、环境和公共设施管理服务人员	居民服务人员	电力、燃气及水供应服务人员
宁都县	423	19	15	10	5	33	97	435	
于都县	415	40	22	27	13	52	112	263	8
兴国县	278	22	13	11	13	36	72	215	6
会昌县	186	14	7	5	2	12	44	108	2
寻乌县	86	5	4	4	3	9	42	60	1
石城县	176	10	5	2	5	6	32	108	4
瑞金市	322	15	13	14	12	37	96	221	5
龙南市	111	6	10	5	8	11	51	45	2
吉安市	**1527**	**79**	**67**	**50**	**65**	**141**	**674**	**1043**	**24**
吉州区	51	1	3	4	2	2	44	34	1
青原区	76	6	3	3	5	9	46	40	3
吉安县	160	2	6	4	2	10	66	100	7
吉水县	125	5	5	3	2	7	62	102	1
峡江县	50	5	1			1	14	28	1
新干县	163	11	7	7	8	13	47	85	1
永丰县	107	1	3	3	2	10	54	132	
泰和县	92	3	4	2	3	12	33	78	2
遂川县	167	13	7	5	4	26	57	113	4
万安县	119	7	12	3	6	15	46	109	2
安福县	115	7	6	4	7	14	41	94	1
永新县	188	12	9	11	12	21	107	114	
井冈山市	114	6	1	1	12	1	57	14	1
宜春市	**2094**	**64**	**75**	**83**	**135**	**97**	**1013**	**1757**	**17**
袁州区	416	19	12	23	45	13	163	213	4
奉新县	65	5	2	3	3		33	93	1
万载县	152	7	7	2	10	18	55	167	2
上高县	90	2	3	2	1	7	37	78	1
宜丰县	78	1	8	5	2	4	25	258	
靖安县	75	1	1	3	6	1	34	44	1
铜鼓县	69	1	3	1	1	2	16	54	
丰城市	686	16	11	25	43	22	326	508	5
樟树市	219	1	14	7	17	8	180	174	
高安市	244	11	14	12	7	22	144	168	3
抚州市	**1858**	**67**	**63**	**54**	**73**	**77**	**545**	**1260**	**18**
临川区	430	10	14	11	11	14	135	302	6
东乡区	117	6	9	5	5	5	53	90	1
南城县	120	3	4	4	2	7	41	47	
黎川县	168	10	4	2	8	7	54	167	2
南丰县	63	2	5	2	4	7	13	35	
崇仁县	82	1	4	9	12	3	22	104	1
乐安县	176	12	7	15	9	8	62	132	2
宜黄县	264	9	8		2	11	77	131	3
金溪县	239	8	5	5	5	4	36	83	1
资溪县	80	2	1		6	1	18	14	1
广昌县	119	4	2	1	9	10	34	155	1
上饶市	**3052**	**145**	**121**	**99**	**174**	**258**	**911**	**3376**	**31**
信州区	182	7	15	8	12	21	71	129	
广丰区	323	19	16	13	21	32	109	486	2
广信区	369	17	17	9	12	32	123	480	7
玉山县	163	7	6	6	4	13	42	159	1
铅山县	239	8	6	11	45	5	43	445	1
横峰县	95	8	3	3	2	4	23	59	
弋阳县	161		5	5	2	10	41	138	1
余干县	335	26	13	16	11	39	90	297	12
鄱阳县	624	30	16	19	21	66	254	601	3
万年县	184	4	9	4	11	20	48	155	2
婺源县	255	11	10	3	28	16	47	156	
德兴市	122	8	5	2	5		20	271	2

4-6c　续表 24

单位：人

地　区 性　别	社会生产服务和生活服务人员				农、林、牧、渔业生产及辅助人员				
	修理及制作服务人　员	文化、体育和娱乐服务人员	健康服务人　员	其他社会生产和生活服务人　员	小计	农业生产人　员	林业生产人　员	畜牧业生产人员	渔业生产人　员
全　省	**9069**	**913**	**268**	**274**	**332496**	**310750**	**3731**	**13235**	**2853**
南昌市	**732**	**76**	**12**	**26**	**19805**	**18468**	**271**	**597**	**389**
东湖区	9	3			371	368		2	1
西湖区									
青云谱区									
青山湖区	33	3			395	205	182	2	6
新建区	160	20	3	6	4408	4187	39	103	49
红谷滩区	18	2			236	234	1	1	
南昌县	309	35	4	9	9430	8943	30	220	208
安义县	19	2	1	4	948	877	14	38	12
进贤县	184	11	4	7	4017	3654	5	231	113
景德镇市	**330**	**47**	**11**	**10**	**9087**	**8635**	**73**	**241**	**77**
昌江区	12	1	2		288	266	1	14	2
珠山区					9	8		1	
浮梁县	95	15	1	1	1512	1375	45	56	11
乐平市	223	31	8	9	7278	6986	27	170	64
萍乡市	**279**	**56**	**8**	**22**	**11575**	**10314**	**99**	**1046**	**68**
安源区	6	2			44	39	1	3	1
湘东区	61	22	3		2692	2415	23	227	22
莲花县	39	3	3	14	3399	3289	15	85	8
上栗县	127	22	2	4	3155	2494	16	603	27
芦溪县	46	7		4	2285	2077	44	128	10
九江市	**886**	**131**	**32**	**30**	**28328**	**25927**	**300**	**1726**	**255**
濂溪区	40	1	3		211	173	13	9	12
浔阳区	1				13	9	1	3	
柴桑区	108	9	5	5	1158	1009	67	50	15
武宁县	67	12	1	7	1561	1414	31	83	25
修水县	133	31	3	2	7798	6536	63	1149	25
永修县	62	23	1	1	2960	2788	31	103	27
德安县	33	3	3	1	803	661	21	106	10
都昌县	138	17	3	5	4533	4404	9	62	35
湖口县	60	5			1899	1847	5	33	14
彭泽县	80	8	7	7	2895	2784	22	27	48
瑞昌市	126	11	4	1	2957	2863	24	41	22
共青城市	13	5	1	1	360	325	3	17	13
庐山市	25	6	1		1180	1114	10	43	9
新余市	**156**	**11**	**2**	**4**	**5685**	**5346**	**58**	**185**	**63**
渝水区	112	6	2	3	3774	3633	19	68	31
分宜县	44	5		1	1911	1713	39	117	32
鹰潭市	**161**	**25**	**24**	**1**	**11011**	**10420**	**74**	**283**	**43**
月湖区	5				224	216		4	
余江区	77	7	20	1	3165	2904	6	75	8
贵溪市	79	18	4		7622	7300	68	204	35
赣州市	**2345**	**172**	**41**	**38**	**67647**	**62378**	**1053**	**3317**	**497**
章贡区	92	5	2	2	739	638	23	56	16
南康区	149	9	5	1	2440	2160	72	168	22
赣县区	106	11	2	3	4553	4209	73	192	35
信丰县	173	4	4	1	7379	6970	61	223	66
大余县	75	4		1	2513	2330	87	68	18
上犹县	94	5	1	2	2244	1933	133	131	20
崇义县	47	2	1		1740	1478	158	72	13
安远县	57	2		3	4364	3998	34	269	47
定南县	49	1		3	1096	943	26	101	14
全南县	74	4			1234	1084	31	100	12

4-6c 续表 25

单位：人

地区 性别	社会生产服务和生活服务人员				农、林、牧、渔业生产及辅助人员				
	修理及制作服务人员	文化、体育和娱乐服务人员	健康服务人员	其他社会生产和生活服务人员	小计	农业生产人员	林业生产人员	畜牧业生产人员	渔业生产人员
宁都县	202	20	2	8	10320	9695	48	450	62
于都县	369	32	4	2	4202	3864	43	231	36
兴国县	263	16	3	6	7278	6688	95	423	31
会昌县	145	9	8	1	3287	3014	47	190	20
寻乌县	99	5			4264	4126	29	88	15
石城县	74	15	1	1	2532	2441	14	61	7
瑞金市	194	22	8	4	6059	5610	41	359	33
龙南市	83	6			1403	1197	38	135	30
吉安市	**778**	**85**	**36**	**46**	**51275**	**48914**	**496**	**1466**	**224**
吉州区	29	6	1	3	1307	1274	5	24	2
青原区	43	1	1	1	1961	1887	14	31	12
吉安县	78	8	3	17	5565	5272	14	242	17
吉水县	49	2	4		5249	5127	8	80	22
峡江县	25		3	2	2909	2841	9	52	3
新干县	70	9	3	5	4124	3913	14	154	25
永丰县	75	7	4	2	5071	4849	62	135	10
泰和县	59	5	2	1	5393	5240	18	92	25
遂川县	123	8	2	1	7133	6737	112	267	9
万安县	75	8	1	2	3079	2878	34	88	52
安福县	55	9	5		5213	4904	132	144	12
永新县	81	21	5	11	3426	3252	39	102	21
井冈山市	16	1	2	1	845	740	35	55	14
宜春市	**946**	**96**	**30**	**39**	**44192**	**40943**	**636**	**1926**	**402**
袁州区	181	24	5	4	4470	3993	155	251	30
奉新县	44	3	2	1	2630	2399	118	69	12
万载县	83	15	3	8	3957	3277	148	462	33
上高县	39	4		3	3042	2823	24	127	41
宜丰县	27	6	1	4	2789	2559	63	135	27
靖安县	25		1	2	916	828	39	43	2
铜鼓县	26			1	940	763	25	127	5
丰城市	242	24	4	2	8940	8425	42	309	81
樟树市	86	10	2	1	6863	6519	9	183	143
高安市	193	10	12	13	9645	9357	13	220	28
抚州市	**759**	**81**	**40**	**32**	**40027**	**38150**	**338**	**881**	**275**
临川区	200	10	1	5	5433	5020	38	198	30
东乡区	67	5	2	14	2817	2683	7	100	19
南城县	56	1	1		2604	2457	38	72	29
黎川县	46	9	1	2	1984	1829	14	94	26
南丰县	25	4	1		5430	5232	11	26	48
崇仁县	64	6		2	7551	7425	11	64	43
乐安县	108	9	28	4	3330	3091	96	78	24
宜黄县	67	9	1	2	2740	2548	55	102	17
金溪县	83	20	3		3931	3811	17	63	32
资溪县	7	3	1		1590	1482	39	57	4
广昌县	36	5	1	3	2617	2572	12	27	3
上饶市	**1697**	**133**	**32**	**26**	**43864**	**41255**	**333**	**1567**	**560**
信州区	116	10		2	565	518	2	31	12
广丰区	235	15	3	2	3187	2951	19	175	20
广信区	248	25	12	1	2828	2527	32	212	38
玉山县	105	8	5	8	2955	2726	9	190	20
铅山县	96	3	2	4	3731	3483	69	139	29
横峰县	42	4	2	2	928	865	13	36	3
弋阳县	87	7			2938	2791	35	86	18
余干县	198	15		2	7852	7505	16	121	198
鄱阳县	339	19	4		10692	10111	33	363	159
万年县	99	15	2		2129	1959	37	87	35
婺源县	76	11	2	4	3872	3719	56	72	16
德兴市	56	1		1	2187	2100	12	55	12

4-6c　续表 26

单位：人

地　区 性　别	社会生产服务和生活服务人员				农、林、牧、渔业生产及辅助人员				
	修理及制作服务人员	文化、体育和娱乐服务人员	健康服务人员	其他社会生产和生活服务人员	小计	农业生产人员	林业生产人员	畜牧业生产人员	渔业生产人员
男	**8012**	**554**	**124**	**172**	**177574**	**164037**	**2878**	**7431**	**2123**
南昌市	**634**	**39**	**6**	**19**	**11640**	**10735**	**177**	**397**	**282**
东湖区	8	2			191	189		1	1
西湖区									
青云谱区									
青山湖区	32	2			239	117	117	1	4
新建区	140	9		4	2662	2512	29	63	39
红谷滩区	18				123	122		1	
南昌县	267	20	2	6	5602	5264	17	151	154
安义县	17	1	1	3	533	487	9	26	8
进贤县	152	5	3	6	2290	2044	5	154	76
景德镇市	**301**	**27**	**5**	**8**	**4614**	**4332**	**62**	**126**	**48**
昌江区	11		1		199	183	1	12	1
珠山区					7	6		1	
浮梁县	91	6	1		891	789	40	37	9
乐平市	199	21	3	8	3517	3354	21	76	38
萍乡市	**259**	**27**	**2**	**14**	**5393**	**4812**	**83**	**419**	**56**
安源区	6	1			19	17	1	1	
湘东区	55	9	2		1231	1086	20	106	17
莲花县	36	3		9	1485	1415	11	53	6
上栗县	120	12		3	1419	1194	9	183	23
芦溪县	42	2		2	1239	1100	42	76	10
九江市	**773**	**77**	**13**	**19**	**14186**	**12988**	**235**	**703**	**191**
濂溪区	38	1			114	85	7	7	12
浔阳区	1				6	4	1	1	
柴桑区	98	7	1	3	605	500	53	33	9
武宁县	53	9	1	6	1070	951	29	65	21
修水县	113	14	2		4359	3928	57	339	21
永修县	52	11		1	1440	1333	23	53	22
德安县	28	2	1	1	403	310	18	63	9
都昌县	127	11	1	5	1942	1858	7	42	25
湖口县	50	4			859	827	4	16	12
彭泽县	65	5	5	2	1249	1180	17	15	28
瑞昌市	111	7	1		1399	1343	9	29	14
共青城市	13	3	1	1	232	206	2	13	10
庐山市	24	3			508	463	8	27	8
新余市	**134**	**8**	**1**		**3120**	**2847**	**53**	**144**	**55**
渝水区	96	4	1		2021	1909	17	55	26
分宜县	38	4			1099	938	36	89	29
鹰潭市	**141**	**10**	**19**		**6290**	**5951**	**60**	**130**	**33**
月湖区	4				87	80		3	
余江区	65	4	17		1766	1606	4	44	7
贵溪市	72	6	2		4437	4265	56	83	26
赣州市	**2065**	**117**	**22**	**20**	**34801**	**31333**	**803**	**2064**	**359**
章贡区	80	3	1		340	271	17	36	10
南康区	127	5	3		1106	914	62	102	13
赣县区	96	9	1	1	2270	2037	58	125	25
信丰县	152	3	3	1	3640	3369	35	151	48
大余县	68	3			1206	1076	60	49	15
上犹县	82	3	1	2	1097	899	92	76	17
崇义县	43	1	1		909	719	122	48	8
安远县	44	2		1	2300	2078	26	158	31
定南县	45			3	594	479	20	77	11
全南县	67	2			615	504	27	67	11

4-6c 续表 27

单位：人

地区 性别	社会生产服务和生活服务人员				农、林、牧、渔业生产及辅助人员				
	修理及制作服务人员	文化、体育和娱乐服务人员	健康服务人员	其他社会生产和生活服务人员	小计	农业生产人员	林业生产人员	畜牧业生产人员	渔业生产人员
宁都县	174	14	1	5	5929	5533	36	281	40
于都县	318	22	3	2	1998	1756	37	161	27
兴国县	235	11	1	3	3422	3098	72	208	18
会昌县	129	5	5		1697	1519	37	115	17
寻乌县	90	5			2208	2111	25	57	13
石城县	65	10			1460	1393	13	45	4
瑞金市	175	14	2	2	3299	3025	32	208	26
龙南市	75	5			711	552	32	100	25
吉安市	**683**	**57**	**11**	**38**	**25148**	**23587**	**362**	**918**	**164**
吉州区	26	2		2	692	673	1	15	2
青原区	38				946	898	12	18	8
吉安县	72	6		13	2763	2568	8	157	14
吉水县	43	2			2695	2614	5	50	17
峡江县	24			2	1507	1458	6	38	2
新干县	58	6		4	2041	1906	13	94	19
永丰县	63	4	3	2	2610	2467	43	80	7
泰和县	43	4	1	1	2598	2504	11	55	16
遂川县	109	5		1	3234	2986	82	154	6
万安县	68	6		2	1476	1343	23	56	34
安福县	51	4	1		2666	2449	95	101	9
永新县	72	18	4	10	1501	1374	31	71	19
井冈山市	16		2	1	419	347	32	29	11
宜春市	**828**	**51**	**17**	**24**	**22925**	**20846**	**496**	**1100**	**308**
袁州区	165	15	2	3	2695	2351	110	177	26
奉新县	37	2	2	1	1502	1327	103	42	9
万载县	74	7	1	5	1959	1631	119	161	27
上高县	34	2		1	1808	1645	20	89	36
宜丰县	21	3		2	1514	1347	51	88	23
靖安县	22			2	496	438	30	24	2
铜鼓县	24			1	592	491	23	63	3
丰城市	210	12	2	1	4480	4160	26	199	54
樟树市	74	5	2		3306	3095	6	97	103
高安市	167	5	8	8	4573	4361	8	160	25
抚州市	**666**	**48**	**14**	**17**	**22903**	**21707**	**272**	**577**	**208**
临川区	182	4		2	3172	2953	32	135	24
东乡区	58	5		7	1667	1575	6	67	15
南城县	49	1			1441	1342	35	40	22
黎川县	38	5		2	1164	1063	11	61	18
南丰县	22	4			2968	2877	7	19	37
崇仁县	57	3			4242	4159	10	41	28
乐安县	94	7	11	3	2071	1882	77	58	21
宜黄县	62	3	1	1	1515	1378	44	66	12
金溪县	67	13	1		2337	2255	10	41	26
资溪县	5				948	876	30	33	3
广昌县	32	3	1	2	1378	1347	10	16	2
上饶市	**1528**	**93**	**14**	**13**	**26554**	**24899**	**275**	**853**	**419**
信州区	109	7		1	412	375	2	22	12
广丰区	214	7		1	2094	1968	15	85	15
广信区	224	16	6		1903	1743	27	89	30
玉山县	98	5	2	4	1726	1626	8	64	19
铅山县	90	3		2	2428	2271	66	59	23
横峰县	40	3	1	1	626	580	10	26	2
弋阳县	74	5			1871	1763	28	60	13
余干县	175	11		1	4522	4282	11	81	138
鄱阳县	294	15	2		6432	6036	23	232	123
万年县	88	12	2		1394	1269	31	67	17
婺源县	70	8	1	2	2000	1895	43	43	15
德兴市	52	1		1	1146	1091	11	25	12

4-6c 续表 28

单位：人

地区 性别	社会生产服务和生活服务人员				农、林、牧、渔业生产及辅助人员				
	修理及制作服务人员	文化、体育和娱乐服务人员	健康服务人员	其他社会生产和生活服务人员	小计	农业生产人员	林业生产人员	畜牧业生产人员	渔业生产人员
女	**1057**	**359**	**144**	**102**	**154922**	**146713**	**853**	**5804**	**730**
南昌市	**98**	**37**	**6**	**7**	**8165**	**7733**	**94**	**200**	**107**
东湖区	1	1			180	179		1	
西湖区									
青云谱区									
青山湖区	1	1			156	88	65	1	2
新建区	20	11	3	2	1746	1675	10	40	10
红谷滩区		2			113	112	1		
南昌县	42	15	2	3	3828	3679	13	69	54
安义县	2	1		1	415	390	5	12	4
进贤县	32	6	1	1	1727	1610		77	37
景德镇市	**29**	**20**	**6**	**2**	**4473**	**4303**	**11**	**115**	**29**
昌江区	1	1	1		89	83		2	1
珠山区					2	2			
浮梁县	4	9		1	621	586	5	19	2
乐平市	24	10	5	1	3761	3632	6	94	26
萍乡市	**20**	**29**	**6**	**8**	**6182**	**5502**	**16**	**627**	**12**
安源区		1			25	22		2	1
湘东区	6	13	1		1461	1329	3	121	5
莲花县	3		3	5	1914	1874	4	32	2
上栗县	7	10	2	1	1736	1300	7	420	4
芦溪县	4	5		2	1046	977	2	52	
九江市	**113**	**54**	**19**	**11**	**14142**	**12939**	**65**	**1023**	**64**
濂溪区	2		3		97	88	6	2	
浔阳区					7	5		2	
柴桑区	10	2	4	2	553	509	14	17	6
武宁县	14	3		1	491	463	2	18	4
修水县	20	17	1	2	3439	2608	6	810	4
永修县	10	12	1		1520	1455	8	50	5
德安县	5	1	2		400	351	3	43	1
都昌县	11	6	2		2591	2546	2	20	10
湖口县	10	1			1040	1020	1	17	2
彭泽县	15	3	2	5	1646	1604	5	12	20
瑞昌市	15	4	3	1	1558	1520	15	12	8
共青城市		2			128	119	1	4	3
庐山市	1	3	1		672	651	2	16	1
新余市	**22**	**3**	**1**	**4**	**2565**	**2499**	**5**	**41**	**8**
渝水区	16	2	1	3	1753	1724	2	13	5
分宜县	6	1		1	812	775	3	28	3
鹰潭市	**20**	**15**	**5**	**1**	**4721**	**4469**	**14**	**153**	**10**
月湖区	1				137	136		1	
余江区	12	3	3	1	1399	1298	2	31	1
贵溪市	7	12	2		3185	3035	12	121	9
赣州市	**280**	**55**	**19**	**18**	**32846**	**31045**	**250**	**1253**	**138**
章贡区	12	2	1	2	399	367	6	20	6
南康区	22	4	2	1	1334	1246	10	66	9
赣县区	10	2	1	2	2283	2172	15	67	10
信丰县	21	1	1		3739	3601	26	72	18
大余县	7	1		1	1307	1254	27	19	3
上犹县	12	2			1147	1034	41	55	3
崇义县	4	1			831	759	36	24	5
安远县	13			2	2064	1920	8	111	16
定南县	4	1			502	464	6	24	3
全南县	7	2			619	580	4	33	1

4-6c 续表 29

单位：人

地区 性别	社会生产服务和生活服务人员				农、林、牧、渔业生产及辅助人员				
	修理及制作服务人员	文化、体育和娱乐服务人员	健康服务人员	其他社会生产和生活服务人员	小计	农业生产人员	林业生产人员	畜牧业生产人员	渔业生产人员
宁都县	28	6	1	3	4391	4162	12	169	22
于都县	51	10	1		2204	2108	6	70	9
兴国县	28	5	2	3	3856	3590	23	215	13
会昌县	16	4	3	1	1590	1495	10	75	3
寻乌县	9				2056	2015	4	31	2
石城县	9	5	1	1	1072	1048	1	16	3
瑞金市	19	8	6	2	2760	2585	9	151	7
龙南市	8	1			692	645	6	35	5
吉安市	**95**	**28**	**25**	**8**	**26127**	**25327**	**134**	**548**	**60**
吉州区	3	4	1	1	615	601	4	9	
青原区	5	1	1	1	1015	989	2	13	4
吉安县	6	2	3	4	2802	2704	6	85	3
吉水县	6		4		2554	2513	3	30	5
峡江县	1		3		1402	1383	3	14	1
新干县	12	3	3	1	2083	2007	1	60	6
永丰县	12	3	1		2461	2382	19	55	3
泰和县	16	1	1		2795	2736	7	37	9
遂川县	14	3	2		3899	3751	30	113	3
万安县	7	2	1		1603	1535	11	32	18
安福县	4	5	4		2547	2455	37	43	3
永新县	9	3	1	1	1925	1878	8	31	2
井冈山市		1			426	393	3	26	3
宜春市	**118**	**45**	**13**	**15**	**21267**	**20097**	**140**	**826**	**94**
袁州区	16	9	3	1	1775	1642	45	74	4
奉新县	7	1			1128	1072	15	27	3
万载县	9	8	2	3	1998	1646	29	301	6
上高县	5	2		2	1234	1178	4	38	5
宜丰县	6	3	1	2	1275	1212	12	47	4
靖安县	3		1		420	390	9	19	
铜鼓县	2				348	272	2	64	2
丰城市	32	12	2	1	4460	4265	16	110	27
樟树市	12	5		1	3557	3424	3	86	40
高安市	26	5	4	5	5072	4996	5	60	3
抚州市	**93**	**33**	**26**	**15**	**17124**	**16443**	**66**	**304**	**67**
临川区	18	6	1	3	2261	2067	6	63	6
东乡区	9		2	7	1150	1108	1	33	4
南城县	7		1		1163	1115	3	32	7
黎川县	8	4	1		820	766	3	33	8
南丰县	3		1		2462	2355	4	7	11
崇仁县	7	3		2	3309	3266	1	23	15
乐安县	14	2	17	1	1259	1209	19	20	3
宜黄县	5	6		1	1225	1170	11	36	5
金溪县	16	7	2		1594	1556	7	22	6
资溪县	2	3	1		642	606	9	24	1
广昌县	4	2		1	1239	1225	2	11	1
上饶市	**169**	**40**	**18**	**13**	**17310**	**16356**	**58**	**714**	**141**
信州区	7	3		1	153	143		9	
广丰区	21	8	3	1	1093	983	4	90	5
广信区	24	9	6	1	925	784	5	123	8
玉山县	7	3	3	4	1229	1100	1	126	1
铅山县	6		2	2	1303	1212	3	80	6
横峰县	2	1	1	1	302	285	3	10	1
弋阳县	13	2			1067	1028	7	26	5
余干县	23	4		1	3330	3223	5	40	60
鄱阳县	45	4	2		4260	4075	10	131	36
万年县	11	3			735	690	6	20	18
婺源县	6	3	1	2	1872	1824	13	29	1
德兴市	4				1041	1009	1	30	

4-6c 续表 30

单位：人

地区 性别	农林牧渔生产辅助人员	其他农、林、牧、渔业生产加工人员	生产制造及有关人员 小计	农副产品加工人员	食品、饮料生产加工人员	烟草及其制品加工人员	纺织、针织、印染人员	纺织品、服装和皮革、毛皮制品加工制作人员	木材加工、家具与木制品制作人员
全省	**1666**	**261**	**383933**	**3022**	**4855**	**50**	**3571**	**75304**	**21951**
南昌市	**78**	**2**	**28548**	**315**	**240**	**2**	**181**	**3346**	**625**
东湖区			177	1	2			6	1
西湖区									
青云谱区									
青山湖区			1425	17	6		28	228	24
新建区	30		5296	85	59		8	228	163
红谷滩区			277	3	5			6	26
南昌县	29		8506	137	117	1	51	1238	205
安义县	6	1	3775	36	8		1	16	35
进贤县	13	1	9092	36	43	1	93	1624	171
景德镇市	**53**	**8**	**16716**	**50**	**99**		**214**	**3746**	**580**
昌江区	5		875	1	4			57	6
珠山区			31	1					
浮梁县	24	1	2624	12	30		12	214	92
乐平市	24	7	13186	36	65		202	3475	482
萍乡市	**44**	**4**	**11746**	**103**	**231**		**57**	**1176**	**328**
安源区			183	1	1			14	2
湘东区	5		2379	17	21		15	274	79
莲花县	2		1638	16	12		17	368	93
上栗县	14	1	5482	48	167		16	299	100
芦溪县	23	3	2064	21	30		9	221	54
九江市	**103**	**17**	**43824**	**248**	**271**	**3**	**410**	**9270**	**1787**
濂溪区	4		1071	9	18		15	94	33
浔阳区			34				1	2	
柴桑区	17		4336	20	32		37	703	157
武宁县	7	1	3072	14	33		38	276	223
修水县	25		6650	40	37		32	1425	648
永修县	10	1	2169	44	26		20	260	49
德安县	4	1	1324	12	19		51	274	47
都昌县	21	2	9458	46	21		56	2734	178
湖口县			2988	16	7	3	8	567	128
彭泽县	3	11	3306	18	22		52	597	162
瑞昌市	6	1	5638	19	33		65	1120	112
共青城市	2		1337	4	12		32	547	40
庐山市	4		2441	6	11		3	671	10
新余市	**28**	**5**	**4651**	**35**	**51**		**72**	**314**	**185**
渝水区	20	3	3065	20	42		17	141	127
分宜县	8	2	1586	15	9		55	173	58
鹰潭市	**191**		**8070**	**130**	**825**		**37**	**995**	**332**
月湖区	4		194		45			2	1
余江区	172		3660	29	128		25	532	217
贵溪市	15		4216	101	652		12	461	114
赣州市	**352**	**50**	**99117**	**654**	**613**	**29**	**1069**	**27479**	**9441**
章贡区	4	2	3122	50	31	2	7	155	382
南康区	5	13	10860	44	33	1	27	824	4165
赣县区	41	3	5585	74	29	4	23	1187	672
信丰县	58	1	8154	53	32	3	88	2896	673
大余县	9	1	2465	14	15		19	327	294
上犹县	20	7	3973	24	28		34	1055	506
崇义县	17	2	1963	21	11		7	188	492
安远县	16		2953	32	14	2	14	638	167
定南县	10	2	1600	19	11		17	167	55
全南县	7		2064	14	5		36	359	92

4-6c 续表 31

单位：人

地区 性别	农林牧渔生产辅助人员	其他农、林、牧、渔业生产加工人员	生产制造及有关人员 小计	农副产品加工人员	食品、饮料生产加工人员	烟草及其制品加工人员	纺织、针织、印染人员	纺织品、服装和皮革、毛皮制品加工制作人员	木材加工、家具与木制品制作人员
宁都县	59	6	9324	66	44	3	73	2796	306
于都县	24	4	16361	54	75	1	427	6894	538
兴国县	39	2	9250	49	41	1	81	3473	399
会昌县	16		5845	30	107	6	46	2013	160
寻乌县	6		2103	18	17		5	339	62
石城县	3	6	3147	18	27	4	58	956	145
瑞金市	15	1	7631	50	70	2	90	2959	166
龙南市	3		2717	24	23		17	253	167
吉安市	**161**	**14**	**34224**	**297**	**252**	**4**	**334**	**4327**	**1710**
吉州区	1	1	1059	8	8		2	49	18
青原区	17		1567	20	8		11	73	126
吉安县	17	3	3584	29	36	1	12	237	120
吉水县	11	1	3104	16	14		120	457	185
峡江县	4		597	3	10		5	73	25
新干县	18		2444	17	37	1	11	313	149
永丰县	15		2278	28	9	1	31	355	91
泰和县	18		2403	21	12		16	220	131
遂川县	6	2	6147	71	53		39	896	355
万安县	24	3	2783	25	15		12	384	178
安福县	18	3	2054	19	20	1	11	313	67
永新县	11	1	5464	30	16		60	922	222
井冈山市	1		740	10	14		4	35	43
宜春市	**268**	**17**	**39827**	**427**	**357**	**1**	**329**	**4275**	**2311**
袁州区	41		6586	54	36	1	32	655	192
奉新县	24	8	1401	11	6		84	75	58
万载县	37		4240	47	57		20	506	110
上高县	24	3	2265	12	33		33	646	105
宜丰县	5		1559	14	12		11	283	172
靖安县	4		1001	7	12		3	17	78
铜鼓县	19	1	679	7	16		4	53	54
丰城市	80	3	12070	179	79		50	1470	1245
樟树市	8	1	3627	29	65		9	167	130
高安市	26	1	6399	67	41		83	403	167
抚州市	**248**	**135**	**32247**	**429**	**1484**	**7**	**243**	**4468**	**2045**
临川区	32	115	9429	80	76		30	562	330
东乡区	8		2503	19	35		57	513	61
南城县	8		2459	27	88		14	386	307
黎川县	21		2423	25	22	5	20	330	615
南丰县	110	3	949	8	6		11	95	117
崇仁县	7	1	2232	24	11		3	211	94
乐安县	30	11	4100	44	39		39	733	170
宜黄县	17	1	2902	106	32		29	528	179
金溪县	5	3	2910	22	849		19	573	61
资溪县	8		751	54	306	2	2	59	57
广昌县	2	1	1589	20	20		19	478	54
上饶市	**140**	**9**	**64963**	**334**	**432**	**4**	**625**	**15908**	**2607**
信州区	2		2993	17	28		11	458	144
广丰区	20	2	7259	35	38	1	73	1073	232
广信区	19		7912	36	65	1	80	1621	359
玉山县	9	1	3705	31	28		27	486	456
铅山县	9	2	3245	27	27		39	1244	96
横峰县	10	1	1647	13	20		16	418	62
弋阳县	7	1	3276	15	22	1	89	710	85
余干县	12		8967	42	76	1	80	2573	248
鄱阳县	24	2	15713	65	66		92	4360	456
万年县	11		4738	12	17		60	1581	137
婺源县	9		3740	33	30		40	1079	263
德兴市	8		1768	8	15		18	305	69

4-6c 续表 32

单位：人

地区 性别	农林牧渔生产辅助人员	其他农、林、牧、渔业生产加工人员	生产制造及有关人员 小计	农副产品加工人员	食品、饮料生产加工人员	烟草及其制品加工人员	纺织、针织、印染人员	纺织品、服装和皮革、毛皮制品加工制作人员	木材加工、家具与木制品制作人员
男	**1012**	**93**	**256310**	**1900**	**2785**	**34**	**1413**	**30121**	**16755**
南昌市	**48**	**1**	**19875**	**211**	**134**	**2**	**79**	**1081**	**559**
东湖区			139	1	1			3	1
西湖区									
青云谱区									
青山湖区			933	11	4		15	32	20
新建区	19		3769	55	35		5	78	142
红谷滩区			241	2	3			2	22
南昌县	16		5961	83	56	1	4	246	191
安义县	3		2660	28	6		1	6	30
进贤县	10	1	6172	31	29	1	54	714	153
景德镇市	**39**	**7**	**11119**	**30**	**59**		**60**	**1548**	**509**
昌江区	2		618	1	1			23	4
珠山区			21	1					
浮梁县	16		1938	9	18		5	97	81
乐平市	21	7	8542	19	40		55	1428	424
萍乡市	**22**	**1**	**7642**	**74**	**95**		**22**	**340**	**282**
安源区			137	1	1			4	2
湘东区	2		1729	15	11		5	74	70
莲花县			1076	12	5		10	144	81
上栗县	10		3218	34	58		4	71	90
芦溪县	10	1	1482	12	20		3	47	39
九江市	**59**	**10**	**29623**	**155**	**150**	**2**	**129**	**3313**	**1460**
濂溪区	3		835	8	7		4	38	32
浔阳区			27						
柴桑区	10		2943	10	18		15	182	137
武宁县	3	1	2382	11	18		8	134	173
修水县	14		4638	25	21		13	671	498
永修县	8	1	1567	26	16		11	88	40
德安县	3		891	8	10		15	69	41
都昌县	9	1	6214	27	10		23	1177	155
湖口县			2025	10	4	2	4	198	106
彭泽县	2	7	2132	15	16		16	205	137
瑞昌市	4		3585	8	16		13	337	93
共青城市	1		751	3	7		7	119	40
庐山市	2		1633	4	7			95	8
新余市	**19**	**2**	**3411**	**24**	**29**		**12**	**96**	**159**
渝水区	13	1	2291	13	22		2	44	113
分宜县	6	1	1120	11	7		10	52	46
鹰潭市	**116**		**5586**	**43**	**562**		**17**	**405**	**293**
月湖区	4		171		40				1
余江区	105		2565	18	84		14	276	194
贵溪市	7		2850	25	438		3	129	98
赣州市	**214**	**28**	**62268**	**432**	**311**	**21**	**487**	**12154**	**6561**
章贡区	4	2	2117	29	18	2	1	38	255
南康区	5	10	6985	26	12	1	8	251	2749
赣县区	24	1	3684	52	13	2	8	479	471
信丰县	36	1	4935	33	16	2	46	1316	483
大余县	6		1617	9	7		10	135	184
上犹县	12	1	2487	16	15		19	491	355
崇义县	11	1	1318	13	5		3	87	330
安远县	7		1769	17	7	1	8	294	115
定南县	6	1	1033	12	7		5	74	42
全南县	6		1361	9	5		18	115	72

4-6c 续表 33

单位：人

地区 性别	农林牧渔生产辅助人员	其他农、林、牧、渔业生产加工人员	生产制造及有关人员 小计	农副产品加工人员	食品、饮料生产加工人员	烟草及其制品加工人员	纺织、针织、印染人员	纺织品、服装和皮革、毛皮制品加工制作人员	木材加工、家具与木制品制作人员
宁都县	36	3	6025	45	23	2	34	1215	247
于都县	13	4	9571	39	35	1	183	3105	402
兴国县	26		5810	33	24	1	44	1512	322
会昌县	9		3519	22	55	3	16	956	125
寻乌县	2		1372	12	9		2	175	44
石城县	1	4	2015	9	21	4	24	442	113
瑞金市	8		4902	40	32	2	51	1388	126
龙南市	2		1748	16	7		7	81	126
吉安市	**110**	**7**	**22503**	**205**	**146**	**2**	**140**	**1751**	**1347**
吉州区	1		686	6	5		1	21	14
青原区	10		1044	11	4		5	25	99
吉安县	14	2	2274	23	19	1	3	87	106
吉水县	9		2021	12	7		30	99	162
峡江县	3		405	3	7		3	26	18
新干县	9		1691	10	22		4	115	108
永丰县	13		1530	18	6		17	153	61
泰和县	12		1576	13	9		7	82	101
遂川县	5	1	3927	48	32		17	404	264
万安县	17	3	1769	21	7		8	172	130
安福县	11	1	1351	11	12	1	7	84	57
永新县	6		3710	21	9		37	470	194
井冈山市			519	8	7		1	13	33
宜春市	**166**	**9**	**27164**	**244**	**186**		**107**	**1313**	**1778**
袁州区	31		4772	35	22		8	238	145
奉新县	16	5	1014	8	2		30	34	43
万载县	21		2491	22	27		4	126	81
上高县	16	2	1270	9	17		6	123	64
宜丰县	5		893	7	5			25	90
靖安县	2		720	5	5		1	11	43
铜鼓县	11	1	524	4	8		3	31	31
丰城市	40	1	8626	103	39		21	533	1024
樟树市	5		2630	19	43		7	68	116
高安市	19		4224	32	18		27	124	141
抚州市	**118**	**21**	**22580**	**256**	**854**	**3**	**99**	**1849**	**1565**
临川区	18	10	7503	51	47		12	210	304
东乡区	4		1770	14	22		23	240	55
南城县	2		1560	15	48		3	118	219
黎川县	11		1550	19	13	2	9	145	420
南丰县	27	1	676	6	4		7	46	88
崇仁县	4		1642	16	6		1	92	74
乐安县	27	6	2785	31	19		16	297	133
宜黄县	14	1	1808	43	18		10	146	137
金溪县	3	2	1865	12	475		8	307	53
资溪县	6		475	36	188	1		25	44
广昌县	2	1	946	13	14		10	223	38
上饶市	**101**	**7**	**44539**	**226**	**259**	**4**	**261**	**6271**	**2242**
信州区	1		2279	10	20		2	131	134
广丰区	9	2	5327	25	21	1	22	292	200
广信区	14		5505	28	46	1	27	529	311
玉山县	8	1	2838	24	20		12	117	398
铅山县	7	2	1956	14	20		20	420	74
横峰县	8		1089	6	15		5	119	55
弋阳县	6	1	2122	8	12	1	29	210	72
余干县	10		5931	28	39	1	37	1331	225
鄱阳县	17	1	10489	49	32		48	1792	376
万年县	10		3269	8	11		30	753	120
婺源县	4		2490	20	14		20	486	217
德兴市	7		1244	6	9		9	91	60

4-6c 续表 34

单位：人

地区 性别	农林牧渔生产辅助人员	其他农、林、牧、渔业生产加工人员	生产制造及有关人员 小计	农副产品加工人员	食品、饮料生产加工人员	烟草及其制品加工人员	纺织、针织、印染人员	纺织品、服装和皮革、毛皮制品加工制作人员	木材加工、家具与木制品制作人员
女	**654**	**168**	**127623**	**1122**	**2070**	**16**	**2158**	**45183**	**5196**
南昌市	**30**	**1**	**8673**	**104**	**106**		**102**	**2265**	**66**
东湖区			38		1			3	
西湖区									
青云谱区									
青山湖区			492	6	2		13	196	4
新建区	11		1527	30	24		3	150	21
红谷滩区			36	1	2			4	4
南昌县	13		2545	54	61		47	992	14
安义县	3	1	1115	8	2			10	5
进贤县	3		2920	5	14		39	910	18
景德镇市	**14**	**1**	**5597**	**20**	**40**		**154**	**2198**	**71**
昌江区	3		257		3			34	2
珠山区			10						
浮梁县	8	1	686	3	12		7	117	11
乐平市	3		4644	17	25		147	2047	58
萍乡市	**22**	**3**	**4104**	**29**	**136**		**35**	**836**	**46**
安源区			46					10	
湘东区	3		650	2	10		10	200	9
莲花县	2		562	4	7		7	224	12
上栗县	4	1	2264	14	109		12	228	10
芦溪县	13	2	582	9	10		6	174	15
九江市	**44**	**7**	**14201**	**93**	**121**	**1**	**281**	**5957**	**327**
濂溪区	1		236	1	11		11	56	1
浔阳区			7				1	2	
柴桑区	7		1393	10	14		22	521	20
武宁县	4		690	3	15		30	142	50
修水县	11		2012	15	16		19	754	150
永修县	2		602	18	10		9	172	9
德安县	1	1	433	4	9		36	205	6
都昌县	12	1	3244	19	11		33	1557	23
湖口县			963	6	3	1	4	369	22
彭泽县	1	4	1174	3	6		36	392	25
瑞昌市	2	1	2053	11	17		52	783	19
共青城市	1		586	1	5		25	428	
庐山市	2		808	2	4		3	576	2
新余市	**9**	**3**	**1240**	**11**	**22**		**60**	**218**	**26**
渝水区	7	2	774	7	20		15	97	14
分宜县	2	1	466	4	2		45	121	12
鹰潭市	**75**		**2484**	**87**	**263**		**20**	**590**	**39**
月湖区			23		5			2	
余江区	67		1095	11	44		11	256	23
贵溪市	8		1366	76	214		9	332	16
赣州市	**138**	**22**	**36849**	**222**	**302**	**8**	**582**	**15325**	**2880**
章贡区			1005	21	13		6	117	127
南康区		3	3875	18	21		19	573	1416
赣县区	17	2	1901	22	16	2	15	708	201
信丰县	22		3219	20	16	1	42	1580	190
大余县	3	1	848	5	8		9	192	110
上犹县	8	6	1486	8	13		15	564	151
崇义县	6	1	645	8	6		4	101	162
安远县	9		1184	15	7	1	6	344	52
定南县	4	1	567	7	4		12	93	13
全南县	1		703	5			18	244	20

4-6c 续表 35

单位：人

地区 性别	农林牧渔生产辅助人员	其他农、林、牧、渔业生产加工人员	生产制造及有关人员 小计	农副产品加工人员	食品、饮料生产加工人员	烟草及其制品加工人员	纺织、针织、印染人员	纺织品、服装和皮革、毛皮制品加工制作人员	木材加工、家具与木制品制作人员
宁都县	23	3	3299	21	21	1	39	1581	59
于都县	11		6790	15	40		244	3789	136
兴国县	13	2	3440	16	17		37	1961	77
会昌县	7		2326	8	52	3	30	1057	35
寻乌县	4		731	6	8		3	164	18
石城县	2	2	1132	9	6		34	514	32
瑞金市	7	1	2729	10	38		39	1571	40
龙南市	1		969	8	16		10	172	41
吉安市	**51**	**7**	**11721**	**92**	**106**	**2**	**194**	**2576**	**363**
吉州区		1	373	2	3		1	28	4
青原区	7		523	9	4		6	48	27
吉安县	3	1	1310	6	17		9	150	14
吉水县	2	1	1083	4	7		90	358	23
峡江县	1		192		3		2	47	7
新干县	9		753	7	15	1	7	198	41
永丰县	2		748	10	3	1	14	202	30
泰和县	6		827	8	3		9	138	30
遂川县	1	1	2220	23	21		22	492	91
万安县	7		1014	4	8		4	212	48
安福县	7	2	703	8	8		4	229	10
永新县	5	1	1754	9	7		23	452	28
井冈山市	1		221	2	7		3	22	10
宜春市	**102**	**8**	**12663**	**183**	**171**	**1**	**222**	**2962**	**533**
袁州区	10		1814	19	14	1	24	417	47
奉新县	8	3	387	3	4		54	41	15
万载县	16		1749	25	30		16	380	29
上高县	8	1	995	3	16		27	523	41
宜丰县			666	7	7		11	258	82
靖安县	2		281	2	7		2	6	35
铜鼓县	8		155	3	8		1	22	23
丰城市	40	2	3444	76	40		29	937	221
樟树市	3	1	997	10	22		2	99	14
高安市	7	1	2175	35	23		56	279	26
抚州市	**130**	**114**	**9667**	**173**	**630**	**4**	**144**	**2619**	**480**
临川区	14	105	1926	29	29		18	352	26
东乡区	4		733	5	13		34	273	6
南城县	6		899	12	40		11	268	88
黎川县	10		873	6	9	3	11	185	195
南丰县	83	2	273	2	2		4	49	29
崇仁县	3	1	590	8	5		2	119	20
乐安县	3	5	1315	13	20		23	436	37
宜黄县	3		1094	63	14		19	382	42
金溪县	2	1	1045	10	374		11	266	8
资溪县	2		276	18	118	1	2	34	13
广昌县			643	7	6		9	255	16
上饶市	**39**	**2**	**20424**	**108**	**173**		**364**	**9637**	**365**
信州区	1		714	7	8		9	327	10
广丰区	11		1932	10	17		51	781	32
广信区	5		2407	8	19		53	1092	48
玉山县	1		867	7	8		15	369	58
铅山县	2		1289	13	7		19	824	22
横峰县	2	1	558	7	5		11	299	7
弋阳县	1		1154	7	10		60	500	13
余干县	2		3036	14	37		43	1242	23
鄱阳县	7	1	5224	16	34		44	2568	80
万年县	1		1469	4	6		30	828	17
婺源县	5		1250	13	16		20	593	46
德兴市	1		524	2	6		9	214	9

4-6c　续表 36

单位：人

地区 性别	生产制造及有关人员								
	纸及纸制品生产加工人员	印刷和记录媒介复制人员	文教、工美、体育和娱乐用品制造人员	石油加工和炼焦、煤化工生产人员	化学原料和化学制品制造人员	医药制造人员	化学纤维制造人员	橡胶和塑料制品制造人员	非金属矿物制品制造人员
全省	**1869**	**1154**	**6465**	**146**	**3941**	**643**	**87**	**2813**	**9594**
南昌市	**49**	**61**	**688**	**7**	**82**	**86**		**122**	**243**
东湖区			1		3	1			4
西湖区									
青云谱区									
青山湖区	6	1	2		6	5		2	6
新建区	10	14	26		6	43		22	58
红谷滩区					1				
南昌县	17	24	30	4	15	16		38	66
安义县	1	2	6		9	3		10	72
进贤县	15	20	623	3	42	18		50	37
景德镇市	**44**	**40**	**638**	**19**	**69**	**44**	**2**	**86**	**692**
昌江区	1	1	21	11	10	1		4	91
珠山区			3					2	10
浮梁县	6	19	42		2	4	2	12	421
乐平市	37	20	572	8	57	39		68	170
萍乡市	**219**	**61**	**124**	**13**	**1287**	**31**	**2**	**99**	**376**
安源区			2	1	1				17
湘东区	54	21	26	7	46	3	1	19	174
莲花县	4	15	20	3	17	14		32	22
上栗县	155	20	41	2	1207	12	1	15	72
芦溪县	6	5	35		16	2		33	91
九江市	**136**	**153**	**411**	**12**	**362**	**82**	**41**	**283**	**939**
濂溪区	1	1	1	1	13		4	3	33
浔阳区									
柴桑区	22	13	40	6	15	4	1	29	53
武宁县	11	7	41		12	3		14	108
修水县	10	23	121	1	37	1		61	88
永修县	29	4	15	2	44	2	1	14	43
德安县	3	6	15		5	8		5	15
都昌县	10	18	70		12	2	1	26	144
湖口县	14	3	22	2	140	15	27	16	28
彭泽县	8	53	24		69	45	1	95	158
瑞昌市	23	18	34		12			13	60
共青城市	5	7	8		2			3	23
庐山市			20		1	2	6	4	186
新余市	**15**	**9**	**31**	**6**	**22**	**4**	**1**	**36**	**100**
渝水区	12	8	11	5	7	3		17	45
分宜县	3	1	20	1	15	1	1	19	55
鹰潭市	**17**	**9**	**428**	**5**	**15**	**9**		**35**	**173**
月湖区								1	2
余江区		8	114	5	10	4		17	89
贵溪市	17	1	314		5	5		17	82
赣州市	**363**	**278**	**1155**	**26**	**415**	**74**	**10**	**702**	**2276**
章贡区	24	1	35		16	5		13	49
南康区	18	8	62	2	116	5	1	8	73
赣县区	21	5	28	2	26	5	1	26	74
信丰县	17	8	95		11	4		43	106
大余县	9	10	16		11	6		19	40
上犹县	11	13	34	1	14	3	2	45	76
崇义县	5	3	14	1	10	2		7	22
安远县	23	4	71		5			26	392
定南县	4	4	18		3	2		27	23
全南县	19	7	20	1	11	2		20	48

4-6c 续表 37 单位：人

地区 性别	生产制造及有关人员 纸及纸制品生产加工人员	印刷和记录媒介复制人员	文教、工美、体育和娱乐用品制造人员	石油加工和炼焦、煤化工生产人员	化学原料和化学制品制造人员	医药制造人员	化学纤维制造人员	橡胶和塑料制品制造人员	非金属矿物制品制造人员
宁都县	41	42	92	1	62	3	1	83	128
于都县	51	41	94	4	32	8	1	74	449
兴国县	19	24	68	11	8	9		46	106
会昌县	26	26	59	1	19	4	2	81	365
寻乌县	14	5	26		4	4	2	25	98
石城县	37	24	105		12	1		43	58
瑞金市	12	48	93		41	8		61	85
龙南市	12	5	225	2	14	3		55	84
吉安市	**146**	**148**	**467**	**9**	**182**	**50**	**1**	**349**	**894**
吉州区	3	2	25		1	2		3	10
青原区	7	11	10	2	5	4		14	18
吉安县	12	9	44		24	5	1	20	35
吉水县	4	5	26	1	12			8	33
峡江县	5	4	12		3	5		2	26
新干县	6	9	16		37	10		58	254
永丰县	11	9	48	1	14	12		16	66
泰和县	9	17	37		12	1		14	38
遂川县	37	30	88	3	26	3		118	117
万安县	13	8	59		10	2		14	52
安福县	11	9	20		12			28	27
永新县	27	32	74	2	26	5		52	43
井冈山市	1	3	8			1		2	175
宜春市	**474**	**133**	**371**	**31**	**1116**	**125**	**9**	**261**	**1831**
袁州区	40	30	76	6	297	19	1	62	153
奉新县	1	2	11	1	3	15	3	7	39
万载县	70	10	46	5	648	7		29	69
上高县	2	1	6		16	2		32	166
宜丰县	5	2	14	3	1	2		11	97
靖安县	2		24		6	3		9	10
铜鼓县	3	4	5		11	2		7	18
丰城市	53	19	83	4	65	23		30	233
樟树市	80	21	15	10	32	48	1	14	60
高安市	218	44	91	2	37	4	4	60	986
抚州市	**176**	**124**	**453**	**6**	**134**	**71**	**14**	**385**	**602**
临川区	37	33	73		28	8		27	83
东乡区	8	7	31	3	13	8		37	63
南城县	15	6	22	1	17	13		10	50
黎川县	8	10	55	1	14	1		20	160
南丰县		5	9		3			8	11
崇仁县	6	2	19		3	2	4	12	37
乐安县	34	23	120	1	8	6	8	33	84
宜黄县	43	9	50		16	22	2	194	28
金溪县	19	22	41		19	11		28	43
资溪县		2			4			1	10
广昌县	6	5	33		9			15	33
上饶市	**230**	**138**	**1699**	**12**	**257**	**67**	**7**	**455**	**1468**
信州区	3	9	69		3	3		11	122
广丰区	15	9	256	3	30	1		49	70
广信区	77	10	304	2	41	2		46	278
玉山县	12	5	73		16	1		27	61
铅山县	14	16	87		16	2		37	47
横峰县	3	2	90		10	4		19	26
弋阳县	6	6	178	2	13	1		95	92
余干县	19	12	106		44	6	7	44	157
鄱阳县	43	35	202	2	50	6		59	380
万年县	10	13	65	1	16	31		19	81
婺源县	25	18	200	2	13	8		36	48
德兴市	3	3	69		5	2		13	106

4-6c　续表 38

单位：人

地　区 性　别	生产制造及有关人员								
	纸及纸制品生产加工人员	印刷和记录媒介复制人员	文教、工美、体育和娱乐用品制造人　员	石油加工和炼焦、煤化工生产人员	化学原料和化学制品制造人　员	医药制造人　员	化学纤维制造人员	橡胶和塑料制品制造人员	非金属矿物制品制造人员
男	**1037**	**789**	**2340**	**113**	**1923**	**345**	**49**	**1573**	**6536**
南昌市	**29**	**42**	**257**	**6**	**49**	**38**		**74**	**195**
东湖区					2	1			4
西湖区									
青云谱区									
青山湖区	3		2		5	4		1	4
新建区	9	6	20		5	20		11	46
红谷滩区					1				
南昌县	8	19	9	3	9	6		25	52
安义县			4		4	2		5	58
进贤县	9	17	222	3	23	5		32	31
景德镇市	**15**	**27**	**115**	**18**	**48**	**29**	**1**	**46**	**438**
昌江区		1	7	11	5	1		4	56
珠山区			2					1	7
浮梁县	4	14	20		2	2	1	7	256
乐平市	11	12	86	7	41	26		34	119
萍乡市	**82**	**46**	**45**	**12**	**381**	**17**	**1**	**66**	**251**
安源区				1	1				13
湘东区	18	16	9	7	23	1	1	14	106
莲花县	3	10	10	2	7	12		23	18
上栗县	58	16	15	2	343	3		9	55
芦溪县	3	4	11		7	1		20	59
九江市	**84**	**103**	**200**	**9**	**278**	**51**	**20**	**158**	**706**
濂溪区	1	1	1	1	12		1	2	22
浔阳区									
柴桑区	13	8	23	5	12	1	1	23	39
武宁县	4	6	27		8	2		10	87
修水县	5	19	53	1	37	1		40	73
永修县	19	3	7	1	31	2		9	30
德安县	3	5	6		4	2		3	13
都昌县	7	11	36		9	2	1	17	102
湖口县	9	1	3	1	103	11	13	6	20
彭泽县	4	33	13		52	30		36	96
瑞昌市	16	11	16		7			9	44
共青城市	3	5	5		2			1	19
庐山市			10		1		4	2	161
新余市	**6**	**5**	**9**	**6**	**17**	**1**		**20**	**78**
渝水区	5	5	3	5	5			11	35
分宜县	1		6	1	12	1		9	43
鹰潭市	**6**	**4**	**114**	**3**	**11**	**4**		**16**	**143**
月湖区								1	1
余江区		4	68	3	7	2		9	66
贵溪市	6		46		4	2		6	76
赣州市	**201**	**196**	**510**	**21**	**279**	**34**	**8**	**426**	**1543**
章贡区	9		24		11	2		7	43
南康区	11	7	36	1	80	1		4	46
赣县区	15	2	14	2	16	4	1	14	54
信丰县	10	6	34		8	2		24	84
大余县	4	5	3		8	2		13	30
上犹县	9	9	14	1	8	3	1	22	49
崇义县	3	2	7	1	5			4	18
安远县	9	4	31		2			15	240
定南县	4	4	11		3	2		14	17
全南县	9	5	15	1	8			9	37

4－6c　续表 39　　　　单位：人

地区 性别	生产制造及有关人员								
	纸及纸制品生产加工人员	印刷和记录媒介复制人员	文教、工美、体育和娱乐用品制造人员	石油加工和炼焦、煤化工生产人员	化学原料和化学制品制造人员	医药制造人员	化学纤维制造人员	橡胶和塑料制品制造人员	非金属矿物制品制造人员
宁都县	27	32	32	1	49	1	1	52	96
于都县	31	29	47	4	17	4	1	46	279
兴国县	10	17	38	8	7	4		30	78
会昌县	13	16	28		10	2	2	53	240
寻乌县	7	4	14		3	2	2	14	64
石城县	19	16	52		10			27	40
瑞金市	7	35	39		26	3		43	70
龙南市	4	3	71	2	8	2		35	58
吉安市	**92**	**108**	**226**	**5**	**135**	**24**	**1**	**212**	**625**
吉州区	1	2	5		1	1		1	6
青原区	4	9	5	1	4	1		10	14
吉安县	7	8	16		18	4	1	12	29
吉水县	3	3	12	1	12			6	22
峡江县	3	3	3		3	2		2	19
新干县	3	6	8		26	5		32	179
永丰县	11	5	25	1	12	4		10	49
泰和县	6	12	16		10			6	25
遂川县	27	18	46	1	15	2		72	87
万安县	7	6	36		8	1		5	36
安福县	7	8	14		8			17	22
永新县	13	26	38	1	18	3		38	30
井冈山市		2	2			1		1	107
宜春市	**280**	**81**	**144**	**20**	**444**	**60**	**6**	**151**	**1055**
袁州区	30	17	29	4	132	8		37	124
奉新县	1	1	6	1	2	13	2	3	29
万载县	45	7	13	2	194	4		15	46
上高县	1	1	1		11	2		25	103
宜丰县	3	2	5	1	1	1		3	54
靖安县	1		10		4	1		4	9
铜鼓县	2	3	3		6	1		6	15
丰城市	31	11	37	3	49	9		15	144
樟树市	39	13	10	7	19	19	1	8	44
高安市	127	26	30	2	26	2	3	35	487
抚州市	**113**	**81**	**193**	**3**	**87**	**42**	**7**	**188**	**431**
临川区	29	20	33		15	1		13	66
东乡区	6	4	19	2	10	3		23	49
南城县	9	3	14		7	10		7	45
黎川县	4	6	29		11			11	80
南丰县		5	7		2			5	9
崇仁县	3	1	2		2	2	2	6	29
乐安县	25	15	49	1	6	4	3	19	65
宜黄县	23	7	13		11	15	2	73	21
金溪县	10	17	18		16	7		19	32
资溪县					2			1	10
广昌县	4	3	9		5			11	25
上饶市	**129**	**96**	**527**	**10**	**194**	**45**	**5**	**216**	**1071**
信州区	2	8	16		2	2		3	79
广丰区	5	6	69	2	19	1		14	60
广信区	41	8	66	2	32	1		28	168
玉山县	9	4	24		14			14	51
铅山县	10	10	19		9	2		11	36
横峰县	1	1	14		7	2		14	20
弋阳县	2	4	43	2	10	1		39	79
余干县	10	9	60		36	3	5	26	133
鄱阳县	26	22	83	2	41	4		33	256
万年县	6	7	34		15	25		9	62
婺源县	16	15	91	2	7	3		21	31
德兴市	1	2	8		2	1		4	96

4−6c　续表 40

单位：人

地区 性别	生产制造及有关人员								
	纸及纸制品生产加工人员	印刷和记录媒介复制人员	文教、工美、体育和娱乐用品制造人员	石油加工和炼焦、煤化工生产人员	化学原料和化学制品制造人员	医药制造人员	化学纤维制造人员	橡胶和塑料制品制造人员	非金属矿物制品制造人员
女	**832**	**365**	**4125**	**33**	**2018**	**298**	**38**	**1240**	**3058**
南昌市	**20**	**19**	**431**	**1**	**33**	**48**		**48**	**48**
东湖区			1		1				
西湖区									
青云谱区									
青山湖区	3	1			1	1		1	2
新建区	1	8	6		1	23		11	12
红谷滩区									
南昌县	9	5	21	1	6	10		13	14
安义县	1	2	2		5	1		5	14
进贤县	6	3	401		19	13		18	6
景德镇市	**29**	**13**	**523**	**1**	**21**	**15**	**1**	**40**	**254**
昌江区	1		14		5				35
珠山区			1					1	3
浮梁县	2	5	22			2	1	5	165
乐平市	26	8	486	1	16	13		34	51
萍乡市	**137**	**15**	**79**	**1**	**906**	**14**	**1**	**33**	**125**
安源区			2						4
湘东区	36	5	17		23	2		5	68
莲花县	1	5	10	1	10	2		9	4
上栗县	97	4	26		864	9	1	6	17
芦溪县	3	1	24		9	1		13	32
九江市	**52**	**50**	**211**	**3**	**84**	**31**	**21**	**125**	**233**
濂溪区					1		3	1	11
浔阳区									
柴桑区	9	5	17	1	3	3		6	14
武宁县	7	1	14		4	1		4	21
修水县	5	4	68					21	15
永修县	10	1	8	1	13		1	5	13
德安县		1	9		1	6		2	2
都昌县	3	7	34		3			9	42
湖口县	5	2	19	1	37	4	14	10	8
彭泽县	4	20	11		17	15	1	59	62
瑞昌市	7	7	18		5			4	16
共青城市	2	2	3					2	4
庐山市			10			2	2	2	25
新余市	**9**	**4**	**22**		**5**	**3**	**1**	**16**	**22**
渝水区	7	3	8		2	3		6	10
分宜县	2	1	14		3		1	10	12
鹰潭市	**11**	**5**	**314**	**2**	**4**	**5**		**19**	**30**
月湖区									1
余江区		4	46	2	3	2		8	23
贵溪市	11	1	268		1	3		11	6
赣州市	**162**	**82**	**645**	**5**	**136**	**40**	**2**	**276**	**733**
章贡区	15	1	11		5	3		6	6
南康区	7	1	26	1	36	4	1	4	27
赣县区	6	3	14		10	1		12	20
信丰县	7	2	61		3	2		19	22
大余县	5	5	13		3	4		6	10
上犹县	2	4	20		6		1	23	27
崇义县	2	1	7		5	2		3	4
安远县	14		40		3			11	152
定南县			7					13	6
全南县	10	2	5		3	2		11	11

4－6c　续表 41

单位：人

地　区 性　别	生产制造及有关人员								
	纸及纸制品生产加工人员	印刷和记录媒介复制人员	文教、工美、体育和娱乐用品制造人　员	石油加工和炼焦、煤化工生产人员	化学原料和化学制品制造人　员	医药制造人　　员	化学纤维制造人员	橡胶和塑料制品制造人员	非金属矿物制品制造人员
宁都县	14	10	60		13	2		31	32
于都县	20	12	47		15	4		28	170
兴国县	9	7	30	3	1	5		16	28
会昌县	13	10	31	1	9	2		28	125
寻乌县	7	1	12		1	2		11	34
石城县	18	8	53		2	1		16	18
瑞金市	5	13	54		15	5		18	15
龙南市	8	2	154		6	1		20	26
吉安市	**54**	**40**	**241**	**4**	**47**	**26**		**137**	**269**
吉州区	2		20			1		2	4
青原区	3	2	5	1	1	3		4	4
吉安县	5	1	28		6	1		8	6
吉水县	1	2	14					2	11
峡江县	2	1	9			3			7
新干县	3	3	8		11	5		26	75
永丰县		4	23		2	8		6	17
泰和县	3	5	21		2	1		8	13
遂川县	10	12	42	2	11	1		46	30
万安县	6	2	23		2	1		9	16
安福县	4	1	6		4			11	5
永新县	14	6	36	1	8	2		14	13
井冈山市	1	1	6					1	68
宜春市	**194**	**52**	**227**	**11**	**672**	**65**	**3**	**110**	**776**
袁州区	10	13	47	2	165	11	1	25	29
奉新县		1	5		1	2	1	4	10
万载县	25	3	33	3	454	3		14	23
上高县	1		5		5			7	63
宜丰县	2		9	2		1		8	43
靖安县	1		14		2	2		5	1
铜鼓县	1	1	2		5	1		1	3
丰城市	22	8	46	1	16	14		15	89
樟树市	41	8	5	3	13	29		6	16
高安市	91	18	61		11	2	1	25	499
抚州市	**63**	**43**	**260**	**3**	**47**	**29**	**7**	**197**	**171**
临川区	8	13	40		13	7		14	17
东乡区	2	3	12	1	3	5		14	14
南城县	6	3	8	1	10	3		3	5
黎川县	4	4	26	1	3	1		9	80
南丰县			2		1			3	2
崇仁县	3	1	17		1		2	6	8
乐安县	9	8	71		2	2	5	14	19
宜黄县	20	2	37		5	7		121	7
金溪县	9	5	23		3	4		9	11
资溪县		2			2				
广昌县	2	2	24		4			4	8
上饶市	**101**	**42**	**1172**	**2**	**63**	**22**	**2**	**239**	**397**
信州区	1	1	53		1	1		8	43
广丰区	10	3	187	1	11			35	10
广信区	36	2	238		9	1		18	110
玉山县	3	1	49		2	1		13	10
铅山县	4	6	68		7			26	11
横峰县	2	1	76		3	2		5	6
弋阳县	4	2	135		3			56	13
余干县	9	3	46		8	3	2	18	24
鄱阳县	17	13	119		9	2		26	124
万年县	4	6	31	1	1	6		10	19
婺源县	9	3	109		6	5		15	17
德兴市	2	1	61		3	1		9	10

4-6c　续表 42

单位：人

地　区 性　别	生产制造及有关人员 采矿人员	金属冶炼和压延加工人员	机械制造基础加工人员	金属制品制造人员	通用设备制造人员	专用设备制造人员	汽车制造人员	铁路、船舶、航空设备制造人员	电气机械和器材制造人员
全　省	**1979**	**1355**	**8109**	**13463**	**1284**	**710**	**1349**	**199**	**3544**
南昌市	**11**	**123**	**813**	**3095**	**154**	**151**	**246**	**26**	**91**
东湖区		5	15	11			3	3	
西湖区									
青云谱区									
青山湖区	1	4	19	19	4	5	7		19
新建区	2	26	76	236	12	6	27	1	18
红谷滩区			1	4	1		2		2
南昌县	2	10	208	152	46	35	187	16	31
安义县	3	60	20	2367	1		1		2
进贤县	3	18	474	306	90	105	19	6	19
景德镇市	**92**	**61**	**396**	**375**	**65**	**18**	**37**	**9**	**79**
昌江区	2	5	10	27	8		2		5
珠山区									
浮梁县	10	4	64	72	8	2	16	2	19
乐平市	80	52	322	276	49	16	19	7	55
萍乡市	**181**	**56**	**248**	**223**	**38**	**49**	**33**	**8**	**176**
安源区	20		4	11					
湘东区	36	32	81	45	16	14	10	2	25
莲花县	40	5	46	68	6	18	2	1	47
上栗县	56	13	43	56	8	10	15	4	28
芦溪县	29	6	74	43	8	7	6	1	76
九江市	**156**	**167**	**1007**	**1498**	**166**	**66**	**106**	**65**	**340**
濂溪区	1	3	36	16	2	17	3		2
浔阳区			1	1					
柴桑区	7	8	155	248	16	7	15	2	75
武宁县	8	10	48	75	13	3	9	7	64
修水县	18	24	198	367	29	7	29	1	19
永修县	4	19	43	247	16		5	2	40
德安县	6	1	29	44	10	8		1	5
都昌县	12	9	124	155	17	8	14	32	21
湖口县	2	62	83	55		2	10	13	8
彭泽县	18	14	83	76	45	11	8	4	18
瑞昌市	73	9	146	177	12	2	8	1	68
共青城市	3		29	21	3		3	1	9
庐山市	4	8	32	16	3	1	2	1	11
新余市	**72**	**84**	**119**	**115**	**24**	**27**	**15**	**4**	**45**
渝水区	62	74	88	78	12	21	11		30
分宜县	10	10	31	37	12	6	4	4	15
鹰潭市	**15**	**37**	**105**	**189**	**22**	**12**	**20**	**1**	**44**
月湖区		1	2	2					
余江区	3	14	53	142	13	7	13	1	29
贵溪市	12	22	50	45	9	5	7		15
赣州市	**866**	**334**	**1969**	**2943**	**226**	**119**	**274**	**29**	**1378**
章贡区	4	19	117	43	3	3	50	1	245
南康区	21	9	344	123	6	5	54	3	10
赣县区	23	29	75	108	7	10	8	4	36
信丰县	11	18	115	244	9	13	13	1	28
大余县	120	10	93	83	6	7	6	1	14
上犹县	98	31	120	131	13	3	14		72
崇义县	231	30	21	38	7	4	6		15
安远县	2	7	29	119	10	5	7	1	34
定南县	24	14	24	28	4		5		115
全南县	59	21	37	43	4	1	4	1	26

4-6c　续表 43

单位：人

地区 性别	生产制造及有关人员								
	采矿人员	金属冶炼和压延加工人员	机械制造基础加工人员	金属制品制造人员	通用设备制造人员	专用设备制造人员	汽车制造人员	铁路、船舶、航空设备制造人员	电气机械和器材制造人员
宁都县	34	14	146	233	25	12	22	3	49
于都县	64	12	290	446	18	13	21	3	556
兴国县	48	18	136	341	27	11	17	7	34
会昌县	18	13	94	417	25	10	14		30
寻乌县	2	17	42	50	22	6	6		15
石城县	3	15	59	106	4	6	3	2	17
瑞金市	55	17	190	328	30	4	20		56
龙南市	49	40	37	62	6	6	4	2	26
吉安市	**147**	**97**	**892**	**1241**	**97**	**84**	**92**	**12**	**452**
吉州区			22	15	3	1	4		19
青原区	1	3	32	53	3	1	1	3	7
吉安县	42	4	94	87	15	12	6	1	66
吉水县	3	2	49	71	5	11	4		26
峡江县		7	21	24	4	1			5
新干县		5	67	69	15	2	14		27
永丰县	37	22	60	113	8	4	9	1	19
泰和县	3	6	69	51	4	3	1		21
遂川县	30	27	157	387	15	11	16	1	82
万安县	7	7	56	110	4	6	8	2	12
安福县	17	7	70	48	7	2	4	2	73
永新县	5	7	183	187	13	29	23	2	95
井冈山市	2		12	26	1	1	2		
宜春市	**206**	**144**	**882**	**1167**	**176**	**65**	**103**	**19**	**446**
袁州区	36	39	145	245	18	11	21	2	83
奉新县	2	12	19	189	5	1	3		4
万载县	8	31	98	103	27	11	12	2	53
上高县	7	4	29	38	18	1	3		54
宜丰县	23	17	41	30	5			1	88
靖安县	21	4	40	41	7		2	1	31
铜鼓县	2	5	12	18	3	1	5	3	3
丰城市	81	11	186	248	30	17	25	4	51
樟树市	7	3	116	115	23	6	6		13
高安市	19	18	196	140	40	17	26	6	66
抚州市	**53**	**102**	**511**	**794**	**125**	**41**	**170**	**10**	**159**
临川区	2	28	61	147	15	8	14	2	21
东乡区	1	14	40	57	19	8	21	1	10
南城县	13	4	81	36	9		4		10
黎川县		7	50	124	11	2	7	3	17
南丰县	1	2	11	27	1	2	4	1	10
崇仁县	1	24	27	53	13	1	12		21
乐安县	8	4	72	153	17	12	11	1	42
宜黄县	1	5	81	67	16	2	87		8
金溪县	1	5	51	73	14	6	5	1	14
资溪县	8	1	3	5					
广昌县	17	8	34	52	10		5	1	6
上饶市	**180**	**150**	**1167**	**1823**	**191**	**78**	**253**	**16**	**334**
信州区	1		45	69	14	1	14		20
广丰区	48	18	78	90	21	5	15		12
广信区	15	12	145	228	29	8	59		112
玉山县	25	8	52	107	26	5	10	1	13
铅山县	15	31	48	109	11	17	10	1	32
横峰县	6	12	39	69	9	1	7	1	7
弋阳县	10	5	51	72	5	5	3		4
余干县	4	22	149	168	22	9	72	2	47
鄱阳县	30	15	337	627	22	8	35	6	44
万年县	5	8	113	123	22	8	12	2	25
婺源县	10	17	83	96	6	5	12	2	14
德兴市	11	2	27	65	4	6	4	1	4

4-6c　续表 44

单位：人

地区 性别	生产制造及有关人员								
	采矿人员	金属冶炼和压延加工人员	机械制造基础加工人员	金属制品制造人员	通用设备制造人员	专用设备制造人员	汽车制造人员	铁路、船舶、航空设备制造人员	电气机械和器材制造人员
男	**1729**	**1088**	**6625**	**9498**	**1020**	**378**	**939**	**159**	**2016**
南昌市	**9**	**101**	**740**	**2178**	**132**	**52**	**165**	**21**	**62**
东湖区		4	12	11			3	3	
西湖区									
青云谱区									
青山湖区	1	4	15	15	4	3	5		15
新建区	2	20	71	186	10	5	17	1	14
红谷滩区			1	3			1		1
南昌县	2	10	188	125	42	14	124	14	17
安义县	1	47	14	1608	1		1		2
进贤县	3	16	439	230	75	30	14	3	13
景德镇市	**86**	**39**	**299**	**260**	**52**	**8**	**27**	**7**	**44**
昌江区	2	3	9	21	8		2		3
珠山区									
浮梁县	7	4	55	49	7	1	14	2	9
乐平市	77	32	235	190	37	7	11	5	32
萍乡市	**177**	**53**	**210**	**165**	**36**	**33**	**25**	**6**	**104**
安源区	20		3	10					
湘东区	35	31	68	32	15	10	10	2	15
莲花县	39	4	39	52	5	14			34
上栗县	55	13	37	44	8	4	10	4	13
芦溪县	28	5	63	27	8	5	5		42
九江市	**141**	**133**	**820**	**1050**	**124**	**33**	**71**	**53**	**188**
濂溪区	1	1	34	15	2	7	1		1
浔阳区			1	1					
柴桑区	7	7	131	178	11	6	11	1	51
武宁县	7	10	39	60	13	2	4	6	34
修水县	15	17	159	264	19	5	23	1	12
永修县	4	12	41	158	10		5	2	23
德安县	6	1	25	30	10	1		1	3
都昌县	11	9	99	111	15	5	9	25	13
湖口县	2	53	62	41		1	5	11	3
彭泽县	14	9	64	50	31	4	4	3	9
瑞昌市	69	9	121	112	7	1	5	1	30
共青城市	3		20	18	3		2	1	1
庐山市	2	5	24	12	3	1	2	1	8
新余市	**58**	**73**	**104**	**81**	**21**	**18**	**10**	**3**	**26**
渝水区	50	64	79	58	11	17	6		18
分宜县	8	9	25	23	10	1	4	3	8
鹰潭市	**12**	**32**	**80**	**121**	**13**	**5**	**12**	**1**	**22**
月湖区				1					
余江区	3	14	43	90	6	4	7	1	13
贵溪市	9	18	37	30	7	1	5		9
赣州市	**731**	**260**	**1576**	**2075**	**176**	**85**	**209**	**24**	**821**
章贡区	3	13	84	30	2	2	25	1	177
南康区	19	9	259	87	6	5	50	2	7
赣县区	19	19	64	83	6	4	6	3	22
信丰县	11	16	99	155	8	9	11	1	16
大余县	93	7	76	63	5	7	5	1	10
上犹县	85	27	97	97	11	3	10		38
崇义县	178	20	15	32	6	3	4		10
安远县	2	4	24	84	7	4	6	1	13
定南县	20	12	19	20	2		4		52
全南县	52	16	32	37	3	1	4	1	16

4-6c 续表 45

单位：人

地区 性别	生产制造及有关人员								
	采矿人员	金属冶炼和压延加工人员	机械制造基础加工人员	金属制品制造人员	通用设备制造人员	专用设备制造人员	汽车制造人员	铁路、船舶、航空设备制造人员	电气机械和器材制造人员
宁都县	27	9	121	171	19	9	15	3	34
于都县	59	9	221	308	16	8	15	2	315
兴国县	42	15	108	236	25	6	13	5	20
会昌县	17	11	77	284	16	8	14		24
寻乌县	2	14	37	35	13	6	5		10
石城县	3	13	51	81	4	3	3	2	9
瑞金市	53	11	159	229	23	3	15		34
龙南市	46	35	33	43	4	4	4	2	14
吉安市	**129**	**77**	**712**	**857**	**81**	**48**	**72**	**7**	**237**
吉州区			18	12	2	1	3		6
青原区	1	3	26	41	3	1	1	2	3
吉安县	36	3	71	65	14	7	3		38
吉水县	3	2	39	52	4	5	2		17
峡江县		4	15	18	3	1			4
新干县		4	54	39	13	1	12		16
永丰县	35	17	50	77	5		9	1	14
泰和县	3	4	52	37	4	2	1		8
遂川县	25	23	119	254	14	6	12	1	58
万安县	6	5	46	77	3	3	8	1	6
安福县	14	7	57	35	6	2	3	1	22
永新县	4	5	153	133	10	19	17	1	45
井冈山市	2		12	17			1		
宜春市	**176**	**110**	**714**	**820**	**133**	**32**	**71**	**15**	**228**
袁州区	35	30	113	160	13	4	13	2	50
奉新县	1	8	16	141	4	1	2		3
万载县	6	25	82	83	14	7	9	2	20
上高县	4	3	26	27	14		3		32
宜丰县	19	12	32	23	3				52
靖安县	18	3	28	28	6		1	1	2
铜鼓县	2	5	11	17	3	1	4	2	2
丰城市	71	6	148	169	22	8	15	3	29
樟树市	4	2	94	75	18	3	5		7
高安市	16	16	164	97	36	8	19	5	31
抚州市	**50**	**86**	**400**	**584**	**95**	**24**	**105**	**8**	**100**
临川区	1	23	54	110	11	4	11	2	15
东乡区	1	12	32	42	15	5	14	1	6
南城县	13	4	59	23	7		3		7
黎川县		5	41	84	10	1	5	3	12
南丰县	1	1	9	23	1	1	3	1	6
崇仁县	1	22	24	40	9	1	9		14
乐安县	7	4	57	118	13	5	8	1	24
宜黄县	1	4	56	49	10	2	46		4
金溪县		3	40	57	12	5	3		9
资溪县	8	1	3	5					
广昌县	17	7	25	33	7		3		3
上饶市	**160**	**124**	**970**	**1307**	**157**	**40**	**172**	**14**	**184**
信州区	1		38	48	12	1	11		13
广丰区	39	16	72	77	15	2	9		7
广信区	14	11	127	173	22	6	41		64
玉山县	22	5	46	80	22	2	7	1	4
铅山县	15	27	40	83	10	12	6	1	17
横峰县	6	11	31	48	8		5	1	4
弋阳县	9	4	43	54	4	2	2		3
余干县	2	16	120	109	17	5	42	2	27
鄱阳县	29	13	270	426	19	3	29	4	18
万年县	5	8	99	89	18	4	7	2	15
婺源县	10	11	67	69	6	2	10	2	9
德兴市	8	2	17	51	4	1	3	1	3

4-6c　续表 46

单位：人

地　区 性　别	生产制造及有关人员 采矿人员	金属冶炼和压延加工人员	机械制造基础加工人员	金属制品制造人员	通用设备制造人员	专用设备制造人员	汽车制造人员	铁路、船舶、航空设备制造人员	电气机械和器材制造人员
女	**250**	**267**	**1484**	**3965**	**264**	**332**	**410**	**40**	**1528**
南昌市	**2**	**22**	**73**	**917**	**22**	**99**	**81**	**5**	**29**
东湖区		1	3						
西湖区									
青云谱区									
青山湖区			4	4		2	2		4
新建区		6	5	50	2	1	10		4
红谷滩区				1	1		1		1
南昌县			20	27	4	21	63	2	14
安义县	2	13	6	759					
进贤县		2	35	76	15	75	5	3	6
景德镇市	**6**	**22**	**97**	**115**	**13**	**10**	**10**	**2**	**35**
昌江区		2	1	6					
珠山区									2
浮梁县	3		9	23	1	1	2		10
乐平市	3	20	87	86	12	9	8	2	23
萍乡市	**4**	**3**	**38**	**58**	**2**	**16**	**8**	**2**	**72**
安源区			1	1					
湘东区	1	1	13	13	1	4			10
莲花县	1	1	7	16	1	4	2	1	13
上栗县	1		6	12		6	5		15
芦溪县	1	1	11	16		2	1	1	34
九江市	**15**	**34**	**187**	**448**	**42**	**33**	**35**	**12**	**152**
濂溪区		2	2	1		10	2		1
浔阳区									
柴桑区		1	24	70	5	1	4	1	24
武宁县	1		9	15		1	5	1	30
修水县	3	7	39	103	10	2	6		7
永修县		7	2	89	6				17
德安县			4	14		7			2
都昌县	1		25	44	2	3	5	7	8
湖口县		9	21	14		1	5	2	5
彭泽县	4	5	19	26	14	7	4	1	9
瑞昌市	4		25	65	5	1	3		38
共青城市			9	3			1		8
庐山市	2	3	8	4					3
新余市	**14**	**11**	**15**	**34**	**3**	**9**	**5**	**1**	**19**
渝水区	12	10	9	20	1	4	5		12
分宜县	2	1	6	14	2	5		1	7
鹰潭市	**3**	**5**	**25**	**68**	**9**	**7**	**8**		**22**
月湖区		1	2	1					
余江区			10	52	7	3	6		16
贵溪市	3	4	13	15	2	4	2		6
赣州市	**135**	**74**	**393**	**868**	**50**	**34**	**65**	**5**	**557**
章贡区	1	6	33	13	1	1	25		68
南康区	2		85	36			4	1	3
赣县区	4	10	11	25	1	6	2	1	14
信丰县		2	16	89	1	4	2		12
大余县	27	3	17	20	1		1		4
上犹县	13	4	23	34	2		4		34
崇义县	53	10	6	6	1	1	2		5
安远县		3	5	35	3	1	1		21
定南县	4	2	5	8	2		1		63
全南县	7	5	5	6	1				10

4-6c 续表 47

单位：人

地区 性别	生产制造及有关人员								
	采矿人员	金属冶炼和压延加工人员	机械制造基础加工人员	金属制品制造人员	通用设备制造人员	专用设备制造人员	汽车制造人员	铁路、船舶、航空设备制造人员	电气机械和器材制造人员
宁都县	7	5	25	62	6	3	7		15
于都县	5	3	69	138	2	5	6	1	241
兴国县	6	3	28	105	2	5	4	2	14
会昌县	1	2	17	133	9	2			6
寻乌县		3	5	15	9		1		5
石城县		2	8	25		3			8
瑞金市	2	6	31	99	7	1	5		22
龙南市	3	5	4	19	2	2			12
吉安市	**18**	**20**	**180**	**384**	**16**	**36**	**20**	**5**	**215**
吉州区			4	3	1		1		13
青原区			6	12				1	4
吉安县	6	1	23	22	1	5	3	1	28
吉水县			10	19	1	6	2		9
峡江县		3	6	6	1				1
新干县		1	13	30	2	1	2		11
永丰县	2	5	10	36	3	4			5
泰和县		2	17	14		1			13
遂川县	5	4	38	133	1	5	4		24
万安县	1	2	10	33	1	3		1	6
安福县	3		13	13	1		1	1	51
永新县	1	2	30	54	3	10	6	1	50
井冈山市				9	1	1	1		
宜春市	**30**	**34**	**168**	**347**	**43**	**33**	**32**	**4**	**218**
袁州区	1	9	32	85	5	7	8		33
奉新县	1	4	3	48	1		1		1
万载县	2	6	16	20	13	4	3		33
上高县	3	1	3	11	4	1			22
宜丰县	4	5	9	7	2			1	36
靖安县	3	1	12	13	1		1		29
铜鼓县			1	1			1	1	1
丰城市	10	5	38	79	8	9	10	1	22
樟树市	3	1	22	40	5	3	1		6
高安市	3	2	32	43	4	9	7	1	35
抚州市	**3**	**16**	**111**	**210**	**30**	**17**	**65**	**2**	**59**
临川区	1	5	7	37	4	4	3		6
东乡区		2	8	15	4	3	7		4
南城县			22	13	2		1		3
黎川县		2	9	40	1	1	2		5
南丰县		1	2	4		1	1		4
崇仁县		2	3	13	4		3		7
乐安县	1		15	35	4	7	3		18
宜黄县		1	25	18	6		41		4
金溪县	1	2	11	16	2	1	2	1	5
资溪县									
广昌县		1	9	19	3		2	1	3
上饶市	**20**	**26**	**197**	**516**	**34**	**38**	**81**	**2**	**150**
信州区			7	21	2		3		7
广丰区	9	2	6	13	6	3	6		5
广信区	1	1	18	55	7	2	18		48
玉山县	3	3	6	27	4	3	3		9
铅山县		4	8	26	1	5	4		15
横峰县		1	8	21	1	1	2		3
弋阳县	1	1	8	18	1	3	1		1
余干县	2	6	29	59	5	4	30		20
鄱阳县	1	2	67	201	3	5	6	2	26
万年县			14	34	4	4	5		10
婺源县		6	16	27		3	2		5
德兴市	3		10	14		5	1		1

4−6c　续表 48

单位：人

地　区 性　别	生产制造及有关人员								不便分类的其他从业人员
	计算机、通信和其他电子设备制造人员	仪器仪表制造人员	废弃资源综合利用人员	电力、热力、气体、水生产和输配人员	建筑施工人员	运输设备和通用工程机械操作人员及有关人员	生产辅助人员	其他生产制造及有关人员	
全　省	**33238**	**199**	**354**	**503**	**153451**	**6433**	**21036**	**1262**	**4348**
南昌市	**2272**	**7**	**18**	**19**	**12971**	**550**	**1881**	**73**	**231**
东湖区	23				71	7	20		1
西湖区									
青云谱区									
青山湖区	492	1	2	2	381	40	98		3
新建区	310		3	1	3342	179	329	6	31
红谷滩区	6				193	10	17		1
南昌县	1106	1	7	10	3725	208	786	17	15
安义县	13				916	29	152	12	45
进贤县	322	5	6	6	4343	77	479	38	135
景德镇市	**600**	**1**	**4**	**11**	**7718**	**204**	**673**	**50**	**189**
昌江区	67			1	471	15	47	7	16
珠山区	4				8	2	1		
浮梁县	104	1	2	2	1191	63	190	6	22
乐平市	425		2	8	6048	124	435	37	151
萍乡市	**1039**	**7**	**6**	**21**	**3999**	**266**	**1183**	**106**	**121**
安源区	37		1	2	43	5	21		9
湘东区	153	1	3	3	902	74	216	9	13
莲花县	197	4		6	321	36	156	52	10
上栗县	456		1	3	1889	92	617	36	65
芦溪县	196	2	1	7	844	59	173	9	24
九江市	**3286**	**26**	**42**	**53**	**19214**	**542**	**2550**	**132**	**709**
濂溪区	56		1	2	593	33	80		98
浔阳区	2				24		3		
柴桑区	526	1	1	7	1735	68	319	14	60
武宁县	161	1	3	7	1436	43	401	3	39
修水县	714	14	4	5	2121	91	478	7	38
永修县	103	3	11	2	925	47	148	1	6
德安县	50		5	2	603	29	69	2	3
都昌县	351	1	1	4	4992	49	306	44	175
湖口县	96		2	8	1504	31	116		13
彭泽县	124	1	13	9	1211	46	273	48	178
瑞昌市	947		1	5	2352	62	258	8	47
共青城市	105	1		1	407	22	46	3	10
庐山市	51	4		1	1311	21	53	2	42
新余市	**485**	**2**	**5**	**12**	**2376**	**134**	**226**	**25**	**51**
渝水区	355		4	11	1580	90	170	24	50
分宜县	130	2	1	1	796	44	56	1	1
鹰潭市	**487**	**15**	**3**	**10**	**3728**	**96**	**271**	**5**	**11**
月湖区	7				127	1	3		
余江区	376	14	2	3	1622	31	155	4	9
贵溪市	104	1	1	7	1979	64	113	1	2
赣州市	**10118**	**31**	**69**	**125**	**29186**	**1395**	**5260**	**211**	**1001**
章贡区	162		1	2	1485	55	159	3	20
南康区	257		5	3	3135	138	1351	9	70
赣县区	434	2	7	12	2346	100	193	14	73
信丰县	1131	4	9	4	1986	88	443	8	76
大余县	346	1	1	10	752	62	161	12	181
上犹县	510	3	5	7	917	50	149	4	32
崇义县	147			16	490	56	117	2	23
安远县	653	1	1	1	547	34	107	7	30
定南县	422	1	1	3	552	31	25	1	16
全南县	269	1	1	7	826	41	83	6	2

4－6c 续表 49

单位：人

地区 性别	生产制造及有关人员								不便分类的其他从业人员
	计算机、通信和其他电子设备制造人员	仪器仪表制造人员	废弃资源综合利用人员	电力、热力、气体、水生产和输配人员	建筑施工人员	运输设备和通用工程机械操作人员及有关人员	生产辅助人员	其他生产制造及有关人员	
宁都县	786	3	9	7	3580	144	469	47	119
于都县	1948	7	15	6	3524	153	524	18	57
兴国县	582	1	1	11	3209	100	353	19	117
会昌县	699	3	3	5	1169	91	290	19	5
寻乌县	353		4	3	812	56	89	7	31
石城县	323			2	875	55	182	7	44
瑞金市	585	4	6	6	2129	90	411	15	104
龙南市	511			20	852	51	154	13	1
吉安市	**6801**	**30**	**19**	**61**	**12478**	**594**	**1858**	**99**	**297**
吉州区	271	1			519	16	53	4	14
青原区	300	1	2	7	739	29	66	10	24
吉安县	1363	2	7	3	1063	61	168	5	36
吉水县	465		1	2	1426	31	123	4	27
峡江县	52			4	235	20	50	1	8
新干县	189	2		5	888	61	161	21	16
永丰县	234	1	1	3	800	76	186	12	22
泰和县	602		5	3	910	54	134	9	33
遂川县	1292	9		16	1892	86	288	2	10
万安县	666	1		8	975	36	105	8	24
安福县	292	1	1	4	763	52	169	4	38
永新县	1017	10	2	4	1999	50	312	15	43
井冈山市	58	2		2	269	22	43	4	2
宜春市	**2730**	**23**	**83**	**104**	**17666**	**976**	**2806**	**180**	**435**
袁州区	583	10	3	10	3086	202	400	38	56
奉新县	90			5	671	22	57	5	30
万载县	403	2	6	15	1313	131	379	22	29
上高县	150	2	11	11	644	54	166	19	59
宜丰县	80		1	8	391	59	174	14	9
靖安县	33		1	7	551	33	50	8	8
铜鼓县	38	1		8	316	15	41	24	11
丰城市	650	3	46	11	6591	132	435	16	168
樟树市	179	1	1	10	1950	77	432	7	29
高安市	524	4	14	19	2153	251	672	27	36
抚州市	**2075**	**15**	**22**	**40**	**15195**	**605**	**1490**	**199**	**537**
临川区	564	3	5	12	6726	90	338	26	80
东乡区	127	1	2	2	1117	46	109	73	58
南城县	189		2	1	985	36	132	1	3
黎川县	99		4	10	618	25	139	21	134
南丰县	155		1	4	354	44	57	2	14
崇仁县	173	1		2	1351	17	87	21	66
乐安县	311	7	5	1	1690	256	155	13	55
宜黄县	92			6	1037	38	210	14	36
金溪县	268	1	3		625	21	110	5	32
资溪县	4			2	153	5	72	1	17
广昌县	93	2			539	27	81	22	42
上饶市	**3345**	**42**	**83**	**47**	**28920**	**1071**	**2838**	**182**	**766**
信州区	126	1	2		1662	46	107	7	41
广丰区	511	1	9	7	3906	369	273	11	201
广信区	383	8	22	8	3474	113	352	22	108
玉山县	163		2		1845	60	136	29	45
铅山县	135	4	10	1	898	75	152	44	43
横峰县	77		1	4	629	42	51	9	16
弋阳县	75	2	2	2	1436	39	241	9	39
余干县	644	16	2	10	4049	59	254	23	85
鄱阳县	674	5	26	5	7024	139	900		51
万年县	246		3	5	1914	64	140	5	75
婺源县	230	5	4	4	1234	38	165	20	41
德兴市	81			1	849	27	67	3	21

4-6c 续表 50

单位：人

地区 性别	生产制造及有关人员								不便分类的其他从业人员
	计算机、通信和其他电子设备制造人员	仪器仪表制造人员	废弃资源综合利用人员	电力、热力、气体、水生产和输配人员	建筑施工人员	运输设备和通用工程机械操作人员及有关人员	生产辅助人员	其他生产制造及有关人员	
男	**17924**	**115**	**260**	**421**	**127704**	**6103**	**11898**	**720**	**2610**
南昌市	**1496**	**5**	**14**	**17**	**10563**	**508**	**1013**	**43**	**148**
东湖区	15				61	7	10		1
西湖区									
青云谱区									
青山湖区	336	1	2	2	333	37	59		3
新建区	179		2	1	2487	166	173	3	22
红谷滩区	3				178	8	16		
南昌县	769	1	6	9	3284	189	443	12	12
安义县	7				708	27	93	7	27
进贤县	187	3	4	5	3512	74	219	21	83
景德镇市	**294**	**1**	**3**	**9**	**6470**	**190**	**369**	**18**	**109**
昌江区	29			1	377	15	27	7	10
珠山区	1				7	2			
浮梁县	54	1	1	2	1049	61	105	1	12
乐平市	210		2	6	5037	112	237	10	87
萍乡市	**505**	**5**	**6**	**16**	**3715**	**257**	**562**	**53**	**76**
安源区	20		1	1	39	5	15		7
湘东区	80	1	3	3	864	73	115	2	8
莲花县	107	2		5	284	36	88	30	8
上栗县	202		1	3	1729	89	232	16	38
芦溪县	96	2	1	4	799	54	112	5	15
九江市	**1829**	**16**	**33**	**45**	**16067**	**515**	**1613**	**74**	**419**
濂溪区	33			1	526	31	52		50
浔阳区					23		2		
柴桑区	280	1	1	7	1498	63	196	7	41
武宁县	88	1	2	5	1247	42	333	1	25
修水县	400	9	3	5	1899	88	259	3	23
永修县	60	1	9	2	829	45	82	1	6
德安县	30		4	2	523	29	46	1	1
都昌县	198			3	3903	47	165	24	97
湖口县	57		1	6	1197	25	70		9
彭泽县	62		12	7	945	45	192	28	109
瑞昌市	532		1	5	1905	57	155	5	27
共青城市	57	1		1	385	22	23	3	6
庐山市	32	3		1	1187	21	38	1	25
新余市	**224**	**1**	**4**	**12**	**2011**	**133**	**155**	**15**	**32**
渝水区	160		4	11	1331	89	116	14	31
分宜县	64	1		1	680	44	39	1	1
鹰潭市	**261**	**4**	**2**	**9**	**3157**	**94**	**138**	**2**	**7**
月湖区	2				122	1	2		
余江区	199	3	2	3	1320	31	80	1	7
贵溪市	60	1		6	1715	62	56	1	
赣州市	**5797**	**19**	**50**	**105**	**22628**	**1342**	**3072**	**114**	**611**
章贡区	89		1	2	1107	50	89	3	13
南康区	138		3	2	2295	130	735	5	41
赣县区	254	1	7	8	1813	96	124	8	42
信丰县	611		7	3	1588	82	251	3	40
大余县	184	1	1	8	585	61	98	2	111
上犹县	283	2	2	5	669	48	94	4	20
崇义县	65			15	361	55	75	1	13
安远县	389		1	1	410	34	43	3	19
定南县	222	1	1	2	438	30	15		12
全南县	145	1	1	6	644	37	58	4	

4-6c 续表 51

单位：人

地区 性别	生产制造及有关人员								不便分类的其他从业人员
	计算机、通信和其他电子设备制造人员	仪器仪表制造人员	废弃资源综合利用人员	电力、热力、气体、水生产和输配人员	建筑施工人员	运输设备和通用工程机械操作人员及有关人员	生产辅助人员	其他生产制造及有关人员	
宁都县	494	2	6	7	2804	142	276	29	70
于都县	1165	6	11	5	2727	148	325	8	37
兴国县	333	1	1	10	2543	94	218	12	79
会昌县	415	2	2	4	849	89	154	12	3
寻乌县	193		1	2	585	54	61	2	21
石城县	193			2	720	54	95	5	28
瑞金市	360	2	5	5	1770	88	274	9	62
龙南市	264			18	720	50	87	4	
吉安市	**3323**	**19**	**15**	**49**	**10206**	**564**	**1024**	**64**	**181**
吉州区	106	1			434	14	23	2	10
青原区	134	1	2	6	558	27	35	8	14
吉安县	646	1	7	1	890	57	98	3	24
吉水县	215			1	1220	29	60	3	18
峡江县	33			4	180	19	31	1	5
新干县	119			4	757	57	85	12	8
永丰县	124	1		2	638	72	105	8	15
泰和县	270		4	3	764	50	83	4	16
遂川县	676	8		12	1454	83	148	1	6
万安县	337			8	734	35	57	6	15
安福县	120	1	1	4	688	51	88	3	17
永新县	515	5	1	2	1655	49	188	10	31
井冈山市	28	1		2	234	21	23	3	2
宜春市	**1166**	**14**	**53**	**89**	**15180**	**907**	**1484**	**103**	**263**
袁州区	243	8	2	8	2800	194	250	18	39
奉新县	59			3	536	20	40	5	19
万载县	147	2	5	13	1179	122	177	12	13
上高县	68	1	6	11	549	52	96	15	40
宜丰县	44		1	6	341	54	99	10	7
靖安县	11		1	6	463	30	25	3	7
铜鼓县	23			7	288	14	21	11	4
丰城市	313	1	27	10	5423	120	233	9	94
樟树市	69	1		8	1719	65	143	4	18
高安市	189	1	11	17	1882	236	400	16	22
抚州市	**1113**	**6**	**17**	**33**	**12629**	**579**	**857**	**123**	**305**
临川区	288		4	11	5848	78	227	15	51
东乡区	71		1	1	944	44	66	45	33
南城县	96		2	1	750	36	60	1	2
黎川县	56		4	7	461	25	74	13	58
南丰县	83			2	296	43	25	2	9
崇仁县	103			2	1094	16	54	17	38
乐安县	176	4	4	1	1335	252	85	8	38
宜黄县	54			6	906	34	110	7	18
金溪县	139	1	2		518	21	77	4	19
资溪县	3			2	104	4	37	1	9
广昌县	44	1			373	26	42	10	30
上饶市	**1916**	**25**	**63**	**37**	**25078**	**1014**	**1611**	**111**	**459**
信州区	77	1	2		1546	42	72	6	23
广丰区	264	1	9	6	3554	357	154	8	116
广信区	236	3	20	7	3177	104	195	17	65
玉山县	103		1		1695	57	84	22	26
铅山县	76	3	7	1	843	73	80	17	26
横峰县	54		1	3	579	41	32	6	10
弋阳县	37	2	2	2	1306	37	98	5	20
余干县	382	11	1	5	3036	52	148	13	52
鄱阳县	371	2	17	4	5870	129	521		32
万年县	128		1	5	1658	61	85	4	57
婺源县	144	2	2	3	1059	36	103	12	22
德兴市	44			1	755	25	39	1	10

4-6c 续表 52

单位：人

地区 性别	生产制造及有关人员								不便分类的其他从业人员
	计算机、通信和其他电子设备制造人员	仪器仪表制造人员	废弃资源综合利用人员	电力、热力、气体、水生产和输配人员	建筑施工人员	运输设备和通用工程机械操作人员及有关人员	生产辅助人员	其他生产制造及有关人员	
女	**15314**	**84**	**94**	**82**	**25747**	**330**	**9138**	**542**	**1738**
南昌市	**776**	**2**	**4**	**2**	**2408**	**42**	**868**	**30**	**83**
东湖区	8				10		10		
西湖区									
青云谱区									
青山湖区	156				48	3	39		
新建区	131		1		855	13	156	3	9
红谷滩区	3				15	2	1		1
南昌县	337		1	1	441	19	343	5	3
安义县	6				208	2	59	5	18
进贤县	135	2	2	1	831	3	260	17	52
景德镇市	**306**		**1**	**2**	**1248**	**14**	**304**	**32**	**80**
昌江区	38				94		20		6
珠山区	3				1		1		
浮梁县	50		1		142	2	85	5	10
乐平市	215			2	1011	12	198	27	64
萍乡市	**534**	**2**		**5**	**284**	**9**	**621**	**53**	**45**
安源区	17			1	4		6		2
湘东区	73				38	1	101	7	5
莲花县	90	2		1	37		68	22	2
上栗县	254				160	3	385	20	27
芦溪县	100			3	45	5	61	4	9
九江市	**1457**	**10**	**9**	**8**	**3147**	**27**	**937**	**58**	**290**
濂溪区	23		1	1	67	2	28		48
浔阳区	2				1		1		
柴桑区	246				237	5	123	7	19
武宁县	73		1	2	189	1	68	2	14
修水县	314	5	1		222	3	219	4	15
永修县	43	2	2		96	2	66		
德安县	20		1		80		23	1	2
都昌县	153	1	1	1	1089	2	141	20	78
湖口县	39		1	2	307	6	46		4
彭泽县	62	1	1	2	266	1	81	20	69
瑞昌市	415				447	5	103	3	20
共青城市	48				22		23		4
庐山市	19	1			124		15	1	17
新余市	**261**	**1**	**1**		**365**	**1**	**71**	**10**	**19**
渝水区	195				249	1	54	10	19
分宜县	66	1	1		116		17		
鹰潭市	**226**	**11**	**1**	**1**	**571**	**2**	**133**	**3**	**4**
月湖区	5				5		1		
余江区	177	11			302		75	3	2
贵溪市	44		1	1	264	2	57		2
赣州市	**4321**	**12**	**19**	**20**	**6558**	**53**	**2188**	**97**	**390**
章贡区	73				378	5	70		7
南康区	119		2	1	840	8	616	4	29
赣县区	180	1		4	533	4	69	6	31
信丰县	520	4	2	1	398	6	192	5	36
大余县	162			2	167	1	63	10	70
上犹县	227	1	3	2	248	2	55		12
崇义县	82			1	129	1	42	1	10
安远县	264	1			137		64	4	11
定南县	200			1	114	1	10	1	4
全南县	124			1	182	4	25	2	2

4－6c 续表 53

单位：人

地区 性别	生产制造及有关人员								不便分类的其他从业人员
	计算机、通信和其他电子设备制造人员	仪器仪表制造人员	废弃资源综合利用人员	电力、热力、气体、水生产和输配人员	建筑施工人员	运输设备和通用工程机械操作人员及有关人员	生产辅助人员	其他生产制造及有关人员	
宁都县	292	1	3		776	2	193	18	49
于都县	783	1	4	1	797	5	199	10	20
兴国县	249			1	666	6	135	7	38
会昌县	284	1	1	1	320	2	136	7	2
寻乌县	160		3	1	227	2	28	5	10
石城县	130				155	1	87	2	16
瑞金市	225	2	1	1	359	2	137	6	42
龙南市	247			2	132	1	67	9	1
吉安市	**3478**	**11**	**4**	**12**	**2272**	**30**	**834**	**35**	**116**
吉州区	165				85	2	30	2	4
青原区	166			1	181	2	31	2	10
吉安县	717	1		2	173	4	70	2	12
吉水县	250		1	1	206	2	63	1	9
峡江县	19				55	1	19		3
新干县	70	2		1	131	4	76	9	8
永丰县	110		1	1	162	4	81	4	7
泰和县	332		1		146	4	51	5	17
遂川县	616	1		4	438	3	140	1	4
万安县	329	1			241	1	48	2	9
安福县	172				75	1	81	1	21
永新县	502	5	1	2	344	1	124	5	12
井冈山市	30	1			35	1	20	1	
宜春市	**1564**	**9**	**30**	**15**	**2486**	**69**	**1322**	**77**	**172**
袁州区	340	2	1	2	286	8	150	20	17
奉新县	31			2	135	2	17		11
万载县	256		1	2	134	9	202	10	16
上高县	82	1	5		95	2	70	4	19
宜丰县	36			2	50	5	75	4	2
靖安县	22			1	88	3	25	5	1
铜鼓县	15	1		1	28	1	20	13	7
丰城市	337	2	19	1	1168	12	202	7	74
樟树市	110		1	2	231	12	289	3	11
高安市	335	3	3	2	271	15	272	11	14
抚州市	**962**	**9**	**5**	**7**	**2566**	**26**	**633**	**76**	**232**
临川区	276	3	1	1	878	12	111	11	29
东乡区	56	1	1	1	173	2	43	28	25
南城县	93				235		72		1
黎川县	43			3	157		65	8	76
南丰县	72		1	2	58	1	32		5
崇仁县	70	1			257	1	33	4	28
乐安县	135	3	1		355	4	70	5	17
宜黄县	38				131	4	100	7	18
金溪县	129		1		107		33	1	13
资溪县	1				49	1	35		8
广昌县	49	1			166	1	39	12	12
上饶市	**1429**	**17**	**20**	**10**	**3842**	**57**	**1227**	**71**	**307**
信州区	49				116	4	35	1	18
广丰区	247			1	352	12	119	3	85
广信区	147	5	2	1	297	9	157	5	43
玉山县	60		1		150	3	52	7	19
铅山县	59	1	3		55	2	72	27	17
横峰县	23			1	50	1	19	3	6
弋阳县	38				130	2	143	4	19
余干县	262	5	1	5	1013	7	106	10	33
鄱阳县	303	3	9	1	1154	10	379		19
万年县	118		2		256	3	55	1	18
婺源县	86	3	2	1	175	2	62	8	19
德兴市	37				94	2	28	2	11

4−7　全省分年龄、性别、职业中类的就业人口

单位：人

年龄组 性　别	合计	党的机关、国家机关、群众团体和社会组织、企事业单位负责人						
		小计	中国共产党机关负责人	国家机关负责人	民主党派和工商联负责人	人民团体和群众团体、社会组织及其他成员组织负责人	基层群众自治组织负责人	企事业单位负责人
总　计	**2260971**	**52642**	**105**	**2610**	**6**	**2632**	**1063**	**46226**
16−19岁	37068	144				8		136
20−24岁	152136	1631	5	20	1	51	11	1543
25−29岁	222111	4645	5	98		197	17	4328
30−34岁	309566	9076	10	240		362	60	8404
35−39岁	254682	8446	9	318	1	402	85	7631
40−44岁	298794	9133	12	452	1	485	154	8029
45−49岁	325764	8968	23	500	3	492	235	7715
50−54岁	270561	6019	14	554		349	251	4851
55−59岁	183436	3439	13	372		193	179	2682
60−64岁	98131	734	10	27		56	49	592
65−69岁	66609	277	3	17		17	17	223
70−74岁	28324	85		8		10	3	64
75岁及以上	13789	45	1	4		10	2	28
男	**1332119**	**38260**	**78**	**2144**	**2**	**1615**	**868**	**33553**
16−19岁	22182	94				5		89
20−24岁	86706	1107	4	9	1	30	6	1057
25−29岁	127643	3206	2	53		110	11	3030
30−34岁	174356	6247	9	168		195	34	5841
35−39岁	141911	5800	6	239		225	62	5268
40−44岁	167467	6411	9	370		297	118	5617
45−49岁	187537	6612	17	418	1	298	186	5692
50−54岁	169075	4856	12	493		229	220	3902
55−59岁	122469	2967	11	344		152	166	2294
60−64岁	63014	613	5	23		45	44	496
65−69岁	42692	239	2	15		14	16	192
70−74岁	18355	72		8		9	3	52
75岁及以上	8712	36	1	4		6	2	23
女	**928852**	**14382**	**27**	**466**	**4**	**1017**	**195**	**12673**
16−19岁	14886	50				3		47
20−24岁	65430	524	1	11		21	5	486
25−29岁	94468	1439	3	45		87	6	1298
30−34岁	135210	2829	1	72		167	26	2563
35−39岁	112771	2646	3	79	1	177	23	2363
40−44岁	131327	2722	3	82	1	188	36	2412
45−49岁	138227	2356	6	82	2	194	49	2023
50−54岁	101486	1163	2	61		120	31	949
55−59岁	60967	472	2	28		41	13	388
60−64岁	35117	121	5	4		11	5	96
65−69岁	23917	38	1	2		3	1	31
70−74岁	9969	13				1		12
75岁及以上	5077	9				4		5

4－7　续表 1　　　　单位：人

年龄组 性　别	专业技术人员									
	小计	科学研究人　员	工程技术人　员	农业技术人　员	飞机和船舶技术人　员	卫生专业技术人员	经济和金融专业人　员	法律、社会和宗教专业人员	教学人员	文学艺术、体育专业人员
总　计	**188977**	**731**	**36225**	**1176**	**205**	**33899**	**30044**	**3204**	**76620**	**3033**
16－19岁	3077	8	431	7	2	543	186	9	1758	83
20－24岁	24907	76	3646	64	29	5124	3498	232	11109	652
25－29岁	34791	165	6094	96	22	6857	5730	533	13953	688
30－34岁	35122	164	7368	111	35	5893	6524	599	13211	546
35－39岁	23888	92	4779	100	19	4091	3966	402	9645	323
40－44岁	20858	73	4214	129	24	3418	3533	368	8409	247
45－49岁	18833	45	4122	178	32	3048	3237	373	7093	214
50－54岁	14827	51	3033	176	17	2247	1899	347	6612	123
55－59岁	9093	46	1889	171	16	1501	1113	218	3855	90
60－64岁	1879	7	420	70	6	486	207	57	557	30
65－69岁	995	2	166	42	3	400	101	32	209	22
70－74岁	456	1	41	23		207	30	22	107	14
75岁及以上	251	1	22	9		84	20	12	102	1
男	**87044**	**474**	**30679**	**850**	**168**	**12345**	**9532**	**1774**	**27102**	**1888**
16－19岁	1133	4	325	4	2	97	65	3	549	51
20－24岁	7780	45	3030	40	22	1002	985	106	1942	373
25－29岁	12728	103	5142	66	20	1599	1652	237	3181	414
30－34岁	14196	113	6206	71	30	1672	1768	284	3339	341
35－39岁	10431	49	3954	71	15	1527	1035	194	3098	213
40－44岁	10366	47	3487	81	16	1609	902	199	3616	145
45－49岁	10555	26	3450	122	22	1588	1055	214	3632	144
50－54岁	9813	41	2718	142	16	1373	958	260	3987	90
55－59岁	7212	36	1770	149	16	984	849	182	3001	68
60－64岁	1479	6	393	52	6	337	144	45	443	21
65－69岁	787	2	154	29	3	310	79	25	155	17
70－74岁	371	1	34	16		177	23	17	85	11
75岁及以上	193	1	16	7		70	17	8	74	
女	**101933**	**257**	**5546**	**326**	**37**	**21554**	**20512**	**1430**	**49518**	**1145**
16－19岁	1944	4	106	3		446	121	6	1209	32
20－24岁	17127	31	616	24	7	4122	2513	126	9167	279
25－29岁	22063	62	952	30	2	5258	4078	296	10772	274
30－34岁	20926	51	1162	40	5	4221	4756	315	9872	205
35－39岁	13457	43	825	29	4	2564	2931	208	6547	110
40－44岁	10492	26	727	48	8	1809	2631	169	4793	102
45－49岁	8278	19	672	56	10	1460	2182	159	3461	70
50－54岁	5014	10	315	34	1	874	941	87	2625	33
55－59岁	1881	10	119	22		517	264	36	854	22
60－64岁	400	1	27	18		149	63	12	114	9
65－69岁	208		12	13		90	22	7	54	5
70－74岁	85		7	7		30	7	5	22	3
75岁及以上	58		6	2		14	3	4	28	1

4-7 续表 2

单位：人

年龄组 性 别	专业技术人员		办事人员和有关人员				社会生产服务和生活服务人员		
	新闻出版、文化专业人员	其他专业技术人员	小计	办事人员	安全和消防人员	其他办事人员和有关人员	小计	批发与零售服务人员	交通运输、仓储和邮政业服务人员
总 计	**2185**	**1655**	**128846**	**103539**	**23962**	**1345**	**709207**	**321274**	**110944**
16-19岁	24	26	1075	816	246	13	14828	5365	1048
20-24岁	346	131	9570	7774	1689	107	60291	28780	5626
25-29岁	464	189	16193	13961	2077	155	84670	42391	9688
30-34岁	401	270	21418	18709	2501	208	115561	59414	15357
35-39岁	251	220	15535	13638	1754	143	89995	45345	14308
40-44岁	214	229	16262	14109	1938	215	99007	46716	19014
45-49岁	226	265	16854	14040	2631	183	98874	43464	19760
50-54岁	138	184	14600	10877	3567	156	70069	26448	14279
55-59岁	102	92	11824	7834	3870	120	41730	13712	8149
60-64岁	9	30	3074	1058	1998	18	18761	5390	2533
65-69岁	3	15	1715	445	1258	12	10507	2741	951
70-74岁	7	4	549	186	355	8	3450	1030	174
75岁及以上			177	92	78	7	1464	478	57
男	**1015**	**1217**	**82844**	**60038**	**21967**	**839**	**389926**	**157889**	**96070**
16-19岁	13	20	551	321	225	5	8693	2554	825
20-24岁	137	98	4821	3235	1535	51	35291	14594	4686
25-29岁	188	126	8615	6674	1859	82	48906	21587	8081
30-34岁	177	195	11472	9173	2187	112	62914	28212	12876
35-39岁	116	159	8943	7319	1543	81	47642	20568	12175
40-44岁	104	160	9812	8016	1662	134	51330	20749	16284
45-49岁	107	195	11219	8762	2335	122	51112	20241	17089
50-54岁	82	146	11549	8101	3332	116	38977	14413	12992
55-59岁	79	78	10847	6992	3756	99	25065	8585	7621
60-64岁	6	26	2814	869	1931	14	10903	3559	2350
65-69岁	2	11	1562	356	1196	10	6241	1858	892
70-74岁	4	3	485	147	332	6	2081	683	156
75岁及以上			154	73	74	7	771	286	43
女	**1170**	**438**	**46002**	**43501**	**1995**	**506**	**319281**	**163385**	**14874**
16-19岁	11	6	524	495	21	8	6135	2811	223
20-24岁	209	33	4749	4539	154	56	25000	14186	940
25-29岁	276	63	7578	7287	218	73	35764	20804	1607
30-34岁	224	75	9946	9536	314	96	52647	31202	2481
35-39岁	135	61	6592	6319	211	62	42353	24777	2133
40-44岁	110	69	6450	6093	276	81	47677	25967	2730
45-49岁	119	70	5635	5278	296	61	47762	23223	2671
50-54岁	56	38	3051	2776	235	40	31092	12035	1287
55-59岁	23	14	977	842	114	21	16665	5127	528
60-64岁	3	4	260	189	67	4	7858	1831	183
65-69岁	1	4	153	89	62	2	4266	883	59
70-74岁	3	1	64	39	23	2	1369	347	18
75岁及以上			23	19	4		693	192	14

4－7 续表 3 单位：人

年龄组 性 别	社会生产服务和生活服务人员 住宿和餐饮服务人员	信息传输、软件和信息技术服务人员	金融服务人员	房地产服务人员	租赁和商务服务人员	技术辅助服务人员	水利、环境和公共设施管理服务人员	居民服务人员	电力、燃气及水供应服务人员
总 计	**95331**	**11709**	**11362**	**8673**	**10525**	**15272**	**31034**	**58458**	**5758**
16－19岁	3343	275	63	110	328	392	75	2099	35
20－24岁	7995	2325	1094	1003	1170	2764	278	4883	222
25－29岁	9544	2969	2353	1454	1261	3537	570	6043	489
30－34岁	13552	2568	2722	1641	1492	3493	1189	8430	729
35－39岁	11426	1372	1402	1041	969	1979	1470	6475	617
40－44岁	13816	911	1200	931	962	1292	2975	6727	953
45－49岁	14740	675	1236	913	1040	924	4852	7198	1132
50－54岁	10865	358	839	672	1177	519	5858	6374	804
55－59岁	5988	210	394	505	1099	274	5191	4560	563
60－64岁	2529	32	34	223	604	60	4205	2621	147
65－69岁	1166	10	11	141	321	24	3152	1742	50
70－74岁	270	2	9	26	83	11	944	824	12
75岁及以上	97	2	5	13	19	3	275	482	5
男	**42952**	**8216**	**5554**	**5041**	**7262**	**10492**	**11495**	**16809**	**4696**
16－19岁	2061	178	27	64	173	237	39	964	30
20－24岁	4867	1645	571	627	604	1865	161	1926	190
25－29岁	5465	2136	1197	898	675	2476	305	2089	395
30－34岁	7001	1753	1302	824	824	2409	495	2632	571
35－39岁	5243	918	656	500	586	1381	476	1823	473
40－44岁	5480	618	448	469	596	834	778	1619	711
45－49岁	5121	457	484	479	749	599	1223	1574	870
50－54岁	3631	292	505	473	1048	388	1612	1418	718
55－59岁	2349	182	318	401	1037	223	1831	1100	536
60－64岁	1015	27	26	164	577	48	1971	718	138
65－69岁	535	8	9	113	302	20	1785	508	49
70－74岁	139	1	7	20	75	10	629	291	11
75岁及以上	45	1	4	9	16	2	190	147	4
女	**52379**	**3493**	**5808**	**3632**	**3263**	**4780**	**19539**	**41649**	**1062**
16－19岁	1282	97	36	46	155	155	36	1135	5
20－24岁	3128	680	523	376	566	899	117	2957	32
25－29岁	4079	833	1156	556	586	1061	265	3954	94
30－34岁	6551	815	1420	817	668	1084	694	5798	158
35－39岁	6183	454	746	541	383	598	994	4652	144
40－44岁	8336	293	752	462	366	458	2197	5108	242
45－49岁	9619	218	752	434	291	325	3629	5624	262
50－54岁	7234	66	334	199	129	131	4246	4956	86
55－59岁	3639	28	76	104	62	51	3360	3460	27
60－64岁	1514	5	8	59	27	12	2234	1903	9
65－69岁	631	2	2	28	19	4	1367	1234	1
70－74岁	131	1	2	6	8	1	315	533	1
75岁及以上	52	1	1	4	3	1	85	335	1

4-7 续表 4

单位：人

年龄组 性 别	社会生产服务和生活服务人员				农、林、牧、渔业生产及辅助人员				
	修理及制作服务人员	文化、体育和娱乐服务人员	健康服务人员	其他社会生产和生活服务人员	小计	农业生产人员	林业生产人员	畜牧业生产人员	渔业生产人员
总 计	**23538**	**3515**	**1074**	**740**	**422827**	**392322**	**5318**	**17566**	**4338**
16-19岁	1460	205	13	17	2587	2398	20	106	30
20-24岁	3288	707	111	45	8291	7519	71	469	120
25-29岁	3512	640	150	69	13007	11843	135	702	184
30-34岁	4131	562	174	107	21575	19470	242	1247	360
35-39岁	3041	336	143	71	21837	19579	318	1360	339
40-44岁	2956	305	137	112	35446	31949	564	2000	527
45-49岁	2383	296	140	121	54100	49024	971	2814	764
50-54岁	1487	204	103	82	70268	64840	1116	2964	791
55-59岁	817	144	62	62	64936	60621	993	2291	596
60-64岁	278	63	15	27	53566	50980	467	1538	325
65-69岁	131	32	19	16	44461	42623	299	1148	201
70-74岁	38	14	4	9	21677	20881	95	539	67
75岁及以上	16	7	3	2	11076	10595	27	388	34
男	**20690**	**1922**	**409**	**429**	**227560**	**208065**	**4164**	**10167**	**3268**
16-19岁	1389	135	9	8	1624	1487	16	79	24
20-24岁	3043	438	45	29	4855	4320	49	320	94
25-29岁	3152	376	38	36	7245	6463	107	439	149
30-34岁	3610	281	63	61	11412	10027	180	798	267
35-39岁	2601	155	47	40	11015	9601	238	803	259
40-44岁	2503	135	39	67	17751	15554	419	1190	373
45-49岁	1974	136	56	60	26932	23718	731	1643	544
50-54岁	1289	105	45	48	34668	31231	873	1661	583
55-59岁	721	79	40	42	33936	31111	830	1248	465
60-64岁	241	40	9	20	30477	28859	392	814	254
65-69岁	116	23	12	11	26793	25630	234	647	166
70-74岁	36	13	4	6	13797	13296	71	310	61
75岁及以上	15	6	2	1	7055	6768	24	215	29
女	**2848**	**1593**	**665**	**311**	**195267**	**184257**	**1154**	**7399**	**1070**
16-19岁	71	70	4	9	963	911	4	27	6
20-24岁	245	269	66	16	3436	3199	22	149	26
25-29岁	360	264	112	33	5762	5380	28	263	35
30-34岁	521	281	111	46	10163	9443	62	449	93
35-39岁	440	181	96	31	10822	9978	80	557	80
40-44岁	453	170	98	45	17695	16395	145	810	154
45-49岁	409	160	84	61	27168	25306	240	1171	220
50-54岁	198	99	58	34	35600	33609	243	1303	208
55-59岁	96	65	22	20	31000	29510	163	1043	131
60-64岁	37	23	6	7	23089	22121	75	724	71
65-69岁	15	9	7	5	17668	16993	65	501	35
70-74岁	2	1		3	7880	7585	24	229	6
75岁及以上	1	1	1	1	4021	3827	3	173	5

4-7 续表 5

单位：人

年龄组 性别	农林牧渔生产辅助人员	其他农、林、牧、渔业生产加工人员	生产制造及有关人员						
			小计	农副产品加工人员	食品、饮料生产加工人员	烟草及其制品加工人员	纺织、针织、印染人员	纺织品、服装和皮革、毛皮制品加工制作人员	木材加工、家具与木制品制作人员
总　计	**2944**	**339**	**748445**	**6285**	**10472**	**223**	**7198**	**131116**	**37410**
16-19岁	25	8	13504	48	372		108	2692	424
20-24岁	100	12	46307	222	984	5	352	8650	1622
25-29岁	130	13	67958	335	1176	18	579	12926	2781
30-34岁	227	29	105736	594	1711	18	1123	22994	4438
35-39岁	214	27	94158	555	1407	16	1063	21294	4302
40-44岁	375	31	117098	851	1422	42	1245	24662	5622
45-49岁	474	53	126980	1110	1477	52	1338	22347	6958
50-54岁	491	66	93850	1119	1072	43	763	10109	6013
55-59岁	383	52	51782	728	479	26	341	3579	3429
60-64岁	232	24	19829	384	193	1	156	1133	1211
65-69岁	172	18	8466	222	127	2	81	514	437
70-74岁	93	2	2044	85	36		28	151	128
75岁及以上	28	4	733	32	16		21	65	45
男	**1762**	**134**	**500413**	**3935**	**5901**	**156**	**2610**	**47766**	**29071**
16-19岁	11	7	9023	32	230		43	1208	365
20-24岁	65	7	32119	152	618	5	166	3791	1350
25-29岁	80	7	46401	225	717	13	244	5327	2220
30-34岁	129	11	67473	359	948	17	397	8403	3436
35-39岁	108	6	57628	310	720	11	346	7397	3211
40-44岁	205	10	71265	475	722	29	407	7967	4067
45-49岁	278	18	80433	659	772	24	432	7520	5047
50-54岁	295	25	68601	686	609	30	296	3781	4743
55-59岁	259	23	42022	512	314	24	157	1548	3000
60-64岁	147	11	16519	278	126	1	70	518	1097
65-69岁	108	8	6935	162	96	2	37	222	392
70-74岁	59		1515	63	21		11	58	107
75岁及以上	18	1	479	22	8		4	26	36
女	**1182**	**205**	**248032**	**2350**	**4571**	**67**	**4588**	**83350**	**8339**
16-19岁	14	1	4481	16	142		65	1484	59
20-24岁	35	5	14188	70	366		186	4859	272
25-29岁	50	6	21557	110	459	5	335	7599	561
30-34岁	98	18	38263	235	763	1	726	14591	1002
35-39岁	106	21	36530	245	687	5	717	13897	1091
40-44岁	170	21	45833	376	700	13	838	16695	1555
45-49岁	196	35	46547	451	705	28	906	14827	1911
50-54岁	196	41	25249	433	463	13	467	6328	1270
55-59岁	124	29	9760	216	165	2	184	2031	429
60-64岁	85	13	3310	106	67		86	615	114
65-69岁	64	10	1531	60	31		44	292	45
70-74岁	34	2	529	22	15		17	93	21
75岁及以上	10	3	254	10	8		17	39	9

4-7　续表 6

单位：人

年龄组 性　别	生产制造及有关人员								
	纸及纸制品生产加工人员	印刷和记录媒介复制人员	文教、工美、体育和娱乐用品制造人　员	石油加工和炼焦、煤化工生产人员	化学原料和化学制品制造人　员	医药制造人　员	化学纤维制造人员	橡胶和塑料制品制造人员	非金属矿物制品制造人员
总　计	**3689**	**2723**	**12951**	**544**	**7673**	**2118**	**180**	**5686**	**20826**
16-19岁	63	80	255	2	89	21	2	103	229
20-24岁	189	233	687	13	342	145	7	310	924
25-29岁	328	301	1090	30	521	235	13	437	1530
30-34岁	465	496	1727	47	839	291	33	719	2625
35-39岁	482	353	1713	44	873	265	30	729	2446
40-44岁	563	499	1990	72	1254	339	17	989	3324
45-49岁	663	380	2102	128	1525	403	44	1069	3814
50-54岁	520	238	1525	109	1164	249	22	749	3145
55-59岁	243	104	864	76	684	122	10	351	1794
60-64岁	117	28	473	17	265	28	2	132	709
65-69岁	42	5	316	5	90	15		67	240
70-74岁	9	5	137	1	14	2		22	38
75岁及以上	5	1	72		13	3		9	8
男	**2043**	**1730**	**4570**	**439**	**4046**	**1142**	**106**	**3252**	**13911**
16-19岁	48	58	136	1	50	11	1	79	162
20-24岁	126	155	348	13	214	69	5	209	680
25-29岁	189	201	493	25	312	127	7	279	1074
30-34岁	259	322	664	36	447	129	22	428	1671
35-39岁	260	217	608	30	439	106	17	389	1513
40-44岁	287	311	650	55	606	153	7	498	1992
45-49岁	317	220	651	88	771	225	24	572	2320
50-54岁	304	142	482	97	627	181	14	450	2213
55-59岁	162	74	262	73	410	101	8	215	1440
60-64岁	63	23	136	16	116	23	1	87	597
65-69岁	21	3	91	4	42	12		30	208
70-74岁	6	3	26	1	6	2		11	33
75岁及以上	1	1	23		6	3		5	8
女	**1646**	**993**	**8381**	**105**	**3627**	**976**	**74**	**2434**	**6915**
16-19岁	15	22	119	1	39	10	1	24	67
20-24岁	63	78	339		128	76	2	101	244
25-29岁	139	100	597	5	209	108	6	158	456
30-34岁	206	174	1063	11	392	162	11	291	954
35-39岁	222	136	1105	14	434	159	13	340	933
40-44岁	276	188	1340	17	648	186	10	491	1332
45-49岁	346	160	1451	40	754	178	20	497	1494
50-54岁	216	96	1043	12	537	68	8	299	932
55-59岁	81	30	602	3	274	21	2	136	354
60-64岁	54	5	337	1	149	5	1	45	112
65-69岁	21	2	225	1	48	3		37	32
70-74岁	3	2	111		8			11	5
75岁及以上	4		49		7			4	

4-7 续表 7

单位：人

年龄组 性　别	生产制造及有关人员								
	采矿人员	金属冶炼和压延加工人员	机械制造基础加工人　　员	金属制品制造人员	通用设备制造人员	专用设备制造人员	汽车制造人　　员	铁路、船舶、航空设备制造人　　员	电气机械和器材制造人员
总　计	**4573**	**5781**	**16460**	**22677**	**2802**	**1479**	**3469**	**792**	**7570**
16-19岁	8	36	311	502	59	47	116	6	247
20-24岁	101	259	1088	1727	177	135	337	81	706
25-29岁	190	416	1608	2476	231	180	503	87	899
30-34岁	310	771	2748	3900	426	265	644	107	1343
35-39岁	356	660	2345	3228	358	203	466	90	1146
40-44岁	678	969	2733	3566	457	243	474	117	1172
45-49岁	1075	1128	2782	3470	505	213	479	127	1130
50-54岁	1106	939	1758	2283	335	126	291	93	621
55-59岁	555	454	809	1044	172	50	124	61	205
60-64岁	120	101	194	304	52	10	21	17	67
65-69岁	47	31	60	128	24	6	13	4	25
70-74岁	18	10	13	36	4	1	1	2	4
75岁及以上	9	7	11	13	2				5
男	**3925**	**4580**	**13465**	**16391**	**2250**	**807**	**2460**	**613**	**4220**
16-19岁	6	33	280	410	48	33	99	6	152
20-24岁	89	216	954	1369	147	96	282	67	493
25-29岁	161	345	1350	1863	195	113	394	66	572
30-34岁	261	579	2288	2876	339	147	444	83	764
35-39岁	294	489	1864	2265	285	102	304	66	585
40-44岁	540	703	2107	2381	331	103	278	86	548
45-49岁	883	824	2156	2367	397	97	306	85	537
50-54岁	995	838	1478	1635	275	68	219	78	370
55-59岁	520	421	734	825	158	35	105	57	139
60-64岁	109	90	181	259	50	8	16	16	43
65-69岁	40	28	54	101	21	4	12	1	15
70-74岁	18	9	11	30	2	1	1	2	2
75岁及以上	9	5	8	10	2				
女	**648**	**1201**	**2995**	**6286**	**552**	**672**	**1009**	**179**	**3350**
16-19岁	2	3	31	92	11	14	17		95
20-24岁	12	43	134	358	30	39	55	14	213
25-29岁	29	71	258	613	36	67	109	21	327
30-34岁	49	192	460	1024	87	118	200	24	579
35-39岁	62	171	481	963	73	101	162	24	561
40-44岁	138	266	626	1185	126	140	196	31	624
45-49岁	192	304	626	1103	108	116	173	42	593
50-54岁	111	101	280	648	60	58	72	15	251
55-59岁	35	33	75	219	14	15	19	4	66
60-64岁	11	11	13	45	2	2	5	1	24
65-69岁	7	3	6	27	3	2	1	3	10
70-74岁		1	2	6	2				2
75岁及以上		2	3	3					5

4-7 续表 8

单位：人

年龄组 性别	生产制造及有关人员								不便分类的其他从业人员
	计算机、通信和其他电子设备制造人员	仪器仪表制造人员	废弃资源综合利用人员	电力、热力、气体、水生产和输配人员	建筑施工人员	运输设备和通用工程机械操作人员及有关人员	生产辅助人员	其他生产制造及有关人员	
总　计	**71031**	**429**	**743**	**1865**	**287484**	**16086**	**53183**	**2927**	**10027**
16—19岁	3452	7	2	8	2832	361	969	53	1853
20—24岁	9375	42	19	66	12167	1371	3784	187	1139
25—29岁	10959	53	40	138	19781	2364	5479	254	847
30—34岁	13282	63	52	184	31919	3003	8159	440	1078
35—39岁	9709	64	74	200	30380	2217	6716	374	823
40—44岁	9847	65	107	257	42819	2202	8037	464	990
45—49岁	8361	66	131	364	52306	2157	8801	475	1155
50—54岁	3848	45	140	309	47036	1460	6244	376	928
55—59岁	1524	17	98	222	29323	718	3401	175	632
60—64岁	423	5	41	75	12315	163	1003	69	288
65—69岁	165	1	29	34	5219	58	422	37	188
70—74岁	57		7	8	1075	9	123	20	63
75岁及以上	29	1	3		312	3	45	3	43
男	**37757**	**256**	**533**	**1515**	**242278**	**14966**	**31990**	**1729**	**6072**
16—19岁	2145	5		4	2423	355	563	37	1064
20—24岁	6068	28	19	58	10403	1324	2485	120	733
25—29岁	6756	28	33	114	16965	2290	3550	153	542
30—34岁	6972	39	35	151	27036	2842	4813	266	642
35—39岁	4423	37	55	143	25183	2046	3692	221	452
40—44岁	4126	37	61	183	34987	1952	4371	245	532
45—49岁	3630	37	88	276	42239	1884	4743	242	674
50—54岁	2165	29	102	270	39767	1361	4067	229	611
55—59岁	1012	13	75	207	26061	692	2543	125	420
60—64岁	290	2	34	69	11243	153	749	55	209
65—69岁	117	1	24	32	4774	55	311	23	135
70—74岁	37		7	8	942	9	77	11	34
75岁及以上	16				255	3	26	2	24
女	**33274**	**173**	**210**	**350**	**45206**	**1120**	**21193**	**1198**	**3955**
16—19岁	1307	2	2	4	409	6	406	16	789
20—24岁	3307	14		8	1764	47	1299	67	406
25—29岁	4203	25	7	24	2816	74	1929	101	305
30—34岁	6310	24	17	33	4883	161	3346	174	436
35—39岁	5286	27	19	57	5197	171	3024	153	371
40—44岁	5721	28	46	74	7832	250	3666	219	458
45—49岁	4731	29	43	88	10067	273	4058	233	481
50—54岁	1683	16	38	39	7269	99	2177	147	317
55—59岁	512	4	23	15	3262	26	858	50	212
60—64岁	133	3	7	6	1072	10	254	14	79
65—69岁	48		5	2	445	3	111	14	53
70—74岁	20				133		46	9	29
75岁及以上	13	1	3		57		19	1	19

4-7a 全省分年龄、性别、职业中类的就业人口(城市)

单位：人

年龄组 性 别	合计	党的机关、国家机关、群众团体和社会组织、企事业单位负责人						
		小计	中国共产党机关负责人	国家机关负责人	民主党派和工商联负责人	人民团体和群众团体、社会组织及其他成员组织负责人	基层群众自治组织负责人	企事业单位负责人
总　计	**582693**	**23365**	**33**	**1219**	**5**	**1147**	**137**	**20824**
16-19岁	7224	41				5		36
20-24岁	41531	623	2	8		26	1	586
25-29岁	67758	2078	3	44		102	5	1924
30-34岁	96856	4267	3	113		186	7	3958
35-39岁	78462	4056	3	136	1	197	12	3707
40-44岁	85069	4064	4	209	1	219	21	3610
45-49岁	85562	3944	10	227	3	190	44	3470
50-54岁	62030	2433	1	255		130	18	2029
55-59岁	38213	1533	7	203		63	16	1244
60-64岁	11434	220		12		17	7	184
65-69岁	5814	71		7		4	4	56
70-74岁	1869	22		4		5	1	12
75岁及以上	871	13		1		3	1	8
男	**338316**	**16487**	**22**	**965**	**1**	**673**	**93**	**14733**
16-19岁	4135	25				3		22
20-24岁	22538	428	2	4		15		407
25-29岁	37195	1410	1	22		60	3	1324
30-34岁	52116	2799	2	72		98	3	2624
35-39岁	42340	2704	1	99		105	9	2490
40-44岁	46688	2763	2	165		126	15	2455
45-49岁	49227	2815	7	178	1	109	28	2492
50-54岁	41436	1942	1	222		88	15	1616
55-59岁	28931	1331	6	182		45	11	1087
60-64岁	7955	178		11		15	4	148
65-69岁	3956	61		5		2	3	51
70-74岁	1252	18		4		4	1	9
75岁及以上	547	13		1		3	1	8
女	**244377**	**6878**	**11**	**254**	**4**	**474**	**44**	**6091**
16-19岁	3089	16				2		14
20-24岁	18993	195		4		11	1	179
25-29岁	30563	668	2	22		42	2	600
30-34岁	44740	1468	1	41		88	4	1334
35-39岁	36122	1352	2	37	1	92	3	1217
40-44岁	38381	1301	2	44	1	93	6	1155
45-49岁	36335	1129	3	49	2	81	16	978
50-54岁	20594	491		33		42	3	413
55-59岁	9282	202	1	21		18	5	157
60-64岁	3479	42		1		2	3	36
65-69岁	1858	10		2		2	1	5
70-74岁	617	4				1		3
75岁及以上	324							

4-7a　续表 1

单位：人

年龄组 性　别	专业技术人员									
	小计	科学研究人　　员	工程技术人　　员	农业技术人　　员	飞机和船舶技术人　员	卫生专业技术人员	经济和金融专业人　员	法律、社会和宗教专业人员	教学人员	文学艺术、体育专业人员
总　计	**87245**	**443**	**16806**	**250**	**157**	**15382**	**16177**	**1788**	**32755**	**1377**
16-19岁	852	1	140	3	1	204	59	2	406	20
20-24岁	9407	31	1492	13	15	2029	1536	110	3620	297
25-29岁	14919	97	2665	16	14	2973	2902	308	5259	325
30-34岁	17477	110	3455	31	30	3159	3576	373	6113	262
35-39岁	12676	65	2388	29	16	2196	2288	254	5005	157
40-44岁	10665	45	2026	44	20	1557	2112	229	4261	112
45-49岁	9182	30	1988	34	26	1329	1944	207	3266	89
50-54岁	6859	33	1478	40	15	992	1056	175	2858	55
55-59岁	4232	28	953	31	14	672	577	104	1692	41
60-64岁	570	2	134	7	4	133	88	15	171	6
65-69岁	229		61	1	2	79	24	7	44	7
70-74岁	105		15	1		36	8	4	31	5
75岁及以上	72	1	11			23	7		29	1
男	**38619**	**274**	**14103**	**187**	**126**	**4943**	**4912**	**898**	**11198**	**815**
16-19岁	279	1	107	3	1	39	19		86	13
20-24岁	3104	15	1222	10	10	442	421	52	647	163
25-29岁	5436	58	2222	11	13	642	842	125	1176	184
30-34岁	6688	72	2845	21	26	765	992	160	1463	148
35-39岁	5247	34	1962	20	12	730	592	113	1545	95
40-44岁	4945	29	1669	30	12	643	515	108	1718	69
45-49岁	4749	15	1664	26	17	585	555	106	1565	61
50-54岁	4271	25	1332	30	15	535	501	121	1563	41
55-59岁	3213	22	887	28	14	398	406	90	1239	31
60-64岁	415	2	124	6	4	77	46	14	129	3
65-69岁	164		52	1	2	51	13	6	31	5
70-74岁	67		10	1		24	5	3	20	2
75岁及以上	41	1	7			12	5		16	
女	**48626**	**169**	**2703**	**63**	**31**	**10439**	**11265**	**890**	**21557**	**562**
16-19岁	573		33			165	40	2	320	7
20-24岁	6303	16	270	3	5	1587	1115	58	2973	134
25-29岁	9483	39	443	5	1	2331	2060	183	4083	141
30-34岁	10789	38	610	10	4	2394	2584	213	4650	114
35-39岁	7429	31	426	9	4	1466	1696	141	3460	62
40-44岁	5720	16	357	14	8	914	1597	121	2543	43
45-49岁	4433	15	324	8	9	744	1389	101	1701	28
50-54岁	2588	8	146	10		457	555	54	1295	14
55-59岁	1019	6	66	3		274	171	14	453	10
60-64岁	155		10	1		56	42	1	42	3
65-69岁	65		9			28	11	1	13	2
70-74岁	38		5			12	3	1	11	3
75岁及以上	31		4			11	2		13	1

4−7a 续表 2

单位：人

年龄组 性　别	专业技术人员		办事人员和有关人员				社会生产服务和生活服务人员		
	新闻出版、文化专业人员	其他专业技术人员	小计	办事人员	安全和消防人员	其他办事人员和有关人员	小计	批发与零售服务人　员	交通运输、仓储和邮政业服务人员
总　计	**1422**	**688**	**63543**	**52050**	**10870**	**623**	**244718**	**113940**	**35032**
16−19岁	11	5	329	237	90	2	3988	1350	240
20−24岁	215	49	3902	3190	673	39	19484	9154	1605
25−29岁	274	86	7615	6627	915	73	29727	14921	2982
30−34岁	247	121	10965	9574	1299	92	42107	22155	4785
35−39岁	186	92	8502	7490	944	68	33165	17428	4494
40−44岁	157	102	8608	7524	978	106	36171	17649	6257
45−49岁	165	104	8820	7389	1331	100	35497	16027	6495
50−54岁	91	66	7162	5387	1702	73	23647	8920	4623
55−59岁	68	52	5853	4019	1778	56	13429	4271	2743
60−64岁	3	7	1042	375	664	3	4512	1236	564
65−69岁	2	2	535	145	387	3	2188	555	190
70−74岁	3	2	153	61	87	5	577	180	35
75岁及以上			57	32	22	3	226	94	19
男	**646**	**517**	**39330**	**29151**	**9809**	**370**	**130529**	**53723**	**29686**
16−19岁	6	4	177	95	81	1	2246	618	180
20−24岁	83	39	1913	1304	590	19	11104	4480	1319
25−29岁	103	60	3856	3009	809	38	16723	7452	2406
30−34岁	108	88	5712	4561	1112	39	22018	10129	3916
35−39岁	80	64	4743	3878	826	39	16795	7542	3715
40−44岁	83	69	4902	4025	816	61	17764	7400	5201
45−49岁	75	80	5604	4367	1171	66	17492	7076	5426
50−54岁	51	57	5477	3849	1576	52	13347	4877	4182
55−59岁	52	46	5358	3592	1723	43	8622	2802	2600
60−64岁	3	7	941	298	640	3	2635	817	523
65−69岁	1	2	474	108	364	2	1311	351	175
70−74岁	1	1	128	43	81	4	355	128	30
75岁及以上			45	22	20	3	117	51	13
女	**776**	**171**	**24213**	**22899**	**1061**	**253**	**114189**	**60217**	**5346**
16−19岁	5	1	152	142	9	1	1742	732	60
20−24岁	132	10	1989	1886	83	20	8380	4674	286
25−29岁	171	26	3759	3618	106	35	13004	7469	576
30−34岁	139	33	5253	5013	187	53	20089	12026	869
35−39岁	106	28	3759	3612	118	29	16370	9886	779
40−44岁	74	33	3706	3499	162	45	18407	10249	1056
45−49岁	90	24	3216	3022	160	34	18005	8951	1069
50−54岁	40	9	1685	1538	126	21	10300	4043	441
55−59岁	16	6	495	427	55	13	4807	1469	143
60−64岁			101	77	24		1877	419	41
65−69岁	1		61	37	23	1	877	204	15
70−74岁	2	1	25	18	6	1	222	52	5
75岁及以上			12	10	2		109	43	6

4-7a　续表 3

单位：人

年龄组 性　别	社会生产服务和生活服务人员								
	住宿和餐饮服务人　员	信息传输、软件和信息技术服务人　员	金融服务人　　员	房地产服务人员	租赁和商务服务人　员	技术辅助服务人员	水利、环境和公共设施管理服务人员	居民服务人　　员	电力、燃气及水供应服务人　员
总　计	**30906**	**5239**	**6124**	**4436**	**4776**	**6219**	**10054**	**16904**	**1937**
16-19岁	1021	80	32	40	186	96	16	525	7
20-24岁	2660	937	472	414	540	1046	80	1293	83
25-29岁	3265	1227	1210	666	549	1391	192	1830	167
30-34岁	4558	1172	1494	836	682	1466	410	2615	265
35-39岁	3844	695	805	559	487	854	538	2021	210
40-44岁	4664	508	675	540	447	551	1136	2279	317
45-49岁	4990	329	710	544	510	401	1828	2313	383
50-54岁	3352	176	479	378	534	247	2091	1908	281
55-59岁	1657	104	219	283	506	131	1680	1258	179
60-64岁	585	8	19	100	192	22	1183	476	30
65-69岁	233	2	5	67	107	8	710	258	10
70-74岁	56		2	6	28	4	158	91	4
75岁及以上	21	1	2	3	8	2	32	37	1
男	**14198**	**3574**	**2889**	**2477**	**3167**	**4275**	**3250**	**4573**	**1515**
16-19岁	619	49	17	23	102	60	10	214	7
20-24岁	1630	647	232	234	262	706	51	491	63
25-29岁	1904	841	585	396	284	944	115	618	136
30-34岁	2365	797	677	397	351	981	178	742	202
35-39岁	1804	455	380	245	269	600	169	512	151
40-44岁	1837	337	248	266	258	363	250	507	220
45-49岁	1739	214	278	281	360	272	374	472	272
50-54岁	1174	136	277	270	484	208	532	433	250
55-59岁	731	92	176	228	487	112	551	337	172
60-64岁	244	4	13	71	178	17	525	142	27
65-69岁	117	1	3	57	100	7	388	67	10
70-74岁	26		1	6	25	4	89	31	4
75岁及以上	8	1	2	3	7	1	18	7	1
女	**16708**	**1665**	**3235**	**1959**	**1609**	**1944**	**6804**	**12331**	**422**
16-19岁	402	31	15	17	84	36	6	311	
20-24岁	1030	290	240	180	278	340	29	802	20
25-29岁	1361	386	625	270	265	447	77	1212	31
30-34岁	2193	375	817	439	331	485	232	1873	63
35-39岁	2040	240	425	314	218	254	369	1509	59
40-44岁	2827	171	427	274	189	188	886	1772	97
45-49岁	3251	115	432	263	150	129	1454	1841	111
50-54岁	2178	40	202	108	50	39	1559	1475	31
55-59岁	926	12	43	55	19	19	1129	921	7
60-64岁	341	4	6	29	14	5	658	334	3
65-69岁	116	1	2	10	7	1	322	191	
70-74岁	30		1		3		69	60	
75岁及以上	13				1	1	14	30	

4—7a 续表 4

单位：人

年龄组 性别	社会生产服务和生活服务人员				农、林、牧、渔业生产及辅助人员				
	修理及制作服务人员	文化、体育和娱乐服务人员	健康服务人员	其他社会生产和生活服务人员	小计	农业生产人员	林业生产人员	畜牧业生产人员	渔业生产人员
总　计	**6986**	**1468**	**464**	**233**	**17693**	**15559**	**376**	**966**	**413**
16—19岁	312	78	5		108	85	3	6	
20—24岁	844	307	38	11	382	317	3	39	6
25—29岁	964	284	58	21	631	536	9	47	20
30—34岁	1287	248	87	47	1152	942	28	105	50
35—39岁	963	173	65	29	1126	927	33	96	36
40—44岁	931	103	72	42	1569	1284	41	121	70
45—49岁	764	115	51	37	2344	1985	82	151	72
50—54岁	507	76	50	25	3028	2643	77	169	72
55—59岁	302	57	23	16	2644	2386	49	108	48
60—64岁	68	17	8	4	1961	1837	28	59	21
65—69岁	31	7	4	1	1625	1532	19	47	14
70—74岁	9	2	2		742	719	3	8	3
75岁及以上	4	1	1		381	366	1	10	1
男	**6152**	**766**	**155**	**129**	**10183**	**8658**	**300**	**656**	**320**
16—19岁	300	44	3		56	44	3	5	
20—24岁	783	187	13	6	225	176	2	33	5
25—29岁	862	159	12	9	374	303	7	29	20
30—34岁	1124	114	22	23	665	514	24	77	35
35—39岁	842	75	21	15	646	508	25	68	26
40—44岁	789	48	15	25	884	684	31	82	51
45—49岁	640	52	18	18	1291	1041	60	102	51
50—54岁	445	38	24	17	1633	1366	62	103	57
55—59岁	272	32	18	12	1504	1299	42	81	40
60—64岁	56	10	5	3	1165	1074	24	38	18
65—69岁	27	5	2	1	1006	942	17	27	13
70—74岁	8	1	2		482	464	2	6	3
75岁及以上	4	1			252	243	1	5	1
女	**834**	**702**	**309**	**104**	**7510**	**6901**	**76**	**310**	**93**
16—19岁	12	34	2		52	41		1	
20—24岁	61	120	25	5	157	141	1	6	1
25—29岁	102	125	46	12	257	233	2	18	
30—34岁	163	134	65	24	487	428	4	28	15
35—39岁	121	98	44	14	480	419	8	28	10
40—44岁	142	55	57	17	685	600	10	39	19
45—49岁	124	63	33	19	1053	944	22	49	21
50—54岁	62	38	26	8	1395	1277	15	66	15
55—59岁	30	25	5	4	1140	1087	7	27	8
60—64岁	12	7	3	1	796	763	4	21	3
65—69岁	4	2	2		619	590	2	20	1
70—74岁	1	1			260	255	1	2	
75岁及以上			1		129	123		5	

4–7a　续表 5

单位：人

年龄组 性　别	农林牧渔生产辅助人员	其他农、林、牧、渔业生产加工人员	生产制造及有关人员						
			小计	农副产品加工人员	食品、饮料生产加工人员	烟草及其制品加工人员	纺织、针织、印染人员	纺织品、服装和皮革、毛皮制品加工制作人员	木材加工、家具与木制品制作人员
总　计	**353**	**26**	**143428**	**1107**	**2321**	**135**	**1038**	**14709**	**7670**
16–19岁	14		1746	13	77		6	135	49
20–24岁	17		7488	40	266	1	31	527	276
25–29岁	19		12476	72	291	9	59	1051	577
30–34岁	23	4	20528	129	371	14	140	2417	1006
35–39岁	33	1	18627	100	304	15	140	2567	1061
40–44岁	52	1	23628	149	292	26	174	3095	1294
45–49岁	48	6	25389	213	316	33	209	2766	1461
50–54岁	66	1	18616	200	220	19	132	1288	1131
55–59岁	46	7	10346	117	113	16	74	555	576
60–64岁	15	1	3069	41	43	1	46	185	168
65–69岁	11	2	1138	22	23	1	21	88	52
70–74岁	8	1	263	7	3		4	22	14
75岁及以上	1	2	114	4	2		2	13	5
男	**236**	**13**	**101477**	**694**	**1322**	**93**	**313**	**4124**	**5859**
16–19岁	4		1249	8	48		3	51	41
20–24岁	9		5598	27	167	1	14	205	212
25–29岁	15		9207	52	182	7	19	363	456
30–34岁	13	2	14008	74	210	13	37	670	746
35–39岁	19		12042	56	158	10	33	646	755
40–44岁	36		15238	84	150	21	38	747	928
45–49岁	33	4	17041	128	161	12	48	727	1080
50–54岁	45		14557	124	130	12	50	396	921
55–59岁	37	5	8768	81	68	15	32	192	507
60–64岁	10	1	2577	32	25	1	24	78	159
65–69岁	7		921	18	20	1	13	36	43
70–74岁	7		197	6	1		2	8	9
75岁及以上	1	1	74	4	2			5	2
女	**117**	**13**	**41951**	**413**	**999**	**42**	**725**	**10585**	**1811**
16–19岁	10		497	5	29		3	84	8
20–24岁	8		1890	13	99		17	322	64
25–29岁	4		3269	20	109	2	40	688	121
30–34岁	10	2	6520	55	161	1	103	1747	260
35–39岁	14	1	6585	44	146	5	107	1921	306
40–44岁	16	1	8390	65	142	5	136	2348	366
45–49岁	15	2	8348	85	155	21	161	2039	381
50–54岁	21	1	4059	76	90	7	82	892	210
55–59岁	9	2	1578	36	45	1	42	363	69
60–64岁	5		492	9	18		22	107	9
65–69岁	4	2	217	4	3		8	52	9
70–74岁	1	1	66	1	2		2	14	5
75岁及以上		1	40				2	8	3

4-7a 续表 6

单位：人

年龄组 性 别	生产制造及有关人员								
	纸及纸制品生产加工人员	印刷和记录媒介复制人员	文教、工美、体育和娱乐用品制造人员	石油加工和炼焦、煤化工生产人员	化学原料和化学制品制造人员	医药制造人员	化学纤维制造人员	橡胶和塑料制品制造人员	非金属矿物制品制造人员
总 计	**536**	**721**	**2970**	**272**	**808**	**706**	**38**	**720**	**4377**
16-19岁	3	11	34	1	18	6		5	45
20-24岁	18	52	137	4	42	34	1	32	243
25-29岁	46	66	258	17	66	73	2	52	426
30-34岁	71	105	398	29	94	108	6	99	762
35-39岁	62	96	378	28	97	97	3	95	559
40-44岁	101	132	438	35	128	126	5	132	688
45-49岁	110	122	464	67	157	142	15	128	728
50-54岁	83	77	377	55	123	65	5	99	499
55-59岁	24	49	262	33	56	41	1	45	300
60-64岁	12	8	128	2	17	12		19	88
65-69岁	2	1	73	1	8			11	30
70-74岁	2	2	14			1		2	7
75岁及以上	2		9		2	1		1	2
男	**283**	**444**	**985**	**219**	**548**	**357**	**28**	**392**	**2950**
16-19岁	3	8	20	1	13	3		5	28
20-24岁	10	34	66	4	30	17	1	23	187
25-29岁	27	43	110	13	50	26	2	27	295
30-34岁	31	68	150	23	56	56	5	60	471
35-39岁	32	54	128	20	63	39	2	43	336
40-44岁	51	86	126	26	76	55	3	68	410
45-49岁	46	63	132	46	105	68	9	62	467
50-54岁	52	47	111	51	84	47	5	63	379
55-59岁	18	34	80	32	48	36	1	24	270
60-64岁	8	6	35	2	15	8		9	74
65-69岁	2		23	1	7			5	25
70-74岁	2	1	1			1		2	6
75岁及以上	1		3		1	1		1	2
女	**253**	**277**	**1985**	**53**	**260**	**349**	**10**	**328**	**1427**
16-19岁		3	14		5	3			17
20-24岁	8	18	71		12	17		9	56
25-29岁	19	23	148	4	16	47		25	131
30-34岁	40	37	248	6	38	52	1	39	291
35-39岁	30	42	250	8	34	58	1	52	223
40-44岁	50	46	312	9	52	71	2	64	278
45-49岁	64	59	332	21	52	74	6	66	261
50-54岁	31	30	266	4	39	18		36	120
55-59岁	6	15	182	1	8	5		21	30
60-64岁	4	2	93		2	4		10	14
65-69岁		1	50		1			6	5
70-74岁		1	13						1
75岁及以上	1		6		1				

4-7a　续表 7

单位：人

年龄组 性　别	生产制造及有关人员								
	采矿人员	金属冶炼和压延加工人员	机械制造基础加工人员	金属制品制造人员	通用设备制造人员	专用设备制造人员	汽车制造人员	铁路、船舶、航空设备制造人员	电气机械和器材制造人员
总　计	**1144**	**2190**	**3459**	**2868**	**701**	**301**	**1064**	**340**	**1480**
16-19岁	1	8	32	23	8	9	32	1	45
20-24岁	25	83	151	174	35	20	117	29	167
25-29岁	57	133	266	349	40	32	137	41	196
30-34岁	84	265	520	491	105	46	165	49	308
35-39岁	93	248	478	448	88	39	132	45	236
40-44岁	164	376	592	483	131	64	167	55	190
45-49岁	282	437	694	465	140	48	170	52	190
50-54岁	269	436	445	272	84	28	97	32	100
55-59岁	136	174	221	110	54	12	39	29	31
60-64岁	17	19	42	26	9	2	5	4	10
65-69岁	12	6	10	21	6	1	3	3	6
70-74岁	2	5	5	1					1
75岁及以上	2		3	5	1				
男	**973**	**1736**	**2878**	**2134**	**586**	**179**	**797**	**247**	**877**
16-19岁	1	7	29	19	5	7	30	1	31
20-24岁	24	66	133	141	31	15	102	19	125
25-29岁	50	106	230	275	37	23	111	26	141
30-34岁	73	192	443	369	90	24	122	38	167
35-39岁	74	195	386	333	73	22	91	34	121
40-44岁	127	271	461	342	98	32	108	38	104
45-49岁	226	312	541	315	110	23	111	31	90
50-54岁	248	398	394	209	76	19	78	28	65
55-59岁	125	165	208	94	51	11	36	27	17
60-64岁	12	15	38	19	9	2	5	4	9
65-69岁	9	4	10	15	5	1	3	1	6
70-74岁	2	5	3	1					1
75岁及以上	2		2	2	1				
女	**171**	**454**	**581**	**734**	**115**	**122**	**267**	**93**	**603**
16-19岁		1	3	4	3	2	2		14
20-24岁	1	17	18	33	4	5	15	10	42
25-29岁	7	27	36	74	3	9	26	15	55
30-34岁	11	73	77	122	15	22	43	11	141
35-39岁	19	53	92	115	15	17	41	11	115
40-44岁	37	105	131	141	33	32	59	17	86
45-49岁	56	125	153	150	30	25	59	21	100
50-54岁	21	38	51	63	8	9	19	4	35
55-59岁	11	9	13	16	3	1	3	2	14
60-64岁	5	4	4	7					1
65-69岁	3	2		6	1			2	
70-74岁			2						
75岁及以上			1	3					

4-7a 续表 8

单位：人

年龄组 性别	生产制造及有关人员								不便分类的其他从业人员
	计算机、通信和其他电子设备制造人员	仪器仪表制造人员	废弃资源综合利用人员	电力、热力、气体、水生产和输配人员	建筑施工人员	运输设备和通用工程机械操作人员及有关人员	生产辅助人员	其他生产制造及有关人员	
总　计	**13263**	**118**	**189**	**800**	**57353**	**4903**	**14421**	**706**	**2701**
16-19岁	533	1	1	1	408	60	170	10	160
20-24岁	1467	8	2	33	2237	297	902	37	245
25-29岁	1782	11	14	71	4139	651	1435	57	312
30-34岁	2478	9	12	88	6947	872	2210	130	360
35-39岁	1900	19	18	93	6642	659	1788	99	310
40-44岁	2026	15	33	135	9241	757	2258	126	364
45-49岁	1742	22	34	153	10662	741	2520	106	386
50-54岁	808	24	39	125	9073	532	1795	84	285
55-59岁	389	8	21	91	5385	285	1062	37	176
60-64岁	75	1	5	7	1842	36	184	15	60
65-69岁	40		8	2	616	7	60	4	28
70-74岁	16		2	1	122	5	24	1	7
75岁及以上	7				39	1	13		8
男	**7391**	**73**	**129**	**633**	**49734**	**4437**	**9625**	**437**	**1691**
16-19岁	357	1			358	58	108	5	103
20-24岁	1011	5	2	29	1951	280	639	27	166
25-29岁	1143	5	14	57	3658	616	1008	35	189
30-34岁	1350	4	7	72	6076	815	1419	77	226
35-39岁	869	9	15	68	5651	592	1070	64	163
40-44岁	893	10	13	95	7712	650	1343	72	192
45-49岁	845	13	22	109	8958	613	1506	62	235
50-54岁	529	18	26	108	7950	497	1387	55	209
55-59岁	293	7	17	86	4970	273	920	30	135
60-64岁	51	1	4	7	1737	31	148	9	44
65-69岁	34		7	1	577	6	47	1	19
70-74岁	11		2	1	107	5	20		5
75岁及以上	5				29	1	10		5
女	**5872**	**45**	**60**	**167**	**7619**	**466**	**4796**	**269**	**1010**
16-19岁	176		1	1	50	2	62	5	57
20-24岁	456	3		4	286	17	263	10	79
25-29岁	639	6		14	481	35	427	22	123
30-34岁	1128	5	5	16	871	57	791	53	134
35-39岁	1031	10	3	25	991	67	718	35	147
40-44岁	1133	5	20	40	1529	107	915	54	172
45-49岁	897	9	12	44	1704	128	1014	44	151
50-54岁	279	6	13	17	1123	35	408	29	76
55-59岁	96	1	4	5	415	12	142	7	41
60-64岁	24		1		105	5	36	6	16
65-69岁	6		1	1	39	1	13	3	9
70-74岁	5				15		4	1	2
75岁及以上	2				10		3		3

4-7b　全省分年龄、性别、职业中类的就业人口(镇)

单位：人

年龄组 性　别	合计	党的机关、国家机关、群众团体和社会组织、企事业单位负责人						
		小计	中国共产党机关负责人	国家机关负责人	民主党派和工商联负责人	人民团体和群众团体、社会组织及其他成员组织负责人	基层群众自治组织负责人	企事业单位负责人
总　计	**644311**	**17365**	**32**	**1113**		**878**	**260**	**15082**
16-19岁	8605	38				1		37
20-24岁	40999	515		10		15	4	486
25-29岁	63903	1456	1	33		57	5	1360
30-34岁	93271	2819	5	98		115	23	2578
35-39岁	79510	2690	6	150		122	25	2387
40-44岁	94703	3147	6	202		173	32	2734
45-49岁	98599	3085	8	214		178	66	2619
50-54岁	75157	2156	6	252		118	58	1722
55-59岁	47412	1078		137		68	33	840
60-64岁	21547	248		6		18	9	215
65-69岁	13149	93		6		7	4	76
70-74岁	5028	26		3		2	1	20
75岁及以上	2428	14		2		4		8
男	**374433**	**12577**	**27**	**929**		**545**	**214**	**10862**
16-19岁	5042	20				1		19
20-24岁	22748	334		4		7	2	321
25-29岁	35388	996		21		29	3	943
30-34岁	50855	1940	5	71		58	17	1789
35-39岁	43126	1819	5	112		70	17	1615
40-44岁	52006	2178	6	166		109	25	1872
45-49岁	56400	2291	5	183		113	57	1933
50-54岁	48272	1739	6	225		78	48	1382
55-59岁	32945	936		132		56	32	716
60-64岁	14250	213		4		14	8	187
65-69岁	8647	79		6		6	4	63
70-74岁	3244	23		3		2	1	17
75岁及以上	1510	9		2		2		5
女	**269878**	**4788**	**5**	**184**		**333**	**46**	**4220**
16-19岁	3563	18						18
20-24岁	18251	181		6		8	2	165
25-29岁	28515	460	1	12		28	2	417
30-34岁	42416	879		27		57	6	789
35-39岁	36384	871	1	38		52	8	772
40-44岁	42697	969		36		64	7	862
45-49岁	42199	794	3	31		65	9	686
50-54岁	26885	417		27		40	10	340
55-59岁	14467	142		5		12	1	124
60-64岁	7297	35		2		4	1	28
65-69岁	4502	14				1		13
70-74岁	1784	3						3
75岁及以上	918	5				2		3

4–7b 续表 1

单位：人

年龄组 性 别	专业技术人员									
	小计	科学研究人员	工程技术人员	农业技术人员	飞机和船舶技术人员	卫生专业技术人员	经济和金融专业人员	法律、社会和宗教专业人员	教学人员	文学艺术、体育专业人员
总 计	**61868**	**174**	**9912**	**360**	**24**	**11301**	**8754**	**920**	**28788**	**800**
16–19岁	886	3	110	2	1	169	48	3	522	20
20–24岁	7494	17	941	18	6	1583	939	82	3650	170
25–29岁	10978	28	1593	26	4	2247	1548	141	5070	170
30–34岁	11107	36	1994	29	3	1868	1870	156	4856	144
35–39岁	7859	20	1312	29	1	1445	1173	101	3592	89
40–44岁	7250	23	1261	44	3	1275	1073	102	3289	78
45–49岁	6662	12	1210	58	4	1090	1013	107	2998	61
50–54岁	5499	16	820	58		780	627	119	2973	29
55–59岁	3033	15	491	65	1	486	356	73	1483	25
60–64岁	588	4	117	13		159	56	18	209	4
65–69岁	298		44	10	1	117	35	7	75	6
70–74岁	124		12	6		59	11	4	25	4
75岁及以上	90		7	2		23	5	7	46	
男	**27999**	**122**	**8434**	**275**	**21**	**4144**	**2802**	**529**	**10675**	**511**
16–19岁	327	2	79		1	26	19		183	11
20–24岁	2146	12	778	9	5	291	284	35	588	98
25–29岁	3679	19	1361	20	3	514	442	65	1069	107
30–34岁	4187	26	1697	19	3	540	468	74	1189	92
35–39岁	3299	10	1102	22	1	539	289	45	1159	67
40–44岁	3613	15	1043	28	3	583	266	61	1515	43
45–49岁	3758	9	1007	39	3	555	363	68	1610	42
50–54岁	3657	14	732	51		499	307	94	1889	20
55–59岁	2483	12	468	62	1	325	287	63	1212	21
60–64岁	456	3	109	11		114	39	12	160	2
65–69岁	226		42	8	1	89	25	5	50	4
70–74岁	98		10	5		48	8	3	18	4
75岁及以上	70		6	1		21	5	4	33	
女	**33869**	**52**	**1478**	**85**	**3**	**7157**	**5952**	**391**	**18113**	**289**
16–19岁	559	1	31	2		143	29	3	339	9
20–24岁	5348	5	163	9	1	1292	655	47	3062	72
25–29岁	7299	9	232	6	1	1733	1106	76	4001	63
30–34岁	6920	10	297	10		1328	1402	82	3667	52
35–39岁	4560	10	210	7		906	884	56	2433	22
40–44岁	3637	8	218	16		692	807	41	1774	35
45–49岁	2904	3	203	19	1	535	650	39	1388	19
50–54岁	1842	2	88	7		281	320	25	1084	9
55–59岁	550	3	23	3		161	69	10	271	4
60–64岁	132	1	8	2		45	17	6	49	2
65–69岁	72		2	2		28	10	2	25	2
70–74岁	26		2	1		11	3	1	7	
75岁及以上	20		1	1		2		3	13	

4-7b 续表 2

单位：人

年龄组 性别	专业技术人员		办事人员和有关人员				社会生产服务和生活服务人员		
	新闻出版、文化专业人员	其他专业技术人员	小计	办事人员	安全和消防人员	其他办事人员和有关人员	小计	批发与零售服务人员	交通运输、仓储和邮政业服务人员
总 计	**467**	**368**	**42694**	**34615**	**7675**	**404**	**225684**	**105787**	**35491**
16-19岁	2	6	296	230	60	6	3464	1323	277
20-24岁	61	27	2962	2395	533	34	16322	7846	1603
25-29岁	107	44	5089	4373	676	40	24618	12480	2863
30-34岁	94	57	6897	6070	761	66	36247	18890	4815
35-39岁	44	53	5023	4433	545	45	29908	15306	4723
40-44岁	48	54	5653	4963	622	68	34436	16966	6457
45-49岁	48	61	5713	4844	815	54	33596	15560	6597
50-54岁	31	46	5195	3959	1191	45	23039	9282	4598
55-59岁	25	13	4015	2714	1266	35	13364	4829	2430
60-64岁	3	5	1001	354	642	5	5984	1923	781
65-69岁	1	2	588	164	420	4	3202	925	282
70-74岁	3		185	74	110	1	1049	328	51
75岁及以上			77	42	34	1	455	129	14
男	**228**	**258**	**28106**	**20828**	**7020**	**258**	**121551**	**50020**	**30866**
16-19岁	2	4	149	90	56	3	2052	655	220
20-24岁	28	18	1562	1057	492	13	9536	3984	1324
25-29岁	53	26	2823	2198	601	24	13807	6106	2380
30-34岁	37	42	3738	3028	672	38	19112	8543	4031
35-39岁	23	42	2906	2408	473	25	15455	6652	4052
40-44岁	20	36	3516	2941	529	46	17517	7168	5550
45-49岁	21	41	3833	3085	714	34	17215	6957	5771
50-54岁	18	33	4213	3069	1109	35	12791	4895	4221
55-59岁	21	11	3694	2436	1228	30	7915	2923	2273
60-64岁	2	4	909	287	617	5	3434	1229	725
65-69岁	1	1	531	132	396	3	1861	618	263
70-74岁	2		163	62	100	1	628	214	47
75岁及以上			69	35	33	1	228	76	9
女	**239**	**110**	**14588**	**13787**	**655**	**146**	**104133**	**55767**	**4625**
16-19岁		2	147	140	4	3	1412	668	57
20-24岁	33	9	1400	1338	41	21	6786	3862	279
25-29岁	54	18	2266	2175	75	16	10811	6374	483
30-34岁	57	15	3159	3042	89	28	17135	10347	784
35-39岁	21	11	2117	2025	72	20	14453	8654	671
40-44岁	28	18	2137	2022	93	22	16919	9798	907
45-49岁	27	20	1880	1759	101	20	16381	8603	826
50-54岁	13	13	982	890	82	10	10248	4387	377
55-59岁	4	2	321	278	38	5	5449	1906	157
60-64岁	1	1	92	67	25		2550	694	56
65-69岁		1	57	32	24	1	1341	307	19
70-74岁	1		22	12	10		421	114	4
75岁及以上			8	7	1		227	53	5

4-7b 续表 3

单位：人

年龄组 性 别	社会生产服务和生活服务人员								
	住宿和餐饮服务人员	信息传输、软件和信息技术服务人员	金融服务人员	房地产服务人员	租赁和商务服务人员	技术辅助服务人员	水利、环境和公共设施管理服务人员	居民服务人员	电力、燃气及水供应服务人员
总 计	**29444**	**3382**	**3654**	**2268**	**2954**	**4661**	**7892**	**18862**	**2097**
16-19岁	667	86	11	25	52	84	13	508	13
20-24岁	1974	618	354	256	263	798	72	1429	56
25-29岁	2608	792	677	364	337	1033	146	1859	159
30-34岁	4129	763	847	412	420	1076	300	2784	244
35-39岁	3768	430	431	299	264	648	367	2254	222
40-44岁	4611	274	410	255	288	445	752	2279	396
45-49岁	4887	231	450	243	292	294	1265	2251	452
50-54岁	3592	116	306	174	362	152	1529	1966	299
55-59岁	1975	58	148	128	334	95	1329	1469	186
60-64岁	780	7	10	63	205	23	1092	913	49
65-69岁	343	4	5	35	101	8	767	644	14
70-74岁	78	2	4	11	31	4	201	305	6
75岁及以上	32	1	1	3	5	1	59	201	1
男	**12949**	**2360**	**1772**	**1269**	**2076**	**3165**	**2771**	**5254**	**1663**
16-19岁	408	61	4	15	22	53	7	235	10
20-24岁	1199	444	198	162	132	544	41	571	48
25-29岁	1438	578	327	229	170	712	80	595	125
30-34岁	2074	497	398	190	255	735	118	823	183
35-39岁	1698	285	183	137	155	439	132	603	170
40-44岁	1852	183	157	116	177	291	200	520	283
45-49岁	1732	159	175	116	211	179	297	486	333
50-54岁	1212	96	191	120	317	105	401	438	269
55-59岁	793	46	123	98	316	77	439	342	177
60-64岁	328	7	8	47	197	18	479	239	45
65-69岁	159	3	5	29	92	8	407	205	14
70-74岁	38	1	3	7	27	3	133	126	5
75岁及以上	18			3	5	1	37	71	1
女	**16495**	**1022**	**1882**	**999**	**878**	**1496**	**5121**	**13608**	**434**
16-19岁	259	25	7	10	30	31	6	273	3
20-24岁	775	174	156	94	131	254	31	858	8
25-29岁	1170	214	350	135	167	321	66	1264	34
30-34岁	2055	266	449	222	165	341	182	1961	61
35-39岁	2070	145	248	162	109	209	235	1651	52
40-44岁	2759	91	253	139	111	154	552	1759	113
45-49岁	3155	72	275	127	81	115	968	1765	119
50-54岁	2380	20	115	54	45	47	1128	1528	30
55-59岁	1182	12	25	30	18	18	890	1127	9
60-64岁	452		2	16	8	5	613	674	4
65-69岁	184	1		6	9		360	439	
70-74岁	40	1	1	4	4	1	68	179	1
75岁及以上	14	1	1				22	130	

4-7b 续表 4

单位：人

年龄组 性别	社会生产服务和生活服务人员				农、林、牧、渔业生产及辅助人员				
	修理及制作服务人员	文化、体育和娱乐服务人员	健康服务人员	其他社会生产和生活服务人员	小计	农业生产人员	林业生产人员	畜牧业生产人员	渔业生产人员
总　计	**7483**	**1134**	**342**	**233**	**72638**	**66013**	**1211**	**3365**	**1072**
16－19岁	344	46	7	8	378	343	2	19	9
20－24岁	805	194	36	18	1260	1101	18	80	25
25－29岁	1048	189	43	20	2390	2114	42	146	41
30－34岁	1313	183	47	24	4188	3686	62	256	93
35－39岁	1021	98	58	19	4382	3827	87	299	86
40－44岁	1109	124	36	34	6925	6109	162	390	125
45－49岁	860	113	55	46	9902	8706	236	598	207
50－54岁	531	86	24	22	12170	10973	243	571	217
55－59岁	281	59	23	20	11202	10261	212	455	165
60－64岁	100	24	3	11	8437	7966	78	266	61
65－69岁	50	11	9	4	6701	6402	49	171	34
70－74岁	14	6	1	7	3112	3001	16	62	5
75岁及以上	7	1			1591	1524	4	52	4
男	**6526**	**602**	**130**	**128**	**39803**	**35370**	**986**	**2080**	**825**
16－19岁	320	34	5	3	242	217	2	15	6
20－24岁	744	118	15	12	730	613	9	58	23
25－29岁	938	106	11	12	1318	1126	33	103	31
30－34岁	1142	89	20	14	2271	1928	49	176	73
35－39岁	872	48	18	11	2282	1924	66	190	66
40－44岁	940	50	11	19	3642	3112	121	250	88
45－49岁	709	53	21	16	5103	4320	186	364	151
50－54岁	461	43	10	12	6217	5410	212	331	166
55－59岁	249	32	11	16	6050	5382	188	276	133
60－64岁	87	16	1	8	4896	4597	68	142	52
65－69岁	45	6	6	1	4102	3897	34	111	30
70－74岁	13	6	1	4	1942	1875	14	35	4
75岁及以上	6	1			1008	969	4	29	2
女	**957**	**532**	**212**	**105**	**32835**	**30643**	**225**	**1285**	**247**
16－19岁	24	12	2	5	136	126		4	3
20－24岁	61	76	21	6	530	488	9	22	2
25－29岁	110	83	32	8	1072	988	9	43	10
30－34岁	171	94	27	10	1917	1758	13	80	20
35－39岁	149	50	40	8	2100	1903	21	109	20
40－44岁	169	74	25	15	3283	2997	41	140	37
45－49岁	151	60	34	30	4799	4386	50	234	56
50－54岁	70	43	14	10	5953	5563	31	240	51
55－59岁	32	27	12	4	5152	4879	24	179	32
60－64岁	13	8	2	3	3541	3369	10	124	9
65－69岁	5	5	3	3	2599	2505	15	60	4
70－74岁	1			3	1170	1126	2	27	1
75岁及以上	1				583	555		23	2

4-7b 续表 5

单位：人

年龄组 性别			生产制造及有关人员						
	农林牧渔生产辅助人员	其他农、林、牧、渔业生产加工人员	小计	农副产品加工人员	食品、饮料生产加工人员	烟草及其制品加工人员	纺织、针织、印染人员	纺织品、服装和皮革、毛皮制品加工制作人员	木材加工、家具与木制品制作人员
总 计	**925**	**52**	**221084**	**2156**	**3296**	**38**	**2589**	**41103**	**7789**
16-19岁	4	1	3107	8	80		38	540	73
20-24岁	34	2	12166	65	274	1	106	2165	261
25-29岁	42	5	19134	117	363	4	185	3635	527
30-34岁	88	3	31649	210	557	1	414	6893	901
35-39岁	81	2	29383	213	466	1	396	6781	943
40-44岁	131	8	36944	301	471	7	498	8397	1178
45-49岁	151	4	39245	387	524	10	506	7787	1412
50-54岁	157	9	26775	380	328	10	260	3184	1279
55-59岁	102	7	14528	243	131	4	104	1133	798
60-64岁	60	6	5220	137	44		36	341	279
65-69岁	40	5	2222	74	37		32	172	102
70-74岁	28		521	17	14		7	48	28
75岁及以上	7		190	4	7		7	27	8
男	**514**	**28**	**142626**	**1341**	**1794**	**29**	**884**	**13521**	**6457**
16-19岁	1	1	2017	7	46		13	249	67
20-24岁	26	1	8254	45	175	1	44	945	227
25-29岁	20	5	12612	80	211	2	79	1378	440
30-34岁	44	1	19416	130	300	1	144	2253	746
35-39岁	35	1	17211	121	226	1	109	2094	750
40-44岁	66	5	21342	160	220	4	150	2364	912
45-49岁	81	1	23974	241	269	6	163	2368	1119
50-54岁	93	5	19450	224	193	10	101	1148	1087
55-59岁	69	2	11747	165	89	4	51	464	722
60-64岁	33	4	4288	98	27		14	145	260
65-69岁	28	2	1812	55	27		13	78	97
70-74岁	14		384	13	9		2	22	23
75岁及以上	4		119	2	2		1	13	7
女	**411**	**24**	**78458**	**815**	**1502**	**9**	**1705**	**27582**	**1332**
16-19岁	3		1090	1	34		25	291	6
20-24岁	8	1	3912	20	99		62	1220	34
25-29岁	22		6522	37	152	2	106	2257	87
30-34岁	44	2	12233	80	257		270	4640	155
35-39岁	46	1	12172	92	240		287	4687	193
40-44岁	65	3	15602	141	251	3	348	6033	266
45-49岁	70	3	15271	146	255	4	343	5419	293
50-54岁	64	4	7325	156	135		159	2036	192
55-59岁	33	5	2781	78	42		53	669	76
60-64岁	27	2	932	39	17		22	196	19
65-69岁	12	3	410	19	10		19	94	5
70-74岁	14		137	4	5		5	26	5
75岁及以上	3		71	2	5		6	14	1

4-7b　续表 6

单位：人

年龄组 性　别	生产制造及有关人员								
	纸及纸制品生产加工人员	印刷和记录媒介复制人员	文教、工美、体育和娱乐用品制造人　员	石油加工和炼焦、煤化工生产人员	化学原料和化学制品制造人　员	医药制造人　员	化学纤维制造人员	橡胶和塑料制品制造人员	非金属矿物制品制造人员
总　计	**1284**	**848**	**3516**	**126**	**2924**	**769**	**55**	**2153**	**6855**
16-19岁	20	21	40	1	30	7		28	51
20-24岁	67	70	127	5	140	51		98	247
25-29岁	129	105	278	8	198	61	5	160	413
30-34岁	164	158	486	9	351	99	13	272	748
35-39岁	182	110	502	9	334	97	10	273	796
40-44岁	187	154	616	17	476	118	3	361	1174
45-49岁	220	109	647	26	582	160	11	430	1317
50-54岁	168	74	408	26	437	108	8	301	1124
55-59岁	86	32	197	14	244	48	5	136	634
60-64岁	45	10	101	9	92	10		65	254
65-69岁	13	2	65	2	34	10		18	86
70-74岁	2	2	36		4			9	11
75岁及以上	1	1	13		2			2	
男	**723**	**497**	**1245**	**107**	**1575**	**440**	**29**	**1287**	**4425**
16-19岁	16	16	22		18	4		22	41
20-24岁	51	42	67	5	84	29		65	185
25-29岁	73	68	114	8	114	38	2	103	280
30-34岁	94	88	183	8	196	38	8	169	464
35-39岁	89	62	178	7	165	42	5	149	478
40-44岁	102	87	184	14	230	57		179	681
45-49岁	118	60	207	19	309	95	4	247	764
50-54岁	94	41	144	23	246	80	5	190	754
55-59岁	55	22	70	13	156	39	5	102	498
60-64岁	23	8	36	8	36	10		47	203
65-69岁	6	1	24	2	17	8		10	68
70-74岁	2	1	11		2			3	9
75岁及以上		1	5		2			1	
女	**561**	**351**	**2271**	**19**	**1349**	**329**	**26**	**866**	**2430**
16-19岁	4	5	18	1	12	3		6	10
20-24岁	16	28	60		56	22		33	62
25-29岁	56	37	164		84	23	3	57	133
30-34岁	70	70	303	1	155	61	5	103	284
35-39岁	93	48	324	2	169	55	5	124	318
40-44岁	85	67	432	3	246	61	3	182	493
45-49岁	102	49	440	7	273	65	7	183	553
50-54岁	74	33	264	3	191	28	3	111	370
55-59岁	31	10	127	1	88	9		34	136
60-64岁	22	2	65	1	56			18	51
65-69岁	7	1	41		17	2		8	18
70-74岁		1	25		2			6	2
75岁及以上	1		8					1	

4-7b 续表 7 单位：人

年龄组 性　别	生产制造及有关人员								
	采矿人员	金属冶炼和压延加工人员	机械制造基础加工人　员	金属制品制造人员	通用设备制造人员	专用设备制造人员	汽车制造人　员	铁路、船舶、航空设备制造人　员	电气机械和器材制造人员
总　计	**1450**	**2236**	**4892**	**6346**	**817**	**468**	**1056**	**253**	**2546**
16-19岁	2	14	83	100	13	15	25	2	59
20-24岁	41	111	330	408	47	43	85	38	135
25-29岁	70	171	440	641	60	54	125	28	234
30-34岁	110	352	799	1099	123	94	211	39	391
35-39岁	107	265	711	965	110	70	152	23	398
40-44岁	215	390	839	1072	131	77	143	29	490
45-49岁	341	418	846	1017	153	61	155	36	484
50-54岁	338	295	508	598	108	32	103	31	231
55-59岁	160	166	260	300	51	16	38	20	87
60-64岁	30	39	44	89	11	4	12	6	25
65-69岁	18	9	25	40	8	1	6	1	9
70-74岁	13	1	3	11	1	1	1		3
75岁及以上	5	5	4	6	1				
男	**1223**	**1756**	**3962**	**4759**	**644**	**250**	**724**	**207**	**1327**
16-19岁	1	14	76	81	10	12	18	2	29
20-24岁	34	92	286	337	40	29	72	35	81
25-29岁	57	147	365	503	49	38	94	26	134
30-34岁	88	265	654	841	95	51	141	31	223
35-39岁	87	190	545	694	86	31	101	17	193
40-44岁	165	281	639	747	95	32	72	21	207
45-49岁	272	303	668	726	121	28	102	26	234
50-54岁	307	262	423	455	85	14	78	26	140
55-59岁	151	153	237	246	46	11	31	18	65
60-64岁	29	37	42	80	10	3	8	5	15
65-69岁	14	8	21	32	6		6		5
70-74岁	13	1	3	11		1	1		1
75岁及以上	5	3	3	6	1				
女	**227**	**480**	**930**	**1587**	**173**	**218**	**332**	**46**	**1219**
16-19岁	1		7	19	3	3	7		30
20-24岁	7	19	44	71	7	14	13	3	54
25-29岁	13	24	75	138	11	16	31	2	100
30-34岁	22	87	145	258	28	43	70	8	168
35-39岁	20	75	166	271	24	39	51	6	205
40-44岁	50	109	200	325	36	45	71	8	283
45-49岁	69	115	178	291	32	33	53	10	250
50-54岁	31	33	85	143	23	18	25	5	91
55-59岁	9	13	23	54	5	5	7	2	22
60-64岁	1	2	2	9	1	1	4	1	10
65-69岁	4	1	4	8	2	1		1	4
70-74岁					1				2
75岁及以上		2	1						

4-7b　续表 8

单位：人

年龄组 性　别	生产制造及有关人员								不便分类的其他从业人员
	计算机、通信和其他电子设备制造人员	仪器仪表制造人员	废弃资源综合利用人员	电力、热力、气体、水生产和输配人员	建筑施工人员	运输设备和通用工程机械操作人员及有关人员	生产辅助人员	其他生产制造及有关人员	
总　计	**24530**	**112**	**200**	**562**	**76680**	**4750**	**17726**	**959**	**2978**
16-19岁	921		1	2	562	88	267	16	436
20-24岁	2749	13	5	17	2857	361	1187	62	280
25-29岁	3605	16	8	33	5013	626	1748	74	238
30-34岁	4656	19	18	58	8691	890	2680	143	364
35-39岁	3708	11	22	58	8440	736	2367	127	265
40-44岁	3795	18	30	72	12041	680	2801	163	348
45-49岁	3131	17	36	117	14464	662	3011	168	396
50-54岁	1251	11	30	101	12397	441	2099	106	323
55-59岁	497	4	25	68	7698	197	1070	62	192
60-64岁	135	3	10	23	2966	50	330	20	69
65-69岁	55		9	11	1233	16	121	13	45
70-74岁	16		3	2	247	2	35	4	11
75岁及以上	11		3		71	1	10	1	11
男	**12442**	**68**	**144**	**461**	**64840**	**4426**	**10467**	**572**	**1771**
16-19岁	555			1	470	85	128	14	235
20-24岁	1744	10	5	15	2382	344	742	41	186
25-29岁	2161	10	6	27	4258	608	1095	44	153
30-34岁	2339	12	12	50	7322	838	1542	90	191
35-39岁	1648	7	17	39	7043	679	1288	70	154
40-44岁	1537	10	19	51	9922	610	1500	90	198
45-49岁	1292	8	21	90	11806	585	1624	79	226
50-54岁	694	7	24	89	10652	420	1368	66	205
55-59岁	332	3	19	65	6874	191	801	49	120
60-64岁	90	1	9	21	2699	47	260	17	54
65-69岁	35		9	11	1137	16	98	8	36
70-74岁	8		3	2	220	2	17	4	6
75岁及以上	7				55	1	4		7
女	**12088**	**44**	**56**	**101**	**11840**	**324**	**7259**	**387**	**1207**
16-19岁	366		1	1	92	3	139	2	201
20-24岁	1005	3		2	475	17	445	21	94
25-29岁	1444	6	2	6	755	18	653	30	85
30-34岁	2317	7	6	8	1369	52	1138	53	173
35-39岁	2060	4	5	19	1397	57	1079	57	111
40-44岁	2258	8	11	21	2119	70	1301	73	150
45-49岁	1839	9	15	27	2658	77	1387	89	170
50-54岁	557	4	6	12	1745	21	731	40	118
55-59岁	165	1	6	3	824	6	269	13	72
60-64岁	45	2	1	2	267	3	70	3	15
65-69岁	20				96		23	5	9
70-74岁	8				27		18		5
75岁及以上	4		3		16		6	1	4

4-7c 全省分年龄、性别、职业中类的就业人口(乡村)

单位：人

年龄组 性别	合计	党的机关、国家机关、群众团体和社会组织、企事业单位负责人						
		小计	中国共产党机关负责人	国家机关负责人	民主党派和工商联负责人	人民团体和群众团体、社会组织及其他成员组织负责人	基层群众自治组织负责人	企事业单位负责人
总　计	**1033967**	**11912**	**40**	**278**	**1**	**607**	**666**	**10320**
16-19岁	21239	65				2		63
20-24岁	69606	493	3	2	1	10	6	471
25-29岁	90450	1111	1	21		38	7	1044
30-34岁	119439	1990	2	29		61	30	1868
35-39岁	96710	1700		32		83	48	1537
40-44岁	119022	1922	2	41		93	101	1685
45-49岁	141603	1939	5	59		124	125	1626
50-54岁	133374	1430	7	47		101	175	1100
55-59岁	97811	828	6	32		62	130	598
60-64岁	65150	266	10	9		21	33	193
65-69岁	47646	113	3	4		6	9	91
70-74岁	21427	37		1		3	1	32
75岁及以上	10490	18	1	1		3	1	12
男	**619370**	**9196**	**29**	**250**	**1**	**397**	**561**	**7958**
16-19岁	13005	49				1		48
20-24岁	41420	345	2	1	1	8	4	329
25-29岁	55060	800	1	10		21	5	763
30-34岁	71385	1508	2	25		39	14	1428
35-39岁	56445	1277		28		50	36	1163
40-44岁	68773	1470	1	39		62	78	1290
45-49岁	81910	1506	5	57		76	101	1267
50-54岁	79367	1175	5	46		63	157	904
55-59岁	60593	700	5	30		51	123	491
60-64岁	40809	222	5	8		16	32	161
65-69岁	30089	99	2	4		6	9	78
70-74岁	13859	31		1		3	1	26
75岁及以上	6655	14	1	1		1	1	10
女	**414597**	**2716**	**11**	**28**		**210**	**105**	**2362**
16-19岁	8234	16				1		15
20-24岁	28186	148	1	1		2	2	142
25-29岁	35390	311		11		17	2	281
30-34岁	48054	482		4		22	16	440
35-39岁	40265	423		4		33	12	374
40-44岁	50249	452	1	2		31	23	395
45-49岁	59693	433		2		48	24	359
50-54岁	54007	255	2	1		38	18	196
55-59岁	37218	128	1	2		11	7	107
60-64岁	24341	44	5	1		5	1	32
65-69岁	17557	14	1					13
70-74岁	7568	6						6
75岁及以上	3835	4				2		2

4-7c　续表 1　　　　　　　　　　　　　　　　　　　　　　　　　　单位：人

年龄组 性　别	专业技术人员									
	小计	科学研究人员	工程技术人员	农业技术人员	飞机和船舶技术人员	卫生专业技术人员	经济和金融专业人员	法律、社会和宗教专业人员	教学人员	文学艺术、体育专业人员
总　计	**39864**	**114**	**9507**	**566**	**24**	**7216**	**5113**	**496**	**15077**	**856**
16–19岁	1339	4	181	2		170	79	4	830	43
20–24岁	8006	28	1213	33	8	1512	1023	40	3839	185
25–29岁	8894	40	1836	54	4	1637	1280	84	3624	193
30–34岁	6538	18	1919	51	2	866	1078	70	2242	140
35–39岁	3353	7	1079	42	2	450	505	47	1048	77
40–44岁	2943	5	927	41	1	586	348	37	859	57
45–49岁	2989	3	924	86	2	629	280	59	829	64
50–54岁	2469	2	735	78	2	475	216	53	781	39
55–59岁	1828	3	445	75	1	343	180	41	680	24
60–64岁	721	1	169	50	2	194	63	24	177	20
65–69岁	468	2	61	31		204	42	18	90	9
70–74岁	227	1	14	16		112	11	14	51	5
75岁及以上	89		4	7		38	8	5	27	
男	**20426**	**78**	**8142**	**388**	**21**	**3258**	**1818**	**347**	**5229**	**562**
16–19岁	527	1	139	1		32	27	3	280	27
20–24岁	2530	18	1030	21	7	269	280	19	707	112
25–29岁	3613	26	1559	35	4	443	368	47	936	123
30–34岁	3321	15	1664	31	1	367	308	50	687	101
35–39岁	1885	5	890	29	2	258	154	36	394	51
40–44岁	1808	3	775	23	1	383	121	30	383	33
45–49岁	2048	2	779	57	2	448	137	40	457	41
50–54岁	1885	2	654	61	1	339	150	45	535	29
55–59岁	1516	2	415	59	1	261	156	29	550	16
60–64岁	608	1	160	35	2	146	59	19	154	16
65–69岁	397	2	60	20		170	41	14	74	8
70–74岁	206	1	14	10		105	10	11	47	5
75岁及以上	82		3	6		37	7	4	25	
女	**19438**	**36**	**1365**	**178**	**3**	**3958**	**3295**	**149**	**9848**	**294**
16–19岁	812	3	42	1		138	52	1	550	16
20–24岁	5476	10	183	12	1	1243	743	21	3132	73
25–29岁	5281	14	277	19		1194	912	37	2688	70
30–34岁	3217	3	255	20	1	499	770	20	1555	39
35–39岁	1468	2	189	13		192	351	11	654	26
40–44岁	1135	2	152	18		203	227	7	476	24
45–49岁	941	1	145	29		181	143	19	372	23
50–54岁	584		81	17	1	136	66	8	246	10
55–59岁	312	1	30	16		82	24	12	130	8
60–64岁	113		9	15		48	4	5	23	4
65–69岁	71		1	11		34	1	4	16	1
70–74岁	21			6		7	1	3	4	
75岁及以上	7		1	1		1	1	1	2	

4－7c 续表 2

单位：人

年龄组 性别	专业技术人员		办事人员和有关人员				社会生产服务和生活服务人员		
	新闻出版、文化专业人员	其他专业技术人员	小计	办事人员	安全和消防人员	其他办事人员和有关人员	小计	批发与零售服务人员	交通运输、仓储和邮政业服务人员
总　计	**296**	**599**	**22609**	**16874**	**5417**	**318**	**238805**	**101547**	**40421**
16－19岁	11	15	450	349	96	5	7376	2692	531
20－24岁	70	55	2706	2189	483	34	24485	11780	2418
25－29岁	83	59	3489	2961	486	42	30325	14990	3843
30－34岁	60	92	3556	3065	441	50	37207	18369	5757
35－39岁	21	75	2010	1715	265	30	26922	12611	5091
40－44岁	9	73	2001	1622	338	41	28400	12101	6300
45－49岁	13	100	2321	1807	485	29	29781	11877	6668
50－54岁	16	72	2243	1531	674	38	23383	8246	5058
55－59岁	9	27	1956	1101	826	29	14937	4612	2976
60－64岁	3	18	1031	329	692	10	8265	2231	1188
65－69岁		11	592	136	451	5	5117	1261	479
70－74岁	1	2	211	51	158	2	1824	522	88
75岁及以上			43	18	22	3	783	255	24
男	**141**	**442**	**15408**	**10059**	**5138**	**211**	**137846**	**54146**	**35518**
16－19岁	5	12	225	136	88	1	4395	1281	425
20－24岁	26	41	1346	874	453	19	14651	6130	2043
25－29岁	32	40	1936	1467	449	20	18376	8029	3295
30－34岁	32	65	2022	1584	403	35	21784	9540	4929
35－39岁	13	53	1294	1033	244	17	15392	6374	4408
40－44岁	1	55	1394	1050	317	27	16049	6181	5533
45－49岁	11	74	1782	1310	450	22	16405	6208	5892
50－54岁	13	56	1859	1183	647	29	12839	4641	4589
55－59岁	6	21	1795	964	805	26	8528	2860	2748
60－64岁	1	15	964	284	674	6	4834	1513	1102
65－69岁		8	557	116	436	5	3069	889	454
70－74岁	1	2	194	42	151	1	1098	341	79
75岁及以上			40	16	21	3	426	159	21
女	**155**	**157**	**7201**	**6815**	**279**	**107**	**100959**	**47401**	**4903**
16－19岁	6	3	225	213	8	4	2981	1411	106
20－24岁	44	14	1360	1315	30	15	9834	5650	375
25－29岁	51	19	1553	1494	37	22	11949	6961	548
30－34岁	28	27	1534	1481	38	15	15423	8829	828
35－39岁	8	22	716	682	21	13	11530	6237	683
40－44岁	8	18	607	572	21	14	12351	5920	767
45－49岁	2	26	539	497	35	7	13376	5669	776
50－54岁	3	16	384	348	27	9	10544	3605	469
55－59岁	3	6	161	137	21	3	6409	1752	228
60－64岁	2	3	67	45	18	4	3431	718	86
65－69岁		3	35	20	15		2048	372	25
70－74岁			17	9	7	1	726	181	9
75岁及以上			3	2	1		357	96	3

4-7c　续表 3　　　　单位：人

年龄组 性　别	社会生产服务和生活服务人员								
	住宿和餐饮服务人　员	信息传输、软件和信息技术服务人　员	金融服务人　　员	房地产服务人员	租赁和商务服务人　员	技术辅助服务人员	水利、环境和公共设施管理服务人员	居民服务人　　员	电力、燃气及水供应服务人　员
总　计	**34981**	**3088**	**1584**	**1969**	**2795**	**4392**	**13088**	**22692**	**1724**
16-19岁	1655	109	20	45	90	212	46	1066	15
20-24岁	3361	770	268	333	367	920	126	2161	83
25-29岁	3671	950	466	424	375	1113	232	2354	163
30-34岁	4865	633	381	393	390	951	479	3031	220
35-39岁	3814	247	166	183	218	477	565	2200	185
40-44岁	4541	129	115	136	227	296	1087	2169	240
45-49岁	4863	115	76	126	238	229	1759	2634	297
50-54岁	3921	66	54	120	281	120	2238	2500	224
55-59岁	2356	48	27	94	259	48	2182	1833	198
60-64岁	1164	17	5	60	207	15	1930	1232	68
65-69岁	590	4	1	39	113	8	1675	840	26
70-74岁	136		3	9	24	3	585	428	2
75岁及以上	44		2	7	6		184	244	3
男	**15805**	**2282**	**893**	**1295**	**2019**	**3052**	**5474**	**6982**	**1518**
16-19岁	1034	68	6	26	49	124	22	515	13
20-24岁	2038	554	141	231	210	615	69	864	79
25-29岁	2123	717	285	273	221	820	110	876	134
30-34岁	2562	459	227	237	218	693	199	1067	186
35-39岁	1741	178	93	118	162	342	175	708	152
40-44岁	1791	98	43	87	161	180	328	592	208
45-49岁	1650	84	31	82	178	148	552	616	265
50-54岁	1245	60	37	83	247	75	679	547	199
55-59岁	825	44	19	75	234	34	841	421	187
60-64岁	443	16	5	46	202	13	967	337	66
65-69岁	259	4	1	27	110	5	990	236	25
70-74岁	75		3	7	23	3	407	134	2
75岁及以上	19		2	3	4		135	69	2
女	**19176**	**806**	**691**	**674**	**776**	**1340**	**7614**	**15710**	**206**
16-19岁	621	41	14	19	41	88	24	551	2
20-24岁	1323	216	127	102	157	305	57	1297	4
25-29岁	1548	233	181	151	154	293	122	1478	29
30-34岁	2303	174	154	156	172	258	280	1964	34
35-39岁	2073	69	73	65	56	135	390	1492	33
40-44岁	2750	31	72	49	66	116	759	1577	32
45-49岁	3213	31	45	44	60	81	1207	2018	32
50-54岁	2676	6	17	37	34	45	1559	1953	25
55-59岁	1531	4	8	19	25	14	1341	1412	11
60-64岁	721	1		14	5	2	963	895	2
65-69岁	331			12	3	3	685	604	1
70-74岁	61			2	1		178	294	
75岁及以上	25			4	2		49	175	1

4-7c 续表 4

单位：人

年龄组 性别	社会生产服务和生活服务人员				农、林、牧、渔业生产及辅助人员				
	修理及制作服务人员	文化、体育和娱乐服务人员	健康服务人员	其他社会生产和生活服务人员	小计	农业生产人员	林业生产人员	畜牧业生产人员	渔业生产人员
总　计	**9069**	**913**	**268**	**274**	**332496**	**310750**	**3731**	**13235**	**2853**
16-19岁	804	81	1	9	2101	1970	15	81	21
20-24岁	1639	206	37	16	6649	6101	50	350	89
25-29岁	1500	167	49	28	9986	9193	84	509	123
30-34岁	1531	131	40	36	16235	14842	152	886	217
35-39岁	1057	65	20	23	16329	14825	198	965	217
40-44岁	916	78	29	36	26952	24556	361	1489	332
45-49岁	759	68	34	38	41854	38333	653	2065	485
50-54岁	449	42	29	35	55070	51224	796	2224	502
55-59岁	234	28	16	26	51090	47974	732	1728	383
60-64岁	110	22	4	12	43168	41177	361	1213	243
65-69岁	50	14	6	11	36135	34689	231	930	153
70-74岁	15	6	1	2	17823	17161	76	469	59
75岁及以上	5	5	2	2	9104	8705	22	326	29
男	**8012**	**554**	**124**	**172**	**177574**	**164037**	**2878**	**7431**	**2123**
16-19岁	769	57	1	5	1326	1226	11	59	18
20-24岁	1516	133	17	11	3900	3531	38	229	66
25-29岁	1352	111	15	15	5553	5034	67	307	98
30-34岁	1344	78	21	24	8476	7585	107	545	159
35-39岁	887	32	8	14	8087	7169	147	545	167
40-44岁	774	37	13	23	13225	11758	267	858	234
45-49岁	625	31	17	26	20538	18357	485	1177	342
50-54岁	383	24	11	19	26818	24455	599	1227	360
55-59岁	200	15	11	14	26382	24430	600	891	292
60-64岁	98	14	3	9	24416	23188	300	634	184
65-69岁	44	12	4	9	21685	20791	183	509	123
70-74岁	15	6	1	2	11373	10957	55	269	54
75岁及以上	5	4	2	1	5795	5556	19	181	26
女	**1057**	**359**	**144**	**102**	**154922**	**146713**	**853**	**5804**	**730**
16-19岁	35	24		4	775	744	4	22	3
20-24岁	123	73	20	5	2749	2570	12	121	23
25-29岁	148	56	34	13	4433	4159	17	202	25
30-34岁	187	53	19	12	7759	7257	45	341	58
35-39岁	170	33	12	9	8242	7656	51	420	50
40-44岁	142	41	16	13	13727	12798	94	631	98
45-49岁	134	37	17	12	21316	19976	168	888	143
50-54岁	66	18	18	16	28252	26769	197	997	142
55-59岁	34	13	5	12	24708	23544	132	837	91
60-64岁	12	8	1	3	18752	17989	61	579	59
65-69岁	6	2	2	2	14450	13898	48	421	30
70-74岁					6450	6204	21	200	5
75岁及以上		1		1	3309	3149	3	145	3

4-7c　续表 5

单位：人

年龄组 性别	农林牧渔生产辅助人员	其他农、林、牧、渔业生产加工人员	生产制造及有关人员 小计	农副产品加工人员	食品、饮料生产加工人员	烟草及其制品加工人员	纺织、针织、印染人员	纺织品、服装和皮革、毛皮制品加工制作人员	木材加工、家具与木制品制作人员
总　计	**1666**	**261**	**383933**	**3022**	**4855**	**50**	**3571**	**75304**	**21951**
16—19岁	7	7	8651	27	215		64	2017	302
20—24岁	49	10	26653	117	444	3	215	5958	1085
25—29岁	69	8	36348	146	522	5	335	8240	1677
30—34岁	116	22	53559	255	783	3	569	13684	2531
35—39岁	100	24	46148	242	637		527	11946	2298
40—44岁	192	22	56526	401	659	9	573	13170	3150
45—49岁	275	43	62346	510	637	9	623	11794	4085
50—54岁	268	56	48459	539	524	14	371	5637	3603
55—59岁	235	38	26908	368	235	6	163	1891	2055
60—64岁	157	17	11540	206	106		74	607	764
65—69岁	121	11	5106	126	67	1	28	254	283
70—74岁	57	1	1260	61	19		17	81	86
75岁及以上	20	2	429	24	7		12	25	32
男	**1012**	**93**	**256310**	**1900**	**2785**	**34**	**1413**	**30121**	**16755**
16—19岁	6	6	5757	17	136		27	908	257
20—24岁	30	6	18267	80	276	3	108	2641	911
25—29岁	45	2	24582	93	324	4	146	3586	1324
30—34岁	72	8	34049	155	438	3	216	5480	1944
35—39岁	54	5	28375	133	336		204	4657	1706
40—44岁	103	5	34685	231	352	4	219	4856	2227
45—49岁	164	13	39418	290	342	6	221	4425	2848
50—54岁	157	20	34594	338	286	8	145	2237	2735
55—59岁	153	16	21507	266	157	5	74	892	1771
60—64岁	104	6	9654	148	74		32	295	678
65—69岁	73	6	4202	89	49	1	11	108	252
70—74岁	38		934	44	11		7	28	75
75岁及以上	13		286	16	4		3	8	27
女	**654**	**168**	**127623**	**1122**	**2070**	**16**	**2158**	**45183**	**5196**
16—19岁	1	1	2894	10	79		37	1109	45
20—24岁	19	4	8386	37	168		107	3317	174
25—29岁	24	6	11766	53	198	1	189	4654	353
30—34岁	44	14	19510	100	345		353	8204	587
35—39岁	46	19	17773	109	301		323	7289	592
40—44岁	89	17	21841	170	307	5	354	8314	923
45—49岁	111	30	22928	220	295	3	402	7369	1237
50—54岁	111	36	13865	201	238	6	226	3400	868
55—59岁	82	22	5401	102	78	1	89	999	284
60—64岁	53	11	1886	58	32		42	312	86
65—69岁	48	5	904	37	18		17	146	31
70—74岁	19	1	326	17	8		10	53	11
75岁及以上	7	2	143	8	3		9	17	5

4-7c 续表 6

单位：人

年龄组 性 别	生产制造及有关人员								
	纸及纸制品生产加工人员	印刷和记录媒介复制人员	文教、工美、体育和娱乐用品制造人员	石油加工和炼焦、煤化工生产人员	化学原料和化学制品制造人员	医药制造人员	化学纤维制造人员	橡胶和塑料制品制造人员	非金属矿物制品制造人员
总　计	**1869**	**1154**	**6465**	**146**	**3941**	**643**	**87**	**2813**	**9594**
16－19岁	40	48	181		41	8	2	70	133
20－24岁	104	111	423	4	160	60	6	180	434
25－29岁	153	130	554	5	257	101	6	225	691
30－34岁	230	233	843	9	394	84	14	348	1115
35－39岁	238	147	833	7	442	71	17	361	1091
40－44岁	275	213	936	20	650	95	9	496	1462
45－49岁	333	149	991	35	786	101	18	511	1769
50－54岁	269	87	740	28	604	76	9	349	1522
55－59岁	133	23	405	29	384	33	4	170	860
60－64岁	60	10	244	6	156	6	2	48	367
65－69岁	27	2	178	2	48	5		38	124
70－74岁	5	1	87	1	10	1		11	20
75岁及以上	2		50		9	2		6	6
男	**1037**	**789**	**2340**	**113**	**1923**	**345**	**49**	**1573**	**6536**
16－19岁	29	34	94		19	4	1	52	93
20－24岁	65	79	215	4	100	23	4	121	308
25－29岁	89	90	269	4	148	63	3	149	499
30－34岁	134	166	331	5	195	35	9	199	736
35－39岁	139	101	302	3	211	25	10	197	699
40－44岁	134	138	340	15	300	41	4	251	901
45－49岁	153	97	312	23	357	62	11	263	1089
50－54岁	158	54	227	23	297	54	4	197	1080
55－59岁	89	18	112	28	206	26	2	89	672
60－64岁	32	9	65	6	65	5	1	31	320
65－69岁	13	2	44	1	18	4		15	115
70－74岁	2	1	14	1	4	1		6	18
75岁及以上			15		3	2		3	6
女	**832**	**365**	**4125**	**33**	**2018**	**298**	**38**	**1240**	**3058**
16－19岁	11	14	87		22	4	1	18	40
20－24岁	39	32	208		60	37	2	59	126
25－29岁	64	40	285	1	109	38	3	76	192
30－34岁	96	67	512	4	199	49	5	149	379
35－39岁	99	46	531	4	231	46	7	164	392
40－44岁	141	75	596	5	350	54	5	245	561
45－49岁	180	52	679	12	429	39	7	248	680
50－54岁	111	33	513	5	307	22	5	152	442
55－59岁	44	5	293	1	178	7	2	81	188
60－64岁	28	1	179		91	1	1	17	47
65－69岁	14		134	1	30	1		23	9
70－74岁	3		73		6			5	2
75岁及以上	2		35		6			3	

4-7c 续表 7

单位：人

年龄组 性 别	生产制造及有关人员								
	采矿人员	金属冶炼和压延加工人员	机械制造基础加工人 员	金属制品制造人员	通用设备制造人员	专用设备制造人员	汽车制造人 员	铁路、船舶、航空设备制造人 员	电气机械和器材制造人员
总 计	**1979**	**1355**	**8109**	**13463**	**1284**	**710**	**1349**	**199**	**3544**
16—19岁	5	14	196	379	38	23	59	3	143
20—24岁	35	65	607	1145	95	72	135	14	404
25—29岁	63	112	902	1486	131	94	241	18	469
30—34岁	116	154	1429	2310	198	125	268	19	644
35—39岁	156	147	1156	1815	160	94	182	22	512
40—44岁	299	203	1302	2011	195	102	164	33	492
45—49岁	452	273	1242	1988	212	104	154	39	456
50—54岁	499	208	805	1413	143	66	91	30	290
55—59岁	259	114	328	634	67	22	47	12	87
60—64岁	73	43	108	189	32	4	4	7	32
65—69岁	17	16	25	67	10	4	4		10
70—74岁	3	4	5	24	3			2	
75岁及以上	2	2	4	2					5
男	**1729**	**1088**	**6625**	**9498**	**1020**	**378**	**939**	**159**	**2016**
16—19岁	4	12	175	310	33	14	51	3	92
20—24岁	31	58	535	891	76	52	108	13	287
25—29岁	54	92	755	1085	109	52	189	14	297
30—34岁	100	122	1191	1666	154	72	181	14	374
35—39岁	133	104	933	1238	126	49	112	15	271
40—44岁	248	151	1007	1292	138	39	98	27	237
45—49岁	385	209	947	1326	166	46	93	28	213
50—54岁	440	178	661	971	114	35	63	24	165
55—59岁	244	103	289	485	61	13	38	12	57
60—64岁	68	38	101	160	31	3	3	7	19
65—69岁	17	16	23	54	10	3	3		4
70—74岁	3	3	5	18	2			2	
75岁及以上	2	2	3	2					
女	**250**	**267**	**1484**	**3965**	**264**	**332**	**410**	**40**	**1528**
16—19岁	1	2	21	69	5	9	8		51
20—24岁	4	7	72	254	19	20	27	1	117
25—29岁	9	20	147	401	22	42	52	4	172
30—34岁	16	32	238	644	44	53	87	5	270
35—39岁	23	43	223	577	34	45	70	7	241
40—44岁	51	52	295	719	57	63	66	6	255
45—49岁	67	64	295	662	46	58	61	11	243
50—54岁	59	30	144	442	29	31	28	6	125
55—59岁	15	11	39	149	6	9	9		30
60—64岁	5	5	7	29	1	1	1		13
65—69岁			2	13		1	1		6
70—74岁		1		6	1				
75岁及以上			1						5

4-7c 续表 8

单位：人

年龄组 性 别	生产制造及有关人员								不便分类的其他从业人员
	计算机、通信和其他电子设备制造人员	仪器仪表制造人员	废弃资源综合利用人员	电力、热力、气体、水生产和输配人员	建筑施工人员	运输设备和通用工程机械操作人员及有关人员	生产辅助人员	其他生产制造及有关人员	
总 计	**33238**	**199**	**354**	**503**	**153451**	**6433**	**21036**	**1262**	**4348**
16-19岁	1998	6		5	1862	213	532	27	1257
20-24岁	5159	21	12	16	7073	713	1695	88	614
25-29岁	5572	26	18	34	10629	1087	2296	123	297
30-34岁	6148	35	22	38	16281	1241	3269	167	354
35-39岁	4101	34	34	49	15298	822	2561	148	248
40-44岁	4026	32	44	50	21537	765	2978	175	278
45-49岁	3488	27	61	94	27180	754	3270	201	373
50-54岁	1789	10	71	83	25566	487	2350	186	320
55-59岁	638	5	52	63	16240	236	1269	76	264
60-64岁	213	1	26	45	7507	77	489	34	159
65-69岁	70	1	12	21	3370	35	241	20	115
70-74岁	25		2	5	706	2	64	15	45
75岁及以上	11	1			202	1	22	2	24
男	**17924**	**115**	**260**	**421**	**127704**	**6103**	**11898**	**720**	**2610**
16-19岁	1233	4		3	1595	212	327	18	726
20-24岁	3313	13	12	14	6070	700	1104	52	381
25-29岁	3452	13	13	30	9049	1066	1447	74	200
30-34岁	3283	23	16	29	13638	1189	1852	99	225
35-39岁	1906	21	23	36	12489	775	1334	87	135
40-44岁	1696	17	29	37	17353	692	1528	83	142
45-49岁	1493	16	45	77	21475	686	1613	101	213
50-54岁	942	4	52	73	21165	444	1312	108	197
55-59岁	387	3	39	56	14217	228	822	46	165
60-64岁	149		21	41	6807	75	341	29	111
65-69岁	48	1	8	20	3060	33	166	14	80
70-74岁	18		2	5	615	2	40	7	23
75岁及以上	4				171	1	12	2	12
女	**15314**	**84**	**94**	**82**	**25747**	**330**	**9138**	**542**	**1738**
16-19岁	765	2		2	267	1	205	9	531
20-24岁	1846	8		2	1003	13	591	36	233
25-29岁	2120	13	5	4	1580	21	849	49	97
30-34岁	2865	12	6	9	2643	52	1417	68	129
35-39岁	2195	13	11	13	2809	47	1227	61	113
40-44岁	2330	15	15	13	4184	73	1450	92	136
45-49岁	1995	11	16	17	5705	68	1657	100	160
50-54岁	847	6	19	10	4401	43	1038	78	123
55-59岁	251	2	13	7	2023	8	447	30	99
60-64岁	64	1	5	4	700	2	148	5	48
65-69岁	22		4	1	310	2	75	6	35
70-74岁	7				91		24	8	22
75岁及以上	7	1			31		10		12